선원법해설

[제4판]

서울대학교 법학전문대학원 겸임교수
권 창 영

法 文 社

The Commentary on the Seafarer's Act

4th Edition

by

Dr. Kwon, Chang Young

Adjunct Professor of
Seoul National University
School of Law

2026

BOBMUNSA
Paju Book City, Korea

헌 사

오늘날 우리가 있기까지

오래 전부터 지금까지

바다에서 헌신해 오신

온 바다의 선원과 해양인들께

감사와 존경의 마음을 담아

삼가 이 책을 바칩니다.

서 평

김 지 형
前 대법관
경제사회노동위원회 위원장

“법의 역사는 법률가의 역사이다.”

20년 동안 하버드 로스쿨 학장을 지냈고 미국의 실용주의 법철학 사상을 앞장서서 이끌었던 어느 법률가의 통찰이 이 짧은 문장 하나에 담겨 있다. 바로 미국의 저명한 법학자 로스코 파운드(Roscoe Pound)가 한 말이다.

법은 그 사회의 이익을 창출하기 위해 늘 살아 숨 쉬어야 한다. 그러기 위해서는 법의 의미와 가치를 끊임없이 찾아내주는 법률가의 역할이 막중하다. 법이 법률가의 손이 닿지 않는 곳에 머물러 있다면 그 법은 법전에는 있으나 죽어 있는 법이다. 이렇게 볼 때 로스코 파운드의 말은 정곡을 깊게 찌르고 있다.

나는 권창영 부장판사가 저술한 이 책 『선원법 해설』의 탄생 순간을 저자 본인을 제외하고 가장 일찍 지켜볼 수 있었다. 저자는 갓 제본을 마친 초판본 한 권을 들고 맨 먼저 나에게 달려왔다. 저자가 건네준 이 책을 받아보면서 로스코 파운드가 한 말이 새삼스럽게 떠올랐다. 입으로는 한 목소리로 해양입국을 부르짖으면서도 정작 우리 모두에게 불모지에 가까웠던 ‘선원법’이 ‘이 놀라운 법률가’ 한 사람으로 말미암아 바야흐로 새로운 역사를 맞이하게 되었구나 하는 생각이 들었기 때문이다.

저자인 권창영 부장판사와 나의 각별한 인연을 여기서 다 소개하기에는 지면이 부족하다. 내가 판사로는 드물게 노동법을 한다는 이유로 사법연수원 교수로 부임했던 첫 해에 당시 사법연수생이던 저자를 만날 수 있었다. 그때부터 20년가량 가까이 교류하면서 저자를 지켜볼 수 있었다. 든든한 동반자였음은 물론이다. 저자는 법관으로 주어진 재판업무에 진력하면서도 발전적이고 정론적인 관점에서 실무적 · 학문적 연구를 멈추지 않아 주변을 놀라게 하곤 했다. 저자는 그 동안 노동법 분야에서 여러 편의 논문을 발표하고 주석서의 집필을 분담하면서 연구의 깊이를 더했다. 또한 보전처분 등 민사집행법 분야에서 종래 실무관행에 대한 반성적 관점을 제시하여 획기적인 개선을 끌어냈고, 관련 저서를 내기도 하였다.

저자가 이번에 저술한 『선원법 해설』은 저자가 서문에 썼듯이 16년이라는 오랜 세월 켜켜이 쌓고 묵힌 그의 집념으로 일구어낸 걸작이다. 그리고 저자의 앞선 연구·저술 활동이나 성과에 더해 또 하나의 큰 획을 긋는 일이 아닐 수 없다. 더불어 이렇듯 '놀라운 법률가'의 뛰어난 역량에 대해 경탄과 찬사를 아낄 수 없는 이유를 하나 더 보태는 일이다.

그러므로 이 책에 대해 더 이상의 논평을 덧붙이는 것은 불필요할지 모른다. 다만, 한 가지 분명한 것은 이 책이 '선원법'의 앞날을 밝혀나가는 데 획기적인 계기를 제공하리라 예상하기는 전혀 어렵지 않다는 점이다. 아울러 선원은 물론이고 선원의 법적 지위에 관심을 가지는 관계자들 모두에게, 당사자 중 한 사람이 선원이라는 특정한 위치에 있기 때문에 생길 수 있는 법률관계이면 그것이 노동관계이건 그 밖의 것이건, 사법적인 것이건 공법적인 것이건 묻지 않고, 관련하여 세밀한 법률정보를 제공할 수 있는 소중한 양서로 두고두고 자리 잡게 될 것이다.

두말할 것 없이 이 모든 것은 뛰어난 선구자이자 개척정신에 가득 찬 이 놀라운 법률가의 덕이다. 저자가 이 책에 이어 더욱 발전·승화시켜 나갈 '선원법'의 또 다른 미래가 벌써부터 기대된다.

해양한국 제510호(2016. 3), 144면에서 轉載

제4판 서 문

과학기술의 발달로 자동화·무인화의 열풍이 거세게 불고 있고, AI의 발전과 더불어 장차 무인선박·자율운항선박이 취항하게 되면 해양노동에도 많은 변화가 예상된다. 그렇지만 수많은 위험과 변수가 도사리고 있는 바다를 안전하게 항행하는 것을 본질로 하는 해양노동에서 선원은 앞으로도 오랫동안 중요한 역할을 수행하여야 한다. 제3판 출간 이후에도 역동적인 국내외 상황을 반영하여 선원노동관계에 관한 쟁송이 지속적으로 제기되었고, 관계 법령의 개정도 다수 이루어졌다. 그러나 선원법에 관한 체계적인 연구는 다른 분야에 비하여 매우 저조하다. 해결해야 할 과제는 산더미처럼 많은데, 역량과 시간의 부족이 매우 아쉬운 상황이다.

돌이켜 보면 여전히 연구성과는 미약함에도 선원법해설 제3판이 출간된 지 4년이 경과하여 재고가 모두 소진된 지금, 제3판 출간 이후의 법령 개정·판례와 연구성과를 반영하여 제4판을 출간하게 되었다. 내용을 추가하거나 대폭 수정한 것으로는 선박법상 선박의 개념, 국제적 강행규정의 해석, 선내 괴롭힘의 금지, 취업규칙 불이익변경에 관한 집단적 동의권의 남용, 어선안전조업법상 어선원의 안전·보건, 중대재해처벌법의 속지주의 적용 원칙, 유족보상·행방불명보상 지급의 제한, 선원의 날, 선원의 영사보호제도 등이 있다.

이로 인하여 안전배려의무, 작업중지권에 관한 내용을 축약하였음에도 지면이 약 20여 면이 증가되었다. 방대한 분량의 개정원고를 성실한 작업으로 멋진 책으로 만들어 주신 노윤정 차장님을 비롯한 法文社 관계자분들께 이 지면을 통하여 심심한 감사의 말씀을 드린다.

光復 80주년이 되는 2025년 가을
崇禮門에서 북한산을 바라보며

저자 識

제3판 서 문

해양강국으로서 대한민국이라는 목표는 국가와 국민이 해양의 중요성을 인식하고, 제도를 개선하며, 해운산업을 적극 육성할 때 비로소 달성할 수 있다. 그런데 수출입에 의존하는 대한민국에서 물류산업이 차지하는 중요성, 보편성과 관습기원성을 중시하는 해운업의 특수성을 간과한 당국의 오판으로 인하여 한진해운은 결국 파산하였고, 이로 인하여 해운업계가 상당한 충격을 받았다. 저자는 이러한 현상을 목도하면서 국가의 발전과정에서 올바른 국가전략의 수립, 이를 달성하려는 지도자의 결단과 지도력, 전략을 지속적으로 수행하는 관료, 전문성과 사명감을 지닌 지식인집단의 중요성을 다시 실감하게 되었다.

제2판 출간 이후 저자는 경제사회노동위원회 산하 해운산업위원회(2018. 11. – 2020. 2.)와 어선원고용노동환경개선위원회(2020. 11. – 2021. 11.)에 공익위원으로 참여하면서, 선원의 고용과 노동환경의 개선에 관하여 소중한 경험을 얻었다. 현재 선원법과 어선안전조업법의 개정 논의가 진행되고 있지만, 입법과정이 종료되기까지는 상당한 시일이 소요될 것으로 예상된다.

이에 선원법해설 제2판이 출간된 지 4년이 경과하여 재고가 모두 소진된 지금, 제2판 출간 이후의 법령 개정, 판례와 연구성과를 반영하여 제3판을 출간하게 되었다. 지면이 대폭 증가되었음에도 불구하고, 초판부터 지금까지 항상 성실한 작업으로 멋진 책으로 만들어 주신 노윤정 차장님을 비롯한 法文社 관계자분들께 이 지면을 빌려서 감사의 말씀을 드린다.

선원법 제정 60주년이 되는 2022년 정월에
인왕산에서 사직단을 바라보며

저자 識

제2판 서 문

해양강국을 꿈꾸며 대양을 누비는 선원과 해양인에 대한 존경과 감사의 마음을 표하고자 부족함을 무릅쓰고 선원법해설을 세상에 내놓은 것이 2년 전이었다. 부족한 점이 많은 拙著임에도 불구하고 많은 해양인들께서 과분한 칭찬을 해 주셨고, 아낌없는 성원으로 해양과 선원의 중요성이 다시 주목받게 되었다.

그동안 저자는 2017년 2월에 18년간의 법관 생활을 명예퇴직으로 마감하고, 법무법인 지평에서 변호사로 새출발하는 커다란 변화를 겪었다. 당시에는 재판이라는 중압감에서 벗어나 자유로운 상태가 되었다고 생각하였으나, 흐르는 물은 쉬지 않는 것처럼(川流不息), 변호사의 길 또한 끊임없는 연찬과 노력이 필요하다.

현재 해양수산부에서 再造海洋을 목표로 선원법 전면 개정을 위한 연구용역을 발주한 상태이므로, 연구성과가 입법에 반영된다면 선원법에도 많은 변화가 예상된다. 그러나 초판의 재고 소진으로 제2판을 출간하게 된 현재의 상황에서는, 초판의 오류 시정, 법령 개정 사항 반영, 새로 나온 판례의 추가 이외에 통일 후를 대비하기 위한 기초작업으로 북한 선원법의 간략한 소개에 그칠 수밖에 없다.

이러한 작업으로 지면이 다소 증가되었음에도 불구하고, 깔끔한 작업으로 방대한 개정원고를 멋진 책으로 만들어 주신 노윤정 차장님을 비롯한 法文社 관계자분들께 이 지면을 빌려서 감사의 말씀을 드린다. 또한 난삽하고 방대한 제2판의 원고 교정을 성실하게 도와준 김지수 항해사에게도 감사의 말을 전하며, 김지수 군의 앞날에 무궁한 발전이 있기를 기원한다.

再造海洋의 원년인 2017년 가을
미나리가 물결치는 마을(渼芹洞)에서 海洋强國을 꿈꾸며

저자 識

서 문

우리나라는 지정학적으로 섬처럼 고립되어 있으므로, 바다는 우리의 생존과 번영을 위한 불가결한 요소이다. "바다를 지배하는 자, 세계를 지배한다(Whosoever commands the sea commands the world itself)."는 월터 롤리卿(Sir Walter Raleigh)의 격언에서 보듯이, 대항해시대 이후로 바다의 중요성을 깨닫고 진취적으로 바다를 이용한 국가는 번영을 거듭하였다. 바다를 이용하기 위해서는 유능한 선원의 존재가 필수적이다. 이에 따라 근로기준법과는 별도로 선원법을 제정하여 선원을 보호하고 있다. 그런데 선원법에 관한 많은 판례가 집적되어 있음에도 公刊되는 판례는 극히 희소하고, 선원법에 관한 연구성과가 빈약하기 때문에, 선원법을 둘러싼 쟁송의 합리적인 해결을 위해서는 판례와 해사선진국의 자료를 폭넓게 참조하여 선원법 전반에 관하여 체계적으로 서술한 해설서가 필요하다.

저자는 2000. 10.경 춘천지방법원 형사항소부에서 선원의 실업수당에 관한 사건을 담당하면서, 선원법이 있다는 사실에 한 번 놀랐고, 선원법에 관한 체계적인 연구성과가 거의 없다는 사실에 또 한 번 놀랐다. 이에 따라 선원법에 관한 연구의 필요성을 느끼고, 2001년부터 일본 · 미국 · 영국 · 독일의 해사법 관련 문헌과 판례를 수집하여 선원법에 관한 논문을 사법논집 등에 기고하였다. 특히 법원 해외연수 프로그램에 따라 2006－2007년 The University of Texas at Austin, Law School에서 객원연구원 자격으로, 미국 해사법 자료를 마음껏 접하고 해사법의 大家인 Michael F. Sturley 교수로부터 미국 해사법 강의를 수강한 것은 커다란 행운이었다.

그동안 약 20여 편의 선원법 관련 논문을 작성한 결과, 선원법 전반에 관하여 망라적인 연구성과가 집적되었는데, 2001년 이후 선원법의 전문개정, 어선원 및 어선재해보상보험법의 제정, 해사안전법, 선박법의 개정 등 관련 법령의 제정 · 개정과 다수의 선원법 관련 판례의 등장으로 기존의 논문을 최신 법령과 판례에 맞추어 수정할 필요성을 느꼈다. 그러나 선원법은 *海事法*과 *勞動法*이 교차하는 영역으로 모든 분야를 심도 있게 서술하기 위해서는 많은 시간과 荊棘의 노력이 필요하였다. 저자는 대법원 산하 노동법실무연구회에서 간사 · 편집위원을 역임하면서 김지형 대법관님의 지도 아래 근로기준법 주해 Ⅰ·Ⅱ·Ⅲ(2010년), 노동조합 및 노동관계조정법 주해 Ⅰ·Ⅱ·Ⅲ(2015년)의 집필·강독·교정에 참여할 수 있는 귀중한 기회를 얻었다. 부족함을 무릅쓰고 선원법에 관한 체계적인 해설서를 출간하기로 한 이유 중에는 위와 같은 노동법 주해서 발간으로 노동법에 관한 쟁점의 서술이 비교적 용이하게 되었다는 점도 있다.

이 책을 서술하면서 저자가 중점으로 삼은 것은 다음과 같다.

첫째, 국내외 판례를 최대한 소개하였다. 해양노동의 특수성을 이해하고 추상적인 선원법의 본래 의미를 명확히 규명하기 위해서는 구체적인 사실관계를 파악한 연후에 법원의 판시사항을 설명하는 것이 가장 좋은 방법이라는 판단 때문이다. 따라서 해양의 위험이나 해양노동의 특수성에 관한 이해를 돕기 위해 사실관계는 가급적 자세히 서술하였다. 국내의 판례가 없는 경우에는 미국·영국·독일·일본 판례를 접근 가능한 범위 내에서 최대한 소개하기 위하여 노력하였다.

둘째, 선원법 관련 국내 문헌이 빈약하여, 해양선진국에서 간행된 해설서와 주석서를 참조하였다. 특히 독일은 종래의 선원법을 폐지하고 2013. 8. 1.부터 海洋勞動法(Seearbeitsgesetz)을 시행하고 있는데 이에 관한 주석서 2권이 많은 도움이 되었다.

셋째, 논의의 범위를 선원법에 한정하지 아니하고, 선원근로관계와 국제사법, 선원의 노동3권, 작업거부권, 부당해지에 대한 구제 및 불복절차, 어선원 및 해외취업선원의 재해보상, 항만국통제제도, 과태료에 대한 불복절차 등 선원의 노동관계에서 발생할 수 있는 모든 쟁점을 가급적 자세히 다루도록 노력하였다.

집필 착수 당시의 거창함에 비하여 집필을 마치고 돌아보니 부족한 점이 너무 많이 보임에도 굳이 이 책을 출간을 하고자 하는 것은, 먼저 이 책의 부족함과 잘못됨을 후학들이 보완·발전시켜 주기를 희망하기 때문이다. 드러내는 자(著者)가 책에서 드러내는 것은 실력이 아니라 연구성과의 한계 등 부족함과 모자람이고, 이를 극복하고 논의의 지평을 넓혀 학문을 발전시키는 것이 학자의 기본적인 태도라고 믿기 때문이다. 판례와 참고문헌이 있는 부분은 자세히 논구하였으나, 그러한 자료가 없는 부분은 간략하게 서술하여 均齊美를 상실한 것은 이 책의 한계이다. 부족한 점이나 잘못된 점에 대하여 江湖諸賢의 기탄없는 질정과 비판을 기대한다.

다음으로 오늘날 우리의 존립과 번영은 바다에서 헌신적인 노고를 아끼지 않은 온 바다의 船員과 海洋人 덕택이라는 생각을 한순간도 잊지 않았기 때문에, 그분들께 감사와 존경의 마음을 표현하고자 하는데 있다(저자가 2015. 2. 한국해법학회에서 선원법에 관한 판례평석을 발표하였을 때, 당시 참석자들은 현직 부장판사가 선원법에 관심을 가지고 있다는 것에 놀라움과 고마움을 표시하였는데, 그동안 판사가 선원법에 관한 논문을 학회에서 발표한 사례가 없다는 것에 대한 서운함의 표시라는 생각이 들어, 미안한 마음이 들었다). 조그만 연구성과가 집적된 이 책을 통하여 선원문제에 대한 이해와 선원법 관련 문제해결에 일말이라도 도움이 된다면 저자로서는 더 없는 영광이다. 또한 체계적인 집필을 구상했던 예비판사 시절부터 부장판사가 되어서야 이 책을 출간하게 된 지금까지 약 16년간 품어왔던 선원과 해양인들에 대한 미안한 마음의 빚을 조금이라도 갚게 된 것 같아 마음이 한결 가볍다.

이 책이 출간되기까지 많은 분들의 도움이 있었다. 泰山峻嶺과도 같은 법학의 세계에서 나침반과 등대 역할을 해주신 김유성 · 이흥재 · 이철수 교수님을 비롯한 서울대 노동법연구회 회원들은 다양한 의견을 개진하여 논의의 수준을 높이는데 많은 도움을 주셨다. 법원 노동법커뮤니티 회원들은 저자의 연구에 격려를 아끼지 않으셨고, 참고문헌의 수집에는 김인현 고려대 교수님을 비롯하여 각계에 계신 한국해양대학교 출신 해양인들께서 많은 도움을 주셨다. 또한 선원법에 관한 다양한 쟁점을 발굴하고 판례를 형성하는데 기여하신 해상변호사님, 판사님들 또한 이 책이 나오는데 많은 도움을 주신 숨은 은인들이다. 노윤정 차장님을 비롯한 法文社 관계자 분들은 法治主義의 完成과 法學 發展을 위한 사명감으로 방대한 분량의 원고를 이와 같이 멋진 책으로 만들어 주셨다. 모든 분들께 이 지면을 빌려 감사의 마음을 전한다. 또한 바쁜 재판업무 이외에도 연구 · 집필을 이유로 오랫동안 함께 있지 못함에도 불구하고 항상 격려와 도움을 아끼지 않은 가족들에게 고마움과 미안한 마음을 함께 전한다.

광복 70주년을 맞이하는 2015년 가을
'가고파'의 本鄕 馬山灣에서 太平洋을 바라보며

저자 識

차 례

제1장 총 론

제1절 의 의 ·· 3

Ⅰ. 해양의 중요성 ·· 3

Ⅱ. 해양노동의 역사 ·· 4

1. 선사시대 및 삼한시대 / 4
2. 견사항운시대 / 4
3. 조운시대 / 4
4. 근대해운시대 / 5
5. 선원법시대 / 6

Ⅲ. 선원법의 개념 ·· 6

1. 형식적 의미의 선원법 / 6
2. 실질적 의미의 선원법 / 7

Ⅳ. 선원법의 연원 ·· 7

1. 헌 법 / 7
2. 법 령 / 8
3. 국제조약 / 8
4. 단체협약, 취업규칙, 선원근로계약 / 9

Ⅴ. 외국과 북한의 선원관계법령 ·· 10

1. 영 국 / 10
2. 독 일 / 10
3. 일 본 / 10
4. 북 한 / 10

제2절 해양노동의 특수성 ·· 21

Ⅰ. 의 의 ·· 21

Ⅱ. 인정 여부 ·· 22

1. 부정설 / 22
2. 긍정설 / 23
3. 검 토 / 23

Ⅲ. 내 용 ·· 24

1. 선박공동체론 / 24　　2. 선원노동의 특수성 / 25
3. 노동행위의 본질적 특수성과 평가적 특수성 / 25
4. 검　토 / 25　　5. 어업노동의 특수성 / 27

제3절 선원법의 목적 · 성격 · 지위 ········· 28

Ⅰ. 선원법의 목적 ········· 28
1. 선내질서의 유지 / 28
2. 선원의 기본적 생활의 보장 · 향상 / 29
3. 선원의 자질 향상 / 29

Ⅱ. 선원법의 성격 ········· 29
1. 문제의 소재 / 29　　2. 해양교통안전법설 / 29
3. 해양노동보호법설 / 30　　4. 절충설 / 31
5. 검　토 / 31

Ⅲ. 선원법의 지위 ········· 32
1. 근로기준법과의 관계 / 32
2. 선원과 노동조합 및 노동관계조정법 / 36
3. 선원과 국민 평생 직업능력 개발법 / 37
4. 선원과 고용보험법 / 37　　5. 선원과 산업안전보건법 / 38
6. 선원과 산업재해보상보험법 / 40　　7. 선원과 최저임금법 / 40
8. 선원과 임금채권보장법 / 40　　9. 선원과 직업안정법 / 40
10. 선원과 남녀고용평등과 일 · 가정 양립 지원에 관한 법률 / 41
11. 선원과 외국인 근로자의 고용 등에 관한 법률 / 41
12. 선원과 기간제 및 단시간근로자 보호 등에 관한 법률 / 41
13. 선원과 파견근로자보호 등에 관한 법률 / 41
14. 선원과 고용상 연령차별금지 및 고령자고용촉진에 관한 법률 / 42
15. 선원과 장애인고용촉진 및 직업재활법 / 42
16. 선원과 중대재해 처벌 등에 관한 법률 / 42

제4절 선원법의 적용범위 ········· 43

Ⅰ. 의　의 ········· 43
1. 선원법의 규정 / 43　　2. 해석의 필요성 / 43
3. 선원, 선박 통계 / 44

Ⅱ. 선원법이 적용되는 선박 ········· 45

1. 선박법상 선박 / 45
2. 어선법상 어선 / 56
3. 선박의 국적 / 56
4. 선박의 톤수 / 62
5. 선원법의 적용이 배제되는 선박 / 63

Ⅲ. 승 무 ········· 68
1. 의 의 / 68
2. 미국 Jones법상 선원의 범위 / 68
3. 승무의 개념 / 71
4. 선내항행조직의 형성 여부 / 73
5. 선내항행조직의 내용 / 74
6. 선내항행조직의 일원인지 여부 / 75
7. 계속 가입되어 있는지 여부 / 75

Ⅳ. 선 원 ········· 76
1. 의 의 / 76
2. 선 장 / 79
3. 해 원 / 85
4. 예비원 / 87
5. 외국인 선원 / 90
6. 자동화선박의 운항사와 무인선박의 조종자 / 95
7. 선원이 아닌 사람 / 96

Ⅴ. 선박소유자 ········· 96
1. 의 의 / 96
2. 선주(선박의장자) / 98
3. 선박관리인 / 102
4. 선체용선자 / 103
5. 선박소유자에 준하는 자 / 105

제5절 선원근로관계와 국제사법 ········· 107

Ⅰ. 선원법 3조와 국제사법 ········· 107
1. 의 의 / 107
2. 견해의 대립 / 107
3. 저촉규정의 종류 / 109
4. 선원법 3조의 성격 / 110
5. 국제사법의 적용 / 112

Ⅱ. 국제재판관할 ········· 121
1. 의 의 / 121
2. 브뤼셀규정에 따른 국제근로계약의 국제재판관할 / 122
3. 국제사법 43조 / 128

제6절 선원법의 기본원리 ········· 135

Ⅰ. 근로조건의 기준 ········· 135
1. 의 의 / 135
2. 법적 성격 / 136

3. 내 용 / 137

Ⅱ. 근로조건의 결정 ………… 139

1. 의 의 / 139
2. 법적 성격 / 139
3. 근로조건 자기결정의 원칙 / 139
4. 근로조건 대등결정의 원칙 / 140
5. 효 과 / 142

Ⅲ. 근로조건의 준수 ………… 142

1. 의 의 / 142
2. 법적 성격 / 142
3. 근로조건 결정 규범 / 142

Ⅳ. 균등한 처우 ………… 147

1. 의 의 / 147
2. 차별금지의 사유 / 153
3. 위반의 효과와 구제수단 / 161

Ⅴ. 폭행의 금지 ………… 164

1. 의 의 / 164
2. 내 용 / 164
3. 효 과 / 165

Ⅵ. 중간착취의 배제 ………… 166

1. 의 의 / 166
2. 내 용 / 167
3. 위반의 효과 / 168

Ⅶ. 공민권 행사의 보장 ………… 168

1. 의 의 / 168
2. 성 격 / 169
3. 요 건 / 169
4. 효 과 / 171
5. 벌 칙 / 173

제7절 선원노동위원회 ………… 173

Ⅰ. 의 의 ………… 173

1. 노동위원회제도의 도입 / 173
2. 노동위원회제도의 특성 / 173
3. 선원노동위원회의 설치 / 175

Ⅱ. 선원노동위원회의 구성과 현황 ………… 176

1. 3자 구성 / 176
2. 위원장, 부위원장 / 177
3. 사무국장과 사무국의 서무 / 177
4. 선원노동위원회의 현황과 개선방안 / 177

Ⅲ. 선원노동위원회의 권한 ………… 179

1. 선원법상 권한 / 179
2. 노동위원회법상 특별권한 / 179
3. 노조법상 권한 유무 / 181
4. 지방노동위원회와의 관계 / 181
5. 재해보상에 관한 선원노동위원회의 심사·중재에 대한 불복 / 182

Ⅳ. 선원노동위원회의 초심절차와 판정 183
1. 당사자 / 183
2. 노동위원회에 대한 구제신청기간의 기산점 / 183
3. 구제이익 / 185
4. 판 정 / 185

제 2 장 선박공동체

제1절 의 의 189

Ⅰ. 선박공동체론 189
1. 개 념 / 189
2. 선박권력 / 189
3. 제2장의 구성 / 190

Ⅱ. 선장 지위의 연혁 191
1. 고대 메소포타미아에서 선장의 책임 / 191
2. 고 대 / 193
3. 중 세 / 193
4. 근 세 / 194
5. 현 대 / 195

제2절 선장의 직무와 권한 196

Ⅰ. 지휘·감독권 197
1. 의 의 / 197
2. 사 례 / 197
3. 내 용 / 200

Ⅱ. 명령권 201
1. 의 의 / 201
2. 사 례 / 201
3. 명령권의 주체 / 207
4. 명령권의 행사대상 / 207
5. 명령권 행사의 효과 및 한계 / 208
6. 해원의 쟁의권과 복종의무의 관계 / 209

Ⅲ. 주의의무 210

1. 의 의 / 210 2. 사 례 / 210
3. 내 용 / 215 4. 위반의 효과 / 217

Ⅳ. 감항능력주의의무 ········· 217
1. 의 의 / 217 2. 감항능력의 내용 / 218
3. 출항 전 검사의무 / 222 4. 출항 전 보고의무 / 224
5. 선내순시 및 점검 의무 / 224 6. 다른 의무와 관계 / 225
7. 위반의 효과 / 225

Ⅴ. 항해의 성취의무 ········· 226
1. 의 의 / 226 2. 출항의무 / 226
3. 항로불변경의무 / 227 4. 위반의 효과 / 231

Ⅵ. 선장의 직접지휘의무 ········· 231
1. 의 의 / 231 2. 요 건 / 232
3. 내 용 / 236 4. 직접지휘의무의 면제 / 237
5. 위반의 효과 / 237

Ⅶ. 재선의무 ········· 237
1. 의 의 / 237 2. 내 용 / 238
3. 예 외 / 238 4. 위반의 효과 / 239

Ⅷ. 선박위험시 조치 ········· 239
1. 선박위험시 구조 조치의무 / 239 2. 최후 퇴선 의무 / 243
3. 해원에게의 준용 / 245 4. 위반의 효과 / 246

Ⅸ. 선박 충돌 시 조치 ········· 246
1. 의 의 / 246 2. 인명과 선박의 구조의무 / 247
3. 통보의무 / 247 4. 면 제 / 248
5. 위반의 효과 / 248

Ⅹ. 조난선박 등의 구조 ········· 248
1. 의 의 / 248 2. 내 용 / 249
3. 예 외 / 249 4. 위반의 효과 / 250
5. 난민을 구조한 경우 / 250

Ⅺ. 기상 이상 등의 통보 ········· 253
1. 의 의 / 253 2. 내 용 / 253
3. 예 외 / 253 4. 위반의 효과 / 254

Ⅻ. 비상배치표 및 훈련 등 ········· 254

1. 의 의 / 254 2. 내 용 / 254
3. 해원의 근로조건 / 255 4. 위반의 효과 / 255

XIII. 항해의 안전확보 ········· 256
1. 의 의 / 256 2. 내 용 / 256
3. 위반의 효과 / 256

XIV. 사망자 발생 시 인도의무 ········· 256
1. 의 의 / 256 2. 시신의 인도의무 / 257
3. 수장(水葬) / 257
4. 가족관계의 등록 등에 관한 법률상 사무 / 258
5. 위반의 효과 / 258

XV. 유류품의 처리 ········· 258
1. 의 의 / 258 2. 내 용 / 259
3. 위반의 효과 / 259

XVI. 재외국민의 송환 ········· 259
1. 의 의 / 259 2. 정당한 사유 / 260
3. 송환비용의 부담 및 상환 / 260 4. 위반의 효과 / 261

XVII. 서류의 비치 ········· 261
1. 선장의 서류비치 의무 / 261 2. 선박국적증서 / 261
3. 선원명부 / 263 4. 항해일지 / 264
5. 화물에 관한 서류 / 264
6. 그 밖에 해양수산부령으로 정하는 서류 / 265
7. 위반의 효과 / 265

XVIII. 선박 운항에 관한 보고 ········· 265
1. 의 의 / 265 2. 보고사항 / 266
3. 보고의무자 / 266 4. 보고의 방식 / 266
5. 위반의 효과 / 266

제3절 선내 질서의 유지 ········· 267

I. 해원의 징계 ········· 267
1. 의 의 / 267 2. 징계사유 / 267
3. 징계의 종류 / 268 4. 징계의 절차 / 269

II. 강제권 ········· 271

1. 의 의 / 271 2. 대인강제권 / 271
3. 대물강제권 / 274 4. 대선실강제권 / 275

Ⅲ. 행정기관에 대한 원조 요청 ········ 276
1. 의 의 / 276 2. 내 용 / 276
3. 협조의무 / 277

Ⅳ. 강제 근로의 금지 ········ 277
1. 의 의 / 277 2. 성립요건 / 278
3. 법적 효과 / 282

Ⅴ. 선내 괴롭힘의 금지 ········ 283
1. 의 의 / 283 2. 선내 괴롭힘의 금지 의무 / 284
3. 선내 괴롭힘 발생 시 조치 / 286

제4절 선원의 노동3권 ········ 288

Ⅰ. 단결권 ········ 288
1. 선원의 단결권 / 288 2. 선장의 단결권 / 290
3. 단위노동조합의 연합단체 가입권 / 295
4. 전국대의원대회의 지위 / 295

Ⅱ. 단체교섭권 ········ 296
1. 의 의 / 296 2. 복수노조와 교섭창구 단일화 / 297
3. 사용자단체 / 298 4. 성실교섭의무 / 298

Ⅲ. 단체행동권 ········ 299
1. 쟁의행위의 개념 / 299 2. 쟁의행위의 주체 / 302
3. 쟁의행위의 태양 / 304 4. 선박폐쇄(직장폐쇄) / 308
5. 쟁의행위의 제한 / 317 6. 선원법 25조 위반의 효과 / 326

제 3 장 선원근로관계

제1절 선원근로계약 ········ 331

Ⅰ. 의 의 ········ 331

1. 선원근로관계의 성립 / 331
2. 선원근로계약의 개념 / 331
3. 법적 성질 / 332

Ⅱ. 선원근로계약의 당사자 333

1. 선박소유자 / 333
2. 선 원 / 333

Ⅲ. 선원근로계약의 기간 335

1. 의 의 / 335
2. 반복갱신된 선원근로계약 / 337

Ⅳ. 선원근로계약서의 작성 340

1. 의 의 / 340
2. 선원근로계약서에 포함되어야 할 사항 / 341
3. 선원근로계약서의 보관 및 교부 / 341
4. 위반의 효과 / 341

Ⅴ. 근로조건의 명시 등 342

1. 의 의 / 342
2. 명시할 근로조건의 범위 / 342
3. 근로조건의 명시 시기 / 343
4. 근로조건의 명시 방법 / 343
5. 검토·자문 기회의 부여 / 344
6. 명시의무 위반 효과 / 344

Ⅵ. 선원근로계약의 신고 344

1. 의 의 / 344
2. 법적 성질 / 345
3. 내 용 / 345
4. 일괄신고 / 346
5. 효 력 / 346
6. 해외취업 신고 / 347

Ⅶ. 선원근로계약의 내용 347

1. 총 설 / 347
2. 선원법 위반의 계약 / 353
3. 근로조건의 위반 / 354
4. 위약금 등의 예정 금지 / 356
5. 강제저축 등의 금지 / 359
6. 전차금 상계의 금지 / 360

Ⅷ. 선원근로관계의 변동 363

1. 선박소유자의 변경 / 363
2. 근로장소의 변경 / 364

제2절 취업규칙 366

Ⅰ. 의 의 366

1. 취업규칙의 개념 / 366
2. 법적 성질 / 368
3. 취업규칙의 해석 / 370
4. 취업규칙의 적용 범위 / 371

Ⅱ. 취업규칙의 작성 및 신고 372

1. 작성의무자 / 372 2. 기재사항 / 372
3. 작성 형식 / 373 4. 취업규칙의 신고 / 373

Ⅲ. 취업규칙의 작성 · 변경 절차 ······ 374
1. 의견청취의무 / 374 2. 취업규칙의 불이익변경 / 375

Ⅳ. 취업규칙의 감독 ······ 386
1. 의 의 / 386 2. 법령과 취업규칙 / 387
3. 단체협약과 취업규칙 / 388 4. 지방해양수산청장의 변경명령권 / 391

Ⅴ. 취업규칙의 효력 ······ 392
1. 취업규칙의 규범적 효력 / 392 2. 규범적 효력의 내용 / 392
3. 선원근로계약의 내용이 취업규칙의 규정을 상회하는 경우 / 394

Ⅵ. 벌 칙 ······ 394

제3절 선원근로관계의 종료 ······ 395

Ⅰ. 총 설 ······ 395
1. 의 의 / 395 2. 선원근로계약의 해지 / 396
3. 퇴직과 자동소멸 / 401 4. 징 벌 / 407
5. 징계권의 근거 / 408

Ⅱ. 선원근로계약의 해지 등의 제한 ······ 411
1. 해지사유의 제한 / 411 2. 절차적 제한 / 415
3. 해지기간의 제한 / 420 4. 서면통지절차규정의 적용 여부 / 424

Ⅲ. 선원근로계약 해지의 예고 ······ 425
1. 선박소유자의 해지예고 / 425 2. 선원의 해지예고 / 429

Ⅳ. 부당해지 등의 구제 ······ 429
1. 선원노동위원회에 의한 행정적 구제 / 429
2. 법원에 의한 사법적 구제 / 454

Ⅴ. 선원근로계약의 존속 ······ 463
1. 선원근로계약 존속의 의제 / 463 2. 취 지 / 463
3. 효 과 / 464

Ⅵ. 선원근로계약 종료의 특례 ······ 464
1. 의 의 / 464 2. 문제점 / 464

3. 선원법 35조와의 관계 / 465 4. 적용범위 / 466
5. 선원과 구소유자의 법률관계 / 468 6. 선원과 신소유자의 법률관계 / 469

제4절 실업수당 ········ 471

Ⅰ. 의 의 ········ 471
1. 실업수당의 성격과 역할 / 471 2. 구별개념 / 472
3. 어선감척시 실업지원금과의 관계 / 472

Ⅱ. 종 류 ········ 474
1. 법정실업수당 / 474 2. 약정실업수당 / 474

Ⅲ. 성립요건 ········ 475
1. 선원의 귀책사유 없이 선박소유자가 선원근로계약을 해지한 경우 (1호) / 475
2. 선원근로계약에서 정한 근로조건이 사실과 달라 선원이 선원근로계약을 해지한 경우(2호) / 477
3. 선박의 침몰, 멸실, 그 밖의 부득이한 사유로 사업을 계속할 수 없어 선원근로계약을 해지한 경우(3호) / 477
4. 실업수당이 인정되지 않는 경우 / 478

Ⅳ. 내 용 ········ 479

Ⅴ. 형사책임 ········ 479

제5절 송 환 ········ 479

Ⅰ. 의 의 ········ 479

Ⅱ. 송환의무의 발생원인 ········ 480
1. ILO 166호 협약 / 480 2. 선원법의 규정 / 480

Ⅲ. 송환목적지 ········ 481
1. 선원의 거주지 또는 선원근로계약의 체결지 / 481
2. 송환목적지의 선택권자 / 481

Ⅳ. 송환의무의 내용 ········ 482
1. 무상송환 / 482 2. 유상송환 / 483
3. 송환비용 선지급 요구의 금지 / 484

Ⅴ. 선박소유자의 의무와 형사책임 ········· 484
1. 유기구제보험 등의 가입 등 / 484 2. 형사책임 / 489

Ⅵ. 해양수산부장관의 송환 조치 ········· 489
1. 선원의 요청에 의한 송환 / 489
2. 외국 선박에 승선한 외국인 선원의 송환 / 490

제6절 선원명부와 공인 ········· 491

Ⅰ. 선원명부의 작성 · 비치 ········· 491
1. 선원명부의 개념 / 491 2. 선원명부의 목적 / 491
3. 선박소유자의 선원명부 작성 · 비치 의무 / 491

Ⅱ. 선원명부의 공인 ········· 492
1. 의 의 / 492 2. 공인의 법적 성질 / 492
3. 공인신청자 / 495 4. 공인의 관할청 / 495
5. 승선공인 / 495 6. 하선공인 / 499
7. 선원명부의 공인면제 / 499 8. 일괄공인과 예비공인 / 500
9. 공인수수료 / 501

Ⅲ. 선원수첩 또는 신원보증서의 공인 ········· 501
1. 의 의 / 501
2. 선원수첩 등을 제출할 수 없는 경우의 공인신청 / 502
3. 선원수첩멸실시 공인사항등 증명 / 502
4. 귀국 후 선원수첩의 공인 / 502 5. 공인의 면제 / 502

Ⅳ. 공인의 효력 ········· 503

Ⅴ. 해외취업 신고 ········· 503

Ⅵ. 과태료 ········· 503

제7절 선원수첩과 선원신분증명서 ········· 504

Ⅰ. 선원수첩 ········· 504
1. 의 의 / 504 2. 선원수첩의 발급 / 505
3. 선원수첩의 관리와 검사 / 509 4. 선원수첩의 실효 / 509
5. 신원보증서 / 510

Ⅱ. 선원신분증명서 ······ 510
1. 의 의 / 510
2. 발급신청 / 511
3. 발급과 반납 / 511
4. 유효기간 등 / 511
5. 신분증 대리보관 금지 / 512

제 4 장 근로조건

제1절 임 금 ······ 515

Ⅰ. 의 의 ······ 515
1. 임금의 중요성 / 515
2. 임금의 법적 성격 / 515
3. 임금의 개념 / 517

Ⅱ. 임금의 종류 ······ 521
1. 통상임금 / 521
2. 승선평균임금 / 535
3. 통상임금 및 승선평균임금의 조정 / 538
4. 어선원 임금의 특례 / 540
5. 통상임금 소송과 신의칙 / 544

Ⅲ. 임금 지급의 원칙 ······ 545
1. 통화 지급의 원칙 / 545
2. 직접 지급의 원칙 / 546
3. 전액 지급의 원칙 / 547
4. 매월 1회 이상 일정기일 지급의 원칙 / 553
5. 일할계산과 급여명세서의 지급 / 554
6. 형사책임 / 554

Ⅳ. 임금에 관한 선박소유자의 의무 ······ 555
1. 기일 전 지급 / 555
2. 승무 선원의 부상 · 질병 중 임금 / 556
3. 임금대장의 비치 및 기재 / 558
4. 금품 청산 의무 / 558

Ⅴ. 최저임금 ······ 564
1. 해양수산부장관의 임금 최저액 설정 / 564
2. 2025년도 최저임금 / 564
3. 외국인 선원에 대한 차별적 최저임금의 효력 / 566

Ⅵ. 퇴직금제도 ······ 568

1. 의 의 / 568 2. 퇴직금의 법적 성격 / 572
3. 선원법상 퇴직금제도 / 573 4. 퇴직금채권의 보호 / 580
5. 위반의 효과 / 581

Ⅶ. 임금채권의 보호 ········· 581
1. 시효의 특례 / 582 2. 미지급 임금에 대한 지연이자 / 582
3. 선박소유자의 책임제한 배제 / 584 4. 압류의 제한 / 584
5. 임금채권의 보장 / 591 6. 우선변제권 / 598
7. 선박우선특권 / 613 8. 체불선박소유자 명단 공개 / 626
9. 임금등 체불자료의 제공 / 628

제2절 근로시간 ········· 629

Ⅰ. 근로시간법 ········· 629
1. 의 의 / 629 2. 적용범위 / 630

Ⅱ. 기준근로시간 · 실근로시간 · 소정근로시간 ········· 631
1. 기준근로시간 / 631 2. 실근로시간 / 632
3. 소정근로시간 / 634

Ⅲ. 시간외근로 ········· 634
1. 의 의 / 634 2. 당사자 합의에 의한 시간외근로 / 635
3. 선박소유자의 명령에 의한 시간외근로 / 636

Ⅳ. 휴식시간 ········· 637
1. 의 의 / 637 2. 휴식시간의 부여 / 637
3. 휴게시간의 적용여부 / 638

Ⅴ. 단체협약에 의한 근로시간 규율의 특례 ········· 639
1. 의 의 / 639 2. 요 건 / 640

Ⅵ. 부득이한 사유에 의한 시간외근로 ········· 642
1. 의 의 / 642 2. 내 용 / 643
3. 보상휴식 / 643

Ⅶ. 시간외근로수당 ········· 643
1. 의 의 / 643 2. 법내 초과근로 / 644
3. 시간외근로수당의 산정 / 644 4. 포괄임금제 / 645
5. 보상휴식을 부여한 경우 / 647 6. 야간근로수당의 인정여부 / 647
7. 유급휴가의 추가 / 648 8. 형사책임 / 648

Ⅷ. 근로시간 등에 관한 서류 ········· 648
1. 서류의 비치와 기재 / 648 2. 서류 사본의 요청 / 649

Ⅸ. 휴 일 ········· 649
1. 1주간에 1일 이상의 휴일 / 649 2. 휴일근로수당 / 651

Ⅹ. 실습선원의 실습시간 및 휴식시간 등 ········· 652
1. 실습시간과 휴식시간 / 652 2. 휴 일 / 653
3. 부득이한 사유가 있는 경우 / 653 4. 선원실습 운영 지도 및 점검 등 / 653

제3절 승무정원 ········· 654

Ⅰ. 의 의 ········· 654
1. 승무정원제도 / 654 2. 적용범위 / 654

Ⅱ. 자격요건을 갖춘 선원의 승무 ········· 655
1. 항해당직 부원 / 655 2. 특수선박 승무원의 자격요건 / 656
3. 구명정 조종사의 자격요건과 임무 등 / 657
4. 여객안전관리선원 / 659
5. 여객선선장에 대한 적성심사 기준 / 659

Ⅲ. 승무정원의 인정 및 승무정원증서 ········· 660
1. 승무정원의 인정 / 660 2. 승무정원의 유지 및 증감 / 662
3. 승무정원증서 / 663

Ⅳ. 자격요건 및 승무정원의 특례 ········· 663
1. 의 의 / 663 2. 적용대상 / 664
3. 항해당직부원의 자격요건 및 승무정원에 관한 특례 / 664

Ⅴ. 예비원 ········· 664
1. 예비원의 정원 / 664 2. 예비원의 임금 / 665
3. 제외되는 선원 / 665

Ⅵ. 벌 칙 ········· 666

제4절 유급휴가 ········· 666

Ⅰ. 의 의 ········· 666

1. 취 지 / 666　　2. 구별개념 / 667
3. 적용범위 / 667

Ⅱ. 성립요건 ········· 667
1. 8개월간의 계속 승무 / 667　　2. 8개월에 미달하는 경우 / 668

Ⅲ. 유급휴가의 내용 ········· 669
1. 유급휴가의 일수 / 669　　2. 유급휴가 사용일수 / 670
3. 휴가사용의 자유 / 670

Ⅳ. 유급휴가의 부여 ········· 671
1. 부여 시기 / 671　　2. 협의의 법적 성질 / 671

Ⅴ. 유급휴가 수당 ········· 673
1. 유급휴가급 / 673　　2. 유급휴가 근로수당 / 674
3. 유급휴가 대체수당 / 674　　4. 소멸시효 / 675

Ⅵ. 월차휴가 ········· 675

Ⅶ. 어선원의 유급휴가 ········· 675
1. 적용범위와 성립요건 / 675　　2. 유급휴가 일수 / 676
3. 유급휴가 부여방법 / 676　　4. 유급휴가급 / 676
5. 유급휴가의 사용일수 계산 / 676

Ⅷ. 벌 칙 ········· 677

Ⅸ. 감염병의 예방 및 관리에 관한 법률상 유급휴가 ········· 677

제5절 선내 급식 ········· 678

Ⅰ. 선내 급식 의무 ········· 678
1. 의 의 / 678　　2. 법적 성질 / 678
3. 파업과 선내 급식 의무 / 679　　4. 급식위원회 / 679
5. 선원의 권리 / 680

Ⅱ. 선박조리사 ········· 680

Ⅲ. 선내 급식비 ········· 681
1. 의 의 / 681　　2. 법적 성질 / 681
3. 내 용 / 682

Ⅳ. 벌 칙 ········ 682

제6절 안전 · 보건 ········ 683

Ⅰ. 안전 · 보건의 중요성 ········ 683

Ⅱ. 국가의 책임과 의무 ········ 685
1. 선내 안전 · 보건 등을 위한 국가의 책임과 의무 / 685
2. 선내 안전 · 보건 및 사고예방 기준 / 685
3. 직무상 사고등의 조사 / 686　　4. 의료조언 / 686
5. 외국인 선원에 대한 진료 등 / 687

Ⅲ. 선박소유자의 의무 ········ 687
1. 안전운항을 위한 의무 / 687　　2. 안전보건에 관한 의무 / 687
3. 건강진단서에 관한 의무 / 695

Ⅳ. 선원의 권리와 의무 ········ 696
1. 선원의 준수 의무 / 696　　2. 작업거부권 / 696
3. 제복 착용 의무 / 707

Ⅴ. 의료 관련자 ········ 707
1. 의사의 승무 / 707　　2. 의료관리자 / 708
3. 응급처지 담당자 / 710

Ⅵ. 벌 칙 ········ 710
1. 형 벌 / 710　　2. 과태료 / 710

Ⅶ. 어선안전조업법상 어선원의 안전 · 보건 ········ 711
1. 연 혁 / 711　　2. 적용범위 / 711
3. 당사자의 의무 / 713
4. 어선원의 안전 · 보건 및 재해예방 관리체계 / 714

Ⅷ. 중대재해처벌법 ········ 723
1. 의 의 / 723　　2. 중대산업재해 / 724

제7절 연소선원과 여성선원 ········ 729

Ⅰ. 연소선원 ········ 729

1. 의 의 / 729 2. 미성년자의 능력 / 730
3. 사용제한 / 731 4. 근로조건 / 731

Ⅱ. 여성선원 ······ 733
1. 의 의 / 733 2. 사용제한 / 734
3. 생리휴식 / 735 4. 임신 중 여성선원의 보호 / 737
5. 유급휴가 / 741

Ⅲ. 벌 칙 ······ 741
1. 선원법 위반 / 741 2. 근기법 위반 / 741

제 5 장 재해보상

제1절 서 론 ······ 745

Ⅰ. 의 의 ······ 745
1. 재해보상의 필요성 / 745 2. 손해배상제도의 한계 / 746
3. 선원재해보상제도의 개념 / 746

Ⅱ. 연 혁 ······ 746
1. 개 관 / 746 2. 일본 선원재해보상제도의 연혁 / 749
3. 근로자에 대한 재해보상제도의 기원 / 751
4. 우리나라 선원재해보상제도의 연혁 / 752

Ⅲ. 법적 성질 ······ 762
1. 의 의 / 762 2. 일원설 / 762
3. 이원설 / 763 4. 검 토 / 763

Ⅳ. 선원재해보상제도의 개관 ······ 766

제2절 재해보상청구권의 성립요건 ······ 768

Ⅰ. 직무상 재해 ······ 768
1. 의 의 / 768
2. 직무상 재해와 업무상 재해의 동일 여부 / 770

3. 직무수행성 / 781
4. 직무기인성 / 783
5. 선내 재해의 유형별 검토 / 787
6. 선외 재해의 유형별 검토 / 805
7. 직무상 질병 / 813

Ⅱ. 직무외 재해 ········· 818
1. 의 의 / 818
2. 요건사실 / 819
3. 증명책임 / 824
4. 유형별 검토 / 825
5. 승무 중 / 830
6. 선박소유자의 항변사유 / 833

Ⅲ. 양 청구권의 상호관계 ········· 837
1. 소송물의 수 / 837
2. 주위적 · 예비적 청구의 관계 / 837
3. 항소심의 심판범위 / 838

제3절 선원법상 재해보상 ········· 838

Ⅰ. 당사자 ········· 838
1. 재해보상 청구권자 / 838
2. 재해보상 의무자 / 842

Ⅱ. 재해보상의 내용 ········· 844
1. 요양보상 / 844
2. 상병보상 / 848
3. 장해보상 / 850
4. 일시보상 / 854
5. 유족보상 / 856
6. 장례비 / 857
7. 행방불명보상 / 858
8. 소지품 유실보상 / 859

Ⅲ. 다른 급여와의 관계 ········· 860
1. 의 의 / 860
2. 상호보완의 범위 / 861
3. 국민연금과 재해보상의 조정 / 862
4. 선원의 권리 또는 이익의 침해 금지 / 863

Ⅳ. 해양수산관청의 심사와 조정 ········· 863
1. 의 의 / 863
2. 요건 및 절차 / 863
3. 효 과 / 864

Ⅴ. 선원노동위원회의 심사와 중재 ········· 864
1. 의 의 / 864
2. 요건 및 절차 / 865
3. 효 과 / 865

Ⅵ. 재해보상의무 이행의 확보 ········· 865
1. 보험가입의 강제 / 865
2. 재해보상보험등의 해지 제한 등 / 867
3. 벌칙의 제재 / 868

Ⅶ. 재해보상청구권의 효력 ······ 869
1. 최우선변제권 / 869
2. 선박우선특권 / 870
3. 양도 · 압류금지와 수급계좌 / 870
4. 선박소유자의 책임제한 배제 / 871
Ⅷ. 소멸시효 ······ 871
1. 선원법의 규정 / 871
2. 재해보상별 기산방법 / 872
3. 보험금청구권의 소멸시효 / 872
4. 소멸시효 항변과 신의성실 · 권리남용금지의 원칙 / 873

제4절 어선원의 재해보상 ······ 873

Ⅰ. 어재법의 지위 ······ 873
1. 어재법과 선원법의 관계 / 874
2. 어재법과 산재법의 관계 / 874
3. 어재법과 근기법의 관계 / 875
4. 어재법과 농어업인의 안전보험 및 안전재해예방에 관한 법률과의 관계 / 875
Ⅱ. 어재법의 적용범위 ······ 876
1. 어재법 6조의 규정 / 876
2. 어재법이 적용되지 않는 선박 / 876
Ⅲ. 보험관계의 주체 ······ 877
1. 보험가입자 / 877
2. 수급권자 / 884
3. 보험자 / 885
Ⅳ. 보험관계의 성립과 소멸 ······ 886
1. 보험관계의 성립 / 886
2. 보험관계의 소멸 / 888
Ⅴ. 보험급여의 내용 ······ 889
1. 요양급여 / 889
2. 부상 및 질병 급여 / 892
3. 장해급여 / 893
4. 일시보상급여 / 894
5. 유족급여 / 895
6. 장례비 / 897
7. 행방불명급여 / 898
8. 소지품 유실급여 / 899
9. 미지급 보험급여 / 899
Ⅵ. 쟁송절차 ······ 900
1. 보험급여 청구 / 900
2. 심사청구 / 901
3. 재심사청구 / 903
4. 취소소송 / 906
5. 보험금의 지급시기 / 909
Ⅶ. 구상관계 ······ 909

1. 중앙회의 어선소유자에 대한 구상권 / 909
2. 어선소유자의 중앙회에 대한 구상권 / 909
3. 중앙회의 제3자에 대한 구상권 / 910
4. 어선소유자의 제3자에 대한 구상권 / 915

Ⅷ. 보험급여와 다른 청구권의 관계 916
1. 보험급여청구권과 재해보상청구권의 경합 / 916
2. 보험급여와 손해배상의 조정 / 920

Ⅸ. 소멸시효 928
1. 3년 또는 5년의 소멸시효 / 928
2. 보험급여별 기산점 / 928

Ⅹ. 수급권의 보호 928
1. 퇴직으로 인하여 소멸하지 아니함 / 928
2. 양도, 압류의 금지 / 929
3. 물상대위권 / 930

제5절 해외취업선원의 재해보상 930

Ⅰ. 의 의 930

Ⅱ. 유효성 931
1. 아틀란티아호 사건 / 931
2. 검 토 / 932

Ⅲ. 재해보상의 내용 934
1. 선원법상 재해보상의 준용 / 934
2. 요양보상 / 934
3. 상병보상 / 935
4. 유족보상 / 935
5. 장제비 / 936
6. 장해보상 / 936
7. 일시보상 / 936
8. 행방불명보상 / 936
9. 소지품 유실보상 / 937
10. 현지 화장 또는 매장시 특별위로금 / 937
11. 실습선원의 재해보상 / 937

Ⅳ. 다른 급여와의 관계 937

Ⅴ. 해양수산관청의 심사, 조정 938
1. 심사, 조정의 청구 / 938
2. 심사, 조정 / 938

Ⅵ. 선원노동위원회의 심사와 중재 938

Ⅶ. 민사소송 938

1. 재해보상금 청구의 소 제기 / 938　　2. 국제재판관할의 경합 / 939

제6절 손해배상 ········ 943

Ⅰ. 의 의 ········ 943
1. 법률적 구성 / 943　　2. 관 할 / 945

Ⅱ. 손해배상의 범위 ········ 945
1. 소극적 손해 / 945　　2. 적극적 손해 / 957
3. 위자료 / 959　　4. 과실상계 / 961
5. 손익상계 / 969　　6. 소멸시효 / 969

제7절 미국의 선원재해구제제도 ········ 970

Ⅰ. 의 의 ········ 970
1. 선원의 보호 / 970　　2. The Osceola 판결 / 970
3. Jones법의 제정 / 971

Ⅱ. 사후존속소권에 의한 청구와 불법사망소송 ········ 972
1. 의 의 / 972　　2. Jones법에 의한 구제 / 972
3. 일반해사법에 의한 구제 / 974

Ⅲ. 손해배상의 범위 ········ 975
1. 과거의 일실임금 / 975　　2. 장래 예상소득의 상실 / 975
3. 기왕의 치료비와 장래의 치료비 / 977
4. 위자료 / 977
5. 지연손해금 및 기타 관련 문제 / 977

Ⅳ. 소멸시효 ········ 979
1. Jones법상 손해배상청구권의 소멸시효 / 979
2. 불감항성을 이유로 한 손해배상청구권의 소멸시효 / 979
3. 상병요상보상의 소멸시효 / 980
4. 금반언과 형평성의 원칙 / 981

Ⅴ. Jones법에 의한 손해배상 ········ 981
1. 의 의 / 981　　2. 사용자의 의무 / 982
3. 직무상 재해 / 983　　4. 재해의 범위 / 985
5. 사용자의 주의의무와 인과관계 / 986
6. 제1차 의무의 원칙 / 990

Ⅵ. 불감항성으로 인한 손해배상 ········· 991
1. 의 의 / 991
2. 요 건 / 991
3. 내 용 / 993
4. 인과관계 / 994
5. 관련 문제 / 995

Ⅶ. 상병요양보상 ········· 995
1. 의 의 / 995
2. 승무 중일 것 / 997
3. 상병 중 임금 / 998
4. 피고의 항변사유 / 999
5. 상병보상의 내용 / 1001
6. 요양보상의 내용 / 1002
7. 상병요양보상의무의 종기 / 1003
8. 사용자가 상병요양보상을 거부한 경우 법률관계 / 1004

제 6 장 선원정책 · 직업안정 · 교육훈련

제1절 선원정책 ········· 1007

Ⅰ. 선원정책기본계획 ········· 1007
1. 선원정책기본계획의 수립 · 시행 / 1007
2. 선원정책기본계획의 내용 / 1008
3. 선원정책위원회 / 1009

Ⅱ. 선원인력수급관리 ········· 1010

Ⅲ. 선원의 날 ········· 1010

제2절 직업안정 ········· 1011

Ⅰ. 의 의 ········· 1011
1. 직업안정의 중요성 / 1011
2. 국가의 책무 / 1012
3. 직업안정법과 선원법의 관계 / 1013
4. 기본원칙 / 1014

Ⅱ. 선원의 인력확보 및 직업안정업무 ········· 1015

Ⅲ. 구인 · 구직 등록 ········· 1016
1. 구직 등록 / 1016
2. 구인 등록 / 1016
3. 협조 요청 등 / 1016

Ⅳ. 선원공급사업의 금지 ········· 1017
1. 직업소개사업 / 1017　2. 선원공급사업 / 1020
3. 선원파견사업 / 1021

Ⅴ. 금품 등의 수령 금지 ········· 1025
1. 의　의 / 1025　2. 수범자 / 1025
3. 선원 또는 선원이 되려는 사람 / 1025
4. 금품이나 그 밖의 이익의 수령 금지 / 1026
5. 형사책임 / 1026

Ⅵ. 선원관리사업 ········· 1027
1. 의　의 / 1027　2. 선원관리사업자의 법적 지위 / 1027

Ⅶ. 국제협약의 준수 등 ········· 1030
1. 직업안정업무 종사자의 준수의무 / 1030
2. 선박소유자의 준수의무 / 1030

Ⅷ. 불만 제기와 조사 ········· 1031

제3절 교육훈련 ········· 1031

Ⅰ. 선원 등의 교육훈련 ········· 1031
1. 의　의 / 1031　2. 내　용 / 1032
3. 교육훈련과 근로시간과의 관계 / 1032

Ⅱ. 교육훈련의 위탁 ········· 1033

Ⅲ. 교육훈련경비 ········· 1034
1. 경비부담자 / 1034　2. 교육비 등의 감면 / 1034
3. 정부의 보조 / 1034

Ⅳ. 선박직원법과 외국의 지정교육기관 ········· 1035

제4절 한국선원복지고용센터 ········· 1036

Ⅰ. 설　립 ········· 1036

Ⅱ. 구　성 ········· 1036
1. 임직원 / 1036　2. 이사회 / 1037

Ⅲ. 사 업 ··· 1038
1. 사업의 내용 / 1038
2. 국유재산의 대부 등 / 1038
3. 사업계획의 승인 등 / 1039
4. 지도 · 감독 / 1039

제7장 실효성 확보

제1절 감 독 ··· 1043

Ⅰ. 검사와 행정처분 ··· 1043
1. 선원의 근로기준 등에 대한 검사 / 1043
2. 행정처분 / 1043
3. 선원행정처분심의회 / 1047

Ⅱ. 선원근로감독관 ··· 1049
1. 의 의 / 1049
2. 선원근로감독관의 자격과 관할 / 1049
3. 선원근로감독관의 권한 / 1050
4. 선원근로감독관의 의무 / 1053

Ⅲ. 감독기관 등에 대한 신고 ··· 1054
1. 선원의 신고 / 1054
2. 선박소유자의 의무 / 1054
3. 처리 절차 / 1055

Ⅳ. 해양수산관청의 주선 ··· 1056

Ⅴ. 외국에서의 행정관청의 업무 ··· 1056
1. 대한민국 영사의 수행 / 1056
2. 영사의 의무 / 1056
3. 관계 행정기관의 장의 권한과 의무 / 1057
4. 선원의 영사보호제도 / 1057

제2절 항만국통제 ··· 1059

Ⅰ. 서 론 ··· 1059
1. 항만국통제의 의의 / 1059
2. 항만국 통제제도의 기원과 발전 / 1061
3. 항만국통제에 관한 법규 / 1062

Ⅱ. 항만국통제처분 1071
1. 처분청 / 1071　2. 절　차 / 1071
3. 처분의 내용 / 1074　4. 처분의 형식 / 1076

Ⅲ. 항만국통제처분에 대한 불복 1077
1. 의　의 / 1077　2. 통제처분에 대한 이의 / 1077
3. 통제처분취소소송 / 1079
4. 출항정지 재심위원회에 의한 재심제도 / 1086

Ⅳ. 외국 선박의 선원 불만 처리절차 1088

Ⅴ. 외국정부에 대한 협조 1088

제3절 해사노동적합 증서와 선언서 1088

Ⅰ. 의　의 1088

Ⅱ. 적용범위 1089

Ⅲ. 해사노동적합선언서 1089
1. 승인절차 / 1089　2. 내　용 / 1090
3. 해사노동적합증서 등의 선내 비치 등 / 1090

Ⅳ. 인증검사 1090
1. 인증검사의 종류 / 1090　2. 인증검사 기준 / 1091
3. 인증검사 절차 / 1092　4. 해사노동적합증서의 발급 등 / 1092
5. 해사노동적합증서 등의 유효기간 / 1094
6. 불합격 선박의 항해 금지 / 1094

Ⅴ. 해사노동인증검사관 1094
1. 의　의 / 1094　2. 인증검사업무 등의 대행 / 1095

Ⅵ. 인증검사 결과 통지에 대한 이의신청 특례 1097

제4절 보　칙 1098

Ⅰ. 수수료 1098
1. 수수료 납부 의무 / 1098　2. 납부방법 / 1098

Ⅱ. 민원사무의 전산처리 등 ······ 1099

제5절 벌 칙 ······ 1100

Ⅰ. 형 벌 ······ 1100

1. 의 의 / 1100
2. 선장의 권한남용죄 / 1100
3. 해원의 상사 폭행 · 협박죄 / 1103
4. 양벌규정 / 1106

Ⅱ. 과태료 ······ 1107

1. 의 의 / 1107
2. 과태료사건의 토지관할 / 1108
3. 당사자 / 1110
4. 절차의 개시 / 1111
5. 심 리 / 1114
6. 과태료사건의 종결 / 1119
7. 정식재판에 대한 불복절차 / 1124
8. 과태료 재판의 집행 / 1126

■ 판례색인 ······ 1129

■ 사항색인 ······ 1162

범 례

[법령 약어][1)]

약어	법령
법	선원법
시행령	선원법 시행령
시행규칙	선원법 시행규칙
규제법	질서위반행위규제법
근기법	근로기준법
노위법	노동위원회법
노조법	노동조합 및 노동관계조정법
민소법	민사소송법
민집법	민사집행법
산안법	산업안전보건법
산재법	산업재해보상보험법
선직법	선박직원법
어안법	어선안전조업 및 어선원의 안전·보건 증진 등에 관한 법률
어재법	어선원 및 어선 재해보상보험법
중대재해처벌법	중대재해 처벌 등에 관한 법률
직안법	직업안정법
채무자회생법	채무자 회생 및 파산에 관한 법률
해안법	해사안전기본법
행소법	행정소송법

[선원법 관련 참고문헌 약어] (연도순)

약어	참고문헌
신태호	"선원법·동법 시행령 해설 (상)·(중)·(하)", 월간법제 1962년 10/11/12월호

---

1) 법령은 2025. 8. 1. 현재의 법령을 말한다.

송윤근 追條說明 實例・判例 선원법해설, 연합출판사(1975)
서병기 개정 선원법 해설, 한국해사문제연구소(1987)
선원행정사례집 해양수산부(1997)
유명윤 선원법의 문제점과 개선방향에 관한 연구, 한국해양대 법학박사학위논문(1999)
임동철・정영석 해사법규강의(제2판), 학현사(2000)
김경열 선원법 해설, 도서출판 한길(2004)
김동인 선원법(제2판), 법률문화원(2007)

[노동법 관련 참고문헌 약어] (가나다순)

근로기준법 주해 Ⅰ・Ⅱ・Ⅲ(제2판) 노동법실무연구회, 박영사(2020)
김유성 Ⅰ 노동법 Ⅰ, 법문사(2005)
김유성 Ⅱ 노동법 Ⅱ, 법문사(2001)
김지형 근로기준법 해설, 청림출판(2000)
김형배 노동법(제27판), 박영사(2021)
노동조합 및 노동관계조정법 주해 Ⅰ・Ⅱ・Ⅲ(제2판) 노동법실무연구회, 박영사(2023)
노동특수이론 및 업무상재해관련소송 사법연수원(2014)
이철수 노동법, 현암사(2023)
임종률 노동법(제20판), 박영사(2022)

[외국 참고문헌 약어]

藤崎道好 船員法総論(改訂初版), 成山堂書店(1975)
武城正長 海上労働法の研究, 多賀出版(1985)
船員法解釈例規 6訂版, 運輸省 海上技術安全局 船員部 労働基準課 編, 成山堂書店(1994)
松村勝二郎 船員法講義, 成山堂書店(1991)
住田正二 船員法の研究, 成山堂書店(1973)

Aspinall / Moore A Treatise of the Law relative to Merchant Ship & Seamen, 14th Edition, Shaw and Sons, Fetter Lane and Crane Court, E.C.(London, 1901)

Bemm / Lindemann Seemannsgesetz und Manteltarifvertrag für die deutsche Seeschifffahrt Kommentar, 5. neubearbeitete Auflage, Becker Verlag(Uelzen, 2003)

Bubenzer / Noltin/Peetz / Mallach Seearbeitsgesetz Gebundene Ausgabe, C.H. Beck(2015)

Hill Maritime Law, 4th Edition, Lloyd's of London Press Ltd.(1994)

Lindemann Seearbeitsgesetz: Manteltarifvertrag für die deutsche Seeschifffahrt Gebundene Ausgabe, Becker Verlag(Uelzen, 2014)

Norris The Law of Seamen, Vol Ⅰ·Ⅱ·Ⅲ, 4th Edition, West Group(1985)

Robertson / Friedell / Sturley Admiralty and Maritime Law in the United States, Carolina Academic Press(Durham, 2001)

Schelp / Fettback Seemannsgesetz Kommentar, Carl Heymanns Verlag KG(1961)

Schoenbaum Admiralty and Maritime Law, 5th Edition, West Publishing (St. Paul, 2012)

[영문 약어]

2006 MLC	2006 Maritime Labour Convention ILO 통합해사노동협약
EEZ	Exclusive Economic Zone 배타적 경제수역
ILO	International Labour Organization 국제노동기구
IMO	International Maritime Organization 국제해사기구
SOLAS	International Convention for the Safety of Life at Sea 해상에서 인명안전을 위한 국제협약
STCW	The International Convention on Standards of Training, Certification and Watchkeeping for Seafarers 선원의 훈련·자격증명 및 당직근무의 기준에 관한 협약

[판례 인용례]

대법원 2002. 6. 14. 선고 2001다2112 판결(船)[2]

창원지법 2015. 7. 22. 선고 2015노168 판결[3]

헌재 2009. 12. 19. 선고 2008헌바48 결정[4]

---

2) 선원법 관련 대법원 판례 말미에는 (船)이라고 표시한다. 모든 판례는 출처를 표시하지 아니 한다. 선고하지 않고 고지하는 결정은 '대법원 2005. 2. 1.자 2004모542 결정'으로 표기한다. 사건번호가 여러 개인 경우에도 가장 빠른 사건번호 하나만 표기한다.

3) 하급심 법원은 서울고법, 서울행법, 부산지법, 창원지법 통영지원처럼 줄여 쓰되, 법원이 폐지 · 변경된 경우에는 선고 · 결정 당시 법원명을 사용한다.

4) 전원합의부 결정은 위와 같이 표기한다.

제 1 장
총 론

제1절 의 의
제2절 해양노동의 특수성
제3절 선원법의 목적 · 성격 · 지위
제4절 선원법의 적용범위
제5절 선원근로관계와 국제사법
제6절 선원법의 기본원리
제7절 선원노동위원회

제1절 의 의

Ⅰ. 해양의 중요성

우리나라는 3면이 해양[1]으로 둘러싸여 있고 대륙과 연결되는 북으로는 정치적인 이유로 현재까지 자유로운 이동이 사실상 불가능하기 때문에 지정학적으로는 섬처럼 고립되어 있으므로, 교통로 · 해양자원의 원천 · 탐구의 대상으로서 해양은 매우 중요하다.[2] 운송수단별 국제수송 통계를 보면, 해양운송이 여객수송에서 차지하는 비중은 2012년도 5.7%에서 매년 감소하고 있지만 화물수송은 2012년부터 99.7% 이상을 차지하고 있어,[3] 우리나라의 존립과 번영은 해양에 의존하고 있다고 하여도 과언이 아니다. 한 나라의 국력을 구성하는 요소 중 하나가 해양력(sea power)이고,[4] 해양력의 가장 중요한 인적 요소는 선원인데, 위와 같이 중요한 해양을 적절히 이용하기 위해서는 유능한 선원의 존재가 필수적이므로, 선원의 기본적 생활의 보장 · 향상과 선원의 자질향상을 위하여 근기법과는 별도로 선원법이 제정 · 시행되고 있다(법 1조).

---

1) 대한민국의 내수 · 영해 · 배타적 경제수역 · 대륙붕 등 대한민국의 주권 · 주권적 권리 또는 관할권이 미치는 해역과 헌법에 의하여 체결 · 공포된 조약 또는 일반적으로 승인된 국제법규에 의하여 대한민국의 정부 또는 국민이 개발 · 이용 · 보전에 참여할 수 있는 해역을 말한다(해양수산발전 기본법 3조 1호).

2) 이에 따라 우리나라는 해양이 자원의 보고이고 생활의 터전이며 물류의 통로로서 국가경제와 국민생활에 많은 영향을 미치고 있음을 인식하고, 해양산업의 지식화 · 정보화 · 고부가가치화를 위한 환경을 조성하며, 해양자원의 환경친화적이고 지속가능한 개발 · 이용을 추구함으로써 미래세대에게 물려줄 풍요롭고 생명력이 넘치는 해양을 가꾸어 나가도록 함을 기본이념으로 하는 '해양수산발전 기본법'을 제정하여 시행하고 있다. 해양과 경제활동은 해양자원과 경제활동(수산자원과 어업, 광물자원과 그 산업, 잠재적 자원과 그 산업), 해양수송과 교통(해운, 조선), 해양개발 · 건설 · 레저 등으로 나눌 수 있다. 來生新 · 小池勳夫 · 寺島紘士 편집대표, 해양문제입문, 김연빈 옮김, 해양정책연구재단 편, 도서출판 청어(2010), 70-128면.

3) 2022년도 국제여객운송은 19,500천 명이고, 그중 해운운송 0명(COVID 19로 인한 특수한 상황임), 항공운송은 19,500천 명이다. 2022년도 국제화물운송은 1,310,963kt이고, 그중 해운운송은 1,307,643kt, 항공운송은 3,320kt이다. 2024 국토교통통계연보, 677, 684면.

4) 해양력은 인적 요소(선원, 해양기업인, 해군, 항만사업종사자 등), 물적 요소(선박, 항만, 해양산업이 국가경제에서 차지하는 비중, 예산규모 등), 정신적 요소(국민의 해양의 중요성에 대한 인식, 해양인에 대한 존경심, 국가의 해양전략) 등으로 구성된다.

Ⅱ. 해양노동의 역사

1. 선사시대 및 삼한시대

해양활동이 선박을 수단으로 하여 이루어짐은 두 말할 필요가 없다.[5] 현재까지 알려진 가장 오래된 배 관련 흔적으로는 신석기시대에 만들어진 함경북도 서포항 조개무지(BC 3,000년경)에서 출토된 고래뼈로 만든 노가 있고, 경상남도 울주군 대곡리 반구대암각화에는 선사시대의 어로활동을 살펴볼 수 있는데, 작살 맞은 고래, 고래를 잡는 어부 등과 함께 4척의 배가 그려져 있다.

2. 견사항운시대

견사항운시대(遣使航運時代)에는 일본 구법승 엔닌(円仁)의 입당구법순례행기(入唐求法巡禮行記)에 따르면, 엔닌이 847년 당에서 일본으로 귀국할 때 9척의 신라 선박을 이용하였고, 수수(水手)·선두(船頭)·암해자(暗海者)라는 직명이 단편적으로 기록되어 있다.[6]

3. 조운시대

가. 조 역

조선시대 조운(漕運) 활동을 전개한 조선(漕船)에서 선원을 가리키는 말로 격군·역졸·조졸·조군(漕軍) 등의 용어를 사용하였다. 17C경 조군은 선박마다 48명이 배정되어 3윤번으로 나누어 매년 16명씩 승선하였고, 승선하지 않는 2년 중 1년은 조창(漕倉)에서 근무하였으며, 나머지 1년은 생업에 종사하였다. 이들 조역(漕役)은 세습되었고, 다른 일에는 차출하지 못하도록 되어 있었다. 조군을 통솔하고 세곡을 안전하게 운송하도록 하기 위하여 선박 1척당 영선(領船) 1명, 10척당 통령(統領) 1명, 30척당 천호(千戶) 1명을 승선시켰다.[7] 그런데 봉건사회에서는

---

5) 김재근, 우리 배의 역사, 서울대 출판부(1999), 131면.

6) 우리 선원의 역사－상선선원을 중심으로－, 해양수산부·한국해기사협회·한국도선사협회·한국해사재단(2004), 23면.

7) 최완기, 조선후기 선운업사 연구, 일조각(1997), 44면. 한편 조운을 총괄지휘하고 감독하는 자로서 조창마다 배정된 押領萬戶가 있었고, 이들을 통솔하기 위하여 충청도·전라도에 각기 海運判官을 두었

'사역을 할 수 있는 자'와 '사역을 당하는 자'의 신분적 차별을 기정의 원리로 하였기 때문에,[8] 일을 시킨다는 의미에서 역(役)의 관념만이 발달하였다.[9]

나. 사선(私船)에 의한 임운(賃運) 체계

조역은 조군의 역폐, 조역제의 완화와 대립제의 성립, 조군의 유망 등을 이유로 조역변통론을 거쳐 1704년(숙종 30년)에 혁파되었다.[10] 조선 후기 배는 강을 운항하는 강선(江船)과 바다를 운항하는 해선(海船)으로 구분된다. 강선에는 노를 젓는 노선(櫓船), 노가 장착되지 않은 광선(廣船)이 있었고, 해선에는 뱃전이 있는 삼선(杉船), 뱃전이 없는 통선(桶船), 삼선의 종선(從船)인 급수선(汲水船)이나 조난시 대피용으로 사용된 협선(挾船)이 있었다.[11] 삼선에는 항해에 관한 모든 책임을 지는 사공(沙工)과 노를 젓는 격군(格軍)이 승선하였으며, 사공이 익숙하지 않은 지역을 항해할 경우 그 지역 물길에 밝은 사람을 지로사공(指路沙工)이라 하여 동승시켰다.[12] 격군은 노 젓는 일에만 종사한 것이 아니라 사공과는 독립적인 소상인으로 자신의 상품을 지니고 상업활동에 참여하는 경우도 있었다. 그러나 대규모 선상단에서 격군은 임노동자처럼 고가(雇價)를 받고 승선하는 것이 일반적이었는데, 18C 말 격군의 고가는 매월 6전 정도였다.[13]

4. 근대해운시대

통감부는 1908년 법전조사국(法典調査局)을 설치하여 조선의 민사·상사 전반에 걸친 관습을 조사하기 시작하였는데, 법전조사국이 1908~1909년경 발간한 동래군 조사보고서 제2편 상법 제5장 해상[14] 제203항 "선원에 관한 관습은 어떠한가?"라는 항목에는 선원의 근로조건에 관하여 다음과 같이 기술하고 있다.

다. 최완기, 45-46면.

8) "勞心者 治人 勞力者 治於人 治於人者 食人 治人者 食於人 天下之通義也", 孟子 卷五 滕文公 上編.

9) 이정규, 한국법제사, 국학자료원(1996), 235면.

10) 최완기, 59면.

11) 고동환, "조선후기 상선의 항행조건 －영·호남 해안을 중심으로－", 한국사연구 123호(2003. 12), 311면.

12) 고동환, 312면.

13) 同文彙考 元編 續, 嘉慶 6년(1797) 정월 29일(고동환, 316면).

14) 국사편찬위원회 한국사데이터베이스(http://db.history.go.kr/).

1. 선원의 음식물은 수익 중에서 공제한다.
1. 선원의 급료를 월 얼마로 정하지는 않는다. 수익 중에서 배의 비용을 공제한 것을 3분하여 선주가 그 중 2분을 갖고 1분을 선원에게 나누어준다.
1. 수익이 없을 때에는 선주가 선원의 음식료를 댄다.
1. 사공 이외의 선원도 언제든지 사직할 수 있다.
1. 선주가 까닭 없이 선원을 해고하는 등의 일은 없다.
1. 선원을 출항지에서 해고했을 때에는 선적항까지 돌려보낸다.
1. 출항지에서 선원이 사망했을 때에는 사체를 선적항까지 돌려보낸다.
1. 사공 이하의 선원은 선주가 바뀌었을 때에도 계속해서 고용된다. 그렇지만 고용될 권리가 있는 것은 아니다.
1. 선원의 고용 연한을 정하지는 않는다.

5. 선원법시대

일본의 1899년 선원법은 조선선원령(1914. 4. 제령 9호), 조선선원령 시행규칙에 의하여 1914년부터 우리나라에도 적용되었다.[15] 조선선원령(1938. 3. 28. 시행, 칙령 4호)에 의하여 일본의 1937년 선원법은 44조, 45조를 제외하고 조선에 선적항을 가진 일본선박의 선원에 관하여도 적용되었으며, 조선선원령 시행규칙(1938. 3. 조선총독부령 32호)에 의하여 선원법 시행령, 선원법 시행규칙도 적용되었다.[16] 해방 이후에도 한동안 일본 선원법을 의용하였고, 1962. 1. 10. 법률 963호로 제정·시행된 우리나라의 선원법은 일본의 1947년 선원법을 참고한 것이다.

Ⅲ. 선원법의 개념

1. 형식적 의미의 선원법

형식적 의미의 선원법은 1962. 1. 10. 법률 963호로 제정되어 시행된 법률을 말한다. 선원법은 그 후 타법개정을 포함하여 모두 60차례에 걸쳐 개정되었고, 가장 최근의 개정은 2025. 9. 16. 법률 21054호로 개정되어 2026. 3. 17. 시행된 것

15) 이원재, "한국노동법의 전개과정에 관한 일고찰" －일제하와 미군정기를 중심으로－, 서울대 법학석사학위논문(1987), 24면; 우리 선원의 역사, 64-65면.
16) 壺井玄剛, 改正船員法解說, 交通硏究社(1938), 189-192면.

이다. 선원법은 제1장 총칙, 제2장 선장의 직무와 권한, 제3장 선내 질서의 유지, 제4장 선원근로계약, 제5장 임금, 제6장 근로시간 및 승무정원, 제7장 유급휴가, 제8장 선내 급식과 안전 및 보건, 제9장 소년선원과 여성선원, 제10장 재해보상, 제11장 복지와 직업안정 및 교육훈련, 제12장 취업규칙, 제13장 감독, 제14장 해사노동적합증서와 해사노동적합선언서, 제15장 한국선원복지고용센터, 제16장 보칙, 제17장 벌칙 등으로 구성되어 있다.

2. 실질적 의미의 선원법

실질적 의미의 선원법은 해양노동에 관한 법규를 말한다. 즉 근로자로서 선원에 관하여 통일적·체계적으로 개별적 근로관계, 생활관계를 규율하는 법규로서 그 명칭과 형식을 묻지 아니한다. 이는 선원의 근로관계 및 노동관계에 관하여 노동권의 보장이라는 입장에서 규제하는 선원보호법뿐만 아니라, 선원의 생존권보장과 노동의 재생산 확보를 목적으로 하는 권리장전으로서 성격을 아울러 가지고 있다.[17] 여기에는 근기법, 고용보험법, 선박직원법, 선박안전법, 어선법, 어재법, 민법, 상법, 해사노동협약 등이 포함된다.

Ⅳ. 선원법의 연원

선원법의 연원(淵源) 또는 법원(法源, Rechtsquellen)은 법의 존재형식 또는 법을 인식할 수 있는 법이 드러나 있는 모습을 말한다. 선원법의 법원은 실질적 의미의 선원법의 존재형식을 말한다.

1. 헌 법

헌법 32조는 국민의 근로의 권리,[18] 국가의 근로자 고용의 증진과 적정임금의

17) 집단적 노동관계를 제외하는 견해가 일반적이다. 신태호(상), 一; Giesen, "Seearbeitsrecht", Münchener Handbuch Arbeitsrecht, Band 2, Individualarbeitsrecht Ⅱ, C.H. Beck(2009), Rn. 1; 藤崎道好, 1면.

18) 헌법 15조의 직업의 자유 또는 헌법 32조의 근로의 권리, 사회국가원리 등에 근거하여 실업방지 및 부당한 해고로부터 근로자를 보호하여야 할 국가의 의무를 도출할 수는 있을 것이나, 국가에 대한 직접적인 직장존속보장청구권을 근로자에게 인정할 헌법상의 근거는 없다. 헌재 2002. 11. 28. 선고 2001헌바50 결정.

보장 노력의무, 최저임금제 시행의무(1항), 국민의 근로의 의무(2항), 근로조건의 기준은 인간의 존엄성을 보장하도록 법률로 정할 의무(3항), 여자의 근로의 특별한 보호 및 부당한 차별 금지(4항), 연소자의 근로의 특별한 보호(5항) 등을 규정하고 있다. 33조는 근로자의 단결권, 단체교섭권, 단체행동권을 보장하고 있다. 34조 6항은 국가의 재해예방과 그 위험으로부터 국민을 보호하기 위하여 노력할 의무를 규정하고 있다.

2. 법 령

실질적 의미의 선원법, 시행령, 시행규칙이 이에 해당한다. 선원업무 처리지침(해양수산부 훈령 800호), 선원근로감독관 직무취급요령(해양수산부 훈령 277호), 외국인선원 관리지침(해양수산부 고시 2025-33호), 해외취업선원 재해보상에 관한 규정(해양수산부 고시 2015-145호) 등 해양수산부 고시, 훈령도 중요한 기능을 수행한다.

3. 국제조약

가. 헌법 6조 1항

헌법에 따라 체결·공포된 조약은 국내법과 같은 효력을 가진다(헌법 6조 1항). 우리나라가 비준·공포한 ILO, IMO의 협약들이 이에 해당한다.[19]

나. 2006 MLC

ILO는 1920년 이후 특별해사총회를 개최하여 68개의 협약과 권고를 채택하였다. 그러나 ILO가 채택한 협약은 지난 80여년에 걸쳐 특정한 문제와 필요성에 따라 채택되었기 때문에 일관성이 결여되거나 중복된 부분이 많고, 기준을 신속하게 개정하여 최신화하지 못하였다는 비판이 제기되었다. 이에 2006. 2. 23. ILO 총회에서 통합해사노동협약(2006 MLC)을 채택하였다. 위 협약은 전 세계 선복량의

---

19) 국제적으로 통일된 어선원에 대한 노동기준을 규정한 2007년 어선원노동협약(2007 Work in Fishing Convention)은 어선원의 근로조건, 거주설비 및 식량, 산업안전·보건, 의료관리, 사회보장 등 양호한 근로 및 생활 조건을 보장하고 향상하는 데 목적이 있고, 2017. 11. 16. 발효 요건을 충족하였다. 위 협약 비준에 필요성에 관하여는 전영우·김기선·진호현, "어선원노동협약 비준의 필요성과 입법론적 연구", 해사법연구 33권 1호(2021. 3) 참조.

33% 이상을 구성하는 30개국 이상의 회원국이 비준서를 등록한 날부터 12개월 후에 발효하며, 발효일 이후에는 특정 국가가 비준서를 등록한 날부터 12개월 후에 해당 국가에 대하여 협약이 발효된다고 규정하고 있다. 2013. 8. 20. 발효되었고, 우리나라는 2014. 1. 9. 56번째로 비준하여 위 협약은 2015. 1. 9. 국내에서 발효되었다. 위 협약은 본문, 규정, 코드, 부록으로 구성되어 있다.[20]

(1) 본 문

총 16개의 조문으로 구성되어 있으며, 일반적 의무, 용어의 정의 및 적용범위, 기본권 및 원칙, 선원의 고용권 및 사회권, 이행 및 집행 책임, 규정 및 코드 A와 B, 노사단체와 협의, 발효, 폐기, 발효의 효과, 기탁상 임무, 특별3자간 위원회, 협약의 개정, 코드의 개정, 공식 언어 등을 규정하고 있다.

(2) 규정, 코드 A와 B

규정(Regulations), 코드 A(기준, Standards), 코드 B(지침, Guidelines)의 조문은 동일한 번호체계를 사용하고, 조문 번호가 같을 경우 동일한 사안을 강행규정, 강행기준, 권고지침의 수준으로 규정하였다.

(3) 부 록

부록 A5-Ⅰ은 해사노동적합증서를 발급하기 전에 기국이 점검하고 승인하여야 할 선원의 작업 및 생활조건 관련 항목을 열거하고 있다. 부록 A5-Ⅱ는 해사노동적합증서와 해사노동협약 준수 선언서의 모델양식이 제시되어 있다. 부록 A5-Ⅲ는 항만국통제관이 실시하는 세부적 점검을 받아야 할 항목들이 열거되어 있다. 부록 B5-Ⅰ에는 해사노동적합선언서 견본이 제시되어 있다.

4. 단체협약, 취업규칙, 선원근로계약

단체협약, 취업규칙, 선원근로계약, 노동조합 규약은 그 적용을 받는 당사자의 권리·의무를 규율하고 있으므로, 선원법의 법원이 된다.

20) 이윤철, 국제해사협약 이론과 실무, 다솜출판사(2016), 117-121면.

Ⅴ. 외국과 북한의 선원관계법령

1. 영 국

영국은 상선법(Merchant Shipping Act 1995) 제3편에서 선장과 해원(Part III Masters and Seamen)에 관하여 규정하고 있고, 제5편에서 어선(Part V Fishing Vessels)에 관하여 규정하고 있다.[21] 해사노동협약(Maritime Labour Convention)의 규정을 실행하기 위하여 2014. 8. 7.부터 2014년 상선규칙[2014 No. 1613, The Merchant Shipping (Maritime Labour Convention) (Minimum Requirements for Seafarers etc.) Regulations 2014]을 시행하고 있다.[22]

2. 독 일

독일에서는 상법에서 분리되어 1872. 12. 27.에 제정된 선원령(Seemanns-ordnung; RGBl. S. 409)에서 유래된 1902. 6. 2. 선원령(RGBl. S.175)은 1957. 7. 26. 제정되어 1958. 4. 1.부터 시행된 선원법(Seemannsgesetz; BGBl. Ⅱ S.713)으로 발전되었고, 해양노동법(Seearbeitsgesetz: BGBl. I S.868)이 2013. 4. 20. 제정되어 2013. 8. 1.부터 시행되면서 종전 선원법은 폐지되었다.[23]

3. 일 본

일본은 1899년 법률 47호로 선원법을 제정하였다. 그 후 1937년 선원법을 거쳐, 1947. 9. 1. 법률 100호로 제정된 1947년 선원법은 현재까지 시행되고 있는데, 가장 최근 개정은 2025. 6. 1. 법률 68호로 개정된 것이다.

4. 북 한

북한 선원법은 2009. 12. 10. 최고인민위원회 상임위원회 정령 제485호로 채

21) 17~18세기 영국 선원에 관한 연구로는 현재열, “17, 18세기 잉글랜드 선원의 법적 지위 변화”, 역사와 세계 60집, 효원사학회(2021. 12), 277－307면이 있다.

22) http://www.legislation.gov.uk/uksi/2014/1613/pdfs/uksi_20141613_en.pdf(2017. 10. 1. 최종 방문).

23) Lindemann, S.119.

택되었고, 2015. 5. 6. 정령 제498호로 수정보충되었으며, 총 6장, 65개의 조문으로 구성되어 있다. 이하에서는 북한 선원법에 관하여 법조문을 중심으로 간략하게 살펴본다.

가. 선원법의 기본

(1) 선원법의 사명

북한 선원법은 선원의 양성과 등록, 기술자격심사에서 제도와 질서를 엄격히 세워 선원대열을 튼튼히 꾸리며 배의 관리와 항해를 성과적으로 보장하는데 이바지하는 것을 사명으로 한다(1조).

(2) 선원의 구분 및 선원의 책임성과 역할제고원칙

선원은 배 관리의 주인이며 항해의 직접 담당자이다(2조 1문). 국가는 선원의 책임성과 역할을 높여 그들이 항해와 배 관리에 주인답게 참가하도록 한다(6조). 선원근로계약을 체결하고 종속근로관계에 있는 자본주의 체제에서의 선원과는 달리, 북한의 선원은 인민주권주의사상에 기초하여 배 관리의 주인이라고 선언하고 있다. 선원은 지휘선원과 일반선원으로 구분한다(2조 2문).

(3) 교류와 협조원칙

국가는 선원의 양성과 등록, 기술자격심사분야에서 국제기구, 다른 나라들과의 교류와 협조를 발전시킨다(7조). 북한은 1986년에 IMO에 가입하였다.

(4) 선원법의 적용대상

북한 선원법은 배 운영기관, 기업소, 단체와 선원양성 및 등록, 기술자격심사기관, 선원에게 적용하고, 북한 수역에 들어온 다른 나라 배와 선원에게도 적용한다(8조).

나. 선원의 양성

(1) 선원의 양성원칙

선원양성은 능력있는 선원을 전망성 있게 키워내는 중요한 사업이다. 국가는 선원양성을 위한 교육과 훈련체계를 정연하게 세우고 그 질적 수준을 부단히 높이도록 한다(3조).

(2) 선원양성기관

선원양성은 해당 전문교육기관과 선원양성소 또는 훈련소 같은 선원양성기관에서 한다. 선원양성기관에서 교육 또는 훈련을 받지 않고는 선원이 될 수 없다(9조).

(3) 선원양성의 질적 수준 보장

선원양성은 선원양성의 질관리체계를 바로 세우고 교육 또는 훈련수준을 끊임없이 높여 항해와 배 관리임무를 원만히 담당 수행할 수 있는 선원을 전망성 있게 계획적으로 양성하여야 한다. 선원양성의 질관리체계는 중앙해사감독기관의 인증을 받아야 한다(10조).

(4) 전문교육기관의 교육

해당 전문교육기관은 항해와 배의 기관, 전기설비, 무선통신 같은 전문부문의 교육을 위한 과정안을 현실발전의 요구에 맞게 작성하고 선진적인 교수 방법을 받아들여 쓸모있는 전문가들을 더 많이 양성하여야 한다(11조).

(5) 선원양성소 또는 훈련소의 운영

해당 배 운영기관, 기업소, 단체는 선원훈련을 위하여 선원양성소 또는 훈련소 같은 것을 운영할 수 있다. 이 경우 해당기관의 승인을 받아야 한다(12조).

(6) 선원양성소 또는 훈련소의 임무

선원양성소 또는 훈련소를 운영하는 기관, 기업소, 단체는 선원훈련시설과 설비를 충분히 갖추고 훈련의 목적과 대상의 특성에 맞게 훈련내용과 방법을 바로 정하며 훈련생에게 항해와 배 관리 임무를 원만히 수행할 수 있는 지식과 동작을 실속 있게 배워주어야 한다(13조).

(7) 선원훈련구분과 대상

선원훈련은 기초안전훈련과 전문훈련으로 구분하여 진행한다. 선원에 대한 기초안전훈련과 전문훈련기준은 중앙해사감독기관이 정한데 따른다(14조).

(8) 실 습

선원양성기관은 실습시설과 설비를 갖추고 실습을 통한 교육 또는 훈련을 정상적으로 조직하여야 한다. 해당 기관, 기업소, 단체는 선원양성에 필요한 실습조건을 충분히 보장해 주어야 한다(15조).

(9) 배에서의 선원훈련

배 운영기관, 기업소, 단체는 배에서의 훈련을 정기적으로 진행하여야 한다. 이 경우 훈련정형을 훈련기록부에 기록하여야 한다(16조).

(10) 선원훈련교원 및 지도선원의 자격

배 운영기관, 기업소, 단체의 선원양성담당일군과 선원양성소 또는 훈련소의 교원과 배의 훈련지도선원은 해당 자격을 갖추어야 한다. 해당한 자격을 갖추지 않고는 선원훈련을 줄 수 없다(17조).

(11) 선원훈련평가신청

훈련을 받은 선원은 주기적으로 해사감독기관의 훈련평가를 받아야 한다. 이 경우 해당 배 운영기관, 기업소, 단체는 선원훈련평가신청문건을 만들어 해사감독기관에 내야 한다(18조).

(12) 선원훈련평가와 증서발급

해사감독기관은 선원훈련평가신청에 따라 해당 선원에 대한 훈련평가를 진행하고 합격된 선원에게 선원훈련증서를 발급하여야 한다. 국제항해 중에 있는 배의 선원이 선원훈련증서의 유효기간이 지났으나 훈련평가를 받지 못하였을 경우에는 그에게 유효기간이 제한된 선원훈련증서를 발급할 수 있다. 선원훈련증서의 유효기간은 대상에 따라 중앙해사감독기관이 정한다(19조).

다. 선원의 등록

(1) 선원의 등록원칙

선원등록을 바로 하는 것은 해사감독기관의 기본임무이다. 국가는 선원등록을 엄격히 하도록 한다(4조).

(2) 선원등록기관

선원등록은 해사감독기관이 한다. 해사감독기관은 선원등록기준과 절차를 바로 정하고 선원등록을 엄격히 하여야 한다(20조).

(3) 선원등록신청

선원등록의 신청은 해당 배 운영기관, 기업소, 단체가 한다. 선원을 등록하려는 배 운영기관, 기업소, 단체는 선원등록신청문건을 만들어 해사감독기관에 내야 한다. 선원등록신청문건에는 해당 선원의 신분관계, 경력, 교육 또는 훈련을 받은 정형, 기술자격소유정형 같은 것을 구체적으로 밝혀야 한다(21조).

(4) 선원등록심의기간

해사감독기관은 선원등록신청문건을 접수한 날부터 7일안으로 심의하고 선원등록을 승인하거나 부결하여야 한다. 이 경우 선원등록심의결과를 선원등록을 신청한 배 운영기관, 기업소, 단체에 제때에 알려주어야 한다(22조).

(5) 선원등록심의자료요구

해사감독기관은 선원등록심의에 필요한 자료를 선원등록을 신청한 배 운영기관, 기업소, 단체에 요구할 수 있다. 선원등록을 신청한 배 운영기관, 기업소, 단체는 해사감독기관이 요구하는 자료를 제때에 보장하여야 한다(23조).

(6) 선원등록심의결과에 대한 의견제기 및 처리

선원등록심의결과에 의견이 있는 배 운영기관, 기업소, 단체는 선원등록결과를 통지받은 날부터 7일 안에 해사감독기관에 의견을 제기할 수 있다. 해사감독기관은 제기된 의견을 심의하고 해당 배 운영기관, 기업소, 단체에 제때에 알려주어야 한다(24조).

(7) 선원등록

해사감독기관은 등록이 승인된 선원을 선원등록부에 정확히 등록하여야 한다. 선원은 5년에 한 번씩 재등록하여야 한다(25조).

(8) 선원증의 발급

해사감독기관은 등록된 선원에게 선원증을 발급하여야 한다. 이 경우 대상에 따라 국제항해하는 배의 선원과 국내항해하는 배의 선원을 구분하여 해당한 선원증을 발급하여야 한다. 국제항해하는 배의 선원에게 발급한 선원증은 북한 여권을 대신한다. 선원증의 유효기간은 5년이다(26조).

(9) 다른 나라 선원에게 선원신분확인증서의 발급

북한 배에 승선하려는 다른 나라 선원은 해사감독기관으로부터 선원신분확인증서를 발급받아야 한다. 이 경우 해당 나라에서 발급한 선원증과 선원기술자격증, 선원훈련증서가 있어야 한다(27조).

(10) 선원등록의 변경 · 삭제

(i) 기관, 기업소, 단체의 명칭 또는 소속이 달라졌을 경우, (ii) 선원의 직무가 달라졌을 경우, (iii) 선원이 해임되었거나 사망하였을 경우에는 선원등록을 변경하거나 삭제한다(28조).

(11) 선원증의 재발급

(i) 선원증을 분실하였을 경우, (ii) 선원증이 오손되었을 경우, (iii) 선원증의 유효기간이 지났을 경우, (iv) 선원증의 변경등록란을 다 썼을 경우에는 선원증을 재발급받는다(29조).

(12) 선원증의 반환

해당 배운영기관, 기업소, 단체는 선원이 사망하였거나 해임되었을 경우 30일 안으로 선원증을 해사감독기관에 바쳐야 한다. 선원증을 재발급 받을 경우에는 낡은 선원증을 바쳐야 한다(30조).

라. 선원의 기술자격심사

(1) 선원의 기술자격심사원칙

국가는 선원기술자격심사질서를 바로 세우고 기술자격심사에서 과학성과 객관성을 보장하도록 한다(5조).

(2) 선원기술자격심사기관, 선원기술자격구분

선원기술자격심사는 해사감독기관이 한다. 해사감독기관은 선원기술자격기준과 선원기술자격시험응시기준을 바로 정하고 선원기술자격심사를 엄격히 하여야 한다. 선원기술자격은 국내항해배와 국제항해배의 선원기술자격으로 구분한다(31조).

(3) 선원기술자격급수와 배길안내사자격급수

선원자격기술급수는 (i) 항해부문; 항해 1급-6급, (ii) 기관부문; 기관 1급-6급, (iii) 무선통신부문; 무선통신사, 무선수, 세계해상조난안전체계 일반운영사, (iv) 전기부문; 전기사로 나눈다(32조). 배길안내사자격급수는 배길안내사 1급, 배길안내사 2급, 보조배길안내사로 나눈다(33조).

(4) 해사감독기관의 선원기술자격심사조직임무

해사감독기관은 선원기술자격심사계획을 바로 세우고 심사기관과 기술자격시험방향을 해당 배 운영기관, 기업소, 단체에 통지하며 선원기술자격심사성원을 능력있는 일군으로 선정하고 선원기술자격시험문제를 준비하여야 한다(34조).

(5) 선원기술자격심사의 신청

선원기술자격심사신청은 해당 배 운영기관, 기업소, 단체가 한다. 선원의 기술자격심사를 받으려는 배 운영기관, 기업소, 단체는 선원기술자격심사를 하기 15일전으로 해당 신청문건을 만들어 해사감독기관에 내야 한다(35조).

(6) 선원기술자격심사의 구분

선원기술자격심사는 제자리급수심사, 올라가는 급수심사로 구분하여 한다(36조).

(7) 선원기술자격심사

해사감독기관은 선원기술자격심사를 진행하고 해당자격을 승인하거나 부결하는 결정을 하여야 한다. 선원기술자격심사결과는 15일안으로 해당 배 운영기관, 기업소, 단체에 알려 주어야 한다(37조).

(8) 선원기술자격심사위원회의 조직

해사감독기관은 선원기술자격심사를 위하여 비상설로 선원기술자격심사위원회를 조직할 수 있다. 선원기술자격심사위원회는 해당 전문일군들을 망라시켜야 한다(38조).

(9) 선원기술자격증의 발급

해사감독기관은 선원기술자격심사에서 합격된 선원에게 해당 선원기술자격증을 발급하여야 한다. 선원기술자격증의 유효기간은 5년이다(39조).

(10) 선원기술자격증의 재발급

선원기술자격증을 분실하였거나 오손시켰을 경우에는 선원기술자격증을 재발급 받는다. 이 경우 해당 배 운영기관, 기업소, 단체는 선원기술자격증 재발급신청문건을 만들어 해사감독기관에 내야 한다(40조).

(11) 다른 나라 선원의 기술자격증 또는 보증서 발급

해사감독기관은 선원양성, 자격증명 및 당직기준에 관한 국제협약에 따라 다른 나라 선원에게 북한의 선원기술자격증, 선원훈련증서를 발급하거나 해당 나라에서 발급한 선원기술자격증을 인정하는 보증서를 발급할 수 있다(41조).

(12) 임시선원기술자격증의 발급

국제항해하는 배의 항차 중에 사망, 급병 같은 이유로 지휘선원이 결원되었을 경우 그 직무에 한 급 낮은 직무를 가진 지휘선원을 임시배치할 수 있다. 해사감독기관은 임시배치하려는 지휘선원의 기술자격이 한 급 낮을 경우 그에게 유효기간이 6개월 이하의 해당한 임시선원기술자격증을 발급하여 줄 수 있다. 선장, 기관장, 무선통신사의 직무에는 유효기간이 3개월 이하 간의 임시선원기술자격증을 발급한다(42조).

(13) 지휘선원의 자격

지휘선원은 배의 톤수와 기관출력에 따르는 항해, 기관, 무선통신, 전기부문의 해당 선원기술자격을 가져야 한다(43조).

마. 선원의 임무

(1) 선원의 일반임무

선원은 자기가 맡은 임무에 정통하며 그것을 책임적으로 수행하여야 한다(44조).

(2) 선 장

선장은 배의 총책임자이다. 선장은 선원과 여객, 배관리, 항해에 대한 지휘권과 통제권을 행사하며 배에 있는 인원 및 재산보호, 배의 안전항해보장, 해상환경보호책임을 진다(45조).

(3) 부선장

부선장은 갑판부문의 책임자이며 선장의 1 대리인이다. 부선장은 항해 및 정박당직, 배관리, 화물수송과 관련한 사업을 조직 집행한다. 부득이한 사정으로 선장이 자기 임무를 수행할 수 없을 경우에는 그 대리임무를 수행한다(46조).

(4) 항해사

항해사는 배의 안전항해와 해상환경보호, 담당설비에 대한 관리사업을 책임지고 진행한다. 부선장이 없을 경우에는 그 대리임무를 수행한다(47조).

(5) 기관장

기관장은 기관부문의 책임자이다. 기관장은 기관부문의 설비와 갑판부문 기계설비에 대한 관리운영사업을 책임지고 조직지휘한다(48조).

(6) 부기관장

부기관장은 기관부문의 부책임자이며 기관자의 1 대리인이다. 부기관장은 기관부문이 항해 및 정박당직과 기관정비사업을 조직집행하며 담당한 설비에 대한 관리운영과 정비를 책임진다(49조).

(7) 기관사

기관사는 기관장의 지시 밑에 담당한 설비의 관리운영과 정비를 하며 기관의 정상운영을 보장한다(50조).

(8) 전기사

전기사는 배의 전기설비에 대한 관리운영을 책임진다. 전기사는 기관장의 지시를 받는다(51조).

(9) 무선통신사

무선통신사는 배 업무통신과 조난통신을 원만히 보장할 책임을 진다. 무선통신사는 선장의 지시를 받는다(52조).

(10) 갑판장

갑판장은 갑판원의 책임자이다. 갑판장은 갑판장의 작업을 조직하며 선체와 갑판구조물을 비롯한 갑판설비와 기공구, 비품을 관리할 책임을 진다(53조).

(11) 갑판원

갑판원은 갑판장의 지시 밑에 화물과 갑판설비를 관리하며 갑판에서 제기되는 작업을 수행한다(54조).

(12) 조기장

조기장은 조기원의 책임자이다. 조기장은 조기원의 작업을 조직하며 기관부문의 설비에 대한 정비와 자재관리를 책임진다(55조).

(13) 조기원

조기원은 조기장의 지시 밑에 기관부문의 설비운영과 정비를 한다(56조).

(14) 기타 선원

의사는 배의 위생관리와 선원의 건강을 책임진다. 후방부문의 선원은 후방사업과 생활상 편의보장사업을 책임진다(57조).

(15) 당직근무

선원은 정해진 당직기준에 따라 항해 및 정박당직근무를 책임적으로 수행하여야 한다. 당직기준을 정하는 사업은 해사감독기관이 한다(58조).

바. 선원사업에 대한 지도통제

(1) 선원사업에 대한 지도

선원사업에 대한 지도는 내각의 통일적인 지도 밑에 해당 중앙기관이 한다. 해당 중앙기관은 현실발전의 요구에 맞게 선원사업에 대한 지도를 개선 강화하여야 한다(59조).

(2) 배 운영기관, 기업소, 단체에서 지켜야 할 요구

배 운영기관, 기업소, 단체는 선원사업과 관련하여 (i) 선원양성기관의 교육 또는 훈련을 받고 해당한 증서를 갖춘 선원을 승선시키며 선원기술자격 소유 정도와 능력에 맞게 적합한 임무를 주어야 하고, (ii) 정해진 최소안전 정원기준과 의료기준에 맞게 선원을 승선시켜야 하며, (iii) 노동안전, 노동보호대책을 엄격히 세우며 선원에게 휴식과 문화 생활조건을 충분히 보장해 주어야 하고, (iv) 선원의 기술기능수준을 체계적으로 높이기 위한 대책을 세워야 하며, (v) 선원의 경력, 교육 또는 훈련을 받은 정형, 신체검사정형, 자격증소유정형 같은 필요한 자료를 보관하여야 한다(60조).

(3) 선원생활조건에 맞는 배 설계 및 건조

해당 기관, 기업소, 단체는 배를 설계하거나 건조, 개조하는 경우 침실, 식당을 비롯한 생활시설을 선원생활에 불편이 없도록 하여야 한다(61조).

(4) 선원사업에 대한 감독통제

선원사업에 대한 감독통제는 중앙해사감독기관과 해당 감독통제기관이 한다. 중앙해사감독기관과 해당 감독통제기관은 선원사업과 관련한 국가의 정책집행정형을 정상적으로 감독 통제하여야 한다(62조).

(5) 다른 나라 배 선원의 검열

해사감독기관은 북한 수역에 들어온 다른 나라 배의 선원에 대하여 선원양성, 자격증명, 당직기준에 관한 국제협약에 따르는 증서 또는 자격증소지정형과 선원양성, 자격증명, 당직기준에 관한 국제협약이 정한 수준의 지식과 능력을 갖춘 정형을 검열할 수 있다. 검열 결과 결함이 나타났을 경우에는 그것을 퇴치할 때까지

항해를 중지시킬 수 있다(63조).

(6) 행정적 책임

(i) 선원등록신청을 거짓으로 하여 선원등록사업에 혼란을 조성하였을 경우, (ii) 선원등록, 선원훈련평가, 선원기술자격심사를 무책임하게 하였거나 선원증, 선원기수자격증, 선원훈련증을 비법적으로 발급하였을 경우, (iii) 선원증이 없는 인원을 배에 승선시켰을 경우, (iv) 선원기술자격급수에 맞지 않게 임무 분담을 하여 사고를 일으켰을 경우, (v) 당직근무를 무책임하게 수행하여 사고를 일으켰을 경우, (vi) 최소안전정원기준을 어겨 배의 안전항해에 지장을 주었을 경우, (vii) 선원증, 선원기술자격증, 선원훈련증을 위조하였거나 유효기간이 지난 증서를 가지고 항해하였을 경우, (viii) 배설계와 건조, 개조를 무책임하게 하여 선원생활에 불편을 조성하였을 경우에는 기관, 기업소, 단체의 책임있는 일군과 개별적 공민에게 정상에 따라 해당한 행정처벌을 준다(64조).

(7) 형사적 책임

법 64조의 행위로 엄중한 결과를 일으켰을 경우에는 기관, 기업소, 단체의 책임있는 일군과 개별적 공민에게 형법의 해당 조문에 따라 형사적 책임을 지운다(65조).

제2절 해양노동의 특수성

I. 의 의

전통적으로 선원의 근로는 어렵고 매우 위험하며, 선원은 가정에서 오랫동안 떨어져서 생활하여야 하고 해양고유의 위험에 노출되어 있다.[24] ILO도 해운산업의 특수성으로 말미암아 육상산업의 근로조건을 그대로 받아들이기에는 적합하

24) Schoenbaum, 221면.

지 아니하다는 이유로, 선원문제를 다루기 위하여 10년마다 해사총회(Maritime Sessions of the Conference)를 개최하였고, 2006년 해사노동협약이 발효된 이후에는 위 협약 13조에 의하여 설치된 3당사자 특별위원회(Special Tripartite Committee)에서 선원문제를 다루도록 하였다.

해사관계의 협약·권고는 해사기술준비회의(Preparatory Technical Maritime Conference)에서 토의·채택한 다음, 합동해사위원회(Joint Maritime Commission)에서 집행이사회에 건의하고 해사총회에 제출하도록 하였다. 이는 육상노동과는 다른 해양노동의 특수성을 반영한 것이다. ILO는 1920. 6. 15. 국내선원법전의 작성에 관한 권고(Recommendation concerning the Establishment of National Seamen's Code, 9호)를 채택하였고, 우리나라도 일반근로자의 근로관계를 규율하는 근기법과는 별도로 선원법을 제정하였는데, 근로자의 기본적 생활을 보장·향상시키기 위하여 근기법이 제정되어 있음에도 선원법이 별도로 존재하는 이유는 이러한 해양노동의 특수성 때문이다.[25]

Ⅱ. 인정 여부

해양노동의 특수성을 인정하는 것이 종래의 다수설이나, 선원법에 근로자보호를 침해하는 요소를 정당화하는 근거로 특수성이 남용된다는 이유로 이를 부정하는 견해도 있다.

1. 부정설[26]

현대의 선박은 대형화·현대화·전자장비화로 점차 선박의 위험성이 낮아지고 있어 과거와 같이 해양노동이 육상보다 현저히 위험한 것은 아니며, 더 이상 고립·격리된 외로운 상태에서 업무를 수행하는 것이 아니다. 즉 선박이 대형화·현대화되고, 무선설비 비치가 강제되며, 인공위성을 이용한 전화·팩스 등 새로운 현대식 통신체제가 구비됨으로써 해양노동의 위험성과 격리성은 과거에 비해 현저히 감소된 반면, 산업의 다양화로 육상노동에서도 과거에는 엄두도 낼 수

25) 김경열, 8면; 선원법은 국제적 통일성, 진보적 경향을 지닌다는 견해로는 藤崎道好, 14-16면.
26) 照井敬, 船員法がわかる本, 成山堂書店(1998), 2면.

없었던 지하철 · 원자로 · 생화학 등 특수한 분야가 발생하여 위험성이 가중되고 있으므로, 해양분야만을 업무상 특수성이 있는 것으로 분류하여 특별한 영역으로 취급하는 것은 형평성에 어긋난다.

2. 긍정설

우리나라의 학설[27]과 판례,[28] 선원행정실무[29]는 해양노동의 특수성을 긍정하고 있다. 그 내용은 아래에서 보는 바와 같이 다양하지만, 그 핵심은 위험성과 고립성에 있다는 점은 모든 견해에 공통되고 있다.

3. 검 토

아래에서 살펴보는 바와 같이 기술의 발달로 인하여 위험성이 과거보다 줄었다고는 하나, 여전히 해양고유의 위험에 독자적으로 대처해야 한다는 것에는 변함이 없으므로, 긍정설이 타당하다.

해양노동의 특수성의 의의로는 (i) 근기법이 존재할 때도 선원법이 존재하는 선원법의 독자성,[30] (ii) 선원근로계약의 성립의 특례(선원에게 일정한 자격을 요구하는 점, 선원근로계약의 신고, 승선 · 하선의 공인제도의 설정, 선원수첩의 교부 등), (iii) 선원근로계약의 존속의 특례(법 35조), (iv) 선원근로계약의 종료의 특례(법 37조), (v) 선원의 근로조건이 일반근로자와는 구별되는 점(근로시간 외에 승무정원도 규정하고 있는 점, 유급휴가의 일원화 및 요건의 완화, 송환의무 등), (vi) 재해보상제도의 확대(직무외 재해의 보상), 보장의 강화(소지품유실보상, 행방불명보상 등), (vii) 선장에게 광범위한 선박권력의 부여 등의 근거가 되는 점을 들 수 있다.

27) 구창회, "선원법상 선원근로자 보호의 문제점과 개선방안", 고려대 석사학위논문(2012), 47면; 김교숙, "선원법의 문제점과 개정방향", 해사법연구 18권 1호(2006. 3), 122면; 김동인, 79면; 오문완, "선원의 근로관계 －그 총론적인 검토를 위하여－", 노동법학 15호(2002. 12), 24-25면; 유명윤, 30-32면.

28) 대법원 2002. 10. 17. 선고 2002다8025 전원합의체 판결(船).

29) 부산선노위 1988. 11. 21, 선원행정사례집, 151-152면.

30) 해양노동의 특수성은 근기법에 대한 선원법의 독자성의 근거가 되므로, 이를 이유로 선원법을 통하여 선원을 일반근로자보다 더욱 더 두텁게 보호하는 것을 정당화시킬 수 있으나, 선원법상 근로기준이 근기법상 근로기준보다 하회하는 것을 반드시 정당화시키는 것은 아니다. 유명윤, 29면.

Ⅲ. 내 용

1. 선박공동체론

선원들은 선장을 항해지휘자로 하는 유기적인 조직체를 조직하여 그 조직체계 속에서 맡은 바 임무를 수행함으로써 근로를 제공한다는 의미에서 하나의 공동체를 구성하며, 그 공동체가 존재하는 장소인 선박이 바다를 항해하는 인공적인 구조물인 점에서 선박공동체(Schiffsbetriebs)라 할 수 있다. 이는 일반사회에서 격리된 채 바다를 항해하는 고립공동체, 해양의 위험과 조우할 수 있는 위험공동체(Gefahrengemeinschaft), 폐쇄공간인 선박에서 함께 생활하는 생활공동체(Lebensgemeinschaft)를 구성한다.[31)]

이를 자세히 설명하면, 첫째, 해양노동의 장소인 선박은 해양위험에 처했을 때 홀로 대처할 수밖에 없는 존재이므로(獨力抗爭), 해양노동은 고립무원(孤立無援)의 위험공동체 속에서 이루어진다. 둘째, 해양노동은 일반사회로부터 유리된 선박을 중심으로 하는 생활공동체에의 가입을 예정한다. 셋째, 해양노동은 선원을 포함한 여러 사람의 목숨과 재화의 안전에 밀접하게 관련되어 있어 선박공동체의 안전의 확보라는 사회적 요청에 부응하여야 한다.[32)]

---

31) Bubenzer/Noltin/Peetz/Mallach, S.499; 武城正長, 62-74면. 부산선원노동위원회는 1988. 11. 21. "해양노동은 바다라는 위험한 해상환경 속에 생활과 직장이 놓여 있고(해상위험성), 선박이라는 철물구조의 좁고 밀폐된 인위적 폐쇄공간을 생활과 작업장으로 이용하고 있으며(공간의 폐쇄성), 근로의 성질상 인간이 사회인으로서 갖추어야 할 기본적인 터전인 가정생활과 분리되어 있고(가정분리성), 자연적 위험과 인위적 위험에서 탈출할 수 없는 상태하에 있으며(해상고립성), 하시라도 직무에 투입될 위치에서 생활하여야 하고 생활할 수밖에 없는(광의의 직무항시수행성) 특성을 가지고 있다."고 판시하였다[선원행정사례집, 151-152면]. 해양노동의 개별적 노사관계의 특수성으로 승무근로, 장기의 승무근로, 노동력의 유동화, 노동력의 stock과 flow의 괴리, 위험한 직장환경, 비위생적인 직장환경, 선원노동능력의 조기 소모를 드는 견해로는 武城正長, 33-39면. 한편 선박공동체론에 대하여 (i) 현상과 본질의 혼동, (ii) 근대법질서와 합치되지 아니함, (iii) 특별한 근로자보호법의 부정, (iv) 선주의 안전보호의무의 면제, (v) 무상근로 · 강제근로의 합리화, (vi) 선주의 근로계약해제권, 임금을 정하는 방식, 시간외 근무명령, 시간외 근로의 예외, 징계 등 선원법과 합치하지 아니하는 규정의 존재 등을 이유로 비판적인 견해를 취하는 입장이 있다(武城正長, 74-80면).

32) 오문완, 10면.

2. 선원노동의 특수성[33)]

가. 일반적 특수성

본원적 특수성으로는 (i) 교통로 · 근로환경으로서 위험한 해양, (ii) 선원근로의 자기완결성, (iii) 선원의 장기직장구속(離家庭性, 離社會性) 등이 있다.

개별적 특수성으로는 (i) 다종다양한 작업(일상적 작업, 비일상적 작업, 돌발적 작업, 잠재적 작업)과 그 다기다양한 발생, (ii) 광범다기한 지식과 기능, (iii) 야간근로와 변칙근로의 상태성(常態性), (iv) 노동력재생산의 불완전성, (v) 노동력재생산비용의 고액성 등이 있다.

나. 구체적 특수성

선원노동은 자본 · 임노동관계라는 성격을 지니고 있다. 해운자본의 특수성으로는 (i) 선원에 대한 지휘 · 감독의 곤란성, (ii) 생산 · 작업관리의 곤란성, (iii) 분쟁대항수단의 제약성, (iv) 선원에 의존한 비용의 절약, (v) 선원근로의 수시적인 취득성, (vi) 선원조달의 곤란성과 용이성, (vii) 노사관계관리에의 높은 의존성 등이 있다.

선원의 특수성으로는 (i) 노동력의 격심한 소모, (ii) 노동력재생산의 불완전성의 강화, (iii) 해난 · 산업재해 · 질병의 다발성, (iv) 고용의 단속(斷續)과 불완전성 등이 있다.

3. 노동행위의 본질적 특수성과 평가적 특수성[34)]

노동행위의 본질적 특수성에는 근로의 장소(생활공동체, 위험공동체, 고립공동체), 근로시간과 강도, 근로의 환경 등이 있다. 노동행위의 평가적 특수성에는 근로의 대가인 임금에 대한 평가와 해양노동에 대한 사회적 평가 등이 있다.

4. 검 토

위에서 살펴본 해양노동의 특수성에 관한 논의는 모두 타당하고, 이를 종합적

33) 篠原陽一, "船員勞働の特殊性", 現代の海運と船員, 船員問題研究会 編, 成山堂書店(1988), 15-27면.
34) 김동인, 80-87면.

으로 정리하면 그 내용은 다음과 같다.

가. 고립성

선원이 근로를 제공하는 장소인 선박은 가정 및 일반사회에서 떨어져[35] 해양을 항해하므로 선원은 자연적 위험과 인위적 위험에서 탈출할 수 없는 상태에 있고, 선원들은 고립된 선박에서 함께 생활한다.[36]

나. 위험성

(1) 직장으로서 선박의 위험성

선박은 화재 · 침수 · 투하 · 기름의 유출 · 농무 · 침몰 · 좌초 · 충돌 등 해양고유의 위험에 노출되어 있고, 선박의 장대화 · 고속화 · 경량화, 위험한 화물, 원유탱커 등 위험물선의 등장 등으로 위험은 더욱 증대되었다.

(2) 선내작업 중의 위험성

선박에는 기관실 · 갑판 등 곳곳에 움직이는 기계가 설치되어 있고 대부분은 계속 가동되어야 하며, 선내작업은 작업장인 선박의 동요와 기관의 진동 · 소음 등 매우 열악한 환경에서 이루어진다. 이로 인하여 작업 중 바다에 추락하거나 높은 곳에서 작업으로 인한 낙하의 위험, 위험한 화물이나 동요에 의한 낙하물로 인한 위험 등이 항상 존재한다.

(3) 선내거주의 위험성

선박의 거주공간은 주로 건조비 절감 및 적재공간의 확보로 인하여 육상의 거주공간에 비하여 좁다. 즉 계단은 가파르고, 천정은 낮으며, 통로는 협소하기 때문에 전도 · 추락 · 접촉 위험이 존재한다.

---

35) 이를 離家庭性, 離社會性이라고 하면서, 가정의 일부 또는 전부를 선박에 싣는 것이 가능하고, 가정을 일시적으로 선박으로 부르는 것도 가능하며, 통신수단의 이용에 의하여 離家庭性을 다소 해소할 수 있지만, 사회 그 자체를 선박에 싣는 것은 불가능하기 때문에 해양노동의 특수성의 핵심은 離社會性에 있다는 견해가 있다. 松村勝二郎, 10면.

36) 부산지법 1999. 7. 20. 선고 99가합2464 판결은 "선상생활은 그 공간의 협소성, 폐쇄성, 외부세계와의 차단, 예측불허의 각종 위험의 발생, 절제되고 강도 높게 요구되는 노동 등 여러 사정으로 말미암아 선장 등 책임자들의 절대적인 지배하에 놓여 있는 장(field)"이라고 판시하였다.

다. 불연속성

항해 중에만 선원의 근로가 요구되고 항해 이외에는 근로가 중단되므로 해양노동은 불규칙적이고 단절적이다. 이는 선원근로계약의 특성으로 이어져 상선원 및 일부 원양어선원(연양연승어업, 원양트롤어업, 원양선망어업, 원양통발어업) 등을 제외한 선원이 근로계약을 체결할 때에는 선원과 선박소유자 사이에 선원근로계약을 체결하여 1항해 단위로 선박에서 근무하게 된다.[37] 또한 선박이 손괴되어 수리에 장기간이 소요되거나 선박이 침몰·난파되는 경우, 해운경기의 불황, 기상조건의 악화 등의 경우와 같이 항해 도중에 하선하여야 하는 일이 자주 발생한다. 다음으로 선원은 항해당직, 공휴일에 관계없이 근로를 제공하여야 하고, 언제라도 직무에 투입될 상황에서 생활하는 관계로(광의의 직무항시수행성) 불규칙적인 근로시간을 갖는다.

라. 힘든 작업환경

선원이 거주하는 구역은 밀폐된 공간으로서, 강렬한 파랑의 압력에 견디기 위하여 창과 문은 좁고 작으며, 기관실 위에 있는 거주구의 경우 기관발열의 영향으로 온도가 높고, 해면에 가까워서 다습하며, 이러한 이유로 진드기나 해충 등이 번식하기 쉽다. 또한 식량이나 음용수의 장기저장으로 신선도나 수질을 보장하기 곤란하고, 전염병발생지역이나 음용수가 부적절한 지역에 기항하게 된다.

마. 선원노동능력의 조기소모

심야근로, 장시간근로, 가족과 유리된 생활은 일일노동력의 재생산을 불완전하게 하고, 짧은 하선기간으로 인하여 노동능력은 조기에 소모된다. 특히 가족과 사회로부터 격리된 채 장기간 승무로 인한 정신적 소모는 현저히 높게 되며, 이로 인하여 육체적 소모도 가속된다.

5. 어업노동의 특수성

국제노동기구(ILO)는 어업분야의 노동이 가지는 특수성에 대해 다음과 같이

---

37) 홍성호, 선원의 고용보험 지원활성화 방안, 한국노동연구원(1998), 11면.

설명하고 있다.[38)]

(1) 어류와 다른 해양자원을 포획하는 것은 도전적인 해양환경에서 이루어지고 있어 사고와 치사율이 상당히 높으며, 많은 국가에서 어업은 위험한 직업으로 취급된다.

(2) 어선원에 대한 임금지급은 어획량 배분 방식으로 지급하는 것이 오래된 전통인데, 이러한 전통은 어선원들을 종종 자영업자(Self Employed)로 간주한다.

(3) 어업인과 그 가족은 취업에 대해 한정된 선택만을 제공받고, 통제와 감시에서 멀리 떨어져 지낸다.

(4) 어업의 세계화가 확대되면서 노동관계는 더욱 복잡해지고 있으며, 선박의 선적국, 어선소유자의 소재지, 어선원의 거주국, 작업장소가 모두 다를 수 있다.

(5) 어선원은 상선원 및 일반근로자들과 다른 작업환경에서 종사하고 있으므로 동일한 근로기준을 적용하는 것은 한계가 있다.

제3절 선원법의 목적 · 성격 · 지위

Ⅰ. 선원법의 목적

선원법은 선원의 직무, 복무, 근로조건의 기준, 직업안정, 복지 및 교육훈련에 관한 사항 등을 정함으로써 선내(船內) 질서를 유지하고, 선원의 기본적 생활을 보장 · 향상시키며 선원의 자질 향상을 도모함을 목적으로 한다(법 1조). 이를 분설하면 다음과 같다.

1. 선내질서의 유지

선박공동체는 육상에서 떨어져 고립된 소사회(小社會)를 구성하기 때문에 선박 내의 질서유지에는 특별한 배려가 필요하다. 선원법 제2장과 제3장은 선원의 직

38) 임종선, "어선원 임금채권의 보장을 위한 제도적 개선방안", 수산경영론집 51권 3호(2020. 9), 52면.

무, 복무를 규정하고 있는데, 그 주된 목적은 선내질서의 유지에 있다.

2. 선원의 기본적 생활의 보장 · 향상

헌법은 인간의 존업성을 보장하도록 근로조건의 기준을 법률로 정하도록 규정하고 있다(헌법 32조 3항). 선원법 제4장부터 제11장에 규정하고 있는 선원근로관계, 근로조건, 복지, 직업안정 등이 선원의 기본적 생활의 보장 · 향상을 목적으로 한다.

3. 선원의 자질 향상

유능한 선원은 해양강국을 위한 필수조건이다. 선원의 자질 향상을 위하여 선박직원법과는 별도로 법 제11장에서 선원의 교육훈련에 관하여 규정하고 있다.

Ⅱ. 선원법의 성격

1. 문제의 소재

선원법은 1조에서 선내질서유지를 선원의 기본적 생활의 보장 · 향상과 더불어 입법목적으로 규정하고 있고, 제2장(선장의 직무와 권한), 제3장(선내 질서의 유지)에서 근기법에서 볼 수 없는 특별한 규정을 두고 있으며, 자격요건을 갖춘 선원의 승무(64조), 승무정원(65조), 외국 선박의 감독(132조, 133조) 등을 규정하고 있는데, 위 규정과 관련하여 선원법의 법적 성격을 어떻게 보느냐에 관하여 견해의 대립이 있다.

2. 해양교통안전법설

선박은 육상에서 떨어져 행동하기 때문에 선박 내의 질서유지에는 특별한 배려가 필요한데, 선원법 제2장(선장의 직무와 권한)은 사회공공의 질서인 선박의 항행안전을 확보하기 위하여 선장의 공법상 권한인 지휘 · 명령권을 부여하는 것이고(교통경찰법), 제3장(선내질서의 유지)은 선박 내의 경찰권에 관한 규정으로서 선박 내의 질시를 유지하기 위하여 해원에게 의무를 부과하고 선장에게 명령 · 싱계 · 강제권한 등 해양경찰권(선박권력)을 부여한 것이다. 또한 제4장 이하의 근로자보호에 관한 규정도 육상에서 고립된 선박 내에서 근로의 결과가 선박의 안전과 직접 관계된다는 점에 착안하여 근로제공의 방법에 관하여 규제를 가하는 것이다.[39)]

3. 해양노동보호법설

해양교통안전법설에 의하면 선장이 해원에게 하는 작위 · 부작위명령은 경찰하명에 해당하고, 선장에게 행정기관의 지위를 부여하게 되는 점, 제2장에는 출항의무(8조)와 같이 안전과 무관한 규정이 존재하는 점, 제4장 이하의 근로조건에 관한 규정이 선원의 근로를 규제한다고 해석하므로 강제근로의 계기를 내포하고 있는 점, 선내질서와 관련하여 통상 선내 생활 질서가 고려되는데 그 중심은 선내노동질서에 있는 점 등에 비추어 보면, 해양교통안전법설은 타당하다고 볼 수 없다.[40)]

선원법 2조 3호는 선장이 근로자임을 명확히 규정하고 있는데,[41)] 근로자인 선장의 행위를 규율하는 제2장, 제3장은 근로관계를 규율하는 규정 즉, 안전위생에 관한 규정으로 파악하는 것이 자연스럽다. 따라서 선원법은 선원의 개별적 근로관계에서 노사 간의 실질적 평등을 확보하고 노동인격의 완성이라는 실질적 정의를 실현하기 위하여 해양노동관계에 관하여 강행법적 규정을 다수 두고 있고, 행정감독을 광범위하게 예정하고 있으므로, 해양노동보호법으로서 성격을 지니고 있다.

이 견해는 선장의 직무와 권한(제2장), 선내질서의 유지(제3장)에 관한 규정을 해양노동의 안전위생에 관한 규정으로 파악한다. 상설하면, 해양노동의 안전과 위생은 (i) 직장으로서 선박의 안전, (ii) 작업의 안전과 위생, (iii) 거주의 안전과 위생, (iv) 일정한 선내질서의 유지로 나누어 볼 수 있는데, 해양에서 안전위생의 확보는 승무원 집단에 의하여 자기 완결적으로 확보되지 않으면 안 된다. 해양에서는 자기 완결적 기능이 언제 요구되는지 알 수 없고, 즉시판단 및 즉시대응이 요구되며(현장성), 통일적 지휘와 모든 선원의 협력에 의하여 안전이 확보되는 경우가 많고, 경찰력에 의존할 수 없다는 특징이 있다.

---

39) 住田正二, 5-11면.
40) 武城正長, 84-85면.
41) 따라서 船主船長은 선원법상 선장이 아니라고 한다. 武城正長, 87면.

이러한 특성에 비추어 통상의 안전위생규칙과는 별도로 선장에 대한 일정한 권한의 부여, 선장의 통일지휘권의 확립과 계속, 긴급 시 근로의 강제, 선내징계, 선내강제권 등에 관한 규정이 필요하게 된다. 따라서 선원법 제2장, 제3장의 규정은 해양노동의 특별한 요청에 의한 안전위생에 관한 규정의 위치를 차지한다.

4. 절충설

이 견해는 선원법은 해양교통안전법의 성격 및 해양노동보호법의 성격을 모두 지니는 것으로 파악한다.[42] 선원법은 근로공간과 생활공간이 미분화된 위험공동체인 선박에서 장기간 사회와 가정으로부터 격리된 생활을 해야 하는 해양노동의 특수성에 따라 제정된 법으로서 선원의 근로조건을 보호하는 노동법적 성격과 동시에 선원을 규제하여 선내질서를 유지하는 규제법적 성격을 가진 법이다.[43]

5. 검 토

(i) 선원법 1조는 "선원의 직무, 복무, 근로조건의 기준, 직업안정, 복지 및 교육훈련에 관한 사항 등을 정함으로써 선내 질서를 유지하고, 선원의 기본적 생활을 보장 · 향상시키며 선원의 자질 향상을 도모함을 목적으로 한다."고 규정하고 있는 점, (ii) 선원근로계약 · 선원의 근로조건 · 재해보상 등 선원의 근로관계에 관한 규정은 해양노동보호법의 성격을 가지고 있는 점, (iii) 선원법에는 선장에게 항해의 성취(8조), 조난선박의 구조(13조), 사망자 발생 시 인도의무 및 유류품의 처리(17조, 18조), 재외국민의 송환(19조), 선박운항에 관한 보고(21조) 등 선원의 안전보건과 무관한 규정이 다수 존재하는 점, (iv) 승선공인 시 선원근로계약이 항해의 안전 또는 선원의 근로관계에 관한 법령에 위반되는지 여부를 실질적으로 심사하는 점, (v) 승무정원 및 근로시간에 관한 규제는 선원의 근로보호뿐만 아니라 항행의 안전과 밀접한 관련이 있는 점, (vi) 선원법 132, 133조는 외국 선박에 대한 감독권한을 규정하고 있는 점, (vii) 선원법 3조 1항 단서에 규정된 선박에

42) 김경열, 17면; 김동인, 89면; 이상문, "선원법의 법적 성질 : 특히 제2장과 제3장을 중심으로", 한국해양경찰학회보 19권 2호(2020. 5), 159면; 藤崎道好, 9-11면; 행정해석(노정 91551-11, 1996. 1. 13)도 "선원법은 선원의 근로조건을 보호하는 노동법적 성격과 동시에 선원을 규제하여 선내질서를 유지하는 규제법적인 성격을 가진 법"이라고 보아 절충설의 입장을 취하고 있다.

43) 서울고법 2010. 7. 22. 선고 2009누31832 판결.

승선하는 선원에게는 선원법이 적용되지 않는다고 규정하고 있으나[44] 해양교통의 안전은 위와 같은 선박에도 요청되는 점 등에 비추어 보면, 선원법은 해양노동보호법의 성격과 해양교통안전법의 성격을 겸유한다고 보는 것이 타당하다. 독일의 통설도 선원법 및 해양노동법이 사법과 공법이 혼재된 법이라는 점을 긍정하고 있다.[45]

Ⅲ. 선원법의 지위

1. 근로기준법과의 관계

가. 독립 · 대등한 자매법의 지위

(1) 문제의 소재

선원법 2조 1호는 선원을 "이 법이 적용되는 선박에서 근로를 제공하기 위하여 고용된 사람"라고 규정하고 있으므로, 선원이 근기법 2조 1항 1호 소정의 근로자에 해당함은 명백하고,[46] 선원법 5조 1항은 근기법의 일부조항만 선원의 근로관계에 관하여 적용한다고 규정하고 있다. 그런데 선원법 5조 1항에서 열거하고 있는 각 규정을 제외한 나머지 근기법 규정이 선원의 근로관계에 적용되는지 문제된다.[47]

(2) 특별법설

선원법은 해양노동의 특수성을 감안하여 근기법과 별도로 제정된 해양노동기준법에 해당하므로, 입법기술상 선원근로관계에 특유한 사항만 선원법에 규정하

---

44) 선원법 적용제외 어선에 승무 중인 선장에게는 선원법에 규정된 각종 의무규정이 적용되지 아니한다. 선원 33740-18, 1987. 1. 6, 선원행정사례집, 14면.

45) Schelp/Fettback, 55면; Giesen, "Seearbeitsrecht", Münchener Handbuch Arbeitsrecht, Band 2, Individualarbeitsrecht Ⅱ, C.H. Beck(2009), Rn.1.; 민법 · 노동법 · 형법 · 과태료에 관한 규정 등 공법이 혼재된 법이라는 입장으로는 Bemm/Lindemann, 85면; Lindemann, 119면.

46) 그러므로 하나의 사업장에 일반근로자와 선원이 병존하는 경우 선원에게는 선원법이, 일반근로자에게는 근기법이 적용되나, 상시 근로자 수를 산정할 때에는 선원을 포함하여 계산하여야 한다. 예를 들어 사업장에 상시적으로 선원 4명과 일반근로자 2명이 근무하는 경우, 위 사업장은 상시 5인 이상의 근로자를 사용하는 사업장에 해당하므로, 일반근로자 2명에 대하여는 근기법이 전면적으로 적용된다.

47) 일본 노동기준법 116조 1항은 "1조 내지 11조, 2항, 117조 내지 119조 및 121조의 규정을 제외하고, 이 법률은 선원법 1조 1항에서 규정하는 선원에 대하여는 적용하지 아니한다."고 규정하고 있으나, 우리나라의 근기법이나 선원법에는 명문으로 선원에 대하여 근기법의 적용을 배제하는 규정은 존재하지 아니한다.

고 나머지 사항은 근기법을 준용하는 방식을 취하지 않는 한, 근기법에 규정된 사항으로서 해양노동의 성질에 반하지 않는 것은 선원법에도 규정하는 것이 바람직하다. 그러나 선원법이 입법상 미비로 근기법의 규정을 수용하지 않는 경우와 같이 선원법에 흠결이 생긴 경우, 선원에 대하여 근기법의 적용을 배제하는 것은 타당하지 않다. 그렇다면 근기법과 선원법과의 관계는 일반법과 특별법의 관계에 있으며(특별법설),[48] '특별법 우선의 원칙'에 따라 선원의 근로관계에 관하여 선원법이 우선 적용되고, 선원법이 규정하지 아니한 사항에는 선원근로관계의 성질에 반하지 않는 한 근기법이 적용 또는 준용된다고 보아야 한다.[49] 예를 들면, 선원에 대하여는 선원법상 유급휴가제도만이 적용될 뿐 근기법상 연차 유급휴가규정은 적용되지 아니하고, 선원법에 규정이 없는 사항 중 근기법상 휴게와 야간근로에 대한 가산임금지급규정은 적용되나, 선택적 근로시간제는 선원근로의 성질상 적용되지 아니한다.[50]

(3) 자매법설

구 선원법(1984. 8. 7. 법률 3751호로 개정되기 전의 법률) 128조는 "선원의 근로에 관하여 본법에 규정한 것을 제외하고는 근로기준법을 준용한다."고 규정하고 있었으나 현행 선원법에서는 삭제되었다. 위와 같이 선원법을 개정한 취지는 나머지 근기법 규정의 적용을 배제하는 것이므로, 선원법은 근기법과 구별되는 독립된 법인 자매법으로 보는 것이 타당하다는 견해이다.[51] 현재 실무례는 선원법 5조 1

48) 조귀연, "선원법과 근로기준법과의 관계", 해양한국 206호(1990. 11), 76면; 김형배 · 하경효 · 김영문, 영업양도와 근로관계의 승계, 신조사(1999), 113면; 유명윤, 17면; 임종선, "어선원의 임금채권의 보장을 위한 제도적 개선방안", 수산경영논집 51권 3호(2020), 56면; 부산고법 1999. 1. 8. 선고 97나10956 판결; 대전지법 2013. 6. 12. 선고 2012가합5555 판결; 서울고법 2023. 10. 20. 선고 2021누59610 판결.

49) 총톤수 185.97t인 용진호에 승선한 선원에 대하여는 시간외근로수당에 관한 선원법 규정의 적용이 배제되고 근기법이 적용된다(부산지법 1997. 9. 10. 선고 95가합10443 판결).; 총톤수 197.4t인 예선 고려1호에 승선한 선원의 근로시간에 관하여는 선원법이 적용되지 아니하고 일반법인 근기법이 적용된다(부산지법 1996. 2. 16. 선고 95가합40 판결).; 선원법은 선원의 근로조건을 정함으로써 선원의 기본적 생활을 보장 · 향상시키기 위하여 근기법의 특별법으로 제정된 것으로 보이므로, 특별법인 선원법에서 요양보상의 시기를 정하고 있지 않다면 이는 선원법에 관한 일반규정 또는 재해보상에 대한 일반법이라 할 수 있는 근기법이 적용된다고 보는 것이 합리적인 해석이다(부산지법 2020. 12. 18. 선고 2020노609 판결).; 다만 선원법 5조 1항에서 열거된 근기법의 조항을 제외한 나머지 조항은 선원의 근로관계에는 적용되지 아니하나, 근기법에서 파생된 법해석상 조리는 선원법의 조리로 채택하여도 무방하다는 견해로는 조귀연, 80면.

50) 저자는 제2판까지 특별법설의 입장을 취하였으나, 제3판부터 자매법설로 견해를 변경하였다.

51) 김경열, 18면; 서병기, 22면; 住田正二, 21면.

항은 한정적 열거라고 보고, 나머지 조항에 대하여는 선원근로관계에 적용되지 않는다는 입장을 취하고 있다.[52)]

(4) 검 토

생각건대, (i) 1984년 선원법 개정 시 근기법 준용규정을 삭제한 것은 나머지 근기법 규정의 적용을 배제하려는 입법자의 의도가 반영된 것으로 보는 것이 타당한 점, (ii) 근기법은 강행규정이고 이를 위반한 경우 형사처벌 또는 과태료가 부과되는 공법으로 유추적용은 허용되지 않는 점, (iii) 선원근로관계는 육상근로자의 근로관계가 구별되는 해양노동의 특수성이 있으므로 근기법의 규정을 적용·준용하기에 적합하지 아니한 점 등을 종합하면, 자매법설이 타당하다고 생각한다.

입법론적으로는 위와 같은 해석상 혼란을 피하기 위해서, (i) 구 선원법처럼 "선원의 근로관계에 관하여는 5조 1항에 규정한 것을 제외하고는 근로기준법을 적용하지 아니한다."라는 규정을 두거나, (ii) 근기법 조항을 인용하고 있는 5조 1항을 모두 삭제하고, 해당 내용을 선원법에 자세히 규정하는 것이 바람직하다.

나. 퇴직급여제도 차등금지 규정

선원법에는 근로자퇴직급여 보장법 4조 2항에 해당하는 퇴직급여제도 차등금지 규정이 존재하지 아니하나, 선원의 근로관계에 관하여 위 규정을 배제할 이유가 없고, 균등한 처우의 원칙은 선원에게도 적용되므로(법 5조 1항, 근기법 6조), 선원의 퇴직금제도에도 균등한 처우의 원칙이 적용된다. 다만 근기법상 퇴직금제도와 선원법상 퇴직금제도는 그 의미와 성질이 다른 별개의 제도라고 보아야 하므로, 하나의 회사의 근로자가 선원과 육원으로 구성되어 있는 경우 선원과 육원 사이에는 퇴직금제도 차등금지 규정이 적용되지 아니한다.[53)]

---

52) 정산금과 유족보상금에 대한 지연손해금의 비율에 대해서는 근기법을 적용 또는 준용하여 연 20%를 인정할 수는 없고, 정산금에 대해서는 상행위로 인한 채무로 상법을 적용하며, 유족보상금 등에 대해서는 선원의 기본적 생활을 보장·향상시키기 위한 법정책임이라는 점에서 민법을 적용한 사례로는 부산고법 2014. 7. 10. 선고 2013나2498 판결; 선원법에서 근기법 27조를 수용하고 있지 아니한 이유는 사용자와 원거리에 있는 해양에서 근무한다는 선원근로관계의 장소적 특성상 서면에 의한 해고 통지가 곤란하다는 점을 고려한 것이라고 이해되므로, 이를 선원법의 입법의 흠결로 보아 근기법 27조를 원고와 피고의 근로관계에 적용할 수는 없다고 판시한 사례로는 대전지법 2013. 6. 12. 선고 2012가합5555 판결.

53) 대법원 2002. 10. 17. 선고 2002다8025 전원합의체 판결(船).

다. 선원법의 적용이 배제되는 경우 적용법규

(1) 선원법 3조 1항 단서

(i) 총톤수 5t 미만의 선박으로서 항해선이 아닌 것, (ii) 호수 · 강 또는 항내만을 항행하는 선박(예선은 제외), (iii) 총톤수 20t 미만의 어선으로 해양수산부령이 정하는 선박,[54] (iv) 선박법 1조의2 1항 3호에 따른 부선(다만 해운법 24조 1항 또는 2항에 따라 해상화물운송사업을 하기 위하여 등록한 부선은 제외)에 승무하는 선원과 그 선박소유자에게는 선원법이 적용되지 아니하므로(법 3조 1항 단서), 일반법인 근기법이 적용된다.[55] 이는 위에서 열거한 선박은 항행거리가 짧고 항 · 포구에 자주 입 · 출항하여 육상생활이 가능하므로, 그 근로행태가 육상운수사업에 종사하는 근로자에 다를 바가 없기 때문에 근로관계에 관한 일반법인 근기법의 적용을 받도록 하기 위한 것이다.[56]

(2) 선원법 68조

(i) 범선으로서 항해선이 아닌 것, (ii) 어획물 운반선을 제외한 어선, (iii) 총톤수 500t 미만의 선박으로서 항해선이 아닌 것, (iv) 평수구역을 그 항해구역으로 하는 선박에 대하여는 선원법 제6장의 근로시간 및 승무정원의 규정을 적용하지 아니하고(법 68조 1항, 시행규칙 46조), 해양수산부장관은 필요하다고 인정하면 위 선박에 대하여 적용할 선원의 근로시간 및 승무정원에 관한 기준을 따로 정할 수 있다(법 68조 2항). 해양수산부장관이 별도의 기준을 정하지 아니한 경우에는 적용할 규정이 없게 되므로 입법상 공백상태가 된다. 이와 달리 특별법설의 입장에 의하면, 근기법 제4장과 제5장에서 정한 근로시간, 휴게와 휴일에 관한 규정이 적용된다.[57]

---

54) 총톤수 30t 미만의 어선으로 교통부령이 정한 선박으로 규정한 구 선원법(1997. 8. 22. 법률 5366호로 개정되기 전의 것) 하에서 부산지법 1997. 11. 13. 선고 96가합16271 판결은 총톤수 29t 어선으로 근해구역에서 어로작업에 종사하는 제301성원호의 선원에 대하여는 근기법이 적용된다고 판시하였다. 총톤수 4.99t인 어선에 대하여는 근기법이 적용된다고 판시한 사례로는 창원지법 통영지원 거제시법원 2015. 12. 10. 선고 2015가소5574 판결.

55) 총톤수 22t인 오징어채낚기선인 일신호의 선원들은 근기법상 근로자이고, 위 어선은 선원법에 의하여 재해보상이 행하여지는 사업에 해당하지 아니하고 상시 6인의 근로자가 고용된 사업장이므로 산업재해보상보험의 당연적용 사업장이다. 서울행법 1999. 8. 10. 선고 98구21836 판결.

56) 대법원 2008. 2. 28. 선고 2007두22801 판결(船); 노정 91551-11, 1996. 1. 13.

57) 총톤수 185.97t인 용진호에 승선한 선원에 대하여는 시간외근로수당에 관한 선원법 규정의 적용이 배

(3) 선원법 75조

(i) 어선(어획물운반선과 법 74조에 따른 어선 제외), (ii) 범선으로 항해선이 아닌 것, (iii) 가족만이 승무하여 운항하는 선박으로서 항해선이 아닌 것에 대하여는 선원법 제7장의 유급휴가 규정을 적용하지 아니한다(법 75조). 자매법설에 의하면, 위 선박에 승무하는 선원에 대하여는 근기법 제4장의 유급휴가에 관한 규정도 적용되지 않는다고 보아야 한다. 특별법설의 입장에 의하면, 위 선박에 승무하는 선원에 대하여는 근기법이 적용된다고 해석하지만, 근기법 63조 2호는 수산 동식물의 채포·양식 사업, 그 밖의 수산 사업에 종사하는 근로자에 대하여는 근기법 제4장과 제5장에서 정한 근로시간, 휴게와 휴일에 관한 규정을 적용하지 아니한다고 규정하고 있다.[58]

2. 선원과 노동조합 및 노동관계조정법

헌법에 의한 근로자의 단결권·단체교섭권·단체행동권을 보장하여 근로조건의 유지·개선과 근로자의 경제적·사회적 지위의 향상을 도모하고, 노사관계를 공정하게 조정하여 노동쟁의를 예방·해결함으로써 산업평화의 유지와 국민경제의 발전에 이바지함을 목적으로 제정된 노조법은 선원에 대하여도 제한 없이 적용된다.

다만 선원법 25조는, 선원은 (i) 선박이 외국 항에 있는 경우, (ii) 여객선이 여객을 태우고 항해 중인 경우, (iii) 위험물 운송을 전용으로 하는 선박이 항해 중인 경우로서 위험물의 종류별로 해양수산부령으로 정하는 경우, (iv) 9조에 따라 선

제되고 근기법이 적용된다(부산지법 1997. 9. 10. 선고 95가합10443 판결).; 총톤수 197.4t인 예선 고려1호에 승선한 선원의 근로시간에 관하여는 선원법이 적용되지 아니하고 일반법인 근기법이 적용된다(부산지법 1996. 2. 16. 선고 95가합40 판결).

58) 근기법 63조 1호는 '토지의 경작·개간, 식물의 재식·재배·채취 사업, 그 밖의 농림 사업'에 종사하는 근로자에 대하여 근기법 제4장, 제5장에 정한 근로시간 및 휴게와 휴일에 관한 규정을 적용하지 않는다고 규정하고 있다. 위 규정의 취지는 사업의 성질 또는 업무의 특수성으로 인하여 근기법에서 정한 근로시간·휴게·휴일에 관한 규정을 적용하는 것이 오히려 불합리한 경우에 대비한 것이므로, 여기에서 말하는 '그 밖의 농림 사업'은 같은 호에 규정된 '토지의 경작·개간, 식물의 재식·재배·채취 사업'과 유사한 사업으로서 제1차 산업인 농업·임업 및 이와 직접 관련된 사업을 의미한다고 보아야 한다. 만약 사용자가 농업·임업을 주된 사업으로 영위하면서 이와 구별되는 다른 사업도 함께 영위하는 경우라면, 그 사업장소가 주된 사업장소와 분리되어 있는지, 근로자에 대한 지휘·감독이 주된 사업과 분리되어 이루어지는지, 각각의 사업이 이루어지는 방식 등을 종합적으로 고려하여 그 사업이 '그 밖의 농림 사업'에 해당하는지 여부를 판단하여야 한다. 대법원 2020. 2. 6. 선고 2018다241083 판결.

장 등이 선박의 조종을 지휘하여 항해 중인 경우, (v) 어선이 어장에서 어구를 내릴 때부터 냉동처리 등을 마칠 때까지의 일련의 어획작업 중인 경우, (vi) 그 밖에 선원근로관계에 관한 쟁의행위로 인명이나 선박의 안전에 현저한 위해를 줄 우려가 있는 경우에는 선원의 근로관계에 관한 쟁의행위를 하여서는 아니 된다고 규정하고 있다.

외국 항에서 쟁의행위를 제한하는 취지는 외국의 항에는 선박소유자의 지점이나 대리점 등이 항상 있다고 볼 수 없으므로 쟁의의 해결이 곤란한 점, 선원이 하선한 경우 후임자의 보충이 곤란한 점, 선박소유자가 직장폐쇄를 하는 경우 선원이 곤경에 처하게 되는 점, 외국에서는 정당한 세론의 반향을 알 수 없는 점, 노조법에 의한 조정이 곤란한 점, 외국 행정당국의 간섭을 초래하여 문제의 해결을 곤란하게 만들 수 있는 점[59] 등을 들 수 있다.

또한 2 내지 5호의 항해 또는 어획작업 중에 선원의 쟁의행위를 제한하는 취지는 결국 선박 자체나 인명에 위해를 초래할 가능성이 크기 때문이며,[60] 그 밖에 인명 또는 선박에 위해를 줄 염려가 있는 경우 쟁의행위를 제한하는 취지는 노조법 42조 2항(사업장의 안전보호시설에 대하여 정상적인 유지 · 운영을 정지 · 폐지 또는 방해하는 행위는 쟁의행위로서 이를 행할 수 없다)의 취지와 동일한 것으로 보인다.[61]

3. 선원과 국민 평생 직업능력 개발법

선원의 교육 · 훈련에 관하여 선원법 116~118조, 한국해양수산연수원법 등이 우선 적용된다. 따라서 선원의 교육 · 훈련에 관하여는 국민 평생 직업능력 개발법을 적용하지 아니한다(법 5조 2항).

4. 선원과 고용보험법

고용보험법은 어업 중 법인이 아닌 자가 상시 4명 이하의 근로자를 사용하는 사업에는 적용되지 아니한다(고용보험법 8조, 위 법 시행령 2조 1항 1호).

---

59) 藤崎道好, 138면.

60) 유명윤a, "선원법상의 쟁의행위 금지규정과 그 문제점에 관한 고찰", 해상교통정책 21호(1997. 4), 50면.

61) 유명윤a, 45면.

5. 선원과 산업안전보건법

(1) 산안법 시행령의 규정

산안법 3조 1항, 위 법 시행령 2조의2 1항 [별표 1]은 선박안전법 적용 사업(1호 ㈑목, 선박 및 보트 건조업은 제외),[62] 어업으로서 상시 근로자 50인 미만을 사용하는 사업장(3호 ㈏목), 상시 근로자 5인 미만을 사용하는 사업장(6호)에 대하여 산안법 중 일부만을 적용하도록 규정하고 있다.

(2) 행정해석의 혼란

선박안전법 적용사업에 관하여 산안법 중 일부만 적용하도록 규정한 산안법 시행령 2조의2 1항 [별표 1] 1호 ㈑목의 해석과 관련하여 선박안전법 적용사업의 경우에도 산안법 일부가 적용된다는 행정해석(긍정설)[63]과 선원법이 적용되는 사업장에는 근로기준법이 적용되지 아니하므로 산안법이 적용되지 않는다는 행정해석(부정설)[64]이 병존하고 있다.

---

62) 선박안전법 3조 2의2호는 '어선법 2조 1호에 따른 어선'에 대하여는 선박안전법의 적용범위에서 제외하고 있다. 그 결과 어선에 대하여는 산안법이 적용되었는데, 고용노동부는 선박에 대한 전문성이 없으므로 실효성이 없었다. 이러한 문제점을 해결하기 위하여 2025. 1. 3.부터 '어선안전조업 및 어선원의 안전·보건 증진 등에 관한 법률'을 개정하여 제4장의2에서 어선원의 안전보건에 관하여 규율하게 되었다. 따라서 어선원의 안전보건에 관하여는 산안법이 아닌 어안법이 적용되고, 관할부서도 해양수산부로 일원화되었으며, 감독은 어선원안전감독관이 담당하고 있다.

63) ① 선원법은 선원의 기본적 생활보장을 위하여 근기법 중 일부 조항만을 적용한다고 규정되어 있을 뿐 산안법과의 관계는 명시된 규정이 없음. 또한 산안법 3조 1항 및 같은 법 시행령 3조 1항의 규정에 의하여 "이 법은 모든 사업 또는 사업장에 적용하나 유해·위험의 정도, 사업의 종류·규모 및 사업의 소재지 등을 고려하여 이 법의 일부를 적용한다."라고 명시되어 있고, 선박안전법 적용사업은 산안법 시행령 [별표 1]의 대상사업 3호 ㈑목에 해당하므로 산안법 일부가 적용됨. 따라서 선박안전법 적용을 받는 사업에서 사업주가 산안법 24조의 규정을 위반한 사실이 명백한 경우에는 산안법에 의한 처벌이 가능함(안정 68301-71, 1999. 9. 28).
② '선박안전법' 적용사업과 관련하여서도 선박의 운항과 관련하여서는 그 업무특수성으로 인해 시행령 별표 1에 따라 산안법의 일부 규정이 적용 제외될 것이나, 선박이 항구에 정박하여 운항과 관련없는 작업을 수행 중에는 산안법이 적용되고 있음(산재예방정책과-3258, 2018. 7. 19).

64) ① 선원법 5조에는 근기법 76조(안전과 보건)가 선원의 근로관계에 관하여 적용되지 않음을 명시하고 있고, 근기법 76조에서는 근로자의 안전과 보건에 관해서는 산안법에서 정하는 바에 따른다고 규정하고 있으므로 선원의 안전과 보건에 대해서는 산안법이 적용되지 않는다(안전보건정책팀-576, 2006. 1. 27).
② 산안법은 사업이 국내(영토, 영해, 영공 등)에서 이루어지는 한 사업주 또는 근로자가 내국인이든 외국인인지를 불문하고 적용되는 바, 선박안전법과 선원법 적용이 되지 않는 사업 또는 사업장에 대해서는 산업안전보건법이 적용되는 것으로 봄이 타당함(산재예방정책과-5252, 2011. 12. 9).
③ 선원법이 적용되는 경우에는 산안법이 적용되지 않을 것이므로, 선원법상 선원일 경우에는 산안법 적용이 전면 배제된다고 볼 수 있다(고용노동부 고객상담센터 인터넷상담과 2019. 1. 10.자 답변, 국민권익위원회 국민신문고 신청번호 1AA-1901-141300).

(3) 검 토

산안법은 1981. 12. 31. 총칙, 안전 · 보건관리체제, 유해위험예방조치, 근로자의 보건관리, 감독과 명령, 보칙, 벌칙 등 현행 산안법과 거의 같은 체제를 갖추고 제정되었다. 1982. 7. 1. 산안법이 시행되면서 근기법의 6장 안전보건 규정과 산안법이 이중적으로 산업안전과 근로자의 안전 · 보건을 규율하는 체제가 유지되다가, 1990. 1. 13. 개정 산안법이 시행된 1990. 7. 14.부터는 근로자의 안전과 보건에 관하여는 산안법이 정하는 바에 의하도록 하여 산안법 단일 체제로 바뀌었다.

1982. 8. 9. 시행된 산안법 시행령 3조 5호는 선원법의 적용을 받는 사업을 산안법 적용대상에서 제외하였으나, 1990. 7. 14. 시행된 시행령은 현재의 시행령과 같이 선박안전법 적용 사업에 대하여 산안법 일부를 적용하도록 개정하였다.

근기법 76조는 "근로자의 안전과 보건에 관하여는 「산업안전보건법」에서 정하는 바에 따른다."고 규정하여, 산안법은 근기법이 적용되는 사업 또는 사업장에 적용됨을 전제로 하고 있다. 선원법 5조 1항에서 적용대상으로 하는 근기법 조항 중 안전보건에 관한 규정인 76조가 포함되어 있지 아니하므로, 선원법이 적용되는 사업장에는 산안법의 적용이 배제된다고 보는 것이 타당하다.

산안법의 규정은 육상사업장과 근기법의 적용대상을 전제로 작성된 것이어서 선원에게 적용하기에 적당하지 않다.[65] 선원의 안전보건에 관하여는 해양수산부장관이 제정하는 '선내 안전 · 보건 및 사고예방 기준'(법 78~80조)과 해사노동협약 규정 제4.3조 '건강 및 안전 보호와 사고 방지'에서 자세히 규정하고 있다. 또한 어선원의 안전보건에 관하여는 '어선안전조업 및 어선원의 안전 · 보건 증진 등에 관한 법률' 제4장의2에서 자세히 규정하고 있다.

그렇다면 '선박안전법이 적용되는 사업장'은 '선원법이 적용되지 아니하는 사업장으로서 선박안전법이 적용되는 사업장'으로 해석하는 것이 타당하고,[66] 산안법 시행령에 관하여 선원법의 적용대상 사업장에도 산안법이 일부 적용된다는 행정해석은 부당하므로 폐기되어야 한다. 궁극적으로는 구 시행령과 같이 선원법의

---

65) 일본 노동안전위생법 115조 2항은 '선원법의 적용을 받는 선원'에 대하여 그 적용을 제외하고 있다.

66) 해외의 입법사례를 고려하였을 때, 입법론적으로 산안법 시행령 별표 1을 개정하여 선원법이 적용되는 선박에 대하여는 산안법의 적용대상에서 제외하도록 할 필요가 있다는 견해로는 두현욱 · 이윤철, "선원의 안전보건법제 현황 및 개선방안 연구", 해사법연구 33권 3호(2021. 11), 307-310면.

적용을 받는 사업을 산안법 적용대상에서 제외하도록 산안법을 개정하는 것이 바람직하다.

6. 선원과 산업재해보상보험법

선원법, 어재법에 의하여 재해보상이 행하여지는 사업(산재법 6조 단서, 위 법 시행령 2조 1항 2호),[67] 어업 중 법인이 아닌 자의 사업으로서 상시 근로자 수가 5명 미만인 사업(6호)에는 산재법이 적용되지 아니한다.

7. 선원과 최저임금법

선원법의 적용을 받는 선원과 선원을 사용하는 선박의 소유자에게는 최저임금법을 적용하지 아니한다(최저임금법 3조 2항). 그러나 해양수산부장관은 필요하다고 인정하면 선원의 임금 최저액을 정할 수 있고, 이 경우 해양수산부장관은 해양수산부령으로 정하는 자문을 하여야 한다(법 59조).[68]

8. 선원과 임금채권보장법

임금채권보장법은 산재법 6조에 따른 사업 또는 사업장에 적용되므로(임금채권보장법 3조 본문), 선원법상 선원에게는 임금채권보장법이 적용되지 아니한다.

9. 선원과 직업안정법

직안법은 원칙적으로 선원에게도 적용되나, 선원에게는 특별법인 선원법 제11장이 우선 적용된다.[69] 선원법 110조는 선원공급사업을 금지하고 있다.

---

67) 산재법의 적용제외사업으로서 구 산재법 시행령 3조 1항 4호에 규정된 '선원법에 의하여 재해보상이 행하여지는 사업'이라 함은 선원법이 정한 일정한 규모 이상의 선박을 소유하는 자 등이 선박에 승선하여 근로를 제공할 선장·해원 등의 선원을 고용하여 위 선원을 그 선박에 승무시켜 행하는 사업을 뜻하고, 선박소유자로부터 선원의 인사관리업무를 수탁하여 대행하는 것을 업무 내용으로 하는 선원관리사업은 비록 그 업무에 관한 사항이 선원법에 의하여 규율되더라도, 위 선원법의 적용 범위와 그 업무의 내용에 비추어 볼 때, 선원법에 의하여 재해보상이 행하여지는 사업이라고 할 수 없다. 대법원 1999. 4. 27. 선고 99두1694 판결(船).

68) 정책자문위원회규정 2조에 따라 해양수산부에 설치되는 정책자문위원회의 자문을 말한다(시행규칙 38조의2).

69) 대법원 2003. 7. 11. 선고 2003도1295 판결(船); 서울지법 2003. 2. 11. 선고 2002노11520 판결; 창원지법 2014. 9. 3. 선고 2014노1302 판결.

10. 선원과 남녀고용평등과 일 · 가정 양립 지원에 관한 법률

'남녀고용평등과 일 · 가정 양립 지원에 관한 법률'은 근로자를 사용하는 모든 사업 또는 사업장에 적용하되(3조 1항 본문), 동거하는 친족만으로 이루어지는 사업 또는 사업장과 가사사용인에 대하여는 법 전체를(위 법 시행령 2조 1항), 상시 5명 미만의 근로자를 고용하는 사업에 대하여는 법 8조부터 10조까지, 11조 1항을(위 법 시행령 2조 2항) 각 적용하지 아니한다. 따라서 원칙적으로 위 법 시행령에 해당하지 않는 한 선원 또는 선원이 되려는 자(위 법 2조 4호 참조)에게도 위 법이 적용된다.

11. 선원과 외국인 근로자의 고용 등에 관한 법률

'외국인 근로자의 고용 등에 관한 법률'은 선원법의 적용을 받는 선박에 승무하는 선원 중 대한민국 국적을 가지지 아니한 선원 및 그 선원을 고용하고 있거나 고용하려는 선박의 소유자에 대하여는 적용하지 아니한다('외국인 근로자의 고용 등에 관한 법률' 3조 1항).

12. 선원과 기간제 및 단시간근로자 보호 등에 관한 법률

'기간제 및 단시간근로자 보호 등에 관한 법률'은 상시 5인 이상의 근로자를 사용하는 모든 사업 또는 사업장에 적용한다. 다만 동거의 친족만을 사용하는 사업 또는 사업장과 가사사용인에 대하여는 적용하지 아니한다(위 법 3조 1항). 상시 4인 이하의 근로자를 사용하는 사업 또는 사업장에 대하여는 대통령령이 정하는 바에 따라 위 법의 일부 규정을 적용할 수 있다(3조 2항). 국가 및 지방자치단체의 기관에 대하여는 상시 사용하는 근로자의 수에 관계없이 위 법을 적용한다(3조 3항). 따라서 선원에게도 원칙적으로 위 법이 적용된다.[70]

13. 선원과 파견근로자보호 등에 관한 법률

파견근로자보호 등에 관한 법률 5조 3항 3호는, 선원법 2조 1호에 따른 선원

70) 대법원 2019. 10. 31. 선고 2019두45647 판결.

의 업무에 관하여는 근로자파견사업을 행하여서는 아니 된다고 규정하고 있으므로, 선원에게는 위 법률이 적용되지 아니한다. 다만 불법으로 선원의 업무에 관하여 선원파견사업을 행한 경우에는 불법파견에 관한 법리가 적용될 수 있다.[71]

14. 선원과 고용상 연령차별금지 및 고령자고용촉진에 관한 법률

'고용상 연령차별금지 및 고령자고용촉진에 관한 법률'은 적용범위를 제한하는 규정이 없고, 근로자의 개념을 근기법 2조 1항 1호에 따르도록 규정하고 있으므로(2조 4호), 선원에게도 위 법률이 적용된다.

15. 선원과 장애인고용촉진 및 직업재활법

'장애인고용촉진 및 직업재활법'은 적용범위를 제한하는 규정이 없고, 근로자의 개념을 근기법 2조 1항 1호에 따르도록 규정하고 있으며(2조 5호), 부칙(법률 8491호, 2007. 5. 25.) 3조 [연도별 적용제외율표]에서 어업·수상운송업을 규정하여 선원에게도 당연히 위 법률이 적용됨을 긍정하고 있다.

16. 선원과 중대재해 처벌 등에 관한 법률

선원에 대하여도 중대재해 처벌 등에 관한 법률이 적용되고, 위 법은 2022. 1. 27.부터 시행되었다. 그러나 중대시민재해에 관한 '공중교통수단'에는 해운법 2조 1호의2의 여객선만이 포함된다(중대재해처벌법 2조 5호 ㈑목). 위 법 시행 당시 개인사업자 또는 상시 근로자가 50명 미만인 사업 또는 사업장에 대해서는 2024. 1. 27.부터 시행된다(부칙 1조 2항).

71) 파견기간 제한을 위반한 사용사업주는 직접고용의무 규정에 의하여 파견근로자를 직접 고용할 의무가 있으므로, 파견근로자는 사용사업주가 직접고용의무를 이행하지 아니하는 경우 사용사업주를 상대로 고용 의사표시를 갈음하는 판결을 구할 사법상의 권리가 있고, 판결이 확정되면 사용사업주와 파견근로자 사이에 직접고용관계가 성립한다. 또한 파견근로자는 사용사업주의 직접고용의무 불이행에 대하여 직접고용관계가 성립할 때까지의 임금 상당 손해배상금을 청구할 수 있다(대법원 2015. 11. 26. 선고 2013다14965 판결).

제4절 선원법의 적용범위

Ⅰ. 의 의

1. 선원법의 규정

① 선원법은 특별한 규정이 있는 경우를 제외하고는 선박법에 따른 대한민국 선박(어선법에 따른 어선 포함), 대한민국 국적을 취득할 것을 조건으로 용선한 외국 선박 및 국내 항과 국내 항 사이만을 항해하는 외국 선박에 승무하는 선원과 그 선박의 선박소유자에 대하여 적용한다(법 3조 1항 본문).

다만 (i) 총톤수 5t 미만의 선박으로서 항해선이 아닌 선박, (ii) 호수, 강 또는 항내만을 항행하는 선박('선박의 입항 및 출항 등에 관한 법률' 24조에 따른 예선은 제외), (iii) 총톤수 20t 미만인 어선으로서 해양수산부령으로 정하는 선박, (iv) 선박법 1조의2 1항 3호에 따른 부선(다만 해운법 24조 1항 또는 2항에 따라 해상화물운송사업을 하기 위하여 등록한 부선은 제외)에 승무하는 선원과 그 선박의 선박소유자에게는 선원법을 적용하지 아니한다(법 3조 1항 단서).

② 선원이 될 목적으로 실습을 위하여 승선하는 사람에 대하여도 해양수산부령으로 정하는 바에 따라 선원법 중 선원에 관한 규정을 적용한다(법 3조 2항).

③ 선원법 또는 위 법에 따른 명령은 대통령령으로 정하는 것을 제외하고는 국가나 지방자치단체에 대하여도 적용한다(법 157조).

2. 해석의 필요성

선박은 1척마다 독립된 사업장에 해당하므로(孤立性), 선박의 크기에 따라 해양노동법의 적용여부를 결정하는 것이 일반적이다. 이에 따라 선원법은 상시 근로자의 수를 기준으로 법령의 적용범위를 규정하는 근기법과는 달리, 먼저 선박의 국적, 총톤수, 선박의 종류, 항행구역 등을 기준으로 적용범위를 규정하고 있다. 다음으로 승무하는 선원, 선박소유자를 적용대상으로 규정하고 있다. 따라서 선원법의 적용범위를 획정하기 위해서는 선박의 개념, 선박의 국적, 총톤수, 승무, 선원, 선박소유자의 개념에 관한 정확한 이해가 필요하다. 마지막으로 편의치적선, 국제사법과의 관계 등에 관한 논의가 필요하다.

3. 선원, 선박 통계

가. 선원 통계

표 1-1 2023년도 선원취업현황(2023. 12. 31. 현재)[72]

<table>
<tr><th colspan="4">내국인 선원</th><th>외국인 선원</th></tr>
<tr><td rowspan="8">선원수첩소지자: 101,203명
해기면허소지자: 167,094명
취업자: 30,587명</td><td rowspan="6">국적
선사</td><td>외 항 선</td><td>8,634명</td><td>15,234명</td></tr>
<tr><td>내 항 선</td><td>7,518명</td><td>1,095명</td></tr>
<tr><td>원양어선</td><td>1,104명</td><td>3,845명</td></tr>
<tr><td>연근해어선</td><td>11,608명</td><td>10,199명</td></tr>
<tr><td>외항여객선</td><td></td><td>34명</td></tr>
<tr><td>내항순항여객선</td><td></td><td>29명</td></tr>
<tr><td colspan="2">해외 취업</td><td>1,723명</td><td></td></tr>
<tr><td colspan="2">합 계</td><td>30,587명</td><td>30,436명</td></tr>
<tr><td></td><td colspan="2">총 합 계</td><td colspan="2">60,148명</td></tr>
</table>

나. 선박 통계

표 1-2 2023. 12. 31. 현재 톤급별 등록선박 현황[73]

(단위: 척)

<table>
<tr><th></th><th>여객선</th><th>화물선</th><th>유조선</th><th>예선</th><th>부선</th><th>기타</th><th>합계</th></tr>
<tr><td>전체</td><td>334</td><td>682</td><td>707</td><td>1,088</td><td>1,863</td><td>3,977</td><td>8,402</td></tr>
<tr><td>5t 미만</td><td>6</td><td>2</td><td>1</td><td>2</td><td>0</td><td>1,616</td><td rowspan="3"></td></tr>
<tr><td>5－20t 미만</td><td>19</td><td>7</td><td>14</td><td>60</td><td>0</td><td>1,153</td></tr>
<tr><td>100t 미만</td><td colspan="5">168</td><td></td></tr>
</table>

72) 2024년 해양수산통계연보, 482-483면. 외국인 선원을 국적별로 살펴보면, 인도네시아 13,107명, 필리핀 6,878명, 미얀마 5,025명, 베트남 4,322명, 인도 735명, 중국 218명 등이다.
73) 2024년 해양수산통계연보, 527, 529면.

표 1-3 2023년도 톤급별 어선세력[74)] (단위: 척)

1t 미만	1~3t 미만	3~5t 미만	5~20t 미만	20t 이상	합 계
12,209	27,968	10,735	10,607	2,714	64,233

Ⅱ. 선원법이 적용되는 선박

1. 선박법상 선박

가. 개 념

'선박법상 선박'이란 수상 또는 수중에서 항행용으로 사용하거나 사용할 수 있는 배 종류를 말하며, 기선[機船, 기관을 사용하여 추진하는 선박(선체 밖에 기관을 붙인 선박으로서 그 기관을 선체로부터 분리할 수 있는 선박 및 기관과 돛을 모두 사용하는 경우로서 주로 기관을 사용하는 선박을 포함한다)과 수면비행선박(표면효과 작용을 이용하여 수면에 근접하여 비행하는 선박을 말한다)], 범선[帆船, 돛을 사용하여 추진하는 선박(기관과 돛을 모두 사용하는 경우로서 주로 돛을 사용하는 것을 포함한다)], 부선[艀船, 자력항행능력이 없어 다른 선박에 의하여 끌리거나 밀려서 항행되는 선박]을 말한다(선박법 1조의2 1항).

선박의 종류에 관한 규정은 예시규정이 아니라 한정적・열거적 규정으로 해석하는 견해[75)]에 의하면, 기선・범선・부선을 제외한 나머지 선박(예를 들면, 뗏목,[76)] 조정, 카약, 카누, 카약 등)은 선박법상 선박으로 볼 수 없다. 그런데 '노와 상앗대만으로 운전하는 선박'은 기선・범선・부선의 어디에도 속하지 아니함에도 선박법 26조 5호는 위 선박에 대하여 선박법 중 일부 규정을 적용하지 아니한다고 규정하고 있으므로, 선박의 종류에 관한 규정은 예시적인 규정으로 보아야 한다. 따라서 수상레저기구도 동력・무동력에 관계없이 항행용으로 사용할 수 있으므로 선박법상 선박에 해당한다고 보아야 한다.

---

74) 2024년 해양수산통계연보, 348-349면.

75) 대법원 1998. 5. 18.자 97마1788 결정.

76) 뗏목은 뗏목을 구성하는 목재 자체의 운반을 목적으로 하므로 선박으로 볼 수 없다는 견해로는 이순동, "선박의 소유권", 해상・보험법에 관한 제문제(상), 재판자료 52집(1991), 30면; 그러나 미국 판례는 뗏목도 선박으로 본다[Muntz v. A Raft of Timber, 15 Fed. 555 (C.C.La, 1883); Seabrook v. Raft of R.R. Cross Tics, 40 Fed. 596 (D.S.C. 1889)].

위와 같은 선박의 정의는 선박(vessel)을 '수상운송수단으로 사용되거나 사용될 수 있는 모든 배 그 밖의 인공장치'로 규정하고 있는 미국 연방법의 규정[77]이나 영국 판례,[78] 독일 판례[79]의 입장보다 다소 좁고, 항해용 선박을 의미하는 '해상법상 선박'(상법 740조, 741조 본문[80])이나 수상항공기를 포함하는 '해사안전기본법상 선박'(해안법 3조 2호)과는 구별된다.

그림 1-1 선박의 개념

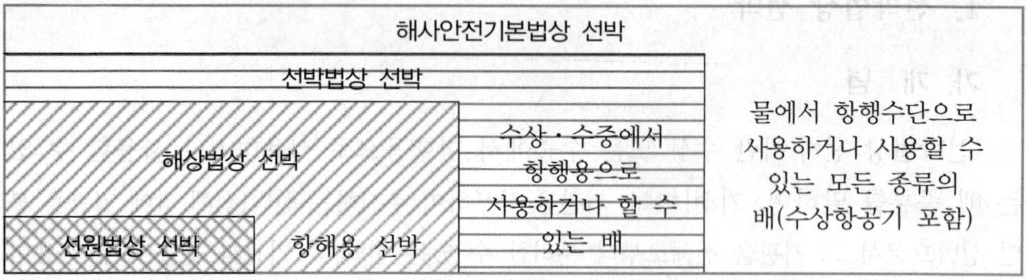

해사안전기본법상 선박
선박법상 선박
해상법상 선박
선원법상 선박
항해용 선박
수상·수중에서 항행용으로 사용하거나 할 수 있는 배
물에서 항행수단으로 사용하거나 사용할 수 있는 모든 종류의 배(수상항공기 포함)

나. 선박의 요건

(1) 선박구조물

사회통념상 선박이라는 구조물을 가지고 있어야 한다. 선박이란 사회통념상 물 위에 뜨거나 물속에 잠겨서 사람과 물건을 실어 나르거나 일정한 용도에 사용할 수 있는 수상구조물을 말하므로, 수밀성과 부유능력을 가져야 한다.[81] 그러므로 부유능력을 상실한 난파선이나 침몰선은 구조 또는 인양이 불가능한 것이면

77) 1 U.S.C. §3 "The word 'vessel' includes every description of watercraft or other artificial contrivance used, or capable of being used, as a means of transportation on water." 그러나 선박충돌방지국제규칙(International Regulations for Preventing Collisions at Sea)에서는 이동불가능한 장치(nondisplacement craft)와 수상비행기도 선박의 개념에 포함시키고 있다.

78) 미국 연방법의 규정은 영국 판례(Steedman v. Scofield [1992] 2 Lloyd's Rep. 163)의 입장과 동일하다. 영국법은 최초에 선박이란 櫓만으로 추진되지 아니하는 것으로서 항해에 사용되는 모든 형태의 배로 규정하였으나, 그 후 추진력에 관계없이 항해에 사용될 수 있는 모든 구조물을 선박의 범주에 포함하게 되었다. 그러나 오로지 평수구역에서만 사용되는 배는 선박에 포함되지 아니한다. Hill, 383-384면.

79) BGH 14.12.1951, I ZR 84/51, NJW 1952, 1135.

80) 상법 741조 1항 본문은 '항해용 선박'에 대하여는 상행위나 그 밖의 영리를 목적으로 하지 아니하더라도 상법 5편의 규정을 준용하도록 하고 있다. 한편 상법 125조는 "陸上 또는 湖川, 港灣에서 물건 또는 여객의 운송을 영업으로 하는 자를 運送人이라 한다."고 규정하고 있으므로, 상법상 선박은 해상법상 선박과 구별된다.

81) 창원지법 2015. 7. 22. 선고 2015노168 판결; 주석 상법 Ⅷ(1판), 한국사법행정학회(2001), 33-34면(박용섭 집필부분); Bubenzer/Noltin/Peetz/Mallach, S.21.

선박의 멸실에 해당하므로 선박이라고 볼 수 없으나, 구조나 인양이 가능한 동안은 여전히 선박이다. 건조 중인 선박은 항행의 용도와 능력을 갖추지 못하였으므로 선박이라고 할 수 없으나,[82] 건조 중인 선박이라도 진수 후 항행이 가능할 정도가 되면 비록 완성 전이라도 선박법상 선박으로 볼 수 있다.[83] 또한 선박은 건조재질과 무관하므로, 강선 · 목선 · 특수재질로 만든 선박도 선박에 해당한다.

(2) 수상 또는 수중의 항행

선박은 수상 또는 수중을 항행하는 것이어야 한다. 그러므로 수중을 항행하는 잠수선, 수면상에 약간 떠서 항행하는 Hover Craft나 수중익선(Hydro foil)도 선박에 포함되나, 주로 비행을 목적으로 하는 헬리콥터, 수상항공기나 비행선은 선박이라고 할 수 없다.[84]

(3) 항행능력

선박은 항행능력을 갖추어야 한다. 자력으로 항행할 수 있어야 하느냐에 관하여 과거에 견해대립이 존재하였으나,[85] 선박법 1조의2가 부선을 선박의 개념에 포함시킴으로써 독항능력 불요설의 입장을 명확히 하였다.[86] 독일 판례도 이와 같다.[87] 그러므로 구조물이 항행에 사용되는 이상 추진력이 무엇인가 하는 것은 문제가 되지 않는다. 기관을 사용하여 추진하는 기선, 돛에 의하여 추진하는 범선[88] 뿐만 아니라, 자력항행능력이 없어 다른 선박에 의하여 끌리거나 밀려서 항행하는 선박(부선[89]이나 피예선, 외부에서 원격조정에 의해 항행하는 구조물)도 모두 선박에

---

82) Fredieu v. Rowan Companies, 738 F.2d 651(5th Cir. 1984); Williams v. Avondale Shipyards, Inc., 452 F.2d 955 (5th Cir. 1971). 그러나 건조 중인 선박은 船舶金融에 한하여 선박으로 인정되고 (상법 790조), 어선법 2조 1호 (다)목은 어선건조허가를 받아 건조 중인 선박도 어선에 포함시키고 있으나 이는 선원법이 적용되는 선박은 아니다.

83) 창원지법 2015. 7. 22. 선고 2015노168 판결; 이순동, 30면.

84) 김태기, "선박등기에 관한 약간의 고찰", 재판자료 44집(1988), 590면; 이순동, 29면; Barger v. Petroleum Helicopters, Inc., 692 F.2d 337 (5th Cir. 1983); Smith v. Pan Air Corp., 684 F.2d 1102 (5th Cir. 1982); Herbert v. Air Logistics, Inc., 720 F.2d 853 (5th Cir. 1983); Reeves v. Offshore Logistics, Inc., 720 F.2d 835 (5th Cir. 1983).

85) 독항능력 필요설을 취한 것으로는 안철상, "선박집행의 현황과 과제", 선박집행의 제문제, 부산지방법원(1999), 16-17면. 독항능력 불요설을 취한 것으로는 김태기, 591면; 이순동, 30면.

86) 영국법원은 Cory Lighterage Ltd. v. Dalton[10 LILR. 66 (1922), p.175] 사건에서 항해용 바지선은 책임제한의 규정을 적용하는 선박으로 판시하였다.

87) BGH 13.3.1980, Ⅱ ZR 163/78, NJW 1980, 1747.

88) ArbG Hamburg, Teilurteil vom 22.10.1987 -S 15 Ca 106/87-.

89) Ex parte Easton, 95 U.S. (5 Otto) 68 (1877); In re Great Lakes Transit Corp.(The Glenbogie),

해당한다.

(4) 건조목적과 용도

① 특정구조물이 선박인지 여부를 판별하는 가장 근본적인 기준은 선박의 크기 · 형태 · 적재능력 · 종류보다 그 구조물의 건조목적과 구조물이 사용되는 용도인데,[90] 선박의 용도를 판단할 때 미국 법원은 구조물이 이동성과 수상운송능력을 가지는지 여부, 해양위험에 노출되는지 여부, 한 지점에 고정되었는지 여부, 구조물을 선박으로 인정하는 것이 법령이나 다른 정책적 필요에 합치되는지 여부를 고려한다.[91] 선박법상 선박이 되기 위해서는 항행용으로 사용하거나 사용될 수 있어야 한다.

② '항행용으로 사용하는 기구로서 선박'[92]은 사람 또는 물건을 운반하기 위하여 이용되고 항상 이동할 목적과 능력을 갖춘 것이어야 하므로 해상에서 원하는 대로 위치를 바꿀 수 있어야 한다. 준설목적으로 기관을 장착한 해상시설[93]이나 호퍼준선설,[94] 예선[95]도 선박에 해당한다.

③ '항행용으로 사용될 수 있는 기구로서 선박'은 일시적으로 고정되어 있기는 하지만 이동하도록 설계된 구조물로서 항행능력을 가지고 있거나 예인되어 이동

63 F.2d 849 (6th Cir. 1933); Hudson Harbor 79th Street Boat Barsin, Inc. v. Sea Casa, 469 F.Supp. 987 (S.D.N.Y. 1979)(가정용 보트).

90) The Rorbert W. Parsons, 191 U.S. 17, 30 (1903); Cope v. Vallette Dry-Dock Co., 119 U.S. 625 (1887).

91) Brunet v. Boh Bros. Constr. Co., 715 F.2d 196 (5th Cir. 1983); McDermott, Inc. v. Broudreaux, 679 F.2d 452 (5th Cir. 1982); Eastate of Wenzel v. Seaward Marine Services, Inc., 709 F.2d 1326 (9th Cir. 1983); Burks v. American River Transp. Co., 679 F.2d 69 (5th Cir. 1982); Evansville & Bowling Green Packet Co. v. Chero Cola Bottling Co., 271 U.S. 19 (1926); Hayford v. Doussony, 32 F.2d 605 (5th Cir. 1929), affirmed 42 F.2d 439 (5th Cir. 1930).

92) '항행에 사용한다'(used in navigation)는 의미에 관하여 영국 판례는 jet ski가 항행에 사용되는 선박에 해당하는지 여부가 문제가 된 사안(Steedman v. Scofield [1992] 2 Lloyd's Rep. 163)에서 "항행에 사용한다는 것은 사람이나 물건을 목적지까지 운송하는 것을 의미하고, 항행은 단순히 수상에서 움직이는 것을 의미하는 것이 아니라 계획이나 지시에 의하여 일정한 장소에서 다른 장소로 이동하는 것을 의미하므로, jet ski는 비록 수상에서 매우 빠른 속도로 움직일 수 있다 하더라도 그 용도는 일정한 장소에서 다른 장소로 이동하는 것이 아니므로 선박이라고 볼 수 없다."고 판시하였다. 그러나 예를 들면, 섬의 일주를 목적으로 하는 유람선이나 낚시선과 같이 출발지점과 도달지점이 동일하더라도 항행이라고 보아야 하므로, 항행의 의미를 계획이나 지시에 의하여 일정한 장소에서 다른 장소로 이동하는 것으로 한정하는 것은 타당하지 않다. 미국 판례[Wahlstrom v. Kawasaki Heavy Industries, Ltd., 4 F.3d 1084 (2d Cir. 1993); Keys Jet Ski, Inc. v. Kays, 893 F.2d 1225 (11th Cir. 1990)]도 jet ski를 선박으로 보고 있다.

93) ArbG Hamburg, Urteil vom 13.6.1978 -S 1 Ca 407/86-.

94) ArbG Hamburg, Urteil vom 10.11.1988 -S 14 Ca 262/88-.

95) LAG Bremen, Urteil vom 20.8.1992 -3 Sa 191/91-.

할 수 있다면 선박에 해당한다. 그러므로 이동한 장소에서 작업을 하거나 물건 또는 사람의 운반 이외에 일정한 용도에 사용되는 것을 목적으로 하는 준설선, 해저자원굴착선, 기중기선, 등대선, 선박계류용이나 저장용 등으로 사용하기 위하여 수상에 고정하여 설치하는 부선[96] 등은 선박에 포함된다. 그러나 항행이 가능한 선박이라도 일정한 장소에 정박하여 카지노 운영을 목적으로 사용되는 선박은 '항행 중인 선박'은 아니라고 한다.[97]

④ 항구에서 특별한 기능을 하는 플랫폼이나 부유구조물이 선박인지 문제된다. 선박의 수리 · 건조를 위해 이용되는 부유건선거(floating drydock)[98] 중 사용하는 동안에는 항해하지 않으며 계속 해안에 고정되어 있는 것은 항행용이 아니므로 선박으로 볼 수 없으나,[99] 이동성이 있고 항행에 제공되는 건선거는 항해 도중에 일시적으로 특정장소에 정박하더라도 선박으로 볼 수 있다.[100] 밧줄로 부두에 고정되어 공사판으로 이용되는 부유플랫폼이 수상에서 제한적으로 이동할 수 있더라도 선박은 아니다.[101] 그러나 선착장으로 사용되는 부유식 수상구조물형 부선은 선박이다.[102] 더 이상 항해에 제공되지 않거나 육상의 용도로만 사용되는 사

96) 선박법 26조 4호 참조.

97) Martin v. Doyd Gaming Corp., 374 F.3d 375 (5th Cir. 2004); De La Rosa v. St. Charles Gaming Co., 474 F.3d 185 (5th Cir. 2006).

98) 플로팅도크를 공유수면에 일시적으로 묘박하고 선박을 진수하기 위하여, 공유수면관리청으로부터 공유수면 점용허가가 아니라 사용허가를 받아야 한다고 판시한 사례로는 창원지법 2015. 2. 11. 선고 2013노2387 판결(대법원 2018. 8. 30. 선고 2015도3692 판결로 확정됨).

99) Keller v. Dravo Corp., 441 F.2d 1239 (5th Cir. 1971); 고정식 플로팅 도크는 지방세법상 선박이 아니다(조세심판원 2015. 12. 24.자 2015지873 결정).

100) J.M.L. Trading Corp. v. Marine Salvage Corp. 501 F. Supp. 323 (E.D.N.Y. 1980); United States v. Moran Towering & Transp. Co., 374 F.2d 656 (4th Cir. 1967).

101) Cook v. Belden Concrete Prods., Inc., 472 F.2d 999 (5th Cir. 1973), rehearing denied 472 F.2d 1405 (5th Cir. 1973).

102) 선박법이 2009. 12. 29. 법률 9870호로 개정되면서 26조 4호의 단서가 신설되어 그동안 등기대상이 아니었던 '부유식 수상구조물형 부선'도 등기대상이 되었는데, 개정 선박법에서 이미 발생하여 존재하는 기존의 권리관계에 관한 효력규정이나 경과규정을 두지 않은 이상, 선박법 개정 전에 부유식 수상구조물형 부선에 관하여 설정된 양도담보권은 선박법 개정 후에도 등기와 상관없이 그대로 존속하고, 양도담보설정자가 선박법 개정 후 자기 앞으로 소유권보존등기를 마친 다음 제3자에게 소유권이전등기를 마쳐 주더라도 이는 대외적으로 무권리자의 처분행위로서 원인 무효의 등기이다(대법원 2015. 3. 12. 선고 2014다21410 판결).; 선박법 26조 4호 단서는 수상레저의 수요 증가 등으로 수상구조물의 설치가 활성화될 것에 대비하여 수상호텔, 수상식당 또는 수상공연장 등 부유식 수상구조물형 부선을 선박법상 등록 대상에 포함시키고 등기가 가능하도록 하는 데 그 취지가 있다. 위와 같은 선박법 26조 4호 단서의 문언과 취지 등을 종합하면, 선박법 26조 4호 단서에서 정한 수상호텔, 수상식당 또는 수상공연장은 부유식 수상구조물형 부선의 종류를 예시한 것으로 보아야 한다. 갑 주식회사가 총톤수 144t의 부선인 선박을 매수하여 소유권이전등기를 한 후 하천법 33조 1항에 따른 하천점용허가를 받아 위 선박에서 수상레저사업을 하였고, 을이 유체동산 강제경매절차에서 위 선박을 매수하여

선(dead ship)의 경우 완전히 항해기능을 상실하였다면 더 이상 선박으로 볼 수 없으나,[103] 고정되어 있기는 하지만 여전히 항해능력을 가지고 있거나,[104] 수리를 하기 위하여 일시적으로 항해를 중지한 선박[105]은 여전히 선박이다.

(5) 석유시추선

내수나 대륙붕에서 석유나 천연가스를 생산하기 위하여 사용되는 특수한 구조물(oil rig)[106] 중 규칙적으로 이동하도록 설계된 구조물(해저에 다리를 고정하고 있더라도 본래 예인되어 이동할 수 있는 시추선,[107] 시추장비를 유정에 운반하고 시추를 위해 잠항하며 새로운 유정으로 가기 위해 다시 떠오를 수 있도록 제작된 굴착용 바지선,[108] 6개의 석유저장탱크가 부착되어 있으며 잠항할 수 있는 석유저장시설물,[109] 선원

인도받았으나 소유권이전등기를 하지 않은 상태에서 병 주식회사가 을로부터 위 선박을 매수하여 인도받은 후 갑 회사로부터 수상레저사업과 허가권 일체를 양수하여 위 선박에서 수상레저사업을 하고 있었는데, 그 후 갑 회사가 정에게 위 선박에 관하여 근저당권설정등기를 해 주었고, 근저당권자인 정의 신청에 따라 위 선박에 관하여 임의경매절차가 개시되자 병 회사가 선박의 소유자라는 이유로 임의경매의 불허를 구한 사안에서, 병 회사가 선박 위에 10cm 두께의 콘크리트를 타설하여 수상레저사업에 사용하기 위한 난간대, 사무실, 탈의실과 몽고천막 4동 등 구조물을 설치한 점 등에 비추어 위 선박은 선박법 26조 4호 단서에서 정한 부유식 수상구조물에 해당하므로, 그 강제집행은 부동산 강제경매에 관한 규정에 따라야 하고, 따라서 을이 유체동산 강제경매절차에서 위 선박을 매수한 것은 민사집행법 172조에 반하여 무효이고, 을로부터 위 선박을 매수한 병 회사는 적법하게 소유권을 취득하지 못하였다고 본 원심판결이 정당하다(대법원 2020. 9. 3. 선고 2018다273608 판결).

103) Ross v. Moak, 388 F. Supp. 461 (M.D.La. 1975)(보트에 개설한 상점); Frank B. Hall Co. v. S. S. Seafreeze Atlantic, 423 F.Supp. 1205 (S.D.N.Y. 1976)(퇴역한 선박); Jiles v. Federal Barge Lines, Inc., 365 F.Supp. 1225 (E.D.La. 1973)(기관을 제거한 채 해안에 정박되어 있는 증기선); 그러나 M/V Marifax v. McCrory, 391 F.2d 909 (5th Cir. 1968)(15년 동안 퇴역하였던 선박을 수선하여 모래운반선으로 사용한다면 이는 선박이다).

104) Luna v. Star of India, 356 F.Supp. 59 (S.D.Cal. 1973)(해상박물관); McCarthy v. The Bark Peking, 716 F. 2d 130 (2nd Cir. 1983), rehearing denied 466 U.S. 994 (1984)(현재 박물관으로 사용되는 범선).

105) A-1 Indus. v. Barge Rig No. 2, 1979 AMC 1486 (E.D.La. 1979)(수선하기 위하여 부두에 정박한 석유시추용 바지선은 死船이 아니다); Farrell Ocean Servs., Inc. v. United States, 681 F.2d 91 (1st Cir. 1982)(선박의 기능을 유지하면서 화물로서 운반되는 선박도 선박이다).

106) 이상돈, "해저 석유 개발 장비의 법적 지위", 한국해법학회지 5권 1호(1983. 8), 73-93면.

107) Offshore Co. v. Robinson, 266 F.2d. 769 (5th Cir. 1959); Daughdrill v. Diamond M. Drilling Co., 447 F.2d 781 (5th Cir. 1971); Neill v. Diamond M. Drilling Co., 426 F.2d 487 (5th Cir. 1970); Producer Drilling Co. v. Gray, 361 F.2d 432 (5th Cir. 1966); Harney v. William M. Moore Bldg. Corp., 359 F.2d 649 (2d Cir. 1966); Clary v. Ocean Drilling and Exploration Co., 429 F.Supp. 905 (W.D.La. 1977), judgement affirmed 609 F.2d 1120 (5th Cir. 1980); McNeese v. Anson Corp., 334 F.Supp. 290 (S.D.Miss. 1971); McCarty v. Service Contracting, Inc., 317 F.Supp. 629 (E.D.La. 1970); Robichaux v. Kerr McGee Oil Indus., Inc., 317 F.Supp. 587 (W.D.La 1970); Rogers v. Gracey-Hellums Corp., 331 F.Supp. 1287 (E.D.La 1970), judgement affirmed 442 F.2d 1196 (5th Cir. 1971); Hebert v. California Oil Co., 280 F.Supp. 754 (W.D.La 1967); Ledet v. United States Oil of La., Inc., 237 F.S.upp. 183 (E.D.La. 1964); Oliver v. Ocean Drilling & Exploration Co., 222 F.Supp. 843 (W.D.La. 1963); Guilbeau v. Falcon Seaboard Drilling Co., 215 F.Supp. 909 (E.D.La. 1963).

과 장비를 운반하는데 이용되고 때때로 악천후를 피하기 위하여 이동할 수 있도록 고안되어 고정된 해안플랫폼에 장기간 정박한 시추보조선[110])은 선박으로 볼 수 있으나, 반면에 영구히 해저에 고정된 석유나 천연가스의 시추·생산용 플랫폼은 선박으로 볼 수 없다.[111]) 해상구조물이 고정되어 있다는 것은 구조물의 지지대를 통하여 해저에 말뚝이 박혀 통상 부유나 항해를 할 수 없는 상태를 의미하는데,[112]) 해상구조물이 고정되어 있는지 또는 이동가능한지 여부는 구체적인 상황에 따라 판단하여야 하고, 구조물의 구조와 정박상태를 검토한 결과 그 구조물이 특정한 장소에 고정되어 있으며 이동하도록 고안되지 않았다면 그 구조물은 선박이 아니다.[113])

(6) 해상법상 선박과의 구별

해상법상 선박은 선박법상 선박 중 상행위나 그 밖의 영리를 목적으로 항해에 사용되는 선박을 말한다(상법 740조). 즉 해상법상 선박에 관한 규정은 '해수를 항해하는 항해선'에 한하여 적용되고, '호천이나 항만을 항행하는 내수선[114])이나 내륙수도만을 항행하는 내륙선'에는 상법 제2편 제9장의 (육상)운송업에 관한 규정이 적용된다(상법 125조).[115]) 한편 선박우선특권이 인정되는 선박은 해상법상 선박의 범위와 같다(상법 740조, 777조 참조).[116])

다. 부 선

(1) 법령의 변천

① 구 선원법(1962. 1. 10. 법률 963호로 제정되어 1962. 1. 10.부터 시행된 것) 2

108) Producers Drilling Co. v. Gray, 361 F.2d 432 (5th Cir. 1966).
109) Hicks v. Drilling and Exploration Co., 512 F.2d 817 (5th Cir. 1975).
110) Parks v. Dowell Div. of Dow Chem., Corp., 712 F.2d 154 (5th. Cir. 1983).
111) Olsen v. Shell Oil Co. 708 F.2d 976 (5th Cir. 1983), rehearing denied 717 F.2d 1399 (5th Cir. 1983); Longmire v. Sea Drilling Corp., 610 F.2d 1342 (5th Cir. 1980); Myrick v. Teledyne Movible Offshore, Inc., 516 F.Supp. 602 (S.D.Tex. 1981).
112) Rhode v. Southeastern Drilling Co., Inc., 667 F.2d 1215 (5th Cir. 1982); MacDonald v. Santa Fe Int'l Corp., 1981 AMC 536 (S.D.Tex. 1980).
113) Blanchard v. Engine & Gas Compressor Serv., 575 F.2d 1140 (5th Cir. 1978)(가스압축시설이 해저에 고정되어 있었다).
114) 대법원 1991. 1. 15. 선고 90다5641 판결.
115) 주석 상법 Ⅷ, 40면. 상법 125조에 의하여 '호천이나 항만을 항행하는 내수선이나 내륙수도만을 항행하는 내륙선'에는 육상운송업에 관한 규정이 적용된다.
116) 인천지법 2010. 8. 27. 선고 2009가합13053 판결.

조 1항은 선원법이 적용되는 대한민국 선박에 대하여 특별한 정의 규정을 두지 않았고, 2항에서 선원법의 적용이 배제되는 선박(총톤수 5t 미만의 선박, 호·강 또는 항내만을 항행하는 여객선 이외의 선박)을 규정하였다.

구 선원법(1984. 8. 7. 법률 3751호로 개정되어 1984. 9. 8.부터 시행된 것) 2조 1항 본문은 선박법에 의한 대한민국 선박을 선원법이 적용되는 선박으로 하되, 단서에서 선원법의 적용이 배제되는 선박(총톤수 5t 미만의 선박, 호수·강 또는 항내만을 항행하는 선박)을 규정하였다.

선박법 시행령(1961. 10. 26. 각령 235호로 제정되어 1961. 10. 26.부터 시행된 것) 1조는 선박의 종류를 기선과 범선으로 구별하고(1항), 기관장치로서 운항하는 선박은 증기를 사용하거나 아니하거나를 불문하고 이를 기선으로 간주하며(2항), 2조는 준설선으로서 추진기를 장치하지 아니한 것은 선박으로 간주하지 아니한다고 규정하였다.

구 선박법 시행규칙(1983. 12. 29. 부령 777호로 제정되어 1983. 12. 29.부터 시행된 것) 2조는 선박의 종류를 기선과 범선으로 구별하고, 3조는 추진기관을 장치하지 아니한 준설선 또는 해저자원굴착선 등은 선박으로 보지 아니한다고 규정하였다.

② 구 선박법 시행규칙(1985. 4. 26. 부령 817호로 개정되어 1985. 5. 17. 시행된 것) 2조 1항은 선박의 종류를 기선, 범선, 압항부선(기선과 결합되어 밀려서 추진되는 선박)으로 구분하였다.

③ 구 선박법 시행규칙(1985. 12. 9. 부령 828호로 개정되어 1985. 12. 30.부터 시행된 것) 2조 1항은 선박의 종류를 기선, 범선, 압항부선, 해저조망부선(잠수하여 해저를 조망할 수 있는 시설을 설치한 선박으로서 스스로 항행할 수 없는 것)으로 구분하였고, 3조는 추진기관을 장치하지 아니한 준설선 또는 해저자원굴착선 등은 선박으로 보지 아니한다고 규정하였다.

④ 선박법(1999. 4. 15. 법률 5972호로 개정되어 1999. 10. 16.부터 시행된 것) 1조의2는 선박을 기선, 범선, 부선(3호, 자력항행능력이 없어 다른 선박에 의하여 끌리거나 밀려서 항행되는 선박)으로 구분하였다.

⑤ 구 선원법(2001. 3. 28. 법률 6457호로 개정되어 2001. 6. 29.부터 시행된 것) 2조 1항 단서 4호는 선원법의 적용이 배제되는 선박으로 "선박법 1조의2 3호의 규정에 의한 부선. 다만 해운법 26조 1항 또는 2항의 규정에 따라 해상화물운송사업

을 영위하기 위하여 등록한 부선은 제외한다."는 규정을 신설하였다.[117)]

⑥ 현행 선원법 3조 1항 단서 4호는 구 선원법(2001. 3. 28. 법률 6457호로 개정되어 2001. 6. 29.부터 시행된 것) 2조 1항 단서 4호와 동일하다. 그러므로 선원법이 적용되는 선박은 원칙적으로 선박법상 선박에 의하되(총톤수 5t 미만의 선박, 호수·강 또는 항내만을 항행하는 선박은 제외됨), 2001. 6. 29.부터는 '해상화물운송사업용 등록부선'을 제외한 나머지 부선은 선원법이 적용되지 아니한다.

(2) 정 리

이상의 개정과정을 표로 정리하면 다음과 같다[다만 각 구 선원법 2조(현행 선원법 3조) 1항 단서에 해당하지 않을 것. ○: 선원법 적용, ×: 선원법 미적용].

표 1-4 선원법이 적용되는 부선의 범위[118)]

기 간 \ 종 류		선원법이 적용되는 부선			
		압항부선	해저조망 부선	해상화물 운송사업용 등록부선	기타(준설선·해저자원 굴착선 등)
I	1962. 1. 10. ~ 1985. 5. 16.	×	×	×	×
II	1985. 5. 17. ~ 1985. 12. 29.	○	×	×	×
III	1985. 12. 30. ~ 1999. 10. 15.	○	○	×	×
IV	1999. 10. 16. ~ 2001. 6. 28.	○	○	○	○
V	2001. 6. 29. ~ 현 재	×	×	○	×

(3) 미등록부선의 지위

해상화물운송사업용 부선이지만 해운법에 따라 등록되지 아니한 부선의 적용법령이 문제된다. 내항화물운송용 부선(바지선, 217톤)이 선박법 1조의2 1항 3호에서 정한 '부선'에 해당함은 명백하고, 2007. 6. 27.부터 2014. 5. 30.까지 내항화물운송사업을 위하여 등록되어 있었을 뿐, 사고 발생 당시인 2015. 6. 17.경 내항화물운송사업을 위하여 등록되어 있지 아니하였던 사안에서, 법원은 "이 사건 선박

117) 해운법의 개정을 반영하여, 2007. 4. 11. 법률 8381호로 '해운법 26조 1항 또는 2항'을 '해운법 24조 1항이나 2항'으로 수정하였다. 그 후 2011. 8. 4. 법률 11024호로 선원법을 전부개정하면서 선원법 '2조 1항'을 '3조 1항'으로 수정하였다.

118) 권창영, "선원법이 적용되는 선박의 범위", 법조 579호(2004. 1), 199-200면.

은 선원법 3조 1항 단서 4호 단서가 정한 '해운법 24조 1항 또는 2항에 따라 해상화물운송사업을 하기 위하여 등록한 부선'에 해당하지 아니하고, 선원법 3조 1항 단서 4호 본문에 따라 이 사건 선박의 선원이었던 망인과 사용자인 원고에게는 선원법 및 그 재해보상 규정이 적용되지 아니하므로 망인과 원고에게는 산업재해보상보험법이 적용되어야 한다."고 판시하였다.[119] 이러한 판결례에 따르면, 미등록 부선은 선원법이 적용되지 아니하고, 근기법이 적용되는 것으로 해석하여야 한다.

라. 준설선

(1) 건설기계관리법의 개정 연혁

① 구 중기관리법(1966. 12. 23. 법률 1854호로 제정되어 1967. 1. 1.부터 시행된 것) 2조 1호는 '중기'라 함은 건설공사에 사용되는 기계로서 별표에 게기한 것을 말한다고 규정하고, 별표 12항 '작업선류' 항목 중 '가. 준설선: 펌프준설선 · 바켓트준설선 · 데파준설선 · 구라프준설선 또는 압송식준설선과 토운선으로서 비자항식인 것'이라고 규정하였다.

② 구 중기관리법(1975. 7. 26. 법률 2785호로 개정된 것) 2조 1호는 대통령령에 중기의 정의를 위임하였고, 중기관리법 시행령(1975. 12. 31. 대통령령 7924호) 2조에 중기의 범위를 [별표 1]과 같다고 규정하고, 별표 1호 25항은 "준설선: 펌프식 · 바켓식 · 딧파식 또는 그래브식 준설선으로 비자항식인 것"이라고 규정하였다.

③ 구 건설기계관리법(1993. 6. 11. 법률 4561호)은 '중기'를 '건설기계'로 바꾸었으나, 건설기계관리법 시행령(1993. 12. 31. 대통령령 14063호) 별표 1호 25항은 기존의 내용과 변동이 없었다.

④ 건설기계관리법 시행령(2010. 5. 27. 대통령령 22172호)은 별표 1호 25항을 "준설선: 펌프식 · 바켓식 · 딧퍼식 또는 그래브식으로 비자항식인 것. 다만, 해상화물운송에 사용하기 위하여 선박법에 따른 선박으로 등록된 것은 제외한다."라고 개정하였다. 이는 부선이 선박으로 등록됨에 따라 부선을 기초로 한 준설선이 선박등록과 건설기계등록으로 이중등록이 가능하게 되는 문제점을 수정하기 위하여 화물운송용으로 사용하는 준설선은 건설기계가 아닌 선박으로 보아 선박등록을 하도록 하고 그에 따라 건설기계등록을 말소하고자 하는 의도였다.[120]

---

119) 서울행법 2016. 11. 18. 선고 2016구합2946 판결.

(2) 선박법의 개정 연혁

선박법(2007. 8. 3. 법률 8621호로 개정되어 2008. 2. 4. 시행된 것) 26조는 선박법의 일부 조항의 적용을 제외하는 선박으로 5~8호를 추가하였는데, 7호는 "건설기계관리법 3조에 따라 건설기계로 등록된 준설선"이다. 선박법 26조는 위 선박에 대하여는 선박법상 선박톤수의 측정(7조), 등기와 등록(8조), 소형선박소유권 변동의 효력(8조의2), 압류등록(8조의3), 가선박국적증서의 교부신청(9조), 국기게양과 항행(10조), 국기게양과 표시(11조), 국제톤수증서등(13조), 등록사항의 변경(18조), 말소등록(22조)에 관한 규정을 적용하지 않도록 규정하였다.

또한 22조를 개정하면서, 한국선박이 26조에 규정된 선박이 된 때에는 선박소유자는 그 사실을 안 날로부터 30일 이내에 선적항을 관할하는 지방해양수산청장에게 말소등록을 신청하도록 하고(1항 3호), 만일 선박소유자가 그 말소등록을 신청하지 아니하면 선적항을 관할하는 지방해양수산청장이 30일 이내의 기간을 정하여 선박소유자에게 선박의 말소등록을 신청할 것을 최고하고, 그 기간 내에 말소등록의 신청을 하지 아니하면 직권으로 당해 선박의 말소등록을 하여야 한다고 규정하였다(2항).

(3) 부선에 부착된 준설선의 지위

위와 같이 준설선이 건설기계로 등록된 경우에는 선박등록을 말소할 수 있도록 선박법이 개정되었고, 준설선에 대하여는 부선과 별도로 건설기계등록이 되어 있음에도 불구하고, 준설선은 선박법상 선박으로 보아야 한다.[121] 그런데 부선과 그에 부착된 준설선은 외관상 항해 기능을 하는 하부의 선박 부분과 준설작업을 하는 상부의 건설기계 부분 2개의 물건으로 구분되어 있고, 건설기계관리법은 준설선이라고 하여 항해에 필요한 선박 부분과 준설에 필요한 기계 부분을 포함하여 단일한 물건 개념을 사용하고 있으며, 실제로도 선박부분과 준설기계부분은 처

120) 김민철, "준설선과 관련된 실무상 문제점", 부산지방법원 제1회 선박실무연구회 2014. 8. 25. 발표문(코트넷 지식광장 2014. 9. 28. 게시), 10면.

121) 자력항행능력이 없어 다른 선박에 의하여 끌리거나 밀려서 항행되는 준설선은 선박법상 부선에 해당하고, 부선인 준설선이 침몰된 사고는 해양심판법 2조 1호 ㈑목에 규정된 해양사고에 해당한다. 선박법 26조 7호는 '건설기계관리법 3조에 따라 건설기계로 등록된 준설선'도 선박법 1조의2 1항에 규정된 선박에 해당함을 전제로 하여 선박법 중 선박의 등록에 관한 조항을 비롯한 일부 조항들의 적용을 제외하고 있을 뿐이므로, 준설선이 건설기계로 등록되었다고 하여 달리 볼 수 없다(대법원 2013. 12. 26. 선고 2011추100 판결; 대법원 2014. 2. 13. 선고 2012추107 판결).

음부터 선체와 준설장비가 내부적으로 일체로 제작되어 이를 분리할 경우 어느 것도 독립적인 기능을 할 수 없으므로, 부선과 준설선은 하나의 물건으로 보아야 한다.[122)]

선박법이 2008. 2. 4. 시행되면서 건설기계로 등록된 준설선의 경우 선박등록을 말소하도록 하는 규정을 두었으나, 이미 마쳐진 선박등기의 말소에 대하여 어떠한 경과규정을 두지 않았고, 준설선과 부선이 선박등기부와 건설기계등록부 2개로 공시된 것은 위와 같은 법률의 변동에 따른 과도기적 혼선 때문이지 독립한 2개의 물건을 공시하기 위한 것이 아니다.[123)]

마. 건조 중인 선박

건조 중인 선박은 선박금융의 객체가 될 수 있음은 별론으로 하더라도(상법 790조 참조), 아직 항해에 제공된 것은 아니므로 선원법이 적용되는 선박은 아니다. 그러나 진수 후 시운전을 하는 단계에 이른 경우에는 선박으로 보아야 한다.

2. 어선법상 어선

(i) 어업, 어획물운반업 또는 수산물가공업에 종사하는 선박, (ii) 수산업에 관한 시험·조사·지도·단속 또는 교습에 종사하는 선박, (iii) 어선법 8조 1항에 따른 건조허가를 받아 건조 중이거나 건조한 선박, (iv) 어선법 13조 1항에 따라 어선의 등록을 한 선박을 어선이라고 한다[어선법 2조 1호 ㈎~㈑목]. 그러므로 어선등록을 하지 아니한 선박이라도 수산업에 종사하는 한 어선으로 보아야 하지만, 어선등록을 한 선박이라도 수산업활동 이외의 업무에 상시 사용된다고 인정되는 경우에는 어선으로 취급할 수 없다.[124)]

3. 선박의 국적

가. 선박국적제도의 필요성

선박은 속성상 공해를 항해하거나 다른 국가가 관할하는 수역을 항해하기 때

122) 대법원 2015. 9. 15. 선고 2015다204878 판결.
123) 광주고법(전주부) 2015. 1. 8. 선고 2014나1671 판결.
124) 1959. 12. 21. 4省廳覺書, 船員法解釋例規, 22면.

문에 필연적으로 관할 국가를 확정하여 책임의 소재와 한계를 정할 필요가 있다.[125] 선박의 국적은 선박이 어느 국가에 소속되는가라는 문제인데, 준거법의 결정 이외에도 국제법상·행정법상 중요한 의의를 갖는다. 즉 국적은 (i) 외국적 요소가 있는 법률관계에서 준거법 결정의 기준이 되어 해상법의 적용에 영향을 미치고, (ii) 기국법(旗國法)에 의하여 공해상 선박에는 본국법이 적용되며,[126] (iii) 포획·해적·중립 등의 처리에서 기준이 되고, (iv) 항세부담의 표준이 되기도 한다.

선박국적 취득요건에 관한 입법의 효시를 이룬 것은 1651. 10. 9.과 1660. 9. 13.의 영국 항해조례(Navigation Act)로서, 이는 영국 관계의 국제무역에 종사하고자 하는 선박이 구비하여야 할 요건에 관하여 소유(property), 건조(origin), 승무원(seamen) 등으로 구체화하였다.[127] 오늘날 자유통상의 확대와 더불어 이러한 요건은 상당히 완화되었다. 각국의 입법례는 소유자국적주의, 소유자국적 및 선원국적주의, 등록주의 등이 있다.[128]

나. 구별개념

(1) 무국적선박

무국적선박은 편의치적국에 등록되어 선적을 가지고 있는 편의치적선과는 구분된다. 선박법 2조는 대한민국 선박에 관하여 규정하고 있는데, 무국적선박은 대한민국 선박이 아니므로 외국 선박으로 보아 처리한다.[129]

(2) 이중등록선

선박등록요건에 관한 협약(United Nations Convention on Conditions for

---

125) 임채현, "선박의 국적제도에 관한 고찰", 2006년도 한국마린엔지니어링학회 후기학술대회 논문집, 115면.

126) 선박에 대한 기국의 관할권의 근거로서 가장 보편적인 학설은 선박을 그 기국의 영토로 의제되는 것으로 설명하여 왔다. 선박영토설은 해양에 있는 선박의 법적 지위를 설명하면서, 기국의 관할권의 근거로서, 선박을 그 선박이 게양한 국기의 소속 국가의 영토의 일부로 보거나, 또는 영토의 계속된 연장으로 본다. 다시 말하면 선박을 '떠다니는 영토'로 생각하여, 선내에서 이루어진 것은 그 국가의 영토에서 이루어진 것과 같이 보는 견해다. 민성규·최재수, "선박국적제도의 국제법상 의의와 국적취득조건부나용선 선박의 통관 문제", 한국해법학회지 26권 2호(2004. 11), 449면.

127) Blair Worden, The Rump Parliament 1648-53, Cambridge University Press(1974), 299면; Thomas L. Purvis, A dictionary of American History, Wiley-Blackwell(1997), 278면; 윤윤수, "편의치적선(Ship under Flags of Convenience)", 재판자료 73집(1996), 504-507면.

128) 채이식, "선박의 국적제도에 관한 연구", 한국해법학회지 19권 1호(1997. 4), 35-36면.

129) 서영화, "외국 선박에 대한 집행에서의 문제점", 선박집행의 제문제, 부산지방법원(1999), 186면.

Registration of Ships) 12조는 외국 선박을 선체용선(bareboat charter)할 경우 이를 자국에 등록하는 법제를 가진 나라는 그 선체용선기간 동안 등록과 자국국기 게양권을 허가할 수 있고, 그러한 선박은 그 등록국의 완전한 관할권과 감독권에 따르게 된다고 규정하고 있다. 이처럼 어떤 선박을 A국에 등록하고 있으면서 동시에 B국에도 등록하여 그 국가의 국기를 게양하고 그 선박을 운항하는 것이 허용되는 것을 이중등록(dual registration)이라 한다.[130] 이중등록이 되면 선체용선기간 중 A국의 선박등록의 효과는 일시 정지되고, B국의 등록이 실효하는 경우에 A국의 선박등록의 효과가 자동적으로 복구되며, 이 경우 A국은 flag out되는 국가, B국은 flag in되는 국가가 된다.

(3) 제2선적제도

선진해운국의 상선대가 편의치적하여 해외 이전하는 경향이 해를 거듭하여 늘어가자 선진해운국은 해외이전을 방지하기 위하여, 1980년대 들어 기존 편의치적제도가 제공하는 각종 혜택을 자국선에게 부여하는 변형된 편의치적제도로서 제2선적제도를 채택하게 되었다. 그중 처음으로 나타난 것이 자국의 자치령이나 속령에 치적하는 선박에 대하여 선원고용의 융통성과 세제혜택을 부여해 주고 자국기를 게양토록 하는 제도인데, 영국은 1984년 상선법 제정을 계기로 자치령인 맨섬(Isle of Man) 정부로 하여금 새로운 선적제도를 마련하도록 하였다.[131] 노르웨이는 1987년 Bergen을 선박등록지로 하는 노르웨이 국제선박등록제도(Norwegian International Ship Register)를, 독일은 국제선박부가등록제도(Internationales Seeschiffahrts Register)를 채택하였다.

우리나라도 국제선박등록법을 제정하여 1998년부터 국제선박등록제도를 도입하였는데, 그 특징은 부가등록제도를 취하고 있다는 것이다. 즉 국제선박으로 등록하더라도 선박의 기존 국적에는 전혀 영향을 주지 않는다. 국제선박으로 등록하려는 등록대상 선박의 소유자 또는 외항운송사업자(선박소유자등)는 해양수산부령으로 정하는 바에 따라 해양수산부장관에게 등록을 신청하여야 한다. 이 경우 선박소유자등은 국제선박으로 등록하기 전에 선박법 8조 1항 및 2항에 따라 그 선

130) 윤윤수, 520면.
131) 최낙정, "우리나라 국제선박등록법에 관한 고찰", 한국해법학회지 20권 1호(1998. 4), 144-148면.

박을 선박원부에 등록하고 선박국적증서를 발급받아야 한다(국제선박등록법 4조 1항). 외국 국적인 국적취득조건부 임차선박의 경우(위 법 3조 1항 4호) 국제선박으로 등록되더라도 기존의 국적은 그대로 소지한 채 국제선박등록법의 적용대상이 된다.[132]

다. 국적선

우리나라는 소유자국적주의를 원칙으로 하면서도 선박의 소유자가 한국인 또는 한국법인이어야 함을 절대적 요건으로 하고 있지 않다(선박법 2조).

(1) 국적선의 요건

(i) 국유 또는 공유의 선박, (ii) 대한민국 국민이 소유하는 선박, (iii) 대한민국의 법률에 의하여 설립된 상사법인이 소유하는 선박, (iv) 대한민국에 주된 사무소를 둔 3호 외의 법인으로서 그 대표자(공동대표인 경우에는 그 전원)가 대한민국 국민인 경우에 그 법인이 소유하는 선박[133]은 대한민국 선박으로 한다(선박법 2조).

(2) 취득 절차

선박소유자는 선박등기법 2조에 해당하는 선박[134]의 경우에는 먼저 선박을 등기하고 선박원부에 등록을 하면, 국적을 취득하여 선박국적증서를 발급받는다(선박법 8조). 소형선박의 경우에는 선박원부에 등록을 하면, 국적을 취득하여 선박국적증서를 발급받는다(선박법 8조). 외국에서 선박을 취득한 때에는 임시선박국적증서를 발급받아 국적취득절차를 마친다(선박법 9조). 어선의 경우에도 어선원부에 등록하고, 선박국적증서(총톤수 20t 이상)나 선적증서(총톤수 20t 미만) 또는 등록필증(총톤수 5t 미만인 무동력어선)을 발급받는다(어선법 13조).

(3) 선박국적의 상실과 그 방지책

한국국적을 가진 선박의 소유권이 외국인에게 이전되는 등 선박법 2조의 선박국적취득요건이 갖추어지지 않게 되면 한국국적을 상실한다(예를 들면, 한국인 소유회사의 출자 또는 이사회 의결권이 외국인에게 이전되거나, 대표이사가 대한민국의 국

132) 최낙정, 169면.
133) 예를 들면, 대한적십자사의 병원선이 이에 해당한다. 임동철 · 정영석, 21면.
134) 총톤수 20t 이상의 기선 · 범선 및 총톤수 100t 이상의 부선.

적을 상실한 경우 등).

(i) 선박이 멸실·침몰 또는 해체된 때, (ii) 선박이 대한민국 국적을 상실한 때, (iii) 선박이 선박법 26조 각 호에 규정된 선박으로 된 때, (iv) 선박의 존재 여부가 90일간 분명하지 아니한 때에는, 선박소유자는 그 사실을 안 날부터 30일 이내에 선적항을 관할하는 지방해양수산청장에게 말소등록의 신청을 하여야 한다(선박법 22조 1항). 선박의 국적상실은 그 나라 해운세력의 위축을 초래하므로 상법은 선박의 국적상실을 방지하기 위하여 별도의 규정을 마련하고 있다(상법 760조). 한편 선박은 특별한 경우(소유권의 양도, 등록 변경)를 제외하고는 항해 중 또는 기항 중에 국기를 변경할 수 없고, 편의에 따라 2개국 이상의 국기를 선택적으로 게양하고 항해하는 선박은 어느 국적도 주장할 수 없고 무국적선과 동일시된다.[135]

(4) 국적선 여부의 판단

특정선박이 대한민국 국민의 소유에 속하는가 여부를 판단할 때, 선박원부,[136] 선박국적증서 등 공부(公簿)의 기재에 의하면 족하고 실질적인 소유자가 대한민국 국민인지 여부를 판단할 필요는 없다(형식설).[137] 이와 달리 마샬군도공화국 선적인 선박의 형식적 소유자는 페이퍼 컴퍼니이고 실질적 소유자가 대한민국 법인인 경우에는, 그 편의치적선은 선박법 2조 소정의 대한민국 선박이라고 보는 견해(실질설)도 있다.[138]

---

135) 윤윤수, 503면.

136) 근저당권설정등기가 부동산 소유자의 직접적인 처분행위에 의한 것이 아니라 제3자가 그 처분행위에 개입된 경우 근저당권자가 그 제3자를 부동산 소유자의 대리인이라고 주장하더라도 근저당권설정등기는 적법하게 마쳐진 것으로 추정되므로, 그 등기가 원인무효임을 이유로 말소를 청구하는 부동산 소유자로서는 반대사실, 즉 그 제3자에게 부동산 소유자를 대리할 권한이 없었다든가 또는 제3자가 부동산 소유자의 등기서류를 위조하는 등 등기절차가 적법하게 진행되지 아니한 것으로 의심할 만한 사정이 있다는 등의 무효사실에 대한 증명책임을 진다(대법원 1993. 10. 12. 선고 93다18914 판결 등 참조). 선박 또한 어선원부에 해당 소유자와 근저당권자를 등록하여 공시한다는 측면에서 부동산 등기와 유사하다고 할 것인바, 선박의 어선원부 등록에도 위와 같은 법리가 적용된다. 제주지법 2021. 5. 13. 선고 2019가합14789 판결.

137) 住田正二, 65-67면.

138) 부산지법 2014. 6. 12. 선고 2012가합21822 판결; 일본 행정해석(1957. 6. 6. 員基 196호)은 실질상 선박소유자와 명의상 선박소유자가 서로 다른 경우에는 실질상 선박소유자가 일본인이면 선원법이 적용되나, 행정관청에 대하여 실체관계에 기초한 판단을 요구하는 것은 사실상 극히 곤란하므로 소송에서 명백하게 승소할 수 있다고 인정될 정도로 극히 유력한 증거가 있지 않는 한 선박등기부·선박원부·선박국적증서의 기재는 일응 진실에 합치하는 것으로 추정하는 것은 극히 자연스럽기 때문에, 公簿에 기하여 행정행위를 하는 것은 시인할 수 있다고 보아 실질설의 입장을 취하고 있다.

(5) 국적선의 성립 시기

원칙적으로 선박원부에 등록하고 선박국적증서를 발급받아야 국적선으로 인정할 수 있으나, 의장원을 선원으로 취급하기 위해서는 선박이 사실상 준공되어 의장원이 승선한 경우에도 그 선박의 소유자가 선박법 2조 소정의 요건을 갖추면 국적선이 된다고 본다.[139)]

라. 준국적선

대한민국 국적을 취득할 것을 조건으로 용선한 외국 선박, 국내 항[140)]과 국내항 사이만을 항행하는 외국 선박에 대하여도 선원법이 적용된다(법 3조 1항 본문). 국적취득조건부 선체용선은 연불구매(年拂購買) 형태로 선박을 매입하여 국적을 취득하게 하는 선박확보 방법의 하나로, 용선기간동안 선박은 금융제공자가 설립한 선박운영회사를 통해 편의치적국에 등록되며, 법률상 소유권은 리스회사나 외국 종합상사 등 금융제공자가 갖게 된다. 선박대금은 용선료의 형태로 지급되고, 대금이 지급된 만큼 용선자의 소유권이 주장되며, 대금이 완납되면 소유권이 용선자에게 완전히 이전된다.[141)] 위 규정에 해당하지 아니한 외국 선박에 승무한 대한민국 선원에 대하여는 선원법이 적용되지 아니하나, 선박소유자와 선원 사이에 선원근로관계에 관한 준거법을 선원법으로 하기로 하는 약정이 있는 경우에는 선원법이 적용된다.[142)]

139) 1949. 1. 24. 海員基 22호. 제조 중 선박은 항행용으로 제공할 정도에 이르게 되면 법률상 선박으로 인정할 수 있다는 판례로는 大阪地裁 1917. 5. 30. 判決, 日本海事判決先例全集 1053면.

140) 항이란 항만법 2조 1호의 '항만'과 같은 의미로 보아야 한다. 이에 의하면 '항만'이란 선박의 출입, 사람의 승선·하선, 화물의 하역·보관·처리, 해양친수활동 등을 위한 시설과 화물의 조립·가공·포장·제조 등 부가가치 창출을 위한 시설이 갖추어진 곳을 말하고, 2조 2호의 무역항과 2조 3호의 연안항 모두를 포함한다.

141) 임채현, 118면.

142) 이와 달리, 국적이 온두라스이고 그 소유자의 국적이 일본국인 블루시호에 승선한 선원과 사용자 사이에 모든 근로조건의 준거법을 선원법으로 하기로 약정한 경우, 위 선박은 선원법의 적용대상에서 제외되므로 당사자 사이의 근로계약상 모든 근로조건은 원칙으로 돌아가서 근기법의 적용을 받는다는 견해로는 부산고법 1996. 5. 16. 선고 95나8676 판결.

4. 선박의 톤수

가. 총톤수

선박의 톤수에는, (i) 국제총톤수(1969년 '선박톤수측정에 관한 국제협약' 및 협약의 부속서에 따라 주로 국제항해에 종사하는 선박에 대하여 그 크기를 나타내기 위하여 사용되는 지표), (ii) 총톤수(우리나라의 해사에 관한 법령을 적용할 때 선박의 크기를 나타내기 위하여 사용되는 지표), (iii) 순톤수(협약 및 협약의 부속서에 따라 여객 또는 화물의 운송용으로 제공되는 선박 안에 있는 장소의 크기를 나타내기 위하여 사용되는 지표), (iv) 재화중량톤수(항행의 안전을 확보할 수 있는 한도에서 선박의 여객 및 화물 등의 최대적재량을 나타내기 위하여 사용되는 지표) 등이 있다(선박법 3조 1항). 선원법은 총톤수를 기준으로 그 적용여부를 결정한다(법 3조, 68조). 총톤수 측정방법에 관하여는 '선박톤수의 측정에 관한 규칙'(해양수산부령 1호) 35조, 36조 등에서 자세히 규정하고 있다.

나. 판단기준

선원법 적용여부를 판단하는데 기준이 되는 총톤수는 선박원부(선박법 시행규칙 11조 1항 12호), 선박국적증서(선박법 시행규칙 12조 1항), 어선원부, 선적증서, 등록필증(어선법 13조)에 등록된 선박의 톤수를 기준으로 한다. 이는 해사에 관한 법률관계는 등록된 톤수를 기초로 형성된 것이므로(선박법 3조 1항 2호), 실제 톤수를 기준으로 하게 되면 공법적 공시제도로서 등록의 의미를 상실하고, 법적용의 안정을 기대할 수 없어 법률관계가 불안하게 되기 때문이다.[143)]

예를 들면, 어선의 실제 총톤수가 30t을 초과하더라도 등록된 총톤수가 20t 미만이면 선원법의 적용이 배제되고 근기법이 적용된다. 또한 선박의 수리 · 개조로 인하여 총톤수가 변한 경우에도 선박소유자가 선박법 시행규칙 5조(어선소유자는 어선법 14조 2항)에 따라 총톤수의 개측신청을 한 후 감독관청에 의하여 선박원부나 선박국적증서에 변화된 총톤수로 수정등록되기 전까지는 종전의 등록총톤수를 기준으로 한다.[144)]

---

143) 住田正二, 70면.
144) 住田正二, 71면; 어선의 소유자인 피고인이 어선검사증서에 기재된 총톤수(9.77t)가 약 2t 정도 증가

5. 선원법의 적용이 배제되는 선박

가. 선박법상 선박, 어선법상 어선 이외의 선박

선박법상 선박, 어선법상 어선을 제외한 나머지 선박은 사회통념상 선박이라 하더라도 선원법이 적용되는 선박에는 포함되지 아니한다. 독일 해양노동법 1조 1항 단서도 2인 이하의 근로자가 고용되고 길이가 24m 이내인 스포츠용 선박을 해양노동법의 적용범위에서 제외하고 있다.[145)]

나. 총톤수 5t 미만의 선박으로서 항해선이 아닌 선박

선박법상 선박이라도, 총톤수 5t 미만의 선박으로서 항해선이 아닌 선박은 선원법이 적용되지 않는다(법 3조 1항 단서 1호).[146)] 총톤수는 위에서 본 바와 같이 선박원부, 선박국적증서에 등록된 톤수를 기준으로 판단한다.

'항해선이 아닌 선박'이란, (i) 내해, (ii) 항만법 2조 4호에 따른 항만구역 내의 수역, (iii) 영해 및 접속수역법 1조에 따른 영해 내의 수역(시행규칙 1조의2)만을 항해하는 선박을 말한다(법 2조 8호의 반대해석). 선박이 위와 같은 수역만을 항행하는지 여부는 아래에서 보는 바와 같이 선박검사증서상 항행구역이 판단기준이 되는 것은 아니다.

되도록 선체 상부구조물을 증설하였음에도 임시검사를 받지 아니하고 어선을 항행 또는 조업에 사용하였다고 하여 구 어선법(2016. 12. 27. 법률 14510호로 개정되기 전의 것, 이하 '법') 위반으로 기소된 사안에서, 총톤수는 법 27조 1항 1호에 따른 어선검사증서에 기재된 내용에 해당하고, 어선검사증서에 기재된 내용을 변경하려는 경우 법 21조 1항 4호, 같은 법 시행규칙(2017. 6. 28. 해양수산부령 244호로 개정되기 전의 것, 이하 같다) 47조 1항 6호에 따라 임시검사를 받아야 하며, 법 44조 1항 4호는 21조에 따른 어선검사를 받지 아니하고 어선을 항행 또는 조업에 사용한 자를 처벌한다고 규정하고 있어 피고인의 행위를 법 44조 1항 4호에 따라 처벌하는 것이 죄형법정주의에 위배되지 않는다(대법원 2018. 6. 28. 선고 2017도13426 판결).

145) 위와 같은 상업용 레저 선박에서 상시 근무함으로써 생활을 영위하는 것은 전형적인 선원노동에 해당하지 않고, 육상근로자에 대한 보호규정으로 충분히 보호가 가능하기 때문이다. Lindemann, 182-183면.

146) 총톤수 5t 미만의 동력수상레저기구로 등록된 선박은 선원법의 적용 대상이 아니다 대전지법 2022. 4. 19. 선고 2021나104595 판결.

다. 호수, 강 또는 항내만을 항행하는 선박

(1) 호수, 강, 항내의 개념[147)]

호수와 강의 개념은 사회통념에 의하되, '유선 및 도선 사업법' 2조 5호, '수상에서의 수색·구조 등에 관한 법률' 2조 2호, 수상레저안전법 2조 7호의 '내수면'[하천, 댐, 호수, 늪, 그 밖에 인공으로 조성된 담수(淡水)와 기수(汽水)의 수류(水流) 또는 수면], '공간정보의 구축 및 관리 등에 관한 법률' 시행령 58조 17호의 '하천'[자연의 유수(流水)가 있거나 있을 것으로 예상되는 토지], 19호의 '유지(溜池)'[물이 고이거나 상시적으로 물을 저장하고 있는 댐·저수지·소류지(沼溜地)·호수·연못 등의 토지와 연·왕골 등이 자생하는 배수가 잘 되지 아니하는 토지] 등이 참고자료가 될 수 있다.

항내는 '선박의 입항 및 출항 등에 관한 법률' 시행령 2조 2항의 항계, 항만법 3조 1항, 시행령 2조 1항 [별표 1] 1, 2호의 각 수상구역,[148)] 어촌·어항법 17조에 의하여 지정된 어항의 수역(水域)[149)]을 의미한다.[150)]

(2) 취 지

선원법이 위와 같이 규정하고 있는 취지는, '항내만을 항행하는 선박'의 경우에는 항내를 벗어나 연·근해구역을 항행하는 선박과는 달리 자연재해 등의 위험성이 적고, 선원들이 근무를 마치고 나면 가정과 사회에 쉽게 복귀할 수 있어서, 육상의 사업장과 별다른 차이가 없기 때문이다.[151)]

---

147) 선박안전법 시행령 2조 1항 3호 ㈎목은 '평수구역'을 "호소·하천 및 항내(항만법에 따른 항만구역이 지정된 항만의 경우 항만구역과 어촌·어항법에 따른 어항구역이 지정된 어항의 경우 어항구역을 말한다)의 수역을 말한다."고 규정하고 있으므로, 호수·강·항내는 평수구역과 같은 의미라고 할 수 있다.

148) 항만법 2조 4호의 '항만구역'에서 육상구역을 제외한 곳이다.

149) 어촌·어항법 2조 4호의 '어항구역'에서 육역(陸域)을 제외한 곳이다.

150) 조귀연, "선원법의 적용범위", 해양한국 214호(1991. 7), 49면; 일본에서는 항만법에 규정되지 아니한 항의 범위는 관할 해양수산관청이 선원노동위원회의 자문을 거쳐 항만법의 규정을 준용하여 그 구역을 결정하여야 한다고 한다(1948. 7. 16. 海員基 106호).

151) 대법원 2008. 2. 28. 선고 2007두22801 판결(船); 노정 91551-11, 1996. 1. 13, 선원행정사례집, 해양수산부(2002. 12), 8-9면; 藤崎道好, 49면. 한편 항내만을 항행하는 선박에 근무하는 선원에 대하여 산재법을 적용하고 선원법의 적용대상에서 제외한 입법취지에 관하여, 서울고법 2003. 10. 9. 선고 2002누16254 판결은 "산재법과 구 선원법의 적용 여하를 해당 보험으로 전보하려는 위험의 영역이라는 관점에서 보면, 항내만을 항행하는 선박과 항내외를 함께 항행하는 선박은 이를 동일하게 취급할 수 없기 때문에 항내만을 항행하는 선박에 근무하는 선원에 대하여 산재법을 적용하고 선원법의 적용대상에서 제외한 것"이라는 입장을 취하고 있다.

(3) 항행의 개념

'항행 중'이란 선박이 정박[해사안전법 2조 22호 ㈎목], 항만의 안벽(岸壁) 등 계류시설에 매어 놓은 상태[계선부표(繫船浮標)나 정박하고 있는 선박에 매어 놓은 경우를 포함한다. ㈏목], 얹혀 있는 상태[㈐목]의 어느 하나에 해당하지 아니하는 상태를 말한다. 따라서 정박항에서 작업이 있는 항만으로의 출항 및 귀항, 작업 중 연료 및 생필품 보충 등을 위한 항행은 준설선 본래의 용도인 준설작업을 위한 준비 및 마무리 행위로 작업에 수반되는 필요적 부수행위이므로, 이러한 목적으로 선박이 이동하는 것도 그 선박에게 자력항행능력이 있는지 여부와 관계없이 선박법 소정의 항행에 해당한다.[152)]

(4) 판단기준

항내만을 항행하는 선박의 선원에게는 선원법이 적용되지 아니하고 근기법이 적용되는데, 현재 선박의 항행 실태에 의하면 선박은 화주의 요청에 의하더라도 항내에서 벗어나지 않는다는 것을 보장할 수 없다. 그러므로 주로 항내를 항행하는 선박이 예외적으로 항내를 벗어났다 하더라도 선원법이 적용되는 것은 아니다.[153)] 또한 선박이 항내만을 항행하는 선박인지 여부는 선박의 객관적 항행실태에 따라서 결정되는 것이지 선박검사증서의 항해구역(선박안전법 8조 1항)에 의하여 결정되는 것은 아니므로,[154)] 연해구역을 항행구역으로 하는 선박이라도 항내만을 항행하는 경우에는 선원법이 적용되지 아니한다.[155)]

---

152) 서울고법 2003. 10. 9. 선고 2002누16254 판결.

153) 대법원 2008. 2. 28. 선고 2007두22801 판결(船); 서울행법 2009. 9. 17. 선고 2009구합14491 판결(서울고법 2010. 7. 22. 선고 2009누31832 판결, 항소기각; 대법원 2012. 10. 11. 선고 2010두18215 판결, 상고기각); 住田正二, 71면; 1948. 9. 29. 海員基 140호; 따라서 대법원 2004. 2. 26. 선고 2003두13397 판결(船)은 "선박이 정박지가 인천 북항 율도 선착장이지만, 광양·통영·당진 등지에서 공사를 하느라 정박항을 벗어나 작업하는 것이 다반사로서, 작업투입 및 작업완료 후 예인선에 의하여 항내를 벗어나 연·근해 해역을 항행한 경우에는 선원법이 적용된다."고 판시하였다. 행정해석도 "주된 임무가 동일 항만구역 내에 있고 예외적으로 항만구역 밖으로 항행하는 경우에는 선원법에 적용되지 않으나 주된 임무가 항만구역뿐 만아니라 항만구역 밖에서라도 항행을 하고 상선의 경우 총톤수가 5톤 이상이거나 어선의 경우 20톤 이상이라면 선원법의 적용대상이 된다."는 입장을 취하고 있다(해양수산부 선원정책과 2014. 2. 25).

154) 대법원 2008. 2. 28. 선고 2007두22801 판결(船).

155) 1950. 5. 9. 員基 57호.

(5) 예선의 지위

구 항만법상 예선이 '항내만을 항행하는 선박'에 해당하는 여부에 관하여 종래에는 근기법을 적용하여야 한다는 판례,[156] 선원법을 적용하여야 한다는 판례[157]로 견해가 나누어져 있었다. 국토해양부는 2009. 8. 25.자 질의회신에서, 다른 항의 예선업무 지원을 위해 항외를 항행하는 경우(항행시간 제한 없음)나 예선활동(통상적인 예선업무, 긴급구조, 오염방제, 향도업무 등 포함)을 위하여 항외를 항행하는 경우로서 총 항행시간(정계지 출항 시부터 복귀까지 소요시간)이 4시간 이상인 경우에 그 횟수가 1년 이내 2회 이상 또는 월 1회 이상인 예선은 '항내만을 항행하는 선박'에 해당하지 않아 선원법이 적용된다는 입장을 취하였다.

이와 같이 예선의 법적 지위에 관하여 실무상 혼란이 있게 되자, 선원법을 개정하여 2012. 2. 5.부터 '선박의 입항 및 출항 등에 관한 법률' 24조에 따른 예선은 항내만을 항행하는 경우라 하더라도, 선원법이 적용됨을 명확히 하였다(법 3조 1항 단서 2호 괄호).

(6) '항내만을 항행하는 선박'의 규정에 관한 입법론

위에서 본 바와 같이 선원법의 적용여부를 결정하는 것은 선박의 객관적 항행실태이다. 선원법의 적용여부를 과거에 이루어진 선박의 항행실태에 따라 결정하는 것은 선박소유자의 선택에 적용법령을 결정하도록 하는 것과 같아서 법적 안정성을 저해하는 점, 신조선이나 최초로 항행에 종사하게 되는 선박의 경우에는 객관적 항행실태를 확인할 수 없게 되는 점 등에 비추어 보면, 입법목적의 정당성을 인정하기 어렵다. 따라서 '항내만을 항행하는 선박'을 삭제하거나 선박검사증서의 항해구역에 의하여 선원법 적용여부를 판단할 수 있도록 선원법을 개정하는 것이 바람직하다.

라. 총톤수 20t 미만의 어선으로서 해양수산부령으로 정하는 선박

(1) 총톤수는 어선원부, 선적증서, 등록필증(어선법 13조)에 등록된 선박의 톤수를 기준으로 한다. 총톤수 20t 미만의 어선으로서 해양수산부령으로 정하는 선

156) 서울행법 2009. 9. 17. 선고 2009구합14491 판결; 인천지법 2011. 8. 18. 선고 2009가합23289 판결.
157) 대법원 2004. 2. 26. 선고 2003두13397 판결(船); 서울고법 2010. 7. 22. 선고 2009누31832 판결; 서울고법 2015. 2. 13. 선고 2013나2025567 판결; 인천지법 2010. 12. 30. 선고 2010나613 판결.

박은 선박안전법 시행령 2조 1항 3호 ㈎목에 따른 평수구역, ㈏목에 따른 연해구역, 선박안전법 시행규칙 15조 4항에 따른 근해구역[158]에서 어로작업에 종사하는 총톤수 20t 미만의 어선(운반선 포함)을 말한다(시행규칙 2조).[159]

(2) 과거에 선원법의 적용에서 제외되는 선박은 (i) 선원법이 제정되어 시행된 1962. 1. 10.부터 1984. 9. 7.까지는 총톤수 30톤 미만의 어선, (ii) 1984. 9. 8.부터 1998. 12. 31.까지는 총톤수 30톤 미만의 어선으로서 교통부령이 정하는 선박, (iii) 1999. 1. 1.부터 2005. 9. 30.까지는 총톤수 25톤 미만인 어선(어선법 37조 3항[160]의 규정에 의하여 준용되는 '법률 3641호 선박법 개정법률 부칙 3조 1항'[161]의 규정에 의하여 종전의 선박법의 규정에 따라 총톤수가 측정된 어선의 경우에는 총톤수 30톤 미만인 어선을 말한다)으로 해양수산부령이 정하는 선박이었다.

마. 해상화물 운송사업용 등록부선을 제외한 나머지 부선

해상화물 운송사업용 등록부선을 제외한 나머지 부선에 대하여는 선원법이 적용되지 아니한다(법 3조 1항 단서 3호).

바. 기한부 국적취득 용선선박

기한부 국적취득 용선선박의 경우에는 그 선박이 대한민국 국적을 상실하는 날까지 선원법이 적용된다.[162]

---

158) 근해구역은 동쪽은 동경 175도, 서쪽은 동경 94도, 남쪽은 남위 11도 및 북쪽은 북위 63도의 선으로 둘러싸인 수역을 말한다(선박안전법 시행규칙 15조 4항).

159) 오징어잡이 어선인 제1태양호(9.77t)에 선원으로 근무한 외국인 선원이 부당해고구제를 신청한 사건에서, 원고가 해고당했다고 주장하는 2012. 10. 20.을 기준으로 그 전 1개월 동안 사업장 가동일수는 24일, 근로자 연인원은 72명으로 상시 근로자 수는 3명(= 72명 ÷ 24일)이어서, 원고에게는 근기법 28조 이하의 부당해고 구제신청 등의 규정이 적용되지 않으므로, 위 해고는 노동위원회의 심판대상이 아니라고 판시한 사례로는 서울행법 2013. 12. 24. 선고 2013구합16968 판결.

160) 어선의 총톤수 측정에 관하여 선박법 3조와 법률 3641호 선박법 개정법률 부칙 3조 1항을 준용한다. 이 경우 '한국선박'은 '한국어선'으로 본다.

161) 이 법 시행(1982. 12. 31.) 전에 건조되었거나 건조에 착수된 한국선박(이하 "현존선"이라 한다)에 관한 총톤수의 측정기준에 대하여는 3조 2항의 개정규정에 불구하고 종전의 예에 의한다. 다만, 이 법 시행 후에 교통부령으로 정하는 수리(이하 '특정수리')를 한 현존선에 대하여는 최초의 특정수리에 따른 개측 또는 측정(이에 상당하는 처분을 포함한다)을 받은 날(이하 '당초개측일') 이후에는 그러하지 아니하다.

162) 노정 91551-321, 1995. 9. 18.

사. 국공유선박 중 선원법의 적용이 배제되는 선박

선원법 또는 위 법에 따른 명령은 해군함정 · 경찰용선박 기타 해양수산부장관이 따로 정하는 선박을 제외하고는 국가나 지방자치단체에 대하여도 적용한다(법 157조, 시행령 51조). 그러므로 적용제외 선박을 제외하고는 국가 또는 지방자치단체는 국공유선박의 선원에 대하여 선박소유자로서 지위를 가진다.[163] 그러나 선원이 동시에 공무원인 경우에는 특별법인 국가공무원법 또는 지방공무원법이 우선 적용된다.[164]

Ⅲ. 승 무

1. 의 의

선원법은 국적선 또는 준국적선에 승무하는 선원에 적용되는데 승무의 개념은 선원의 개념과 밀접한 관련이 있다. 이에 관한 이해의 편의를 위해 먼저 미국의 Jones법상 선원의 범위에 관한 미국 판례에 관하여 살펴보기로 한다.

2. 미국 Jones법상 선원의 범위

가. 의 의

Jones법상 선원은 상병보상 및 선박소유자의 감항능력주의의무위반책임을 청구할 수 있는데, Jones법은 선원의 범위를 명확하게 규정하고 있지 아니하였기 때문에 많은 논란이 제기되었다. 선원의 개념에 관한 연방대법원의 McDermott International, Inc. v. Wilander 판결[165]의 판시내용을 구체화한 1959년 연방 제5항소법원의 Offshore Co. v. Robinson 판결[166]은, "Jones법상 선원이 되기 위해서는 (i) 상해를 입은 해양근로자가 영속적으로 선박에 소속하거나 그 근로의 상당부분을 선박에서 수행하여야 하고, (ii) 해양근로자가 수행한 업무가 선박 운항

163) 독일 해양노동법 1조상 선박의 소유자는 연방, 란트, 공법인도 될 수 있다. Lindemann, 180면.
164) 조귀연, "선원법의 적용범위", 50면.
165) McDermott International, Inc. v. Wilander, 498 U.S. 337 (1991); Chandris Inc. v. Latsis, 515 U.S. 347 (1995)(선원은 항행 중인 선박 또는 선단과 실질적인 연관성을 가져야 한다).
166) Offshore Co. v. Robinson, 266 F.2d 769 (5th Cir. 1959).

중 또는 정박 중에 선박의 운항이나 선박의 기능수행에 기여하였어야 한다."고 판시하여 선원의 판정기준을 확립하였다.

나. 요 건

(1) 항행조직에 편입

선원은 자신이 영속적으로 선박에 소속한다는 사실(Permanent Assignment) 또는 자신이 근로의 상당부분을 선상에서 수행한다는 사실 중 하나를 증명하여야 하며, 두 가지 사실을 모두 증명할 필요는 없다.[167] 선원이 영속적으로 선박에 소속되어야 한다는 것은 선원과 선박 간의 관계가 임시적인 것 이상이어야 한다는 것을 의미하며, 선원이 특정선박에 단기간 승선하였다 하더라도 그가 항해에 종사하였다면 선원으로 볼 수 있다.[168]

선원이 선박에 영속적으로 소속되었다는 것을 증명하지 못하는 경우에는, 자신이 근로의 상당부분을 규칙적·계속적으로 선박에서 수행하였음을 증명하여야 한다.[169] 육해양근로자(amphibious worker 또는 brownwater seaman, 예를 들면, 선박이나 육상 또는 석유시추용 고정플랫폼에도 근무하는 근로자)와 같이 일반근로자와 선원의 경계선상에 있는 경우에는 그 근로자가 선원인지 여부에 관하여 그 근로자가 현재의 사용자에 고용되어 있는 전체 근로기간을 종합적으로 고려하여 판단하여야 한다. 구체적으로는 육해양근로자가 근로의 상당부분을 선박에서 수행하였다는 요건을 충족하기 위해서는 선박에서 근로한 시간이 50%를 상회하여야 한다.[170]

---

167) Pickle v. International Oilfield Divers, Inc., 791 F.2d 1237 (5th Cir. 1986), rehearing denied 795 F.2d 1009 (1986); Davis v. Hill Engineering, Inc., 549 F.2d 314 (5th Cir. 1977), rehearing denied 554 F.2d 1065 (1977); Barrett v. Chevron, U.S.A., Inc., 781 F.2d 1067 (5th Cir. 1986)(en banc).

168) Prinzi v. Keydril Co., 738 F.2d 707 (5th Cir. 1984) 사건에서는 석유시추근로자가 시추용 고정플랫폼에 근무하도록 지시받았는데, 우연히 숙소가 부두 아닌 바지선으로 지정되었으므로 바지선에서 숙식하였다 하더라도 선박에 영속적으로 소속된다고 할 수 없다고 판시하였다. 그러나 Roberts v. Williams-McWilliams Co., 648 F.2d 255 (5th Cir. 1981) 사건에서는 육지에 본거를 두고 있는 용접공이 승선 첫날 상해를 입었더라도 용접작업은 선박에 필요한 작업이고 용접공은 작업을 완료할 때까지 승선할 것이 예정되어 있었으므로 위 용접공은 선박에 영속적으로 소속한다고 판시하였다.

169) Prinzi v. Keydril Co., 738 F.2d 707 (5th Cir. 1984); Smith v. Nicklos Drilling Co., 841 F.2d 598 (5th Cir. 1988); Kerr-McGee Corp., v. Ma-Ju Services, Inc., 830 F.2d 1332 (5th Cir. 1987); Miller v. Rowan Cos., Inc., 815 F.2d 1021 (5th Cir. 1987); Lormand v. Superior Oil Co., 845 F.2d 53 (5th Cir. 1987).

170) Ketnor v. Automatic Power, Inc., 850 F.2d 236 (5th Cir. 1988)(선박에서 근로시간이 25%인 경우

상해를 입기 전에 업무의 내용이 변경된 경우에는 새로운 업무가 임시적인지 아니면 영속적인지 여부를 판단하여, 변경된 업무가 임시적인 경우에는 전체 근로기간을 종합적으로 고려하여 선원인지 여부를 판단하고, 변경된 업무가 영속적인 경우에는 변경된 업무의 성격에 따라 선원인지 여부를 판단한다.[171)]

(2) 선박의 운항이나 선박기능수행에 기여

선원이 되기 위한 두 번째 요건은, 해양근로자가 수행한 근로가 선박의 운항이나 선박기능수행에 기여하여야 한다는 것이다. 이에 관하여 제3항소법원, 제7항소법원은 해양근로자가 선박의 운송기능에 중요한 기여를 하여야만 선원으로 볼 수 있다는 좁은 의미의 선원개념을 채택하고 있는 반면, 제5항소법원은 반드시 선박의 운송기능에 국한할 것은 아니며 해양근로자가 선박의 본래 기능에 기여하면 선원으로 볼 수 있다는 넓은 의미의 선원개념을 채택하고 있다.

후자의 견해에 의하면, 해양근로자가 선박에 영속적으로 소속하는 경우에는 자동적으로 선박 본래의 기능에 기여하게 되므로 Robinson판례의 첫째 요건만 충족하면 두 번째 요건은 저절로 충족된다. 항소법원들의 견해 차이는 운송을 목적으로 하지 않으면서 석유·가스시추를 목적으로 떠다니는 해상구조물에서 분명하게 나타나는데, 제5항소법원의 Robinson판례에 의하면 위의 해상구조물을 선박으로 보기 때문에 여기에 근무하는 해양근로자들을 선원으로 보게 되나, 제3항소법원 및 제7항소법원은 위의 해양근로자들을 선원으로 보지 않게 된다.[172)]

선원이 아니다); Pizzitolo v. Electro-Coal Transfer Corp., 812 F.2d 977, 979 (5th Cir. 1987)(육지에서 근로시간이 75%인 경우에는 선원이 아니다); Barrett v. Chevron, U.S.A., Inc., 781 F.2d 1067, 1075 (5th Cir. 1973)(플랫폼에서 근로시간의 70~80%를 차지하고, 선박에서 근로시간이 20~30%인 경우에는 선원이 아니다); Bertrand v. International Mooring & Marine, Inc., 700 F.2d 246 (5th Cir. 1983)(선박에서 근로시간이 90%인 경우에는 선원이다); Easley v. Southern Shipbuilding Corp., 965 F.2d 1 (5th Cir. 1992)(선박에서 근로시간이 11.5%인 조선소근로자는 선원이 아니다).

171) Bolfa v. Pool Offshore Co., 623 F.Supp. 1177 (W.D.La. 1985)(사고발생 시까지 잠수유정굴착선에서 3일동안 근무한 근로자라도 선박과 영속적인 관계가 인정된다); Porche v. Gulf Mississippi Marine Corp., 390 F.Supp. 624 (E.D.La. 1975)(선박에 기간의 정함이 없이 승선하여 근무하는 용접공은 그 선박과 영속적인 관계가 인정된다); Higginbotham v. Mobile Oil Corp., 545 F.2d 422, 433 (5th Cir. 1977)(잠수유정굴착바지선에 근무하던 근로자가 사고발생 전에 일시적으로 일주일간 고정플랫폼에 근무한 경우에는 선박과의 영속적인 관계는 여전히 유지된다); Smith v. Nicklos Drilling Co., 841 F.2d 598 (5th Cir. 1988)(선박에서 근무하다가 고정유정굴착선으로 轉職되어 계속 근무하게 된 정비사는 전직 후 3주 만에 재해를 입었더라도 선원이 아니다); Guidry v. South Louisiana Contractors, Inc., 444 F.Supp. 850, 853 (W.D.La. 1977)(선박으로 다시 돌아가지 않고 2개월간 육상에서 근무하도록 轉職한 요리사나 준설사는 선원이 아니다).

172) 송상현·김현, 해상법원론(신정판), 박영사(1999), 176면.

(3) 항행 중인 선박

셋째로 선박이 항행 중이어야 한다. 항행 중인 선박은 광범위하게 해석되며 사람이나 화물을 수송하는 전통적인 선박뿐만 아니라, 선박이 정박 중이거나 수리 중이더라도 항행 중이라는 입장을 취하고 있다.[173] 또한 영구히 고정된 시설을 제외하고 일시적으로 고정되어 있더라도 항행 중인 선박에 해당한다.[174] 그러나 시운전 중인 선박[175]이나 퇴역한 선박[176]은 항행 중인 선박으로 볼 수 없다.

3. 승무의 개념

가. 승무(乘務)의 두 가지 개념

선원법은 여러 곳에서 '승무'라는 용어를 사용하고 있으나, 그 개념이 모두 동일한 것은 아니다. 먼저 3조 1항, 69조 1항의 '승무'는 '선원이 계속성을 가지고 관념적으로 선내항행조직에 가입하고 있는 상태'(이는 근기법상 계속 근로의 의미와 동일하다)를 의미하는 광의의 개념이다.

이와 달리 2조 7호(예비원의 정의에 사용하고 있는 승무), 94조 2항의 '승무'는 '선원이 구체적으로 선내항행조직을 형성하면서 선내항행조직의 기능수행에 기여하고 있는 상태'를 의미하는 협의의 개념이다. 협의의 승무는 구체적인 선내항행조직에 편입하는 행위인 승선[이는 사실적으로 배에 오르는 행위인 '선박에 타는 것'(법 10조)과 구별된다]으로 개시되고,[177] 구체적인 선내항행조직으로부터 이탈하는

---

173) Doucet v. Wheless Co., 467 F.2d 336 (5th Cir. 1972); Bodden v. Coordinated Caribbean Transport, Inc., 369 F.2d 273 (5th Cir. 1966); Wixom v. Boland Marine & Mfg. Co., 614 F.2d 956 (5th Cir. 1980); Rainsford v. Washiton Island Ferry Line, 702 F.Supp. 718 (E.D.Wis. 1988).

174) Senko v. LaCrosse Dredging Corp., 352 U.S. 370 (1957), rehearing denied 353 U.S. 931 (1957); Butler v. Whiteman, 356 U.S. 271 (1958); Ramos v. Universal Dredging Corp., 547 F.Supp. 661 (D.Haw. 1982).

175) Williams v. Avondale Shipyards, Inc., 452 F.2d 955 (5th Cir. 1971); Reynolds v. Ingalls Shipbuilding Div., 788 F.2d 264 (5th Cir. 1986); Caruso v. Sterling Yacht & Shipbuilders, Inc., 828 F.2d 14 (11th Cir. 1987).

176) Warwick v. Huthnanace Div., Grace Offshore Co., 760 F.Supp. 571 (W.D.La. 1991); Bohlinger v. Allied Tankships, Inc., 613 F.Supp. 161 (E.D.Va. 1985); Warner v. Fish Meal Co., 548 F.2d 1193 (5th Cir. 1977); Abshire v. Seacoast Products, Inc., 668 F.2d 832 (5th Cir. 1982); McClendon v. OMI Offshore Marine Serv., 807 F.Supp. 1266 (E.D.Tex. 1992).

177) 甲 보험회사가 乙과 체결한 보험계약 중 상해사망 담보는 피보험자인 乙이 보험기간 중 상해사고로 사망한 경우 보험가입금액을 지급하는 것을 보장 내용으로 하고, 면책약관으로 '선박승무원, 어부, 사공, 그 밖에 선박에 탑승하는 것을 직무로 하는 사람이 직무상 선박에 탑승하고 있는 동안 상해 관련

행위인 하선[이는 선내항행조직을 구성하면서 배에서 일시적으로 멀어지는 '선박을 떠나는 것'(법 10조, 22조 1항 2호, 45조 2항)과는 구별된다]으로 종료된다.

나. 광의의 승무

(1) 동흥8호 사건[178)]

(가) 사실관계

A · B는 X와 선원근로계약을 체결하고, A는 2011. 10. 16.부터 선장으로, B는 2011. 7. 26.부터 1항사로 X 소유의 선박(기선 동흥8호, 314t)에 승선하여 근무하였다. 2011. 12.초경 중국 상해에서 위 선박으로 부선 2척을 예인하여 미얀마국 시트웨 항구로 이동하던 중, 2011. 12. 10. 위 선박이 암초에 좌초되어 선체에 손상을 입는 사고가 생겨 한 달가량 싱가포르에서 임시 수리를 받은 다음 2012. 1.경 부산항으로 귀항하였다.

이 사건 선박은 2012. 1.경부터 부산 영도구 대평호 안에 정박되어 계속 그 상태로 수리가 이루어졌는데, 선박수리는 수리업자에 의해 이루어졌고, A · B는 단지 필요한 경우 수리과정을 확인하거나 수리업무를 보조하는 역할만 하였다. 또한 A · B는 부산에 있는 자택에서 필요한 경우만 불규칙적으로 이 사건 선박에 임하였고 토요일 오후, 일요일에는 아예 근무하지 않았으며, A는 전체 근로기간 9개월 중 6개월가량, B는 전체 근로기간 12개월 중 9개월가량을 각 육상에서 근로를 제공하였다.

(나) X의 주장

선원법 3조 1항은 선원법을 일정한 선박에 '승무'하는 선원과 그 선박의 선박소유자에게 적용한다고 규정하고 있고, 여기서 일시적인 승선이라도 계속적인 승선이 예정되어 있다면 승무의 요건이 충족되지만, 이 사건의 경우와 같이 '장기간 계선되어 선박을 항행에 제공하지 아니하는 경우'에는 그 선박의 근로자는 선박에

보험금 지급사유가 발생한 때에는 보험금을 지급하지 않는다'는 내용을 규정하고 있는데, 乙이 선박에 기관장으로 승선하여 조업차 출항하였다가 선박의 스크루에 그물이 감기게 되자 선장의 지시에 따라 잠수장비를 착용하고 바다에 잠수하여 그물을 제거하던 중 사망한 사안에서, 위 사고는 선원인 乙이 직무상 선박에 탑승하고 있는 동안 발생한 사고이므로 면책약관이 적용된다고 볼 여지가 충분하다고 한 사례로는 대법원 2023. 2. 2. 선고 2022다272169 판결(船).

178) 부산지법 2013. 4. 18. 선고 2012가단75105 판결. 이에 대한 평석은 권창영, "선원법 제3조 제1항의 '승무'의 개념", 해양한국 504호(2015. 9), 131-135면.

승무한 자는 아니하므로, A · B는 선원법의 적용 대상이 아니라고 주장하였다(선원법이 '호수, 강 또는 항내만을 항행하는 선박'의 선원 등을 적용대상에서 제외하고 있는 규정 취지에도 부합한다고 주장하였다).

(다) 법원의 판단

선원법이 규정하는 '승무'에 해당하는지 여부는 객관적인 사정 외에 선박소유자의 주관적인 의사도 함께 고려하여 사회통념에 따라 판단함이 상당하다. X가 이 사건 선박이 부산항에 입항한 2012. 1.경 이후부터 2012. 4.경까지 A · B에게 항행하며 근무할 당시와 동일한 금액의 급여를 계속 지급하여 온 점에 비추어 볼 때, X가 이 사건 선박을 더 이상 항행에 제공하지 아니할 의사로 위 대평호에 정박시킨 것으로 볼 수 없으므로, X가 들고 있는 객관적인 사정, 즉 A · B의 전체 근무기간 중 이 사건 선박의 정박기간이 항행기간에 비하여 비교적 장기간이란 점만으로 A · B가 선원법의 적용 대상이 되지 않는다고 단정할 수 없다(한편 이 사건 선박은 예인선으로 항내만 항행하는 선박에 준하여 보더라도, 선원법의 적용대상이 된다). 따라서 X의 주장은 받아들이기 어렵다.

(2) 내 용

선원법 3조 1항에서 '승무'라 함은 계속성을 가지고 관념적으로 선내항행조직(엄밀한 의미에서는 항행조직과 작업조직을 의미한다)에 가입하는 것을 의미한다(광의의 개념). 계속성이란 선박의 시운전 중 단기간 선내작업에 종사하는 경우와 같이 임시적인 승선을 제외하기 위한 것일 뿐이므로 비록 일시적인 승선이라도 계속적인 승선이 예정되어 있다면 승무의 요건을 충족한다. 그러나 선내에서 상주하는 것(생활의 본거가 선내일 것)은 요건이 되지 아니한다.[179] 관념적이란 구체적으로 선내항행조직을 형성하면서 선내항행조직의 기능수행에 기여하고 있는 상태(협의의 승무)가 아닌 선원인 예비원을 포함하기 위한 것이다.

4. 선내항행조직의 형성 여부

선내항행조직이 형성되었는지에 관하여 수리 중인 선박에 승선한 선원이 선원법상 선원인지 문제된다. 선원법 69조 1항은 수리 중 또는 계선 중인 선박에서의

179) 松村勝二郎, 12-13면.

근무를 승무에 포함하고 있고, '선박의 입항 및 출항 등에 관한 법률' 37조 5항, 위 법 시행령 21조 4항 1호는 "해양수산부장관은 수리 중인 선박의 안전을 위하여 필요하다고 인정하는 경우에는 그 선박의 소유자나 임차인에게 안전시설 및 인원의 보강 등 안전에 필요한 조치를 할 것을 명할 수 있다."고 규정하고 있으므로, 선박이 수리·계선 중이더라도 선내항행조직은 여전히 유지되고 있다고 본다.[180] 그러나 정박 중인 선박의 보수·정비를 목적으로 항구에서 승선하는 정비지원인력은 선원으로 볼 수 없다.[181] 시행령 2조 2호도 선박의 수리를 위하여 선박에 승선하는 기술자·작업원을 선원의 범위에서 제외하고 있다.

5. 선내항행조직의 내용

가. 조선소의 기사

시운전에 종사하는 조선소의 기사나 의장완성 전에 다른 조선소에 회항하는 근무에 종사하는 조선소의 기사의 경우, 위 선박에는 선내항행조직이 형성되어 있지 아니하므로 근기법의 적용을 받는 근로자가 선원법이 적용되는 선박에 단기간 근무하는 경우에 해당한다.[182]

나. 해양기상관측선에 승선한 관측원

해양기상관측선에 승선한 관측원의 경우, 관측선은 관측의 임무에 종사하는 선박인 이상 관측사무는 선내항행조직의 일부를 점하고 있으므로, 선원에 해당한다.

다. 시멘트 탱커에 승선하여 시멘트를 부리는 업무종사자

시멘트 탱커에 승선하여 시멘트를 부리는 업무에 종사하는 작업원은 시멘트 탱커의 목적상 시멘트를 부리는 작업이 선내항행조직의 일부를 구성하므로 선원에 해당한다.[183]

---

180) 대법원 2003. 2. 11. 선고 2000다66454 판결(船)(선박을 수리할 때 선장과 선원들도 승선하여 직영 수리공사를 보조하면서 선장이 선원 및 작업인부들의 선박출입을 통제한 경우). 그러나 일시적인 繫船을 제외하고 장기간 계선되어 선박을 항행에 제공하지 아니하는 경우, 위 선박의 근로자는 선박에 승무한 자는 아니므로 선원법상 선원으로 취급하는 것은 적당하지 아니하나, 그가 장차 선박에 승무하지 아니하는 것이 명확한 경우를 제외하고 선원법상 예비원으로 취급하여야 한다는 견해로는 1958. 4. 25. 員基 266호; 住田正二, 77면.

181) 선원 33740-2458, 1989. 5. 2.

182) 住田正二, 77면.

6. 선내항행조직의 일원인지 여부

가. 화주관계에 있는 상사원

화주(貨主)관계에 있는 상사원이 업무를 수행하기 위하여 해외에 도항할 때 원래는 출입국관리법에 따라 여권을 교부받아야 하나 선박소유자의 선원으로 채용된 형식으로 출국하는 경우가 있다. 이 경우 상사원은 통상 사무원으로 고용되었으나 선박소유자와 사이에는 실질적인 고용관계는 없고, 임금도 상사(商社)가 지급하며, 근로상태를 보더라도 목적항에 도착하여 연락 내지 적하의 감독을 주로 하고 항행 중 선내에서는 거의 일을 하지 아니하므로 그 실질은 편승자이고 선원법상 선원으로 볼 수 없다.[184)]

나. 용선사무장

용선자가 승선시킨 용선사무장은 근로관계의 실태에 따라 사회통념상 선내에 사용되는 승무원으로서 역할을 수행하는 경우에 한하여 선원에 해당한다.[185)]

7. 계속 가입되어 있는지 여부

가. 관광안내원

임시로 임차한 관광선 또는 야간납량선에 승선한 관광안내원은 통상 육상근무에 종사하는 자로서, 승선근무일에도 하루 종일 승선하지는 않고 오전에는 육상근무, 오후에는 승선근무, 또는 오후에는 육상근무, 야간에는 승선근무를 하는 근무상태에 있으므로 선원법상 승무하는 상태에 있다고 볼 수 없다.[186)]

나. 잠수부

해난구조선에 승선한 잠수부의 경우, 잠수부의 근로상태에 비추어 보아 임시

---

183) 일본행정해석은 작업원이 (i) 오로지 선내에서만 근로를 하고 揚陸港에서 상행위 등은 하지 않을 것, (ii) 그 작업원이 승선하지 아니하면 선박의 효용이 감소될 것의 두 가지 요건을 충족하는 경우에만 선원법상 선원으로 본다. 1953. 3. 12. 員基 57호.

184) 1952. 7. 18. 員基 207호.

185) 1957. 5. 23. 員基 179호.

186) 1959. 5. 18. 員基 263호.

적인 승선인 경우에는 일반적으로 선박과 결합관계가 희박하므로 편승자로 인정되는 경우가 많아 선원법이 적용되지는 않으나, 잠수부가 상시적으로 선박과 결합관계에 있는 경우에는 선원으로 인정된다.[187]

다. 하역근로자

선박소유자와 고용관계에 있는 하역근로자의 경우, 그 승선이 계속적인 경우에는 승무하는 상태에 있다고 할 수 있으나, 그 승선이 단기간이고 끊임없이 교대하여 승하선하는 경우에는 선내항행조직의 일원으로 볼 수 없다.[188] 시행령 2조 4호는 항만운송사업법 2조 2항에 따른 항만운송사업 또는 같은 조 4항에 따른 항만운송관련사업을 위하여 고용하는 근로자를 선원의 범위에서 제외하고 있다.

Ⅳ. 선 원

1. 의 의

가. 개념과 종류

선원이란 선원법이 적용되는 선박[189]에서 근로를 제공하기 위하여 고용된 사람을 말한다. 선원은 선장, 해원,[190] 예비원으로 구분된다(법 2조 3, 4, 7호).[191] 선박에서 근무한다고 하기 위해서는 일정한 직무 또는 선무의 존재를 전제로 하는데, 선무(船務)란 항해당직, 무선송수신, 기관의 운전, 기상관측, 해양탐사, 여객에 대한 서비스 등의 포함하며, 선무인지 여부는 선박의 운항조직뿐만 아니라 선박의 임무·용도 등을 종합적으로 판단하여야 한다.[192]

---

187) 1950. 5. 17. 員基 65호.

188) 住田正二, 80면.

189) 구 선원법상 선원의 정의내용인 배의 범위는 모든 선박을 총칭하는 것이 아니라 선원법의 적용대상이 되는 선박에 한한다. 노정 91557-67, 1995. 2. 7.

190) 선장과 해원을 예비원에 대응하여 승무원이라고 한다. 해원은 직원과 부원으로 나누어진다.

191) 영국 상선법(The Merchant Shipping Act 1894) 742조는 선장(master)과 도선사(pilot)를 선원의 범주에서 제외하고 있다. Hill, 480면.

192) 어선에서 선원들을 위한 취사활동이나 선박의 기계작동 및 수리 등의 업무에 종사하는 선원도 어로작업의 목적수행을 위하여 업무를 수행하는 선원이므로 어로에 종사하는 자에 해당한다. 선원 33740-826, 1992. 9. 3.

<table>
<tr><td rowspan="4">선원</td><td rowspan="3">승무원</td><td colspan="2">선장</td><td rowspan="2">해기사
면허</td></tr>
<tr><td rowspan="2">해원</td><td>직원</td></tr>
<tr><td colspan="2">부원 (유능부원)</td></tr>
<tr><td>예비원</td><td colspan="3">승무원이 아닌 선원</td></tr>
<tr><td>실습선원</td><td colspan="4">선원이 될 목적으로 선박에 승선하여 실습하는 사람</td></tr>
</table>

나. 근기법상 근로자

근로자란 직업의 종류와 관계없이 임금을 목적으로 사업이나 사업장에 근로를 제공하는 자를 말한다(근기법 2조 1항 1호, 법 5조 1항).[193] 근기법상 근로자에 해당하는지 여부는 계약의 형식이 고용계약인지 도급계약인지보다 그 실질에서 근로자가 사업 또는 사업장에 임금을 목적으로 종속적인 관계에서 사용자에게 근로를 제공하였는지 여부에 따라 판단하여야 하고, 여기서 말하는 종속적인 관계가 있는지 여부는 업무 내용을 사용자가 정하고 취업규칙 또는 복무(인사)규정 등의 적용을 받으며 업무 수행 과정에서 사용자가 (상당한)[194] 지휘·감독을 하는지, 사용자가 근무시간과 근무장소를 지정하고 근로자가 이에 구속을 받는지, 노무제공자가 스스로 비품·원자재나 작업도구 등을 소유하거나 제3자를 고용하여 업무를 대행하게 하는 등 독립하여 자신의 계산으로 사업을 영위할 수 있는지, 노무제공을 통한 이윤의 창출과 손실의 초래 등 위험을 스스로 안고 있는지, 보수의 성격이 근로 자체의 대상적(對償的) 성격인지, 기본급이나 고정급이 정하여졌는지 및 근로소득세의 원천징수 여부 등 보수에 관한 사항, 근로제공관계의 계속성과 사용자에 대한 전속성의 유무와 그 정도, 사회보장제도에 관한 법령에서 근로자로서 지위를 인정받는지 등의 경제적·사회적 여러 조건을 종합하여 판단하여야 한다. 다만 기본급이나 고정급이 정하여졌는지, 근로소득세를 원천징수하였는지, 사회보장제도에 관하여 근로자로 인정받는지 등의 사정은 사용자가 경제적으로 우월한 지위를 이용하여 임의로 정할 여지가 크다는 점에서, 그러한 점들이 인정되지 않는다는 것만으로 근로자성을 쉽게 부정하여서는 안 된다.[195]

193) 자세한 논의는 근로기준법 주해 I (제2판), 106-156면.
194) 대법원 2019. 11. 28. 선고 2019두50168 판결에서는 '상당한'을 삭제하였다.
195) 대법원 2006. 12. 7. 선고 2004다29736 판결; 대법원 2017. 9. 7. 선고 2017두46899 판결.

다. 근로의 개념

근로란 정신노동과 육체노동을 말한다(근기법 2조 1항 2호, 법 5조 1항). 정신노동이든 육체노동이든 사용종속적인 관계에서 노동을 제공하는 사람은 근기법, 선원법의 보호대상이 되는 근로자이다.

라. 근로자인 선원

선원은 근기법상 근로자임을 전제로 하므로, 선박소유자와 사이에 사용종속관계가 존재하여야 한다.[196] 그러므로 선박의 내부에서 음식점·매점·이발소·목욕탕 등을 경영하는 사업자는 선원으로 볼 수 없으나,[197] 이들에 의해 고용된 직원이나 점원은 선원이다.[198] 근로의 대상으로서 임금 등을 지급받는 자여야 하는데, 비율급도 임금에 해당한다.[199]

마. 실습선원

'실습선원'이란 선박직원법 2조 4호의2의 해기사 실습생을 포함하여 선원이 될 목적으로 선박에 승선하여 실습하는 사람을 말한다(법 2조 23호). 실습선원에 대하여도 해양수산부령으로 정하는 바에 이 법 중 선원에 관한 규정을 적용한다(법 3조 2항). 이와 달리, 실습을 목적으로 하지 않는 일반 해운회사나 어업회사의 선박에 승선한 위탁실습생이 선박소유자와 근로관계를 맺고 직무에 종사하는 경우에

---

196) A는 그의 처인 B가 선주로 되어 있는 예인선 창신호(19.92t)의 선장으로서, 1993. 3.경부터 C와 용선계약을 체결하고 C가 시공하는 전남 진도군 의신면 수품리 소재 수품항 건설공사장 방파제 축조현장에 석재를 실어 나르는 화물운반선을 예인하는 작업을 수행하였다. (i) A가 C회사 현장소장의 지시에 따라 예인작업을 하였으나, 예인선의 운항은 A의 책임 아래 이루어졌고, (ii) A는 C회사 취업규칙의 적용을 받지 않았으며, (iii) A 스스로 위 선박에서 근무할 선원을 고용할 수 있어 업무의 대체성이 인정되고, (iv) 위 선박과 그 부속물에 대한 소유권이 A 또는 B에게 있으며, (v) A가 C로부터 용선료 이외에 고정적인 급료를 지급받지는 않았고, C가 근로소득세를 원천징수한 바도 없는 등 제반 사정에 비추어 보면, A는 C에 대하여 사용종속관계 아래에서 임금을 목적으로 근로를 제공하는 근기법상 근로자라고 볼 수 없다. 서울고법 1998. 4. 9. 선고 97구31504 판결.

197) 藤崎道好, 64면.

198) 상법 777조 1항 2호의 '그 밖의 선박사용인'이란 위의 선원에 해당하는 자를 제외하고 선박에 노무를 제공하는 경비원, 선박관리인, 여객선의 매점 점원 등이 포함될 수 있다. 서울고법 2011. 2. 25. 선고 2010나92072 판결.

199) 선주와 선원들 사이에 어획물을 일정한 비율로 분배하기로 한 약정(이른바 歩合制)이 있었다 하더라도 이는 보수약정의 한 방법일 뿐이므로, 선장과 선원을 고용하고 해고하는 권한이 선주에게 있었다면 이들 사이에는 지휘·감독 관계가 있으므로 사용자 피용자관계가 존재한다. 대법원 1987. 6. 23. 선고 86다카2228 판결(船).

는 선원이 된다.[200]

실습선원에게는 (i) 해원의 징계 및 쟁의행위의 제한에 관한 규정, (ii-2) 강제 근로의 금지, 선내 괴롭힘의 금지 및 선내 괴롭힘 발생 시 조치에 관한 규정, (ii) 송환 · 유기구제보험 또는 공제의 가입 · 선원명부 · 선원수첩 · 선원신분증명서 및 승무경력증명서에 관한 규정, (iii) 선내 급식(법 76조 2항은 제외) · 선내 급식비 및 건강진단서에 관한 규정, (iv) 소년선원과 여자선원에 관한 규정, (v) 재해보상에 관한 규정, (vi) 교육훈련에 관한 규정 등이 적용된다(시행규칙 3조 1항).[201]

실습선원에게 재해보상에 관한 규정을 적용할 때 실습선원의 통상임금 및 승선평균임금은 그 실습선원이 실습을 마치고 승무하게 될 직급에 해당되는 선원의 통상임금 및 승선평균임금의 100분의 70으로 한다(시행규칙 3조 2항). 선원이 될 목적으로 승선실습 중인 자의 재해보상은 실습을 마치고 종사하게 될 직급의 선원의 통상임금 및 승선평균임금의 70%를 기준으로 산정하여 실시하며 특별보상금은 지급하지 아니한다(해외취업선원 재해보상에 관한 규정 13조).

2. 선 장

가. 개 념

(1) 선원법 2조 3호

선장이란 해원을 지휘 · 감독하며 선박의 운항관리에 관하여 책임을 지는 선원을 말한다(법 2조 3호). 선원법상 선장은 특정선박을 지휘 · 감독하는 사람으로서 선박소유자로부터 선임되고, 통상 해기사면허를 보유하고 있으며, 공법상 · 사법상 직무권한을 행사하는 근로자를 의미한다. 이를 분설하면 아래와 같다.

---

200) 藤崎道好, 64면; 피해자가 고등학교 졸업예정자인 실습생이고 또 그 작업기간이 잠정적인 것이라 할지라도 바로 이러한 사유만으로 동인이 근로기준법의 적용을 받는 근로자가 아니라고 단정할 수 없고 사업주와 실습생 사이의 채용에 관한 계약 내용, 작업의 성질과 내용, 보수의 여부 등 그 근로의 실습관계에 의하여 구 근기법 14조의 규정에 의한 사용종속관계가 있음이 인정되는 경우에는 그 실습생은 근기법의 적용을 받는 근로자에 해당한다(대법원 1987. 6. 9. 선고 86다카2920 판결).

201) 실습선원은 선원법상 선원은 아니나 위에서 규정된 것처럼 선원법상 일부 규정이 적용되는 사람으로 이해할 수 있다. 두현욱 · 전영우 · 임채현 · 진호현, "해기사 실습생의 법적 지위 및 관리제도 개선 방인에 관한 연구", 해사법연구 30권 3호(2018. 11), 237면.

(2) 특정선박의 지휘 · 감독자

선원법상 선장이 특정선박의 지휘 · 감독자를 의미하는지 문제된다. 예를 들어 어선들이 선단을 구성하여 대규모의 모선식(母船式) 어업을 하는 경우 선단장(船團長)이 승선하여 지휘감독을 하는 사례가 있는데, 선단장의 지휘 · 감독권은 특정선박에 관한 것이 아니라 선단에 속한 선박 전반에 미치므로 선장은 아니다. 그러므로 선장의 요건으로 '특정선박의 지휘 · 감독권자'일 것이 요구된다.[202] 선장과 별도로 선박소유자로부터 선임되어 어로작업시 선원들의 조업에 관한 지휘 · 감독권을 일시적으로 행사하는 어로장은 해원에 불과하므로, 어로장은 선장의 지휘 · 감독 하에 행동하여야 한다.

(3) 해기사면허를 받은 사람

선장은 선박직원법 4조의 규정에 의한 해기사면허를 받은 사람이 되는 것이 원칙이나, 선박소유자가 해기사면허를 받지 아니한 사람을 선장으로 선임하는 경우에는 선박직원법위반죄를 구성하고 공인이 거부됨은 별론으로 하고, 선장의 선임이라는 사법행위가 무효가 되는 것은 아니므로 선원법상 선장의 지위에는 영향이 없다.[203] 그러나 독일 해양노동법 5조 2항은 선장은 국가가 인정한 자격을 보유하여야 한다고 규정하고 있고, 통설도 해기사면허가 필요하다는 입장을 취하고 있다.[204]

(4) 공법상 · 사법상 직무권한 행사자

선장은 선원법에 규정된 직무권한은 물론이고 해사안전법, 도선법, 그 밖의 법률에 규정된 공법상 직무권한 및 상법에 규정된 사법상 직무권한을 행사한다. 그러므로 여객선에 승선한 여객이 음주 후 선내질서 문란행위(폭력, 고성방가 등)를 할 경우 선장은 여객의 국적을 불문하고 목적지 항에 다른 여객이 상륙할 때까지 선장의 권한으로 그 여객을 격리시키거나 보호조치를 취할 수 있다.[205]

---

202) 住田正二, 90면.

203) 住田正二, 92-93면; 이에 반하여 선장의 형식적 요건으로 해기사면허를 받을 것을 요구하는 견해로는 藤崎道好, 56면.

204) Bubenzer/Noltin/Peetz/Mallach, S.49.; Lindemann, S.255-256.

205) 부산청선원 33751-925, 1992. 6. 2.

(5) 근로자

선장은 임금을 받을 목적으로 선박에서 근로를 제공하기 위하여 고용된 사람에 한정되므로, 선박소유자로서 스스로 선장이 된 선주선장은 선원법상 선장은 아니다.[206)]

나. 구별 개념

(1) 어로장

선장과 별도로 선박소유자로부터 선임되어 어로작업 시 선원들의 조업에 관한 지휘・감독권을 일시적으로 행사하는 어로장(漁撈長)[207)]의 법적 지위에 관하여 견해 대립이 있다. 먼저 선장은 형식적・실질적으로 선박의 지휘・감독자로서 선박소유자로부터 선임된 자를 의미하므로, 선박소유자가 형식적으로 선장으로 선임하고 실질적으로는 어로장으로 하여금 선박을 지휘・감독하도록 하는 경우에는 선장은 항해기술에 관하여 어로장을 보좌하는 항해사에 불과하므로 선장면허를 소유하고 있다 하더라도 선원법상 선장으로 보기 어렵다는 견해가 있다.[208)] 그러나 선원법 2조 5호, 시행령 3조 1호가 어로장을 해원으로 규정하고 있고, 어로장은 선박운항을 제외한 어로작업에 관하여 책임과 권한을 갖는 것이므로, 어로장은 선장이 아닌 해원으로 보는 것이 타당하다.[209)]

---

206) Bubenzer/Noltin/Peetz/Mallach, S.48.; 住田正二, 96면; 96.5t인 안강망 어선 102우일호의 등록명의인인 A로부터 위 선박의 선장으로 고용된 형식을 취하였으나 실질적으로는 위 선박의 소유자인 B(A의 남편이다)는 선원이 아니므로, B의 사망을 원인으로 A가 수령한 유족보상금과 장제비는 법률상 원인 없이 취득한 것이다(서울지법 남부지원 1997. 5. 23. 선고 96가합5217 판결).

207) 어로장은 선단(船團)을 이루어 조업하는 어선의 선단장이라고도 불리며 선주로부터 어로에 관한 모든 책임과 권한을 위임받아 선장을 포함한 어선의 선원들을 지휘 및 감독하여 어로작업을 수행하는 자를 의미한다. 최종화・김진건・이병기, "기선선망어선의 지휘권과 어로장의 법적 지위", 법학연구 3호, 한국해사법학회(1991. 10), 86면; 임석원, "어로장의 법률상의 지위에 관한 연구", 수산해양교육연구 23권 4호(2011), 724－725면; 장영준, "어로장의 법적 책임에 관한 연구", 법학연구 23권 2호, 경상대학교 법학연구소(2015. 4), 140면; 양석완, "선박운항자로서의 어로장의 법적 지위", 상사판례연구 29권 1호(2016. 3), 49－50면.

208) 住田正二, 90-91면.

209) 부산지법 1995. 12. 28. 선고 95가합8709 판결; 부산지법 1996. 5. 17. 선고 95카합5208 판결은 "어로장이란 몇 척의 선박이 무리를 지어 서로 협력하여 조업하는 그 선박들(선단)의 관리・조업을 지휘・통솔하는 자로서 선주와 어로장 간에 고용계약이 체결되는 경우는 드물고 대개의 경우 조업시기와 조업지역, 선장・선원 등 인적 구성 등을 어로장이 그의 독자적인 의사결정으로 하며, 선주는 선박・어구 등을 제공하고 어로장은 독립된 자격으로 어획기술과 지식 등의 용역을 제공하여 어획고를 올린 다음 소요되는 공동경비를 제한 후 성과에 따라 연간 총어획고에 대하여 일정율이 보합금제로 정산하여 서로 분배하고 있는바, 이런 점들을 종합해 볼 때 선주와 어로장은 고용계약의 관계가 아니

(2) 도선사

도선사는 일정한 도선구에서 도선업무를 할 수 있는 도선사면허를 받은 사람을 말한다(도선법 2조 2호). 도선에는 임의도선과 강제도선(도선법 20조)이 있다.

도선사의 법적 지위에 관하여는, 도선사가 승선한 경우에는 도선사를 운항지휘자로 보는 운항지휘자설과 운항지휘자는 선장이고 도선사는 선장의 보조자에 불과하다고 보는 운항보조자설의 견해대립이 있다.[210] 생각건대, 도선사가 선박을 도선하는 경우에도 그 선박의 안전한 운항을 위한 선장의 책임은 면제되지 않으며 그 권한을 침해받지도 않기 때문에(도선법 18조 5항),[211] 항해에 관한 최종 지휘자는 선장이고 도선사는 선장의 보조자에 지나지 않는다.[212]

(3) 선거장

선거장(船渠長, dock master)은 조선소에서 선거(船渠)의 관리, 선박의 이안 및 접안, 선거를 출입하는 선박의 선장에 대한 보조업무를 담당하는 선거부(船渠部) 소속 직원으로서, 선박을 선거에서 이안과 접안을 행하는 경우에는 도선사와 유사한 직무를 행하게 된다.[213] 선거장은 조선소의 피용자일 뿐 선박소유자나 선장의

라 노무도급관계로 보아야 하고 따라서 어로장은 자유직업이 된다."는 선박소유자의 주장에 대하여 "어로장 B가 선박소유자인 A와 어로계약을 체결하고, 그 계약에서 계약기간 중 A의 지시 · 명령에 따르기로 약정하였으며, 또한 B는 어획고가 예상보다 부족하면 수시로 A에 의해 해고될 수도 있던 처지인 사실 등을 인정할 수 있는바, 이러한 사실 등을 종합하여 볼 때 B는 선박소유자의 지휘 · 명령에 따르는 어로장으로서 노무를 제공하고 어획고에 따른 보합금의 형태로 보수를 지급받고, 다만 위와 같은 형태의 보수를 취하거나 A의 주장과 같이 선단의 조업을 지휘 · 통솔할 때 상당한 재량권이 주어졌던 것은 실제 조업 시 어로장이 선원들을 지휘 · 감독하여야 하므로 어획고 증진을 위해 어로장이 능력을 최대한 발휘할 수 있도록 취해진 조치이므로, 위 어로계약상 A와 B의 관계는 사용자와 피용자의 고용관계이고, 자유노무도급자 또는 동업관계에 있다고 볼 수는 없다"고 판시하였다.

210) 해양범죄백서 – 지역특수범죄 I –, 부산지방검찰청(1997), 302-304면; 도선계약의 법적 성질에 관하여는 도급계약설, 고용계약설, 위임계약설, 준위임계약설의 견해대립이 있다. 자세한 논의는 최학영, "도선사와 선장", 해기 160호(1980. 5), 36-38면.

211) 선장이 강제도선구에서 도선사의 조선지휘사항에 일일이 간섭할 수 없다 하더라도, 도선사의 운항로 선택 등 조선지휘상황이 통상의 예에서 벗어난 위험한 것임을 알았음에도 조기에 이를 시정토록 촉구하여 안전한 운항로선택 및 안전운항조치를 취하도록 적극적인 조치를 취하지 아니한 것은 잘못이다. 대법원 1995. 4. 11. 선고 94도3302 판결(船).

212) 대법원 1984. 5. 29. 선고 84추1 판결; 주석 상법 Ⅷ, 263면; 도선사가 선박을 도선하는 경우에도 선장의 운항책임은 중지되지 않는다(BGH, Urteil vom 28.5.1973 – Ⅱ ZR 80/71 –, NJW 1973 S.1327).

213) 일반적으로 조선소의 선거가 있는 항구는 조선소 측이 가장 잘 알고 있기 때문에 우리나라는 물론 외국에서도 조선소에 출입하는 선박에는 선거장으로 하여금 승선하여 도선하도록 해오고 있고, 조선소가 위치한 항만이 도선법 소정의 강제도선구역인 경우에도 조선소만이 그 항만을 전용하고 있을 때에는 도선사의 승선여부에 관계없이 선거장이 승선하여 선거부근의 내항에서는 도선사 대신 도선하는 것이 관행이다. 대구고법 1986. 10. 31. 선고 84나1348 판결.

피용자는 아니다.[214] 선박에 승선하여 도선하는 선거장은 선박운항에 관한 선장의 지휘에 따라야 하는 한편, 선박의 조선에 관하여는 선장에게 조언하고 서로의 의견을 교환하여 안전운항을 도모하여야 하는 지위, 즉 선장에 대한 협력자로서의 지위를 아울러 갖는다.[215]

(4) 포트캡틴

포트캡틴(port captain)은 선박소유자가 선박의 기항 중에 발생하는 하역작업 및 선박관리를 위하여 사용하는 선박소유자의 피용자이다.[216]

다. 선장직무대행자

선원법 180조는 선장의 직무를 대행하는 사람에게 선장에 적용할 벌칙규정을 적용하도록 규정하여 선장직무대행자를 예정하고 있다.[217] 현행법상 선장 이외의 사람이 선장의 직무를 대행하는 사람은 상법 748조에 의한 대선장, 선원법 10조, 선박직원법 11조 2항 1호에 의한 대행선장 등이 있다.[218]

선장직무대행자의 직무집행의 태양을 살펴보면, 선장이 사망 등의 이유로 존재하지 아니한 경우에는 직무대행자는 선장의 직무를 대리하는 것이 아니라 선장의 직무를 집행하는 것이고, 선장이 질병·부상 등 사고로 인하여 직무를 수행할 수 없는 경우나 선장이 일시적으로 부재하는 경우에는 선장이 존재하므로 직무대행자는 선장의 직무를 수행하는 것이 아니라 선장을 직무를 대리하는 것이다.[219]

라. 선장의 선임

(1) 의 의

선장의 지위는 선원근로계약의 체결과는 별도로 선박소유자의 인사권행사의 일종인 선임행위에 의하여 발생한다. 독일 해양노동법 5조 1항은 선장의 선임권

---

214) 대구고법 1986. 10. 31. 선고 84나1348 판결; 주석 상법 Ⅷ, 263-264면.

215) 대법원 1990. 4. 24. 선고 86다카2778 판결; 대법원 1992. 10. 27. 선고 91다37140 판결.

216) 주석 상법 Ⅷ, 264면; 이에 대하여 포트캡틴은 선장이 묵시적으로 지명한 선장의 복대리인으로, 선장의 직무를 보조하는 지위에 있다는 견해로는 황석갑, "상법상 선장의 지위와 선박소유자의 대리권의 판례에 관한 연구", 항해학회지 41호(1993. 9), 6면.

217) 해사안전법 3조 2항에서도 선장직무대행자에 관하여 규정하고 있다.

218) 대행선장은 상법상 선장이 아니고, 상법상 선장이 가지는 포괄적 권한을 행사할 수 없다. 최종현, 해상법상론(2판), 박영사(2014), 92면.

219) 住田正二, 131-132면.

자를 선박소유자로 규정하고 있으나, 선원법에는 선장의 선임에 관하여는 별도의 규정은 없고, 상법 745조에서 선박소유자가 해상기업의 보조자인 해상법상 선장을 선임하도록 규정하고 있다.

(2) 선임행위의 법적 성질

선장의 선임행위가 계약임을 전제로, 선장선임계약의 법적 성질을 고용계약으로 보는 견해,[220] 고용계약이나 위임계약으로 보는 견해, 고용과 위임의 혼합계약으로 보는 견해 등이 주장되고 있다.[221]

그 중 위임계약설은 선박소유자나 선박공유자 중에서 선장을 선임하는 경우에는 타당하지만, 근로자 중에서 선장을 선임하는 경우에는 타당하지 않다. 또한 선박소유자가 근로자 중에서 선장을 선임하는 행위는 종업원의 지위를 발생시키는 선원근로계약의 체결과 명확히 구분되므로, 선장선임행위를 고용계약으로 파악하는 견해도 타당하다고 볼 수 없다.

생각건대, 선장의 선임행위는 공법상 행위가 아닌 사법상 행위로서, 선원근로관계 영역에서 사용자의 지위에 있는 선박소유자의 인사권에 속하는 행위이다.[222] 선박소유자가 종업원의 지위에 있지 아니한 사람을 선장으로 채용하는 경우에도 선원근로계약의 체결과 선장의 선임행위가 동시에 이루어지는 것에 불과하므로, 선임행위의 법적 성질이 사법상 행위인 점에는 변함이 없다. 선장선임행위는 불요식 행위이므로, 특별한 형식이 필요 없다.[223]

마. 해 임

선장의 해임은 선장 지위의 종료사유 중 하나이다. 선장의 해임이 선원근로관계의 종료를 의미하는 것은 아니다.[224] 선장의 해임권자는 선임권자와 동일하게 선박소유자이다. 선장의 해임행위는 선박소유자의 인사권행사에 해당하고, 선박소유자가 선장을 해고하는 경우와 같이 선원근로관계의 종료와 선장의 해임이 동시

---

220) 유정동, “선원법상 형벌법규에 관한 연구”, 한국해양대 법학석사학위논문(1995), 39면.

221) 주석 상법 Ⅷ, 266면은 예비원제도가 있어서 고용계약이 먼저 체결되고 승선계약이 나중에 별도로 체결되면 선장선임계약은 위임계약이 되고, 예비원제도가 없어서 고용계약과 위임계약이 동시에 이루어지면 선장선임계약은 고용과 위임의 혼합계약이 된다는 입장을 취하고 있다.

222) Bemm/Lindemann, S.182.

223) Bubenzer/Noltin/Peetz/Mallach, S.49.

224) Bemm/Lindemann, S.182.

에 이루어지는 경우에도 선장의 해임은 관념적으로 선원근로관계의 종료와 구별된다. 선박소유자가 정당한 사유 없이 선장을 해임한 때에는 선장은 이로 인하여 생긴 손해의 배상을 청구할 수 있고(상법 746조 1항), 선박공유자인 선장이 그 의사에 반하여 해임된 때에는 다른 공유자에 대하여 상당한 가액으로 그 지분을 매수할 것을 청구할 수 있다(상법 762조 1항).

3. 해 원

가. 개 념

해원은 선박에서 근무하는 선장이 아닌 선원을 말한다(법 2조 4호). 해원은 직원과 부원(직원이 아닌 해원)으로 구분된다. 선원이 선박에서 행하는 업무는 그 종류가 다양하고 그에 필요한 지식이나 기능의 수준에도 상당한 차이가 있으므로, 선박항행의 안전과 관련된 해기사면허를 위한 승무경력은 그 면허와 관련 있는 업무에 종사한 경력으로 한정할 필요가 있다.[225] 또한 선박에는 해기사면허를 가진 선박직원뿐만 아니라 해기사면허가 없는 선박부원도 승무할 수 있고, 선박부원은 선박직원의 지휘·감독에 따라 갑판부 업무 또는 기관부 업무에 종사할 수 있다.[226]

나. 직 원

직원이란 선박직원법 2조 3호에 따른 항해사, 기관장, 기관사, 전자기관사, 통신장, 통신사, 운항장 및 운항사, 어로장, 사무장, 의사, 어로장·사무장·의사와 동등 이상의 대우를 받는 해원으로서 해양수산부령이 정하는 해원을 말한다(법 2조 5호, 시행령 3조). 그러므로 이에 해당하지 아니한 갑판장은 직원이 아니라 부원에 해당한다.[227]

225) 대법원 2012. 12. 13. 선고 2010도9422 판결.

226) 대법원 2012. 12. 13. 선고 2010도9422 판결. 또 위 판결은 구 선박직원법 5조, 구 선박직원법 시행령 5조의2 [별표 1의3]에서 규정하는 '승무경력'은 승선한 날로부터 하선한 날까지의 기간을 의미한다고 판시하였다.

227) 인천지법 2014. 5. 30. 선고 2013나13801 판결; 선원 33740-826, 1992. 9. 3.

다. 부 원

부원이란 직원이 아닌 해원을 말한다(법 2조 6호). 선박에서 근무하는 아르바이트 근로자가 선박소유자와 선원근로계약을 체결하고 여객선 내의 안내원, 매점의 점원, 식당의 보조원, 불꽃놀이 행사요원 등의 업무를 수행하는 경우 선원법상 선원으로서 부원에 해당한다.[228]

라. 유능부원

(1) 개 념

유능부원(able seafarer)이란 갑판부 또는 기관부의 항해당직을 담당하는 부원 중 해양수산부령으로 정하는 자격요건을 갖춘 부원을 말한다(법 2조 6의2).

(2) 갑판유능부원

갑판부의 유능부원(이하 "갑판유능부원")이 되려는 경우에는 18세 이상인 사람으로서, (가) 시행규칙 41조 1항에 따른 갑판부의 항해당직 부원으로서 18개월 이상 승무한 경력이 있을 것, (나) 시행규칙 41조 1항에 따른 갑판부의 항해당직 부원으로서 12개월 이상 승무한 경력을 가지고 [별표 2]의 유능부원교육과정을 이수하였을 것 중 어느 하나에 해당하는 사람이어야 한다(시행규칙 1조의2 1항 1호).

(3) 기관유능부원

기관부의 유능부원(이하 "기관유능부원")이 되려는 경우에는 18세 이상인 사람으로서 (가) 시행규칙 41조 1항에 따른 기관부의 항해당직 부원으로서 12개월 이상 승무한 경력이 있을 것, (나) 시행규칙 41조 1항에 따른 기관부의 항해당직 부원으로서 6개월 이상 승무한 경력을 가지고 [별표 2]의 유능부원교육과정을 이수하였을 것 중 어느 하나에 해당하는 사람이어야 한다(시행규칙 1조의2 1항 2호).

(4) 운항유능부원

선원법 64조 1항에 따른 선박 중 선박직원법 2조 5호에 따른 자동화선박에서 갑판부 및 기관부의 유능부원을 겸하는 유능부원(이하 "운항유능부원")이 될 수 있

---

228) 법제처 14-0358, 2014. 6. 17. 고용노동부.

는 사람은 18세 이상인 사람으로서 (i) 시행규칙 41조 2항에 따른 운항당직부원으로서 18개월 이상 승무한 경력이 있을 것, (ii) 시행규칙 41조 2항에 따른 운항당직부원으로서 12개월 이상 승무한 경력을 가지고 [별표 2]의 유능부원교육과정을 이수하였을 것 중 어느 하나에 해당하는 자격요격을 갖춘 사람으로 한다(시행규칙 1조의2 2항).

(5) 유능부원 자격증의 발급

선원법 시행령 3조의6에 따른 지방해양항만관청은 유능부원의 자격요건을 갖춘 사람으로부터 [별지 18호의2] 서식에 따라 유능부원 자격증의 발급을 신청받은 경우에는 [별지 16호] 서식에 따라 그의 선원수첩에 해당 자격이 있음을 증명하여 주고, 유능부원 자격증을 발급(전자정부법 2조 10호에 따른 정보통신망을 통한 발급 포함)하여야 한다(시행규칙 1조의2 3항).

4. 예비원

가. 개 념

예비원이란 선박에서 근무하는 선원으로서 현재 승무 중이 아닌 선원을 말한다(법 2조 7호). 이와 달리 선원업무 처리지침상 '예비원'이란 하선하기 전의 사용자와 그 사용자가 소유 또는 관리하는 선박에 다시 승무하기로 계약을 체결하고 대기하는 자로서 지방해양항만관청으로부터 선원수첩에 예비원으로 공인을 받은 자를 말한다(선원업무 처리지침 3조 6호). 예비원은 승무(협의의 승무) 중이 아닌 선원으로서 관념적인 선내항해조직을 형성할 뿐 구체적인 선내항행조직에 가입하고 있지 않다. 순수한 일반근로자는 선원이 아니므로 예비원에 해당하지 아니한다. 선원이 선내항행조직을 구성한 상태에서 정박 중에 일시적으로 선박을 떠난 경우(예를 들면, 기항지에서의 상륙)에도 여전히 승무 중이라고 보아야 한다.[229]

나. 견해의 대립

'승무 중이 아닌 선원'의 의미에 관하여, 장래에 선박에 승무하기로 예정된 일반근로자도 이에 해당한다고 보는 광의설[230]과, 장래에 선박에 승무하기로 예정된

---

229) 藤崎道好, 70면; 住田正二, 120면.

근로자는 제외되고 실제로 선박에 승무하도록 예정되어 언제라도 선박에 승무할 수 있는 상태에 있는 자에 한정된다는 협의설[231]의 견해대립이 있다.

생각건대, (i) 노동법 체계상 특별법인 선원법의 적용을 받는 예비원의 범위를 한정적으로 해석하여 장래에 선박에 승무하기로 예정된 일반근로자는 근기법의 적용을 받는 것으로 보는 것이 근로자보호 이념에 합치하는 점, (ii) 선원법에 규정된 예비원 보호규정은 67조 2항에 규정된 임금지급의무만이 있을 뿐 다른 근로조건에 관하여는 별다른 규정이 없는데, 이는 근로조건을 보호할 필요가 없는 상태에 있는 사람을 예정한 것으로 해석할 수 있는 점, (iii) 예비원은 선원이므로 선박에서 근로를 제공하기 위하여 고용된 사람으로 한정하는 것이 타당한 점, (iv) 선원법에서 예비원으로 규정하고 있는 사람은 유급휴가자, 선박소유자의 귀책사유로 인하여 하선한 자, 선원법 116조 또는 다른 법령에 따라 의무적으로 교육·훈련을 받는 자, 기타 단체협약 또는 취업규칙으로 정한 자(법 67조 2항, 시행령 21조의2 2항) 등으로, 협의설의 입장을 취하고 있는 것으로 볼 수 있는 점 등에 비추어 보면, 선원법상 예비원은 선박 안에서 근로를 제공하기 위하여 고용된 자로서 언제라도 선박에 승무할 수 있는 상태에 있는 자에 한정된다고 보아야 한다.[232]

다. 내 용

(1) 범 위

예비원에는 대기원,[233] 유급휴가자, 휴직 또는 정직 중인 선원, 교육 또는 훈련 중인 선원 등이 있다.

(2) 의장원

의장원(艤裝員)의 법적 지위에 관하여는 견해대립이 있다.[234] (i) 의장원은 해

230) 藤崎道好, 70면.

231) 藤崎道好, 70면.

232) 住田正二, 112-118면; 藤崎道好, 70면. 선원업무 처리지침 3조 6호는, '예비원'이라 함은 하선하기 전의 사용자와 그 사용자가 소유 또는 관리하는 선박에 다시 승무하기로 계약을 체결하고 대기하는 자로서 지방해양수산관청으로부터 선원수첩에 예비원으로 공인을 받은 자를 말한다고 규정하고 있다.

233) 전국원양수산노동조합 규약 10조 및 14조 제4호의 규정을 종합하면, 피선거권을 갖는 위 노동조합의 정조합원은 선장을 제외한 국적 원양어선에 종사하는 선원법상 선원인 해원 및 예비원(승무 중이 아닌 자) 중 위 규약 10조 2호 소정의 명예조합원과 3호 소정의 특별조합원 이외의 자를 말하는 것으로서 반드시 승선 중에 있는 자만을 의미하는 것은 아니므로, 선원고용계약을 체결하고 그 승선을 위하여 대기 중인 예비원도 위 정조합원에 포함된다. 대법원 2000. 7. 6.자 2000마1029 결정(船).

원이라고 보는 견해가 있으나 이에 대하여는 의장 중인 선박에는 선내항행조직이 형성되지 아니하였으므로 승무원으로 보기 어렵다는 비판이 제기된다. (ii) 의장원은 육상근로자라는 견해가 있으나, 이에 의하면 의장원이 되기 전에는 선원법이, 의장 중에는 근기법이, 의장완료 후에는 선원법이 각 적용되어 법률관계가 극히 불안정하게 된다. (iii) 의장원을 예비원으로 보는 견해가 있으나, 선원법 67조 2항이 규정하고 있는 예비원의 근로조건은 근로를 제공하지 아니한다는 것을 전제로 한 것이므로, 근로를 제공하는 의장원을 예비원으로 보기에는 난점이 있다.

생각건대, 의장원의 지위는 구체적인 사실관계에 따라 판단하여야 하는바, 시행령 2조 2호는 선박의 수리를 위하여 선박에 승선하는 기술자 및 작업자를 선원이 아닌 사람으로 규정하고 있으므로, 의장원이 선내항행조직에 가입하지 아니하여 별도의 선무를 담당하지 아니하고 의장업무만을 수행하는 경우에는 일반근로자로 보아야 한다. 이와 달리, 의장원이 선박소유자와 근로관계를 맺은 채 의장완성 후 선박에 승무하는 경우에는 의장은 선내항행조직을 형성하기 전 항행의 준비를 위한 행위이므로 직무의 행태가 육상근로와 유사하더라도 선원으로 보아야 한다.

라. 승선청구권의 인정여부

예비원이 유급휴가 등을 마치고서도 장기간 육상에 대기하는 경우 선박소유자에게 승선(配乘)을 청구할 수 있는 권리가 있는지 문제된다. 이는 일반근로자의 경우 취업청구권에 관한 논의와 일맥상통한다. 예비원에 대한 배승지연이 사회통념상 지나치게 장기간인 경우, 특정 선원에 대하여 차별적으로 이루어진 경우, 사직을 유도하는 수단으로 이루어지는 경우, 부당노동행위로서 배승지연이 이루어지는 경우에 한하여 승선청구권을 긍정하는 견해가 있다.[235]

대법원은 해고가 무효로 확인되었음에도 불구하고 임금은 지급하면서 근로수령을 거부하는 경우에 인격권 침해를 이유로 정신적 고통에 대한 손해배상책임을 긍정하였고,[236] 하급심 실무는 2010년 이후로는 취업청구권(근로방해금지청구권)을 긍정하는 입장을 취하고 있으므로,[237] 선박소유자의 예비원에 대한 배승거부에 정

234) 住田正二, 120-122면.
235) 유명윤, 53-55면.
236) 대법원 1996. 4. 23. 선고 95다6823 판결.

당한 사유가 없는 한 승선청구권을 긍정하는 것이 타당하다.

5. 외국인 선원

가. 의 의

국적선·준국적선에 대한민국 선원과 외국 국적·무국적 선원(이하 '외국인 선원')이 승선한 경우(混乘)가 있다. 이 경우 외국인 선원에게도 선원법이 적용된다.[238] 외국인 선원의 고용범위 결정, 고용절차 등을 체계적으로 마련하여 선원 수급의 안정과 관련 산업의 생산적 발전을 도모함을 목적으로 외국인 선원관리지침(해양수산부 고시 2025-33호, 이하 '지침')을 시행하고 있다. 우리나라는 1991년부터 외국인 선원 고용을 시작하였고, 1995년에 58명, 2005년에 7,960명, 2015년에 24,624명의 외국인 선원이 취업하였으며,[239] 2023. 12. 31. 기준으로 30,436명의 외국인 선원이 근무하고 있다. 외국인 선원의 고용이 증대되는 이유로는 저임금, 쉬운 해고(유기근로계약), 손쉬운 구인(인력 수급의 편리성), 근로기본권의 상대적으로 낮은 규정, 한국 선원 구인의 어려움, 외국인 선원 고용 확대 저지 세력 부재, 선원노동조합의 역할 부재 등이 거론된다.[240]

나. 노사합의

외국인선원 도입규모, 승선 허용범위 등 고용기준은 선원노동조합연합단체(원양산업의 경우 전국원양선원노동조합)와 업종별 선박소유자 단체(한국해운협회, 한국해운조합, 수산업협동조합중앙회, 한국원양산업협회 등을 말한다) 등 이해관계자와 관계 전문가 및 중앙행정기관의 장의 의견을 들어 해양수산부장관이 정한다(지침 3조 1항). 1항에도 불구하고, 외국과 합작투자한 외항여객선의 경우에는 선원을 대표하는 자의 의견을 들어 양국 사업자 간에 합의하여 정한다(동조 2항).

그동안 외항상선분야에서 외국인 선원 고용 관련 노사합의의 경과는 다음과

---

237) 서울중앙지법 2010. 8. 17.자 2010카합2335 결정; 서울중앙지법 2013. 7. 8.자 2013카합1320 결정.
238) 浦章, "일본선에 승선한 외국인 선원의 법적 지위", 해양한국 213호(1991. 6), 82-90면. 자세한 논의는 제1장 제5절 참조.
239) 장우찬, "선원 노동시장의 이중구조와 그 문제점", 법학연구 29권 3호, 경상대학교 법학연구소(2021. 7), 251면.
240) 장우찬, 252면.

같다.[241)]

일자	정원 (1척당)	비고
1991. 7.	일반선박 3명	외국인 혼승
2001. 6.	국제선박 6명	국제선박제도 정착
2004. 8.	국제선박 해기사 1명	주 40시간 근로제 도입에 따른 외항해운산업의 발전적 대응
2007. 12.	국가필수선박: 부원 6명 지정선박: 부원 7명, 직원 1명 일반선박: 부원 8명, 직원 2명	한국인 선원의 고용안정과 적정규모 유지
2009. 1.	국가필수선박: 부원 6명 지정선박: 부원 7명, 직원 1명 일반선박: 부원 9명, 직원 4명	외국인 선원 고용확대
2011	국가필수선박: 부원 6명 이내 지정국제선박: 부원 8명 이내 또는 선장·기관장을 제외한 직원 1명과 부원 7명 이내 일반국제선박: 선장·기관장 제외 전체 선원	국제선박 외국인 선원 승무기준 및 범위(해양수산부고시 2021-57호)
2025~현재	국가필수선박: 한국인 선장·기관장을 포함하여 10명을 제외한 나머지 선원 지정국제선박: 한국인 선장·기관장을 포함하여 8명을 제외한 나머지 선원, 단 선원노동조합연합단체와 외항운송사업 관련 협회 등 이해당사자가 합의하는 경우 선원의 승무기준 및 범위를 조정할 수 있음 일반국제선박: 선장·기관장 제외 전체 선원	국제선박 외국인 선원 승무기준 및 범위(해양수산부고시 2025-7호)

20톤 이상 어선 중, 저인망, 근해트롤, 근해안강망, 근해연승, 활오징어채낚기(개인보합), 근해통발 등 6개 업종 연근해어선원에 대하여 실승선인원 12명 이상 승선 시 1척당 7명까지 외국인 선원(E-10-2) 승선을 허용하는 제도가 2023. 8. 28.부터 시범적으로 시행되고 있다.

다. 고용신고

외국인 선원을 고용하려는 선박소유자는 지침 [별지 1호 서식]에 따른 고용신고서에 (i) 선원이 승무 할 선박 및 승하선 외국인 선원 명단(별지 2호 서식),

241) 전영우, "선원고용제도의 개선을 위한 입법론적 연구", 해사법연구 29권 1호(2017. 3), 11면.

(ii) 외국인이 승선할 선박제원, 계약기간, 직책, 임금, 선원보험(재해보상·임금채권보장보험·송환보험) 등 근로조건이 포함된 근로계약서 사본, (iii) [별지 6호 서식]에 따른 외국인선원 고용에 관한 확인서 1부, (iv) 선사별 총 정원제 적용 대상이 되는 선박의 경우, 이를 확인할 수 있는 서류, (v) 선박운항사업 면허증, 허가증 또는 등록증과 검사증서 사본(단, 동 내용을 확인할 수 있는 명세서 등 대체서류를 사전에 제출한 경우에는 생략), (vi) 외국인선원 고용·관리업무를 위탁받았음을 증명하는 서류 1부(제5항에 따라 송입업체가 신고를 대행하는 경우에 한함)의 서류를 첨부하여 선박소유자의 주된 사업장 소재지를 관할하거나 선원근로감독 업무를 관할하는 지방해양수산청장에게 제출(해양수산부장관이 외국인 선원관리를 위해 구축한 정보통신망을 이용한 제출 포함)하여야 한다. 다만 원양어선의 경우 입어허가조건에 따라 입어국의 현지인(외국인 선원을 말한다)을 고용하는 경우 고용신고를 생략할 수 있다. 이 경우 외국인 선원 고용예정 인원과 입어허가조건을 확인할 수 있는 입어계약서 또는 용선계약서 사본을 지방해양수산청장에게 제출하여야 한다(5조 1항).

외국인 선원 고용신고가 있는 경우 지방청장은 3조의 규정에 적합한 지 여부를 검토(서류심사 등)하여 적합한 경우 1일 이내에 [별지 3호 서식]의 외국인 선원 고용신고 수리서에 별표 2의 고용신고 수리용 공인을 날인하여 발급하여야 한다. 다만, 1항 3호의 내용에 대해 추가적인 확인이 필요한 경우 보완을 요청하거나 외국인선원 고용 신고 처리기간을 연장할 수 있다(동조 2항). 외국인선원의 임금을 3개월 이상 체불하고 있는 사실이 확인된 선박소유자에 대하여는 체불임금을 지급하였음이 확인될 때까지 외국인선원 고용을 제한할 수 있다(동조 3항). 해양수산부장관은 정부의 외국인 고용정책과 선원수급 정책상 외국인선원고용을 제한하여야 할 명백한 사유가 있는 경우 일정기간 또는 국적별로 외국인선원의 고용을 제한할 수 있다(동조 4항). 외국인 선원 고용신고를 수리한 지방청장은 즉시 관할 출입국관리사무소장에게 신고내용을 통보(정보통신망을 이용한 신고에 대하여는 정보통신망을 이용하여 통보)하여야 하며, 출입국관리사무소장으로부터 외국인 선원의 고용이 불가 또는 부적격하다는 통보가 있을 경우 선박소유자 책임하에 즉시 근로계약을 해지하도록 하여야 한다(동조 5항). 1항에도 불구하고 선박소유자가 외국인선원 고용·관리업무를 송입업체에 위탁한 경우에는 위탁받은 송입업체가 제1항에 따른 신고 업무를 대행할 수 있다(동조 6항).

라. 고용추천

선박소유자가 출입국관리법 시행규칙 별표 5 및 별표 5의2에 따른 외국인 선원 고용추천서를 발급받고자 하는 때에는 [별지 4호의2 서식]에 따른 외국인 선원 고용추천 신청서(이하 '고용추천신청서')에 (i) [별지 6호 서식]에 따른 외국인선원 고용에 관한 확인서 1부, (ii) 선사별 총 정원제 적용 대상이 되는 선박의 경우, 이를 확인할 수 있는 서류 (iii) 외국인 선원 여권사본 1부, (iv) 출입국관리법 시행규칙 별지 129호 서식에 따른 신원보증서 1부, (v) 해상운송사업등록증, 어업허가증 또는 어획물운반업등록증 사본 1부, (vi) 선원법 56조에 따른 임금채권보장보험, 공제 또는 기금 증서 등 가입확인 서류 사본 1부, (vii) 선원법 106조에 따른 선원재해보상 보험 또는 공제 등 가입확인 서류 사본 1부, (viii) 선원근로계약서 1부, (ix) 현재 승선 중인 선원 명단 1부, (x) 외국인선원 고용·관리업무를 위탁받았음을 증명하는 서류 1부(5항에 따라 송입업체가 추천을 대행하는 경우에 한함)를 첨부하여 지방청장에게 제출(해양수산부장관이 외국인 선원관리를 위해 구축한 정보통신망을 이용한 제출 포함)하여야 한다(5조의2 1항). 1항에도 불구하고 선박소유자가 외국인 선원 고용·관리업무를 송입업체에 위탁한 경우에는 위탁받은 송입업체가 1항에 따른 추천 업무를 대행할 수 있다(5항). 1항에 따른 고용추천신청 대상 외국인 선원이 5조 1항에 따른 고용신고 대상 외국인 선원과 동일한 경우로서 1항 각 호의 서류 중 고용신고 시 이미 제출한 서류는 고용추천신청 시 첨부하지 아니할 수 있다(2항).

1항에 따른 고용추천신청서를 제출받은 지방청장은 (i) 어업허가, 해상화물운송사업, 순항여객운송사업 또는 어획물운반업의 유지 여부, (ii) 업체별, 선박별 외국인 선원의 고용규모·기준 준수 여부, (iii) 선원 임금체불 여부, (iv) 임금채권보장보험·기금·공제 및 재해보상보험·공제의 가입 여부를 확인하여 적합한 경우 1일 이내에 [별지 4호의3 서식]에 따른 외국인 선원 고용추천서를 발급하여야 한다. 다만, 각 호의 사항에 대해 추가적인 확인이 필요한 경우 보완을 요청하거나 처리기간을 연장할 수 있다.(3항). 지방청장은 3항 2호의 사항에 대하여 필요한 경우 수협중앙회장 또는 한국해운조합 이사장에게 확인을 요청할 수 있다(4항).

마. 현지인 고용

선박소유자가 해외에서 외국의 현지인을 고용하고자 할 때에는 해외주재 대한민국 영사가 외국인 선원 고용신고서를 수리할 수 있다. 다만 현지에서 고용한 외국인 선원은 선박이 우리나라에 입항하기 전까지 하선하여야 한다(6조 1항). 해외주재영사는 1항의 규정에 의하여 외국인 선원 고용신고를 수리하였을 때에는 [별지 4호 서식]에 따라 해양수산부장관에게 통보하여야 한다(2항).

바. 국제선박등록법상 외국인 선원

선박소유자 등은 국제선박에 STCW에 따라 해양수산부장관이 인정하는 자격증명서를 가진 외국인 선원을 승무하게 할 수 있다(국제선박등록법 5조 1항). 이 경우 그 승무의 기준 및 범위는 선원을 구성원으로 하는 노동조합의 연합단체, 선박소유자 등이 설립한 외항운송사업 관련 협회 등 이해당사자와 관계 중앙행정기관의 장의 의견을 들어 해양수산부장관이 정한다(5조 2항). 선원노동조합연합단체와 외항운송사업자협회는 국제선박에 승무하는 외국인 선원에 대하여 적용되는 단체협약의 체결에 관한 권한을 가진다(6조 1항). 선박소유자등이 국제선박에 승무하게 하기 위하여 외국인 선원을 고용하는 경우에는 1항에 따라 체결된 단체협약에 따라 그 외국인 선원과 근로계약을 체결하여야 한다(6조 2항). 선박소유자 등은 1항에 따른 단체협약을 체결하면 그 단체협약을 체결한 날부터 15일 이내에 해양수산부장관에게 이를 신고하여야 한다(6조 3항).

해양수산부장관은 비상사태에 대비하여 국제선박과 선원의 효율적 활용을 위하여 필요하다고 인정하면 국가필수국제선박(이하 '필수선박')을 지정할 수 있고(8조 1항), 위와 같이 지정된 필수선박에는 외국인 승선을 제한할 수 있으며, 이 경우 외국인 선원의 승선을 제한함으로써 임금 부담으로 인한 손실이 발생하였을 때에는 그 선박소유자등에게 손실을 보상하여야 하며(4항), 외국인 선원의 승선 제한 기준, 선박소유자등에 대한 손실보상의 기준 및 절차 등에 필요한 사항은 대통령령으로 정한다(7항).[242)]

---

242) 필수선박 지정으로 인한 손실보상 관련 규정은 '선사별 외국인 선원 총정원의 감소'가 아니라 '선박별 실제 임금 부담의 증가'를 요건으로 손실보상을 하도록 정한 것이다(대법원 2015. 10. 29. 선고 2013두21618 판결).

사. 체류자격과 강제퇴거

외국인 선원이 허가를 받지 아니하고 근무처를 변경 · 추가하는 경우에는 지방출입국 · 외국인관서의 장은 출입국관리법 제6장에 규정된 절차에 따라 46조 1항 각 호의 어느 하나에 해당하는 외국인을 대한민국 밖으로 강제퇴거시킬 수 있다(출입국관리법 46조 1항 9호, 21조 1항). 강제퇴거명령을 받은 사람을 즉시 대한민국 밖으로 송환할 수 없으면 송환할 수 있을 때까지 보호시설에 보호할 수 있도록 규정한 출입국관리법 63조 1항은 과잉금지원칙에 반하여 신체의 자유를 침해하지 아니 한다.[243]

외국인 선원이 단지 사업장에서 무단이탈하였다는 사유만으로 곧바로 체류자격이 소멸하였다거나 체류자격의 범위를 벗어났다고 할 수는 없으므로 강제퇴거명령을 할 수 없고, 사업장을 무단이탈한 데에서 더 나아가 허가받지 아니한 채 체류자격 외 활동을 하였다거나 근무처 변경 또는 다른 체류자격에 해당하는 활동을 하였다는 등의 이유로 강제퇴거명령을 하는 것은 가능하다.[244]

6. 자동화선박의 운항사와 무인선박의 조종자

선박직원법 시행령 3조의2에서 규정하고 있는 자동화선박을 운항하는 운항사는 위 시행령이 정하는 전문분야별로 해당 등급과 같은 등급의 항해사(한정면허의 경우에는 상선에 한정된 면허만 해당한다) 또는 기관사로 보므로(선박직원법 4조 2항 4호, 4항), 선원에 해당한다. 이와 달리, 무인선박을 조종하는 조종자[245]는 선박에 승무한 상태에서 근무하는 것이 아니므로, 선박직원법이 적용되는 것은 별론으로 하더라도 선원에 해당한다고 보기 어렵다. 무인선박 조종자는 정박 중에 선박이나 운항설비를 점검할 수 있으나, 무인선박이 항행 중일 때에는 무인선박을 떠난 곳에서 조종업무에 종사하므로, 무인선박의 선내항행조직에 가입한 것이 아니어서, 승무 중인 사람으로 볼 수 없기 때문이다. 다만, 무인선박 조종자가 조종시설이 설치된 모선(母船)에서 근무하면서 자선(子船)인 무인선박을 조종하는 경우에는

243) 헌재 2018. 2. 22. 선고 2017헌가29 결정.
244) 광주고법 2015. 1. 29. 선고 2014누6318 판결.
245) 드론 활용의 촉진 및 기반조성에 관한 법률 2조 1항 1호, 항공안전법 129조 4항 등에서는 무인항공기, 무인비행장치 조종자라는 용어를 사용하고 있다.

선원에 해당한다.

7. 선원이 아닌 사람

선원이 아닌 사람은 (i) 선박안전법 77조 1항에 따른 선박검사원, (ii) 선박의 수리를 위하여 선박에 승선하는 기술자 및 작업원, (iii) 도선법 2조 2호에 따른 도선사, (iv) 항만운송사업법 2조 2항에 따른 항만운송사업 또는 같은 조 4항에 따른 항만운송관련사업을 위하여 고용하는 근로자, (v) 선원이 될 목적으로 실습을 위하여 선박에 승선하는 사람, (vi) 선박에서의 공연(公演) 등을 위하여 일시적으로 승선하는 연예인, (vii) 1호부터 6호까지의 어느 하나에 준하는 사람으로서 선박소유자 단체 및 선원 단체의 대표자와 협의를 거쳐 해양수산부장관이 정하여 고시하는 사람 등을 말한다(법 2조 1호 단서, 시행령 2조).

Ⅴ. 선박소유자

1. 의 의

가. 근기법상 사용자

(1) 사용자

'사용자'란 사업주 또는 사업 경영 담당자, 그 밖에 근로자에 관한 사항에 대하여 사업주를 위하여 행위하는 자를 말한다(법 5조 1항, 근기법 2조 1항 2호). 어떤 근로자에 대하여 누가 사용자인가를 판단할 때에도 계약의 형식이나 관련 법규의 내용에 관계없이 실질적인 근로관계를 기준으로 하여야 하고, 이때에도 근기법상 근로자 판단 요소들을 종합적으로 고려하여야 한다.[246)]

(2) 사업주

'사업주'란 사업 또는 사업장의 경영주체를 말한다. 경영주체라 함은 개인사업체에서는 개인, 회사 기타 법인체에서는 법인을 뜻한다. 사기업의 기업주뿐만 아니라, 국가 · 지방자치단체 · 국영기업체 등도 사업주가 될 수 있고, 영리사업인지

246) 대법원 2006. 12. 7. 선고 2006도300 판결.

비영리사업인지 불문하므로 공익사업 · 사회사업 또는 종교사업의 사업주도 여기서 말하는 사업주에 해당한다.[247)]

(3) 사업 경영 담당자

'사업 경영 담당자'란 사업주가 아니면서도 사업경영 일반에 관하여 책임을 지는 자로서 사업주로부터 사업경영의 전부 또는 일부에 대하여 포괄적인 위임을 받고 대외적으로 사업을 대표하거나 대리하는 자를 말한다.[248)]

(4) 근로자에 관한 사항에 대하여 사업주를 위하여 행위하는 자

'그 밖에 근로자에 관한 사항에 대하여 사업주를 위하여 행위하는 자'라 함은 근로자의 인사 · 급여 · 후생 · 노무관리 등 근로조건의 결정 또는 업무상 명령이나 지휘 · 감독을 하는 등의 사항에 대하여 사업주로부터 일정한 권한과 책임을 부여받은 자를 말하고, 여기에 해당하는지 여부를 가리기 위해서는 그가 근로자에 관한 어떤 사항에 대하여 사업주로부터 일정한 권한과 책임을 부여받고 있었는지의 여부를 심리하여야 한다.[249)]

나. 선박소유자의 개념

'해상법상 선박소유자'란 광의로 선박의 소유권을 가진 자를 말하고,[250)] 협의로는 소유선박을 해상기업을 영위할 목적으로 항행에 제공하는 자를 말한다.[251)] 이에 비하여 선원법 2조 2호는 "선주, 선주로부터 선박의 운항에 대한 책임을 위탁받고 이 법에 따른 선박소유자의 권리 및 책임과 의무를 인수하기로 동의한 선박관리업자, 대리인, 선체용선자 등"을 선박소유자로 규정하고 있고, 선원법이 규정

247) 근로기준법 주해 I (제2판), 159면.

248) 대법원 1988. 11. 22. 선고 88도1162 판결; 대법원 1997. 11. 11. 선고 97도813 판결.

249) 대법원 1989. 11. 14. 선고 88누6924 판결.

250) 自船艤裝者(Reeder)를 의미한다. 프랑스 법에서는 의장자(armateur)가 선박을 점유하는 자, 선박을 관리하는 자, 선박을 이용하는 자 등을 의미한다고 한다[채이식, "선박소유자 및 해상운송인(의장자)의 개념", 한국해법학회지 24권 1호(2002. 4), 65면].

251) 해상기업의 형태를 선박소유와 선원고용형태에 따라 분류하면 다음과 같다.
① 自己所有船舶 + 自船員 配乘: 船舶艤裝者(狹義의 船舶所有者)
② 他人所有船舶 + 自船員 配乘: 船体傭船者(船舶賃借人)
③ 他人所有船舶 + 他船員 配乘: 定期傭船者 또는 航海傭船者
④ ( ) + 自船員 配乘: manning 會社(선원공급사업자)
선원법 110조는 선원공급사업을 금지하고 있으므로 ④의 형태는 허용되지 아니하고, 선원법상 선박소유자는 ①, ②의 형태가 될 것이다. 松村勝二郎, 15면.

하는 내용이 선원의 직무·복무, 근로조건의 기준, 직업안정 및 교육·훈련에 관한 사항으로서 선박의 소유권과는 관계없이 선박의 운영 및 그에 따른 부수적인 것들인 점에 비추어 보면, '선원법상 선박소유자'[252]는 선박을 실체법적으로 소유하는 자(owner of the ship)를 말하는 것이 아니라 선박의 소유와는 관계없이 실질적으로 그 선박을 운영하면서 선원을 고용하고 임금을 지급하거나 지급하기로 한 자(shipowner)를 말한다.[253]

2. 선주(선박의장자)

가. 선박소유권의 득실

(1) 선박소유권의 취득

(가) 취득원인

선박소유권의 취득원인은 일반동산과 대체로 동일하지만 공법상 취득원인으로서 선박의 포획·몰수·수용에 의하는 경우가 있다. 사법상 취득원인으로는 조선, 양도, 상속, 합병 이외에도 해상법상 특유한 것으로 보험위부(상법 710조), 선박공유자 지분의 이전 또는 국적상실로 인한 지분의 매수 또는 경매처분(상법 760조), 매수청구(상법 761조) 등이 있다. 선박소유권의 승계취득 가운데 가장 중요한 것은 매매계약과 조선계약이다. 이 중 조선계약의 법적 성질은, 주문자가 조선재료의 전부 또는 대부분을 공급하는 경우에는 도급계약이 되고, 조선자가 공급하는 경우에는 매매와 도급의 혼합계약이다.

(나) 등기·등록할 수 있는 선박

등기·등록할 수 있는 선박의 경우 그 소유권의 이전은 당사자 사이의 합의만으로 그 효력이 생긴다. 다만 이를 등기하고 선박국적증서에 기재하지 아니하면 제3자에 대항하지 못한다(상법 743조). 민법상 일반동산 양도에서는 목적물의 인

252) 1984년 선원법 개정 당시 근기법에 따라 '선원의 사용자'라는 용어를 도입하는 것이 옳다는 견해가 제기되었으나, 국제해운의 관행에 따라 선박소유자(shipowner)란 용어를 그대로 사용하기로 하였다(서병기, 23면). 선원업무 처리지침 3조 4호는, '사용자'라 함은 선원을 고용하는 선박소유자 및 선원법 112조에 따른 선원관리사업자 등을 말한다고 규정하고 있다.

253) 광주고법 2000. 12. 1. 선고 2000나1739 판결; 부산고법 2013. 4. 17. 선고 2012나1634 판결; 인천지법 2001. 6. 27. 선고 2000가합15780 판결; 서울남부지법 2013. 7. 4. 선고 2013나503 판결; 부산지법 2014. 6. 12. 선고 2012가합21822 판결; 부산지법 동부지원 2020. 11. 10. 선고 2019가단213469 판결; 부산지법 서부지원 2022. 5. 12. 선고 2020가단119873 판결.

도가 효력발생요건이지만 선박의 경우에 이를 적용하면 항해 중이거나 외국에 정박 중인 선박의 양도가 쉽지 않기 때문에 인정한 특칙이다. 위에서 말하는 제3자는 선박에 관한 법률행위로 인하여 새로운 이해관계를 가진 자를 말하므로,[254] 선박소유권의 양수인과 선원근로관계를 맺고 있는 선원은 제3자에 해당하지 아니한다.[255] 그러므로 선박을 매수하고 아직 소유권이전등기를 마치지 않았더라도 매수한 선박을 운영하면서 선원들에게 임금을 지급한 양수인이 선원법상 선박소유자로 인정된다.[256]

원래 등기하여야 할 선박(총톤수 20t 이상의 기선과 범선, 총톤수 100t 이상의 부선, 선박등기법 2조)이 미등기인 상태에서 양도된 때에 선의취득을 인정할 것인지 여부가 문제된다. 그러나 등기선박은 등기에 의하여 부동산과 같은 취급을 받기 때문에, 마치 신축 건물이 미등기인 채로 무권리자로부터 양도된 경우와 같이 동산의 거래를 전제로 하는 선의취득은 처음부터 적용되지 아니한다.

(다) 소형선박

(i) 선박법 1조의2 2항의 소형선박 중 선박법 26조 각 호의 선박을 제외한 선박, (ii) 어선법 2조 1호 각 목의 어선 중 총톤수 20t 미만의 어선, (iii) 수상레저안전법 2조 4호의 동력수상레저기구 중 같은 법 30조에 따라 등록된 모터보트 등은 '자동차 등 특정동산 저당법'의 적용을 받는 소형선박으로서('자동차 등 특정동산 저당법' 3조 2호 ㈎, ㈏, ㈐목), 선박법 26조에 규정된 선박[257]을 제외하고는 그 소유권의 득실변경은 등록을 하여야 그 효력이 생긴다(선박법 8조의2, 어선법 13조의2, 수상레저안전법 33조의3).

---

254) 울산지법 2000. 11. 29. 선고 98가합8512 판결.

255) 광주고법 2000. 12. 1. 선고 2000나1739 판결; 선박을 매매한 경우 선박매매계약을 체결한 날 이후에는 매수인이 선원법상 선박소유자에 해당하고, 이 경우 매도인과 선원근로계약을 체결한 선원들은 비록 선박 매매 사실을 몰랐다 하더라도 상법 743조 단서에 규정된 제3자에 해당하지 아니한다(부산지법 동부지원 2020. 11. 10. 선고 2019가단213469 판결). 위 판결은 매매계약이 해제되었다 하더라도, 해제 전에 선원근로계약이 종료된 경우에는 매수인이 선원과 사이에 선원근로계약에 관한 금품청산의무를 부담한다고 판시하였다.

256) 부산지법 서부지원 2022. 5. 12. 선고 2020가단119873 판결.

257) (i) 군함, 경찰용 선박, (ii) 총톤수 5t 미만인 범선 중 기관을 설치하지 아니한 범선, (iii) 총톤수 20t 미만인 부선, (iv) 총톤수 20t 이상인 부선 중 선박계류용・저장용 등으로 사용하기 위하여 수상에 고정하여 설치하는 부선(다만 '공유수면 관리 및 매립에 관한 법률' 8조에 따른 점용 또는 사용 허가나 하천법 33조에 따른 점용허가를 받은 수상호텔, 수상식당 또는 수상공연장 등 부유식 수상구조물형 부선은 제외), (v) 노와 상앗대만으로 운전하는 선박, (vi) 어선법 2조 1호 각 목의 어선(선박법 8조를 적용하지 아니함).

(라) 부유식 수상구조물형 부선

선박법이 2009. 12. 29. 법률 9870호로 개정되면서 26조 4호의 단서가 신설되어 그동안 등기대상이 아니었던 '부유식 수상구조물형 부선'도 등기대상이 되었는데, 개정 선박법에서 이미 발생하여 존재하는 기존의 권리관계에 관한 효력규정이나 경과규정을 두지 않은 이상, 선박법 개정 전에 부유식 수상구조물형 부선에 관하여 설정된 양도담보권은 선박법 개정 후에도 등기와 상관없이 그대로 존속하고, 양도담보설정자가 선박법 개정 후 자기 앞으로 소유권보존등기를 마친 다음 제3자에게 소유권이전등기를 마쳐 주더라도 이는 대외적으로 무권리자의 처분행위로서 원인 무효의 등기이다.[258]

(2) 선박소유권의 상실

선박소유권의 상실원인은 취득원인의 반면행위 외에 선박의 침몰, 해체 등이 있다.

나. 선박공유

상법상 선박공유는 다수인이 공유하는 1척의 선박을 상행위를 할 목적으로 항해의 용에 공하는 조합이라고 정의할 수 있다. 또한 여러 명이 2척 이상의 선박을 공유하여 이를 항해에 사용하는 경우가 있다면, 그 곳에는 선박의 수에 따른 선박공유가 있게 된다. 선박공유자가 동시에 선박관리인인 경우에는 다른 공유자의 승낙을 받지 않고서는 그 지분을 양도할 수 없다(상법 756조 단서). 선박공유자는 소유권취득경위와 관계없이 선원법상 선박소유자의 책임을 연대하여 부담하므로,[259] 채권담보를 위하여 선박공유지분을 취득하고 운항권과 경영권 일체를 다른 공유자에게 위임하였다는 사정만으로는 선박소유자책임의 면책을 주장하지 못한다.[260]

---

258) 대법원 2015. 3. 12. 선고 2014다21410 판결.

259) 공유자 5명이 지분(피고 1은 28/70, 피고 2는 21/70, 피고 3은 9/70, 피고 4, 5는 각 6/70 지분)을 가지고 선박(FRP 43톤 기선)을 공유하면서 피고 1을 선박관리인으로 선임하여 선박을 예인선으로 사용하는 등의 영업을 한 경우, 공유자 전원은 연대하여 선원에게 미지급 임금을 지급할 책임을 부담한다. 부산지법 2019. 9. 4. 선고 2018나6430 판결.

260) 부산지법 2000. 4. 20. 선고 99가단9215 판결.

다. 대리인

선박소유자의 대리인도 선박소유자에 해당한다(법 2조 2호). 그러나 선원관리사업자가 선박소유자의 위탁을 받아 선원에 대한 인사관리업무를 수탁받아 이를 대행하는 업무만을 영업으로 하는 경우, 선원관리사업자는 선박소유자의 대리인 또는 이행보조자의 지위에 있을 뿐 선원법상 선박소유자라고 할 수는 없다.[261] 따라서 선박소유자에 해당하는 '선박소유자의 대리인'이란, 선박소유자의 권한 중 일부를 대리하는 자가 아니라, 선박을 지배하거나 근로조건을 결정하거나 업무명령을 하는 등으로 선원들에 대한 구체적인 지휘・감독을 할 수 있는 권한을 보유하는 등 선박소유자의 권리 및 책임과 의무를 인수하여 이를 대리하는 자를 의미하는 것으로 한정해석하여야 한다.

라. 편의치적선의 경우

선박소유자가 외형상 별개의 법인으로 되어 있지만 페이퍼 컴퍼니는 선박의 실제상 소유자가 자신에 소속된 국가와는 별도의 국가에 해운기업상 편의를 위하여 형식적으로 설립한 회사로서 그 명의로 선박의 적을 두고(편의치적), 실제로는 사무실과 경영진 등이 동일하다면 이러한 지위에 있는 페이퍼 컴퍼니가 법률의 적용을 회피하기 위하여 실질적 소유자가 페이퍼 컴퍼니와는 별개의 법인격을 가지는 회사라는 주장을 내세우는 것은 신의성실의 원칙에 위반하거나 법인격을 남용하는 것으로 허용될 수 없다.[262] 이러한 법리는 선원법에도 적용되므로, 편의치적선에 승선한 선원근로계약의 준거법이 선원법인 경우에는 선박을 둘러싼 권리관계 및 계약형태는 명목에 불과할 뿐, 선박을 실질적으로 소유・관리하면서 선원들을 업무상 지휘・감독한 선박소유자(사업주)는 실질적 소유자가 된다.[263]

261) 서울고법 2000. 11. 24. 선고 2000나28645 판결; 부산지법 2021. 11. 23. 선고 2020가단350290 판결.

262) 대법원 1988. 11. 22. 선고 87다카1671 판결.

263) 부산고법 2013. 4. 17. 선고 2012나1634 판결; 부산지법 2014. 6. 12. 선고 2012가합21822 판결.

3. 선박관리인

가. 개 념

선박공유자는 선박관리인을 선임하여야 한다(상법 764조). 선박공유자가 복수의 선박을 공유하는 경우에는 그 전체에 대하여 1인의 선박관리인을 선임하여 그 선박전체의 업무를 집행시킬 수 있다. 그러나 이 경우에도 관리인은 각 선박에 별도로 관리인의 선임이 있는 경우에 준하여 선박마다 업무집행, 예를 들면 계산서류의 작성을 요한다. 또한 선박등기는 각 선박에 대하여 하여야 하므로 선박관리인의 등기 역시 각각 하여야 한다. 선박관리인은 그 업무의 성질에 비추어 보아서도 당연하지만 반드시 자연인일 필요가 없으며, 그 수는 1인일 것을 요하지 않는다.

나. 선 임

상법상 선박관리인의 선임은 선박의 이용에 관한 사항이므로 원칙상 지분 가격에 따라 과반수로 결정한다(상법 756조). 따라서 1인의 공유자가 그 과반수를 가지는 경우에는 자기 또는 그가 원하는 자가 관리인이 될 수 있다. 선박공유자가 아닌 자를 선박관리인으로 선임할 때는 공유자 전원의 동의가 있어야 한다(상법 764조 1항 2문). 선임의 형식에는 제한이 없으므로, 구두에 의하든 문서에 의하든 명시 또는 묵시의 의사표시에 의하든 묻지 아니한다.

다. 지위의 상실

선박관리인은 선박공유자의 선임에 의하여 선박의 이용에 관한 사무의 처리를 하는 자이므로, 양자 사이에는 위임관계가 있다. 따라서 관리인은 해임 또는 그 밖의 위임의 종료원인(민법 690조)에 의하여 그 지위를 잃는다. 또한 선박공유자 아닌 자가 선박관리인에 선임된 경우에는 그 해임도 당연히 공유자 전원의 동의에 의하여야 한다(상법 756조 2항).

라. 권 한

선박관리인의 권한은 선박의 이용에 관한 일체의 행위에 미치므로 극히 광범위하다. 그 전형적인 것으로서는 선박의 의장, 유지, 운송계약의 체결 내지 해제,

운송료의 수령 또는 징수, 선장의 선임 및 해임, 해원의 고용 및 해고, 운송료 및 선박의장비의 부보 등이다.

4. 선체용선자

가. 용선계약의 유형

타인의 선박을 빌려 쓰는 용선계약(傭船契約)에는 기본적으로 선박임대차계약, 정기용선계약, 항해용선계약이 있는데,[264] 이 중 정기용선계약은 선박소유자 또는 선박임차인(이하 통칭하여 '선주'라 한다)이 용선자에게 선원이 승무하고 항해장비를 갖춘 선박을 일정한 기간 동안 항해에 사용하게 할 것을 약정하고 용선자가 이에 대하여 기간으로 정한 용선료를 지급할 것을 약정하는 계약으로서 용선자가 선주에 의해 선임된 선장 및 선원의 행위를 통하여 선주가 제공하는 서비스를 받는 것을 요소로 한다. 정기용선계약의 경우 선박의 점유, 선장 및 선원에 대한 임면권, 그리고 선박에 대한 전반적인 지배관리권이 모두 선주에게 있는 점에서,[265] 선박 자체의 이용이 계약의 목적이 되어 선주로부터 인도받은 선박에 통상 자기의 선장 및 선원을 탑승시켜 마치 그 선박을 자기 소유의 선박과 마찬가지로 이용할 수 있는 지배관리권을 가진 채 운항하는 선박임대차계약과는 본질적으로 차이가 있다.[266] 선박의 이용계약이 선박임대차계약인지, 항해용선계약인지 아니면 이와 유사한 성격을 가진 제3의 특수한 계약인지 여부, 그 선박의 선장·선원에 대한 실질적인 지휘·감독권이 이용권자에게 부여되어 있는지 여부는 그 계약의 취지·내용, 특히 이용기간의 장단, 사용료의 고하, 점유관계의 유무 기타 임대차 조건 등을 구체적으로 검토하여 결정하여야 한다.[267]

---

264) 선박의 이용계약이 선체용선계약, 정기용선계약 또는 항해용선계약인지 여부는 계약의 취지 및 내용, 특히 이용기간의 장단(長短), 사용료의 고하(高下), 점유관계의 유무 기타 임대차 조건 등을 구체적으로 검토하여 결정하여야 한다. 대법원 2019. 7. 24.자 2017마1442 결정.

265) 대법원 2019. 12. 27. 선고 2019다218462 판결.

266) 대법원 2010. 4. 29. 선고 2009다99754 판결.

267) 해상구난업무를 위하여 선장 및 선원이 딸린 채로 예인선을 빌린 사안에서, 그 이용기간, 이용료, 해상구난업무의 성격 및 작업 중 사고를 용선자가 책임지기로 한 점 등에 비추어, 위 선박이용계약이 항해용선계약이 아니라 선박임대차와 유사하게 선박사용권과 아울러 선장과 선원들에 대한 지휘·감독권을 가지는 노무공급계약적 요소가 수반된 특수한 계약이라고 본 사례로는 대법원 1999. 2. 5. 선고 97다19090 판결.

나. 선체용선자에 한함

선박임대차에는 선박만을 임차하는 경우(선체용선계약, bareboat charter)와 선원부 임대차의 2종류가 있는데, 선원법은 선체용선자만을 선박소유자로 규정하고 있다.[268] 준국적선에 해당하지 아니한 외국 국적의 선박을 선체용선하여 선원을 고용하고 근로관계에 관한 준거법을 선원법으로 하기로 약정한 선체용선자도 근로계약에 기한 사용자책임이 있다.[269] 선박소유자가 선박임대차계약에 의하여 선박을 임대하여 주고, 선박임차인은 다른 자와 항해용선계약을 체결하여, 그 항해용선자가 재용선계약에 의하여 선복을 제3자인 재용선자에게 항해용선하여 준 경우에 선장과 선원에 대한 임면·지휘권을 가지고 선박을 점유·관리하는 자는 선박의 소유자가 아니라 선박임차인이다.[270]

다. 선원부임대차

선원부임대차(船員附賃貸借)의 경우 선박임차인이 선원에게 노무지휘권을 전반적으로 행사하더라도 선원법상 선박임차인은 아니므로 선박소유자에 관한 규정을 적용할 수는 없다.[271] 그러나 선박임차인이 상행위 기타 영리를 목적으로 선박을 항해에 사용하는 경우에는 그 이용에 관한 사항에는 제3자에 대하여 선박소유자와 동일한 권리의무가 있으므로(상법 766조), 선박임차인은 임차선박의 사용 도중 임대인이 고용한 선원의 과실로 인하여 제3자에게 손해가 발생한 경우에는 그 손해를 배상할 책임이 있다.[272]

---

268) 부산지법 2021. 11. 23. 선고 2020가단350290 판결.

269) 부산고법 1996. 5. 16. 선고 95나8676 판결.

270) 대법원 2004. 10. 27. 선고 2004다7040 판결(船).

271) 원고가 사업연도에 선주나 다른 외항선박 운항사업체로부터 선박과 선원을 함께 임차한 후 직접 운항하지 아니한 채 임차한 선박과 선원을 그대로 다른 제3의 외항선박운항업자 등에게 재임대하고 수익을 얻는 형태의 선원부용선 선박 대선사업을 영위한 경우, 구 한국표준산업분류가 선박을 임대하는 경우 승무원을 함께 임대하는지 여부에 따라 '외항화물운송업'과 '그 외 기타 운송장비 임대업'을 구분하고 있으나 그 승무원을 자기 소속 승무원으로 제한하고 있지는 않은 점 등에 비추어 볼 때, 위 사업은 구 한국표준산업분류상 '외항화물운송업(61112)'에 해당하여 원고가 조세특례제한법 7조 소정의 중소기업 특별세액감면 대상업종인 '물류산업'을 영위한 것으로 볼 수 있다. 대법원 2013. 6. 13. 선고 2013두3894 판결.

272) 부산고법 1997. 9. 11. 선고 96나12856 판결; 단지 선박을 소유하는 데 그치고 그 소유선박을 임대 등 사유에 의하여 항해에 사용하지 아니하는 자는 그 임대차등기의 유무에 불구하고 선박사용인이 제3자에게 가한 손해를 배상할 책임을 지지 아니하며, 선박임차인이 상행위 기타 영리를 목적으로 그 선박을 항해에 사용한 때에는 그가 제3자에 대한 손해배상의 책임을 진다(대법원 1975. 3. 31. 선고

5. 선박소유자에 준하는 자

가. 선박 안에서 사업을 영위하면서 선원을 고용한 자

선주, 선박관리인, 선체용선인 이외의 자가 선박 안에서 사업을 영위하면서 선원을 고용하는 경우(예를 들면, 선박 안에서 이발소를 경영하면서 이발사를 사용하는 자, 선박 안에서 은행을 경영하면서 은행원을 사용하는 은행, 선박 안에서 매점을 경영하면서 점원을 사용하는 자)에도 선박소유자에 관한 규정이 적용된다.[273]

나. 선박관리업자

해운법 33조에 따라 선박관리업을 등록한 자가 아니면 선원의 인력관리업무를 수탁하여 대행하는 사업(선원관리사업)을 하지 못한다(법 112조 2항). 선원관리사업을 운영하는 자(선원관리사업자)는 선박소유자의 인력관리업무 담당자로서 수탁한 업무를 성실하게 수행하여야 하며, 수탁한 업무 중 대통령령으로 정하는 업무[274]에 관하여는 선원법을 적용할 때 선박소유자로 본다(3항). 선원관리사업자는 선원관리업무를 위탁받거나 그 내용에 변경이 있을 때에는 해양수산관청에 신고하여야 하고(4항), 수탁한 업무의 내용을 선원근로계약을 체결하기 전에 승무하려는 선원에게 알려주어야 한다(5항). 선원관리사업자는 선박소유자(외국인을 포함한다)로부터 선원의 인력관리업무를 수탁한 경우에는 (i) 근로조건에 관한 사항, (ii) 재해보상에 관한 사항의 사항을 그 업무에 포함시켜야 한다(6항). 국민건강보험법, 국민연금법 및 고용보험법에 따른 보험료 또는 부담금의 의무에 관하여는 선원관리사업자를 사용자로 본다(7항).

그런데 선원관리사업자에게 선원의 근로조건이나 재해보상 등 선원법 112조 3, 7항에 규정된 사항 이외의 사항에 관하여 선박소유자의 규정을 적용하기 위해서는 선원을 고용하고 임금을 지급하여야 한다는 실질적 요건을 충족하여야 한다.[275] 따라서 해운법 33조의 선원관리사업자라도 수탁받은 업무의 내용과 범위에

74다847 판결).

273) 藤崎道好, 75-76면.

274) (i) 선원근로계약서의 작성 및 신고, (ii) 선원명부의 작성 · 비치 및 공인신청, (iii) 승선 · 하선 공인의 신청, (iv) 승무경력증명서의 발급, (v) 임금대장의 비치와 임금 계산의 기초가 되는 사항의 기재, (vi) 건강진단에 관한 사항, (vii) 구인등록, (viii) 교육훈련에 필요한 경비의 부담, (ix) 수수료의 납부, (x) 선원급여명세서의 제공 등이다(시행령 38조 1항).

따라서 선박소유자인지 여부가 결정된다.[276]

예를 들면, 외국 선박 등에 근무할 선원들을 모집하여 그 선원들로부터 근로소득세 징수, 의료보험료, 국민연금 등의 공제 등을 하면서 선원들에게 직접 급여를 지급하고, 그들로 하여금 외국 선박에 선원으로 근무하게 하는 방식으로 선원관리사업 등을 하는 회사는 비록 송출선박의 소유자는 아니라 할지라도 선원을 고용하여 송출선박에 근무하게 하면서 그에게 직접 임금을 지급하였으므로, 선박소유자에 관한 선원법의 규정을 적용받는다.[277]

그러나 선박관리사업자가 선박소유자의 위탁을 받아 선원에 대한 인사관리업무를 수탁받아 이를 대행하는 업무만을 영업으로 하는 경우, 임금지급의무자나 선원의 사망에 대한 선원법상 보상의무자는 선박소유자에 한정되므로, 선원관리사업자가 선원의 임금지급업무나 선원의 사망에 대하여 유족보상 등의 업무를 수행한다고 하더라도 이는 선박소유자와의 계약관계에 기하여 선박소유자가 이행할 채무를 대행하는데 불과하여, 선원이나 사망한 선원의 유족은 선원관리사업자에 대하여 직접 임금이나 유족보상 등의 지급을 청구할 수 없다.[278]

---

275) 대법원 2004. 12. 24. 선고 2004다51696 판결(船); 부산고법 2021. 11. 18. 선고 2020나56301 판결; 선원관리업자가 선원법상의 책임을 지기 위해서는 법률의 규정이나 준거법 약정에 기하여 선원법이 적용되는 것을 전제로 한다. 그러므로 선원송출대리점 A에 대하여는 선원법 또는 근기법에 따른 책임이나 민사책임을 묻지 않을 것을 약정하고 선원법이 적용범위에서 제외되는 모리타니아국 선적의 선박에 승선한 선원은 A에게 구 선원법 103조(현행 112조)에 의하여 선박소유자로서의 의무이행을 구할 수 없다. 부산지법 1995. 12. 22. 선고 94가단36236 판결.

276) 임동철 · 정영석, 74면.

277) 서울고법 1999. 11. 30. 선고 99나8195 판결.

278) 대법원 2004. 12. 24. 선고 2004다51696 판결(船); 일시보상금에 관하여는 부산고법 2021. 11. 18. 선고 2020나56301 판결; 임금에 관하여는 부산지법 1995. 10. 25. 선고 95가단8511 판결; 유족보상금에 관하여는 서울고법 2000. 11. 24. 선고 2000나28645 판결; 부산지법 2021. 11. 23. 선고 2020가단350290 판결.

제5절 선원근로관계와 국제사법

Ⅰ. 선원법 3조와 국제사법

1. 의 의

선원법 3조 1항에 의하면 국적선과 준국적선에 대하여는 당사자의 준거법 합의 유무에도 불구하고 우리 선원법이 적용된다. 그런데 국제사법[279] 45조 4항은 "모든 요소가 오로지 한 국가와 관련이 있음에도 불구하고 당사자가 그 외의 다른 국가의 법을 선택한 경우에 관련된 국가의 강행규정은 적용이 배제되지 아니한다."는 규정을 두고 있다. 이러한 규정은 1986. 9. 1. 개정된 독일민법시행법(Einführungsgesetz des Bürgerlichen Gesetzbuches, EGBGB) 27조 3항[280]의 입법례를 그대로 따라 규정한 것이다.[281] 순수한 국내법률관계에서 당사자들이 외국법을 준거법으로 선택할 수 있는지 여부에 관하여 종래의 전통적인 국제사법이론에 의하면, 당사자가 법을 선택하기 이전에 이미 그 법률관계에 일정한 외국적 요소가 있을 때에 한하여 준거법의 저촉법적 지정에 관하여 약정할 수 있다는 것이 통설이었다.[282] 선원법 3조와 국제사법과의 관계를 살펴보기 위해서는 국제사법상 논의를 먼저 검토하여야 한다.

2. 견해의 대립

독일에서는 EGBGB 27조 3항의 해석과 관련하여, 위 조항에서 말하는 '법 선택'이 실질법적 지정을 의미하는지, 아니면 저촉법적 지정을 의미하는지에 관하여 견해의 대립이 있다.[283]

---

279) 2022. 1. 4. 법률 18670호로 전부개정되어 2022. 7. 5. 시행된 국제사법을 말한다.

280) 다른 사항이 법 선택 당시 오로지 한 국가와만 관련이 있는 때에는, 이와 다른 국가의 법의 선택은 (그것이 다른 국가의 법원의 관할합의에 의하여 보완되어 있는 경우에도) 전자의 국가의 법에 의하면 계약에 의하여 그 적용을 회피할 수 없는 규정(강행규정)에 영향을 미치지 못한다.

281) 석광현a, 2001년 개정 국제사법 해설, 지산(2001), 430면.

282) 김지형a, "국제적 근로계약의 준거법", 저스티스 68호(2002. 8), 234-235면.

가. 실질법적 지정설

위 조항에서 말하는 법 선택은 실질법적 지정을 의미하는 데 지나지 않고, 따라서 법 선택 이외의 사항에 외국적 요소가 없는 경우에는 저촉법적 지정은 허용되지 않는다.[284)]

나. 저촉법적 지정설

위 조항에서 말하는 법 선택은 저촉법적 지정을 의미하므로 종래의 전통적 이론은 위 조항에 의하여 더 이상 적용될 수 없고, 따라서 저촉법적 법 선택 이외에는 오로지 하나의 국가에만 관련되는 경우에도 이는 법률관계의 구성요소에 외국적 요소가 있는 경우와 마찬가지로 외국적 요소가 있는 법률관계에 포함되어 국제사법의 적용대상이 된다.[285)]

다. 차이점

국내법률관계에서 당사자가 선택한 외국법이 그 선택 시점부터 적용 시점까지 사이에 개정되지 않은 경우에는 위 법 조항에 정한 그대로 국내 강행법규의 적용이 배제되지 아니하는 이상 당사자의 법 선택이 저촉법적 지정의 형식을 취하고 있다고 하더라도 결과적으로 실질법적 지정의 경우와 다를 바 없으므로 앞서 본 어느 견해를 취하든 차이가 없다. 그러나 선택된 외국법이 적용 시점에 이르러 개정된 경우에는 실질법적 지정설에 의하면 선택 당시에 적용되던 개정 전의 법에 따라야 하는 반면, 저촉법적 지정설에 의하면 개정 후의 법에 따라야 한다는 점에서 차이가 생긴다.

또한 실질법적 지정의 경우에는 당사자가 준거법을 선택하지 않은 때에는 국제사법 46조에 따라 결정되는 객관적 준거법의 적용을 받으면서 그 준거법이 허용하는 범위 내에서 당사자들이 계약에 편입한 외국법이 당해 계약의 내용이 된다.[286)]

---

283) 米津孝司, 國際勞働契約法の研究, 尙學社(1997), 32-34면.
284) Sandrock, Schlunck, Heilmann, Gamillscheg, Kropholler 등이 이 견해를 취하고 있다. 김지형a, 235면.
285) Birk, Lorenz, Junker, Hönsch, Herdrich, Martiny 등이 이 견해를 취하고 있다. 김지형a, 235면.
286) 석광현, 국제사법해설, 박영사(2013), 304면.

라. 검 토

국제사법이 궁극적으로 법률관계의 저촉법적 준칙을 정하기 위한 것에 그 목적을 두고 있는 이상, 그 법률관계를 구성하는 객관적인 사실 요소가 외국과 관련이 있는 경우뿐만 아니라 당사자가 그 주관적 의사에 의하여 외국법을 저촉법으로 지정하고 있는 경우에도 저촉법적 준칙을 정할 필요성에 차이가 있는 것은 아니므로, 외국적 요소의 개념을 반드시 법률관계의 객관적 사실 요소에 한정할 이유는 없다. 종래 전통적 이론이 순수한 국내적 법률관계에 외국법을 준거법으로 선택하는 것을 제한하려는 입장을 취한 것은, 국내사건의 당사자들이 아무런 제한 없이 외국법을 준거법으로 지정할 수 있다면 그에 의하여 국내 강행법규의 적용을 회피할 수 있게 되는 부당한 결과를 피하기 위한 것이었으나, 이제는 그러한 경우에 대하여 국내 강행법규의 적용을 명백히 정하고 있는 국제사법 45조 4항과 같은 규정을 두고 있는 이상 저촉법적 지정을 허용하지 아니할 근거도 없어졌다.[287) 다만 '당사자에 의한 법 선택이 실질법적 지정인가 저촉법적 지정인가'의 문제는 의사표시의 해석문제로서 법 선택 후 개정된 외국법의 적용 여부와 관련하여 별개의 문제로 검토되어야 한다.[288)

3. 저촉규정의 종류

가. 쌍방적 저촉규정

국제사법은 이러한 국제적 법률관계를 대상으로 하여 국내외 법을 불문하고 어느 나라의 법규가 적용되어야 할 것인지를 일정한 연결점에 기하여 정하고 있다. 이와 같이 개별 실질법과 독립하여 일반적인 저촉법적 준칙을 정하는 입법형식을 가리켜 '쌍방적 저촉규정'(allseitige Kollisionsregel)이라 한다.[289) 국제사법은 이러한 국제적 법률관계를 대상으로 하여 국내외 법을 불문하고 어느 나라의 법규가 적용되어야 할 것인지를 일정한 연결점에 기하여 정하고 있다.

287) 김지형a, 235-236면; 석광현, 국제사법과 국제소송 1권, 지산(2001), 15면.
288) 석광현, "해상적하보험계약에 있어 영국법 준거약관과 관련한 법적인 문제점", 손해보험 302호(1993. 12), 19면.
289) 김연 · 박정기 · 김인유, 국제사법(제4판), 법문사(2022), 137-138면.

나. 일방적 저촉규정

자국의 개별 실질법에 당해 법규가 외국적 요소가 있는 때를 포함하여 일정한 경우에 적용된다거나 일정한 경우에는 적용되지 않는다는 취지를 정하고, 그러한 한도 안에서는 외국법과의 저촉이 있더라도 자국법이 적용된다거나 반대로 외국법과의 저촉이 있을 때 자국법의 적용이 배제되는 것으로 해석되는 규정을 둘 수도 있다. 이처럼 개별 실질법에 저촉법적 준칙으로 작용할 개별 조항을 두는 입법형식을 가리켜 '일방적 저촉규정'(einseitige Kollisionsregel)이라고 한다. 이러한 입법형식은 대륙법계에서는 예외적인 경우에 해당하지만, 영미법계에서는 오히려 일반화되어 있다.[290]

일방적 저촉규정의 경우에는 위와 같이 자국의 개별 실질법규가 외국적 요소가 있는 법률관계에 관하여 속지주의·속인주의 또는 그 밖의 원칙 등을 정할 때, 그 법이 그 법률관계와 관련되는 외국의 법규와 적용상 상호 충돌·저촉이 있더라도 오로지 자국법이 적용된다고 해석될 때(적극적 저촉규정)에는 그 범위 안에서 국제사법의 적용이 배제되고 위 실질법규에 따라 준거법이 결정되고, 외국적 요소가 있는 법률관계 중 일정한 경우에는 자국의 개별 실질법규의 적용이 배제·부정된다고 해석될 때(소극적 저촉규정)에는 그 개별 실질법규는 그에 해당하는 법률관계에는 적용될 수 없다.

일방적 저촉규정은 쌍방적 저촉규정에 따라 외국법이 일반적으로 적용되는 것과는 달리 대한민국에서 거래의 안전·공서조항 등 법정책적인 고려 하에 외국법의 적용이 제한되고, 내국법의 적용이 확장된다는 의미에서 확장규정(Ausdehnungsnorm) 또는 배제규정(Exklusivnorm)이라고도 한다.[291]

4. 선원법 3조의 성격

선원법 3조 1항에 의하면, 선원법에 정한 대한민국 선박의 소유자와 그 선박에 승무하는 선원 사이의 근로관계에 대하여는, 그 선박의 소유자가 외국인이라거나 그 선원이 외국인이라거나 그 선박의 항해지가 외국 영해라고 하더라도 우리

290) 米津孝司, 10-11면.
291) 김연·박정기·김인유, 앞의 책, 137면.

의 선원법의 적용범위 안에 드는 것은 틀림없다. 문제는 더 나아가 위와 같은 범위 안에서 선원근로관계를 둘러싸고 우리 법원에 제기된 쟁송에 대하여는 항상 우리 선원법이 적용되고 외국의 관련법규는 적용되지 아니한다는 취지를 정한 것인지 여부이다.

가. 독일의 논의

독일 선원법 1조(현행 독일 해양노동법 1조와 유사하다)는 독일국적의 선박에 대하여는 독일선원법이 적용된다는 규정이 있다. 위 규정은 독일 EGBGB가 1986년에 개정되기 전까지는 저촉규정(die kollisionsrechtliche Bedeutung)에 해당한다는 견해가 지배적이었다.[292]

그 후 EC 가맹국간의 국제사법 규정의 통일을 위하여 체결된 로마협약을 독일 국내법에 반영할 목적으로 1986. 9. 1. 독일 EGBGB를 개정하면서, EGBGB 30조 2항에 일반 근로관계에서 법 선택이 없는 때에 노무제공지 등에 의하여 준거법을 결정하여야 한다는 내용의 규정을 두게 된 이후에는, 독일 선원법 1조와 EGBGB 30조 2항의 관계에 관하여, 독일 선원법 1조는 EGBGB 30조 2항에 의하여 저촉규정으로서는 의미를 상실하였다는 견해와, 독일 선원법 1조는 EGBGB 30조 2항의 특별법으로서 우선 적용된다는 견해가 대립하고 있다.[293] 독일연방노동법원은 독일 선원법 1조가 저촉규정의 의미를 상실하였고 국내에서 실질법적 의미(die materiell-rechtliche innerstaatliche Bedeutung)만을 갖는다는 입장을 취하고 있다.[294]

나. 검 토

선원근로관계에 외국적 요소가 있는 경우 선박의 국적이 준거법 결정을 위한 객관적인 연결점이 된다고 해석하는 것이 종래 지배적인 견해이고,[295] 우리 선원

292) BAG, Urteil vom 30.5.1963 −5 AZR 326/62−, AP Nr. 7 zu Intern. Privatrecht, Arbeitsrecht; BAG Urteil vom 26.9.1978 −1 AZR 480/76−, AP Nr. 1 zu §114 BetrVG 1972 = SeeAE Nr. 1 zu §114 BetrVG = Hansa 1979 S.445.

293) 김지형a, 241면; 米津孝司, 94면.

294) BAG, Urteil vom 24.8.1989 −2 AZR 3/89−, AP Nr. 30 zu Intern. Privatrecht, Arbeitsrecht = DB 1990 S.1666 = NZA 1990 S.841; BAG, Urteil vom 3.5.1995 −5 AZR 15/94, 16/94, 17/94 UND 18/94−, AP Nr. 32 zu Intern. Privatrecht, Arbeitsrecht =DB 1996 S.231 = BB 1995 S.1037.

법의 규정은 그러한 취지를 실질법규 속에 반영하여 저촉법적 준칙을 정한 것이므로, 이를 긍정하는 것이 타당하다(일방적 · 적극적 저촉규정설).[296)]

한편 선원법에 규정되지 아니한 외국 선박의 소유자와 그 선박에 승무하는 선원 사이의 근로관계에 대하여는, 그 선박의 항행지가 국내항인 경우를 제외하고는 그 소유자가 우리나라 사람이거나 그 선원이 우리나라 사람이라고 하더라도 우리의 선원법이 적용되지 아니함은 분명하다. 그러나 선원법의 위 규정은 적극적 저촉규정으로서만 기능하므로, 이와 같이 선원법의 적용대상이 아닌 외국적 요소가 있는 선원근로관계에 대하여는 여전히 국제사법의 규정이 그대로 적용되고, 이에 따라 우리 선원법이 준거법으로 적용될 여지가 있다.[297)]

5. 국제사법의 적용

가. 문제의 소재

우리나라 선원이 국적선과 준국적선 이외의 외국 선박에 승선하여 근무하는 경우 외국 선박의 선박소유자에게 우리나라 선원법상 근로조건(법 제4장 내지 제10장)에 기한 청구권을 행사할 수 있는지 여부, 외국인 선원이 국적선과 준국적선에 승선하면서 외국법을 준거법으로 선택한 경우 그 근로조건이 우리 선원법보다 낮은 때에는 선원법상 근로조건이 적용되는지 여부가 문제된다. 위와 같은 경우는 선원근로관계에 외국적 요소가 있는 것이므로, 외국적 요소가 있는 사법상 법률관계에 대하여 적용될 수 있는 관련 국가들의 사법(私法) 가운데 어느 법규를 당해 사안에 적용할 것인가를 정한, 저촉법적 준칙을 정한 국제사법상 문제이다. 국제사법에 의하여 규율되는 법률관계는 사법(私法)적 법률관계에 한정되고, 행정법 · 형사법 등 공법상 법률관계에 관하여는 미치지 아니한다(공법의 속지주의 적용 원칙). 따라서 편의치적선이나 외국선박의 선박소유자가 한국인 선원과 사이에 선원근로계약의 준거법을 대한민국 법으로 하기로 약정하거나 객관적 준거법이 대한민국 법이라 하더라도, 위 법률관계에 적용되는 선원법 등 대한민국의 법령은 근

---

295) 대법원 2007. 7. 12. 선고 2005다47939 판결(船); C. trav. maritime. art. 5. [川口美貴, 國際社會法の研究, 信山社(1999), 233면]; 米津孝司, 93-94면; 석광현a, 206-209면.

296) 김지형a, 241면; 석광현a, 209면; 신승한 · 전영우, "선원법상 선원근로계약의 준거법 선택에 관한 연구 – 비거주선원의 근로계약을 중심으로 –", 해사법연구 30권 3호(2018. 11), 91면.

297) 김지형a, 241면.

로조건 등 사법(私法)상 내용에 한정된다.

나. 법률관계의 성질결정

(1) 의 의

채권계약 중에서도 노무제공을 둘러싼 법률관계로는 근로관계 이외에도 고용관계 · 도급관계 · 위임관계 등이 있고, 각국의 법에서 이러한 각 법률관계의 성질을 구분하는 기준을 달리할 수 있다. 국제사법 43조는 채권계약 중에서도 '근로계약의 관할'을, 48조는 '근로계약의 준거법'을 규정하고 있는데, 어떠한 채권계약이 위 규정의 적용대상으로서 근로계약에 해당하는지 여부는 어떠한 법에 준거하여 판단할 것인지가 문제된다.[298] 이를 법률관계의 성질결정문제(Problem der Qualifikation)라고 한다. 이를 해결하는 방법으로 법정지법설, 준거법설, 국제사법 자주설(독자설) 등이 주장되고 있다.

(2) 법정지법설

이는 법률관계의 성질결정은 법정지(lex fori)의 실질법에 의하여 판단하여야 한다는 견해로서 Kahn과 Bartin에 의하여 주장되었다.[299] 법률관계의 성질결정을 법정지법에 의하지 아니하고 외국법에 의하게 되는 경우, 외국법의 적용을 받는 법률관계의 범위를 법정지법인 내국법에 의하지 않고 외국법에 의하여 결정하게 되는데, 이는 법정지국의 주권을 침해한다는 것을 그 근거로 한다. 1948년 이집트 민법 10조, 1971년 제2차 Restatement 7조 2항, 1974년 스페인 민법 12조 1항, 1979년 헝가리 국제사법 3조 1항이 법정지법설의 입장을 취하고 있고,[300] 독일의 다수의 판례[301]와 일본의 판례[302]도 이와 같다.

---

298) 근로자가 근로계약과 관련하여 불법행위에 기한 손해배상을 청구하는 사례도 많다(부산지법 2020. 9. 10. 선고 2018가합46854 판결). 이 경우 가해자와 피해자 간에 존재하는 법률관계가 불법행위에 의하여 침해되는 경우에 불법행위에 대한 준거법은 불법행위지법이 아니라 그 침해되는 법률관계의 준거법이 우선적으로 적용된다(대법원 2012. 10. 25. 선고 2009다77754 판결).

299) Kahn, Gesetzeskollisionen – Ein Beitrag zur Lehre des IPR, Jherings Jahrbuch für die Dogmatik des bürgerliches Rechts 30(1891), 130ff.; Bartion, De L'impossibilite d'arriver a la suppression definitive des conflits de lois, Journal du Droit International, begr. von Clunet annee 24(1897), 225ff.[Sonnenberger, Münchener Kommentar Bürgerliches Gesetzbuch, Band 10, C.H. Beck(2006), S.267.].

300) 山田鐐一, 國際私法(3판), 有斐閣(2004), 49면.

301) BGHZ 29, 139; BGHZ 44, 124 – NJW 1965, 2052; BGHZ 47, 324 – NJW 1967, 1177; OLG Dusseldorf OLGZ 1975, 458 = IPRspr. 1975 Nr. 47; OLG Hamm NJW 1970, 390.

(3) 준거법설

이는 법률관계의 성질은 국제사법에 의하여 당해 법률관계에 대한 준거법(lex causae)으로 결정된 국가의 실질법에 의하여 판단하여야 한다는 견해로서 Despagnet와 Wolff에 의하여 주장되었다.[303] 1966년 포르투갈 민법 15조[304]와 독일의 소수 판례가 이 견해를 취하고 있다.[305] 그런데 이 견해는 논리적으로 순환론에 빠진다. 즉 법률관계의 성질이 결정되지 않으면 그 법률관계의 준거법은 결정되지 않기 때문에, 그 준거법에 의하여 법률관계의 성질을 결정한다는 것은 논리적으로 불가능하게 된다.[306]

(4) 국제사법자주설

이는 법률관계의 성질결정은 특정한 나라의 실질법에 의하지 아니하고 국제사법자체의 입장에서 독자적으로 판단하여야 한다는 견해로서 Rabel, Neuner, Kegel 등에 의하여 주장되었다.[307] 국제사법자주설에 의하면, 각국의 실질법을 비교・검토하고 공통되는 법개념을 도출하거나, 국제사법 해당 규정을 그 입법 목적・취지 등에 따라 해석함으로써 규율대상인 법률관계의 성질을 판단하게 된다.[308] 일본 다수설이 국제사법자주설을 취하고 있고,[309] 우리나라에서도 이를 주장하는 학자가 있다.[310]

---

302) 京都地裁 1956. 7. 7. 判決, 下民集 7권 7호 1784면.

303) Despagnet, Des conflits de lois relatifs a la qualification des rapports juridiques, Journal du Droit International, begr. von Clunet annee 25(1898), 253ff.; Wolff, Das Internationale Privatrecht Deutschlands, 3. Aufl.(1954), 54ff.[Sonnenberger-Münchener Kommentar, S.267].

304) 山田鐐一, 50면.

305) RG IPRspr. 1932 Nr. 6; OLG Munchen IPRspr. 1954/55 Nr. 87; LG Hamburg IPRspr. 1954/55 Nr. 88.

306) 溜池良夫, 國際私法講義(3판), 有斐閣(2005), 131면.

307) Rabel, Zeitschrift fur auslandisches und internationales Privatrecht, 5(1931), 249, 287; Neuner, Der Sinn der internationalprivatrechtlichen Norm, 1932, S.27ff.; Kegel, Die Grenze von Qualifikation und Renvoi im internationalen Verjahrungsrecht, 1962, S.30ff.[Sonnenberger-Münchener Kommentar, S.267ff.].

308) 溜池良夫, 133-134면.

309) 米津孝司, 8-9, 157-158면.

310) 석광현, “국제근로계약과 근로자보호 -개정 국제사법을 중심으로-”, 노동법학 13호(2001. 12), 13면(다만 국제사법의 근로계약의 개념이 근기법의 그것과 반드시 일치하는 것은 아니라고 한다).

(5) 근로계약에 관한 논의

근로계약에 관하여 보면, (i) 우리 판례는 노무제공을 둘러싼 계약관계가 근로계약에 해당하는지 여부를 판단할 때 그 계약의 형식이 고용계약인지 도급계약인지에 관계없이 그 실질에서 노무제공자가 노무수령자에게 사용종속적인 관계에서 근로를 제공하였는지 여부에 따라 판단하여야 한다고 해석하고 있고,[311] (ii) 이러한 판단기준은 대륙법계 및 영미법계 국가에서 거의 동일하게 적용되고 있으며,[312] (iii) 국제사법도 국제적인 노무제공관계에서 근로자를 보호하려는 데 그 입법목적을 두고 이에 대해 저촉법적 규율을 하려는 것이므로 여전히 사용종속적인 노무제공관계를 대상으로 삼고 있다고 풀이된다. 따라서 근로계약의 해당성 여부를 법정지법설의 입장에 따라 우리의 노동법규에 의하여 판단하더라도 그 결론에서는 차이가 없다는 견해가 있다.[313]

(6) 판례: 법정지법설

대법원은 "산업기술연수사증을 발급받은 외국인이 정부가 실시하는 외국인 산업기술연수제도의 국내 대상 업체에 산업기술연수생으로 배정되어 대상 업체와 사이에 연수계약을 체결하였다 하더라도, 그 계약의 내용이 단순히 산업기술의 연수만으로 그치는 것이 아니고 대상 업체가 지시하는 바에 따라 소정시간 근로를 제공하고, 그 대가로 일정액의 금품을 지급받으며 소정시간 외의 근무에 대하여는 근기법에 따른 시간외 근로수당을 지급받기로 하고, 이에 따라 당해 외국인이 대상 업체의 사업장에서 실질적으로 대상 업체의 지시·감독을 받으면서 근로를 제공하고 수당 명목의 금품을 수령하여 왔다면 당해 외국인도 근기법 14조에 정한 근로자에 해당한다."고 판시하였다.[314] 이와 같이 대법원은 계쟁법률관계의 당사자나 계약이 근로자 또는 근로계약인지 여부를 법정지법인 국내법에 의하여 판단하고 있으므로, 판례는 법정지법설의 입장을 취한다고 평가할 수 있다. 하급심 판례도 이와 같다.[315]

---

311) 대법원 2010. 4. 15. 선고 2009다99396 판결.

312) 米津孝司, 157-158면.

313) 김지형a, 257면.

314) 대법원 1995. 12. 22. 선고 95누2050 판결; 대법원 2005. 11. 10. 선고 2005다50034 판결.

315) 해외투자기업 산업연수생의 자격으로 입국하여 국내 회사에서 근무하는 외국인들이 국내 회사의 자회사인 외국 회사와 연수계약을 체결하였으나 실질적으로 국내 회사로부터 임금 전부를 지급받은 점,

다. 주관적 준거법과 객관적 준거법

(1) 의 의

선원법 3조는 적극적 저촉규정으로서만 기능하므로, 선원법의 적용대상이 아닌 외국적 요소가 있는 선원근로관계에 대하여는 국제사법에 의하여 선원법이 준거법으로 적용될 여지가 있다.

(2) 주관적 준거법

근로계약 당사자 사이에 준거법 선택에 관하여 명시적 합의가 있으면 이에 따라 준거법이 결정되고(국제사법 45조 1항 본문 전단), 근로계약 당사자 사이에 준거법 선택에 관하여 묵시적 합의가 있는 경우에도 이에 따라 준거법이 결정된다(국제사법 45조 1항 본문 후단). 다만 묵시적 선택은 계약내용이나 그 밖의 모든 사정으로부터 합리적으로 인정할 수 있는 경우로 한정한다(국제사법 45조 1항 단서). 그러므로 선원과 외국 선박의 선박소유자 사이에 우리 선원법을 준거법으로 하는 명시적·묵시적 합의가 있으면 근로조건에 관하여도 우리 선원법이 적용된다.[316]

(3) 객관적 준거법

(가) 국제사법의 규정

당사자가 준거법을 선택하지 아니한 경우에 근로계약은 국제사법 46조의 규정에 불구하고 근로자가 일상적으로 노무를 제공하는 국가의 법에 의하는 것을 원칙으로 한다(국제사법 48조 2항 전단). 다만 근로자가 일상적으로 어느 한 국가 안에서 노무를 제공하지 아니하는 경우에는 사용자가 근로자를 고용한 영업소가 있는 국가의 법에 의한다(국제사법 48조 2항 후단). 국제사법 제48조 제2항에서 근로자가 일상적으로 노무를 제공하는 국가의 법을 근로계약의 객관적 준거법으로 지

위 외국인들이 산업연수생 신분으로 입국하였지만 국내 회사의 지시·감독 하에 한국인 근로자와 동일한 근로조건에서 인력보충수단으로 사실상 노무를 제공하는 등 국내 회사에 대하여 종속적 관계에서 근로를 제공한 점 등에 비추어 보면, 위 외국인들은 근기법의 적용을 받는 근로자라고 한 사례로는 서울서부지법 2006. 8. 24. 선고 2005나4141 판결; 부산지법 2006. 5. 12. 선고 2005나7747 판결; 서울남부지법 2009. 6. 5. 선고 2008가합13716 판결; 서울중앙지법 2010. 10. 5. 선고 2009가합89257 판결.

316) 부산지법 2011. 9. 28. 선고 2010가합9767 판결(캄보디아국 선적의 선박에 승선하면서 명시적으로 대한민국 법을 준거법으로 지정한 경우); 부산지법 2014. 6. 12. 선고 2012가합21822 판결; 부산지법 2020. 9. 10. 선고 2018가합46854 판결(명시적·묵시적으로 대한민국 법을 준거법으로 선택하였다고 본 사안).

정하는 이유는 당사자자치를 제한함으로써 근로자에게 '적정한 보호'를 부여하기 때문이다.[317] 따라서 함부로 "근로자가 일상적으로 어느 한 국가 안에서 노무를 제공하지 아니하는 경우"에 해당하는 것으로 보아서 사용자가 근로자를 고용한 영업소가 있는 국가의 법을 객관적 준거법으로 지정한다면, 이러한 '적정한 보호'가 배제되는 결과를 가져오므로 바람직하지 않다.[318] 이러한 이유로 ECJ는 근로자가 일상적으로 노무를 제공하는 국가를 넓게 해석하여 가급적 그 국가의 법이 적용되도록 하고 있다.[319]

그러나 노무제공지(*locus laboris*) 등을 기준으로 한 객관적 준거법이 해당 근로관계와 근소한 관련이 있을 뿐이고, 그 근로관계와 '가장 밀접한 관련'이 있는 다른 국가의 법이 명백히 존재하는 경우에는 그 다른 국가의 법에 따른다(국제사법 21조 1항). 당사자가 합의에 따라 준거법을 선택하는 경우에는 국제사법 21조 1항을 적용하지 아니한다(국제사법 21조 2항).

(나) 해외취업선원의 경우

외국 선박에 승선하여 국제 화물·여객 운송업무에 종사하는 선원의 근로관계에 관한 객관적 준거법에 대하여는, 국제사법 48조 2항 후단에 의하여 일상적으로 어느 한 국가 안에서 노무를 제공하지 아니하는 경우에 해당한다고 보아 그 선원을 고용한 영업소가 있는 국가의 법에 의하여야 한다는 견해(제1설),[320] 선원이 일상적으로 노무를 제공하는 곳은 선상이므로 국제사법 48조 2항 전단에 의하여 선박의 국적에 속하는 국가의 법에 의하여야 한다는 견해(제2설), 선원근로관계에서

317) L. Merrett, "The contract of employment in its international and European law setting", M. Freedland and others, The contract of employment, Oxford University Press 2016, 629면.

318) 이헌묵, "근로계약의 준거법에 관한 연구 –유럽연합에서의 논의를 중심으로–", 비교사법 25권 3호(통권 82호)(2018), 984면.

319) Case C–29/10 Heiko Koelzsch v État du Grand–Duché de Luxembourg [2011] ECR I–1595, para 43.; L. Merrett, "New Approaches to Territoriality in Employment Law", 4 ILJ 2015, Vol. 44 No.1, 53-74면; P. Mankowski, "Employment contracts under Article 8 of the Rome I Regulation", F.Ferrari & S.Leible, Rome I Regulation: The Law Applicable to Contractual Obligations in Europe, European Law Publishers 2009, 178면.

320) 대부분의 해운선사들은 선박의 운항일정 내지 선원의 승선일정을 본사 소재지 내지 모항(母港, hub-port)을 중심으로 정하고 있다는 점에서, 본사 소재지국 내지 모항 소재지국을 선원이 일상적으로 노무를 제공하는 국가로 볼 수 있다. 그렇지 않다 하더라도 선박소유자인 해운선사의 본사 소재지 내지 모항 소재지의 경우, 앞서 살펴본 국내 선원근로계약 체결의 실제를 감안할 때, 선박소유자가 선원을 고용한 영업소가 있는 국가로 볼 여지가 있으므로, 선원근로계약의 객관적 준거법은 선박소유자의 영업소 소재지국법이 되는 것이 타당하다는 견해로는 이정원, "선원근로계약의 준거법 결정원리", 해사법연구 32권 3호(2020. 11), 20-24면.

는 오히려 개정 국제사법 21조 1항의 규정에 따라 가장 밀접한 관련이 있는 국가의 법에 의하는 것을 원칙으로 하여야 한다는 견해(제3설)[321] 등이 있다.[322]

제3설에 의하면 선원근로관계와 가장 밀접한 관련이 있는 국가는 통상적인 경우 선적국이고, 다만 편의치적과 같이 선박의 소유자가 외국인이나 외국법인의 명의를 빌려 그 소유의 외국 국적 선박으로 등록하는 경우에는 선박의 국적이 아니라 실질적인 선박소유자의 본거지법이 준거법이 될 가능성이 높다고 보고 있으며, 제2설에 의하더라도 편의치적의 경우에는 가장 밀접한 관련이 있는 다른 나라의 법이 준거법이 될 수 있다고 그 예외를 인정하고 있으므로, 제2설과 제3설은 결과에서 큰 차이가 없다.

판례는 선원근로계약에 관하여는 선적국을 선원이 일상적으로 노무를 제공하는 국가로 볼 수 있어 선원근로계약에 의하여 발생하는 임금채권에 관한 사항에 대하여는 특별한 사정이 없는 한 국제사법 48조 2항에 의하여 선적국법이 준거법이 된다[323]는 입장을 취하고 있다. 다만, "선원의 임금채권을 근거로 하는 선박우선특권의 성립 여부나 선박우선특권과 선박저당권 사이의 우선순위를 정하는 준거법은 원칙적으로 선적국법이나, 선박이 편의치적이 되어 있어 그 선적만이 선적국과 유일한 관련이 있을 뿐이고, 실질적인 선박소유자나 선박운영회사의 국적과 주된 영업활동장소, 선박의 주된 항해지와 근거지, 선원들의 국적, 선원들의 근로계약에 적용하기로 한 법률, 선박저당권의 피담보채권을 성립시키는 법률행위가 이루어진 장소 및 그에 대하여 적용되는 법률, 선박경매절차가 진행되는 법원이나 경매절차에 참가한 이해관계인 등은 선적국이 아닌 다른 특정 국가와 밀접한 관련이 있어 앞서 본 법률관계와 가장 밀접한 관련이 있는 다른 국가의 법이 명백히 존재하는 경우에는 다른 국가의 법을 준거법으로 보아야 한다."고 판시하여 제3설

321) 편의치적선 삼호드림호에 관하여 선적국법인 마셜군도공화국법은 선원근로관계와는 관련성이 거의 없고 대한민국법이 가장 밀접한 관련성을 가지고 있으므로, 선원근로관계에는 대한민국법이 적용되어야 한다고 판시한 사례로는 부산지법 2014. 6. 12. 선고 2012가합21822 판결[이에 대한 평석은 권창영, "편의치적선에 대한 선원법의 적용", 해양한국 501호(2015. 6), 157-161면]; 선박법상 한국선박의 개념을 실질 선주를 의미하는 것으로 해석하면서 국제사법의 준거법 지정의 예외규정을 적용하지 않더라도 편의치적선에 대하여 선박의 실질적 소유자가 우리나라 국민이거나 한국법인이면 선원법을 직접 적용할 수 있다는 견해도 있다[최진이, "편의치적선박의 준거법 지정 논의와 「선원법」 적용 연구", 기업법연구 34권 2호(2020. 6), 225-227면].

322) 석광현b, 국제사법 해설, 박영사(2013), 360면; 米津孝司, 93-94면.

323) 대법원 2007. 7. 12. 선고 2005다39617 판결(船); 대법원 2007. 7. 12. 선고 2005다47939 판결(船)

의 입장을 취하고 있다.[324]

라. 강행규정의 적용

(1) 강행규정에 의한 보호

근로계약의 경우 당사자가 준거법을 선택하더라도 앞서 본 바와 같이 당사자가 준거법을 선택하지 아니한 경우에 지정되는 객관적 준거법 소속 국가의 강행규정에 의하여 근로자에게 부여되는 보호를 박탈할 수 없다(국제사법 48조 1항). 강행규정은 근로자 보호를 정한 규정으로서 당사자가 계약에 의하여 그 적용을 배제할 수 없는 법규를 의미하므로,[325] 선원의 근로조건에 관한 규정도 강행규정에 해당한다. 그러므로 선원과 선박소유자가 근로조건에 관하여 외국법을 준거법으로 선택하더라도 객관적 준거법이 우리 선원법인 경우에는, 외국법상 근로조건은 우리 선원법에 의하여 부여되는 보호기준에 도달하지 아니하는 한도 안에서는 그 효력을 가질 수 없다(유리성의 원칙, Günstigkeitsprinzip).[326]

(2) 국제적 강행규정

국제사법 20조는, "입법목적에 비추어 준거법에 관계없이 해당 법률관계에 적용되어야 하는 대한민국의 강행규정은 이 법에 따라 외국법이 준거법으로 지정되는

---

324) 대법원 2014. 7. 24. 선고 2013다34839 판결(船)[이에 대한 평석은 김진권, "편의치적선의 준거법 결정에 관한 고찰", 한국해법학회지 37권 1호(2015. 4.)]; 同旨 부산지법 2021. 9. 16. 선고 2020가단351651 판결; 한편 국내에 영업소가 있는 선박대리점이 외국의 선박소유자 등과 선박대리점계약을 체결하면서 준거법을 따로 선택하지 않은 경우, 위 계약에 따른 권리의무에 관한 사항에 적용할 준거법은 선박대리점의 영업소가 있는 우리나라 법이라고 판시한 사례로는 대법원 2012. 7. 16.자 2009마461 결정.; 선박소유자는 일본 회사, 케이맨제도에 편의치적된 선박에서 근로를 제공하기로 하고 대한민국 선원이 대한민국 선박관리회사와 사이에 선원근로계약을 체결한 곳이 대한민국인 경우, 선원근로계약과 가장 밀접한 관련이 있는 법은 대한민국 법률이라고 판시한 사례로는 서울고법 2023. 2. 8. 선고 2021나2024316 판결.

325) "보증계약에는 국제적 강행법규인 대한민국의 민법 428조의3이 적용되고, 이에 따라 보증채무 최고액이 서면으로 특정되지 않은 보증계약은 효력이 없다"는 피고의 주장에 대하여, 법원은 "국제적 강행법규에 해당하는지 여부는 당해 법규의 의미와 입법 목적 등에 비추어 개별적으로 판단하여야 한다. 공정거래, 문화재 보호 등과 같이 공적인 이익에 봉사하는 법규인지, 아니면 계약관계에 관여하는 거래 당사자 사이의 이해관계를 조정하는 규정인지 등이 기준이 될 수 있다. 단지 당사자 합의에 의해 배제할 수 없는 국내 강행규정이라고 하여 곧바로 국제적 관계에도 적용되어야 하는 것은 아니다"라는 이유로 피고의 주장을 배척하였다. 서울고법 2021. 10. 14. 선고 2021나2003630 판결.

326) Annika Rosin, "Cross-border telework and the applicable labour law: The role of different connecting factors in determining objectively applicable law", European Labour Law Journal, Vol. 15(4)(2024), p.759. 위 조항은 국내 근로관계의 당사자가 국내법의 적용을 회피하기 위하여 외국법을 준거법으로 선택하였다고 하더라도 국내법의 강행규정이 적용되도록 함으로써 당사자의 탈법행위로 인한 부당한 결과를 방지하기 위한 것이라는 견해로는 김지형a, 268면.

경우에도 적용한다."고 규정하여, 법정지인 우리나라의 '개입규범(Eingriffsnorm)' 또는 '국제적 강행규정(internationale zwingende Bestimmungen)'은 준거법에 관계없이 당연히 적용되어야 한다는 입장을 취하고 있다.[327)]

'입법 목적에 비추어 준거법에 관계없이 적용되어야 하는 대한민국의 강행규정', 이른바 국제적 강행규정에 해당하는지 여부는 당해 법규의 의미와 입법 목적 등에 비추어 개별적으로 판단하여야 한다. 공정거래, 문화재 보호 등과 같이 공적인 이익에 봉사하는 법규인지, 아니면 계약관계에 관여하는 거래 당사자 사이의 이해관계를 조정하는 규정인지 등이 기준이 될 수 있다. 단지 당사자 합의에 의해 배제할 수 없는 국내 강행규정이라고 하여 곧바로 국제적 관계에도 적용되어야 하는 것은 아니다.[328)]

노동법상 강행법규 가운데 국제적 강행규정을 구별하는 구체적인 기준에 관하여는 견해의 대립이 있다.

① 먼저 노동법규가 노사관계의 공적(국가적, 경제정책적)인 이익에 주로 봉사하는 경우에는 국제적 강행규정이고, 이와 달리 주로 근로계약에 관여하는 당사자들 사이의 대립하는 이익의 조정에 봉사하는 경우에는 국내적 강행규정으로 구별하는 견해가 있다.[329)] 이에 의하면, 우리나라의 노동법규 중 개별적 근로관계를 규율하는 규정의 대부분은 국내적 강행법규에 속하고, 집단적 노동관계를 규율하기 위하여 제정된 법규이지만 그것이 개별근로계약의 성립 및 효력에 영향을 주는 강행법규는 국제적 강행법규로 분류될 수 있으므로, 근로조건에 관한 규정은 국제적 강행법규에 해당될 가능성은 적을 것이다.[330)]

② 다음으로, 국가가 형벌적 법규로 그 법규의 실효성을 확보하려고 하는지, 아니면 개개의 근로자가 스스로 법원에 호소하여 그 권리를 실현해야만 하는 것

---

327) 독일에서는 이를 '저촉법적 적용의사(kollisionsrechtlicher Anwendungswille)'를 가지고 있는 강행법규라고 한다.

328) 서울고법 2021. 10. 14. 선고 2021나2003630 판결.

329) 김용담, "국제계약의 준거법과 강행법규", 재판자료 33집(1986), 21－23면; 석광현, "국제근로계약과 근로자보호－개정 국제사법을 중심으로－", 노동법학 13호(2001. 12), 8면; 신창섭, 국제사법(제5판), 세창출판사(2022), 147－148면; 구 국제사법 27조에서 소비자 보호를 위하여 준거법 지정과 관련하여 소비자계약에 관한 강행규정을 별도로 마련해 두고 있는 점이나 약관규제법의 입법 목적을 고려하면, 외국법을 준거법으로 하여 체결된 모든 계약에 관하여 당연히 약관규제법을 적용할 수 있는 것은 아니다(대법원 2015. 3. 20. 선고 2012다118846 판결).

330) "대한민국의 근로기준법이 국제적 강행규정이라거나 선량한 풍속 기타 사회질서에 관한 규정에 해당한다고 보기 어렵다"고 판시한 사례로는 수원지법 2020. 6. 25. 선고 2019나67869 판결.

인지와 같은 구별기준을 제안하는 견해가 있다.[331)]

③ 마지막으로, (i) 근로자에게 유리한 방향으로만 강행성을 가지는 법은 일반적으로 개입규범으로써의 적용의사가 작다고 추정되는 반면, 쌍방적으로 즉, 근로자에게 유리한 방향뿐만 아니라 불리한 방향에서도 강행성을 가지는 법은 개입규범으로써의 적용의사가 크다고 추정된다는 기준과, (ii) 어떤 법률규정 그 자체로부터 또는 다른 규정과의 관련성에서 그 법규가 외국에서의 노동에는 적용되지 않는 것이 명백한 경우, 반대로 내국에서는 그것이 개입규범으로써 준거법 여하에 관계없이 적용되는 것을 예정하는 것이라는 기준을 병렬적으로 제시하는 견해가 있다.[332)] 이에 의하면, 독일에서는 산업안전법령의 실시에 관청이나 동업자 보험조합의 감독이 중요한 역할을 하는데, 그 관할은 국내에 한정되고 보통 해외까지는 감독이 미치지 않고, 법규 적용도 국내로 한정되는데, 반대로 국내에서는 무조건으로(준거법 여하에 관계없이) 적용된다고 한다.[333)]

생각건대, 대부분의 해운관련 기국이 해사노동협약을 비준하여 일반화되어 있으며, 각 비준국은 해사노동협약 규정 제5.1.1조에 따라서 해당 협약을 강제적으로 이행할 책임이 부여되어 있고, 해사노동인증검사 수행 및 해사노동적합증서 발행 등의 법률에 대해 국내법상 절차를 마련하여 협약의 준수에 대한 의무를 부담하고 있기 때문에, 해사노동협약에서 규정하는 강행규정은 선원근로계약과 관련한 최소한의 국제적 강행규정에 해당한다고 보는 것이 타당하다.[334)]

Ⅱ. 국제재판관할

1. 의 의

외국인 선원이 국적선이나 준국적선에서 근로를 제공하고 대한민국 법원에 선원근로관계에 관련된 소를 제기하는 경우 법정지인 국내법원에 재판관할권이 있

331) Gamillscheg, ZfA 1983, 346(김희성, “국제근로계약에 관한 연구”, 2010년 선정 신진교수지원(인문사회분야) 사업 결과보고서, 2011, 38-39면에서 재인용).

332) Junker, Abbo, Internationales Arbeitsrecht in Konzern, Tübingen 1992, S. 290(김희성, 앞의 글, 39면에서 재인용).

333) Junker, Konzern, S. 292(김희성, 앞의 글, 39~40면에서 재인용).

334) 신승한 · 전영우, “선원법상 선원근로계약의 준거법 선택에 관한 연구 - 비거주선원의 근로계약을 중심으로 -”, 해사법연구 30권 3호(2018. 11), 97면.

는지 여부가 문제된다.[335] 이는 외국적인 요소가 있는 법률관계이므로 국제사법이 적용되어야 한다.

재판권과 국제재판관할은 구별하여야 하는데, 재판권(Gerichtsbarkeit)은 재판에 의하여 법적 쟁송사건을 해결할 수 있는 국가권력 또는 법질서실현을 위한 국가의 권능으로서 법관으로 구성된 법원에 속한다.[336] 재판권은 국가주권에서 파생되는, 재판을 할 수 있는 국가의 권능인데, 국제재판관할은 어느 국가의 법원이 제기된 법적 쟁송을 재판해야 하는가 또는 재판임무를 전체로서 어느 국가에 배당할 것인가의 문제이므로, 국제재판관할규칙은 어느 국가가 그 안에서 자신의 재판권을 행사하고자 하는 범위의 확정 또는 자발적인 재판권의 제한을 의미한다.

독일에서는 재판권과 국제재판관할을 준별하고, 양자를 독립한 소송요건으로 보되 국제재판관할은 논리적으로 재판권의 존재를 전제로 한다고 본다. 따라서 재판권은 국제공법에 의하여 규율되는 국제공법상 문제임에 반하여, 국제재판관할은 국제재판관할규칙을 규정한 국제조약・협약을 제외하면 각국이 스스로 결정할 사항으로서 국내법상 문제이다.

2. 브뤼셀규정에 따른 국제근로계약의 국제재판관할

가. 브뤼셀규정의 성립과정

(1) 브뤼셀협약(Brussels Convention)

유럽공동체(EC) 내에서 판결의 자유로운 유통 또는 이동을 보장하기 위하여 독일, 프랑스, 이탈리아 등 당시 EC의 6개 회원국은 1968. 9. 27. 브뤼셀협약(Convention on Jurisdiction and the Enforcement of Judgments in Civil and Commercial Matters done at Brussels on 27 September 1968)을 체결하였고 이는

335) 국제재판관할의 문제는 우리 법원에 국제적인 사건에 관하여 소가 제기된 경우 과연 우리 법원이 사건의 본안을 심리하기 위한 전제로서 국제재판관할을 가지는가라는 형태와, 외국법원이 선고한 판결의 승인 및 집행이 우리 법원에서 다루어지는 경우에 판결을 선고한 국가가 국제재판관할을 가지는가라는 두 가지 형태로 제기되는데, 전자를 '직접국제재판관할' 또는 '직접관할', 후자를 '간접국제재판관할' 또는 '간접관할'이라고 한다. 이러한 구별은 프랑스의 'competence directe', 'competence indirecte'와 독일의 'direkte Zuständigkeit', 'indirekte Zuständigkeit'에 상응하는데, 독일에서는 전자를 Entscheidungszuständigkeit(심리관할), 후자를 Anerkennungszuständigkeit(승인관할)라고도 한다[석광현, "국제재판관할에 관한 연구", 서울대 법학박사학위논문(2000), 24면]. 여기서는 직접관할에 한하여 논의를 진행한다.

336) Rosenberg/Schwab/Gottwald, Zivilprozessrecht, 16. Aufl., C.H. Beck(2004), 59f.

1973. 2. 1. 발효되었다. 브뤼셀협약은 당초 개별근로계약에 대하여는 특칙을 두지 않았으므로 그에 대해서도 통상의 계약에 관한 일반원칙이 적용되었다.

그러나 1989. 5. 26. 산세바스찬협약(1989 San Sebastian Convention)[337]에 의한 개정 결과, 협약은 통상의 계약에 적용되는 일반원칙을 수정하여, 개별근로계약의 경우는 근로자가 일상적으로 노무를 제공하는 곳, 근로자가 여러 개의 국가에서 노무를 제공하는 경우에는 그를 고용한 영업소가 있거나 있었던 곳의 법원이 관할권을 가진다는 규정을 5조 1호에 추가하였다. 그러나 근로자의 상거소지(常居所地)에 관할을 인정하지는 않는다.

(2) 루가노협약(Lugano Convention)

1988년 당시 유럽경제공동체(EEC) 국가들과 EFTA(European Free Trade Association) 국가들은 판결의 승인 및 집행을 통한 유럽공동체와의 법적·경제적 협력을 강화하고자, 1988. 9. 16. 루가노에서 당시 브뤼셀협약을 기초로 작성한 루가노협약(Lugano Convention, Convention on jurisdiction and the enforcement of judgments in civil and commercial matters)을 체결하였는데 이를 병행협약(parallel convention)이라고 부른다. 루가노협약의 결과 브뤼셀협약상 원칙의 적용범위가 EFTA 국가로 확대되었다. 그 후 EFTA 국가 중 오스트리아, 핀란드 및 스웨덴이 1995. 1. 1. 유럽연합에 가입하고 브뤼셀협약에 가입함에 따라 루가노협약의 중요성은 감소하였다.

(3) 브뤼셀협약과 루가노협약의 관계

브뤼셀협약과 루가노협약의 관계를 명시하는 루가노협약 54B조에 따르면, 루가노협약은 브뤼셀협약의 체약국들이 브뤼셀협약을 적용하는 데 원칙적으로 영향을 미치지 않는다. 그러나 일정한 경우 루가노협약이 적용된다. EU 회원국의 확대에 따라 브뤼셀규정의 중요성이 커졌고 장래 그 중요성이 더욱 커질 것이다. 반면에 루가노협약의 중요성은 감소하였지만, EU 회원국과 EU에 가입하지 않은 국가의 관계에서 루가노협약은 큰 의미가 있다.

---

337) 이는 스페인과 포르투갈의 가입을 계기로 체결된 1989. 5. 26. 가입협약을 말한다.

(4) 브뤼셀규정(Brussels I Regulation)

브뤼셀협약의 체약국들은 암스테르담조약이 1999. 5. 1. 발효된 뒤 브뤼셀협약의 법형식을 이사회규정(Council Regulation)으로 전환하여 브뤼셀규정[Brussels I Regulation, Council Regulation (EC) No 44/2001 of 22 December 2000 on Jurisdiction and the Recognition and Enforcement of Judgments in Civil and Commercial Matters]으로 개정하였는데 이는 2002. 3. 1. 발효되었다. 브뤼셀협약을 브뤼셀규정으로 대체함에 따라 루가노협약을 개정하기 위한 작업이 1998년과 1999년에 있었으나 성사되지 않다가, 마침내 개정루가노협약이 유럽공동체, 덴마크와 EFTA 국가들에 의해 2007. 10. 30. 서명되었다.

나. 국제근로계약에 관한 국제재판관할의 원칙

브뤼셀규정은 개별근로계약의 관할에 관하여 제II장 제5절(18조~21조)을 신설함으로써 산세바스찬협약(5조 1호와 17조)에 분산되어 있던 개별근로계약과 관련된 관할조항을 통합하고, 보험계약(Ⅱ장 3절) 및 소비자계약(Ⅲ장 4절)에 관한 조항의 체제와 일관성 있게 체제를 수정하였다.

(1) 1968년 브뤼셀협약상 국제재판관할

1968년 브뤼셀협약은 국제재판관할의 일반원칙으로 피고가 체약국에 거주하는 경우에는 피고의 주소지 소재 법원에 관할권을 부여하였고(2조 1문), 피고가 체약국 외에 주소를 가진 경우에는 체약국에 주소를 가진 원고는 그 국적을 묻지 아니하고 원고의 주소지국법이 정한 과잉관할을 원용할 수 있었다(2조 2문). 한편 계약에 관하여는 피고가 체약국에 거주하는 경우 당해 피고는 의무이행지인 다른 체약국의 법원에 제소될 수 있었고(5조 1항), 근로계약에 관하여 별도의 규정이 없었으므로 위 규정이 근로계약사건에도 적용되었다.[338)]

유럽사법법원(ECJ)은 1976. 10. 6. 의무이행지의 결정에서 대상이 되는 의무는 소송에서 원인이 되는 의무이고,[339)] 소송의 대상이 되는 의무에 적용되는 법에 의하여 의무이행지가 결정된다[340)]고 판시하였다. 근로계약에서 의무의 해석과 관련

338) 川口美貴, 國際社會法の研究, 信山社(1999), 175면.
339) CJCE, 6 oct. 1976, aff. n°14/76 [川口美貴, 190면].
340) CJCE, 6 oct. 1976, aff. n°13/76 [川口美貴, 190면].

하여 ECJ는 의무이행지의 결정에서 고려되는 의무는 근로계약의 특징적 의무인 노무제공의무라고 판시하였고,[341] 근로계약은 근로자를 계속적인 기간 동안 노무제공 장소에 있는 기업조직에 편입시키는 것이므로 노무제공지(loci laboris)에 있는 법원이 재판관할을 갖는 것이 가장 적합하다고 판시하였다.[342] 그러나 노무가 체약국 이외의 제3국에서 이루어진 경우는 협약 5조 1항이 예정하고 있지 아니하므로, 관할규칙의 일반원칙에 따라 피고의 주소지 소재 법원이 관할법원이 된다.[343]

(2) 산세바스찬협약에 의한 개정 협약

산세바스찬협약에 의하여 채용된 규정은 1980. 6. 19. 계약채무준거법에 관한 로마협약 6조가 당사자 선택이 없는 경우의 보충적 연결규칙으로서 노무제공지법(lex loci laboris)을 계약준거법으로 규정한 것에 커다란 영향을 받았고, 이로써 국제근로계약에 관하여 계약준거법과 국제재판관할이 일치하는 것을 기대할 수 있게 되었다.[344]

(3) 노무제공이 일상적으로 한 국가에서 이루어지는 경우

노무제공이 일상적으로 한 국가에서 이루어지는 경우에는 체약국에 주소를 가진 피고는 근로자가 노무를 제공한 다른 체약국의 법원에 제소될 수 있다(5조 1항 2문).[345] 즉 원고는 그가 사용자인 경우나 근로자인 경우에도 피고의 주소지뿐만 아니라 노무제공지국의 법원을 관할법원으로 선택할 수 있다.[346] 그러나 노무제공지국이 체약국 이외의 국가인 경우에는 피고의 주소지국의 법원이 재판관할국이 된다.

국제항공운송에 종사하는 객실승무원의 일상적 노무제공지에 관하여 유럽사법재판소는 "(i) 일상적 노무제공지는 승무원이 근로의무의 핵심적인 부분을 수행하

341) CJCE, 26 mai 1982, Ivnel, Rec. CJCE, aff. n°133/81 [川口美貴, 190면].
342) CJCE, 15 janv. 1987, aff. n°266/85 [川口美貴, 190면].
343) CJCE, 15 fev. 1989, aff. n°32/88 [川口美貴, 190면].
344) 川口美貴, 177면.
345) 브뤼셀규정 19조 2항 (a)도 이와 같은데, 독일 연방노동법원은 근로자가 오로지 한 국가 내에서 교대로 여러 장소에서 근로를 제공한 경우에도 위 규정이 적용된다고 판시하였다. BAGE 101, 244, 246 = NJW 2002, 3196.
346) 프랑스 법인의 독일 지점에 근무하는 사원은 기소지와 노무제공지인 독일에서 소를 제기할 수 있다. BAG RIW 1987, 464.

는 곳을 의미하는바, 구체적으로는 승무원이 운송 관련 업무를 수행하는 곳, 승무원이 업무를 마치고 복귀하는 곳, 승무원이 사용자로부터 지시를 받거나 업무를 조직하는 곳, 승무원의 작업도구가 있는 곳 등을 종합적으로 고려하여야 한다. (ii) 국제항공운송에 종사하는 승무원의 일상적 노무제공지를 판단할 때 모기지(母基地)[347]를 가장 중요한 요소로 고려할 수는 있지만, 브뤼셀 규정에서 규율하고 있는 일상적 노무제공지와 민간항공에 관한 EU 규정(Regulation No. 3922/91)이 규율하는 모기지는 입법 목적이 서로 다르므로, 일상적 노무제공지와 모기지가 동일한 것은 아니다. (iii) 승무원들이 탑승하여 근로를 제공하는 항공기의 국적(機籍國, 시카고 협약 17조가 규정하는 항공기 등록국)은 일상적 노무제공지를 판단할 때 고려할 사항은 아니다."라고 판시하였다.[348]

(4) 노무제공이 일상적으로 한 국가에서 이루어지지 않는 경우

노무제공이 일상적으로 한 국가에서 이루어지지 않는 경우 사용자는 당해 근로자를 고용한 영업소가 있는 곳 또는 있었던 곳이 소재하는 다른 체약국의 법원에 제소될 수 있다(5조 1항 3문). 그러나 고용영업소 소재지가 체약국 이외의 국가인 경우에는 피고의 주소지국의 법원이 재판관할국이 된다.

① 피고의 주소지 이외에 근로자의 고용영업소 소재지의 법원을 선택할 수 있는 권리는 근로자에게만 부여된다.[349] 즉 원고가 근로자인 경우 근로자는 사용자의 주소지 또는 고용영업소 소재지의 법원을 선택할 수 있으나, 원고가 사용자인 경우에는 사용자는 근로자의 주소지 법원에만 소를 제기할 수 있다.

② 원고인 근로자는 근로자를 고용한 영업소가 현재 소재하고 있는 장소뿐만 아니라 소재하였던 장소의 법원을 선택할 수 있다. 당해 근로자의 고용영업소가 이전·소멸한 경우에도 당해 근로자가 고용될 당시의 영업소 소재지의 법원이 관할법원이 된다.[350]

---

347) 이곳에서 사용하는 '모기지(Home base)'란 운영자에 의해 승무원에게 지정되는 장소로 승무원이 정상적으로 하나의 근무시간 또는 연속근무시간(series of duty periods)을 시작하고 끝내는 장소를 말한다[고정익항공기를 위한 운항기술기준 8.1.2 70)].

348) CJEU, 2017. 9. 14., C-168/16, C-169/16-, Sandra Nogueira and Others v. Crewlink Ltd/Miguel José Moreno Osacar v. Ryanair. 이에 대한 평석은 권창영·김선아, "국제항공운송 승무원의 일상적 노무제공지", 항공우주정책·법학회지 34권 1호(2019) 참조.

349) 이와 달리 루가노협약은 근로자뿐만 아니라 사용자에 대하여도 근로자를 고용한 영업소 소재지국을 재판관할국으로 선택할 수 있는 권리를 인정하였다. 川口美貴, 178면.

③ 근로자 보호의 관점에서 '근로자를 고용한 영업소'라는 개념은 넓게 해석하지 않으면 안 된다. 즉 항상적인 영업소뿐만 아니라 지점이나 사업소 등 그 자체로서 법인격을 갖지 아니한 것도 포함된다. 사용자가 자연인인 경우에는 사용자의 주거 중에 영업소가 존재하는 것으로 볼 수 있다는 주장도 있다.[351)]

④ 근로자의 관할법원 선택 가능성을 확대하기 위하여 '한 국가에서 노무를 제공하지 아니한 경우'라는 규정은 당해 근로가 전부 또는 부분적으로 체약국의 영토 외에서 이루어진 경우도 포함된다.

다. 국제근로계약에 관한 합의관할

(1) 1968년 브뤼셀협약

1968년 브뤼셀협약은 관할지정조항에 관하여 근로계약 고유의 규정을 두지 않았고, 다른 계약과 근로계약을 구별하지도 않았다. 따라서 위 협약 17조 1항에 따라, (i) 적어도 체약당사자 일방이 체약국에 주소를 갖고, (ii) 서면 또는 서증을 수반한 약정이어야 하며, (iii) 체약국의 법원이 관할법원으로 지정된 경우에는 위 조항에 의하여 지정된 법원이 관할권을 갖는다.

(2) 산세바스찬협약에 의한 개정 협약

산세바스찬협약에 의한 개정 협약은 17조 5항에서 근로계약에 관하여 관할지정조항을 유효하게 하는 특별한 요건을 신설하였다. 즉 근로계약에서 관할합의는 위 17조 1항의 요건 이외에 추가로, 당해 합의가 분쟁 발생 이후에 이루어진 경우, 또는 근로자가 피고의 주소지국 또는 근로계약의 특별관할규정이 정한 법원 이외의 법원을 지정하기 위하여 이를 원용하는 경우에만 효력을 갖는 것으로 정하였다. 따라서 분쟁발생 후의 관할합의뿐만 아니라 분쟁발생 이전에 이루어진 관할합의라도 근로자가 이를 원용하는 경우에 한하여 그 관할법원의 지정은 유효하다.

---

350) 이는 고용영업소가 현재 소재하는 곳의 법원만을 선택할 수 있는 루가노협약과 중요한 차이점이다. 川口美貴, 178면.

351) Gerges A. L. DROZ, La Convention de Saint- Sebastian alignant la Convention de Bruxelles sur la Convention de Lugano, op. cit., p.1 [川口美貴, 190면].

3. 국제사법 43조

가. 국제사법 2조 2항과 43조의 관계

(1) 국제사법 2조의 신설 및 개정 취지

우리나라의 경우 종래 국제민사사건에서 제기되는 법적 쟁송에 대하여 어느 국가의 법원이 재판할 권한을 가지는가의 문제인 국제재판관할에 관하여, 구 섭외사법 하에서는 이를 직접 규정하는 성문법규가 없었고, 그에 관한 원칙은 판례에 의하여 발전되어 왔다. 국제재판관할의 문제는 법정지쇼핑(forum shopping)에 관한 논의에서 보는 바와 같이 국제민사소송이 빈번하게 된 오늘날 그 중요성이 날로 커지고 있으므로 명확한 기준 제시가 요청되었고, 이에 따라 2001년 국제사법에서는 이를 고려하여 국제재판관할에 관한 원칙을 규정하였다. 다만 국내에서는 국제재판관할에 관한 연구가 충분하지 않았고, 헤이그국제사법회의의 차원에서 국제재판관할에 관한 세계적인 협약이 성안 중에 있었기 때문에 국내법에 완결된 규칙을 두기는 어렵다는 이유로, 구 국제사법에서는 과도기적인 조치로 총칙인 2조에서 대법원 판례가 취해 온 입장을 반영하여 국제재판관할에 관한 일반원칙만을 규정하였다.[352] 이와는 별도로 각칙인 '채권의 장'(제5장)에서 사회 · 경제적 약자인 소비자와 근로자를 보호하기 위하여 국제재판관할에 관한 개별조항을 두었다.

2022년 시행된 개정 국제사법은 2조에서 국제재판관할에 관한 일반원칙을 더욱 자세하게 규정하고, 3조부터 15조까지 국제재판관할에 관한 각종 규정을 신설하였다.

(2) 2조 2항의 의미

국제사법 2조 2항은 "이 법이나 그 밖의 대한민국 법령 또는 조약에 국제재판관할에 관한 규정이 없는 경우 법원은 국내법의 관할 규정을 참작하여 국제재판관할권의 유무를 판단하되, 제1항의 취지에 비추어 국제재판관할의 특수성을 충분히 고려하여야 한다."고 규정하고 있다. 이는 2조 1항이 제시하는 기준이 추상적임을 고려하여 법원과 당사자들이 구체적으로 인식할 수 있는 더욱 구체적인

352) 석광현b, 59면.

국제재판관할의 기준을 제시함으로써 법적 안정성을 보장하기 위한 것이다. '국제재판관할의 특수성'이란 국내관할 특히 토지관할과 구별되는 특성을 말하는데,[353] 토지관할은 단순한 관할의 장소적 배분문제이나, 국제재판관할의 경우 그에 추가하여 법원의 조직, 법관과 변호사의 자격, 소송절차 및 실체의 준거법, 재판의 집행가능성 등에 차이가 있음을 의미한다.

(3) 근로계약에 관하여는 43조가 특별규정임

위와 같이 2조 2항은 국제재판관할에 관한 일반규정임에 비하여 43조는 근로계약에 관한 국제재판관할에 관한 특별규정이므로, 국제근로계약에 관하여는 특별규정인 43조가 우선 적용된다.[354] 대법원은 국제재판관할이 문제된 사안[355]에서 구 국제사법 2조 1항만을 언급하고, 2조 2항은 적시하지 아니하였으며, 구 국제사법 28조 5항에 따라 관할위반 항변의 당부를 판단하였는바, 이에 비추어 보면 대법원도 구 국제사법 28조 3, 4, 5항(현행 국제사법 43조)이 2조 2항의 특별규정이라는 점을 긍정한 것으로 보인다.

나. 43조의 적용범위

43조는 근로계약에 한하여 적용되고 위임계약 · 도급계약 등에는 적용되지 않는다. 그런데 근로계약이 개별근로계약에 한정되는지, 43조가 사실적 근로관계에도 적용되는지 여부가 문제된다.

(1) 개별근로계약에 한정됨

국제사법상 특례규정의 적용대상이 되는 '근로계약'은 개별근로계약의 법률관계를 의미하므로,[356] 노동조합 등 근로자단체와 사용자 사이에서 노동조합의 결성

353) 당사자 간의 공평, 재판의 적정, 신속 및 경제를 기한다는 기본이념에 따라 국제재판관할을 결정하여야 하고, 구체적으로는 소송당사자들의 공평 · 편의 · 예측가능성 같은 개인적 이익뿐만 아니라 재판의 적정 · 신속 · 효율 및 판결의 실효성 등과 같은 법원 내지 국가의 이익도 함께 고려하여야 하며, 이러한 다양한 이익 중 어떠한 이익을 보호할 필요가 있을지 여부는 개별 사건에서 법정지와 당사자의 실질적 관련성 및 법정지와 분쟁이 된 사안과의 실질적 관련성을 객관적인 기준으로 삼아 합리적으로 판단하여야 한다. 대법원 2008. 5. 29. 선고 2006다71908 판결; 대법원 2010. 7. 15. 선고 2010다18355 판결.

354) 산세바스찬협약에 의한 개정 협약과 루가노협약상 근로계약에 관한 관할규정은 국제재판관할에 관한 특별규정이라고 해석하는 견해로는 Martiny, Münchener Kommentar Bürgerliches Gesetzbuch, Band 10, C.H.Beck(2006), S.2016.

355) 대법원 2006. 12. 7. 선고 2006다53627 판결. 이에 대한 평석은 권창영, "국제근로계약에 관한 국제재판관할", 노동법실무연구 1권(김지형 대법관 퇴임기념), 노동법실무연구회(2011), 375-405면.

및 활동, 단체교섭, 단체협약의 체결, 쟁의행위, 부당노동행위 등의 집단적 노동관계의 준거법 결정이나 재판관할의 결정에 관하여는 그 적용이 없다.[357] 또한 43조는 고용계약 대신 근로계약이라는 용어를 사용하는데, 그 이유는 국제사법 차원에서 보호를 필요로 하는 자는 종속노동을 제공하는 근로자이기 때문이다. 따라서 43조는 종속노동을 제공하는 근로계약(Arbeitsvertrag)에만 적용되고, 자주적인 노동을 제공하는 고용계약(Dienstvertag)에는 적용되지 않는다.[358]

(2) 사실적 근로관계에도 적용됨

독일 민법시행법(EGBGB) 30조는 그 적용대상을 근로계약과 근로관계(Arbeitsverhältnis)로 표현하고 있으나,[359] 국제사법 43조는 근로계약이라고만 하고 있어 무효이거나 취소사유 있는 근로계약에 기초한 '사실적 근로관계'의 경우에는 적용되지 않는지 여부가 문제된다. 이에 관하여 근로계약의 법률관계에는 이러한 사실적 근로관계까지 포함되는 것으로 풀이하여 국제사법의 적용대상이 된다고 해석하는 견해[360]가 있는바, 입법취지 등에 비추어 보면 위 견해가 타당하다고 생각한다.

다. 근로자가 사용자에 대하여 소를 제기하는 경우

(1) 43조 1항의 의의

43조 1항은 근로계약에 관한 사건 중 근로자가 사용자에 대하여 소를 제기하는 경우 국제재판관할에 관한 특칙을 규정하고 있다. 그런데 구 국제사법 28조 3항은 "국가에서도"라고 규정하여, 2조에 따라 정립되는 국제재판관할에 관한 일반규칙에 따라 결정되는 관할국 이외의 다른 관할을 추가로 인정하였다. 이러한 법리를 유추하면 근로자는 43조 1항에서 정한 노무제공지 또는 그를 고용한 영업소

---

356) 브뤼셀규정 5절은 'individual contracts of employment'라고 규정하여 개별근로계약에 한하여 적용됨을 명확히 하고 있다.

357) 석광현b, 357면. 국제사법의 위 규정은 노동조합 등 근로자단체와 사용자 또는 사용자단체 사이의 법률관계의 준거법 결정에 적용될 수 없다는 의미이므로, 집단적 노동관계를 규율하는 법규정 중 근로계약의 성립 및 유효성에 영향을 주는 강행법규가 준거법으로 적용될 수 있는 것은 별개의 문제이다. 김지형a, 257면.

358) Martiny-Münchener Kommentar, S.1971.

359) 따라서 EGBGB 30조는 사실적 근로관계(faktische Arbeitsverhältnis)에도 적용된다. Martiny-Münchener Kommentar, S.1972.

360) 김지형a, 257-258면.

소재지 외에 사용자의 주소지, 의무이행지 등 다른 곳에서도 소를 제기할 수 있다.[361]

(2) 근로자가 대한민국에서 일상적으로 노무를 제공하는 경우

근로자가 대한민국에서 일상적으로 노무를 제공하거나 최후로 일상적 노무를 제공한 경우에는 사용자에 대한 근로계약에 관한 소를 법원에 제기할 수 있다(43조 1항 1문). 노무제공지가 의무이행지인지 여부를 묻지 않고 노무제공지의 국제재판관할을 인정한 것에 의의가 있다. '일상적인 노무제공지'(gewohnlicher Arbeitsort)란 근로자가 사업에 편입된 곳,[362] 영업활동이 이루어지는 곳,[363] 여러 국가에서 근무하는 경우에는 영업활동의 중심이 되는 곳,[364] 근로자가 대부분의 근로시간을 보내고 사무실이 있으며 사용자를 위하여 영업활동을 조직하고 외국출장에서 돌아오는 곳[365] 등을 의미한다.

(3) 근로자가 일상적으로 대한민국에서 노무를 제공하지 아니한 경우

(가) 의 의

근로자가 일상적으로 대한민국에서 노무를 제공하지 아니하거나 아니하였던 경우에 사용자가 그를 고용한 영업소가 대한민국에 있거나 있었을 때에도 근로계약에 관한 소를 법원에 제기할 수 있다(43조 1항 2문). 위 '영업소'를 근기법 11조 등에 규정된 '사업 또는 사업장'의 개념과 동일한 것으로 보고, 회사가 여러 나라에 지점 · 지사 · 출장소 등을 두고 있다고 하더라도 그 경영주체가 동일한 법인격체이면 하나의 사업 또는 사업장이고, 이와 달리 다국적기업과 같이 각각 현지법인으로 별도로 설립되어 그 경영주체가 독립되어 있으면 수 개의 사업 또는 사업장이라고 해석하는 견해가 있다.[366] 그런데 국제항공운송종사자나 선원 등 여러 가지 사안에서 근로자가 일상적으로 어느 한 국가에서 노무를 제공하는지 여부가 문제된다.

---

361) 석광현b, 367면.
362) BAGE 16, 215, 222.
363) BAGE 100, 130, 136.
364) EuGH Slg. 1997 I 57 RnNr. 12ff.
365) EuGH Slg. 1997 I 57 = EuZW 1997, 143.
366) 김지형a, 262-263면.

(나) 일시적 주재에 관한 유럽공동체의 지령[367)]

'1996. 12. 16. 서비스제공의 체제에서 근로자의 일시적 주재에 관한 유럽공동체 지령 71호'(Directive 96/71/EC of the European Parliament and of the Council of 16 December 1996 concerning the posting of workers in the framework of the provision of services)는 EC 안에서 영업소를 가진 기업에 의하여 서비스 제공을 위하여 다른 구성국에 송출된 경우, 일시적으로 주재하는 근로자에 대하여 주재국의 일정한 노동법규를 최저기준으로 적용하도록 정하였고, 이에 수반하여 당해 근로자는 국제근로계약의 재판관할결정규칙에 기하여 제소할 수 있는 법원 이외에 일시적 주재국의 법적용에 기하여 발생하는 계약상 권리·의무에 관하여 일시적 주재국의 법원에 제소할 수 있는 권리를 인정하였다(6조).

(다) 해양노동[368)]

선원근로계약에 관하여는 선적국을 선원이 일상적으로 노무를 제공하는 국가로 볼 수 있다는 것이 판례의 입장이다.[369)] 프랑스 판례[370)]도 선박을 국가영토의 일부로 보고 선적국을 노무제공지로 보고 있다. 이와 달리 공해에서 주로 영업하거나 세계 각국을 전전하며 영업하는 선박에서의 선원들의 근무는 '일상적으로 어느 한 국가에서 노무를 제공하지 않는 경우'로 보고 사용자가 선원들을 고용한 영업소가 가장 밀접한 관련성을 가졌다고 보는 견해가 있다.[371)] 이 경우 영업소는 사용자인 선박소유자의 영업소로 볼 것인지, 아니면 선박소유자로부터 선원관리업무를 위임받은 선원관리사업자의 영업소로 볼 것인지 문제되나, 선원관리사업자는 실질적으로 선원의 고용·배승·해고 등의 권한을 선박소유자로부터 위임받아 행사하고 있으므로, 선원관리사업자 또는 선원송출회사의 영업소 역시 준거법 결정의 표준이 될 수 있고,[372)] 재판관할 결정의 표준이 될 수 있다.

367) 川口美貴, 169-170면.

368) 川口美貴, 201면. 이하의 논의는 1980. 6. 19. 로마협약(계약채무의 준거법에 관한 EC협약) 6조 2항의 해석에 관한 논의를 참조한 것으로, '근로자가 일상적으로 한 국가에서 노무를 제공하지 않는 경우'에 대한 로마협약상 논의는 브뤼셀규정상 재판관할국을 결정하는데 참고할 수 있다.

369) 대법원 2007. 7. 12. 선고 2005다39617 판결(船); 대법원 2007. 7. 12. 선고 2005다47939 판결(船).

370) C. trav. maritime. art. 5. [川口美貴, 233면].

371) 정해덕, "섭외사법개정법률안의 검토 〈제7분과 토론자료〉 - 제10장 해상 -", 한국국제사법학회 8차 연차 학술대회(2001), 3면.

372) 김동진, "선박우선특권과 준거법", 판례연구 20집(2009. 2), 부산판례연구회, 801면; 김진권, "선원근로계약의 준거법에 관한 고찰", 해사법연구 16권 1호(2004. 10), 143면.

대한민국 선원이 2003. 9. 29. 마샬군도공화국 법인(피고 1, 선박의 실제소유자임)을 위하여 선원인사관리업무를 대행하는 한국선무 주식회사와 사이에 파나마 선적의 선박에 기관장으로 승무하는 내용의 선원근로계약을 체결하면서, 재해보상은 해외취업선원 재해보상에 관한 규정(항만청 고시 2001-96호)에 의하기로 약정한 후 2004. 1. 19. 필리핀 다바오항에서 기항 중 재해로 사망하였고, 그 유족이 부산지방법원에 피고들(그중 피고 2는 파나마법인으로 선박의 서류상 소유자임)을 상대로 유족보상의 지급을 구하는 소를 제기한 사안에서 법원은 재판관할을 인정하였는바,[373] 이는 선원관리사업자의 영업소 소재지도 사용자가 선원을 고용한 영업소로 인정한 사례에 해당한다.[374]

대한민국에 일상거소지를 둔 대한민국 국민인 선원(원고)이 가나(Ghana) 법인인 피고 P를 상대로, 2016. 5. 13. 가나 선적의 선박에서 발생한 사고로 인한 선원근로계약과 관련한 청구 또는 불법행위 손해배상청구를 하는 경우에는 선원관리사업자 PM(대한민국 법인)의 주된 사무소(부산)가 있는 대한민국 법원에 재판관할권이 인정된다.[375]

라. 사용자가 근로자에 대하여 소를 제기하는 경우

사용자가 근로자에 대하여 제기하는 근로계약에 관한 소는 근로자의 일상거소가 대한민국에 있거나 근로자가 대한민국에서 일상적으로 노무를 제공하는 경우에는 법원에만 제기할 수 있다(43조 2항). 사용자가 제기하는 소는 근로자가 제기

373) 대법원 2008. 2. 1. 선고 2006다63990 판결(船).

374) 구 섭외사법 하에서도 이와 같다. 피고(미국 법인)는 리베리아 선적의 유조선인 아틀란티아호의 소유자인데, 선원 A가 1995. 3. 22. 피고를 위하여 인사관리업무를 대행하는 선원관리사업자인 해외선박 주식회사와 사이에 근로계약을 체결하고 위 선박에 3등기관사로 승무하였고, 위 선박은 1996. 1. 28. 베네수엘라에서 원유를 적재하고 미국 루이지애나 머독스항으로 항해 중이었는데, A는 1996. 2. 1. 06:15경 갑판에서 시체로 발견되었다. A의 유족이 부산지방법원에 피고를 상대로 유족보상금의 지급을 구하는 소를 제기하였고, 법원은 재판관할을 긍정하였다. 대법원 2002. 6. 14. 선고 2001다2112 판결(船).

375) 이와 달리, 부산지법 2020. 9. 10. 선고 2018가합46854 판결은 "원고는 대한민국 국민이고, 이 사건 소 중 피고 PM에 대한 청구는 피고 PM의 주된 사무소가 있는 이 법원에 관할이 있으므로, 이 사건 소 전체는 민사소송법 5조, 25조에 의하여 이 법원에 관할이 인정되는 점, 원고가 이 사건 소로써 구하는 것은 금전채권으로서 그 의무이행지가 채권자인 원고의 주소지가 있는 우리나라인 점, 피고 P도 우리나라 법원에서 이 사건에 대한 응소를 하는 것에 큰 어려움이 없어 보이고, 관할권을 다투지 않은 점 등에 비추어 보면, 이 사건 소는 우리나라와 실질적 관련이 있다고 봄이 타당하므로 우리나라 법원에 국제재판관할권이 인정된다."고 판시하여, 국제사법 2조에 기하여 재판관할권을 긍정하였는바, 국제사법 43조를 근거로 하지 아니한 점에서는 타당하다고 보기 어렵다.

하는 소의 경우가 추가적인 것과는 달리 전속적인 것이다.[376)] 우리나라 국적의 종업원(피고)이 우리나라 국적의 업주(원고)와 일본에서 근로계약을 체결하고 일본 소재 주점에 취업하였고, 원고가 서울남부지방법원에 피고를 상대로 결근·지각·손님 동반의무 불이행 시에는 일정 금액을 월급에서 공제하고 손님의 외상주대채무를 대신 변제하기로 하는 등의 약정에 기한 손해배상을 구하는 소를 제기한 사안에서, 법원은 재판관할권을 긍정하였는바,[377)] 근로자의 일상거소지가 국내인 점에 비추어 보면 위 결론은 타당하다.

마. 합의관할

국제사법 8조는 합의관할에 관하여 규정하고 있는바, 일반적으로 국제재판관할합의도 허용됨에는 의문이 없다.[378)] 국제재판관할의 합의에 의하여 재판지에 관한 당사자의 예측가능성을 확보할 수 있다.[379)] 국제사법 43조 3항은 근로자보호의 정신에 입각하여 근로자에게 부당한 재판관할합의를 방지하기 위하여 당사자 사이의 재판관할합의는 원칙적으로 사후합의만을 허용하고, 예외적으로 사전합의일 경우 근로자에게 유리한 추가합의만을 인정하고 있다. 방식은 국제사법 8조 2항에 따라 서면으로 하여야 한다.[380)] 따라서 근로계약의 당사자가 분쟁이 발생하기 전에 대한민국 법원의 국제재판관할권을 배제하기로 하는 내용의 합의를 하였다고 하더라도, 그러한 합의는 국제사법 43조 3항에 위반하는 것이어서 아무런 효력이 없다.[381)]

---

376) 석광현b, 368면.
377) 대법원 2007. 11. 15. 선고 2006다72567 판결.
378) 종전 판례는 민사소송법 29조에 의하여 국제재판관할합의를 인정하였다. 대법원 2004. 3. 25. 선고 2001다53349 판결.
379) 廣江健司, 國際民事關係法 －國際私法·國際民事手續法·國際取引法－, 成文堂(2008), 33면.
380) 구두에 의한 합의는 효력이 없다. BAG NJW 1984, 1320.
381) 대법원 2006. 12. 7. 선고 2006다53627 판결.

제6절 선원법의 기본원리

선원의 근로관계에 관하여 근기법 3조부터 6조까지, 8조부터 10조까지 적용된다(법 5조 1항). 아래에서는 근기법에 규정된 선원법의 기본원리에 관하여 살펴본다.

Ⅰ. 근로조건의 기준

1. 의 의

가. 헌법 32조 3항

헌법 32조 3항은 "근로조건의 기준은 인간의 존엄성을 보장하도록 법률로 정한다."고 하여 적어도 근로자의 인간존엄성을 확보하는 데 필요한 최저한의 근로조건의 기준을 법률로 정하도록 규정하고 있다. 이처럼 헌법이 근로조건의 기준을 법률로 정하도록 한 것은 인간의 존엄에 상응하는 근로조건에 관한 기준의 확보가 사용자에 비하여 경제적·사회적으로 열등한 지위에 있는 근로자의 인간존엄성 실현에 중요한 사항일 뿐만 아니라, 근로자와 그 사용자들 사이에 이해관계가 첨예하게 대립될 수 있는 사항이어서 사회적 평화를 위해서도 민주적으로 정당성이 있는 입법자가 이를 법률로 정할 필요성이 있으며, 인간의 존엄성에 관한 판단기준도 사회·경제적 상황에 따라 변화하는 상대적 성격을 띠는 만큼 그에 상응하는 근로조건에 관한 기준도 시대상황에 부합하게 탄력적으로 구체화하도록 법률에 유보한 것이다.[382] 한편 입법자는 헌법 32조 3항에 의하여 근로조건의 최저기준을 근기법, 선원법 등에서 규정하고 있다.

나. 최저기준의 설정

근기법에서 정하는 근로조건은 최저기준이므로 근로관계 당사자는 이 기준을 이유로 근로조건을 낮출 수 없다(근기법 3조). 근기법 3조는 기본원칙 중 하나인

382) 헌재 1996. 8. 29. 선고 95헌바36 결정.

최저기준의 원칙을 규정하고 있는데, 이는 근로자의 기본적 생활을 보장·향상시키는 입법목적을 달성하기 위하여 최저기준을 규정하고 있는 것이다.[383] 본래 사적 자치의 원리에 따르면 근로관계의 성립·내용은 근로계약에 의하여 결정되는 것이 원칙이지만, 국가가 근로자보호의 관점에서 법으로 일정한 기준을 설정함으로써 사적 자율성의 원칙에 대한 예외를 인정하고 있다.[384] 하지만 사적 자치의 원리를 기초로 하는 법체계에서는 국가가 사적 자율성을 전면적으로 부정하는 것이 허용될 수 없으므로, 사적 자치의 원리가 가져오는 폐해를 방지하는 범위에서 예외적이고 한정적으로만 근로조건을 정할 수밖에 없고, 국가가 설정하는 기준이 계약의 자율성과 조화를 이루기 위해서는 기준설정의 방식도 최저기준을 설정하는 형식을 따를 수밖에 없다.[385]

2. 법적 성격

법적 성격은 주로 법률의 개정으로 인하여 선원법이 설정한 근로조건이 완화되었을 때 이를 이유로 근로조건을 낮춘 경우에 문제될 수 있다.[386] 일본 노동기준법 1조 2항 전단에 관하여, 강행규정이라고 해석하고 이에 위반한 행위는 1조 2항 전단 위반으로서 무효가 된다고 보는 견해가 있지만,[387] 법정 최저기준을 초과하는 이상 근로조건의 설정은 당사자의 자주적인 교섭에 위임되어 있다는 이유로 훈시규정으로 해석하는 것이 다수의 견해이다.[388] 다만 이를 훈시규정으로 이해하는 경우에도 근로조건의 변경 필요성과 합리성을 판단할 때 근로조건의 변경이 노동기준법 소정의 기준을 이유로 변경한 것인지 여부를 고려하고 있다.[389] 우리나라에서는 강행규정으로 이해하는 것이 다수설이다.[390]

---

383) 근로기준법 주해 Ⅰ(제2판), 368면.
384) 고호성, "노동법상의 집단적 자치원리 －협약법제와 교섭법제의 유기적 이해를 위한 시론－", 서울대 법학박사학위논문(1995), 17면.
385) 고호성, 17면; 註釋 勞働基準法(上), 東京大學勞働法硏究會, 有斐閣(2003), 62면.
386) 片岡昇, 勞働法(第4版), 有斐閣(1999), 16면.
387) 萩澤淸彦, 勞働基準法(上), 靑木書院(1996), 9면.
388) 註釋 勞働基準法(上), 64면.
389) 註釋 勞働基準法(上), 64면.
390) 김유성 Ⅰ, 32면; 근로기준법 주해 Ⅰ(제2판), 369면.

3. 내 용

가. 최저기준 설정의 의미

선원법이 정하고 있는 근로조건은 최저기준이다.[391] 따라서 선원근로관계 당사자는 선원법에서 정하고 있는 기준에 미치지 못하는 근로조건을 정할 수 없고, 이러한 최저기준에 미달하는 근로조건을 정한 선원근로계약은 그 부분에 한하여 무효이며, 무효로 된 부분은 선원법이 정한 최저기준에 의한다(법 26조).

선원이 선원근로계약을 체결하면서 법정 최저기준을 하회하는 내용의 근로조건을 정하는 것에 동의하더라도 이러한 동의는 무효이다.[392] 이러한 의미에서 민법상 계약자유의 원칙은 제한된다.[393] 선원법에 정한 기준에 달하지 못하는 근로조건을 정한 근로계약은 그 부분에 한하여 무효로 되는 것으로, 선원법 소정의 기준에 미달하는 근로조건이 단체협약에 의한 것이라거나 선원들의 승인을 받은 것이라고 하여 유효로 볼 수도 없다.[394] 다만 일정한 근로조건이 최저기준에 미달하는지 여부에 대한 판단은 해당 근로조건을 전체적으로 판단하여 선원법 소정의 최저기준과 비교하여야 하고, 이와 달리 해당 근로조건의 일부가 선원에게 불이익한 점이 있더라도 그 부분만을 따로 떼어 최저기준 미달 여부를 판단할 수는 없다.[395] 한편 근로관계 당사자는 선원법에서 정하고 있는 기준을 초과하는 근로조건을 약정하는 것은 계약자유의 원칙상 얼마든지 가능하다.[396] 취업규칙을 작성하거나 단체협약을 체결하는 경우에도 선원법의 최저기준이 준수되어야 한다.[397]

나. 최저기준의 적용

근기법 3조가 규제대상으로 삼는 것은 '근로관계 당사자'로서, 근기법 4조가

391) 대법원 1997. 7. 11. 선고 96다45399 판결; 대법원 2002. 6. 14. 선고 2001다2112 판결(船).

392) 선박소유자가 6개월 이상 1년 미만 승무한 선원에게 퇴직금을 지급하지 아니하거나, 하선에 고의 또는 중대한 과실이 없는 선원에 대하여 6개월을 경과한 승선기간에 대하여만 유급휴가를 부여하는 내용의 근로계약 규정은 무효이므로, 선박소유자는 승선기간을 6개월로 정하여 근로계약을 체결한 선원들에게도 선원법 규정에 따라 퇴직금 및 유급휴가수당을 지급하여야 한다. 부산지법 2014. 2. 13. 선고 2012가합45095 판결.

393) 김유성 Ⅰ, 32면; 김형배, 204면.

394) 대법원 1993. 5. 27. 선고 92다24509 판결.

395) 대법원 1994. 5. 24. 선고 93다46841 판결.

396) 대법원 2002. 6. 14. 선고 2001다2112 판결(船); 대법원 2005. 9. 9. 선고 2003두896 판결.

397) 대법원 1993. 5. 27. 선고 92다20316 판결.

근로조건 결정의 주체로서 '근로자와 사용자'를 규정하고 있는 것과 차이가 난다. 선원근로관계는 선원이 선박소유자에게 근로를 제공하고, 선박소유자는 이에 대하여 임금을 지급하는 것을 주된 내용으로 하는 계속적 법률관계를 말한다.[398] 위와 같은 선원근로관계에 영향을 미치는 관련자는 모두 선원법이 정하는 최저근로조건을 준수할 의무가 있으므로, 근로관계 당사자에는 선원근로계약의 당사자인 선원과 선박소유자뿐만이 아니라 근로조건의 결정규범을 정하는 모든 주체, 즉 노동조합과 선박소유자 단체 등을 포함한다.[399] 선원법 소정의 최저근로기준은 선원과 선박소유자가 수범자인 이상 업종, 기업 간의 격차, 직급의 상하 및 지역 등에 관계없이 모든 선원과 선박소유자에게 일률적으로 적용된다.[400]

다. 최저기준과 근로조건의 저하

선원근로관계 당사자는 선원법에 정한 기준을 이유로 근로조건을 저하시킬 수 없다. 위에서 규정하고 있는 '이유로'의 의미는 선원법의 목적이 근로조건의 개선에 있으므로, 선박소유자는 최저기준에 불과한 선원법의 기준을 내세워 근로조건을 저하시킬 수 없고 언제나 그 향상을 위해 노력하여야 한다는 것으로 해석된다. 따라서 법개정을 통해 법정 근로조건이 선원에게 불이익하게 변경되더라도 이것을 이유로 기존의 근로조건을 저하시킬 수는 없다.[401] 구체적인 사안에서 근기법 3조 위반 여부는 근로조건이 불이익하게 변경된 경우에 그 변경의 필요성이 있었는지 여부와 그 변경이 객관적으로 합리적인지 여부 등을 기준으로 판단하여야 한다.[402] 이 경우에도 법정 최저기준은 준수되어야 하며 당사자 사이의 합의 또는 취업규칙의 불이익변경절차를 거쳐야 하는 것은 당연하다.[403]

---

398) 김형배, 233면.
399) 근로기준법 주해 Ⅰ(제2판), 371면.
400) 근로기준법 주해 Ⅰ(제2판), 371면.
401) 김유성 Ⅰ, 32면; 근로기준법 주해 Ⅰ(제2판), 372면.
402) 註釋 勞働基準法(上), 64면.
403) 김유성 Ⅰ, 32면; 근로기준법 주해 Ⅰ(제2판), 372면.

Ⅱ. 근로조건의 결정

1. 의 의

근로조건은 근로자와 사용자가 동등한 지위에서 자유의사에 따라 결정하여야 한다(근기법 4조). 근기법 4조는 선원과 선박소유자가 형식적으로나 실질적으로 대등한 입장에서 자유의사에 따라 근로조건을 결정하여야 한다는 근로조건 자기결정의 원칙과 근로조건 대등결정의 원칙을 규정하고 있다. 이는 선박소유자가 사회·경제적 우월성을 이용하여 선원의 의사를 무시·억압하여 근로조건을 결정해서는 안 된다는 점을 밝힘과 동시에 근로조건은 선원근로계약의 당사자 사이에 자유로이 결정할 사항임을 밝힌 것이다.[404)]

2. 법적 성격

위 조항의 법적 성격에 관하여, 현실적으로는 노사 사이에 힘의 우열관계가 있음을 부인할 수 없다는 이유로 4조를 개별적 근로관계에서 사용자와 근로자가 봉건적 차등의식을 불식하여야 한다는 취지를 갖는 훈시규정 내지 정신규정이라고 해석하는 것이 다수설이다.[405)] 이에 대하여 현실적으로 힘의 우열관계가 있는 것을 이유로 4조의 규정 취지를 단순히 선언규정에 불과한 것으로 평가하는 것은 법의 목적과 정신에 비추어 볼 때 부적절하고, 근로자가 사용자와 동등한 지위에서 자유의사에 따라 결정한 것이 아닌 근로조건은 그 효력을 인정하지 않는다는 효력규정으로서 강행규정인 것으로 보는 것이 타당하다는 견해가 있다.[406)]

3. 근로조건 자기결정의 원칙

근로조건 자기결정의 원칙은 근대 사법의 기본원칙인 사적 자치의 원칙을 확인하고 있는 것이다.[407)] 이는 모든 신분적 차별을 폐지하고 법체계에서 인간을 평

404) 임종률, 385면.
405) 김형배, 205면; 임종률, 385면.
406) 김성진, "근로조건 대등결정의 원리", 노동법학 54호(2015. 6), 5-6면; 변호사가 풀어주는 노동법 I (개정3판), 민주사회를 위한 변호사모임 노동위원회(2006), 25면.
407) 김유성 Ⅰ, 33면.

등하고 독립된 인간으로 설정한 후 사법(私法)적 법률관계를 개인 사이의 권리의무 관계로 파악한 근대법의 기본구조를 유지하는 이상 사적 자치의 원칙은 근로계약에도 적용되어야 하기 때문이다.[408] 따라서 선박소유자의 강제 내지 일방적 의사에 의하여 임금을 삭감하거나 퇴직금 산정 일수를 감축하는 것 등은 허용되지 않는다.[409] 선원의 동의가 있는 경우에는 근로조건을 불이익하게 변경하는 것은 허용되지만, 형식적인 동의가 실질적으로 선원의 자유의사에 따라 사용자와 대등한 지위에서 이루어진 것인지가 문제될 수 있고, 만약 선박소유자가 일방적으로 근로조건을 저하시키면서 우월적인 지위를 이용하여 선원의 동의를 강요한 경우에는 근기법 4조에 위반하는 것이 된다.[410]

하지만 선원근로계약에서 근로조건 자기결정의 원칙(계약 자유의 원칙)은 최저조건의 원칙에 따라 수정된다. 근로조건 자기결정의 원칙은 근로조건을 어느 수준에서 정할 것인지는 근로자와 사용자가 대등한 지위에서 각자의 자유의사에 따라 결정하지만, 그러한 결정은 법정 기준 이상의 근로조건을 전제로 하여야 한다는 것을 의미하게 된다.[411] 한편 선원법은 근로자의 현실적인 열악한 지위를 고려함과 동시에 특정 근로조건이 개별 근로자에 한정되지 않고 하나의 사업 또는 사업장에 속하는 대부분의 근로자에게 공통적으로 적용되는 점 등을 고려하여, 근로조건의 결정을 근로계약의 당사자인 근로자와 사용자의 자유의사에만 맡기지 않고 일정한 경우 근로자 단체인 노동조합 또는 근로자대표의 관여를 인정하고 있다.

4. 근로조건 대등결정의 원칙

근로조건을 결정할 때 선원과 선박소유자가 '동등한 지위'에 있다는 것은 일차적으로는 근로계약의 당사자로서 그 계약상 지위가 동등하다는 것을 의미한다. 근대의 사법(私法)적 법률관계는 법률관계를 형성하는 모든 주체가 대등한 인격체임을 전제로 하고, 모든 사람이 법 앞에 평등하기 때문에 선원근로계약에서도 선원과 선박소유자가 '동등한 지위'에 있다는 것은 당연하다. 하지만 현실에서 선원과

408) 근로기준법 주해 Ⅰ(제2판), 376면.
409) 변호사가 풀어주는 노동법 I(개정3판), 25면.
410) 변호사가 풀어주는 노동법 I(개정3판), 26면.
411) 김유성 Ⅰ, 32면.

선박소유자의 관계는 실질적으로 대등한 지위를 확보할 수 없는 것이 일반적이므로 선원의 기본적 생활을 보장 · 향상시키기 위해서는 법적 규제가 필요하다.

사회 · 경제적으로 우월한 지위에 있는 선박소유자에 대하여 선원은 노동조합 또는 근로자의 단결체를 통하는 경우에 대등한 교섭력을 확보하는 것이 가능하고, 따라서 근로조건의 결정에 대하여 근로자의 단결체가 그 중심적인 역할을 할 것이 요구되기 때문이다. 오늘날 근로조건의 결정은 개별근로계약으로부터 취업규칙 · 단체협약과 같은 집단적 규범으로 그 중심이 이전되어 선원이 계약당사자로서 근로조건을 결정할 수 있는 여지는 거의 없게 되었다.[412] 근로조건 대등결정의 원칙을 단순히 계약자유의 원칙으로 환원시켜서 이해하는 것은 이러한 현실을 충분히 반영하지 못할 우려가 있다. 따라서 선원과 선박소유자가 '동등한 지위'에서 근로조건을 결정하여야 한다는 것은 선원법의 이념으로서 선원과 선박소유자가 개별적 근로관계에서도 실질적으로 대등한 지위를 확보할 것을 목표로 하고 있음을 명확히 한 것이고, 근기법 5조에서 선원과 선박소유자에게 단체협약 · 취업규칙 등에 대한 성실이행의무를 부여함으로써 실질적인 근로조건 대등결정의 원칙을 실현하는 수단이 단체협약 · 취업규칙 등임을 선언하고 있다.[413]

근로조건 대등결정의 원칙은 개별근로계약을 체결하거나 변경하는 경우에 적용되지만, 근로조건을 결정하는 내용의 취업규칙 · 단체협약에 대해서도 적용된다. 선박소유자는 선원의 의견을 청취한 후 취업규칙을 일방적으로 작성 · 변경할 권한을 갖지만 취업규칙은 법령이나 단체협약에 반할 수 없고, 특히 취업규칙을 불이익하게 변경하는 경우에는 선원의 집단적 동의를 얻어야 한다는 점(법 120조)에서 근로조건 대등결정의 원칙은 취업규칙에도 관철되고 있다.[414] 근로계약의 이행을 목적으로 선박소유자가 자신의 권한 범위 내에서 선원에게 지휘 · 명령을 하고, 그에 따라 선원이 계약상 의무를 이행하는 것은 근로계약의 내용에 속한 것이기 때문에 근로조건 대등결정의 원칙과는 관련이 없다.[415]

---

412) 이영희, "근로계약의 법적 성격과 제약구조에 관한 연구", 서울대 법학박사학위논문(1987), 221면.
413) 註釋 勞働基準法(上), 68면.
414) 김유성 Ⅰ, 33면.
415) 김유성 Ⅰ, 33면; 근로기준법 주해 Ⅰ(제2판), 381면.

5. 효 과

선박소유자가 근기법 4조를 위반하여 일방적으로 근로조건을 낮추면 근로조건 자기결정의 원칙(사적 자치의 원칙)에 따라 계약 내용에 관한 의사의 합치가 없는 경우에 해당하여 당연히 그 부분에 한하여 무효가 되고, 낮추기 전의 근로조건이 해당 선원의 근로조건이 된다.[416)]

Ⅲ. 근로조건의 준수

1. 의 의

근로자와 사용자는 각자가 단체협약, 취업규칙과 근로계약을 지키고 성실하게 이행할 의무가 있다(근기법 5조). 근기법 5조는 선원과 선박소유자가 대등한 입장에서 단체협약·취업규칙 및 근로계약을 통하여 근로조건을 결정한 이상 이를 준수하고 성실하게 이행할 의무가 있음을 규정하고 있다.[417)]

2. 법적 성격

위 규정의 법적 성격과 관련하여, 근로조건의 준수는 노사협조에 의하지 않고는 그 목적을 달성할 수 없으므로 근로자와 사용자의 의무를 선언한 훈시규정이라고 하는 견해가 있다.[418)] 훈시규정으로 해석하는 이상 근기법 5조 자체가 근로자와 사용자에게 특별한 법적 의무를 부과하는 것은 아니라고 보아야 한다.[419)]

3. 근로조건 결정 규범

가. 의 의

근로조건의 기준 내용을 규정하고 있는 선원법을 비롯한 관계법령과 함께 선원과 선박소유자가 대등한 지위에서 자유로운 의사에 따라 결정한 단체협약과 근

---

416) 근로기준법 주해 Ⅰ(제2판), 381면.
417) 安枝英訷·西村健一郎, 勞働法(第9版), 有斐閣(2006), 50면.
418) 근로기준법 주해 Ⅰ(제2판), 383면; 임종률, 385면.
419) 註釋 勞働基準法(上), 68면.

로계약, 선박소유자가 선원의 의견을 듣거나 동의를 얻어서 작성한 취업규칙 등은 모두 근로조건을 결정하는 중요한 근거가 되므로, 선원과 선박소유자는 단체협약 · 취업규칙 · 근로계약을 준수하여야 할 의무가 있다. 구체적인 단체협약 · 취업규칙 및 근로계약을 준수할 의무가 있는 선원과 선박소유자의 범위는 위 조항에서 직접 도출될 수 없고 해당 규범의 내용에 따라 한정되는 것으로 보아야 한다.[420]

나. 근로조건 결정 규범의 유형

근로자의 근로조건의 내용을 구체적으로 결정하는 규범에는 관련 법령 · 단체협약 · 취업규칙 및 근로계약 등이 있다. 근로조건은 선원과 선박소유자가 선원근로계약의 체결에 의하여 자유로이 결정하는 것이 원칙이지만, 실제의 경우 대부분의 구체적인 근로조건은 관련법령 · 단체협약 · 취업규칙 등에 의하여 이미 결정되어 있고, 근로계약은 이미 결정된 근로조건에 대하여 선원이 이를 수용할지 여부만을 결정하는 계약이 되는 것이 일반적이다. 이를 근로계약의 공동화 현상이라고 한다.[421]

다. 규범 상호 간의 관계의 해석준칙

(1) 상위규범 우선의 원칙

근로관계를 규율하는 규범형식들 상호 간에는 헌법을 최상위규범으로 하고, 관련법령과 국제노동법규, 단체협약, 취업규칙, 근로계약의 순으로 위계가 있다.[422] 이들 규범 상호 간에는 상위규범이 하위규범에 우선하는 효력이 있으므로 하위 규범의 내용이 상위규범에 모순 · 저촉되는 경우에는 무효가 되어 근로관계에 적용될 수 없고, 상위규범에 정한 내용이 효력을 가진다(노조법 33조 1항, 근기법 97조). 노사관행 또는 노동관행에 관하여는 취업규칙과 같은 위계에 있다는 견해,[423] 노동관행은 그 자체로서는 법적 구속력을 가지지 않지만 일정한 요건을 갖춘 경우에는 근로계약이나 단체협약의 내용으로 인정된다는 견해[424]가 있다. 기업

420) 근로기준법 주해 Ⅰ(제2판), 384면.
421) 근로기준법 주해 Ⅰ(제2판), 385면; 이영희, 216면.
422) 김지형, 103면.
423) 김지형, 103면.

의 내부에 존재하는 특정의 관행이 근로계약의 내용을 이루고 있다고 하기 위하여는 그러한 관행이 기업 사회에서 일반적으로 근로관계를 규율하는 규범적인 사실로서 명확히 승인되거나 기업의 구성원에 의하여 일반적으로 아무도 이의를 제기하지 아니한 채 당연한 것으로 받아들여져서 기업 내에서 사실상의 제도로서 확립되어 있다고 할 수 있을 정도의 규범의식에 의하여 지지되고 있어야 한다.[425)]

(2) 신규범 우선의 원칙

상위규범 우선의 원칙에 따라 적용 순위를 결정할 수 없는 위계에 차이가 없는 규범이 있을 수 있다. 이 경우에 규범의 성립상 시간적 선후 관계가 있을 때에는 나중에 성립한 새로운 규범이 우선하는 효력을 가진다.[426)]

(3) 특별법 우선의 원칙

동등한 순위의 노동관계 법령 상호 간에도 일반적인 법원칙인 특별법 우선의 원칙이 적용되고, 단체협약에도 산업 또는 직종을 적용 대상으로 하는 일반적인 것보다 단위사업장을 적용 대상으로 하는 개별 단체협약이 우선한다.[427)]

라. 구체적인 근로조건 결정 규범 상호 간의 관계

(1) 법령과 단체협약 사이의 관계

헌법에 위반하는 단체협약은 무효이다. 단체협약의 내용 자체는 물론이고, 그 적용·해석에서도 헌법 33조 1항의 노동3권을 침해해서는 안 된다. 법령 중 강행법규에 위반되는 단체협약도 당연히 무효가 된다.[428)] 위법한 단체협약에 대하여 행정관청은 노동위원회의 의결을 얻어 시정을 명할 수 있다(노조법 31조 3항).

(2) 법령과 취업규칙 사이의 관계

선원법은 법령에 위반한 취업규칙의 효력에 관하여 아무런 규정을 두고 있지

---

424) 임종률, 16면.
425) 대법원 2002. 4. 23. 선고 2000다50701 판결.
426) 김지형, 106면.
427) 김지형, 106면.
428) 단체협약 중 같은 부서 소속 근로자의 성별 작업구분이나 근로조건의 구분을 명확히 하지 아니한 채 남녀를 차별하여 정한 정년에 관한 규정은 합리적인 이유 없이 남녀의 차별적 대우를 하지 못하도록 한 근기법 5조와 남녀고용평등법 8조 등 강행법규에 위배되어 무효라고 판시한 사례로는 대법원 1993. 4. 9. 선고 92누15765 판결.

않지만, 법령에 위반한 취업규칙 부분은 당연무효라고 보아야 한다.[429] 법령의 내용에 관하여는 훈시규정이나 단속규정도 포함된다는 견해도 있으나, 규정의 취지에 비추어 볼 때 강행법규만을 의미하는 것으로 보아야 한다.[430]

(3) 법령과 선원근로계약 사이의 관계

선원법에서 정하는 기준에 미치지 못하는 근로조건을 정한 선원근로계약은 그 부분만 무효로 한다. 이 경우 무효로 된 부분은 선원법에서 정한 기준에 따른다(법 26조). 따라서 선원법에 위배되는 근로조건 기준 부분은 무효로 되고 무효로 된 부분은 선원법에 정한 기준으로 대체됨은 명백하다. 근로조건의 기준이 선원법 이외의 관계법령에 위배되는 경우에도 무효로 되고 관계 법령에서 정한 기준으로 대체되는지 여부인데, 이를 긍정하는 견해가 있다.[431]

(4) 단체협약과 취업규칙 사이의 관계

단체협약에 정한 근로조건 기타 선원의 대우에 관한 기준에 위반하는 취업규칙 또는 근로계약의 부분은 무효로 된다(노조법 33조 1항). 선원근로계약에 규정되지 아니한 사항 또는 1항의 규정에 의하여 무효로 된 부분은 단체협약에 정한 기준에 의한다(노조법 33조 2항).

취업규칙에서 정한 근로조건보다 불리하게 새로운 단체협약을 체결하는 경우 유리한 조건 우선 원칙에 따라 취업규칙이 적용되는지(유리한 조건 우선 원칙 긍정설), 아니면 상위규범인 단체협약이 우선 적용되는지(유리한 조건 우선 원칙 부정설) 여부가 문제된다. 이에 관하여 긍정설(편면적 강행성의 원칙)과[432] 부정설(양면적 강행성의 원칙)[433]의 견해대립이 있다. 판례는 "노동조합이 사용자 측과 기존의 임금, 근로시간, 퇴직금 등 근로조건을 결정하는 기준에 관하여 소급적으로 동의하거나 이를 승인하는 내용의 단체협약을 체결한 경우에 그 동의나 승인의 효력은 단체협약이 시행된 이후에 그 사업체에 종사하며 그 협약의 적용을 받게 될 노동조합원이나 근로자들에 대하여 생긴다."[434]고 한 이래 일관하여 부정설을 취하고

429) 대법원 1988. 12. 27. 선고 85다카657 판결; 근로기준법 주해 I (제2판), 387면.
430) 근로기준법 주해 I (제2판), 387면.
431) 이상윤, 근로기준법, 법문사(1999), 79면.
432) 김치선, 노동법강의, 박영사(1990), 358면; 김형배, 1249-1260면.
433) 김유성 I, 162면.
434) 대법원 1992. 7. 24. 선고 91다34073 판결.

있다.[435)]

(5) 단체협약과 선원근로계약 사이의 관계

노조법 33조 1항은 단체협약에 정한 근로조건 기타 근로자의 대우에 관한 기준에 위반하는 근로계약 부분을 무효로 하여 단체협약의 규범적 효력 중 '강행적 효력'을 규정하고 있고, 2항은 무효로 된 부분은 단체협약에 정한 기준이 적용된다고 하여 규범적 효력 중 '대체적 효력'을 규정하고 있다.

노동조합으로부터 탈퇴한 근로자 및 단체협약 종료 후의 조합원 등 단체협약의 적용을 받지 않는 근로자의 근로계약 내용과 관련하여 단체협약의 대체적 효력이 근로계약에 어떻게 적용되는지에 관하여 외부규율설,[436)] 내부규율설(화체설)[437)]로 나뉜다. 판례는 "단체협약이 실효되었다고 하더라도 임금, 퇴직금이나 근로시간, 그 밖에 개별적인 근로조건에 관한 부분은 그 단체협약의 적용을 받고 있던 근로자의 근로계약 내용이 되어 그것을 변경하는 새로운 단체협약 · 취업규칙이 체결 · 작성되거나 또는 개별적인 근로자의 동의를 얻지 아니하는 한 개별적인 근로자의 근로계약 내용으로서 여전히 남아 있어 사용자와 근로자를 규율한다."고 하여 내부규율설(화체설)의 입장을 취하고 있다.[438)]

(6) 취업규칙과 선원근로계약 사이의 관계

취업규칙에서 정한 기준에 미달하는 근로조건을 정한 선원근로계약은 그 부분만 무효로 하고, 이 경우 무효로 된 부분은 취업규칙에 정한 기준에 따른다(법 122조). 위 규정은, 선원근로계약에서 정한 근로조건이 취업규칙에서 정한 기준에 미달하는 경우 취업규칙에 최저기준으로서의 강행적 · 보충적 효력을 부여하여 선원근로계약 중 취업규칙에 미달하는 부분을 무효로 하고, 이 부분을 취업규칙에서 정한 기준에 따르게 함으로써, 개별적 노사 간의 합의라는 형식을 빌려 선원으로 하여금 취업규칙이 정한 기준에 미달하는 근로조건을 감수하도록 하는 것을 막아 종속적 지위에 있는 선원을 보호하기 위한 규정이다. 이러한 규정 내용과 입법 취지를 고려하여 선원법 122조를 반대해석하면, 취업규칙에서 정한 기준보다 유리

---

435) 대법원 2002. 6. 28. 선고 2001다77970 판결; 대법원 2002. 12. 27. 선고 2002두906 판결.
436) 이상윤, 84면.
437) 임종률, 150면.
438) 대법원 2000. 6. 9. 선고 98다13747 판결; 대법원 2001. 4. 10. 선고 98다13716 판결.

한 근로조건을 정한 개별 선원근로계약 부분은 유효하고 취업규칙에서 정한 기준에 우선하여 적용된다.[439]

Ⅳ. 균등한 처우

1. 의 의

가. 헌법 11조 1항과 근기법 6조

사용자는 근로자에 대하여 남녀의 성(性)을 이유로 차별적 대우를 하지 못하고, 국적 · 신앙 또는 사회적 신분을 이유로 근로조건에 대한 차별적 처우를 하지 못한다(근기법 6조). 헌법 11조 1항도 "모든 국민은 법 앞에 평등하다. 누구든지 성별 · 종교 또는 사회적 신분에 의하여 정치적 · 경제적 · 사회적 · 문화적 생활의 모든 영역에서 차별을 받지 아니한다."고 규정하고 있으나, 그 주체를 국민으로 한정하고 있고,[440] 적용범위에서도 국적에 의한 차별을 제외하고 있기 때문에, 근기법 6조는 독자적 의의를 가진다.[441] 위 규정에 담긴 법원칙을 일반적으로 균등대우원칙[442] 또는 차별금지원칙[443]이라고 부른다. 이는 근로관계에서 균등대우원

439) 대법원 2019. 11. 14. 선고 2018다200709 판결.

440) 그러나 헌법재판소는 외국인 근로자의 기본권주체성을 긍정하고 있다. 헌재 2007. 8. 30. 선고 2004헌마670 결정은 "근로의 권리가 '일할 자리에 관한 권리'만이 아니라 '일할 환경에 관한 권리'도 함께 내포하고 있는바, 후자는 인간의 존엄성에 대한 침해를 방어하기 위한 자유권적 기본권의 성격도 갖고 있어 건강한 작업환경, 일에 대한 정당한 보수, 합리적인 근로조건의 보장 등을 요구할 수 있는 권리 등을 포함하므로 외국인 근로자라고 하여 이 부분에까지 기본권 주체성을 부인할 수는 없다. 즉 근로의 권리의 구체적인 내용에 따라, 국가에 대하여 고용증진을 위한 사회적 · 경제적 정책을 요구할 수 있는 권리는 사회권적 기본권으로서 국민에 대하여만 인정해야 하지만, 자본주의 경제질서 하에서 근로자가 기본적 생활수단을 확보하고 인간의 존엄성을 보장받기 위하여 최소한의 근로조건을 요구할 수 있는 권리는 자유권적 기본권의 성격도 아울러 가지므로 이러한 경우 외국인 근로자에게도 그 기본권 주체성을 인정함이 타당하다."고 하였다.

441) 근기법 6조에서 정하고 있는 균등대우원칙이나 남녀고용평등과 일 · 가정 양립 지원에 관한 법률 8조에서 정하고 있는 동일가치노동 동일임금 원칙 등은 어느 것이나 헌법 11조 1항의 평등원칙을 근로관계에서 실질적으로 실현하기 위한 것이다. 대법원 2019. 3. 14. 선고 2015두46321 판결.

442) 법문상 표현을 그대로 살린 '균등처우원칙'보다는 '균등대우원칙'이라는 용어가 일반적으로 사용되고 있다. '처우'의 사전적 의미는 조처하여 대우함, 또는 그런 대우를 뜻하므로(국립국어원 홈페이지 http://www.korean.go.kr), '처우'와 '대우'는 같은 의미이다. 근로기준법 주해 Ⅰ(제2판), 415면.

443) 전윤구, 근로관계에서의 균등대우원칙에 관한 연구, 고려대 법학박사학위논문(2004), 11면은, 균등대우와 차별금지의 개념에 관하여 양자는 항상 비교대상의 존재를 전제하는 개념으로서 동일한 내용을 달리 표현한 것이라 할 수 있고, 사전적 의미로만 파악할 때 '균등대우'는 사용자의 적극적인 작위 의무를 강조하는 개념이라면, '차별금지'는 사용자의 소극적인 부작위 의무를 강조하는 개념이라 한다. 한편 문무기 · 윤문희, 근로자 균등대우 실현을 위한 노동법적 과제, 한국노동연구원(2007), 11면은,

칙을 선언한 총칙으로서 중요한 규범적 지위를 갖는다.[444)]

나. 차별의 개념

(1) 헌법상 평등원칙

헌법은 전문에서 "정치 · 경제 · 사회 · 문화의 모든 영역에서 각인의 기회를 균등히 하고…", "국민생활의 균등한 향상을 기하고…"라고 하고 있으며, 헌법 11조에서 평등권을, 32조 4항에서 여성근로자의 보호와 부당한 차별 금지를 규정하고 있다. 평등원칙은 국민의 기본권 보장에 관한 우리 헌법의 최고원리 중 하나로서 국가가 입법을 하거나 법을 해석하고 집행할 때 따라야 할 기준인 동시에, 국가에 대하여 합리적 이유 없이 불평등한 대우를 하지 말 것과 평등한 대우를 요구할 수 있는 모든 국민의 권리로서 국민의 기본권 중의 기본권이다.[445)] 다만 평등원칙은 일체의 차별적 대우를 부정하는 절대적 평등을 의미하는 것이 아니라 입법과 법의 적용에서 합리적인 근거가 없는 차별을 금지하는 상대적 평등을 뜻하므로, 합리적 근거가 있는 차별 또는 불평등은 평등원칙에 반하지 않는다.[446)] 합리적 근거가 있는 차별인지 여부는 그 차별이 인간의 존엄성 존중이라는 헌법 원리에 반하지 않으면서 정당한 입법 목적을 달성하기 위해 필요하고도 적정한 것인가를 기준으로 판단한다.[447)] 국민의 기본권에 관한 차별에서 합리적 근거가 있는 차별이라고 하기 위해서는 우선 그 차별의 목적이 헌법에 합치하는 정당한 것이어야 하고, 다음으로 차별의 기준이 그 목적의 실현을 위하여 실질적인 관계가 있어야 하며, 차별의 정도 또한 적정한 것이어야 한다.[448)]

(2) 일반적 의미의 차별

(가) 정 의

일반적으로 차별이란 조직이나 개인이 자신의 적법한 목적을 달성하기 위하여

균등을 차별이 제거된 결과적 상태라 하고, 이러한 결과적 상태를 유지하는 차별을 제거하는 행위가 균등대우라고 한다.

444) 김유성 Ⅰ, 35면. 근기법은 근로자의 모집과 채용에서 균등대우원칙이 적용되지 않고 있기 때문에 고용전반에서 위 조항이 일반법적 위치를 갖는 데에는 한계가 있다는 견해로는 문무기 · 윤문희, 75면.

445) 헌재 1989. 1. 25. 선고 88헌가7 결정.

446) 헌재 1998. 9. 30. 선고 98헌가7, 96헌바93 결정; 헌재 1999. 5. 27. 선고 98헌바26 결정.

447) 헌재 1994. 2. 24. 선고 92헌바43 결정; 헌재 1995. 2. 23. 선고 93헌바43 결정.

448) 헌재 1989. 5. 24. 선고 88헌가37 결정; 헌재 1996. 8. 29. 선고 93헌바57 결정.

개인 또는 개인들의 집단을 취급할 때, 서로 비교되는 개인 또는 개인들의 집단이 해당 목적에 비추어 본질적으로 같은 자격・조건을 갖추었음에도 불구하고 그들을 달리 취급하는 것 또는 달리 취급하게 된 것이라고 정의된다.[449] 이를 근로관계에 국한시켜 본다면, 고용 차별이란 고용 영역(채용에서 근로관계의 종료)이나 고용 관련 영역(직업훈련, 직업소개, 근로자단체 가입과 활동 등)에서 사회적으로 용납될 수 없는 일정한 사유에 근거하여 합리적 이유 없이 특정한 사람이나 집단을 불이익하게 대우하거나 그러한 결과를 초래하는 제도・관행・행위를 의미한다.[450]

'차별적 처우'란 사용자가 근로자를 임금 및 그 밖의 근로조건 등에서 합리적인 이유 없이 불리하게 처우하는 것을 의미하고, '합리적인 이유가 없는 경우'란 당해 근로자가 제공하는 근로의 내용을 종합적으로 고려하여 달리 처우할 필요성이 인정되지 아니하거나 달리 처우하는 경우에도 그 방법・정도 등이 적정하지 아니한 경우를 말한다.[451]

(나) 비교 대상의 존재

어떤 취급이 차별이라고 평가되기 위해서는 '서로 비교되는 개인들 또는 개인들의 집단', 즉 비교 대상이 존재하여야 한다. 이때 차별적 취급을 하였다고 주장되는 자(선박소유자)는, 차별을 당하였다고 주장하는 자(선원)와 그와 비교되는 자 양자 모두를 취급 내지 처우할 수 있는 위치에 있어야 한다. 만약 그러한 위치에 있지 아니한다면 이는 비교 대상이 존재하지 않음을 의미하고 따라서 차별 자체가 성립할 수 없음을 의미한다. 또한 비교 대상은 적절하게 그리고 특정하게 설정되어야 한다.[452]

(다) 상대적 평등

평등을 상대적 평등으로 이해하는 한 원칙적으로 모든 차별적 처우가 금지되는 것은 아니다. 즉 본질적으로 같은 자격・조건을 가진 자는 동일하게, 그 자격・조건에서 다른 자는 다르게 취급하는 것은 차별이 아니다. 그러나 본질적으로 같은 자격・조건을 갖추었음에도 불구하고 '달리 취급하는 것' 또는 '달리 취급

449) 국가인권위원회, 차별판단지침연구 태스크포스, 차별판단지침(2008), 1면.
450) 조용만, 고용차별금지법의 국제비교 －영미법계의 연령・장애 차별금지법제를 중심으로－, 한국노동연구원(2004), 12면.
451) 대법원 2019. 3. 14. 선고 2015두46321 판결.
452) 국가인권위원회, 1-2면.

하게 된 것'은 차별이다. '달리 취급하는 것'이란 그 달리 취급함이 의도적임을 함의하는데, 이러한 의도적 차별을 '직접차별'이라 한다. '달리 취급하게 된 것'이란 달리 취급할 의도는 없으나 결과적으로 달리 취급하게 된 것을 의미하며, 이러한 결과적 차별을 '간접차별'이라 한다.[453)]

(3) 직접차별

직접차별이란 특정집단에 속하는 개인을 그 집단에 속한다는 이유로 다른 집단에 속하는 다른 개인과 비교하여 합리적 이유 없이 불리하게 대우하는 행위, 즉 합리적 이유 없이 성이나 연령, 신체조건, 국적, 신앙, 성적 지향 등 개인(들)의 태생적 또는 후천적 속성을 기준으로 그 개인에 대해 불이익한 대우를 하는 것을 말한다.[454)] 국가인권위원회법 2조 4호 ㈎목은 직접차별과 관련하여 '평등권침해의 차별행위'를 "합리적인 이유 없이 성별, 종교, 장애, 나이, 사회적 신분, 출신지역(출생지, 등록기준지, 성년이 되기 전의 주된 거주지역 등을 말한다), 출신국가, 출신민족, 용모 등 신체조건, 기혼 · 미혼 · 별거 · 이혼 · 사별 · 재혼 · 사실혼 등 혼인 여부, 임신 또는 출산, 가족형태 또는 가족상황, 인종, 피부색, 사상 또는 정치적 의견, 형의 효력이 실효된 전과, 성적 지향, 학력, 병력 등을 이유로 고용(모집, 채용, 교육, 배치, 승진, 임금 및 임금 외의 금품 지급, 자금의 융자, 정년, 퇴직, 해고 등을 포함한다)과 관련하여 특정한 사람을 우대 · 배제 · 구별하거나 불리하게 대우하는 행위"라고 정의하고 있다.

(4) 간접차별

(가) 도입배경

간접차별이란 중립적인 기준을 적용하였으나 그 기준이 특정 집단이나 개인에게 현저하게 불리한 결과를 야기하고, 해당 기준이 정당한 것임이 증명될 수 없는 결과적 차별을 말한다.[455)] 간접차별의 개념은 직접적 · 의도적 차별을 법적으로 제재하자 차별의 형태가 점차 비가시적 · 간접적 차별로 변화됨에 따라 직접차별에 대한 규제만으로는 평등의 실현이 실질적으로 어렵고 사회적 소수자에 대한 편

---

453) 국가인권위원회, 3면.
454) 국가인권위원회, 4면.
455) 국가인권위원회, 17면.

견・통념・관습 등에 변화를 가져올 수 없다는 인식에 따라 도입되었다.[456]

(나) 직접차별과의 차이점[457]

첫째, 직접차별은 차별로 이어지는 조건을 달리하는 반면, 간접차별은 그 조건이 동일하다. 따라서 직접차별은 상대적으로 인식하기 용이하지만, 간접차별은 인식하기 쉽지 않다. 적용되는 조건이 동일하기 때문에 차별의 증명을 위해서 통계적 증명방법이 유용한 경우가 많다.

둘째, 직접차별은 비교에 의한 조건이나 취급의 차이에 대해 '합리적인 이유'가 있으면 차별로 인정되지 않으나, 간접차별은 조건이 동일하게 적용되기 때문에 '합리적 이유'인지 여부는 물을 필요가 없고 다만 기준 자체가 '정당'한 것인지 여부만 문제된다. 즉 간접차별에서는 적용되는 조건이 동일하기 때문에 현실적으로 그 조건을 충족할 수 있는지 여부와 관계없이 개념상 그 조건 자체는 비교 대상 근로자 모두에게 적용이 가능하고 그 조건을 충족할 수 있는 가능성이 있어야 한다.

셋째, 직접차별은 사용자의 차별 의사를 전제로 하는 반면, 간접차별은 사용자의 차별 의사가 필요하지 않다. 직접차별은 먼저 상이한 조건이나 취급에 대한 '이유'가 있고 다음으로 그것이 합리적인지 여부를 판단한다. 따라서 직접차별에는 특정 근로자를 다르게 취급하려는 사용자의 의도가 개념필연적으로 전제된다. 반면에 간접차별은 동일한 기준이 특정 근로자에게 미치는 '결과'에 주목하기 때문에 사용자의 주관적 의사는 전제되지 않는다.

넷째, 직접차별에서 채용 또는 근로의 조건을 달리하거나 그 밖의 불이익한 조치를 취하는 주체는 '항상' 당해 사용자이지만, 간접차별에서 문제되는 조건을 설정한 주체는 당해 사용자가 아닐 수도 있다. 간접차별에서 사용자는 사회통념상 인정되는 기준을 특별한 의식 없이 그대로 적용하는 것에 불과할 수도 있다.

---

456) 간접차별법리는 미연방대법원의 Griggs v. Duke Power Co., 401 U.S. 424 (1971) 사건에서 처음으로 전개되었는데, 위 판결은 "법은 명백한 차별만이 아니라 형식적으로는 공정하지만 차별적으로 기능하는 관행도 금지하고 있다. 기준은 사업상 필요성이다. 흑인을 배제하도록 기능하는 고용 관행에 대해 직무수행과 관련성이 있다는 사실을 증명할 수 없다면, 당해 관행은 금지된다."고 판시하였다. 이후 International Brotherhood of Teamsters v. United States, 431 U.S. 324 (1977) 사건에서 연방대법원은 다시 "불평등한 영향은 상이한 집단을 취급할 때 표면적으로는 중립적이지만 실제로는 다른 집단에 비하여 특정 집단을 가혹하게 처우하는 것으로서 사업상 필요에 의해 정당화될 수 없는 고용상 관행을 말한다. 차별적 동기에 대한 증명은 필요하지 않다"고 하여 이를 확인하고 있다.

457) 이승욱, "여성고용에서의 간접차별에 대한 실효적 규제를 위한 법적 규율", 노동법학 17호(2003. 12), 35-39면.

다섯째, 직접차별은 개인 또는 집단을 대상으로 행해질 수 있지만, 간접차별은 '항상' 집단을 대상으로 이루어진다. 즉 직접차별을 판단할 때에는 비교대상자가 개인 또는 집단이지만, 간접차별은 비교대상자가 집단이다. 간접차별에서 동일한 기준을 적용할 때 특정 근로자가 다른 근로자보다 현저하게 적은지 여부에 대한 판단은 집단적 비교를 전제로 하지 않으면 불가능하다. 뿐만 아니라 그 효과도 개인에게 미치는 것이 아니라 집단에게 미친다.

(다) 간접차별의 의의

간접차별과 직접차별의 이러한 차이는 간접차별의 의의를 시사하고 있다. 직접차별의 경우, '합리적인 이유'가 있는 차이는 법에서 금지되지 않으며 이때 '합리적인 이유'가 있는지 여부는 사회통념상 합리성으로 판단한다.[458] 그러나 사회통념이라는 개념 자체가 기존의 질서를 반영할 수밖에 없다.

간접차별은 어떤 기준이 현실적으로 미치는 영향 내지 결과를 주목한다. 그 기준이 중립적인 외양을 띠고 있더라도, 나아가 사회통념에 의해 뒷받침이 되고 있더라도, 결과에서 특정 근로자에게 불리한지 여부를 심판하는 것이다. 따라서 사용자가 전혀 차별의사 없이 관행적으로 사회통념에 따른 기준을 적용하여 왔더라도 간접차별이 될 수 있다. 이런 측면에서 볼 때 간접차별은 그 차별에 대한 시정이 개인적인 구제 차원에 머무르는 것이 아니라, 중립적 기준이나 사회통념 자체의 차별적 효과를 시정하도록 함으로써 전체 체제를 변화시키는 것이다. 그 결과 간접차별에 대한 구제는 그로 인해 불이익을 받은 개인, 즉 피해자에 대해서만이 아니라 그가 속한 집단 전체에 미친다. 간접차별은 현재의 장애를 제거하는 것이고, 이는 결과에서 평등을 지향하는 것 뿐 아니라 노동시장에 대한 기회의 재분배, 즉 미래를 향한 기회의 평등을 지향하는 것이다.[459]

근기법을 포함하여 '남녀고용평등과 일 · 가정 양립 지원에 관한 법률'(이하 '고용평등법'), '장애인차별금지 및 권리구제 등에 관한 법률'은 대체로 "(차별금지사유)를 이유로 차별하여서는 아니 된다"는 입법 형식을 취하는데 이때 '이유로'의 의미를 좁게 해석하면 차별행위자의 차별 의도의 존재를 요구하는 것으로서 직접차별만을 뜻한다고 볼 여지가 있지만, 넓게 해석하면 헌법 11조 1항의 "…성별 · 종교

458) 대법원 1996. 8. 23. 선고 94누13589 판결.
459) 근로기준법 주해 Ⅰ(제2판), 434면.

또는 사회적 신분에 의하여…차별을 아니 한다"에서 '의하여'에 해당하는 것이어서 직접차별은 물론 간접차별도 포괄할 수 있다.[460] 위 개별법상 차별금지 규정은 차별의 사유와 차별의 영역을 새로 창설한 것이 아니라 헌법상 평등권을 구체화하려는 데 입법 목적이 있으므로 위에서 본 넓은 의미로 해석함이 타당하다.[461] 근기법 6조의 '차별적 처우'도 직접차별 뿐 아니라 간접차별까지 포함한다는 견해가 있다.[462]

2. 차별금지의 사유

가. 성별에 의한 차별

(1) 의 의

성을 이유로 한 차별적 대우란 여성이라는 이유 이외에 다른 합리적인 이유 없이 여성에게 불리한 대우를 하는 것을 말한다.[463] 위와 같은 남녀 균등처우 조항을 구체화하고자 1987. 12. 4. 고용평등법이 제정되었다. 위 법 3조 2항은 "남녀고용평등의 실현과 일·가정의 양립에 관하여 다른 법률에 특별한 규정이 있는 경우 외에는 이 법에 따른다."고 규정함으로써 고용평등법이 남녀고용평등과 관련하여 기본법의 성격을 갖고 있음을 밝히고 있다.

(2) 성차별의 개념

(가) 직접차별

직접차별은 사업주가 근로자에게 성별, 혼인 또는 가족상의 지위, 임신, 출산 등의 사유로 합리적인 이유 없이 채용 또는 근로의 조건을 달리하거나 그 밖의 불이익한 조치를 취하는 경우를 말한다(고용평등법 2조 1항 본문). 여기에는 여성의 용모·키·체중 등의 신체적 조건이 포함된다(7조 2항). 또한 '성별'이라 함은 생물학적으로 구분된 성(sex)과 이에 근거하여 사회문화적으로 남성 또는 여성에게 요구되는 역할과 행동·기질로 형성되는 성(gender)을 포함한다. 그러므로 특정 성에 대한 집단적 평가나 전통적 역할관에 기초하여 남녀를 다르게 대우하는 것

460) 국가인권위원회, 20면.
461) 근로기준법 주해 I (제2판), 437면.
462) 김유성 I, 35면.
463) 대법원 1988. 12. 27. 선고 85다카657 판결.

은 성별(gender)에 의한 차별로 된다. '혼인 또는 가족상의 지위'는 미혼, 기혼, 이혼, 재혼, 사실혼 등의 혼인 상태나 가족부양 책임자, 가사노동 책임자 여부 등을 의미한다.[464)]

한편 고용평등법은 차별의 예외로, (i) 직무의 성질상 특정 성이 불가피하게 요구되는 경우, (ii) 근로 여성의 임신, 출산, 수유 등 모성보호를 위한 조치를 취하는 경우, (iii) 현존하는 차별을 해소하기 위하여 국가, 지방자치단체 또는 사업주가 잠정적으로 특정 성을 우대하는 조치를 취하는 경우를 규정하고 있다(2조 1호 단서 ㈎, ㈏, ㈐목).

(나) 간접차별

간접차별은 사업주가 채용조건이나 근로조건은 동일하게 적용하더라도 그 조건을 충족할 수 있는 남성 또는 여성이 다른 한 성에 비하여 현저히 적고 그에 따라 특정 성에게 불리한 결과를 초래하며 그 조건이 정당한 것임을 증명할 수 없는 경우를 말한다(고용평등법 2조 1호).

(3) 성차별의 유형

(가) 모집과 채용

모집·채용은, 신문·방송 등을 통한 광고 모집이나 직접 모집뿐 아니라, 직업안정기관에 대한 구인 신청·위탁 모집·연고 채용 등 명칭이나 방법에 관계없이 사업주가 불특정인에게 임금·근로시간 등 근로조건을 제시하고 근로를 권유한 후, 이들을 대상으로 시험 등을 거쳐 특정인을 선정하여 근로계약을 체결하는 행위를 말한다(남녀고용평등 업무처리 규정 4조). 여기에는 모집·채용과 관련한 제반 절차와 선발 기준의 설정, 채용 조건의 부과도 포함된다.[465)]

(나) 동일가치노동·동일임금 원칙

임금의 평등 대우를 구현하려는 법원칙은 동일한 노동에 종사하는 근로자들에게는 동일한 임금이 지급되어야 한다는 '동일노동·동일임금원칙'으로 출발하였다. 그런데 성별에 따라 역할과 능력이 다르다고 보는 전통적 성별분업관 등에 의해 직무·직종·직급이 성별로 분리되어 있어 남녀가 동일노동에 종사하는 경우

---

464) 김엘림, "고용상 성차별의 개념과 판단기준", 노동법학 15호(2002. 12), 7면.
465) 신명·윤자야·이원희, 여성노동 관련법실무 –남녀고용평등법을 중심으로–, 중앙경제(2006), 81면.

가 드문 노동현실상 '동일노동 · 동일임금원칙'은 남녀임금차별문제에 실제로 적용되기가 어려운 문제가 있었다. 이러한 문제를 감안하여 남녀가 동일한 노동 뿐 아니라 거의 차이가 없는 유사한 노동, 다르지만 동일한 가치가 있다고 평가되는 노동에 종사하면 동일 임금을 지급하도록 함으로써 임금 부문에서 평등대우 원칙을 보다 넓은 범위로 확장하고 실효화하고자 '동일가치노동 · 동일임금원칙'이 생성되었다.[466] 동일가치노동 · 동일임금원칙은 국제기구와 세계 많은 국가에서 보편적으로 채택되고 있는 노동법의 핵심기본원칙이다.[467]

'동일가치의 노동'이라 함은 당해 사업장 내의 서로 비교되는 남녀 간의 노동이 동일하거나 실질적으로 거의 같은 성질의 노동 또는 그 직무가 다소 다르더라도 객관적인 직무평가 등에 의하여 본질적으로 동일한 가치가 있다고 인정되는 노동에 해당하는 것을 말하고, 동일가치의 노동인지 여부는 고용평등법 8조 2항이 규정한, 직무 수행에서 요구되는 기술, 노력, 책임 및 작업 조건을 비롯하여 근로자의 학력 · 경력 · 근속연수 등의 기준을 종합적으로 고려하여 판단하여야 한다.[468] 남녀고용평등 업무처리 규정 4조는 위 원칙의 평가방법, 임금차별로 보는 경우, 임금차별로 보지 않는 경우에 관하여 규정하고 있다.

갑이 국립대학인 A 대학과 시간강사를 전업과 비전업으로 구분하여 시간당 강의료를 차등지급하는 내용의 근로계약을 체결하고 자신이 전업강사에 해당한다고 고지함에 따라 전업 시간강사 단가를 기준으로 3월분 강의료를 지급받았는데, 국

466) 이승욱 · 김엘림, 여성고용에서의 차별판단기준, 노동부(2005), 252면.

467) ILO는 ILO 헌장에 근로조건을 개선하기 위한 방안으로 이 원칙의 이행이 필요함을 명시하였다. ILO는 1951. 6. 29. '동일가치노동에 대한 남녀동일보수에 관한 협약'(100호, Convention concerning Equal Remuneration for Men and Women Workers for Work of Equal Value)과 이에 관한 권고(90호)를 채택함으로써 이 원칙을 남녀임금차별문제에 관한 국제노동기준으로 확립시켰다. 1953. 5. 23. 발효된 이 협약을 우리나라는 1997. 11. 18. 비준하였다. UN은 1966. 12. 16. 채택한 '경제적 · 사회적 및 문화적 권리에 관한 국제규약'(International Covenant on Economic, Social and Cultural Rights, 'A규약')에서 규약의 당사국이 모든 근로자에게 최소한으로 보수에 관하여 보장하여야 할 사항의 하나로 '공정하고 어떠한 종류의 차별도 없이 동일가치의 노동에 대한 동일 보수를 받는 것'과 '특히 여성들이 동일한 노동에 대한 동일한 보수와 함께 남성이 향유하는 것보다 열등하지 아니한 근로조건을 보장받는 것'[7조 (a)(i)]을 규정하였다. 1976. 1. 3. 발효된 이 협약을 우리나라는 1990. 4. 10. 비준하였다. 근로기준법 주해 Ⅰ(제2판), 470-471면.

468) 대법원 2003. 3. 14. 선고 2002도3883 판결; '동일 가치의 노동'이란 당해 사업장 내의 서로 비교되는 노동이 동일하거나 실질적으로 거의 같은 성질의 노동 또는 직무가 다소 다르더라도 객관적인 직무평가 등에 의하여 본질적으로 동일한 가치가 있다고 인정되는 노동에 해당하는 것을 말하고, 동일 가치의 노동인지는 직무 수행에서 요구되는 기술, 노력, 책임 및 작업조건을 비롯하여 근로자의 학력 · 경력 · 근속연수 등의 기준을 종합적으로 고려하여 판단하여야 한다(대법원 2019. 3. 14. 선고 2015두46321 판결).

민연금공단으로부터 '갑이 부동산임대사업자로서 별도의 수입이 있는 사람에 해당한다'는 사실을 통보받은 A 대학 총장이 이미 지급한 3월분 강사료 중 비전업 시간강사료와의 차액 반환을 통보하고, 4월분과 5월분의 비전업 시간강사료를 지급한(이하 차액 반환통보 및 감액지급을 '각 처분'이라 한다) 사안에서, 대법원은 "근로계약서상의 전업·비전업 기준이 국립대학교인 A 대학교에 전속되어 일하여야 한다는 것인지, 출강은 어느 대학이든 자유로 할 수 있으나 시간강사 외의 일은 하지 않아야 한다는 것인지, 강사료 외에는 다른 소득이 없어야 한다는 것인지 분명하지 않고, 이를 어떻게 이해하더라도 시간제 근로자인 시간강사에 대하여 근로제공에 대한 대가로서 기본급 성격의 임금인 강사료를 근로의 내용과 무관한 사정에 따라 차등을 두는 것은 합리적이지 않은 점, 시간강사에 대한 열악한 처우를 개선할 의도로 강사료 단가를 인상하고자 하였으나 예산 사정으로 부득이 전업 여부에 따라 강사료 단가에 차등을 둔 것이라는 사용자 측의 재정 상황은 시간제 근로자인 시간강사의 근로 내용과는 무관한 것으로서 동일한 가치의 노동을 차별적으로 처우하는 데 대한 합리적인 이유가 될 수 없는 점 등을 종합하면, 위 각 처분은 위법하다."고 판시하였다.[469]

(다) 임금 외의 금품 등 복리후생의 차별 금지

'임금 외의 금품'이라 함은 근기법 18조의 규정에 의한 임금 외의 일체의 금품을 말한다(남녀고용평등 업무처리 규정 5조 1항). 선원의 경우 금전만이 임금에 해당하므로(법 2조 10호), 현물은 모두 임금 외의 금품에 포함된다. 여기에는 근로의 질·양 등에 관계없이 근로자에게 부여되는 주택대여 또는 주택수당·가족수당·교통수당·통근수당·김장수당 등 복리후생적 수당, 주택구입자금 대출 등과 같은 생활보조적 또는 후생적 금품을 의미한다.

(라) 교육·배치·승진 등

사업주는 근로자의 교육·배치 및 승진에서 남녀를 차별하여서는 아니 된다(고용평등법 10조). 즉 남녀 모두에게 동일한 고용 기회를 부여받을 권리, 직업과 고용의 자유로운 선택권, 배치·전환에 따른 승진, 교육의 기회에 의한 직장 안정, 직업훈련과 재훈련을 받을 권리를 보장함으로써 실질적 남녀평등을 실현하기

---

469) 대법원 2019. 3. 14. 선고 2015두46321 판결.

위하여 사업주에게 차별금지를 의무화하고 있다.[470)]

(마) 정년 · 퇴직 · 선원근로계약의 해지

사업주는 근로자의 정년 · 퇴직 및 해고에서 남녀를 차별하여서는 아니 되고(고용평등법 11조 1항), 여성 근로자의 혼인, 임신 또는 출산을 퇴직 사유로 예정하는 근로계약을 체결하여서는 아니 된다(11조 2항). 정년이란 근로자의 계속 근로의사 및 능력에 관계없이 사업장의 단체협약, 취업규칙, 근로계약 등에서 근로관계가 종료되도록 정한 연령을 말한다(남녀고용평등 업무처리 규정 9조 1항). 퇴직이란 근로자에 의한 근로계약의 해지뿐만 아니라 근로자의 사망 · 기업의 소멸 · 정년 등도 포함하여 근로관계가 종료되는 것을 말한다(위 규정 10조 1항). 해고란 근로자의 의사와는 관계없이 사용자가 일방적인 의사표시로 장래에 대하여 근로관계를 소멸시키는 것을 말한다(위 규정 11조 1항).

(바) 직장 내 성희롱

직장 내 성희롱이란 사업주 · 상급자 또는 근로자가 직장 내의 지위를 이용하거나 업무와 관련하여 다른 근로자에게 성적 언동 등으로 성적 굴욕감 또는 혐오감을 느끼게 하거나 성적 언동 또는 그 밖의 요구 등에 따르지 아니하였다는 이유로 고용에서 불이익을 주는 것을 말한다(고용평등법 2조 2호). 사업주는 고객 등 업무와 밀접한 관련이 있는 자가 업무수행 과정에서 성적인 언동 등을 통하여 근로자에게 성적 굴욕감 또는 혐오감 등을 느끼게 하여 해당 근로자가 그로 인한 고충 해소를 요청할 경우 근무 장소 변경, 배치전환 등 가능한 조치를 취하도록 노력하여야 한다(14조의2 1항). 성희롱 행위는 평등권 침해의 차별행위에 해당하고,[471)] 고용평등법 12조는 직장 내 성희롱을 금지하고 있다.

사업주는 직장 내 성희롱 발생이 확인된 경우 지체 없이 행위자에 대하여 징계나 그 밖에 이에 준하는 조치를 하여야 하고(14조 1항), 직장 내 성희롱과 관련하여 피해를 입은 근로자 또는 성희롱 피해 발생을 주장하는 근로자에게 해고나 그 밖의 불리한 조치를 하여서는 아니 된다(14조 2항). 사업주는 근로자가 고객 등 업무와 밀접한 관련이 있는 자가 행한 성희롱 피해를 주장하거나 고객 등으로부터의 성적 요구 등에 불응한 것을 이유로 해고나 그 밖의 불이익한 조치를 하여서

---

470) 신명 · 윤자야 · 이원희, 109면.

471) 국가인권위원회법 2조 4호 ㈑목; 대법원 2009. 4. 9. 선고 2008두16070 판결.

는 아니 된다(14조의2 2항). 이는 해당 근로자에게 불이익을 줌으로써 직장 내 성희롱을 은폐하거나 반복할 우려를 방지하려는 것이다.

나. 국적에 의한 차별

(1) 국적의 개념

국적이라 함은 국민이 되는 자격으로 곧 어느 나라 국민인가를 말한다. 특정 국적에 대한 차별대우가 문제되는 것은 주로 내국인 근로자와 외국인 근로자[472] 사이의 차별적 대우이지만, 특정 외국의 국적을 가진 근로자와 다른 외국의 국적을 가진 근로자 사이의 차별도 여기에 포함된다.[473] 이중국적자 또는 무국적자도 차별금지사유인 국적의 범주에 포함된다.[474]

(2) 차별대우의 금지와 판단 방법

국적을 이유로 한 근로조건상 차별대우는 금지된다. '외국인 근로자의 고용 등에 관한 법률' 22조는 "사용자는 외국인 근로자라는 이유로 부당한 차별적 처우를 하여서는 아니 된다."라고 규정하고 있다.[475] 국적에 따라 근로조건을 차별한 것

---

472) '외국인 근로자의 고용 등에 관한 법률' 2조는 외국인 근로자를, "대한민국의 국적을 가지지 아니한 사람으로서 국내에 소재하고 있는 사업 또는 사업장에서 임금을 목적으로 근로를 제공하고 있거나 제공하려는 사람을 말한다. 다만, 출입국관리법 18조 1항에 따라 취업활동을 할 수 있는 체류자격을 받은 외국인 중 취업분야 또는 체류기간 등을 고려하여 대통령령으로 정하는 사람은 제외한다."고 규정하고 있다. UN, ILO 등 국제기구는 외국인 근로자(foreign workers)라는 용어를 사용하지 않고, 이주근로자(migrant workers)라는 개념을 사용하고 있다. UN의 이주근로자 권리조약에 의하면, 이주근로자는 '자기의 국적국이 아닌 나라에서 보수 활동에 종사하는 것이 예정되었거나 현재 종사하고 있거나 또는 종사하여 온 자'를 의미한다.

473) 이상윤, 114-115면.

474) 김유성 Ⅰ, 34면; 이상윤, 115면.

475) 선원최저임금고시 1항은 고시의 적용대상으로 구 선원법 3조 1호의 규정에 의한 '선원'이라고 규정하고 있고, 구 선원법 3조 1호는 국적에 따른 제한을 두지 않고 있으며, 선원최저임금고시 2. 나. 3)항에 외국인 선원에 대한 적용의 특례를 인정하고 있어 선원최저임금고시 조항 중 그 특례가 적용되지 않는 부분은 외국인 선원에 대해서도 적용됨을 전제로 하고 있는 점에 비추어, 선원최저임금고시는 그 적용의 특례를 정하지 않은 사항에 대해서는 내국인 선원뿐만 아니라 외국인 선원에 대해서도 적용된다고 해석해야 하는 점, 구 어재법 16조 1항에 의하면 위 법을 적용받는 어선의 소유자는 당연히 어선원재해보상보험의 보험가입자가 되고, 근기법 6조에 의하면 사용자는 근로자에 대하여 국적을 이유로 근로조건에 대한 차별적 처우를 하지 못하며, '외국인 근로자의 고용 등에 관한 법률' 22조에 의하면 사용자는 외국인 근로자라는 이유로 부당하게 차별하여 처우하여서는 안 되므로, 어선의 소유자는 어선원재해보상보험의 가입 등과 관련하여 외국인 선원과 내국인 선원을 부당하게 차별하여서는 안 되는 점 등을 이유로, 외국인 어선원의 재해보상시 적용되는 통상임금 최저액과 승선평균임금은 내국인 어선원과 동일하다고 판시한 사례로는 대법원 2016. 12. 29. 선고 2013두5821 판결(船); '어선원재해보상보험에서 보장하는 보험금 지급 시 적용되는 통상임금 및 승선평균임금 최저액을 외국인 선원 최저임금과 동일한 금액으로 한다'는 외국인 선원 단체협약(2018. 5. 14. 개정된 것) 10조 2항은 선원 최저임금 고시(해양수산부고시 2019-184호)에서 단체협약에 위임한 범위를 넘는 부분까

이 근기법 6조 위반인지 여부는 외국인 근로자와 내국인 근로자 사이의 근로조건 등을 종합적으로 비교하여 판단하여야 하고, 이러한 차별이 국적만을 이유로 한 것인지, 아니면 업무 능력, 직무, 경력 등에 따른 합리적인 차등인지 여부를 구체적으로 검토하여 판단하여야 한다.[476] 외국인 선원에 대하여도 국내 선원과 마찬가지로 선원법상 퇴직금 지급에 관한 규정이나 최저임금의 보장에 관한 규정이 그대로 적용된다.[477]

(3) 차별대우의 정당화 사유

외국인 근로자에 대하여는 적어도 다음 두 가지 점이 외국인 근로자에 대한 별개의 취급을 정당화하는 실질적 사유가 될 수 있다. 하나는 법규에 의해 직접·간접적으로 별개 취급이 정당화되는 경우로서, 체류 자격 제도나 직업 소개 제도에 관한 규정, 사회보험 입법에 의한 특별 취급 등을 들 수 있다. 다른 하나는 외국인 근로자가 처한 특수한 사정, 예를 들어 한국어 지식의 결여, 근무 기한의 짧음, 교육 정도의 저하, 업무 능력의 저하 등을 이유로 한 별개 취급이다.[478]

(4) 불법체류 외국인 근로자

일단 취업하여 근로자성이 인정되는 외국인 근로자는 체류자격 구비 여부와 상관없이 내국인 근로자와 균등한 대우를 받아야 한다.[479] 판례[480]에 따를 경우, 사용자나 근로자는 출입국관리법 규정의 위반사실로 언제든지 근로계약을 해지할 수 있고, 계약이 해지되면 근로관계가 종료되지만, 해지되기 전까지는 계약관계가 계속된다. 출입국관리법 위반사실만으로 근로계약이 무효로 되는 것은 아니므로, 근로를 제공한 불법체류 외국인 근로자에게는 그 제공한 노무에 대한 임금청구권이 인정된다.[481]

지 규정한 것으로서 효력이 없고, 외국인 어선원의 경우에도 내국인 어선원과 마찬가지로 위 고시 2의 가.항 2호가 정한 '어선원의 재해보상 시 적용되는 승선평균임금'을 기준으로 산정한 장해급여(장해보상일시금)를 지급하여야 한다(서울행법 2021. 8. 20. 선고 2021구단55022 판결).

476) 이상윤, 115면.

477) 대법원 2006. 12. 7. 선고 2006다53627 판결.

478) 김유성, "외국인 근로자와 노동관계법의 적용", 비상근연구위원 논문집 8집, 법무연수원(1994. 12), 64-65면.

479) 근로기준법 주해 Ⅰ(제2판), 561면.

480) 대법원 1995. 9. 15. 선고 94누12067 판결.

481) 대법원 2015. 6. 25. 선고 2007두4995 전원합의체 판결; 서울지법 1997. 4. 4. 선고 96나55661 판결.

출입국관리 법령에서 외국인 고용제한규정을 두고 있는 것은 취업활동을 할 수 있는 체류자격(이하 '취업자격') 없는 외국인의 고용이라는 사실적 행위 자체를 금지하고자 하는 것뿐이지, 나아가 취업자격 없는 외국인이 사실상 제공한 근로에 따른 권리나 이미 형성된 근로관계에서 근로자로서의 신분에 따른 노동관계법상 제반 권리 등의 법률효과까지 금지하려는 것으로 보기는 어렵다. 따라서 타인과의 사용종속관계 하에서 근로를 제공하고 그 대가로 임금 등을 받아 생활하는 사람은 노조법상 근로자에 해당하고, 노조법상 근로자성이 인정되는 한, 그러한 근로자가 외국인인지 여부나 취업자격의 유무에 따라 노조법상 근로자의 범위에 포함된다.[482)]

그러나 불법체류 근로자의 지위가 합법체류 근로자의 지위와 동일한 것은 아니다. 국제인권조약에도 합법체류 근로자에게는 보장되지만 불법체류 근로자에게 인정이 되지 않는 권리들이 있다. 불법체류 근로자는 고용국 안에서 이동할 자유와 직업선택의 자유, 해고에 대한 보호와 실업수당 등에 관한 동등 대우, 가족을 초청하여 결합할 수 있는 권리 등이 대체로 보호되지 않는다.[483)]

다. 신앙에 의한 차별

신앙이란 사람이 믿고 따르는 것으로 종교적인 것 외에 정치적 신조, 나아가 특정한 사상이나 이념의 지향까지 포함하는 넓은 개념이다.[484)] 사용자는 특정 종교를 가지고 있거나, 종교가 없음을 이유로 근로조건에 관해 근로자에게 차별적인 대우를 하지 못한다.[485)] 예를 들면, 종업원이 회사의 종교 행사에 참가하는 것을 거부하였다고 하여 이에 대하여 차별대우를 하거나, 채용 당시 정치적 신념 등에 관련된 어떠한 사실을 감추었다는 이유로 근로자를 징계해고하는 것은 근기법 6조 위반이다. 근로자의 내면적 신앙의 자유는 절대적이나, 이러한 신앙·신념이 외부로 표출되어 특정 신앙·신념에 따른 행동으로 나타나 이를 이유로 한 차별이 행하여진 경우에는 기업질서와 관련성, 즉 차별대우의 내용과 정도가 그 행동

---

482) 대법원 2015. 6. 25. 선고 2007두4995 전원합의체 판결.

483) 최홍엽, "불법체류근로자와 내외국인평등의 원칙", 국제판례연구 1집, 박영사(1999. 12), 345면.

484) 김유성 Ⅰ, 34면; 임종률, 391면. 이와 반대로 신앙이란 종교적 신념을 의미하므로 그 개념에 정치적 신조는 포함되지 아니하나, 정치적 신조를 이유로 하는 차별대우는 금지된다고 보는 견해로는 이상윤, 116면.

485) 이상윤, 114-115면.

에 의한 기업질서 침해의 정도와 균형을 이루는가에 의하여 판단하여야 한다.[486] 그 행동에 의하여 침해되는 기업질서나 근로계약의 내용이 근로관계의 존속을 기대할 수 없을 정도일 때에는 그와 같은 차별대우가 위법한 것이라 할 수 없다. 근로시간 중에 종교행사를 하여 기업의 질서가 문란하게 되는 것을 이유로 그 종교행사를 제한하는 것은 근기법 6조 위반이 아니다.[487]

라. 사회적 신분에 의한 차별

사회적 신분이란 사회에서 장기간 점하는 지위로서 일정한 사회적 평가를 수반하는 것을 말한다.[488] 근기법 6조에서 규정한 사회적 신분이 선천적 신분만을 의미한다고 보는 견해[489]도 있으나, 사회적 신분이란 자기 의사에 의해서도 피할 수 없는 후천적 신분이나 지위도 포함된다는 것이 다수설이다.[490]

사회적 신분에는 출생 또는 출신 지역, 피부색, 인종, 귀화인 또는 그 후손, 가문 또는 혈연과 같은 생래적인 것뿐만 아니라 학연관계, 전과자, 파산자, 전과자, 법률상 채용의무로 채용된 근로자,[491] 생산직과 사무직, 극빈자, 고아, 두 회사의 합병에서 어느 한 회사의 종업원 등 후천적으로 근로자가 상당 기간 동안 차지하고 있고 개인의 의사로 쉽게 변경할 수 없는 인격적 표지로서 소수자의 차별로 연결되기 쉬운 사회적 지위가 포함된다.[492]

3. 위반의 효과와 구제수단

가. 위반의 효과

현행 고용법제의 차별금지 규정은 국가인권위원회법을 제외하고는 이를 모두 강행법규로 해석하여야 한다. 차별금지 규정을 강행규정으로 이해할 경우 이를 위반한 행위의 사법적 효력은 무효이다.[493] 위반행위를 무효로 보는 것이 구제로서

---

486) 근로기준법 주해 Ⅰ(제2판), 568면.
487) 근로기준법 주해 Ⅰ(제2판), 568면.
488) 헌재 1995. 2. 23. 선고 93헌바43 결정.
489) 박상필, 한국노동법(전정판), 대왕사(1988), 153면.
490) 김유성 Ⅰ, 34면; 임종률, 392면.
491) 대법원 2002. 2. 26. 선고 2000다39063 판결.
492) 근로기준법 주해 Ⅰ(제2판), 571면.
493) 근로기준법 주해 Ⅰ(제2판), 772-773면.

의미있는 경우란 사용자의 구체적인 지시과정에서 이루어진 차별이나 해고의 차별에 국한될 뿐이다. 나머지 영역, 예를 들어 임의적인 추가 급여를 포함한 임금 차별, 성별에 따른 채용이나 승진 차별 등의 경우에는 무효의 법리가 차별받은 근로자에게 별다른 도움이 되지 않는다. 오히려 이 경우에는 위반 행위를 무효로 보는 문제가 아니라, 이에 대해 사용자에게 균등대우라는 적극적인 행위 의무가 부과되어야 한다.

나. 모집 · 채용 차별의 구제

모집과 채용 단계의 차별에 대하여는 근기법이 적용되지 않고, 다만 고용평등법, 장애인차별금지법은 모집과 채용 단계에서 성차별, 장애인 차별을 금지하고 있다. 그 법률의 차별금지 규정은 강행법적 효력을 가지고 사법상 청구권의 근거가 된다.

(1) 채용청구권 인정 가능성

근로자가 모집 · 채용 과정에서 차별받은 것에 기해 사용자에게 자신을 채용할 것을 청구할 수 있는지, 즉 채용청구권을 인정할 수 있는지 문제된다. 이에 관하여 (i) 금지규정의 성격은 사용자에게 채용 때부터 특정 성에게 차별하지 못하도록 하는 노력의무 규정이며 이를 위반한 모집 채용 행위는 무효가 아니고 벌칙 규정의 적용만이 문제된다는 견해,[494] (ii) 금지규정을 위반한 것에 대하여는 불법행위에 기한 손해배상청구권만 인정되고 채용청구권은 인정될 수 없다는 견해,[495] (iii) 원칙적으로 모집 단계에서 차별적 조치로 채용되지 않은 자에 대해 채용청구권을 인정하되, 다른 사람이 그 직책을 차지하고 있는 경우에는 동일하거나 유사한 직책으로 채용할 청구권을 부여하고, 그러한 자리가 없는 경우에는 금전적인 손해배상을 명하는 방법을 제안하는 견해[496] 등이 제시되고 있다.

(2) 손해배상청구권

차별적 모집 · 채용으로 인해 채용되지 못한 근로자는 사용자에 대하여 민사상 손해배상청구권을 가진다. 손해배상청구권의 성립(불법행위의 성립)과 관련해서는,

494) 이승길, "남녀고용평등법상의 모집 · 채용 차별", 노동법률 131호(2002. 4), 106면.
495) 전윤구, 296-297면.
496) 이승욱, 61면.

간접차별의 경우 직접차별과는 달리 사용자에게 차별에 대한 인식이 없고 의사도 전제되지 않는다. 뿐만 아니라 사용자는 지금까지 사회통념에 의해 중립적이라고 인정받아왔던 기준을 그대로 적용한 것에 지나지 않기 때문에 과실을 인정하기 곤란하다는 문제가 있다. 이에 관하여는 최소한 과실은 인정할 가능성이 있다는 견해가 있다.[497] 손해배상의 범위와 관련하여서는 일응 산정할 수 있는 손해배상의 액수는 차별 없이 채용되었더라면 지급받았을 임금 상당의 손실액이다.[498] 그러나 통상 기간의 정함이 없이 채용되는 경우가 일반적이어서 손해배상의 범위가 무한정 확대된다는 문제가 있다.[499] 차별적 모집・채용으로 말미암은 인격권침해를 이유로 정신적 손해배상을 청구하는 것은 가능하다.

다. 임금 차별의 구제

사용자의 임금차별을 시정하는 방법은 다른 근로자에게 제공된 임금 자체는 인정하면서 차별받은 근로자에게 추가적인 임금 차액을 지급하는 것이다. 한편 임금차별로 인하여 근로자가 받은 정신적 고통은 원칙적으로 이행청구권의 행사를 통한 임금 차액의 전보와 함께 회복된 것으로 보아야 하므로 이와 다른 별도의 불법행위가 성립되었는지 여부에 따라 정신적 손해에 대한 배상 여부가 정해진다.[500]

라. 해고 차별의 구제

만약 동일 또는 유사한 해고 사유가 있는 복수의 근로자 중에서 합리적 이유 없이 일부 근로자만을 해고하는 경우 그 해고는 균등대우원칙에 반하여 무효이다. 일단 해고가 무효라면 특별한 사정이 없는 한 통상적인 부당해고에 대한 구제를 받을 수 있다. 즉 이에 따라 해고된 근로자는 해고기간 동안의 임금청구권을 가지고, 만일 차별적 해고로 인해 인격권이 침해당하는 불법행위 요건이 충족된다면 정신적 손해배상도 청구할 수 있다.

---

497) 이승욱, 60-62면. 아울러 이 견해는 무과실책임을 명시하는 입법론을 제시한다.

498) 근로기준법 주해 I (제2판), 779면.

499) 차별로 인하여 채용되지 않아 상실하게 된 임금보전은 무제한적으로 확대될 가능성이 있고, 그 결과 실제로는 사용자에 대한 계약체결에 대한 간접강제의 효과를 가지기 때문에 이는 계약체결의 자유와 양립하기 어렵고, 결국 이러한 내용을 갖는 재산적 손해의 배상은 채용차별의 구제방법으로 상정해서는 안 된다는 견해로는 전윤구, 298-299면.

500) 근로기준법 주해 I (제2판), 782면.

Ⅴ. 폭행의 금지

1. 의 의

사용자는 사고의 발생이나 그 밖의 어떠한 이유로도 근로자에게 폭행을 하지 못한다(근기법 8조). 폭행은 근로자가 인간으로서 가지는 존엄성을 직접적으로 침해하는 것임과 동시에 봉건적 근로관계의 전형적 잔재다. 8조는 근로관계에서 발생할 수 있는 폭행을 금지함으로써 근로자의 인격권을 보호하고, 근로관계의 전근대성을 타파하려는 데 목적이 있다.[501] 원래 근로자가 사고를 냈다든가 그 밖의 근무상 부주의로 사용자에게 손해를 입힌 경우, 사용자는 근로계약상 채무불이행, 취업규칙 위반을 이유로 한 제재, 민법상 불법행위 규정에 따라 손해배상을 청구하거나 제재를 가하면 그것으로 충분하다. 그러나 봉건적 근로관계 하에서는 근로자를 하나의 상품과 같이 취급하여 폭행이나 구타를 예사로 자행해 왔던 까닭에 전근대적인 신분적 종속관계에서 오는 악습을 배제하기 위하여 8조가 제정된 것이다.[502]

2. 내 용

폭행의 주체가 되는 사용자는 근기법 2조 1항 2호의 사용자로서, '사업주 또는 사업 경영 담당자, 그 밖에 근로자에 관한 사항에 대하여 사업주를 위하여 행위하는 자'를 말한다. 폭행의 장소가 사업장 밖 또는 근무시간 외에서 일어났다 하더라도 사용자의 지휘·명령 아래서 이루어진 경우에는 사용자에게 책임을 물을 수 있다.[503]

폭행이 형법상 폭행죄(형법 260조)의 폭행과 같이 사람의 신체에 대한 유형력의 행사만을 의미하는 것인지, 아니면 그보다 광의로 이해하여 사람에 대한 유형력의 행사뿐만 아니라 물건에 대한 것일지라도 간접적으로 사람에 대한 것이면 충분한 것으로 이해할 것인지 문제된다. 폭행은 신체적인 훼손을 가져오는 물리적

---

501) 김유성 Ⅰ, 43면.
502) 변호사가 풀어주는 노동법 I(개정3판), 36면.
503) 대법원 1989. 2. 28. 선고 88다카8683 판결.

인 행동에 한정되지 않는다는 견해,[504] 사람의 신체에 대한 유형력의 행사만을 의미하는 것으로 보아야 한다는 견해[505]가 대립하고 있다.

사람의 신체에 대한 유형력의 행사는 반드시 근로자의 신체에 직접 물리적으로 접촉하는 것에 한정하지 않는다. 이와 관련하여 이 조항에서 금지하는 행위는 육체상 고통을 수반하여야 하는 것이 아니므로 폭언을 수차례 반복하는 것도 폭행에 해당한다고 보는 견해,[506] 반복된 폭언이 폭행에 해당하기 위해서는 사람의 신체에 고통을 줄 수 있을 정도의 물리력(음향)을 의미할 수 있는 것으로 평가될 수 있는 경우에 한한다는 견해[507]가 대립하고 있다. 유형력의 행사 정도는 육체적·생리적인 고통을 줄 정도에 이르지 않더라도 심리적 고통을 포함하여 무엇인가 고통을 줄 정도에 이르면 충분하다.[508]

'사고의 발생'이란 사업장에서 근로과정 중에 일어나는 사고의 발생을 말하며, 그것이 고의 또는 과실에 의한 것인지를 묻지 않는다.[509] '그 밖의 어떠한 이유'라 함은 선원이 선내 질서유지에 지장을 초래하였기 때문이라든가 또는 상사가 부하 직원을 지도하기 위한 의도에서였다는 등 사고발생을 제외하고 근로관계에서 발생하는 모든 이유를 말한다.[510] 이러한 사유에는 직장질서의 문란 야기, 무단결근 등 징계사유가 되는 행위, 상사의 지시 불복종과 반항 행위, 선박소유자의 부당노동행위나 그 밖의 노동관계 법령 위반 사실을 신고하는 행위 등이 해당된다.

3. 효 과

근기법 8조에 위반하여 선원에게 폭행을 한 자는 5년 이하의 징역 또는 3,000만 원 이하의 벌금에 처한다(법 5조 1항, 근기법 107조). 선박소유자가 선원에게 폭행을 한 경우 근로관계와 상관없이 사적인 문제로 행한 폭행에 대해서는 형법이 적용되나, 근로관계에서 발생한 폭행은 근기법 8조 위반이 된다.[511] 따라서 업무

504) 변호사가 풀어주는 노동법 I(개정3판), 36면.
505) 근로기준법 주해 Ⅰ(제2판), 796면.
506) 김유성 Ⅰ, 44면; 서울서부지법 2018. 11. 9. 선고 2018고단2594 판결.
507) 근로기준법 주해 Ⅰ(제2판), 796면.
508) 근로기준법 주해 Ⅰ(제2판), 796면.
509) 변호사가 풀어주는 노동법 I(개정3판), 37면.
510) 변호사가 풀어주는 노동법 I(개정3판), 37면.
511) 근로기준법 주해 Ⅰ(제2판), 797면.

시간 중이라도 업무와 관련 없이 발생한 폭행은 형법상 폭행죄가 성립하는 반면, 업무시간 외에 사업장 밖에서 발생한 폭행이라 하더라도 업무와 관련되어 발생하였다면 근기법 8조 위반이 된다. 형법상 폭행(형법 260조)이 피해자의 의사에 반하여 죄를 논할 수 없는 반의사불벌죄이고, 법정형이 2년 이하의 징역 또는 1,000만원 이하의 벌금인 점과 비교하여, 근기법 8조의 폭행금지는 처벌 조건에 제한이 없고 법정형이 가중되어 있다.

Ⅵ. 중간착취의 배제

1. 의 의

누구든지 법률에 따르지 아니하고는 영리로 다른 사람의 취업에 개입하거나 중간인으로서 이익을 취득하지 못한다(근기법 9조). 위 규정은 제3자가 타인 간의 근로관계의 형성이나 존속에 개입함으로써 선원이 제공하는 노무의 대가 중 일부를 취득하는 행위를 금지하고 있다. 선원의 열등한 사회경제적 지위나 고용시장의 불완전성을 이용하여 그 취업이나 근로관계의 존속에 개입함으로써 이득을 취하는 형태는 오래된 봉건적 악습이다. 이는 낮은 임금으로 노무를 제공할 수밖에 없는 근로자에게는 생존에 위협이 될 뿐만 아니라, 이를 매개로 한 여러 형태의 구속은 인신의 자유를 박탈하는 결과에 이르기 때문에 근로자의 보호를 위한 법적 규율이 시작될 때부터 이러한 중간착취는 금지의 대상이 되어 왔다.[512)]

그러나 근로의 기회를 찾는 선원과 노동력의 확보를 필요로 하는 선박소유자 사이에 완전한 상태의 정보 교환이 이루어질 수 없는 노동시장의 현실로 인하여 제3자가 타인 간의 근로관계에 개입하는 행위는 존재하기 마련이다. 위 규정이 제3자가 타인 사이의 근로관계의 성립·존속에 개입하는 행위를 전면적으로 금지하지는 않고, 다른 법률을 통한 제도적 허용 가능성과 중간착취의 염려가 없는 비영리적 개입의 가능성은 열어두고 있는 것도 이 때문이다.

---

512) 근로기준법 주해 Ⅰ(제2판), 802면.

2. 내 용

가. 타인의 취업에 개입하거나 중간인으로서 관여

'타인의 취업에 개입'한다는 것은 매개, 알선, 소개, 중개 기타 어떠한 명목이나 형태가 되었든 실질적으로 법이 적용되는 근로관계의 개시 또는 존속 등에 관여하여 그에 영향을 미치는 행위를 말한다. 개입의 대상이 되는 근로관계는 단지 민법상 고용계약에 국한되지 않고, 근기법의 적용대상이 되는 모든 형태의 근로관계를 말한다.[513] 타인의 근로관계 개시에 관하여 개입하는 형태로 대표적인 것은 직업소개, 제3자로서 근로자의 모집, 근로자의 공급 등을 들 수 있는데, 이에 관하여는 직안법에서 상세히 규정하고 있다. 근로관계의 존속에 개입한다는 것은 보통 근로자의 모집에 관여한 자나 근로자를 감독하는 지위에 있는 자가 근로관계의 존속에 관하여 사실상의 영향을 미치는 것을 가리킨다.

나. 위반의 주체

위 조항의 규율을 받는 대상에는 '누구든지'라는 법문에서 알 수 있듯이 아무런 제한이 없다. 자연인이든 법인이든, 사인(私人)이든 공무원이든 위 조항의 위반자가 될 수 있다. 사업주 또는 사용자의 경우 규율되는 행위의 태양이 '타인의 취업에 개입하거나 중간자로서' 관여하는 것이기 때문에, 자신이 직접 당사자가 되는 근로관계에서 제3자로서 개입하는 경우는 상정하기 어렵다.[514]

다. 영리성

위 조항의 규율대상이 되는 행위는 영리성을 요건으로 한다. 영리로 어떠한 행위를 한다는 것은 계속·반복하여 이득을 목적으로 그 행위를 하는 것을 말한다. 따라서 타인의 취업에 개입하여 이득을 취하였다고 하더라도 계속·반복적으로 이를 행할 의사가 없이 우연적이고 1회적인 것에 그쳤다면 본조에서 정한 영리성의 요건을 갖추지 못하였다고 보아야 한다. 다만 개입행위가 단 1회에 그쳤더라도 계속·반복의 의사가 있었다고 인정되면 위 조항 위반이 된다.[515]

---

513) 직안법상 고용계약이 근기법상 근로계약과 같다고 본 대법원 2001. 4. 13. 선고 2000도4901 판결 참조.
514) 근로기준법 주해 I (제2판), 804면.

라. 이득의 취득

타인의 취업에 개입하는 대가로 얻는 이득의 범위에는 제한이 없다. 수수료, 보상금, 소개료, 중개료 기타 어떠한 명목이든 이를 따지지 않는다. 반드시 금전적 이익에 국한되지도 않는다. 이득의 출처도 반드시 선원에 국한되지 않고, 선박소유자나 나아가 제3자를 통하여 간접적으로 취득한 이득도 이에 해당한다. 그러나 수수한 돈이 실비 변상의 성격이 분명한 경우에는 이득이 있다고 말하기 힘들다. 취업의 중개에 직접 필요하고 상당한 비용을 넘어서 접대비 등을 수령하거나 인건비, 사무실 운영비 등 간접경비 명목으로 금품을 수수하는 것은 당연히 본조에서 금하는 이득의 취득에 해당한다.[516]

마. 적용 예외

위 조항은 '다른 법률'에 의하여 제3자가 근로관계 성립 · 존속에 관여하고 이를 통해 일정한 이득을 얻는 것이 허용될 수 있음을 명시하고 있다. 이에 관련된 법률로는 직안법과 선원법 110조가 있다.

3. 위반의 효과

위 조항에 위반한 행위는 5년 이하의 징역 또는 3,000만 원 이하의 벌금에 처한다(법 5조 1항, 근기법 107조).

Ⅶ. 공민권 행사의 보장

1. 의 의

사용자는 근로자가 근로시간 중에 선거권, 그 밖의 공민권(公民權) 행사 또는 공(公)의 직무를 집행하기 위하여 필요한 시간을 청구하면 거부하지 못한다. 다만, 그 권리 행사나 공(公)의 직무를 수행하는 데에 지장이 없으면 청구한 시간을 변

515) 직안법 19조 1항 소정의 직업소개사업이란 계속적 의사를 가지고 반복하여 직업소개를 행하는 것으로, 현실적으로 여러 차례 반복해서 행하는 것을 요하지는 않고 1회적인 행위라도 반복 · 계속하여 행할 의도하에서 행해진 것이라면 거기에 해당한다. 대법원 2001. 12. 14. 선고 2001도5025 판결.

516) 근로기준법 주해 Ⅰ(제2판), 805면.

경할 수 있다(근기법 10조). 이는 선원도 주권자인 국민의 권리 · 의무가 있기 때문에 국민으로서 권리행사와 의무이행을 보장하기 위한 것이다. 따라서 선원은 공민권행사 또는 공의 직무집행을 위하여 해고 등 불이익을 받지 않고 근무에서 벗어날 수 있고, 선박소유자는 선원의 공민권 행사 등을 방해할 수 없다.[517] 한편 시민의 정치 과정 참가, 공직 참가 등 공적 활동은 민주제 국가에서 불가결한 요소이고, 시민의 상당 부분이 근로자이기 때문에, 위 조항은 선원의 공적 활동이 요청되는 민주적 제도의 실효성을 확보하는 측면도 고려하고 있다.[518]

2. 성 격

선원은 위 조항에 근거하여 공민권의 행사 등에 필요한 시간을 선박소유자에게 청구하는 경우에 거부당하지 않을 권리를 갖고, 선박소유자는 이에 대하여 선원의 공민권 행사 등을 방해하지 않는 이상 선원이 청구한 시각을 변경할 권리를 보유한다.

3. 요 건

가. 공민권

공민권이라 함은 법령이 국민 일반에게 보장하고 있는 공민으로서 가지는 권리이다. 헌법 개정을 위한 국민투표권, 국회의원과 대통령의 선거권, 지방자치단체 및 의회 대표자를 소환하기 위한 주민투표권 외에 선원 스스로 입후보하는 경우 피선거권 등을 포함한다.[519] 지방의회의원 입후보 이후 자신을 위한 적법한 선거운동도 공민권 행사의 범위에 포함되고,[520] 공직선거법상 선거 또는 당선에 관한 소송 역시 공민권의 행사이다. 다른 후보자를 위한 선거운동은 공민권 행사에 포함되지 않는다.[521] 민사소송의 원고 · 피고로서 소권을 행사하는 것은 개인적인

517) 김유성 Ⅰ, 46면.

518) 근로기준법 주해 Ⅰ(제2판), 865면.

519) 공직선거법 38조 2항은 "대통령선거와 임기만료에 따른 국회의원선거에서 선거인명부에 오를 자격이 있는 사람으로서 1, 2호 소정의 선박에 승선하고 있는 선원이 사전투표소 및 투표소에서 투표할 수 없는 경우 선거인명부작성기간 중 구 · 시 · 군의 장에게 해당 선박에 설치된 팩시밀리로 신고를 할 수 있다."고 규정하여 선상투표제도를 인정하고 있다.

520) 1991. 6. 20. 근기 01254-9404.

521) 이상윤, 124면; 임종률, 393면.

권리를 실현하기 위한 것이어서 원칙적으로 공민권 행사에 해당하지 않는다는 견해[522]와 해당한다는 견해[523]가 대립하고 있다.

나. 공의 직무

공의 직무란 법령에 규정된 직무로서 직무 자체가 공적인 성질을 가진 것을 의미하므로, 근로자 자신이 공법상 직위에 수반되는 권리·의무를 수행하는 것은 물론 국가의 사법·행정상 작용과 관련하여 이에 따르지 않을 수 없는 경우까지도 포함한다.[524] 국회의원·지방의회 의원[525]·선원노동위원회의 위원으로서 직무, 민사소송법·노동위원회법 등 법령에 의한 증인·감정인으로서 법원에 출석하는 행위, 국회의 증인·감정인 또는 노조법 83조에 의한 증인의 직무, 주민등록 갱신 행위,[526] 향토예비군설치법·민방위기본법 등에 근거를 둔 예비군 훈련 소집에 응하는 행위는 모두 공의 직무라고 할 수 있다. '국민의 형사재판 참여에 관한 법률'에 따라 배심원으로 형사재판에 참여하는 행위도 공의 직무이다.

부당노동행위 또는 부당징계 등 구제신청을 하고 증인이 아니라 구제신청인으로 출석요구서를 받고 노동위원회에 출석하는 것은 공권이 아닌 사권의 성격이 강하여 이를 공의 직무로 볼 수 없다는 견해,[527] 공법상 규정에 의하여 수행하여야 할 활동은 원칙적으로 모두 공의 직무로 보는 것이 타당하고, 노동위원회의 판정이 공적 성격을 가지며 출석하지 않으면 공정한 심사를 기대하기 어렵다는 입장에서 공의 직무로 보는 견해[528]가 대립하고 있다.

다. 필요한 시간

공민권 행사 등에 필요한 시간은 구체적으로는 선원이 청구하는 때에 지정되지만, 선박소유자가 거부할 수 없는 '필요한 시간'의 범위는 선원이 청구한 시간에

---

522) 근로기준법 주해 I (제2판), 866면.

523) 재판권은 시민생활상 분쟁해결을 종국적으로는 재판에 위임할 수밖에 없는 현대법치국가의 공적 질서를 유지하는 권리라는 점, 실제 소송 당사자가 되는 경우에 시간보장이 필요하다는 점, 공민권 행사의 보장은 최저기준에 불과한 것으로 임금지급의무가 없다는 점 등을 고려하면 공민권의 범위에 포함되어야 한다고 한다. 石松亮二·宮崎鎮雄 外, 現代勞働法(4訂版), 中央經濟社(2006), 48면.

524) 김유성 I, 47면; 이상윤 124면.

525) 2002. 7. 29. 근기 68207-2612.

526) 1983. 12. 12. 근기 1451-30552.

527) 2002. 10. 7. 근기 68207-3016.

528) 박홍규, 노동법 1(2판), 삼영사(2005), 177면.

좌우되는 것이 아니라, 해당 공민권의 행사 또는 공의 직무의 성질에 따라 객관적으로 실제 필요한 시간인지 여부에 따라 판단해야 한다.[529] 위 조항의 취지로 보아 공민권의 행사 또는 공의 직무 수행에 필요한 충분한 시간이 되어야 하므로, 공민권 행사 등에 필요한 최소한의 시간뿐 아니라 왕복 시간 등 부수적인 시간, 사전 준비나 공민권 행사 후 사후정리에 필요한 시간을 포함한다.

4. 효 과

가. 거부의 금지 및 근로의무의 소멸

선원이 공민권 행사 또는 공의 직무 수행을 위하여 필요한 시간을 청구하면 선박소유자는 이를 거부하지 못하고, 공민권 행사 등에 필요한 시간에 해당하는 선원의 근로의무는 소멸한다. 선박소유자로서는 선원이 공민권 행사 등을 하기 위해 충분한 필요한 시간을 허용하면 그것으로 충분하고 그 시간에 선원이 공민권 행사 등을 하였는지 여부는 문제되지 않는다. 반대로 공민권 행사 등을 위해 필요한 시간을 부여하지 않더라도 공민권 행사에 직접적인 지장을 가져오지 않는 경우에는 그 시간을 부여하지 않을 수 있다.[530]

나. 시간의 변경

사용자는 공민권 행사 등에 지장이 없는 이상 근로자가 청구한 시간을 변경할 수 있다(근기법 10조 단서). 시간의 변경에는 '근로의무가 소멸하는 시간의 양'뿐만 아니라 '근로의무가 소멸하는 시기(始期)와 종기(終期)'를 변경하는 것도 포함된다. 시간의 변경에 '시(時)'의 변경만이 가능한지, '일(日)'의 변경도 가능한지 문제될 수 있으나 공민권 행사 등에 지장을 주지 않는다면 일(日)의 변경도 가능하다.[531] 휴게시간은 근로시간에 해당하지 않기 때문에 사용자가 휴게시간을 이용하여 공민권을 행사하도록 요구하는 것은 근로시간 중의 행사를 보장하는 법규정에 반할 뿐만 아니라 휴게시간 자유 이용 원칙에도 위배된다.[532]

---

529) 김유성 Ⅰ, 47면; 이상윤, 1254면.
530) 1991. 6. 28. 근기 01254-9404.
531) 박홍규, 178면; 이상윤, 125면.
532) 김유성 Ⅰ, 48면.

다. 불리한 처우 금지

선원의 직장이탈이 채무불이행 또는 취업규칙상 징계 대상이 되지 않음은 물론이고, 결근 처리, 주휴일 등의 출근율 계산에서 불리한 처우를 하지 못한다.[533]

라. 임금지급의무의 유무

위 조항은 공민권의 행사 등에 필요한 시간의 청구를 선박소유자로 하여금 거부하지 못하게 하고 있을 뿐이고, 공민권 행사 등에 필요한 시간동안 근로를 제공하지 못한 것에 대하여 선박소유자가 임금을 지급해야 할 것인가에 관하여는 아무런 규정이 없다. 단체협약 · 취업규칙 · 선원근로계약 등에 별도의 정함이 없는 한 공민권 행사 등에 필요한 시간에 대하여 선박소유자가 임금을 지급할 법적 의무는 없다.[534]

이와 달리, 공직선거법 6조 3항은 "공무원 · 학생 또는 다른 사람에게 고용된 자가 선거인 명부를 열람하거나 투표하기 위하여 필요한 시간은 보장되어야 하며, 이를 휴무 또는 휴업으로 보지 아니한다."라고 규정하고 있는데, 휴무 또는 휴업으로 보아서는 안 된다는 것은 유급으로 하여야 하는 것으로 해석된다.[535] 향토예비군설치법 10조와 민방위기본법 27조도 마찬가지다. 임금의 지급형태가 비록 일당 도급제라 하더라도 사용자는 향토예비군훈련이나 민방위훈련으로 인하여 일을 하지 못한 피고용자에 대하여 최소한의 임금을 지급하여야 하고, 그 최소한의 임금은 일당으로 간주되는 금액 중 기본급으로 책정된 금액으로 보는 것이 상당하다.[536] 노사가 합의하여 투표일 전체를 무급휴일로 지정한다고 하더라도 10조 위반이 아니라는 견해가 있으나,[537] 이는 강행법규 위반의 합의로서 무효로 보아야 한다.[538]

---

533) 1991. 6. 28. 근기 01254-9404.
534) 김유성 Ⅰ, 47면; 임종률, 393면.
535) 김유성 Ⅰ, 47면; 임종률, 393면.
536) 대법원 1989. 5. 9. 선고 87도1801 판결.
537) 1992. 4. 28. 근기 01254-422.
538) 근로기준법 주해 Ⅰ(제2판), 871면.

5. 벌 칙

위 조항에 위반하는 경우에는 2년 이하의 징역 또는 1,000만 원 이하의 벌금이 부과된다(법 5조 1항, 근기법 110조 1호).

제7절 선원노동위원회

Ⅰ. 의 의

1. 노동위원회제도의 도입

노사관계에서 발생하는 분쟁의 성격은 통상의 사법기관에서 상정하고 있는 분쟁과는 달리 유동적·계속적·집단적 성격을 가지고 있으므로, 노사관계에서의 분쟁은 당사자의 의견이 충분히 반영되면서 동시에 노사관계의 특징을 충분히 고려할 수 있는 전문적인 기관에 의해 해결되는 것이 바람직하다.[539] 이러한 노동분쟁의 특수한 성격을 고려하여 노사관계 전문행정기관인 노동위원회가 설립되었고, 위원회는 노동관계에서 판정 및 조정업무를 신속·공정하게 수행함으로써 노동관계의 안정과 발전에 이바지하는 것을 주목적으로 하고 있다(노위법 1조).

2. 노동위원회제도의 특성

판례는 노동위원회는 노동관계에서 판정·조정업무의 신속·공정한 수행을 위하여 설치된 독립성을 가진 합의체 행정기관의 법적 성격을 지니고 있다고 보고 있으며,[540] 일반적으로 노동위원회제도의 특성은 다음과 같다.

539) 김유성 Ⅰ, 417면.
540) 대법원 1997. 6. 27. 선고 95누17380 판결.

가. 독립성

노동위원회는 입법부 · 사법부 · 행정부로부터 독립된 존재이면서 입법적 · 사법적 · 행정적 기능을 담당하는 기능을 갖는 독립된 행정위원회로서의 지위를 가지며, 노사분규의 처리에서 외부의 간섭을 배제하고, 노사관계의 실정에 정통한 전문가의 판단에 맡겨 공정하고 합리적인 해결을 기하려는 정책적 배려의 산물이다.[541]

노동위원회는 그 권한에 속하는 업무를 독립적으로 수행하고(노위법 4조 1항), 중앙노동위원회위원장은 중앙노동위원회 및 지방노동위원회의 예산 · 인사 · 교육훈련 기타 행정사무를 총괄하며, 소속 공무원을 지휘 · 감독함으로써(노위법 4조 2항) 예산 및 인사상의 독립성이 있고, 독자적인 규칙제정권을 갖고 있고(노위법 25조), 노동위원회 위원은 일정한 사유가 있는 경우를 제외하고는 임기 중 그 의사에 반하여 면직 또는 해촉되지 않는다(노위법 13조).

나. 3자구성제

노동위원회는 조직 원리에서 근로자 · 사용자 · 공익을 대표하는 3자로 구성되어 있다. 노사분규에서 임금이나 근로시간 등에 관한 이익분쟁은 노동3권을 보장하고 있는 근대노사관계에서는 당사자 사이의 자주적 해결이 원칙이며, 자주적 해결이 어렵거나 부적절한 경우 예외적으로 제3자의 개입이 불가피하며, 이 경우 공권력의 개입을 차단하고 또 분쟁 당사자가 가장 공정하다고 신뢰할 수 있는 제3자 기관이 관리하는 것이 자주적 해결에 도움이 되고, 이런 뜻에서 노동위원회법에서는 노사를 대표하는 자와 공익을 대표하는 제3자로 구성하게 하였다.[542] 이와 달리 부당해고의 구제와 같은 권리분쟁의 처리는 준사법적 기능으로 보아 이를 심판담당공익위원이 맡고, 노사를 대표하는 위원은 의견만을 제시하도록 하고 있다(노위법 15조, 18조 참조).

---

541) 노동조합 및 노동관계조정법 주해 Ⅲ(제2판), 902－903면.
542) 노동조합 및 노동관계조정법 주해 Ⅲ(제2판), 903－904면.

다. 행정적 · 준사법적 권한

노동위원회는 노사간 이익분쟁에 대하여 당사자의 이익을 조정하는 조정적 권한을 가짐과 동시에 노사간 권리분쟁이나 행정처분에 대하여 준사법적인 판정적 권한도 가진다. 조정적 권한은 노 · 사 · 공익을 대표하는 3자 위원이 행사하고, 판정적 권한은 공익위원만이 담당한다.

라. 이중적 구조

노동위원회 운영에서는 중앙노동위원회의 지방노동위원회 · 특별노동위원회에 대한 우월적 지위 및 2심제가 채택되어 있다. 중앙노동위원회는 노동위원회규칙을 제정하고 업무처리의 기본방침에 관하여 지시하며 재심의 권한을 가진다. 이는 한편으로는 사건처리에서 재심을 통한 공정성 · 신중성을 기하기 위한 것이고, 다른 한편으로는 중앙노동위원회에 의한 효율적인 업무통합을 기하기 위한 것이다.[543)]

3. 선원노동위원회의 설치

노동위원회법 2조 3항에 따른 특별노동위원회로서 해양수산부장관 소속으로 선원노동위원회를 두고(법 4조 1항), 그 설치와 그 명칭, 위치, 관할구역, 소관 사무, 위원의 위촉, 그 밖에 선원노동위원회의 운영에 필요한 사항은 선원법 및 노동위원회법에서 규정한 사항을 제외하고는 대통령령으로 정한다(2항).[544)]

선원위원회의 명칭과 위치는 아래 표와 같고, 관할구역은 그 소재지를 관할하는 지방해양수산청의 관할구역에 의한다. 다만 해양수산부장관이 필요하다고 인정하는 때에는 다른 지방해양수산청의 관할구역도 관할하게 할 수 있다(선원노동위원회규정 3조).

543) 노동조합 및 노동관계조정법 주해 Ⅲ(제2판), 904면.

544) 일본은 2008. 10. 1.부터 선원지방노동위원회, 선원중앙노동위원회를 폐지하고, 관할사건을 지방노동위원회와 중앙노동위원회로 이관하였다.

표 1-5 선원노동위원회의 명칭과 위치

명 칭	위 치
인천선원노동위원회	인천광역시
군산선원노동위원회	전라북도 군산시
목포선원노동위원회	전라남도 목포시
여수선원노동위원회	전라남도 여수시
마산선원노동위원회	경상남도 창원시
부산선원노동위원회	부산광역시
울산선원노동위원회	울산광역시
포항선원노동위원회	경상북도 포항시
동해선원노동위원회	강원도 동해시
제주선원노동위원회	제주특별자치도 제주시
대산선원노동위원회	충청남도 서산시
평택선원노동위원회	경기도 평택시

Ⅱ. 선원노동위원회의 구성과 현황

1. 3자 구성

선원노동위원회에는 근로자를 대표하는 자(근로자위원), 사용자를 대표하는 자(사용자위원) 및 공익을 대표하는 자(공익위원) 각 4인을 둔다(규정 4조 1항). 근로자위원과 사용자위원은 당해 지방해양수산청의 관할지역 안에서 조직된 노동조합과 사용자단체가 추천한 자 중에서 지방해양수산청장의 추천에 의하여 해양수산부장관이 위촉하고(규정 4조 2항), 공익위원은 지방해양수산청장의 추천에 의하여 해양수산부장관이 위촉한다(규정 4조 3항).

노동조합과 사용자단체가 지방해양수산청장의 요청에 따라 근로자위원과 사용자위원을 추천하는 때에는, 근로자위원은 다년간 노동운동에 종사한 경험이 있는 당해 노동조합의 조합원 중에서 정수의 배수를 추천하고(규정 4조의2 1호), 사용자위원은 노동문제에 관하여 조예가 깊은 당해 사용자단체의 구성원인 사업주나 그 사업의 경영담당자 중에서 정수의 배수를 추천한다(규정 4조의2 2호).

공익위원은 (i) 대학에서 경제학 또는 법률학의 부교수 이상으로 2년 이상 재직한 자, (ii) 판사, 검사, 해양안전심판원의 심판관·조사관 또는 변호사의 자격이 있는 자로서 법률사무에 2년 이상 종사한 자, (iii) 4급 이상의 국가공무원 또는 고위공무원단에 속하는 일반직공무원으로 4년 이상 재직한 자로서 노동문제에 관하여 학식과 경험이 있는 자, (iv) 기타 노동문제에 관하여 학식과 경험이 풍부하다고 인정되는 자에 해당하는 자 중에서 추천하여야 한다(규정 4조의3). 그러나 국가공무원법 33조 1항 각 호의 1에 해당하는 자는 위원회의 위원에 임명될 수 없다(규정 5조).

2. 위원장, 부위원장

위원회에 위원장과 부위원장 각 1인을 두되, 위원장은 공익위원 중에서 지방해양수산청장의 추천에 의하여 해양수산부장관이 임명하고, 부위원장은 당해 위원회가 그 위원 중에서 선출한다(규정 4조의4 1항). 위원장은 위원회의 사무를 통할(統轄)하고 당해 위원회를 대표한다(2항). 부위원장은 위원장을 보좌하고 위원장이 사고가 있는 때에는 그 직무를 대행한다(3항).

3. 사무국장과 사무국의 서무

위원회의 사무국에 국장을 둔다(규정 6조 1항). 국장은 위원회의 소재지를 관할하는 지방해양수산청 소속 5급 이상 공무원으로서 선원에 관한 사무를 담당하는 자가 이를 겸무한다(2항). 사무국의 서무는 위원회의 소재지를 관할하는 지방해양수산청 소속 공무원으로서 선원에 관한 사무에 종사하는 자가 이를 겸무한다(규정 7조).

4. 선원노동위원회의 현황과 개선방안

가. 현황과 원인

현재 선원노동위원회는 비상설위원회로서 해당 민원이 접수된 경우에 한해 한시적으로 조직되어 운영되며, 지방해양수산청의 선원근로감독관이 사무국장 또는 서무 업무를 겸무하고 있다.[545] 중앙해양안전심판원 통계를 보면 2018년에 선원

545) 손경현 · 김진권, "선원노동위원회 기능개선을 위한 법제적 연구", 해사법연구 36권 3호(2024. 11), 150면.

의 사망, 실종, 부상만 350건에 달하였는데, 최근 10년간 선원노동위원회 개최 횟수를 살펴보면, 각 지방선원노동위원회의 개최 횟수가 연평균 1회도 되지 않아 형해화(形骸化)되고 있다.

표 1-6 2010년대 선원노동위원회 개최 횟수[546)]

연도	부산	인천	마산	군산
2019. 9.	1	0	3	1
2018	1	2	0	0
2017	1	2	1	0
2016	1	0	0	0
2015	7	0	0	0
2014	1	0	1	0
2013	2	2	1	0
2012	2	0	0	0
2011	0	0	0	0
2010	3	0	1	0

가장 큰 원인은 선원노동위원회의 결정은 행정처분도 아니고 단순히 권고적 성질에 불가하기 때문으로 사료된다는 의견이 있다.[547)] 이와 더불어 선원노동위원회 제도의 존재 및 활용방법에 대한 선원의 인식이 부족한 점, 비상설 조직으로 선원근로감독관이 업무를 겸무하게 되는 바 선원근로감독관의 인원부족으로 인한 선원노동위원회 개최에 대한 적극성 결여, 선원노동위원회 개최를 위한 전용예산의 부재로 개최를 꺼리는 지방해양수산청의 관행, 담당 조사관 부재 및 선원노동위원회 미개최기간이 길어짐에 따라 선원노동위원회에 대한 업무처리 미숙 등 여러 문제가 종합적으로 반영된 결과로 해석하는 견해도 제기된다.[548)]

546) 신동호 · 지승현, "승선 중인 선원의 자살에 관한 법적 고찰", 한국해법학회지 41권 2호, 한국해법학회(2019. 11), 203면.

547) 신동호 · 지승현, 203면.

548) 손경현 · 김진권, 151면.

나. 개선방안[549)]

제도적 개선방안 중 ① 조직상 개선방안으로 공식적 통계절차 마련, 상설조직으로의 변경, 금전보상명령제도의 도입, 권리구제대리인 지원제도 도입, 전문위원 인력풀 확대, 조사관 교육 확대 및 운영예산 확보 등이 제시되고 있다. ② 운영상 개선방안으로 선내 괴롭힘 판단 전문위원회 기능, 포괄임금제 적정성 인정 기능 수행 등이 제시되고 있다.

Ⅲ. 선원노동위원회의 권한

1. 선원법상 권한

선원노동위원회는 (i) 손해배상청구를 위한 근로조건 위반 여부 인정(법 28조 2항), (ii) 선원근로계약해지나 해지의 예고에서 천재지변이나 그 밖의 부득이한 사유로 사업을 계속할 수 없는 경우의 판단(법 32조 2항, 33조 1항 1호), (iii) 정당한 사유 없는 선원근로계약 해지등의 구제신청 판단(법 34조 1항), (iv) 부상 또는 질병 중 임금지급과 관련하여 승무 선원의 부상이나 질병이 선원의 고의로 인한 것인지 여부에 관한 판단(법 54조), (v) 퇴직금제도에 갈음하는 제도 승인(법 55조 1항), (vi) 요양비용 지급과 관련한 선원의 부상이나 질병의 고의성 판단(법 94조 3항), (vii) 유족보상 지급과 관련한 선원 사망의 고의성 판단(법 99조 2항), (viii) 재해보상에 관한 해양수산관청의 처분에 대한 심사 또는 중재 판단(법 105조), (ix) 선박소유자 또는 선장의 법령위반사실에 대한 선원의 신고수리(법 129조 1항) 등의 업무를 행한다.

2. 노동위원회법상 특별권한

가. 협조요청권과 의견제시권

노동위원회는 그의 사무를 집행하기 위하여 필요하다고 인정할 때에는 관계행정기관에 협조를 요청할 수 있으며, 협조를 요청받은 관계행정기관은 특별한 사유

549) 손성현 · 김진권, 164－173면.

가 없는 한 이에 응하여야 한다(노위법 22조 1항). 노동위원회는 관계행정기관으로 하여금 근로조건의 개선에 관하여 필요한 조치를 하도록 권고할 수 있다(노위법 22조 2항).

나. 사실조사권 등

노동위원회에는 직권으로 사실조사나 증거조사를 할 수 있는 권한이 부여되어 있다. 즉 노동위원회는 소관 사무와 관련하여 사실관계의 확인 등 그 사무집행을 위하여 필요하다고 인정할 때에는 사용자 · 사용자단체 · 노동조합 기타 관계인에 대하여 출석, 보고 또는 필요한 서류의 제출을 요구하거나 위원장 또는 부문별 위원회의 위원장이 지명한 위원 또는 직원으로 하여금 사업 또는 사업장의 업무상황 · 서류 기타 물건을 조사하게 할 수 있다(노위법 23조 1항). 이에 따라 조사관은 사무수행에 필요한 조사를 하고 부문별회의에 참석하여 의견을 진술할 수 있는바(노위법 14조의3 2항), 조사관이 작성한 조사보고서는 노동위원회의 효율적인 심문과 판정을 가능하게 하는 역할을 하게 된다. 그리고 관계기관에 대한 협조요청권(노위법 22조 1항)에 근거하여서도 증거확보가 가능한바, 이와 관련하여 고용노동부장관(해양수산부장관)은 노동위원회의 요청이 있거나 필요하다고 인정할 경우에 관계공무원이 노동위원회의 회의에 출석하여 의견을 진술하도록 조치할 수 있다(노위법 시행령 10조).

다. 민감정보 및 고유식별정보 처리권한

개인정보보호법에 의하면, 개인정보처리자는 사상 · 신념, 노동조합 · 정당의 가입 · 탈퇴, 정치적 견해, 건강, 성생활 등에 관한 정보, 그 밖에 정보주체의 사생활을 현저히 침해할 우려가 있는 개인정보로서 대통령령으로 정하는 정보(민감정보)를 처리하여서는 아니 되고, 법령에서 민감정보의 처리를 요구하거나 허용하는 경우 등에는 예외가 인정되지만(23조), 이를 위반한 경우에는 형사처벌을 받게 된다(71조).

이에 따라 노동위원회법 시행령에서 민감정보의 처리를 예외적으로 허용하고 있는데, 노동위원회는 (i) 노위법 3조에 따른 노동위원회의 사건 처리에 관한 사무, (ii) 노위법 6조의2에 따른 공인노무사의 권리구제 대리에 관한 사무, (iii) 노위법 16조의3에 따른 화해의 권고 등에 관한 사무, (iv) 노위법 21조에 따른 위원의 제척·기피 등에 관한 사무를 수행하기 위하여 불가피한 경우에는, 개인정보보호법 23조에 따른 건강에 관한 정보와 같은 법 시행령 18조 2호에 따른 범죄경력자료에 해당하는 정보, 19조 1호 또는 4호에 따른 주민등록번호 또는 외국인등록번호가 포함된 자료를 처리할 수 있다(노위법 시행령 11조의2).

3. 노조법상 권한 유무

노조법상 노동쟁의의 조정이나 부당노동행위 구제신청 사건이 선원노동위원회의 권한사항인지 여부가 문제된다. 특별노동위원회는 관계 법률이 정하는 바에 따라 그 설치목적으로 규정된 특정사항에 관한 사건을 관장하고(노위법 3조 3항), 선원법은 노조법의 권한을 명시하지 않고 있으므로 이는 부정하여야 한다.[550] 따라서 선원의 노동쟁의에 대한 조정이나 부당노동행위 구제신청은 지방노동위원회의 전속적 권한에 속한다.[551]

4. 지방노동위원회와의 관계

선원이 부당해지구제신청을 선원노동위원회가 아닌 지방노동위원회에 제기하거나 선원법상 선원이 아닌 근로자가 선원노동위원회에 부당해고구제신청을 하는 경우 또는 선원이 부당노동행위구제신청을 선원노동위원회에 제기한 경우, 신청을 접수한 선원노동위원회나 지방노동위원회는 심판권이 없음을 이유로 구제신청을 각하하여야 할 것인지, 아니면 사건을 심판권이 있는 노동위원회로 이송할 것인지 문제된다.[552]

노동위원회법 25조는 "중앙노동위원회는 중앙노동위원회·지방노동위원회 또

---

550) 선원법 130조도 해양수산관청은 선박소유자와 선원 간에 생긴 근로관계에 관한 분쟁의 해결을 주선할 수 있으나, 노조법 2조 5호에 따른 노동쟁의는 제외한다고 규정하고 있다.

551) 대법원 2012. 10. 11. 선고 2010두18215 판결; 서울고법 2010. 7. 22. 선고 2009누31832 판결; 부산선노위 1988. 3. 10., 선원행정사례집, 171면; 김동인, 829면.

552) 원래 관할문제는 동종 법원간 사무분장 표준의 문제이므로 異種法院 사이에는 관할위반에 의한 이송이 있을 수 없다는 견해가 있으나[주석 민사소송법 I (5판), 한국사법행정학회(1997), 194면], 이송제도의 취지에 비추어 異種法院 사이의 移送을 긍정하는 견해가 유력하다[정동윤, 민사소송법(4전정판), 법문사(1995), 148면]. 지방노동위원회와 선원노동위원회의 관할문제는 엄밀한 의미에서 심판권의 문제이나.

는 특별노동위원회의 운영 기타 필요한 사항에 관한 규칙을 제정할 수 있다."고 규정하고, 그에 따라 중앙노동위원장이 제정한 노동위원회규칙은 32조 1항에서 "노동위원회는 접수된 사건이 다른 노동위원회의 관할인 때에는 즉시 당해 사건과 일체의 서류를 관할 노동위원회로 이송하여야 한다."고 규정하는 한편, 같은 조 5항에서 "이송된 사건은 처음부터 이송을 받은 노동위원회에 접수된 것으로 본다."고 규정하고 있다.

생각건대, (i) 선원법의 적용범위와 관련하여 근로자가 선원법상 선원인지 여부가 명확하지 않는 경우가 있는 점, (ii) 관할위반의 경우 구제신청이 부적법하다고 각하한다면 신청인은 재신청으로 인하여 시간 · 노력 · 비용을 이중으로 들여야 할 뿐만 아니라 제척기간준수의 효력을 상실할 염려가 있으므로 이를 구제할 필요가 있는 점, (iii) 선원노동위원회는 특별노동위원회로서 선원노동위원회의 처분에 대하여는 중앙노동위원회에 재심을 신청하도록 규정되어 있는 점 등에 비추어 보면, 다른 종류의 법원 사이에도 이송을 허용하는 가사소송법 13조 3항, 형사소송법 16조의2를 준용하여 이송을 하여야 한다.

판례[553]도, 선원법의 적용을 받는 선원은 원칙적으로 특별노동위원회인 선원노동위원회에 부당해고 구제신청을 하여야 하고 근기법의 적용을 받는 근로자들에 대한 부당해고 구제신청 사건을 담당하는 지방노동위원회에 부당해고 구제신청을 할 수 없으며, 노동위원회법 25조, 노동위원회규칙 32조 1항, 5항에서 이송에 관하여 규정하고 있으므로, 지방노동위원회가 선원법의 적용을 받는 선원의 부당해고 구제신청을 접수한 경우에는 근기법에 따른 부당해고 구제신청의 적격이 없다는 이유로 신청을 각하할 것이 아니라 위와 같은 사건 이송에 관한 규정에 따라 관할 선원노동위원회에 사건을 이송하여야 한다는 입장을 취하고 있다.

5. 재해보상에 관한 선원노동위원회의 심사 · 중재에 대한 불복

선원노동위원회는 재해보상에 관한 해양수산관청의 처분에 대한 심사 또는 중재를 할 권한을 가진다(법 105조). 선원법상 재해보상에 관한 선원노동위원회의 심사 · 중재에 관한 결정은 행정처분이 아니고 권고적 성질을 갖는 행위에 불과한

553) 대법원 2012. 10. 11. 선고 2010두18215 판결. 이에 대한 평석은 권창영, "선원노동위원회의 권한", 해양한국 503호(2015. 8), 123-127면.

것으로 당사자의 권리의무에 법적 효과를 미치는 행정처분으로 볼 것은 아니다.[554] 이에 따라 재해보상에 관한 선원노동위원회의 심사·중재 결정에 대하여 중앙노동위원회에 재심이 제기된 경우, 중앙노동위원회는 재심의 대상이 될 수 없다는 이유로 각하하고 있다.[555] 이는 선원노동위원회의 결정에 대한 중앙노동위원회의 재심결정에서도 같으므로, 중앙노동위원회의 결정의 취소를 구하는 행정소송은 부적법하다.[556]

Ⅳ. 선원노동위원회의 초심절차와 판정

1. 당사자

선원, 유족 등이 신청인적격을 가지고, 선박소유자가 피신청인적격을 가진다.

2. 노동위원회에 대한 구제신청기간의 기산점

가. 부당해지등이 있는 날로부터 3월

부당해지등 구제신청은 부당해지등이 있은 날(계속하는 행위는 그 종료일)로부터 3월 이내에 하여야 한다(법 34조, 노조법 82조 2항). 노동위원회규칙 40조는 구제신청의 기산일에 관하여 (i) 해고의 경우에는 근기법 27조에 따라 근로자가 받은 해고통지서에 기재된 해고일. 다만 해고통지서에 기재된 해고일이 해고통지서를 받은 날보다 이전인 경우에는 해고통지서를 받은 날, (ii) 해고 이외의 징벌은 근로자가 징벌이 있었음을 안 날. 다만 그 징벌에 관한 통지(구술통지를 포함함)를 받은 경우에는 그 통지를 받은 날, (iii) 부당노동행위가 계속되는 경우에는 그 행위가 종료된 날, (iv) 단체협약이나 취업규칙 등에 징계 재심 절차가 규정된 때에는 원처분일로 규정하고 있다. 따라서 노동위원회는 위 기간이 경과한 후에 구제신청이 있으면 이를 각하하여야 한다(노동위원회규칙 60조 1호).

---

554) 대법원 1995. 3. 28. 선고 94누10443 판결(船); 서울고법 1995. 10. 12. 선고 95구12714 판결.
555) 중노위 2000. 2. 1.자 2000재해1 결정; 중노위 2000. 3. 20.자 2000재해3 결정.
556) 대법원 1982. 12. 14. 선고 82누448 판결.

나. 행정심판 관련규정의 유추적용 여부

판례는 근로자가 지방노동위원회 직원으로부터 원처분이 아닌 재심결정일로부터 구제신청기간이 기산된다는 말을 믿고 원처분일로부터 3개월이 지난 재심결정통지 수령일 후에 구제신청을 한 사건에서, "권리구제신청기간은 제척기간이므로 그 기간이 경과하면 그로써 행정적 권리구제를 신청할 권리는 소멸하고, 신청인이 책임질 수 없는 사유로 그 기간을 준수하지 못하였다는 등 그 기간을 해태할 때 정당한 사유가 있다고 하여 그 결론을 달리할 수 없고, 정당한 사유가 있는 경우에는 구 행정심판법 18조 3항[557] 본문의 행정심판청구기간이 경과하여도 행정심판청구를 제기할 수 있다는 같은 항 단서는 행정처분에 대한 행정심판을 구하는 경우에 적용되는 규정인바, 구 근기법 27조의3 1항, 2항에 따른 부당해고구제신청은 행정청의 위법 또는 부당한 처분 등에 대한 행정심판절차가 아니라 단지 행정처분인 노동위원회의 구제명령을 구하는 행위에 불과하여 행정처분 등에 대한 행정쟁송절차로서의 행정심판절차와는 그 법률적 성격이 전혀 상이하므로, 행정심판법의 위 규정을 부당해고구제신청의 경우에 유추적용할 수는 없다."고 판시하여 위 구제신청이 부적법하다고 보았다.[558]

다. 회사 내에서 재심절차를 이행한 경우

회사 내에서의 재심절차를 밟게 된 경우 그 구제신청의 기산점과 관련하여, 판례는 "부당노동행위에 대한 행정적 구제절차에서 그 심사대상은 구제신청의 대상이 된 부당노동행위를 구성하는 구체적 사실에 한정되므로, 해고 등 불이익처분에 대하여 근로자가 취업규칙 등의 규정에 따른 재심절차를 밟고 있다고 하더라도 그 결론을 달리할 수 없으며, 구제신청기간은 이와 같이 신속·간이한 행정적 구제절차로서의 기능을 확보하기 위한 것이므로 그 기간이 경과하면 그로써 행정적 권리구제를 신청할 권리는 소멸한다."고 보아, 재심절차에 따른 결정일 등이 아닌 원래의 처분일을 기산점으로 보았다.[559]

---

557) 현행 행정심판법 27조 3항에 해당한다.

558) 대법원 1997. 2. 14. 선고 96누5926 판결.

559) 대법원 1996. 8. 23. 선고 95누11238 판결; 이와 동일한 취지에서 하급심은 근로자가 원징계처분이 확정된 후 관련 형사사건에서 벌금을 감경받아 이를 근거로 징계처분을 감경받았다가 회사 내 재심에서 다시 감경의결이 취소되고, 원징계처분의 확정의결을 받자 이에 부당해고 구제신청을 한 사건에

3. 구제이익

노동위원회에 대한 구제절차를 진행하기 위해서는 구제에 대한 구체적인 이익을 갖고 있어야 한다. 근로자가 부당해고 구제신청을 할 당시 이미 정년에 이르거나 근로계약기간이 만료하는 등의 사유로 근로자의 지위에서 벗어난 경우에는 노동위원회의 구제명령을 받을 이익이 소멸하였다고 봄이 타당하고, 이와 같은 법리는 해고 이외의 징계나 그 밖의 징벌 등에 대한 구제신청에 대하여도 마찬가지로 적용된다.[560)]

4. 판 정

노동위원회는 근로자나 노동조합이 구제를 신청한 범위 안에서 판정할 수 있는바(노동위원회규칙 58조), 신청이 요건을 갖추지 못한 경우에는 이를 각하하고(규칙 60조 1항), 구제신청의 전부나 일부가 이유 있다고 인정할 때에는 구제명령을 발령하고, 구제신청의 이유가 없다고 인정할 때에는 기각한다(규칙 60조 2항).

서, "권리구제신청기간은 제척기간이므로 그 기간이 경과하면 그로써 행정적 권리구제를 신청할 권리는 소멸하고, 신청인이 책임질 수 없는 사유로 그 기간을 준수하지 못하였다는 등 그 기간을 해태할 때 정당한 사유가 있다거나, 해고 등 불이익처분에 대하여 근로자가 취업규칙 등의 규정에 따른 재심절차를 밟고 있다고 하더라도 그 결론을 달리할 수 없다."고 판시하여 위 구제신청을 부적법하다고 보았다(서울고법 2008. 4. 3. 선고 2007누18811 판결). 위 판결은 대법원에서 심리불속행으로 상고기각되어 확정되었다(대법원 2008. 6. 26.자 2008두6271 판결).

560) 대법원 2022. 7. 14. 선고 2021두46285 판결.

제 2 장

선박공동체

제1절 의 의

제2절 선장의 직무와 권한

제3절 선내 질서의 유지

제4절 선원의 노동3권

제1절 의 의

Ⅰ. 선박공동체론

1. 개 념

선원들은 선장을 항해지휘자로 하는 유기적인 조직체를 조직하여 그 조직체계 속에서 맡은 바 임무를 수행함으로써 근로를 제공한다는 의미에서 하나의 공동체를 구성하며, 그 공동체가 존재하는 장소인 선박이 바다를 항해하는 인공적인 구조물인 점에서 선박공동체라 할 수 있다.

해양에서 고립되어 항해하는 선박은 한 국가의 영토의 연장으로서 소사회를 구성하는바, 선장은 선박소유자로부터 독립하여 선박공동체의 수장으로서 항해의 위험을 극복하고 선내 질서를 유지할 필요가 있다. 미연방대법원은 선장의 지위와 권한에 관하여 Southern S.S. Co. v. NLRB 사건[1)]에서 "선원이 바다에 있는 동안 선장과 해원의 관계는 육상에서의 사용자와 근로자의 관계와 전혀 다르다. 승무원ㆍ여객의 생명과 선박ㆍ적하의 안전은 선장의 주의에 달려 있다. 모든 사람과 모든 것이 선장에게 달려 있다. 선장은 명령하여야 하고 해원은 명령에 복종하여야 한다. 권한은 분리될 수 없다."고 판시하였다.

2. 선박권력

선박권력(Schiffsgewalt)이란 항해위험의 극복과 선내 질서를 유지하기 위하여 선장에게 부여된 공법상 권한을 의미한다.[2)] 선원법상 선박권력에는 지휘감독권ㆍ

---

1) 316 U.S. 31 (1942).

2) 선장의 권한이나 의무 등에 관한 규정은 모두 선박의 안전과 선원 관리에 관한 포괄적이고 절대적인 권한을 가진 선장을 수장으로 하는 효율적인 지휘명령체계를 갖추어 항해 중인 선박의 위험을 신속하고 안전하게 극복할 수 있도록 하기 위한 것이므로, 선장은 승객 등 선박공동체의 안전에 대한 총책임자로서 선박공동체가 위험에 직면할 경우 그 사실을 당국에 신고하거나 구조세력의 도움을 요청하는 등의 기본적인 조치뿐만 아니라 위기상황의 태양, 구조세력의 지원 가능성과 규모, 시기 등을 종합적으로 고려하여 실현가능한 구체적인 구조계획을 신속히 수립하고 선장의 포괄적이고 절대적인 권한을 적절히 행사하여 선박공동체 전원의 안전이 종국적으로 확보될 때까지 적극적ㆍ지속적으로 구조조치를 취할 법률상 의무가 있다. 대법원 2015. 11. 12. 선고 2015도6809 전원합의체 판결.

명령권 · 강제권 · 행정기관에 대한 원조요청권 · 징계권 등이 있고,[3] 특별법상 선박권력으로는 사법경찰권 등이 있다. 현대의 법령이 선장에게 선박권력을 인정하는 것은 기교적인 법적 산물이 아니라 선박의 일관성 있는 지휘를 위한 필요성에서 유래한 것이다.[4]

선박권력은 인명 · 선박 · 적하의 안전 및 공공의 안전을 위하여 법이 선장에게 특별히 부여한 권한이므로,[5] 선장은 선박소유자의 이익을 판단기준으로 삼아서는 안 되고, 그 목적을 참작하여 독자적이고 합리적인 판단과 책임으로 이를 행사하여야 한다.[6] 선박권력은 공권의 성격을 가지므로 이전이나 포기가 제한되고, 선장 직무대행자 이외의 자에 의한 대행이 허용되지 아니한다.[7] 선장의 권한은 법령에 의하여 부여된 권한이므로, 선박소유자는 선장의 권한을 제한하거나 침범할 수 없고, 선박소유자가 승선한 경우에는 선장의 선박권력에 복종하여야 한다.[8]

3. 제2장의 구성

제2절에서는 선원법상 선장의 직무와 권한, 제3절에서는 선내 질서의 유지에 관한 내용을 살펴본다. 한편 선원법은 선내 질서를 규정한 제3장에서 선원의 쟁의행위 제한 규정(법 25조)을 두고 있으므로, 제4절에서 이와 관련된 선원의 노동3권을 논의하기로 한다.

---

3) 志津田氏治, "船長の指揮命令權限", ジュリスト 別冊 34호 －運輸判例百選－(1971. 11.), 60면은 지휘명령권을 하나로 파악하고 있으나, 지휘감독권과 명령권은 그 대상과 효력을 달리 하므로 별개의 권한으로 보는 것이 타당하다.

4) Eitel Friedrich von Kauffmanns, Die öffentlich-rechtlichen Machtbefugnisse des Kapitäns, Eckardt & Meßtorff, Nautische Verlagsbuchhandlung(Hamburg, 1931), S.1.

5) Aspinall/Moore, 238면.

6) 松村勝二郎, 29면; 항해의 위험을 극복하고 선내 질서를 유지하기 위하여 선장에게는 해원에 대한 지휘감독권, 명령권이 부여되어 있다. 선장은 독자적이고 합리적인 판단과 책임으로 위와 같은 지휘감독권, 명령권 등을 행사하여야 하고, 이러한 권한은 누구에 의해서도 제한되거나 침범되어서는 아니된다(부산고법 2021. 12. 22. 선고 2021나54289 판결).

7) 선장의 공법상 직무권한은 법령상 규정이 있는 경우를 제외하고는 그 위임이 인정되지 아니한다. 1963. 6. 7. 員基 100호.

8) Story 대법관은 선내기율의 필요성에 관하여 The Mentor, F Cas No. 9427 (1825, C.C. Mass.) 사건에서 "해양노동의 필요성은 권위에 대한 강력한 지지를 요구한다. 해양에서 직원은 부원들에 비하여 매우 적은 물리력을 지닐 수 있을 뿐이다. 직원들은 언제든지 선상반란의 희생자가 될 수 있으며, 명령의 도덕적 영향력에 의하여 고집과 나태를 제압하지 못하거나 징계에 의하여 즉각적이고 불평 없이 복종하게 할 수 없다면, 선박과 화물은 조만간 바람과 파도에 운명을 맡기게 된다."고 판시하였다. Norris Ⅰ, 466면.

Ⅱ. 선장 지위의 연혁

1. 고대 메소포타미아에서 선장의 책임

가. 리피트 이쉬타르 법전

이신(Isin) 제1왕조(BC 2117-1794) 리피트 이쉬타르(Lipit Ischtar) 왕(재위기간 BC 1934-1924) 법전[9] 5조는 “만약 어떤 사람이 선박을 임차하여 정해진 바닷길을 두고 다른 길로 갔는데, 누가 선박에 침입하여 선박의 물건을 절취당한 경우에는 선박을 임차한 사람이 모든 것을 배상하여야 한다.”고 규정하고 있다.[10]

나. 에쉬눈나 법전

에쉬눈나 법전(Codex Eschnunna)은 에쉬눈나 왕국 다두샤(Daduscha) 왕(재위기간 BC 1815-1780) 시기에 편찬된 것으로 추정되는데, 4조는 “300실라[11]당 선박을 임차하는 비용은 2카[12]이고, 1/3카는 선원을 빌리는 비용이다. 그는 하루 종일 선박을 빌릴 수 있다.”고 규정하고 있고,[13] 5조는 “만약 선원이 부주의하여 선박이 침몰하였을 경우, 선원은 자신이 침몰시킨 모든 것을 배상하여야 한다.”고 규정하고 있다.[14]

다. 함무라비 법전

(1) 의 의

함무라비 법전(the Code of Hammurabi)은 바빌로니아 제1왕조(BC 1830- 1530년)의 제6대 왕이었던 함무라비 왕(재위기간 BC 1792-1750년 또는 1728-1686년)이 메소포타미아 지방에서 전해 오던 여러 법전들을 종합하여 셈(Sem)어의 한 갈래인 아카드(Akkad)어로 기록한 법전이다.[15] 함무라비 법전에는 선박과 관련된 규

9) 1940년대 Nippur에서 Hilprecht에 의해 발굴되었다. 이종근, 메소포타미아 법의 도덕성과 종교, 삼육대학교 출판부(2011), 52면.
10) 채홍식, 고대 근동 법전과 구약성경의 법, 한님성서연구소(2008), 44, 47면.
11) 1Silá는 약 1리터에 해당한다.
12) 아카드어 1Qa는 수메르어 1Sila와 같다. 채홍식, 58면.
13) 이종근, 93면.
14) 채홍식, 56, 59면.
15) 한상수, 함무라비 법전 －인류 법문화의 원형－, 인제대학교 출판부(2008), 50면. 영어번역본 전문은

정들이 많이 포함되어 있는데, 선박을 건조하는 사람과 선박을 운항하는 사람을 모두 같은 용어인 말가훔(malgahum)으로 표현하고 있다.[16] 선장의 보수와 책임에 관한 규정은 모두 7개 조항(234조-240조)이 있는데, 234조, 235조는 조선공의 보수와 책임에 관한 조항이므로, 이하에서는 선장의 보수와 책임에 관한 규정인 236-240조를 살펴보기로 한다.

(2) 선장의 보수

선장을 고용한 사람은 선장의 보수로 1년에 6구르(gur)[17]의 곡물을 지급하여야 한다(239조). 선장의 보수가 1년 단위로 정해져 있다는 것과, 금전이 아니라 곡물로 보수를 지급하도록 하고 있다는 것이 특징이다.

(3) 선장의 부주의로 인하여 선박이 침몰한 경우

선장이 선박을 임차한 경우 선박이 선장의 부주의로 인하여 침몰하면 선장은 동일한 가치를 갖는 다른 선박으로 선박소유자에게 배상하여야 한다(236조). 제3자가 선박소유자로부터 곡물·양털·기름·대추야자열매 그 밖에 운송할 수 있는 모든 물품의 운송을 위하여 선박과 선장을 동시에 임차한 경우, 선박이 선장의 부주의로 인하여 침몰하면 선장은 선박과 멸실된 물품 전부를 배상하여야 한다(237조).

(4) 선장이 다른 사람의 선박을 좌초시킨 후 인양한 경우

선장이 다른 사람의 선박을 좌초시킨 후 그 선박을 인양하면, 선장은 선박소유자에게 선박가격의 2분의 1을 배상하여야 한다(238조).

(5) 선박충돌의 경우

함무라비 법전 240조는 선박충돌에 관하여 규정하고 있는데, 충돌하는 선박의 내용에 관하여는 견해대립이 있다. 즉 (i) 상류로 운항하는 선박과 하류로 운항하는 선박의 충돌로 보는 견해, (ii) 운항 중인 선박과 정박 중인 선박의 충돌로 보는 견해, (iii) 여객선과 화물선의 충돌로 보는 견해 등이 그것이다.[18] 여기서는 하

---

http://avalon.law.yale.edu/ancient/hamframe.asp.

16) 한상수, 250면.

17) 1구르는 7㎥에 해당한다. 한상수, 251면.

18) 한상수, 253면.

행선박은 강물의 물살 때문에 선박을 조종하기 어렵지만 상행선박은 조종이 용이하다는 전제에서 첫 번째 견해에 따르기로 한다.

상행선박이 하행선박과 충돌하여 하행선박이 침몰하면, 침몰된 선박의 선박소유자는 신 앞에서 침몰된 선박 안에 있던 물품 전체를 밝혀야 하고, 상행선박의 선장은 하행선박의 선박소유자에게 선박과 멸실된 물품 전체를 배상하여야 한다(240조).

2. 고 대[19)]

고대 특히 로마시대에서 선장은 선박의 기술상 우두머리였으나 일반선원과 더불어 단순히 선주의 노예(*mercator*)였기 때문에 선주의 노예에 대한 주인권(*potestas dominia*)에 종속되어 있었고, 선주에 대하여 자기의 인격을 주장하고 대등한 지위에서 법률관계를 맺을 수 없었으므로 당연히 그 지위가 낮았다. 노예는 수증물로서 권리능력은 없었으나 변식능력 있는 사람으로서 행위능력은 인정되어, 노예는 주인의 지시에 따라 법정양도(*in jure cessio*)를 제외한 모든 법률행위를 할 수 있었다. 그러나 노예는 권리능력이 없었으므로 노예가 취득한 모든 재산은 당연히 그의 주인에게 귀속되었다.[20)] 주인은 그의 노예의 법률행위에서 권리를 취득하고 의무는 부담하지 않았으나, 주인이 노예를 선장(*magister navis*)으로 지명하여 영업활동에 종사시킨 경우 거래의 상대방은 선주소권(船主訴權, *actio exercitoria*)으로 주인을 제소하여 채무의 이행을 구할 수 있었다.[21)] 그러므로 로마시대의 선장에게는 현대의 선원에서 보는 바와 같은 권리의무는 존재하지 않았다.

3. 중 세

① 북부유럽 특히 독일에서는 항해가 빈약한 문화단계와 해양의 불확실성 때문에 다른 지역보다 늦게 시작되었다. 항해의 성공은 승무원 모두가 통일된 지휘

---

19) Kauffmanns, S.1-9; 김성준, "17~19세기 유럽 상선 선장의 지위 변화", 해운물류연구 25권 4호(2009. 12.), 845-863면; 박경현, "선원법상 선장의 지위 (1)", 해기 238호(1986. 11), 8-9면; 藤崎道好, 56-57면.

20) 노예는 법률상 재산을 소유하지 못하지만, 가부장을 대신하여 소유한 것[이를 페쿨리움 물건(*res peculiares*)이라 한다]은 '가부장의 인격에 의한(*ex persona patris*)' 행위로서 법적으로 유효하게 된다. 차영길, "로마 해상무역에서 노예대리인(mercator)의 역할", 중앙사론 32집(2010), 318, 327면.

21) 현승종 · 소규창, 로마법, 법문사(1996), 346-347면.

아래 전력을 다하는 것에 달려 있었다. 승무원 중 가장 중요한 지위인 키잡이(Steuermann)는 다른 선원들을 자발적으로 복종시켰다. 따라서 키잡이는 선원들을 자신의 명령에 복종시키기 위하여 강제수단을 사용할 수 없었으나, 승무원이 키잡이의 명령에 불복하여 항해의 성공이 위태롭게 되면 나머지 승무원들이 키잡이의 명령을 불복종자에 대하여 관철시키는 것에 항해공동체의 이해관계가 달려 있었다. 이에 따라 모든 승무원은 중요한 문제를 상의하여 결정하였고, 승무원 전원의 의사가 최고의 규범이 되었다. 그러므로 선박권력은 최초로 북유럽의 항해에서 민주적으로 생성되었다.[22)]

② 육상상인들이 부를 축적함에 따라 해운업에도 근본적인 변화가 시작되었다. 중세 자유도시에서 해운기업은 모험적 기업으로서, 그 경영에는 선박소유자·상인·선원의 공동경영방식이 많이 이용되었고, 선박에는 선박관리인(Exercior, Patrone), 상인(Mercator), 항해주무자(Gubernator, Nochiero), 선원(Nautae, Mariner) 등이 승선하였으며, 오늘날 선장에 해당하는 사람은 존재하지 않았다.

③ 15C 이후 운송계약시대에는 화주인 상인과 선박소유자의 대리인인 선박관리인이 승선하지 않게 되었고, 항해주무자가 선박관리인의 사무를 이행하게 되어 선장이 출현하게 되었다. 그러나 중세를 통하여 선장의 지위가 항상 동일하였던 것은 아니었고 해상기업형태의 변화에 따라 달라졌다. 한편 선박권력은 해상기업의 조합적 공동경영의 시대에는 공동기업자의 전원에 속하였고, 그 뒤에는 선박평의회의 다수결에 따라서 행사되다가, 그 후 점차로 선장에게 집중되었다.[23)]

4. 근 세

19C까지 선장은 공동소유자인 경우, 관리선주로 임명된 경우, 단순히 임금을 받는 피용자인 경우에 따라 행사할 수 있는 권한에 차이가 있었지만, 선박운항권·선원감독권·선주대리권 등을 실질적으로 행사하였다.[24)] 해상운송이 기선에 의한 정기선운항시대로 접어들자 선장은 오로지 임금을 목적으로 하는 선박소유

22) Kauffmanns, S.1-2.
23) Oleron해법 12조는 해원이 선장을 폭행한 경우에는 100 sous의 벌금과 오른손을 자르도록 규정하였다[Norris I, 643면]. Wisbuy해법 24조도 이와 유사한 규정을 두었다(Aspinall/Moore, 239면).
24) 김성준a, "산업혁명기 영국 상선 선장의 지위와 임금 수준", 해운물류연구 34호(2002. 4), 2면.

자의 피용인이 되었고 기업의 이윤에는 관여하지 않게 되었지만, 선박이 일단 출항하게 되면 통신수단의 불비로 육상과의 연락이 두절되어 선장이 선박소유자의 지시·감독을 받기가 어렵기 때문에 선박소유자는 항해에 필요한 모든 권한을 선장에게 부여하였다.[25] 선장의 상법상 광범위한 대리권은 이러한 배경에서 이해되어야 한다.

절대적 전제군주시대에는 선장은 Master under God이라고 불리어 그의 선박권력은 해원에 대한 형벌권이 포함되는 강력한 것이었다.[26] 당시 선장의 해원에 대한 권한은 부모의 자녀에 대한 권한이나 직인의 도제에 대한 권한과 유사하였다.[27] 18C 이후에 근대법사상의 영향을 받아 점차 형벌권은 국가에 회수되고, 선장은 지휘명령권과 해원에 대한 징계권만 보유하게 되었다.[28]

5. 현 대

현대에 이르러 통신기술의 발달, 지점·대리점의 정비에 의하여 선박소유자는 손쉽게 선장에게 지휘감독권을 행사할 수 있게 되어 선장의 해상기업상 권한은 많이 축소되었고, 선장은 해기를 담당하는 단순한 근로자로 전화되어 그의 경제적 지위는 저하되었다. 또한 선장도 근로자의 범주에 포함되어 약간의 예외는 있지만, 그에게도 노동관계법령이 적용되게 되었다. 20C에 이르러 징계권의 행사도 민주화되고 선박권력은 선박공동체의 안전확보를 위한 것임을 명백히 하기에 이르렀다.

---

25) 김성준a, 7면.

26) 영미 일반해사법에 의하면, 해원이 항행 중 선장의 정당한 명령에 고의로 불복종하는 경우, 해원은 선장의 결정에 의하여 감금되거나 임금이 삭감되었다. 그리고 법원은 해원에게 1개월 이상의 징역형을 선고할 수 있었다(Norris Ⅰ, 469-470면). 또한 선장은 선내 질서 유지를 위하여 해원에게 태형(flogging)을 가하거나, 차꼬(irons) 특별한 경우에는 사슬(chains) 등을 사용할 수 있었다(Norris Ⅰ, 641-649면). Healy v. Cox, 45 F 119 (1891, DC SC) 사건에서 법원은 선장이 빗자루로 해원의 머리를 때린 것은 비정상적인 처벌이나 가혹하고 매우 잔인한 처벌이 아니라고 판시하였다(Norris Ⅰ, 642면).

27) Aspinall/Moore, 238면; Norris Ⅰ, 646면. 이에 대한 비판적인 견해로는 Bangs v. Little, F Cas No. 839 (1839 DC Me) 참조(Norris Ⅰ, 646-647면).

28) 미국은 46 USC §712(현재는 §11507)에 의하여 태형을 금시하였고, 46 USC §701(4)(5)[현재는 §11501(4)(5)]에 의하여 차꼬의 사용을 금지하였다. Norris Ⅰ, 641, 648면.

제2절 선장의 직무와 권한

선장에게는 선박소유자에 의한 최고의 신임과 법령에 의한 광범위한 권한이 부여되어 있기 때문에, 선장은 최고 수준의 신의성실과 주의의무로 그 직무를 수행하여야 한다.[29] 상법상 운송인이 감항능력주의의무나 직항의무를 위반한 경우에는 손해배상책임만을 부담하는 것에 비하여, 선장의 감항능력주의의무나 직항의무를 위반한 경우에는 형사책임을 부담하는 점에서 선원법상 선장의 직무는 공법상 의무의 성격이 강조된다. 선원법상 선장의 직무에 관한 규정은 모두 해운행정 특히 선박단속상 선장에게 과한 의무 내지 제재를 규정한 것으로써 이 제재는 선장의 고의 또는 과실에 기인하여 그 의무를 위배한 경우를 포함하는바, 선장이 과실에 의하여 그 의무를 위반한 경우라 할지라도 위 과실이 반드시 형사상 과실에 해당한다고 단언할 수 없으므로, 결국 선장의 형법상 과실문제는 각 구체적 경우에 따라 결정할 수밖에 없다.[30]

선원법 제2장, 제3장에서 규율하는 것은 항행의 안전과 선내 질서의 유지라는 공법상 목적을 달성하기 위한 것이므로, 선장이 반드시 근로자일 필요는 없다. 따라서 선원법 제2장, 제3장에 규정된 사항은 그 성질상 적용할 필요가 없는 사항[31]을 제외하고는 선주선장에게도 적용되도록 법을 개정할 필요가 있다.[32]

---

29) Stumore v. Breen (1886), 12 App. Cas. 698, 707(Aspinall/Moore, 235면).

30) 대법원 1956. 12. 21. 선고 56도276 판결.

31) 예를 들면, 선장의 선박소유자에 대한 보고의무를 규정한 법 7조 2항, 3항이 이에 해당한다.

32) R v. Litchfield [1998] Crim LR 507에서는 1988년 상선법(the Merchant Shipping Act 1988) 31조(It shall be the duty of the owner of a ship to which this section applies to take all reasonable steps to secure that the ship is operated in a safe manner.)에 의하여 선주선장에게도 형사책임을 인정하였다. 위 조항은 1995년 상선법(the Merchant Shipping Act 1995) 314조 1항 및 부칙 12조에 의하여 폐지되었다.

Ⅰ. 지휘 · 감독권

1. 의 의

선장은 해원을 지휘 · 감독할 수 있다(법 6조 전단). 독일 해양노동법 121조 1항 1문도 선장을 선원 중 최고의 상관이라고 규정하고 있다.[33] 선주선장은 선원근로계약상 사용자의 지위에 기하여 해원에게 노무지휘권을 행사할 수 있다. 그런데 근로자의 지위에 있는 선장[34]이 해원에 대하여 사법상 지휘 · 감독권을 행사할 수 있는지 여부는 선박소유자가 선장에게 부여한 대리권의 존부 및 범위에 따라 달라질 수 있다. 이와 같이 선장의 해원에 대한 지위가 선박소유자와 선장 사이의 계약에 의하여 결정되면 법률관계가 불안정하게 되므로, 선원법은 선장에게 해원에 대한 지휘 · 감독권이 있음을 명시적으로 규정하였다.

선원법상 선장의 해원에 대한 지휘 · 감독권은 선장이 선박소유자의 대리인으로 행사하는 사법상 지휘 · 감독권과 구별되는 것으로, 인명 · 선박 · 적하의 안전 및 공공의 안전을 위하여 선원법이 선장에게 부여한 공법상 권한이다.[35] 지휘 · 감독권은 선장의 해원에 대한 일반적인 권한이므로 선장의 지휘 · 감독권 행사 자체에 대하여는 강제력이 부여되지 않지만, 선원법은 선장의 지휘 · 감독권의 실효성을 확보하기 위하여 명령권 · 강제권 · 행정기관에 대한 원조요청권 · 징계권 등을 규정하고 있다.

2. 사 례

가. 유성호 사건[36]

경비함의 함장 Z의 결정으로 유성호가 예인당하게 되었고, 그 때 유성호의 선장 X가 Z로부터 예인당할 때의 주의사항을 구체적으로 지시받은 바 없더라도 예인당하는 동안 X가 스스로 위 선박에 남아 있겠다고 자청하여 그대로 남아 있었

---

33) 그러나 독일 해양노동법 121조는 선장에게 해원에 대한 징계권을 부여하지는 않고 있다. Lindemann, S.1105.

34) 선박소유자가 선장을 고용하고, 임금을 지급하며, 해고할 수 있기 때문에, 선장은 선박소유자의 근로자라고 판시한 사례로는 Manchester Trust v. Furness [1895] 2 QB 539.

35) 1967. 9. 1. 員基 435호.

36) 대법원 1992. 9. 8. 선고 92다23292 판결(船).

으면, 침수 등 사고발생에 대비하여 Z와의 교신, 열린 문의 밀폐와 배수장치의 점검 및 기관을 가동시키고 감시원을 배치하는 등의 조치를 취하여야 하고, 유성호의 기관책임자 Y도 기관실의 침수 등에 대비한 조치 등을 취하여야 한다.

X, Y가 그러한 조치를 전혀 취하지 아니하여 유성호의 추진기 검사공 등을 통하여 바닷물이 들어차는 것을 뒤늦게 발견하고서도 이를 적절한 방법으로 알리지 못한 과실과, 위 선박에 밀폐되지 아니한 상태로 추진기 검사공을 설치하여 둔 위 선박의 설치관리상 하자로 인하여 위 선박에 있던 원고의 장비가 바다에 가라 앉아 유실되는 등의 사고가 발생하였고, 따라서 X는 불법행위자로서, A는 유성호의 소유자 겸 X, Y의 사용자로서 각자 위 사고로 인하여 원고가 입게 된 손해를 배상할 책임이 있다.

나. 남영호 사건[37)]

X는 정기여객선 남영호(총톤수 36,204t, 여객정원 302명, 선원정원 19명, 화물적재용량 130t)의 선장이다. 1970. 12. 11. 07:30경부터 같은 달 14. 13:00까지에 걸쳐 제주도 서귀포항 안에 정박하고 있던 남영호에 화물을 적재할 때 당시 폭풍주의보로 인하여 배가 한 척도 출항하지 못하였을 뿐 아니라, 같은 항로를 운항하던 정기선 도라지호마저 수리 중이어서 성수기에 접어든 밀감장사와 연말대목을 노리는 상인들이 짐들을 위 배에 실으려고 부둣가에 산적하여 기다리고 있었고, 위 배의 출항시간은 폭풍주의보가 해제된 지 불과 몇 시간 밖에 지나지 아니하며 남해안 일대에 폭풍의 여파가 남아 있을 것이 쉽게 예상되는 때였다. 이러한 경우 선박운항의 책임자인 X로서는 화물적재에 더욱 세심한 주의와 감독을 다하여 화물 적재가 금지된 갑판 위에 짐을 싣지 못하도록 함은 물론, 만재흘수선을 넘어 화물을 과적하지 않도록 하여야 할 업무상 주의의무가 있었다.

X는 위 의무들을 태만히 하여 항해사 A, 사무장 B로 하여금 여객과 화물을 승선·적재하게 하여, 정량화물 용적톤수 130t의 4배가 넘는 총용적톤수 543.13t이고, 복원선 30.5㎝로서 안전복원선 50㎝ 이하이며 정상운행 시의 흘수선 선수 2m, 선미 2.88m를 넘어선 선수 흘수선 2.37m, 선미 흘수선 3.55m로 추정되는 고적상태에 이르렀으므로, X는 짐을 내리지 않으면 출항할 수 없다고 하였다. 그

37) 대구고법 1971. 10. 15. 선고 71노654 판결.

러나 X는 A, B가 이에 불응한다는 이유로 과적된 화물을 줄이지 못한 채 그들의 종용에 따라 아무런 사고 없으리라고 가볍게 믿은 나머지, 같은 날 19:25경 만연히 부산항을 향하여 출항·항해하였다.

다음날 01:25경 전남 여천군 소리도 앞 해상에 이르렀을 때 초속 약 5~7m 정도의 풍파가 계속되므로, 이런 경우에 X로서는 갑판 위에 초과 적재된 밀감상자들을 바다에 버려 위 선박이 파도에 부딪치더라도 안전히 운항할 수 있도록 하여야 할 업무상 주의의무가 있음에도, 무사하리라 믿은 나머지 이를 태만히 하고 그대로 운항하다가 큰 파도가 선박 좌현을 받아 선박이 전복되었고, 이로 인하여 321명의 여객과 선원이 사망하였다.

다. 제77고려호 사건[38)]

X는 제77고려호의 선장으로서 그 선박이 일본 시모노세끼 항에 기항했을 때 선원들이 밀수자금으로 일화(日貨)를 소지하고 있음을 알았고, 또 선원들로부터 소지한 일화의 신고를 받았으면 X로서는 그 일화를 밀봉 기타 방법으로 보관함으로써 선원들의 밀수입을 방지하여야 함에도 불구하고, 선원들로 하여금 일화를 소지한 채 일본에 상륙케 하여서 그들이 물건을 구입·선적케 하고, 선박이 부산항에 입항했을 때 이를 세관당국에 신고하지 아니하고 은폐함으로써 밀수행위를 방조한 것이라는 공소사실로 기소되었다.

그러나 X가 사전에 그 소속 선원들이 밀수자금으로 일화를 소지하고 있는 정을 알았고 그 자신 위 선원들의 밀수행위에 가담하려는 의사가 있었다고 인정할 자료가 없는 이 사건에서, X가 선장으로서 그 소속 선원들로부터 각자 소지한 일화의 신고를 받고도 이를 징수·보관하지 않은 점만 가지고 X가 위 선원들의 밀수행위를 방조하였다고 볼 수 없다.

라. 도송1호 사건[39)]

2006. 7. 13. 03:30경 전남 신안군 흑산도 남동 약 5.1마일 해상에서 예인선 도송1호에 의해 예인되던 부선 제8001영빈호가 때마침 진행방향 우측에서 좌측으로 진행하던 제305장덕호의 좌현 중앙부를 들이받아 침몰케 함으로써, 제305장덕

---

38) 대법원 1978. 3. 28. 선고 77도2269 판결.
39) 대법원 2009. 7. 9. 선고 2007추66 판결.

호에 탑승한 선원 8명이 사망 또는 실종되는 해양사고가 발생하였다. 위 해양사고는 심야에 안개가 짙게 낀 해역을 항해하면서 시계가 제한된 상태에서의 항법을 준수하지 아니한 도송1호의 항해사의 과실과 선장으로서 선박의 안전에 관하여 최종적 책임이 있으면서도 그를 철저히 감독하지 못한 X의 과실 등이 경합하여 발생하였다.

3. 내 용

선장은 선박공동체가 항해의 목적을 달성할 수 있도록 해원들의 직무를 지휘하고, 직무수행의 적정성 여부를 감독할 수 있다. 선원법은 선장을 지휘·감독권의 주체로 규정하고 있는데, 선장직무대행자도 지휘·명령권의 주체가 된다. 이와는 달리 선박소유자·선박관리인·선박임차인 등은 선원근로계약에 기하여 노무지휘권을 행사할 수 있지만, 공법상 권한에 속하는 지휘·감독권은 행사할 수 없다. 선장의 지휘·감독권은 법률에 규정된 선장의 고유권한이므로, 선박소유자가 선장의 지휘·감독권을 제한할 수 없다.[40] 그러므로 선장이 선박소유자의 지시에 의하여 해원에 대한 지휘·감독권을 부적절하게 행사한 결과 선박이 전복된 경우에도 선장은 선박소유자의 지시를 이유로 면책을 주장할 수 없다.

선장의 지휘·감독권의 행사대상은 명령권의 행사대상이 재선자인 것과는 달리 해원에 한정된다. 그러나 비번(非番) 중 하선한 선원은 선박항행조직에서 이탈한 것이므로 위 선원에 대하여는 지휘권이 미치지 아니한다.[41] 또한 지휘·감독권의 행사범위는 해원 직무의 적법성에 한정되는 것이 아니고 합목적성·적정성까지 미친다.

선장은 선박지휘자로서 중대한 직책을 가지고 있기 때문에 상당한 휴양권을 주장할 수 있음은 당연하고, 당직자에게 운항지휘를 위임하고 휴양할 수도 있으나 이러한 경우에도 감독에 대한 책임은 져야 한다.[42] 선장이 해원에 대한 지휘·감독권을 소홀히 한 것이 민·형사상 주의의무위반으로 평가되는 경우에는 민사책

---

40) 독일 해양노동법 121조 2항은 이를 명시적으로 규정하고 있다. 같은 취지의 영국 판례로는 Montgomery v. Johnson [2001] EWCA Civ 318.

41) 1967. 9. 1. 員基 435호.

42) 大審院 1909. 6. 22. 判決, 民錄 15輯 596면. 이에 대한 평석은 住田正二, "船長の海員監督上の責任", ジュリスト 別冊 34호 －運輸判例百選－(1971. 11), 76-77면.

임(유성호 사건), 형사책임(남영호 사건), 행정법상 책임(도송1호 사건)을 부담할 수 있다. 그러나 선장이 단지 해원들의 범죄행위를 방지하지 못한 것만으로는 형사책임이 인정되는 것은 아니다(제77고려호 사건).[43)]

Ⅱ. 명령권

1. 의 의

선장은 선박소유자의 대리인으로서 그 피용자인 해원에 대하여 대리권의 범위 내에서 상업상 지휘감독권을 가지고 있으나, 여객이나 선내에 있는 사람(이하 '재선자')에 대하여는 선박소유자의 대리인으로서 권한을 행사할 수 없다. 그러나 국가권력으로부터 격리되어 해양에 있는 선박에서 선장은 선박의 최고책임자로서 선박의 안전과 여객·화물 운송 등 항해의 목적을 달성하기 위하여 선박권력을 보유하는데, 선장은 해원을 포함하여 선내에 있는 사람에게 선장의 직무를 수행하기 위하여 필요한 명령을 할 수 있다(법 6조 후단).[44)] 누구든지 선박의 안전을 위한 선장의 전문적인 판단을 방해하거나 간섭하여서는 아니 되므로(해사안전법 45조), 선박소유자라도 선장의 공법상 명령에 복종하여야 한다. 독일 해양노동법 121조 1항 2문도 선장은 해원과 선내에 있는 모든 사람에게 명령할 권한이 있다고 규정하고 있으므로, 선장은 선내에서 공법상 최고명령권자의 지위를 가진다.[45)]

2. 사 례

가. 부관훼리호 사건[46)]

(1) 사실관계

① 원고 A는 피고 Y가 운항하는 여객선 부관훼리호(釜關Ferry號)의 갑판부 2

43) 3등항해사의 업무상 과실이 인정되는 이상 해사법규상 선장의 3등항해사에 대한 지휘권 유무는 위 과실에 의한 범죄성립에 하등 소장이 없다. 대법원 1955. 4. 22. 선고 55도46 판결.

44) 藤崎道好, 79-80면.

45) Bubenzer/Noltin/Peetz/Mallach, S.500.; Lindemann, S.1105. 다만 여객은 상법 665조에 의하여 명령에 복종할 의무가 있다고 한다.

46) 부산지법 1995. 4. 25. 선고 94가합14189 판결. 이에 대한 평석은 권창영, "선장의 직무명령과 선원쟁의행위의 정당성", 인권과 정의 339호(2004. 11), 163-184면.

항사로, 원고 B는 갑판부 2타수로, 원고 C는 갑판부 1갑원으로 각 근무하였다.

② 갑판부 선원들은 위 부관훼리호에 선적되는 화물에 대한 고박(固縛) 및 해체작업을 담당하면서 노사협의에 의한 별도의 작업수당을 지급받고 있었다. 갑판부원들이 1992. 11. 16. 작업비를 인상하여 주지 않으면 위 작업을 거부하겠다고 하면서 작업비 인상을 요구하여, 같은 해 12. 4.부터 갑판부원에 한하여 정액제가 아니라 작업일수에 따라 결과적으로 타부서보다 많게는 3배가 넘는 월평균 25만원 정도의 작업비를 수령하게 되었다(이전의 작업수당은 갑판부 월 10만 원, 기관부 월 7만 원, 통신사무부 월 10만 원이었다). 이에 다른 부서원들이 반발하고 자신들의 작업비수령을 거부하면서 부서간 갈등이 고조되었으며, 노동부장관도 노사간 대표자가 체결한 단체협약을 각 부서별로 개별협상하여 변경하는 것은 부당하다는 회시를 보내기에 이르렀다.

③ Y와 노동조합 사이에 1993. 4. 20.경부터 1993년도 임금협약 체결을 위한 단체교섭을 시작하면서도 작업비문제가 관건이 되어 타협을 보지 못하고 같은 해 7월 말경 노동쟁의 발생신고까지 하였는데, 1993. 9. 1. 합의가 성립되어 임금인상과 부서간 형평을 고려하여 작업비를 갑판부 월 20만 원, 기관부 월 13만 원, 통신사무부 월 12만 원의 정액제로 하고 종전의 부서별 작업규정은 무효로 하는 내용의 단체협약을 체결하였다.

④ 그러나 원고들을 포함한 갑판부원들은 위 단체협약이 작업수당을 감액하는 내용이어서 부당하다고 주장하면서, 1993. 9. 17. 작업수당을 종전대로 올려주지 않으면 화물 고박·해체 작업을 거부하겠다고 일방적으로 Y에게 통지하였다. 갑판부원들은 선장 X의 만류와 설득에도 불구하고 1993. 9. 27. 15:30경 부산항 출항시와 다음날 06:10경 일본 시모노세끼항 입항시 화물고박·해체작업을 거부한 것을 시작으로 불법파업에 돌입하였고, 이에 Y는 본사직원들을 승선시켜 임시로 화물고박작업 등을 대신하도록 하였다.

⑤ 작업거부가 계속되자 부관훼리호 선장 X는 1993. 10. 1. 선장실에서 선내징계위원회를 개최하고, 원고들을 포함한 갑판부원 10명에 대하여 선장명령 불복종을 이유로 Y의 선원인사위원회에 회부하기로 결정하였다.

⑥ 화물고박작업이란 선객의 운송을 주로 하는 부관훼리호 여객선에 부수적으로 선적하게 되는 컨테이너·트레일러·기타 화물·차량 등이 항해 중 파도나 풍

랑에 흔들리는 것을 방지하기 위하여 선박 바닥의 고리에 쇠줄·벨트 등으로 움직이지 않도록 묶는 작업으로, 이 작업이 이루어지지 않으면 출항할 수 없으므로 부관훼리호 운행에서 중요한 업무 중 하나이다.[47] 화물운송을 주로 하는 화물선의 경우 고박작업은 부두노무자 등이 담당하는 경우가 많지만, 여객선인 부관훼리호에서 화물고박·해체작업은 1983. 4. 27. 첫 취항 이래 지금까지 항만노조 등 외부노무자에 의뢰하지 아니하고 갑판부 선원이 담당하여 왔다. Y와 공동운영형태를 취하고 있는 일본의 관부훼리 주식회사 소유의 관부훼리호 여객선에서의 화물고박등 작업도 1970. 6. 취항 이래 지금까지 선원이 작업해 오고 있다.

(2) 판시사항

화물 고박 및 해체작업이 갑판부원들에게 선원으로서의 직무와는 무관하게 선택적으로 부과된 단순한 부수업무라 할 수 없고, 위 업무가 부수업무인지 여부는 차치하고라도 위 화물고박업무가 원고들을 포함한 갑판부원들이 10년 이상 담당하여 온 선박의 안전운항에 필수적인 업무라면, 이를 지시하는 선장의 명령은 직무에 관한 정당한 명령이다.[48]

일반적으로 단체협약·취업규칙 등에서 상사의 정당한 명령에 대한 불복종을 징계사유로만 규정하고 있는데 특히 선원취업규칙에서는 이를 따로 근로계약 해

47) 선박안전법 39조 (화물의 적재·고박방법 등) ① 선박소유자는 화물을 선박에 적재하거나 고박하기 전에 화물의 적재·고박의 방법을 정한 자체의 화물적재고박지침서를 마련하고, 해양수산부령이 정하는 바에 따라 해양수산부장관의 승인을 얻어야 한다.
② 선박소유자는 화물과 화물유니트(차량 및 이동식탱크 등과 같이 선박에 부착되어 있지 아니하는 운송용 기구를 말한다) 및 화물유니트 안에 실린 화물을 적재 또는 고박하는 때에는 1항의 규정에 따라 승인된 화물적재고박지침서에 따라야 한다.
③ 선박소유자는 차량 등 운반선박(육상교통에 이용되는 차량 등을 적재·운송할 수 있는 갑판이 설치되어 있는 선박을 말한다)에 차량 및 화물 등을 적재하는 경우에는 1항의 규정에 따라 승인된 화물적재고박지침서에 따르되, 해양수산부령이 정하는 바에 따라 필요한 안전조치를 하여야 한다.
④ 선박소유자는 컨테이너에 화물을 수납·적재하는 경우에는 1항의 규정에 따라 승인된 화물적재고박지침서에 따르되, 컨테이너형식승인판에 표시된 최대총중량을 초과하여 화물을 수납·적재하여서는 아니 된다.
⑤ 1항 내지 4항의 규정에 따른 화물의 적재·고박방법 등에 관하여 필요한 사항은 해양수산부령으로 정한다.

48) 해상운송에서 운송물의 선박적부 시 고박·고정장치를 시행하였으나 이를 튼튼히 하지 아니하였기 때문에 항해 중 그 고박·고정장치가 풀어져서 운송물이 동요되어 파손되었다면 특단의 사정이 없는 한 불법행위의 책임조건인 선박사용인의 과실을 인정할 수 있고, 불법행위로 인한 손해배상청구에 대하여 운송인이 불가항력에 의한 사고라는 이유로 그 불법행위 책임을 면하려면 그 풍랑이 선적 당시 예견 불가능한 정도의 천재지변에 속하고 사전에 이로 인한 손해발생의 예방조치가 불가능하였음이 인정되어야 한다. 대법원 1983. 3. 22. 선고 82다카1533 전원합의체 판결.

지 사유로 정하고 있는 것은, 선박의 특성상 선박은 그 자체로서 하나의 독립된 사회를 이루어 외국 또는 공해상을 운항하여야 하기 때문에 통상의 근로관계보다 훨씬 더 엄격한 내부규율이 필요할 뿐 아니라, 선박의 책임자인 선장의 지시를 선원들이 따르지 않을 경우 이는 곧 선박의 안전운항 자체를 부인하는 결과가 되므로, 원고들의 행위는 선장의 명령에 불족종하여 선박운항에 지장을 초래한 행위로 단체협약 19조, 선원취업규칙 8조 1항이 정한 징계해고사유가 된다.

나. 제5곰삐라호 사건[49)]

(1) 사실관계

피고인 X, Y는 공모하여, 법정의 제외사유에 해당하지 아니할 때도 관할관청의 허가를 받지 아니하고 화주 Z와 용선계약에 따라 1950. 9. 초순경 X가 보관하는 이 사건 선박(第5金比羅丸)을 운항하여 일본수역[50)] 밖 북위 30도 이남 지점에 있는 섬(口の島)에 입항하고, 무허가로 일본수역 밖을 항해하였다. 원심(函館地裁)은 위와 같은 사실이 1940년 운수성령 40호 '항해의 제한에 관한 건' 1조, 5조, 1951년 운수성고시 186호 1조, 형법 60조에 해당하는 행위라고 보아 X를 징역 6월에, Y를 징역 4월에 각 처하였다.

이에 대하여 Y는 갑판원으로 승선하여 적하에 관하여는 어떠한 관계도 없이 X의 상담자의 입장에 있었고, 선원으로서 선장 기타 선박보관자의 지휘명령에 복종할 의무를 부담하므로 그 지휘에 순응한 이상, 공동모의에 관여한 것이 아니어서 Y의 행위는 범죄가 되지 않는다는 이유로 항소하였다. 기록에 의하면 X는 위 선박의 선장은 아니고 위 선박의 임차인 또는 관리인의 지위에 있었다고 인정되었다.

(2) 판시사항

선원인 피고인이 선장의 지휘·명령에 복종할 의무가 있지만, 명령권은 법령이 금지한 사항을 어기는 범위까지 미치지 아니하므로, 이 사건에서 만약 선장이 섬으로 가라는 명령을 한 경우 이는 법령이 금지한 사항을 범하는 것이어서 피고

49) 札幌高裁 函館支部 1951. 10. 15. 判決, 高裁刑集 4권 11호 1381면.

50) 本州, 北海道, 四國, 九州 및 이에 속한 島嶼 －북위 30도 이남의 島嶼, 口の島, 千島列島, 水晶諸島, 色丹島, 울릉도, 독도를 포함하지 아니한다－의 沿岸 및 그 水域.

인이 이에 복종할 의무는 없다. 증거에 의하면, 피고인은 이 사건 선박이 섬으로 넘어갈 목적으로 녹아도(鹿兒島) 항을 출범하기 이전에 위 선박이 섬으로 넘어간다는 것을 알았다고 인정되므로, 그 출범 전에 위 선박에서 퇴선하는 것이 불가능한 것은 아니었다. 따라서 피고인이 선장 및 선박보관자의 명령에 복종하였으므로 하등의 책임이 없다는 주장은 채용할 수 없다.

다. 제21고려호 사건[51)]

(1) 사실관계

피고인 X는 세관의 면허를 받지 아니하고 청동을 대한민국에서 일본으로 밀수입할 것을 기도하여, 1953. 4. 17. 통영항 앞바다에서 선어(鮮魚) 무역선 제21고려호(33t)에 청동 4,215㎏을 선적하고, 다음 날 통영항을 출항하여 1953. 4. 20.경 일본 앞바다(廣島縣 佐伯郡 宮島町 包浦)에 이르러 다시 제21고려호에서 다른 선박(川福號)에 적재한 후, 은밀히 이를 다른 항(廣島市 宇品港) 안벽에 양륙함으로써 밀수입하였다.

피고인 Y는 제21고려호의 선장, Z는 위 선박의 선원인바, 위 선박으로 대한민국에서 일본으로 생조개를 수송할 때, X가 위와 같이 세관의 면허를 받지 아니하고 청동을 밀수입한다는 것을 알면서도 X의 의뢰를 받고 X를 위하여 통영항 앞바다에서 청동을 선적하고 일본 앞바다까지 수송하여, X의 밀수입행위를 용이하게 하여 방조하였다.

(2) 판시사항

선장과 선원 쌍방이 밀수입화물이 있다는 것을 알고 있는 경우, 선장의 선원에 대한 밀수화물의 수송명령은 명백히 위법하므로, 선원은 위 명령에 구속되지 아니한다. 따라서 밀수화물의 운반 등에 협력·종사한 이상, 선원은 선장의 명령을 이유로 그 책임을 면할 수 없다.

51) 廣島高裁 1954. 7. 28. 判決, 高裁刑集 7권 8호 1237면 이에 대한 평석은 夏目文雄, "船長の職務命令に従う義務", ジュリスト 別册 34호 －運輸判例百選－(1971. 11), 82-83면.

라. 도도선 사건[52)]

(1) 사실관계

국철노동조합은 1964. 4. 11. 신조선(新造船) 요원 등의 문제에 관하여 선박(青函連絡船)에 대하여 2시간의 시한부 파업을 실시하였다. 이 사건 선박(渡島船) 선장 K는 위 파업에 대비하기 위하여 같은 날 8:00경 A, B, C 3명에 대하여 기관장 L을 통하여 서면으로 같은 날 8:00부터 10:45까지 사이에 기관부에서 정박당직을 하라는 취지의 업무명령을 발령하였고, A, B, C 3명은 확실하게 정박당직명령에 복명하였다.

위 선박이 8:40에 잔교에 접안한 후 9:15경 A, B, C 3명이 위 업무명령에 따라 정박당직을 수행하기 위하여 보일러실에 집합하였을 때, X는 노동조합 도도선 분회원 4명과 함께 선두에 서서 승강계단을 내려와 기계실을 경유하여 보일러실에 들어와 A, B, C에 대하여 교대시간이 지났으므로 상륙하라는 취지로 말하고, 당직을 방기하고 그 부서를 이탈하라고 설득하면서, A, B의 신체에 손을 걸고, L, M 두 기관장의 거듭되는 제지를 듣지 않고 A, B, C 3명을 연행하여 그 부서를 이탈하게 하였다. 국철은 X를 면직처분하였고, X는 이에 대하여 위 정박당직명령은 시간외근로를 명할 필요성의 요건을 흠결하여 무효라는 등의 이유로 면직처분무효확인을 구하였다.

(2) 판시사항

선원법 67조, 국철선박취업규칙 21조에 따라 선장이 시간외근로를 명할 임시의 필요성이 있는지에 관하여는, 과중한 근로를 강요받아서는 안 되는 근로자의 기본적 권리에 비추어 볼 때 선박운행의 안전유지상 필요하다고 인정되는 것으로 한정하여 해석함이 상당하다. 이 사건에서 시한부 파업은 하선예정자가 하선하고 승선예정자가 승선하지 아니할 것을 목적으로 하는 것임을 인정할 수 있는바, 인계정박당직자가 승선하지 아니하면 정박당직자가 전혀 없는 사태를 확실히 예상할 수 있으므로, 기관부 정박당직 직무의 선박보안상 중요성에 비추어 볼 때 선박의 안전을 확보하여야 할 최고책임자인 선장으로서는 위 정박당직자의 흠결에 수

52) 札幌地裁 函館支部 1969. 1. 17. 判決, 勞民集 20권 1호 1면.

반하는 위험을 회피할 수단을 다하는 것은 그 직책상 당연한 조치이다. 따라서 이 사건 업무명령은 그 필요성이 인정된다.

3. 명령권의 주체

선원법은 선장을 명령권의 주체로 규정하고 있다. 선장직무대행자도 명령권의 주체가 된다. 선장이 직접 명령권을 행사해도 무방하고, 지휘계통을 통하여 행사해도 무방하다. 선박소유자, 선박관리인, 선박임차인 등은 사법상 선원근로계약에 기하여 해원에게 노무지휘권을 행사할 수 있지만, 재선자에게 공법상의 권한에 속하는 명령권은 행사할 수 없다.[53)]

4. 명령권의 행사대상

선장의 명령권의 대상은 재선자이다. 재선자에는 해원, 하역근로자, 도선사, 선거장, 여객,[54)] 밀항자,[55)] 난민 등이 모두 포함된다. 선장이 최종명령권자이므로,[56)] 선박소유자도 선내에 있는 경우에는 선장의 지휘명령권의 행사대상이 된다.[57)] 항해와 관련 없는 자들이 승선하고 있을 경우, 이들에 대하여 선장이 선박으로부터 퇴거하라는 명령을 내렸음에도 불구하고 이에 따르지 않을 때에는 선장의 명령권을 방해한 것이 된다.[58)]

---

53) 志津田氏治, "船長の指揮命令權限", ジュリスト 別册 34호 －運輸判例百選－(1971. 11), 61면.
54) 영국 상선법(Merchant Shipping Act 1995) 102조 1항은, 선장은 술에 취하거나 기타 다른 사유로 自害하거나 다른 재선자에게 불쾌감을 주거나 위해를 가할 염려가 있는 여객의 승선을 거부하거나 그 여객을 임의의 장소에 하선시킬 수 있다고 규정하고 있다.
55) 밀항자란 선주・선장 또는 다른 책임 있는 자의 허락 없이 선박이나 선박에 실리는 화물에 몰래 숨어 들어 온 자로서, 선박이 항구를 출항한 후 선상에서 발견되어 선장이 밀항자라고 적절한 당국에 신고된 자를 말한다(Convention on Facilitation of International Maritime Traffic, 1965 amended., Sec. 1 A).
56) Bubenzer/Noltin/Peetz/Mallach, S.500.
57) 독일 해양노동법 121조 2항은 항해, 재선자의 안전 등에 관한 선장의 권한을 선박소유자가 제한할 수 없다고 규정하고 있다.
58) 강동수, "선장의 공법상 권한", 한국해법학회지 26권 1호(2004. 4), 55면.

5. 명령권 행사의 효과 및 한계

가. 복종의무

재선자는 선장의 직무를 수행하기 위하여 필요한 적법한 명령에 한하여 복종의무가 있다.[59] 독일 해양노동법 124조 2항은 "해원은 상관의 명령에 복종하는 것이 인간의 존엄성을 해치거나 범죄행위 또는 법령위반을 구성하는 경우에는 명령에 복종할 의무를 부담하지 아니한다."고 규정하고 있다. 명령권 행사의 전제가 되는 선장의 직무는 인명·선박의 안전 확보와 선내 질서의 유지를 위한 공법상 직무에 한정되고, 선박소유자나 화주와의 계약관계에 기한 사법(私法)상 직무는 제외된다.

나. 위법한 명령의 구속력 유무

선장의 위법한 명령에 구속력이 있는지 여부가 문제된다. 공무원의 직무에 관한 판례의 법리를 유추하면, 선장은 재선자에게 범죄행위 등 위법한 행위를 하도록 명령할 권한은 없으며, 명백히 위법 내지 불법한 명령인 때에는 이는 직무상 명령에 해당하지 아니하므로 재선자는 이에 따라야 할 의무가 없다(제5곰삐라호 사건, 제21고려호 사건).[60]

선장의 적법한 명령에 따른 재선자의 행위는 정당행위로서 형법 20조에 의하여 위법성이 조각되지만, 선장의 위법한 명령에 따라 범죄행위를 한 경우에는 선장의 명령에 따랐다고 하여 재선자가 한 범죄행위의 위법성이 조각될 수는 없다.[61] 다만 재선자가 선장의 명령이 위법함을 몰랐을 경우에는 금지착오에 해당되며, 그 착오의 회피가능성이 없다고 인정되는 한 책임이 조각된다. 독일 선원법 115조 5항 2문은 "해원이 상관의 명령이 정당하다고 오인한 경우에는 벌하지 아

59) 대항해시대에는 해양권위를 다음과 같이 표현한 사례가 있다. "선박 안에서는 정의도 불의도 존재하지 않는다. 오직 두 가지, 의무 아니면 반란뿐! 어떤 일을 하라고 지시를 받으면 모두 의무다. 하지 못하겠다고 하면 모두 반란이다." Knut Weibust, Deep Sea Sailors: A Study in Maritime Ethnology, (Stockholm, 1969), 372면[Marcus Rediker, BETWEEN THE DEVIL AND THE DEEP BLUE SEA: Merchant Seamen, Pirates and the Anglo-American Maritime World, 1700-1750, Cambridge University Press(1987), 마커스 레디커, 악마와 검푸른 바다 사이에서: 상선선원, 해적, 영·미의 해양세계, 1700-1750, 박연 옮김, 까치글방(2001), 195면].

60) 대법원 1980. 5. 20. 선고 80도306 전원합의체 판결; 대법원 1999. 4. 23. 선고 99도636 판결.

61) 대법원 1997. 4. 17. 선고 96도3376 전원합의체 판결.

니한다."고 규정하고 있었다.

이에 반하여 재선자가 명령의 위법함을 알면서도 이를 행하였을 때에는 원칙적으로 책임이 조각되지 아니하나, 선장의 위법한 명령이 강요된 행위(형법 12조)에 해당하는 경우에는 책임이 조각되고, 강요된 행위에 해당하지 않더라도 제반 정황에 비추어 재선자가 이에 저항할 것을 기대할 수 없는 경우에 한하여 기대불가능성에 근거한 책임조각사유가 될 수 있다.[62] 판례는 중대하고 명백한 위법명령에 따른 범법행위는 강요된 행위이거나 적법행위에 대한 기대가능성이 없는 경우에 해당하지 아니한다는 입장을 취하고 있다.[63]

다. 불복종의 효과

해원이 상급자의 직무상 명령에 따르지 아니한 때에는 선장은 해원을 징계할 수 있다(법 22조 1항 1호, 부관훼리호 사건). 해원 이외의 재선자가 선장의 명령에 따르지 아니한 때에는 해원과 달리 징계책임이나 형사책임을 부담하지 않지만, 선장은 재선자가 인명 또는 선박에 위해를 줄 염려가 있는 행위를 하는 때에는 그 위해를 방지하는데 필요한 조치를 할 수 있다(법 23조 3항).[64]

라. 선장의 권한남용죄

선장이 그 권한을 남용하여 해원 또는 배 안에 있는 자에게 의무 없는 일을 시키거나 그 권리의 행사를 방해한 때에는 1년 이상 5년 이하의 징역에 처한다(법 160조). 이는 형법 123조의 공무원의 직권남용죄의 특별규정으로 형법 123조에 비하여 법정형이 더 무겁게 규정되어 있다.

6. 해원의 쟁의권과 복종의무의 관계

해원이 선장의 명령에 복종할 의무는 공법상 의무이므로, 쟁의행위를 하는 경우에도 정지되는 것은 아니다.[65] 위에서 살펴본 바와 같이 해원에게 복종의무를

---

62) 이형국, 형법총론연구 Ⅱ, 법문사(1990), 456-457면.

63) 대법원 1980. 5. 20. 선고 80도306 전원합의체 판결; 대법원 1988. 2. 23. 선고 87도2358 판결.

64) 밀항자가 폭력적인 행동으로 선내질서를 어지럽힐 경우 선장은 선장의 직무수행을 위하여 선박 안에 있는 자에게 필요한 명령을 하여(법 6조), 그를 물리적으로 제압하거나 더 이상 질서위반행위를 할 수 없도록 구금 등 적절한 조치를 취할 수 있다. 박영선, "선상 밀항사 처리에 관한 법률적 검토", 해사법연구 23권 1호(2011. 3), 32면.

발생시키는 선장의 직무상 명령은 인명·선박의 안전확보와 선내질서의 유지를 위한 공법상 직무명령에 한정되므로, 해원은 이와 관련이 없는 선장의 사법(私法)상 직무명령에는 쟁의행위를 이유로 복종을 거부할 수 있다. 그러므로 선박의 안전을 확보하기 위한 화물고박작업이나 당직근무에 관하여 선장이 명령을 한 경우에는 해원은 쟁의행위를 이유로 이를 거부할 수 없지만, 항해의 목적을 달성하기 위한 화물의 선적이나 양륙작업 등에 관한 선장의 명령에 대하여는 쟁의행위를 이유로 복종을 거부할 수 있다.

Ⅲ. 주의의무

1. 의 의

선장은 선박소유자로부터 항해의 지휘감독권을 위임받은 자이므로, 선관주의의무를 부담한다.[66] 선장의 직무란 사법상 직무뿐만 아니라 공법상 직무를 포함하므로, 선장의 권한을 적절하게 행사하는 것도 주의의무에 포함되나, 여기서는 운항관리책임자로서 선장의 주의의무[67]에 관하여만 살펴보기로 한다.[68]

2. 사 례

가. 제1수협호, 청양호 사건[69]

시정이 20-30m의 극히 제한된 상태에서 레이더가 전연 그 성능을 발휘하지 못하여 다만 무중신호(霧中信號)만 취명하면서 항해한 것은 선원으로서 주의의무를 다하지 못한 것이며, 이 사건 충돌선박인 제1수협호와 청양호가 다 같이 무중신호를 취명하였으나 서로가 상대선의 무중신호를 듣지 못했으니 두 선박 모두 기적의 성능이 불량하였거나 다른 선박의 무중신호 청취에 주의를 다하지 아니한

65) Bemm/Lindemann, S.986; Lindemann, S.1115.
66) Hansen v. Barnard, 270 F 163 (1920, CA2 NY); The Styria, 186 U.S. 1 (1902).
67) 선상상황을 적절하게 형성·유지할 의무라고 표현한 판례로는 부산지법 1999. 7. 20. 선고 99가합2464 판결.
68) 사례분석으로는 김동인, “선박운항관리에 대한 선장의 책임에 관한 연구 –쌍끌이 대형기선저인망 종선의 전복사건(부해심 제2003호-74호)을 중심으로–”, 한국해법학회지 27권 2호(2005. 11), 75-106면; 정대율, “연안 통항분리수역의 통항로 내의 충돌”, 해양한국 504호(2015. 9), 142-145면.
69) 대법원 1982. 10. 12. 선고 82추1 판결.

것이다. 결국 충돌사고의 원인은 심한 안개 속에서 다른 선박의 무중신호 청취를 소홀히 하고 선원의 상무를 다하지 아니하여 무모한 항해를 시작하고 무중 안전 속력을 지키지 아니한 제1수협호 선장과 청양호 선장 쌍방의 운항에 관한 직무상 과실에 있다.

나. 창수호 사건[70)]

창수호(총톤수 54.97t) 선장이 선박의 왕래가 비교적 빈번한 수역에서 어망세척 작업을 하는 경우에는 주위에 운항 중인 선박의 유무를 관찰하여야 함은 물론, 세척 중에 1마일 상거지점에서 운항하여 오는 선박을 발견하였다면 그 선박의 동태를 주시하고 충돌을 미연에 방지할 수 있는 충분한 여유 있는 시기에 의문신호 등의 조치를 취하고, 상대선이 계속 지그재그 항해 상태로 접근하여 오면 스스로 충돌의 위험을 방지하기 위한 증속 또는 기관정지 등 적절한 조치를 여유 있는 시기에 취할 업무상 의무가 있다. 상대선이 불과 약 500m 거리에 접근되었을 때 비로소 의문신호를 행하고, 거리 약 100m 접근 시에 뒤늦게 기관정지 또는 기관전속 전진 등의 조치를 취하였다면 선박충돌에 관하여 선장에게 직무상 과실이 있다.

다. 한일1호 사건[71)]

여객선 한일1호(총톤수 808.06t)가 무중(霧中)에서 항진 중 다른 배와 충돌한 사건에서, 선장이 충돌 20분 전에 레이더 스코프 상에서 우현선수 2시 방향의 위 배의 영상을 초인하고, 위 배와 거리 0.5마일 지점에서 1항사로부터 선수전방에 이동 중인 선박이 있어 이대로 가면 충돌의 위험이 있다는 보고를 받고, 또 무중에서 상대선의 방위를 정확히 모르는 상황에서 선수방향에서 위 배가 취명한 음향신호를 듣고서도 18노트의 과속으로 계속 항진하였고, 전방주시가 약 300-400m 가능하였음에도 약 50-70m 거리에서 처음으로 육안으로 위 배를 발견하였다면, 이 사건 충돌사고는 위 선장의 안전속력위반, 전방파수불량 등 무중항법을 위반한 운항에 관한 직무상 과실로 인하여 발생한 것이다.

70) 대법원 1983. 4. 26. 선고 82추2 판결.
71) 대법원 1983. 7. 26. 선고 81추3 판결.

라. 안국2호 사건[72)]

안국2호(총톤수 822.95t의 폐기물 운반선) 선장이 사고 당시 시정과 선박의 레이더 작동에 아무런 문제가 없었음에도 불구하고, 음주상태(사고 후 약 4시간이 지나 음주측정을 받은 결과 혈중알콜농도가 0.093%로 측정되었다)에서 항행하면서 경계를 게을리 하여 진로 전방에서 마주 오는 상대선박을 뒤늦게 발견하고 급히 피항조치를 취하려 하였지만, 그 작동상태 역시 미리 확인하여 두지 아니하였던 탓으로 사고 당시 작동불량을 일으킴으로써 안전피항을 하지 못한 과실로 상대선박과 충돌하여 해난이 발생하였다.

마. 태양호 사건[73)]

어선이 태양호(연안유류 운반선으로 총톤수 433.51t인 강선유조선)의 접근을 보고서도 당연히 피항할 것이라고 가볍게 믿고 계속 접근한 과실도 선박충돌 사고원인의 하나이지만, 기본적으로는 안개가 낀 협수로를 항해하면서도 무중항해방법과 좁은 수로 통행방법을 준수하지 아니한 태양호의 항해사 과실과 위 선박의 안전에 관하여 최종적 책임이 있으면서도 그를 철저히 감독하지 못한 선장의 과실이 더 큰 원인이 되었다.

바. 제9남성호 사건[74)]

이 사건 사고는 안개가 낀 좁은 수로를 무중항해방법과 좁은 수로 통행방법을 준수하지 아니한 채 좌측으로 운항하다가 상대선박의 진행방향을 잘못 판별하여 좁은 수로를 우현 대 우현으로 통과하려 한 제9남성호의 선장의 전적인 과실에 의하여 발생한 것이다.

사. 금성호 사건[75)]

피고인들이 피조개양식장에 피해를 주지 아니할 의도에서 금성호의 7샤클(175m)이던 닻줄을 5샤클(125m)로 감아 놓았고 그 경우 피조개양식장까지 거리는

---

72) 대법원 2000. 6. 9. 선고 99추16 판결.
73) 대법원 1991. 12. 10. 선고 91추10 판결.
74) 대법원 1993. 6. 11. 선고 92추55 판결.
75) 대법원 1987. 1. 20. 선고 85도221 판결.

약 30m까지 근접하므로, 닻줄을 50m 더 늘여서 7샤클로 묘박하였다면 선박이 태풍에 밀려 피조개양식장을 침범하여 물적 피해를 입히리라는 것은 당연히 예상된다. 그럼에도 불구하고 피고인들이 태풍에 대비한 선박의 안전을 위하여 금성호의 닻줄을 7샤클로 늘여 놓은 것은 피조개양식장의 물적 피해를 인용한 것이어서 재물손괴의 점에 대한 미필적 고의를 인정할 수 있다.

한편 금성호는 공유수면점용허가 없이 정박하고 있었으므로, 피고인들이나 Y 주식회사로서는 같은 해상에 점용허가를 얻어서 피조개양식장을 설치한 피해자 Z 측의 요구에 응하여 금성호를 양식장에 피해를 주지 아니하는 곳에 미리 이동시켜서 정박하였어야 할 책임은 있었다. 그러나 위와 같이 선박이동에도 새로운 공유수면점용허가가 있어야 하고, 휴지선(休止船)을 이동하는 데는 예인선이 따로 필요한 관계로 비용이 많이 들어 다른 해상으로 이동을 하지 못하고 있는 사이에 태풍을 만나게 되었다면, 피고인들로서는 그와 같은 위급한 상황에서 선박과 선원들의 안전을 위하여 사회통념상 가장 적절하고 필요 불가결하다고 인정되는 조치를 취한 경우 형법상 긴급피난으로서 위법성이 없어서 범죄가 성립되지 아니한다.

아. 화신2호 사건[76]

X는 1994. 2. 7. Y를 화신 2호의 선장으로 채용하면서 Y와 사이에 Y는 현지 정부의 법령을 준수하여 영해침범이나 범법행위를 하여서는 아니 되고, 계약기간 중 여하한 명목의 파업·태업 등 일체의 쟁의행위를 하여서는 아니 된다는 내용의 어로계약을 체결하였다. Y는 위 어로계약에 따라 1994. 2. 15.경부터 화신 2호의 선장으로 승선하여 인도네시아의 Arafura해역에서 참조기 등의 어로작업을 하였는데, Y는 1995. 9. 7.경 인도네시아 정부로부터 허가받은 조업구역인 경도 137도의 서쪽지역을 벗어나 그 동쪽지역에서 조업을 하다가 인도네시아 해군경비정에 적발되어 위 화신2호가 인도네시아 해군에 의하여 나포되었다가 1995. 9. 19.경 석방되게 하였다.

Y는 1995. 12. 11.경 휴식차 인도네시아국 Ambon항에 입항하여 X에 대하여 위 특별어로상여금의 가정산금 중 미지급액의 지급을 요구하다가 받아들여지지 않자 승선을 거부하였다. 이에 X는 1995. 12. 17. Y를 해고하고 항해사인 Z를 선

76) 부산지법 1997. 8. 5. 선고 96가합8577 판결.

장으로 새로 임명하여 당초 출발예정이던 1995. 12. 16.보다 3일 늦은 같은 달 19. 화신 2호를 출항시켰다. Y는 조업구역을 위반하여 어로작업을 하고 승선을 거부함으로써 위 어로계약상 근로제공의무·현지법령 준수의무·쟁의행위금지의무를 위반하였으므로, 별다른 사정이 없는 한 X에게 어로계약 불이행책임으로 인하여 X가 입은 손해를 배상할 책임이 있다.

자. 그랜드페이스호 사건[77)]

민성3호가 항로를 따라 항행하는 그랜드페이스호의 진로를 피하지 아니한 것이 주원인이기는 하지만, 그랜드페이스호로서도 주위의 상황 및 다른 선박과 충돌할 수 있는 위험성을 충분히 파악할 수 있도록 시각·청각 및 당시의 상황에 맞게 이용할 수 있는 모든 수단을 이용하여 항상 적절한 경계를 했어야 하는 점, 특히 선체구조상 맹목구간이 넓은 점을 감안하여 선원을 별도로 배치하여 경계하게 하거나 수시로 좌우현의 윙브릿지로 나가 육안으로 살피는 등으로 경계하여 충돌사고를 미리 방지할 필요가 있었던 점, 다른 선박과 충돌의 위험이 있는 경우에는 서로 안전한 거리를 두고 통과하도록 주의하여야 함에도 불구하고 충돌하기 약 4~5분 전 항로 밖으로부터 항로에 진입하면서 항로를 따라 항행 중인 민성3호의 존재를 전혀 인식하지 못하여 어떠한 조치도 취하지 아니한 점 등을 종합하면, 이 사건 해양사고는 민성3호의 과실뿐만 아니라 선장으로서 항해 중 경계를 소홀히 한 X와 안전관리자로서 안전관리를 철저히 하지 못한 Y 주식회사의 과실이 경합하여 발생하였다고 봄이 타당하다.

차. 국제5호 사건[78)]

예인선 정기용선자의 현장소장 X는 사고의 위험성이 높은 해상에서 철골 구조물 및 해상크레인 운반작업을 할 때 선적작업이 지연되어 정조(停潮) 시점에 맞추어 출항할 수 없게 되었음에도, 출항을 연기하거나 대책을 강구하지 않고 예인선 국제5호 선장 Y의 출항연기 건의를 묵살한 채 출항을 강행하도록 지시하였고, Y는 X의 지시에 따라 사고의 위험이 큰 시점에 출항하였고 해상에 강조류가 흐르

---

77) 대법원 2011. 5. 26. 선고 2009추145 판결.
78) 대법원 2009. 6. 11. 선고 2008도11784 판결.

고 있었음에도 무리하게 예인선 국제5호을 운항한 결과 무동력 부선에 적재된 철골 구조물이 해상에 추락하여 해상의 선박교통을 방해한 사안에서, 당시 현장의 특성상 지휘·복종관계가 엄격하여 X의 지시를 따르지 않을 수 없는 상황이었다는 Y의 주장을 배척한 조치는 옳다.

카. 제78피싱2호 사건[79)]

낚시어선업은 수산물을 포획·채취하고자 하는 여객을 낚시어선에 승선시켜 선상에서 수산물을 포획·채취토록 하거나 바다 한가운데에 있는 갯바위나 암초 등 낚시장소에 안내하는 영업으로서, 사람의 생명·신체에 대한 위험요소를 내포하고 있으므로 여객의 안전에 대한 배려가 당연히 요구되는 업무를 하게 되고, 특히 바다에서 하는 낚시어선업은 그 위험의 정도가 더 크므로 위급한 상황에서 여객들을 안전하게 대피시키거나 신속한 구조를 위한 조치 등을 취할 주의의무가 있다.[80)] 낚시어선업자 Y에게 고용되어 낚시어선을 운행하는 선장 X도 특별한 사정이 없는 한 낚시어선업자와 함께 위급한 상황에 처한 여객에 대한 안전배려의무를 부담한다. X와 함께 여객에 대한 안전배려의무를 부담하는 낚시어선업자 Y가 절명서 끝여에서 밤낚시를 하던 피해자 V와 전화통화를 하는 등 연락체계를 유지하면서 V의 철수 요청에 따라 지체 없이 피해자들에게 낚시어선을 보내준 이상, X가 직접 여객인 피해자들과 연락체계를 유지하지 아니하였다고 하여 피해자들에 대한 안전배려의무를 위반하였다고 볼 수 없다.

3. 내 용

선장은 선박의 운항에 관하여 항행상 주의의무,[81)] 선원법·해상교통안전법·선박안전법·선박직원법 등 각종 법령,[82)] 선박이 위치한 영해의 관할국 현지법령

---

79) 대법원 2013. 1. 24. 선고 2012도12051 판결.

80) 대법원 2012. 2. 9. 선고 2010도14254 판결.

81) Seaboard Offshore Ltd v. Secretary of State for Transport (The 'Safe Carrier') [1994] 1 WLR 541에서 선장은 선박을 안전하게 유지·운항할 책임이 있다고 판시하였다.

82) 해양사고심판법 5조 2항은 해양사고가 해기사의 직무상 고의 또는 과실로 발생한 것으로 인정할 때에는 재결로써 해당자를 징계하여야 한다고 규정한다. 여기에서 과실은 불법행위의 성립 요건이 되는 의무 위반으로서의 강력한 과실을 의미하고, 사회통념이나 신의성실의 원칙에 따라 공동생활에 있어 요구되는 약한 의미의 부주의로서 과실상계나 책임제한의 내용이 되는 과실을 의미한다고 할 수는 없다. 대전고법 2019. 9. 18. 선고 2019누10342 판결[이에 대한 평석은 이정원, "좁은 수로항법과 해기

등의 준수의무를 부담하고, 해원에 대하여 지휘감독의무를 부담한다.[83)] 선장이 주의의무를 위반한 사례로는 위에서 본 바와 같이 무중항법을 위반한 경우, 좁은 수로 통행방법을 위반한 경우, 충돌방지의무를 위반한 경우, 주취 중 조타기조작금지의무를 위반한 경우, 현지법령준수의무를 위반한 경우, 쟁의행위금지의무를 위반한 경우, 해원에 대한 지휘감독의무를 위반한 경우 외에 어선 조업시 사고방지의무를 위반한 경우,[84)] 화물관리상 주의의무를 위반한 경우[85)] 등이 있다.[86)]

선장의 주의의무는 재선자 모두에게 미친다.[87)] 따라서 Maria Asumpta호 선장의 항행상 주의의무 위반으로 인하여 위 선박이 암초에 부딪혀 재선자가 사망한 경우 선장은 중과실치사죄의 형사책임을 진다.[88)]

선장의 해원에 대한 지휘감독권에 대응하여 선장은 해원에 대한 지휘감독책임

사 징계의 요건으로서의 과실의 의미", 한국해법학회지 43권 1호(2021. 5), 339-374면].

83) 미국 판례는, 선장은 선박의 운항, 선원의 고용과 지휘에 관한 책임을 부담한다고 판시하였다. Butler v. Boston & Savannah S.S. Co., 130 U.S. 527 (1889); The Princess Sophia, 61 F.2d 339 (1932, CA9 Wash); American-Hawaiian S.S. Co. v. Pacific S.S. Co., 41 F2d 718, 720 (1930, CA9 Wash); The Lusitania, 251 F 715 (1918, DC NY).

84) 선장은 조업의 안전관리와 안전항해를 책임지는 자로서, 롤러를 이용하여 어구줄을 감아올려 배 위로 어망을 양망할 때, 조류의 흐름이 빠르거나 어획물이 많을 경우 어구줄이 그 하중을 이기지 못하고 터지는 경우를 대비하여 양망기 주변에서 작업하는 선원들이 어구줄에 맞아 다치지 않도록 선원들로 하여금 양망기 주변에서 작업하지 못하도록 하고 안전한 장소로 대피시킨 후 양망작업을 하여야 하며 어구줄이 끊어지지 않도록 그 상태를 확인하는 등 사고를 미연에 방지하여야 할 업무상 주의의무가 있었다. 인천지법 2019. 1. 16. 선고 2018고단6556 판결.

85) 운송계약이 성립한 때 운송인은 일정한 장소에서 운송물을 수령하여 이를 목적지로 운송한 다음 약정한 시기에 운송물을 수하인에게 인도할 의무를 지는데, 운송인은 그 운송을 위한 화물의 적부(積付)에서 선장·선원 내지 하역업자로 하여금 화물이 서로 부딪치거나 혼합되지 않도록 그리고 선박의 동요 등으로부터 손해를 입지 않도록 하는 적절한 조치와 함께 운송물을 적당하게 화물창 내에 배치하여야 하고, 설사 적부가 독립된 하역업자나 송하인의 지시에 의하여 이루어졌다고 하더라도 운송인은 그러한 적부가 운송에 적합한지의 여부를 살펴보고, 운송을 위하여 인도받은 화물의 성질을 알고 그 화물의 성격이 요구하는 바에 따라 적부를 하여야 하는 등의 방법으로 손해를 방지하기 위한 적절한 예방조치를 강구하여야 할 주의의무가 있다(대법원 2003. 1. 10. 선고 2000다70064 판결).; 인천지법 2012. 8. 8. 선고 2011가합19740 판결.

86) 해상운송 중 환적된 화학물질이 부적절한 포장과 적입에 기인한 화학반응으로 고열과 연기 및 가스를 분출하고 이로 말미암아 인접한 화물이 훼손된 사안에서, 실제 운송인이 하주적입(Shipper's Load and Count)의 방법으로 위 화학물질이 적입된 컨테이너를 환적받을 당시 그 컨테이너는 외관상 아무런 이상이 없었고 또한 위 화학물질이 위험물선박운송 및 저장규칙이나 국제해상위험물규칙상 위험물로 분류되어 있지 아니하므로, 통상적인 방법으로 위 컨테이너를 적절하게 선적·적부하였다면, 비록 실제 운송인이나 선장·선원들이 이를 받아 선적·적부하면서 컨테이너를 열고 그 안에 화물이 적절한 용기에 적절한 방법으로 포장·적입되었는지를 살피지 아니하였더라도 이를 잘못이라고 할 수 없다. 대법원 2001. 7. 10. 선고 99다58327 판결.

87) Trevor J. Douglas, "Master or servant: a corporation's liability for the activities of a ship's master", Journal of Criminal Law 2008, 72(6), 499면.

88) R v. Litchfield [1998] Crim LR 507; 같은 취지로는 R v. Adomako [1995] 1 AC 171.

을 부담하는데, 선장의 지휘감독책임은 선박의 운항과 관련된 일체의 사무에 대한 것이므로 선장이 휴식·휴게 중인 경우에도 중단되는 것은 아니다. 다만 선장도 적정한 휴식·휴게가 필요하므로 일정한 시간에는 해원으로 하여금 선장에 갈음하여 선박을 조종하게 하는 것이 관행이지만, 선장이 해원의 직무수행에 대하여 상당한 감독의무를 다한 경우가 아니면 휴식·휴게 중에 발생한 해원의 과실로 인한 손해에 대하여도 책임을 져야 한다.[89)]

4. 위반의 효과

선장이 주의의무를 위반한 경우에는 민사상 손해배상책임,[90)] 해고 등과 같은 선원근로계약상 책임, 형사책임, 행정상 징계책임 등을 부담한다.[91)] 또한 선박소유자의 피용자의 지위에 있는 선장의 주의의무위반은 사용자인 선박소유자의 손해배상 책임의 근거가 된다.

Ⅳ. 감항능력주의의무

1. 의 의

감항능력이란 선박이 자체의 안정성을 확보하기 위하여 갖추어야 하는 능력으로서 일정한 기상이나 항해조건에서 안전하게 항해할 수 있는 성능을 말한다(선박

89) 大審院 1909. 6. 22. 判決, 大審院民事判決錄 15집 608면.

90) 기선 D(264T)의 선장이 2020. 10. 28.경 부산항을 출항하여 직접 조타하여 삼천포항으로 가던 중 같은 날 저녁 18:40경 사량도 부근에서 그곳 전방에 설치된 등대를 인지하지 못한 채 그대로 운행함으로써 등대의 암초에 위 선박을 충돌시키는 사고를 일으켰고, 당시 위 사고로 선박의 전면 하부 철판 1개소가 파공 및 변형이 발생하였다. 법원은 "피고 선장은 부산항을 출항하여 삼천포항으로 입항하는 항로를 따라 항해를 하게 되었는바, 이러한 경우 진행하는 해로에 등대 등 장애물의 위치 등을 사전에 확인하였어야 할 것임에도 당시 태풍주의보 등 기상요소에 관해 별다른 특이점이 없는 상태에서 사량도 인근을 지나가다가 전방의 등대를 확인하지 못하고 등대암초에 부딪히는 사고를 일으켰는바, 이는 선장으로서 안전운항을 위하여 필요하다고 인정하는 사항에 대해 확인할 의무를 다하지 못한 것에 기인한 것으로 봄이 상당하다."고 판시하면서, 선장은 선박소유자에게 선박수리비 750만 원을 배상하라고 판결하였다(부산지법 동부지원 2022. 5. 18. 선고 2021가단212025 판결).

91) 민사책임은 타인의 법익을 침해한 데 대하여 행위자의 개인적 책임을 묻는 것으로서 피해자에게 발생한 손해의 전보를 그 내용으로 하는 것임에 비하여, 불법행위에 따른 형사책임은 사회의 법질서를 위반한 행위에 대한 책임을 묻는 것으로서 행위자에 대한 공적인 제재(형벌)를 그 내용으로 하는 것인바, 피고인에게 업무상과실치사에 따른 형사책임을 묻기 위해서는 그 주의의무 판단 기준이 민사책임에서의 주의의무 판단 기준보다 더 엄격하게 적용되어야 한다. 광주지법 2022. 2. 10. 선고 2020노2410 판결.

안전법 2조 6호).[92] 선박소유자는 운송계약에 근거하여 여객 및 화주에 대하여 선박의 감항능력주의의무를 진다(상법 794조, 826조 1항). 선장은 선박소유자의 이행보조자로서 그 주의의무의 이행에 협력하여야 하는바, 이러한 상법상 감항능력주의의무와는 별도로 선원법은 7조에서 선장의 공법상 의무로서 출항 전 감항능력 검사의무를 선장에게 지우고 있다. 선장의 감항능력 검사의무는 공법상 의무이므로, 선박소유자로부터 이 의무를 경감하는 허가를 얻었더라도 선원법상으로는 무효이다.[93]

2. 감항능력의 내용[94]

가. 서 설

① 선장은 자신이 지휘하는 선박이 발항할 당시 안전하게 항해를 감당할 수 있도록 필요한 인적·물적 준비를 하여 감항능력을 확보하여야 할 주의의무가 있다.[95] 어떤 선박이 감항능력 갖추고 있는지를 판단하는 확정적이고 절대적인 기준은 없고, 특정 항해에서의 구체적·개별적 사정에 따라 상대적으로 판단하여야 하며, 이러한 감항능력은 선체나 기관 등 선박자체, 항해에 필요한 서류·장치 등 선박의장(物的 堪航能力), 선박에 승선하고 있는 선원의 수와 능력 등이 특정 항해에서 통상의 해양위험을 감내할 수 있는 상태(人的 堪航能力)에 있어야만 완전히 갖추어진다.[96]

---

92) 대법원 2014. 5. 29. 선고 2013다1754 판결; 구 선박안전법 74조 1항에서 정한 '감항성의 결함'은 '선체나 기관 등 선박 자체, 항해에 필요한 서류·장치 등 선박의장, 선박에 승선하고 있는 선원의 수와 능력 등이 특정 항해에서 안전하게 항해할 수 있는 성능이 부족한 것으로 이를 방치할 경우 해양사고나 위험을 초래할 우려가 있어 일정한 수리나 보완 등의 조치가 필요한 상황', 즉 감항성의 '흠결'을 의미하고 감항성의 부존재, 즉 감항성의 '결여'로 제한하여 해석할 수 없는데, 선박의 화물창이나 평형수 탱크의 횡격벽은 화물창이나 평형수 탱크의 구획을 구분함과 동시에 선체 바깥으로부터 해수가 유입될 경우 그 해수가 다른 구획으로 넘어가는 것을 방지하는 역할을 담당하는 주요 구조부재이고, 상갑판, 화물창 격벽, 평형수 탱크 격벽은 모두 선체의 종강도에 영향을 미치는 주요 구조부재로서 그 변형이나 균열, 파공 등은 선체외벽의 손상, 해수의 유입 등의 원인이 되어 선박운항에 심각한 위험을 초래할 수 있는 점 등의 제반 사정을 종합하면, 위 선박들에 발생한 평형수 탱크 사이 횡격벽 변형이나 상갑판, 화물창 격벽의 균열 등은 구 선박안전법 74조 1항에서 정한 '감항성의 결함'에 해당한다(부산고법 2021. 5. 26. 선고 2020노151 판결).

93) 藤崎道好, 83면; 박경현, "선장의 선원법상 지위 (3)", 해기 240호(1987. 1), 19면.

94) 이하의 논의는 주로 해상운송인의 상법상 감항능력주의의무에 관한 판례와 연구성과를 참고한 것이다. 이에 관하여는 조용호, "해상운송인의 감항능력주의의무", 재판자료 52집(1991), 303-364면.

95) 대법원 1989. 11. 24. 선고 88다카16294 판결.

96) 대법원 1995. 9. 29. 선고 93다53078 판결; 대법원 2014. 5. 29. 선고 2013다1754 판결.

② 감항능력은 완전한 것을 요구하지 않고 적절한 대응이면 족한데, 이는 일어날 수 있는 모든 재해를 예상하고 이를 방지하기 위해서 준비하도록 기대할 수 없기 때문이며, 감항능력은 발항 당시 상태 그대로 바로 전 항해에 감당할 수 있는 능력을 완비할 필요는 없고, 비록 그대로의 상태로는 해양위험에 감당할 수 없어도 해양위험이 내습하는 경우 바로 현장에서 짧은 시간 내에 손쉽게 구할 수 있는 재료 등으로 이를 회복할 수 있다면 구태여 불감항이라고 할 필요는 없다.97)

③ 영국 해상보험법상 해상보험에서도 감항능력은 '특정의 항해에서 통상적인 위험에 견딜 수 있는 능력'(at the time of the insurance able to perform the voyage unless any external accident should happen)을 의미하는 상대적인 개념으로서, 어떤 선박이 감항성을 갖추고 있느냐 여부를 확정하는 확정적·절대적 기준은 없으며, 특정 항해에서 특정한 사정에 따라 상대적으로 결정된다.98)

④ 감항능력은 일반적으로 통상의 위험에 감당할 수 있는가를 표준으로 하는데, 통상이란 바다의 상태가 일반적이고 평상적인 것으로 기대되는 것을 의미하고, 비상하고 예외적인 상황이 예상되는 것을 의미하는 것은 아니다. 그러므로 선박이 만나기로 예정된 폭풍우 하에서 침몰하였다면 이는 통상의 위험에 감당하지 못한 것이 되며, 계절풍이 남지나해를 통과하는 선박에 의하여 통상 예상할 수 있는 것에 지나지 않는다면 위 폭풍은 예상 가능하여 막을 수 있는 것이어서 불가항력이라고 할 수 없다.99)

나. 인적 감항능력

인적 감항능력 주의의무의 내용에는 선박이 안전하게 항해를 하는데 필요한 자격을 갖춘 인원수의 선장과 선원을 승선시켜야 할 주의의무가 포함되어 있다.100) 원칙적으로 선박직원법에 따른 해기사면허가 없는 선원이 승선한 선박은 인적 감항능력을 결여한 것으로 추정되나, 선원이 그 면허를 소지하였는지 여부만

97) 이주흥, "책임발생원인으로서의 감항능력주의의무와 불가항력, 정당한 이로 등 법정면책과의 관계", 상사판례연구 Ⅳ, 박영사(2000), 505면.

98) 대법원 1996. 10. 11. 선고 94다60332 판결; 대법원 2014. 5. 29. 선고 2013다1754 판결. 감항능력의 관념이 이처럼 상대적이라는 것은 세계 각국 공통의 통념이라고 한다[한낙현, "항해 중의 감항능력유지의무에 관한 문제점 고찰", 한국해법학회지 26권 2호(2004. 11), 98면].

99) 東京地裁 1964. 1. 31. 判決, ジュリスト 364호 109면.

100) 대법원 1989. 11. 24. 선고 88다카16294 판결.

이 선박의 인적 감항능력의 유무를 결정하는 절대적인 기준이 되는 것은 아니고, 비록 그 면허가 없더라도 사실상 특정 항해를 안전하게 수행할 수 있는 우수한 능력을 갖춘 선원이 승선하였다면 이러한 경우까지 선박이 인적 감항능력을 결여하였다고 할 수는 없다.[101]

선원은 선박과 항해, 적하와 관련하여 질과 양으로 충분할 것을 요한다.[102] 그러므로 법률상 또는 관습상 필요한 수의 선원이 승선하지 아니한 선박은 감항성이 결여된 것으로 취급되고,[103] 선원이 부족하여 해양위험에 대처하기가 충분하지 않다면 선장이 다년간 풍부한 경험이 있다 하더라도 이를 보충할 수 없다.[104] 증기선만 운전한 선장과 기관사가 디젤선을 운항하거나, 장거리 항해에서 선장의 사망과 같은 우발사고를 대비하여 그의 지위를 이을 수 있는 유능한 항해사를 승선시켜야 할 때도 불구하고 그렇게 하지 아니한 경우, 선원법에 따른 승무정원에 포함된 갑판원의 미배치[105] 등은 모두 불감항성이 된다. 필요한 수의 선원을 승선시킨 경우에도 교대근무 기타 적절한 승선근무가 이루어져야 한다.[106] 미국법상 선원은 선박소유자에 대하여 불감항성에 기한 손해배상을 청구할 수 있는데, 판례는 선원이 피해자를 공격[107] 또는 가혹행위[108]를 하는 경우에도 선박소유자의 인적 감항능력주의의무 위반이라는 입장을 취하고 있다.[109]

다. 물적 감항능력

(1) 의 의

바다를 예정된 항로에 따라 항해하는 선박은 통상 예견할 수 있는 황천 기타

---

101) 대법원 1995. 8. 22. 선고 94다61113 판결.
102) Aspinal/Moore, 491면.
103) 조용호, 317면; 법 64조에서 자격요건을 갖춘 선원의 승무를, 65조에서 선원의 승무정원을 각 규정하고 있다.
104) 神戸地裁 1972. 2. 23. 判決, 判例時報 664호 90면.
105) 대법원 2014. 5. 29. 선고 2013다1754 판결.
106) 조용호, 317-318면.
107) Wiradihardja v. Bermuda Star Line, Inc., 802 F.Supp. 989 (S.D.N.Y. 1992).
108) Waldron v. Moore-McCormack Lines, Inc., 386 U.S. 724 (1967); Boudoin v. Lykes Bros. S.S. Co., 348 U.S. 336 (1955), judgment amended 350 U.S. 811 (1955).
109) Manderson v. Chet Morrision Contractors, Inc., 666 F.3d 373 (5th Cir. 2012)(엔진기관실 감독의 무는 선박운항을 위해 반드시 24시간 주시될 필요가 없는 비상시 대기형식(on-call basis)의 업무였고, 그러한 업무를 보조하기 위해 관련 자격을 보유하지 않은 직원을 배치한 점은 관련 규정을 위반한 것이라고 할 수 없다).

기상이변 등의 위험을 견딜 수 있을 만큼 견고한 선체를 유지하여야 하므로, 항해 중 그 선박이 통상 예견할 수 있는 파랑이나 해상부유물의 충격을 견디지 못하고 파열되어 침몰하였다면 선박의 감항능력유지의무를 해태한 것이다.[110]

(2) 구체적 사례

(i) 해당 항로를 항해하는 선박이 통상 예견할 수 있는 정도의 돌풍이나 삼각파도에 의하여 선체 자체의 손상이나 인명피해 없이 화물창구 덮개의 일부만이 파손된 경우,[111] (ii) 발항하기 이전부터 검량관의 파손 부위가 낡아 있었는데 강풍과 풍랑을 만나 선박 밑의 탱크에 저장된 중유가 위 검량관의 낡은 부위에 생긴 틈과 구멍으로 새어 나와 부근에 쌓인 옥수수를 파손한 경우,[112] (iii) 서해훼리호(총톤수 110t)에 최대탑재인원인 221명을 훨씬 초과한 총 362명의 여객을 승선시키고 과중한 화물 및 자갈을 실음으로써 위 선박이 안전한 복원력을 갖추지 못한 채 출항한 경우,[113] (iv) 씨케이베가호는 선체가 노후되어 통상 예견할 수 있는 계절풍에 의한 남지나 해상의 파랑이나 해상부유물의 충격을 견디지 못할 정도로 선체외판이 부식되어 있어 발항 당시 불감항상태에 있었음에도 선장·선박사용인은 출항 전 선체의 각 부분을 면밀히 점검·조사[114]하여 감항능력의 유무를 확인하는 등 운송의 안전에 관한 주의의무를 다하여야 함에도 이를 다하지 아니한 과실로 인하여 선박의 선체외판이 파열된 경우,[115] (v) 여객선에 설치된 레이더의 성능부족, VHF 무선전화기의 송신기능 고장[116] 등에는 모두 물적 감항능력이 결여된 상태이다.

---

110) 대법원 1985. 5. 28. 선고 84다카966 판결.
111) 대법원 1998. 2. 10. 선고 96다45054 판결(船).
112) 대법원 1976. 10. 29. 선고 76다1237 판결.
113) 대법원 1998. 8. 21. 선고 97다13702 판결.
114) 위 사건에서 법원은, 선장은 출항 전에 복원력의 기초가 되는 지엠(GM)치를 스스로 계산 확인하여야 하고, 선저와 선창격벽·선체의 외판을 육안으로 또는 망치로 두드려 보아 부식된 부분이나 악화된 부분이 있는지를 검사하여야 한다고 판시하였다.
115) 대법원 1985. 5. 28. 선고 84다카966 판결.
116) 대법원 2014. 5. 29. 선고 2013다1754 판결.

3. 출항 전 검사의무

가. 출항 전

출항 전 검사의무는 선박의 항해 안전을 도모함을 목적으로 하는 것이므로, '출항 전'이란 각 항마다의 출항, 즉 영국 보통법상 단계주의(doctrine of stage)의 의미로 보아야 한다. 따라서 항을 출항할 때마다 각 항목에 대하여 검사를 하여야 한다.[117)]

제3남광호 사건에서, 원심[118)]은 발항 당시 불감항상태였다고 추단된다고 하더라도 선장이 레이더의 고장을 인지한 후 부산항으로 이로(離路)하여 이를 수리하고 출항하여 목적지로 향하던 중 사고가 발생하였으므로 결국 사고 이전에 불감항상태가 보정되었다고 보았다. 그러나 대법원은 부산항에서의 레이더 수리가 레이더 장비의 부품 손상에 따른 수리·교체가 아니라 장비의 노후에 따른 성능유지를 위하여 필요한 일상적 점검에 지나지 않았다면, 피고는 선적항인 묵호항 출항 당시 위 선박에 설치된 레이더 장비의 성능과 고장 여부를 점검하여 감항능력을 유지·확보하여야 하는데 이를 게을리하였다고 보았다.[119)]

나. 주의의무의 정도

주의의무의 정도는 상당한 주의를 의미하는데, '상당한 주의'(due diligence)는 상대적 개념으로 변화하는 상황에 따라 달라지고, 기술의 진보에 따라 그 정도가 날로 향상되고 있으므로, 선장이 상당한 주의를 다하였는가를 결정하기 위해서는 그 항해가 이루어지는 상황과 관련하여 항해의 목적·경로, 화물의 성격, 항해의 성질, 날씨, 선령, 선박의 상태, 과거의 경험 등 모든 관련된 상황을 고려하여야 하며, 어떤 상황 하에서 적절하게 행동한 것이 다른 상황 하에서는 전혀 주의의무를 다하지 않은 것이 될 수 있다.[120)]

검사의 실시는 반드시 선장이 직접 행할 필요는 없고 직원에게 행하게 할 수도 있으며, 선체 등 물리적 정비상황에 대하여는 선급협회의 검사원 등에게 의뢰

117) 1947. 11. 6. 海員調 89호.
118) 서울지법 1996. 8. 30. 선고 95나27706 판결.
119) 대법원 1998. 2. 10. 선고 96다45054 판결(船).
120) 이주흥, 509면.

할 수도 있으나, 어떠한 경우에도 최종적인 판단은 선장의 책임 하에서 하여야 한다.[121] 그러므로 세계적으로 가장 권위 있는 Lloyd 선급협회의 검사를 받았더라도 그와 같은 사실만으로는 선장은 감항능력 검사의무 위반의 책임을 면할 수 없다.[122]

다. 검사방법과 검사사항

선장은 검사 또는 점검사항을 목록으로 작성하여 법 7조 1항에 따른 검사 또는 점검을 하여야 한다(시행규칙 4조 1항).

선장은 해양수산부령으로 정하는 바에 따라 (i) 출항 전에 선박이 항해에 견딜 수 있는지 여부, (ii) 선박에 화물이 실려 있는 상태,[123] (iii) 항해에 적합한 장비,[124] 인원,[125] 식료품, 연료 등의 구비 및 상태, (iv) ㈎ 항로 및 항해계획의 적정성, ㈏ 선박의 항해와 관련한 기상 및 해상 정보, ㈐ 법 15조에 따른 비상배치표 및 비상시에 조치하여야 할 해원의 임무 숙지상태, ㈑ 그 밖에 선장이 선박의 안전운항을 위하여 필요하다고 인정하는 사항에 대하여 검사 또는 점검을 하여야 한다(법 7조 1항, 시행규칙 4조 2항).

선장은 선박안전법, 선박직원법 등 선박운항에 필요한 규정의 준수여부를 확인하여야 하므로,[126] 최대승선인원을 초과하여 여객 등을 승선시키거나, 소정의

---

121) 선박안전법이나 '유선 및 도선업법'의 각 규정은 공공의 안전 외에 일반인의 인명과 재화의 안전보장도 그 목적으로 하는 것이므로, 국가 소속 선박검사관이나 시 소속 공무원들이 직무상 의무를 위반하여 시설이 불량한 선박에 대하여 선박중간검사에 합격하였다 하여 선박검사증서를 발급하고, 해당 법규에 규정된 조치를 취함이 없이 계속 운항하게 함으로써 화재사고가 발생한 것이라면, 화재사고와 공무원들의 직무상 의무위반행위와의 사이에는 상당인과관계가 있다. 대법원 1993. 2. 12. 선고 91다43466 판결.

122) 大審院 1931. 10. 28. 判決, 法律新聞 3338호 8면.

123) 선장은, 선박의 안전운항을 위하여 출항 전 선박에 화물이 실려 있는 상태를 검사·점검할 의무가 있고, 화물의 안전한 운송을 위하여 화물이 화물단위체에 적절히 수납·고박되었는지 확인 및 고박장치의 유지보수 및 교체를 감독하여야 한다. 서울중앙지법 2019. 1. 25. 선고 2017가합581284 판결.

124) 예인선(총톤수 73t)에 위 선박의 침몰로 기름이 해상으로 유출된 사고가 발생한 해역의 수심이나 수중 암초 등이 자세히 표시된 해도도 비치되어 있지 않았고, 이를 확인할 수 있는 항해장비도 없었던 경우, 선박소유자는 선박안전법에 따라 선박에 항해용 간행물을 비치하여야 하고, 선장에게는 선박의 장비가 노후화되었거나 적절한 해도가 비치되어 있지 않은 사실을 알았음에도 선박소유자에게 적절한 조치를 요구하지 않은 잘못이 있다고 판시한 사례로는 대전고법 2020. 9. 18. 선고 2019누12058 판결.

125) 선장이 2021. 6. 17. 02:57경 충남 보령에 있는 대천항에서 선박에 승무하여 출항 전 항해에 적합한 인원을 점검하여야 할 의무가 있음에도 기관장의 승무 여부, 최대승선인원에 적합한 선원이 승무하였는지 여부를 섬섬하지 아니한 경우 선원법위반죄(법 164조 1호, 7조 1항, 출항 전 점검의무위반의 점)를 인정한 사례로는 광주지법 목포지원 2021. 10. 28. 선고 2021고합77 판결.

자격을 가진 선박직원을 충분히 승선시키지 아니하는 경우와 같이 선박안전법, 선박직원법 등의 규정을 위반한 경우에는 주의의무위반으로 추정된다.

4. 출항 전 보고의무

선장은 선원법 7조 1항에 따른 검사 등의 결과를 선박소유자 등에게 보고하여야 하고(법 7조 2항), 검사 등의 결과 문제가 있다고 인정하는 경우 지체 없이 선박소유자에게 적절한 조치를 요청하여야 한다(3항).[127] 3항에 따른 조치를 요청받은 선박소유자는 선박과 선박의 안전운항에 필요한 조치를 하여야 한다(4항).

선장은 선박소유자의 이행보조자이므로, 계약의 이행으로 선박소유자에게 선박의 감항능력에 관한 사항을 보고할 의무가 있다. 그러나 선원법이 규정하고 있는 선장의 검사 및 보고의무는 선박운항의 안전을 확보하기 위하여 선장에게 부과된 공법상 의무이다.

5. 선내순시 및 점검 의무

선장 또는 선장이 지정하는 자는 1일 1회 선내를 순시하여 구명기구 · 대피통로 그 밖에 안전에 관하여 필요한 사항을 검사 · 정비하고 그 사실을 항해일지에 기록하여야 한다. 다만 동일목적지를 1일 2회 이상 운항하는 선박의 경우에는 운항시마다 실시하고 기록하여야 한다(시행규칙 9조 1항).

선장 또는 선장이 지정하는 사람은 (i) 선내 식량과 식수의 보유량, (ii) 식량과 식수의 선내 저장 및 취급에 사용하는 장소와 설비의 위생 및 작동 상태, (iii) 선내에서 식사를 준비하고 제공하는 취사실과 그 밖의 취사 설비의 위생 및 작동 상태, (iv) 선원 거주설비의 위생 및 수리 상태 등을 매월 1회 이상 점검하고, 기록을 유지 · 관리하여야 한다(시행규칙 9조 2항).

---

126) 1980. 4. 18. 員基 99호.

127) 선장은 선박의 출항 전 감항성 및 안전설비에 대한 검사 및 점검을 실시하여 그 결과 문제가 있다고 인정하는 경우 지체 없이 선박소유자에게 적절한 조치를 요청하여야 하고, 그럼에도 선박소유자가 선박의 안전운항에 필요한 조치를 하지 않을 경우 선박의 감항성 및 안전설비의 결함을 발견한 경우에는 해양수산부장관에게 신고하여야 한다(선원법 7조, 선박안전법 74조 참조). 부산지법 2021. 1. 29. 선고 2019나52232 판결.

6. 다른 의무와 관계

선원법에는 검사 결과 항해의 안전에 지장이 있음을 발견한 경우 선장이 어떠한 조치를 강구하여야 할 것인가는 분명하게 규정하고 있지 않다. 그러나 안전확보를 위하여 선장에게 강력한 권한을 인정한 선원법의 취지로 미루어 볼 때, 당연히 선장은 안전확보를 위하여 필요한 수리나 화물 적재방법의 변경 등의 조치 또는 출항 정지를 할 수 있고 또 하여야 한다.[128] 따라서 선장의 항해성취의무보다 감항능력확보의무가 우선한다.

7. 위반의 효과

가. 형사책임

선장이 검사 및 보고의무를 위반한 경우 1년 이하의 징역 또는 1천만 원 이하의 벌금에 처한다(법 164조 1호, 1의2호, 1의3호).

나. 기국 통제

해양수산부장관은 선박소유자나 선원이 선원법, 근기법(법 5조 1항에 의하여 적용되는 규정에 한함) 또는 선원법에 의하여 발하는 명령에 위반한 때에는 선장에 대하여 시정에 필요한 조치를 명할 수 있다(법 124조 1항). 해양수산부장관은 선박소유자나 선원이 1항에 따른 명령에 따르지 아니하는 경우로서 항해를 계속하는 것이 해당 선박과 승선자에게 현저한 위험을 불러일으킬 우려가 있는 경우 그 선박의 항해정지를 명하거나 항해를 정지시킬 수 있다. 이 경우 선박이 항해 중일 때에는 해양수산부장관은 그 선박이 입항하여야 할 항구를 지정하여야 한다(2항). 해양수산부장관은 2항에 따라 처분을 한 선박에 대하여 그 처분을 계속할 필요가 없다고 인정하면 지체 없이 그 처분을 취소하여야 한다(3항).

다. 손해배상책임

선장의 감항성 검사의무위반으로 인하여 선박 · 적하 · 인명 등에 손해를 입힌

128) 박경현, "선원법상 선장의 지위 (3)", 19면.

경우에는 선박소유자나 선장은 불법행위에 기한 손해배상책임을 진다.

V. 항해의 성취의무

1. 의 의

선박의 항해가 안전하고도 신속하게 성취되는 것은 선박소유자, 적하관계자, 여객 등 많은 사람의 이해와 관계있을 뿐만 아니라 국가 전체적인 이익에도 관련된다.[129] 이에 선원법 8조는 "선장은 항해의 준비가 끝나면 지체 없이 출항하여야 하며, 부득이한 사유가 있는 경우를 제외하고는 미리 정하여진 항로를 따라 도착항까지 항해하여야 한다."고 규정하고 있는데, 전단을 '출항의무', 후단을 '항로불변경의무'라 한다.[130] 항해는 안전하고 신속하게 하는 것이 지상명령이므로, 지체 없이 발항하도록 하는 것은 항해가 지연되거나 위험에 빠질 우려가 증대하는 것을 방지하기 위한 것이고, 미리 정하여진 항로를 변경하지 못하도록 하는 것은 필요 없이 우회하여 항행하여 연착되거나 위험에 조우하는 것을 방지하기 위한 것이다.[131]

2. 출항의무

출항의무는 항해의 준비가 끝난 때에는 지체 없이 출항할 의무이다. 이 의무가 설정된 이유는 화주가 기일까지 화물의 적재를 게을리 하거나 여객이 정각까지 승선하지 아니하여 출항이 늦어지는 폐습을 제거함에 있다.[132] 항해의 준비란 사실상 준비(예정한 적하의 완료, 여객의 승선 및 출항 전 검사 등)와 법률상 준비(세관으로부터 출항허가증의 입수 등) 양자를 포함한다.[133] '지체 없이 출항한다'는 것은

---

129) 최종현, 해상법상론(2판), 박영사(2014), 99면; 藤崎道好, 84면; 부당한 항로이탈의 법률효과로서 보험자는 보험증권상 의무로부터 면제된다. Republic of France v. French Overseas Corporation, 277 U.S. 323 (1928).

130) 위와 같은 의무는 私法上 이해관계와도 관련되나 공공적 색채가 강한 의무이므로, 일본 舊商法에 규정되어 있다가, 1949년 상법 개정시 선원법으로 이전되었다. 別所成紀, "船長の航路不變更義務", ジュリスト 別冊 34호 －運輸判例百選－(1971. 11.), 66면.

131) 이수철, "선장의 지위와 책임", 재판자료 52집(1991), 155면.

132) 藤崎道好, 85면.

133) 藤崎道好, 85면.

해운관습상 상당하다고 인정되는 시기에 출항함을 의미하고, 폭풍우 그 밖의 불가항력을 제외하고 화주가 선적을 지체하거나 여객이 승선시각에 지각하여도 즉시 출항하여야 한다.

3. 항로불변경의무

선장은 부득이한 사유가 있는 경우를 제외하고는 미리 정하여진 항로를 따라 도착항까지 항해하여야 한다. 선장은 선박소유자의 근로자이므로, 선임계약에 의하더라도 항로불변경의무를 부담하지만,[134] 선원법은 공법상 의무로 항로불변경의무를 규정하고 있다.

가. 미리 정하여진 항로

미리 정하여진 항로란 특약 또는 관습이 있을 때에는 그에 따르나, 일반적으로는 지리적·항해기술적으로 안전하고 신속하게 도착항에 이를 수 있는 항로를 의미한다.[135] 반드시 일정한 수로를 통행할 것을 요구하는 것은 아니고 선장이 상황을 판단하여 정한다. 따라서 미리 정하여진 항로의 변경이란, 예를 들면 기항지를 변경하거나 역항을 하거나 그 밖에 통상 예정되는 항로로부터 현저히 이탈하는 것을 말한다. 반드시 최단시간이 소요되는 항로를 의미하지는 아니하므로, 여러 가지 항로 중 선장이 조류나 기상상태 등을 고려하여 운항계획에 지장이 없는 범위에서 가장 경제적으로 연료를 소비하는 항로를 택할 수도 있다.

나. 항로이탈 (Deviation)

(1) 개 념

미리 정하여진 항로를 변경하는 것은 항로이탈[구 상법상 이로(離路)]이 되는 바,[136] 항로이탈에는 미리 정하여진 항로와 전혀 다른 방면으로 항해하는 것, 예정하지 아니한 항에 기항하는 것, 일부러 항로를 우회하는 것도 포함된다. 변로

---

134) Whistler v. Kawasaki [2001] 1 AC 638.

135) Sarunas Basijokas, "Is the doctrine of deviation only a historical record today?", UCL Journal of Law and Jurisprudence, 2012, 1(2), 118-120면.

136) American Cyanamid Co. v. Booth S.S. Co., 99 F. Supp. 232 (S.D. N.Y. 1951), judgment aff'd, 195 F.2d 529 (2d Cir. 1952); General Elec. Co. Intern. Sales Div. v. S.S. Nancy Lykes, 706 F.2d 80 (2d Cir. 1983); Spartus Corp. v. S/S Yafo, 590 F.2d 1310 (5th Cir. 1979).

(變路)라 함은 항해 그 자체를 변경하는 것으로서, 동일항해에서 항로의 변경은 항로이탈과 다르다. 항해의 변경은 도착항의 변경이므로 항로이탈의 경우보다도 관계자에게 주는 영향이 크다.

(2) 성립요건

항로이탈이 성립하기 위해서는 현실적으로 항로의 변경이 발생하였을 것, 항로의 변경이 선장의 임의에 의하여 발생될 것의 2가지 요건을 필요로 한다.[137)]

(3) 항로이탈의 필요성

항로이탈은 필요성이 있는 경우에는 위법성이 조각되지만, 이를 위해서는 항로이탈의 원인 및 방법이 정당하여야 하고, 필요한 범위에 한정되어야 한다. 따라서 필요성이 없어지면 즉시 원래의 항로로 복귀하여 항해하여야 한다.[138)] 필요한 경우란 법률상·사실상 필요한 경우를 의미한다.[139)]

'법률상 필요한 경우'에는 선원법 13조의 규정에 의하여 조난선박 등을 구조하는 경우,[140)] 선원법 12조의 규정에 의하여 선박충돌 시에 필요한 조치를 취할 때 예정항에의 기항이 그 항만국의 법령에 의하여 금지된 경우 등이 있다.

'사실상 필요한 경우'에는 (i) 폭풍우 또는 유빙 등으로 인한 자연적 사실로서의 항로이탈 또는 이들 원인에 의하여 생긴 위험을 면하기 위하여 항로를 변경하는 경우와 같이 불가항력의 경우에 생긴 항로이탈, (ii) 폭풍우 기타의 원인으로 선박이 파손되어 그 수리를 위해 항로에서 벗어나 가까운 항에 기항[141)]하는 항로

137) J. F. Wilson, Carriage of Goods by Sea, 7th ed., Longman(2010), 16면.

138) 藤崎道好, 86면.

139) 고영한, "이로와 해상물건운송인의 책임", 사법논집 29집(1998), 167-183면은 정당한 항로이탈의 유형을 인명구조를 위한 항로이탈, 재산구조를 위한 항로이탈, 위난을 피하기 위한 항로이탈, 감항능력 회복을 위한 항로이탈, 동맹파업으로 인한 항로이탈로 분류하고 있다.

140) Violet Ocean호가 1999. 12. 16. 중국 샨토우항 부근 해안에서 약 40마일 지점에서 침몰하는 조난을 당하자, 위 사고 당일 03:30 위 선박의 구조신호를 받고 위 사고 지점에 도착한 선박 Silver Shing호는 침몰선박의 선원 17명을 구조하였는바, 이는 인명구조를 위하여 정당하게 항로이탈한 것으로 인정되었다(서울중앙지법 2003. 7. 18. 선고 2001가합76156 판결). 그러나 Scaramanga v. Stamp (1880) 5 CPD 295 사건에서, 선박은 조난선을 구조하기 위하여 항로이탈하였지만, 선원만 구조한 것이 아니라 구조료(salvage)를 벌기 위하여 조난선을 항구로 예인하다가 본선은 좌초되고 운송물은 멸실되었다. 법원은 멸실 원인 일부가 용선계약상 면책사유인 해양고유의 위험에 해당하더라도, 선주는 운송물 멸실에 대한 책임을 부담하여야 한다고 판시하였다. 이은섭·신학승, "해상물품운송법에서 이로법리의 해석과 적용 경향에 관한 연구", 해운물류연구 52호(2007. 3.), 45-46면.

141) 용선계약서에 의하면, 윤활유는 선주가 공급해야 할 선용품이므로, 용선자가 항해 도중에 윤활유가 부족하여 정해진 항로를 이탈하여 윤활유 공급을 받았다면 그 급유에 소요된 기간은 용선정지에 해당

이탈,[142] (iii) 전쟁[143]이나 해적을 만나 이들로부터 피난하기 위하여 항로를 벗어나는 항로이탈, (iv) 선원 또는 재선자에게 질병이나 부상 등이 생겨 그 치료를 위하여 가까운 항에 기항하는 항로이탈, (v) 하역항의 근로자들이 쟁의행위를 하는 경우 양륙항을 대체하기 위한 항로이탈 등이 있다.[144] 감항능력의 회복을 위한 항로이탈이 인정된 사례로는, 산도가 비정상적으로 높아 선박의 연료유로 사용하기에 부적합한 연료를 공급받은 선박이 항해하고 있던 중 엔진 출력이 감소되고 엔진이 과부하되는 현상이 발생하여 선박의 점검과 수리를 위하여 항로를 변경한 경우가 있다.[145] 그러나 단지 여객의 승하선이나 물건의 선적ㆍ양륙만을 목적으로 하는 경우에는 필요성이 인정되지 아니한다.[146]

이러한 부득이한 사유의 존재여부는 객관적으로 판단해야 한다. 선장이 항로이탈이 필요하다고 믿었으나 객관적으로 판단하여 필요성이 인정되지 아니한 경우에는 민사상 손해배상책임은 별론으로 하고 선원법위반의 제재는 받지 않는다.

다. 준이로 (Quasi-Deviation)

미국에서는 항로이탈의 법리를 항로변경을 수반하지 않는 경우까지 확장하여 적용하는데 이를 비지리적 이로(非地理的 離路) 또는 준이로(準離路)라고 한다. 이는 운송계약에서 예상되고 있었던 위험 이상의 위험에 운송물을 노출시킨 운송인 또는 선박의 행위를 의미한다.[147] 불필요한 출항지연,[148] 갑판적,[149] 지연 인

하고, 용선자는 그 기간 동안의 용선료를 공제할 수 있다고 판시한 사례로는 서울중앙지법 2009. 11. 26. 선고 2009가합43671 판결.

142) 대법원 1998. 2. 10. 선고 96다45054 판결(船)은, 선적항을 출항하여 항해하던 중 레이더 장비의 노후에 따른 성능유지를 위하여 필요한 일상적 점검을 받고 선용품도 공급받기 위하여 다른 항구로 임시 기항하였다면, 선주는 선적항을 출항할 당시 선박에 설치된 레이더 장비의 성능과 고장 여부를 점검하여 감항능력을 유지ㆍ확보하여야 하는데도 이를 게을리 하였고, 발항 당시 레이더에 관한 감항능력주의의무의 이행을 다하지 아니한 선박이 출항한지 하루도 지나지 않은 상태에서 레이더의 수리 점검 및 선용품 공급을 위하여 예정된 항로를 변경한 것은 정당한 이유로 인한 항로이탈에 해당하지 않는다고 판시하였다.

143) Italia Di Navigazione, S.P.A. v. Mv. Hermes I, Her Engines, Boilers, Tackle, Etc. And Hermes Shipping K.K., A/K/A Hermes Shipping Co., Ltd., 724 F.2d 21 (2d Cir. 1983) 사건에서 포클랜드 전쟁으로 인하여 선박이 징발됨으로써 휴스턴으로 향하던 화물을 양륙시키기 위하여 몰타로 항로를 변경한 것이 정당한 항로이탈로 인정되었다.

144) 藤崎道好, 86면.

145) 서울고법 2009. 8. 20. 선고 2007나27566 판결.

146) Carriage of Goods by Sea Act, 46 App. U.S.C.A. § 1304(4) 단서도 같은 취지로 규정하고 있다 (Provided, however, That if the deviation is for the purpose of loading or unloading cargo or passengers it shall, prima facie, be regarded as unreasonable).

도,[150] 환적,[151] 잘못된 적부,[152] 선하증권의 부실기재[153] 등이 이에 해당한다. 그러나 컨테이너선의 경우 갑판적은 항로이탈에 해당하지 않고,[154] 해상물품운송법(Carriage of Goods by Sea Act) 제정 이후에는 지연인도에 의한 항로이탈개념을 축소하고 있다.[155]

그러나 준이로의 효과는 운송인이 운송계약에 약정된 이익조항(면책조항, 책임제한조항, 제소기간의 제한)을 원용할 수 없는 사법상 효과에 한정되므로,[156] 형사책임이 수반되는 공법상 의무로 규정된 선원법상 선장의 직무내용으로 준이로의 법리를 확대 · 적용할 수는 없다.

라. 항로불변경의무와 항해의 안전확보의무의 관계

선박이나 항로에 위험이 있음에도 피난하지 않아서 선박이 침몰하거나 위험에 빠진 경우 선장의 위 항로불변경의 의무와 항해의 안전확보의무의 관계가 문제된다. 일본 판례는 태풍으로 침몰한 선박의 선장에 대한 업무상과실치사죄 등의 형사사건에서,[157] "법이 형의 제재를 과하여 항로불변경의무를 과한 이상, 그 의무가 소멸하고 새로 정반대의 행위를 해야 할 의무가 생길 때 적어도 도착시간까지

147) 이은섭 · 신학승, 47면.
148) U.S. v. Middleton, 3 F.2d 384 (C.C.A. 4th Cir. 1924); The Pacific Spruce, 1 F.Supp. 593 (W.D. Wash. 1932).
149) St. Johns N.F. Shipping Corporation v. S.A. Companhia Geral Commercial do Rio de Janeiro, 263 U.S. 119 (1923); The Sarnia, 278 F. 459 (C.C.A. 2d Cir. 1921); Smith, Kirkpatrick & Co. v. Colombian S.S. Co., 88 F.2d 392 (C.C.A. 5th Cir. 1937); Calmaquip Engineering West Hemisphere Corp. v. West Coast Carriers Ltd., 650 F.2d 633 (5th Cir. 1981); American Exp. Co. v. U. S. Lines, Inc., 76 A.D.2d 428, 431 N.Y.S.2d 1 (1st Dep't 1980), order aff'd, 55 N.Y.2d 629, 446 N.Y.S.2d 264, 430 N.E.2d 1317 (1981).
150) Maggio v. Mexico Arizona Trading Co., 57 F.2d 20, 22 (9th Cir. 1932); The Willdomio v. Citro Chemical Co. of America 272 U.S. 718 (1927); Atlantic Mutual Insurance Co. v. Poseidon Schiffahrt GmbH, 313 F.2d 872 (7th Cir. 1963).
151) Yang Machine Tool Co. v. Sea-Land Service Inc., 58 F.3d 1350, 1351 (9th Cir. 1995).
152) Pioneer Import Corp. v. The Lafcomo., 159 F.2d 645 (2d Cir. 1947); Agfa-Gevaer. Inc., v. S/S TFL Adans, 596 F. Supp. 338, 343 (S.D.N.Y. 1984).
153) Oliver Straw Goods Corp. v. Osaka Shosen Kaisha(The Oliver Ⅱ), 47 F.2d 878, 1931 AMC 528 (S.D.N.Y. 1931); Berisford Metal Corp. v. S.S Salvador, 779 F.2d 841 (2d Cir. 1985).
154) Du Pont de Nemours International S.A. v. S.S. Mormacvega, 493 F.2d 97, 102 (2d Cir. 1974); Konica Business Machines v. Sea-Land Consumer, 153 F.3d 1076 (9th Cir. 1998).
155) Sedco, Inc. v. S.S. Strathewe, 800 F.2d 27, 31 (2d Cir. 1986).
156) Constable v. National S.S. Co., 154 U.S. 51, 66 (1894); Thorley v. Orchis S.S. Co. [1907] 1 K.B. 660.; 권기훈, "이로와 개별적 책임제한", 상사판례연구 5집(1992), 454-455면; 송민호, "이로와 보험자의 면책", 안암법학 1권(1993), 574-577면.
157) 大審院 1937. 5. 4. 判決, 刑集 16권 9호 616면.

선박 · 인명에 대한 위험 발생을 당연히 예견할 수 있어야 하는데, 시각도 알 수 없고 내습할 지 아닐 지도 모르는 막연한 사실의 존재만으로는 선장의 위 의무가 변경되지 않는다."는 선장의 주장에 대하여, "법규는 필요 없이 예정항로를 변경하지 말 것을 명할 때 그치고, 선박이 위험에 빠질 우려가 있는 때에 항로불변경의무는 소멸하며, 선장은 오히려 항로를 변경하여 선체 · 인명의 안전책을 강구하여야 할 책무가 있다."고 판시하여, 선장의 항해의 안전확보의무가 항로불변경의무보다 우선한다고 판시하였다.

4. 위반의 효과

선장이 선원법 8조를 위반하여 미리 정하여진 항로를 변경하였을 때에는 1년 이하의 징역 또는 1천만 원 이하의 벌금에 처한다(법 164조 2호). 선장은 출항의무 또는 직항의무 어느 것에 위반한 경우에도 그로 인하여 손해를 입은 자에 의하여 불법행위에 의한 손해배상의 책임을 져야 한다. 만일 선장이 그 책임을 면하고자 하면, 지체 없이 출항하였다는 사실, 출항을 방해한 정당한 사유가 있었다는 사실 또는 항로이탈이 필요한 정당한 사유가 있었다는 사실을 증명하여야 한다.

Ⅵ. 선장의 직접지휘의무

1. 의 의

선장은 (i) 항구를 출입할 때, (ii) 좁은 수로를 지나갈 때, (iii) 선박의 충돌 · 침몰 등 해양사고가 빈발하는 해역을 통과할 때, (iv) 그 밖에 선박에 위험이 발생할 우려가 있는 때로서 해양수산부령으로 정하는 때에는 선박의 조종을 직접 지휘하여야 한다(법 9조 1항). 이러한 선장의 직접지휘의무는 선박이 위험한 지역을 항행할 때 선박의 총지휘책임자이고 항행에 관한 최고의 지식 · 경험을 갖고 있는 선장으로 하여금 직접 선박의 조종을 지휘하도록 한 것으로,[158] 위험이 발생하기 쉬운 곳을 지나가는 경우에는 법률상 위험의 염려가 있는 것으로 추정하고 현실적으로 위험 유무에 불구하고 선장은 선박의 조종을 직접 지휘할 의무를 지도록

158) 이수철, 157면.

하고, 그 밖의 경우에는 기상 및 해상의 조건, 다른 선박의 상황 등으로부터 위험의 염려가 있을 때에 같은 의무를 지도록 하는 취지이다.[159)]

2. 요 건

가. 항구를 출입할 때

(1) 항구의 개념

항구는 원칙적으로 항만법상 항만(2조 1호, 선박의 출입, 사람의 승선 · 하선, 화물의 하역 · 보관 및 처리, 해양친수활동 등을 위한 시설과 화물의 조립 · 가공 · 포장 · 제조 등 부가가치 창출을 위한 시설이 갖추어진 곳), 어촌 · 어항법상 어항(2조 3호, 천연 또는 인공의 어항시설을 갖춘 수산업 근거지로서 17조에 따라 지정 · 고시된 것) 등을 의미하지만, 그 이외에도 사회통념에 따라 사실상 항구로 이용되는 경우도 포함된다. 외국의 항에 관하여는 그 나라의 법령 또는 사회통념에 의하여 구역이 정하여져 있는 바에 의한다.[160)]

(2) 도선사가 도선하는 경우

선박이 출입항할 때에는 도선사에게 조선을 맡기는 경우가 많고, 도선법에서는 임의도선 이외에도 강제도선(20조)도 규정하고 있다. 그런데 선원법 9조는 선장이 항구를 출입할 때 직접 지휘하여야 한다고 규정하여, 직접지휘의무는 대행자 등에 의하여 행하게 할 수 없다. 도선사가 선박을 도선하고 있는 경우에도 선장은 그 선박의 안전 운항에 대한 책임을 면제받지 아니하고 그 권한을 침해받지 아니한다(도선법 18조 5항). 그러므로 도선사의 불법행위에 의하여 사고가 발생한 경우,[161)] 선장의 지휘불충분 또는 감독불충분이 인정되는 경우에는 선장에게도 책임

159) 戸田修三, "船長の甲板上の指揮", ジュリスト 別冊 34호 －運輸判例百選－(1971. 11), 68-69면.

160) 藤崎道好, 88면.

161) 도선사가 강제도선구인 부산항 도선구에서 현대하모니호에 승선하여 위 선박을 도선하게 되었으면 위 선박을 부산항 도선구 밖까지 직접 도선하여 충돌위험을 미연에 방지하여야 할 업무상 주의의무가 있음에도 불구하고, 이에 위배하여 위 선박이 부산항 제3호 등부표를 지날 무렵 정당한 사유 없이 위 선박에서 하선함으로써 도선사에 비하여 상대적으로 항만사정이나 한국인과의 교신에 익숙하지 못한 데다 선박운용기술이 떨어지는 중국인 선장으로 하여금 부산항 강제도선구 내에서 조선하도록 한 업무상 과실이 있다. 나아가 도선사가 위와 같이 강제도선구역 내에서 조기 하선함으로 인하여 그 후 위 선박의 선장은 부산항 항만교통정보센터로부터 입항선인 다른 선박(CSCL QINDAO호, 총톤수 39,941t)의 행동이 의심스러우니 주의하라는 경고를 받았음에도 적기에 충돌회피동작을 취하지 못하여 결국 선박충돌사고가 발생하게 하였으므로, 도선사의 위와 같은 업무상 과실과 이 사건 사고발생

이 미친다.

선장이 강제도선구에서의 도선사의 조선지휘사항에 일일이 간섭할 수 없다 하더라도, 도선사의 운항로선택 등 조선지휘상황이 통상의 예에서 벗어난 위험한 것임을 알았음에도 조기에 이를 시정토록 촉구하여 안전한 운항로선택 및 안전운항조치를 취하도록 적극적인 조치를 취하지 아니한 것은 잘못이다.[162] 또한 선장은 도선사의 도선과정에서 보통 때와는 달리 과속임을 알았다면 조기에 이를 시정토록 촉구하여 감속조치를 취하도록 하여야 할 직무상 주의의무가 있음에도, 속도계를 사전에 수리하지 아니하여 도선사로 하여금 속도계에 의거한 도선을 하지 못하게 하였고, 선박이 10노트 이상으로 진행함을 알고도 뒤늦게 과속임을 알리는 등 소극적인 조언만을 하고 별다른 조치를 취하지 않은 경우에는 안전운항을 소홀히 한 책임이 있다.[163]

(3) 선거장이 조선하는 경우

선거장(船渠長)은 조선소의 한 분과로서 선거의 관리, 선박의 이안 및 접안, 선거를 출입하는 선박의 선장에 대한 보조업무 등을 담당하는 선거부(船渠部)에 속하는 조선소의 피용자이다. 일반적으로 조선소의 선거가 있는 항구는 조선소 측이 가장 잘 알고 있기 때문에 조선소에 출입하는 선박에는 선거장을 승선시켜 도선하도록 해 오고 있고, 조선소가 위치한 항만이 도선법 소정의 강제도선구역인 경우에도 조선소만이 그 항만을 전용하고 있을 때에는 도선사의 승선 여부에 관계없이 그 조선소 소속 선거장이 도선하는 것이 관행이다.

선장이 도선사를 승선시킬 때에도 보통 선거장이 선거에서 선박을 출거하여 방파제 밖 해상까지 도선을 하고 그 곳에서부터 도선구경계까지만 도선사가 도선을 하고, 선거장이 도선하는 경우 선거장은 선장의 지휘감독을 받으며 선장에게 자신의 의견을 제시하는 입장에 서지만, 선거장은 항만의 해저장애물이나 수심의 깊고 얕음 등 그 내용을 잘 알고 있는 반면 선장은 이를 잘 모르기 때문에 선거장의 의견을 존중하여 그 판단에 따르게 되므로 사실상 선거장의 판단과 지휘 아래 도선이 행하여지게 된다.

사이의 상당인과관계도 인정된다. 대법원 2007. 9. 21. 선고 2006도6949 판결.

162) 대법원 1995. 4. 11. 선고 94도3302 판결(船).

163) 대법원 1984. 5. 29. 선고 84추1 판결.

선박에 승선하여 도선하는 선거장은 선박운항에 관한 선장의 지휘에 따라야 하는 한편, 선박의 조선(操船)에 관하여는 선장에게 조언하고 서로의 의견을 교환하여 안전운항을 도모하여야 하는 지위, 즉 선장에 대한 협력자로서의 지위를 아울러 가진다.[164] 따라서 선거장의 불법행위에 의하여 사고가 발생한 경우, 선장의 지휘불충분 또는 감독불충분이 인정되는 경우에는 선장에게도 책임이 미친다.

(4) 선장이 항상 직접 지휘하여야 하는지 여부

선박이 항구를 출입할 때는 언제나 직접 지휘를 하여야 하는가, 아니면 구체적 위험이 없다면 직접 지휘하지 않아도 되는지 문제된다. 법령(開港港則)에 의하여 정해진 항구(函館港) 항계 선내에서 홍제호(弘濟丸) 선장이 갑판을 떠나 개인용무를 보고 있는 사이에 다른 선박과 충돌하여 다른 선박을 침몰시킨 사건[165]에서, 원심은 "선장이 갑판 상에서 스스로 집행해야 할 지휘의 한계는 결국 운항상 위험 유무에 의해 결정하여야 하고, 항만에 관한 법규상 정함이 있어도 그 경계선을 기준으로 하는 것은 아니며, 본선의 경우 운항상 어떤 위험의 우려도 없었던 것"이라고 하여 선원법위반이 아니라고 판단하였다. 그러나 일본 대심원은 "위험이 발생하기 쉬운 항만의 출입 또는 좁은 수로통과의 경우에는 법률상 항상 위험의 우려가 있는 것으로 추정하여 현실적인 위험의 유무에 관계없이 반드시 선장은 갑판에서 지휘할 임무를 부담시킨 것"이라고 판시하였다.

나. 좁은 수로를 지나갈 때

해상교통안전법 17조는 좁은 수로에서의 항행방법에 관하여 규정하고 있고, '선박의 입항 및 출항 등에 관한 법률' 6조 1항 2호는 선박은 무역항의 수상구역 등에서 좁은 수로에는 정박하거나 정류하지 못한다고 규정하고 있다. 그러나 좁은 수로를 규정한 법령이 없는 이상, 좁은 수로인지의 여부는 사실판단의 문제이고 구체적인 경우에 따라 사안별로 결정한다.[166]

---

164) 대법원 1992. 10. 27. 선고 91다37140 판결.

165) 大審院 1917. 11. 30. 判決, 刑錄 23輯 1455면.

166) 이수철, 157면; 어떤 수로가 좁은 수로에 해당하는지 여부는, 해당 수로의 지리적 조건(가항수역의 폭 등), 통항 선박의 종류와 크기 및 교통량, 해당 수역의 자연적 조건(조류의 속도와 세기, 조석의 차 등) 등을 종합적으로 고려하여 결정하여야 한다. 어떤 수로가 좁은 수로로 판단된다면, 사고 선박의 크기나 항행 방행과 관계없이 일률적으로 좁은 수로에서의 항법이 적용되어야 한다. 이와 달리 대형 선박에게는 좁은 수로이지만 소형선박에게는 좁은 수로가 아니라거나, 수로를 따라 항행하는 선박에

다. 선박의 충돌 · 침몰 등 해양사고가 빈발하는 해역을 통과할 때

선박의 충돌 · 침몰 등 해양사고가 빈발하는 해역을 통과할 때도 선장은 선박을 직접 지휘하여야 한다. 해양수산부장관은 선박이 통항하는 수역의 지형 · 조류, 그 밖에 자연적 조건 또는 선박 교통량 등으로 해양사고가 일어날 우려가 있다고 인정하면 관계 행정기관장의 의견을 들어 그 수역의 범위, 선박의 항로 및 속력 등 선박의 항행안전에 필요한 사항을 해양수산부령으로 정하는 바에 따라 고시할 수 있다(해상교통안전법 30조 1항).

라. 그 밖에 선박에 위험이 발생할 우려가 있는 때로서 해양수산부령으로 정하는 때

(1) 의 의

'그 밖에 선박에 위험이 발생할 우려가 있는 때'란, (i) 안개, 강설(降雪) 또는 폭풍우 등으로 시계(視界)가 현저히 제한되어 선박의 충돌 또는 좌초의 우려가 있는 때, (ii) 조류(潮流), 해류 또는 강한 바람 등의 영향으로 선박의 침로(針路: 선수 방향) 유지가 어려운 때, (iii) 선박이 항해 중 어선군(漁船群)을 만나거나 운항 중인 항로의 통행량이 크게 증가하는 때, (iv) 선박의 안전항해에 필요한 설비 등의 고장으로 정상적인 선박 운항이 곤란하게 된 때를 말한다(법 9조 1항 4호, 시행규칙 4조의2).

시행규칙 제정 전 '그 밖에 선박에 위험이 발생할 우려가 있는 때'의 해석으로는 농무 등으로 인하여 시계가 제한되어 있는 상태에서 항행할 때, 황천에 조우한 때, 관측하기 어려운 해면 · 암초 또는 유빙이 산재하는 해면 등을 항행할 때,[167] 군집하는 어선군 사이를 운항할 때, 마주치는 관계가 복잡한 때, 화재가 일어난 때, 다른 선박을 구조할 때 등을 말한다는 견해가 있었다.[168]

'위험이 발생할 우려가 있는 때'란, 본선이 항행 중에 한하지 아니하고 정박 중에도 일어나므로, 정박 중이라도 태풍의 내습, 저기압의 통과, 근방 및 본선의 화

게는 좁은 수로이지만, 수로를 횡단하는 형태로 항해하는 선박에게는 좁은 수로가 아니라고 본다면, 항행하는 선박에 따라 항법이 달리 적용되어 법적 안정성을 해하기 때문이다(대전고법 2019. 9. 18. 선고 2019누10342 판결).

167) 松村勝二郎, 36면.

168) 박경현, "선원법상 선장의 지위 (3)", 22면.

재, 해일, 이상한 큰 파도와 고조의 내습 등과 같이 본선에 위험을 미칠 염려가 있는 때에는 선장은 빨리 귀선하여 직접 본선을 지휘하여야 한다.[169] 이에 해당하는지 여부는 구체적인 사실관계에 따라 판단하여야 한다.

(2) 사 례

① 사고 당시 남해안지역 전역에 폭풍주의보가 내려 북동풍이 초속 15~20m 가량의 강풍이 불고 파도는 약 5m 가량이고, 폭우가 오고 있었고 암야이어서 사고 당시인 1972. 11. 9. 22:10경은 전방주시가 쉽지 않았다. 또 사고 장소 부근은 장어잡이 어장으로 주로 야간에 소형어선들이 작업을 하고 있는 해상인데 당시 조타 중인 선박에 설치된 레이더도 작동치 아니하고, 선두견시도 없이 그 견시의무를 태만히 하여 1972. 11. 9. 22:00 통영군 욕지도 근방에서 장어잡이 어선과 충돌하여 사고가 발생하였다. 이러한 경우라면 선박의 항해는 선박이 항구를 출입할 때나 협소한 수로를 항해할 때 보다 더욱 위험성이 있는 것이 명백하고 이러한 위험 있는 항해에는 다른 선박과의 충돌의 위험도 포함되므로, 선장은 위와 같은 경우에는 선박의 갑판 상에서 직접 선박을 지휘하여 사고를 미연에 방지할 업무상 주의의무가 있다.[170]

② 농무로 인한 암야에 태풍으로 풍랑이 심한 해상을 항해하는 선박의 선장은 완전한 항로를 유지하기 위하여 선장 자신이 항시 조타 · 운항하여야 하고, 부득이한 사정으로 인하여 조타실을 잠시 떠나려 할 때에는 항로에 경험이 있고 조타술이 능숙한 자로 하여금 대신 조타 · 운항하게 하는 조치를 강구하여야 한다. 이러한 조치가 불가능할 때에는 일시 항해를 정지하는 등 적절한 조치를 취하여 선박이 암초에 충돌하여 침몰하는 사고가 발생하지 않도록 미연에 이를 방지할 업무상 주의의무가 있다.[171]

3. 내 용

선원법 9조 1항의 상황에서는 선장은 직접 선박을 지휘하여야 하며 그 경우에는 국제해상충돌예방규칙에 따른 주의의무를 다하여야 한다.[172] 이때 선장은 본선

169) 박경현, "선원법상 선장의 지위 (3)", 22면.
170) 대법원 1973. 9. 29. 선고 73도2037 판결.
171) 대법원 1960. 2. 29. 선고 59도894 판결.

에 재선하고 있는 것만으로 충분하고, 실외에 나와서 가장 지휘하기 편리한 장소에 있으면 되며, 반드시 그 장소가 선교(船橋)일 필요는 없다.

4. 직접지휘의무의 면제

선장은 위 1항에 해당하는 때를 제외하고는 60조 3항에 따라 휴식을 취하는 시간에 (i) 1등항해사, (ii) 운항장, (iii) 선박직원법 시행령 [별표 3]에 따른 1등항해사 또는 운항장의 승무자격 이상의 자격을 갖춘 직원에게 선박의 조종을 지휘하게 할 수 있다(법 9조 2항, 시행령 3조의7).[173]

5. 위반의 효과

선장이 직접지휘의무를 위반한 때에는 1년 이하의 징역 또는 1천만 원 이하의 벌금에 처한다(법 164조 3호).

Ⅶ. 재선의무

1. 의 의

선박의 안전 및 인명과 화물의 보호를 도모하기 위하여 선박의 지휘자인 선장은 선내에서 직무를 집행하는 것이 필요하다. 이 광의의 재선의무(在船義務)는 항행 중에는 물론 선원법 제2장(선장의 직무와 권한)과 제3장(선내 질서의 유지)의 규정, 그 중에서도 9조(선장의 직접지휘), 11조 2항(선박 위험시의 조치), 180조(선장직무대행자에 대한 적용) 등의 규정으로도 당연히 예정되는 것이다.[174]

---

172) 대법원 1977. 9. 13. 선고 77도951 판결.

173) STCW 78 협약은 상선의 선장, 사관 및 당직 부원의 자격요건, 훈련 및 당직 기준을 정하는 국제협약이다. 위 협약에 따르면, 선장은 적절한 항해 당직이 유지되도록 확인할 의무가 있으며, 항해 당직사관은 자신의 근무시간에 충돌과 좌초를 피하여 선박을 안전하게 항해할 책임이 있다(STCW Code A 10). 항해당직사관은 선장이 선교에 있어도 선장이 책임을 인수하겠다고 알려주고, 상호 이해할 때까지는 선박의 안전한 항해에 관하여 계속 책임이 있다(STCW Code A24.3). 만일 시계가 제한되거나 교통 상태 등에 관하여 우려가 있으면 항해당직사관은 즉시 선장에게 보고하여야 한다(STCW Code A40). 따라서 이 협약에서는 항해는 항해 당직사관의 책임이고, 선장의 직접 지휘는 의무사항이 아니다. 그러므로 선장은 자신의 재량권에 따라 직접 지휘를 할 수도 있고 하지 않을 수도 있다. 박영선, "선원법 제9조(선장의 직접 지휘)의 문제점 및 입법 개선방안", 한국해법학회지 44권 1호(2022), 140－141면.

174) 藤崎道好, 89면.

2. 내 용

선장은 화물을 싣거나 여객이 타기 시작할 때부터 화물을 모두 부리거나 여객이 다 내릴 때까지 선박을 떠나서는 아니 된다(법 10조 본문). 선장의 재선의무는 선내에 있는 것을 의미하는 것이 아니고, 선내에서 선박지휘자로서 직무를 수행하는 것을 의미한다. 그러므로 원칙적으로 선내 어느 장소에 있더라도 그 직무를 행할 수 있어야 한다. 따라서 현실적으로 선박을 떠난 때에는 물론 선내에서 당직제를 정하고 있는 경우에도 선박의 감시를 떠난 경우에는 재선의무위반이 발생한다는 의미로 재선의무를 선박감시의무라고도 한다.[175] 선원법 10조 1항의 재선의무는 좁은 의미의 재선의무를 말하는 것으로, 정박 중, 화물의 적재 및 여객의 승선 시부터 화물의 양륙 및 여객의 상륙 시까지 재선의무에 관하여 규정한 것이다.

유조선 제3천복호 선장이 거제시 하청면에 있는 칠천도 남서방 약 2마일 해상에서 2002. 8. 31. 침몰된 신안호(5,860t)의 인양 및 방제작업 현장에서, 위 신안호에 적재되어 있던 기름(경질유) 23,535리터 상당을 제3천복호에 이적한 후 위 선박을 관리할 때, 당시 해상에는 기상악화로 강한 바람과 높은 파도가 일고 있었고 선박은 이적된 기름 무게로 선체가 바닷물에 깊이 잠겨 있는 상태였으므로, 선장으로서는 선박에 잔류하여 각 격문을 밀폐하고 선체로 해수가 유입되는지를 잘 살펴 선박이 침몰되거나 적재된 기름이 배출될 위험이 있는 경우에는 선박을 안전지대로 피항시켜 선박에 적재된 기름이 해양으로 배출되지 않도록 하여야 할 업무상 주의의무가 있음에도 불구하고, 2003. 4. 7. 19:00경부터 같은 달 8. 07:00 경까지 22t 상당의 기름이 적재되어 있는 상태에서 제3천복호를 떠난 경우에도 재선의무위반이 성립한다.[176]

3. 예 외

다만 기상 이상 등 특히 선박을 떠나서는 아니 되는 사유가 있는 경우를 제외하고는 선장이 자신의 직무를 대행할 사람을 직원 중에서 지정한 경우에는 그러하지 아니하다(법 10조 단서). 선장에게 화물을 싣거나 여객이 타기 시작할 때부터

175) 藤崎道好, 90면.
176) 창원지법 통영지원 2003. 9. 8. 선고 2003고단586 판결.

화물을 모두 부리고 여객이 다 내릴 때까지 절대적인 재선의무를 부과하는 것은 불가능하므로 선원법은 예외를 인정하고 있다. 재선의무에 관한 규정은 선장이 주휴일·축제일 등 휴일을 사용하거나 일시적으로 선박을 떠나는 경우에도 적용되므로, 선장은 직무대행자를 지정한 이후에 이선하여야 한다.[177)]

4. 위반의 효과

선장이 10조를 위반하여 선박을 떠났을 때에는 1년 이하의 징역 또는 1천만 원 이하의 벌금에 처한다(법 164조 4호).[178)]

Ⅷ. 선박위험시 조치

1. 선박위험시 구조 조치의무

가. 의 의

선장은 선박에 급박한 위험이 있을 때에는 인명, 선박 및 화물을 구조하는 데 필요한 조치를 다하여야 한다(법 11조 1항). 이 규정에 따라 급박한 위험, 예를 들면, 충돌·좌초 또는 화재 등 절박한 위험이 있는 경우에는 선장은 인명·선박 및 화물(구조의 순서는 원칙적으로 이 순서에 의한다)의 구조에 필요한 모든 수단을 강구하여야 한다.[179)] 같은 취지에서 유선 및 도선 사업법 28조도 "유·도선사업자와 선원은 선박이 전복·충돌하거나 그 밖에 영업구역에서 사고가 발생한 때에는 인명구조에 필요한 조치를 하여야 한다"고 규정하고 있다.

나. 내 용

(1) 미국 상선 직원 지침서

필요한 조치에 관한 구체적인 규정은 없으나, 선장이 관행적으로 선박운항에

177) 1956. 8. 13. 員基 238호.

178) 선장이 울산항 진양부두에서 폐기물 선적 작업 중 선박을 떠나서 재선의무위반으로 형사처벌을 받은 사례로는 울산지법 2013. 11. 8. 선고 2013고정470 판결; 선박이 울릉도 저동항에 입항한 후 모래 하역작업을 계속 진행하던 중 선장이 개인용무 차 하선하여 재선의무 위반으로 형사처벌을 받은 사례로는 대구지법 포항지원 2012. 6. 13. 선고 2012고정202 판결.

179) 藤崎道好, 91면.

참조하는 미국의 상선 직원 지침서[180]에서는 위기 시 선장의 책임으로 다음의 5 가지를 나열하고 있다.

① 선박에서 최후로 떠나는 자가 되라(last man to leave the vessel).
② 선박과 화물을 구하기 위하여 최대한 노력하라(bound to use all reasonable efforts to save ship and cargo).
③ 선원이 돌아올 수 있도록 책임을 지라(makes provision for return of crew).
④ 선주 및 보험자에게 즉시 연락하라(communicate promptly with owners and underwriters).
⑤ 합법적으로 해제될 때까지 계속 책임을 다하라(remain in charge until lawfully suspended).

(2) 안전정보 전파의무[181]

선장이 수행해야 할 안전정보의 전파방법은 상당히 기술적이고 전문적인 내용이라고 할 수 있다. 즉 상황정보를 전달할 경우 선장은 먼저 경보를 울려 여객 등의 주의를 촉구한 후, 현재 상황의 내용을 여객이 이해할 수 있는 언어로 방송해야 한다. 아울러 이러한 상황에서 여객은 어떻게 행동해야 하는지도 자세하게 알려 주어야 한다. 영국의 해안경비대(Maritime and Coastguard Agency)는 비상경보를 울린 후 선장은 방송시설을 이용하여 여객에게 선박에 남아야 할지의 여부, 구명동의의 착용, 비상상황의 진행상황 등 현재 상황을 자주 설명해 주도록 권고하고 있다. 이때 방송은 명확하고 솔직해야 하며, 여객들이 공황상태에 빠지지 않도록 안정적인 어조(tone)로 행해져야 한다.

(3) 인명구조에 필요한 조치[182]

선장이 2019. 3. 20.경 석유제품운반선(494t) 내 3층에 위치한 조타실에서 선박을 조종하여 부산항으로 항해하던 중, 같은 날 05:32경 타는 냄새를 감지하고 조타실에서 2층으로 내려가는 문을 열어본 후 뜨거운 열기와 함께 검은 연기가

180) William B. Hayler, Merchant Marine Officers' Handbook, Cornell Maritime Press; 5 Sub ed.(2009).
181) 박영선, "선박위험시 선장의 직무상 의무에 관한 입법 개선방안", 한국해법학회지 36권 2호(2014. 11), 137-139, 142면.
182) 부산지법 서부지원 2021. 5. 13. 선고 2020고합172 판결.

밀려오는 것을 확인하고 선박에 화재가 발생한 사실을 인지하게 되었다. 이러한 경우 선장으로서는 선박에 급박한 위험이 발생했으므로 인명, 선박 및 화물을 구조하는 데 필요한 조치를 다하여야 한다. 그럼에도 불구하고 선장은 화재 사실을 인지한 즉시 기적이나 사이렌을 통해 비상신호를 반복하여 울리거나, 조타실 내 마이크를 이용하여 선원들에게 화재 사실을 알리는 등 조치를 취하지 아니하고, 조타실에 소화기가 비치되어 있음에도 불구하고 소화기를 이용하여 최소한의 화재진압을 시도하지 아니하고, 해수를 이용한 화재진압을 위하여 조타실에 설치되어 있는 해수 펌프 스위치를 작동시켜야 했음에도 불구하고 이를 가동하지 아니한 채, 3층 조타실 외부 난간 구조물에 줄을 매달아 갑판으로 탈출하였고, 일부 선원이 선내에서 갑판으로 탈출하지 못했다는 사실을 인지하였음에도, 이미 불길이 커져 소화할 수 없다고 만연히 생각하여 선박에 설치된 소화설비를 최대한 가용하여 소화 작업을 시도하지 않았다. 결국 선장은 인명을 구조하는데 필요한 조치를 다하지 아니하여 선내 2층 침실에서 잠을 자고 있던 갑판장, 조리장이 화재를 피하지 못해 전신이 소훼되어 사망에 이르게 하였다. 이 경우 선장은 선원법위반죄(법 161조 1호, 11조 1항, 인명구조에 필요한 조치를 다하지 아니하여 사람을 사망에 이르게 한 점)의 형사책임을 부담한다.

(4) 적시의 퇴선명령 발령의무[183)]

선박은 '본선이 가장 안전한 구명보트'(a ship is its own best lifeboat)라는 원칙에 따라 설계된다. 따라서 선박에 위급한 상황이 발생할 경우 선장은 구명정으로 바로 퇴선하지 말고 여객과 선원들이 가급적 최대한 오랫동안 본선에 머무르도록 유도하여야 한다. 그러나 본선에 머무는 것이 더 이상 안전하지 않다고 판단될 경우 선장은 퇴선명령(order to abandon ship)을 내려야 한다. 퇴선명령은 일반비상경보와 마찬가지로 비상배치표에 어떻게 내려야 하는지가 포함되어야 한다(SOLAS 3장 37규칙). 통상 퇴선명령은 현장에서 선장이 직접 발령하며, 호종·기적·사이렌 등의 신호장치를 이용하지 않고 직접 방송장치를 이용하여 발령한다.[184)] 이 경우 퇴선명령은 실제 퇴선까지 충분한 시간적 여유를 두고 발령하여야

183) 박영선, 139-140면.

184) 따라서 선장이 항해사에게 퇴선명령을 발령할 것을 지시만 하고, 항해사 등이 퇴선명령을 방송하거나 방송이 여객에게 전달되는 것을 직접 감독·확인하지 않은 경우에는, 적법한 퇴선명령을 발령하였다

한다. 선장은 퇴선명령을 내리기 전 텔레그래프(telegraph)를 가급적 기관사용정지(Finished with Engine) 위치에 두어야 한다. 기관이 작동되어 추진기 주변에 와류가 형성되면 구명정 승선자등의 안전에 위협이 될 수 있기 때문이다.

(5) 수난구호법상 구조의무[185)]

선장의 권한이나 의무, 해원의 상명하복체계 등에 관한 해사안전법 45조, 구 선원법(2015. 1. 6. 법률 13000호로 개정되기 전의 것) 6조, 10조, 11조, 22조, 23조 2항, 3항은 모두 선박의 안전과 선원 관리에 관한 포괄적이고 절대적인 권한을 가진 선장을 수장으로 하는 효율적인 지휘명령체계를 갖추어 항해 중인 선박의 위험을 신속하고 안전하게 극복할 수 있도록 하기 위한 것이므로, 선장은 승객 등 선박공동체의 안전에 대한 총책임자로서 선박공동체가 위험에 직면할 경우 그 사실을 당국에 신고하거나 구조세력의 도움을 요청하는 등의 기본적인 조치뿐만 아니라 위기상황의 태양, 구조세력의 지원 가능성과 규모, 시기 등을 종합적으로 고려하여 실현가능한 구체적인 구조계획을 신속히 수립하고 선장의 포괄적이고 절대적인 권한을 적절히 행사하여 선박공동체 전원의 안전이 종국적으로 확보될 때까지 적극적 · 지속적으로 구조조치를 취할 법률상 의무가 있다.

선장이나 승무원은 수난구호법 18조 1항 단서에 의하여 조난된 사람에 대한 구조조치의무를 부담하고, 선박의 해상여객운송사업자와 승객 사이의 여객운송계약에 따라 승객의 안전에 대하여 계약상 보호의무를 부담하므로, 모든 승무원은 선박 위험 시 서로 협력하여 조난된 승객이나 다른 승무원을 적극적으로 구조할 의무가 있다. 수난구호법 18조 1항은 구조대상을 '조난된 선박'이 아니라 '조난된 사람'으로 명시하고 있는데, 같은 법 2조 4호에서 조난사고가 다른 선박과의 충돌 등 외부적 원인 외에 화재, 기관고장 등과 같이 선박 자체의 내부적 원인으로도 발생할 수 있음을 전제로 하고 있으므로, 조난된 선박의 선장 및 승무원이라 하더라도 구조활동이 불가능한 상황이 아니라면 구조조치의무를 부담하게 하는 것이 조난된 사람의 신속한 구조를 목적으로 하는 수난구호법의 입법 취지에 부합하는 점을 고려하면, 수난구호법 18조 1항 단서의 '조난사고의 원인을 제공한 선박의

고 보기 어렵다.

185) 대법원 2015. 11. 12. 선고 2015도6809 전원합의체 판결.

선장 및 승무원'에는 조난사고의 원인을 스스로 제공하여 '조난된 선박의 선장 및 승무원'도 포함된다.

구 수난구호법(수상에서의 수색·구조 등에 관한 법률로 개정되기 전의 것) 18조 1항 단서에서 정한 '조난된 사람을 신속히 구조하는 데 필요한 조치'에는 아무런 제한이 없으므로, 조난된 사람의 생명·신체에 대한 급박한 위해를 실질적으로 제거하기 위하여 필요하고도 가능한 조치를 다하여야 하고, 그러한 조치의무를 이행하였는지는 조난사고의 발생장소나 시각, 사고현장의 기상 등 자연조건, 조난사고의 태양과 위험 정도, 구조인원 및 장비의 이용 가능성, 응급처치의 내용과 정도 등을 종합적으로 고려하여 판단하여야 한다.[186)]

2. 최후 퇴선 의무

가. 의 의

선장은 1항에 따른 인명구조 조치를 다하기 전에 선박을 떠나서는 아니 된다(법 11조 2항). 해사관습법상 선장은 최후에 선박을 떠나야 한다는 것이 인정되어 왔다.[187)] 제정 선원법에는 "선장은 여객, 해원, 기타 선내에 있는 자를 이선시킨 후가 아니면 선박을 떠나지 못한다."고 규정되어 있었다가 1973년 개정에서 삭제

---

186) 구 「국가어업지도선 운용·관리 및 선박직원 복무요령」(2015. 12. 30. 해양수산부 훈령 293호로 개정되기 전의 것) 4조에 의하면 어업지도선은 어선의 안전조업 지도, 월선·피랍 및 해난사고 방지 등의 임무를 수행할 의무가 있고, 구 수난구호법(2015. 7. 24. 법률 13440호 「수상에서의 수색·구조 등에 관한 법률」로 개정되기 전의 것) 18조 1항에 의하면 조난사고의 원인을 제공한 선박의 선장 및 승무원은 요청이 없더라도 조난된 사람을 신속히 구조하는 데 필요한 조치를 하여야 한다. 따라서 이 사건 어업지도선에 소속된 이 사건 감독공무원들은 비록 그 추적 행위가 적법하였다고 하더라도 추적 과정 중에서 발생한 조난사고의 피해를 줄이기 위해 필요한 구조조치를 취할 의무가 있었다. 설령 앞서 본 법령상 이 사건 감독공무원들의 구조의무가 인정되지 않는다고 하더라도, 이 사건 사고는 망인의 생명에 중대한 위험이 발생한 긴급한 상황으로 이 사건 감독공무원들의 구조 외에는 망인의 생명을 보호할 수 있는 방법이 없는 경우에 해당하므로 이 사건 감독공무원들에게는 구조의무가 인정된다. 즉, 국가는 국민의 생명, 신체, 재산 등을 보호하는 것을 본래 사명으로 하는 것이므로, 국민의 생명, 신체, 재산 등에 대하여 절박하고 중대한 위험상태가 발생하였거나 발생할 우려가 있어서 국가가 일차적으로 그 위험 배제에 나서지 않으면 이를 보호할 수 없는 경우에는 형식적 의미의 법령에 명시적인 근거가 없더라도 국가나 관련 공무원에 대하여 그러한 위험을 배제할 작위의무를 인정할 수 있다. 부산고법 2017. 11. 9. 선고 2017나51825 판결.

187) Central America호 선장 William Lewis Herndon은 1857. 9. 12. 선박과 함께 수장되었고, Titanic호 선장 Edward Smith도 1912. 4. 15. 선박과 함께 수장되었다. Alix John, The Night-hawk: a Romance of the '60s, Frederick A. Stokes Company(New York, 1901), 249면에서는 이와 관련된 해사관습을 "for if anything goes wrong a woman may be saved where a captain goes down with his ship."이라고 표현하고 있다.

되었는데, 위 규정이 삭제된 후에도 선장에 관한 윤리규범, 관습으로 보아 마찬가지로 해석하여야 한다는 견해가 있었다.[188] 그러나 선장이 인명구조 조치를 전혀 취하지 않고 제일 먼저 퇴선한 것이 문제되어 2015. 1. 6. 법을 개정하면서 위 조항을 추가하였고, 위 조항은 2015. 7. 7.부터 시행되었다. 위 조항은 해사관습법상 선장의 최후 퇴선 의무를 입법화한 것으로 볼 수 있다. 독일 해양노동법 36조 3항은 "선박에 급박한 위험이 있을 때 해원은 선장의 승낙 없이 선박을 떠나서는 안 된다."고 규정하고 있는데, 이는 위와 같은 해사관습을 간접적으로 규정한 것이라고 해석하는 견해가 있다.[189]

나. 절대적 의무인지 여부

선장의 최후 퇴선 의무가 절대적인지 여부가 문제된다. 형법 22조 1항은 "자기 또는 타인의 법익에 대한 현재의 위난을 피하기 위한 행위는 상당한 이유가 있는 때에는 벌하지 아니 한다."고 규정하고 있다. 그런데 선박에 급박한 위험이 있는 경우에는 자기 또는 타인의 법익에 대한 현재의 위난이 있다고 할 수 있으므로, 선장이 인명을 구조하는데 필요한 조치를 다하고 선박을 탈출하는 등 피난행위를 하는 경우에는 위법성이 조각된다.

이에 관하여 선장은 선박의 최고지휘자로서 일반인보다 높은 위난감수의무가 있고, 형법 22조 2항이 규정한 '위난을 피하지 못할 책임이 있는 자'에 해당하므로 긴급피난이 허용되지 아니한다는 견해가 있다.[190]

그러나 선장이 일반인보다 높은 위난감수의무가 있다 할지라도 위난감수의무는 단지 위험회피의무일 뿐 희생의무는 아니므로, 선장에게는 절대적으로 긴급피난이 배제되는 것은 아니고, 단지 직무수행상 의무이행과 관련하여 일정한도까지

---

188) 침몰하는 선박에 선장이 최후까지 남아있어야 한다는 전통은 해난구조제도에서 그 기원을 찾을 수 있다. 위기상황에서 모든 선원이 퇴선하였으나 선박이 침몰하지 않았을 경우 이 선박에 승선하여 선박을 구조한 자는 그 선박과 적재된 화물이 자신의 구조물(salvage)이라고 주장할 수 있다. 이 경우 구조자는 구조물을 처분한 결과에 대하여 상당한 보수를 청구할 수 있다(상법 882조). 따라서 이러한 사태를 방지하기 위하여 선장은 해당 선박이 침몰한다는 것이 확실해질 때까지 선박에 남아 있어야 했다. 박영선, 134면.

189) Bemm/Lindemann, S.371; Lindemann, S.467. 이에 반대하는 견해로는 Bubenzer/Noltin/Peetz/Mallach, S.201; Robert Esser/Susanne Bettendorf, "Muss der Kapitän als Letzter von Bord?" −Zur Strafbarkeit von Schiffsführern im Notfall zwischen Rettungspflicht und entschuldigendem Notstand−, Neue Zeitschrift für Strafrecht 2012, Heft 5, S.233, 237.

190) 藤崎道好, 92면.

일반인보다 피난행위의 상당성이 제한된다고 봄이 상당하다.[191] 따라서 필요한 조치를 다한 뒤에는 선장은 개인으로서 긴급피난을 할 때 아무런 지장이 없고, 또 최후까지 선내에 남아 있을 필요도 없으므로, 여객 등의 구조가 완전히 불가능하고 그대로 선상에 남아 있는 것이 스스로의 죽음을 초래하는 것일 뿐인 경우에는 퇴선하여도 좋다.[192]

다. 판 례

원조하러 온 수십 명의 청년단원과 함께 얕은 여울에 좌초한 어포호(御浦丸)를 인양작업 중이던 선장이 인양을 위하여 육지와 연결했던 로프를 늘어뜨려 그 위를 다른 선박이 통과하도록 하다가 그 선박이 로프에 걸려 전복하여 다수인이 사망하였다.[193] 위 인양작업은 청년단원의 업무이고 선장의 직무범위에 속하지 않기 때문에 선장은 업무상 과실치사죄의 형사책임을 질 수 없다는 상고이유에 대하여, 일본 대심원은 "좌초한 선박의 인양작업은 선장의 직무범위에 속하고, 그 인양이 선장의 직무범위에 속하는 한 다른 선박을 그 예인줄 위를 통과시킬 때 안전한 방법을 강구해야 하는 것도 역시 선장의 직무상 의무"라고 판시하였다.

3. 해원에게의 준용

해원은 선박에 급박한 위험이 있을 때에는 인명, 선박 및 화물을 구조하는 데 필요한 조치를 다하여야 하고, 1항에 따른 인명구조 조치를 다하기 전에 선박을 떠나서는 아니 된다(법 11조 3항). 위와 같은 해원의 의무는 공법상 의무이다.[194] 선원법 12조의 규정과 비교해 보았을 때 본조에 규정된 해원의 의무는 그 해원이 승선한 선박에 한정된다.[195]

승무원은 수난구호법 18조 1항 단서에 의하여 조난된 사람에 대한 구조조치의

191) 이형국, 형법총론연구 Ⅰ, 법문사(1990), 322면.

192) Robert Esser/Susanne Bettendorf, S.237에서는, 선장은 유일한 최후의 퇴선자(als Letzer von Bord)가 아니라 최후의 퇴선자 중 한 사람(einer der Letzen)이라고 표현하고 있다.

193) 大審院 1924. 11. 4. 判決, 刑集 3권 11호 773면. 이에 대한 평석은 佐野彰, "船舶に危険がある場合における船長の義務", ジュリスト 別冊 34호 －運輸判例百選－(1971. 11.), 70-71면.

194) Lindemann, S.466.

195) 독일 해양노동법 36조 2항은 다른 선박과 사람에 위험이 발생한 경우에도 해원의 구조조치의무가 적용되도록 규정하고 있다.

무를 부담하고, 선박의 해상여객운송사업자와 승객 사이의 여객운송계약에 따라 승객의 안전에 대하여 계약상 보호의무를 부담하므로, 모든 승무원은 선박 위험 시 서로 협력하여 조난된 승객이나 다른 승무원을 적극적으로 구조할 의무가 있다.[196]

4. 위반의 효과

인명을 구조하는 데 필요한 조치를 다하지 아니하였거나 필요한 조치를 다하지 아니하고 선박을 떠나 사람을 사망에 이르게 한 선장은 무기 또는 3년 이상의 징역에 처한다(법 161조 1호). 인명을 구조하는 데 필요한 조치를 다하지 아니하였거나 필요한 조치를 다하지 아니하고 선박을 떠나 사람을 사망에 이르게 한 해원은 3년 이상의 징역에 처한다(2호). 인명을 구조하는 데 필요한 조치를 다하지 아니하였거나 필요한 조치를 다하지 아니하고 선박을 떠나 사람을 상해에 이르게 한 선원은 1년 이상 5년 이하의 징역에 처한다(3호). 선박 및 화물을 구조하는 데 필요한 조치를 다하지 아니하여 선박 또는 화물에 손상을 입힌 선원은 1년 이하의 징역 또는 1천만 원 이하의 벌금에 처한다(4호).

해원이 (i) 선박에 급박한 위험이 있는 경우에 선장의 허가 없이 선박을 떠났을 때, (ii) 11조부터 13조까지의 규정에 따라 선장이 인명, 선박 또는 화물의 구조에 필요한 조치를 하는 경우에 상사의 직무상 명령을 따르지 아니하였을 때에는 1년 이하의 징역에 처한다(법 166조).

Ⅸ. 선박 충돌 시 조치

1. 의 의

선박의 충돌이란 2척 이상의 선박이 그 운용상 작위 또는 부작위로 선박 상호간에 다른 선박 또는 선박 내에 있는 사람 또는 물건에 손해를 생기게 하는 것을 말하며, 직접적인 접촉 유무를 묻지 아니한다(상법 876조 2항). 선박 충돌 시에는 인명·선박·물건에 손해가 발생하여, 그에 따른 손해배상의 문제(상법 제5편 제3장 제2절), 오염물질의 배출 방지(선박에서의 오염방지에 관한 규칙 52조), 국제사법

196) 대법원 2015. 11. 12. 선고 2015도6809 전원합의체 판결.

상 준거법(국제사법 61조) 등 여러 가지 문제가 발생한다.

선박 충돌을 예방하기 위하여 각종 법률('선박의 입항 및 출항 등에 관한 법률' 18조, 해사안전법 63조 내지 66조 등)과 '국제 해상충돌 예방규칙 협약'(Convention on the International Regulation for Preventing Collisions at Sea)이 제정되어 있다. 선원법 12조는 이와 같은 규정에도 불구하고 선박이 충돌한 경우 구조의무, 통보의무 등 조치의무를 규정하고 있다.

2. 인명과 선박의 구조의무

선박이 다른 선박과 충돌하여 선장 자신이 지휘하는 선박에 급박한 위험이 있을 때에는 위에서 살펴 본 바와 같이 선박위험 시의 조치의무(법 11조)에 따라 조치하여야 하지만, 긴급사태가 발생하지 아니한 때에는 선원법 12조의 규정에 따라 조치하여야 한다. 즉 선박이 서로 충돌하였을 때에는 각 선박의 선장은 서로 인명과 선박을 구조하는 데 필요한 조치를 다하여야 한다(법 12조 본문 전단).

선박의 상호구조의무는 주로 항해 중에 발생하는 것인바, 그 대상선박은 인원이 승선하고 있는 것으로서, 이미 파선되어 있는 선박에 대하여는 선원법 13조의 규정에 의하여 인명구조를 위한 조치를 취하면 된다. 선원법 12조의 규정에 의한 구조의무의 대상은 인명과 선박에 한정되고 화물은 포함되지 아니한다. 화물을 제외한 이유는 다른 선박의 화물구조의무까지도 벌칙으로서 강제할 필요는 없기 때문이다.

3. 통보의무

선박이 서로 충돌하였을 때에는 각 선박의 선장은 선박의 명칭 · 소유자 · 선적항 · 출항항 및 도착항을 상대방에게 통보하여야 한다(법 12조 본문 후단). 이 통보의무는 충돌선박의 개성 등을 명백히 하여 어떠한 선박과 충돌하였는가를 서로 확실히 알려서, 해양사고심판이나 민사재판 등으로 나중에 책임을 추궁할 때 지장 없도록 하고, 행정관청이 사후조치를 강구할 때 편의를 제공하도록 하기 위해서이다.[197)]

---

197) 박경현, "선원법상 선장의 지위 (3)", 26면.

4. 면 제

구조의무와 통보의무는 선장 자기가 지휘하는 선박에 급박한 위험이 있는 경우에는 면제가 되는데, 이러한 경우에 구조·통보의무를 부담하게 하는 것은 불합리하기 때문이다. '급박한 위험'이란 선박충돌에 관한 통일협약(International Convention for the Unification of Certain Rules of Law with Respect to Collision between Vessels) 8조에 규정된 '선박, 선원 및 여객에게 중대한 위험'(serious danger to his vessel, her crew and her passengers) 또는 해난구조에 관한 통일협약(International Convention On Salvage, 1989) 10조 1항에 규정된 '선박과 인명에 중대한 위험'(serious danger to his vessel and persons)과 같은 의미이다.

5. 위반의 효과

(i) 인명을 구조하는 데 필요한 조치를 다하지 아니하여 사람을 사망에 이르게 한 선장은 무기 또는 3년 이상의 징역에, (ii) 인명을 구조하는 데 필요한 조치를 다하지 아니하여 사람을 상해에 이르게 한 선장은 1년 이상 5년 이하의 징역에, (iii) 선박을 구조하는 데 필요한 조치를 다하지 아니한 선장은 1년 이하의 징역 또는 1천만 원 이하의 벌금에 각 처한다(법 162조). 선장이 12조 본문에 따른 통보를 하지 아니한 경우에는 200만 원 이하의 과태료에 처한다(179조 3항 1호).

X. 조난선박 등의 구조

1. 의 의

해양에서 조난자(遭難者)가 있음을 알게 된 때에 이를 구조하는 것은 해양인에게는 도덕에 관한 사항이지만, 선원법은 이를 법률상 의무로 삼아, 선장은 다른 선박 또는 항공기의 조난을 알았을 때에는 인명을 구조하는 데 필요한 조치를 다하여야 한다(법 13조 본문)고 규정하고 있다.

2. 내 용

선원법에는 '조난'에 관한 정의규정이 없지만, '수상에서의 수색·구조 등에 관한 법률'상 '조난사고'와 같은 의미로 보아야 한다. 이에 의하면 '조난사고'란 수상에서 (i) 사람의 익수·추락·고립·표류 등의 사고, (ii) 선박등의 침몰·좌초·전복·충돌·화재·기관고장 또는 추락 등의 사고로 인하여 사람의 생명·신체 또는 선박등의 안전이 위험에 처한 상태를 말한다(2조 4호).

조난사실의 인지는 선장이 선박·항공기의 조난을 목격한 경우뿐만이 아니라 무선통신 등의 청각신호 또는 시각신호 등에 의한 것도 포함된다. 선박·항공기가 조난 중에 있음을 안 선장은 인명구조의 수단을 취하여야 하는데, 이 구조의무는 선박·항공기가 실제로 조난 중에 있는 경우뿐만이 아니고 이미 조난을 당하여 대파 또는 침몰하여 있는 경우도 포함한다. 구조의무의 대상은 인명뿐이어서 재산구조의무는 없다. 인명구조자에 대하여는 구조료청구권이 인정되지 아니한다(상법 882조).

3. 예 외

자기가 지휘하는 선박에 급박한 위험이 있는 경우와 해양수산부령이 정하는 경우에는 구조의무는 면제된다(법 13조 단서). 구조의무가 면제되는 사유로는 (i) 조난장소에 도착한 다른 선박으로부터 구조의 필요가 없다는 통보를 받은 경우, (ii) 조난장소에 접근하였으나 부득이한 사유로 인하여 구조할 수 없거나 구조할 필요가 없다고 판단되는 경우, (iii) 부득이한 사유로 조난장소까지 갈 수 없거나 기타 구조가 적당하지 아니하다고 판단되는 경우, (iv) 선장이 지휘하는 선박에 급박한 위험이 있는 경우 등이 있다(시행규칙 5조 1항).

'부득이한 사유'란 본선도 또한 폭풍권에 휘말려 본선의 안전을 유지하기가 고작인 때 또는 본선에 빈사의 병자가 있어 이의 양륙이 일각을 다투는 사태에 있는 때 등을 들 수 있다.[198] '기타 구조가 적당하지 아니하다고 판단되는 경우'란 국가적 중대사명을 수행 중이어서 구조할 틈이 없을 때, 현장에 도착하여도 구조상 인

---

198) 박경현, "선원법상 선장의 지위 (3)", 27면.

명구조 활동이 곤란한 때, 항행구역 외로서 법률상 현장까지 항행할 수 없을 때, 전염병 환자가 발생하여 격리 중에 있는 때 등을 들 수 있다.[199]

시행규칙 5조 1항 2호부터 4호까지의 규정에 따라 구조를 하지 아니하는 경우에는 조난선박 또는 조난항공기에 가까이 있는 선박에 그 뜻을 통보하여야 하되, 다른 선박에 의한 조난 구조가 행하여지지 아니할 것으로 판단되는 경우에는 해양경찰관서의 장에 통보하여야 한다(시행규칙 5조 2항).

4. 위반의 효과

선장이 선원법 13조를 위반하여 인명을 구조하는 데 필요한 조치를 다하지 아니하였을 때에는 3년 이하의 징역 또는 2천만 원 이하의 벌금에 처한다(법 163조 1호).

5. 난민을 구조한 경우

가. 개 념

난민이란 인종, 종교, 국적, 특정 사회집단의 구성원인 신분 또는 정치적 견해를 이유로 박해를 받을 수 있다고 인정할 충분한 근거가 있는 공포로 인하여 국적국의 보호를 받을 수 없거나 보호받기를 원하지 아니하는 외국인 또는 그러한 공포로 인하여 대한민국에 입국하기 전에 거주한 국가로 돌아갈 수 없거나 돌아가기를 원하지 아니하는 무국적자인 외국인을 말한다(난민법 2조 1호). 우리나라는 난민의 지위에 관한 국제협약에 가입한 1992년 훨씬 이전부터 난민에 대한 지원 업무를 행해왔다. 특히 1974. 4. 월남의 공산화로 많은 사람들이 선박을 타고 자국을 탈출할 때 우리나라는 이들을 적극 지원하였다.[200]

나. 수색구조협약상 의무

해상에서 조난자가 발생하면 조난정보를 수신한 국가는 직접 구조에 나서든지 부근을 운항하는 선박에게 구조를 요청해야 한다. 구조를 요청받은 선장은 지체

---

199) 박경현, "선원법상 선장의 지위 (3)", 27면.

200) 박영선a, "해상에서 구조된 난민의 처리에 관한 법률적 문제검토", 한국해법학회지 30권 2호(2008. 11), 253면.

없이 조난위치로 항해하여 조난자를 구조할 의무가 있다. 이 경우 당사국은 어떠한 조난자라도 구조될 수 있도록 조치하여야 하며, 조난자의 국적이나 법적 신분(status) 또는 조난상황에도 불구하고 구조가 이루어져야 한다[수색구조협약(International Convention on Maritime Search and Rescue, SAR) 부속서 2.1.10 규칙].

다. 출입국관리법상 절차

지방출입국·외국인관서의 장은 선박등에 타고 있는 외국인이 난민법 2조 1호에 규정된 이유나 그 밖에 이에 준하는 이유로 그 생명·신체 또는 신체의 자유를 침해받을 공포가 있는 영역에서 도피하여 곧바로 대한민국에 비호(庇護)를 신청하는 경우 그 외국인을 상륙시킬 만한 상당한 이유가 있다고 인정되면 법무부장관의 승인을 받아 90일의 범위에서 난민 임시상륙허가를 할 수 있다. 이 경우 법무부장관은 외교부장관과 협의하여야 한다(출입국관리법 16조의2 1항).

한편 구조된 사람이 북한이탈주민일 경우는 '북한이탈주민의 보호 및 정착지원에 관한 법률'이 적용된다. 북한이탈주민은 군사분계선 이북지역(이하 '북한')에 주소·직계가족·배우자·직장 등을 두고 있는 사람으로서 북한을 벗어난 후 외국국적을 취득하지 아니한 사람을 말한다(2조 1호). 북한지역에 살고 있는 주민은 이미 대한민국 국민이므로 새로 대한민국의 국적을 취득할 수 없다. 따라서 북한이탈주민은 해상에서 구조되었다가 우리나라에 입국할 경우 출입국관리법에 의한 난민신청이 불필요하다. 북한이탈주민 중 보호대상자에 대하여는 거주지로 전출할 때까지 정착지원시설에서 보호된다(11조 1항).

라. 국내항에 입항

(1) Tampa호 사건[201]

길이 20m의 목재어선 팔라파 1호(Palapa 1)는 2001. 8. 24. 새벽 공해상에서 조난되어 조난신호를 보냈다. 당시 이 선박에는 아프가니스탄 난민 등 438명(남자 269명, 여자 26명, 어린이 43명)이 승선하고 있었으며, 위치는 호주령인 크리스마스섬(Christmas Island) 북쪽의 공해상이었다. 노르웨이 국적의 컨테이너선 탬퍼(MV Tampa)호는 리난(Arne Rinnan) 선장의 지휘 하에 27명이 승선하여 호주의 프리맨

201) 박영선a, 234-238면.

틀(Freemantle)항을 출발하여 싱가포르로 향하고 있었다. 호주 구조조정본부(Rescue Coordination Center)의 구조요청을 받은 선장은 침로를 변경하여 오후 2시경 현장에 도착하였다. 구조작업은 오후 늦게까지 진행되었으며, 작업 중 선장은 인도네시아 정부로부터 구조된 조난자를 인도네시아 자바의 서북단에 위치한 여객선 항구 메락(Merak)에 하선시키라는 연락을 받았다. 이에 따라 탬퍼호는 메락을 향하여 출항하였다. 그러나 조난자 대표는 선교에 올라와 선장을 면담하고 아주 강력하게 호주령인 크리스마스 섬으로 갈 것을 요구하였다. 그러나 호주정부는 탬퍼호가 호주영해에 들어오는 것을 거부하고 만일 들어올 경우 형법을 적용하겠다고 위협하였다. 아울러 크리스마스 섬의 항만을 폐쇄하는 한편 어떤 선박도 탬퍼호로 오고 갈 수 없도록 조치하였다. 결국 선장은 일단 탬퍼호를 영해 밖에 정지시켰다.

호주정부의 지원이 없이 48시간여를 보낸 8. 29. 선장은 선원과 조난자의 안전을 위하여 선박의 비상사태를 선포하고 허가도 없이 호주 영해로 진입하여 크리스마스 섬으로부터 4마일 떨어진 곳에 묘박하였다. 호주정부는 2001. 9. 1. 조난자 중 150명은 뉴질랜드에서 난민확인절차를 밟도록 하고, 나머지는 이러한 절차를 위하여 제3국인 나우루(Nauru)에 수용하기로 하였다. 2001. 9. 2. 저녁 조난자는 수륙양용의 군함으로 옮겨져 재판이 끝날 때까지 머물기로 재판 당사자 간의 합의가 이루어졌다. 따라서 조난자를 이송한 후 탬퍼호는 출항할 수 있게 되었다. 2001. 9. 18. 법원의 최종 판결이 선고된 후 이들의 대부분은 나우루로 이송되어 이후 대부분 난민의 지위를 인정받아 다시 호주에 정착하게 되었다. 뉴질랜드로 이송된 150명은 비호(asylum)가 인정되어 시민권을 받을 수 있었다.

(2) 우리나라의 경우

우리나라의 경우 탬퍼호의 경우와 같이 난민을 태운 선박이 입항하고자 할 경우 이를 거부할 법률을 찾아보기 어렵다. '선박의 입항 및 출항 등에 관한 법률'에서는 무역항의 수상구역에 출입하고자 하는 선박은 신고하면 되고(4조 1항), 허가를 받아야 하는 경우는 전시 · 사변이나 그에 준하는 국가비상사태 또는 국가안전보장에 필요한 경우에 한하고 있다(4조 2항). 한편 선박법에서는 한국선박이 아니면 불개항장(不開港場)에 기항(寄港)할 수 없지만, 법률이나 조약에 다른 규정이 있거나 해양사고의 경우에는 한국선박이 아니더라도 불개항장에도 기항할 수 있다(6조). 따라서 해양사고와 관련되어 구조된 난민을 태운 선박은 개항여부에 관계없이 항구에 입항할 수 있다. 입항한 후 난민은 출입국관리법에 따라 난민지위의 인정여부에 대하여 심사를 받게 된다.[202)]

XI. 기상 이상 등의 통보

1. 의 의

해양에서 고립·위험공동체인 선박은 선박 상호 간에 원조·협력하여 항해상 위험을 방지할 필요가 있기 때문에 선원법은 이상기상 등의 통보의무를 규정하고 있다. 이는 1974년 SOLAS 부속규칙 V장 2규칙, 3규칙에 근거한 것이다. 이 규정의 목적은 선박의 항행에 위험을 미칠 우려가 있는 현상이 존재하고 있음을 부근의 항행선박에게 알려서 필요한 조치를 취함과 동시에, 다른 선박에 대하여도 위험한 현상이 발생한 해역에 가까이 가지 않도록 주의를 주는 것에 있다.[203)]

2. 내 용

무선전신 또는 무선전화의 설비를 갖춘 선박의 선장은 폭풍우 등 기상 이상이 있거나 떠돌아다니는 얼음덩이, 떠다니거나 가라앉은 물건 등 선박의 항해에 위험을 줄 우려가 있는 것과 마주쳤을 때에는 시행규칙 6조 2항 [별표 1]로 정하는 바에 따라 그 사실을 가까이 있는 선박의 선장과 해양경찰관서의 장에게 통보하여야 한다(법 14조 본문, 시행규칙 6조 1항).

3. 예 외

다만 폭풍우 등 기상 이상의 경우 기상기관 또는 해양경찰관서(대한민국 영해 밖에 있는 선박의 경우에는 가장 가까운 국가의 해상보안기관을 말한다)의 장이 예보한

202) 박영선a, 257-258면.

203) 이들의 통보는 전파법 27, 28조 등의 규정에 의하고, 통신문은 보통어 또는 국제신호서가 정하는 바에 의하는 방법으로 행하며(SOLAS 부속규칙 V장 2규칙 (d) 및 3규칙의 예), 통보의 상대방은 부근을 항행하는 선박 외에 우리나라 근해에서는 해양경찰관서이고 그 밖의 해역에서는 Coast Guard 또는 해안무선국 등이라고 한다. 박경현, "선원법상 선장의 지위 (3)", 28면.

경우에는 통보의무가 없다(법 14조 단서).

4. 위반의 효과

선장이 14조 본문의 규정에 따른 통보를 하지 아니한 때에는 200만 원 이하의 과태료에 처한다(법 179조 3항 1호).

XII. 비상배치표 및 훈련 등

1. 의 의

선박의 항해안전을 확보하기 위하여 선원법은 SOLAS 부속규칙 III장 25규칙, 26규칙의 취지를 채용하여 비상배치표의 작성과 게시 및 훈련의 실시의무를 선장에게 부과하고 있다.

2. 내 용

가. 비상배치표의 게시

(i) 총톤수 500t 이상의 선박(평수구역[204]을 항행구역으로 하는 선박 제외), (ii) 선박안전법 2조 10호에 따른 여객선의 선장은 비상시에 조치하여야 할 해원의 임무를 정한 비상배치표를 선내의 보기 쉬운 곳에 걸어두어야 한다(법 15조 1항 전단).

나. 비상시에 대비한 훈련의 실시

(i) 총톤수 500t 이상의 선박(평수구역을 항행구역으로 하는 선박 제외), (ii) 여객선의 선장은 선박에 있는 사람에게 소방훈련, 구명정훈련 등 비상시에 대비한 훈련을 실시하여야 한다. 이 경우 해원은 비상배치표에 명시된 임무대로 훈련에 임하여야 한다(법 15조 1항 후단). 비상시에 대비한 훈련은 매월 1회 선장이 지정하는 일시에 실시하되, 여객선의 경우에는 10일(국내항과 외국항을 운항하는 여객선은 7일)마다 실시하여야 한다(시행규칙 7조 2항). 선장은 선박의 해원 4분의 1 이상이 교체된 때에는 출항 후 24시간 이내에 선내비상훈련을 실시하여야 한다(시행규칙

204) 선박안전법 시행령 2조 1항 3호 (가)목에 따른 평수구역을 말한다.

7조 4항). 선장은 구명정훈련 시에 구명정을 순차적으로 사용하여야 하며, 가능한 한 2월에 한번 씩 구명정을 바다에 띄워 놓고 훈련을 실시하여야 한다(시행규칙 7조 5항).

다. 여객선의 여객에 대한 의무

여객선의 선장은 탑승한 모든 여객에 대하여 비상시에 대비할 수 있도록 비상신호와 집합장소의 위치, 구명기구의 비치 장소를 선내에 명시하고, 피난요령 등을 선내의 보기 쉬운 곳에 걸어두며, 구명기구의 사용법, 피난절차, 그 밖에 비상시에 대비하기 위하여 여객이 알고 있어야 할 필요한 사항을 주지시켜야 한다(법 15조 2항). 선장은 출항 후 1시간(국제항해에서는 4시간) 이내에 여객에게 주지시켜야 한다(시행규칙 7조 3항). 비상신호방법은 기적 또는 싸이렌에 의한 연속 7회의 단음과 계속 1회의 장음으로 한다(법 15조 4항, 시행규칙 7조 6항).

라. 선장의 선내비상훈련사항의 기록

선장은 선내 비상훈련시마다 훈련내용을 항해일지에 기록하고, 훈련 실시 상황을 동영상 또는 사진으로 촬영하여 보존하여야 한다(시행규칙 8조).

3. 해원의 근로조건

선장은 비상시에 대비한 훈련을 실시할 경우에는 해원의 휴식시간에 지장이 없도록 하여야 한다(법 15조 3항).

4. 위반의 효과

(i) 15조 1항에 따른 비상대비훈련을 실시하지 아니한 선장, (ii) 15조 2항에 따라 여객에게 비상시에 대비하기 위하여 필요한 사항을 주지시키지 아니한 선장, (iii) 15조 3항을 위반하여 비상대비훈련을 실시할 때 해원의 휴식시간에 지장을 준 선장에게는 500만 원 이하의 과태료를 부과한다(법 179조 2항).

XIII. 항해의 안전확보

1. 의 의

선원법 제2장의 주요골자는 항해의 안전확보에 관한 규정으로서 7조 내지 15조의 규정은 본선 또는 타선의 안전에 관련되는 사항에 대하여 구체적으로 규정하고 있다. 그러나 항해의 안전에 관한 사항은 이에 그치지 아니하고 매우 광범위하므로 선원법 16조는 다시 이들을 총망라하고 항해의 안전에 관한 사항을 일괄하여 "7조부터 15조까지에서 규정한 사항 외에 항해당직, 선박의 화재 예방, 그 밖에 항해안전을 위하여 선장이 지켜야 할 사항은 해양수산부령으로 정한다."고 규정하여 그 세부사항을 부령에 위임하고 있다.[205)]

2. 내 용

항해당직의 실시, 선박의 화재예방 그밖에 항해안전을 위하여 선장이 지켜야 할 사항은 (i) 국제 해상충돌 방지규칙의 준수, (ii) 해상에서의 인명안전을 위한 국제협약의 준수, (iii) 모든 항해장치의 정기적 점검과 그 기록의 유지, (iv) 선원거주설비의 정기적 점검과 그 기록의 유지 등이다(시행규칙 10조).

3. 위반의 효과

선장이 항해의 안전 확보 의무에 위반하였을 때에는 1년 이하의 징역 또는 1천만 원 이하의 벌금에 처한다(법 164조 5호).

XIV. 사망자 발생 시 인도의무

1. 의 의

선내에서 사망자가 발생한 경우 선박이 항내에 정박 중이거나 연안항해 중인 때에는 사체를 육상에서 유족에게 인도하여야 하는 것이 원칙이다. 그러나 원양항

---

205) 藤崎道好, 100-101면.

해 중일 때에는 위와 같은 처리가 곤란하고, 사체를 보관하기 어려울 수도 있다.[206] 선원법은 이러한 경우를 예상하여, 선장은 항해 중 선박에 있는 사람이 사망한 경우에는 시신의 인도 조치와 해양수산부령으로 정하는 바에 따라 수장(水葬)할 수 있도록 규정하고 있다(법 17조).

2. 시신의 인도의무

선장은 항해 중 선박에 있는 사람이 사망한 경우에는 다음 기항 예정 항만 또는 가까운 항만으로 이동하여 시신이 유가족 등에게 인도될 수 있도록 조치하여야 한다. 다만, 다음 기항 예정 항만 또는 가까운 항만이 시신의 반입을 금지하는 경우 시신을 반입할 수 있는 항만으로 이동하여야 한다(법 17조 1항).

3. 수장(水葬)

법 17조 1항에도 불구하고 선박에 있는 사람이 전염병으로 사망하여 선내 감염이 우려되거나, 기항 예정 항만에서 시신 인도가 지속적으로 거부되는 등 해양수산부령으로 정하는 사유가 있는 때에는 해양수산부령으로 정하는 바에 따라 시신에 대한 조치를 할 수 있다(법 17조 2항).

선장은 (i) 선박이 공해상에 있을 것, (ii) 사망 후 24시간이 경과할 것(다만 전염병으로 사망한 경우에는 그러하지 아니하다),[207] (iii) 위생상 시체를 선내에 보존할 수 없거나 선박에 시체를 싣고 입항함을 금지하는 항에 입항할 예정일 것, (iv) 의사가 승선한 선박에서는 그 의사가 사망진단서를 작성한 후일 것, (v) 전염병으로 인하여 사망한 때에는 의사 또는 의료관리자가 적절한 소독을 실시한 후일 것 등의 요건을 갖춘 경우에 한하여 시체를 수장할 수 있다(시행규칙 11조 1항).

선장은 수장을 할 때에는 상당한 의식[208]을 갖추되 시체가 떠오르지 아니하도

---

206) 藤崎道好, 102면.

207) 장사 등에 관한 법률 6조도 "사망한 때부터 24시간이 지난 후가 아니면 매장 또는 화장을 하지 못한다."고 규정하면서, 단서에서 "다른 법률에 특별한 규정이 있는 경우에는 그러하지 아니 하다."고 규정하고 있으므로, 선원법 17조는 특별한 규정에 해당한다.

208) 시체를 帆布로 감싸고, 다시 국기로 감싼 후, 시체가 뜨지 않게 하여 고물(船尾)에서 고인의 명복을 빈 후 집행하는데, 장발기적을 불고 수장집행 지점을 3번 도는 것이 관례이다. 송윤근, 29면; 미국 연방법규에 따르면, 水葬(Burial at Sea)은 해안에서 3 - 12마일 사이에서 행하되, St. Augustine, Cape Canaveral, Dry Tortugas, Florida, Mississippi River Delta와 Pensacola 사이에서 이루어지는 경우

록 필요한 조치를 하여야 한다(시행규칙 11조 2항). 선장은 수장을 하는 경우 사망한 사람의 유발(遺髮) 및 그 밖의 유품을 보관하여야 한다(시행규칙 11조 3항).

4. 가족관계의 등록 등에 관한 법률상 사무

항해 중에 사망이 있는 때에는 선장은 24시간 이내에 사망자의 성명, 성별, 등록기준지 및 주민등록번호, 사망의 연월일시 및 장소를 항해일지에 기재하고 서명 또는 기명날인하여야 한다(가족관계의 등록 등에 관한 법률 91조, 49조 1항). 1항의 절차를 밟은 후 선박이 대한민국의 항구에 도착하였을 때에는 선장은 지체 없이 출생에 관한 항해일지의 등본을 그 곳의 시·읍·면의 장 또는 재외국민 가족관계등록사무소의 가족관계등록관에게 발송하여야 한다(2항). 선박이 외국의 항구에 도착하였을 때에는 선장은 지체 없이 2항의 등본을 그 지역을 관할하는 재외공관의 장에게 발송하고 재외공관의 장은 지체 없이 외교부장관을 경유하여 재외국민 가족관계등록사무소의 가족관계등록관에게 발송하여야 한다(3항). 3항에 따른 서류의 송부는 대법원규칙으로 정하는 바에 따라 전산정보처리조직을 이용하여 할 수 있다(4항).

5. 위반의 효과

선장이 17조 1항을 위반하여 시신 인도를 위한 조치를 하지 않았을 때에는 1년 이하의 징역 또는 1천만 원 이하의 벌금에 처한다(법 164조 6호).

XV. 유류품의 처리

1. 의 의

선장은 선박에 있는 사람이 사망하거나 행방불명된 경우에는 법령에 특별한 규정이 있는 경우를 제외하고는 해양수산부령으로 정하는 바에 따라 선박에 있는

에는 지정된 특정 구역에서만 가능하고, 수심은 100fathoms(600feet) 이상인 곳에서만 허용된다. 사체는 최대한 신속하게 해저에 가라앉도록 하여야 하고, 弔花 등은 해양에서 신속하게 분해될 수 있는 것을 사용하여야 한다. Susan Price-Livingston, "Burial at Sea", Office of Legislative Research Report No. 98-R-00442 (March 19, 1998), Legislative Reports from the Connecticut Office of Legislative Research.

유류품(遺留品)에 대하여 보관이나 그 밖에 필요한 조치를 하여야 한다(법 18조). ‘법령에 특별한 규정이 있는 경우’라 함은, 여객이 사망한 때에는 선장은 그 상속인에게 가장 이익이 되는 방법으로 사망자가 휴대한 수하물을 처분하여야 한다고 규정하고 있는 상법 824조 등을 말한다.[209)]

2. 내 용

선장은 선박에 있는 사람이 사망 또는 행방불명된 경우에는 지체 없이 그 선박에 승선 중인 사망 또는 행방불명된 사람의 친족 또는 친지를 참여시켜 그 유류품을 조사하여 유류품 목록을 작성하되, 친족 또는 친지가 없는 경우에는 그 선박에 승선한 다른 2명을 참여시켜야 한다(시행규칙 12조 1항).

유류품 목록에는 (i) 사망 또는 행방불명된 사람의 성명·주소, (ii) 사망 또는 행방불명이 된 일시 및 위치, (iii) 유류품의 품명과 수량, (iv) 유류품의 조사 및 목록을 작성한 일자, (v) 기타의 처분을 한 경우에는 그 사유 및 처분내용을 기재하여 선장과 참여인이 기명·날인하여야 한다(2항). 선장은 1항에 따른 유류품 및 그 목록을 사망 또는 행방불명된 사람의 유족 또는 가족에게 인도 또는 교부하여야 한다(3항).

3. 위반의 효과

18조에 따른 조치를 하지 아니한 사람은 200만 원 이하의 과태료에 처한다(법 179조 3항 1호).

XVI. 재외국민의 송환

1. 의 의

헌법 2조 2항에 규정된 국가의 기본의무인 재외국민보호를 위하여 선원법은 선장에게 공법상 의무의 하나로 재외국민 송환의무를 규정하고 있다. 즉 선장은 외국에 주재하는 대한민국의 영사가 법령에서 정하는 바에 의하여 대한민국 국민

209) 藤崎道好, 104면.

의 송환을 명하였을 때에는 정당한 사유 없이 거부하지 못한다(법 19조 1항). 조문 제목상 '재외국민'이라 함은 우리나라 국적을 보유하고 국외에 체류하고 있는 사람을 말한다(재외국민보호를 위한 영사업무 지침 2조 1호). 외국에 있는 한국인으로서 개인적으로 구조를 요하는 자, 국가의 위신을 손상시키는 자 또는 외국으로부터 강제퇴거명령을 받은 자[210] 등은 이를 대한민국으로 송환[211]하여야 한다. 이 경우 과거에는 선박이 사용되었으나, 최근 국제적 수송기관으로 항공기가 선박 이상으로 사용되고 있으므로, 재외국민의 송환도 항공기에 의존하고 있다.[212]

2. 정당한 사유

선장은 정당한 사유가 있는 경우에는 송환명령을 거부할 수 있다. 거부의 정당성이 인정되는 것으로는 송환대상자가 전염병환자여서 승무원에게 전염시킬 우려가 있는 경우와 선실의 여유가 없는 경우 등을 들 수 있다.[213] 귀국자가 송환비상환 서약서 제출을 거부한다고 하여도 이는 선장의 송환명령거부의 정당한 사유는 되지 못한다. 왜냐하면 이 서약서는 당해 귀국자가 송환에 든 비용을 귀국 후 신속히 상환한다는 뜻의 문서인데 선박소유자가 송환비를 상환받을 권리는 서약서의 효력이 아니고, 선박소유자는 당해 귀국자로부터 송환비를 상환받을 수 없는 경우에는 대한민국에게 그 상환청구를 할 수 있으므로, 서약서를 제출하지 않는 것이 송환명령거부의 정당한 사유라고는 할 수 없기 때문이다.[214]

3. 송환비용의 부담 및 상환

송환에 든 비용의 부담과 송환에 필요한 사항은 대통령령으로 정한다(법 19조

---

210) '송환자'라 함은 밀항단속법 위반 또는 이에 준하는 행위로 당해국에서 소정의 처분을 받고 집단적 또는 개별적으로 강제송환되는 자(강제송환자) 및 퇴거명령에 의하여 자기비용으로 송환되는 자(자비송환자)를 말한다(밀항사범처리규칙 2조 3호).

211) 국군포로의 송환 및 대우 등에 관한 법률 3조(유해송환도 포함), 난민법 3조, 출입국관리법 56조, 76조, 선원법 38조, 국제형사사법공조법 9조 3항, 10조 등에서 '송환'이라는 용어를 사용하고 있으나, 그 내용과 법적 성질이 동일한 것은 아니다.

212) 藤崎道好, 105면; 대형 사건 · 사고의 발생으로 재외국민이 대피해야 할 것으로 판단될 경우 재외공관은 전세기 필요시 기착일시 및 기착가능 공항(3호), 전세기 이착륙시 주재국 협조사항(4호) 등을 포함하여 단계별 상세 대피계획을 수립하여야 한다(재외국민보호를 위한 영사업무 지침 18조 3항).

213) 藤崎道好, 106면.

214) 1956. 3. 31. 法制局 1發 第9號; 박경현, "선원법상 선장의 지위 (終)", 해기 241호(1987. 2), 9면.

2항). 송환에 쓰인 비용은 송환된 자가 부담하며, 그 비용은 송환에 쓰인 운임 · 식비 · 의료비 기타 비용으로 한다(시행령 4조 1항). 송환된 자는 선박소유자 또는 선장이 송환에 쓰인 비용의 지급을 청구하는 경우 즉시 이를 상환하여야 한다(2항).

4. 위반의 효과

선장이 선원법 19조 1항의 규정에 위반하여 대한민국 국민의 송환을 거부한 때에는 1년 이하의 징역 또는 1천만 원 이하의 벌금에 처한다(법 164조 7호).

XVII. 서류의 비치

1. 선장의 서류비치 의무

선박은 해양에서 자유롭게 이동하므로, 선박의 국적, 선원법의 적용여부, 승무정원의 충족여부 등을 확인하여 감독의 실효성을 확보하기 위해서는 선박에 필요한 서류를 비치하게 할 필요가 있다. 이에 따라 선원법은 선장에 대하여 (i) 선박국적증서, (ii) 선원명부, (iii) 항해일지, (iv) 화물에 관한 서류, (v) 그 밖에 해양수산부령으로 정하는 서류를 선내에 갖추어 두어야 한다고 규정하고 있다(법 20조 1항). 또한 선장은 시행규칙 14조로 정하는 서식에 따라 선원명부 및 항해일지 등을 기록 · 보관하여야 한다(2항).

선장 또는 선박소유자는 (i) 법 20조 2항에 따른 선원명부 및 항해일지의 기록 · 보관에 관한 사무, (ii) 법 44조에 따른 선원명부의 작성 등에 관한 사무, (iii) 법 45조에 따른 신원보증서의 작성 등에 관한 사무를 수행하기 위하여 불가피한 경우 개인정보 보호법 시행령 19조에 따른 주민등록번호 또는 여권번호가 포함된 자료를 처리할 수 있다(시행령 55조 4항).

2. 선박국적증서

가. 개 념

선박국적증서란 그 선박이 대한민국 국적을 가지고 있음과 그 선박의 동일성을 증명하는 공문서를 말한다. 준국적선의 경우에는 당해 외국법령에 의하여 발급받은 선박국적증서를 말한다. 임시선박국적증서(선박법 9조)는 선박국적증서에 갈음할 수 있는 서류이므로, 이에 준하여 취급하여야 한다. 이는 대한민국 선박의 소유자가 선적항을 관할하는 지방해양수산청장에게 선박등록을 신청하고, 지방해양수산청장이 이를 선박원부에 등록하고 신청인에게 교부한다(선박법 8조 1항, 2항, 시행령 제5조).

나. 기 능

(1) 선박법

선박은 선박국적증서 또는 임시선박국적증서를 선박 안에 갖추어 두지 아니하고는 대한민국 국기를 게양하거나 항행할 수 없다(선박법 10조 본문). 선박국적증서는 한국선박으로 등록하는 때에 선박번호, 국제해사기구에서 부여한 선박식별번호, 호출부호, 선박의 종류, 명칭, 선적항 등을 수록하여 발급하는 문서로, 당해 선박이 한국선박임을 증명하고, 법률상 항행할 수 있는 자격이 있음을 증명하기 위하여 선박소유자에게 교부되어 사용되는 것이다.[215)]

(2) 상 법

등기 및 등록할 수 있는 선박의 경우 그 소유권의 이전은 당사자 사이의 합의만으로 그 효력이 생기지만, 이를 등기하고 선박국적증서에 기재하지 아니하면 제3자에게 대항하지 못한다(상법 743조).

(3) 민사집행법상 선박집행에서 선박국적증서의 기능

법원은 경매개시결정을 한 때에는 집행관에게 선박국적증서 그 밖에 선박운행에 필요한 문서를 선장으로부터 받아 법원에 제출하도록 명하여야 한다(민집법 174조 1항). 경매개시결정이 송달 또는 등기되기 전에 집행관이 선박국적증서등을 받은 경우에는 그 때에 압류의 효력이 생긴다(2항). 선박에 대한 집행의 신청 전에 선박국적증서등을 받지 아니하면 집행이 매우 곤란할 염려가 있을 경우에는

---

215) 대법원 2009. 2. 26. 선고 2008도10851 판결. 따라서 어떤 선박이 사고를 낸 것처럼 허위로 사고신고를 하면서 그 선박의 선박국적증서와 선박검사증서를 함께 제출하였다고 하더라도, 선박국적증서와 선박검사증서는 위 선박의 국적과 항행할 수 있는 자격을 증명하기 위한 용도로 사용된 것일 뿐 그 본래의 용도를 벗어나 행사된 것으로 보기는 어려우므로, 이와 같은 행위는 공문서부정행사죄에 해당하지 않는다.

선적(船籍)이 있는 곳을 관할하는 지방법원(선적이 없는 때에는 대법원규칙이 정하는 법원)은 신청에 따라 채무자에게 선박국적증서등을 집행관에게 인도하도록 명할 수 있고, 급박한 경우에는 선박이 있는 곳을 관할하는 지방법원도 이 명령을 할 수 있다(175조 1항). 집행관은 선박국적증서등을 인도받은 날부터 5일 이내에 채권자로부터 선박집행을 신청하였음을 증명하는 문서를 제출받지 못한 때에는 그 선박국적증서등을 돌려주어야 한다(175조 2항). 경매개시결정이 있은 날부터 2월이 지나기까지 집행관이 선박국적증서등을 넘겨받지 못하고, 선박이 있는 곳이 분명하지 아니한 때에는 법원은 강제경매절차를 취소할 수 있다(183조).

(4) 선박가압류에서 선박국적증서의 기능

등기할 수 있는 선박에 대한 가압류를 집행하는 경우에는 가압류등기를 하는 방법이나 집행관에게 선박국적증서등을 선장으로부터 받아 집행법원에 제출하도록 명하는 방법으로 하고, 이들 방법은 함께 사용할 수 있다(민집법 295조 1항). 선박국적증서등을 받아 제출하도록 명하는 방법에 의한 가압류집행은 선박이 정박하여 있는 곳을 관할하는 지방법원이 집행법원으로서 관할한다(2항).

(5) 관세법

외국무역선이 개항에 입항하였을 때에는 선장은 선박국적증서와 최종 출발항의 출항면장(出港免狀)이나 이를 갈음할 서류를 제시하여야 한다(관세법 135조 1항).

3. 선원명부

선원명부는 선박에 승선하고 있는 선원의 명부이다. 선박소유자는 선박별로 선원명부를 작성하여 선박과 육상사무소에 갖추어 두어야 한다(법 44조 1항). 선박소유자는 선원의 근로조건 또는 선박의 운항 형태에 따라서 선원의 승선 · 하선 교대가 있을 때마다 선박에 갖추어 둔 선원명부에 그 사실과 승선 선원의 성명을 적어야 하되, 선박소유자가 선원명부에 교대 관련 사항을 적을 수 없을 때에는 선장이 선박소유자를 갈음하여 적어야 한다(2항). 또한 선박소유자는 승선 · 하선 교대가 있을 때에는 선원 중 항해구역이 근해구역 안인 선박의 선원으로서 대통령령으로 정하는 사람을 제외한 선원의 선원명부에 대하여 해양수산관청의 공인(인터넷을 통한 공인 포함)을 받아야 한다. 이 경우 선박소유자는 선장에게 자신을 갈음하여 공인을 신청하게 할 수 있다(3항).

4. 항해일지

항해일지(log-book)는 해양교통의 단속과 선원의 보호 등 행정상의 감독을 목적으로 하는 공용항해일지(official log-book)를 의미하는 것으로, 항해에 관한 기술적 일지인 선용항해일지(ship's log-book)와는 다르다.[216] 항해일지는 일반적으로 기재사항이 법정되어 있어, 해난보고서(note of protest)와 더불어 선장의 면책을 위한 유력한 증거방법일 뿐만 아니라 선박 및 적하에 관한 이해관계자의 법률관계를 판정할 때 가장 적정한 증거방법이 된다.

'가족관계의 등록 등에 관한 법률' 49조 1항, 91조는 항해 중 출생 또는 사망이 있는 때에는 선장은 24시간 이내에 위 법률 소정사항을 항해일지에 기재하고 서명 또는 기명날인하여야 한다고 규정하고 있고, 형사소송법 315조 2호도 항해일지를 당연히 증거능력이 있는 서류로 인정하고 있다. 1986. 2. 8. 제네바에서 체결된 '선박의 등록조건에 관한 유엔협약'(United Nations Convention on Conditions for Registration of Ships) 6조 5항은 모든 선박은 항해일지를 비치하고 보존하여 이해관계자의 열람과 등사에 이용될 수 있게 하도록 규정하고 있다. 선장은 선원법 21조의 규정에 따라 선박운항에 관한 보고를 해양수산관청에 하는 경우에는 시행규칙 15조 3항의 규정에 따라 항해일지를 제시하여야 한다.

5. 화물에 관한 서류

화물에 관한 서류는 일반적으로는 적하목록(cargo list), 운송계약서, 선하증권, 화물수출면장 등이 있다. 일본 선원법 시행규칙 13조는, 화물에 관한 서류 중 적하목록에 한정하여 규정하고 있고(1항), 선적항 또는 양륙항이 외국에 있는 화물운송을 행하는 선박 이외의 선박은 1항의 서류를 비치할 필요가 없다고 규정하고 있다(2항). 따라서 시행령이나 시행규칙에서 선장이 의무적으로 갖추어야 할 화물

216) 연근해어선이 항해일지 대신 조업일지를 비치하고 있는 경우 조업일지를 항해일지로 갈음할 수 있는지 여부가 문제된 사안에서, 당해 선박의 제원 등을 표시한 선박현황 및 항해사항 등을 전혀 기록할 수 있도록 되어 있지 않은 조업일지를 항해일지로 갈음할 수 없다는 견해로는 선원 91540-60, 1994. 2. 8, 선원행정사례집, 18-19면.

에 관한 서류를 구체적으로 특정하여 규정하는 것이 필요하다.

6. 그 밖에 해양수산부령으로 정하는 서류

그 밖에 해양수산부령으로 정하는 서류에는 (i) 선박검사증서,[217] (ii) 항행하는 해역의 해도, (iii) 기관일지, (iv) 속구목록, (v) 선박의 승무정원증서, (vi) '2006 해사노동협약' 내용이 포함된 도서(항해선이 아닌 선박과 어선은 제외) 등이 있다(시행규칙 13조 2항).

7. 위반의 효과

선장이 선원법 20조 1항의 각 호 서류를 거짓으로 작성하여 갖추어 두었을 때에는 1년 이하의 징역 또는 1천만 원 이하의 벌금에 처한다(법 164조 8호). 서류를 갖추어 두지 아니한 사람은 200만 원 이하의 과태료에 처한다(법 179조 3항 3호).

XVIII. 선박 운항에 관한 보고

1. 의 의

해양수산관청이 선장의 직무집행상황을 감독함과 아울러 발생한 사고에 대한 조치(해난구조나 해양사고심판 등)를 취하기 위하여, 선원법 21조는 선장에게 항해 중 선박의 운항에 관련하여 발생한 소정의 사항에 대하여 해양항만관청에 보고하도록 규정하고 있다.[218] 해양항만관청이란 해양수산부장관, 지방해양수산청장, 제주해양수산관리단장, 해양수산사무소장을 말한다(법 2조 18호, 시행령 3조의6).[219]

---

217) 선박검사증서는 선박정기검사 등에 합격한 선박에 대하여 항해구역·최대승선인원 및 만재흘수선의 위치 등을 수록하여 발급하는 문서이다. 위 문서는 당해 선박이 한국선박임을 증명하고, 법률상 항행할 수 있는 자격이 있음을 증명하기 위하여 선박소유자에게 교부되어 사용되는 것이다. 따라서 어떤 선박이 사고를 낸 것처럼 허위로 사고신고를 하면서 그 선박의 선박국적증서와 선박검사증서를 함께 제출하였다고 하더라도, 선박국적증서와 선박검사증서는 위 선박의 국적과 항행할 수 있는 자격을 증명하기 위한 용도로 사용된 것일 뿐 그 본래의 용도를 벗어나 행사된 것으로 보기는 어려우므로, 이와 같은 행위는 공문서부정행사죄에 해당하지 않는다. 대법원 2009. 2. 26. 선고 2008도10851 판결.

218) 松波港三郎, "海難の意義と海難報告書", ジュリスト 別冊 34호 －運輸判例百選－(1971. 11), 74-75면.

219) 해양수산부 소속 직제가 지방항만청에서 지방해양수산청으로 변경되었으므로, '해양항만관청'을 '해양수산관청'으로 개정하는 것이 타당하다. 이 책에서는 해양수산관청 또는 지방해양수산관청이라는 용어를 사용한다.

2. 보고사항

선장은 (i) 선박의 충돌 · 침몰 · 멸실 · 화재 · 좌초, 기관의 손상 및 그 밖의 해양사고가 발생한 경우, (ii) 항해 중 다른 선박의 조난을 안 경우(무선통신으로 알게 된 경우는 제외), (iii) 인명이나 선박의 구조에 종사한 경우, (iv) 선박에 있는 사람이 사망하거나 행방불명된 경우, (v) 미리 정하여진 항로를 변경한 경우, (vi) 선박이 억류되거나 포획된 경우, (vii) 그 밖에 선박에서 중대한 사고가 일어난 경우에는 해양수산부령으로 정하는 바에 따라 지체 없이 그 사실을 해양수산관청에 보고하여야 한다(법 21조). '그 밖에 선박에 관하여 중대한 사고가 일어난 경우'란 연료부족에 의한 표류 등을 의미한다. 선내에서의 범죄행위나 쟁의행위 등은 선박 또는 항행에 영향을 미치지 아니하는 한 보고의무는 없다.[220)]

3. 보고의무자

보고의무자는 선장이다. 부득이한 사유가 있는 경우에는 선장은 대리인으로 하여금 보고를 하게 할 수 있고, 선장 또는 그 대리인이 보고할 수 없는 경우에는 선박소유자가 보고하여야 한다(시행규칙 15조 2항).

4. 보고의 방식

보고는 시행규칙 [별지 5호] 서식에 의하되, 긴급한 때에는 구두로 보고할 수 있다. 이 경우 선원법 21조 4호에 해당하는 경우에는 선장을 포함한 3인 이상의 관련자가 서명날인한 사건의 경위서를 제출하여야 한다(시행규칙 15조 1항). 보고의무자는 보고를 하는 때에는 지방해양수산관청에 항해일지를 제시하여야 하지만, 해양사고 기타의 사유로 항해일지가 멸실된 때에는 그러하지 아니하다(시행규칙 15조 3항).

5. 위반의 효과

선장이 거짓으로 보고하였을 때에는 1년 이하의 징역 또는 1천만 원 이하의

---

220) 박경현, "선원법상 선장의 지위 (終)", 12면.

벌금에 처한다(법 164조 9호). 보고를 하지 아니한 사람은 200만 원 이하의 과태료에 처한다(법 179조 3항 4호).

제3절 선내 질서의 유지

Ⅰ. 해원의 징계

1. 의 의

징계란 해원의 선내 질서 위반행위에 대하여 선내 질서 유지를 위해 선장에 의해 과해지는 공법상 제재를 의미한다.[221] 선장은 해원이 선원법 22조에 해당하는 경우 선내 질서 유지 등을 위하여 징계를 할 수 있다. 이와 별도로 선박소유자가 선원법 32조의 규정에 따라 기업경영의 질서유지를 위하여 정당한 사유가 있는 경우 선원을 징벌할 수 있는데, 이는 사법상 제재라는 점에서 이중징계라 볼 수 없다.[222]

2. 징계사유

선장의 징계권남용을 방지하기 위하여 선원법 22조 1항은 징계사유를 제한하고 있다. 즉 해원이 (i) 상급자의 직무상 명령에 따르지 아니하였을 경우,[223] (ii) 선장의 허가 없이 선박을 떠났을 경우, (iii) 선장의 허가 없이 흉기나 '마약류 불법거래 방지에 관한 특례법' 2조 1항에 따른 마약류를 선박에 들여왔을 경우, (iv) 선내에서 싸움 · 폭행 · 음주 · 소란행위를 하거나 고의로 시설물을 파손하였을 경

221) 선장의 해원에 대한 징계권은 항해의 위험을 극복하고 선내 질서를 유지하기 위하여 선장에게 부여된 권한으로서 선원법 32조에서 정하고 있는 선박소유자의 징계권과는 구별된다. 부산고법 2021. 12. 22. 선고 2021나54289 판결.

222) 노정 33750-6554, 1991. 10. 4, 선원행정사례집, 21면.

223) 선원이 2009. 12. 16. 선장 및 1등항해사의 당직명령을 거부하고 상륙하여 피고의 사무실로 찾아와 사장과 상호 폭력을 가한 것은 '상급자의 직무상 명령에 따르지 아니한 경우'나 '선장의 허가 없이 선박을 떠난 경우'의 징계사유에 해당한다. 부산고법 2011. 9. 28. 선고 2011나1163 판결.

우, (v) 직무를 게을리 하거나 다른 해원의 직무수행을 방해하였을 경우, (vi) 정당한 사유 없이 선장이 지정한 시간까지 선박에 승선하지 아니하였을 경우, (vii) 그 밖에 선내 질서를 어지럽히는 행위로서 단체협약 · 취업규칙 또는 선원근로계약에서 금지하는 행위를 하였을 경우[224]에 한하여 징계할 수 있다.

구 선원법은 (i) 선장의 허가 없이 단정 기타 중요한 속구를 사용하지 말 것, (ii) 선내의 식료 또는 담수(淡水)를 남용하지 말 것,[225] (iii) 선장의 허가 없이 전기나 화기를 사용하거나 금지한 장소에서 끽연하지 말 것, (iv) 선장의 허가 없이 일용품 외의 물품을 선내에 반입하거나 선내로부터 반출하지 말 것 등을 징계사유로 규정하였으나 현행 선원법에서는 삭제되었다. 그러나 위와 같은 사유를 단체협약 · 취업규칙 또는 선원근로계약으로 징계사유로 정한 경우에는 7호에 의하여 정당한 징계사유가 될 수 있다.

3. 징계의 종류

가. 훈계, 상륙금지, 하선

징계는 훈계, 상륙금지 및 하선으로 하며, 상륙금지는 정박 중에 10일 이내로 한다(법 22조 2항). 징계사유가 발생한 경우 선장은 해원을 반드시 징계하여야 하는 것은 아니고(결정재량), 징계종류 중 어느 것을 선택하는가에 관해서도 재량이 인정된다(선택재량).

나. 하선 징계 사유

선원법은 가장 무거운 하선 징계의 사유를 한정적으로 규정하여 선장의 징계재량을 제한하고 있다. 즉 하선 징계는 해원이 폭력행위 등으로 선내 질서를 어지럽히거나 고의로 선박 운항에 현저한 지장을 준 행위가 명백한 경우에만 하여야 한다.[226] 이 경우 선장은 지체 없이 선박소유자에게 하선의 징계를 한 사실을 알

---

224) 선원이 2009. 12. 12. 포항 신항 8부두 출항시 선박소유자의 사장과 심한 언쟁으로 몸싸움을 하였다는 것은 선상생활 중 위계질서 문란행위에 해당하지 아니한다. 부산고법 2011. 9. 28. 선고 2011나1163 판결.

225) 淸水는 근해구역에서는 한 사람당 하루에 2.5리터, 원양구역에서는 2.0리터 이내로 제한하는 것이 관례라고 한다. 송윤근, 40면.

226) 선원이 2009. 12. 16. 선장 및 1등항해사의 당직명령을 거부하고 상륙하여 피고의 사무실로 찾아와 사장과 상호 폭력을 가한 것만으로는 하선징계사유인 '선원이 폭력행위 등으로 선내질서를 문란하게

려야 한다(법 22조 3항).

하선은 구 선원법상 승선계약의 종료사유에 해당하나, 현행 선원법에서는 선원근로계약이라는 단일한 용어를 사용하고 있으므로, 하선으로 인하여 선원근로관계가 종료되는 것은 아니다.[227] 그러나 하선 징계로 인하여 하선자는 선내근로를 제공할 수 없으므로 근로의 대상으로 임금청구권을 취득할 수 없고, 송환비용의 일부 또는 전부를 부담하여야 한다(법 38조 2항 2호). 운전미숙은 폭력행위 또는 고의로 인한 행위가 아니므로, 선원법 22조 3항에서 정하고 있는 하선 징계 사유에 해당하지 아니한다.[228]

선원법에는 감봉 징계와 업무수행능력 부족 시 하선 징계를 하는 조항이 없지만, 선박소유자의 취업규칙에 그러한 내용이 있으면 하선 징계가 가능한지 여부가 문제가 된 사안에서, 선원법 32조 1항에 의하면 선박소유자는 정당한 이유 없이 선원근로계약을 해지하거나 휴직 · 정직 · 감봉 기타 징벌을 하지 못하도록 규정하고 있는바, 취업규칙 등에 선박소유자가 선원에게 불이익한 처분을 할 수 있는 경우가 명확하게 규정되어 있고 또한 그 사유가 정당하면 불이익한 처분을 할 수 있다는 행정해석이 있다.[229] 이 경우 불이익 처분은 선원법상 징계가 아닌 선원근로계약상 불이익 처분으로 보아야 한다.[230]

4. 징계의 절차

가. 징계위원회의 의결

선장은 해원을 징계할 경우에는 미리 5명(해원 수가 10명 이내인 경우에는 3명)

하거나 고의로 선박운항에 현저한 지장을 초래하게 한 행위가 명백한 경우'에 해당하지 아니한다고 판시한 사례로는 부산고법 2011. 9. 28. 선고 2011나1163 판결.

227) 하선조치를 해직 또는 해고의 성격을 지닌 것으로 볼 수 있는지 문제될 수 있는데, 위 하선조치에 이르게 된 경위 및 그 후의 당사자의 태도, 하선 징계 이후 별도의 근로계약 해지 절차를 예정하고 있는 관련 선원법의 규정 등에 비추어 볼 때, 하선조치를 해직 또는 해고로 보기는 어렵다(울산지법 2012. 11. 9. 선고 2012나1535 판결).; 하선명령이 해고가 아닌 대명(待命)에 해당한다고 본 사례로는 서울고법 2016. 3. 25. 선고 2015나2047004 판결; 선장이 해원에 대하여 하선의 징계를 하게 되면 그 해원은 예비원의 지위에 놓이게 될 뿐, 선박소유자와의 선원근로계약에 따른 근로관계가 종료되는 것은 아니다(부산고법 2021. 12. 22. 선고 2021나54289 판결).

228) 창원지법 2014. 8. 27. 선고 2013나9738 판결.

229) 선원 91551-343, 2002. 6. 3, 선원행정사례집, 25-26면.

230) 東京地裁 1989. 2. 20. 判決은, 경리담당직원이 그에 상응하는 능력을 갖추지 못하여 근무성적이 불량하다는 이유로 위 직원을 해고한 것은 정당하다고 판시하였다. 松村勝二郎, 59-60면.

이상의 해원으로 구성되는 징계위원회의 의결을 거쳐야 한다(법 22조 4항).

나. 징계위원회의 구성

징계위원회는 기관장 · 운항장 · 1등항해사 · 1등기관사 · 1등운항사 · 통신장 · 징계대상자의 소속 부원 중 최상위 직책을 가진 사람의 순위로 구성하되, 이들에 의한 징계위원회의 구성이 불가능한 경우에는 선장이 정하는 사람으로 구성하고 (시행규칙 16조 1항), 선장의 요구에 의하여 소집된다(시행규칙 16조 2항).

다. 징계절차

징계위원회는 징계대상해원을 출석시켜 진술할 기회를 주어야 하며, 필요한 경우에는 다른 해원을 출석시켜 그의 진술을 들을 수 있다(시행규칙 16조 3항). 징계위원회가 해원에 대한 징계사항을 심사한 때에는 징계위원회 위원이 날인한 징계심사 서류 및 회의록을 작성하여야 한다(시행규칙 16조 4항).

선장이 선원을 징계할 때에는 위와 같은 절차에 따라야 하고, 위 징계절차에 의하지 아니한 징계는 절차적 정당성이 없어서 무효이다.[231] 다만 징계대상자가 징계위원회에 출석하여 진술을 거부하는 경우 및 계속하여 난동을 피우거나 징계위원들에게 위해를 가할 우려가 있는 경우 등 진술할 기회를 주기가 곤란한 경우에는 예외를 인정할 수 있다.[232] 하선 징계가 무효인 경우 송환비용인 귀국여비는 선박소유자가 부담하여야 한다.[233]

선원법과 시행규칙에서 징계대상해원에게 징계위원회에 출석하여 진술할 기회를 부여하도록 되어 있는데도, 이러한 징계절차를 위반하여 징계대상해원(1등항해사)에게 징계위원회 출석 및 진술 기회를 부여하지 않은 채 위 해원에 대하여 이루어진 하선의 징계권 행사는 징계사유가 인정되지 여부와 관계없이 절차의 정의에 반하여 무효이다.[234]

231) 부산고법 2011. 9. 28. 선고 2011나1163 판결; 울산지법 2012. 11. 9. 선고 2012나1535 판결.

232) 선원 91551-600, 2002. 9. 16., 선원행정사례집, 26-27면.

233) 노정 33759-2963, 1988. 5. 17., 선원행정사례집, 20면.

234) 부산고법 2021. 12. 22. 선고 2021나54289 판결. 그러나 징계대상자에게 징계위원회 개최 일시, 장소, 의제 등이 기재된 서면으로 출석을 통지함으로써 징계대상자가 징계위원회에 출석하도록 하거나 서면진술서를 제출하도록 하는 이유는 징계대상자에게 징계혐의사실에 대한 소명과 진술할 기회를 부여하기 위한 것일 뿐, 징계위원회에의 출석이나 서면진술서 제출이 징계대상자인 근로자의 의무라고 볼 수는 없으므로, 선원이 징계위원회 개최 통지를 받고도 징계위원회에 출석하지 않은 것이 취업

해원 A가 손에 담배 1개비를 들고 있는 것을 목격한 부두공사가 A를 하선시키지 않으면 부두에 접안할 수 없다고 통보하자, 선장은 일단 A를 교대 하선시켰고 당시 징계위원회를 구성하거나 진술 기회를 부여하는 등 선원법과 취업규칙 소정의 '징계하선'에 해당하는 절차를 전혀 취하지 아니한 경우, 하선조치를 선내 징계위원회의 징계 중 '징계하선'에 해당하는 것으로 선해하더라도 그 절차상 하자가 매우 중대하여 그 효력이 없다.[235]

Ⅱ. 강제권

1. 의 의

선장은 해원에 대한 지휘명령권과 재선자에 대한 명령권을 가지고 있는데, 재선자가 선장의 명령에 복종하지 아니하는 경우에는 인명이나 선박에 위해가 발생할 수 있다. 이러한 점을 고려하여 선원법 23조는 선장에게 대인강제권(對人强制權)과 대물강제권(對物强制權)을 부여하여 선장의 명령권의 실효성을 확보하고 있다. 강제권이란 인명 · 선박에 위해를 미치거나 미칠 우려가 있는 경우, 그 위해를 예방 · 제지하기 위하여 재선자나 물건에 대하여 필요한 조치를 취할 수 있는 권한을 의미한다. 선장의 강제권 행사로 인하여 재선자의 신체의 자유와 재산권은 일정한 범위 내에서 제한된다.[236]

2. 대인강제권

가. 의 의

선장은 해원이나 그 밖에 선박에 있는 사람이 인명이나 선박에 위해(危害)를 줄 우려가 있는 행위를 하려고 할 때에는 그 위해를 방지하는 데 필요한 조치를 할 수 있다(법 23조 3항).

규칙에서 정하고 있는 징계사유 중 어디에도 해당한다고 볼 수 없다(위 판결 참조).

235) 울산지법 2012. 11. 9. 선고 2012나1535 판결.

236) 이는 선내 질서의 유지와 안전을 위하여 재선자 · 선박 · 적하에 위해를 기한 자에 대하여는 특별한 제재조치를 규정할 필요가 있기 때문이다. Hill, 489면.

나. 대 상

재선자에는 선장을 제외한 모든 승선자를 의미하므로, 해원, 여객, 선박소유자, 도선사, 선단장, 어로장, 밀항자, 하역근로자, 난민 등을 모두 포함한다. 강제권은 인명·선박에 위해를 줄 우려가 있는 행위를 하려고 하는 사람에 대하여 행사할 수 있는데, 인명에는 위해자의 인명도 포함되므로 자해행위를 하려는 사람에 대하여도 필요한 조치를 취할 수 있다. 선박에 직접 위해를 가하지 않고 화물이나 물건에 위해를 가하더라도 그 결과 인명이나 선박에 위해를 줄 우려가 있는 경우에도 강제권을 행사할 수 있다.

다. Queen Elizabeth호 사건[237)]

(1) 사실관계

Queen Elizabeth호의 휴게실 담당 부원인 X는 위법한 감금, 근로계약위반, 부당한 해고를 원인으로 손해배상청구의 소를 제기하였다. 위 선박의 여객 Z는 X가 Z의 10세 딸에게 강제추행을 하고 음란한 행위를 하였다고 강력히 항의하였고, 그 결과 선장은 항행 중 그의 권한으로 X를 체포하고 감금하였다. 선장은 선내 질서를 유지하고 미성년자인 여객들의 안전을 위하여 X의 체포와 감금이 필요하다고 믿은 점에 상당한 이유가 있다고 주장하였다.

(2) 판시사항

보통법상 상선 선장이 재선자에 대한 체포·감금이 선내 질서 유지와 선박·인명·적하의 안전을 위하여 필요하다고 믿을 만한 상당한 이유가 있고, 상당한 방법과 상당한 시기에 체포·감금이 이루어졌다면 위 행위는 정당하다. 그런데 선박소유자 Y는 X의 체포·감금이 선내 질서를 유지하기 위하여 필요하다는 것을 증명하지 못하였다. 오히려 증거에 의하면, 선장의 조치는 오로지 성난 여객을 달래고 불미스러운 일이 알려지는 것을 방지하기 위한 것으로 인정된다. 따라서 Y는 X에게 불법감금에 대한 손해배상으로 250파운드를 배상하여야 한다.

---

237) Hook v. Cunard Steamship Co. [1953] 1 Lloyd's Rep. 413.

라. 위해방지에 필요한 조치

(1) 경고, 억류, 격리 등

인명·선박의 위해방지를 필요한 조치에는 경고, 억류나 격리 등이 포함된다. 그러므로 여객선에 승선한 여객이 음주 후 선내질서 문란행위(폭력, 고성방가 등)를 할 경우 선장은 여객의 국적을 불문하고 목적지항에 다른 여객이 상륙할 때까지 선장의 권한으로 그 여객을 격리시키거나 보호조치를 취할 수 있다.[238)]

(2) 영장주의와 관계

신체의 자유를 제한하는 강제권을 행사하는 경우 헌법·형사소송법상 영장제도와 관계가 문제된다. 대인강제권은 인명·선박에 대한 위해 방지를 목적으로 하는 경찰작용의 성질을 지니는 것으로, 형사책임을 추급하기 위하여 증거인멸·도망의 염려가 있는 경우 피의자·피고인의 신병확보와 관련된 영장제도와는 그 성질을 달리 하므로 영장주의가 적용되지 아니한다. 이와 달리 선장의 강제조치가 현행범인체포·긴급체포와 같이 형사책임의 추급을 위한 것이라면 영장주의가 적용된다.[239)]

소말리아 해적인 피고인들이 아라비아해 인근 공해상에서 대한민국 해운회사가 운항 중인 선박을 납치하여 대한민국 선원에게 해상강도 등 범행을 저질렀다는 내용으로, 국군 청해부대에 의해 체포·이송되어 국내 수사기관에 인도된 후 구속·기소된 사안[240)]에서 영장주의가 문제되었다. 대법원은, 현행범인은 누구든지 영장 없이 체포할 수 있고(형소법 212조), 검사 또는 사법경찰관리(이하 '검사 등') 아닌 이가 현행범인을 체포한 때에는 즉시 검사 등에게 인도하여야 하는데(형소법 213조 1항), 여기서 '즉시'라고 함은 반드시 체포시점과 시간적으로 밀착된 시점이어야 하는 것은 아니고, '정당한 이유 없이 인도를 지연하거나 체포를 계속하는 등으로 불필요한 지체를 함이 없이'라는 뜻으로 보아야 하고, 검사 등이 아닌

238) 부산청선원 33751-925, 1992. 6. 2, 선원행정사례집, 19-20면.

239) '사법경찰관리의 직무를 행할 자와 그 직무범위에 관한 법률' 7조 1항은 海船[沿海航路 이상의 항로를 항행구역으로 하는 총톤수 20t 이상 또는 積石數 2백 석 이상의 것] 안에서 발생하는 범죄에 관하여 선장은 사법경찰관의 직무를 수행하도록 규정하고 있으므로, 선장은 사법경찰관직무집행에 관한 규정을 준수하여야 한다.

240) 대법원 2011. 12. 22. 선고 2011도12927 판결.

이에 의하여 현행범인이 체포된 후 불필요한 지체 없이 검사 등에게 인도된 경우, 위 48시간의 기산점은 체포 시가 아니라 검사 등이 현행범인을 인도받은 때라고 판시하였다.

(3) 정당성의 판단

강제권발동의 필요성 유무 및 강제권행사의 상당성은 1차적으로 선장이 판단한다. 그러나 사후 법원의 심사 결과 필요성이나 상당성이 인정되지 아니한 경우에는 선장은 민·형사상 책임을 부담하게 된다(위 Hook v. Cunard Steamship Co. 사례). 또한 선장의 위법한 강제권행사에 대하여 재선자는 정당방위로서 저항할 수 있다. 선장의 강제권행사에 관하여도 헌법상 원칙인 비례의 원칙이 적용된다. 위 Hook v. Cunard Steamship Co. 사건에서는 강제권행사의 필요성, 수단의 상당성, 시기의 상당성을 정당한 강제권행사의 요건으로 파악하였다.

3. 대물강제권

가. 선원법상 대물강제권

흉기, 폭발하거나 불붙기 쉬운 물건, 화학물질관리법에 따른 인체급성유해성물질, 인체만성유해성물질, 생태유해성물질과 그 밖의 위험한 물건을 가지고 승선한 사람은 즉시 선장에게 신고하여야 하고(법 23조 1항),[241] 선장은 1항에 따른 물건에 대하여 보관·폐기 등 필요한 조치를 할 수 있다(법 23조 2항).

위험성 있는 물건에는 흉기·폭발물·유독물처럼 제조 당시부터 위험성이 있는 물건뿐만 아니라, 물리·화학적 변화나 단순물의 합성으로 인하여 위험한 물건으로 변경될 수 있는 물건도 포함된다. 선장의 대물강제권에도 비례의 원칙이 적용되므로, 물건 중 일부의 보관이나 폐기로 위험성을 제거할 수 있는 경우에는 물건 전체에 대하여 강제권을 행사할 수 없고, 위험물의 보관으로도 위험을 방지할 수 있는 경우에는 폐기할 수 없다.

---

241) 독일 해양노동법 125조 3항은 선장의 물건에 대한 폐기권한과 물건 폐기 시 항해일지에 기록할 의무를 규정하고 있다. 기록의무규정은 선장에게 법률의 규정을 준수하여야 한다는 경고기능을 지닌다. Lindemann, S.1119.

나. 상법상 대물강제권

선장은 법령 또는 계약에 위반하여 선적된 운송물은 언제든지 이를 양륙할 수 있고, 그 운송물이 선박 또는 다른 운송물에 위해를 미칠 염려가 있는 때에는 이를 포기할 수 있다(상법 800조 1항). 여기서 포기란 그 운송물을 선박 밖으로 옮겨 폐기할 수 있다는 뜻이다.[242)]

인화성·폭발성이나 그 밖의 위험성이 있는 운송물은 운송인이 그 성질을 알고 선적한 경우에도 그 운송물이 선박이나 다른 운송물에 위해를 미칠 위험이 있는 때에는 선장은 언제든지 이를 양륙·파괴 또는 무해조치할 수 있다(상법 801조 1항). 무해조치란 위험을 제거하여 위해를 발생하지 않도록 조치하는 것을 말하고, 양륙은 반드시 선적항에 한하지 않고 기항지에서도 할 수 있으며, 파괴나 무해조치는 운송 도중에도 가능하다.[243)]

다. 대물강제권행사의 효과

선장의 부당한 대물강제권 행사로 인하여 재산권을 침해받은 사람은 손해배상을 청구할 수 있다. 그러나 정당한 대물강제권의 행사로 인한 재산권 침해에 대하여는 공법상 제한이므로 그 보상을 구할 수 없다. 다만 공동해손의 요건을 구비한 경우에는 공동해손의 규정에 의하여 책임이 제한된다. 상법 801조 2항도 운송인은 801조 1항의 처분에 의하여 그 운송물에 발생한 손해에 대하여는 공동해손분담책임을 제외하고 그 배상책임을 면하도록 규정하고 있다.

4. 대선실강제권

해원이나 여객 등 재선자가 선내의 일정한 공간을 점유하고 있는 경우, 선장이 인명·선박의 위해방지를 위하여 점유자의 의사에 반하여 선실을 출입할 수 있는지 문제된다. 선원법상 대선실강제권(對船室强制權)에 관하여는 명문의 규정이 없으나, 선원법상 대인강제권과 대물강제권의 실효성 있는 행사를 위하여 선박의 일부인 선실 등에 대하여 강제권을 행사할 수 있다고 보아야 한다. 그러므로 선장은

242) 주석 상법 Ⅷ, 355면.
243) 주석 상법 Ⅷ, 356면.

인명 · 선박에 대한 위해를 방지하거나 피해자를 구조하기 위하여 부득이하다고 인정하는 때에는 합리적으로 판단하여 필요한 한도 내에서 선실에 출입할 수 있다.[244)]

Ⅲ. 행정기관에 대한 원조 요청

1. 의 의

선장은 해원이나 그 밖에 선박에 있는 사람의 행위가 인명이나 선박에 위해를 미치거나 선내 질서를 매우 어지럽게 할 때에는 관계 행정기관의 장에게 선내 질서의 유지 등을 위하여 필요한 원조를 요청할 수 있다(법 24조 1항).

2. 내 용

재선자의 행위가 인명 · 선박에 위해를 미치거나 선내 질서를 매우 어지럽게 하는 때에는 선장은 행정기관에 원조를 요청할 수도 있고, 선장에게 부여된 강제권을 행사할 수도 있는데, 양자의 관계가 문제된다.

생각건대, (i) 선장의 강제권은 해양노동의 특수성(獨力抗爭, 孤立無援, 위험성)을 고려하여 국가기관의 공권력 흠결을 보충하기 위한 비상권한인 점, (ii) 행정절차법 8조 1항은 요청행정청이 1호, 2호 소정의 사유로 독자적인 직무수행이 어려운 경우를 행정응원의 요건으로 규정하고 있는 점, (iii) 선원법 24조의 선장의 원조요청은 행정응원의 일종인 경찰응원과 유사한 면이 있는 점 등에 비추어 보면, 위해행위가 긴급성이 없어서 선장이 강제권을 행사하지 아니하고 원조요청으로도 위해를 충분히 방지할 수 있는 경우에는 먼저 원조요청을 하여야 한다.

그러나 위해행위가 긴급하여 원조요청을 할 수 없거나 원조요청을 하여도 위해방지에 실효성이 없다고 판단되는 경우에는 강제권을 행사하여야 한다. 후자의 경우에도 선장의 강제권행사로도 위해를 방지할 수 없는 경우에는 원조요청을 하여야 한다.

---

244) 경찰관직무집행법 7조 1항 참조.

3. 협조의무

선장으로부터 원조의 요청을 받은 관계 행정기관의 장은 이에 협조하여야 한다(법 24조 2항). 이는 행정절차법 8조 2항이 1호, 2호의 사유가 있는 경우에는 행정응원을 요청받은 행정청이 행정응원을 거부할 수 있도록 규정한 것과는 달리, 선장의 원조요청을 받은 행정기관의 장에게 협조할 의무를 규정하고 있다. 그러므로 선장의 원조요청을 받은 행정기관이 정당한 사유 없이 이에 응하지 아니하는 경우에는 특별한 사정이 없는 한 직무유기죄에 해당한다.[245]

Ⅳ. 강제 근로의 금지

1. 의 의

선박소유자 및 선원은 폭행, 협박, 감금, 그 밖의 정신상 또는 신체상 자유를 부당하게 구속하는 수단으로써 선원의 자유의사에 어긋나는 근로를 강요하지 못한다(법 25조의2). 이는 경제적·사회적으로 우위에 있는 선박소유자나 선원이 그 힘의 우위를 이용하여 선원의 자유의사에 반하는 근로를 강요하지 못하도록 함으로써, 전근대적인 노사관계를 극복하고 근로자의 인격 존중과 실현을 도모하기 위한 것으로,[246] 근기법 7조와 동일한 내용이다.

위 조항은 헌법 12조 1항 2문 후단이 법률과 적법한 절차에 의하지 않은 강제노역을 금지하고 있는 것을 구체화하여 선원법의 기본원칙으로 규정하고 있다. 이는 근로자의 인간으로서 존엄성과 행복추구권(헌법 10조)에 비추어 보더라도 당연한 귀결이고,[247] 강제노동은 직업선택의 자유(헌법 15조)와 근로의 권리(헌법 32조)에도 반한다. 이는 근로조건 자기결정의 원칙과 대등결정의 원칙을 내용으로 하는 근기법 4조의 기본이념을 강제근로의 금지를 통해 재차 확인하고, 선원의 근로가 봉건적인 주종적·신분적 질서에 의하여 강제될 수 있는 우려를 방지하고 자유로운 의사에 기초한 근로관계를 형성하려는 정책적 의도를 반영하고 있다.[248]

---

245) 송윤근, 46면.
246) 김유성 Ⅰ, 42면; 임종률, 394면.
247) 註釋 勞働基準法(上), 112면.

위 조항은 강제근로의 징표로서 근로가 선원의 자유의사에 반한다는 점(비임의성)과 정신적·신체적 위협에 의한 근로의 강요 등 두 가지 요소를 파악하고 있다. 그러나 두 가지 요소는 상당 부분 선원의 주관에 의존하는 경우가 많고, 두 가지 요소가 서로 충돌하는 수도 있다. 예를 들면, 근로관계의 존속·유지에는 어느 정도 정신적 자유를 제한·구속하는 요소가 수반될 수 있는데, 이러한 제한·구속의 정도가 객관적으로 볼 때에는 참을 수 있는 한도를 넘어섰음에도 선원이 임의로 해당 제한·구속을 받아들이는 경우를 예상할 수 있다. 따라서 위 조항 위반 여부를 판단할 때는 사회통념상 상당한 내용의 선원근로계약에 따라 선원이 정신적·신체적 제한·구속을 받아들이는 경우에는 선원근로계약의 성립·존속에서 임의성을 인정할 수 있다. 또한 선박소유자가 적법하고 사회통념상 상당한 정도의 수단에 의하여 근로계약상 의무이행을 구하는 경우에는 위 조항이 금지하는 강제근로에 해당하지 않는다.[249)]

2. 성립요건

가. 근로 강제의 주체

선원법은 근로 강제의 주체를 선박소유자와 선원으로 규정하고 있다. 따라서 사람에게 폭행·협박·감금 등의 수단에 의하여 근로를 강제하더라도 선박소유자와 선원 사이에 근로관계가 결여되어 있는 경우에는 위 조항이 적용될 여지가 없다. 그러나 이 경우 근로관계는 반드시 형식적인 선원근로계약에 의해 성립되었을 것을 요구하는 것은 아니고, 사실상 근로관계가 존재하는 것으로 인식할 수 있는 것으로 충분하다. 선원이 다른 선원에게 근로를 강요하는 경우에는 이와 달리 근로관계의 존재를 요건으로 하지 않는다.

나. 근로 강제의 수단

(1) 형법상 개념과 동일 여부

금지되는 근로 강제의 수단은 폭행, 협박, 감금, 그 밖의 정신상 또는 신체상

---

248) 註釋 勞働基準法(上), 112면.
249) 註釋 勞働基準法(上), 114면.

자유를 부당하게 구속하는 수단 일체이다. 폭행 · 협박 · 감금의 개념에 관하여도 (i) 형법 260조의 폭행 · 283조의 협박 · 276조의 감금 개념과 같은 것으로 이해하여야 하지만, 반드시 형법상 범죄구성요건을 충족시켜야 한다고 해석할 것은 아니고 그에 미치지 못하더라도 근로자의 자유의사를 사실상 부당하게 구속할 수 있는 정도라면 금지되는 것으로 해석하여야 한다는 견해,[250] (ii) 형법 규정의 폭행 · 협박 · 감금의 개념과 동일하게 해석하여야 한다는 견해로 나뉜다.[251]

선원법 25조의2 위반에 대하여는 법 167조 3호의 규정에 의하여 형벌이 부과되므로, 죄형법정주의에 따라 가급적 명확하게 범죄구성요건을 해석하여야 한다는 점에서 후자의 견해가 타당하다.[252] 다만 후자의 견해에 따라 형법상 폭행 · 협박 · 감금에 해당하지 않는다 하더라도 '그 밖에 정신상 또는 신체상의 자유를 부당하게 구속하는 수단'에 해당한다고 볼 수 있는 경우에는 위 조항 위반이 성립하는 것에는 차이가 없으므로, 결과에서 두 견해는 큰 차이가 없다.

(2) 폭 행

폭행은 사람의 신체에 대한 유형력의 행사를 말하는데, 신체의 훼손 · 손상의 결과가 생길 수 있는 위험성을 가지거나 적어도 신체적 · 생리적 고통이나 불쾌감을 야기할 수 있을 만한 성질의 것이어야 한다.[253] 음향의 작용, 빛 등 화학적 · 생리적 작용도 넓은 의미의 물리력에 포함한다.[254] 피해자의 신체에 공간적으로 근접하여 고성으로 폭언이나 욕설을 하거나 동시에 손발이나 물건을 휘두르거나 던지는 행위는 직접 피해자의 신체에 접촉하지 않았더라도 피해자에 대한 불법한 유형력의 행사로서 폭행에 해당할 수 있지만, 거리상 멀리 떨어져 있는 사람에게 전화기를 이용하여 전화하면서 고성을 내거나 그 전화 대화를 녹음 후 듣게 하는 경우에는 특수한 방법으로 수화자의 청각기관을 자극하여 그 수화자로 하여금 고통스럽게 느끼게 할 정도의 음향을 이용하였다는 등의 특별한 사정이 없는 한 신체에 대한 유형력을 행사한 것으로 보기 어렵다.[255]

---

250) 김유성 Ⅰ, 42면.
251) 하갑래, 근로기준법(전정21판), 중앙경제(2009), 161-162면.
252) 註釋 勞働基準法(上), 114면.
253) 주석 형법 각칙(3)(4판), 한국사법행정학회(2006), 268면.
254) 주석 형법 각칙(3)(4판), 270면.
255) 대법원 2003. 1. 10. 선고 2000도5716 판결.

(3) 협 박

협박은 사람으로 하여금 공포심을 일으킬 수 있을 정도의 해악을 알리는 것을 의미한다.[256]

(4) 감 금

감금은 사람으로 하여금 일정한 장소 밖으로 나가는 것을 불가능하게 하거나 현저히 곤란하게 함으로써 신체적 활동의 자유를 제한하는 것을 말한다. 물리적 장애를 이용하거나 무형적 수단에 의하여 일정한 장소에서 탈출할 수 없게 하거나 현저히 곤란하게 하는 것 등이 모두 포함된다.[257]

(5) 그 밖의 정신상 또는 신체상 자유를 부당하게 구속하는 수단

그 밖의 정신상 또는 신체상 자유를 부당하게 구속하는 수단에 대해서는 폭행 등의 관념에 준하는 태양에 한한다는 견해가 있지만,[258] 강제근로를 금지하는 본조의 목적에 비추어 볼 때 폭행 · 협박 · 감금에 준하는 태양으로 한정할 필요는 없고, 선원의 정신적 · 신체적 자유를 구속하는 이상 선박소유자의 경제적 · 사회적 우위의 남용이라고 평가할 수 있는 수단 등을 포함하는 것으로 해석하여야 한다.[259] 따라서 폭행 · 협박 · 감금의 정도에 이르지는 않았지만 이에 준하는 정도의 강제수단은 모두 이에 포함되고, 강제수단의 태양에 관계없이 선박소유자 등이 선원의 의사에 어긋나게 근로할 것을 강요하는 정도의 강제면 충분하다. 다만 죄형법정주의의 원칙을 고려하면, 사회통념상 수긍할 수 없을 정도의 수단으로 객관적으로 선원의 정신적 · 신체적 자유를 침해하는 정도에 이를 것을 요한다.[260]

경우에 따라서 선원근로계약의 불이행에 대한 배상액의 예정, 전차금 상계, 강제 저금 등도 선원의 자발적 의사를 제한하여 간접적으로 근로를 강제하는 결과가 될 수 있다. 또한 선원이 도주하는 것을 방지하기 위해 여권 · 주민등록증이나 생활용품을 보관하는 경우, 급식중단 · 해고 등의 위협, 작업 중 출입문 폐쇄 등도 근로강제의 방법이 될 수 있다.[261] 나아가 사문서 위조나 허위 진단서 작성, 사기

---

256) 주석 형법 각칙(4)(4판), 한국사법행정학회(2006), 135면.
257) 주석 형법 각칙(4)(4판), 107면.
258) 하우영, 노동법 Ⅰ, 전남대학교 출판부(2003), 76면.
259) 근로기준법 주해 Ⅰ(제2판), 787면.
260) 근로기준법 주해 Ⅰ(제2판), 787면.

등과 같은 위법 행위를 사용하여 정신적 자유를 구속하는 경우도 예상할 수 있는데, 이러한 경우에는 죄형법정주의의 원칙에 따라 폭행 · 협박 · 감금 등의 경우와는 달리 각종 위법행위가 관련된 근로가 있었다는 사실로부터 직접 본조 위반을 도출할 수는 없고, 사회통념상 제반 정황에 비추어 해당 위법행위가 실질적으로 선원의 정신적 자유를 구속함으로써 강제근로에 이르게 되었는지 여부를 확인할 필요가 있다.[262)]

'그 밖의 자유를 부당하게 구속하는 수단'에는 사회통념상 수긍할 수 없을 정도로 정신적 · 신체적 제한을 가하는 언행이 포함될 수 있다.[263)] 특정한 언행이 근로관계에서 선원의 자유로운 의사결정을 방해하고 억압하는 이상 해당 언행을 위법한 근로 강제의 수단으로 인정할 수 있지만, 이 경우에도 근로가 이루어진 구체적인 사정을 종합하여 선원에게 명시적 · 묵시적 억압을 가한 경우에 해당하는지를 판단하여야 한다.[264)] 일반적으로 말하면, 선원과 선박소유자의 자유로운 의사에 기초하여 근로조건이 결정된 이상 노사 간의 계약자치(자기결정)를 존중하여야 하기 때문에 해당 합의의 임의성을 어느 정도 수긍할 수 있고, 선박소유자의 노무지휘권 행사가 선원의 자유의사를 부당하게 구속하는 정도에 이르지 않거나, 선원근로계약상 의무이행을 강제하기 위해 필요한 범위에서 합리적으로 이루어지는 경우에는 본조에서 말하는 근로강제의 수단에 해당하지 않는다.

다. 선원의 자유의사

선원의 자유의사는 선원이 임의로 근로를 제공할 것을 결정하는 것을 의미하고, 선원의 인격과 근로를 분리할 수 없는 근로관계의 특성상 근로관계의 형성 · 존속 · 종료 등 모든 단계에서 임의성이 유지되어야 한다.[265)]

라. 근로의 강제

근로의 강제는 선원에게 그 의사에 반하여 근로의 제공을 강요하는 것이다. 본

261) 임종률, 394면. 2021. 6. 15.부터 시행된 선원법 50조의 2는 "선박소유자는 선원의 여권 등 신분증을 대리하여 보관해서는 아니 된다"고 규정하고 있다.

262) 註釋 勞働基準法(上), 115면.

263) 註釋 勞働基準法(上), 115면.

264) 註釋 勞働基準法(上), 115면.

265) 註釋 勞働基準法(上), 115면.

래 선원은 선박소유자의 지휘 · 명령에 따라 근로를 제공할 의무를 선원근로계약상 부담하지만, 그 근로의 제공은 선원의 자유의사에 기초하여야 하고, 선원의 의사에 반하여 선원근로계약의 이행을 강제하는 것은 본조 위반이 문제될 수 있다. 선원의 자유의사에 반하는 근로의 강제가 있는 이상 강제되는 근로의 내용이 당초 선원근로계약에서 정한 내용과 부합하는지, 근로 자체가 가혹한 것인지 여부는 문제되지 않는다.[266] 따라서 본조 위반이 성립하기 위해서는 선원의 자유의사를 부당하게 구속하는 수단에 의해 실제 강제 근로가 행해질 필요는 없다.[267]

그러나 선원법 11조 내지 13조의 선박위험시 조치의무 등과 같이 선원법상 선원에게 근로 의무가 강제되는 경우는 본조위반에 해당하지 아니한다.

3. 법적 효과

가. 형사책임

근로를 강요한 선박소유자, 선원은 5년 이하의 징역 또는 5천만 원 이하의 벌금에 처한다(법 167조 3호). 선장이 그 권한을 남용하여 해원이나 선박 내에 있는 사람에게 의무 없는 일을 시키거나 그 권리행사를 방해하였을 때에는 1년 이상 5년 이하의 징역 또는 1천만 원 이상 5천만 원 이하의 벌금에 처한다(법 160조). 형법상 단순 폭행, 협박죄의 법정형이 각각 2년, 3년 이하의 징역형 또는 500만 원 이하의 벌금형 등이고, 형법상 감금, 강요죄의 법정형이 각각 5년 이하의 징역형 또는 700만 원 이하의 벌금형, 5년 이하의 징역형인 점을 감안하면 벌칙이 가볍지 않으나, 감금하여 가혹한 행위를 한 경우에 적용되는 형법상 중감금죄의 법정형이 7년 이하의 징역에 처하는 것과 비교하면 상대적으로 약한 측면이 있다.

근로 강제의 수단으로 폭행 · 협박 · 감금행위를 한 경우에는 본조 위반과 형법상 폭행 · 협박 · 감금죄에 모두 해당하고, 이 경우 본조 위반죄가 형법상 각 죄를 흡수하는 법조경합의 관계에 있다.[268] 하지만 감금 후 가혹행위가 있어 형법상 중감금죄가 성립하는 경우에는 반드시 법조경합의 관계에 있다고는 볼 수 없다.

---

266) 註釋 勞働基準法(上), 116면.
267) 김유성 Ⅰ, 42면.
268) 註釋 勞働基準法(上), 117면.

나. 사법상 효력

본조에 위반하여 이루어진 강제근로는 많은 경우 불법행위에 해당한다(민법 750조, 751조, 756조). 또한 해당 선원근로계약의 체결은 사회질서에 반하는 내용의 법률행위로서 무효이고(민법 103조), 선원근로계약에 기간의 정함이 있거나 없거나를 묻지 않고 즉시 해제가 가능하다(법 28조 1항). 다만 강제근로가 우발적으로 이루어진 경우나 근로의 강제적 요소가 전체 근로계약의 일부분인 경우에는 선원근로계약 전체를 무효로 할 것은 아니고 해당 부분만을 일부 무효로 하는 것으로 충분하다.[269] 사기 · 강박에 기초하여 선원근로계약이 체결된 경우에는 계약을 취소할 수 있다(민법 110조).

V. 선내 괴롭힘의 금지

1. 의 의

근로관계는 인적 신뢰관계를 기초로 한 계속적 권리의무관계여서 근로자가 신의칙상 성실하게 노무를 제공할 의무를 부담함에 대하여, 사용자로서는 근로자에 대한 보수지급의무 외에도 근로자의 인격을 존중하고 보호하며 근로자가 그 의무를 이행할 때 피해를 받지 아니하도록 필요한 조치를 강구하고 근로자의 생명 · 건강 · 풍기 등에 관한 보호시설을 하는 등 쾌적한 근로환경을 제공함으로써 근로자를 보호하고 부조할 의무를 부담한다.[270]

종전에는 직장 내 괴롭힘으로 볼 수 있는 폭력과 성희롱 등 특정한 범죄적 행위에 대하여 직접적인 제재규정을 두었는데, 이러한 체계는 다양한 양상의 괴롭힘을 포섭하지 못하고, 직장 내 괴롭힘을 예방 · 감독하는 데 한계가 있었다.[271] 구체적으로 근로관계에서 직장 내 괴롭힘에 대한 법적 규율의 한계를 보면 (i) 근로관계 존속 중의 근로자가 사용자나 상급자를 상대로 괴롭힘 문제를 제기할 경우 그로 인해 불이익을 당할 위험이 상존하고, (ii) 정신적 괴롭힘의 경우 그 가해사

269) 註釋 勞働基準法(上), 117면.
270) 대법원 1998. 2. 10. 선고 95다39533 판결.
271) 근로기준법 주해 III(제2판), 547면.

실이나 피해사실을 증명함에 어려움이 있고, (iii) 괴롭힘이 사용자의 권한행사의 외관을 띠고 있고, 근로자 또한 의무로서 노무를 제공해야 해서 불법행위를 인정받기 어렵고, (iv) 불법행위나 범죄로 인정되어 가해자에게 법적 책임이 부과되더라도 피해근로자의 피해는 사실상 회복되지 않는 점 등으로 인해 직장 내 괴롭힘에 대한 사법적 구제가 가진 한계가 지적되었다.[272] 2017년 이후 간호사의 태움, 직장 내 갑질 문화 등 직장 내 괴롭힘이 커다란 사회문제가 되어 정부가 관계부처 합동으로 2018년 7월 직장 등에서의 괴롭힘 근절대책을 마련하고, 2019년 1월에는 근기법, 산안법, 산재법을 개정하여 직장 내 괴롭힘의 금지와 그 구제, 예방 및 산재인정을 입법화하여 직장 내 괴롭힘을 금지하는 개정 근기법 규정이 2019. 7. 16.부터 시행되었다.

이러한 점을 반영하여, 2023. 10. 24. 법률 19772호로 선원법을 일부개정하여 선원의 선내 괴롭힘의 금지 및 선내 괴롭힘 발생 시 조치 규정 등을 신설하였고, 위 개정조항은 2024. 1. 25.부터 시행되었다. 한편 법 25조의4의 개정규정은 위 법 시행 후 발생한 선내 괴롭힘의 경우부터 적용한다(부칙 2조).

2. 선내 괴롭힘의 금지 의무

선박소유자 또는 선원은 선내에서의 지위 또는 관계 등의 우위를 이용하여 업무상 적정범위를 넘어 다른 선원에게 신체적·정신적 고통을 주거나 근무환경을 악화시키는 행위(이하 '선내 괴롭힘')를 하여서는 아니 된다(법 25조의3). 이를 분설하면 다음과 같다.

가. 가해자

선박소유자와 선원은 선내 괴롭힘의 주체가 될 수 있다. 법 179조 1항은 "선박소유자(선박소유자의 민법 767조에 따른 친족 중 선박소유자의 배우자, 선박소유자의 4촌 이내의 혈족, 선박소유자의 4촌 이내의 인척이 해당 사업 또는 사업장의 근로자인 경우를 포함한다)가 법 25조의3을 위반하여 선내 괴롭힘을 한 경우에는 1천 만원 이하의 과태료를 부과한다."고 규정하여 가해자의 범위를 확대하고 있다.

여객선에 승선한 여객, 감독을 위해 승선한 감독관 등은 선내 괴롭힘의 주체가

272) 신권철, "직장 내 괴롭힘의 법적 개념과 요건", 노동법학 69호, 한국노동법학회(2019), 3면.

될 수 없으나, 선박소유자는 선원에 대해 보호의무가 있고 여객 등으로부터 괴롭힘을 당하는 선원에 대해 보호조치를 취하지 않은 경우에는 보호의무위반으로 손해배상책임이 인정될 수 있고, 이러한 보호의무위반을 구성하는 사실이 부작위에 의한 선박소유자의 선내 괴롭힘으로 포섭될 수 있다.[273)]

나. 피해자

선원법상 다른 선원이 피해자가 된다.

다. 선내 괴롭힘의 성립 요건

(1) 선내[274)]에서의 지위 또는 관계 등의 우위성

'지위의 우위'란 기본적으로 지휘명령 관계에서 상위에 있는 경우를 의미한다. 직접적인 지휘명령 관계에 놓여 있지 않더라도 선내 내 직위·직급 체계상 상위에 있음을 이용하였다면 지위의 우위성을 인정할 수 있다.[275)] '관계의 우위'란 개인 대 집단과 같은 수적 측면, 나이·학벌·성별·출신지역·인종 등 인적 속성, 근속기간·전문지식 등 업무역량, 노조·직장협의회 등 선원 조직의 구성원 여부, 감사·인사부서 등 업무성질로 인한 선내 영향력, 정규직 여부 등을 고려하여 상대방이 저항 또는 거절하기 어려울 개연성이 높은 상태로 인정되는 경우를 의미한다.[276)]

(2) 업무상 적정범위의 일탈

업무관련성은 '포괄적 업무관련성'을 의미하므로, 직접적인 업무수행 중에 발생한 경우가 아니더라도 업무수행에 편승하여 이루어졌거나 업무수행을 빙자하여

---

273) 근로기준법 주해 Ⅲ(제2판), 558－559면.

274) 법문상 '선내(船內)'라고 하여 반드시 선박 내의 괴롭힘만 금지되는지 문제된다. 이와 관련하여 "선원이 직무 수행을 위해 수반되는 부수적 행위로써 일시적으로 선박을 떠나 육지에 머무르는 동안에 선박소유자 또는 다른 선원에 의한 괴롭힘이 일어난 경우에 단순히 행위가 이루어진 장소가 선박 내부가 아님을 이유로 하여 선원법상 선내 괴롭힘에 해당하지 않는다고 판단해서는 아니 된다. 선내 괴롭힘은 선박이 수리나 보급을 위해 일시적으로 정박 중인 때, 혹은 선원들이 일시적으로 하선하여 육지에서 여가 시간을 보내는 도중이나 세관, 항만과 같이 업무 수행상 필요한 기관을 방문하는 동안에도 발생할 수 있다. 따라서 기항지에서 선원이 일시적으로 하선한 경우와, 승선 또는 하선하여 거주지로 돌아가는 여행기간 내에 발생한 괴롭힘도 모두 선내 괴롭힘에 포함되는 것으로 보아야 한다"는 견해로는 한다희, "선원법상 선내 괴롭힘의 유형과 법적 책임에 관한 연구", 법학연구 33권 2호, 경상대학교 법학연구소(2025. 4), 143－144면.

275) 근로기준법 주해 Ⅲ(제2판), 559면.

276) 근로기준법 주해 Ⅲ(제2판), 559면.

발생한 경우에도 인정된다. 위와 같은 업무관련상황을 전제로 하여 업무일탈행위는 (i) 그 행위가 사회 통념에 비추어 볼 때 업무상 필요성이 인정되지 않거나, (ii) 업무상 필요성은 인정되더라도 그 행위 양태가 사회 통념에 비추어 볼 때 상당하지 않다고 인정되는 행위를 말한다.[277]

(3) 고통 또는 근무환경을 악화

행위의 결과로서 피해자의 고통이나 근무환경의 악화가 있어야 한다. 행위자가 피해자에게 신체적 · 정신적 고통을 주거나 근무환경을 악화시킬 의도를 가지고 문제된 행위를 한 것이 아니더라도 그 행위로 신체적 · 정신적 고통을 받았거나 근무환경이 악화되었다면 괴롭힘이 인정될 수 있다. '근무환경 악화'란 그 괴롭힘 행위로 인하여 피해자가 능력을 발휘하는 데 간과할 수 없을 정도의 지장이 발생하는 것을 의미한다. 업무공간을 통상적이지 않은 곳으로 지정하는 등 인사권의 행사범위에는 해당할 수 있더라도 사실상 선원이 업무를 수행하는 데 적절한 환경이 아닌 경우 근무환경이 악화된 것으로 볼 수 있다.[278]

3. 선내 괴롭힘 발생 시 조치

가. 신 고

누구든지 선내 괴롭힘 발생 사실을 알게 된 경우 그 사실을 선박소유자에게 신고할 수 있다(법 25조의4 1항). 선내 괴롭힘을 사용자에게 신고할 수 있는 사람은 '누구든지'이다. 따라서 피해선원 외에도 목격자나 소문을 들은 자, 피해자가 신고를 부탁한 사람, 피해자의 친족 등도 신고권자가 될 수 있으며, 노동조합이나 단체도 신고가 가능하다.[279]

나. 조 사

선박소유자는 1항에 따른 신고를 접수하거나 선내 괴롭힘 발생 사실을 인지한 경우에는 지체 없이 당사자 등을 대상으로 그 사실 확인을 위하여 객관적으로 조사를 실시하여야 한다. 다만, 해당 선박이 조업 중, 항해 중 또는 외국 항만에 있

277) 근로기준법 주해 Ⅲ(제2판), 560면.
278) 근로기준법 주해 Ⅲ(제2판), 561면.
279) 근로기준법 주해 Ⅲ(제2판), 569면.

는 경우에는 피해를 입은 선원 또는 피해를 입었다고 주장하는 선원(이하 '피해선원등')의 의견을 들어 다음 기항 예정 항만 또는 국내 항만 입항 시 조사를 실시할 수 있다(동조 2항). 선박소유자는 2항에 따른 조사 기간 동안 선내 괴롭힘과 관련하여 피해선원등을 보호하기 위하여 필요한 경우 해당 피해선원등에 대하여 근무장소의 변경, 유급휴가 명령 등 적절한 조치를 하여야 한다. 이 경우 선박소유자는 피해선원등의 의사에 반하는 조치를 하여서는 아니 된다(동조 3항).

다. 적절한 조치

선박소유자는 2항에 따른 조사 결과 선내 괴롭힘 발생 사실이 확인된 때에는 피해선원이 요청하면 근무장소의 변경, 배치전환, 유급휴가 명령 등 적절한 조치를 하여야 한다(동조 4항). 선박소유자는 2항에 따른 조사 결과 선내 괴롭힘 발생 사실이 확인된 때에는 지체 없이 행위자에 대하여 징계, 근무장소의 변경 등 필요한 조치를 하여야 한다. 이 경우 선박소유자는 징계 등의 조치를 하기 전에 그 조치에 대하여 피해선원의 의견을 들어야 한다(동조 5항).

라. 불이익 처우 금지

선박소유자는 선내 괴롭힘 발생 사실을 신고한 선원 및 피해선원등에게 해고나 그 밖의 불리한 처우를 하여서는 아니 된다(동조 6항). 선박소유자가 위 조항을 위반하였을 때에는 3년 이하의 징역 또는 3천만 원 이하의 벌금에 처한다(법 168조 1항 1호).

마. 비밀유지의무

2항에 따라 선내 괴롭힘 발생 사실을 조사한 사람, 조사 내용을 보고받은 사람 및 그 밖에 조사 과정에 참여한 사람은 해당 조사 과정에서 알게 된 비밀을 피해선원등의 의사에 반하여 다른 사람에게 누설하여서는 아니 된다. 다만, 조사와 관련된 내용을 선박소유자에게 보고하거나 관계 기관의 요청에 따라 필요한 정보를 제공하는 경우는 제외한다(동조 7항).

바. 과태료

선박소유자(선박소유자의 「민법」 767조에 따른 친족 중 선박소유자의 배우자, 선박소유자의 4촌 이내의 혈족, 선박소유자의 4촌 이내의 인척이 해당 사업 또는 사업장의 근로자인 경우를 포함한다)가 25조의3을 위반하여 선내 괴롭힘을 한 경우에는 1천만원 이하의 과태료를 부과한다(법 179조 1항).

법 25조의4 2항·4항·5항 및 7항을 위반한 선박소유자에게는 500만 원 이하의 과태료를 부과한다(법 179조 2항 3의2호).

제4절 선원의 노동3권

노동기본권은 모든 국민에게 보장된 인간으로서의 존엄과 가치 및 행복추구권(헌법 10조)을 근로자에게 구현하기 위하여 헌법 33조에서 보장한 근로자의 기본적인 권리를 말한다. 선원도 근로자에 해당하므로, 선원법에 특별한 규정이 없는 한 헌법과 노조법이 정하는 바에 따라 노동3권을 가진다.[280] 해사노동협약 본문 3조에서는 단결권, 단체교섭권, 강제노동금지, 아동노동철폐, 차별금지 등을 선원의 기본권으로 규정하고 있다. 이하에서는 선원의 집단적 노동관계에 특유한 문제만을 다루기로 한다.[281]

Ⅰ. 단결권

1. 선원의 단결권

가. 자유설립주의

근로자는 근로조건의 향상을 위하여 자주적인 단결권을 가진다(헌법 33조 1항). 단결권은 근로자가 주체가 되어 자주적으로 단결하여 근로조건의 유지·개선 기타 근로자의 경제적·사회적 지위의 향상을 위하여 사용자와 대등한 교섭권을 가

280) 노동3권은 법률의 제정이라는 국가의 개입을 통하여 비로소 실현될 수 있는 권리가 아니라, 법률이 없더라도 헌법의 규정만으로 직접 법규범으로서 효력을 발휘할 수 있는 구체적 권리라고 보아야 한다. 대법원 2020. 9. 3. 선고 2016두32992 전원합의체 판결.

281) 선원법에 특별히 규정되지 아니한 내용은 노조법의 적용을 받는다. 2001. 5. 16. 협력 68101-233.

진 단체를 구성하고 운영하는 권리를 말한다. 근로자는 자유로이 노동조합을 조직하거나 이에 가입할 수 있고(노조법 5조 1항 본문), 노조법상 근로자라 함은 직업의 종류를 불문하고 임금·급료 기타 이에 준하는 수입에 의하여 생활하는 자를 말한다(노조법 2조 1호).

나. 주 체

근로자는 시민법상 추상적이고 일반적인 법적 인격이 아니고 그가 처한 경제적·사회적인 지위에 따라 구체적·개별적으로 파악된 뜻의 근로자이다. 사용자에 대해 형식적으로 대등한 관계에 있지만, 실질적으로 종속적인 지위에 있는 자가 노동3권의 주체로서의 근로자이다.[282] 단결권은 근로자 개개인이 단결할 수 있는 개별적 단결권과 노동조합 등 근로자단체가 단결할 수 있는 집단적 단결권을 포괄하는 개념으로 해석되고,[283] 여기서 말하는 근로자단체라 함은 노조법상 설립신고를 마친 노동조합에 한정되는 것은 아니고 단체로서 인정할 수 있는 실질적 요건을 갖추고 있으면 이에 해당한다.[284]

다. 법적 성질

단결권은 단결의 자유로서 넓은 의미에서 결사의 자유에 속하는 것으로 볼 수도 있지만, 결사의 자유는 18∼19C의 자유주의 사상을 기초로 하여 승인된 자유임에 반하여 단결권은 자유주의 사상을 극복하는 차원에서 생성된 것으로 사회권적 성격으로 인해 특별한 보호가 강구되므로, 양자는 원리적으로 다른 성격을 가지고 있다. 또한 단결권은 대사용자 관계와 근로자 상호 간의 관계에서 적극적 성격 때문에 결사의 자유와 구별된다.[285] 단결권의 인정은 근로자들의 결사가 사용자 등 제3자의 침해와 방해로부터 보호받고, 근로자들의 근로조건 향상 활동을 사용자로 하여금 적극 용인하게 한다는 것을 의미한다. 즉 단결권은 소극적 자유권에 머무는 일반적 결사의 자유와 달리 사용자에게 일정한 법적 의무를 부과하는 힘을 갖는다.[286]

---

282) 노동조합 및 노동관계조정법 주해 Ⅰ(제2판), 108면.
283) 대법원 1992. 12. 22. 선고 91누6726 판결; 대법원 1993. 2. 12. 선고 91누12028 판결.
284) 노동조합 및 노동관계조정법 주해 Ⅰ(제2판), 109면.
285) 김형배, 139면.
286) 노동조합 및 노동관계조정법 주해 Ⅰ(제2판), 122면.

라. 단결승인 의무

단결권 보장의 결과 인정되는 사용자의 의무를 단결승인 의무라고 한다. 단결승인 의무의 구체적인 내용으로는 (i) 노동조합의 결성과 운영에 대한 개입과 방해를 하지 않을 부작위 의무, (ii) 노동조합 활동으로 손해를 입더라도 일정한 범위에서 이를 수인할 의무, (iii) 노동조합에 대해 일정한 범위의 편의를 제공할 의무, (iv) 단체교섭에 응할 의무, (v) 복수 노동조합이 존재하는 경우 중립을 유지할 의무 등이 있다.[287)]

마. 해원의 단결권

해원은 근로자에 해당함은 명백하므로(법 2조 1호 4호), 해원은 자유롭게 노동조합을 조직하거나 이에 가입할 수 있다. 예비원도 선원에 포함되므로(법 2조 7호), 조합원이 될 수 있다.[288)]

2. 선장의 단결권

가. 문제의 소재

선장은 선원에 포함되므로(법 2조 3호), 노조법 2조 1호 소정의 근로자인 사실은 명백하다. 그런데 선장은 위에서 살펴본 바와 같이 해원에 대한 지휘명령권, 징계권을 보유하고, 특히 상법상 선장은 해원의 고용·해고권 및 광범위한 상법상 대리권을 보유하고 있으므로, 노조법 2조 4호 ㈎목의 '사용자 또는 항상 그의 이익을 대표하여 행동하는 자'에 해당하여 노동조합에 가입할 수 없는지 문제된다.

287) 노동조합 및 노동관계조정법 주해 I (제2판), 123면.

288) 전국원양수산노동조합 규약 10조, 14조 4호의 규정을 종합하면, 피선거권을 갖는 위 노동조합의 정조합원은 선장을 제외한 국적 원양어선에 종사하는 선원법상의 선원인 해원 및 예비원(승무 중이 아닌 자) 중 위 규약 10조 2호 소정의 명예조합원과 3호 소정의 특별조합원 이외의 자를 말하는 것으로서, 반드시 승선 중에 있는 자만을 의미하는 것은 아니므로, 선원고용계약을 체결하고 그 승선을 위하여 대기 중인 예비원도 위 정조합원에 포함된다. 대법원 2000. 7. 6.자 2000마1029 결정(船).

나. 외국의 사례

(1) 영 국[289)]

영국에서는 해양근로자들이 직종별로 노동조합을 결성하여 노동3권을 행사하는데, 수상항공기와 선박을 이용한 운송업에 종사하는 운항자와 선박직원이 1955년에 전국해양항공 · 해운직원노동조합(The National Union of Marine Aviation Shipping Transport Officers)을 결성하였다. 위 노동조합에는 선장, 항해사, 기관장 및 수상항공기 운항사들이 조합원으로 가입되어 있다. 선장을 포함한 조합원들의 임금협상에는 위 노동조합과 사용자 측 대표기관인 전국해사협회(The National Maritime Board)가 협상당사자로 참석한다.[290)]

(2) 일 본

일본은 1945년 전일본해원조합(全日本海員組合)이 결성되어 선장이 노동조합에 가입할 것인지 여부는 선장의 자유의사에 맡겼다가, 1949. 6. 노동조합법이 개정되면서 2조 1항의 '감독적 지위에 있는 근로자 기타 사용자의 이익을 대표하는 자'와 관련하여 선장이 이에 포함되는지 문제되었다. 1948. 12.에 제정된 공공기업체등노동관계법 4조가 '관리 또는 감독의 지위에 있는 자 및 기밀사무를 취급하는 자'의 조합참가를 금지하였고, 이에 해당하는 자에 관하여 공공기업체등노동위원회는 선장, 1등항해사, 기관장, 1등기관사, 통신장 및 사무장을 지정하여 고시하였다.[291)]

그 후 1954. 10. 해원조합과 일본선주협회는 Union Shop 협정을 체결하면서 선장에 대하여는 위 제도의 적용을 제외하기로 하였으나, 선장의 조합원 자격이 계속 문제되었는데, 1965. 11. 선장의 Shop제 문제에 관하여 선원중앙노동위원회의 중재재정이 이루어졌다. 이에 의하면, (i) 총톤수 3,000t 이상인 선박, 승무원이 30명 이상인 선박, 주로 원양 또는 근해 2구 · 3구의 해역에 취항하는 선박(해역의

---

289) 박용섭, "선장은 노동조합원이 될 수 있는가", 해기 354호(1996. 7), 25-26면.

290) 국제운수노련(International Transpotation Worker's Federation)에는 Masters Union, Masters and Mates Union도 회원으로 가입하고 있다. 박경현, "선장의 선원법상 지위 (1)", 해기 238호(1986. 11), 10면.

291) 1949. 12. 13. 선원중앙노동위원회는 '노동조합의 조합원의 범위'에 관하여 전원일치로 선장을 조합원의 범위에서 제외하기로 결정하였다. 즉 선장은 부하선원에 대한 인사권에 관여하고, 선내에서는 부하선원감독의 직접 책임자이기 때문에, 사용자의 이익을 대표하는 자에 해당한다고 보았다.

구분은 노동협약 106조 2항에 규정된 바에 따른다)의 선장은 비조합원으로 하고(주문 1항), (ii) 1항 이외의 선장으로서 임원에 준하는 자, 또는 선원의 고용 · 해고 · 배승 · 승진 또는 이동에 관한 인사관계의 처리권을 가지거나 또는 이에 직접 참여하는 자, 조합과의 노동관계에 관하여 기밀사무를 취급하는 자에 해당하는 선장은 비조합원으로 하며, (iii) 위 어디에도 해당하지 아니하는 선장은 조합원이 될 수 있다(2항)고 판정하였다.

다. 견해의 대립

(1) 적극설

(i) 선박권력은 선박이 고립적인 공동위험체로서 해양노동의 특수성에 기초를 두고 있는 것으로 단순히 선박소유자의 경제적 이익 보호를 위한 사적인 의무가 아니고 공적인 의무인 점, (ii) 선장의 대리권은 지배인과 같이 영업에 관한 것이 아니고, 선박의 운항책임자로서 항해를 위하여 필요한 활동을 위한 것인 점, (iii) 선장이 해원을 고용 · 해고하는 권한(상법 749조 2항)도 운항책임자로서 선박의 안전을 담당하는 해원의 적부를 선택하는 것으로, 기업의 경제적 판단에 의한 채용 · 해고와는 성격이 다른 점 등에 비추어 보면, 선장은 노동조합이 조합원이 될 수 있다.[292)]

(2) 소극설

(i) 선장은 선박소유자의 선내 대리인으로서 해원의 계약위반에 대하여 선박소유자가 보유한 해제권을 행사하는 점, (ii) 선원근로계약의 당사자는 해원과 선박소유자인데 선박소유자의 대리인으로서 선장이 당사자의 외관을 지닌 것은 양자가 법률상 동일한 측면에 있는 점, (iii) 선원법은 선장에게 선내 지휘 · 명령권을 부여하고 있는데, 이는 선원근로계약에 의하여 해원이 선내에서 근로를 제공할 의무를 부담하는 것에 대응하는 선박소유자 보유의 권리인 점 등에 비추어 보면, 선장은 선박소유자의 이익을 대표하여 행동하는 자이다.[293)]

---

292) 황석갑, "해상법에서 선장의 해원선임권에 관한 입법론적 고찰", 선원선박 4호(1988. 4), 21-22면; 藤崎道好, 59-60면; 戸田修三, 海商法, 文眞堂(1984), 52-53면.

293) 藤崎道好, 60면. 근해안강망 어선의 경우, 선장이 조업지 선택, 조업 방법, 출항 및 입항시기, 조업 개시 및 종료, 휴일 등을 직권으로 결정하는바, 실질적으로 사용자와 동일시할 수 있을 정도의 근로조건의 결정 또는 업무상의 명령, 지휘감독에 관한 권한과 책임을 사용자로부터 부여받은 것으로 봄이

(3) 절충설

연근해만을 항행구역·조업구역으로 하는 선박에 대하여는 선박소유자가 입항·출항 시 직접 지휘·감독할 수 있기 때문에 위 선박의 선장에게는 노동조합의 조합원 자격을 인정하는 것이 타당하고, 위에서 열거한 선박 이외의 선박에 근무하는 선장은 본인의 의사에 따라 노동조합에 가입할 수 있도록 노사가 합의하여 결정하는 것이 바람직하다.[294]

(4) 행정해석

선장은 선원에 포함되므로 근로자의 지위를 가지나, 선장은 일반선원과 달리 선원법에 의하여 선박운항에 대한 책임과 권한 및 해원에 대한 징계권을 행사할 수 있는 선박권력을 보유하고 있으며, 선장은 형사소송법, 검역법, 관세법, 선박안전법, 구 호적법, 경찰관업무집행관련법 등에 의해 선박의 최고관리자로서 지위를 가짐과 동시에 사용자로서의 지위도 가진다고 볼 수 있으므로, 선원관계법령에서 노조원 자격여부를 정할 사안이 아니고, 노조법에 의거 자격부여 여부가 규정되어야 할 사항이다.[295]

라. 판 례

판례는 예인선 선장은 근기법이 적용되는 근로자가 아니라 선원법이 적용되는 선원이라는 것을 전제로, 노동조합원이 될 수 있음을 긍정하고 있다.[296]

한편 다른 하급심 판례[297]는, 예인선 선장이 선원법이 적용되는 선원이 아니라 근기법이 적용되는 근로자임을 전제로, "(i) 예선의 선장은 본선의 정원에 결원이 생겼을 경우 선주에게 그 보충을 요청하고 사실상 적절한 선원을 추천하기도 하나, 선원의 채용 여부는 선주가 최종적으로 결정하는 것이어서 선장을 포함한 선

상당하고, 그 직무상 의무와 책임이 조합원으로서의 활동 사이에 실질적인 충돌이 발생할 여지가 크므로, '항상 사용자의 이익을 대표하여 행동하는 자'에 해당한다는 이유로, 조합원 87명 중 27명이 선장으로 구성된 노동조합 설립이 무효라고 판시한 사례로는 대전지법 홍성지원 2023. 2. 16. 선고 2022가합30348 판결.

294) 박용섭, 27-28면.

295) 선원 91551-744, 2001. 11. 22, 선원행정사례집, 해양수산부(2002), 23-24면. 한편 1962. 7. 3. 법무법 810-2869는 선장은 근로자에 관한 사항에 대하여 사업주를 위하여 행동하는 자로서 노동조합에 가입하면 조합의 자주성은 상실되므로, 결국 선장은 노동조합에 가입할 수 없다고 한다.

296) 서울고법 2011. 1. 28. 선고 2010나31411 판결.

297) 부산지법 2009. 10. 16.자 2009카합1834 결정; 울산지법 2009. 12. 4.자 2009카합899 결정.

원의 임면권은 선주에게 있을 뿐, 선장은 선원의 임면권 및 인사고과에 대한 평정을 할 권한이 없는 점, (ii) 취업규칙에는 선장을 포함한 선원에 대하여 선주가 징계권을 갖는 것으로 규정되어 있어 선장이 선원에 대한 징계권을 갖는다고 할 수 없는 점, (iii) 취업규칙에 의하면 선장은 해원의 근로시간과 당직시간을 배정하고 휴일근무 여부를 결정하며, 선원은 선장의 사전 허가 없이 하선 또는 이탈하여서는 아니 되고, 질병 기타 부득이한 사유로 당직근무에 임하지 못할 경우 사전에 선장에게 보고하고 그 지시에 따라야 하는 등 선원의 근무조건을 일부 결정할 권한이 있으나, 이는 선박 내 근무라는 특수성이 반영된 것이고 최종적인 승·하선 및 이동 명령권은 선주에게 있는 점, (iv) 기타 후생·노무관리에 관하여도 선장에게 별다른 권한이 없는 점 등 예선 선장의 구체적인 직무실태, 실제 담당하는 업무 및 권한·책임 등을 종합적으로 고려할 때, 예선 선장은 선상 근무의 특성상 예선에 승선하는 선원들의 일부 근무조건을 결정할 권한은 있으나 선원의 임면권, 보직권, 징계권 등에 관한 사항들을 최종 결정할 권한은 선주에게 있으므로, '사용자 또는 항상 그의 이익을 대표하여 행동하는 자'에 해당하지 않는다."고 판시하면서, 선장이 단결권의 주체가 될 수 있음을 긍정하였다.

마. 검 토

(i) 선박권력은 인명·선박·화물의 안전과 공공의 안전을 위하여 선원법이 선장에게 특별히 부여한 공법상 권한이지 선박소유자의 경영목적 달성을 위한 권한이 아닌 점, (ii) 선장은 선박소유자를 위한 대리권뿐만 아니라 선원·여객·적하의 이해관계인에 대한 대리권도 보유하고 있고, 선장의 대리권이나 해원 고용·해고권은 항해의 목적을 달성하기 위한 것으로 항해 전후에만 인정될 뿐이므로, 선박소유자를 위한 대리권 및 해원 고용·해고권의 보유만으로는 선장이 '항상' 사용자의 이익을 대표하는 것이 아닌 점, (iii) 현대에는 통신기술의 발달과 대리점제도의 발달로 인하여 선장의 근로조건결정이나 해원의 고용·해고에 관한 재량이 매우 제한적인 점, (iv) 선장도 근로조건의 향상을 위하여 헌법상 기본권인 단결권을 보유·행사할 필요성이 있는 점 등에 비추어 보면, 적극설이 타당하다.

3. 단위노동조합의 연합단체 가입권

단위노동조합은 연합단체에 가입할 수 있다(노조법 11조 5호). 단위노동조합이 연합단체에 가입신청을 하였으나 연합단체가 이를 거부한 경우 그 정당성이 문제된다.

이와 관련하여 A(제주도수산선원노동조합)가 B(전국해상산업노동조합연맹)의 가맹노동조합이 아니고 외국인 선원 혼승에 관한 권한이 없어서 제주지역 선주단체들이 A와의 단체협약 체결을 기피하고 있고, 기존 제주도해상산업노동조합의 내부분쟁 등을 이유로 B가 직접 외국인 선원 특별회비를 징수하고 있는 반면 외국인 선원을 실제로 관리하고 있는 A는 특별회비를 징수하지 못하고 있어, A로서는 외국인 선원 혼승에 관한 권한을 가진 B의 가맹노동조합으로 가입할 필요성이 있음에도 B는 정당한 사유 없이 A의 가입승인을 거부하고 있다는 이유로, A는 A가 B의 가맹조합임을 확인하는 소를 제기하였다.

법원은, 수산업협동조합중앙회에서는 2014. 7. 11.부터 B에 대한 가입여부에 관계없이 합법적으로 설립된 제주지역 노동조합과 단체협약을 체결하고 당해 노동조합에서 발급한 고용의견서를 첨부하여 고용주가 외국인 선원 고용승인을 신청할 경우 이를 승인할 예정이고, A는 2014. 8. 28.경 수산노련에 가입하였고 개정된 해양수산부 고시 '외국인 선원 관리지침'에 따라 A가 가입한 전국수산산업노동조합연맹을 통해 외국인 선원 고용기준 등에 관한 합의에 참여할 수 있을 것으로 보여 외국인 선원 업무처리와 관련하여 반드시 B의 가맹노동조합이 되어야 될 필요성이 있다고 보기 어렵다는 점 등을 이유로, B의 A에 대한 가입거절이 권리남용 내지 신의칙 위반에 해당한다고 단정하기 어렵다고 보아, A의 청구를 기각하였다.[298]

4. 전국대의원대회의 지위

노조법상 연합단체로서 노동조합인 전국선원노동조합연맹의 규약에 의하면, 그 최고의사결정기관인 전국대의원대회는 구 노조법 20조 소정의 대의원회의의

---

298) 부산고법 2015. 5. 14. 선고 2013나52318 판결.

성격을 지닌 것이라기보다는 그 자체가 단위노조의 총회와 같은 성격을 지닌 고유한 최고의사결정기관이다. 그 연맹의 규약에서 전국대의원대회는 가맹 단위노조의 총회 또는 대의원대회에서 직접·비밀·무기명 투표에 의하여 선출된 대의원으로 구성하도록 규정하고 있는 취지는, 연맹의 대의원회는 조합민주주의의 실현을 위하여 조합의 총회에 갈음하여 설치한 단위노동조합의 대의원회와는 달리 단위노동조합의 연합단체인 연맹의 총회로서, 그 연맹의 구성원인 각 단위노조가 연합단체의 최고의사결정기관인 대의원회의 구성원을 선출할 때 그 소속 조합원들의 의사를 반영하도록 하기 위한 규정에 불과하다.[299]

Ⅱ. 단체교섭권

1. 의 의

단체교섭권은 근로자가 그들의 결합체인 근로자단체의 대표자를 통하여 근로조건의 유지·개선과 근로자의 경제적·사회적 지위의 향상을 도모하기 위하여 사용자 또는 사용자단체와 집단적으로 교섭을 할 수 있는 권리를 말한다. 헌법이 단체교섭권을 별도로 보장한 특별한 의미는 노동조합의 역량이 충분하지 않고 사용자가 쉽게 단체교섭을 거부하는 태도로 나아가려는 상황에서 단체교섭권 자체를 독자적으로 보장할 필요가 있어 이를 헌법상 기본권으로서 명백하게 부각시킨 것과 이에 대한 법률상 보호를 위한 기초를 마련했다는 점이다.[300]

노조법은 단체교섭권을 구체화하기 위한 규정들을 두고 있고, 특히 사용자가 단체교섭을 정당한 이유 없이 거부하는 것을 부당노동행위로 규정하여(노조법 81조 3호) 형사처벌의 대상으로 하고 있다. 이와 관련하여 헌법재판소는 사용자의 성실교섭의무 위반에 대한 형사처벌은 헌법상 보장된 단체교섭권을 실효성 있게 하기 위한 것으로서 정당한 입법 목적을 가지고 있고, 비례의 원칙에 위배하여 계약의 자유나 기업의 자유를 침해한 것으로 볼 수 없다고 하여 합헌으로 판단하였다.[301] 헌법상 단체교섭권 보장 조항은 직접적 효력을 가지므로, 단체교섭 청구권

299) 대법원 1995. 11. 24. 선고 94다23982 판결.
300) 노동조합 및 노동관계조정법 주해 Ⅰ(제2판), 130면.
301) 헌재 2002. 12. 18. 선고 2002헌바12 결정; 헌재 2004. 8. 26. 선고 2003헌마58 결정.

에도 근거를 부여하여 이를 피보전권리로 하는 단체교섭 응낙 가처분도 인정된다.[302]

2. 복수노조와 교섭창구 단일화

복수노조는 노조법 29조의2에 의하여 단체교섭창구를 단일화할 의무를 부담하므로, 교섭창구가 단일화될 때까지 사용자는 단체교섭을 거부할 수 있다. 그러나 사용자가 단체교섭창구 단일화 절차를 거치지 않기로 동의한 경우에는 사용자는 각 병존조합에 대하여 단체교섭의무를 부담한다.[303] '교섭창구' 단일화는 교섭을 담당하는 담당기관의 단일화를 의미하는 것이지 '단체교섭당사자의 단일화'를 의미하는 것은 아니므로, 일방 노조가 다른 노조에게 단체교섭권한을 위임하는 방식에 의하여도 창구단일화는 가능하다.[304] 교섭대표노동조합은 교섭권한을 위임한 노동조합에 관하여 수임인의 지위를 취득하는 것에 불과하므로, 단체협약의 당사자는 여전히 단일화에 참가한 모든 노동조합이 된다.[305]

노조법이 복수 노동조합에 대한 교섭창구 단일화 제도를 도입하여 단체교섭 절차를 일원화하도록 한 것은, 복수 노동조합이 독자적인 단체교섭권을 행사할 경우 발생할 수도 있는 노동조합 간 혹은 노동조합과 사용자 간 반목·갈등, 단체교섭의 효율성 저하 및 비용 증가 등의 문제점을 효과적으로 해결함으로써, 효율적이고 안정적인 단체교섭 체계를 구축하는 데에 그 주된 취지 내지 목적이 있다.[306]

교섭창구 단일화 제도하에서 교섭대표노동조합이 되지 못한 노동조합은 독자적으로 단체교섭권을 행사할 수 없으므로, 노조법은 교섭대표노동조합이 되지 못한 노동조합을 보호하기 위하여 사용자와 교섭대표노동조합에 교섭창구 단일화 절차에 참여한 노동조합 또는 그 조합원을 합리적 이유 없이 차별하지 못하도록 공정대표의무를 부과하고 있다(29조의4 1항). 공정대표의무는 헌법이 보장하는 단체교섭권의 본질적 내용이 침해되지 않도록 하기 위한 제도적 장치로 기능하고,

302) 대법원 2007. 7. 26. 선고 2005다67698 판결; 대법원 2007. 12. 13. 선고 2006다34268 판결; 대법원 2011. 5. 6.자 2010마1193 결정.
303) 노동조합 및 노동관계조정법 주해 Ⅱ(제2판), 216면.
304) 대법원 2010. 4. 29. 선고 2007두11542 판결.
305) 법원실무제요 민사집행 Ⅴ, 사법연수원(2020), 521면.
306) 대법원 2020. 10. 29. 선고 2017다263192 판결.

교섭대표노동조합과 사용자가 체결한 단체협약의 효력이 교섭창구 단일화 절차에 참여한 다른 노동조합(이하 '소수노동조합')에도 미치는 것을 정당화하는 근거가 된다. 이러한 공정대표의무의 취지와 기능 등에 비추어 보면, 공정대표의무는 단체교섭의 결과물인 단체협약의 내용뿐만 아니라 단체교섭의 과정에서도 준수되어야 하고, 교섭대표노동조합으로서는 단체협약 체결에 이르기까지의 단체교섭 과정에서도 소수노동조합을 절차 면에서 합리적인 이유 없이 차별하지 않아야 할 공정대표의무를 부담한다.[307]

3. 사용자단체

수산업협동조합이 정관상 조합사업의 하나로 규정한 "조합원의 경제적 이익을 도모하기 위한 단체협약의 체결"에는 노조법상 단체협약이 포함되어서 단체교섭, 단체협약의 체결을 목적으로 하고, 한편 구성원에 대하여 다수결 원리를 통한 통제력을 가지고 있는데다가 정관에 조합원의 제명에 관하여 규정하고 있는 점 등에 비추어 보면, 노동관계에 관하여도 조합원을 조정·규제할 권한이 있다고 보이므로, 노조법 소정의 사용자단체에 해당된다.[308]

4. 성실교섭의무

성실교섭의무란 노동조합과 사용자는 단체교섭과 단체협약의 체결에서 성실하게 이를 이행하고, 정당한 이유 없이 이를 거부하거나 해태할 수 없는 의무를 말한다. 단체교섭은 근로자의 권리 보장과 노사관계의 안정의 근간이 되므로, 노조법 30조에서 원만한 단체교섭과 단체협약체결을 실현하기 위하여 노사 양당사자에게 주어진 의무를 명문화하였다. 사용자가 부담하는 단체교섭의무는 노동조합 승인의무, 개별교섭 금지의무, 근로조건의 일방적 결정 금지의무, 단체교섭응낙의무, 성실교섭의무 등을 의미하고,[309] 성실교섭의무(협의)의 내용[310]은 사용자가 합

307) 대법원 2020. 10. 29. 선고 2017다263192 판결.

308) 대법원 1992. 2. 25. 선고 90누9049 판결.

309) 外尾建一, 勞働團體法, 筑摩書房(1975), 268-282면.

310) 근로자단체의 일정한 제안에 대하여 찬성·반대를 하거나 대안을 제시하고 이유를 설명하며 제안을 수락하는 등 협약체결에 이르기까지 성실하게 근로자대표와 교섭하는 것을 급부의 내용으로 파악하는 견해가 있다. 新堂幸司, "假處分", 經營法學全集 (19) -經營訴訟-, タイヤモンド社(1969), 167면. 光岡正博은 단체교섭청구권의 내용을 단체교섭의 구체적 단계에 따라 타결요구(단체협약체결청구

의달성을 위하여 진지하게 노력하여야 할 의무, 교섭사항과 관련하여 노조 측에 필요한 설명을 하거나 관련 자료를 제공할 의무(설명의무와 정보제공의무), 교섭의 결과 합의가 성립되면 이를 단체협약으로 체결하여야 할 의무 등을 의미한다.[311)]

Ⅲ. 단체행동권

1. 쟁의행위의 개념

가. 의 의

단체행동이란 근로자들이 근로조건 등에 관한 자신의 주장을 관철하기 위하여 집단적으로 행하는 실력행사를 말한다. 단체행동에는 사용자가 행하는 업무의 정상적 운영을 저해하는 쟁의행위와 기타 단체행동이 있다. 이에 비하여 노조법상 쟁의행위란 파업[312)] · 태업 · 직장폐쇄 기타 노동관계당사자(노동조합과 사용자 또는 사용자단체)가 임금 · 근로시간 · 복지 · 해고 기타 대우 등 근로조건의 결정과 근로조건에 영향을 미치는 사업경영상의 결정에 관한 불일치 및 노조법 92조 2호 가목부터 라목까지의 사항에 관한 사용자의 명백한 단체협약 위반으로 인하여 발생한 분쟁상태에서 그 주장을 관철할 목적으로 행하는 행위와 이에 대항하는 행위로서 업무의 정상적 운영을 저해하는 행위를 말한다(노조법 2조 5, 6호 참조).[313)]

따라서 노동조합 위원장인 선장이 2008. 3. 7.경 조합원들에 대하여 "전 조합원은 2008. 3. 7.부로 준법투쟁에 돌입하며, 단체협약 및 관계법령을 철저히 지킬 것을 지시합니다. 1. 고입고지되지 않은 타선지원 금지, 2. 단체협약에 합의된 근무형태 준수, 3. 비번일 교대근무자 조치 없을 시 퇴근"이라는 취지의 투쟁지시공고를

권)와 대안요구(단체교섭계속청구권)로 나누어 설명한다. 光岡正博, 團體交涉權の硏究, 法律文化社(1982), 146-153면.

311) 김유성 Ⅱ, 146-148면.

312) strike라는 용어는 런던 선원들이 1768년 선박의 돛을 찢음으로써 교역의 흐름과 자본축적을 중지시키려고 했던 집단적 결정에서 생겨난 것이다. C.R. Dobson, Master and Journeymen: A Prehistory of Industrial Relations, 1717-1800, Littlefield Adams & Co.(London, 1980), 154-170면.

313) 구 노동쟁의조정법 하에서 대법원은 노동쟁의에는 권리분쟁과 이익분쟁 모두 포함된다는 입장을 취하였으나(대법원 1990. 5. 15. 선고 90도357 판결; 대법원 1990. 9. 28. 선고 90도602 판결; 대법원 1991. 3. 27. 선고 90도2528 판결), 구 법 하에서는 권리분쟁은 노동쟁의의 개념에서 제외되었고 따라서 권리분쟁에 해당하는 주장을 관철할 목적으로 하는 행위는 쟁의행위에서 제외되었다고 풀이하였다[김유성 Ⅱ, 220면; 노동조합 및 노동관계조정법, 사법연수원(2014), 272면]. 2026. 3. 10.부터 시행된 현행 노조법은 권리분쟁도 노동쟁의에 포함하는 것으로 개정되었다.

붙인 것은, 선박소유자가 단체협약에 위반한 조치를 하는 것에 대응하여 단체협약을 준수하라는 취지로 봄이 타당하고, 단체협약에 정해진 의무 또는 관행화된 의무를 집단적으로 거부하라는 취지로 보기는 어려우므로, 이를 들어 '파업 · 태업 · 기타 행위로서 업무의 정상적인 운영을 저해하는 행위'라고 보기 어렵다.[314)]

쟁의행위는 업무의 저해라는 속성상 그 자체 시민형법상 여러 가지 범죄의 구성요건에 해당될 수 있음에도 불구하고 그것이 정당성을 가지는 경우에는 형사책임이 면제되며, 민사상 손해배상 책임도 발생하지 않는데, 이는 헌법 33조에 당연히 포함된 내용이며, 정당한 쟁의행위의 효과로서 민사 · 형사면책을 규정하고 있는 노조법 3조, 4조는 이를 명문으로 확인한 것이다.[315)] 이와 같이 쟁의행위는 그 용어의 동일성에도 불구하고, 노조법의 규제대상이 되는 노조법상 쟁의행위와 헌법상 단체행동권의 행사로서 민 · 형사상 면책효과가 인정되는 면책적 쟁의행위 등으로 분류할 수 있다.[316)]

나. 선원법상 쟁의행위의 개념

(1) 선원법의 규정

선원법은 쟁의행위에 관한 정의 규정을 두지 않고 있으나, 25조는 일정한 경우에 선원의 쟁의행위를 제한하고, 165조 2항에서 25조 위반행위에 대하여 형사처벌을 규정하면서도, 3항에서는 선원의 쟁의행위가 선박소유자(그 대리인을 포함한다)가 선원의 이익에 반하여 '법령을 위반'하거나 정당한 사유 없이 '선원근로계약을 위반'한 것을 이유로 한 것일 때에는 벌하지 아니한다고 규정하고 있다. 이와 같이 선원법은 노조법상 쟁의행위의 개념과는 무관하게 쟁의행위라는 용어를 사용하면서 면책효과를 부여하고 있으므로, 선원법상 쟁의행위의 개념은 노조법

314) 서울고법 2011. 1. 28. 선고 2010나31411 판결.

315) 헌재 1998. 7. 16. 선고 97헌바23 결정.

316) 정인섭, "쟁의행위의 개념", 서울대 법학박사학위논문(1997)은 쟁의행위의 개념을 효과개념, 구성요건개념, 한계개념, 전제개념으로 분류하고 있다; 헌재 1998. 7. 16. 선고 97헌바23 결정은 "단체행동권이라 함은 노동쟁의가 발생한 경우 쟁의행위를 할 수 있는 쟁의권을 의미한다."고 보아 헌법상 단체행동권과 구 노동쟁의조정법상 쟁의행위를 동일한 개념으로 파악하고 있으나, 대법원 1991. 1. 29. 선고 90도2852 판결은 "구 노동쟁의조정법 3조에 규정된 쟁의행위는 쟁의관계 당사자가 그 주장을 관철할 목적으로 행하는 행위로서 여기에서 그 주장이라 함은 같은 법 2조에 규정된 임금, 근로시간, 후생, 해고 기타 대우 등 근로조건에 관한 노동관계 당사자 간의 주장을 의미하므로, 위와 같은 근로조건의 유지 또는 향상을 주된 목적으로 하지 않는 쟁의행위는 구 노동쟁의조정법의 규제대상인 쟁의행위에 해당하지 않는다."고 판시하여 구 노쟁법상 쟁의행위와 기타 쟁의행위로 구분하고 있다.

상 쟁의행위의 개념과 전혀 다른 것으로 이해하여야 한다.

(2) 면책사유

법령위반에는 선박소유자가 근로조건에 관한 규정(근로시간, 임금, 선내 급식, 유급휴가 등)을 위반하거나, 선박안전에 관한 규정(항해당직, 승무정원, 선박의 복원력 확보 등)을 위반하는 경우, 부당노동행위금지규정에 위반하는 경우(단체교섭에 응하지 않거나, 지배개입 또는 불이익취급을 하는 경우 등), 조합활동보장에 관한 단체협약을 위반하는 경우 등을 상정할 수 있고, 계약위반에는 특별상여금지급약정에 위반하는 경우[317] 등을 상정할 수 있다.

(3) 집단성을 구비한 쟁의행위

단체행동권행사로서 면책효과가 인정되는 쟁의행위, 즉 면책적 쟁의행위는 집단성을 요건으로 한다. 즉 의사형성의 집단성과 실현행위의 집단성을 요한다.[318] 선원법 165조 2항은 모의나 선동이라는 행위를 전제로 하여 3항에서 면책효과를 인정하고 있으므로 집단성을 수반한 쟁의행위가 선원법상 쟁의행위에 포함되는 것은 의문의 여지가 없다. 선원법 165조 3항의 면책사유에 비추어 보면, 선원법상 면책효과가 인정되는 쟁의행위에는 사용자의 위법행위나 계약위반에 대한 항변의 성격을 지니는 단체행동도 포함되므로,[319] 권리분쟁에 해당하는 주장을 관철할 목적으로 행하는 쟁의행위나 개별적 권리의 집단적 행사[320]도 면책적 쟁의행위의 개념에 포섭하는 것이 타당하다.[321]

(4) 집단성을 결여한 쟁의행위

선원법상 쟁의행위는 선원 1인이 그 주장을 관철할 목적으로 개별적으로 실력 또는 권리를 행사하여 사용자의 업무저해를 가져오는 개별쟁의행위도 포함한다. 이는 하급심 판례[322]가 선장이 특별어로상여금의 가정산금 중 미지급액의 지급을

317) 부산지법 1997. 8. 5. 선고 96가합8577 판결.

318) 김유성 Ⅱ, 218면.

319) 유명윤a, "선원법상의 쟁의행위 금지규정과 그 문제점에 관한 고찰", 해상교통정책 21호(1997. 4), 42면.

320) 동시이행 항변권의 집단적 행사에 관한 BAG 1963. 12. 20. 판결(AP Nr. zu Art.9 GG Arbeitskampf), 정인섭, 89-92면 참조.

321) 면책적 쟁의행위의 개념과는 논의의 차원을 달리하는 쟁의행위의 정당성에서 다루어야 할 문제이지만, 평화의무에 위반되는 쟁의행위는 그 정당성을 인정하기 어렵다. 대법원 1992. 9. 1. 선고 92누7733 판결.

요구하다가 받아들여지지 않자 승선을 거부한 행위를 쟁의행위로 파악한 것에서도 알 수 있다. 이에 의하면 통일된 쟁의의사의 형성 없이 업무저해가 우연히 공동으로 이루어지는 경우와 같이 개별쟁의행위의 동시행사도 선원법상 쟁의행위에 포함된다.

(5) 소 결

그렇다면 선원법상 쟁의행위는 집단성을 요건으로 하는 면책적 쟁의행위와 집단성을 요구하지 아니하는 개별쟁의행위를 포함하는 광의의 의미로 해석하여야 한다.

2. 쟁의행위의 주체

가. 판례의 입장

판례는 쟁의행위의 정당성이 인정되기 위해서는 그 주체가 단체교섭 및 단체협약을 체결할 능력이 있어야 하고 이는 쟁의행위의 내재적 한계라는 입장을 취하고 있다.[323] 판례에 따르면 단체교섭권이나 단체협약체결능력이 없는 비노동조합의 파업이나 노동조합의 승인을 받지 아니한 비공인파업은 정당성이 없는 쟁의행위라는 결론에 도달하게 된다. 이러한 판례의 입장은 쟁의행위의 정당성과 쟁의행위의 개념을 혼동한 것이어서 부당하다는 전제 하에, 단체행동권의 주체는 근로자 개인 또는 단결체이지만 결국 쟁의행위는 근로자 단결체에 의하여 행사된다고 보아야 한다는 견해가 유력하다.[324] 그런데 선원법 25조 단서에서 일정한 경우 선원의 쟁의행위를 제한하면서 165조 3항에서 소정 사유가 있는 경우 형사면책을 규정하고 있는데, 이는 쟁의행위의 주체 및 정당성에 관하여 새로운 논점을 제공하고 있다.

나. 선원법상 쟁의행위의 주체

선원법 25조는 선원이 선박별 또는 선내에서 쟁의행위를 할 수 있는 것을 전제로 하고 있다. 만약 선박 단위로 선원노동조합이 결성되어 있다면, 쟁의행위의

322) 부산지법 1997. 8. 5. 선고 96가합8577 판결.
323) 대법원 1990. 5. 15. 선고 90도357 판결; 대법원 1999. 6. 25. 선고 99다8377 판결.
324) 정인섭, 54-71면.

주체에 관한 논의는 별다른 실익이 없다. 그런데 선원은 선박별로 노동조합을 결성할 수 없도록 규정하였던 과거의 법규정[325] 때문에 현재에도 선원노동조합은 통상 산업별 노동조합이나 기업별 노동조합 형태로 결성되어 있을 뿐, 선박별 노동조합은 찾아보기 어렵다. 이에 따라 단체교섭도 육상에서 이루어지고, 노동조합의 간부 등은 선내에 있지 않는 경우가 대부분이다.[326] 그러므로 선원법 25조에서 규율하는 선원의 쟁의행위는 선원노동조합에 의하여 주도되는 경우는 극히 예외적이고, 대부분은 선박에 승무 중인 선원들을 중심으로 이루어지는 경우라고 볼 수 있다.

따라서 선원법이 예정하고 있는 쟁의행위에는, 노동조합이 주도하지 아니하는 쟁의행위(비공인파업)와 쟁의행위의 주체가 노동조합이 아니고 노동조합과 무관한 다수의 선원들인 쟁의행위(비노조파업)도 포함되고, 선원법은 위와 같은 쟁의행위에 대하여도 일정한 경우 면책효과를 인정하고 있다.[327] 그렇다면 면책적 쟁의행위의 주체는 단체교섭권이나 단체협약체결권의 보유 여부와는 무관하게 근로자 단결체면 족하다는 견해가 타당하다고 본다. 또한 법원은 선장 1인의 승선거부도 쟁의행위로 파악하였는데,[328] 이는 지명파업과 같이 근로조건에 관한 집단적 주장을 위하여 1인이 수행하는 쟁의행위라고 볼 수 없고, 근로자 단결체라는 집단성을 구비하지 못하였으나, 위에서 바와 같이 개별쟁의행위에는 해당하므로, 선원 1인도 쟁의행위의 주체가 될 수 있다.

---

325) 노동조합법 [1981. 4. 8. 법률 3422호]

13조 (노동조합의 설립) ① 단위노동조합의 설립은 근로조건의 결정권이 있는 사업 또는 사업장단위로 근로자 30인 이상 또는 5분의 1이상의 찬성이 있는 설립총회의 의결이 있어야 한다. 다만, 특수한 작업환경에서 근로하여 사업장단위 노동조합의 설립이 부적합한 근로자의 경우에는 대통령령이 정하는 바에 따라 단위노동조합을 설립할 수 있다.

노동조합법 시행령 [일부개정 1985. 3. 14 대통령령 11661호]

7조 (단위노동조합의 설립) ① 법 13조 1항 단서의 규정에 의하여 단위노동조합을 설립할 수 있는 근로자는 다음과 같다.

1. 동일한 장소에서 불특정한 사업 또는 사업장과 근로관계를 맺고 하역운송업에 종사하는 근로자.
2. 외국의 선박에 취업하는 근로자.
3. 원양어업, 연근해어업 또는 내항해상운송사업에 종사하는 해양근로자.

326) 유명윤a, 41면.

327) 노조법 37조 2항은 “조합원은 노동조합에 의하여 주도되지 아니한 쟁의행위를 하여서는 아니 된다” 고 규정하고 있고, 89조 1호는 위 규정에 위반한 자에 대하여 3년 이하의 징역 또는 3천만 원 이하의 벌금에 처하도록 규정하고 있다.

328) 부산지법 1997. 8. 5. 선고 96가합8577 판결.

다. 선장의 단체행동권

선원법 25조는 선원의 쟁의행위를 일정한 범위에서 제한할 뿐, 선장에 대하여 쟁의행위를 금지하지 않고 있다. 이는 선장에 대하여도 쟁의행위의 주체성을 긍정하고 있는 것으로 볼 수 있다. 법원도 간접적으로 선장이 쟁의권의 주체가 된다는 것을 긍정하고 있다.[329] 그런데 선장은 선박권력의 보유자인바, 선박권력은 인명·선박·적하의 안전 및 공공의 안전을 위하여 선원법이 선장에게 특별히 부여한 권한으로, 공권의 성격을 가지므로 이전이나 포기가 제한되고, 선장직무대행자 이외의 자에 의한 대행이 허용되지 아니한다. 그러므로 선장은 항해지휘자의 지위에 있는 동안은 공법상 의무가 우선하므로 쟁의행위를 할 수 없고, 항해가 시작되기 전이나 항해가 종료한 후 항해지휘자의 지위에서 벗어나 공법상 의무로부터 해제되는 경우에 한하여 쟁의행위를 할 수 있다.[330]

3. 쟁의행위의 태양

쟁의행위에는 파업, 태업, 직장점거, 보이콧, 피케팅, 준법투쟁[331] 등이 있다. 육상근로자와 파업과 구분되는 해양쟁의[332]에 관하여 일본, 독일에서 논의된 쟁의행위의 태양(態樣)은 다음과 같다.

가. 하선파업 (동맹하선)

(1) 의 의

하선파업은 선원들이 승선을 거부하거나 승무 후 일제히 하선하는 형태의 파업을 의미한다. 구 선원법(1984. 8. 7. 법률 3751호로 개정되기 전의 것)은 근로계약

329) 부산지법 1997. 8. 5. 선고 96가합8577 판결.

330) Bemm/Lindemann, 188, 305면.

331) 연장근로의 집단적 거부와 같이 사용자의 업무를 저해함과 동시에 근로자들의 권리행사로서의 성격을 아울러 가지는 행위가 노동조합법상 쟁의행위에 해당하는지는 해당 사업장의 단체협약이나 취업규칙의 내용, 연장근로를 할 것인지에 대한 근로자들의 동의 방식 등 근로관계를 둘러싼 여러 관행과 사정을 종합적으로 고려하여 엄격하게 제한적으로 판단하여야 한다. 이는 휴일근로 거부의 경우도 마찬가지이다. 대법원 2022. 6. 9. 선고 2016도11744 판결.

332) 武城正長은 해양쟁의의 특수성으로 선원파업의 위력(생산의 중단, 파상·지명파업, 적하의 거액성, 국민경제에 미치는 영향, 경찰력의 의존불가, 직장폐쇄불가), 선원파업의 한계[선박의 대체성, 선박별 경쟁, 국제성, 운항업자(Operator)와 선박소유자(Owner)의 분리, 조직률의 저하, 선진국화와 편의치적선] 등을 들고 있다. 武城正長, 45-49면.

이라는 용어와는 별도로 선원이 특정 선박에 승선하여 근로를 제공하고 선박소유자는 이에 대하여 임금을 지급함을 목적으로 체결된 계약에 대하여 승선계약이라는 용어를 사용하였고, 구 선원법(1990. 8. 1. 법률 4255호 개정되기 전의 것)은 승무할 선박을 특정하지 아니한 선원근로계약을 일반계약이라 하고, 승무할 선박을 특정한 선원근로계약을 특정계약이라고 하였으나, 현행법에서는 선원근로계약이라는 단일용어를 사용하고 있다. 그러므로 선원의 하선은 구체적인 선내항행조직으로부터 이탈을 의미할 뿐, 선원근로계약의 종료와는 무관하다.

(2) 총원하선파업의 정당성

헌법이 보장하는 쟁의행위는 근로계약의 존속을 전제로 하고 있다. 쟁의기간 중 선원은 선원근로계약상 구속에서 해방되고, 선원근로계약의 효력은 부분적·일시적으로 정지된다. 그런데 쟁의행위의 한계로서 총원하선파업(總員下船罷業)의 정당성이 문제된다.

이에 관하여 (i) 선박이 항 밖에서 여유 있게 정박·계류 중이더라도 다른 선박과 충돌하는 경우에는 대응할 수 없고, 기름유출에 따른 해양오염 등 중대한 피해도 고려되어야 하는 점, (ii) 운항 중인 경우에는 다른 선박과 충돌하거나 다른 선박의 왕래를 방해하여 인명에 위험을 미칠 가능성이 높은 점, (iii) 해양수산부장관은 계선 중인 선박의 안전을 위하여 필요하다고 인정하는 경우에는 그 선박의 소유자나 임차인에게 안전 유지에 필요한 수의 선원을 승선시킬 것을 명할 수 있고(선박의 입항 및 출항 등에 관한 법률 7조 5항), 인원의 보강·선박의 이동을 명령할 수 있으며(42조 3, 5호) 이에 위반하는 경우에는 형벌의 제재를 받는 점(46조 3호), (iv) 선박소유자는 자기가 소유하는 선박의 물리적 기능보전과 항만관리자 등의 관계에서 대체선원을 보충하여야 하는 점, (v) 선원으로서도 정선파업이 아닌 총원하선파업에 의하여 쟁의가 선원에게 유리하게 될 가능성이 없는 점, (vi) 대체노동력의 보충은 경험상 쟁의해결에 오래 끄는 방향으로 작용하는 점 등에 비추어 보면, 총원하선파업은 쟁의권의 남용에 해당한다는 견해가 있다.[333)]

생각건대, 총원하선파업은 위의 주장과 같이 선원법 25조가 금지하고 있는 인명이나 선박에 위해를 줄 염려가 있는 쟁의행위에 해당하므로, 정당한 쟁의행위로

333) 武城正長, 139-140면.

평가할 수 없다.

나. 정선파업 (재선파업)

(1) 허용여부

노조법 42조 1항은 "쟁의행위는 생산 기타 주요업무에 관련되는 시설과 이에 준하는 시설로서 대통령령이 정하는 시설을 점거하는 형태로 이를 행할 수 없다."고 규정하고 있고, 시행령 21조 3호는 "'이에 준하는 시설로서 대통령령이 정하는 시설'이라 함은 건조·수리 또는 정박 중인 선박을 말한다. 다만 선원법에 의한 선원이 당해 선박에 승선하는 경우를 제외한다."고 규정하고 있다. 그러므로 현행법상 선원은 직장점거의 형태로서 정선파업(停船罷業)을 할 수 있다.

(2) 방 식

일반적 정선파업은 승무원 전원이 선박에 잔류하면서 보안작업, 입항·하역·출항 등의 작업을 거부하는 방식으로 행하여진다. 정선파업은 선원이 정박 중 선박에 머물면서 대기하고 있는 면이 강하다. 정선파업의 유형은 일본의 1972. 9. 2. 대파업에 의하면, 파업 A(완전파업, 보안작업 및 일체의 작업을 거부하는 것), 파업 B(야간취로 거부파업), 파업 C(출항 거부파업), 파업 D(야간출항 거부파업), 파업 E(하역 거부파업), 파업 F(해양상 파업, 항해 중 또는 조업 중인 선박에서 특정작업을 거부하는 것) 등이 있다.[334)]

다. 해양상 파업

해양상 파업은 (i) 항행을 정지하여 표류하는 표류파업, (ii) 어선에서 조업을 하지 아니하는 조업파업, (iii) 모선식 어업에서 모선에 있는 사무원의 가공파업 등으로 나눌 수 있다. 이는 일반근로자의 파업과 많은 차이가 있으나 본래의 목적은 해운용역생산을 정지하거나 채취를 정지하는 점에서 파업이라고 볼 수 있다.[335)] 이외에도 선원이 선박을 이용하여 해상시위를 벌이는 등의 방법으로 다른 선박의 입항을 저지하는 경우도 있으나, 선박교통방해죄(형법 186조)에 해당하므로 정당성을 인정하기는 어렵다.[336)]

---

334) 武城正長, 44면.
335) 武城正長, 44-45면.

라. 감속항행

감속항행(speed down)은 태업에 해당하지만 잘 이루어지지 않고 있다. 그 이유는 감속항행이 선원의 기질에 맞지 않고, 임금삭감의 범위 및 위법쟁의가 되는 범위 등에 관하여 분쟁이 발생하기 때문에 전술을 다양화할 필요성을 느끼지 못하기 때문이다.[337)]

마. 동정파업

(1) 의 의

동정파업은 파업 노동조합이 자신의 노동관계상 요구 또는 시위를 목적으로 하는 것이 아니라 이미 사용자와 쟁의상태에 있는 다른 근로자의 요구의 실현을 지원할 목적으로 하는 쟁의행위를 말한다.[338)] 선원의 임금과 관련하여 국제운수노련(International Transportation Worker's Federation, ITF)은 낮은 임금에 시달리고 있는 후진국 선원들의 권익을 옹호하기 위하여 ITF에 가입되어 있는 선원노동조합 소속의 선원들이 지급받고 있는 실질임금이 ITF 책정의 기준임금에 미달하는 경우에는, 선박소유자에 대하여 추가임금의 지급을 강요하는 수단으로 선박에 대한 하역작업거부 · 출항금지 등 제재를 가하는 경우가 있다.[339)] 또한 해양산업과 관련하여 하역근로자나 다른 선원들이 동정파업을 하는 경우가 많다.

(2) 정당성

동정파업의 정당성에 관하여는 (i) 동정파업은 사용자에게 처분권한이 없는 사항을 목적으로 하여 단체교섭에 의한 해결가능성이 없기 때문에 정당성이 없다는 견해,[340)] (ii) 원쟁의상 노사관계와 동정파업상 노사관계의 관련성이 없는 순수동정파업은 정당성이 부정되나 노동조합의 조직적 결합관계 · 당해산업의 특성 · 사용자 간의 결합관계 등에 비추어 노사관계의 관련성을 인정할 수 있다면 정당성

336) 피고인이 2007. 11. 22. 13:30경 전남 광양시 소재 KIT 부두 앞 700m 해상에서 예인선 5대를 이용하여 KIT 부두에 입항하려는 다른 선박의 선수에 일렬로 정지하고 해상시위를 벌인 경우, 업무방해죄 및 선박교통방해죄가 성립한다고 한 사례로는 광주지법 순천지원 2008. 2. 14. 선고 2008고합2 판결.

337) 武城正長, 45면.

338) 노동조합 및 노동관계조정법 주해 Ⅱ, 276면.

339) 대법원 1981. 7. 7. 선고 80도1581 판결(船).

340) 김형배, 1350면.

이 인정된다는 견해[341] 등이 제기되고 있다.

(3) 독일 판례

독일 판례는 초기에는 동정파업(Sympathiestreik)은 정당한 쟁의행위라고 판시하였다.[342] 그러나 나중에는 견해를 변경하여 동정파업의 정당성을 부정하고 있다.[343]

4. 선박폐쇄(직장폐쇄)

가. 의 의

노조법 2조 6호는 직장폐쇄를 쟁의행위의 한 유형으로 규정하고 있으므로, 선박소유자는 선원의 쟁의에 대한 대항수단으로 선박폐쇄를 할 수 있다.[344]

(1) 직장폐쇄의 개념

'직장폐쇄'의 개념 정의에 관한 법률규정은 없고, 다만 쟁의행위에 대한 정의규정에 쟁의행위의 일종으로 언급되어 있다(노조법 2조 6호). 근로자 측의 쟁의행위로 파업·태업 등이 있는 반면, 사용자 측 쟁의행위로는 직장폐쇄가 전형적이고 거의 유일하다. 직장폐쇄란 (i) 사용자가 노동쟁의의 상대방인 근로자들에 대하여 노동쟁의를 자기에게 유리하게 전개시킬 목적으로 노무수령을 집단적으로 거부하는 행위라는 견해,[345] (ii) 사용자가 근로자 측의 쟁의행위에 대항하는 행위로서 업무의 정상적인 운영을 저해하는 행위, 즉 사용자가 근로자 측의 쟁의행위에 대항하여 근로자에 대하여 노무수령을 거부하는 행위라는 견해[346] 등이 제기되고 있다. 직장폐쇄는 노동관계 현실에서 주로 근로제공에 대한 수령거부, 근로

341) 김유성 Ⅱ, 224면.

342) BAG, Urteil vom 19.10.1976 –1 AZR 611/75–, SeeAE Nr. 2 (Ⅱ) zu Art. 9 GG; LAG Niedersachsen, Urteil vom 25.8.1998 –11 Sa 1455/97–.

343) BAG, Urteil vom 5.3.1985 –1 AZR 468/83–, AP Nr. 85 zu Art. 9 GG Arbeitskampf; BAG, Urteil vom 12.1.1988 –1 AZR 219/86–, AP Nr. 90 zu Art. 9 GG Arbeitskampf; Lindemann, S.374.

344) 직장폐쇄의 일종인 선박폐쇄는 일본에서 1962년 쟁의시 선주 측에서 채용한 전술이다. 그러나 선박폐쇄의 경우에도 선내 급식의 지급 및 거주구의 이용을 허가하여야 하기 때문에 쟁의대항행위로서 의미는 없다고 한다. 武城正長, 46면.

345) 김유성 Ⅱ, 289면.

346) 임종률, 273면.

자 측의 직장점거 내지 체류 배제, 조합원 배제 후 조업계속 등의 목적을 위한 수단으로 이용되고 있다.[347)]

(2) 구별 개념

① 직장폐쇄는 근로자 측의 노동쟁의에 대항하기 위한 목적에서 이루어지는 사용자의 쟁의행위이므로, 경제적 또는 경영상 이유에서 영업 전부를 일시 중단하는 '휴업'과 구별된다. 쟁의시에 사용자가 행하는 휴업이 실질적으로는 근로자의 쟁의행위에 대항하는 수단으로 취해진 것이라면 그것은 휴업이 아니라 직장폐쇄로 보아야 한다. 이 경우 직장폐쇄의 정당성 판단 기준에 따라 그 위법성 여부를 판단하여야 한다.[348)]

② 직장폐쇄는 일시적이라는 점에서 영구적으로 업무 전체를 중단하는 '폐업'과도 구별된다. 또한 사용자의 법률상 정당한 권리라는 점에서 노동조합의 무력화 또는 단결권 침해를 목적으로 하는 '위장폐업'과도 구별된다.[349)]

③ 직장폐쇄는 근로자 측이 제공하는 노무수령을 '집단적으로' 거부하는 것이라는 점에서 '개별' 근로자에 대한 노무수령 거부인 대기명령, 출근정지처분, 정직처분 등과 구별된다.

(3) 의사표시설과 사실행위설

직장폐쇄에 노무수령을 거부한다는 의사표시만으로 성립하느냐, 아니면 공장문의 폐쇄 등 근로를 곤란하게 하는 사실행위까지 필요로 하느냐에 관하여 견해가 대립된다. 의사표시설은 직장폐쇄의 본질을 노무수령의 거부라는 법률행위로 보고, 따라서 직장폐쇄를 한다는 의사표시만으로 직장폐쇄가 성립한다는 견해이다.[350)] 사실행위설은 직장폐쇄를 근로자에 대한 근로제공의 차단, 기업시설에 대한 사용자의 사실적 지배의 확립을 내용으로 하는 사용자의 쟁의행위로 보는 입

---

347) 조임영, "직장폐쇄의 법적 개념 및 성질", 노동법연구 17호(2004. 12), 210면.

348) 박제성, "직장폐쇄에 관한 연구", 서울대 법학석사학위논문(1998), 17면.

349) '위장폐업'이란 기업이 진실한 기업폐지의 의사는 없이 다만 근로자들이 노동조합을 결성하려고 하는 것에 대응하거나 노동조합의 활동을 혐오하여 노동조합을 와해시키기 위한 수단으로서 기업을 해산하고 조합원을 해고한 다음 새로운 기업을 설립하는 등의 방법으로 기업의 실체를 존속하면서 조합원을 배제한 채 기업활동을 계속하는 경우를 말하는 것으로 위장폐업에 의하여 근로자를 해고하는 것은 부당노동행위에 해당한다. 김용일, "위장폐업과 부당노동행위", 대법원판례해설 17호(1992. 12), 503면.

350) 김유성 Ⅱ, 289면.

장으로, 직장폐쇄는 의사표시만으로는 부족하고, 공장문의 폐쇄나 체류자의 퇴거 요구 또는 단전·단수 등 취로를 곤란하게 하는 사실행위가 있어야 성립한다는 견해이다.[351] 원칙적으로 직장폐쇄는 사용자가 직장을 폐쇄한다는 내심의 효과의사, 즉 근로자에 대한 노무수령 거부의 의사를 외부에 표출하여 근로자에게 이를 전달할 정도의 표시행위가 있으면 성립한다는 의사표시설이 타당하되, 그 표시행위는 개개 근로자가 인식할 수 있도록 외부적인 공시효과가 있는 정도의 것이면 족하다.[352]

나. 법적 근거

직장폐쇄는 노조법 2조 6호에 쟁의행위의 한 유형으로 규정되어 있고, 46조에는 요건에 관한 규정이 있기는 하지만, 근로자의 쟁의권과 달리 헌법상 아무런 명문의 규정이 없으므로, 과연 무슨 근거로 직장폐쇄를 인정할 것인지, 그 법적 성질은 무엇인지에 관한 견해의 대립이 있다.

(1) 직장폐쇄 위법론

1970년대 독일에서는 노동조합이 부분파업 전술을 사용하고, 사용자는 이에 대응하여 직장폐쇄를 하는 사례가 많았다. 사용자의 직장폐쇄 전술로 인하여 임금상실을 최소화시키려는 부분파업 전술이 무의미하게 되고 조합원의 임금보전을 위한 노동조합의 재정적 부담이 커지게 됨에 따라 노조 측에서 직장폐쇄는 위법하다는 주장을 하였는데 그 근거는 다음과 같다. (i) 직장폐쇄는 헌법상 보장되어 있지 않으며 단결권의 한 내용인 파업권에 대한 중대한 제한이다. (ii) 직장폐쇄를 허용하면 노사 간의 실질적 대등성이 저해된다. (iii) 직장폐쇄는 파업에 참가하지 않은 근로자에 대해서도 임금상실의 부담을 줌으로써 인간의 존엄성을 보장한 기본법의 정신에 반한다. (iv) 사회국가원리 및 국가중립성 원칙에 비추어 국가는 적극적으로 직장폐쇄를 금하여야 한다.[353]

(2) 시민법설

직장폐쇄는 근로자의 쟁의행위와 달리 이를 적극적으로 허용·보호하는 실정

---

351) 임종률, 273면.
352) 노동조합 및 노동관계조정법 주해 Ⅱ(제2판), 889면.
353) 김유성 Ⅱ, 290면.

법상 규정이 없고 사실상 쟁의권 행사를 위축시키는 기능을 수행하기 때문에, 직장폐쇄에 노동법상 특별한 지위를 부여하거나 노동법 차원에서 법적 근거를 찾을 수는 없고, 시민법적 원리에서 그 근거를 찾는 견해이다.[354)]

(3) 노사형평설

사용자는 취업규칙의 변경이나 인사권의 행사를 통해 기본적으로 세력관계에서 근로자에 비하여 우월한 지위에 있기 때문에 실질적인 노사의 대등 내지 세력의 균형을 확보하기 위하여 근로자의 쟁의권이 인정되었다. 그런데 근로자 측 쟁의행위의 구체적인 태양에 따라서는 노사 간의 대등관계가 역전되어 오히려 사용자 측이 불리한 압력을 받는 경우가 생긴다. 이 경우 형평의 원칙에 비추어 노사 간의 세력균형을 회복하기 위한 대항수단으로 직장폐쇄를 인정하여야 한다는 견해이다.[355)]

(4) 판 례

판례는 노사형평설의 입장을 취하고 있다. 즉 헌법과 노동관계법은 근로자의 쟁의권에 관하여는 이를 적극적으로 보장하는 명문의 규정을 두고 있는 반면 사용자의 쟁의권에 관하여는 이에 관한 명문의 규정을 두고 있지 않은바, 이것은 일반 시민법에 의하여 압력행사 수단을 크게 제약받고 있어 사용자에 대한 관계에서 현저히 불리할 수밖에 없는 입장에 있는 근로자를 그러한 제약으로부터 해방시켜 노사대등을 촉진하고 확보하기 위함이므로, 일반적으로 힘에서 우위에 있는 사용자에게 쟁의권을 인정할 필요는 없다. 그러나 개개의 구체적인 노동쟁의의 장에서 근로자 측의 쟁의행위로 노사 간에 힘의 균형이 깨지고 오히려 사용자 측이 현저히 불리한 압력을 받는 경우에는 사용자 측에게 그 압력을 저지하고 힘의 균형을 회복하기 위한 대항·방위 수단으로 쟁의권을 인정하는 것이 형평의 원칙에 맞다. 우리 법도 바로 이 같은 경우를 상정하여 노조법에서 사용자의 직장폐쇄를 노동조합의 동맹파업이나 태업 등과 나란히 쟁의행위의 한 유형으로서 규정하고 있다.[356)]

---

354) 신인령, 노동기본권연구, 미래사(1985), 102면.
355) 김유성 Ⅱ, 292면, 임종률, 273-274면.
356) 대법원 2000. 5. 26. 선고 98다34331 판결.

다. 정당한 직장폐쇄의 요건

(1) 시 기

사용자는 노동조합이 쟁의행위를 개시한 이후에만 직장폐쇄를 할 수 있다(노조법 46조 1항). 이를 대항성의 요건이라고 한다. 직장폐쇄는 노동조합의 쟁의행위에 대항하는 수단으로서 인정될 뿐이므로, 노동조합이 쟁의행위에 들어간 이후에 시작하는 직장폐쇄라야 정당성이 인정될 수 있고, 이와 달리 노동조합이 쟁의행위를 개시하지도 않았는데 사용자가 먼저 시작하는 선제적(先制的) 직장폐쇄는 어떠한 경우에도 허용되지 아니한다.[357] 따라서 근로자의 쟁의행위가 개시되지 않은 상황에서는 비록 교섭국면이 아무리 사용자에게 불리하다고 하더라도 직장폐쇄를 할 수 없다.

직장폐쇄의 대항성 요건은 직장폐쇄를 시작하는 데 필요한 개시요건일 뿐만 아니라 직장폐쇄를 유지할 수 있는 존속요건이기도 하다. 따라서 노동조합이 쟁의행위를 개시한 이후에 직장폐쇄를 하였다가 그 후 쟁의행위가 종료되었다면 원칙적으로 그 시점에서는 더 이상 직장폐쇄를 계속할 수 없다.[358] 판례도 직장폐쇄의 필요성은 직장폐쇄의 개시요건일 뿐만 아니라 계속요건이고, 파업 중의 근로자가 파업을 중지하는 등으로 쟁의의사를 포기하거나 진정으로 근로제공의 의사를 신청한 때에는 직장폐쇄의 필요성은 부정된다고 보고 있다.[359] 다만 조업재개 후 곧바로 또다시 쟁의행위를 재개하기 위한 전략에서 일시적으로 쟁의행위를 종료한 것이라거나 그 밖에 실질적으로 쟁의행위를 종료할 진정한 의사가 없는 것으로 보이는 등 특별한 사정이 있는 경우에는 예외적으로 직장폐쇄를 할 수 있다.[360]

(2) 목 적

직장폐쇄는 노동조합의 쟁의행위로 인하여 노사 간의 교섭력의 균형이 깨지고 오히려 사용자 측에게 현저히 불리한 압력이 가해지는 상황에서 회사를 보호하기 위하여 수동적 · 방어적인 수단으로서 상당성이 인정되는 범위 안에서 부득이하게

---

357) 대법원 2003. 6. 13. 선고 2003두1097 판결.

358) 노동조합 및 노동관계조정법 주해 Ⅱ(제2판), 893-894면.

359) 대법원 2016. 5. 24. 선고 2012다85335 판결; 대법원 2017. 4. 7. 선고 2013다101425 판결; 대법원 2017. 7. 11. 선고 2013도7896 판결.

360) 노동조합 및 노동관계조정법 주해 Ⅱ(제2판), 895면; 제주지법 2007. 8. 8. 선고 2007나798 판결.

개시되는 경우에 한하여 할 수 있다(방어성).[361] 따라서 노동조합 조직력의 약화[362]나 근로조건의 인하 등 적극적 목적을 위해 사용하는 경우, 즉 근로조건에 관한 사용자 자신의 주장을 관철시킬 것을 목적으로 하는 '공격적' 직장폐쇄는 방어목적을 벗어난 것이므로 그 정당성이 인정되지 않는다. 직장폐쇄가 방어적인지 공격적인지 여부에 관하여, 노사 간의 교섭태도, 경과, 근로자 측 쟁의행위의 태양, 그로 인하여 사용자 측이 받는 타격의 정도 등 구체적 사정에 비추어 형평의 입장에서 근로자 측의 쟁의행위에 대한 대항·방위 수단으로서 상당성이 인정되는 경우에 한하여 정당한 쟁의행위로 평가받을 수 있다.[363]

(3) 인적 대상

근로자 중 어느 범위까지를 직장폐쇄의 대상으로 삼는 것이 방어성을 충족하는 것인가에 관하여 견해의 대립이 있다.

직장폐쇄의 본질을 임금지급 의무의 면제라고 보면서 직장폐쇄의 효과로 점유배제의 효력을 인정하지 않는 견해에서는 주로 임금 또는 휴업수당을 받는 근로자의 범위가 어디까지인가에 따라 직장폐쇄의 인적 범위도 달라지는 것으로 설명하고 있다.[364] 즉 위 견해에 따르면, 임금 등을 지급받는 근로자가 있는 경우에 이에 대항하기 위하여 사용 가능한 것이 직장폐쇄이므로 임금 등을 지급받는 근로자가 있지 않는 경우에는 직장폐쇄가 허용되지 않는다는 결론에 이른다. 또한 전면파업의 경우 사용자가 거부할 수 있는 근로자의 노무 제공 자체가 존재하지 않기 때문에 사용자의 임금지급의무는 처음부터 발생하지 않는 것인데 다시 임금지급의무를 면하기 위하여 직장폐쇄를 한다는 것은 무의미하다고 본다.[365]

이와 달리 직장폐쇄의 본질을 반드시 임금지급의무의 면제로 한정지어 생각할 필요는 없고, 근로자 측의 쟁의행위로 노사 간에 힘의 균형이 깨지고 오히려 사용자 측이 현저히 불리한 압력을 받는 경우 사용자에게 그 압력을 저지하고 힘의 균형을 회복하기 위한 대항·방위 수단으로 쟁의권을 인정할 필요가 있다는 직장폐쇄의 인정 근거에 비추어 보면, 오히려 부분파업보다 전면파업의 경우 직장폐쇄의

---

361) 대법원 2000. 5. 26. 선고 98다34331 판결; 대법원 2007. 3. 29. 선고 2006도9307 판결.
362) 대법원 2003. 6. 13. 선고 2003두1097 판결.
363) 대법원 2000. 5. 26. 선고 98다34331 판결; 대법원 2007. 3. 29. 선고 2006도9307 판결.
364) 김유성 Ⅱ, 294면.
365) 노동조합 및 노동관계조정법 주해 Ⅱ(제2판), 900면.

필요성이 더욱 강하므로, 사용자의 임금지급의무가 없는 경우라도 직장폐쇄는 허용될 수 있다는 견해도 있다.[366)]

일부 노조원이 파업에 참여하지 않았음에도 불구하고 전체 노조에 대하여 한 직장폐쇄가 적법한 것인가에 관하여, 일반적으로 부분파업은 노동조합으로서는 전면파업에 비하여 임금상실의 위험을 최소화시키면서도 실질적으로는 전면파업과 유사한 효과를 올리게 되어, 사용자로서는 이들의 노무제공을 수령하더라도 실질적으로 이들 노동력을 결합시키기가 곤란하므로 조업중단과 임금지급이라는 이중부담을 안게 될 수 있기 때문에, 이러한 경우 사용자는 비록 노조가 부분파업을 하였다 하더라도 노조에 대한 전면적인 직장폐쇄를 할 수 있다는 판례[367)]는 후자의 입장에 취한 것으로 볼 수 있다.

(4) 물적 대상

사업장의 어느 부분까지를 대상으로 하여 직장폐쇄를 하는 것이 방어성의 요건을 갖추어 정당하다고 볼 수 있을 것인지 여부가 문제된다. 이는 노동조합의 쟁의행위 태양, 쟁의행위에 참가한 조합원의 범위, 쟁의행위로 조업중단이 발생한 범위 등에 비추어 구체적·개별적으로 판단하여야 한다.[368)]

(5) 사전 신고

사용자는 직장폐쇄를 할 경우에는 미리 행정관청 및 노동위원회에 각각 신고하여야 한다(노조법 46조 2항). 그러나 신고를 하지 않았다 하여 대항성이 상실되는 것은 아니다. 쟁의행위의 서면신고의무는 쟁의행위를 할 때 세부적·형식적 절차를 규정한 것으로 쟁의행위에 적법성을 부여하기 위하여 필요한 본질적 요소는 아니므로, 신고절차의 미준수만을 이유로 쟁의행위의 정당성을 부정할 수는 없다.[369)]

---

366) 노동조합 및 노동관계조정법 주해 Ⅱ(제2판), 900-901면.
367) 서울고법 2000. 10. 6. 선고 2000나203 판결.
368) 김유성 Ⅱ, 295-296면.
369) 대법원 2007. 12. 28. 선고 2007도5204 판결.

(6) 위법한 파업에 대한 직장폐쇄의 허용성

(가) 허용설

직장폐쇄의 대항성 요건은 노동조합의 쟁의행위가 개시된 것으로 충분하고, 그 쟁의행위의 정당성 여부는 불문한다. 즉 노동조합의 위법한 쟁의행위에 대하여도 직장폐쇄는 허용된다는 견해이다.[370] 쟁의행위가 정당성이 없을 경우 그에 대한 법적 책임을 사법적 구제수단을 통하여 묻는 것과 노사관계 당사자가 쟁의행위 및 그에 대항하는 행위에 의하여 서로 그 주장을 관철하려는 것은 전혀 별개 차원의 문제이고, 단체교섭과정에서 주장이 대립되어 여전히 해결되지 않은 사항이 남아 있다면 쟁의행위의 정당성 여부와 관계없이 노사관계 당사자 사이의 교섭력의 균형성은 계속 유지되어야 할 필요가 있다는 점을 근거로 들고 있다.

(나) 불허용설

위법한 파업에 대하여 사용자가 집단적 대항조치로서 직장폐쇄를 할 수 없다는 견해이다.[371] 집단적 투쟁조치로서의 직장폐쇄도 단체교섭의 기능 내지 단체협약의 체결을 목적으로 하는 협약자치 내에서 인정되므로, 단체협약자치의 범위를 이탈하는 위법한 파업에 대하여 직장폐쇄를 단행하는 것은 헌법 33조 1항의 협약자치제도의 취지에 비추어 허용되지 않는다고 한다. 이 견해는 위법한 파업에 대하여 사용자는 사법적 구제수단으로 대응할 수 있을 뿐 직장폐쇄로 대항할 수 없고, 만약 이 경우 직장폐쇄를 하였다면 사용자는 임금 전액을 근로자에게 지급하여야 한다고 본다. 다만 사용자가 법적 구제방법을 가지고는 불법파업에 대항할 수 없는 긴급한 경우에만 직장폐쇄를 단행할 수 있다고 한다.[372]

(다) 검 토

만약 위법한 쟁의행위에 대항하는 직장폐쇄가 허용되지 않는다면, 정당한 쟁의행위는 직장폐쇄로부터 제한을 받고, 위법한 쟁의행위는 그러한 제한을 받지 않는다는 결론에 이르는데, 이는 정당한 행위보다 부당한 행위를 더 보호하는 셈이 되어 불합리하다. 또한 불허용설은 위법한 행위로 법익이 침해되는 급박한 경우에는 정당방위의 자력구제로 대항할 수 있다는 법질서의 기본원리에도 위배된다. 따

---

370) 임종률 277면.
371) 김형배, 1421면.
372) 김형배, 1422면.

라서 허용설이 타당하다.[373)]

라. 직장폐쇄의 효과

(1) 선원근로계약의 존속

사용자가 직장폐쇄를 하더라도 선원근로계약은 존속한다. 따라서 파업과 직장폐쇄의 효과로 인해 근로제공과 임금지급 등 주된 의무는 정지되더라도, 부수적 의무는 그대로 유지된다. 그러므로 직장폐쇄 기간 중이더라도 근로자는 부수적 의무에 기해서 위험방지와 생산시설의 유지를 위하여 필요한 작업, 즉 보안작업을 거부하는 것은 허용되지 않으며, 선내 거주구, 기숙사, 사택 기타 복리후생시설, 조합사무소 등의 시설에 대한 사용권을 여전히 행사할 수 있다.

(2) 임금지급의무의 면제

직장폐쇄가 정당성의 요건을 갖추어 행해지면, 사용자는 직장폐쇄의 대상으로 삼은 근로자에 대하여 임금지급의무를 면제받는다.[374)] 이와 달리 직장폐쇄가 정당성을 상실한 경우라면, 사용자는 근로자가 지급받아야 할 임금을 그대로 지급하여야 한다. 사용자는 쟁의행위에 참가하여 근로를 제공하지 아니한 근로자에 대하여는 그 기간 중의 임금을 지급할 의무가 없다(노조법 44조 1항). 따라서 근로자가 파업을 하여 아예 근로를 제공하지 않은 경우 위 법조항에 따라 애당초 임금지급의무가 발생하지 아니하므로, 사용자가 파업에 대항하여 직장폐쇄를 하였더라도 그 직접적인 효과로서 임금지급이 면제되는 것은 아니다. 사용자의 직장폐쇄가 정당한 경우라면 직장폐쇄의 대상으로 정당하게 포함시킨 근로자 전체에 대하여 임금지급의무가 면제되고, 쟁의행위에 실제 참가한 근로자에 대하여만 임금지급의무가 면제되는 것은 아니다.

쟁의행위 시의 임금지급에 관하여 단체협약이나 취업규칙 등에서 이를 규정하거나 그 지급에 관한 당사자 사이의 약정이나 관행이 있다고 인정되지 아니하는 한, 근로자의 근로제공의무 등의 주된 권리·의무가 정지되어 근로자가 근로를 제공하지 아니한 쟁의행위 기간 동안에는 근로제공의무와 대가관계에 있는 근로

---

373) 노동조합 및 노동관계조정법 주해 Ⅱ(제2판), 896면.
374) 대법원 2000. 5. 26. 선고 98다34331 판결.

자의 주된 권리로서의 임금청구권은 발생하지 아니하는데, 근로를 불완전하게 제공하는 형태의 쟁의행위인 태업(怠業)도 근로제공이 일부 정지되므로, 여기에도 무노동무임금 원칙이 적용된다는 것이 판례의 입장이다.[375)]

(3) 선내 급식의무의 존속

선박소유자가 직장폐쇄를 하는 경우 쟁의행위 중인 선원에 대하여 선내 급식의무가 존속하는지 문제된다. 이는 무노동무임금의 원칙(노조법 44조 1항)과 관련하여, 선내 급식이 선박소유자가 근로의 대상으로 지급하는 것인지 아니면 선박의 운항에 필요한 비품의 일종으로 볼 것인지에 따라 달라진다. 선내 급식은 근로의 대가라기보다는 선박항해의 특성상 선원의 건강 유지를 위하여 선박소유자에게 그 의무를 부과한 것으로 선박운항에 필요한 비용에 해당한다. 그렇다면 선원에 대하여 인명 또는 선박에 위해를 줄 염려가 있는 경우 쟁의행위를 제한하는 것과 동일한 논리에서, 선박소유자는 선박폐쇄를 하더라도 쟁의 중인 선원에게 선내 급식을 제공할 의무를 부담한다.[376)]

마. 위법한 직장폐쇄와 형사처벌

사용자가 노동조합이 쟁의행위를 개시하기 이전에 직장폐쇄를 하면 1년 이하의 징역 또는 1천만 원 이하의 벌금에 처해진다(노조법 91조).

5. 쟁의행위의 제한

가. 의 의

선원법 25조는 1～6호의 경우에는 선원근로관계에 관한 쟁의행위를 할 수 없도록 규정하고 있다. 위 규정은 사업장의 안전보호시설에 대하여 정상적인 유지·운영을 정지·폐지 또는 방해하는 행위는 쟁의행위로서 금지하고 있는 노조법 42조 2항과 같은 취지에서, 인명이나 선박의 안전에 현저한 위해를 줄 수 있는 경우를 구체적으로 열거하여 선원의 쟁의행위를 제한하는 것이다. 다만 선원법은 노조법보다 엄격하게 쟁의행위의 제한사유를 인명이나 선박의 안전에 현저한 위해를

375) 대법원 2013. 11. 28. 선고 2011다39946 판결.
376) 유명윤a, 51면, 武城正長, 144면. 이와 달리 선박소유자는 직장폐쇄대상 선원에게 선내 급식의 편의를 제공할 의무는 있으나 그 비용부담은 면한다는 견해로는 藤崎道好, 137면.

줄 수 있는 경우로 한정하고 있다.

나. 외국의 입법례

(1) 일 본

일본 선원법 30조는 선박이 외국의 항에 있는 경우, 인명 또는 선박에 위해를 줄 염려가 있는 경우에 한하여 쟁의행위를 제한하고 있다. 이러한 일본의 입법례에 대한 연혁을 간단히 살펴보기로 한다.[377)]

① 일본 최초의 선원관계 법령인 1879년 태정관 포고 9호(西洋形商船海員雇入雇止規則) 11조는 "선내에서 도당을 모의한 자, 선장을 협박한 자, 탈선하는 자는 그 사정에 따라 100일 이내의 징역에 처한다. 만약 선체 · 선구를 훼손 또는 재화를 이용한 자는 그 실가를 변상하는 외에 본조에 의하여 그 벌을 과한다."고 규정하였다.

② 1899년 선원법 72조는 "해원이 작당하여 다음의 행위를 하는 경우에는 각 호의 구별에 의하여 처단하고 수괴는 1등급을 가한다. (i) 직무에 따르지 않거나, 상사의 명령에 복종하지 않는 경우에는 11일 이상 6월 이하의 중금고(重禁錮)에 처한다. (ii) 탈선한 경우에는 1월 이상 1년 이하의 중금고에 처한다."고 규정하였다.

③ 1937년 선원법 60조는 "선박이 외국의 항구에 있는 경우, 인명 또는 선박에 직접적인 위험이 미칠 우려가 있는 경우, 선원 또는 그 대표자가 상대방에 대하여 쟁의사항에 관한 교섭을 개시한 후 1주일이 경과하고 24시간 전에 예고하지 아니한 경우"에는 쟁의행위를 제한하고, 선원이 노동쟁의에 관하여 단결하여 노무를 중지하거나 작업의 진행을 저해하는 경우에는 1년 이하의 징역이나 500엔 이하의 벌금에 처하도록 규정하였다.

④ 1947년 선원법 30조는 "노동관계에 관한 쟁의행위는 선박이 외국 항에 있는 경우 또는 그 쟁의행위에 의하여 인명 또는 선박에 위험이 미칠 수 있는 경우에는 이를 하여서는 아니 된다."고 규정하고, 위반행위에 대한 처벌조항은 두지 않았다. 법률원안에는 선박이 항행 중인 때에도 쟁의행위를 제한하는 것으로 되어 있었으나 '인명 또는 선박에 위험이 미치지 않는 경우'까지 포함하여 항행 중 모든

---

377) 藤崎道好, 132-134면.

쟁의행위를 제한하는 것은 부당하다고 보아 이를 제외하였다.

⑤ 1962년 선원법 개정 시 사용자 측의 제안에 따라 "항행 중에 쟁의행위를 금지하는 것, 쟁의 중에 선박보안에 관한 규정을 설치할 것"에 관한 자문이 있었으나, 선원법개정위원회는 이를 받아들이지 않았다. 먼저 항행 중 쟁의행위 금지에 관하여, 육상근로자가 노동관계조정법 36조에 의하여 인명에 위험을 미치는 쟁의행위를 금지하고 있는데 반하여, 선원은 인명뿐만 아니라 선박에 위험이 미칠 경우에도 금지되어 육상근로자에 비하여 강도의 제한을 부과하고 있으므로 다시 이를 제한하는 것은 문제가 있다는 점, 당시 항행 중의 선박에서 쟁의행위가 이루어져 불편을 발생시킨 사례가 없다는 것이 그 이유였다. 쟁의 중 선박보안에 관한 규정의 신설 또한 쟁의 중에도 선장의 보안명령권이 존재한다는 것이 확인되어 개정의 필요성이 인정되지 않았다.

(2) 미 국

(가) 연방법의 선상반란죄

미국 선박의 승무원이 공해상이나 미국의 해사관할권이 미치는 모든 영역에서 선상반란이나 폭동을 시도하는 경우, 이에 가담·공모·합동하는 경우, 선장이나 상관의 적법한 명령에 불복종 또는 저항하도록 선동하는 경우, 승무원의 직무수행을 거절하거나 해태하도록 하는 경우, 신뢰를 배반하거나 폭동에 가담하도록 하는 경우, 그 결과 폭동이 발생한 경우, 선장이나 명령권을 가진 직원을 감금한 경우에는 이 장에 규정된 벌금형 또는 5년 이하의 금고형, 또는 벌금과 금고의 병과형에 처한다(18 U.S.C. §2192).

미국 선박의 승무원이 공해상이나 미국의 해사관할권이 미치는 모든 영역에서 불법적인 강압·기망·협박을 사용하여 선장이나 상사로부터 선박지휘권을 찬탈하는 경우, 권한과 명령권을 박탈하는 경우, 자유롭고 적법한 지휘권 행사에 저항하거나 그 행사를 방해하는 경우, 지휘권을 다른 사람에게 불법적으로 이전하는 경우에는 선상반란죄가 성립하고, 이 장에 규정된 벌금형 또는 10년 이하의 금고형, 또는 벌금과 금고의 병과형에 처한다(18 U.S.C. §2193).

(나) 승선계약서[378)]

해외 또는 주간(州間) 항행에 종사하는 선원은 연방해사감독관(U.S. Shipping Commissioner)의 면전에서 승선계약서에 서명하여야 한다(46 U.S.C. §564). 승선계약서에는 항해의 주요내용과 항해기간, 승무원의 수와 직무의 내용, 임금의 액수, 승무할 선박의 적재량, 선원이 승선하여 직무를 시작할 시각, 선원이 받을 임금액, 임금의 할당에 관한 규정 등을 포함한다. 승선계약서는 통상 항해 단위로 체결된다. 선원의 이선권(離船權, the right of the individual seaman to desert)을 제외하면, 선원이 승선계약서에 서명하면 계약내용을 전부 이행하거나 선박이 계약이 체결된 항구에 돌아올 때까지 이에 구속된다. 선박이 계약이 체결된 항구로 귀항하면, 선원은 계약을 해지하고 연방해사감독관 면전에서 임금을 지급받는다. 승선계약서에 의하면 선장과 선원 사이의 분쟁은 임금을 포함하여 연방해사감독관이 결정한다. 또한 승선계약서에는 "선원은 선박에 관한 모든 사항에 관하여 선상, 승·하선, 상륙 시에 선장의 적법한 명령에 복종하여야 한다."고 규정하고 있다.

(다) Southern Steamship Co. v. NLRB 사건

전국노동관계위원회(National Labor Relations Board, NLRB)는 선원이 승선계약을 해지하더라도 선원근로관계는 종료하지 않는다는 입장을 취하였고, 이는 연방대법원에 의하여도 승인되었다.[379)] 그런데 Southern Steamship Co. v. NLRB[380)] 사건에서는 선박이 항구에 도착하여 안전하게 계류된 후, 선원이 파업을 이유로 승선계약을 해지하고 선장의 승선명령을 거부한 것이 선상반란죄에 해당하는지 여부가 문제되었다.

① 사실관계

NLRB는 선박소유자(Southern Steamship Co.)가 보유하고 있는 휴스턴시호(the City of Houston), 포트워스시호(the City of Fort Worth) 등 선박에 근무하는 부원들을 위한 단체교섭대표를 결정하기 위하여 선거를 실시하였다. 선거 결과 전국해상노동조합(the National Maritime Union, C.I.O. 산하 조직이다)이 배타적 교섭대표로 NLRB의 인준을 받았다. 그러나 선박소유자는 휴스턴시호에서 투표를 실시할

378) Louis Bloch, "The Seamens's Right to Strike", 32 Am. Lab. Legis. Rev. 73(1942), 74면.
379) NLRB v. Waterman Steamship Co. 309 U.S. 206 (1940).
380) 316. U.S. 51 (1942).

때 NLRB가 회사 측 임원 참석을 거부하였다는 이유로, NLRB의 인준을 승인하지 않았다. 그 결과 1938. 7. 17. 포트워스시호가 휴스턴에 정박하였을 때 선원들은 노동조합을 통하여 회사에 단체교섭에 응할 것을 요구하였다. 선장은 선박에 남아 있던 선원들에게 선무에 복귀하여 출항준비를 할 것을 명령하였으나, 선원들은 명령에 복종하기를 거부하였다. 그러자 연방해사 부감독관은 승선하여 승무원들 앞에서 선장의 합법적인 명령에 복종할 것을 규정한 승선계약조항을 낭독하였다. 그 날 오후 휴스턴에 있는 회사 측 변호사가 회사 측의 승인을 받지 않은 채, 다음 주에 파업 중인 선원들을 만나 단체교섭에 응할 것과 노동조합 측 대표단이 승선하여 선상에서 노동조합 업무를 수행할 수 있도록 회사가 승선권한을 부여할 것을 요청할 것이라고 약속하였다.

포트워스시호가 7. 25. 필라델피아에 도착하자, 선원들은 승선계약을 해지하였다. 새로운 항해가 시작되면 승선계약을 다시 체결하는 관행이 있었음에도, 회사는 휴스턴에서 파업에 참가하였던 선원 중 5명에 관한 승선재계약 체결을 거부하였다. 해고에 항의하기 위하여 선원들은 선박이 항구에 정박한 후 파업을 개시하였고, 다시 선장의 복귀명령에 복종할 것을 거부하였다.

② NLRB의 결정

NLRB는, 회사가 파업을 하였다는 이유로 5명의 선원을 해고한 것과 NLRB의 교섭대표의 인준에도 불구하고 단체교섭을 거부한 것은 부당노동행위에 해당한다고 결정하였다. NLRB는 회사 측에게, 5명의 선원을 재고용하도록 하는 구제명령을 발령하였고, 구제명령의 이행을 강제하기 위하여 필라델피아에 있는 연방제3순회법원에 항소를 제기하였다(No. 7435. October Term. 1940). 위 법원은 선박이 국내 항에 안전하게 정박한 후 선원의 파업권을 제한하는 것은 부당하다는 이유를 들어 NLRB의 결정을 지지하였다.

③ 연방대법원의 판결

연방대법원은 1942. 4. 6. 아래와 같은 이유를 들어 5:4로 연방순회법원의 결정을 파기하였다.

(i) 파업에 가담한 선원들이 선장과 다른 상관들의 자유롭고 적법한 권한과 명령권의 행사에 저항한 것은 연방법상 선상반란죄를 구성한다.

(ii) 연방법은 이 사건 파업이 발생한 휴스턴 항을 포함하여 미국의 해사관할

권이 미치는 모든 영역에서 선원에게 선장과 상사의 명령에 복종할 것을 규정하고 있으므로, 선박이 항해 중인 것과 항구에 정박 중인 것을 구별할 필요가 없다.

(iii) 최초의 부당노동행위가 이 사건 파업을 유발시켰음에도 불구하고, 5명의 선원을 재고용하도록 한 NLRB의 구제명령은 그 권한을 넘은 것이다.

(iv) 미국의 해사관할권이 미치는 모든 영역에서 선원이 상사의 명령에 불복종하는 것을 선상반란죄로 처벌할 것인지 여부는 법원이 아니라 연방의회가 결정할 사항이다.

④ 평가

위와 같은 연방대법원의 판결은 선원의 파업권을 사실상 금지하는 것이고, 와그너법(Wagner Act)을 집행할 수 있는 NLRB의 권한을 심각하게 제약한다는 비판이 제기되고 있다.[381)]

(라) 선원의 파업에 관한 법리

위에서 본 바와 같이 선상파업은 선상반란죄를 구성한다.[382)] 선박이 파업이 진행 중인 항구에 입항하는 경우 선원은 선원근로계약을 해지하지 않는 한, 임금의 몰취, 의복의 상실, 이선에 따른 위약금의 효과 없이는 파업을 하거나 선박을 떠나지 못한다.[383)] 이는 연안무역(the coastside trade)에 종사하는 선박에도 적용된다.[384)]

(3) 영 국

영국 1970년 상선법 42조 2항은 "선원은 선박이 영국 내의 투묘지에서 완전히 계류 중인 경우에 한하여 최소 48시간 이전에 선장에게 쟁의행위를 위하여 선원근로관계를 종료한다고 고지하지 않으면 고지는 효력이 없다."고 규정하여 일정한 경우 쟁의행위를 금지하고 있었으나,[385)] 위 조항은 그 후 삭제되었다.[386)]

---

381) Ahmed A. White, "Mutiny, Shipboard Strikes, and the Supreme Court's Subversion of New Deal Labor Law", 25 Berkeley J. Emp. & Lab. L. 275 (2004), 335-337면.

382) Southern Steamship Co. v. NLRB, 316. U.S. 51 (1942); Grivas v. Alianza Compania Armadosa S.A. 150 F.Supp. 708 (1957, DC NY).

383) The M.S. Elliott, 277 F. 800 (1921, CA4 SC); United States v. Smith, 12 F.2d. 265 (1926, CA5 La); The Youngstown, 110 F.2d. 968 (1940, CA5 La).

384) Barfield v. Standard Oil Co., 172 Misc 95, 14 NYS2d. 627 (1939).

385) Hill, 488면.

386) 42조 1항은 Trade Union and Labour Relations (Consolidation) Act 1992(c.52) Sch.1 para.1에 의하여, 2항은 Merchant Shipping Act 1988(c.12), ss.48, 57(5), Schs. 5, 7(with s.58(4), Sch.8

다. 시기상 제한

(1) 선박이 외국 항에 있는 경우(1호)

외국의 항은 원칙적으로 그 나라의 법령에 의하되, 그것이 명확하지 아니한 경우에는 사회통념에 의하여 결정한다. 외국의 항에서 쟁의행위를 제한하는 취지는 외국 항에는 선박소유자의 지점이나 대리점 등이 항상 있다고 볼 수 없으므로 쟁의의 해결이 곤란한 점, 선원이 하선한 경우 후임자의 보충이 곤란한 점, 선박소유자가 직장폐쇄를 하는 경우 선원이 곤경에 처하게 되는 점, 외국에서는 정당한 세론의 반향을 알 수 없는 점, 노조법에 의한 조정이 곤란한 점, 외국관헌의 간섭을 초래하여 문제의 해결을 곤란하게 만들 수 있는 점 등이 거론된다.[387]

그러나 선박소유자의 지점이나 대리점이 없더라도 통신기술의 발달로 본국에 있는 선박소유자와 노동조합의 단체교섭의 진행 상태를 알 수 있는 점, 쟁의에 관하여 지점이나 대리점의 역할은 크지 않고 이는 다른 산업에도 동일한 점,[388] 법령위반이나 계약위반을 이유로 한 쟁의행위는 외국에서도 그 필요성이 크다는 점, 후임자의 보충이 곤란하다는 것은 쟁의행위의 속성상 당연한 것이고 이를 통한 선박소유자의 경제적 손실이야말로 선원이 선박소유자에 대하여 가지는 유일한 수단인 점,[389] 직장폐쇄를 하더라도 선원근로계약은 여전히 존속하고 선원은 선내 거주구를 이용할 수 있으며 선박소유자의 선내급식의무도 존속하는 점, 권리분쟁의 경우에는 조정전치주의가 적용되지 않는 점, 선내의 사법관계에 관하여는 국제법상 기국주의의 원칙상 영해국의 주권이 미치지 아니하는 점 등에 비추어 보면, 외국의 항구에서 쟁의행위를 제한하는 것은 합리적인 이유가 되지 아니한다.

(2) 여객선이 승객을 태우고 항해 중인 경우(2호)

여객선이 승객을 태우고 항행 중에 쟁의행위를 하게 되면, 승객의 안전에 위험이 생길 수 있기 때문에 이를 제한하는 것이다.

---

para.1)에 의하여, 3항은 Trade Union and Labour Relations Act 1974(c.52) Sch.5에 의하여 각 폐지되었다.

387) 藤崎道好, 138면.

388) 辻秀典, “爭議行爲の法律による制限”, 現代勞働法講座 第5卷 －勞働爭議－, 日本勞働法學會 編, 總合勞働硏究所(1980), 424면.

389) 유명윤a, 51면.

(3) 위험물 운송을 전용으로 하는 선박이 항해 중인 경우로서 위험물의 종류 별로 해양수산부령으로 정하는 경우(3호)

'위험물의 종류별로 해양수산부령으로 정하는 경우'란 '위험물 선박운송 및 저장규칙' 3조에 규정된 위험물 중, (i) 고압가스, (ii) 인화성 액체류, (iii) 방사성물질, (iv) 화약류, (v) 산화성 물질류, (vi) 부식성 물질, (vii) 유해성 물질 등에 해당하는 위험물을 적재하고 항행 중인 경우를 말한다. 다만 (i)~(iii)의 경우에는 당해 위험물을 적재하지 아니하고 항행 중인 경우를 포함한다(시행규칙 17조).

(4) 9조에 따라 선장 등이 선박의 조종을 지휘하여 항해 중인 경우(4호)

선장은 항구를 출입할 때, 좁은 수로를 지나갈 때, 선박의 충돌·침몰 등 해양사고가 빈발하는 해역을 통과할 때, 그 밖에 선박에 위험이 발생할 우려가 있는 때로서 해양수산부령으로 정하는 때에는 선박의 조종을 직접 하여야 하는데, 이때 쟁의행위를 하게 되면, 인명이나 선박에 현저한 위해가 발생할 염려가 있기 때문에 이를 제한하는 것이다.

(5) 어선이 어장에서 어구를 내릴 때부터 냉동처리 등을 마칠 때까지의 일련의 어획작업 중인 경우(5호)

어선이 어장에서 어구를 내릴 때부터 냉동처리 등을 마칠 때까지 조업을 중단하게 되면, 재선자나 선박의 안전에 위험이 발생할 수 있기 때문에 일련의 어획작업 중 쟁의행위를 제한하고 있다. 그러나 현대에는 선박 및 가공기술의 발달로 어획활동은 하지 않고 오로지 어류가공만 하는 선박이 등장하였는데, 이 경우에는 사실상 조업 중 쟁의행위가 제한되지 아니한다.

(6) 그 밖에 선원근로관계에 관한 쟁의행위로 인명이나 선박의 안전에 현저한 위해를 줄 우려가 있는 경우(6호)

1호 내지 5호의 규정에 해당하지 않더라도, 인명이나 선박안전에 현저한 위해를 줄 우려가 있는 경우 쟁의행위를 제한하는 취지는 노조법 42조 2항의 규정의 취지와 같다.[390] 인명 또는 선박에 현저한 위해를 줄 우려가 있는지 여부에 관한 판정은 궁극적으로 법원의 사실인정에 의하여 결정될 문제이나, 사태발생시 이를

390) 유명윤a, 45면.

판단하는 것은 선박의 운항책임자인 선장의 직무에 해당한다.[391] 따라서 쟁의행위 시 인명 · 선박의 안전에 관한 책임자는 선장이므로,[392] 선장은 인명 · 선박의 안전을 위하여 해원에게 항해당직이나 안전시설유지의무 등을 명할 수 있고, 재선자에 대하여 명령권이나 강제권을 행사할 수 있다.

라. 대상에 의한 제한

선원법은 '선원의 근로관계'에 관한 쟁의행위만을 제한하고 있다. 위의 '근로관계'는 '노동관계'에 대응하는 개념이므로, 선원의 개별적 근로관계 이외의 사항에 대하여 쟁의행위는 허용된다. 따라서 선원의 근로관계 이외의 사항에 대한 쟁의행위로는 집단적 노동관계(조합활동, 편의제공, 단체교섭의 방식, 단체교섭의 당사자 등)에 대한 쟁의행위와 정치파업 · 동정파업 등을 들 수 있는데, 특히 정치파업 · 동정파업의 정당성에 관하여는 주지하는 바와 같이 견해의 대립이 있다.[393]

마. 선장의 명령권에 의한 제한

해원이 선장의 명령에 복종할 의무는 공법상 의무이므로, 쟁의행위를 하는 경우에도 정지되는 것은 아니다.[394] 해원에게 복종의무를 발생시키는 선장의 직무상 명령은 인명 · 선박의 안전확보와 선내질서의 유지를 위한 공법상 직무명령에 한정되므로, 해원은 이와 관련이 없는 선장의 사법상 직무명령에는 쟁의행위를 이유로 복종을 거부할 수 있다.

바. 면책적 쟁의행위의 해석에 의한 제한

면책적 쟁의행위의 정당성은 노조법상 쟁의행위에 대한 정당성과는 달리 헌법 33조, 형법 20조의 규정 등을 종합하여 결정하여야 한다. 따라서 면책적 쟁의행위의 정당성을 평가할 때에는 노조법상 규정된 주체 · 목적 · 절차(투표, 조정전치주의) 등에 관한 각종 제한규정은 의미가 없으므로, 선원이 근로조건의 유지 · 향상

---

391) 1950. 5. 9. 員基 57호.

392) 1953. 6. 1. 法制局 1發 53호 法制局 제1부장의 運輸省 船員局長에 대한 回答, 船員法解釋例規, 103-104면.

393) 김유성 Ⅱ, 230-234면; 순수한 정치적 목적의 쟁의행위는 정당하지 않지만, 근로자나 노동조합의 경제적 · 사회적 이익과 관련된 정치파업은 정당하다고 판시한 사례로는 춘천지법 1999. 10. 7. 선고 98노1147 판결.

394) Bemm/Lindemann, S.986; Lindemann, S.1115.

을 위하여 행하는 쟁의행위에 대하여는 수단과 태양만을 기초로 그 정당성을 인정하여야 한다. 다만 쟁의행위도 헌법 37조에 의하여 제한될 수 있고 권리남용의 원칙도 적용되므로, 선원의 쟁의행위는 폭력이나 파괴행위를 수반하여서는 안 되며(노조법 42조 1항 참조), 인명이나 선박에 위해를 주어서는 안 된다.

6. 선원법 25조 위반의 효과

가. 형사책임

선원법 25조의 규정에 위반한 자로서 (i) 쟁의행위를 지휘하거나 지도적 임무에 종사한 사람은 3년 이하의 징역에, (ii) 쟁의행위 모의에 적극적으로 참여하거나 선동한 사람은 1년 이하의 징역 또는 1천만 원 이하의 벌금에 각 처한다(법 165조 2항).[395]

그런데 외국 항에 있는 경우라도 인명이나 선박에 현저한 위해를 줄 우려가 없는 경우에 행하여지는 쟁의행위에 대하여도 형사처벌하는 것은 헌법상 과잉금지의 원칙에 위배되므로 이를 삭제하는 것이 타당하다.[396] 또한 인명이나 선박에 현저한 위해를 미칠 우려가 있음에도 해원이 쟁의행위를 하는 경우 선장은 해원을 징계할 수 있고(법 22조 1항), 선박에 급박한 위험이 있는 경우에 선장의 허가 없이 선박을 떠나거나 선장이 인명 · 선박 · 화물의 구조에 필요한 조치를 하는 경우에 상사의 직무상 명령에 따르지 아니하였을 때에는 형사처벌을 할 수 있으므로(법 166조 1, 2호), 별도로 처벌조항을 둘 필요는 없다.

나. 정당화사유로 인한 위법성조각

(1) 선원법 165조 3항

쟁의행위는 업무의 저해라는 속성상 그 자체 시민형법상 여러 가지 범죄의 구성요건에 해당될 수 있음에도 불구하고 그것이 정당성을 가지는 경우에는 형사책임이 면제되는데, 이는 헌법 33조에 당연히 포함된 내용이며, 정당한 쟁의행위의 효과로서 형사면책을 규정하고 있는 노조법 4조는 이를 명문으로 확인한 것이다.[397] 그럼에도 선원법 165조 3항은 “25조 위반의 쟁의행위가 선박소유자(그 대

395) 처벌규정은 1966년 개정(1966. 12. 9. 법률 1844호로 개정된 것) 시 신설된 것이다.
396) 일본의 선원법에는 쟁의행위제한규정 위반행위에 대한 처벌규정은 존재하지 아니한다.

리인을 포함한다)가 선원의 이익에 반하여 법령을 위반하거나 정당한 사유 없이 선원근로계약을 위반한 것을 이유로 한 것일 때에는 벌하지 아니한다."고 규정하고 있다. 이는 노조법 4조의 형사면책규정이 "형법 20조의 규정은 노동조합이 단체교섭·쟁의행위 기타의 행위로서 1조의 목적을 달성하기 위하여 한 정당한 행위에도 적용된다."고만 규정하고 있어, 선원의 쟁의행위 중 노동조합이 주도한 행위에 한하여 형사면책이 인정된다고 해석하는 것을 방지하고자 하는 것이다.

(2) 위법성조각

벌하지 아니한다는 의미가 위법성조각사유인지, 책임조각사유인지, 처벌조각사유인지 논란의 여지가 있으나, 선원법 25조 위반의 쟁의행위가 형식적으로 범죄의 구성요건에 해당한다 하더라도 그 실질이 선박소유자의 귀책사유에 대한 대항행위인 경우에는 법질서 전체의 규정에 비추어 정당한 행위로 평가되어 위법성이 조각된다고 해석하는 것이 타당하다.

그렇다면 선원법 165조 3항의 취지는 선박소유자나 그 대리인인 선장·어로장·선단장 기타 지배인 등이 법령이나 선원근로계약을 위반한 경우에는, 노동조합에 의하여 주도되지 아니한 비노조 쟁의행위, 비공인 쟁의행위, 권리분쟁에 관한 쟁의행위에 대하여도 형사면책을 인정함으로써 헌법상 단체행동권의 실효성을 확보하고, 선원의 개별쟁의행위에 대해서도 개별 법률의 차원에서 면책효과를 인정함으로써 헌법상 단체행동권의 영역을 일반근로자보다 확대한 것으로 보아야 한다.

397) 헌재 1998. 7. 16. 선고 97헌바23 결정.

제 3 장
선원근로관계

제1절 선원근로계약
제2절 취업규칙
제3절 선원근로관계의 종료
제4절 실업수당
제5절 송 환
제6절 선원명부와 공인
제7절 선원수첩과 선원신분증명서

제1절 선원근로계약

I. 의 의

1. 선원근로관계의 성립

선원근로관계는 선원근로계약, 취업규칙, 단체협약 등에 의하여 규율된다. 선원근로관계는 근로관계와 유사한 점도 많지만, 선원법은 선원근로관계에 관하여 실업수당, 송환, 공인, 선원수첩과 선원신분증명서 등 근기법에서 볼 수 없는 특별한 규정을 많이 두고 있다. 선원근로계약은 선원근로관계를 성립시키는 가장 중요한 수단이다. 이 장에서는 선원근로계약(선원근로계약 당사자와 내용의 변경에 따른 선원근로관계의 변동도 포함한다)에 관하여 먼저 살펴보고, 취업규칙, 선원근로관계의 종료, 실업수당, 송환, 선원명부와 공인, 선원수첩과 선원신분증명서의 순서대로 논의를 진행한다.

2. 선원근로계약의 개념

'선원근로계약'이란 선원은 승선하여 선박소유자에게 근로를 제공하고 선박소유자는 근로에 대하여 임금을 지급하는 것을 목적으로 체결된 쌍무계약을 말한다(법 2조 9호).[1] 구 선원법(1984. 8. 7. 법률 3751호로 개정되기 전의 것)은 근로계약이라는 용어와는 별도로 선원이 특정 선박에 승선하여 근로를 제공하고 선박소유자는 이에 대하여 임금을 지급함을 목적으로 체결된 계약에 대하여 '승선계약'이라는 용어를 사용하였다. 또한 구 선원법(1990. 8. 1. 법률 4255호 개정되기 전의 것)은 승무할 선박을 특정하지 아니한 선원근로계약을 '일반계약'이라 하고, 승무할 선박을 특정한 선원근로계약을 '특정계약'이라고 하였다.[2]

---

1) 대법원 2022. 3. 31. 선고 2021다229861 판결.

2) 선박소유자가 예비원을 두고 있는 경우 이는 일반적인 근로계약을 체결한 것이고, 예비원이 특정 선박에 승무할 때 다시 승선계약이 이루어져 승무원이 되며, 하선할 때 승선계약은 종료하고 다시 예비원의 지위로 돌아간다고 보았다. 日本 선원법은 乘組員에 대하여는 雇入契約이라는 용어를, 豫備船員에 대하여는 雇用契約이라는 용어를 사용하고 있으며, 양자의 관계에 관하여는 單一契約說과 二重契

현행법에서는 선원근로계약이라는 단일용어를 사용하고 있으므로, 선원의 승선과 하선은 선박소유자의 인사배치명령에 의한 구체적인 선내항행조직으로 편입과 그로부터 이탈을 의미할 뿐, 선원근로계약의 개시 · 존속 · 종료와는 무관하다. 그러나 현행법 하에서도 계약당사자는 명시적으로 승선할 선박을 특정하여 선원근로계약을 체결할 수 있고, 묵시적으로 특정선박을 전제로 선원근로계약을 체결하였다고 인정되는 경우가 있는데,[3] 이러한 경우 특정선박의 멸실 등은 선원근로계약의 해지사유가 된다.

3. 법적 성질

선원근로계약은 당사자가 선원과 선박소유자로 한정되는 점, 예정하는 근로의 장소가 선박인 점을 제외하고는, 근기법 2조 1항 4호의 '근로계약'의 정의와 유사하므로 선원근로계약의 법적 성질은 근로계약과 동일하다.[4] 근로계약과 민법상 고용계약의 관계에 관하여는, 계약개념으로서 양자의 차이가 없다는 구별부정설[5]도 있다. 그러나 근로계약은 고용계약에서 그 법형식과 실체 사이의 모순인 종속성을 극복하기 위하여 등장한 것으로 그 성립과정이 다르고, 근로계약의 개념구성은 근로자의 생존권보장이라는 기본이념을 실현하고 있으므로 양 계약의 이론적 출발점이 다르며, 규제내용으로 고용관계에서 사실로 존재하는 신분적 · 조직적 요소를 근로계약에서는 법적 계기로 받아들여 사회법적 규제를 가하고 있다는 것 등을 근거로 양 계약을 구별하여야 한다는 구별긍정설이 다수설이다.[6]

선원근로계약은 근로제공과 임금지급이라는 채권 · 채무의 성립을 목적으로 하는 채권계약으로 근로와 임금이 대가적 교환관계에 있는 유상 · 쌍무계약에 해당하고, 계약 체결시 특정한 형식을 요구하지 않는 낙성 · 불요식의 계약이다.[7] 선원법 43조는 선원근로계약서의 작성 및 신고의무에 관하여 규정하고 있으나, 선원근로계약서를 작성하지 아니한 선원근로계약이 무효가 되는 것은 아니다.

約說의 견해대립이 있다. 자세한 내용은 武城正長, 104-115면 참조.

3) 예를 들면, 선박소유자가 1척의 선박만을 소유하거나, 선박소유자가 여러 척의 선박을 소유한 경우에도 선원이 보유하고 있는 해기사자격이 특정선박에만 적용되는 경우를 들 수 있다.

4) 유명윤, "선원근로계약의 특징과 선원의 정리해고", 법학연구 4호, 한국해사법학회(1992. 12), 189면.

5) 이병태, 최신노동법(8전정판), 중앙경제(2008), 585면.

6) 김유성 Ⅰ, 55-56면; 김형배, 260면; 임종률, 361-362면.

7) 근로기준법 주해 Ⅰ(제2판), 179면.

Ⅱ. 선원근로계약의 당사자

1. 선박소유자

선원근로계약의 당사자는 사용자인 선박소유자[8]와 근로자인 선원이다. 선장은 선박소유자를 대리하여 선원과 선원근로계약을 체결할 수 있다(상법 749조). 선박소유자를 대리하여 선원근로계약을 체결하는 자는 적법한 대리권이 있어야 한다.[9] 대리권 없이 선원근로계약을 체결한 자는 민법 135조 소정의 책임을 부담한다.[10]

2. 선 원

가. 건강진단서를 가진 사람

선박소유자는 의료법에 따른 병원급 이상의 의료기관 또는 해양수산부령으로 정하는 기준에 맞는 의원의 의사가 승무에 적당하다는 것을 증명한 건강진단서를 가진 사람만을 선원으로 승무시켜야 한다(법 87조 1항).

나. 미성년자인 선원

선박소유자는 16세 미만인 사람을 선원으로 사용하지 못한다. 다만, 그 가족만 승무하는 선박의 경우에는 그러하지 아니하다(법 91조 1항). 선박소유자가 18세 미만인 사람을 선원으로 사용하려면 해양수산관청의 승인을 받아야 한다(법 91조 2항). 미성년자가 선원이 되려면 법정대리인의 동의를 받아야 하며(법 90조 1항), 법정대리인의 동의를 받은 미성년자는 선원근로계약에 관하여 성년자와 같은 능력을 가진다(2항). 법정대리인의 동의를 얻은 미성년자 선원은 근기법과는 달리 임금청구에 한하지 않고,[11] 모든 선원근로관계에 관한 소송에서 소송능력이 인정

---

8) 선원법 2조 9호, 10호, 56조 1항에 규정된 선박소유자는 2조 2호에 규정된 선박소유자와는 달리 선원근로계약을 체결하지 아니한 선박소유자를 포함하지 않는다. 서울중앙지법 2014. 1. 7. 선고 2013가소632785 판결.

9) Bubenzer/Noltin/Peetz/Mallach, S.155.

10) BAG, 10.1.2007, −5 AZR 665/06, NZA 2007, 679 Rn.11.

11) 근기법은 미성년자가 독자적으로 임금을 청구할 수 있다고 규정하고 있는데(68조), 이에 관하여 (i) 근로계약으로부터 발생하는 모든 소송에 관하여 소송능력을 인정하는 적극설[주석 민사소송법 Ⅰ(7

된다. 미성년자인 선원이 법정대리인의 동의 없이 선원근로계약을 체결하더라도 이는 취소사유가 될 뿐이다(민법 5조 2항).[12] 그러나 친권자나 후견인은 미성년자인 선원을 대리하여 선원근로계약을 체결하지 못한다(근기법 67조 1항).[13]

다. 선원의 자격요건

① 선박소유자는 총톤수 500t 이상 또는 주기관 추진력 750kW 이상의 선박(평수구역을 항행구역으로 하는 선박, 예선, 수면비행선박 제외)에는 시행규칙 41조가 정하는 자격요건을 갖춘 선원을 갑판부 또는 기관부의 항해당직 부원으로 승무시켜야 한다(법 64조 1항, 시행령 21조 1항).

② 통 등에 넣지 아니한 석유류 액체화학물질 또는 액화가스를 그대로 싣는데 전용되는 선박[산적액체화물(散積液體貨物)을 수송하기 위하여 사용되는 선박만 해당하고, 평수구역을 항행구역으로 하는 선박은 제외]에는 시행규칙 42조가 정하는 자격요건을 갖춘 선원을 승무시켜야 한다(법 64조 3항, 시행령 21조 2항).

③ 선박안전법 2조 2호에 따른 선박시설 중 구명정·구명뗏목·구조정 또는 고속구조정을 비치하여야 하는 선박의 선박소유자는 시행규칙 43조, 43조의2가 정하는 구명정 조종사 자격증을 가진 선원을 승무시켜야 한다(법 64조 4항, 시행령 21조 3항).

④ 선박안전법 2조 10호에 따른 여객선(평수구역만을 항해구역으로 하는 선박과 유선 및 도선 사업법 2조 1호 또는 2호에 따른 유선사업 또는 도선사업을 위하여 사용되는 선박은 제외)의 소유자는 시행규칙 43조의3이 정하는 여객의 안전관리에 필요한 자격요건을 갖춘 선원을 승무시켜야 한다(법 64조 5항). 여객선선장은 해양수산

판), 한국사법행정학회(2012), 394면], (ii) 근기법은 법정대리인의 대리권을 제한하는 것일 뿐 미성년자의 소송능력을 인정한 것은 아니라는 소극설(名古屋地裁 1962. 6. 11. 判決, 勞民集 13권 3호 734면; 名古屋高裁 1963. 7. 30. 判決, 勞民集 14권 4호 968면), (iii) 임금청구소송에 한하여 소송능력을 인정하는 임금청구소송한정긍정설(名古屋地裁 1960. 10. 10. 決定, 勞民集 11권 5호 1113면), (iv) 임금청구소송 및 미성년자가 15세 이상인 경우에는 기타 소송에도 소송능력을 인정하는 연령기준설(名古屋高裁 1960. 12. 27. 決定, 勞民集 11권 6호 1509면), (v) 법정대리인의 동의를 얻어 근로계약을 체결한 경우에만 근로계약상 모든 소송에서 소송능력을 인정하나 15세 미만인 경우에는 문제가 있다는 동의필요설(名古屋高裁 1963. 6. 19. 判決, 勞民集 14권 5호 1110면; 大阪地裁 1965. 10. 14. 決定, 勞民集 16권 5호 697면) 등의 견해대립이 있다.

12) 미성년선원이 법정대리인의 동의를 얻지 아니하고 승선한 경우에도 선박소유자는 미성년선원에 대한 의무를 이행하여야 하며, 미성년선원이 권리를 행사할 때는 제한을 받지 아니한다. 선원 33740-3109, 1990. 5. 23.

13) 위 조항은 선원법 5조 1항에서 제외되어 있다.

부령으로 정하는 적성심사 기준에 적합한 사람이어야 하고(법 66조의2 1항), 여객선 소유자는 적성심사기준을 충족하지 못한 사람을 선장으로 승무시켜서는 아니 된다(2항). 그러나 위의 규정을 위반한 선원근로계약이 무효로 되는 것은 아니며,[14] 단지 선원근로계약의 해지사유가 될 뿐이다.

라. 선원의 고지의무

선원은 선원근로계약을 체결하기 전에 선박소유자에게, 알코올이나 약물 중독, 외국에서 형사소추, 질병과 같이 선원으로서 직무를 수행하기에 적합하지 아니한 사항을 알려야 한다.[15]

Ⅲ. 선원근로계약의 기간

1. 의 의

근기법 16조는 근로계약은 기간을 정하지 아니한 것과 일정한 사업의 완료에 필요한 기간을 정한 것 외에는 그 기간은 1년을 초과하지 못하도록 규정하고 있었다.[16] 그러나 위 규정은 근기법 부칙 3조에 의하여 2007. 7. 1. 이후 효력을 상실하였다.

'기간제 및 단시간근로자 보호 등에 관한 법률'(이하 '기간제법')이 2007. 7. 1. 부터 시행됨으로써 기간을 정한 선원근로계약은 원칙적으로 2년의 범위 안에서만 가능하고(사업의 완료, 특정 업무 완성 필요 기간 등 일정한 예외가 있다. 기간제법 4조 1항 단서 참조), 2년을 초과하여 기간제선원을 사용하는 경우에는 그 기간제선원은 기간의 정함이 없는 선원근로계약을 체결한 선원으로 본다(기간제법 4조 1항, 2항).[17]

---

14) 건강진단서를 확인하지 아니하고 선원근로계약을 체결한 경우 같은 취지의 판결로는 울산지법 1999. 12. 8. 선고 99가단7410 판결.

15) BAG, 20.3.2014 −2 AZR 1071/12−, NZA 2014, 1131 Rn.30.; Bubenzer/Noltin/Peetz/Mallach, S.154.

16) 구 선원법(1984. 8. 7. 3751호로 개정되기 전의 것) 하에서 대법원은 고용기간과 승선기간과의 관계에 관하여 "고용기간이 출국일로부터 귀국 후 인수인계를 위한 1주일까지 29개월로 특정되어 있고 원·피고 간의 승선계약에서 승선기간에 관하여 특별한 약정을 한 바 없는 본건과 같은 경우에서는 선원의 승선기간은 고용기간과 동일하게 정한 것으로 해석함이 경험칙에 맞다."고 판시하였다. 대법원 1975. 11. 25. 선고 74다1105 판결(船).

2019년도 국적선사 외항상선 국적선원 242명을 대상으로 한 고용 실태조사 결과에 의하면, 정규직은 94명(38.8%), 비정규직은 129명(53.3%), 무응답 19명(7.9%)로 조사되었다.[18] 2018년 한국선주협회 회원사 160개 중 69사(해운회사 46개, 선박관리회사 23개)가 응답한 통계를 분석한 결과 평생고용률은 선원전체(41.47%), 해기사(41.68%), 부원(40.54%), 상급해기사(36.48%), 상급항해사관(37.31%), 상급기관사관(35.60%), 하급해기사(48.48%), 하급항해사관(51.49%), 하급기관사관(44.44%)으로 나타났다.[19] 2012년도 전체 승선선원 38,906명 가운데 상시고용 선원은 5,649명(14.5%)에 불과하였다.[20]

또 다른 실태조사에 의하면, 상선원 및 일부 원양어선원(연양연승어업, 원양트롤어업, 원양선망어업, 원양통발어업)의 경우에는 계약기간이 1년 이상인 장기계약이 일반적이고(이 경우는 기간의 정함이 없거나 일정한 사업완료에 필요한 기간을 정한 것이라고 볼 수 있다), 나머지 일부 원양어선원의 경우에는 1년 미만의 유기계약이 일반적이며(원양봉수망어업은 보통 6개월, 원양채낚기어업은 보통 10개월), 연근해어선원은 통상 1항해 단위로 선박에서 근무하게 된다.[21] 선원근로계약은 묵시적으로 갱신될 수 있다.[22]

---

17) 반복하여 체결된 기간제 근로계약 사이에 근로관계가 존재하지 않는 공백기간이 있는 경우에는, 공백기간의 길이와 공백기간을 전후한 총사용기간 중 공백기간이 차지하는 비중, 공백기간이 발생한 경위, 공백기간을 전후한 업무내용과 근로조건의 유사성, 사용자가 공백기간 동안 해당 기간제근로자의 업무를 대체한 방식과 기간제근로자에 대해 취한 조치, 공백기간에 대한 당사자의 의도나 인식, 다른 기간제근로자들에 대한 근로계약 반복·갱신 관행 등을 종합하여 공백기간 전후의 근로관계가 단절 없이 계속되었다고 평가될 수 있는지 여부를 가린 다음, 공백기간 전후의 근로기간을 합산하여 기간제법 제4조의 계속근로한 총기간을 산정할 수 있는지 판단하여야 한다. 대법원 2019. 10. 17. 선고 2016두63705 판결.

18) 선원고용실태분석 및 고용안정방안 연구, 경제사회노동위원회(2019. 10), 67면.

19) 전영우·홍성화·이창희, "외항상선 선원고용제도 개선에 관한 연구", 해사법연구 31권 1호(2019. 3), 42면.

20) 해양수산부, "선원 퇴직연금 공제 제도 도입 추진", 2014. 2. 18.

21) 홍성호, 선원의 고용보험 지원활성화 방안, 한국노동연구원(1998), 3-11면.

22) 선원법 35조에 따른 선원근로계약존속의 취지는 항해 중이거나 선원의 교대가 적당하지 않은 외국항 등에서 근로계약기간이 종료되는 경우 선박소유주가 입을 불측의 손해를 예방하기 위한 예외 규정에 불과한 점, 이 사건 선박은 원고의 선원근로계약이 종료된 2011. 12. 1. 이후에도 2011. 12. 1. 당진항, 2011. 12. 14. 중국 LONG KOU항, 2011. 12. 18. 군산항에 입항하여 피고에게는 수차례 원고를 하선시킬 수 있는 기회가 있었던 것으로 보이는 점, 그럼에도 피고는 원고로부터 아무런 이의 없이 선원근로계약이 만료된 후에도 28일간 근로를 제공받은 점 등에 비추어 보면, 원고와 피고 사이의 선원근로계약은 묵시적으로 갱신되었다. 부산지법 2012. 12. 7. 선고 2012가소121842 판결.

2. 반복갱신된 선원근로계약

가. 갱신기대권의 법리

기간을 정하여 근로계약을 체결한 근로자의 경우 기간이 지나면 근로자로서의 신분관계는 당연히 종료되고 근로계약을 갱신하지 못하면 갱신거절의 의사표시가 없어도 근로자는 당연히 퇴직하는 것이 원칙이다. 그러나 근로계약, 취업규칙, 단체협약 등에서 기간만료에도 불구하고 일정한 요건을 갖추면 근로계약이 갱신된다는 규정을 두고 있거나, 그러한 규정이 없더라도 근로계약의 내용과 근로계약이 이루어지게 된 동기와 경위, 계약 갱신의 기준 등 갱신 요건이나 절차의 설정 여부와 그 실태, 근로자가 수행하는 업무의 내용 등 근로관계를 둘러싼 여러 사정을 종합해 볼 때 근로계약 당사자 사이에 일정한 요건을 충족하면 근로계약이 갱신된다는 신뢰관계가 형성되어 있어 근로자에게 그에 따라 근로계약이 갱신될 수 있으리라는 정당한 기대권이 인정되는 경우에는 사용자가 이를 위반하여 부당하게 근로계약의 갱신을 거절하는 것은 부당해고와 마찬가지로 아무런 효력이 없다. 이 경우 기간만료 후의 근로관계는 종전의 근로계약이 갱신된 것과 동일하다.[23] 그리고 정년이 지난 상태에서 기간제 근로계약을 체결한 경우에는 위에서 본 여러 사정 외에 해당 직무의 성격에서 요구되는 직무수행 능력과 근로자의 업무수행 적격성, 연령에 따른 작업능률 저하나 위험성 증대의 정도, 해당 사업장에서 정년이 지난 고령자가 근무하는 실태와 계약이 갱신된 사례 등을 종합적으로 고려하여 근로계약 갱신에 관한 정당한 기대권이 인정되는지를 판단하여야 한다.[24] 근로자에게 이미 형성된 갱신에 대한 정당한 기대권이 있는데도 사용자가 이를 배제하고 근로계약의 갱신을 거절한 데에 합리적 이유가 있는지가 문제 될 때에는 사용자의 사업 목적과 성격, 사업장 여건, 근로자의 지위와 담당 직무의 내용, 근로계약 체결 경위, 근로계약의 갱신 요건이나 절차의 설정 여부와 운용 실태, 근로자에게 책임 있는 사유가 있는지 등 근로관계를 둘러싼 여러 사정을 종합하여 갱신 거부의 사유와 절차가 사회통념에 비추어 볼 때 객관적이고 합리적이며 공정한지를 기준으로 판단하여야 하고, 그러한 사정에 관한 증명책임은 사용자가

23) 대법원 2011. 4. 14. 선고 2007두1729 판결.
24) 대법원 2017. 2. 3. 선고 2016두50563 판결.

부담한다.[25] 이러한 법리는 선원법이 적용되는 선원이 체결한 기간제 선원근로계약이 종료된 경우에도 마찬가지로 적용된다.[26]

나. 퇴직금 산정시 계속근로기간의 산정

(1) 근로계약기간이 만료하면서 다시 근로계약을 맺어 그 근로계약기간을 갱신하거나 동일한 조건의 근로계약을 반복하여 체결한 경우에는 갱신 또는 반복된 계약기간을 합산하여 계속 근로 여부와 계속 근로 연수를 판단하여야 하고, 갱신되거나 반복 체결된 근로계약 사이에 일부 공백 기간이 있다 하더라도 그 기간이 전체 근로계약기간에 비하여 길지 아니하고 계절적 요인이나 방학 기간 등 당해 업무의 성격에 기인하거나 대기 기간·재충전을 위한 휴식 기간 등의 사정이 있어 그 기간 중 근로를 제공하지 않거나 임금을 지급하지 않을 상당한 이유가 있다고 인정되는 경우에는 근로관계의 계속성은 그 기간 중에도 유지된다고 보아야 한다.[27]

(2) (i) 표준선원근로계약서 8조에는 "① 선원의 기준 근로계약 기간은 8개월로 하며, 한국 출발일로부터 개시되며 하선 후 한국에 도착한 날 종료된다. ② 선주와 선원은 선원근로계약이 만료하는 경우 30일 이내에 상호 협의하여 계약을 연장 또는 갱신할 수 있다. ③ 계약만료 후 30일 이내에 별도 합의가 없고, 자동갱신제도가 없는 경우 계약은 연장된 것으로 본다. 단, 총 근로계약기간은 연장된

---

25) 대법원 2017. 10. 12. 선고 2015두44493 판결.

26) 대법원 2019. 10. 31. 선고 2019두45647 판결(船). 선원과 선박소유자가 작성한 선원근로계약서는 선원근로계약이 갱신될 수 있음을 전제하고 있고, 낙도보조항로 여객선 운항 사업자가 여러 차례 변경되었지만, 선원들은 2005년 또는 2008년부터 낙도보조항로 선박의 기관장으로 근무하면서 1년 단위로 계약을 갱신하는 방식으로 장기간 근무해 왔다. 선박소유자는 과거에도 낙도보조항로 사업자로 선정되어 여객선 운항 사업을 영위한 적이 있는데, 당시 선원 2와 근로계약을 여러 차례 갱신하였다. 선원들은 낙도보조항로 여객선 운항 사업자가 변경될 때마다 퇴직금 정산을 받지 않았고 선박소유자도 이를 인식하고 있었다. 선원 2는 참가인과 근로계약을 체결할 당시 이미 선박소유자가 정한 정년이 지난 상태였고, 선원 1은 근로계약기간이 종료한 시점에 선박소유자가 정한 정년에 도달한 상태였지만 선박의 기관장에게 요구되는 직무수행 능력에 문제가 있었다거나, 연령에 따른 작업능률 저하나 위험성이 증대되었다는 등의 사정이 보이지 않는다. 선박소유자도 정년에 도달한 근로자가 계속 근로할 수 있음을 인정하고 있다.

27) 대법원 2006. 12. 7. 선고 2004다29736 판결; 대법원 2010. 12. 9. 선고 2010다58490 판결; 대법원 2011. 4. 14. 선고 2009다35040 판결. 유자망어선에 승선한 외국인선원들이 선박소유자와 반복하여 선원근로계약을 체결한 경우, 계약 사이의 공백이 전체 선원근로관계의 기간에 비하여 길지 않고, 위와 같은 공백은 계절적 요인 등 선원근로업무의 성격에 기인하거나 휴식기간에 해당하는 것으로서 그 기간 중 선원이 근로를 제공하지 않을 상당한 이유가 있는 경우에는 근로관계의 계속성을 인정할 수 있다고 판시한 사례로는 광주지법 2022. 8. 24. 선고 2021나58768 판결.

기간을 포함하여 1년을 초과할 수 없으며 1년을 초과한 경우에는 최초 계약만료 시로부터 계약이 갱신된 것으로 본다. ④ 선원은 최초 계약기간이 만료된 경우 또는 8개월 이상 승무한 경우에는 유급휴가를 신청할 권리를 갖는다."라고 규정되어 있는 점, (ii) 선원들이 하선 후 재승선한 사이의 공백 기간이 2~3개월 미만에 불과하고 매년 비슷한 시기에 공백 기간이 존재하는 점에서 이는 계절적 요인 또는 선원이라는 업무의 성격에 기인하거나 대기 기간·재충전을 위한 휴식 기간 등으로 관행적으로 이용되어 온 것으로 보이는 점, (iii) 선원들은 상당한 기간 동안 계속적으로 선박에 승선 및 하선을 반복하면서 동일 또는 유사한 조건의 근로계약을 반복하여 체결한 점 등에 비추어 볼 때, 위 선원근로계약은 별도 합의 등 특별한 사정이 없는 한 원칙적으로 연장되고, 총 근로계약기간이 1년을 초과할 경우에는 계약이 갱신되는 것으로 보아 온 것으로 인정된다. 따라서 퇴직금 지급요건인 계속근로기간을 산정함에 있어서, 선원들의 1차~3차 승선기간 동안의 근로관계는 단절되지 않고 계속되었다고 봄이 타당하다.[28]

다. 주기어업에서 어선원

(1) 어선원의 선원근로계약의 기간에 관하여는 어기(漁期) 종료 시까지라고 규정하는 경우가 있다. 북태평양의 연어어업과 같이 어기가 결정되어 있고 그 기간이 짧은 경우, 이에 종사하는 선원의 선원근로계약은 어기의 개시 무렵에 시작하여 불확정기한인 어기 종료 무렵에 끝난다고 보더라도 문제는 없다.

이와 달리 주기어업(周期漁業)의 경우에는 일응 어기가 있다 하더라도 어기와 어기 사이의 간격은 짧고 그 기간에는 선체의 수리, 어구의 정비, 선원의 휴양 등에 사용되는 경우가 많다. 그런데 선원근로계약은 어기종료와 더불어 끝나고 새로운 어기의 시작과 동시에 다시 체결되는 것으로 보게 되면, 근로계약기간을 정한 경우 근로계약 당사자 사이의 근로관계는 특별한 사정이 없는 한 그 기간이 만료할 때 따라 사용자의 해고 등 별도의 조처를 기다릴 것 없이 당연히 종료되므로,[29] 주기어업에 종사하는 선원의 법적 지위는 매우 불안정하게 된다.

(2) 그러므로 1어기에 한하여 선원근로계약이 체결된 경우, 선원이 어기가 종

---

28) 부산지법 2019. 9. 18. 선고 2018가단310909 판결.
29) 대법원 1996. 8. 29. 선고 95다5783 전원합의체 판결.

료된 후 다른 기업에 전직한 경우(飛乘)에는 어기종료와 더불어 선원근로계약은 종료된다. 그러나 어기종료 후 다음 어기의 준비작업에 종사하거나 휴양을 하면서 다시 다음 어기에 참가하는 경우와 같이 기간을 정한 선원근로계약이 반복 갱신된 경우에는 선원은 해상기업에서 계속적 지위를 점하게 되므로 그 선원의 근로관계는 전체적으로 기간의 정함이 없는 선원근로계약으로 보아야 한다.[30] 이와는 달리 선박소유자가 어기와 어기 사이의 기간에 대하여 선원에게 대기수당(待命手當)을 지급하는 경우에는 명시적으로 선원과 근로관계를 존속시키는 것이므로 기간의 정함이 없는 선원근로계약으로 볼 수 있다.

따라서 어기와 어기 사이에 선원이 선박의 수리,[31] 어구의 정비 등 근로에 종사하는 경우에는 이에 상응하는 임금을 지급하여야 하고, 근로에 종사하지 아니하는 경우라도 유급휴일·유급휴가의 요건을 충족하면 이에 상응하는 수당을 지급하여야 하나, 사용자의 귀책사유로 인하여 휴업하는 것은 아니므로 휴업수당의 지급의무는 없는 것으로 해석하여야 한다.[32] 또한 선원근로계약의 해지제한에 관한 규정도 적용된다.[33]

Ⅳ. 선원근로계약서의 작성

1. 의 의

선원과 선원근로계약을 체결한 선박소유자는 해양수산부령으로 정하는 사항을

30) 住田正二, 189-194면; 서울지법 동부지원 2001. 3. 23. 선고 99가단48093 판결은 저인망어선의 선원들과 선주 간의 근로관계는 일반적으로 조업을 끝낸 후 수익금의 분배를 마치면 특별한 사정이 없는 한 종료한다고 판시하였다.

31) 어선 선장이 출항을 하지 않은 기간에 배 정비 등 선박관리를 한 경우에는 하선한 기간에도 근로관계의 계속성이 유지된다고 본 사례로는 창원지법 2023. 12. 5. 선고 2023노39 판결.

32) 유자망어선에 승선한 선원들이 철망(撤網), 휴어기, 금어기 기간 동안에 근로를 제공하였거나 선박소유자의 지휘·감독 하이 있었던 것이 증명되지 아니한 경우에는 임금청구권이 당연히 발생하는 것은 아니라고 판시한 사례로는 광주지법 2022. 8. 24. 선고 2021나58768 판결.

33) 기간제법 규정의 형식과 내용, 입법 취지에 비추어 볼 때, 반복하여 체결된 기간제 근로계약 사이에 근로관계가 존재하지 않는 공백기간이 있는 경우에는, 공백기간의 길이와 공백기간을 전후한 총 사용기간 중 공백기간이 차지하는 비중, 공백기간이 발생한 경위, 공백기간을 전후한 업무내용과 근로조건의 유사성, 사용자가 공백기간 동안 해당 기간제근로자의 업무를 대체한 방식과 기간제근로자에 대해 취한 조치, 공백기간에 대한 당사자의 의도나 인식, 다른 기간제근로자들에 대한 근로계약 반복·갱신 관행 등을 종합하여 공백기간 전후의 근로관계가 단절 없이 계속되었다고 평가될 수 있는지 여부를 가린 다음, 공백기간 전후의 근로기간을 합산하여 기간제법 4조의 계속근로한 총 기간을 산정할 수 있는지 판단하여야 한다. 대법원 2019. 10. 17. 선고 2016두63705 판결.

적은 선원근로계약서 2부를 작성하여 1부는 보관하고 1부는 선원에게 주어야 한다(법 43조 1항). 선원법 27조 1항은 선박소유자에게 근로조건의 명시의무를 부과하고 있는데, 그 실효성을 보장하고 선원의 계약상 지위를 보호하고자 주요한 근로조건을 명시한 선원근로계약서의 작성을 강제하고 있다.

2. 선원근로계약서에 포함되어야 할 사항

선원법 43조 1항에서 '해양수산부령으로 정하는 사항'이란 (i) 선원의 국적, 성명, 생년월일 및 출생지, (ii) 선박소유자의 성명(법인의 경우에는 대표자의 성명) 및 주소(법인의 경우에는 주사무소의 소재지), (iii) 선원근로계약이 체결된 장소[34] 및 날짜, (iv) 선원의 직무에 관한 사항, (v) 임금에 관한 사항, (vi) 유급휴가 일수에 관한 사항, (vii) 선원근로계약의 종료에 관한 사항, (viii) 선박소유자가 그 비용을 부담하는 건강보호 및 사회보장 등에 관한 사항, (ix) 선원의 송환비용에 관한 사항, (x) 선원의 근로조건에 관한 사항, (xi) 단체협약에 관한 규정이 필요한 경우에는 해당 단체협약에 관한 사항 등을 말한다(시행규칙 20조).

3. 선원근로계약서의 보관 및 교부

선박소유자는 선원근로계약서 1부는 보관하고, 1부는 선원에게 주어야 한다(법 43조 1항 전단).[35]

4. 위반의 효과

선원근로계약서를 작성하지 아니하거나 선원에게 선원근로계약서 1부를 교부하지 아니한 사람은 500만 원 이하의 벌금에 처한다(법 177조 3호). 독일에서는 선원근로계약은 요식행위이므로 선원근로계약서를 작성하지 아니한 선원근로계약은 무효이고,[36] 이 경우 사실상 선원근로계약의 법리(die Lehre vom faktischen Arbeitsverhältnis)에 따라 선원이 근로를 제공한 경우 임금청구권 등을 행사할 수

34) 송환목적지, 선원근로계약의 준거법을 결정하는데 참고자료가 될 수 있다.
35) 선원을 고용하면서 법령에서 정한 양식 및 내용을 기재한 서면 계약서를 작성하지 않은 행위는 부수적인 것으로서 이로써 해상사업이 위법하게 되는 것은 아니다[CD v. CE (1833) 7 Man & Gr 457].
36) Bubenzer/Noltin/Peetz/Mallach, S.158.

있다고 한다.[37)]

Ⅴ. 근로조건의 명시 등

1. 의 의

선박소유자는 선원근로계약을 체결할 때 선원에 대하여 임금, 근로시간 및 그 밖의 근로조건을 구체적으로 밝혀야 한다. 선원근로계약을 변경하는 경우에도 또한 같다(법 27조 1항). 선원법에서 근로조건을 명시하도록 규정하고 있는 이유는 선박소유자가 자신의 우월한 지위를 남용하여 구체적인 근로조건을 제시하지 아니한 채 근로조건의 불확정상태에서 선원의 근로를 수령하는 것을 방지하기 위한 것이다.[38)] 이는 선원근로계약을 체결할 때뿐만 아니라, 이를 변경하는 경우에도 위 법에서 열거하고 있는 중요한 근로조건에 대해서는 서면으로 명시하도록 하고, 선박소유자로 하여금 변경된 근로조건이 명시된 근로계약서를 교부하도록 하여 선원의 법적 지위를 강화하고자 하는 데 그 입법 취지가 있으므로, 위 규정에서 선원의 요구에 따라 선박소유자가 교부하여야 하는 것은 '변경된 사항이 명시된 근로계약서 등 서면'을 의미하는 것이지, 변경된 단체협약이나 취업규칙 자체를 말하는 것이 아니다.[39)]

2. 명시할 근로조건의 범위

임금, 근로시간, 그 밖의 근로조건을 명시하여야 한다. 선원법상 근로조건에 한하지 않고, 단체협약·취업규칙 등에 선원의 근로조건으로 규정된 것이면 모두 명시하여야 한다. 다만 이 경우에는 아래에서 보는 바와 같이 단체협약과 취업규칙의 기재내용을 원용할 수 있다. 선원법 27조 1항은 명시해야 할 근로조건을 '그 밖의 근로조건'이라고 하여 개방적으로 규정하고 있으므로, 선원의 근로조건과 밀접한 관계가 있는 사항은 명시되어야 한다.

---

37) BAG, 15.11.1957, –1 AZR 189/57, NJW 1958, 397; BAG, 15.1.1986, –5 AZR 237/84, NZA 1986, 561.
38) 근로기준법 주해 Ⅱ(제2판), 37-38면.
39) 대법원 2016. 1. 28. 선고 2015도11659 판결.

3. 근로조건의 명시 시기

선박소유자가 선원에 대하여 근로조건을 명시하여야 할 시기는 '선원근로계약을 체결할 때'와 '선원근로계약을 변경할 때'이다.[40] 단체협약의 개정 또는 취업규칙의 변경에 의한 근로조건 변경의 경우 선원 개개인에 대한 별도의 명시의무는 없다고 본다. 왜냐하면 전자의 경우 노동조합에 의해 조합원에게 주지시킬 수 있고, 후자의 경우 취업규칙의 주지의무가 선박소유자에게 부과되므로, 이중으로 명시의무를 인정할 필요가 없기 때문이다.[41]

4. 근로조건의 명시 방법

선원근로계약서에 포함되어야 할 사항과 같이 서면으로 명시하도록 되어 있는 사항을 제외하고는 근로조건의 명시 방법에 관하여 아무런 제한을 두고 있지 아니하므로, 그 밖의 근로조건의 명시 방법은 문서 또는 구두 등의 어떠한 방법에 의하여도 무방하다. 다만 당사자 사이에 있을지도 모르는 후일의 분쟁에 대비하기 위하여 문서 또는 게시의 방법에 의하여 명시하는 것이 바람직하다.

근로조건은 근로계약 이외에도 취업규칙이나 단체협약 등에 통일적으로 정하는 것이 일반적이다. 따라서 선원근로계약에는 당해 선원의 개별적 사항만을 명시하고, 근로시간 · 휴가 · 징계 등 모든 선원에게 공통적으로 적용되는 근로조건에 관하여는 근로계약에 단서 규정을 두어 '취업규칙 및 단체협약에 따른다.'고 규정할 수 있다.[42] 이 경우 취업규칙과 단체협약은 근로자들이 계약을 체결하기 전에 그 내용을 미리 볼 수 있도록 배포 · 게시하여야 한다. 이와 같이 근로계약에 명시되지 않은 사항이라도 취업규칙에 명시되어 있으면 근로조건 명시의무를 이행한 것으로 보아야 한다.[43]

---

40) 이와 달리, 직안법 10조는 "구인자가 직업안정기관의 장에게 구인 신청을 할 때에는 근로자가 취직할 업무의 내용과 근로조건을 명시하여야 한다."고 규정하여, '구인 신청을 할 때'에 명시하도록 요구하고 있다.

41) 근로기준법 주해 Ⅱ(제2판), 40면.

42) 근로기준법 주해 Ⅱ(제2판), 41면.

43) 근로기준법 주해 Ⅱ(제2판), 41면. 근로계약 체결시 임금의 구성항목 등의 서면명시의무를 다하였는지 여부에 대하여는 임금의 구성항목 등에 관한 근로계약이나 취업규칙 등의 세규정 등을 종합석으로 검토하여 판단하여야 한다(대법원 2007. 3. 30. 선고 2006도6479 판결).

5. 검토·자문 기회의 부여

선박소유자는 선원근로계약을 체결할 때 선원이 원하는 경우에는 선원근로계약의 내용에 대하여 검토하고 자문을 받을 수 있는 기회를 주어야 한다. 선원근로계약을 변경하는 경우에도 또한 같다(법 27조 2항). 선원이 선원근로계약의 내용을 제대로 이해하지 못한 채 선원근로계약을 체결하는 것을 방지하고자, 선원이 원하는 경우에 검토할 수 있는 기회와 자문을 받을 수 있는 기회를 부여하도록 하였다. 검토는 입법취지상 선원근로계약을 체결하는 선원 이외에도 전문가의 검토도 포함하는 것으로 해석하여야 한다.

6. 명시의무 위반 효과

선박소유자가 근로조건 명시의무를 위반하면 1천만 원 이하 벌금에 처한다(법 175조 1항). 이와 같이 근로조건 명시의무에 위반하는 경우 벌칙이 적용이 되는 것은 별론으로 하고 선원근로계약이 사법상 무효가 되는 것은 아니다.[44]

Ⅵ. 선원근로계약의 신고

1. 의 의

가. 신고제도의 도입

선원과 선원근로계약을 체결한 선박소유자는 선원이 승선하기 전 또는 승선을 위하여 출국하기 전에 해양수산관청에 선원근로계약을 신고하여야 한다(법 43조 1항 후단). 구 선원법(1984. 8. 7. 법률 3751호로 개정되기 전의 것) 43조, 44조는 선장 또는 선박소유자는 승선계약의 성립·종료·갱신·변경이 있을 때에는 승선계약의 공인을 신청하여야 하고, 해운관청은 승선계약이 항해의 안전 또는 선원의 근로관계에 관한 법령의 규정에 대한 위반 여부와 당사자의 합의 여부를 심사하도록 규정하고 있었다.[45] 그러나 근로계약과 승선계약의 이중계약설의 입장을 버리

44) 근로기준법 주해 Ⅱ(제2판), 41면.

45) 과거 영국의 근로계약공인제도는 감독관(the Mercantile Marine Department of the Department of Transport 소속 공무원)이 선원에게 근로계약을 읽어 주면서 설명하고, 선원이 계약서에 서명하기 전

고 선원근로계약이라는 단일계약설의 입장을 채택한 현행법에서는 과거의 승선계약 공인제도의 취지는 승선공인제도로서 그 목적을 달성할 수 있기 때문에 선원근로계약에 대하여 신고제도를 창설하였다.

나. 취 지

선원근로계약 신고제도는 국가가 선원근로계약이라는 사법계약에 간섭하는 것이나, 그 현대적 의의는 해양수산관청이 선원근로계약의 내용을 파악하여 선원을 부당한 신분적 구속이나 가혹한 근로에서 면하게 하고, 선원의 근로조건이 적법한지 여부, 안전항해에 지장이 없는지 여부를 감독하여 선원근로보호의 실효를 기대하기 위한 것이다.

2. 법적 성질

신고는 선박소유자가 선원근로계약서를 작성하여 해양수산관청에 통지함으로써 의무이행이 끝나고 별도의 공인절차는 불필요하므로,[46] 단독행위(자기완결적 공법행위)이다. 신고에 대하여 해양수산관청의 실질적 심사권은 존재하지 아니하므로, 선원근로계약의 신고가 형식적 요건을 충족하면 해양수산관청은 그 수리를 거부할 수 없다.[47] 그러나 해양수산관청은 선원근로계약의 내용이 법령에 위반되는 경우 감독권을 발령할 수 있다.

3. 내 용

가. 신고의무자

선원근로계약의 신고의무자는 '선원과 선원근로계약을 체결'한 선박소유자이다

에 근로계약을 이해하고 있는지 확인한 후, 선장을 필두로 각 선원이 계약서에 순차적으로 서명하고, 감독관이 각각의 서명을 인증하는 것이었다. The Merchant Shipping Act (1894) 115조; Hill, 477-478면.

46) 선원 33740-2431, 1990. 4. 24.

47) 행정절차법 40조는 (i) 신고가 신고서의 기재사항에 하자가 없을 것, (ii) 필요한 구비서류가 첨부되어 있을 것, (iii) 기타 법령 등에 규정된 형식상의 요건에 적합할 것의 요건을 갖춘 경우에는 신고서가 접수기관에 도달된 때에 신고의 의무가 이행된 것으로 보며(2항), 행정청은 2항 각 호의 요건을 갖추지 못한 신고서가 제출된 경우 지체 없이 상당한 기간을 정하여 신고인에게 보완을 요구하여야 하고 (3항), 행정청은 신고인이 3항의 규정에 의한 기간 내에 보완을 하지 아니한 때에는 그 이유를 명시하여 당해 신고서를 되돌려 보내야 한다(4항)고 규정하고 있다.

(법 43조 1항). 선원명부 및 승선·하선공인을 신청할 수 있는 자가 선박소유자 이외에 선장이 포함되는 것과는 구별된다. 다만 선장은 선박소유자의 대리인으로서 선원근로계약을 신고할 수 있다.

나. 신고 시기

선원근로계약을 체결한 선원이 승선하기 전 또는 승선을 위하여 출국하기 전에 해양수산관청에 신고하여야 한다(법 43조 1항).

다. 같은 내용의 선원근로계약이 여러 번 반복하여 체결된 경우

같은 내용의 선원근로계약이 여러 번 반복하여 체결되는 경우에 미리 선원근로계약의 내용에 대하여 신고하였을 때에는 계약체결을 증명하는 서류를 제출함으로써 신고를 갈음할 수 있다(법 43조 2항). 이 경우 선박소유자는 매번 신고하지 않아도 되는 편리함이 있으나, 선원근로계약을 체결한 시점과 신고시점이 서로 다르기 때문에 선원근로감독에 대한 공백이 발생할 가능성이 있다.

4. 일괄신고

선박소유자가 취업규칙을 작성하여 신고한 경우에는 그 취업규칙에 따라 작성한 선원근로계약은 1항의 규정에 의하여 신고한 것으로 본다(법 43조 3항). 이는 이와 같이 보더라도 해양수산관청에 선원근로계약서를 신고하도록 하는 제도의 취지를 충분히 달성할 수 있기 때문이다.

5. 효 력

거짓이나 그 밖의 부정한 방법으로 선원근로계약을 신고하는 자는 1년 이하의 징역 또는 1천만 원 이하의 벌금에 처하고(법 174조 1호), 선원근로계약을 신고하지 아니한 자는 500만 원 이하의 벌금에 처하지만(법 177조 3호), 사법상 선원근로계약의 효력에는 아무런 영향이 없다.[48)]

---

48) 구 선원법(1984. 8. 7. 법률 3751호로 개정되기 전의 것) 하에서 대법원 1971. 12. 28. 선고 71다2154 판결(船)은 "선박소유자인 피고 회사와 선장인 원고들 개인 간에 있어 선원법에 의한 원고들과 피고 간의 원어로계약에 불구하고 사적으로 원고들의 특수활약에 따른 특별상여금 지급을 약정한 것이라고 인정되므로, 이와 같은 약정은 선원법과는 상관없이 양당사자 간에 체결될 수 있는 것이라 긍

6. 해외취업 신고

법 3조에도 불구하고 대한민국 국민으로서 외국 국적 선박소유자와 선원근로계약을 체결한 선원은 해양수산부령으로 정하는 바에 따라 해양수산부장관에게 해외취업을 신고하여야 한다. 다만, 112조 3항에 따른 선원관리사업자를 통해 외국 국적 선박에 취업하는 경우에는 선원관리사업자가 해당 선원의 해외취업을 신고하여야 한다(법 44조의2). 위 조항은 2021. 12. 15. 이후 외국 국적 선박소유자와 선원근로계약을 체결한 선원 및 선원관리사업자를 통해 외국 국적 선박에 취업하는 선원부터 적용한다(부칙 2조).

Ⅶ. 선원근로계약의 내용

1. 총 설

가. 선원근로계약의 주된 의무

선원근로계약의 주된 의무는 선원의 근로제공의무과 선박소유자의 임금지급의무 · 안전배려의무이다. 근로제공의무는 선원근로계약 체결 시부터 발생하는 선원의 기본적 의무로서 근로의 구체적 제공은 선박소유자의 지시에 따라 이루어지며, 근로제공은 반드시 현실적 급부의 실현을 의미하는 것이 아니라 선원 자신의 노동력을 선박소유자의 처분 가능한 상태에 두는 것으로 충분하다.

제공할 근로의 내용 · 장소 · 이행방법 등은 선원근로계약의 취지 및 당사자의 약정에 따라 정해지지만, 대부분은 선원근로계약 체결 시 근로의 종류 등에 관하여 대강만을 정하고 구체적인 것은 노동관행 및 선박소유자의 지시에 따르는 것이 일반적이다. 그러나 이때에도 선박소유자의 지시권 행사는 당사자 사이의 약정, 선원근로계약의 취지, 취업규칙, 단체협약, 선원법 등 법률의 규정, 신의칙상 인정되는 범위 내에서만 가능하다.

인 못할 바 아닌즉, 이 각서약정을 공인을 받지 않았다는 이유로 무효라고 단정할 수 없고, 또 이와 같은 각서약정이 원 · 피고 간에 비밀리에 체결되었다 하여 이 각서의 성질이 위 설시한 바와 같다 할진데 이를 곧 선원법에 위반되는 것이라 할 수 없다."고 판시하였다.

나. 선원의 부수적 의무

선원근로관계는 계속성을 갖고 있으며 한편으로는 해상기업 조직에의 편입이라는 특성을 갖기 때문에 선원근로계약의 주된 의무에 수반하여 신의칙에 따른 부수적 의무가 있다. 선원은 선박소유자 또는 경영상 이익이 침해되지 않도록 고려하여야 하는 의무를 부담하는데 이를 충실의무라고 한다. 충실의무에 해당하는 것으로는 비밀유지의무와 경업금지의무[49]가 있다.[50]

다. 선박소유자의 선원법상 의무

선박소유자의 선원법상 인정되는 서류의 선박내 게시 및 비치의무(법 151조), 서류 보존의무(법 153조), 승무경력증명서의 발급의무(법 51조), 취업방해의 금지의무(법 5조 1항, 근기법 40조) 등이 있다.

(1) 서류의 선박 내 게시의무

(가) 의 의

선원법은 선박소유자에게 단체협약 및 취업규칙 등 법 151조 1항 소정의 서류를 선박 내에 게시할 의무를 부과하고 있다. 그 취지는 선원근로계약의 내용 등을 명백히 알림으로써 그 적용을 충실히 하려고 하는 것, 선원의 무지에 편승한 부당한 대우를 미연에 방지하는 것, 선원의 권리와 의무를 미리 선원에게 주지 · 납득시키는 것이 적정한 노무관리와 분쟁방지에도 기여할 수 있음을 고려한 것 등이다.[51]

(나) 게시의무

① 모든 선박소유자는 (i) 단체협약 및 취업규칙을 적은 서류, (ii) 56조에 따른 임금채권보장보험 등의 가입 여부, 체불임금의 청구 · 지급 절차 및 그 밖에 해양수산부령으로 정하는 사항[52]이 포함된 서류, (iii) 재해보상보험등의 가입 여부,

---

49) BAG 26.9.2007, −10 AZR 511/06, NZA 2007, 1436 Rn.17; BAG 19.5.1998, −9 AZR 394/97, NZA 1999, 200.

50) 근로기준법 주해 Ⅰ(제2판), 184-187면.

51) 근로기준법 주해 Ⅰ(제2판), 910면.

52) 시행규칙 58조의11 2항은 아래와 같이 규정하고 있다. 1. 시행규칙 58조의11 1항 1호부터 5호까지의 사항, 2. 56조 1항에 따른 보험, 공제 또는 기금(이하 '임금채권보장보험등')을 운영하는 보험업자, 공제업자 또는 기금운영자(이하 '임금채권보장보험사업자등')의 상호명, 주소(법인의 경우에는 주된 사

보험금의 청구 · 지급 절차 및 그 밖에 해양수산부령으로 정하는 사항[53]이 포함된 서류를, ② 국제항해에 종사하는 선박의 소유자는 송환 절차, 유기구제보험등의 가입 여부, 유기 구제비용의 청구 · 지급 절차 및 그 밖에 해양수산부령으로 정하는 사항[54]이 포함된 서류를 선박 내의 보기 쉬운 곳에 게시하여야 한다(법 151조 1항, 시행령 50조의7 1항). 선원법 151조 1항의 개정규정은 2017. 1. 18. 이후 출항하는 선박의 선박소유자부터 적용한다(부칙 3조).

선박소유자는 법 151조 1항 각 호의 서류((i) 단체협약 및 취업규칙을 적은 서류, (ii) 송환 절차, 유기구제보험등의 가입 여부, 유기 구제비용의 청구 · 지급 절차 및 그 밖에 해양수산부령으로 정하는 사항이 포함된 서류, (iii) 56조에 따른 임금채권보장보험 등의 가입 여부, 체불임금의 청구 · 지급 절차 및 그 밖에 해양수산부령으로 정하는 사항이 포함된 서류, (iv) 재해보상보험등의 가입 여부, 보험금의 청구 · 지급 절차 및 그 밖에 해양수산부령으로 정하는 사항이 포함된 서류)를 한글과 영문으로 작성하여 선원이 이용하는 선박 내 사무실, 식당 또는 휴게실 중 한 곳에 게시하여야 한다. 다만, 국제항해에 종사하지 아니하는 선박의 선박소유자는 영문으로 작성된 서류는 게시하지 아니할 수 있다(시행령 50조의7 2항).

이는 외국인 선원을 사용하는 선박에서는 외국인 선원이 한국어 이해 능력이 없거나 부족한 경우에는 해상기업에서 국제적 공용어로 사용되는 영문으로 선원의 근로기준 및 생활기준에 관한 내용을 작성하도록 규정한 것이다. 이와 관련하여 외국인 선원에게 해독할 수 있는 영어 이외의 언어로 된 법령 · 단체협약 · 취업규칙을 게시하여야 할 것인지 여부가 문제된다. 이에 관하여는 근기법 14조가

무소의 소재지를 말한다) 및 연락처, 3. 임금채권보장보험등의 유효기간, 4. 임금채권보장보험등이 법 56조에 따른 임금채권보장보험등의 청구와 지급에 관한 사항을 충족하고 있다는 임금채권보장보험사업자등의 확인.

53) 시행규칙 58조의11 3항은 아래와 같이 규정하고 있다. 1. 시행규칙 58조의11 1항 1호부터 5호까지의 사항, 2. 법 106조 1항에 따른 보험 또는 공제(이하 '재해보상보험등')를 운영하는 사업자(이하 '재해보험사업자등')의 상호명, 주소(법인의 경우에는 주된 사무소의 소재지를 말한다) 및 연락처, 3. 재해보상보험등의 유효기간, 4. 재해보상보험등이 법 106조에 따른 재해보상보험등의 청구와 지급에 관한 사항을 충족하고 있다는 재해보험사업자등의 확인.

54) 시행규칙 58조의11 1항은 아래와 같이 규정하고 있다. 1. 선박의 명칭, 2. 선박의 선적항(船籍港), 3. 선박의 호출부호, 4. 국제해사기구에서 부여한 선박식별번호(IMO번호), 5. 선박소유자의 성명(법인인 경우에는 법인의 명칭 및 대표자의 성명을 말한다), 6. 법 42조의2 1항에 따른 보험 또는 공제(이하 '유기구제보험등')를 운영하는 사업자(이하 '유기구제보험사업자등')의 상호명, 주소(법인의 경우에는 주된 사무소의 소재지를 말한다) 및 연락처, 7. 유기구제보험등의 유효기간, 8. 유기구제보험등이 법 42조의2에 따른 유기구제보험등의 청구와 지급에 관한 사항을 충족하고 있다는 유기구제보험사업자등의 확인.

법령과 취업규칙, 기숙사규칙의 내용을 근로자에게 주지시킬 의무를 규정한 것이고, 한국어 이해 능력이 없거나 부족한 외국인에게 이해할 수 있는 언어로 된 법령·취업규칙·기숙사규칙을 게시하는 것이 위 조문의 취지에 부합한다는 견해가 있다.[55]

(다) 게시 방법

선박소유자는 선박 내의 보기 쉬운 곳에 걸어 두어야 한다. 이와 관련하여, 판례는 근로자가 사무실에 비치된 컴퓨터를 통하여 회사의 취업규칙에 쉽게 접근할 수 있을 정도였다면 회사가 근로자의 취업규칙 열람신청에 대하여 별도의 조치를 취하지 아니하였다고 하더라도 사용자의 취업규칙 게시·비치의무에 위반된 것이 아니고,[56] 변경된 취업규칙의 내용이 언론에 보도된 결과 근로자들이 모두 알고 있었던 경우 또는 그룹 회장의 담화문이나 그룹의 사내홍보매체를 통하여 알려진 경우,[57] 노동조합 대표자들에게 변경된 취업규칙의 내용을 제시한 경우[58]에는 별도의 게시나 비치의무에 위반한 것이 아니라고 한다. 그러나 선원법은 근기법과는 달리 선박 내에 보기 쉬운 곳에 게시하여야 한다고 규정하고 있으므로, 위와 같은 판례는 선원법에는 적용하기 어렵다.

(라) 서류의 선박 내 비치 의무

① 모든 선박의 선박소유자는 (i) 선원법 및 선원법에 따른 명령을 적은 서류, (ii) 43조 1항에 따른 선원근로계약서 사본 1부를, ② 국제항해에 종사하는 선박(어선법에 따른 어선은 제외)의 선박소유자는 해양수산부장관이 정하는 바에 따라[59] 한글과 영문으로 작성된 선원의 근로기준 및 생활기준에 관한 내용이 포함된 서류를 선박 내에 갖추어 두어야 한다(법 151조 2항, 시행령 50조의7 1항). 선박소유자는 선원근로계약서 2부를 작성하여 1부는 선원에게 교부하고, 1부는 보관하여야 하는데(법 43조 1항), 선내에 비치할 서류는 선박소유자가 보관 중인 선원근로계약서 사본이다. 근기법 14조에서는 근기법과 위 법에 따른 대통령령의 요지를 게시하거나 주지하도록 규정하고 있으나, 선원법은 이와 달리 "선원법 또는 위 법에 따른 명령

55) 근로기준법 주해 Ⅰ(제2판), 911면.
56) 대법원 2001. 4. 10. 선고 2000두10151 판결.
57) 대법원 2004. 2. 27. 선고 2001다28596 판결.
58) 대법원 2004. 2. 12. 선고 2001다63599 판결.
59) 2025. 8. 현재 시행규칙에는 해양수산부장관이 정한 서류는 존재하지 않는다.

을 적은 서류"라고 규정하고 있으므로 선원법 전문을 비치하여야 한다.

(마) 위반의 효과

선원법 151조를 위반한 사람에게 200만 원 이하의 과태료를 부과한다(법 179조 3항 2호). 취업규칙을 전혀 게시하지 않거나 열람이 가능하도록 갖추어 두지 않은 경우 당해 취업규칙·기숙사규칙의 사법적 효력에 관하여, 판례는 "근기법 14조 1항은 취업규칙의 게시 또는 비치에 의한 주지의무를 정하고 있지만 이러한 규정은 단속법규에 불과할 뿐 효력규정이라고는 볼 수 없으므로, 사용자가 이러한 규정들을 준수하지 않았다고 하더라도 그로 인하여 바로 취업규칙의 작성 또는 변경이 무효로 되는 것은 아니다."라는 입장을 취하고 있다.[60]

(2) 서류 보존의무

선박소유자는 선원명부, 선원근로계약서, 취업규칙, 임금대장 및 재해보상 등에 관한 서류를 작성한 날부터 3년간 보존하여야 한다(법 153조). 그러나 서류를 작성한 날부터 3년을 기산하는 것은 근기법 시행령 22조 2항보다 선원에게 불리한 조항이다. 따라서 (i) 선원명부는 선원근로계약이 해지되거나 퇴직 또는 사망한 날, (ii) 선원근로계약서는 선원근로관계가 끝난 날, (iii) 임금대장은 마지막으로 써 넣은 날, (iv) 재해보상에 관한 서류는 완결한 날부터 각 3년간 보존하도록 개정할 필요가 있다(근기법 시행령 22조 2항). 3년간 서류를 보존하지 아니한 자에게는 500만 원 이하의 벌금에 처한다(법 177조 9호).

(3) 승무경력증명서 발급의무

선박소유자나 선장은 선원으로부터 승무경력에 관한 증명서의 발급 요청을 받으면 즉시 발급하여야 한다(법 51조). 발급의무자는 선박소유자 또는 선장이다. 발급의무는 선원으로부터 발급 요청을 받은 즉시이다. 근기법 39조 1항의 취지와 승무경력증명서의 기능 등을 고려하면, 선원은 퇴직한 후에도 승무경력증명서 발급을 요청할 수 있다. 승무경력증명서에는 선원의 직위, 선원의 취업기간, 승무기간 등 선원이 요구하는 사항을 기재하여야 한다. 선박소유자 또는 선장은 승무경력에 관한 증명서를 발급하는 경우에는 본인이 요구한 사항만을 기재하여야 하며, 본인

60) 대법원 2004. 2. 27. 선고 2001다28596 판결.

에게 불리한 기호나 표시를 하거나 허위사실을 기재하여서는 아니 된다(시행령 16조). 선박직원법상 해기사면허요건으로서 승무경력은 승선·하선 공인증명서와 같은 공적 증명서로 하여야 한다.

(4) 취업 방해의 금지의무

(가) 의 의

누구든지 선원의 취업을 방해할 목적으로 비밀 기호 또는 명부를 작성·사용하거나 통신하여서는 아니 된다(법 5조 1항, 근기법 40조). 노동조합 활동을 하는 선원의 명단과 그 신상을 종합한 자료(블랙리스트)를 만들어 같은 업계에 회람하는 등의 방법으로 노동조합 활동 경력이 있는 선원이 취업하지 못하도록 하는 행위에 대한 규제를 강화하기 위한 규정이다.[61)]

(나) 의무의 주체

취업 방해 행위를 하지 말아야 할 사람은 모든 사람이다. 선박소유자가 가장 일반적일 수 있으나, 그 밖에도 선박소유자 단체 관련자, 공공기관, 지방자치단체, 수사기관, 정보기관 등에서 관련 업무를 담당하는 사람도 모두 이러한 행위를 하여서는 아니 된다.[62)]

(다) 금지되는 행위

금지되는 행위는 선원의 취업을 방해할 목적으로 비밀 기호 또는 명부를 작성·사용하거나 통신하는 행위이다. 선원의 취업을 방해할 목적은 형사범의 구성요건에서 목적에 해당한다. 반드시 적극적으로 취업을 방해할 의사를 요하지 않고 그 행위가 취업을 방해하는 결과를 가져올 것을 알고 있으면 족하다.[63)] 비밀 기호는 다른 사람이 알아보기 어렵도록 표시한 것을 말하고, 명부는 1인 이상의 성명이 기재된 문서를 의미한다.

비밀 기호나 명부를 작성하는 행위는 이를 만드는 행위로서 컴퓨터 파일을 생성하는 행위도 포함된다. 비밀 기호나 명부를 사용하는 행위는 이를 열람·복사·배포하는 등의 행위를 말하고, 보관하는 행위도 이에 해당한다. 비밀 기호나

61) 근로기준법 주해 Ⅱ(제2판), 802면.
62) 근로기준법 주해 Ⅱ(제2판), 802면.
63) 근로기준법 주해 Ⅱ(제2판), 803면.

명부를 통신하는 행위는 다른 사람에게 우편 · 전신 · 전화 · 인터넷 등 통신수단을 이용하여 이를 주고받는 행위를 말한다.[64]

(라) 위반의 효과

취업 방해 금지의무를 위반한 자는 5년 이하의 징역이나 3천만 원 이하의 벌금에 처한다(법 5조 1항, 근기법 107조, 40조).

2. 선원법 위반의 계약

가. 의 의

선원법에서 정한 기준에 미치지 못하는 근로조건을 정한 선원근로계약은 그 부분만 무효로 하고, 이 경우 그 무효 부분은 이 법에서 정한 기준에 따른다(법 26조). 위와 같은 효력을 일컬어 '강행적 효력'과 '보충적 효력'이라고 한다.[65] 26조의 문언상으로는 선원근로계약만 언급하고 있으나 취업규칙이나 단체협약에 정한 근로조건에 대하여도 미친다.[66]

선원법은 그 이행확보를 위한 수단으로서 벌칙과 행정적 감독을 예정하고 있다. 26조는 이러한 수단에 더하여 최저기준을 정한 법률로서 선원법에 위반되는 근로조건이 설정된 경우에 선원이 선원법에 정한 기준에 따라 내용이 수정된 근로조건을 실현하기 위하여 사법상 청구할 근거를 마련하고 있다. 이러한 점에서 선원법은 공법적 성격과 아울러 사법적 성격도 가진다.[67]

나. 민법상 무효 법리의 수정

선원근로계약이 선원법에 위반되는 근로조건을 두고 있는 경우 해당 근로조건만 무효가 되고 나머지 부분은 그 효력에 영향이 없다.[68] 민법 137조에 의하면 법률행위의 일부분이 무효인 때에는 그 전부가 무효로 되는 것이 원칙이고, 예외적으로 그 무효부분이 없더라도 법률행위를 하였을 것이라고 인정될 때에 한하여

64) 근로기준법 주해 Ⅱ(제2판), 803면.
65) 임종률, 356면.
66) 임종률, 356면.
67) 근로기준법 주해 Ⅱ(제2판), 4면.
68) 유급휴가급과 부식비를 지급하지 않기로 하는 선원근로계약이 무효라고 본 사례로는 부산지법 2016. 8. 9. 선고 2015가단229231 판결.

나머지 부분이 무효가 되지 아니할 뿐이다. 26조는 이러한 민법상 일부 무효시 전부 무효의 원칙 적용을 배제하고 있다.

다. 통상임금에 관한 노사합의의 효력

통상임금은 승선평균임금의 최저한을 보장함과 아울러 선원법의 연장 · 휴일근로에 대한 가산수당과 해고예고수당 등의 산정근거가 되는 것으로, 위 각 조항에는 가산율이나 지급일수 외의 별도의 최저기준이 규정된 바 없다. 노사 간의 합의에 따라 성질상 통상임금에 산입되어야 할 각종 수당을 통상임금에서 제외하기로 하는 합의의 효력을 인정한다면, 위 각 조항이 연장 · 휴일근로에 대하여 가산수당을 지급하고, 해고선원에게 일정 기간 통상적으로 지급받을 급료를 지급하도록 규정한 취지는 몰각되므로, 성질상 선원법상 통상임금에 산입될 수당을 통상임금에서 제외하기로 하는 노사 간의 합의는 선원법이 정한 기준에 달하지 못하는 근로조건을 정한 계약으로서 무효이다.[69]

3. 근로조건의 위반

가. 의 의

선원은 선원근로계약에 명시된 근로조건이 사실과 다른 경우에는 선원근로계약을 해지하고, 근로조건 위반에 따른 손해배상을 선박소유자에게 청구할 수 있다(법 28조 1항). 1항에 따라 손해배상을 청구하려는 선원은 선원노동위원회에 신청하여 근로조건 위반 여부에 대하여 선원노동위원회의 인정을 받을 수 있다(2항).

나. 선원근로계약의 해지권

선원근로계약에 명시된 근로조건이 사실과 다른 경우에 선원은 선원근로계약을 해지할 수 있다. 근기법 19조 1항은 "즉시 해지할 수 있다"고 규정하고 있고, 이에 따라 판례[70]는 즉시해지권은 근로자가 원하지 않는 근로를 강제당하는 폐단을 신속히 정리하려는 것이므로, 근로계약 체결 후 상당 기간이 경과한 경우에는

69) 대법원 2009. 12. 10. 선고 2008다57852 판결; 대법원 2013. 12. 18. 선고 2012다89399 전원합의체 판결; 인천지법 2011. 11. 17. 선고 2009가합23036 판결.

70) 대법원 1997. 10. 10. 선고 97누5732 판결.

즉시해지권을 행사할 수 없다는 입장을 취하고 있다. 그러나 선원법에는 즉시 해지하여야 한다는 제한이 없으므로, 선원은 언제든지 선원근로계약을 해지할 수 있다.[71)]

다. 손해배상청구권

(1) 법적 성질

손해배상청구권은 근로계약상 채무불이행으로 인한 손해배상청구권을 확인하는 의미이고, 계약상 채무불이행으로 인한 손해배상채권은 원래의 채권과 그 동일성을 유지하면서 그 내용만 변경된 것이다.[72)]

(2) 근기법과의 차이점

근기법 19조 2항은 명시된 근로조건이 사실과 다른 경우에 근로자는 채무불이행으로 인한 손해배상을 노동위원회에 청구할 수 있다고 규정하고 있으나, 선원법은 이러한 규정이 없으므로 법원에 손해배상을 청구하여야 한다. 근기법상 손해배상청구권은 근로계약 '체결시'에 명시된 근로조건이 사실과 다른 것을 이유로 하는 경우에만 인정된다.[73)] 그러나 선원법은 이와 달리 선원근로계약을 체결할 때와 선원근로계약을 변경할 때 명시한 근로조건이 사실과 다른 경우 손해배상을 청구할 수 있다.

(3) 손해배상의 내용과 소멸시효

손해배상의 내용은 일반적으로 선박소유자가 명시된 근로조건을 이행하였더라면 선원이 받게 될 이익과 그 조건을 이행하지 않음으로써 발생된 상태와의 차액이다. 이 경우의 손해배상청구권은 근로계약상 채무불이행으로 인한 손해배상청

---

71) A(광양훼리 주식회사)와 선원근로계약을 체결한 선원들은 A가 임금을 체불하고 2011. 4, 5월분 임금액의 20%를 삭감하자, 2011. 10. 24. A에 임금체불 및 일방적인 임금삭감 등 근로조건 위반을 이유로 선원법 28조 1항에 따라 선원고용계약을 2011. 10. 29.부터 해지하겠다는 취지의 사직신청서를 제출하였고, 이후 A로부터 2011. 12. 10.까지는 체불임금을 지급받기로 하고 계속 노무를 제공하였던 점, 선원들은 위 약정 기일인 2011. 12. 10.에도 체불임금을 지급받지 못하자 2011. 12. 12. A에 2011. 12. 19.까지 체불임금 및 삭감임금을 지급하지 아니하면 2011. 12. 21.자로 광양항에서 하선하여 광양비츠호(8,918t)에 관하여 임의경매신청을 할 것임을 통보하고, 선원들이 이에 따라 2011. 12. 21. 선원근로계약을 해지한 것은 정당하다고 인정한 사례로는 부산지법 2012. 12. 26. 선고 2012가합7857 판결.

72) 대법원 1997. 10. 10. 선고 97누5732 판결.

73) 대법원 1983. 4. 12. 선고 82누507 판결; 대법원 1989. 2. 28. 선고 87누496 판결.

구권이지만 임금채권에 준하여 3년의 시효로 소멸한다.[74)]

(4) 선원노동위원회의 인정

손해배상을 청구하려는 선원은 선원노동위원회에 신청하여 근로조건 위반 여부에 대하여 선원노동위원회의 인정을 받을 수 있다(법 28조 2항). 선원은 근로조건 위반 여부를 선원노동위원회에서 인정받음으로서, 법원에 제기한 손해배상청구소송에서 그 증명을 손쉽게 할 수 있도록 하기 위한 조항이다. 그러나 법원은 선원노동위원회의 결정을 사실상 존중하는 것을 별론으로 하더라도, 이에 구속되는 것은 아니다.

4. 위약금 등의 예정 금지

가. 의 의

선박소유자는 선원근로계약의 불이행에 대한 위약금이나 손해배상액을 미리 정하는 계약을 체결하지 못한다(법 29조). '위약금'이란 계약불이행의 경우 선원이 선박소유자에게 일정액을 지불하는 금액이고, '손해배상액의 예정'이란 선원의 계약불이행의 경우 선원이 선박소유자에게 실제 손해의 발생여부 및 손해의 액수에 관계없이 일정액을 지불할 것을 미리 약정하는 것이다.

이러한 위약금 또는 손해배상액 예정 금지 규정을 둔 입법 취지는, 선원이 선원근로계약을 불이행한 경우 반대급부인 임금을 지급받지 못하는 것에 추가하여 위약금이나 손해배상을 지급하도록 예정되어 있다면 그 근로계약의 구속에서 쉽사리 벗어날 수 없으므로, 이러한 위약금이나 손해배상액 예정의 약정을 금지함으로써 선원이 퇴직 자유를 제한받아 부당하게 근로의 계속을 강요당하는 것을 방지하고, 선원의 직장 선택 자유를 보장하는 데 있다.[75)] 선원법 29조는 강제근로를 금지하고 있는 25조의2를 구체화한 것이라고 볼 수 있다.

---

74) 대법원 1997. 10. 10. 선고 97누5732 판결.
75) 대법원 2004. 4. 28. 선고 2001다53875 판결.

나. 적용 범위

(1) 연수, 교육, 훈련비 등 상환 약정

선박소유자가 선원에 대하여 일정 기간 교육·연수·훈련 등을 시키면서 그에 소요되는 비용을 지급하거나 또는 그 기간 동안 임금을 지급하고, 만일 선원이 그 교육 수료일자부터 일정 의무 재직기간 이상 근무하지 아니할 때에 그 지급한 비용 또는 임금의 전부 또는 일부를 상환하도록 하되 의무 재직기간 동안 근무하는 경우에는 이를 면제하기로 약정한 경우, 이러한 약정이 선원법 29조가 금지하는 위약금 예정에 해당하는지 여부가 문제된다.

판례는 상환의 대상이 교육·연수·훈련비용에 해당하는 것인지 아니면 임금에 해당하는지에 따라 달리 판단한다. 즉 교육·연수·훈련 등에 소요되는 비용은 본래 선원이 부담하여야 하는 것으로 우선 선박소유자가 지출하는 경우에는 그 반환을 청구할 수 있으므로, 그러한 비용상환약정 또는 의무 재직기간 근무시 상환의무면제약정은 법에서 금지된 위약금 또는 손해배상을 예정하는 계약이 아니어서 유효하다. 그러나 임금을 반환하도록 약정한 부분은 선박소유자가 선원에게 근로의 대상으로 지급한 임금을 채무불이행을 이유로 반환하기로 하는 약정으로서 실질적으로는 위약금 또는 손해배상액을 예정하는 계약이므로 선원법에 위반되어 무효라고 본다.[76] 선원이 업무를 수행하면서 필수 불가결하게 지출이 예정되어 있는 비용 등은 선박소유자가 부담하여야 하므로, 그 부담을 선원에게 전가시켜 이를 반환하도록 한 약정도 선원법에 위반된다.[77]

(2) 현실적인 손해배상청구

위약예정금지는 실제 발생한 손해액과 관계없이 일정액을 미리 정하여 선원에게 배상하게 하는 선원근로계약을 금지하는 것이다. 따라서 선원의 불법행위 등으로 선박소유자에게 손해가 발생했을 때 선박소유자가 선원에게 이에 대한 손해배상을 실제로 청구하거나 청구할 수 있도록 근로계약에 명시하거나 단체협약·취업규칙 등에 정하는 것은 가능하며 선원법에 위배되지 아니한다.

---

76) 대법원 1974. 1. 29. 선고 72다2565 판결; 대법원 1996. 12. 6. 선고 95다24944 판결.
77) 대법원 2003. 10. 23. 선고 2003다7388 판결; 대법원 2004. 4. 28. 선고 2001다53875 판결.

(3) 결근시 또는 징계수단으로서 임금삭감

지각 · 조퇴 · 무단결근 등이 있는 경우에 그 시간에 대한 임금을 삭감하도록 정하는 것은 선원법에 위배된다고 볼 수 없다.

(4) 선원근로계약 종료 후의 손해배상의 예정

손해배상의 예정이 금지되는 것은 선원근로계약의 유지 기간 중에 한한다.[78)]

(5) 제3자와 한 손해배상예정계약

위약금 또는 손해배상예정의 주체를 선원으로 하는 경우 뿐 아니라, 친권자 · 신원보증인 · 그 밖의 제3자로 하는 경우에도 모두 선원법 위반이 된다.[79)] 신원보증계약은 선원이 업무를 수행하는 과정에서 그의 책임 있는 사유로 선박소유자에게 손해를 입힌 경우에 신원보증인이 그 손해를 배상할 채무를 부담하는 것을 약정하는 계약을 말한다. 선원법 29조는 선박소유자가 위약금 또는 손해배상액의 예정을 금지하는 것에 그치므로, 제3자가 현실적으로 발생한 손해의 배상책임을 부담하기로 하는 신원보증계약은 이에 해당되지 아니한다.[80)]

(6) 불법행위

위약금예정은 성격상 채무불이행의 경우에만 해당하지만, 손해배상책임은 채무불이행 뿐 아니라 불법행위의 경우에도 발생할 수 있다. 그러나 선원법 29조는 문언상 '선원근로계약의 불이행'으로 인한 손해배상액의 예정만 금지하도록 규정하고 있으므로, 과연 불법행위로 인한 경우에도 손해배상의 예정이 금지되는지에 관하여는 의문이 제기될 수 있다. 선원법의 취지가 손해배상의 사유 및 액수를 불문하고 손해배상액의 예정을 통한 선원의 강제 근로를 금지하는 데 있으므로, 긍정적으로 해석하여야 할 것이다.[81)]

(7) 선박소유자를 부담자로 하는 경우

선원법 29조의 입법취지는 선원을 보호하기 위한 것이므로, 선박소유자의 선원근로계약 불이행에 대하여 위약금을 예정하는 경우에는 적용대상이 되지 아니

78) 근로기준법 주해 Ⅱ(제2판), 60면.
79) 근로기준법 주해 Ⅱ(제2판), 61면.
80) 대법원 1980. 9. 24. 선고 80다1040 판결.
81) 근로기준법 주해 Ⅱ(제2판), 62면.

한다.[82)]

다. 위반의 효과

위 규정에 위반하여 위약금 등을 미리 정하는 계약을 체결한 선박소유자는 500만 원 이하의 벌금에 처한다(177조 1호). 선원법 29조는 강행규정이므로, 위약금이나 손해배상액 예정에 관한 계약은 무효이다.

5. 강제저축 등의 금지

가. 의 의

선박소유자는 선원근로계약에 부수하여 강제저축 또는 저축금 관리를 약정하는 계약을 체결하지 못한다(법 30조). 선박소유자가 선원으로 하여금 임금의 일정액을 강제로 저축하게 하고 그 반환을 어렵게 하는 경우, 선원은 자신의 의사에 반하여 선박소유자에게 구속되는 결과를 가져올 우려가 있다. 또한 저축금이 선박소유자의 경영 자금으로 유용되는 경우 경영이 악화된다면 그 반환이 어렵게 될 수도 있다. 따라서 이러한 폐단을 방지하기 위하여 선원법은 강제 저축과 저축금 관리를 금지하고 있다.[83)]

나. 내 용

'선원근로계약에 부수하여'라는 의미는 선원근로계약의 체결 또는 존속을 조건으로 하는 것을 말한다. 예를 들면, 저축하지 않으면 선원으로 고용하지 않는다든가 취업 후 저축계약을 체결하지 않으면 선원근로계약을 해지하는 등 불이익취급을 하는 경우가 이에 해당한다.

'강제저축 계약'이란 선박소유자 자신이 선원과 계약하는 것은 물론 선원에 대하여 선박소유자 이외의 제3자, 즉 은행·우체국 등과 저축계약을 하도록 하는 것도 포함된다. 그러나 선원이 자발적으로 저축을 할 의사가 있는 경우에 선박소유자가 자기의 거래 은행에 저축하도록 권유하는 것은 이에 위반되지 않는다.

'저축금 관리를 약정하는 계약'에는 선박소유자 자신이 직접 선원의 예금을 받

82) 근로기준법 주해 Ⅱ(제2판), 62면.
83) 근로기준법 주해 Ⅱ(제2판), 67면.

아 관리하는 '사내 예금'은 물론, 선박소유자가 선원의 예금을 받아 다시 선원 명의로 은행 기타 금융기관에 예금하여 그 통장과 인감을 보관하는 경우와 예금의 인출을 제한하는 경우도 포함된다.

다. 선원의 위탁에 의한 저축금의 관리

근기법 22조 2항은 '근로자의 위탁에 의한 저축금의 관리'를 예외적으로 허용하고 있으나, 선원법은 이러한 규정이 없다. 그러나 선원근로계약에 부수하지 않고 선원의 자유의사에 의한 저축금을 위탁받아 관리하는 계약을 금지할 이유가 없기 때문에, 근기법 22조 2항은 선원에게도 적용된다.

라. 위반의 효과

선박소유자가 강제 저축 등을 약정하는 계약을 체결하였을 때에는 2년 이하의 징역 또는 2천만 원 이하의 벌금에 처한다(법 170조 1호).

6. 전차금 상계의 금지

가. 의 의

선박소유자는 선원에 대한 전차금(前借金)이나 그 밖에 근로할 것을 조건으로 하는 전대(前貸)채권과 임금을 상계(相計)하지 못한다(법 31조). 이는 선박소유자가 선원 또는 선원이 될 사람에게 미리 일정 금액을 대여하고, 이후 선원이 근로 제공에 따라 취득하게 되는 임금채권을 대여금 반환 채권과 상계하는 것을 금지하는 규정이다. 이 규정은 선원의 퇴직의 자유를 보호함으로써 전근대적인 인신구속성 선원근로계약의 폐단을 방지하고 선원근로계약을 담보로 하는 고리대금업을 금지하려는 데 의의가 있다.[84] 만약 이러한 상계를 허용하면 선박소유자가 경제적으로 곤궁한 선원에게 높은 이자를 붙여 금전을 대여한 후, 이를 빌미로 위 차용금이 모두 변제될 때까지 퇴직하지 못하게 함으로써 장기간 인신 구속적인 고용관계를 창출할 위험이 있고, 선원이 인신을 담보로 금전을 차용하는 폐단이 발생할 수 있다.

---

84) 근로기준법 주해 Ⅱ(제2판), 63면.

나. 내 용

(1) 금지 대상

상계 금지가 되는 대상은 선원근로계약이 체결되어 있거나 체결될 예정인 선박소유자와 선원 사이에, 선박소유자의 선원에 대한 채권과 선원이 근로의 대가로 받거나 받게 될 임금채권을 상계하기로 하는 약정 내지 상계의 의사표시이다. 구 선원법은 '선원에 대한 채권'이라는 표현을 사용하고 있었으므로, 여기에는 선박소유자의 선원에 대한 금전소비대차에 따른 대여금채권이나 선박소유자의 선원에 대한 손해배상채권이 모두 포함된다고 해석하였다.[85] 그러나 개정 선원법은 전차금이나 그 밖에 근로할 것을 조건으로 하는 전대채권과 임금을 상계하지 못한다고 규정하고 있으므로, 손해배상채권은 상계금지채권에 포함되지 않는다고 해석하여야 한다.[86] 손해배상의 채권에 의한 상계는 임금 전액지급의 원칙에 의해 금지된다.[87]

(2) 임금채권을 수동채권으로 하는 상계의 금지

상계가 금지된다는 것은 선박소유자가 선원에 대한 채권을 자동채권으로 하고 선원의 임금채권을 수동채권으로 하여 상계하지 못한다는 의미이다. 선원에 대한 임금은 직접 선원에게 전액을 지급하여야 하므로, 초과 지급된 임금의 반환 채권을 제외하고는 선박소유자가 선원에 대하여 가지는 대출금이나 불법행위를 원인으로 한 채권으로써 선원의 임금채권과 상계하지 못한다.[88] 다만 선박소유자가 선원의 동의를 얻어 선원의 임금채권에 대하여 상계하는 경우에 그 동의가 선원의 자유로운 의사에 터 잡아 이루어진 것이라고 인정할 만한 합리적인 이유가 객관적으로 존재하는 때에는 임금 전액지급을 원칙을 규정한 근로기준법 43조 1항에 위반되지 않고,[89] 더욱이 선원의 경제생활의 안정을 해할 염려가 없는 때에는, 선박소유자는 초과 지급한 임금의 반환청구권을 자동채권으로 하여 선원의 임금채

85) 권창영, 선원법해설(제2판), 법문사(2018), 332면.
86) 근로기준법 주해 Ⅱ(제2판), 64면.
87) 대법원 2011. 9. 8. 선고 2011다22061 판결.
88) 대법원 1999. 7. 13. 선고 99도2168 판결; 가불금 채권이 존재한다고 하더라도 선박소유자가 일방적으로 선원들의 임금 및 퇴직금 채권과 상계할 수 없다(부산지법 2019. 12. 18. 선고 2019가소568945 판결).
89) 대법원 2001. 10. 23. 선고 2001다25184 판결.

권이나 퇴직금채권과 상계할 수도 있다.[90]

하지만 선원이 임금채권을 자동채권으로 하고 선박소유자의 대여금채권을 수동채권으로 하는 상계는 허용될 수 있다. 다만 이 경우에도 형식적으로 선원의 상계 의사표시가 있었다는 점만으로 적법성을 인정할 수는 없고, 실제 선원이 자유로운 의사 아래 상계의 의사표시를 하였는지 여부를 살펴야 한다.[91]

다. 폐지된 규정

선원근로자가 육상근로자에 비해 근로조건이 상대적으로 불리한 실정을 개선하기 위해 상계를 금지하는 내용으로 선원법이 개정되기 전인 2019. 7. 14. 이전까지는 상계금액이 통상임금의 3분의 1을 초과하지 아니하는 경우에는 예외적으로 상계가 허용되었다(구 법 31조 단서). 선원은 전도금 명목으로 출항 전에 선박소유자로부터 금원을 차용하는 것이 관례이므로, 구 법은 제한적으로 상계를 허용하였다. 그러나 이러한 경우에도 선원보호가 필요하였으므로, 선박소유자는 구 법 31조 단서에 따라 선원에 대한 채권과 임금지급의 채무를 상계한 때에는 지체 없이 그 내용을 지방해양수산관청에 보고하여야 하였다(구 시행규칙 18조).

라. 위반의 효과

위 규정을 위반한 상계는 무효이다. 따라서 상계의 대상이 된 선원의 임금채권은 여전히 유효하게 존재하고, 선박소유자의 채권도 소멸하지 않는다. 위 규정을 위반한 선박소유자는 500만 원 이하의 벌금에 처한다(법 177조 2호).

---

90) 대법원 2010. 5. 20. 선고 2007다90760 전원합의체 판결; 선원들이 체불임금지급을 구하면서 해양항만청장에게 진정을 제기하였고, 그 과정에서 선박소유자가 선원법에 근거하여 선원들에게 지급해야 할 실업수당, 승선기간 동안의 기본급, 조일급을 지급하되, 이 때 선원들이 이미 지급받았던 가불금 등을 공제하여 지급하는 것에 선원들은 동의한다는 내용으로 합의한 경우에는 유효한 상계가 이루어진 것으로 볼 수 있다고 판시한 사례로는 광주고법 2020. 8. 21. 선고 2018누4907 판결.

91) 근로기준법 주해 Ⅱ(제2판), 65면.

Ⅷ. 선원근로관계의 변동

1. 선박소유자의 변경

가. 합 병

선박소유자 회사의 합병에 의하여 선원근로관계가 승계되는 경우에는 종전의 근로계약상 지위가 그대로 포괄적으로 승계된다.[92)]

나. 회사분할

회사 분할에 따른 근로관계의 승계는 선원의 이해와 협력을 구하는 절차를 거치는 등 절차적 정당성을 갖춘 경우에 한하여 허용되고, 해고의 제한 등 선원 보호를 위한 법령 규정을 잠탈하기 위한 방편으로 이용되는 경우라면 그 효력이 부정될 수 있어야 한다. 따라서 둘 이상의 사업을 영위하던 회사의 분할에 따라 일부 사업 부문이 신설회사에 승계되는 경우 분할하는 회사가 분할계획서에 대한 주주총회의 승인을 얻기 전에 미리 노동조합과 선원들에게 회사 분할의 배경, 목적 및 시기, 승계되는 근로관계의 범위와 내용, 신설회사의 개요 및 업무 내용 등을 설명하고 이해와 협력을 구하는 절차를 거쳤다면 그 승계되는 사업에 관한 근로관계는 해당 선원의 동의를 받지 못한 경우라도 신설회사에 승계되는 것이 원칙이다. 다만 회사의 분할이 근기법·선원법상 해고의 제한을 회피하면서 해당 선원을 해고하기 위한 방편으로 이용되는 등의 특별한 사정이 있는 경우에는, 해당 선원은 근로관계의 승계를 통지받거나 이를 알게 된 때부터 사회통념상 상당한 기간 내에 반대 의사를 표시함으로써 근로관계의 승계를 거부하고 분할하는 회사에 잔류할 수 있다.[93)]

다. 영업양도

영업양도란 일정한 영업목적에 의하여 조직화된 업체, 즉 인적·물적 조직을

92) 대법원 2001. 4. 24. 선고 99다9370 판결.
93) 대법원 2013. 12. 12. 선고 2011두4282 판결; 이와 달리 회사분할시 분할대상이 되는 사업에 종사하던 근로자들의 근로관계는 원칙적으로 신설회사에 포괄적으로 승계되고, 예외적으로 근로자가 거부권을 행사하는 경우에는 거부권을 행사한 근로자의 근로관계는 승계대상에서 제외된다고 판시한 사례로는 서울행법 2008. 9. 11. 선고 2007구합45583 판결.

그 동일성은 유지하면서 일체로서 이전하는 것으로서, 이러한 영업양도가 이루어진 경우에는 원칙적으로 해당 선원들의 근로관계가 양수하는 기업에 포괄적으로 승계된다.[94] 그러나 영업이 양도된 경우 근로관계의 승계를 거부하는 선원의 근로관계는 여전히 양도하는 기업과 사이에 존속한다.[95]

2. 근로장소의 변경

가. 전직명령에 관한 법리

전직(轉職)은 전보와 전근을 포함하는 배치전환명령(기업 내 전직) 및 전출과 전적(기업간 전직)을 모두 포함하는 개념인데, 근로자의 전직에 관한 기존의 판례 법리를 요약하면 다음과 같다.

근무장소는 변경되지 않으면서 직무의 종류와 내용이 바뀌는 전보(轉補)와 근무장소가 바뀌는 전근(轉勤)은 인사권자인 사용자의 권한에 속하므로 업무상 필요한 범위 내에서는 사용자에게 상당한 재량이 인정된다.[96] 인사명령이 취업규칙이나 단체협약 등의 규정이나 노동관행 등 실태에 비추어 볼 때 근로계약상 근로자가 제공하여야 할 근로의 종류나 내용 또는 장소에 관한 약정의 범위 내에서 사용자의 업무상 필요에 따라 이루어지고, 전직에 따른 근로자의 생활상 불이익과 교량하여 합리성이 있으며, 근로자와 협의 등 신의칙상 요구되는 절차를 거쳤다면 그 인사명령은 유효하다.[97] 업무상 필요도 없고 근로자에게 통상 예측할 수 없는 중대한 불이익을 주는 배치전환명령은 무효이다.[98] 형식적으로는 업무상의 필요를 내세우지만 실질적으로는 노동조합 가입이나 활동에 대한 봉쇄나 보복조치로 한 것이라면 부당노동행위로서 무효이다.[99]

근로자가 여전히 원래 고용된 기업에 소속되어 있으면서 휴직, 장기출장, 파견, 사외근무 등의 처분에 따라 근로제공의무를 면하고 다른 기업으로 옮겨 그 지휘감독을 받으면서 업무에 종사케 하는 전출(轉出)과 원래 고용된 기업으로부터

94) 대법원 2003. 5. 30. 선고 2002다23826 판결.
95) 대법원 2010. 9. 30. 선고 2010다41089 판결.
96) 대법원 1989. 2. 28. 선고 86다카2567 판결; 대법원 1997. 12. 12. 선고 97다36316 판결.
97) 대법원 1991. 7. 12. 선고 90다9353 판결; 대법원 2009. 4. 23. 선고 2007두20157 판결.
98) 대법원 2000. 4. 11. 선고 99두2963 판결.
99) 대법원 1992. 11. 13. 선고 92누9425 판결; 대법원 1998. 12. 23. 선고 97누18035 판결.

다른 기업으로 적을 옮겨 그 소속이 완전히 달라지는 전적(轉籍)은 근로자의 명시적·묵시적 동의 또는 포괄적 사전동의가 있거나,[100] 기업그룹 내에서 계열기업간의 전적의 관행이 있고 그 관행이 기업 내에서 근로관계를 규율하는 규범적 사실로 명확하게 승인되었거나 기업의 구성원이 아무 이의 없이 받아들여 사실상의 제도로 확립되어 있는 경우에는 유효하고 그렇지 않은 경우에는 무효이다.[101]

나. 전선명령

(1) 의 의

선박소유자의 배승명령에 의하여 동일한 선박소유자가 운항하는 다른 선박에 승선하도록 하는 것을 전선명령(轉船命令)이라고 한다. 전선명령의 유효성은 승무선이 특정되었는지 여부에 따라 달라진다.

(2) 승무선이 특정된 경우

승무선이 특정되는 계약으로는, 계약내용에서 승무선의 이름을 특정하는 것과 선원의 자격증·기술·경험에 의하여 특정선박의 승무에 한정되는 경우를 들 수 있다.[102] 이러한 계약에서 전선은 종전 계약의 종료와 새로운 계약의 체결을 의미하므로, 선박소유자의 하선조치는 계약의 해지에 해당한다.[103] 다만 선원이 명시적·묵시적으로 전선에 동의한 경우에는 전선명령이 무효라고 볼 것은 아니다.[104]

(3) 승무선이 특정되지 아니한 경우

이 경우는 근로자에 대한 전근의 법리에 따라 유효성을 판단하여야 한다. 즉 전선명령이 취업규칙·단체협약 등의 규정이나 노동관행 등 실태에 비추어 볼 때 선원이 제공하여야 할 근로의 종류나 내용 또는 장소에 관한 약정의 범위 내에서 선박소유자의 업무상 필요에 따라 이루어지고, 전선에 따른 선원의 생활상 불이익과 교량하여 합리성이 있으며, 선원과 협의 등 신의칙상 요구되는 절차를 거쳤다면 그 전선명령은 유효하지만, 업무상 필요도 없고 선원에게 통상 예측할 수 없는

---

100) 대법원 1993. 1. 26. 선고 92다11695 판결; 대법원 1993. 1. 26. 선고 92누8200 판결.
101) 대법원 1996. 5. 10. 선고 95다42270 판결.
102) 유명윤, 59면.
103) 유명윤, 59면.
104) 김동인, 663면.

중대한 불이익을 주는 전선명령은 무효이다.[105] 형식적으로는 업무상 필요를 내세우지만 실질적으로는 노동조합 가입이나 활동에 대한 봉쇄나 보복조치로 한 것이라면 부당노동행위로서 무효이다. 선박소유자가 선원에게 정기용선된 선박으로 전선명령을 한 경우에는 선원의 동의가 있어야만 유효하다는 견해[106]와 동의가 불필요하다는 견해[107]가 대립하고 있다.

제2절 취업규칙

Ⅰ. 의 의

1. 취업규칙의 개념

선원법 제12장은 취업규칙에 관하여 규정하고 있다. 취업규칙이란 선원에 대한 근로조건과 복무규율에 관한 기준을 집단적이고 통일적으로 설정하기 위하여 선박소유자가 일방적으로 작성한 준칙으로, 그 명칭은 불문한다.[108]

가. 근로조건과 복무규율에 관한 기준

근로조건이란 선박소유자와 선원 사이의 선원근로관계에서 임금·근로시간·후생·해고, 그 밖에 선원의 대우에 관하여 정한 조건을 말한다.[109] 복무규율이란 선원이 근로를 제공하는 과정에서 지켜야 할 작업질서에 관한 규칙과 이를 위반하였을 경우 가해지는 제재를 포함하는 개념이다. 선박소유자는 기업을 존립시키고 사업을 원활하게 운영하기 위하여 필요불가결한 기업 질서를 확립하고 유지하는 데 필요하고도 합리적인 것으로 인정되는 한, 선원의 기업 질서 위반 행위에 대하여 선원법 등의 관련 법령에 반하지 않는 범위 내에서 이를 규율하는 취업규

105) 김동인, 664면.
106) 유명윤, 62-63면.
107) 김동인, 665면.
108) 대법원 1992. 2. 28. 선고 91다30828 판결; 대법원 1998. 11. 27. 선고 97누14132 판결.
109) 대법원 1992. 6. 23. 선고 91다19210 판결.

칙을 제정할 수 있다.[110]

나. 선원에 대한 집단적 · 통일적 규율

취업규칙은 선박소유자가 선원 집단에게 통일적으로 적용하기 위하여 작성한 준칙이다. 취업규칙은 선원 집단에 적용될 집단적 근로조건을 설정하는 수단이라는 점에서 개별적 근로조건 설정 수단인 근로계약과 구별되고 단체협약과 유사한 면이 있다. 취업규칙이나 단체협약에 따라 설정되는 집단적 근로조건과 개별 근로계약에 의하여 설정되는 개별적 근로조건은 구별되어야 하고, 근로조건의 변경수단이나 유리 원칙의 인정 여부와 관련하여 그 구별의 실익이 있다.

취업규칙은 반드시 사업장 내의 선원 전체에게 일제히 적용되도록 작성되어야 하는 것은 아니고, 사업장 내 선원이 그 근무형태 또는 대우 등을 달리하는 여러 집단으로 나뉘는 경우에는 각 집단의 선원들을 적용 대상으로 하는 취업규칙을 별개로 작성할 수 있다. 선박소유자는 같은 사업장에 소속된 모든 선원에 대하여 일률적으로 적용되는 하나의 취업규칙만을 작성하여야 하는 것은 아니고, 선원의 근로조건 · 근로형태 · 직종 등 특수성에 따라 선원 일부에 적용되는 별도의 취업규칙을 작성할 수 있으며, 이 경우 여러 개의 취업규칙을 합한 것이 1개의 취업규칙으로 된다.[111]

다. 선박소유자의 일방적 작성

취업규칙은 선박소유자가 일방적으로 작성하는 준칙이다. 취업규칙이 근로관계규율에서 선원근로계약이나 단체협약보다 더 중요한 역할을 담당하고 있는 현실에서, 취업규칙이 선박소유자에 의하여 일방적으로 작성되는 것을 허용하는 것은 근로조건 등을 선박소유자의 단독으로 결정하고 이를 좌우할 위험성을 내포하고 있다. 선원법은 비록 이러한 위험성이 있지만 선박소유자가 일방적으로 작성하는 취업규칙을 승인하여 법적 제도로 편입하는 한편, 선박소유자의 일방적인 취업규칙 작성 · 변경에 대하여 다양한 법적 규제를 가함으로써 선원의 보호 · 근로조건 대등결정의 원칙을 관철하려 하고 있다.[112]

---

110) 대법원 1994. 6. 14. 선고 93다62126 판결; 대법원 1999. 3. 26. 선고 98두4672 판결.
111) 대법원 1992. 2. 28. 선고 91다30828 판결; 대법원 2007. 9. 6. 선고 2006다83246 판결.
112) 근로기준법 주해 III(제2판), 688면.

단체협약과 취업규칙의 구별 기준에 관하여, (i) 단체협약은 근로조건 기타 선원의 대우에 관한 기준 등에 관한 사항을 정하는 협정으로서 서면으로 작성하여 노사 쌍방이 서명 또는 날인하여야 하고, 유효기간에 일정한 제약이 따르며, 원칙적으로 노동조합원 이외의 자에 대하여는 그 규범적 효력이 미치지 아니하는 것이고, (ii) 취업규칙은 선박소유자가 선원의 복무규율과 임금 등 해당 사업의 선원 전체에 적용될 근로조건에 관한 준칙을 규정한 것을 말한다.[113]

라. 명칭 불문

취업규칙은 선원 집단에게 통일적으로 적용될 복무규율과 근로조건에 관한 준칙의 내용을 담고 있고, 선박소유자에 의하여 일방적으로 작성되는 한 그 명칭이 무엇인지는 묻지 않는다.[114] 보통은 취업규칙이라는 명칭으로 되어 있는 경우가 많지만, 인사규정·복무규정·퇴직금규정 등의 명칭과 형식으로 마련되어 있더라도, 그 내용이 근로조건이나 복무규율에 관한 준칙으로서 의미를 가지고 있으면 취업규칙에 해당한다.

2. 법적 성질

선박소유자가 일방적으로 작성한 취업규칙이 선원을 법적으로 구속하는 근거가 무엇인가에 관하여 법규설과 계약설의 대립이 있다. 취업규칙의 법적 성질에 관한 법규설과 계약설의 대립은 취업규칙 불이익변경의 핵심 문제, 즉 '선박소유자가 일방적으로 취업규칙을 불이익하게 변경한 경우 이에 동의하지 않은 선원도 구속하는가'라는 불이익변경의 구속력에 관한 문제를 염두에 두고 전개되어 왔다.

가. 법규설

법규설은 취업규칙이 선원근로계약 당사자의 합의를 거치지 않고 그것 자체로 법규범으로 기능하고 있는 현실에 주목하여 취업규칙 자체를 법률적으로 선박소

113) 대법원 1997. 4. 25. 선고 96누5421 판결. 위 판결은, 사용자가 회사 업무수행 중에 발생한 사고의 처리를 위하여 사고 처리 규정을 제정·시행한 후, 3번에 걸쳐 노사 쌍방의 합의를 거쳐 각 개정·시행하고 있는 사고 처리 규정이 조합원 이외의 직원의 근로관계도 직접 규율하는 것으로 규정되어 있고, 유효기간에 관한 규정이 없이 계속하여 시행되어 왔을 뿐만 아니라, 노사 쌍방의 서명날인도 되어 있지 아니한 점에 비추어 취업규칙에 해당한다고 판시하였다.

114) 대법원 1992. 2. 28. 선고 91다30828 판결; 대법원 2002. 6. 28. 선고 2001다77970 판결.

유자와 선원을 구속하는 법규범으로 보는 견해이다.

이에는 (i) 선박소유자의 소유권 내지 경영권을 근거로 하여 선박소유자가 법규범으로서 취업규칙을 제정할 권한을 갖는다고 보는 소유권설 또는 경영권설, (ii) 취업규칙은 사업장이라는 부분 사회에서 현실적으로 존재하고 관습적으로 인정되어 온 사회적 법규범이라고 보는 사회자주법설 또는 관습법설,[115] (iii) 선박소유자가 일방적으로 작성하는 취업규칙은 그 자체로는 법규범성을 가지지 않는 사회규범에 지나지 않지만 선원법은 선원 보호라는 입법 목적에서 선원법 122조를 통해 취업규칙에 법규범적 효력을 부여하였고 이 때문에 근로관계 당사자를 구속한다는 수권설(授權說)[116] 등이 있다.

법규설은 취업규칙이 선원의 동의를 문제로 삼지 않고 법적 규범으로서 근로계약을 규율하는 것이기 때문에 취업규칙이 불이익하게 변경된 경우 그에 동의하지 않은 선원을 구속하게 된다는 결론에 이르기 쉽다. 실제로 법규설 중 경영권설은 불이익하게 변경된 취업규칙도 당연히 법규범으로서 선원을 구속한다고 한다. 그러나 법규설 중 수권설은 보호법 원리의 진정한 실현을 향해서만 선박소유자의 일방적 변경이 법인(法認)될 수 있기 때문에, 선박소유자가 선원에게 불이익하게 취업규칙을 변경하는 경우 그 법적 효력은 부정되어야 한다고 하여 일방적인 불이익변경의 구속력을 부정하고, 불이익변경을 위해서는 단결체 또는 선원 집단의 동의가 있어야 한다고 한다.[117]

나. 계약설

계약설은 취업규칙 그 자체는 사실상 존재에 불과하고 선원근로계약 당사자의 합의를 매개로 선원근로계약의 내용이 됨으로써 법적 구속력을 갖는다고 보는 견해이다. 이는 선박소유자가 일방적으로 작성한 취업규칙 그 자체에 법적 규범성을 인정하는 것은 근대적인 계약 개념 · 법 개념과 모순된다는 기본적 발상에서 출발하여, 근로조건은 노사의 자유의사에 기초한 선원근로계약을 통하여 결정되어야 한다고 한다. 그리하여 취업규칙은 사실상 규범 내지 일반적 계약조건에 불과하다

115) 김치선, 노동법강의(2전정판), 박영사(1988), 250면.
116) 임종률, 371면.
117) 諏訪康雄, "就業規則", 文獻研究 勞働法學, 總合勞働研究所(1978), 99면.

고 보고 선원의 명시·묵시의 동의를 매개로 선원근로계약의 내용이 되고, 이로써 비로소 법적 구속력을 획득한다고 설명한다.

이에는 (i) 취업규칙은 근로계약의 초안이고 선원의 동의를 얻어야 그 구속력이 발생한다는 순수계약설, (ii) 취업규칙은 법규가 아니라 일종의 사실상 규범으로서 선원의 명시적·묵시적 합의가 있어야 법적 효력을 발생한다는 사실규범설, (iii) 선원근로계약의 내용에 관하여는 취업규칙에 의한다는 사실인 관습이 존재하므로 선원이 개별적으로 또는 노동조합을 통하여 취업규칙에 특별히 이의를 표명하지 않는 한 취업규칙이 선원근로계약의 내용이 된다는 사실인 관습설 등이 있다.[118]

계약설은 취업규칙이 계약 조건에 불과한 것이기 때문에 취업규칙 자체의 변경은 선박소유자의 자유이지만, 불이익하게 변경된 취업규칙으로 기존의 근로계약 내용을 변경하기 위해서는 개별 선원과 명시 또는 묵시의 합의가 필요하다는 결론에 이르게 된다. 사실인 관습설은 선박소유자가 취업규칙을 변경하는 경우 선원이 이의 없이 근로한다면 선박소유자의 근로계약 내용 변경 신청에 대한 묵시의 승인으로 된다고 한다.[119]

다. 판례: 수권설

취업규칙은 선박소유자가 기업경영권에 터잡아 사업장에서 선원의 복무규율이나 근로조건의 기준을 획일적 통일적으로 정립하기 위하여 작성하는 것으로서, 이는 선원법이 종속적 노동관계의 현실에 입각하여 실질적으로 불평등한 선원의 입장을 보호·강화하여 그들의 기본적 생활을 보호·향상시키려는 목적의 일환으로 그 작성을 강제하고 이에 법규범성을 부여한 것이다.[120]

3. 취업규칙의 해석

취업규칙은 노사간의 집단적 법률관계를 규정하는 법규범의 성격을 지니므로, 명확한 증거가 없는 한 그 문언의 객관적 의미를 무시하는 해석이나 사실인정은

---

118) 근로기준법 주해 Ⅲ(제2판), 694-695면.
119) 王能君, 就業規則判例法理の研究, 信山社(2003), 29-33면.
120) 대법원 1995. 7. 11. 선고 93다26168 판결; 대법원 2007. 10. 11. 선고 2007두11566 판결.

신중하고 엄격하여야 한다.[121] 또한 취업규칙은 선박소유자 및 선원 등 관계 당사자들에게 보편타당하고 합리적인 해석을 하여야 하고, 이때에는 선원들의 공통적인 의사도 일반적인 해석 기준의 하나가 된다.[122]

4. 취업규칙의 적용 범위

가. 장소적 적용 범위

취업규칙은 사업 또는 사업장 단위에서 작성이 의무화되어 있으므로, 그 효력이 미치는 것은 사업 또는 사업장 단위이다.

나. 인적 적용 범위

단체협약은 노동조합에 가입한 선원에게만 적용되는 반면, 취업규칙은 노동조합 가입 여부를 묻지 않고 선박소유자와 선원근로관계를 맺은 사업장 내 선원 전체 또는 특정 선원 집단에게 적용된다.

다. 시적 적용 범위

선박소유자가 취업규칙을 작성·변경하면서 시행일을 정하였다면, 취업규칙의 작성·변경에 관한 유효요건을 시행일 전까지 갖추지 못한 경우가 아닌 한 그 취업규칙은 정해진 시행일부터 효력을 발생한다. 시행일을 정하지 않은 경우에는 그 취업규칙은 원칙적으로 취업규칙이 유효하게 작성·변경되는 절차를 완료한 때부터 효력을 발생한다. 취업규칙이 유효하게 작성·변경되는 절차를 완료한 때라 함은 일련의 취업규칙 작성·변경 절차 가운데 특히 취업규칙이 작성·변경에 따른 효력을 갖기 위하여 절대적으로 요구되는 동의 등의 절차를 모두 마친 때를 의미한다.[123]

---

121) 대법원 2003. 3. 14. 선고 2002다69631 판결.
122) 대법원 1999. 5. 12. 선고 97다5015 전원합의체 판결.
123) 근로기준법 주해 Ⅲ(제2판), 712면.

Ⅱ. 취업규칙의 작성 및 신고

1. 작성의무자

취업규칙의 작성의무자는 선박소유자이다(법 119조 1항). 근기법상 취업규칙 작성의무자가 상시 10명 이상의 근로자를 사용하는 사용자에 한정되는 것(근기법 93조)과 구별된다. 그러므로 선원법이 적용되는 선박소유자가 선원과 육원을 포함해서 상시 10명 미만의 근로자를 사용하는 경우에는, 선박소유자는 선원에 한하여 적용되는 취업규칙을 작성할 의무를 부담할 뿐, 육원에 대하여 적용되는 취업규칙까지 작성할 의무는 없다. 이와 달리 선원과 육원을 포함해서 상시 10명 이상의 근로자를 사용하는 경우에는 선원법상 취업규칙 및 근기법상 취업규칙을 작성할 의무를 부담한다.[124)]

2. 기재사항

가. 일반적 기재사항

취업규칙에는 (i) 임금의 결정 · 계산 · 지급 방법, 마감 및 지급시기와 승급에 관한 사항, (ii) 근로시간, 휴일, 선내 복무 및 승무정원에 관한 사항, (iii) 유급휴가 부여의 조건, 승선 · 하선 교대 및 여비에 관한 사항, (iv) 선내 급식과 선원의 후생 · 안전 · 의료 및 보건에 관한 사항, (v) 퇴직에 관한 사항, (vi) 실업수당, 퇴직금, 재해보상, 재해보상보험 가입 등에 관한 사항, (vii) 인사관리, 상벌 및 징계에 관한 사항, (viii) 교육훈련에 관한 사항, (ix) 단체협약이 있는 경우 단체협약의 내용 중 선원의 근로조건에 해당되는 사항, (x) 산전 · 산후 휴가, 육아휴직 등 여성선원의 모성 보호 및 직장과 가정생활의 양립 지원에 관한 사항, (xi) 선내 괴롭힘의 예방 및 발생 시 조치 등에 관한 사항이 포함되어야 한다(법 119조 1항).

취업규칙에서 선원에 대하여 감급(減給)의 제재를 정할 경우에 그 감액은 1회의 금액이 승선평균임금의 1일분의 2분의 1을, 총액이 1임금지급기의 임금 총액의 10분의 1을 초과하지 못한다(법 120조의2).

---

124) 선원노정과 42, 2008. 4. 17.

나. 자동화선박 취업규칙의 기재사항

자동화선박의 취업규칙에는 (i) 선박의 정박 중 선박설비의 점검 · 정비 및 하역 등의 작업에 대한 육상지원체제, (ii) 자동화선박의 승무자격이 있는 운항사의 확보에 관한 사항이 명시되어야 한다(시행규칙 57조의3 단서).

다. 필수적 기재사항을 누락한 경우

선박소유자가 취업규칙에 반드시 기재하여야 할 사항을 일부 빠뜨렸거나 일부 선원에 대하여 적용되는 취업규칙을 작성하지 아니한 경우라고 하더라도, 그 취업규칙이 효력을 발생하기 위한 다른 요건을 구비하고 있는 이상 그 작성된 범위 안에서는 유효하게 적용된다.[125)]

3. 작성 형식

선박소유자는 취업규칙을 적은 서면을 선박 내의 보기 쉬운 곳에 걸어두어야 하므로(법 151조 1항), 취업규칙은 서면으로 작성하여야 하고 전자파일형태로 작성할 수는 없다. 근로조건의 통일적 · 획일적 규율을 위해서는 원칙적으로 단일한 서면형식으로 작성하는 것이 바람직하나 반드시 1개의 서면으로 작성할 필요는 없다. 본래의 취업규칙 이외에 임금 · 퇴직금 · 인사 · 징계 등 특정한 사항의 처리를 위하여 별개의 취업규칙을 작성할 수 있고, 선원이 그 근무형태 또는 대우 등을 달리하는 여러 집단으로 나뉘는 경우 각 집단의 선원들을 대상으로 취업규칙을 따로 작성할 수도 있다.[126)]

4. 취업규칙의 신고

가. 신고의무

선박소유자는 취업규칙을 작성한 경우에는 취업규칙 2부 또는 취업규칙의 전자문서 파일(정보통신망을 이용하는 경우에 한한다)을 작성하여 지방해양수산청장에게 제출하는 방식으로 신고하여야 한다(법 119조 1항, 시행규칙 57조의3 1항). 또한

125) 근로기준법 주해 Ⅲ(제2판), 724면.
126) 근로기준법 주해 Ⅲ(제2판), 723면.

선박소유자는 단체협약(단체협약이 제출되어 있는 경우는 제외)의 내용을 적은 서류를 함께 제출하여야 한다(법 119조 2항).

나. 신고기간

신고기간에 관하여는 별도의 규정이 없으나 선원법의 입법취지와 취업규칙에 규정하여야 할 사항 등에 비추어 보면, 취업규칙 작성 신고의무는 선박소유자가 선원을 고용할 때부터 지체 없이 작성하여야 하고, 선원의 의견을 듣는데 필요한 상당한 시간이 지나면 지체 없이 신고하여야 한다. 취업규칙 신고의무가 생긴 때부터 1년 6월 이상이 지난 후에 한 신고는 적법한 신고라 볼 수 없다.[127)]

Ⅲ. 취업규칙의 작성 · 변경 절차

1. 의견청취의무

가. 취 지

취업규칙을 작성하거나 변경하려는 선박소유자는 그 취업규칙이 적용되는 선박소유자가 사용하는 선원의 과반수로써 조직되는 노동조합이 있는 경우에는 그 노동조합의 의견을 들어야 하며, 선원의 과반수로써 조직되는 노동조합이 없는 경우에는 선원 과반수의 의견을 들어야 한다(법 120조 1항 본문). 이와 같이 선박소유자에게 취업규칙 작성 · 변경시 선원 측 의견을 듣도록 한 것은, 선박소유자가 일방적으로 작성하는 취업규칙에 가능한 한 선원의 의사가 반영될 수 있도록 하기 위한 것이다.[128)]

나. 의견청취의 상대방

의견청취의 상대방은 먼저 취업규칙이 적용되는 선박소유자가 사용하는 선원의 과반수로 조직된 노동조합이 있는 경우에는 그 노동조합이다. 그러한 노동조합이 없거나, 노동조합이 있더라도 조합원의 수가 선원의 과반수에 미치지 못하는 경우에는 선원 과반수의 의견을 들어야 한다.

---

127) 대법원 1976. 4. 27. 선고 76도146 판결(船).
128) 근로기준법 주해 Ⅲ(제2판), 731-732면.

다. 내용과 방식

선박소유자의 의무는 선원 측 의견을 듣는 것이고, 그 의견에 구속되는 것은 아니다. 따라서 선원 측 의견이 취업규칙 전부에 대하여 반대하거나, 특정 규정에 반대하더라도 그 효력 발생에 필요한 다른 요건을 갖추고 있으면 취업규칙의 효력에는 영향이 없다.[129] 선박소유자는 취업규칙의 내용 · 개정이유를 설명하고 선원 측에게 검토할 시간을 부여한 다음, 의견을 표명할 기회를 보장하는 방식으로 선원 측 의견을 들어야 한다.

라. 의견서 첨부 신고 의무

취업규칙을 신고할 때에는 선원 측의 의견 또는 동의의 내용을 적은 서류를 붙여야 한다(법 120조 2항).

2. 취업규칙의 불이익변경

가. 불이익변경의 개념

취업규칙의 불이익변경이란 선박소유자가 종전의 취업규칙을 개정하거나 새로운 취업규칙을 신설하여 근로조건이나 복무규율에 관한 선원의 기득권 · 기득이익을 박탈하고 선원에게 저하된 근로조건이나 강화된 복무규율을 일방적으로 부과하는 것을 말한다.[130]

(1) 불이익변경의 대상

취업규칙 불이익변경의 대상은 근로조건이나 복무규율에 관한 선원의 기득권 · 기득이익이다. 주로 퇴직금 지급률의 변경과 정년의 단축을 중심으로 많은 판례가 형성되었다.

(2) 불이익변경의 방식

취업규칙의 불이익변경은 (i) 종전 취업규칙 규정을 선원에게 불리한 새로운 규정으로 대체하는 방식, (ii) 기존의 근로조건에 관한 규정을 삭제하는 방식,[131]

---

129) 근로기준법 주해 Ⅲ(제2판), 732면.
130) 대법원 1993. 1. 26. 선고 92다49324 판결; 대법원 2004. 7. 22. 선고 2002다57362 판결.

(iii) 일정한 범위의 선원들에게 일정한 기간 동안 취업규칙의 적용을 배제하는 방식, (iv) 불이익한 조항을 신설하는 방식 등으로 이루어진다. 즉 기존의 취업규칙 규정을 전제로 하여 이를 선원에게 불리한 새로운 규정으로 대체하거나 기존의 취업규칙 규정을 삭제 또는 그 적용을 배제하는 취업규칙의 불이익 '개정'과 취업규칙의 불이익 '신설'을 합하여 취업규칙의 불이익 '변경'이라고 할 수 있다.[132)]

(3) 취업규칙의 불이익변경과 취업규칙의 제정

취업규칙의 불이익변경, 특히 불이익 신설과 취업규칙의 제정은 구별된다. 취업규칙의 '불이익 신설'은 선원에게 적용되던 기득권 · 기득이익이 존재하는 상황에서 그보다 근로조건을 저하하거나 복무규율을 강화하는 내용의 취업규칙 조항을 신설하는 것이고, 취업규칙의 '제정'은 새로운 취업규칙 조항을 신설한다는 점에서는 동일하나 기득권 · 기득이익이 존재하지 않는 사항에 관하여 취업규칙 조항을 신설한다는 점에서 양자는 차이가 있다. 취업규칙의 '제정'에는 선원 측의 동의가 요구되지 않는다.

취업규칙의 불이익변경과 취업규칙의 제정의 구별은 명칭에 구애받지 않고 실질적으로 이루어져야 한다. 형식상 취업규칙의 명칭을 바꾸면서(예를 들면, 급여 규정을 보수 규정으로) 그 연혁에서 취업규칙(보수 규정)을 '제정'한 것으로 되어 있다고 하더라도 문제되는 근로조건에 관한 구 취업규칙의 내용보다 불이익한 내용을 새로운 취업규칙에서 정한 경우, 이는 취업규칙의 제정이 아니라 취업규칙의 불이익변경이다.[133)]

(4) 취업규칙 불이익변경 행위

취업규칙의 불이익변경이 문제되기 위해서는 취업규칙 규정을 개정 또는 신설하는 변경 행위, 즉 선박소유자가 선원법 119조 1항에 규정되어 있는 사항에 관하여 기재를 변경하는 행위를 하여야 한다.[134)]

---

131) 대법원 2004. 5. 14. 선고 2002다23185 판결.
132) 근로기준법 주해 Ⅲ(제2판), 736-737면.
133) 대법원 2004. 7. 22. 선고 2002다59702 판결.
134) 대법원 2001. 1. 19. 선고 2000다30516 판결.

나. 불이익변경의 판단 기준

(1) 물적 판단 기준

선박소유자는 취업규칙을 변경하면서 어느 한 항목에 관한 규정만을 변경하기보다는 복수의 규정을 동시에 개정하여 다수의 근로조건을 변경하는 것이 일반적이다. 이와 같이 복수의 취업규칙 규정을 동시에 변경하면서 일부 사항을 선원에게 불리하게, 일부 사항을 선원에게 유리하게 변경할 경우, 함께 변경된 복수의 근로조건 항목에 관한 변경 전후의 규정 전체를 종합적으로 비교하여 불이익변경 여부를 판단할 것인지, 아니면 근로조건 항목마다 변경 전후의 규정을 개별적으로 비교하여 불이익변경 여부를 판단할 것인지 문제된다.

이에 관하여 불이익변경 여부는 원칙적으로 개별 근로조건별로, 근로조건의 각 항목에 따라 개별적으로 판단하여야 하고, 다만 하나의 근로조건을 결정짓는 요소가 여러 가지가 있고 각 요소의 변경 사이에 서로 대가 관계나 연계성이 있는 경우, 근로조건 중에 상호 밀접한 관련성을 가지는 경우, 대가성이나 연계성이 인정되고 비교가능한 경우에는 불이익변경 여부를 전체적 · 종합적으로 판단하여야 한다는 것이 다수설의 입장이다.[135)]

판례는 퇴직금 규정이나 명예퇴직수당의 불이익변경이 문제되는 사안에서, "취업규칙의 일부인 퇴직금 규정의 개정이 근로자들에게 유리한지 불리한지 여부를 판단하기 위해서는 퇴직금 지급률의 변화와 함께 그와 대가관계나 연계성이 있는 기초 임금의 변화도 고려하여 종합적으로 판단하여야 한다."[136)]고 하여 대가관계나 연계성이 있는 경우 전체적 · 종합적 판단을 하여야 한다는 입장을 취하고 있다.

(2) 인적 판단 기준

취업규칙의 일부를 이루는 급여규정의 변경이 일부 선원에게는 유리하고 일부 선원에게는 불리한 경우, 그러한 변경에 선원 집단의 동의를 요하는지를 판단하는 것은 선원 전체에 대하여 획일적으로 결정되어야 한다. 이 경우 취업규칙의 변경

---

135) 김유성 Ⅰ, 206면; 임종률, 377면.
136) 대법원 1995. 3. 10. 선고 94다18072 판결; 대법원 2004. 1. 27. 선고 2001다42301 판결.

이 선원에게 전체적으로 유리한지 불리한지를 객관적으로 평가하기가 어려우며, 같은 개정에 의하여 선원 상호 간의 이·불리에 따른 이익이 충돌되는 경우에는 그러한 개정은 선원에게 불이익한 것으로 취급하여 선원 전체의 의사에 따라 결정하게 하는 것이 타당하다.[137)]

(3) 시적 판단 기준

취업규칙의 변경이 선원에게 유리한지 불리한지 여부를 판단하는 기준 시점은 취업규칙의 변경이 이루어진 시점이므로, 취업규칙 변경의 불이익 여부를 판단할 때에는 취업규칙 변경 이후에 나타난 사정 변경을 고려하여서는 안 된다.[138)]

다. 효력 요건으로서 집단적 동의

취업규칙을 선원에게 불리하게 변경하는 경우에는 그 취업규칙이 적용되는 선박소유자가 사용하는 선원의 과반수로써 조직되는 노동조합이 있는 경우에는 그 노동조합의 동의를 받아야 하며, 선원의 과반수로써 조직되는 노동조합이 없는 경우에는 선원 과반수의 동의를 받아야 한다(법 120조 1항 단서).

(1) 규범적 요청

취업규칙 불이익변경에 대하여 집단적 동의를 받도록 한 규정은 대법원 1977. 7. 26. 선고 77다355 판결에서 독창적으로 설시한 판례 법리를 입법화한 것인데, 위 판결의 요지는 다음과 같다.

① 기존 근로조건의 내용을 사용자가 일방적으로 근로자에게 불이익하게 변경하는 것은 근기법의 보호법으로서의 정신과 기득권 보호의 원칙 및 근로조건은 근로자와 사용자가 동등한 지위에서 자유의사에 의하여 결정되어야 한다는 근기법 4조[139)]의 규정상 허용될 수 없다.

② 만약 취업규칙의 불이익한 변경에 개인적으로 동의한 근로자에 대하여는 그 변경의 효력이 있고 동의하지 아니한 근로자에 대하여는 효력이 없다고 한다면, 근로자는 단체로써 행동할 때 실질적으로 사용자와 대등한 입장에 서게 된다는 것이 모든 노사관계법의 기본 입장이므로, 사용자는 실질적으로 대등하지 아니

137) 대법원 1993. 5. 14. 선고 93다1893 판결; 대법원 2002. 6. 28. 선고 2001다47764 판결.
138) 대법원 1997. 8. 26. 선고 96다1726 판결; 대법원 2000. 9. 29. 선고 99다45376 판결.
139) 선원법 5조 1항에 의하여 선원근로관계에도 적용된다.

한 우월한 지위에 서서 용이하게 취업규칙의 변경이란 형식으로 개별 근로자에 대하여 기존 취업규칙에 미달되는 근로계약을 체결할 수 있게 되어 취업규칙상 기준을 최저기준으로 규정한 근기법 97조[140]를 사실상 무의미하게 만드는 결과가 되고, 또 한 개의 사업장에 다수의 취업규칙이 사실상 병존하는 것과 같은 결과가 되어 취업규칙의 규범으로서의 획일적 · 통일적 적용의 필요성에도 위배된다.

③ 집단에 적용되는 법규범의 변경에는 집단적 의사에 의한 동의를 얻게 함으로서 집단 전체에 그 효력을 미치게 함은 일반 법규범의 변경 절차로서도 타당하다.

(2) 집단적 동의의 법적 성질

동의는 일반적으로 타인의 법률행위에 대한 인허 또는 시인의 의사표시, 즉 행위자 단독의 행위로는 완전한 법률효과가 발생하지 않는 경우 이것을 보충하는 타인의 의사표시를 말한다. 이를 취업규칙 불이익변경의 경우에 유추하면, 비록 선원법이 선원 보호를 위하여 선박소유자가 일방적으로 작성하는 취업규칙에 규범적 효력을 부여하고 있지만, 선박소유자가 취업규칙을 불이익하게 변경하는 경우에는 집단적 근로조건 대등 결정의 관철을 위하여 선박소유자의 일방적인 취업규칙 변경 행위만으로는 규범적 효력이 완전하게 발생하지 않고, 선원 집단의 동의가 있는 경우에 한하여 규범적 효력이 발생된다는 것을 의미한다.[141] 이러한 의미에서 집단적 동의는 취업규칙 불이익변경의 효력요건이다.

(3) 집단적 동의의 주체

취업규칙의 불이익변경에 대한 동의 주체는 그 취업규칙이 적용되는 선박소유자가 사용하는 선원의 과반수로써 조직되는 노동조합이 있는 경우에는 그 노동조합(과반수 조합), 선원의 과반수로써 조직되는 노동조합이 없는 경우에는 선원 과반수이다.

(가) 선원의 과반수

변경된 취업규칙이 적용되는 선박소유자가 사용하는 선원의 과반수이다. 선원은 선원법 2조 1항의 정의와 같지만, 선박소유자가 선장을 겸직하는 경우에는 선주선장은 제외된다. 과반수 조합이 없는 경우 동의 주체는 선원 과반수이지 선원

140) 선원법 122조와 같은 내용이다.
141) 근로기준법 주해 Ⅲ(제2판), 757면.

과반수를 대표하는 자가 아니다.

(나) 과반수 조합의 의미

과반수 조합은 노조법에서 말하는 노동조합으로서 반드시 그 취업규칙이 적용되는 선박소유자가 사용하는 선원만으로 조직된 노동조합(기업별 노동조합)일 필요는 없다. 따라서 초기업별 노동조합, 예를 들면, 지역별 노동조합이나 산업별 노동조합이라도 그 취업규칙이 적용되는 선박소유자가 사용하는 선원 과반수가 가입하고 있는 경우라면 여기서 말하는 과반수 조합에 해당한다.[142] 그 취업규칙이 적용되는 선박소유자가 사용하는 선원들이 2개 이상의 노동조합에 가입한 경우, 어느 한 노동조합이 선원의 과반수로 조직된 경우라면 그 노동조합으로부터 동의를 받으면 되고, 각 노동조합 모두가 선원의 과반수로 조직되어 있지 아니한 경우에는 각 노동조합 모두 동의의 주체가 될 수 없으며, 이 경우에는 선원 과반수의 동의가 필요하다.[143] 선원 과반수로 조직된 노동조합이란 기존 취업규칙의 적용을 받고 있던 선원 중 조합원 자격 유무를 불문한 전체 선원의 과반수로 조직된 노동조합을 의미하고, 종전 취업규칙의 적용을 받고 있던 선원 중 조합원 자격을 가진 선원의 과반수로 조직된 노동조합을 의미하는 것이 아니다.[144]

(다) 일부 선원 집단을 대상으로 한 불이익변경에 대한 동의 주체

선박소유자가 하나의 취업규칙에서 전체 선원에 관한 근로조건을 일률적으로 규율하다가 취업규칙 불이익변경을 통하여 선원 전체의 근로조건을 불리하게 변경하는 경우에는 종전 취업규칙의 적용을 받고 있던 선원 집단이라는 기준에 의하여 선원 전체가 동의 주체가 된다.

그러나 취업규칙이 적용되는 선박소유자가 사용하는 선원이 근로제공의 형태·직급·직종·선박의 종류 등에 의하여 여러 선원 집단으로 분류되고, 그에 따라 하나의 취업규칙에서 각 선원 집단별로 근로조건을 달리 정하고 있거나, 각 선원 집단별로 별도의 취업규칙이 작성되어 있는데, 선박소유자가 취업규칙의 불이익변경을 통하여 선원 집단 중 일부에 대하여 근로조건을 불이익하게 변경하는 경우, 그 동의 주체가 일부 선원 집단인지, 아니면 선원 전체인지는 명확하지 않다.

142) 김유성 Ⅰ, 209면.
143) 근로기준법 주해 Ⅲ(제2판), 758면.
144) 대법원 2009. 11. 12. 선고 2009다49377 판결.

판례[145]에 의하면, (i) 여러 선원 집단이 하나의 근로조건 체계 안에 있어 비록 취업규칙의 불이익변경 시점에는 어느 선원 집단만이 직접적인 불이익을 받더라도 다른 선원 집단에게도 변경된 취업규칙의 적용이 예상되는 경우에는 일부 선원 집단은 물론 장래 변경된 취업규칙 규정의 적용이 예상되는 선원 집단을 포함한 선원 집단이 동의 주체가 되고, (ii) 그렇지 않고 근로조건이 이원화되어 있어 변경된 취업규칙이 적용되어 직접적으로 불이익을 받게 되는 선원 집단 이외에 변경된 취업규칙의 적용이 예상되는 선원 집단이 없는 경우에는 변경된 취업규칙이 적용되어 불이익을 받는 선원 집단만이 동의 주체가 된다.

(4) 집단적 동의의 방법

(가) 과반수 조합의 동의

과반수 조합이 취업규칙의 불이익변경에 동의하는 방법은 과반수 조합이 선박소유자가 취업규칙을 변경하는 과정에 관여하여 직접 동의하는 방식과 단체협약의 체결을 통하여 동의하는 방식이 있다.

노동조합의 동의는 법령·단체협약·노동조합 규약 등에 의하여 조합장의 대표권이 제한되었다고 볼 만한 특별한 사정이 없는 한 조합장이 노동조합을 대표하여 하면 된다.[146] 동의는 노동조합 소속 선원 과반수의 동의를 받아서 하여야 하는 것은 아니고,[147] 노동조합에 소속된 개별 선원들의 동의로 갈음할 수도 없으며,[148] 노동조합의 동의나 합의가 있는 한 선원 개개인의 동의를 받을 필요 없이 취업규칙의 변경은 유효하고, 이는 취업규칙의 변경에 의하여 기존의 근로조건이나 선원의 권리를 소급하여 불이익하게 변경하는 경우에도 마찬가지이다.[149]

(나) 선원 과반수의 동의

과반수 조합이 존재하지 않는 경우에는 '회의 방식'에 의한 선원 과반수의 동의가 있어야 한다.[150] 선원 과반수의 동의는 과반수 조합의 동의와 함께 '집단의사결정 방법에 의한 동의'의 또 다른 방법이다. 그러므로 그 동의는 단순히 선원

145) 대법원 2009. 5. 28. 선고 2009두2238 판결; 대법원 2009. 11. 12. 선고 2009다49377 판결.
146) 대법원 1997. 5. 16. 선고 96다2507 판결; 대법원 2004. 7. 22. 선고 2002다59702 판결.
147) 대법원 1997. 5. 16. 선고 96다2507 판결; 대법원 2000. 9. 29. 선고 99다45376 판결.
148) 대법원 2004. 7. 22. 선고 2002다59702 판결.
149) 대법원 1992. 11. 24. 선고 91다31753 판결; 대법원 1994. 5. 24. 선고 93다46841 판결.
150) 대법원 1990. 4. 27. 선고 89다카7754 판결; 대법원 2005. 11. 10. 선고 2005다21494 판결.

개별 의사의 산술적 집합이 과반수에 이를 것을 요구하는 것이 아니라, 과반수 조합과 마찬가지로 선박소유자에 대하여 자주적이고 대등한 지위에서 선원들의 의사를 충분히 반영할 수 있는 집단 의사가 형성되고 그 집단 의사가 선원의 과반수에 이를 것이 요구된다.[151] 따라서 선원 과반수의 동의는 집단 의사의 주체로서 선원 집단을 형성하기 위하여 선원들의 '회의 방식'에 의한 과반수의 동의를 요구한다.

판례[152]에 의하면 회의 방식에 의한 동의가 있다고 하기 위해서는, (i) 전체 또는 일부 선원 집단이 한 자리에 모여 선원 상호 간에 의견을 교환하여 찬반 의견을 집약한 후 이를 전체적으로 취합하는 과정이 필요하고, (ii) 그 과정에 선박소유자 측의 개입이나 간섭이 배제되어야 한다.

(다) 의견 개진을 위임받은 노사협의회의 동의

과반수의 선원들이 각 선박별 또는 부서별로 의견을 집약 · 취합하여 취업규칙 개정에 동의하고 그 개정안에 대한 선원들의 의견 개진을 노사협의회 근로자위원들에게 위임하고, 위임을 받은 근로자위원들의 협의가 사용자 측의 개입이나 간섭이 배제된 상태에서 근로자들의 자유의사에 따라 이루어진 것이라면, 회의 방식에 의한 선원 과반수의 동의가 있는 경우로 볼 수 있다.[153]

(5) 집단적 동의의 시기와 소급적 동의

(가) 동의의 시기

선박소유자가 취업규칙을 불이익하게 변경하면서 과반수 조합 또는 선원 과반수의 동의를 받지 않으면 불이익하게 변경된 취업규칙은 효력이 없어 시행할 수 없으므로, 변경 시점부터 변경된 취업규칙 규정을 시행하기 위해서는 과반수 조합 또는 선원 과반수의 동의는 취업규칙의 불이익변경과 시행에 앞서 사전에 이루어지는 것이 원칙이다. 다만 불이익변경 당시에 과반수 조합 또는 선원 과반수의 동의 없이 시행하다가 사후에 과반수 조합 또는 선원 과반수가 불이익변경에 동의하는 사후 동의도 허용되고, 이러한 사후 동의는 일종의 무효행위의 추인이다. 판례[154]에 의하면, 취업규칙의 변경에 이사회나 총회의 결의 등 선박소유자 내부의

---

151) 근로기준법 주해 Ⅲ(제2판), 776면.
152) 대법원 1993. 1. 15. 선고 92다39778 판결; 대법원 2003. 4. 11. 선고 2002다71832 판결.
153) 대법원 1992. 2. 25. 선고 91다25055 판결.

절차가 필요한 경우에 반드시 이러한 선박소유자 내부의 절차를 거친 다음에 노동조합의 동의를 받아야 하는 것은 아니다.

(나) 소급적 동의

과반수 조합 또는 근로자 과반수가 사전 동의를 하면서 취업규칙의 내용 자체가 소급효를 갖는 내용으로 되어 있거나, 변경된 취업규칙을 소급 적용하는 것에 동의하는 경우, 사후 동의를 하면서 그 취업규칙을 소급하여 적용하는 것에 동의하는 경우 등 소급적 동의에 그 유효성을 인정할 수 있는지 여부가 문제된다. 소급적 동의의 허용 여부가 문제되는 대부분의 사안은 퇴직금 규정의 소급적 불이익변경에 관한 것이다. 판례는 퇴직금지급률을 정한 취업규칙을 근속기간에 따라 누진되는 누진제에서 그 누진율을 인하하거나 단수제로 불이익하게 변경하는 것에 대하여 소급적으로 동의하더라도 이는 유효하다고 한다.[155]

또한 판례에 의하면, 노동조합이 선박소유자와 기존의 임금 · 근로시간 · 퇴직금 등 근로조건을 결정하는 기준에 관하여 소급적으로 동의하거나 이를 승인하는 내용의 단체협약을 체결한 경우에 그 동의나 승인의 효력은 단체협약이 시행된 이후에 그 사업체에 종사하며 그 협약의 적용을 받게 될 노동조합원이나 선원들에 대하여 생긴다. 그러므로 취업규칙의 변경이 선원에게 불이익할 때도 불구하고 선박소유자가 선원의 집단적 의사 결정 방법에 의한 동의를 받지 아니한 채 취업규칙을 변경함으로써 기득이익을 침해하게 되는 기존의 선원에 대하여는 종전의 취업규칙이 적용되어야 하는 경우에도, 노동조합이 선박소유자와 사이에 새로운 내용의 단체협약을 체결한 경우에는 기득이익을 침해하게 되는 기존의 선원에 대하여 종전의 취업규칙이 적용되어야 함을 알았는지 여부에 관계없이 원칙적으로 그 협약의 적용을 받게 될 노동조합원이나 선원들에 대하여 효력이 생긴다.[156]

(6) 집단적 동의의 효력

(가) 효력의 인적 범위

집단적 동의는 취업규칙 불이익변경의 효력 요건이다. 따라서 취업규칙 불이익변경에 대한 집단적 동의가 있으면 변경된 취업규칙은 개별 선원과 선박소유자

154) 대법원 2004. 7. 22. 선고 2002다59702 판결; 대법원 2007. 9. 6. 선고 2007다42600 판결.
155) 대법원 1992. 2. 25. 선고 91다25055 판결; 대법원 1997. 8. 22. 선고 96다6967 판결.
156) 대법원 1997. 6. 10. 선고 95다34316 판결; 대법원 2005. 3. 11. 선고 2003다44691 판결.

의 개별적 권리의무 관계를 규율하는 법규범으로서 구속력을 갖는다. 집단적 동의가 있으면 선원 개개인의 동의를 받을 필요 없이 취업규칙의 불이익변경은 유효하고,[157] 변경된 취업규칙은 취업규칙의 불이익변경에 동의한 선원은 물론 개별적으로 동의하지 않은 선원에게도 구속력을 갖는다.

과반수 조합이 취업규칙의 불이익변경에 직접 동의하거나 단체협약에 의하여 동의하는 경우, 과반수 조합은 단순히 조합원의 이해관계만을 대표하는 지위에 있는 것이 아니라 사업장 내 전체 선원들의 이해관계를 대표하는 지위에 있으므로, 변경된 취업규칙은 조합원은 물론 비조합원인 선원에 대하여도 미치고 나아가 조합원 자격이 없는 비조합원인 선원에게도 미친다.[158]

집단적 동의를 받아 유효하게 불이익변경된 취업규칙은 구속력 있는 법규범으로서 그 변경 시점에 이미 취업하고 있는 기존 선원은 물론 그 이후에 취업하는 신규 선원에 대하여도 효력을 미친다. 다만 취업규칙의 불이익변경에 대하여 집단적 동의가 있더라도 변경된 취업규칙의 시행 이전에 퇴직한 선원에게는 그 효력이 미치지 않는다.[159]

(나) 효력의 시적 범위

사전 동의는 일반적으로 불이익하게 변경된 취업규칙을 장래에 향하여 유효하게 시행 · 적용할 수 있게 하는 효력을 갖는다. 소급적 동의의 경우에는 사전 동의를 하면서 그 변경될 취업규칙의 적용 시점을 그 변경 시점 이전의 시기, 예를 들면 선원의 입사시로 하는 것도 가능하다.[160]

(7) 집단적 동의 절차 위반의 효과

(가) 변경 전에 취업한 기존 선원

선박소유자가 취업규칙에서 정한 근로조건을 선원에게 불리하게 변경하면서 집단적 동의를 받지 않은 경우에는 취업규칙의 변경은 효력이 없다.[161] 따라서 종전 취업규칙의 적용을 받고 있는 기존 선원에 대한 관계에서는 종전 취업규칙이 그대로 유효하고, 종전 취업규칙이 그들에게 적용된다. 다만 취업규칙의 변경이

157) 대법원 1992. 11. 24. 선고 91다31753 판결; 대법원 1994. 5. 24. 선고 93다46841 판결.
158) 대법원 1993. 3. 23. 선고 92다52115 판결; 대법원 2008. 2. 29. 선고 2007다85997 판결.
159) 대법원 1992. 7. 24. 선고 91다34073 판결; 대법원 1993. 3. 23. 선고 92다52115 판결.
160) 대법원 1992. 7. 24. 선고 91다34073 판결.
161) 대법원 1994. 5. 24. 선고 93다14493 판결; 대법원 2005. 6. 9. 선고 2005도1089 판결.

변경 당시에는 선원에게 불리하였어도 그 후 사정변경으로 기존 선원의 기득이익을 침해하지 않게 된 경우에는, 그 개정에 대한 선원의 동의가 없었더라도 기존 선원들에게 적용될 취업규칙은 개정된 취업규칙이다.[162)]

(나) 변경 후에 취업한 신규 선원

선박소유자가 취업규칙에서 정한 근로조건을 선원에게 불리하게 변경하면서 선원의 동의를 받지 않은 경우, 그 변경 후에 변경된 취업규칙에 따른 근로조건을 수용하고 근로관계를 갖게 된 선원에 대한 관계에서는 당연히 변경된 취업규칙이 적용되어야 한다. 위와 같은 경우에 취업규칙 변경 후에 취업한 선원에게 적용되는 취업규칙과 기존 선원에게 적용되는 취업규칙이 병존하는 것처럼 보이지만, 현행의 법규적 효력을 가진 취업규칙은 변경된 취업규칙이고 다만 기존 선원에 대한 관계에서 기득이익 침해로 그 효력이 미치지 않는 범위 안에서 종전 취업규칙이 적용될 뿐이므로, 하나의 사업 내에 둘 이상의 취업규칙을 둔 것과 같이 볼 수는 없다.[163)]

(8) 집단적 동의권의 남용[164)]

사용자가 취업규칙을 근로자에게 불리하게 변경하면서 근로자의 집단적 의사결정방법에 따른 동의를 받지 못한 경우, 노동조합이나 근로자들이 집단적 동의권을 남용하였다고 볼 만한 특별한 사정이 없는 한 해당 취업규칙의 작성 또는 변경에 사회통념상 합리성이 있다는 이유만으로 그 유효성을 인정할 수는 없다.

취업규칙의 불이익변경 과정에서 노동조합이나 근로자들이 집단적 동의권을 행사할 때도 신의성실의 원칙과 권리남용금지 원칙이 적용되어야 한다. 따라서 노동조합이나 근로자들이 집단적 동의권을 남용하였다고 볼 만한 특별한 사정이 있는 경우에는 그 동의가 없더라도 취업규칙의 불이익변경을 유효하다고 볼 수 있다. 여기에서 노동조합이나 근로자들이 집단적 동의권을 남용한 경우란 관계 법령이나 근로관계를 둘러싼 사회 환경의 변화로 취업규칙을 변경할 필요성이 객관적으로 명백히 인정되고, 나아가 근로자의 집단적 동의를 구하고자 하는 사용자의 진지한 설득과 노력이 있었음에도 불구하고 노동조합이나 근로자들이 합리적 근

162) 대법원 1997. 8. 26. 선고 96다1726 판결; 대법원 2003. 12. 18. 선고 2002다2843 전원합의체 판결.
163) 대법원 1993. 1. 15. 선고 92다39778 판결; 대법원 2003. 12. 18. 선고 2002다2843 전원합의체 판결.
164) 대법원 2023. 5. 11. 선고 2017다35588 전원합의체 판결.

거나 이유 제시 없이 취업규칙의 변경에 반대하였다는 등의 사정이 있는 경우를 말한다. 다만 취업규칙을 근로자에게 불리하게 변경하는 경우에 근로자의 집단적 동의를 받도록 한 근기법 94조 1항 단서의 입법 취지와 절차적 권리로서 동의권이 갖는 중요성을 고려할 때, 노동조합이나 근로자들이 집단적 동의권을 남용하였는지는 엄격하게 판단할 필요가 있다.

한편 신의성실 또는 권리남용금지 원칙의 적용은 강행규정에 관한 것으로서 당사자의 주장이 없더라도 법원이 그 위반 여부를 직권으로 판단할 수 있으므로, 집단적 동의권의 남용에 해당하는지에 대하여도 법원은 직권으로 판단할 수 있다.

Ⅳ. 취업규칙의 감독

1. 의 의

지방해양수산청장은 취업규칙의 내용이 법령 또는 단체협약에 위반되는지의 여부를 확인하여야 하고(시행규칙 57조의3 2항), 법령이나 단체협약을 위반한 취업규칙에 대하여는 그 변경을 명할 수 있다(법 121조).

선원의 근로조건을 규율하는 규범으로는 취업규칙 외에 법령과 단체협약, 노사관행, 노사협정, 선원근로계약 등이 있다. 선원법 121조에서는 취업규칙과 법령·단체협약의 효력상 우선 순위를 정하고, 지방해양수산청장에게 법령·단체협약에 위반된 취업규칙의 변경을 명할 수 있는 권한을 부여하고 있다.

비록 법규범적 효력이 부여되었다고는 하나 사인인 선박소유자가 작성한 취업규칙이 민주적 정당성에 기초하여 제정된 법령에 위반될 수 없는 점은 당연하고, 선박소유자의 일방적 결정의 산물인 취업규칙이 노사간 공동 결정의 산물인 단체협약에 위반될 수 없는 점 역시 근로조건 대등 결정의 원칙(근기법 4조)과 단체협약 제도의 취지에 비추어 볼 때 당연하다. 따라서 위 조항은 취업규칙에 대한 법령과 단체협약의 우선적 효력이라는 당연한 이치를 확인한 규정으로서 취업규칙의 외재적 한계를 명시한 규정이다.[165)]

법령·단체협약에 위반된 취업규칙은 무효로 해석되지만 이를 그대로 방치하

165) 근로기준법 주해 Ⅲ(제2판), 852면.

면 우월적 지위를 가진 선박소유자에 의하여 그대로 적용될 위험성이 있어, 지방해양수산청장에게 법령·단체협약에 위반된 취업규칙의 변경명령권을 부여하여 그 위험성을 미리 제거하는 행정적 감독 조치를 취하게 하였다.

2. 법령과 취업규칙

가. 법령의 의미

법령이란 형식적 의미의 법률이나 명령에 국한되지 않고, 헌법·형식적 의미의 법률·조약·명령·규칙·자치 법규를 총괄하는 넓은 의미로 이해된다. 다만 임의법규는 당사자의 의사로 그 규정의 적용을 배제할 수 있으므로, 여기에서 말하는 법령이란 강행법규만을 의미한다.[166]

나. 취업규칙의 법령 위반

취업규칙의 내용이 법령에 위반된다는 것은, 일반적으로 취업규칙의 내용이 강행법규인 법령의 규정에 모순·저촉된다는 것을 의미하고, 특히 선원법처럼 근로조건의 최저 기준을 정한 법령과의 관계에서는 그 기준에 미달되는 경우가 이에 해당한다. 판례에 의하면, 가산수당의 산정방법이 최저 기준에 미달하는 경우,[167] 연차휴가수당을 정근수당으로 갈음한다고 규정한 경우,[168] 합리적 이유 없이 남녀를 차별하여 정년을 규정한 경우[169] 등이 이에 해당한다.

다. 법령에 어긋나는 취업규칙의 효력

법령에 어긋나는 취업규칙의 효력에 관하여는 명문의 규정이 없으나, 선원법 121조의 취지와 노조법 33조 1항의 규정에 비추어 보면, 무효라고 보아야 한다.[170] 하나의 취업규칙 중 일부 규정이 법령에 어긋나는 경우, 법규범 중 일부 규정이 상위 법규범에 위배되면 일반적으로 해당 규정만이 무효로 되는 점에 비추어 원칙적으로 그 일부 규정만이 무효가 된다고 해석된다. 다만 퇴직금 지급률·

---

166) 근로기준법 주해 Ⅲ(제2판), 853면.
167) 대법원 1993. 5. 27. 선고 92다24509 판결.
168) 대법원 1995. 7. 14. 선고 94다54573 판결; 대법원 1996. 5. 10. 선고 95다2227 판결.
169) 대법원 1993. 4. 9. 선고 92누15765 판결.
170) 근로기준법 주해 Ⅲ(제2판), 853면.

기초임금 · 계속근로연수 등과 같이 취업규칙의 각 규정들 사이에 유기적 관련성이 있어 그 규정들이 함께 하나의 근로조건 사항을 정하는 요소가 되는 경우, 전체적 · 종합적으로 판단할 때 퇴직금액이 선원법의 규정에 따라 산정한 퇴직금액에 미달된다면 퇴직금에 관한 규정 전부가 무효가 되는 것이지, 선원법의 기준을 하회하는 기초 임금이나 계속근로연수에 관한 규정만을 따로 떼어내어 무효라고 할 것은 아니다.[171]

3. 단체협약과 취업규칙

가. 단체협약의 의미

단체협약이란 노조법의 요건을 갖춘 단체협약을 말한다. 취업규칙이 위반해서는 안 되는 부분은 단체협약 중 근로조건 기타 근로자의 대우에 관한 기준, 즉 규범적 부분에 한정되는 것인지, 아니면 단체협약 중 규범적 부분 이외의 채무적 부분도 포함되는 것인지 여부가 문제된다. 판례[172]는 단체협약에 퇴직금규정 개정시 노사간 합의를 거쳐야 한다고 규정하고 있는 경우 이와 같은 절차를 거치지 아니한 퇴직금 규정의 변경은 무효라고 하여, 채무적 부분을 포함하는 것으로 보고 있다.

나. 취업규칙이 단체협약을 위반한다는 것의 의미

취업규칙이 단체협약을 위반할 수 없다는 것의 의미는 취업규칙의 내용이 단체협약에서 정한 근로조건 등에 관한 기준에 미달하여서는 안 된다는 것을 의미한다. 동일한 징계 사유나 징계 절차에 관하여 단체협약 규정과 취업규칙 규정이 서로 저촉되는 경우에는 단체협약 규정이 우선한다.[173] 판례에 따르면, 단체협약에 "해고는 단체협약 규정에 의하여만 하고 취업규칙에 의해서는 해고할 수 없다."고 규정하거나, "단체협약에 정한 사유 외의 사유로는 선원을 해고할 수 없다."고 규정되어 있다면, 단체협약에 규정되지 않은 취업규칙상 징계해고사유로는

---

171) 대법원 1992. 2. 28. 선고 91다30828 판결.

172) 대법원 1991. 2. 12. 선고 90다15952 판결; 다만 단체협약에서 취업규칙의 작성 · 변경에 관하여 노동조합의 동의를 받거나 노동조합과 협의를 거치거나 그 의견을 듣도록 규정하고 있더라도, 원칙적으로 취업규칙상 근로조건을 종전보다 선원에게 불이익하게 변경하는 경우가 아닌 한 그러한 동의 · 협의 · 의견청취 절차를 거치지 아니하고 취업규칙을 작성 · 변경하였다고 하여 그 취업규칙의 효력이 부정되지는 않는다고 한다(대법원 1994. 12. 23. 선고 94누3001 판결).

173) 대법원 1995. 3. 10. 선고 94다33552 판결.

선원을 해고할 수 없다.[174] 그러나 위와 같은 단체협약상 특별한 제한이 없으면 취업규칙에서 단체협약과는 다른 사유를 해고사유로 새로이 규정하는 것이 단체협약에 반하는 것이라고 할 수 없고, 그러한 취업규칙상 징계사유에 터잡아 징계할 수 있다.[175]

다. 단체협약에 위반되는 취업규칙의 효력

(1) 무 효

단체협약에 위반되는 취업규칙은 그 부분에 한하여 무효이고, 단체협약이 적용되는 조합원인 선원에게 적용되지 않는다.[176] 그러나 비조합원인 선원에게는 단체협약이 적용되지 않으므로, 비록 취업규칙이 단체협약에 위반되더라도 비조합원인 선원에 대하여는 취업규칙의 규정이 그대로 적용된다.[177] 다만 비조합원인 선원에 대하여 단체협약의 일반적 구속력 규정인 노조법 35조에 따라 단체협약이 확장 적용되는 경우에는 단체협약에 반하는 취업규칙은 비조합원에게도 무효가 되어 그들에게 적용되지 않는다.[178] 취업규칙의 규정이 단체협약의 기준에 반하여 무효가 된 경우 단체협약이 실효하여도 그 효력을 회복하는 것은 아니다.[179]

(2) 단체협약에 의한 보충

노조법 33조 1항은, 단체협약에 정한 근로조건 기타 근로자의 대우에 관한 기준에 위반하는 취업규칙은 무효로 한다고 하고, 2항에서는 1항에 따라 무효로 된 부분은 단체협약에 정한 기준에 따른다고 하여 무효가 된 부분에 관하여 보충을 인정하고 있다. 다만 노조법 33조 2항에서 근로계약에 대하여는 근로계약에서 규정되지 아니한 사항에 관하여도 단체협약의 보충적 효력을 명시하고 있는 것과는 달리, 취업규칙에 대한 관계에서는 취업규칙에 규정되지 아니한 사항에 관한 보충적 효력을 명시하지 않고 있는데, 이 경우에도 보충적 효력이 인정된다는 것이 판례[180]의 입장이다.

174) 대법원 1993. 4. 27. 선고 92다48697 판결; 대법원 2005. 5. 26. 선고 2005두1152 판결.
175) 대법원 1994. 6. 14. 선고 93누20115 판결; 대법원 2001. 10. 12. 선고 2001다13990 판결.
176) 대법원 1999. 4. 9. 선고 98다33659 판결; 대법원 2000. 12. 22. 선고 99다21806 판결.
177) 대법원 1992. 12. 22. 선고 92누13189 판결.
178) 대법원 2003. 11. 28. 선고 2003다15068 판결.
179) 대법원 2006. 11. 23. 선고 2006두11644 판결.
180) 대법원 2003. 11. 14. 선고 2003다34083 판결; 대법원 2005. 7. 28. 선고 2004두6532 판결.

라. 취업규칙의 내용이 단체협약의 규정을 상회하는 경우

(1) 의 의

취업규칙의 내용이 단체협약에서 정한 기준을 상회하는 경우에도 이를 단체협약에 위반되는 것으로 보고 무효라고 할 것인지 여부가 문제된다. 이는 단체협약과 취업규칙 사이에 유리 원칙을 인정할 것인가 하는 문제이다.

(2) 유리 원칙 긍정설[181)]

집단적 자치는 사적 자치를 보충하는 지위에 서는 것으로 단체협약과 근로계약 사이의 유리 원칙을 인정하는 전제 위에서, 취업규칙 중 근로조건의 형성에 관한 부분은 계약적 성질만을 띠게 되어 선원근로계약과 동위 또는 선원근로계약의 일유형의 지위를 가지게 되므로, 취업규칙은 그 내용이 단체협약의 그것보다 불리한 것을 규정한 때에는 효력을 가지지 못하나 유리한 것을 내용으로 담고 있는 경우에는 우선 적용력을 가지게 된다. 다만 취업규칙에서 정한 근로조건을 후일 단체협약에서 하향된 조건으로 변경하는 경우에는 다른 결론에 이를 수 있다.

(3) 유리 원칙 부정설[182)]

단체협약과 선원근로계약 사이에서는 개인의 인격의 자유로운 발현을 위한 일반적 행동의 자유가 헌법상 행복추구권(헌법 10조)이라는 기본권으로 보장되어 있고, 그에 따라 선원 개개인이 인격 실현을 위하여 자신의 급부능력에 따른 근로조건을 자유로이 형성할 수 있다는 점에 착안하여 유리 원칙이 인정된다. 그러나 취업규칙이나 노동관행과 같이 선원에 대한 집단적 규율을 목적으로 하는 하위규범에 대하여는 유리 원칙이 적용되지 않고, 특히 취업규칙에 대하여는 선원의 과반수로 조직된 노동조합이 있는 경우 그 노동조합의 동의를 받아 취업규칙을 선원에게 불이익하게 변경할 수 있고(법 120조 1항), 노동조합이 단체협약을 체결하면서 기존의 취업규칙에 정한 근로조건보다 불리한 내용의 근로조건의 기준을 정함으로써 취업규칙을 변경하는 것은 위 규정에 의하여 허용되고 있으므로, 이러한

---

181) 박종희, "유리한 조건 우선의 원칙에 대한 법이론적 검토와 체계상 재구성 시론", 노동법학 8호(1998. 12), 484-501면.

182) 김지형, "취업규칙에 의한 퇴직금규정의 불이익 변경", 노동법강의: 기업구조조정과 노동법의 중요과제, 법문사(2002), 66-67면; 노동조합 및 노동관계조정법, 사법연수원(2014), 210-211면.

한도 안에서 취업규칙과 단체협약 사이의 유리의 원칙은 입법적으로 배제되어 있다. 노동조합이 근로자의 과반수로 조직된 노동조합이 아닌 경우에는 명문의 규정이 없으나, 이때에도 집단적 규율을 목적으로 하는 규범 상호 간에는 유리의 원칙을 인정할 근거를 찾아 볼 수 없으므로 유리의 원칙은 적용되지 않는다.

(4) 판례: 유리 원칙 부정설

단체협약과 취업규칙에서 동일하게 매년 기준금액의 700%를 상여금으로 지급하고, 하기휴가비로 30만 원을 지급하는 것으로 규정하고 있다가, 1998. 7. 29. 단체협약에 해당하는 노사 공동 결의서를 작성하면서 그 이후에 지급기가 도래할 상여금과 하기휴가비를 회사의 경영이 정상화될 때까지 반납하기로 하였으나 취업규칙은 개정하지 않아 취업규칙에서 정한 근로조건이 단체협약상의 근로조건을 상회하게 된 사안에서, 대법원은 "위 상여금 포기 약정에도 불구하고 취업규칙이 그대로 적용된다면 위 약정은 그 목적을 전혀 달성할 수 없으므로, 위 약정에는 당연히 위 취업규칙상 유리한 조건의 적용을 배제하고 변경된 단체협약이 우선적으로 적용된다는 내용의 합의가 포함된 것이라고 봄이 당사자의 의사에 합치하고, 따라서 위 약정으로써 취업규칙상 상여금에 관한 규정의 적용이 배제된다."고 하여,[183] 당사자의 의사 해석에 기초하여 유리 원칙을 부정하는 결과를 도출하였다. 이후에도 유리 원칙을 부정하는 다수의 판결이 선고되었다.[184]

4. 지방해양수산청장의 변경명령권

지방해양수산청장은 법령이나 단체협약을 위반한 취업규칙에 대하여는 그 변경을 명할 수 있다(법 121조). 법령이나 단체협약을 위반한 취업규칙은 지방해양수산청장의 변경명령이 없더라도 효력이 없고, 취업규칙을 적용받는 선원이라도 취업규칙의 변경명령을 청구할 권리가 부여되어 있는 것은 아니다. 따라서 선원이 변경된 취업규칙에 대한 변경명령을 구하는 진정서를 제출한 것에 대하여 지방해양수산청장이 선원에게 그 취업규칙이 법령에 위반되는 바가 없다는 회신을 한 것은 행정소송의 대상이 되는 취업규칙 변경명령 거부처분이라고 할 수 없다.[185]

183) 대법원 2001. 1. 19. 선고 2000다30516 판결.
184) 대법원 2001. 9. 18. 선고 2000다60630 판결; 대법원 2006. 4. 27. 선고 2004다4683 판결.
185) 서울고법 1998. 2. 19. 선고 97구21910 판결.

취업규칙 변경명령은 취업규칙의 내용을 직접적으로 변경하는 것이 아니라, 선박소유자에게 취업규칙을 변경할 의무를 부과하는 것에 그친다.

Ⅴ. 취업규칙의 효력

1. 취업규칙의 규범적 효력

취업규칙에서 정한 기준에 미치지 못하는 근로조건을 정한 선원근로계약은 그 부분만 무효로 하고, 그 무효 부분은 취업규칙에서 정한 기준에 따른다(법 122조). 선박소유자가 일방적으로 작성하는 것임에도 취업규칙에 선원근로계약에 대한 규범적 효력을 부여하는 선원법 122조의 입법취지는 선원의 보호에 있다. 즉 취업규칙의 작성·주지를 통하여 선박소유자 자신도 취업규칙에 구속되게 함으로써 선원을 선박소유자의 자의(恣意)로부터 보호하고, 나아가 선박소유자에게 취업규칙의 작성 의무를 부여하고 그 내용이 법령의 최저 기준에 미달하지 않도록 감독·지시함과 동시에, 선박소유자가 개별교섭을 통하여 이를 인하하지 못하게 함으로써 선원법의 수준을 초과하는 근로조건을 실현하기 위한 것이다.[186]

2. 규범적 효력의 내용

가. 강행적 효력

취업규칙이 설정한 근로조건 기준을 하회하는 내용을 정한 개별 선원근로계약은 그 부분에 관하여 무효가 된다.[187]

나. 보충적 효력

(1) 의 의

취업규칙이 설정한 근로조건 기준에 미달하여 무효가 된 선원근로계약 부분은 취업규칙이 정한 기준에 의하여 보충된다. 무효가 된 선원근로계약 부분이 취업규칙에서 정한 기준에 따라 보충되는 것은 선원법 122조가 명시하고 있어 의문의

---

186) 근로기준법 주해 Ⅲ(제2판), 884-885면.
187) 대법원 2007. 10. 11. 선고 2007두11566 판결.

여지가 없다.

(2) 선원근로계약에서 정하지 않은 부분

선원근로계약에서 정하지 않은 부분도 취업규칙의 보충적 효력이 인정되는지 여부가 문제된다. 선원법 122조와 비슷한 문언으로 선원법의 선원근로계약에 대한 강행적·보충적 효력을 규정하고 있는 선원법 26조에서도 선원근로계약에서 정하지 않은 사항에 관하여 선원법의 보충적 효력을 명시하지 않고 있지만 일반적으로 그 보충적 효력을 인정하고 있는 점, 취업규칙의 선원근로계약에 대한 보충적 효력이 문제되는 경우는 선원근로계약에서 정하지 않은 사항과 관련된 것이 대부분으로 이를 인정하지 않을 경우 선원 보호에 큰 공백이 발생한다는 점을 고려할 때, 선원근로계약에서 정하지 않은 부분에 대하여도 취업규칙의 보충적 효력을 인정하여야 한다.[188]

(3) 보충의 의미

무효가 된 선원근로계약 부분이나 선원근로계약에서 정하지 않은 사항에 관하여 취업규칙의 기준에 의하여 보충된다고 할 때, 이는 개별 선원과 선박소유자의 권리·의무가 취업규칙에서 직접 발생하는 것을 의미하는 것인가(외부규율설), 아니면 취업규칙의 기준이 일단 선원근로계약의 내용으로 화체되는 것에 의하여 근거가 부여되는 것을 의미하는지(화체설) 여부가 문제된다.

취업규칙의 성질에 관하여, 계약설을 취하는 견해에 따르면 취업규칙 기준이 선원근로계약으로 화체되는 것을 인정하게 되고,[189] 법규설의 입장을 취하면서도 근로조건 불이익변경에 대한 개별적 동의가 요구된다는 입장을 전제함으로서 화체설을 취하고 있는 견해도 있다.[190]

188) 대법원 2007. 9. 6. 선고 2007다42600 판결; 근로기준법 주해 Ⅲ(제2판), 895-899면.

189) 판례는, "단체협약이 실효되었다고 하더라도 임금, 퇴직금이나 근로시간, 그 밖에 개별적인 근로조건에 관한 부분은 그 단체협약의 적용을 받고 있던 근로자의 근로계약의 내용이 되어 그것을 변경하는 새로운 단체협약, 취업규칙이 체결·작성되거나 또는 개별적인 근로자의 동의를 얻지 아니하는 한 개별적인 근로자의 근로계약의 내용으로서 여전히 남아 있어 사용자와 근로자를 규율한다"고 하여 단체협약과 근로계약의 관계에 대하여 일종의 화체설(化體說)의 입장을 취하고 있다. 대법원 2000. 6. 9. 선고 98다13747 판결; 대법원 2009. 2. 12. 선고 2008다70336 판결.

190) 西谷敏, "就業規則", 新勞働基準法論, 法律文化社(1982), 462면.

3. 선원근로계약의 내용이 취업규칙의 규정을 상회하는 경우

(1) 선원근로계약에서 취업규칙의 기준을 상회하는 근로조건을 설정하는 것은 선원법 26조가 선원근로계약에서 선원법보다 유리한 근로조건을 설정하는 것을 당연히 허용하고 있는 것과 마찬가지로 허용된다. 즉 취업규칙과 선원근로계약 사이에서는 유리 원칙이 인정된다.

(2) 법 122조는 "취업규칙에서 정한 기준에 미치지 못하는 근로조건을 정한 선원근로계약은 그 부분만 무효로 한다. 이 경우 그 무효 부분은 취업규칙에서 정한 기준에 따른다."라고 정하고 있다. 위 규정은, 선원근로계약에서 정한 근로조건이 취업규칙에서 정한 기준에 미달하는 경우 취업규칙에 최저기준으로서의 강행적·보충적 효력을 부여하여 선원근로계약 중 취업규칙에 미달하는 부분을 무효로 하고, 이 부분을 취업규칙에서 정한 기준에 따르게 함으로써, 개별적 노사 간의 합의라는 형식을 빌려 선원으로 하여금 취업규칙이 정한 기준에 미달하는 근로조건을 감수하도록 하는 것을 막아 종속적 지위에 있는 선원을 보호하기 위한 규정이다. 이러한 규정 내용과 입법 취지를 고려하여 법 122조를 반대해석하면, 취업규칙에서 정한 기준보다 유리한 근로조건을 정한 개별 선원근로계약 부분은 유효하고 취업규칙에서 정한 기준에 우선하여 적용된다. 선원에게 불리한 내용으로 변경된 취업규칙은 집단적 동의를 받았다고 하더라도 그보다 유리한 근로조건을 정한 기존의 개별 선원근로계약 부분에 우선하는 효력을 갖는다고 할 수 없다. 이 경우에도 선원근로계약의 내용은 유효하게 존속하고, 변경된 취업규칙의 기준에 의하여 유리한 선원근로계약의 내용을 변경할 수 없으며, 선원의 개별적 동의가 없는 한 취업규칙보다 유리한 선원근로계약의 내용이 우선하여 적용된다.[191]

Ⅵ. 벌 칙

(i) 119조 1항을 위반하여 취업규칙을 작성하지 아니하거나 취업규칙을 거짓으로 작성하여 신고한 자, (ii) 120조 1항을 위반하여 취업규칙의 작성 절차에 따라 취업규칙을 작성하지 아니한 자, (iii) 121조를 위반하여 취업규칙 변경명령을

191) 대법원 2019. 11. 14. 선고 2018다200709 판결.

따르지 아니한 자는 500만 원 이하의 벌금에 처한다(법 177조 4, 5, 6호). 119조 1항을 위반하여 취업규칙을 신고하지 아니한 자는 200만 원 이하의 과태료에 처한다(법 179조 3항 14호).

제3절 선원근로관계의 종료

Ⅰ. 총 설

1. 의 의

선원근로관계는 계약기간의 만료, 선원의 사망, 선박소유자나 선원의 해지, 선박소유자와 선원의 합의해지, 당연종료사유의 발생 등에 의하여 종료한다.[192] 선박소유자가 사망할지라도 상속인이 기업을 경영하여 기업이 존속하는 한 선원근로관계는 종료되지 않는다. 합병 · 영업양도와 같이 근로관계가 포괄승계되는 경우에는 선원근로계약은 신소유자에게 원칙적으로 당연승계된다. 그러나 특정계약과는 달리 선원근로계약은 특정선박에서 근로를 제공하는 것을 내용으로 하지 않기 때문에, 특정선박이 멸실 · 침몰 · 나포 · 포획되더라도 선원근로계약이 당연히 종료하는 것은 아니다. 선원법은 선박소유자에 의한 선원근로계약의 해지[193]에 관하여 선원을 보호하기 위한 규정을 두고 있고(법 32-34조), 선원근로계약 존속의 특례(법 35조), 특정승계에 의한 선박소유자 변경의 경우에 선원근로계약의 종료에 관한 특례를 두고 있다(법 36조).

---

192) 구 선원법(1990. 8. 1. 법률 4255호로 개정되기 전의 것) 37조는 (i) 특정계약에서 그 선박이 침몰 또는 멸실된 경우, (ii) 운항을 전혀 견디지 못하게 된 경우, (iii) 선박의 존부가 1월 이상 분명하지 아니한 경우에는 약정된 선원근로계약기간에 불구하고 선원근로계약이 종료된다고 규정하였다.

193) 선원근로계약의 해지는 '선원의 의사에 반하여 선박소유자의 일방적인 의사에 의하여 이루어지는 선원근로관계의 종료'를 의미하므로, 근기법상 해고와 동일한 개념이다. 즉 '선원근로계약의 해지'와 '선원의 해고'는 같은 의미이므로, 이 글에서도 이를 혼용하기로 한다.

2. 선원근로계약의 해지

가. 해지의 개념

(1) 해지의 정의

해지는 선원의 의사에 반하여 선원근로계약을 종료하는 선박소유자의 일방적 의사표시이다. 판례는 해고를 '실제 사업장에서 불리는 명칭이나 그 절차에 관계없이 근로자의 의사에 반하여 사용자의 일방적인 의사에 의하여 이루어지는 모든 근로관계의 종료'를 의미한다고 표현하였다.[194]

(2) 선원근로계약의 종료를 목적으로 한 의사표시

해지는 선원근로계약의 종료를 목적으로 한다. 선원근로계약의 종료사유는 선원의 의사나 동의에 의하여 이루어지는 퇴직, 선원의 의사에 반하여 선박소유자의 일방적 의사에 의하여 이루어지는 해지, 선원이나 선박소유자의 의사와는 관계없이 이루어지는 자동소멸 등으로 나눌 수 있다.[195]

(3) 장래를 향한 해지의 의사표시

해지는 선원근로계약을 해지(解止)하는 의사표시이므로, 해지로 말미암아 선원근로계약은 장래에 대하여 그 효력을 잃는다(민법 550조). 이 점에서 해지는 소급효가 발생하여 원상회복의 의무가 있는 해제(민법 548조)와 다르다.

(4) 선박소유자의 의사표시

해지는 선박소유자의 의사표시라는 점에서 선원의 의사표시에 따라 선원근로계약이 해지되는 사직(辭職)과 다르다. 또한 해지는 선원의 의사에 반한다는 점에서 선원의 의사와 합치되어 이루어지는 합의해지와 다르다. 합의해지는 단독행위가 아니라 계약이므로 청약과 승낙에 의해 성립된다.

(5) 상대방 있는 단독행위

해지는 선원근로계약의 상대방인 선원에 대하여 다른 당사자인 선박소유자가 단독으로 하는 상대방 있는 단독행위이므로, 해지의 의사표시가 상대방에게 도달

---

194) 대법원 1993. 10. 26. 선고 92다54210 판결.
195) 대법원 1993. 10. 26. 선고 92다54210 판결.

하는 때에 효력이 발생한다(민법 111조 1항).[196] 단독행위에 조건을 붙이면 상대방의 지위를 현저히 불리하게 하므로 단독행위에는 원칙적으로 조건을 붙일 수 없으나, 다만 상대방의 동의가 있다든가 상대방을 특별히 불리하게 하지 않을 때에는 허용될 수 있다.

이와 관련하여, 독일에서 허용되는 변경해약고지(Änderungskündigung), 즉 사용자가 근로자에게 근로조건의 변경을 청약하면서 근로자의 승낙을 해제조건으로 하는 해고가 우리나라에서도 허용될 것인가에 관한 논의가 있다. 우리나라에서 선원의 거부를 이유로 해고의 효력이 발생하면 해고의 정당성에 관하여 평가해야 하고, 선원이 승낙한 경우에도 근로조건의 변경이 선원에게 불리하면 근로조건 변경의 정당성을 여전히 평가해야 하므로, 해고와 구별되는 독자적인 제도로 변경해약고지를 인정하기는 곤란하다.[197]

(6) 명칭 불문

선박소유자가, 예를 들면, '형사상 범죄로 유죄판결을 받았을 때' 등의 사유를 당연퇴직 사유로 규정하고 그 절차를 통상해지나 징계해지와는 달리 하였더라도, 성질상 해지에 해당되면 정당한 이유가 있어야 유효하다.[198]

나. 해지의 종류

(1) 근로계약기간의 유무와 해지

① 유기계약은 근로계약기간이 정해진 것이다. 유효한 근로계약기간을 정하지 아니한 경우 기간의 정함이 없는 선원근로계약이 된다.[199] 근로계약기간을 정한 경우 선원근로계약은 특별한 사정이 없는 한 그 기간이 만료되면 선박소유자의 해지 등 별도의 조치 없이 당연히 종료된다.[200]

② 판례는 근로계약이 장기간에 걸쳐서 반복하여 갱신됨으로써 그 정한 기간이 단지 형식에 불과하게 된 경우는 사실상 기간의 정함이 없는 선원근로계약과 다를 바가 없다고 본다. 이 경우 선박소유자가 갱신계약을 거절하는 것은 해지와

---

196) 김유성 Ⅰ, 268면.
197) 김유성 Ⅰ, 269면.
198) 대법원 1993. 10. 26. 선고 92다54210 판결.
199) BAG, 13.6.2007 - 7 AZR 700/06, NZA 2008, 108 Rn.16ff.
200) Bubenzer/Noltin/Peetz/Mallach, S.289.

같다.[201] 따라서 이 경우 선박소유자의 갱신거절이 유효성을 인정받기 위해서는 해지와 마찬가지로 그 갱신거절에 정당한 이유가 있어야 한다.

③ 기간을 정한 선원근로계약은 원칙적으로 2년의 범위 안에서만 가능하고(사업의 완료, 특정 업무 완성 필요 기간 등 일정한 예외가 있다. 기간제법 4조 1항 단서 참조), 2년을 초과하여 기간제선원을 사용하는 경우에는 그 기간제선원은 기간의 정함이 없는 선원근로계약을 체결한 선원으로 본다(기간제법 4조 1항, 2항). 따라서 2년을 초과한 기간제선원이 판례 법리에 따라 기간의 정함이 형식에 불과한 경우에 해당하지 않더라도 선박소유자가 역시 갱신 거절 등으로 노무수령을 거절하면, 이는 해지가 되고 해지에 정당한 이유가 있어야 한다.

④ 선원근로계약기간이 만료한 후 선원이 계속하여 노무를 제공하고 선박소유자가 상당한 기간 내에 이의를 하지 않은 경우에는 선원근로계약이 동일한 조건으로 다시 계속되어 '묵시의 갱신'이 이루어진 것으로 볼 수 있다(민법 662조 1항).[202]

⑤ 선원근로계약기간이 정해진 계약의 경우 그 기간 중 선박소유자가 선원을 해지하고자 할 때에 '정당한 이유'가 있어야 하고, 원칙적으로 해지예고의 절차를 거쳐야 한다.

(2) 해지사유에 따른 구분

(가) 의 의

① 독일 해고제한법(Kündigungsschutzgesetz)에 의하면 '사회적 상당성'이 없는 해고는 무효이고, 사회적 상당성은 일신상 사유 · 행태상 사유 · 긴박한 경영상 사유가 있을 때에 인정된다. 경영상 해고를 규정하고 있는 근기법 24조는 선원법 5조에 의하여 명시적으로 선원근로관계에 적용되는 조항은 아닌 바, 선원에게 경영상 해고가 허용되는지 여부에 관하여 아래에서 보는 바와 같이 견해 대립이 있다.

② 판례는 '정당한 이유'에 관하여, '해고는 사회통념상 고용관계를 계속할 수 없을 정도로 근로자에게 책임 있는 사유가 있는 경우에 행하여져야 그 정당성이 인정되는 것'이라고 전제한 후, 사회통념상 근로자와 고용관계를 계속할 수 없을

201) 대법원 1994. 1. 11. 선고 93다17843 판결; 대법원 1998. 5. 29. 선고 98두625 판결.
202) 대법원 1998. 11. 27. 선고 97누14132 판결.

정도인지는 사용자의 사업 목적과 성격, 사업장의 여건, 근로자의 지위 및 담당 직무의 내용, 비위행위의 동기와 경위, 이로 인하여 기업의 위계질서가 문란하게 될 위험성 등 기업질서에 미칠 영향, 과거의 근무태도 등 여러 가지 사정을 종합적으로 검토하여 판단해야 한다고 하여 그 기준을 제시하고 있다.[203)]

③ 따라서 단체협약이나 취업규칙에 해지사유로 규정되어 있더라도 그 사유가 바로 '정당한 이유'가 되는 것이 아니라, 사회통념상 선원근로관계를 계속할 수 없을 정도로 선원에게 책임 있는 사유에 해당되는 경우에만 해지의 정당성이 인정된다.[204)] 다만 단체협약이나 취업규칙 등에 해지에 관한 규정이 있는 경우 그것이 선원법에 위배되어 무효가 아닌 이상 그에 따른 해지는 정당한 이유가 있는 해지이다.[205)]

④ 선원에 대한 해지에 정당한 이유가 있다는 것에 관한 증명책임은 선박소유자에게 있으므로,[206)] 선원이 제기한 해지무효확인소송에서 선박소유자가 정당한 이유가 있다는 것의 증명에 실패하면 그 해지는 무효로 된다. 이는 선원이 선원법 34조에 의한 부당해지 구제신청을 하여 행정소송이 제기된 경우도 마찬가지다.[207)]

(나) 통상해지

선박소유자가 선원의 일신상 사유를 들어 하는 해지를 통상해지라고 한다. 통상해지와 징계해지는 실무상 특정 사유에 대하여 징계절차를 거쳐 해지하도록 되어 있는지 여부에 따라 구분되는데, 단체협약이나 취업규칙에는 '인사'의 장과 '징계'의 장이 따로 구별되어 있는 경우가 많고, 대체로 징계의 장에는 징계의 사유·종류·절차가 규정되어 있는 반면, 인사의 장에는 해지 등의 사유에 관해서만 규정되어 있어서, 인사의 장에 정해진 해지사유에 따른 해지를 '통상해지'라고 볼 수 있다.[208)] 선박소유자가 어떤 사유를 당연퇴직 사유로 규정하고 그 절차를 통상의 해지나 징계해지와 달리한 경우에도, 그 당연퇴직사유가 선원의 사망·정년·계약기간의 만료 등과 같이 선원근로관계의 자동소멸사유인 경우를 제외하고

203) 대법원 1992. 5. 12. 선고 91다27518 판결; 대법원 2003. 7. 8. 선고 2001두8018 판결.
204) 대법원 1992. 5. 12. 선고 91다27518 판결; 대법원 1998. 11. 10. 선고 97누18189 판결.
205) 대법원 1990. 4. 27. 선고 89다카5451 판결; 대법원 1998. 11. 10. 선고 97누18189 판결.
206) 대법원 1991. 7. 12. 선고 90다9353 판결; 대법원 1992. 8. 14. 선고 91다29811 판결.
207) 대법원 1995. 2. 14. 선고 94누5069 판결; 대법원 1999. 4. 27. 선고 99두202 판결.
208) 근로기준법 주해 Ⅱ(제2판), 86면.

는 통상해지에 속하는 것으로 보아야 한다.[209)]

(다) 징계해지

선박소유자가 징계사유를 들어 징계절차를 거쳐 하는 해지를 징계해지라고 한다. 징계해지는 통상해지보다 선원에게 불리한 것으로 취급되나, 징계절차 규정이 있는 경우에는 반드시 징계절차를 거쳐야 한다는 점에서 선원은 절차적 보호를 받게 된다.

(라) 경영상 해고

사용자가 긴박한 경영상의 필요성에 따라 하는 해고를 경영상 해고라 한다. 근기법 24조 5항에서는 사용자가 24조 1항 내지 3항의 규정에 의한 요건을 갖추어 근로자를 해고한 때에는 23조 1항에 규정에 의한 정당한 이유가 있는 해고를 한 것으로 본다고 규정하고 있으므로, 근기법 24조에 의한 경영상 해고에도 '정당한 이유'가 필요하다. 그런데 선원법 5조 1항은 경영상 해고에 관한 근기법 24조를 선원에 대한 적용조문으로 열거하지 않고 있으므로, 선원에 대하여는 경영상 해고가 허용되지 아니한다고 해석하여야 한다.

(3) 해지 예고의 필요성 유무에 따른 구분

(가) 보통해지

선원법 33조 본문에 따라 선박소유자는 선원근로계약을 해지하려면 30일 이상의 예고기간을 두고 서면으로 그 선원에게 알려야 하고, 알리지 아니하였을 때에는 30일분 이상의 통상임금을 지급하여야 한다. 이와 같은 해지예고의 절차를 거쳐서 하는 해지를 '보통해지'라고 한다.

(나) 즉시해지

선원법 33조 단서에 의하면, (i) 선박소유자가 천재지변, 선박의 침몰·멸실 또는 그 밖의 부득이한 사유로 사업을 계속할 수 없는 경우로서 선원노동위원회의 인정을 받은 경우, (ii) 선원이 정당한 사유 없이 하선한 경우, (iii) 해원이 22조 3항에 따라 하선 징계를 받은 경우에는 해지 예고 없이 즉시 해지할 수 있다. 이와 같이 해지예고가 필요 없는 해지를 '즉시해지'라고 한다.

---

209) 근로기준법 주해 Ⅱ(제2판), 86면.

3. 퇴직과 자동소멸

가. 퇴직 : 사직과 합의해지

(1) 의 의

선원의 일방적 의사표시에 의한 선원근로계약의 해지를 사직(辭職), 선원과 선박소유자의 합의에 의한 선원근로계약의 해지를 합의해지(合意解止)라고 하는데, 사직과 합의해지에 의한 선원근로계약의 종료를 합쳐서 퇴직이라고 한다. 실무상 사직의 의사표시를 담은 서면을 사표라고 하고, 합의해지에 의한 선원근로계약의 종료를 의원면직(依願免職)이라고 하는 경우가 많다.

선원은 선원근로계약을 해지하려면 30일의 범위에서 단체협약, 취업규칙 또는 선원근로계약에서 정한 예고기간을 두고 선박소유자에게 알려야 한다(법 33조 2항). 일반근로자와 달리 선원에게도 해지 예고를 하도록 한 것은 선박소유자로 하여금 후임자를 채용·임명할 시간을 주어 선박공동체의 기능을 단절없이 계속적으로 유지할 수 있도록 하기 위한 것이다. 선원이 사직 통고를 할 때 '정당한 이유'는 필요 없다. 선박소유자의 해지가 제한되는 데 비하여 선원은 '사직의 자유'를 누린다. 다만 선원이 사직의 의사표시를 한 후 선원근로계약이 해지되기 전에 출근하지 않는 것은 채무불이행에 해당되어 손해배상책임을 진다.[210]

(2) 퇴직 의사표시의 하자

선박소유자가 선원에게 퇴직할 것을 권유하고 선원이 이에 응하여 사표를 제출하여 퇴직하는 것을 '권고사직'이라고 하고, 선원이 사표를 낸 다음 선박소유자가 이를 수리하여 퇴직하는 것을 '의원면직'이라고 한다. 권고사직은 사직의 일종이므로 선원의 사표제출로 퇴직의 효과가 발생하고, 의원면직은 합의해지의 일종이므로 선박소유자의 사표수리로 퇴직의 효과가 생긴다. 선박소유자가 선원에게 퇴직을 권유하면서 "사표를 제출하지 않으면 해고하겠다."는 의사표시를 한 경우에는 권고사직이나 의원면직의 형식을 취했더라도 사직이나 합의해지에 의해 선원근로관계가 종료되었다고 볼 수는 없고, 실질적 해지로 보아 정당한 이유가 있는지 여부에 따라 퇴직의 효력 여부를 판단해야 한다.

---

210) 김형배, 749면.

선원의 사직원이 회사 간부 등의 폭행과 강요에 의하여 작성되거나 사표를 내지 않으면 해지하겠다고 하여 사직한 경우에는 의원면직의 형식을 취하더라도 실질적으로는 선박소유자의 일방적 의사표시에 의한 해지로 보아야 한다.[211] 선박소유자가 선원으로부터 사직서를 일괄적으로 제출받아 그 중 일부를 선별적으로 수리하는 의원면직의 형식과 관련하여, 대법원은 사직의 의사 없는 선원으로 하여금 어쩔 수 없이 사직서를 작성 제출하게 한 경우에는, 사직의 의사표시는 비진의 의사표시로서 무효일 뿐 아니라, 실질적으로는 선박소유자의 일방적 의사에 의하여 선원근로관계를 종료시키는 것이어서 해지에 해당한다고 보았다.[212]

그러나 선원이 사직을 진정으로 마음속에서 바라지는 않았더라도 당시의 상황에서는 그것을 최선이라고 판단하여 의사표시를 하였을 경우에는 이를 내심의 효과의사가 결여된 진의 아닌 의사표시라고 할 수 없다.[213]

(3) 의원면직(합의해지)과 사표철회

확정적인 사직의 의사표시를 담은 사표가 선박소유자에게 도달한 경우 선원은 1월이나 1기가 경과하여 해지의 효력이 발생하기 전에도 사직의 의사표시를 철회할 수 없다.[214] 그러나 선원이 사직원을 제출하여 합의해지를 청약하고 이에 대하여 선박소유자가 이를 수리하여 승낙함으로써 선원근로관계를 종료시키는 합의해지 내지 의원면직의 경우에는, 선박소유자가 사직원을 수리한 후 이를 선원에게 통지한 시점에서 퇴직의 효력이 발생한다. 일반적으로 계약의 청약은 구속력 때문에 철회하지 못한다(민법 527조). 하지만 대법원은 선원이 사직원을 제출하여 선원근로관계의 해지를 청약하는 경우 그에 대한 선박소유자의 승낙의사가 형성되어 그 승낙의 의사표시가 선원에게 도달하기 이전에는 그 의사표시를 철회할 수 있다고 하여 원칙적으로 철회를 인정하되, 다만 선원의 사직 의사표시 철회가 선박소유자에게 예측할 수 없는 손해를 주는 등 신의칙에 반한다고 인정되는 특별한 사정이 있는 경우에 한하여 그 철회를 허용하지 않고 있다.[215]

---

211) 대법원 1992. 3. 13. 선고 91누10046 판결; 대법원 1992. 9. 1. 선고 92다26260 판결.
212) 대법원 1991. 7. 2. 선고 90다11554 판결; 대법원 1994. 4. 29. 선고 93누16185 판결.
213) 대법원 2000. 4. 25. 선고 99다34475 판결; 대법원 2005. 9. 9. 선고 2005다34407 판결.
214) 대법원 2000. 9. 5. 선고 99두8657 판결.
215) 대법원 1992. 4. 10. 선고 91다43138 판결; 대법원 2000. 9. 5. 선고 99두8657 판결.

(4) 명예퇴직

명예퇴직은 합의해지의 일종으로 선원이 명예퇴직의 신청(청약)을 하고 선박소유자가 요건을 심사한 후 이를 승인(승낙)함으로써 선원근로관계를 종료시키는 것을 말하는데, 명예퇴직의 신청도 일반적인 합의해지의 경우와 마찬가지로 선박소유자의 승낙이 있기 전에는 선원이 청약의 의사표시를 철회할 수 있다.[216] 선박소유자가 명예퇴직자 내지 희망퇴직자를 모집하는 것은 일반적으로 청약의 유인에 해당되는데, 선박소유자가 희망퇴직자의 퇴직조건에 관하여 구체적인 내용을 모두 제시하고 선원이 희망퇴직을 신청하기만 하면 별도의 심사 없이 모두 받아들이겠다는 의사를 표시한 경우에는 희망퇴직의 모집을 청약으로 볼 수도 있다.

노사합의에 따라 명예퇴직 대상자로 확정되면 예정된 명예퇴직일자에 비로소 퇴직의 효력이 발생하는데, 명예퇴직예정일이 도래하면 선원은 당연퇴직되고 선박소유자는 명예퇴직금을 지급할 의무를 부담하게 되며, 명예퇴직의 합의가 이루어진 후에는 당사자 일방이 임의로 그 의사표시를 철회할 수 없다.[217] 다만 명예퇴직의 합의 이후 명예퇴직 예정일 도래 이전에 선원에게 선원근로관계를 계속하게 하는 것이 곤란할 정도의 중대한 비위 행위가 있는 경우에는 선박소유자로서는 명예퇴직의 승인을 철회할 수 있다.[218]

(5) 조건부 면직처분

조건부 면직처분은 선원이 징계처분통지를 받은 날부터 일정한 기간 내에 사직원을 제출하지 않으면 징계면직하겠다는 선박소유자의 의사표시로, 실체상 또는 절차상 이유로 조건부 면직처분이 무효가 되면 그에 따라 제출한 사직원에 의하여 이루어진 의원면직처분도 특별한 사정이 없는 한 무효로 보아야 한다.[219] 조건부 면직처분은 실질적인 해지로 보아 정당한 이유가 있을 때에만 유효성을 인정할 수 있다.

---

216) 대법원 2003. 4. 25. 선고 2002다11458 판결.
217) 대법원 2000. 7. 7. 선고 98다42172 판결.
218) 대법원 2002. 8. 23. 선고 2000다60890 판결.
219) 대법원 1995. 11. 14. 선고 95누1422 판결.

(6) 중간퇴직

선원이 회사의 경영방침에 따라 사직원을 제출하고 회사가 이를 받아들여 퇴직처리를 하였다가 즉시 재입사하는 이른바 '중간퇴직'의 경우, 실질적인 선원근로관계의 단절 없이 계속 근무하면서 사직원을 제출한 것은 선원이 퇴직을 할 의사 없이 퇴직의사를 표시한 것으로서 비진의 의사표시에 해당하고 회사 또한 그와 같은 진의 아님을 알고 있었으므로 퇴직의 효과는 생기지 않는다.[220] 일부 판결에서는 통정 허위표시로서 무효라고 보았다.[221]

나. 자동소멸

(1) 기간만료

기간의 정함이 있는 유기근로계약은 기간이 만료되면 선원근로관계가 자동적으로 종료된다.

(2) 정 년

정년제는 선원이 일정한 연령에 도달하면 근로의 의사나 능력이 있는지 여부에 관계없이 선원근로계약을 종료시키는 제도이다. 연공서열의 임금체계를 취하는 기업에서 정년제는 부득이한 측면이 있으나, 평생 직장의 관념이 사라지고 연봉제를 통한 성과급제가 급속하게 확대되는 현실에서 정년제의 타당성이 근본부터 위협받고 있으며, 정년제는 기본적으로 연령에 의한 차별의 성격을 띤다고 볼 여지가 있기 때문에 정년제에 대한 재평가가 필요하다. 한편 정년제와 관련하여 임금피크제를 실시하는 경우가 있다. 임금피크제를 실시하면 선원은 고용보장을 받을 수 있는 장점이 있는 반면, 일정한 연령 이후에 임금이 계속 감소하기 때문에 임금피크제를 도입할 경우에는 변경해약고지의 문제가 발생할 수 있다. 선원이 임금피크제도의 도입에 의한 근로조건의 저하를 받아들이지 않아서 선박소유자가 해지한 경우에는 해지의 정당성을 심사해야 한다.

정년은 선박소유자의 의사표시 없이 선원이 정년에 도달했다는 사실만으로 선원근로관계가 종료하므로 정년의 법적 성격은 종기(終期)를 정한 선원근로계약으

---

220) 대법원 2005. 4. 29. 선고 2004두14090 판결.
221) 대법원 1988. 4. 25. 선고 86다카1124 판결.

로 볼 수 있다. 정년제는 원칙적으로 연령에 의한 고용차별이기 때문에 헌법상 평등의 원칙(헌법 11조), 차별 대우 금지(근기법 5조) 등에 위반될 수 있으므로, 정년제의 합법성을 인정할 때에는 신중을 기해야 한다.

(3) 당사자의 소멸: 사망과 청산

민법 657조에 따라 선원근로관계는 일신전속적이기 때문에 선원이 사망하면 선원근로관계가 종료된다. 자연인인 선박소유자가 사망한 경우에도 원칙적으로 선원근로관계가 종료되나, 그 기업이 상속인에게 상속되어 계속 운영됨으로써 선박소유자와 선원 사이의 인적 관계가 문제되지 않는 경우에는 선원근로관계가 종료되지 않는다.

선박소유자가 법인인 경우에 법인이 해산되면 선원근로관계가 종료되는데, 그 시기는 늦어도 청산의 종료시라고 볼 수 있다.[222] 회사의 해산이나 파산의 경우 파산관재인 등이 한 선원근로관계의 종료행위가 해지에 해당하는지에 관하여, 대법원은 기업이 파산선고를 받아 사업폐지를 위하여 청산과정에서 근로자를 해고하는 것은 위장폐업이 아닌 한 기업경영의 자유에 속하는 것으로서, 파산관재인이 파산선고로 인하여 파산자 회사가 해산한 후에 사업폐지를 위하여 행하는 해고는 경영상 해고가 아니라 통상해고라고 보았다.[223]

(4) 사업완료

일정한 사업완료를 목적으로 한 선원근로계약은 사업의 완료로써 종료된다. 항해단위로 선원근로계약을 체결하는 경우도 이에 해당한다.

(5) 휴직이나 직위해제에 이은 당연퇴직 또는 직권면직

① 휴직은 선원을 그 직무에 종사하게 할 수 없거나 곤란한 경우에 선원근로관계를 그대로 유지하면서 일정한 기간 동안 그 직무에 종사하는 것을 금지시키는 선박소유자의 처분을 말하는데, 통상 휴직제도는 단체협약이나 취업규칙 등에 규정되어 있다.[224] 선원이 질병이나 육아 등을 위해서 스스로 휴직을 희망하는 경우도 많으나, 선원이 희망하지 않는데도 선박소유자가 일방적으로 휴직 처분을 하

---

222) 김형배, 762면.
223) 대법원 2003. 4. 25. 선고 2003다7005 판결.
224) 대법원 1992. 11. 13. 선고 92다16690 판결.

는 경우에는 징벌의 의미가 있다.

② 휴직과 유사한 것으로 직위해제가 있다. 직위해제는 선원의 직무수행능력이 부족하거나 근무성적 또는 근무태도 등이 불량한 경우, 선원에 대한 징계절차가 진행 중인 경우, 선원이 형사사건으로 기소된 경우 등에 선박소유자가 선원에게 직위를 부여하지 않는 것인데, 판례에 의하면 징벌적 제재인 징계와 그 성질이 다르다고 한다.[225] 하지만 실무상 휴직과 직위해제가 뚜렷이 구분되지 않는 경우가 많고, 특히 선원이 구속기소된 경우에는 휴직처분을 하는 경우가 많다.

③ 단체협약·취업규칙에서 정한 휴직기간이 만료된 후에도 휴직사유가 소멸하지 않는 때에는 당연 퇴직한 것으로 본다는 규정을 두거나, 직위해제기간 중 직위해제의 사유가 소멸하지 않으면 직권면직할 수 있다는 규정을 둔 경우에, 휴직에 이은 당연퇴직처분이나 직위해제에 이은 직권면직처분은 이를 일체로 보아 선원의 의사에 반하여 선박소유자의 일방적 의사에 따라 선원근로관계를 종료시키는 것이므로 실질적인 해지로 보아야 한다.[226] 따라서 정당한 이유가 있어야 당연퇴직·직권면직 처분이 유효하게 된다.

④ 선원이 구속기소되어 휴직처분을 받았다가 1심에서 유죄판결을 받으면 당연퇴직한다는 취지의 단체협약이나 취업규칙의 규정에 따라 당연퇴직으로 처리한 경우에는, 1심에서 실형을 선고받아 근로를 제공할 수 없게 된 경우에만 정당한 이유가 있고,[227] 집행유예나 벌금 등으로 석방된 경우에는 특별한 사정이 없는 한 정당한 이유를 인정하기 어렵다. 단체협약이나 취업규칙에 휴직기간 만료시까지 휴직사유가 해소된 경우에 복직원을 제출하지 않으면 휴직기간 만료일에 자동퇴직한 것으로 간주한다는 규정을 둔 경우에는, 선박소유자의 별도의 처분 없이 선원근로관계의 종료를 인정할 수 있다.[228]

---

225) 대법원 1996. 10. 29. 선고 95누15926 판결.
226) 대법원 1995. 12. 5. 선고 94다43351 판결; 대법원 2005. 11. 25. 선고 2003두8210 판결.
227) 대법원 1992. 11. 13. 선고 92누6082 판결; 대법원 1993. 5. 25. 선고 92누12452 판결.
228) 대법원 1995. 4. 11. 선고 94다4011 판결; 대법원 1996. 10. 29. 선고 96다21065 판결.

4. 징 벌

가. 징벌의 의미

선원법 32조 1항에서는 해지, 휴직, 정직, 감봉 그 밖의 징벌이라는 표현을 사용하고 있다. 여기에서 '징벌'은 징계적 의미를 가지고, 징벌에 해지가 포함된 것은 직접적으로는 징계해지를 의미한다. 그러나 여기에서 말하는 해지에는 징계해지 외에 통상해지와 경영상 해지가 포함되므로 징계적 의미가 없는 해지도 제한된다. 해지는 선원에게 가장 치명적인 처분이므로 일반적 징벌보다 더욱 엄격하게 제한하여 선원을 보호하고 있으므로 다른 징벌에 비하여 특수성이 인정된다. 이에 따라 징벌을 해지와 기타 징벌로 나눌 수 있고, 기타 징벌을 줄여서 그냥 '징벌'이라고 부를 수도 있다.

징벌은 징계해지와 같이 선원의 행태상 사유에 의한 제재를 가하는 것인데, 다만 그 정도의 점에서 징계해지보다 낮은 단계의 제재이다. 징벌은 부당노동행위 중 노조법 81조 1호, 5호에서 규정한 불이익취급에서 말하는 '불이익'과 유사한 점이 있다. 일반적으로 불이익에는 경제적 불이익, 정신적 또는 생활상 불이익, 조합활동상 불이익이 포함된다. 여기에서 경제적 불이익과 정신적 또는 생활상 불이익은 '징벌'과 유사하나, 조합활동상 불이익은 징벌이라고 보기 어렵다. 경제적 불이익 중 해고를 뺀 나머지 불이익과 정신적 또는 생활상 불이익은 징벌과 상당 부분 겹친다.

나. 징벌의 종류

선원법 32조 1항에서 예시한 징벌의 종류는 휴직, 정직, 감봉이 있다. 그 밖에 일반적으로 징벌로 행하여지는 것으로는 직위해제, 강등, 견책, 경고, 승무정지, 대기발령, 시말서 제출 등이 있다.

(1) 휴직과 직위해제

휴직은 선원을 그 직무에 종사하게 할 수 없거나 곤란한 경우에 선원근로관계를 그대로 유지하면서 일정한 기간 동안 그 직무에 종사하는 것을 금지시키는 선박소유자의 처분을 말하는데, 통상 휴직제도는 단체협약이나 취업규칙 등에 규정되어 있다.

(2) 정직(停職)

정직은 선원근로관계를 존속시키면서 선원의 노무 제공을 일정한 기간 동안 금지시키는 것으로서 출근정지나 대기발령이라고도 한다. 정직기간 중 임금은 지급되지 않으나 정직기간도 근속연수에는 포함된다.

(3) 감봉(減俸)

감봉 또는 감급(減給)은 근로 제공의 대가로 발생한 임금액에서 일정액을 삭감하는 제재이다. 지각, 조퇴, 결근, 휴직, 출근정지, 직위해제 등으로 근로제공이 이루어지지 않아서 그에 상응한 임금을 삭감하는 것은 무노동에 따른 결과이지 감급의 제재에는 해당되지 않는다.[229] 취업규칙에서 선원에 대하여 감급의 제재를 정할 경우에 그 감액은 1회의 금액이 승선평균임금의 1일분의 2분의 1을, 총액이 1 임금지급기의 임금 총액의 10분의 1을 초과하지 못한다(법 120조의2).[230]

(4) 강등(降等)

강등은 선원의 직급을 낮추는 제재로 승진의 반대 개념이다. 실무상 강등은 별로 이루어지지 않고 있으나, 강등이 이루어지는 경우에는 직급이 낮아지고 임금이 감소하여 매우 무거운 징계로 파악된다. 강등의 경우에 선원의 비위 정도에 비추어 그 정도의 불이익을 받아야 하는지에 관한 비례관계가 유지되어야 하고, 그 비례성이 깨지면 정당성을 인정할 수 없다.

(5) 견책, 경고

견책은 선박소유자가 선원을 꾸짖는 제재이고, 경고는 말 또는 서면으로 훈계하는 제재이다. 견책 · 경고를 받은 선원은 승진이나 전직 등을 위한 인사고과에서 불이익을 받는 경우가 있다.

5. 징계권의 근거

기업은 인적 · 물적 조직의 유기적 결합체로서 그 사업목적을 달성하기 위해서

229) 김유성 Ⅰ, 265면.
230) 위 조항은 2019. 7. 16.부터 시행되었다.

는 다수의 선원들에게 일률적으로 적용되는 일정한 질서를 확립하고 유지할 필요가 있다. 징계는 선원의 기업질서 위반행위에 대하여 불이익을 가하는 제재를 말한다.[231] 징계권의 법적 근거에 관하여는 견해의 대립이 있다.

가. 사용자의 고유권설

징계권의 근거를 사용자의 고유권 내지 경영권에서 찾는 견해이다. 이 견해에 따르면, 경영질서의 형성 및 유지와 이의 위반에 대한 제재는 본래 사용자의 고유한 권한에 속한다고 하면서, 사용자의 징계권은 취업규칙이나 단체협약에 아무런 규정이 없는 경우에도 인정된다고 한다. 예를 들면, 기업의 목적 수행을 해치는 근로자의 행위에 대하여 사용자는 준거할 명시적 규범이 없더라도 필요한 때에는 그와 같은 행위에 적절한 제재를 가하는 것이 기업운영의 본질상 당연하다고 한다.[232]

나. 계약설

징계권의 근거를 노사합의에서 구하는 견해이다. 이 견해에 따르면 사용자의 고유한 징계권은 존재하지 않는다고 전제하고, 다만 근로자가 근로계약을 체결하면서 징계규정이 포함된 취업규칙에 따라 계약을 한다면 이를 매개로 사용자의 징계권을 인정할 수 있다고 한다. 따라서 취업규칙에 징계에 관한 규정을 두고 있지 않다면 사용자는 근로자를 징계할 수 없다. 이 견해는 징계권은 취업규칙 또는 단체협약에 터잡은, 사용자와 근로자 간의 명시적·묵시적 합의에 따라 비로소 발생한다는 견해이다.[233]

다. 법규범설

노사관계를 지배하는 일정한 법규범(취업규칙)을 근거로 하여 법 소정의 요건을 갖추는 한에서 사용자에게 근로자를 징계할 권한이 있다는 견해이다. 이 견해에 따르면 취업규칙에 징계에 관한 규정이 있어야 근로자에 대한 사용자의 징계가 인정된다는 점에서 계약설과 결론이 같지만, 근로자의 승낙을 매개하지 않는

---

231) 김유성 Ⅰ, 260면.
232) 東京地裁 1951. 7. 18. 決定, 勞民集 2권 2호 125면.
233) 菅野和夫, 勞働法(8판), 有斐閣(2008), 419면.

점에서 계약설과 차이가 있다.[234)]

라. 공동규범설

징계는 기업의 공동질서를 위반한 행위에 대한 제재를 규정한 노사의 공동규범에 그 근거를 두고 있다는 견해이다. 징계제도는 단체협약 또는 노사협정과 같이 노사가 공동으로 참여하는 제도에 의하여 정립되어야 하고, 징계는 단체협약과 노사협정을 통한 노사의 집단적·사회적 자치를 통하여 이루어지며, 징계제도의 설정은 그 기업 공동체 구성원들이 스스로 그들의 행위를 규율하는 규약의 정립행위와 유사한 것으로 본다.[235)]

마. 판 례

판례는, 근로자의 상벌 등에 관한 인사권은 사용자의 고유권한으로서 그 범위에 속하는 징계권 역시 기업운영 또는 근로계약의 본질상 당연히 사용자에게 인정되는 권한이기 때문에 그 징계규정의 내용이 강행법규나 단체협약의 내용에 반하지 않는 한 사용자는 그 구체적 내용을 자유롭게 정할 수 있고,[236)] 기업질서의 확립·유지에 필요하고 합리적인 것인 한 근기법 등 관계법령에 반하지 않는 범위 내에서 그 위반행위에 대한 규율을 취업규칙으로 정할 수 있으며,[237)] 사용자의 본질적 권한에 속하는 피용자에 대한 징계권 행사[238)]라고 하여, 기본적으로 징계권의 근거를 사용자의 고유권에서 찾는다. 한편 사용자는 취업규칙에서 단체협약 소정의 해고 사유와는 관련이 없는 새로운 사유를 정할 수 있고 그 사유에 터잡아 근로자를 해고할 수 있다고 한 판례[239)]를 들면서, 판례가 고유권설의 계보에 속한다고 해석하는 견해도 있다.[240)]

---

234) 임종률, "근로자 징계의 법리", 법학논총 5집, 숭실대 법학연구소(1989), 160면.
235) 김형배, 686-687면.
236) 대법원 1994. 9. 30. 선고 94다21337 판결.
237) 대법원 1994. 6. 14. 선고 93다26151 판결.
238) 대법원 1993. 9. 28. 선고 91다30620 판결.
239) 대법원 1999. 3. 26. 선고 98두4672 판결.
240) 김형배, 688-689면.

Ⅱ. 선원근로계약의 해지 등의 제한

1. 해지사유의 제한

가. 정당한 사유의 존재

(1) 의 의

선박소유자는 정당한 사유 없이 선원근로계약을 해지하거나 휴직, 정직, 감봉 및 그 밖의 징벌을 하지 못한다(법 32조 1항). 구 선원법(1997. 8. 22. 법률 5366호로 개정되기 전의 것) 38조 1항은 선박소유자의 해지사유를 제한적으로 열거하였으나,[241] 현행법은 근기법의 해고제한 규정과 동일하게 이를 삭제하였다. 따라서 근기법상 정당한 해고사유는 선원근로계약의 정당한 해지사유 유무에 관한 일응의 판단기준이 될 수 있다.

(2) 명확성의 원칙에 위반되는지 여부

근기법상 '정당한 이유'가 명확성의 원칙에 위반된다는 주장에 대하여 헌법재판소는, (i) 근로자의 해고에 관하여 법문상 요건이 되고 있는 '정당한 이유'에 대하여는 오랜 기간 그것의 의미에 대한 학문적 연구가 진행되어 그 성과가 쌓여 있고 다수의 행정해석과 관련 판례들이 풍부하게 집적되어 온 점, (ii) 이러한 경험과 사례의 축적에 의하여 이제는 그 의미 내용의 전체적 윤곽이 형성되고 구체적 사안들에서 특히 법률전문가들에게는 무엇이 여기에 해당하고 무엇이 해당되지 않는 것을 판단하기에 그다지 어려움을 느끼지 아니할 정도에까지 이르게 된 점, (iii) 위 조항은 비록 법문상으로는 '정당한 이유'라는 일반추상적 용어를 사용하고 있으나 일반인이라도 법률전문가의 도움을 받아 무엇이 금지되는 것인지 여부에 관하여 예측하는 것이 가능한 정도여서 수범자인 사용자가 해고에 관하여 자신의 행위를 결정해 나가기에 충분한 기준이 될 정도의 의미내용을 가지고 있는 점 등을 이유로, 형사처벌의 대상이 되는 해고의 기준을 일반추상적 개념인 '정당한 이

241) (i) 선원의 직무수행능력이 현저하게 부족한 경우, (ii) 선원이 지나치게 직무를 게을리 하거나 직무에 관하여 중대한 과실이 있는 경우, (iii) 해원이 선장이 지정하는 시간까지 선박에 승선하지 아니하는 경우, (iv) 해원이 지나치게 선내질서를 어지럽게 한 경우, (v) 선원이 부상 또는 질병으로 직무를 견디지 못하게 된 경우, (vi) 천재・지변 그 밖에 부득이한 사유로 사업의 계속이 불가능한 경우 등으로 선원노동위원회의 승인을 얻은 경우.

유'의 유무에 두고 있기는 하지만, 그 의미에 대하여 법적 자문을 고려한 예견가능성이 있고, 집행자의 자의가 배제될 정도로 의미가 확립되어 있으며, 입법 기술적으로도 개선가능성이 있다는 특별한 사정이 보이지 아니하므로 헌법상 명확성의 원칙에 반하지 아니한다고 판시하였다.[242] 위와 같은 논리는 선원법에도 그대로 적용된다.

나. 정당한 사유의 판단기준

'정당한 사유'라 함은 사회통념상 선원근로계약을 계속시킬 수 없을 정도로 선원에게 책임 있는 사유가 있다든가, 부득이한 경영상 필요가 있는 경우를 말한다. 선원근로계약이나 취업규칙 등에 해지에 관한 규정이 있는 경우 그것이 법에 위배되어 무효가 아닌 이상 그에 따른 해지는 정당한 이유가 있는 해지이고, 취업규칙에서 동일한 징계사유에 대하여 여러 등급의 징계가 가능한 것으로 규정하고 있는 경우에 그 중 어떤 징계처분을 선택할 것인지는 징계권자의 재량에 속하지만 이러한 재량은 징계권자의 자의적이고 편의적인 재량에 맡겨져 있는 것이 아니며, 징계사유와 징계처분과의 사이에 사회통념상 상당한 균형의 존재가 요구된다.[243]

선원에 대한 해고는 사회통념상 선원근로관계를 계속할 수 없을 정도로 선원에게 책임 있는 사유가 있는 경우에 행하여져야 정당하다고 인정되고, 사회통념상 해당 선원과 선원근로관계를 계속할 수 없을 정도에 이르렀는지 여부는 해당 선박소유자의 사업 목적과 성격, 사업장의 여건, 해당 선원의 지위 및 담당직무의 내용, 비위행위의 동기와 경위, 이로 인하여 기업의 위계질서가 문란하게 될 위험성 등 기업질서에 미칠 영향, 과거의 근무태도 등 여러 가지 사정을 종합적으로 검토하되, 선원에게 여러 가지 징계혐의 사실이 있는 경우에는 징계사유 하나씩 또는 그중 일부의 사유만을 가지고 판단할 것이 아니고 전체의 사유에 비추어 판단하여야 하며, 징계처분에서 징계사유로 삼지 아니한 비위행위라도 징계종류 선택의 자료로서 피징계자의 평소 소행과 근무성적, 해당 징계처분 사유 전후에 저지른 비위행위 사실 등은 징계양정을 하면서 참작자료로 삼을 수 있다. 그리고 여

---

242) 헌재 2005. 3. 31. 선고 2003헌바12 결정.
243) 대법원 1992. 5. 22. 선고 91누5884 판결.

러 개의 징계사유 중 일부가 인정되지 않더라도 인정되는 다른 일부 징계사유만으로도 해당 징계처분의 타당성을 인정하기에 충분한 경우에는 그 징계처분을 유지하여도 위법하지 아니하다.[244)]

다. 선원의 일신상 사유

선원의 일신상 사유(Personenbedingte Kündigung)라 함은 계약상 급부의무의 이행에 필요한 정신적·육체적 또는 그 밖의 적격성을 현저하게 저해하는 사정이 선원에게 발생하여, 그 결과 선원이 사업장 안에서 자신의 지위에 상응하여 정당하게 요구되는 직무를 충분히 감당할 수 없게 된 경우를 말한다.[245)] 이는 선박소유자의 경영상 이익을 중대하게 침해하여야 한다.[246)]

판례상 해지의 정당사유가 인정된 것으로는, 선원이 직무상 재해로 인하여 시력이 약화되어 선원 및 항해사의 자격을 상실한 결과 더 이상 동일 직종에 근무할 수 없음이 명백한 경우,[247)] 1항사가 직무상 질병이 아닌 뇌경색에 걸린 경우[248)] 등이 있다.

이와 달리 판례상 정당사유가 부정된 것으로는, 선장의 직무수행능력이 다소 부족하거나 직무수행과 관련하여 다소 미흡한 점이 있다고 할지라도 선박소유자와의 근로계약을 더 이상 지속하기 어려울 정도로 직무수행능력이 현저하게 부족하다거나 지나치게 직무를 게을리 하거나 직무상 중대한 과실이 있다고 보기는 어려운 경우[249)]가 있다.

---

244) 대법원 2014. 11. 27. 선고 2011다41420 판결.

245) BAG, 10.10.2002 – 2 AZR 472/01, NZA 2003, 483.

246) BAG, 7.11.2002 – AZR 599/01 –, NJOZ 2003, 1746.

247) 해지사유는 2급항해사의 자격을 지니고 화물운송선인 써니린덴호에서 2등항해사로 근무하던 선원이 직무상 재해로 인하여 선원법 시행규칙 소정의 시력에 미달하는 좌안 시력 0.1로 고정되고 교정이 불가능하여 선원 및 항해사의 자격을 상실한 결과 더 이상 동일 직종에 근무할 수 없음이 명백하게 되었으나, 이 사건에서는 선박소유자가 해지금지기간을 위반하여 해지가 무효라고 판시하였다(서울고법 2001. 1. 12. 선고 2000나35032 판결). 한편 대법원은 선원이 구 선원법 시행규칙 [별표 3] 선원건강진단 판정 기준표에서 규정하고 있는 건강진단 합격판정기준에 미달하여 선박에 승무할 수 없게 되었다는 사정만으로는 선원근로계약이 자동 종료된다고 볼 수 없다고 판시하였다[대법원 2001. 6. 12. 선고 2001다13044 판결(船)].

248) 서울행법 2007. 10. 2. 선고 2007구합9457 판결.

249) 부산지법 1995. 12. 22. 선고 94가합22791 판결.
[사실관계] 원고가 88대영호의 선장으로 근무하는 동안 사관을 거치지 않고 선원들에게 직접 작업을 지시하고 마이크로 고함을 치고 욕설을 하는 등 선원들에게 고압적인 행동을 하여 선원들과의 관계가 원만하지 못하였던 사실, 위 기간 동안 원고를 제외한 20명의 위 대영호 선원 중 19명이 하선한 사실, 1994. 2. 21. 88대영호의 프로펠러 및 샤프트에 그물이 감겨 선박을 움직이는 주기관이 정지됨으

라. 선원의 행태상 사유

행태상 사유라 함은 선원이 책임있는 사유로 선원근로계약상 의무위반행위를 한 경우를 비롯하여 다른 선원들과의 관계, 경영내적·경영외적인 제도, 조직과의 관계에서 발생하는 사유를 의미한다.[250]

판례상 해지의 정당사유가 인정된 것으로는, 선장이 선박의 직접지휘의무를 위반하여 지나치게 직무를 게을리 하거나 직무에 관하여 중대한 과실이 있는 경우,[251] 외국의 항구에서 선장의 직무에 관한 정당한 명령을 거부하여 쟁의행위를

로써 선박운항이 불가능한 상태에서 기관실에 해수가 침입하여 펌프로 해수를 퍼내면서 28시간동안 바다를 표류하는 해난사고가 발생하였던 사실, 88대영호에서 어획한 생선의 10% 정도가 냉동상태·생선배열·포장상태 등이 불량하여 정상적인 가격보다 10% 정도 저가로 판매된 사실을 인정할 수 있다.

그러나 피고는 3일만에 출항시켜 줄 것을 약속하였으나 27일 후에야 출항이 가능하였던 사실, 88대영호는 1968년경 건조된 선박으로서 선박내 냉동기·발전기 이상으로 고장이 잦아 정상적인 조업이 어려운 경우가 많았는데, 1992. 12. 5. 인도네시아 어장에서 처음 출어를 시작한 후 10일 정도 작업을 하다가 냉동기·발전기 고장으로 작업을 하지 못하고 인도네시아 수라바야항으로 회항하게 되자 기관부 선원 4명이 냉동기·발전기를 교체하여 주지 않으면 하선하겠다고 하여 피고가 선원들을 설득한 후 23일간 수리를 하여 출항하였고, 다시 1993. 8.경에는 위 선박의 냉동기 콘덴서 튜브가 터져 어장에서 안본항으로 회항하여 36일동안 작업을 하지 못하였으며, 그 후에도 어장에서 냉동기 모터 1대가 불에 타 정상적으로 작업을 하지 못함으로써 어획한 생선을 107건양호 선박에 무상으로 넘겨주기도 한 사실 등을 인정할 수 있다.

[판시사항] 위와 같은 사정 등을 종합하여 볼 때, ① 원고가 88대영호의 선원들과 원만한 관계를 유지하지 못하였다고 하더라도 그와 같은 사정만으로 선원들이 하선하였다고 단정하기는 어렵고, 오히려 위 선박의 냉동기·발전기 등의 잦은 고장으로 자주 작업이 중단되고 이에 따라 어획고에 비례하는 선원들의 수입이 감소될 사정이 선원들의 하선의 주요한 동기가 되었을 것으로 짐작되며, ② 어획물의 관리 불량 역시 위 선박의 냉동기·발전기의 잦은 고장으로 어획물의 냉동상태가 불량하였던 것이 어획한 생선의 판매가가 하락하는 중요한 원인이 되었을 것으로 보이고, ③ 또한 위 해난사고에 관하여도 위 해난사고가 원고의 조업미숙으로 인한 것이라고 인정하기에 부족하다.

위 인정사실에 의하면, 원고가 88대영호의 선장으로 근무할 때 직무수행능력이 다소 부족하거나 직무수행과 관련하여 다소 미흡한 점이 있다고 할지라도 피고와의 근로계약을 더 이상 지속하기 어려울 정도로 직무수행능력이 현저하게 부족하다거나 지나치게 직무를 게을리 하고 또는 직무상 중대한 과실이 있다고 보기는 어려우므로, 피고가 일방적으로 한 위 계약해지의 의사표시는 그 효력을 인정할 수 없다.

250) 김형배, 794면.

251) 3급항해사 면허를 소지하고 피고 회사의 액화가스(LPG) 수송선인 총톤수 4,190t의 남해가스호의 선장인 원고가 위 선박을 운행하던 중, 사고 당시는 야간이고 짙은 안개로 시계가 극히 제한된 상태에 있어 레이더에 의존하여 항해할 수밖에 없는 상태인데다 그 항로는 항행하는 선박이 많은 곳으로 선박충돌 등 선박에 위험이 생길 염려가 충분한 상태였으므로 위 선박의 최고 책임자인 원고로서는 선교에서 직접 선박을 지휘하여야만 할 것인데, 승선한 지 20여일 밖에 되지 아니한 3등항해사에게 선박의 조종을 맡기고 자신은 선실에서 휴식을 취하고 있다가 1995. 4. 16. 21:07경 어청도 서남방 9마일 지점에서 벨리제 선적의 총톤수 4,887t의 원목선 SEA BEAUTY호와 충돌하여 위 남해가스호가 우현 선미 상부 외판 내측이 굴곡 손상되는 선박충돌사고가 발생하도록 한 것은 원고에게 선박의 직접지휘의무를 위반한 것으로서 지나치게 직무를 게을리 하거나 직무에 관하여 중대한 과실이 있는 경우이므로, 원고에 대한 피고 회사의 해고는 정당하다. 부산고법 1998. 2. 13. 선고 97나1372 판결.

한 경우,[252] 기관장에게 비행사유가 있는 경우[253] 등이 있다.[254]

2. 절차적 제한

가. 절차적 정당성의 중요성

해지와 관련하여 근로계약, 취업규칙, 단체협약, 법률이 마련한 각종 절차로는 (i) 징계위원회 등을 통한 별도의 징계심의절차를 거치도록 하는 경우, (ii) 징계위원회의 구성과 관련하여 선원의 이익을 대변하는 자를 징계위원으로 정하도록 하는 경우, (iii) 징계사유의 사전 통지 및 소명기회를 부여하도록 하는 경우, (iv) 선원노동위원회의 별도 승인절차를 규정하는 경우, (v) 노동조합의 동의·협의 절차를 별도로 거치도록 하는 경우, (vi) 해지예고제도, 경영상 해지를 위한 노동조합과의 협의절차 등을 거치도록 하는 경우 등이 있다. 한편 선원법 시행규칙 16조 3항은 선내 질서유지 등을 위한 선장의 징계권 행사를 위한 징계위원회의 절차에 관한 규정으로서, 선박소유자의 징계권 행사에 관한 절차에 적용되는 규정이 아니다.[255]

위와 같은 각종 절차 규정을 통해 해지를 제한하는 것은, 해지가 선박소유자의 일방적인 의사로 이루어지는 불이익한 처분이라는 점에서 선박소유자가 자의적으로 행하는 해지에서 선원을 보호함과 아울러 해지사유 등을 명확히 함으로써 분쟁을 미리 방지하고 원활한 분쟁 해결을 도모하는 역할을 하고, 비록 해지의 정당한 사유가 있다고 판단되는 경우에도 해지가 선원에게 초래할 불이익을 완화하기

252) 선원들이 작업수당에 관한 단체협약의 내용에 불만을 품고 일본 시모노세끼 항에서 선박의 안전운항에 필수적인 화물고박 및 해체 작업을 거부하여 파업을 한 것으로, 외국의 항구에서 쟁의행위를 금지하는 선원법 규정 및 선장의 직무명령에 따르지 아니하여 해원징계사유에 해당한 경우이다. 부산지법 1995. 4. 25. 선고 94가합14189 판결.

253) 서울고법 2008. 12. 3. 선고 2008누10500 판결[대법원 2009. 2. 26. 선고 2009두133 판결(船)로 확정].

254) 항해사(원고)는 해고무효확인소송에서, 선원법 22조 3항은 '하선의 징계는 해원이 폭력행위 등으로 선내 질서를 어지럽히거나 고의로 선박 운항에 현저히 지장을 준 행위가 명백한 경우에만 하여야 한다'고 규정하여 하선의 징계사유를 엄격하게 제한하고 있는데, 하선의 징계와 같은 사유를 징계사유로 삼은 선원근로계약해지를 함에 있어서도 위와 같은 요건이 충족되어야 한다는 취지로 주장하였다. 이에 대하여 법원은 "선내 질서유지 등을 위하여 선장에게 부여된 징계권에 따른 하선과 선박소유자가 기업경영의 질서유지 등을 위하여 하는 선원에 대한 징계는 별개의 독립된 처분이므로, 선박소유자가 원고에 대하여 한 징계해고가 정당하기 위해서는 원고가 폭력행위 등으로 선내 질서를 어지럽히거나 고의로 선박 운항에 현저히 지장을 준 행위가 명백한 경우에 해당하여야만 하는 것은 아니다." 라고 판시하였다. 부산고법 2021. 12. 22. 선고 2021나54289 판결.

255) 부산고법 2021. 12. 22. 선고 2021나54289 판결.

위한 조치로서도 중요한 의미가 있다.[256] 한편 실체적 정의를 확보하기 위한 수단으로서 절차가 준수되어야 하는 것이 아니라, 절차는 정의의 한 축으로서 실체적 정당성과 구별되는 독자적인 역할과 기능을 수행하므로, 절차적 정당성은 해지에서 반드시 요구된다.[257]

선원법 32조 1항은 해지할 때 '정당한 사유'를 요구한다. '정당한 사유'와 관련된 기존 판례들의 해석론은 모두 실체적 정당성에 국한되어 있기는 하나, 해지에 관하여 절차적 정당성의 위와 같은 의의와 중요성에 비추어, 위 조항은 실체적으로 정당한 해지뿐만 아니라 절차적으로도 정당성을 갖춘 해지만을 '정당한 사유'가 있는 유효한 해지로 인정하는 것이다.[258]

나. 절차적 정당성의 주장 · 증명책임

해지무효확인소송 등에서 해지가 정당하다는 점은 선박소유자가 주장 · 증명하여야 하므로, 해지절차의 적법성에 관한 주장 · 증명책임도 선박소유자가 부담한다.[259] 법원이 해지절차의 적법성에 관한 선박소유자의 주장을 증거에 의하여 배척하면서, 그 과정에서 선원이 구체적으로 주장하지 아니한 절차상 하자를 인정하였다 하여 변론주의에 반하는 위법은 없다.[260]

다. 징계절차규정이 있는 경우

(1) 징계 사유의 사전 통지와 소명 기회 부여

단체협약이나 취업규칙에서 징계대상자에게 징계사유의 통지나 징계위원회에 출석하여 진술을 하도록 규정한 경우 이는 징계권의 공정한 행사를 확보하고 징계제도의 합리적인 운영을 도모하기 위한 것으로서 중요한 의미가 있으므로, 이에 위반하여 이루어진 해지는 절차적 정의에 반하는 것으로서 실체적인 해지사유의 정당성 여부를 따질 필요 없이 무효이다.[261]

징계절차상 징계사실의 '통보 시기'와 관련하여 취업규칙 등에 그에 관한 명문

---

256) 이흥재, "정리해고의 절차적 제한", 법학 93호, 서울대 법학연구소(1993), 182면.
257) 정태욱, "절차적 정의에 관한 연구", 서울대 법학박사학위논문(1995), 59면.
258) 김유성 Ⅰ, 301면.
259) 근로기준법 주해 Ⅱ(제2판), 114면.
260) 대법원 1991. 7. 12. 선고 90다9353 판결.
261) 대법원 1991. 7. 9. 선고 90다8077 판결; 대법원 1994. 10. 25. 선고 94다25889 판결.

의 규정이 있는 경우에는 그에 따라야 한다.[262] 나아가 특별한 규정이 없더라도 징계사유에 대한 변명과 소명 자료를 준비하기 위한 상당한 기간을 두고 하여야 한다.[263] 징계위원회 개최 통보서가 선박소유자의 귀책사유가 아닌 우체국의 사정으로 송달이 지체됨에 따라 선원이 징계위원회에 참석하지 못한 경우에도 징계절차에 위반한 해지로 무효이다.[264]

단체협약이나 취업규칙에 진술의 기회를 부여하는 규정이 있는 경우에도 그 대상자에게 그 기회를 제공하면 되고 소명 그 자체가 반드시 있어야 하는 것은 아니다.[265] 선원에게 소명의 기회를 주었는데도 선원이 특별한 이유 없이 징계위원회에 출석하지 아니하거나 소명서 등을 제출하지 아니한 경우에는 통보만으로 징계절차를 진행할 수 있다.[266] 선원이 징계위원회 개최 통지를 받고도 징계위원회에 출석하지 않은 것은 징계사유에 해당한다고 볼 수 없다.[267]

(2) 선원노동위원회의 승인

단체협약이나 취업규칙에 해지가 선원노동위원회의 인정을 받아야 한다고 규정되어 있는 경우에 이에 위반하여 한 해지의 효력에 대해서 판례[268]의 입장에 따르면, 현행 법령의 규정상 선박소유자의 선원에 대한 해지에 관하여 사전에 인정이나 승인할 수 있는 권한이 선원노동위원회에는 없고, 선원노동위원회의 승인은 선박소유자의 자의에 의한 부당한 즉시해지를 방지하기 위한 행정감독상 사실확인행위에 지나지 아니하며, 취업규칙에 규정된 해지사유의 존부 자체는 객관적으로 정하여지는 것으로서 최종적으로는 법원의 판단을 받게 되므로, 그와 같은 승인이 없다 하더라도 선박소유자나 선원의 사법적 권리의무에 변동을 일으키는 효력은 없다고 한다.

---

262) 대법원 1991. 11. 26. 선고 91다22070 판결.
263) 대법원 1992. 9. 22. 선고 91다36123 판결; 대법원 2007. 10. 12. 선고 2006다59748 판결.
264) 대법원 2004. 6. 25. 선고 2003두15317 판결.
265) 대법원 2007. 12. 27. 선고 2007다51758 판결.
266) 대법원 1993. 9. 28. 선고 91다30620 판결; 대법원 2006. 12. 22. 선고 2004두12902 판결; 선원에게 선내징계위원회 개최사실 통보나 변명의 기회 제공 등을 하지 아니한 경우 해고는 무효라고 판시한 사례로는 서울중앙지법 2015. 3. 31. 선고 2014가단51082 판결.
267) 부산고법 2021. 12. 22. 선고 2021나54289 판결.
268) 대법원 1991. 9. 24. 선고 90다18463 판결; 대법원 1994. 12. 27. 선고 94누11132 판결.

(3) 징계위원회

취업규칙이나 단체협약 등에 징계위원회의 구성방법을 규정한 경우 그와 다르게 구성된 징계위원회가 징계해지 의결을 하였다면 이러한 징계권의 행사는 징계사유가 인정되는지 여부와 관계없이 절차상 정의에 반하는 처사로서 무효이다.[269)] 징계위원회 구성에서 선원 측이나 노동조합 측의 견해를 대변할 수 있는 사람을 징계위원회에 반드시 포함시켜야 할 법령상 근거는 없으므로, 회사가 취업규칙 등에 회사의 관리자들만으로 징계위원회를 구성하도록 한 것은 적법하다.[270)] 반면 취업규칙 등에서 징계위원회에 선원 측이나 노동조합의 대표가 참여하도록 규정한 경우에는 그에 따라야 하므로 그러한 규정에 위반하여 징계위원회를 구성하였다면 징계절차는 무효이다.[271)] 그러나 징계위원회의 구성에 선원 측 대표가 참여하도록 한 징계규정에도 불구하고 선원 측이 스스로 선원 측 위원 선정을 포기하였다면 선원 측 위원이 참여하지 않은 채 이루어진 징계처분은 무효라고 할 수 없다.[272)]

(4) 재심절차

징계처분에 대한 재심절차는 징계처분에 대한 구제 내지 확정 절차로서 원래의 징계절차와 함께 전부가 하나의 징계처분 절차를 이루는 것이므로 그 절차의 정당성도 징계 과정 전부에 관하여 판단되어야 하고, 원래의 징계처분이 그 요건을 모두 갖추었더라도 재심절차를 전혀 이행하지 않거나 재심절차에 중대한 하자가 있어 재심의 효력을 인정할 수 없는 경우에는 그 징계처분은 무효가 된다.[273)]

(5) 단체협약상 해지동의·협의조항

선원의 해지에 관하여 노동조합 또는 노사협의기관의 동의 또는 협의를 요건으로 한다는 조항을 특히 해고동의·협의조항이라고 한다. 노동조합 간부 등을 징계해지할 때 사전협의하도록 한 단체협약 규정을 위반한 해지는 무효가 아니다.[274)] 이와 달리, 단체협약에 노동조합 간부 등의 인사에 관하여 노동조합의 동

---

269) 대법원 1994. 4. 12. 선고 94다3612 판결; 대법원 1994. 8. 23. 선고 94다7553 판결.
270) 대법원 1993. 11. 9. 선고 93다35384 판결.
271) 대법원 2006. 11. 23. 선고 2006다49901 판결.
272) 대법원 1997. 5. 16. 선고 96다47074 판결; 대법원 1999. 3. 26. 선고 98두4672 판결.
273) 대법원 1981. 6. 9. 선고 80다1769 판결; 대법원 1998. 12. 8. 선고 98다31172 판결.

의 · 승인 · 합의하여야 한다고 규정한 경우에는 노동조합간부 등의 징계해고를 할 때 이러한 절차를 거치지 않았다면 그 해지는 원칙적으로 무효이다.[275] 노동조합 측이 동의권을 포기하거나 동의거부권의 행사가 신의칙에 반하여 남용되었다는 등 특별한 사정이 있는 경우에는 이러한 절차를 거치지 않았더라도 이를 이유로 징계해고를 무효라고 할 수 없다.[276]

(6) 절차 규정이 임의규정인 경우

단체협약이나 취업규칙에서 심의에 필요하다고 인정되는 관계자를 징계위원회에 출석시켜 의견을 청취할 수 있다는 규정만 있을 뿐 징계 대상자에게 필요적으로 변명의 기회를 부여할 것을 규정하지는 않은 경우, 판례는 그와 같은 규정이 무효라 할 수는 없고, 이때 변명의 기회를 부여하지 않은 채 징계처분을 했다고 해도 위법하지 않다고 한다.[277]

라. 징계절차규정이 없는 경우

단체협약이나 취업규칙 등이 징계 대상자에게 사전통고나 변명기회부여 등의 절차규정이 없는 경우에는 징계사실 통고의무가 없고, 그와 같은 절차를 거치지 않았더라도 징계해고 처분이 무효라고 할 수 없다는 것이 판례이다.[278]

이에 대해서는 적법절차와 자연적 정의의 요청에 의하면, 해고는 정당한 권한을 가진 자에 의하여 행해져야 하며, 피해고자에게 서면통지와 변명기회를 부여하여야 할 뿐만 아니라 해고를 결정하는 기관은 공정하게 구성되어야 하므로, 최소한 징계사유에 대한 사전통지와 변명기회부여는 단체협약 등에 그 규정이 없는 경우에도 인정되어야 하고, 이러한 해석이 선원법 32조 1항의 정당한 사유라는 규정을 두어 절차적 정당성을 요구하는 것과 일관된다는 비판이 있다.[279]

---

274) 대법원 1992. 6. 9. 선고 91다41477 판결; 대법원 1996. 4. 23. 선고 95다53102 판결.
275) 대법원 1992. 12. 8. 선고 92다32074 판결; 대법원 1994. 9. 13. 선고 93다50017 판결.
276) 대법원 1992. 12. 8. 선고 92다32074 판결; 대법원 2003. 6. 10. 선고 2001두3136 판결.
277) 대법원 1993. 7. 13. 선고 92다42774 판결.
278) 대법원 1979. 1. 30. 선고 78다304 판결; 대법원 2006. 11. 23. 선고 2006다49901 판결.
279) 김유성 Ⅰ, 302면.

3. 해지기간의 제한

가. 선원법 32조 2항 본문

선박소유자는 (i) 선원이 직무상 부상의 치료 또는 질병의 요양을 위하여 직무에 종사하지 아니한 기간과 그 후 30일, (ii) 산전·산후의 여성선원이 근기법 74조에 따라 작업에 종사하지 아니한 기간과 그 후 30일 동안은 선원근로계약을 해지하지 못한다.

나. 취 지

1호의 취지는 선원근로계약의 해지를 제한하는 취지는 선원이 직무상 재해로 인하여 노동력을 상실하고 있는 기간과 노동력을 회복하기에 상당한 그 후의 30일간은 선원을 실직의 위협으로부터 절대적으로 보호하고자 함에 있으므로, 선박소유자가 이에 위반하여 선원을 해지한 경우에는 위법한 해지로서 무효이고, 해지 후 위 기간의 경과로 인하여 무효였던 해지가 유효로 될 수도 없다.[280]

2호의 취지는 여성선원이 임신·출산으로 노동력을 사실상 상실하고 있는 기간과 노동력을 회복하기에 상당한 기간으로서 근기법 74조에 따라 출산전후 휴가기간 및 그 후 30일 동안은 여성선원을 실직의 위협에서 절대적으로 보호하기 위함이다.[281]

다. 해지 금지 기간

(1) 직무상 부상의 치료 또는 질병의 요양을 위하여 직무에 종사하지 아니한 기간과 그 후 30일이다. 직무상 부상의 치료 또는 질병의 요양으로 인한 경우이어야 하므로, 직무 이외의 부상이나 질병으로 인한 휴업기간은 이에 해당하지 않는다. '직무에 종사하지 아니한 기간' 중이어야 하므로, 선원이 직무상 부상 등으로 치료 중이라도 정상적으로 출근하는 경우에는 해지가 금지되는지 여부가 문제된다. 요양을 위하여 필요한 휴업에는 정상적인 노동력을 상실하여 출근을 전혀 할 수 없는 경우뿐만 아니라, 노동력을 일부 상실하여 정상적인 노동력으로 근로를

280) 대법원 2001. 6. 12. 선고 2001다13044 판결(船); 인천지법 2021. 9. 15. 선고 2019가단16023 판결.
281) 대법원 1991. 8. 27. 선고 91누3321 판결.

제공하기 곤란한 상태에서 치료 등 요양을 계속하면서 부분적으로 근로를 제공하는 부분 휴업도 포함된다는 것이 판례의 입장이다.[282] 이 경우 요양을 위하여 휴업이 필요한지는 업무상 부상 등의 정도, 치료 과정 및 치료 방법, 업무의 내용과 강도, 선원의 용태 등 객관적인 사정을 종합하여 판단하여야 한다.[283] 비록 직무상 부상 등으로 휴업하고 있더라도 그 요양을 위하여 휴업할 필요가 있다고 인정되지 않는 경우에는 해지가 제한되는 휴업기간에는 해당하지 않는다.[284]

(2) 사용자는 임신 중 여성에게 출산 전과 출산 후를 통하여 90일(한 번에 둘 이상 자녀를 임신한 경우에는 120일)의 출산전후휴가를 주어야 한다. 이 경우 휴가기간의 배정은 출산 후에 45일(한 번에 둘 이상 자녀를 임신한 경우에는 60일) 이상이 되어야 한다(근기법 74조 1항). 위 출산전후휴가기간과 그 후 30일 동안은 선원근로계약해지가 금지된다.

라. 해지 금지 기간과 해지예고 제도

(1) 해지예고 기간 중에 해지 금지의 사유가 생긴 경우

이때에는 당연히 해지를 할 수 없지만, 이미 행한 해지예고는 해지 금지 기간 중 중단되는 데에 그치고 해고예고 자체가 무효로 되는 것이 아니다. 따라서 휴업기간이 상당히 장기간으로 되어 해지예고를 한 의미가 상실되었다고 볼 특별한 사정이 있는 경우가 아니라면, 해지 금지 기간이 만료된 후에 중단된 해지예고 기간이 다시 계속된다.[285]

(2) 해지 금지 기간 중에 해지예고도 금지되는지 여부

이에 관해서는 허용설과 금지설이 대립한다. 허용설[286]은 선원법은 해지와 해지예고를 명확히 구분하고 있고, 직무에 종사하지 아니한 기간만이 아니라 '그 후의 30일간'도 해지 금지 기간으로 한 취지는 정상 상태가 회복된 미종사기간 종료 시점에서 해지예고를 하더라도 그 효과는 예고 기간 후에 발생하도록 하려는 데 있다고 보아, 선원법의 금지 대상은 해당 기간 중에 선원이 해지되어 직장을 상실

282) 대법원 2021. 4. 29. 선고 2018두43958 판결.
283) 대법원 2021. 4. 29. 선고 2018두43958 판결.
284) 대법원 1991. 8. 27. 선고 91누3321 판결; 대법원 2011. 11. 10. 선고 2009다63205 판결.
285) 김유성 Ⅰ, 311면.
286) 김유성 Ⅰ, 311면; 임종률, 573면.

하는 것에 한정되고 해지예고까지 포함하는 것은 아니라고 한다.

금지설[287]은 (i) 선원법 32조 2항의 해지에는 해지예고도 포함된다고 해석될 수 있으며, (ii) 위 규정은 현실적으로 실직시키는 것을 금지하는 것뿐만 아니라 실직의 위협을 주는 것을 금지하는 것이라고 보아야 하므로 해지 금지 기간 중에 해지예고의 절차를 밟는 것도 허용되지 않고, (iii) 해지 금지 기간 제도가 휴가 등을 안심하고 사용할 수 있도록 하기 위한 것이라는 취지에 비추어 해지예고 역시 금지되어야 하며, (iv) '그 후 30일간'의 해지를 금지하는 것은 직무미종사 기간 종료 후에 바로 건강 상태가 정상적으로 되지 않기 때문에 일종의 회복 기간을 둔 것으로 이해될 뿐 이를 허용설과 같이 해지예고와 상응하는 조항이라고 할 수 없고, (v) 해지 의사표시와 해지예고의 의사표시가 분명히 구분되기도 어려운 점이 있으며, 해지가 금지되는 이상 해지의 사전단계라 할 수 있는 해지예고도 금지하는 것이 해지금지기간 제도의 취지에도 더욱 부합하는 것이라고 한다.

마. 해지 금지 기간의 예외

천재지변이나 그 밖의 부득이한 사유로 사업을 계속할 수 없는 경우로서 선원노동위원회의 인정을 받았을 때와 선박소유자가 98조에 따른 일시보상을 하였을 때에는 선박소유자는 선원근로계약을 해지할 수 있다(법 32조 2항 단서).

선원이 직무상 부상 · 질병에 대하여 일시보상을 받은 경우에는 그 요양의 비용과 요양 기간 중의 생활비를 확보하여 그 기간 중에 해지되더라도 바로 재취업을 위한 구직활동을 하지 않아도 된다는 점과, 지나치게 장기간의 휴업이 이루어지면 사업 운영에 장애가 초래되어 선박소유자의 지나친 부담이 된다는 점을 고려하여 예외를 인정한 것이다.

'사업을 계속할 수 없게 된 경우'란 해당 선원이 소속된 선박공동체의 사업을 상당 기간 중지할 수밖에 없게 된 경우를 말한다. 사업을 계속할 수 없는 사정이 천재지변 기타 부득이한 사유로 인한 것으로서, 선원노동위원회의 인정을 받아야 한다.

287) 김형배, 778면.

바. 위반의 효과

(1) 무 효

선박소유자가 해지가 금지되는 기간 중에 선원근로계약을 해지한 경우에는 위법한 해지로서 무효이고, 해지 후 위 기간의 경과로 인하여 무효였던 해지가 유효로 될 수도 없다.[288)]

(2) 형사책임

선박소유자가 해지가 금지되는 기간 중에 선원근로계약을 해지하면 5년 이하의 징역 또는 5천만 원 이하의 벌금에 처한다(167조 2호). 선원의 직무상 부상으로 인한 휴업기간 중에 해지한 것은 선원법 위반이며, 그 후에 위 선원이 그 해지를 승인하였다 하여도 위 죄의 성립에 영향이 없다.[289)]

근로자를 부당해고한 사용자에 대하여 형사처벌을 하는 것이 위헌이라는 주장에 대하여 헌법재판소는, (i) 고용의 유지는 근로자의 경제적 생활의 기반이 되므로 사용자에 의하여 일방적으로 근로관계를 종식시키는 해고는 근로자의 생활에 중대한 타격을 주게 되는 점, (ii) 우리나라와 같이 실업에 대비한 직업소개제도나 실업보험제도 등의 사회안전망이 제대로 완비되지 못한 사회에서는 근로자의 생존권을 보장하기 위하여 부당해고를 사전에 방지할 수 있는 예방적 기능의 제도화가 절실히 요구되는 점, (iii) 부당해고에 대하여 처벌규정을 두는 것은 이와 같은 예방적 기능의 실현에 특히 그 효과가 큰 점, (iv) 부당해고의 여부를 둘러싼 분쟁이 빈발하고 있으며 노동시장의 유연성이 부족하여 일단 해고된 근로자는 재취업이 제대로 이루어지지 아니하는 우리나라의 노동현실을 볼 때, 부당해고를 근로자의 생존권을 위협하는 사회적 해악으로서 처벌의 대상으로 할 것이 현실적으로 요구되고 있는 점 등을 근거로 합헌이라고 결정하였다.[290)] 이러한 취지는 선원근로관계에도 적용된다.

---

288) 대법원 2001. 6. 12. 선고 2001다13044 판결(船).
289) 대법원 1984. 4. 10. 선고 84도367 판결.
290) 헌재 2005. 3. 31. 선고 2003헌바12 결정.

사. 계약기간의 정함이 있는 선원근로계약의 경우

계약기간의 정함이 있는 선원근로계약에서 선원이 그 계약기간 중 직무상 재해를 당하였다고 하더라도 선원법상 재해보상을 받을 권리가 소멸되지 않음은 별론으로 하고 그 잔여계약기간의 진행이 중단되는 것은 아니다.[291] 따라서 직무상 재해로 인한 요양 때문에 당초 계약기간의 정함이 있는 선원근로계약의 잔여계약기간의 진행이 중단된다거나 요양을 위한 휴업기간 중의 선원근로계약 해지 금지를 규정한 선원법 32조 2항에 의하여 선원근로계약이 그 기간의 만료로써 종료될 수 없는 것도 아니다.[292]

4. 서면통지절차규정의 적용 여부

근기법 27조는 사용자가 근로자를 해고하려면 해고사유와 해고시기를 서면으로 통지하여야 효력이 있다고 규정하고 있다. 선원법 5조 1항에서는 선원근로관계에 관하여 근기법의 일부 규정들을 적용하도록 규정하고 있으나, 근기법 27조는 여기에 포함되어 있지 아니하다. 그럼에도 근기법 27조가 선원의 해고에도 적용되는지 여부가 문제되는데, 판례는 선원법에서 근기법 27조를 수용하고 있지 아니한 이유는 사용자와 원거리에 있는 해양에서 근무한다는 선원근로관계의 장소적 특성상 서면에 의한 해고 통지가 곤란하다는 점을 고려한 것이라고 이해되므로, 이를 선원법의 입법의 흠결로 보아 근기법 27조를 선원근로관계에 적용할 수는 없다고 한다(부정설).[293]

291) 대법원 1992. 9. 1. 선고 92다26260 판결.
292) 대법원 1992. 9. 1. 선고 92다26260 판결.
293) 대전지법 2013. 6. 12. 선고 2012가합5555 판결[비록 원고(선원)의 경우에는 이 사건 해고 통지 당시 귀국 중이었으므로 위와 같은 근로관계의 장소적 특성이 일시적으로 존재하지 않는 상황이었기는 하나, 그러한 구체적인 상황을 개별적으로 고려하여 근기법 27조가 선원근로관계에 적용되는지 여부를 판단하는 것은 법적 안정성을 해치는 것으로서 허용되기 어렵다고 판시하였다].; 부산지법 2015. 6. 25. 선고 2013가단45064 판결(서면통지 결여의 절차적 하자가 해고를 무효로 볼 만한 사유는 아니다).

Ⅲ. 선원근로계약 해지의 예고

1. 선박소유자의 해지예고

가. 의 의

선박소유자는 선원근로계약을 해지하려면 30일 이상의 예고기간을 두고 서면으로 그 선원에게 알려야 하며, 알리지 아니하였을 때에는 30일분 이상의 통상임금을 지급하여야 한다(법 33조 1항 본문). 일본 선원법 42조는 "기간의 정함이 없는 고입계약은, 선박소유자 또는 선원이 24시간 이상의 기간을 정하여 서면으로 해제를 신청하는 경우, 그 기간이 만료된 때 종료한다."고 규정하고 있으나,[294] 우리 선원법의 해석상 30일분 이상의 통상임금을 지급하는 경우에는 선박소유자의 해지의사표시가 선원에게 도달하는 즉시 선원근로계약이 종료된다. 이는 기간의 정함이 없는 선원근로계약을 해지하는 경우에는 24시간을 하회하지 않는 예고기간을 두고 서면에 의하여야 한다고 규정하고 있는 ILO 22호 협약(Convention concerning Seamen's Articles of Agreement, 선원근로계약에 관한 협약) 9조와 같은 취지이다.

위 조항은 선박소유자가 갑자기 선원근로계약을 해지하면 선원은 다른 직장을 얻을 때까지 생활의 위협을 받게 되므로 적어도 다른 직장을 구할 기회를 가질 수 있도록 최소한의 시간적인 여유를 부여하거나, 그렇지 않으면 그 기간 동안의 생계비를 보장하여 선원의 경제적 어려움을 완화시켜 주고자 하는 취지에서 규정된 것이다.[295]

나. 적용 대상

위 조항에 의한 해지예고는 선원법 32조에 의하여 정당한 사유가 있어 해지하

294) 최고재판소는 기간을 정하지 아니한 雇入契約을 체결하고 米駐留軍用船의 조타수로 근무한 선원을 24시간 이상의 예고기간을 기재하지 아니하고 하선명령(고입계약해제신청)을 통고한 문서에 의하여 해고한 사건에서, 24시간 이상의 예고기간을 흠결하였다 하더라도 해제신청이 무효로 된다고 해석할 수는 없고, 서면이 교부된 때로부터 24시간이 경과한 때 해제의 효력이 발생한다고 판시하였다. 最高裁 1961. 2. 9. 判決, 民集 15권 2호 189면. 이에 대한 평석은 土井智喜, "船員雇入契約の解除", 海事判例百選, 別冊 ジリスト 15호(1967), 62면.

295) 헌재 2001. 7. 19. 선고 99헌마663 결정; 대법원 2010. 4. 15. 선고 2009도13833 판결; 대법원 2018. 9. 13. 선고 2017다16778 판결.

는 경우에 적용되고, 정당한 사유 없이 해지예고를 하고 30일분의 통상임금을 지급하기만 하면 해지의 효력이 생긴다는 뜻은 아니다.[296] 또한 해지예고수당은 해지가 유효한지 여부와 관계없이 지급되어야 하는 돈이고, 그 해지가 부당해지에 해당하여 효력이 없다고 하더라도 선원이 해지예고수당을 지급받을 법률상 원인이 없다고 볼 수 없다.[297]

다. 해지예고의 방법

해지예고는 서면으로 하여야 한다. 해지예고를 할 때에는 해지될 날짜를 명확히 해야 한다. 불확정한 기한이나 조건을 붙인 해지예고는 효력이 없다.[298] 선원의 생활을 불안정하게 하고 장래의 계획을 혼란하게 하기 때문이다. 해지예고를 할 때에는 해지사유를 명시하여야 한다.

라. 해지예고의 기간

해지예고는 해지일부터 최소한 30일 전에 해야 한다. 이 기간은 법정 최저기간이므로 취업규칙 등에서 이보다 짧게 정할 수 없고, 만일 짧게 정했다면 이는 강행법규 위반으로 무효이다. 30일은 역일(曆日)로 계산한다. 따라서 그 기간에는 휴일이나 휴가기간도 포함된다.

일정 기간은 해지예고 기간을 주고, 나머지 기간은 해지예고수당을 지급하는 것이 가능한지와 관련하여, 선원법에는 일본 노동기준법 20조 2항과 같이 예고 일수는 평균임금을 1일분 지급한 일수만큼 단축할 수 있다는 명문의 규정이 없고, 30일 전 사전 통지(이에 갈음하는 30일분 이상의 통상임금)는 선원법이 요구하는 최소한의 기준이므로, 이를 부정하는 것이 타당하다.

---

296) 대법원 1971. 8. 31. 선고 71다1400 판결; 대법원 1992. 3. 31. 선고 91누6184 판결.

297) 대법원 2018. 9. 13. 선고 2017다16778 판결.

298) 사용자인 피고인이 근로자 A에게 "후임으로 발령받은 B가 근무해야 하니 업무 인수인계를 해 달라", "당분간 근무를 계속하며 B에게 업무 인수인계를 해 주라"고만 말하고 A를 해고한 사안에서, 피고인의 위와 같은 말만으로는 A의 해고일자를 특정하거나 이를 알 수 있는 방법으로 예고한 것이라고 볼 수 없어 적법하게 해고예고를 하였다고 할 수 없다고 판시한 사례로는 대법원 2010. 4. 15. 선고 2009도13833 판결.

마. 해지예고수당

(1) 의 의

선박소유자는 해지예고를 하는 대신 30일분 이상의 통상임금에 해당하는 해지예고수당을 지급하고 즉시 해지할 수 있다. 해지예고수당을 지급함으로써 해고된 선원이 새로운 일자리를 알아보는 기간 동안 최소한도의 생계보장은 이루어진다고 보고 예고 기간 없이 즉시해지를 허용하는 것이다.[299] 해지예고를 할 것인가 아니면 이에 갈음하여 해지예고수당을 지급할 것인가는 선박소유자의 임의에 맡겨진 것이고, 선원이 이를 선택할 수 있는 것은 아니다. 선장이 선박에 승선하고 있던 중 선박소유자가 아무런 예고 없이 선장을 대신할 후임 선장을 대동하고 찾아와 선장에게 하선을 지시한 경우에 해지예고수당을 지급하여야 한다.[300]

(2) 법적 성격

해지예고수당은 구체적인 근로에 대한 대가라고 할 수 없으므로 임금이 아니다.[301] 판례는 근기법에 의한 무예고 해고보상금 청구권은 같은 법 48조에서 말하는 임금채권에 해당하여 근기법에 의한 소멸시효의 적용을 받는다고 한다.[302]

(3) 지급 시기

해지예고수당은 즉시해고와 동시에 지급해야 한다.[303] 실무례도 "사용자는 근로자를 해고하고자 할 때는 적어도 30일 전에 그 예고를 하여야 하며 30일 전에 예고를 하지 아니할 때는 30일분 이상의 통상임금을 지급하여야 함에도, 근로자를 예고 없이 해고하면서 통상임금의 30일분에 해당하는 돈을 지급하지 아니하였다."라는 범죄사실을 유죄로 인정하고 있다.[304]

바. 해지예고 기간 중의 근로관계

해지예고 기간 중이라도 근로관계는 정상적으로 계속 유지된다. 선원은 계약

---

299) 헌재 2001. 7. 19. 선고 99헌마663 결정.
300) 부산지법 2014. 4. 18. 선고 2013나13167 판결.
301) 김유성 Ⅰ, 313면; 김형배, 780-781면.
302) 대법원 1965. 7. 6. 선고 65다877 판결.
303) 김유성 Ⅰ, 313면.
304) 서울중앙지법 2004. 6. 2. 선고 2003고정1517 판결.

상 근로제공의무를 면하는 것이 아니므로 예고기간 중에 근로를 제공해야 임금을 받을 수 있다. 이에 비하여 예고수당은 근로를 제공하지 않고 지급받는 것이므로, 새로운 직장을 구하려는 선원의 입장에서는 해지의 예고보다 예고수당의 지급이 더 유리하게 되며, 이러한 불균형은 최소화되어야 한다는 점에서 학설은 선원이 새로운 직장을 구하기 위하여 부득이 결근한 경우에는 선박소유자는 이에 대한 임금을 지급해야 한다고 한다.[305)]

사. 적용 제외

해지예고제도는 (i) 선박소유자가 천재지변, 선박의 침몰·멸실 또는 그 밖의 부득이한 사유로 사업을 계속할 수 없는 경우로서 선원노동위원회의 인정을 받은 경우, (ii) 선원이 정당한 사유 없이 하선한 경우, (iii) 선원이 22조 3항에 따라 하선 징계를 받은 경우에는 적용이 없다(법 33조 1항 단서).

'천재지변 그 밖의 부득이한 사유'란 예고를 할 여유와 필요가 없는 돌발적이고 불가항력적인 경우를 말한다. 행정해석[306)]은 '부득이한 사유'라 함은 일반적으로 천재지변에 준하는 정도로 불가항력적이고 돌발적인 사유를 말하며, 불황이나 경영난은 이에 포함되지 않는다고 한다. '사업을 계속하는 것이 불가능한 경우'란 해당 선원이 소속한 사업장 또는 부서의 사업이 상당 기간 중지될 수밖에 없는 것을 말하는 것으로 사업의 전부 또는 대부분을 계속하는 것이 불가능한 경우여야 하며, 사업 계속의 불가능성에 대한 판단은 선박소유자가 사업경영자로서 사회통념상 취할 수 있는 모든 조치를 다하였음에도 어찌할 도리가 없는 정도를 기준으로 한다.[307)] 이에 대한 증명책임은 해지예고의 적용 배제를 구하는 선박소유자가 부담한다.

선박소유자가 해지에 앞서 선원들에게 회사의 어려움을 설명하고 폐업할 것과 함께 운행을 재개할 경우 선원들을 우선 재고용할 것임을 알려주었고, 선원들 또한 미지급 임금 및 퇴직금 등을 확인하고 이에 동의하였으므로 해지예고수당을 지급할 의무가 없다고 주장한 사안에서, 법원은 선박소유자가 주장하는 사유는 선원법 33조 1항 단서에서 정한 예외사유의 어느 것에도 해당하지 아니함이 분명하

305) 김유성 Ⅰ, 313면; 김형배, 779면; 임종률, 575면.
306) 1995. 1. 17. 근기 68207-180.
307) 김형배, 781면.

므로 위 주장은 받아들일 수 없다고 판시하였다.[308)]

아. 위반의 효과

판례는, 선박소유자가 해지를 하면서 해지예고를 하지 아니하였다고 하더라도 선박소유자가 해지예고수당을 지급하여야 하는 것은 별론으로 하고, 그와 같은 사정만으로 해지가 무효는 아니라는 입장을 취하고 있다(유효설).[309)] 이에 반하여, 해지예고나 예고수당의 지급은 해지의 효력발생을 위한 강행적 요건이므로 예고 위반의 해지는 무효라는 견해도 있다(무효설).[310)] 선박소유자가 선원법 33조 1항을 위반하여 30일분 이상의 통상임금을 지급하지 아니하면 2년 이하의 징역 또는 2천만 원 이하의 벌금에 처한다(법 170조 2호).

2. 선원의 해지예고

선원은 선원근로계약을 해지하려면 30일의 범위에서 단체협약, 취업규칙 또는 선원근로계약에서 정한 예고기간을 두고 선박소유자에게 알려야 한다(법 33조 2항). 이는 선원수급의 어려움과 특수성을 감안하여 1997. 8. 선원법 개정시 신설된 규정이다. 그러나 선박소유자가 해지예고의무를 위반한 경우 형사처벌의 대상이 되는 것과는 달리 선원이 해지예고의무를 위반하더라도 형사처벌의 대상이 되지 아니한다.

Ⅳ. 부당해지 등의 구제

1. 선원노동위원회에 의한 행정적 구제

가. 개 요

(1) 행정적 구제제도의 취지

선박소유자가 32조 1항을 위반하여 선원에 대하여 정당한 사유 없이 선원근로

308) 제주지법 2014. 10. 24. 선고 2013가단18713 판결.

309) 대법원 1993. 11. 9. 선고 93다7464 판결; 대법원 1994. 6. 14. 선고 93누20115 판결; 대전지법 2013. 6. 12. 선고 2012가합5555 판결.

310) 김형배, 784면.

계약을 해지하거나 휴직, 정직, 감봉 또는 그 밖의 징벌을 하였을 경우에는 그 선원은 선원노동위원회에 그 구제를 신청할 수 있다(법 34조 1항). 1항에 따른 구제신청, 심사절차 등에 관하여는 노조법 82조부터 86조(85조 5항은 제외)까지의 규정을 준용한다(2항).

부당해지를 당한 선원은 법원에 해지무효확인 및 부당해지 기간의 임금을 청구하는 소를 제기하여 구제받게 되며, 선원근로관계는 사법관계로서 해지와 같이 근로관계와 관련하여 발생하는 권리분쟁을 법원이 관할하는 것은 당연한 일이다. 그런데 선원법은 법률 5366호로 1997. 8. 22. 개정하여 1998. 2. 23. 시행하면서 34조의3(현행 34조)을 신설하여 부당해지 구제신청제도를 마련하였다.

노동위원회에 의한 구제신청제도는 선박소유자의 정당한 이유 없는 해지 등에 대하여 법원에 의한 사법적 구제방법 외에 노동위원회에 의한 행정적 구제제도를 따로 마련하여, 불이익처분을 받은 선원이 보다 간이·신속하고 저렴한 비용으로 정당한 이유 없는 해지 등에 대한 구제를 받을 수 있도록 하는 데 취지가 있다.[311)]

(2) 신청주의

부당해지 구제절차는 선원의 신청에 의하여 개시되며(노조법 82조 1항), 신청을 취하하면 사건이 종결되는 신청주의를 취하고 있다. 이와 같이 구제절차의 개시·유지가 당사자의 의사에 맡겨져 있으며, 심사·판정의 대상도 선원이 구제를 신청한 범위에 한정된다.[312)]

(3) 부당노동행위와 부당해지 사이의 관계

(가) 의 의

부당노동행위 구제제도는 집단적 노동관계질서를 침해하는 사용자의 행위를 예방·제거함으로써 근로자의 노동3권을 보장하여 노사관계 질서를 신속하게 정상화하고자 하는 것이고, 부당해고 구제제도는 개별적 근로관계에서 선원에 대한 권리침해를 구제하기 위한 것이므로 양자는 별개의 제도이다.[313)] 노조법 81조의

311) 대법원 1992. 11. 13. 선고 92누11114 판결.
312) 노위규칙 58조.
313) 대법원 1998. 5. 8. 선고 97누7448 판결.

부당노동행위 금지규정은 효력규정인 강행법규이므로 위 규정에 위반된 법률행위는 사법상으로도 그 효력이 없고, 선원에 대한 불이익취급 행위인 법률행위가 부당노동행위로서 무효인 이상 그것이 선원법 32조 소정의 정당한 이유가 있는지 여부는 더 나아가 판단할 필요가 없다.[314)]

(나) 부당노동행위의 구제신청과 부당해지 구제신청

부당노동행위로 해지를 당한 선원이 노조법이 규정하고 있는 부당노동행위 구제신청 외에 선원법이 규정하고 있는 부당해고 구제신청을 제기할 수 있다.[315)] 선원이 자신에 대한 해지처분이 위 2가지 요건에 모두 해당한다고 주장하여 부당노동행위 구제신청과 더불어 부당해고 구제신청을 별도로 제기할 수 있다. 이 경우 선원노동위원회는 부당해지 구제신청사건만을 심리하고, 지방노동위원회는 부당노동행위 구제신청사건만을 심리하고 그에 대한 판정도 따로 하여야 한다. 소송상으로도 부당노동행위 부분과 부당해고 부분에 대한 중앙노동위원회의 각 재심판정은 별개의 청구로 취급된다.[316)] 따라서 지방노동위원회와는 달리[317)] 절차상 양자를 병합하여 처리할 수 없다.

근로자가 제출한 신청서에 그 제목이 부당노동행위 구제신청서라고만 되어 있었음에도 중앙노동위원회가 그 내용까지도 살펴 부당노동행위 구제신청에 부당노동행위뿐만 아니라 부당해고의 구제신청도 포함되어 있다고 보고 판단한 것에 대하여, 법원은 구제신청서에는 '부당노동행위 또는 정당한 이유가 없는 해고 등을 구성하는 구체적인 사실'과 '청구할 구제의 내용' 등을 기재하도록 되어 있으나, 청구할 구제의 내용은 민사소송의 청구취지처럼 엄격하게 해석할 것은 아니고 신청의 전취지로 보아 어떠한 구제를 구하고 있는지를 알 수 있을 정도면 되는 것으로, 노동위원회는 재량에 의하여 신청하고 있는 구체적 사실에 대응하여 적절·타당하다고 인정하는 구제를 명할 수 있으므로, 구제신청서에 구제의 내용이 구체적으로 특정되어 있지 않다고 하더라도 해당 법규에 정하여진 부당노동행위 또는 정당한 이유가 없는 해고·휴직·정직·감봉 기타 징벌 등을 구성하는 구체적인 사실을 주장하고 있다면 그에 대한 구제도 신청하고 있는 것으로 보아야 한다고

314) 대법원 1993. 12. 21. 선고 93다11463 판결.
315) 대법원 1998. 5. 8. 선고 97누7448 판결.
316) 서울고법 1998. 5. 1. 선고 97구41945 판결.
317) 노위규칙 48조 1항.

판시하였다.[318)]

나. 구제신청

(1) 서면주의

부당해지 구제신청을 하고자 하는 선원은 선원의 성명, 주소, 사업주의 성명, 주소와 함께 부당해지를 구성하는 구체적인 사실(선원이 구제받고자 하는 사항)과 신청 이유(부당해지 등의 경위와 부당한 이유)를 기재한 구제신청서를 제출하는 방식으로 구제신청을 하게 된다(노위규칙 39조). 선원노동위원회 위원장은 신청서에 기재사항이 누락되거나 기재 내용이 명확하지 아니한 경우에 기간을 정하여 보정을 요구할 수 있으며(노위규칙 41조), 선원은 구제신청 후 신청취지를 추가하거나 변경하고자 하는 경우에는 새로운 구제신청을 하는 대신 선원노동위원회의 승인을 얻어 신청취지를 추가·변경할 수 있다(노위규칙 42조).

(2) 신청기간

(가) 의 의

신청인은 선박소유자를 피신청인으로 하여 관할 선원노동위원회에 해지된 날로부터 3월 이내에 구제신청을 하여야 한다(노조법 82조 2항). 해지를 예고하는 경우와 같이 해지 등 불이익처분이 일정한 기간이 경과한 후에 그 효력을 발생하는 경우에는 위 기간은 그 효력 발생일부터 기산하는 것으로 보아야 한다.[319)] 해지 이외의 징벌은 선원이 징벌이 있었음을 안 날부터 기산하되, 그 징벌에 관한 통지(구술통지를 포함한다)를 받은 경우에는 그 통지를 받은 날부터 기산한다(노위규칙 40조 2호). 다만 선원이 외국의 항구 또는 항해 중에 해지 또는 징벌을 받은 경우에는 대한민국 항구에 입항하여 선박에서 내린 날부터 기산한다. 구제신청 기간을 제한하는 이유는 기간의 경과에 따라 사실관계의 증명과 구제명령의 실효성 확보가 어렵기 때문이며, 노사관계의 안정과 노동위원회의 부담을 완화하고자 하는 정책적 고려도 반영된 것이다.

---

318) 대법원 1999. 5. 11. 선고 98두9233 판결.
319) 대법원 2002. 6. 14. 선고 2001두11076 판결.

(나) 제척기간

3월의 구제신청기간은 제척기간이므로, 그 기간이 경과하면 행정적 권리구제를 신청할 권리는 소멸하고, 신청인이 책임질 수 없는 사유로 그 기간을 준수하지 못하였다는 등 그 기간을 해태할 때 정당한 사유가 있다고 하여 그 결론을 달리할 수 없다. 정당한 사유가 있는 경우에는 행정심판법 18조 3항 본문의 행정심판청구기간이 경과하여도 행정심판청구를 제기할 수 있다는 같은 항 단서는 행정처분에 대한 행정심판을 구하는 경우에 적용되는 규정인데, 부당해고 구제신청은 행정청의 위법 또는 부당한 처분 등에 대한 행정심판절차가 아니라 단지 행정처분인 노동위원회의 구제명령을 구하는 행위에 불과하여 행정처분 등에 대한 행정쟁송절차인 행정심판절차와는 그 법률적 성격이 전혀 상이하므로, 행정심판법의 위 규정을 부당해고 구제신청의 경우에 유추 적용할 수는 없다.[320)]

(3) 구제이익

(가) 의 의

부당해지구제를 신청한 선원이 선원노동위원회에서 구제를 받으려면 명령을 발할 당시 구제와 관련한 구체적 이익인 구제이익이 있어야 한다.[321)] 구제이익은 부당해지 구제신청인이 자신의 구제신청의 당부에 관하여 노동위원회의 공권적 판단을 구할 수 있는 구체적 이익·필요를 뜻하며, 민사소송(행정소송)에서의 소의 이익 개념을 부당해고 구제절차에 이입한 것으로서 민사소송의 소송요건에 대응하는 신청요건이다.[322)] 구제명령을 발령하는 시점에서 신청인에게 구제이익이 없는 경우에는 구제명령을 발하지 아니하고 구제신청을 각하한다.[323)]

(나) 노동위원회 규칙

노동위원회 규칙은 (i) 신청기간이 도과하여 신청한 경우,[324)] (ii) 신청서의 보정요구에 불응하거나 당사자적격을 갖추지 못한 경우, (iii) 구제신청의 내용이 노

320) 대법원 1997. 2. 14. 선고 96누5926 판결.
321) 노동조합 및 노동관계조정법 주해 Ⅲ(제2판), 399－400면.
322) 노동조합 및 노동관계조정법 주해 Ⅲ(제2판), 400면.
323) 노동조합 및 노동관계조정법 주해 Ⅲ(제2판), 402면.
324) 권리구제신청기간은 제척기간이므로 그 기간이 경과하면 그로써 행정적 권리구제를 신청할 권리는 소멸하고, 신청인이 책임질 수 없는 사유로 그 기간을 준수하지 못하였다는 등 그 기간을 해태할 때 정당한 사유가 있다고 하여 그 결론을 달리할 수 없다. 대법원 1997. 2. 14. 선고 96누5926 판결.

동위원회의 구제명령 대상이 아닌 경우, (iv) 같은 당사자가 같은 취지의 구제신청을 거듭하여 제기하거나 같은 당사자가 같은 취지의 확정된 판정이 있음에도 구제신청을 제기한 경우, (v) 판정이 있은 후 신청을 취하하였다가 다시 제기한 경우, (vi) 신청하는 구제의 내용이 실현할 수 없는 것이거나 신청의 이익이 없는 경우에는 구제신청을 각하하도록 하고 있다(노위규칙 60조 1항).

또한 신청인이 2회 이상 출석통지를 받고도 불응하거나 주소불명 등으로 2회 이상 출석통지서가 반송되거나 그 밖의 사유로 신청의사를 포기한 것으로 인정될 경우에도 심판사건을 각하하도록 하여(노위규칙 60조 1항 7호), 신청인이 2회 이상 출석통지를 받고도 불응한 것을 신청의사를 포기한 것으로 보고 있다. 위 규정의 적법 여부가 다투어진 사안에서 대법원은, 신청인이 2회 이상 출석통지를 받고도 이에 응하지 아니하는 경우에는, 그의 책임 없는 사유로 인하여 심문기일에 출석하지 못한 경우가 아닌 한 노동위원회는 신청을 각하할 수 있다고 판시하여, 이를 정당한 각하사유로 인정하였다.[325]

(다) 구제이익이 없는 경우

전보명령과 해지처분의 효력을 다투던 중 선박소유자가 전보명령과 해지처분을 철회·취소하고 선원을 복직시킨 경우 구제신청은 이미 다른 방법으로 실현되어 그 목적을 달성하였으므로 구제이익이 없다.[326] 선원근로관계가 종료되면 구제명령을 얻는다고 하더라도 객관적으로 보아 그 실현이 불가능하고 따라서 법령 등에서 재취업의 기회를 제한하는 규정을 두고 있는 등의 특별한 사정이 없는 한 재심판정의 취소를 구할 소의 이익은 없다.[327] 선원이 부당해고 구제신청을 할 당시 이미 정년에 이르거나 근로계약기간 만료, 폐업 등의 사유로 근로계약관계가 종료하여 선원의 지위에서 벗어난 경우에는 노동위원회의 구제명령을 받을 이익이 소멸하였다고 보는 것이 타당하다.[328]

(라) 구제이익이 인정되는 경우

선원이 부당해지 구제신청을 하여 해고의 효력을 다투던 중 근로계약기간의

325) 대법원 1990. 2. 27. 선고 89누7337 판결.
326) 대법원 2002. 2. 8. 선고 2000두7186 판결.
327) 대법원 1991. 5. 28. 선고 90누5313 판결; 대법원 1995. 12. 5. 선고 95누12347 판결.
328) 대법원 2022. 7. 14. 선고 2020두54852 판결.

만료 등으로 근로관계가 종료되면, 선원으로서는 비록 이미 지급받은 해지기간 중의 임금을 부당이득으로 반환하여야 하는 의무를 면하기 위한 필요가 있거나 퇴직금 산정시 재직기간에 해지기간을 합산할 실익이 있다고 하여도, 그러한 이익은 민사소송절차를 통하여 해결될 수 있어 더 이상 구제절차를 유지할 필요가 없게 되었으므로 구제이익은 소멸한다는 것이 종전 판례의 입장이었다.[329]

그러나 2020. 2. 20. 대법원은 "부당해고 구제명령제도에 관한 근기법의 규정 내용과 목적 및 취지, 임금 상당액 구제명령의 의의 및 법적 효과 등을 종합적으로 고려하면, 근로자가 부당해고 구제신청을 하여 해고의 효력을 다투던 중 정년에 이르거나 근로계약기간이 만료하는 등의 사유로 원직에 복직하는 것이 불가능하게 된 경우에도 해고기간 중의 임금 상당액을 지급받을 필요가 있다면 임금 상당액 지급의 구제명령을 받을 이익이 유지되므로 구제신청을 기각한 중앙노동위원회의 재심판정을 다툴 소의 이익이 있다고 보아야 한다."고 입장을 변경하였다.[330] 상세한 이유는 다음과 같다.

① 부당해고 구제명령제도는 부당한 해고를 당한 근로자에 대한 원상회복, 즉 근로자가 부당해고를 당하지 않았다면 향유할 법적 지위와 이익의 회복을 위해 도입된 제도로서, 근로자 지위의 회복만을 목적으로 하는 것이 아니다. 해고를 당한 근로자가 원직에 복직하는 것이 불가능하더라도, 부당한 해고라는 사실을 확인하여 해고기간 중의 임금 상당액을 지급받도록 하는 것도 부당해고 구제명령제도의 목적에 포함된다.

② 부당한 해고를 당한 근로자를 원직에 복직하도록 하는 것과, 해고기간 중의 임금 상당액을 지급받도록 하는 것 중 어느 것이 더 우월한 구제방법이라고 말할 수 없다. 근로자를 원직에 복직하도록 하는 것은 장래의 근로관계에 대한 조치이고, 해고기간 중의 임금 상당액을 지급받도록 하는 것은 근로자가 부당한 해고의 효력을 다투고 있던 기간 중의 근로관계의 불확실성에 따른 법률관계를 정리하기 위한 것으로 서로 목적과 효과가 다르기 때문에 원직복직이 가능한 근로자에 한정하여 임금 상당액을 지급받도록 할 것은 아니다.

③ 근로자가 구제명령을 통해 유효한 집행권원을 획득하는 것은 아니지만, 해

329) 대법원 1995. 12. 5. 선고 95누12347 판결; 대법원 2001. 4. 24. 선고 2000두7988 판결.
330) 대법원 2020. 2. 20. 선고 2019두52386 전원합의체 판결.

고기간 중의 미지급 임금과 관련하여 강제력 있는 구제명령을 얻을 이익이 있으므로 이를 위해 재심판정의 취소를 구할 이익도 인정된다고 봄이 타당하다.

④ 해고기간 중의 임금 상당액을 지급받기 위하여 민사소송을 제기할 수 있다는 사정이 소의 이익을 부정할 이유가 되지는 않는다.

⑤ 종래 대법원이 근로자가 구제명령을 얻는다고 하더라도 객관적으로 보아 원직에 복직하는 것이 불가능하고, 해고기간에 지급받지 못한 임금을 지급받기 위한 필요가 있더라도 민사소송절차를 통하여 해결할 수 있다는 등의 이유를 들어 소의 이익을 부정하여 왔던 판결들은 금품지급명령을 도입한 근로기준법 개정 취지에 맞지 않고, 기간제근로자의 실효적이고 직접적인 권리구제를 사실상 부정하는 결과가 되어 부당하다.

(마) 민사소송과의 관계

선박소유자의 선원에 대한 해지가 정당한 이유가 없음을 이유로 구제신청을 하여 구제절차가 진행 중에 선원이 별도로 선박소유자를 상대로 같은 사유로 해지무효확인청구의 소를 제기하였다가 청구가 이유 없다 하여 기각판결을 선고받아 확정되었다면, 부당해지가 아니라는 점은 이미 확정되어 더는 구제절차를 유지할 필요가 없게 되었으므로 구제이익이 소멸한 것으로 보아야 한다.[331] 그러나 선원이 별도로 제기한 해지 등 무효확인 청구의 소에서 패소 판결이 선고되었더라도, 선원의 상소 제기로 인해 확정되지 않고 진행 중이라면 여전히 구제이익이 인정된다.[332]

(4) 신청대상

선원법은 사용자가 부당해지, 휴직, 정직, 감봉, 그 밖의 징벌도 구제신청의 대상으로 명시하고 있다. 그 외에 이와 유사한 성질을 가진 전출·전적·휴직자의 복직거부 등도 구제신청의 대상에 포함되는 것으로 해석된다.[333] 정당한 이유 없는 해지는 선원법 32조 1항이 규정하고 있는 해지의 일반적 제한규정에 위반한 경우뿐만 아니라 제도의 취지에 비추어 근기법 24조의 경영상 해고 제한규정에 위반하는 해고[334]나 선원법 32조 2항의 해지의 시기와 절차의 제한규정에 위반하

331) 대법원 1992. 7. 28. 선고 92누6099 판결.
332) 서울고법 2007. 6. 22. 선고 2006누31763 판결.
333) 임종률, 610면.

는 해지, 단체협약이나 취업규칙에 정한 절차를 위반한 해지[335]도 포함된다. 그러나 단순한 임금의 체불, 임금산정의 과오, 근로계약이나 취업규칙 위반 등은 구제신청의 대상이 되지 않는다.[336]

(5) 신청인

부당해지 구제신청의 신청인은 해지 등의 불이익처분을 당한 당해 선원뿐이고 노동조합은 구제신청을 할 수 없다.[337]

(6) 피신청인

피신청인은 구제신청의 상대방 당사자로서 능력을 갖추어야 하며, 선원노동위원회의 구제명령에 따라 시정할 수 있는 지위에 있어야 하고, 원칙적으로 사업주인 선박소유자가 된다. 부당해지에 대하여 선원노동위원회의 구제명령이 발령된 경우 그 명령에 따라 이를 시정할 주체는 사업주인 사용자가 되어야 하므로, 그 구제명령이 사업주인 사용자의 일부조직이나 업무집행기관 또는 업무담당자에 대하여 행하여진 경우에는 사업주인 사용자에 대하여 행하여진 것으로 보아야 하고, 따라서 이에 대한 중앙노동위원회에의 재심신청이나 그 재심판정 취소소송 역시 당사자능력이 있는 당해 사업주만이 원고적격자로서 소를 제기할 수 있다.[338]

(7) 승 계

구제절차의 진행 중에 사용자 측에 사업인수나 합병 등의 사유가 발생한 때에는 사업인수자나 합병 후 신설 또는 존속하는 법인이 당사자의 지위를 승계하며, 채무자회생법에 따른 채무자 회생절차나 파산절차가 개시된 경우에는 관리인이나 파산관재인이 그 지위를 승계한다(노위규칙 34조 2항).

(8) 선정대표자

선원은 사건의 당사자가 여러 명인 경우에 3인 이내의 대표자를 선정할 수 있으며, 노동위원회는 필요하다고 인정할 때에는 당사자에게 대표자의 선정을 권고

334) 대법원 2002. 6. 14. 선고 2001두11076 판결.
335) 대법원 1991. 11. 26. 선고 91누4171 판결; 대법원 1995. 3. 10. 선고 94다33552 판결.
336) 임종률, 610면.
337) 대법원 1992. 11. 13. 선고 92누11114 판결; 대법원 1993. 5. 25. 선고 92누12452 판결.
338) 대법원 2006. 2. 24. 선고 2005두5673 판결.

할 수 있다(노위규칙 35조 1, 2항). 대표자가 선정된 경우에 나머지 당사자들은 그 대표자를 통해서 당해 사건에 관한 행위를 하여야 하며, 필요하다고 인정할 때에는 선정대표자를 해임하거나 변경할 수 있다(노위규칙 35조 4, 5항). 선정대표자는 당해 심판사건 처리에 관한 행위를 할 수 있으나 구제신청을 취하하는 경우에는 나머지 당사자들의 동의서를 붙인 취하서를 제출하여야 한다(노위규칙 35조 3항).

(9) 심판대리인

당사자인 선원은 그 배우자, 직계존·비속이나 형제자매를 대리인으로 선임할 수 있고, 변호사·공인노무사와 다른 법률에 따라 심판사건을 대리할 수 있는 자를 대리인으로 선임할 수 있으며, 그 외의 자는 노동위원회 위원장의 승인을 받아야 대리인 선임이 가능하다(노위규칙 36조 1항). 당사자는 위임사실과 범위 등을 직접 또는 대리인을 통하여 서면으로 증명하여야 하며, 대리권을 수여받은 자는 지체 없이 대리인 선임신고서를 노동위원회에 제출하여야 한다(노위규칙 36조 2항). 당사자들이 대리인 선임을 철회하거나 다른 대리인으로 변경한 경우에는 그 사실을 노동위원회에 서면으로 통보한 후에야 그 효력이 발생한다(노위규칙 36조 3항). 심판대리인은 당사자를 위하여 심판사건에 대한 사실관계와 주장, 노동위원회에서 송달한 문서의 수령 등 일체의 행위를 할 수 있으나, 대리권의 범위를 명시한 경우에는 그 범위 안에서 대리행위를 할 수 있다(노위규칙 37조). 대리권에 흠이 있는 대리인의 행위에 대하여는 대리권을 수여한 당사자가 추인할 수 있다(노위규칙 38조).

(10) 신청의 취하

구제신청의 취하는 노동위원회에 대하여 신청의 전부 또는 일부를 철회하는 의사표시이다. 법률에는 이에 관한 규정이 없지만, 부당해지 심사절차가 신청에 의하여 개시되는 이상(당사자주의적 성격), 신청인이 구제신청을 취하할 수 있음은 당연하고 취하의 사유도 묻지 않는다.[339)]

신청인은 판정서가 도달되기 전까지 신청의 전부 또는 일부를 취하할 수 있다(노위규칙 75조 1항). 신청의 취하는 서면에 의하는 것이 원칙이나(노위규칙 75조 1항), 조사·심문 등의 심사절차 내에서는 구술로서 할 수 있다(민소법 266조 3항

---

339) 노동조합 및 노동관계조정법 주해 Ⅲ(제2판), 336－337면.

참조). 노동위원회 위원장은 취하서가 접수되면 당해 사건을 종결하고 그 사실을 당사자 쌍방에게 서면으로 통지하여야 한다(노위규칙 75조 2항).

취하된 신청에 대하여는 처음부터 사건이 계속되지 않은 것으로 본다. 따라서 취하된 신청을 다시 신청하는 것이 가능하지만 이는 새로운 신청으로서 신청기간을 준수하여야 하고, 판정이 있은 후에 신청을 취하한 경우에는 같은 신청을 다시 할 수 없고 그러한 재신청은 각하된다(노위규칙 60조 1항 5호). 신청의 취하를 취소하는 것은 일반적으로 소송행위의 취소가 제한되는 것과 같이 특별한 사정이 없는 한[340] 허용되지 않는다.

다. 조사의 준비

(1) 개 관

선원노동위원회가 구제신청을 받은 때에는 지체 없이 필요한 조사와 관계 당사자의 심문을 하여야 한다(노조법 83조 1항). 그 조사와 심문 절차를 합하여 심사라고 한다. 심사절차는 구제신청에 따라 개시되고, 신청인과 피신청인을 대립하는 당사자로 하여 진행된다. 노조법은 부당해지 구제절차에 관하여 절차의 신속과 당사자의 충분한 공격 · 방어의 기회보장이라는 기본이념을 설정하고, 이를 실현하기 위한 조사와 심문의 절차는 중앙노동위원회가 정하는 노동위원회 규칙에 위임하고 있다(노조법 83조 4항).

(2) 심판위원회의 구성과 조사관의 지정

(가) 심판위원회의 구성

구제신청서가 접수되면 노동위원회 위원장은 사건처리를 담당할 심판위원회를 지체없이 구성하여야 하고(노위규칙 44조), 해당 심판위원회 위원장은 필요한 경우 사건의 처리를 주관할 주심위원을 선정한다(노위법 16조의2). 노동위원회는 노사갈등의 장에서 준사법적 업무를 담당하고 있는 만큼 그 위원의 공정한 업무처리가 매우 중요하다. 이러한 요청에 부응하기 위하여 노동위원회법은 위원의 제척 · 기피 제도를 두고 있고(21조), 노동위원회규칙은 위원의 회피도 인정한다(23조).

---

340) 대법원 1985. 9. 24. 선고 82다카312 판결(형사책임이 수반되는 타인의 강요와 폭행에 의하여 이루어진 소취하의 약정과 소취하서의 제출은 무효이다. 그러나 사기나 착오를 이유로 한 소취하의 취소는 허용될 수 없다).

노동위원회 위원장은 사건이 접수되는 즉시 당사자에게 제척·기피 신청을 할 수 있음을 서면으로 알려주어야 한다(노위법 21조 5항).

(나) 조사관의 지정

구제신청서가 접수되면 노동위원회 위원장은 지체 없이 담당 조사관을 지정하여야 한다(노위규칙 45조). 담당 조사관의 지정은 미리 순서를 정하여 그 순서에 따라 지정함을 원칙으로 한다. 다만 효율적인 사건 처리를 위해 필요한 경우 사건의 성격, 조사관의 지식과 경험, 종전 처리사건과의 연관성 등을 고려하여 지정순서와 무관하게 지정하거나 이미 지정된 사건을 재지정할 수 있다. 동일 지역 또는 동일 사업장에서 발생한 여러 사건에 대해 효율적이고 일관성 있는 업무처리를 위해 필요한 경우에는 전담조사팀을 구성하여 해당 사건들을 전담하게 하거나 전담 조사관을 지명하여 사건을 배정할 수 있다.[341)]

(3) 사건의 분리·병합

노동위원회는 심사의 효율적인 진행을 위하여 필요하다고 인정하는 경우 노동위원회 위원장의 결정으로 사건을 분리하거나 병합하여 처리할 수 있다(노위규칙 48조 1항). 병합이 필요한 경우로는 동일 당사자 사이에 복수의 구제신청을 들 수 있다. 분리가 필요한 경우로는 하나의 사건으로 복수의 구제신청을 하였는데 그 가운데 일부를 신속히 처리할 필요가 있다고 인정되는 경우에 노동위원회는 이를 분리하여 다른 구제신청에 우선하여 심사·처리할 수 있다. 사건의 분리·병합은 심사지휘권 행사로서 직권으로 행하는 위원장의 재량적 처분(결정)이고, 따라서 그 취소도 자유재량에 속하며, 이러한 결정에 대하여 당사자는 불복할 수 없다. 노동위원회는 사건을 분리하거나 병합한 경우에는 그 사실을 당사자 등에게 지체 없이 서면으로 통지하여야 한다(노위규칙 48조 2항).

라. 조 사

(1) 의 의

조사는 쟁점을 정리하고 사실관계를 확인하기 위한 자료를 수집하는 등으로 심문을 준비하는 절차이고,[342)] 심문과 달리 공개할 필요가 없다. 조사는 민사소송

---

341) 중앙노동위원회, 심판업무처리요령(2007. 3), 17면.

의 준비절차와 유사한 성격을 갖지만, 직권으로 사실을 조사하고 증거를 수집하여야 하는 점에서 민사소송과는 다른 특성을 지니고 있다. 조사는 해당 심판위원회 위원장 또는 주심위원의 지휘에 따라 진행되고(노위법 14조의3 2항), 그 실시는 주로 담당 조사관에 의하여 행하여진다(노위규칙 45조 이하).

(2) 조사의 대상과 범위

조사의 대상과 범위에 대하여 노동관계 법령이나 노동위원회규칙에 명시된 바는 없으나 노동위원회법 23조 및 14조의3의 내용 및 취지에 비추어 볼 때 구제신청 취지의 범위 내에서 필요하다고 판단하는 사항을 조사할 수 있다.[343] 당사자적격 유무, 신청기간 준수 여부, 관할권 유무 등 본안 전에 명백하게 하여야 할 사항이나 각하사유의 존부를 조사할 수 있음은 물론이고(노위규칙 45조 3항), 부당해지의 성부 등 실체에 관한 증거조사도 가능하다. 구제절차의 신속과 적정을 위하여 조사관제도가 마련된 점에 비추어 실체에 관한 조사가 요청되고 실무상으로도 그에 관한 조사가 대부분을 차지한다.

(3) 조사의 준비

노동위원회는 신청서가 접수되면 지체 없이 조사를 개시하여야 하고(노조법 83조 1항), 노동위원회 위원장은 관계 당사자에게 이유서 · 답변서 제출 방법, 위원의 제척 · 기피, 단독심판과 화해 절차 등 심판사건의 진행에 관한 사항을 안내하여야 한다. 담당 조사관은 당해 사건의 신청인이 제출한 구제신청서 및 이유서를 상대방 당사자에게 송달하고 이에 대한 답변서를 제출하도록 요구하여야 한다(노위규칙 45조 1항, 2항).

신청요건(신청기간 경과, 당사자적격 · 구제대상 적격의 흠결 등) 또는 구제절차 유지요건(2회 이상 보정요구 불응, 구제이익 결여 등)을 갖추지 못한 구제신청은 각하된다(노위규칙 60조 1항). 따라서 담당 조사관은 사실조사에 착수하기 전에 당해 사건이 신청요건 또는 구제절차 유지요건을 갖추었는지 검토하여야 하여야 하고, 신청요건의 미비 또는 구제절차 유지요건의 상실 가능성이 있다고 판단되는 경우에는 당사자의 주장이 없더라도 직권으로 그러한 요건의 구비 여부를 조사하여야 하며

342) 노동조합 및 노동관계조정법 주해 III(제2판), 352-353면.
343) 중앙노동위원회, 심판업무처리요령(2007. 3), 45면.

(노위규칙 45조 3항), 그 결과 당해 구제신청이 명백히 각하사유에 해당된다고 판단하는 때에는 조사를 중단하고 심판위원회에 보고하여야 한다(노위규칙 45조 4항).

신청인이 제출한 신청서와 피신청인이 제출한 답변서 및 이에 첨부된 증거자료를 검토하여 쟁점을 추출·정리하고, 이에 기초하여 쟁점과 관련한 사실관계를 확인할 때 필요하고도 적정한 조사방법을 선택하고 그 실시일정을 정하는 등으로 조사계획을 수립하여야 한다. 이러한 사실 조사할 때 조사개시 7일 전에 조사대상자에게 조사의 목적과 대상, 조사기관, 조사관의 인적사항 등이 기재된 자료제출요구서, 출석요구서, 현장조사서 등을 발송하여야 한다(행정조사기본법 17조).

(4) 조사의 방법과 실시

노동위원회는 조사할 때 당사자에게 주장의 기회를 충분히 부여하여야 하고, 사실조사와 증거자료의 확보 등을 통하여 진실을 규명하도록 노력하여야 한다(노위규칙 43조). 사실 조사의 방법에 관하여 노동위원회규칙 46조는 (i) 당사자에 대한 자료제출 요구, (ii) 당사자 또는 관계인 등에 대한 심문, (iii) 사업장에서의 서류·물건 등 조사를 규정하고 있으나, 이는 예시적 규정이므로 노동위원회는 해당 사건의 심사를 위하여 필요하다고 인정하는 적정한 방법을 활용할 수 있다. 이러한 사실 조사의 실효성 확보를 위하여 조사의 거부·기피·방해 등의 행위를 한 자에 대하여 500만 원 이하의 벌금에 처할 수 있다(노위법 31조).

노동위원회는 구제신청 사건에 대한 증거자료가 필요하다고 판단하는 경우 당사자에게 관련 자료의 제출을 요구할 수 있고(노위규칙 46조 1항), 사실관계 확인에 필요한 경우 당사자 이외의 관계인에 대하여 서류의 제출을 요구할 수 있으며(노위법 23조 1항), 필요한 경우 관계 행정기관에 협조를 요청할 수 있다(노위법 22조).

노동위원회는 당사자의 주장이 일치하지 아니하는 때에는 당사자와 증인 또는 참고인을 출석시켜 조사할 수 있고, 진술서를 작성·제출하는 것으로 그 조사를 대신할 수 있다(노위규칙 46조 2항). 이 경우에는 조사대상자에게 출석요구서를 발송하여야 한다(행정조사기본법 9조). 일반적으로 당사자를 함께 출석하게 한 다음, 조사관이 당사자의 주장이 서로 다른 사항 및 신청요건 등에 대하여 심문을 하고 그 결과를 문답형태의 진술조서로 작성한다.[344] 위원이나 조사관은 사실관계 확인

344) 중앙노동위원회, 심판업무처리요령(2007. 3), 48면.

을 위하여 사업장 등을 방문하여 업무현황, 서류 그 밖에 물건을 조사할 수 있다(노위법 23조 1항, 노위규칙 46조 3항). 이 경우 조사관은 그 권한을 증명하는 증표를 관계인에게 제시하여야 한다(노위규칙 46조 3항).

(5) 조사보고서

조사관이 사실조사를 완료하였을 때에는 조사보고서를 작성하여야 하고, 조사보고서를 작성할 때 사실관계와 쟁점사항별 당사자의 주장 등을 객관적이고 공정하게 기재하여야 한다(노위규칙 49조).

표지에는 사건번호와 사건명, 당사자(대리인이 있을 경우 대리인 표시), 신청취지, 신청일이 기재된다(노위규칙 50조 1항). 본문에는 사건접수 이후 조사완료 시까지 당사자가 제출한 이유서 · 답변서 및 증거자료, 조사관이 확보한 증거자료와 참고자료 등을 종합하여 정리한 사건개요, 당사자 주장의 요지, 주요 쟁점사항별 당사자의 주장과 이에 대한 조사결과, 그 밖의 직권조사결과(조사과정에서 화해가 추진되어 온 경우 화해 추진 경위와 당사자의 입장), 참고자료(비슷한 사안에 관한 판정 · 판결) 등이 포함되어야 한다(노위규칙 50조 2항). 다만 구제신청 기간이 지난 경우 등과 같이 각하 사유가 명백하고 이에 대하여 당사자의 이의가 없는 경우에는 주장의 요지, 주요쟁점사항과 이에 대한 조사결과의 기재를 생략할 수 있다(노위규칙 50조 3항).

조사의 목적은 당사자의 주장을 정리하여 쟁점을 확인하고, 당사자가 제출한 증거를 정리하며, 그 밖에 조사를 통하여 사실관계를 규명함으로써 심문을 준비하는 데 있고, 조사보고서는 위와 같이 확인하고 조사한 사항을 요약 정리한 서면이다.[345] 조사보고서는 심문회의 개최 7일 전에 사건기록 일체와 함께 심판위원들에게 송부되어야 하고(노위규칙 54조 1항), 이를 통하여 심판위원들은 사건의 경위와 쟁점사항을 정확히 이해하고 효율적인 심문과 정확한 판정을 할 수 있게 된다. 대부분 사건에서 조사보고서는 판정서의 판단 및 결론을 제외하면 기재항목과 내용이 판정서와 거의 같다.[346] 조사관은 조사 과정에서 확보한 자료에 대하여 당사자의 요구가 있는 경우 노동위원회의 결정으로 이를 열람하도록 하거나 그 사본을

345) 노동조합 및 노동관계조정법 주해 Ⅲ(제2판), 357－358면.
346) 중앙노동위원회, 심판업무처리요령(2007. 3), 72면.

교부할 수 있다(노위규칙 47조).

마. 심 문

(1) 개 론

심문은 조사된 자료를 토대로 당사자를 심문하고 증거를 조사하는 등으로 부당해지를 구성하는 사실의 존부를 판정하기 위한 자료를 수집하고 심증을 형성하는 절차이다.

(가) 필요적 심문주의

조사가 종료되면 신청요건 등이 갖추어지지 않아 각하되어야 할 사건이 아닌 한 반드시 심문을 거쳐야 한다(노조법 83조 1항, 84조 1항). 따라서 심문절차를 거치지 않고 이루어진 판정은 위법하다. 이러한 절차적 위법이 판정의 취소사유에 해당하는지에 관하여는 견해가 나뉜다.[347)]

노동위원회는 사건이 노동위원회규칙 60조 1항의 각하사유(당사자적격 또는 구제이익이 없는 경우는 제외)에 해당하고, 신청인이 그 사실을 인정하는 경우에는 심문회의를 생략하고 판정회의를 개최할 수 있다(노위규칙 57조 1항). 이 경우 노동위원회는 판정회의 개최일 10일 전까지 당사자에게 이 사실을 서면으로 통지하여야 하고, 관계당사자는 당해 판정회의 개최 전날까지 서면으로 의견을 제출할 수 있다(2항).

(나) 대심 및 공개의 원칙

심문회의는 당사자가 출석한 가운데 이루어져야 하고(노위규칙 54조 2항), 원칙적으로 공개하여야 하고, 다만 심판위원회의 결의에 의하여 공개하지 아니할 수 있다(노위법 19조).

(다) 심문절차의 진행

심문절차는 조사절차와 마찬가지로 노동위원회규칙이 정하는 바에 의한다(노조법 83조 4항, 노위규칙 51조 이하). 심판위원회 위원장이 심문회의를 주재하여 진행한다(노위규칙 55조). 위원장은 회의장의 질서유지에 필요한 조치를 할 수 있고(노위법 20조, 노위규칙 27조 1항), 회의의 공정한 진행을 방해하거나 질서를 문란하게

---

347) 일본 판결은 취소사유에 해당한다고 보나, 학설은 구제명령이 행정처분이므로 이러한 절차적 하자가 있다고 하여 바로 위법하다고 볼 수 없다고 주장한다. 자세한 내용은 注釋 勞働組合法(下), 東京大學勞働法硏究會, 有斐閣(1984), 991면.

한 사람에게 퇴장을 명할 수 있으며, 퇴정명령에 불응한 자에게 심판위원회의 결정에 따라 과태료를 부과 · 징수할 수 있다(노위법 33조, 노위규칙 27조 2, 3항).

(2) 심문회의 준비와 연기

(가) 개최 시기와 심문기일 등의 결정

심문은 통상 조사가 완료된 다음에 개시되지만, 심문에 들어간 이후에도 필요한 경우 조사를 할 수 있다. 심문회의는 특별한 사정이 없는 한 사건 접수일로부터 60일 이내에 개최되어야 한다(노위규칙 51조). 심문회의의 개최와 일시 · 장소 등은 심문을 진행하는 심판위원회 위원장이 결정한다.

(나) 회의소집 통보와 자료 송부

조사관은 심문회의 개최 7일 전까지 당해 심판위원회의 위원들에게 조사보고서 및 사건기록 일체를 송부하여야 하고(노위규칙 54조 1항), 회의 개최일 5일 전까지 회의일시와 장소를 해당 위원에게 서면으로 통지하여야 한다(노위규칙 21조 1항). 조사관은 위원들에게 회의소집을 통보한 후 당사자로부터 자료가 제출되는 경우에는 추가로 송부하여야 하고, 추가송부가 어려울 때에는 심문회의 당일 위원들에게 배부하여야 한다.

(다) 심문일정의 통지

심문회의 일정이 정해지면 당사자에게 심문일정 통지서를 심문회의 개최일 7일 전까지 송부하여야 하고, 그 통지서에는 사건명, 심판위원회 위원, 참여위원, 당사자, 심문일시 및 장소를 명시하고 당사자가 출석하여야 한다는 뜻이 기재되어야 하며, 심문일정을 통지받은 당사자는 심문회의 개최 전까지 심문회의 참석자 명단을 노동위원회에 제출하여야 한다(노위규칙 52조).

(3) 심문회의 진행

심문회의는 일반적으로 (i) 심판위원회 위원장의 위원회 성원 여부와 당사자 출석의 확인 및 개회선언, (ii) 담당 조사관의 회의진행 유의사항 낭독 및 조사결과 보고, (iii) 당사자의 심문과 진술, (iv) 증거조사, (v) 당사자의 최종 진술, (vi) 심문종결의 순으로 진행된다.[348]

348) 노동조합 및 노동관계조정법 주해 III(제2판), 362－363면.

(가) 위원의 참석

심문회의는 공익위원 3인이 모두 참석하여야 개시할 수 있다(노위법 14조 3항). 노동위원회 위원장은 근로자 위원·사용자 위원 각 1인을 심문회의에 참여하게 하여야 한다. 다만 단독심판위원이 처리하는 사건이나 근로자 위원·사용자 위원이 정당한 이유 없이 참여하지 아니한 경우에는 그러하지 아니하다(노위규칙 54조 4항).

(나) 당사자와 이해관계인의 출석

심문회의는 당사자가 모두 출석한 가운데 진행하여야 한다(노위규칙 54조 2항). 다만 당사자 일방이 정당한 이유 없이 참석하지 아니한 경우에는 일방 당사자만을 상대로 심문회의를 진행할 수 있다(노위규칙 54조 2항 단서). 대표자가 선정된 경우 선정자들은 대표자를 통해 당해 사건에 관한 행위를 할 수 있으므로(노위규칙 35조 4항), 선정대표자가 당사자로서 심문회의에 참석하여야 한다. 선정자 기타 이해관계인들은 참고인으로서 노동위원회 위원장의 승인을 얻어 심문회의에 참석할 수 있다(노위규칙 54조 3항). 신청인이 2회 이상 불출석하는 경우에는 신청의사를 포기한 것으로 간주되어 구제신청이 각하된다(노위규칙 60조 1항 7호).

(다) 당사자 심문과 진술

노동위원회는 구제신청의 관계 당사자를 심문하여야 한다(노조법 83조 1항). 당사자에 대한 심문은 공익위원, 근로자위원, 사용자위원 순서로 하고, 공익위원 중 주심으로 지명된 위원이 있는 경우에는 주심위원이 먼저 심문한다. 당사자는 위원의 심문사항에 대하여 성실하게 답변하여야 하고, 심문사항 이외의 진술을 하고자 할 때에는 심판위원회 위원장의 승인을 얻어야 한다(노위규칙 55조 3항). 당사자는 진술에 갈음하여 진술서를 제출할 수도 있다. 위원장은 당사자·대리인 기타 참고인이 이미 이루어진 진술을 반복하거나 쟁점과 관련이 없는 사항을 진술하는 등으로 적당하지 않다고 인정할 때에는 심문지휘권 행사로서 그 진술을 제한할 수 있다. 이러한 심문과 진술을 통하여 당사자는 조사절차에서 정리된 쟁점과 확인된 사실관계에 관하여 견해를 표시하고, 그 주장을 뒷받침하는 증거를 설명함과 아울러 향후의 증명계획을 밝히며, 그 외에도 자신이 희망하는 사건의 해결방안 등을 제시할 수 있다.[349]

(4) 증거조사

(가) 증거방법과 그 제출시기

당사자는 자신의 주장을 증거에 의하여 증명할 필요가 있다. 노동위원회규칙에는 당사자와 증인의 심문에 관한 규정만을 두고 있을 뿐(55, 56조), 그 밖에 증거조사의 방법이나 범위에 관한 규정이 없다. 그러나 심사절차에서 증거조사 방법에는 제한이 없다고 해석되고, 따라서 필요한 경우 노동위원회는 직권 또는 당사자의 신청에 따라 서증조사·검증·감정 등의 증거조사를 할 수 있다.[350)]

(나) 증인심문

증인심문은 당사자의 신청 또는 직권에 의하여 행하여질 수 있다(노위규칙 56조 1, 4항). 당사자의 증인 신청은 심문회의 개최일을 통보받기 전까지 서면(증인신청서)으로 하여야 한다(노위규칙 56조 1항). 이 경우 노동위원회 위원장은 증인채택 여부를 결정하고 그 결과를 당사자에게 통지하여야 한다(노위규칙 56조 2항). 당사자는 채택된 증인과 함께 심문회의에 출석하여야 한다(노위규칙 56조 3항). 심판위원회 위원장은 필요한 경우 직권으로 증인을 지정하여 심문회의에 출석하게 할 수 있다(노위규칙 56조 4항).

증인의 소환에 관한 규정은 없으나 증인 채택을 결정한 노동위원회 위원장 또는 심판위원회 위원장이 심문의 일시와 장소, 심문사항 등을 기재한 소환장을 송달하는 방법으로 증인을 소환하여야 한다(행정조사기본법 9조 1항). 증인으로 소환된 자가 불응한 경우 이를 강제하거나 제재하는 규정이 없어 입법상 보완이 필요하다.[351)]

위원이 당사자와 증인을 심문할 수 있고(노위규칙 55조 1항), 당사자는 심판위원회 위원장의 승인을 얻어 진술할 수 있으며(노위규칙 55조 3항), 심판위원회 위원장은 증인이 출석한 경우 당사자에게 심문이나 반대심문의 기회를 주어야 한다고 규정하고 있는 점(노위규칙 56조 5항)에 비추어 볼 때, 현행 노동위원회규칙은 위원회 주도의 직권심문방식을 채택하고 있다.

---

349) 노동조합 및 노동관계조정법 주해 Ⅲ(제2판), 364면.
350) 노동조합 및 노동관계조정법 주해 Ⅲ(제2판), 364면.
351) 노동조합 및 노동관계조정법 주해 Ⅲ(제2판), 366면.

(다) 서증조사

서증조사의 방법을 정한 규정이 없으므로 심판위원회가 적정하다고 판단하는 방법으로 당사자가 제출한 증거를 조사하여야 한다. 일응 민사소송에서 정한 방법을 준용하거나 유추적용하여야 하지만, 심문절차가 행정절차의 일종인 점에 비추어 민사소송과 같은 엄격한 증거조사방식보다는 완화된 방법으로 탄력적으로 운용할 수 있다.[352]

(5) 최종진술

심판위원회 위원장은 심문을 종결하고자 할 때에는 당사자가 최종진술을 할 기회를 주어야 한다(노위규칙 55조 4항). 최종진술은 당사자가 심문종결에 이르기까지의 주장과 증거조사결과를 종합·정리하여 진술하는 것이고(整理 辯論), 이를 통하여 심판위원들로 하여금 자신에게 유리한 심증을 형성하도록 하는 기회를 갖게 된다. 최종진술은 심문회의에서 심문종결에 즈음하여 구술로 하는 것이 원칙이지만, 서면(최종진술서)의 제출로서 갈음할 수도 있고, 최종진술을 생략할 수도 있다.

(6) 심문의 종결과 재개

심판위원회는 심문의 결과 사건이 판정하기에 충분할 정도로 성숙하였다고 여겨지는 때에 심문을 종결하게 된다. 심문 종결은 보통 증인심문과 당사자의 최종진술 다음에 바로 이루어지지만, 화해권고를 위하여 일정 기간 보류하는 것도 가능하다(노위규칙 69조). 심문이 종결된 다음에는 원칙적으로 새로운 주장과 증거를 제출할 수 없으나, 심판위원회는 새로운 주장에 대한 사실 확인이나 증거의 보완 등이 필요하다고 판단되거나 화해만을 위한 회의 진행으로 추가적인 사실 심문이 필요한 경우에는 심문회의를 재개할 수 있다(노위규칙 59조 3항). 당사자는 판정에 영향을 미칠 중요한 사실이 발생하거나 중요한 증거가 새로이 발견된 경우 심판위원회의 직권 발동을 촉구하는 의미에서 종결한 심문의 재개를 신청할 수 있다.

(7) 회의록의 작성

심문회의가 진행된 다음, 담당직원은 회의 경과와 내용을 회의록(일종의 심문조서)을 작성하여야 한다(노위규칙 26조 1항). 의장선출과 의결사항을 제외한 내용은

352) 노동조합 및 노동관계조정법 주해 Ⅲ(제2판), 367면.

녹음으로 기록을 대신할 수 있다(노위규칙 26조 2항). 회의록에는 민사소송의 변론조서와 유사하게 사건번호와 사건명, 당사자의 표시, 기일과 장소, 출석한 위원, 당사자·대리인·참고인·증인의 표시, 공개 여부, 제출된 증거와 채부 결정, 당사자와 증인의 진술 등이 포함되어야 한다(민사소송법 153, 154조). 당사자와 증인의 심문 과정에서 이루어진 문답은 이를 정확히 기재하여야 하고, 그 분량도 적지 않으므로 그 요지를 기재한 조서, 속기록 또는 녹음테이프를 회의록에 편철하는 것이 바람직하다.[353]

바. 판 정

(1) 판정회의

심판위원회는 심문을 종결하면 판정회의를 개최하여 부당해지 성립 여부에 대하여 판정하게 된다. 판정회의는 심문의 종결 후에 심판위원회 위원장이 소집하고(노위법 16조 2항) 공익위원 전원의 참석으로 개의한다(노위법 17조 2항). 판정회의에 앞서 심문회의에 참석한 근로자위원과 사용자위원에게 의견진술의 기회가 주어지지만(노위규칙 59조 2항), 참여노사위원은 의견을 진술한 후 퇴장하여야 하고 합의에 참여할 수 없다.[354] 근로자위원 또는 사용자위원이 출석요구를 받고 정당한 이유 없이 출석하지 아니하는 경우에는 의견을 들을 필요가 없다(노위법 18조 2항).

사실인정과 구제신청의 인용 여부에 대한 판단은 심판위원회의 판정회의에서 위원 3인의 과반수 찬성으로 의결한다(노위법 17조 2항). 합의는 주심위원이 지명된 경우에는 주심위원이, 그렇지 않은 경우에는 담당 조사관이 심판위원회 위원장의 지시에 따라 심사의 결과를 보고하고 의견을 제시하는 것으로부터 시작하여, 사실인정, 법률의 적용, 주문의 확정 순으로 토론을 거쳐 의결을 하게 된다.[355]

심판위원회는 구제신청이 신청요건을 갖추지 못하였다고 판정하는 때에는 신청을 각하하고(노위규칙 60조 1항), 부당해지 등이 성립한다고 판정하면 선박소유자에게 구제명령을 하여야 하며, 부당해지 등이 성립하지 아니한다고 판정하면 구제신청을 기각하는 결정을 하여야 한다(노조법 84조 1항).

---

353) 중앙노동위원회, 심판업무처리요령(2007. 3), 98면.
354) 노동조합 및 노동관계조정법 주해 Ⅲ(제2판), 370면.
355) 노동조합 및 노동관계조정법 주해 Ⅲ(제2판), 371면.

조사관은 토의사항의 요지, 근로자위원과 사용자위원의 의견, 의결사항의 요지와 의견 등을 기재한 회의록을 작성하여야 하며(노위규칙 61조 1항), 주심위원은 당해 사건에 대한 판단요지를 작성하여야 하고(노위규칙 61조 2항),[356] 심판사건에 참여한 공익위원은 그 의결사항에 대한 회의록에 서명이나 날인하여야 한다(노위규칙 61조 3항).

(2) 판정서의 작성

심판위원회는 의결사항을 토대로 사건명, 당사자, 판정일, 주문, 신청취지, 이유(당사자 개요, 구제신청 경위, 당사자 주장요지, 인정사실, 판단), 결론, 위원회 명칭과 심판위원이 기재된 판정서를 작성하여야 한다(노위규칙 62조 1, 2항). 노동위원회는 판정서 정본을 판정일로부터 30일 이내에 당사자에게 교부하여야 하며(노조법 84조 2항), 위 통보에는 판정결과에 불복하면 재심신청이나 행정소송을 제기할 수 있다는 내용이 포함되어야 한다(노위규칙 74조 3항).

판정서가 당사자에게 교부된 후 당사자 표시나 내용의 오기·누락 등 표현상 잘못이 명백한 경우에는 노동위원회 위원장은 사건 당사자의 신청이나 직권으로 당해 심판위원회의 의결을 거쳐 경정할 수 있다(노위규칙 63조). 판정서 경정은 판정서 작성 과정에서 과실에 의한 표현상 잘못에 한정되고, 그 내용을 추가·보완하는 등으로 내용을 변경하는 것은 허용되지 않는다.[357] 노동위원회 위원장은 경정한 판정서를 지체 없이 당사자에게 송부하여야 하며(노위규칙 63조 2항), 판정서 경정은 구제명령 이행기간, 재심신청기간, 행정소송 제기기간의 산정에 영향을 미치지 않는다(노위규칙 63조 3항).

사. 구제명령

(1) 개 요

선원노동위원회는 선박소유자의 행위가 부당해지에 해당한다고 의결하게 되면 그러한 행위를 부당해지로 인정하고 이를 시정하기 위한 조치로서 구제명령을 발

---

356) 주심위원이 지명되지 않은 때에는 다른 공익위원이 작성하여야 하고, 주심위원 또는 공익위원이 구술하는 내용을 조사관이 기재하고 주심위원 또는 공익위원이 이를 확인·서명하는 방법으로도 할 수 있다. 중앙노동위원회, 심판업무처리요령(2007. 3), 103면.

357) 노동조합 및 노동관계조정법 주해 III(제2판), 384면.

령하게 되는데, 그 중 부당해지가 성립하는지 여부에 대한 판단은 원칙적으로 확인행위에 속하고, 선박소유자에게 일정한 행위를 명하는 부분은 형성적 효력이 있는 하명(下命)으로서 행정처분에 해당한다.[358)]

구제명령의 내용에 관하여 특별한 규정이 없으므로 선원노동위원회가 합리적 재량에 의하여 정할 수 있으며 구제신청의 취지에 반드시 구속되어야 하는 것은 아니지만, 선원이 구제를 신청한 범위 안에서 판정을 하여야 하므로(노위규칙 58조) 신청취지에 반하거나 신청하지 않은 사실을 인정하여 구제명령을 발령할 수는 없다.[359)] 통상은 원직복직의 구제명령과 함께 해지시부터 원직에 복직할 때까지 해지가 없었더라면 받을 수 있었던 소급임금을 지급하라는 구제명령이 발령된다. 구제명령을 기각하거나 각하하는 경우에는 "이 사건 선원의 신청을 기각(각하)한다."라는 형태가 된다.[360)] 선원노동위원회의 선박소유자에 대한 구제명령은 선박소유자에게 이에 복종하여야 할 공법상 의무만을 부담시킬 뿐이므로,[361)] 선박소유자가 노동위원회의 부당해지 구제명령을 이행하지 아니하는 때에는 선원은 별도의 민사소송절차를 이용하여야 한다.

(2) 구제명령의 효력

구제명령은 판정서가 당사자에게 교부된 날로부터 효력이 발생하고, 관계 당사자는 이에 따라야 한다(노조법 84조 2, 3항). 선박소유자가 재심을 청구하거나 행정소송을 제기하여도 구제명령을 이행하여야 할 공법상 의무가 소멸하지 않고, 구제명령이 실효되는 것은 중앙노동위원회가 재심판정으로 이를 취소하거나 변경한 경우 및 행정소송에서 이를 취소하는 판결이 확정된 경우에 한한다. 구제명령에 의하여 선박소유자는 공법상 그에 따를 의무를 부담할 뿐이고 민사상 의무를 부담하는 것이 아니므로, 민사집행 절차에 의하여 그 의무의 이행을 강제할 수 없다. 확정되지 아니한 구제명령을 임의 이행하지 아니한 경우에 이를 강제하거나 제재하는 규정은 없다.

노동위원회의 구제명령 · 기각결정 또는 재심판정은 중앙노동위원회에의 재심

---

358) 근로기준법 주해 II(제2판), 631면.
359) 대법원 1995. 4. 7. 선고 94누1579 판결.
360) 중앙노동위원회, 심판업무처리요령(2007. 3), 108면.
361) 대법원 1996. 4. 23. 선고 95다53102 판결.

신청이나 행정소송의 제기에 의하여 그 효력이 정지되지 아니한다(노조법 86조). 구제명령은 재심절차에서 중앙노동위원회의 집행정지 결정(행정심판법 30조 2항)과 행정소송에서 법원의 집행정지 결정(행소법 23조 2항)에 의하여 잠정적으로 그 효력이 정지될 수 있다.[362)]

(3) 구제명령의 확정

(가) 재 심

선원노동위원회의 구제명령 또는 기각결정에 대하여 불복하는 당사자는 중앙노동위원회에 재심을 신청할 수 있다(노조법 85조 1항). 중앙노동위원회는 당사자의 재심신청이 있는 경우 특별노동위원회의 처분을 재심사하여 이를 인정·취소 또는 변경할 수 있으므로(노위법 27조 1항), 중앙노동위원회는 부당해지 구제신청에 대한 선원노동위원회의 구제명령, 기각결정뿐만 아니라 각하결정에 대하여도 재심사할 수 있는 권한을 가진다. 중앙노동위원회의 심사절차에 관하여도 선원노동위원회의 심사에 관한 규정이 그대로 적용된다(노조법 84조).

재심의 신청은 초심의 명령서 또는 결정서가 송달된 날부터 10일 이내에 하여야 한다(노조법 85조 1항). 재심의 신청기간은 불변기간이고(노위법 26조 3항), 신청기간 경과 후 재심신청은 부적법하므로 각하된다(노위규칙 60조 1항 1호). 재심신청이 선원노동위원회에 접수된 경우에는 당해 접수일을 중앙노동위원회에 재심을 신청한 날로 본다(노위규칙 90조 2항). 재심신청인이 책임질 수 없는 사유로 재심신청 기간을 준수하지 못하였다는 등 그 기간을 해태할 때 정당한 사유가 있다고 인정되는 경우에는 그 사유가 소멸한 날부터 나머지 신청기간 이내에 재심을 신청할 수 있다.

재심신청은 초심에서 신청한 범위를 넘어설 수 없고, 중앙노동위원회의 재심심리와 판정은 당사자의 불복 범위 안에서 이루어져야 한다(노위규칙 89조). 재심신청은 초심 처분에 대하여 불복하는 때에 하는 것이고, 초심신청의 인용 여부는 초심 판정의 주문을 기준으로 판단하여야 하므로 불복의 대상은 주문에 한정된다. 그러므로 초심판정의 주문에는 불복하지 않고, 이유에 대하여만 불복하는 재심신청은 허용되지 아니한다.[363)]

---

362) 노동조합 및 노동관계조정법 주해 Ⅲ(제2판), 465면.

재심은 초심에서 이루어진 심사의 결과(증거자료 등)를 토대로 하여 초심판정의 적법성과 타당성을 재검토하는 절차라는 점에서 사후심적 성격을 가짐과 동시에, 당사자의 새로운 증거제출을 허용할 뿐만 아니라 독자적인 조사와 심문을 하여 재심사의 종결시까지 수집된 모든 자료에 기초하여 판단하는 점에서 속심적 성격도 아울러 지니고 있다.[364)]

(나) 행정소송

중앙노동위원회의 재심판정에 대하여 관계 당사자는 재심판정서의 송달을 받은 날부터 15일 이내에 행정소송법이 정하는 바에 의하여 중앙노동위원회 위원장을 피고로 하여, 피고 또는 대법원 소재지를 관할하는 서울행정법원, 대전지방법원에 재심판정의 취소를 구하는 소를 제기할 수 있다(노조법 85조 2항, 노위법 27조 1항, 행소법 9조). 부당해지 구제절차에서 노동위원회가 발령한 처분을 다투는 사법심사는 중앙노동위원회 위원장을 피고로 하여 그 재심판정의 취소를 구하는 형태이고, 이는 행정소송법상 항고소송의 하나인 취소소송에 해당한다. 재심판정의 취소를 구하는 행정소송은 재심판정서 송달일부터 15일 이내에 제기하여야 한다(노조법 85조 2항, 노위법 27조 1항). 이 기간은 불변기간이다(노위법 27조 3항).

(다) 확정사유

구제명령의 확정이라 함은 구제신청의 관계 당사자가 더 이상 구제명령의 효력을 다툴 수 없게 된 상태에 이른 것을 말한다. 초심의 구제명령 또는 이를 유지한 재심판정은 (i) 선박소유자가 법정기간 내에 재심을 신청하지 아니하거나 행정소송을 제기하지 아니한 때(노조법 85조 3항), (ii) 재심판정에 대한 행정소송에서 재심판정을 유지하는 판결(청구기각이나 소각하)이 확정된 때, (iii) 재심절차에서 재심신청이 취하되거나 행정소송에서 소가 취하된 때 확정된다. 구제명령이 확정되면 선박소유자는 구제명령에 따라야 한다(노조법 85조 4항).

아. 이행강제금제도의 미적용

선원법 34조 2항은 부당해지구제신청과 절차 등에 관하여 근기법이 아니라 노조법을 준용하도록 규정하고 있으므로, 선원노동위원회는 근기법 33조에 규정된

---

363) 노동조합 및 노동관계조정법 주해 III(제2판), 422면.
364) 노동조합 및 노동관계조정법 주해 III(제2판), 425면.

이행강제금을 부과할 수 없다. 따라서 선원법 34조 2항을 개정하여 근기법 28조 내지 33조를 준용하도록 할 필요가 있다.

2. 법원에 의한 사법적 구제

법원에 의한 사법적 구제에는 선원지위확인의 소[365] 또는 해지무효확인의 소, 임금상당액의 청구의 소 등 본안소송과 선원지위보전가처분 등 가처분에 의한 구제수단이 있다.

가. 해지무효확인소송과 소의 이익

(1) 부당해지 구제소송과 소의 이익

소의 이익은 공익적 입장에서는 무익한 소송제도의 이용을 통제하는 원리이고, 당사자 입장에서는 소송제도를 이용할 이익 또는 필요성을 말한다. 소의 이익이 없는 경우에는 법원은 본안에 관하여 판단하지 아니하고 소각하 판결을 하게 된다. 부당해지 구제와 관련한 기본적인 소송형태는 민사소송으로서 해지무효확인과 미불임금의 지급을 구하는 소송이며, 그 중에서 소의 이익과 관련하여 주로 문제되는 것은 해지무효확인의 소이다. 확인의 소에서 소의 이익은 권리 또는 법률상 지위에 현존하는 불안 · 위험이 있고 그 불안 · 위험을 제거함에 확인판결을 받는 것이 가장 유효 적절한 수단일 때에 인정된다.[366]

그런데 해지무효확인의 소의 소송물은 소장의 청구취지에 표시된 해지의 무효여부로서 해지, 즉 선원근로관계를 종료시킨 선박소유자의 일방적인 의사표시라는 과거의 법률행위가 무효라는 점에 대하여 판결로써 공적 확인을 하여 달라는 것이다.[367] 이와 같이 과거의 법률행위인 해지에 대하여 무효확인판결을 구하는 소송에서 확인의 이익이 인정되기 위해서는 비록 과거의 법률관계라 할지라도 현재의 권리 또는 법률상 지위에 영향을 미치고 있고, 현재의 권리 또는 법률상 지위에 대한 위험 · 불안을 제거하기 위하여 그 법률관계에 관한 확인판결을 받는 것이 유효적절한 수단이라고 인정되어야 한다.[368]

365) 선장의 고용계약상 지위확인 청구를 인용한 사례로는 広島地裁 2006. 1. 30. 宣告 平成15年 (ワ) 第1993号 判決.
366) 대법원 1991. 12. 10. 선고 91다14420 판결.
367) 대법원 1995. 4. 11. 선고 94다4011 판결.

(2) 소의 이익과 관련한 일반적 유형

(가) 정년, 사망

소송에 이미 정년이 초과된 때에는 해지무효확인소송의 소의 이익이 없다고 함이 확립된 판례이다. 대법원은 정년이 55세인데 소송 당시에 이미 그 정년을 초과한 사안에서, 원고들에 대한 조건부 징계해직처분 및 의원해직처분이 무효임이 확인되거나 또는 취소된다고 할지라도 원고들이 이미 근무 정년을 초과하여 피고의 직원으로서의 신분을 회복할 수 없다면 위 처분의 무효확인이나 취소청구에 관한 소는 확인의 이익이 없다고 하였다.[369] 대법원은 상고심 심리종결일 현재 공무원법상 정년을 초과하였거나 사망하여 면직된 경우에도 원고들의 면직처분무효확인의 소는 확인의 이익이 없다고 판시한 바 있다.[370]

(나) 복직하거나 양립 불가능한 직업을 얻은 경우

선원이 이미 복직한 경우 해지무효확인의 소의 이익이 없음이 원칙이고 대법원은 원직이 아닌 직으로 복직한 경우도 동일하게 해석하고 있다. 해지무효확인의 소는 해지 전의 원직을 회복하는 데에 소송의 목적이 있는 것이 아니라 해지의 무효, 즉 선원과 선박소유자 간의 고용관계의 존속을 확인함으로써 그 고용관계 자체를 회복하려는 데 목적이 있다.[371] 하지만 원직에 복직된 경우라 할지라도 무효확인의 소가 현재 선원의 권리나 법률상 지위의 불안·위험을 제거할 필요가 있는 때에는 소의 이익이 인정된다.[372]

(다) 유니온 숍 협약에 따른 해지

선박소유자가 유니온 숍 협약에 따라 노동조합을 탈퇴한 선원을 해지한 경우, 노동조합을 상대로 조합원지위확인을 구하지 않고 곧바로 해지무효확인소송을 제기한 것에 관하여, 해지무효확인소송에서도 그 선결문제로 조합원지위의 존부에 관하여 판단을 할 수 있다고 하여 소의 이익을 인정하였다.[373]

---

368) 대법원 1991. 6. 25. 선고 91다1134 판결.
369) 대법원 1984. 6. 12. 선고 82다카139 판결; 대법원 1996. 10. 11. 선고 96다10027 판결.
370) 대법원 1991. 6. 28. 선고 90누9346 판결; 대법원 1993. 1. 15. 선고 91누5747 판결.
371) 대법원 1991. 2. 22. 선고 90다카27389 판결.
372) 대법원 1991. 6. 28. 선고 90누9346 판결.
373) 대법원 1995. 2. 28. 선고 94다15363 판결.

나. 해지 관련 소송과 신의칙 · 실효의 원칙

신의칙위반과 권리남용은 강행규정에 위배되는 것으로서 당사자의 주장이 없더라도 법원이 직권으로 판단할 수 있고,[374] 해지무효확인소송에서도 소의 제기 자체가 신의칙에 위반된 것인지를 직권으로 판단할 수 있다. 대법원은 실효의 원칙에 따라 권리의 행사가 허용되지 않을 수 있다는 원칙을 밝히면서 특히 사용자와 근로자 사이의 고용관계(근로자의 지위)의 존부를 둘러싼 노동분쟁은, 그 당시의 경제적 정세에 대처하여 최선의 설비와 조직으로 기업활동을 전개하여야 하는 사용자의 입장에서는 물론, 임금수입에 의하여 자신과 가족의 생계를 유지하고 있는 근로자의 입장에서도 신속히 해결되는 것이 바람직하므로, 위와 같은 실효의 원칙이 다른 법률관계보다 더욱 적극적으로 적용되어야 할 필요가 있다고 하였다.[375]

다. 부당해지와 소급임금의 산정

(1) 임금 전부의 지급 청구

선원법 32조 1항은 선박소유자는 선원에 대하여 정당한 이유 없이 해지하지 못한다고 규정하고 있고, 정당한 이유 없는 해지는 위법한 것으로서 사법상 무효이다.[376] 선박소유자가 선원근로계약을 해지하였고 해지가 무효인 경우에는 그동안 근로계약 관계가 유효하게 계속되고 있었는데도 불구하고 선원이 선박소유자의 귀책사유로 말미암아 근로를 제공하지 못한 것이므로, 선원은 민법 538조 1항에 의하여 계속 근로하였을 경우에 받을 수 있는 임금 전부의 지급을 청구할 수 있다.[377] 민법 538조 1항이 위험부담에 관한 정책적인 규정이므로, 책임 있는 사유란 원칙적으로 채무자의 급부가 불능으로 된 데에 원인이 된 채권자의 모든 유책한 계약위반 행태를 의미하며 객관적 주의의무 위반으로 족한 것으로서, 선박소유자에게 주관적인 책임을 묻기 어려운 경우라도 금지규정에 위반하여 선원을 부당해지한 것 자체를 선박소유자의 귀책사유로 보아 소급임금을 지급하게 할 수

374) 대법원 1995. 12. 22. 선고 94다42129 판결.
375) 대법원 1992. 1. 21. 선고 91다30118 판결.
376) 근로기준법 주해 Ⅱ(제2판), 535-536면.
377) 대법원 1992. 3. 31. 선고 90다8763 판결; 대법원 1995. 11. 21. 선고 94다45753 판결.

있다.[378] 해지처분이 무효인 경우 선원이 지급을 구할 수 있는 임금은 계속 근로하였을 경우에 받을 수 있는 임금 전부로서,[379] 승선평균임금 산정의 기초가 되는 임금의 총액에 포섭될 임금이 전부 포함되고 통상임금에 국한되는 것이 아니다.[380]

(2) 중간수입의 공제

사용자의 귀책사유로 인하여 해고된 근로자가 해고기간 중에 다른 직장에 종사하여 얻은 이익인 중간수입은 민법 538조 2항에서 말하는 채무를 면함으로써 얻은 이익에 해당하므로, 사용자는 위 근로자에게 해고기간 중의 임금을 지급할 때 이를 임금액에서 공제할 수 있다.[381] 다만 중간수입공제의 한계와 관련하여서는, 근기법 46조는 사용자의 귀책사유로 인하여 휴업하는 경우에는 사용자는 휴업기간 중 당해 근로자에게 그 평균임금의 100분의 70 이상의 수당을 지급하여야 한다고 규정하고 있으므로, 공제를 할 때 근로자가 지급받을 수 있는 임금액 중 휴업수당의 한도에서는 이를 이익공제의 대상으로 삼을 수 없고, 그 휴업수당을 초과하는 금액에서 중간수입을 공제하여야 한다는 것이 판례이다.[382]

이와 달리, 근로자가 주장하는 채권이 근로관계의 존속을 전제로 한 임금채권이 아니고, 사용자의 채무불이행으로 인한 손해배상채권이라면 손해액 범위를 산정할 때 손해배상의 일반이론에 따라 손해의 원인이 된 사실과 상당인과관계에 있는 이득을 모두 공제하여야 하므로, 근기법 38조 소정의 휴업수당의 한도에서 이를 이득공제의 대상으로 삼을 수 없는 것이 아니다.[383]

---

378) 근로기준법 주해 Ⅱ(제2판), 539면; 선원법 67조 2항, 96조 1항에 의하면 선박에 승선하지 않고 예비원으로 있거나 승선 도중에 직무상 재해를 입고 하선하여 육상에서 요양 중에 있어 선박에 승선하지 아니한 경우 '통상임금의 70%'를 지급하도록 규정하고 있으므로, 선원들이 선박소유자의 귀책사유로 부당해고되어 실제 승선하지 못한 경우에도 통상임금 70%를 초과하는 금액은 손익상계하여야 한다는 선박소유자의 주장에 대하여, 법원은 선원들이 선박소유자의 귀책사유로 부당해고되어 실제 승선하지 못했다는 이유만으로 예비원이나 '요양 중인 선원'에 해당한다고 볼 수 없다는 이유로 위 주장을 배척하였다(창원지법 2021. 5. 14. 선고 2020나58240 판결).

379) 대법원 1981. 12. 22. 선고 81다626 판결; 대법원 1995. 11. 21. 선고 94다45753 판결.

380) 대법원 1993. 12. 21. 선고 93다11463 판결.

381) 대법원 1991. 6. 28. 선고 90다카25277 판결.

382) 대법원 1991. 12. 13. 선고 90다18999 판결; 대법원 1993. 11. 9. 선고 93다37915 판결.

383) 대법원 1992. 7. 24. 선고 91다44100 판결; 사용자의 고용의무 불이행을 이유로 손해배상을 구하는 경우와 같이 근로관계가 일단 해소되어 유효하게 존속되지 않는 경우라면 근기법 46조가 정한 휴업수당에 관한 규정을 적용할 수 없다(대법원 2020. 11. 26. 선고 2017다247527 판결).

라. 부당해지와 위자료

선원근로계약은 선원의 근로제공과 이에 대한 선박소유자의 임금지급을 내용으로 하는 쌍무계약이나 선원근로계약에 따른 선원의 근로제공이 단순히 임금의 획득만을 목적으로 하는 것은 아니므로, 선박소유자가 선원을 부당해고한 것이 반드시 임금지급채무를 이행하지 아니한 것에 불과하다고 할 수 없고 그것이 불법행위를 구성하는 경우도 있을 수 있다. 위와 같이 부당해고가 불법행위를 구성하는 경우에는 그 해고가 법률상 무효라고 하여 해고 전의 상태로 돌아간다 하더라도 사회적 사실로서 해고가 소급적으로 소멸하거나 해소되는 것은 아니므로, 임금채권이나 그에 대한 지연손해금을 받게 된다고 하여 불법행위로 인한 정신적 고통의 손해가 완전히 치유되는 것은 아니다.[384)]

일반적으로 선박소유자가 선원을 징계해고한 것이 정당하지 못하여 무효로 판단되는 경우 그 해고가 무효로 되었다는 사유만으로 곧바로 그 해고가 불법행위를 구성하게 된다고 할 수 없다. 그러나 선박소유자가 선원을 징계해고할 만한 사유가 전혀 없는데도 오로지 선원을 사업장에서 몰아내려는 의도 하에 고의로 어떤 명목상 해고사유를 만들거나 내세워 징계라는 수단을 동원하여 해고한 경우나, 해지의 이유로 된 어느 사실이 소정의 해지사유에 해당되지 아니하거나 해지사유로 삼을 수 없는 것임이 객관적으로 명백하고, 또 조금만 주의를 기울이면 이와 같은 사정을 쉽게 알아볼 수 있는데도 그것을 이유로 징계해고로 나아간 경우 등 징계권의 남용이 우리의 건전한 사회통념이나 사회상규상 용인될 수 없음이 분명한 경우에는, 그 해고가 선원법 32조 1항에서 말하는 정당성을 갖지 못하여 효력이 부정되는데 그치는 것이 아니라, 위법하게 상대방에게 정신적 고통을 가하는 것이 되어 선원에 대한 관계에서 불법행위를 구성할 수 있다.[385)]

마. 가처분에 의한 구제

(1) 임금지급가처분

선박소유자가 선원근로계약을 해지하였으나 그 해지가 무효인 경우 또는 선박

384) 대법원 1993. 10. 12. 선고 92다43586 판결.
385) 대법원 1993. 12. 24. 선고 91다36192 판결; 대법원 2007. 12. 28. 선고 2006다33999 판결.

소유자가 쟁의의 수단으로 직장폐쇄를 하였으나 그 폐쇄가 위법 부당한 경우, 선원은 해지 후 또는 직장폐쇄 후 근로를 제공하지 아니하였다고 하더라도 임금청구권을 가진다. 임금청구권을 가진 선원은 본안의 소를 제기하여 임금을 청구할 수 있으나 본안판결을 받을 때까지 상당한 시일이 소요되므로, 오직 임금만을 생계수단으로 하는 선원은 당장의 생계곤란을 피하기 위하여 임금청구권을 피보전권리로 하여 선박소유자에 대하여 본안확정판결 전에 임금 상당액의 지급을 명하는 가처분을 신청할 수 있다.[386)]

임금지급가처분은 피보전권리인 임금청구권이 실현되는 것과 동일 또는 유사한 법률상태의 형성을 목적으로 하는 가처분으로 채권자에게 피보전권리가 본안소송에서 실현되는 것과 동일한 정도의 만족을 주는 만족적 가처분이다. 보전의 필요성 유무는 법원이 심리를 통하여 판단할 것이나 임금지급중단으로 인하여 선원이 생활유지에 곤란을 겪는 곤궁한 상황에 처하게 될 것임은 통상 경험칙상 추정되므로, 선박소유자가 반증을 제출한 경우에 한하여 선원은 필요성을 소명하면 되고, 가처분명령을 할 때 필요성에 대하여는 특별한 설시를 아니 하고 있다.[387)] 다만 부모 또는 배우자 등 가족구성원에게 수입이 있거나 자산이 있을 때 등 임금이 유일한 생계 수단이 아닌 경우에는 가족의 구성, 동거 여부, 가족 전체의 수입에서 그 선원의 수입이 차지하는 비중 등을 살펴 필요성 유무를 구체적·실질적으로 판단하여야 한다. 해지된 후 다른 곳에서 수입이 생긴 경우에도 그 금액규모와 수입의 안정성을 살펴 필요성 유무를 판단하여야 하고, 고용보험법상 실업급여를 받고 있는 경우에도 필요성 판단에 신중하여야 한다. 해지 후 가처분발령 전까지 과거분의 임금청구권에 대하여도 보전의 필요성이 인정된다.[388)] 다만 해지 후 상당한 기간이 경과한 때에 가처분신청을 한 경우에는 특별한 사정이 없는 한 신청 전까지의 기간에 대한 임금에 대한 보전의 필요성은 없다고 보아 장래에 대해서만 지급을 명하는 것이 실무이다.[389)]

---

386) 해고조치가 일응 부당노동행위에 해당하여 무효라고 보여지는 이상 가처분으로서 본안판결 확정시까지 잠정적으로 임금에 해당하는 금원지급을 명하는 것은 피보전권리의 범위를 초과하지 아니한다. 대법원 1978. 2. 14. 선고 77다1648 판결.

387) 권창영, “노동가처분에 관한 최근 동향”, 노동법학 51호(2014. 9), 57면.

388) 과거분의 임금에 관하여는 원칙적으로 假拂의 필요성이 없고, 특별한 사정이 소명된 경우에 한하여 필요성이 긍정된다는 견해로는 飯島健太郎, “賃金仮拂仮処分の必要性”, 新・裁判実務大系16 労働関係訴訟法[I], 青林書院(2001), 252-253면.

지급을 명하는 금액은 인간다운 생활을 유지하는데 필요한 금액인데 보통 종전부터 받아온 승선평균임금 상당액이 된다.[390] 종전의 실무는 승선평균임금 상당액을 지급하고 그 기간도 본안판결 선고시나 본안판결 확정시까지로 정하고 있었으나, 최근에는 생계유지를 위하여 필요한 액수로서 선원이 거주하는 지역의 가족수에 따른 표준생계비 액을 일응의 기준으로 하고 기간도 채권자가 필요한 노력을 하면 생계자금을 얻을 수 있는 시기까지(통상 1년을 넘지 않음)로 정하기도 한다.[391] 보전처분을 하는 경우에 통상 손해담보로서 보증공탁을 명하지만 임금지급가처분에서는 실무상 무보증 또는 지급보증보험증권 제출하는 방식으로 한다.[392]

가처분에 대한 재판의 집행은 채권자에게 재판을 고지한 날부터 2주를 넘긴 때에는 하지 못한다(민집법 292조 2항, 301조). 임금지급가처분의 집행기간의 기산일은 가처분의 고지일이 아니고 매월의 지급일로 보아야 한다. 왜냐하면 만일 가처분의 고지일을 기산일로 한다면 가처분이 발령된 다음 달 이후의 장래의 지급분에 대하여 집행불능이 되어 버려 불합리하기 때문이다.

(2) 선원지위보전가처분

선원이 해고된 경우 해고가 무효임을 이유로 근로관계존재확인소송의 본안판결 확정시까지 임시로 선박소유자와 선원 사이에 해고 전과 같은 내용의 근로관계를 설정하는 가처분이다. 이 가처분은 선박소유자와 선원 사이에 해고 전과 같은 내용의 포괄적인 법률상 지위 또는 권리관계를 잠정적으로 형성하는 효력을 갖는 만족적 가처분이다. 이와 같은 형성의 효과는 가처분결정의 고지에 의하여 직접 발생하므로 이 가처분에 기한 강제집행은 생각할 여지가 없다.

---

389) 법원실무제요 민사집행 Ⅴ, 사법연수원(2020), 525면.

390) 월급여에 해당하는 금원에서 세금해당액수를 공제한 금원의 지급을 명한 원심결정을 수긍한 사례로는 대법원 1978. 2. 14. 선고 77다1648 판결; 본안판결 선고 시까지 채권자가 받던 월 기본급(본봉)의 액수로 인정되는 3,367,7000원씩을 매달 25일에 지급하는 것으로 정한 사례로는 수원지법 평택지원 2014. 4. 7.자 2014카합10002 결정.

391) "채무자는 본안판결 선고 전이라도 채권자들에게 해고기간 동안의 임금 상당액 중 채권자들이 인간다운 생활을 유지하는 데 필요한 최소한의 금액을 지급할 필요가 있는바, 기록 및 심문 전체의 취지에서 나타난 다음 사정들, 즉 (i) 채무자가 해고처분을 근거로 채권자들의 근로자 자격을 부정하고, 채권자들에게 임금을 지급하지 않고 있는 현재 상황, (ii) 종래 채권자들이 지급받았던 평균 임금액, (iii) 국민기초생활보장법 6조에 따라 보건복지부 장관이 고시한 2014년도 4인가구의 최저생계비가 1,630,820원인 점 등을 종합하여 보면, 채무자는 채권자들에게 각 8,000,000원 및 가처분 결정 송달일부터 본안 판결 확정시까지 매월 21일에 각 2,000,000원의 비율로 계산한 금원을 지급할 의무가 있다"고 판시한 사례로는 대전지법 천안지원 2014. 3. 20.자 2013카합148 결정.

392) 법원실무제요 민사집행 Ⅴ, 사법연수원(2020), 525면.

이 가처분이 발령되면 선박소유자는 선원을 가처분에 의하여 형성된 법률상 지위에 있는 것으로 대우할 것이 요청되나 선박소유자가 이와 같은 대우를 하지 않아도 위와 같은 대우를 강제할 방법은 없다. 이 가처분에 의하여 형성된 지위로부터 파생된 임금청구권 등과 같은 개별적 권리에 대하여도 가처분이 집행권원이 될 수 있는 것도 아니다. 이런 의미에서 이 가처분은 임의의 이행을 구하는 가처분이다.

피보전권리는 해지가 무효로서 선원근로관계가 그대로 존속하고 있다는 것이다. 선원으로 취급되지 아니함으로 인하여 현저한 손해가 발생하거나 발생할 위험이 급박하여 이를 피할 필요성이 있는 경우 보전의 필요성이 긍정된다. 임금지급가처분신청과 병행된 지위보전가처분신청이 있는 경우에 임금지급가처분신청을 인용하면서 동시에 지위보전가처분의 필요성이 있는지에 관하여 실무는 긍정설의 입장을 취하고 있다.[393]

지위보전가처분명령이 발령된 후에도 채무자인 선박소유자가 임의로 임금을 지급하지 아니하여 채권자인 선원이 다시 임금지급가처분을 신청하는 경우, 선행하는 지위보전가처분이 이 가처분에 의하여 형성되는 포괄적인 권리관계의 개별적 내용을 이루는 임금채권을 피보전권리로 하여 신청된 후행의 임금지급가처분 사건에서 법원을 구속하는 효력을 갖는지 문제된다. 사실상 법원이 선행가처분의 취지를 존중하는 것은 별론으로 하고 피보전권리와 보전의 필요성을 소명에 의하여 인정하는 가처분의 현실에 비추어 구속력을 인정하는 것은 어렵다.

(3) 근로방해금지가처분

선박소유자가 근로수령을 거부하는 경우에 실체법상 권리로서 선박소유자에 대하여 근로수령을 청구할 수 있는가? 이는 종래부터 취업청구권(취로청구권)이 인정되는지 여부에 관한 논쟁과 관련이 있다. 학설은 부정설[394]도 있으나 다수는 긍정설[395]의 입장을 취하고 있는데, 그 근거에 대해서는 다양한 견해가 제시되고 있

393) 대전지법 천안지원 2014. 3. 20.자 2013카합148 결정; 서울동부지법 2014. 4. 29.자 2014카합182 결정.

394) 임종률, 345-346면; 예외적 긍정설로는 하경효, "근로자의 취업청구권", 법실천의 제문제(동천 김인섭 변호사 화갑기념 논문집), 박영사(1996), 428-430면.

395) 김소영, "근로자의 취업청구권", 한국노동연구 5집(1994), 142-143면; 문무기, "부당해고의 구제와 취로청구권", 노동법연구 5호(1996. 6), 342-343면; 이흥재, "부당해고 구제수단에서의 몇 가지 문제", 노동법연구 2권 1호(1992. 6), 59-63면.

다.[396]

대법원은, "사용자는 특별한 사정이 없는 한 근로자와 사이에 근로계약의 체결을 통하여 자신의 업무지휘권·업무명령권의 행사와 조화를 이루는 범위 내에서 근로자가 근로제공을 통하여 참다운 인격의 발전을 도모함으로써 자신의 인격을 실현시킬 수 있도록 배려하여야 할 신의칙상의 의무를 부담한다. 따라서 사용자가 근로자의 의사에 반하여 정당한 이유 없이 근로자의 근로제공을 계속적으로 거부하는 것은 이와 같은 근로자의 인격적 법익을 침해하는 것이 되어 사용자는 이로 인하여 근로자가 입게 되는 정신적 고통에 대하여 배상할 의무가 있다."[397]고 판시하여, 해고가 무효로 확인되었음에도 불구하고 임금은 지급하면서 근로수령을 거부하는 경우에 인격권 침해를 이유로 정신적 고통에 대한 손해배상책임을 긍정하였다.[398]

하급심 실무는 종래 부정설의 입장이 다수였으나,[399] 2010년 이후로는 긍정설의 입장을 취하고 있는데,[400] 실무상 근로방해금지가처분을 인용하는 경우 '인격적 법익의 침해 중지를 구할 권리'를 피보전권리로 보고 있다. 근로방해금지가처분은 만족적 가처분에 해당한다.[401]

---

396) 독일연방노동법원은 1955. 11. 10. 선고한 판결에서, 인격법적 공동체관계(personenrechtliches Gemeinschaftsverhältnis)인 근로관계의 법적 성질에 기초한 사용자의 의무, 독일 기본법상 보호되고 있는 인격권, 근로자의 인간으로서 존엄성 존중 및 그 실현으로서 직업상 활동보장 등을 근거로 취업청구권을 일반적으로 인정하고, 다만 근로자의 취로에 의한 이익과 그에 반대되는 사용자의 이익을 비교형량하여 일정한 제한을 가할 수 있는 것으로 하였다[BAG v. 10.11.1955; BAG AP Nr. 2 zu §611 BGB Beschäftigungspflicht]. 독일연방노동법원 대합의부(der Große BAG - Senat)의 1985. 2. 27. 판결은 독일민법 242조의 신의칙을 근거로 한 사용자의 근로계약상 배려의무에서 취업청구권의 인정근거를 찾고 있다[BAG (GS) 27.2.1985 E 48, 122 = AP BGB § 611 Beschäftigungspflicht Nr. 14 = AuR 1986, 326 (Anm. Ramm) = ZIP 1985, 1214, 1361 (Schwerdtner) = BB 1986, 795 (Berkowsky)]. Reichold, Münchener Handbuch zum Arbeitsrecht, 3. Auflage(2009), § 84 Beschäftigungsanspruch des Arbeitnehmers Ⅱ Rn.6.

397) 대법원 1996. 4. 23. 선고 95다6823 판결.

398) 대법원 1980. 1. 15. 선고 79다1883 판결; 대법원 2008. 6. 26. 선고 2006다30730 판결.

399) 수원지법 1999. 5. 20.자 98카합40 결정; 광주지법 2014. 5. 14.자 2014카합169 결정.

400) 서울중앙지법 2010. 8. 17.자 2010카합2335 결정; 서울중앙지법 2013. 7. 8.자 2013카합1320 결정.

401) LAG Hamm NZA-RR 2001, 654; LAG Hamm NZA-RR 1998, 422; LAG Chemnitz NZA-RR 1997, 4; LAG Hamm NZA-RR 1996, 145; LAG München NZA 1994, 997; LAG Baden-Württemberg NZA 1995, 683; dazu auch Schrader BB 2012, 445ff.

V. 선원근로계약의 존속

1. 선원근로계약 존속의 의제

선원근로계약이 선박의 항해 중에 종료할 경우에는 그 계약은 선박이 다음 항구에 입항하여 그 항구에서 부릴 화물을 모두 부리거나 내릴 여객이 다 내릴 때까지 존속하는 것으로 본다(법 35조 1항). 또한 선박소유자는 승선·하선 교대에 적당하지 아니한 항구에서 선원근로계약이 종료할 경우에는 30일을 넘지 아니하는 범위에서 승선·하선 교대에 적당한 항구에 도착하여 그 항구에서 부릴 화물을 모두 부리거나 내릴 여객이 다 내릴 때까지 선원근로계약을 존속시킬 수 있다(법 35조 2항).

2. 취 지

선원근로계약이 항해 도중에 종료하는 경우로는 유기계약의 기간만료가 있을 수 있다. 이와 같이 선박이 항해 중이거나 승선·하선교대에 적당하지 아니한 항구에서 선원근로계약이 종료한 경우에 선원이 선박공동체에서 이탈하게 되면, 승무정원과 인적 감항능력의 유지가 어려워져서 선박공동체의 유지에 심각한 문제가 초래될 수 있다. 이러한 문제점을 방지하기 위하여 선원법은 선박이 다음 항구에 입항하거나 승선·하선 교대에 적당한 항구에 도착하여 그 항구에서 부릴 화물을 모두 부리거나 내릴 여객이 다 내릴 때까지 선원근로계약이 존속하는 것으로 의제하여 선박소유자의 근로급부청구권을 확장하였다. 이는 해양에서 외부와 고립된 자족적 생산체제인 선박의 기능을 유지함으로써 다른 선원의 근로보호와 해양교통의 안전을 확보하기 위한 것이다.[402] 다만 승선·하선 교대에 적당하지 아니한 항구에서 선원근로계약이 종료할 경우에는 30일을 넘지 아니하는 범위에서 선원근로계약의 존속을 의제하여, 선원이 부당하게 선박공동체에 구속되는 것을 방지하고 있다.

402) 위 조항의 취지는 항해 중이거나 선원의 교대가 적당하지 않은 외국항 등에서 선원근로계약기간이 종료되는 경우 선박소유주가 입을 불측의 손해를 예방하기 위한 예외 규정이라고 판시한 사례로는 부산지법 2012. 12. 7. 선고 2012가소121842 판결.

3. 효 과

선원근로계약의 존속이 의제되는 결과 선원은 근로를 제공할 사법상 의무를 부담하고, 선장을 비롯한 상급자의 명령에 복종할 공법상 의무를 부담한다.

Ⅵ. 선원근로계약 종료의 특례

1. 의 의

상속 등 포괄승계에 의한 경우를 제외하고 선박소유자가 변경된 경우에는 옛 선박소유자와 체결한 선원근로계약은 종료하며, 그때부터 새로운 선박소유자와 선원 간에 종전의 선원근로계약과 같은 조건의 새로운 선원근로계약이 체결된 것으로 본다. 다만 새로운 선박소유자나 선원은 72시간 이상의 예고기간을 두고 서면으로 알림으로써 선원근로계약을 해지할 수 있다(법 36조).

이는 선원의 근로관계가 신소유자에게 그대로 이전되는 것을 의미하는 것이 아니라, 구소유자와의 계약이 종료되면서 신소유자와 사이에 종전의 근로조건과 동일한 내용의 새로운 계약이 체결되는 것으로 보는 일종의 체약강제(Kontrahierungs-zwang)를 통하여 선원근로관계를 보호하고,[403] 해양교통의 안전을 확보하려는 것이다.[404]

2. 문제점

이와 같은 체약강제는 다음과 같은 문제점이 있다.[405]

첫째, 선원과 구소유자 사이의 근로관계가 선원의 의사와는 무관하게 구소유자의 선박양도 등으로 당연히 종료되기 때문에 구소유자와 근로관계를 계속 유지하고자 하는 선원에게는 불리한 결과가 발생한다. 특히 특정계약과는 달리 선박이 특정되지 아니한 선원근로계약에서는 선박소유자가 2척 이상의 선박을 보유하고

403) 이상덕, "사업주교체에 따른 근로관계 변화에 관한 연구", 서울대 법학박사학위논문(1991), 127면.
404) 서울행법 2007. 12. 13. 선고 2007구합22733 판결.
405) 그러므로 선박소유자가 변경된 경우 선원의 근로관계는 신소유자에게 승계되는 것으로 규정하는 것이 선원의 보호이념에 적합하다. 이상덕, 123면.

있는 경우, 일부 선박의 양도 등으로 선원과 구소유자 사이의 근로관계를 종료시킬 논리적 필연성은 없다. 원래 위 조문은 구 선원법 하에서는 승선계약에만 적용되는 것이었으나,[406] 현행법의 선원근로계약이라는 개념과 상치되는 위 조문의 해석과 관련하여 여러 가지 문제가 제기된다.

둘째, 선박이 선원법이 적용되지 아니하는 외국인에게 양도된 경우에는 선원법에 관한 준거법약정이 없는 한 체약강제의 효과는 발생하지 아니한다.[407]

셋째, 선원근로조건으로 편입되는 구소유자의 취업규칙이나 단체협약의 내용이 새로운 선원근로계약의 내용이 되므로, 이것이 신소유자의 기존의 취업규칙이나 단체협약의 내용과 서로 다른 경우에는 규범의 충돌이나 근로조건의 차별 문제가 발생할 수 있다.

넷째, 구소유자는 근기법상 경영상 해고제한의 법리를 회피할 수 있게 된다.[408]

3. 선원법 35조와의 관계

선박이 항해 중이거나 승선·하선교대에 적당하지 아니한 항구에서 선원근로계약이 종료한 경우에 선원근로계약의 존속을 의제하는 선원법 35조의 규정이 선박소유자변경시에도 적용되는지 문제된다.

생각건대, 선원법 36조는 선박소유자가 변경되는 시점에서 선원과 구소유자 사이의 법률관계가 종료되고 선원과 신소유자 사이에 새로운 선원근로계약이 체

---

406) 구 선원법(1984. 8. 7. 법률 3751호로 개정되기 전의 것) 49조 [선박소유자의 변경으로 인한 승선계약의 종료]
① 상속 기타 포괄승계의 경우를 제외하고 선박소유자의 변경이 있을 때에는 승선계약은 종료한다.
② 전항의 경우에는 승선계약이 종료한 때부터 선원과 신소유자와의 사이에 종전과 동일조건의 고용이 있는 것으로 간주한다. 이 경우에서는 선박소유자 또는 선원은 전조의 규정에 준하여 승선계약을 해제할 수 있다.
○ 日本 船員法 43조도 위 조문의 '승선계약'을 '雇入契約'으로 고치는 것 이외에는 위 조문과 완전히 동일하다.

407) 유명윤, "선원근로계약의 종료와 관련한 선원법의 특별규정에 관한 고찰", 해사법연구 12권 1호(2000. 6), 326면.

408) 선원에 대하여는 근기법 24조의 경영상 해고에 관한 규정이 적용되지 않는다는 견해에 따르면, 위와 같은 문제는 발생하지 않을 수 있다.; 어떤 기업이 경영상 이유로 사업을 여러 개의 부문으로 나누어 경영하다가 그중 일부를 폐지하기로 하였더라도 이는 원칙적으로 사업 축소에 해당할 뿐 사업 전체의 폐지라고 할 수 없으므로, 사용자가 일부 사업을 폐지하면서 그 사업 부문에 속한 근로자를 해고하려면 근기법 24조에서 정한 경영상 이유에 의한 해고 요건을 갖추어야 하고, 그 요건을 갖추지 못한 해고는 정당한 이유가 없어 무효이다(대법원 2021. 7. 29. 선고 2016두64876 판결).

결된 것으로 의제하기 때문에, 선원과 구소유자 사이의 근로관계를 다음 항구 또는 승선·하선교대에 적당한 항구에서 부릴 화물을 모두 부리거나 내릴 여객이 다 내릴 때까지 존속시켜야 할 이유는 없으므로, 선원법 36조는 35조의 특칙으로 보아야 한다.[409] 그러나 36조 단서에서 규정된 바와 같이 신소유자나 선원이 선원근로계약을 해지를 하는 경우에는 선원과 신소유자 사이의 근로계약의 존속을 의제할 필요성이 인정되므로 35조가 적용된다.

4. 적용범위

가. 승선계약 한정설

위 규정은 특정선박과의 관계를 전제로 한 승선계약에만 적용되고 선원근로계약에는 적용되지 않는다는 견해가 있으나,[410] 선원법이 명문으로 선원근로계약이라고 규정하고 있는 한 위와 같은 해석은 타당하다고 볼 수 없다.

나. 검 토

선원법이 정한 근로기준은 최저기준이고 선원법이 정한 근로기준을 상회하는 당사자의 계약은 유효하므로, 원칙적으로 근로관계의 승계가 인정되는 합병,[411] 영업양도[412] 등의 경우나 선박소유권 변경시 구소유자와 신소유자가 선원의 근로

409) 유명윤b, "선원근로계약의 특징과 선원의 정리해고", 해사법연구 4호(1992. 12), 196-197면.

410) 유명윤b, 199면.

411) 회사의 합병에 의하여 근로관계가 승계되는 경우에는 종전의 근로계약상 지위가 그대로 포괄적으로 승계된다. 대법원 2001. 4. 24. 선고 99다9370 판결.

412) 예를 들면, A가 B의 해상운송사업부문을 양수하면서 그 물적 시설인 선박, 육상사무소 등과 함께 그 사업부문의 근로자들(선원, 일반근로자)에 대한 권리의무도 포괄승계하는 경우를 들 수 있다. 영업의 양도라 함은 일정한 영업목적에 의하여 조직화된 업체, 즉 인적·물적 조직을 그 동일성은 유지하면서 일체로서 이전하는 것으로서, 이러한 영업양도가 이루어진 경우에는 원칙적으로 해당 근로자들의 근로관계가 양수하는 기업에 포괄적으로 승계된다(대법원 2003. 5. 30. 선고 2002다23826 판결). 그러나 영업이 양도된 경우 근로관계의 승계를 거부하는 근로자의 근로관계는 여전히 양도하는 기업과 사이에 존속한다(대법원 2010. 9. 30. 선고 2010다41089 판결). 근로자가 영업양도일 이전에 정당한 이유 없이 해고된 경우 양도인과 근로자 사이의 근로관계는 여전히 유효하고, 해고 이후 영업 전부의 양도가 이루어진 경우라면 해고된 근로자로서는 양도인과의 사이에서 원직 복직도 사실상 불가능하게 되므로, 영업양도 계약에 따라 영업 전부를 동일성을 유지하면서 이전받는 양수인으로서는 양도인으로부터 정당한 이유 없이 해고된 근로자와의 근로관계를 원칙적으로 승계한다. 영업 전부의 양도가 이루어진 경우 영업양도 당사자 사이에 정당한 이유 없이 해고된 근로자를 승계의 대상에서 제외하기로 하는 특약이 있는 경우에는 그에 따라 근로관계의 승계가 이루어지지 않을 수 있으나, 그러한 특약은 실질적으로 또 다른 해고나 다름이 없으므로, 근기법 23조 1항에서 정한 정당한 이유가 있어야 유효하고, 영업양도 그 자체만으로 정당한 이유를 인정할 수 없다(대법원 2020. 11. 5. 선고 2018두

관계를 승계하기로 약정하는 경우[413]에는 위 규정은 적용되지 않는다. 그러므로 위 규정은 '특정선박의 사용처분권만'[414]을 이전하면서 이전당사자 사이에 근로관계 승계에 관한 약정이 없거나[415] 선원법이 정한 기준에 미달하는 약정을 한 경우에 한하여 적용된다.[416]

위와 같이 선박의 사용처분권만이 이전되는 경우, 위 규정의 취지 및 선원의 보호이념에 비추어 보면, 구소유자와의 근로계약의 종료 및 신소유자와의 체약강제라는 법률효과는 소유권이 이전된 특정선박과의 관계를 전제로 특정계약을 체결한 선원(승무원 및 예비원을 포함한다) 및 선원근로계약을 체결하고 그 선박에 승선 중인 승무원에만 발생하고, 그 이외의 선원, 즉 일반적인 선원근로계약을 체결한 예비원, 소유권이전 대상에서 제외된 선박과의 관계를 전제로 특정계약을 체결한 선원이나 그 선박의 승무원 등에 대하여는 발생하지 않는다.[417]

다. 사례별 검토

① 선박 1척만을 보유하고 있는 A가 그 소유권을 B에게 이전한 경우, 선원근로계약은 특정선박에 근로할 것을 전제로 하므로 성질상 또는 묵시의 합의에 의하여 특정계약으로 볼 수 있어 승무원 및 예비원에 대하여 체약강제의 법률효과가 발생한다.

② X, Y 선박 2척의 소유자 A가 X, Y의 소유권을 B에게 이전한 경우, X, Y에 승선하고 있는 승무원 및 위 각 선박을 특정하여 특정계약을 체결한 예비원에 대하여 체약강제의 법률효과가 발생하나, 나머지 예비원에 대하여는 체약강제의 법

54705 판결).

413) 부산지법 2016. 8. 9. 선고 2015가단229231 판결; 원고(선박 매수인)가 2017. 6. 16. 선박에 대한 소유권을 취득한 후 2017. 7. 1. 선원 J와 사이에 새롭게 근로계약서를 작성한 사실은 인정되나, J가 2017. 2. 27.부터 이미 위 선박에 승선하고 있었고, 위 근로계약서 작성 이전부터 항해사로서 업무가 계속적으로 이루어지고 있는 상태였다는 점에서 원고가 위 선박의 전 소유자로부터 선박과 함께 J와 사이의 고용 관계를 승계하였다고 봄이 상당하다(부산지법 2020. 1. 9. 선고 2019가단319729 판결).

414) 위의 선박소유자는 협의의 선박소유자(선박의장자), 선박임차인, 선박관리인 등에 한정되고, 정기용선자는 제외된다. 또한 선박관리인을 제외한 각 선박공유자는 그 지분을 자유롭게 양도할 수 있으므로, 선박공유지분 중 일부의 양도는 선박소유자변경으로 볼 수 없으나, 선박공유자전부가 변경되거나 선박관리인이 변경된 경우에는 선박소유자의 변경에 해당한다. 이상덕, 123-124면.

415) 보험위부, 선박의 경매처분, 기타 법률의 규정에 의하여 선박소유자가 변경된 경우에는 근로관계에 관한 약정이 없는 경우가 대부분일 것이다.

416) 서울행법 2007. 12. 13. 선고 2007구합22733 판결.

417) 서울행법 2007. 12. 13. 선고 2007구합22733 판결.

률효과는 발생하지 아니하므로 여전히 A와의 근로관계는 유지된다.

③ X, Y 선박 2척의 소유자 A가 Y의 소유권을 B에게 이전한 경우, Y의 승무원 및 Y를 특정하여 선원근로계약을 체결한 예비원에 대하여 체약강제의 법률효과가 발생하고, X의 승무원 및 나머지 예비원에 대하여는 여전히 A와의 근로관계가 유지된다.

④ X, Y 선박 2척의 소유자 A가 X의 소유권을 B에게, Y의 소유권을 C에게 이전한 경우, X의 승무원 및 X를 특정하여 선원근로계약을 체결한 예비원에 대하여는 B와의, Y의 승무원 및 Y를 특정하여 선원근로계약을 체결한 예비원에 대하여는 C와의 각 체약강제의 법률효과가 발생하고, 나머지 예비원에 대하여는 여전히 A와의 근로관계가 유지된다.

②, ④의 경우에 선원 중 예비원과 근로관계를 유지하고 있는 A는 경영상 해고의 법리에 따라 예비원과의 선원근로관계를 해지할 수 있다.

5. 선원과 구소유자의 법률관계

선박소유자변경으로 선원과 구소유자 사이의 근로관계는 당연히 종료한다.[418] 이에 따라 구소유자는 근로관계 종료 이전의 근로관계에 기한 퇴직금 등 금품을 지급할 의무,[419] 유급휴가급지급의무[420] 등 선원근로관계종료에 따른 각종 의무가 발생한다. 그러나 소유자변경 이후에는 더 이상 선박소유자가 아니므로, 소유자변경 이후에 선원근로관계에서 발생한 각종 의무는 부담하지 아니한다.[421] 선박이 매매되었으나 소유권이전등기나 사업자명의변경이 이루어지지 아니한 경우에도,

418) A와 제2청해호의 선원들 사이의 각 선원근로계약은 A가 이 사건 선박을 B에게 매각함으로써 종료되었고, 그 후 A의 대표이사 P가 위 선박의 선원들에게 한 해고통지는 선원법 36조에 의하여 선원근로계약이 종료되었음을 통지하는 의미를 가질 뿐이므로, P가 이러한 취지의 해고통지를 할 때 단체협약에서 정한 해고절차를 준수하여야 한다고 볼 수는 없다. 대법원 2008. 4. 24. 선고 2008도618 판결(船).

419) 일본 선원법 46조 4호는 선박소유자의 변경으로 인하여 구소유자와 선원간의 雇入契約이 종료되는 경우에는 구소유자는 지체 없이 선원에게 2개월분의 급료액과 동액의 雇止手當을 지급하여야 한다고 규정하고 있으나, 우리 선원법에는 이러한 규정이 없으므로 구소유자는 실업수당을 지급할 의무가 없다. 참고로, 노정 33750-649, 1992. 11. 6.은 신소유자와 근로관계가 유지되는 경우에는 구소유자는 실업수당을 지급할 의무가 없다는 견해를 취하고 있다.

420) 노정 33750-5413, 1988. 9. 6.

421) 선원근로계약상 옛 선박소유자의 지위는 새로운 선박소유자에게 승계되고, 옛 선박소유자는 그 승계된 계약관계에서 탈퇴하는 것으로 해석된다. 창원지법 통영지원 2020. 9. 15. 선고 2019가단134 판결.

선원법상 선박소유자는 매수인이고 선원들은 '사업주로 오인하여 거래한 제3자'에 해당하지 아니하므로, 매도인이 상법 24조에 따른 명의대여자로서 책임을 부담하는 것도 아니다.[422] 선박매매계약이 해제되었다 하더라도, 해제 전에 선원근로계약이 종료된 경우에는 매수인이 선원과 사이에 선원근로계약에 관한 금품청산의무를 부담한다.[423]

6. 선원과 신소유자의 법률관계

가. 근로조건

선원과 신소유자는 소유자변경시 종전의 선원근로계약과 같은 조건의 새로운 근로계약이 체결된 것으로 본다.[424] 근로조건의 내용은 선원근로계약뿐만 아니라 취업규칙, 단체협약, 신고한 선원근로계약서에 기재된 사항 이외의 특약 등을 모두 포함한다. 그러므로 신소유자는 구 근로계약의 내용을 부인하거나 저하된 근로조건을 주장할 수 없다.

나. 신소유자와의 선원근로계약기간

근로계약기간은 단지 근로계약의 존속기간에 불과할 뿐 근로조건에 해당하지 아니한다는 견해[425]에 의하면, 신소유자와의 선원근로계약은 특별한 사정이 없는 한 기한의 정함이 없는 것이 된다. 근로계약기간을 근로조건으로 보게 되면, 근로계약기간이 유기인 경우, 종료일자가 특정된 경우(예를 들면, 계약종료일을 2022. 12. 31.로 한 경우)에는 선원근로계약기간을 구소유자와 사이의 근로기간을 제외한 나머지 기간, 즉 소유자변경일부터 계약종료일까지로 하는 근로계약을 새로 체결

---

422) 이와 달리, "상법 24조에서 규정한 명의대여자의 책임은 명의자를 사업주로 오인하여 거래한 제3자를 보호하기 위한 것이므로 거래 상대방이 명의대여사실을 알았거나 모른 데 대하여 중대한 과실이 있는 때에는 책임을 지지 않는바, 이때 거래의 상대방이 명의대여사실을 알았거나 모른 데 대한 중대한 과실이 있었는지 여부에 대하여는 면책을 주장하는 명의대여자가 증명책임을 부담하는바(대법원 2008. 1. 24. 선고 2006다21330 판결). 선원들은 명의대여사실을 알았거나 모른 데 대한 중대한 과실이 있었다고 인정된다"는 이유로 매도인의 명의대여자 책임을 부정한 사례로는 부산지법 동부지원 2020. 11. 10. 선고 2019가단213469 판결.

423) 부산지법 동부지원 2020. 11. 10. 선고 2019가단213469 판결.

424) 선박매매계약이 체결된 경우에는 선박소유권이전등기나 사업자등록명의변경이 이루어지지 않았더라도, 체결일 이후부터 매수인이 선박소유자가 된다. 부산지법 동부지원 2020. 11. 10. 선고 2019가단213469 판결.

425) 대법원 1996. 8. 29. 선고 95다5783 전원합의체 판결.

한 것으로 볼 것이나, 그렇지 않은 경우(예를 들면, 선원근로계약기간을 계약체결일로부터 1년간으로 정한 경우 또는 항해종료시까지 정한 경우 등)에는 신소유자와도 동일한 기간을 정한 새로운 선원근로계약이 체결된 것으로 본다.

다. 구소유자와의 근로관계는 승계되지 아니함

신소유자가 구소유자와의 근로관계를 승계하는 것은 아니기 때문에 종전의 근로관계에 기한 선원의 청구권은 신소유자에게 행사하지 못하고, 신소유자가 구소유자의 근로관계상 의무를 승계하지도 아니한다. 계속근로연수, 유급휴가의 발생요건인 승무기간도 소유자변경 시부터 새로 산정하게 된다.[426)]

라. 선원근로계약의 해지

신소유자 또는 선원은 72시간 이상의 예고기간을 두고 서면으로 통지함으로써 선원근로계약을 해지할 수 있다.[427)] 신소유자가 예고기간을 준수하지 않거나 구두로 통지한 경우에는 선원의 근로보호를 위하여 선원근로계약해지는 무효이지만, 선원이 예고기간을 준수하지 않고 통지한 경우에는 그로부터 72시간이 경과한 때 해지가 된 것으로 보고, 선원이 서면에 의하여 통지하지 못할 특별한 사정이 있는 경우에는 구두로 해지통지를 한 경우라도 해지는 유효하다. 이와 같이 선원과 신소유자 사이의 근로관계가 해지된 경우에는 신소유자는 실업수당, 퇴직금 등 금품지급의무와 송환의무 등 근로계약종료에 따른 각종 의무를 부담한다. 다만 송환목적지에 관하여 선원근로계약 체결지가 문제되나, 이 경우 선원근로계약 체결지는 송환제도의 취지상 선원보호를 위하여 구소유자와 선원근로계약을 체결한 장소를 의미한다고 본다.

---

426) 이 경우 선원은 퇴직금 · 유급휴가일수에 관하여 불이익을 받게 되므로, 선원의 보호를 위하여 선박소유자변경으로 인하여 구소유자와 선원 사이의 선원근로계약이 종료된 경우 구소유자는 선원에게 실업수당을 지급할 의무가 있다는 규정과 계속근로연수는 구소유자 사이의 근로연수를 합산하여 계산한다는 규정을 신설할 필요가 있다.

427) 선박소유자 변경시 신소유자가 선원근로계약을 해지하는 경우에는 아무런 제한이 없다고 해석하는 견해가 존재하나(이상덕, 129면), 위와 같은 경우에도 선원법 32조 1항이 적용되므로 신소유자는 정당한 사유 없이 선원근로계약을 해지할 수 없다.

제4절 실업수당

Ⅰ. 의 의

1. 실업수당의 성격과 역할

(i) 선박소유자가 선원에게 책임을 돌릴 사유가 없음에도 불구하고 선원근로계약을 해지한 경우, (ii) 선원근로계약에서 정한 근로조건이 사실과 달라 선원이 선원근로계약을 해지한 경우, (iii) 선박의 침몰·멸실 또는 그 밖의 부득이한 사유로 사업을 계속할 수 없어 선원근로계약을 해지한 경우에는, 선박소유자는 선원에게 통상임금의 2개월분에 상당하는 금액을 실업수당으로 지급하여야 한다(법 37조).

실업수당은 선원의 귀책사유에 기하지 않고 선원근로계약이 해지될 경우 새로운 일자리가 생길 때까지 선원의 보호차원에서 생계를 보장해주기 위하여 인정되는 사회보장적 성격의 급여이다.[428] 즉 임금을 받기 위하여 승선근무를 유일한 생계의 수단으로 하는 선원이 귀책사유 없이 선원근로계약이 해지된 경우, 임금상실의 위험으로부터 선원을 보호하기 위하여 민법상 위험부담 등 일반 법리와는 다른 특수한 법리에 기초하여 실업수당제도를 마련한 것이다.[429]

계속근로기간이 6개월 이상인 선원에게는 실업수당과는 별도로 퇴직금이 지급되지만(법 55조), 선원 중 다수를 차지하는 연근해어선원의 경우에는 대부분 계약기간이 6개월 미만으로 퇴직금이 지급되지 않고, 고용보험법은 어업 중 법인이 아닌 자가 상시 4명 이하의 근로자를 사용하는 사업장에 근무하는 선원에게 적용되지 아니하므로(고용보험법 8조, 시행령 2조 1항 1호), 위와 같은 경우 실업수당은 선원보호에 중요한 역할을 하게 된다.

428) 울산지법 2012. 11. 9. 선고 2012나1535 판결. 실업수당은 선원근로계약의 해지에 따른 실업보상의 성격과 위로금적 성격을 모두 가지고 있다는 견해로는 藤崎道好, 208면.
429) 조귀연, "선원법상의 실업수당", 해양한국 217호(1991. 10), 94면.

2. 구별개념

선원이 선원근로계약에 명시된 근로조건이 사실과 달라 선원근로계약을 해지한 경우에는 선원은 실업수당과 별도로 근로조건 위반에 따른 손해배상을 선박소유자에게 청구할 수 있다(법 28조 1항).[430] 선박의 침몰 · 멸실로 선원이 행방불명된 경우에는 선박소유자는 실업수당과 별도로 선원법 101조 1항에 규정된 행방불명보상을 하여야 한다.[431]

3. 어선감척시 실업지원금과의 관계

연근해어선의 감척사업[432]은 1994년부터 2012년까지 추진된 일반감척사업, 국제감척사업과 2013년부터 시범사업 중인 '자원관리형 정부지정 감척사업'으로 구분할 수 있다.[433]

가. 일반감척사업

일반감척사업은 1990. 4. 7. 제정된 농어촌발전특별조치법 11조를 근거로 1994년부터 실시되었고, 2009. 5. 29. '농어업 · 농어촌 및 식품산업 기본법' 39조로 이관되었다. 이 사업은 어선척 수를 수산자원에 적정한 수준으로 감축하여 수산자원의 지속적 이용을 도모하고 연근해어업의 경영개선을 유도하기 위한 목적으로 추진되었는데, 사업대상은 연안어업과 근해어업을 영위하는 자 중 희망자였다.

430) 서병기, 36면.

431) 이 경우 실업수당의 청구권자와 행방불명보상의 청구권자가 서로 다를 수 있다. 송윤근, 78면.

432) 감척되는 선박에 대하여 체납처분에 의한 압류가 집행되어 있어도 선박의 감척으로 인하여 그 압류의 효력은 소멸되는 것이고, 선박에 대한 압류가 그 감척보상금청구권에 당연히 전이되어 그 효력이 미치게 된다고는 볼 수 없으므로, 감척 전 선박에 대하여 체납처분으로 압류를 한 체납처분청이 다시 감척보상금에 대하여 체납처분에 의한 압류를 하였다고 하여 물상대위의 법리에 의하여 감척 전 선박에 대한 체납처분에 의한 우선권이 감척보상금채권에 그대로 유지된다고 볼 수도 없다. 부산고법 2017. 9. 13. 선고 2017누21357 판결.

433) 정부는 1994년, 1997년, 2000년 3회 걸쳐 감척사업의 추진배경에 관하여 밝히고 있는데, 1994년에는 단위생산성 감소와 연근해 어업자원의 한계, 1997년에는 단위 생산성 저하와 주변 연안국의 EEZ 선포에 따른 어장축소, 2000년에는 매립 · 간척의 확대, 산업화 · 도시화에 따른 연안어장의 오염가속 및 자치어의 남획 등에 따른 어업자원의 감소, 어업경비의 상승, 수입자유화에 따른 어업경영 악화, UN해양법협약의 발효와 한 · 중 · 일 어업협정 체결에 따른 조업어장의 축소 등이다[수산청, 1994년도 수산업 동향에 관한 연차보고서(1994. 9), 73면; 해양수산부, 1997년도 수산업 동향에 관한 연차보고서(1997. 9), 76면; 해양수산부, 2000년도 수산업동향에 관한 연차보고서(2000. 11), 79-80면.

나. 국제감척사업

국제감척사업은 '어업협정체결에 따른 어업인 등의 지원 및 수산업발전특별조치법' 4조에 따라 1999년부터 2012년까지 시행되었다. 사업대상은 1999년 한·일 어업협정 및 2001년 한·중 어업협정 체결에 따라 조업구역이 축소된 어업에 대한 피해를 입은 어업으로서 수산업법 41조 1항, 시행령 24조에 따른 근해어업의 허가받은 자 중 희망자였다. 구 '어업협정체결에 따른 어업인 등의 지원 및 수산업발전특별법'[434]은, 정부는 어업등의 폐업으로 인하여 실업한 어선원 중 대통령령이 정하는 자(실직어선원)에 대하여 통상임금의 6월분에 상당하는 금액의 실업지원금을 지급하고(5조 1항 본문), 실직어선원이 1항의 규정에 의하여 실업지원금을 지급받은 경우에는 선원법 37조에 따른 실업수당을 지급받은 것으로 본다(5조 3항)고 규정하였다. 따라서 어업협정체결에 따른 국제감척시 어선원이 실업지원금을 수령하면 선원법상 실업수당은 지급받을 수 없었다.[435]

다. 자원관리형 정부지정 감척사업

자원관리형 정부지정 감척사업은 2011. 7. 25. 제정된 '연근해어업의 구조개선 및 지원에 관한 법률'(2012. 7. 26. 시행)에 따라 시행되고 있다. 사업대상은 수산업법 41조에 따른 근해어업, 연안어업, 구획어업 중 어선을 사용하는 어업으로서 위 법에 따라 허가를 받은 어업인데, 근해어업의 경우 허가처분 건수가 허가정수(定數)보다 적은 업종은 제외한다.

현행 '연근해어업의 구조개선 및 지원에 관한 법률' 14조 1항 단서는 "해양수산부장관은 외국과의 어업협정으로 인하여 실직한 어업종사자에게는 통상임금의 6개월분에 상당하는 금액의 생활안정지원금을 지급할 수 있다."고 규정하고 있을 뿐, 생활안정지원금을 지급받은 경우에는 선원법 37조에 따른 실업수당을 지급받은 것으로 본다는 규정은 없다. 생활안정지원금은 어업협정에 따른 어선감척에 대한 생활보장적 성격을 지니고 있으므로, 선박소유자는 어선원이 국가로부터 생활안정지원금을 받은 경우에도 이와 별도로 어선원에게 선원법 37조에 따른 실업수

434) '연근해어업의 구조개선 및 지원에 관한 법률' 부칙 2조에 의하여 2012. 7. 25. 폐지되었다.
435) 김동인, 750면.

당을 지급하여야 한다.[436)]

Ⅱ. 종 류

1. 법정실업수당

선원법상 선원에게 인정되는 실업수당은 당사자의 의사와 무관하게 적용되는 법정수당이다.[437)] 이와 관련하여 선박소유자가, 선원이 선박소유자의 폐업가능성을 알고 있었고 미지급임금 등에 관하여 모두 확인하고 동의한 후에 해고되었으므로 실업수당을 청구하는 것은 신의칙에 반하는 것으로 허용될 수 없다고 주장한 사안에서, 법원은 위와 같은 사정만으로는 선원의 청구가 신의칙에 어긋난다고 볼 수 없다는 이유로 위 주장을 배척하였다.[438)]

2. 약정실업수당

선원법이 적용되지 않는 선박에 근무하는 근로자와 사용자 사이에 선원법상 근로조건을 근로계약의 내용으로 하는 약정이 성립한 경우, 실업수당에 관한 규정은 근기법상 근로기준보다 더 나은 근로조건에 해당하므로 유효하다.[439)]

선원법의 적용범위에 포함되지 아니한 외국 선박에 근무하는 선원과 선박소

---

436) 유제범, 연근해어선 감척사업의 현황과 개선방향(현안보고서 Vol. 195), 국회입법조사처(2013. 7. 29), 47면은 "감척사업으로 인한 실직은 어업종사자의 자의에 따른 실직이 아니라 국가 정책에 따른 실직임을 고려할 때, 20t 이상의 어선에 승선하는 어선원의 경우에도 선원법에 따라 해당 선박소유주가 지급하는 통상임금의 2개월분에 상당하는 금액의 실업수당 외에 정부가 통상임금의 6개월분의 생활안정지원금을 지원할 필요가 있음. 이 경우 생활안정지원금의 지원은 선원법에 따른 실업수당의 수령액을 제외한 금액만 지급해야 할 것임."이라고 서술하여 이와 같은 입장이다.

437) 실업수당은 근로계약의 해지를 원인으로 발생하는 것이지 근로의 대가로 지급되는 금전이 아니므로 임금에 해당하지 아니하여 임금최우선변제권(근기법 38조 2항)이 인정되지 아니한다(부산지법 2014. 2. 13. 선고 2012가합45095 판결). 그러나 선원법 5조 1항, 근기법 38조 1항은 임금우선변제권이 인정되는 채권을 '임금, 재해보상금, 그 밖에 근로관계로 인한 채권'으로 규정하고 있으므로, 임금우선변제권과 선박우선특권은 인정된다(실업수당에 대하여 선박우선특권을 인정한 사례로는 인천지법 2010. 8. 27. 선고 2009가합13053 판결).

438) 제주지법 2014. 10. 24. 선고 2013가단18713 판결.

439) 인천지법 2010. 8. 27. 선고 2009가합13053 판결. "선원법에서 정하고 있는 근로조건은 최저기준이므로, 계약자유의 원칙상 근로계약 당사자는 선원법 소정의 재해보상금 이외에 별도의 재해보상금을 지급하기로 약정하는 것은 얼마든지 가능하고, 그러한 약정을 한 이상 근로자의 재해발생 시 사용자는 그 약정에 따른 별도의 재해보상금을 지급할 의무가 있다."고 판시한 사례로는 대법원 2002. 6. 14. 선고 2001다2112 판결(船)[이에 대한 평석은 권창영, "해외취업선원의 재해보상", 저스티스 74호(2003. 8), 201-246면].

유자 사이에 선원근로계약에 관한 준거법을 대한민국 선원법으로 하기로 한 경우, 국제사법 25조 1항에 따라 대한민국 선원법이 선원근로계약의 준거법이 된다. 따라서 선원은 선박소유자에게 선원근로계약에서 정한 실업수당을 청구할 수 있다.[440]

Ⅲ. 성립요건

1. 선원의 귀책사유 없이 선박소유자가 선원근로계약을 해지한 경우 (1호)

가. 의 의

선원근로계약의 종료사유로는 선박소유자의 일방적 의사표시에 따른 선원근로계약의 해지, 선원의 일방적 의사표시에 따른 퇴직, 선박소유자와 선원의 의사합치에 따른 합의해지, 계약기간의 만료 · 선원의 사망 · 정년의 도래 등으로 인한 당연종료 등이 있다. 선원법은 그 중 선박소유자가 선원의 귀책사유 없이 선원근로계약을 해지하는 경우[441] 실업수당을 지급하도록 규정하고 있다.

나. 인정되는 경우

선박소유자가 선원의 귀책사유 없이 선원근로계약을 해지하여 실업수당지급의무를 부담한다고 본 사례로는, (i) 선박임의경매개시결정 후 집행법원의 선박감수 · 보존결정에 따라 선원들이 하선하자 선박소유자가 선원근로계약을 해지한 경우,[442] (ii) 선박회사가 경영악화를 이유로 선원들과 선원근로계약을 해지한 경우,[443] (iii) 선박이 기관고장으로 수리를 요하게 되자 육지에서 대기 중이던 기관장에 대하여 선박소유자가 후임 기관장을 새로 고용하였다는 이유로 선원근로계

440) 부산지법 2011. 9. 28. 선고 2010가합9767 판결.

441) 이 경우에도 선원법 32조가 적용되므로, 선원근로계약의 해지에 정당한 사유가 있어야 한다. 서병기, 36면.

442) 부산지법 1995. 12. 21. 선고 95가단25875 판결; 부산지법 2008. 9. 26. 선고 2008가단71687 판결; 부산고법 2008. 11. 19. 선고 2008나8379 판결; 부산지법 2012. 10. 24. 선고 2012가합3169 판결.

443) 부산지법 1999. 6. 22. 선고 99가합253 판결; 인천지법 2010. 8. 27. 선고 2009가합13053 판결; 제주지법 2014. 10. 24. 선고 2013가단18713 판결; 선원의 병가 중 경영악화에 따른 임금체불로 더 이상 선박을 운항할 수 없게 되어 선원근로계약을 해지한 경우에도 실업수당을 지급하여야 한다고 판시한 사례로는 부산지법 서부지원 2022. 9. 21. 선고 2021가단7397 판결.

약을 해지한 경우,[444] (iv) 2척이 1조를 이루어 쌍끌이어업에 종사하던 대형기선저인망어선 중 1척이 조업 도중에 다른 선박과 충돌하여 침몰하자 선박소유자가 더 이상 조업을 할 수 없게 된 나머지 선박의 선원들의 선원근로계약을 해지한 경우,[445] (v) 선장으로서 능력이 부족하다는 이유로 선박소유자가 하선조치를 한 경우,[446] (vi) 선박소유자가 선박정기검사를 이유로 선원의 하선을 지시한 경우,[447] (vii) 선원이 선박수리업무를 보조하는 형태로 근무하던 중 선박소유자가 선박을 매도함에 따라 선박소유자의 요구로 하선하게 된 경우,[448] (viii) 선원이 육상에서 술을 마시다가 교통사고를 당하여 상해를 입자 선박소유자가 이를 이유로 하선을 지시한 경우,[449] (ix) 기관장이 눈병 치료를 위하여 하선하였는데 선박관리인이 기관실에 물이 찼다는 이유로 선원에게 해고를 통보한 사례에서 기관장의 책임이 인정되지 아니한 경우,[450] (x) 임금이 3개월 이상 체불되어 선원이 하선한 경우[451] 등이 있다.

다. 부정되는 경우

이와 달리 선박소유자가 선원의 귀책사유를 이유로 선원근로계약을 해지한 경우에는 실업수당지급의무는 발생하지 않는다. 선원의 귀책사유를 이유로 선원근로계약이 해지된 경우로는, (i) 선원이 직무상 재해로 인하여 시력이 약화되어 선원 및 항해사의 자격을 상실한 결과 더 이상 동일 직종에 근무할 수 없음이 명백한 경우,[452] (ii) 선장이 선박의 직접지휘의무를 위반하여 지나치게 직무를 게을리하거나 직무에 관하여 중대한 과실이 있는 경우,[453] (iii) 선원이 외국의 항구에서 직무에 관한 선장의 정당한 명령을 거부하고 쟁의행위를 한 경우,[454] (iv) 기관장이 선장의 권한을 침해하고, 선창 찌꺼기(hold bilge)의 배출금지를 지시하여 선창

444) 부산지법 1997. 10. 1. 선고 96가단80039 판결.
445) 울산지법 2000. 11. 29. 선고 98가합8512 판결.
446) 부산지법 2008. 8. 27. 선고 2007가소613552 판결.
447) 부산지법 2013. 7. 25. 선고 2013가단6199 판결.
448) 부산지법 2013. 4. 18. 선고 2012가단75105 판결.
449) 부산지법 2016. 6. 24. 선고 2015나14898 판결.
450) 부산지법 2019. 9. 4. 선고 2018나6430 판결.
451) 창원지법 통영지원 2022. 1. 27. 선고 2021가단1802 판결.
452) 대법원 2001. 6. 12. 선고 2001다13044 판결(船).
453) 부산고법 1998. 2. 13. 선고 97나1372 판결.
454) 부산지법 1995. 4. 25. 선고 94가합14189 판결.

청소가 제대로 이루어지지 못하도록 하는 등 비행사유가 있는 경우,[455] (v) 1항사가 직무상 질병이 아닌 뇌경색에 걸린 경우[456] 등이 있다.

2. 선원근로계약에서 정한 근로조건이 사실과 달라 선원이 선원근로계약을 해지한 경우(2호)

1호의 유추해석상 선원이 선원의 귀책사유 없이 선원근로계약을 해지하는 경우(퇴직)에도 실업수당이 인정되어야 한다. '선원근로계약에서 정한 근로조건이 사실과 달라 선원이 선원근로계약을 해지한 경우'는 선원의 귀책사유 없이 선원근로계약을 해지하는 전형적인 예시에 해당한다.

판례도 (i) 단체협약서 및 임금협정서에 선박소유자가 매월 말일에 선장에게 임금을 지급하기로 규정하였음에도 두 달간의 임금이 체불되자 선장이 하선한 경우,[457] (ii) 선박소유자가 선원의 동의 없이 임금 20%를 삭감하기로 하자 선원이 선원근로계약을 해지한 경우,[458] (iii) 임금체불 및 선박운영자의 행방불명으로 선박운항이 중단된 상황에서 선원이 불가피하게 하선한 경우[459] 등에는 선원의 실업수당청구권을 긍정하여, 예시설의 입장을 취하고 있다.

3. 선박의 침몰, 멸실, 그 밖의 부득이한 사유로 사업을 계속할 수 없어 선원근로계약을 해지한 경우(3호)

선박소유자의 귀책사유 없이 부득이한 사유로 사업을 계속할 수 없어 선박소유자 또는 선원이 선원근로계약을 해지한 경우에도 실업수당이 인정된다. 선박의 침몰 · 멸실은 부득이한 사유의 전형적인 예시에 해당한다.[460] 선박의 폐선 · 포획,[461] 독일 구 선원법 66조 1항에 규정된 전쟁, 전투상태, 출항정지,[462] 봉쇄 등

455) 서울고법 2008. 12. 3. 선고 2008누10500 판결.
456) 서울행법 2007. 10. 2. 선고 2007구합9457 판결.
457) 대구지법 2010. 6. 17. 선고 2010나1812 판결.
458) 부산지법 2012. 12. 26. 선고 2012가합7857 판결.
459) 부산지법 2013. 5. 15. 선고 2011가단88166 판결.
460) 그러나 선박소유자가 감항능력주의의무를 위반하여 선박이 멸실 · 침몰된 경우에는 선박소유자에게 귀책사유가 인정된다. 권창영, "선원법상 재해보상에 관한 연구", 사법논집 35집(2002), 674-677면.
461) 조귀연, 95-96면.
462) 국제적으로 기준미달선(sub-standard vessel)에 대한 항만국통제(Port State Control)가 강화됨에 따라 출항정지처분을 받는 사례가 증가하고 있다. 권창영, "항만국통제처분에 관한 사법적 구제", 사법

도 부득이한 사유에 해당한다.

선박소유자에게 실업수당지급의무가 인정된 사례로는, (i) 2척이 1조를 이루어 쌍끌이어업에 종사하던 대형기선저인망어선 중 1척이 조업 도중에 다른 선박과 충돌하여 침몰하자 선박소유자가 침몰한 선박의 선원들과 선원근로계약을 해지한 경우,[463] (ii) 선박소유자에 의한 사정으로 선박이 매도되거나 조업 중 선박이 침몰하여 선박소유자가 특정선박에 승선할 것을 내용으로 하는 어로계약을 체결한 어선원들에게 그 선박소유자가 소유하는 다른 선박에 전선(轉船)할 것을 요구하였으나 어선원들이 이를 거부하여 선원근로계약이 해지된 경우,[464] (iii) 선박이 화재로 전소되어 선원근로계약이 종료된 경우,[465] (iv) 2척의 어선이 하나의 그물을 예망하여 조업을 하는 쌍끌이 저인망어선 2척 중 주선(主船)이 구조수색작업 중 침몰하여 종선(從船)만으로 조업을 할 수 없어서 선원근로계약을 해지한 경우[466] 등이 있다.

4. 실업수당이 인정되지 않는 경우

선박소유자의 실업수당지급의무가 부정된 사례로는, (i) 선박소유자와 선원의 합의에 따라 선원근로계약을 해지하는 경우(합의해지),[467] (ii) 선박소유자가 부도가 나자 임금을 지급받지 못할 것을 우려한 선원이 조업을 계속할 것을 요구하는 선박소유자의 요구를 받아들이지 아니하고 임의하선한 경우,[468] (iii) 선원이 선박소유자에게 보합금 외에 별도의 퇴직금지급을 요구하면서 그 요구를 들어주지 않으면 승선하지 않겠다고 통보한 후 선박소유자가 이에 응하지 아니하자 선원이 임의로 승선하지 않은 경우[469] 등이 있다. 또한 하선조치가 무효임을 전제로 선원

논집 58집(2014), 109-148면 참조.

463) 울산지법 2000. 11. 29. 선고 98가합8512 판결.

464) 노정 33750-673, 1992. 12. 10.

465) 부산지법 2020. 1. 9. 선고 2019가단319729 판결.

466) 광주고법 2020. 8. 21. 선고 2018누4907 판결.

467) 부산지법 1990. 12. 5. 선고 89가합27082 판결; 부산지법 2012. 7. 27. 선고 2012나2498 판결; 광주지법 2023. 7. 12. 선고 2022가단531542 판결(선박이 엔진고장 수리를 위해 잦은 입출항을 반복하는 등 조업이 저조한 사정을 감안하여 선주인 피고의 요청을 받아들여 조기철망하기로 합의함에 따라 선원들과 피고 간 선원근로계약이 합의해지된 경우).

468) 부산지법 1998. 2. 25. 선고 97가합14319 판결. 다만 임금이 체불된 것을 이유로 선원이 임의하선한 경우에는 실업수당이 인정될 수 있다.

469) 대구고법 2011. 10. 19. 선고 2010나5794 판결.

과 선박소유자 사이의 근로관계가 기간만료로 종료되었다고 보고, 그에 따른 임금 등 지급의무를 인정하는 경우에는 실업수당은 인정되지 아니한다.[470)]

Ⅳ. 내 용

선박소유자는 선원에게 통상임금의 2개월분에 상당하는 금액을 실업수당으로 지급하여야 한다. 지급시기는 선원근로계약이 해지된 날이다. 선원의 실업수당청구는 선원근로계약을 연장하는 효력은 없다.[471)] 실업수당은 양도하거나 압류할 수 없다(법 152조). 실업수당청구권은 3년간 행사하지 않으면 시효로 소멸한다(법 156조).

Ⅴ. 형사책임

선박소유자가 실업수당을 지급하지 아니하였을 때에는 1년 이하의 징역 또는 1천만 원 이하의 벌금에 처한다(법 173조 1항 1호). 위와 같은 형사책임은 선원법이 적용되는 선박소유자에 한하여 적용되고, 약정실업수당지급의무를 부담하는 선박소유자나 사용자에게는 위 조항상 형사책임이 인정되지 아니한다.[472)]

제5절 송 환

Ⅰ. 의 의

선원근로계약을 체결한 곳 이외에서 선원근로계약의 종료 등으로 인하여 선원이 하선하는 경우가 있으며, 특히 외국항에서 선원이 하선하는 경우에는 선원은 귀국여비가 없어 유랑의 곤궁에 처하거나 어쩔 수 없이 그 곳에서 근로에 종사하

470) 울산지법 2012. 11. 9. 선고 2012나1535 판결.
471) Bubenzer/Noltin/Peetz/Mallach, S.358.
472) 그러나 근기법이 적용되는 경우에는 금품청산의무위반죄(근기법 109조 1항, 36조)가 성립할 수 있다.

여야 하는 경우가 있을 수 있고, 신속한 출입국절차, 여행수단의 준비 및 관련 비용의 지출 등 복잡한 문제가 발생한다.[473] 이러한 문제는 선원 개인이 해결할 수 없으므로 선원법은 선박소유자에게 송환의무를 규정하고 있다. 송환(repatriation)이란 선원이 선원근로계약의 종료 등으로 인하여 하선한 경우 선원의 거주지 또는 선원근로계약 체결지 등 송환목적지까지 귀향시키는 조치를 말한다. 송환의무는 선원근로계약의 종료로 인한 경우에는 원상회복의무의 일종이고, 기타 사유로 하선하는 경우에는 선원보호를 위한 법정의무이다.

Ⅱ. 송환의무의 발생원인

1. ILO 166호 협약

ILO 166호 선원의 송환에 관한 개정협약[Repatriation of Seafarers Convention (Revised), 1987 (No. 166)] 2조는 (i) 선원근로계약이 외국에서 종료한 경우, (ii) 단체협약 또는 근로계약에 규정된 통지기간이 경과한 경우, (iii) 선원이 질병 또는 부상을 입었으나 여행이 가능한 경우, (iv) 선박이 난파된 경우, (v) 선박소유자가 파산, 선박의 매각 또는 선박등록지의 변경으로 선원을 계속 고용하기 불가능한 경우, (vi) 선원이 전쟁해역의 항행을 거부하는 경우, (vii) 근로계약에 규정된 바에 의하여 선원의 근로관계가 종료된 경우 등을 선박소유자의 송환의무 발생원인으로 규정하여 열거주의를 택하고 있다.

2. 선원법의 규정

선원법 38조 1항은 "선원이 거주지 또는 선원근로계약의 체결지가 아닌 항구에서 하선하는 경우"에 송환의무가 발생하는 것으로 규정하여 송환의무 발생원인을 포괄적으로 규정하고 있다. 선원이 하선하는 경우로는, (i) 선원근로계약이 종료된 경우, (ii) 하선징계를 받고 하선하는 경우, (iii) 선원이 질병 또는 부상을 입었으나 여행이 가능한 경우, (iv) 쟁의행위의 수단으로 하선파업을 하는 경우 등이 있다. 국적선에 승선한 외국인 선원이 선원근로계약을 외국항에서 체결한 후

473) 藤崎道好, 211면.

체결항 이외의 다른 항구에서 하선하는 경우에도 외국인 선원의 본국[474] 또는 체결항으로 송환하여야 한다.

Ⅲ. 송환목적지

1. 선원의 거주지 또는 선원근로계약의 체결지

선원법은 '선원의 거주지' 또는 '선원근로계약의 체결지'를 송환목적지로 규정하고 있다. 선원의 거주지는 선원근로계약체결 당시 선원이 실제 거주하던 장소를 의미한다.[475] 그러나 선원의 거주지나 선원근로계약 체결지로의 송환이 반드시 선원에게 유리한 것은 아니기 때문에, 위에 규정된 장소로의 송환비용을 초과하지 않는 한 '선원의 희망지' 또는 '선박소유자와 선원이 합의한 장소'도 송환목적지에 포함시키는 것이 바람직하다.[476]

2. 송환목적지의 선택권자

송환목적지의 선택권이 선박소유자에게 있는지,[477] 아니면 선원에게 있는지 문제된다. 송환은 선원보호를 위한 제도이고, 선원법 38조 1항 본문은 선원의 거주지 또는 선원근로계약의 체결지 중 선원이 원하는 곳까지로 목적지를 규정하면서, 단서에서는 선원에게 송환의무에 갈음한 송환비용 청구권을 인정하고 있는 점 등에 비추어 보면, 송환목적지 선택권은 선원에게 있다고 보아야 한다.[478]

---

474) ArbG Lübeck, Urteil vom 7.8.1990 －1c Ga 12/90－.

475) 藤崎道好, 213면.

476) 최정섭, "선원고용조건에 관한 ILO협약과 선원법의 비교 연구 －ILO협약 제147호를 중심으로－", 한국해양대 법학박사학위논문(1999), 140면.

477) 住田正二는 (i) 법문의 규정상 선택권이 선원에게 있다고 해석할 수 없는 점, (ii) 송환의무는 계약해지에 따른 원상회복의무인 점, (iii) 선원에게 선택권을 부여하게 되면 선박소유자의 의무내용이 불확정적이며 특히 송환의무불이행에 대한 벌칙적용과의 관계에서 선박소유자를 불안정한 상태에 놓이게 한다는 점 등을 이유로 선박소유자에게 선택권이 있다는 입장을 취하고 있다. 住田正二, 203-205면.

478) 1951. 10. 26. 員基 191호.

Ⅳ. 송환의무의 내용

1. 무상송환

가. 요 건

선박소유자는 선원이 거주지 또는 선원근로계약의 체결지가 아닌 항구에서 하선하는 경우에는 선박소유자의 비용과 책임으로 선원의 거주지 또는 선원근로계약의 체결지 중 선원이 원하는 곳까지 지체 없이 송환하여야 한다. 다만 선원의 요청에 의하여 송환에 필요한 비용을 선원에게 지급할 경우에는 그러하지 아니하다(법 38조 1항 단서).[479] 이를 선원무상송환이라고 한다.

나. 선박소유자가 부담할 비용

선박소유자가 부담할 비용은 송환 중의 교통비, 숙박비, 식비, 선원이 보유한 30kg 이하의 화물에 대한 운송비용, 선원의 부상 또는 질병에 따른 의료관리에 필요한 비용을 말한다(법 38조 3항, 시행규칙 19조).[480] 위의 각 비용은 실비를 의미하나, 구체적인 액수는 선원의 지위에 따라 해상관행에 의하여 정한다.[481]

'송환 중'이란 선원이 하선한 때부터 지체 없이 출발할 수 있을 때(송환에 필요한 준비기간)까지 및 하선지에서 출발한 때부터 송환목적지에 도착한 때까지를 의미하므로, 선원이 하선한 때부터 지체 없이 출발할 수 있을 때까지의 숙박비 및 식비도 송환비용에 포함된다.[482]

---

479) 선원근로계약서 25조에 따라 선원이 거주지가 아닌 항구에서 하선하는 경우 선박소유자가 송환비용을 지급하여야 한다고 판시한 사례로는 광주지법 순천지원 2012. 10. 25. 선고 2012가합1369 판결.

480) ILO협약 166호 4조는, 선원의 여행수단은 항공편으로 하고, 송환수당 외에도 (i) 30kg에 해당하는 선원의 개인휴대품 운송비용, (ii) 송환목적지까지의 운임전액, (iii) 하선 후 출발지에서 송환목적지에 도착할 때까지 숙박비와 식비, (iv) 선원이 질병 또는 상해로 귀국하는 경우 여행 중 합리적으로 지출한 치료비 등을 송환비용으로 규정하고 있다.; A가 여행업자인 B 주식회사와 해외여행계약을 체결한 후 해외여행을 하던 중 사고로 인하여 정신적 상해를 입은 사안에서, 제반 사정에 비추어 A가 위 사고 이후 지출한 국내 환자 후송비용, 해외에서의 치료와 국내로의 귀환과정 또는 사고의 처리과정에서 추가로 지출한 체류비와 국제전화요금 등의 비용이 여행업자인 B 회사의 여행계약상 주의의무 내지 신의칙상 안전배려의무 위반과 상당인과관계가 있는 통상손해라고 볼 수 있다(대법원 2019. 4. 3. 선고 2018다286550 판결).

481) 藤崎道好, 213-214면.

482) 일본 선원법 48조는 선박소유자가 부담하는 송환비용은 송환 중의 운송임, 숙박비, 식비 및 雇入契約終了시부터 지체 없이 출발한 때까지의 숙박비·식비라고 규정하고 있다.

다. 송환수당

선박소유자는 무상송환의 경우에는 하선한 선원에게 송환에 걸린 일수(日數)에 따라 그 선원의 통상임금에 상당하는 금액을 송환수당으로 지급하여야 한다. 송환을 갈음하여 그 비용을 지급하는 경우에도 또한 같다(법 39조).

송환에 소요된 일수는 하선 시부터 지체없이 출발할 수 있을 때(송환에 필요한 준비기간)까지 및 하선지에서 출발한 때부터 송환목적지에 도착한 때까지의 일수를 의미한다.[483] 송환수당은 선박소유자가 송환하는 경우에는 매월 1회 지급하고, 송환에 갈음하여 송환비용을 지급하는 경우에는 그 비용을 지급할 때 같이 지급하여야 한다.[484]

라. 송환비용과 송환수당의 보호

송환비용과 송환수당은 양도하거나 압류할 수 없다(법 152조). 송환수당청구권은 3년간 행사하지 않으면 시효로 소멸한다(법 156조).

2. 유상송환

가. 요 건

선박소유자는 (i) 선원이 정당한 사유 없이 임의로 하선한 경우, (ii) 선원이 22조 3항에 따라 하선징계를 받고 하선한 경우, (iii). 단체협약, 취업규칙 또는 선원근로계약으로 정하는 사유에 해당하는 경우와 같이 선원에게 책임있는 사유가 인정되는 때에는 송환에 든 비용을 선원에게 청구할 수 있다(법 38조 2항 본문). 이를 선원유상송환이라고 한다. 다만 선박소유자는 6개월 이상 승무하고 송환된 선원에게는 송환에 든 비용의 100분의 50에 상당하는 금액 이상을 청구할 수 없다(법 38조 2항 단서). 따라서 유기선원근로계약을 체결한 선원이 계약기간 만료 전에 외국에서 임의로 하선하여 귀국한 경우에는 선원이 송환비용을 부담하여야 한다.[485]

---

483) 하선지인 인천에서 선원근로계약 체결지인 부산까지 통상의 교통수단을 이용할 경우 송환기간은 아무리 길어도 1일을 초과하지 않는다. 부산지법 2016. 6. 24. 선고 2015가단56839 판결.

484) 일본 선원법 49조 2항.

485) ArbG Hamburg, Urteil vom 26.6.1972 – S 1 Ca 763/71 –.

나. 하선징계가 무효인 경우

하선징계는 선원법 22조가 규정한 징계사유 및 절차를 준수하여야 하므로, 위 징계절차에 의하지 아니한 하선조치 또는 강제하선은 무효로서 송환비용은 선박소유자가 부담하여야 한다.486)

다. 교대선원의 출국비용

선원이 선원근로계약에 정한 바에 의하지 아니하고 중도에 귀국할 경우 선박소유자는 송환비용을 선원에게 청구할 수 있으나 이는 선박소유자의 송환비용부담의무를 면제한 규정이다. 따라서 선원의 선원근로계약 불이행에 대한 위약금 또는 손해배상액의 예정을 금지하고 있는 선원법 29조의 취지상, 선원의 근로계약 불이행으로 인한 교대선원의 출국비용까지 선원이 부담하는 것은 아니다.487)

3. 송환비용 선지급 요구의 금지

선박소유자는 선원근로계약을 체결할 때 선원에게 송환비용을 미리 내도록 요구하여서는 아니 된다(법 38조 4항).

Ⅴ. 선박소유자의 의무와 형사책임

1. 유기구제보험 등의 가입 등

가. 개정이유

선원의 사망, 부상 및 유기(遺棄)에 대한 선박소유자의 책임과 보상을 강화하는 방향으로 2006 해사1재해보상보험의 보험사업자가 보험계약을 해지하기 30일 전까지 해양수산부장관에게 통지하지 아니하면 중도에 계약을 해지할 수 없도록 하는 등 2006 해사노동협약의 개정사항을 반영하여 선박소유자의 책임과 선원에 대한 보상을 강화하기 위하여 2016. 12. 27. 법률 제14508호로 선원법을 개정하였고, 개정법은 2017. 1. 18.부터 시행되었다.

---

486) 노정 33750-2963, 1988. 5. 17.
487) 부산청선원 33751-939, 1992. 6. 3.

나. 유기구제보험 등의 가입

국제항행에 종사하는 선박의 선박소유자는 (i) 선박소유자가 38조 1항 본문에 따라 선원을 송환하지 아니하거나 같은 항 단서에 따라 송환에 필요한 비용을 선원에게 지급하지 아니한 경우, (ii) 선박소유자가 52조에 따른 임금을 2개월 이상 지급하지 아니하고 선원과의 연락을 두절하는 등 근로관계를 일방적으로 단절한 경우, (iii) 선박소유자가 이 법 또는 선원근로계약에 따라 선원에게 제공하여야 하는 식료품, 물, 생존을 위하여 필요한 연료 및 의료지원 등 선상생활에 필요한 재화나 서비스를 제공하지 아니한 경우의 어느 하나에 해당하는 사유로 유기된 선원을 구제하기 위하여 (i) 선주상호보험조합법 2조에 따른 선주상호보험조합(이하 '선주상호보험조합')이 운영하는 손해보험, (ii) 보험업법 2조 6호 및 8호에 따른 보험회사 및 외국보험회사가 법 42조의2 2항에 따른 선원의 유기 구제비용(이하 '유기 구제비용') 보장을 목적으로 운영하는 보험업법 2조 1호 (나)목에 따른 손해보험, (iii) 선박소유자 단체가 유기 구제비용 보장을 목적으로 한국해운조합법 6조, 수산업협동조합법 60조 또는 원양산업발전법 28조에 따른 정관에 따라 소속업체 등으로부터 부담금을 징수하여 운영하는 공제, (iv) 민법 32조에 따라 주무관청의 허가를 받아 설립된 사단법인이 유기 구제비용 보장을 목적으로 같은 법 40조에 따른 정관에 따라 소속업체 등으로부터 부담금을 징수하여 운영하는 공제, (v) 국제적인 공제 업무를 운영하는 자의 공제로서 유기 구제비용을 보증할 능력이 있다고 해양수산부장관이 인정하여 고시하는 공제 등(이하 '유기구제보험등')에 가입하여야 한다(법 42조의2 1항, 시행령 5조).

이와 같이 선박소유자에게 유기구제보험 등에의 가입을 강제한 것은 선박소유자의 도산 등으로 인하여 선원이 외국에서 귀국하지 못하고 방치되는 경우를 대비하기 위한 것으로, 2017. 1. 18. 이후 출항하는 선박의 선박소유자부터 적용한다(법률 14508호 부칙 2조).

선원의 고용계약에서 여비는 원칙적으로 선주가 부담하되 선원의 자의하선이나 선원의 귀책사유로 인한 하선의 경우에는 선원 본인이 그 왕복여비를 부담한다고 약정되어 있고, 신원보증보험의 해외취업자 특별약관에 의하면 해외취업을 위한 근로계약서에서 정한 피보증인의 귀책사유로 피보험자가 부담한 여비에 대하여 보상한다고 규정하고 있을 뿐 보상하는 여비를 귀국여비에 한하고 있지 아니한 경우, 피보증인인 선원이 자의로 하선하거나 그 귀책사유로 하선을 하게 된 사건에서 송출회사인 회사가 피보증인인 선원의 왕복여비 모두를 부담하여 손해를 입었다면 보험회사는 그 왕복여비 모두를 보상하여야 한다.[488]

다. 유기구제보험의 내용

(1) 유기구제보험등은 (i) 38조에 따른 송환비용, (ii) 39조에 따른 송환수당, (iii) 1항 3호에 따른 식료품, 물, 생존을 위하여 필요한 연료 및 의료지원 등 선상생활에 필요한 재화나 서비스를 제공하는 데 드는 비용(이하 '유기 구제비용')의 지급을 보장하여야 한다(법 42조의2 2항).

(2) 유기구제보험등에 가입하는 선박소유자는 선원이 유기구제보험등을 운영하는 사업자(이하 '유기구제보험사업자등')에게 보험금을 직접 청구할 수 있도록 선원을 피보험자로 지정하여야 한다(법 42조의2 3항).

(3) 유기구제보험사업자등은 선원 또는 (i) 선원의 가족(민법 779조에 따른 가족을 말한다), (ii) 변호사법에 따른 변호사, (iii) 공인노무사법에 따른 공인노무사, (iv) 선원이 가입되어 있는 노동조합의 대표자 등 선원이 지정한 대리인(이하 '지정대리인')이 유기 구제비용을 청구하는 경우에는 민법 469조에도 불구하고 선박소유자를 대신하여 유기구제비용의 청구를 받은 날부터 10일 내에 선원 또는 지정대리인이 유기 구제비용을 청구한 경우 그 청구 내용에 따라 선원 또는 지정대리인에게 유기 구제비용을 지급하여야 한다. 다만, 노동조합의 대표자가 청구한 경우에는 그 유기 구제비용을 선원에게 지급하여야 한다(법 42조의2 4항, 시행령 5조의2).

라. 유기사실인정

법 42조의2 4항에 따라 유기 구제비용을 청구하려는 선원 또는 같은 항에 따른 지정대리인은 해양수산부령으로 정하는 바에 따라 지방해양수산관청에 법 42조의2 1항 각 호의 어느 하나에 해당한다는 사실의 인정(이하 '유기사실인정')을 신청할 수 있다(시행령 5조의3 1항). 유기사실인정을 신청하려는 선원 또는 지정대리

488) 대법원 1991. 12. 10. 선고 91다17573 판결.

인은 시행규칙 [별지 6호 서식]의 유기사실인정 신청서에 법 42조의2 1항 각 호의 어느 하나에 해당한다는 사실을 적거나 해당 사실을 증명하는 서류(해당 사실의 기재나 증명이 가능한 경우로 한정한다)를 첨부하여 지방해양수산관청에 제출하여야 한다(시행규칙 19조의2 1항). 동일 사업 또는 사업장에서 유기된 선원이 2명 이상인 경우로서 그 중 1명의 선원이 1항에 따른 유기사실인정 신청서를 제출한 경우에는 다른 유기된 선원은 이를 제출하지 아니할 수 있다(시행규칙 19조의2 2항).

1항에 따른 신청을 받은 지방해양수산관청은 유기사실인정의 여부를 결정하여 해양수산부령으로 정하는 바에 따라 신청인에게 통지하여야 한다(시행령 5조의3 2항). 유기사실인정의 신청을 받은 지방해양수산관청은 유기사실인정의 여부를 결정한 때에는 지체 없이 시행규칙 [별지 6호의2 서식]의 유기사실인정(불인정) 통지서에 따라 신청인에게 그 내용을 통지하여야 한다(시행규칙 19조의2 3항).

마. 다른 급여와의 관계

선박소유자는 선원이 민법이나 그 밖의 법령에 따라 유기 구제비용에 대한 보상을 받으면 보상받은 금액의 범위에서 선원에 대하여 유기 구제비용의 보상에 대한 책임을 지지 아니한다(법 42조의3).

바. 유기구제보험등의 해지 제한 등

유기구제보험사업자등은 법률 또는 보험계약에 따라 유기구제보험등의 계약기간이 끝나기 전에 보험계약을 해지하려는 경우에는 해양수산부장관에게 유기구제보험등의 해지예정일의 30일 전까지 계약이 해지된다는 사실을 통지하지 아니하면 해당 유기구제보험등을 해지할 수 없다(법 42조의4 1항).

유기구제보험사업자등은 선박소유자가 (i) 자기와 유기구제보험등의 계약을 체결한 경우, (ii) 자기와 유기구제보험등의 계약을 체결한 후 계약기간이 끝나기 전에 1항의 사전통지절차를 거친 후 그 계약을 해지한 경우, (iii) 자기와 유기구제보험등의 계약을 체결한 자가 그 계약기간이 끝난 후 자기와 다시 계약을 체결하지 아니한 경우에 해당하면 그 사실을 해양수산부령으로 정하는 기간[489] 내에

---

489) 시행규칙 19조의3 [별표 1의2]는 다음과 같이 규정하고 있다.
유기구제보험등 및 재해보상보험등의 계약 체결 사실 등의 통지(19조의3 관련)
1. 유기구제보험등

해양수산부장관에게 알려야 한다(법 42조의4 2항). 법 42조의4 2항을 위반하여 같은 항 각 호의 사항을 해양수산부장관에게 알리지 아니한 유기구제보험사업자등에게는 200만 원 이하의 과태료를 부과한다(법 179조 2항 5의2호).

해양수산부장관은 법 42조의4 1항 또는 2항에 따른 통지를 받으면 그 사실을 지체 없이 해당 유기구제보험등의 피보험자인 선원에게 알려야 한다(법 42조의4 3항).

사. 폐지된 규정 및 경과규정

(1) 구법 40조

국제항해에 종사하는 선박의 선박소유자는 선원의 거주지 또는 선원근로계약의 체결지까지 선원을 송환하기 위하여 (i) 선주상호보험조합법 2조에 따른 선주상호보험조합이 운영하는 손해보험, (ii) 보험업법 2조 6호 및 8호에 따른 보험회사 및 외국보험회사가 선원의 송환비용 보장을 목적으로 운영하는 같은 법 2조 4호에 따른 손해보험, (iii) 선박소유자 단체가 선원의 송환비용 보장을 목적으로 한국해운조합법 6조, 수산업협동조합법 60조, 원양산업발전법 28조에 따른 정관에 따라 소속업체 등으로부터 부담금을 징수하여 운영하는 공제, (iv) 민법 32조에 따라 주무관청의 허가를 받아 설립된 사단법인이 선원의 송환비용 보장을 목적으로 민법 40조에 따른 정관에 따라 소속업체 등으로부터 부담금을 징수하여 운영하는 공제, (v) 국제적인 공제업무를 운영하는 자의 공제로서 선원의 송환비

구 분	통지 시기
가. 법 42조의4 2항 1호에 따른 유기구제보험등 계약의 체결 사실	계약의 효력발생일부터 14일 이내
나. 법 42조의4 2항 2호에 따른 유기구제보험등 계약의 해지 사실	계약의 효력소멸일부터 7일 이내
다. 법 42조의4 2항 3호에 따른 유기구제보험등 계약의 미체결 사실	
1) 매월 1일부터 10일까지의 기간에 유기구제보험등의 계약이 끝난 경우	같은 달 30일까지
2) 매월 11일부터 20일까지의 기간에 유기구제보험등의 계약이 끝난 경우	다음 달 10일까지
3) 매월 21일부터 말일까지의 기간에 유기구제보험등의 계약이 끝난 경우	다음 달 20일까지

용을 보증할 능력이 있다고 해양수산부장관이 인정하여 고시하는 공제 등에 가입하여야 한다(법 40조, 시행령 5조 1, 2항). 선박소유자는 선원이 보험자 또는 공제사업자에 대하여 보험금을 직접 청구할 수 있도록 그 선원을 피보험자로 지정하여야 한다(시행령 5조 3항).

(2) 구법 41조

선박소유자는 송환과 관련된 38조부터 40조까지 및 42조와 그 관련 내용을 적은 서류를 선원이 볼 수 있도록 선내에 갖추어 두어야 한다(법 41조).

(3) 경과규정

개정 선원법 시행(2017. 1. 18.) 전에 출항하여 항해 중인 선박의 선박소유자에 대해서는 해당 선박이 도착항에 입항할 때까지는 40조, 41조의 개정규정에도 불구하고 종전의 규정에 따른다(부칙 5조, 6조).

2. 형사책임

선박소유자, 유기구제보험사업자등 또는 재해보험사업자등이 (i) 38조 1항을 위반하여 선원을 송환하지 아니하였을 때, (ii) 38조 4항을 위반하여 송환비용을 미리 내도록 요구하였을 때, (iii) 39조를 위반하여 송환수당을 지급하지 아니하였을 때, (iv) 42조의2 1항을 위반하여 유기구제보험등에 가입하지 아니하였을 때, (v) 정당한 사유 없이 42조의2 4항을 위반하여 기간 내에 유기 구제비용을 지급하지 아니하였을 때에는 1년 이하의 징역 또는 1천만 원 이하의 벌금에 처한다(법 173조 1항 2, 3, 4, 5호, 5호의2).

Ⅵ. 해양수산부장관의 송환 조치

1. 선원의 요청에 의한 송환

해양수산부장관은 선박소유자가 38조에 따른 송환의무를 이행하지 아니하여 선원이 송환을 요청하는 경우에는 그 선원을 송환하여야 한다. 이 경우 송환에 든 비용은 그 선박소유자에게 구상할 수 있다(법 42조 1항). 선박소유자가 송환의무를 이행하지 아니하는 경우 선원은 낯선 항구에서 곤궁한 처지에 놓일 수 있다. 이를 방지하기 위하여 비록 선박소유자가 송환의무를 이행하지 않더라도, 선원의 송환 요청이 있는 경우에는 해양수산부장관에게 송환의무를 부과하고 있다. 해양수산부장관의 송환의무는 선원유상송환, 선원무상송환 모두에 적용된다. 선원유상송환의 경우 송환비용을 선원이 부담한다 하더라도, 이는 선원근로계약에 기한 사법상 의무에 불과할 뿐이다. 따라서 국적선과 준국적선에 승선한 선원의 보호의무를 이행하는 해양수산부장관은 송환비용을 선원에게 부담시켜서는 아니 된다(법 42조 3항). 해양수산부장관은 송환조치에 든 비용이 변제될 때까지 해당 선박의 출항정지를 명하거나 출항을 정지시킬 수 있다(법 42조 4항).

2. 외국 선박에 승선한 외국인 선원의 송환

해양수산부장관은 외국 선박에 승선하는 외국인 선원이 국내에 유기(遺棄)되어 해당 선원이 송환을 요청하는 경우에는 해당 선원을 자기나라로 송환할 수 있다. 이 경우 송환에 든 비용은 해당 외국 선박의 기국(旗國)에 구상할 수 있다(법 42조 2항). 외국 선박은 선원법 3조가 규정하는 국적선과 준국적선 이외의 선박을 의미한다. 선원법 3조 1항은 특별한 규정이 있는 경우에는 국적선과 준국적선 이외에도 선원법을 적용하도록 규정하고 있으므로, 우리나라 영해에 항행 또는 정박 중인 외국 선박에 대하여도 송환의무에 관한 규정을 적용할 수 있다. 해양수산부장관은 송환조치에 든 비용을 선원에게 부담시켜서는 아니 되고(법 42조 3항), 송환조치에 든 비용이 변제될 때까지 해당 선박의 출항정지를 명하거나 출항을 정지시킬 수 있다(법 42조 4항).

제6절 선원명부와 공인

Ⅰ. 선원명부의 작성·비치

1. 선원명부의 개념

선원명부(Seafarer's List)는 선원법 시행규칙 14조 1호에 의하여 선박소유자가 선박현황(선명, 선박번호, 선적항, 선종, 항행구역, 총톤수, 주기관출력, 선주의 명칭 및 주소), 선원의 현황(직책, 성명, 선원수첩번호, 면허 또는 자격관계, 승선공인, 하선공인, 특기사항) 등 법정사항을 기재한 서류를 말한다. 이는 선박에 승선한 선원의 현황을 가장 자세히 알려주는 중요한 서류로서, '선박의 입항 및 출항 등에 관한 법률'에 따른 출입허가의 신청시 첨부서류(위 법 시행령 4조 1호), 해양수산부장관이 항만국통제의 일환으로 선박의 입항을 거부하거나 추방한 때에는 해당 선박의 다음 기항지 국가 및 그 연안국의 정부에 통보할 사항(국제항해선박 및 항만시설의 보안에 관한 법률 시행규칙 20조 4항 7호) 등에 해당한다.

2. 선원명부의 목적

선원명부의 주된 목적은 (i) 선박공동체의 구성에 관한 행정청의 공적 확인, (ii) 국내항과 외국항에서 입항 검사의 편의, (iii) 선박안전 및 선원노동보호의 관점에서 규범 적합적인 선원의 배정에 대한 통제 등에 있다.[490)]

3. 선박소유자의 선원명부 작성 · 비치 의무

선박소유자는 해양수산부령으로 정하는 바에 따라 선박별로 선원명부를 작성하여 선박과 육상사무소에 갖추어 두어야 한다(법 44조 1항). 선박소유자가 선박별

490) Schelp/Fettback, S.103; Lindemann, S.327. 선원근로계약의 본질적인 내용에 관한 증명도 포함하고 있었으나, 선원근로계약의 내용은 선원명부에 기재되지 아니하므로, 위와 같은 주장은 승선공인에 한하여 타당하다.

로 선원명부를 작성하여 선박에 갖추어 두지 않더라도 형벌이나 과태료의 제재를 받지 아니한다. 그런데 선원법은 선장에게 선원명부를 선내에 갖추어 두도록 규정하면서(20조 1항 2호), 이를 위반한 경우 200만 원 이하의 과태료를 부과할 수 있도록 하여(법 179조 3항 3호), 간접적으로 선박소유자의 선원명부 작성·비치의무의 이행을 강제하고 있다.

Ⅱ. 선원명부의 공인

1. 의 의

선박소유자는 선원의 근로조건 또는 선박의 운항 형태에 따라서 해양수산부령으로 정하는 바에 따라 선원의 승선·하선 교대가 있을 때마다 선박에 갖추어 둔 선원명부에 그 사실과 승선선원의 성명을 적어야 한다. 다만 선박소유자가 선원명부에 교대 관련 사항을 적을 수 없을 때에는 선장이 선박소유자를 갈음하여 적어야 한다(법 44조 1항).

공인(公認, Musterung) 제도는 국가가 선원의 승선·하선이나 직무의 변경, 계약의 갱신 등에 간섭하는 것이나, 그 현대적 의의는 선원근로계약의 내용을 선원에게 알려서 선원을 부당한 신분적 구속이나 가혹한 근로에서 면하게 하고 선원의 근로조건이 적법한지 여부, 안전항해에 지장이 없는지 여부, 선원의 승선·하선, 직무 변경, 계약 갱신 등이 적법하게 이루어졌는지 여부를 심사하여 선원근로보호의 실효를 기대하기 위한 것이다.[491] 선원법상 공인은 해양노동의 특수성을 감안하여 선원의 근로조건을 보호할 목적으로 만들어진 것이고, 선박 항행의 안전을 확보할 목적으로 인정된 선박직원법상 감독과는 그 성질을 달리한다.[492]

2. 공인의 법적 성질

공인의무는 공법상 의무이다.[493] 공인신청이 사인의 공법행위로서 쌍방적 행

491) 藤崎道好, 173-174면; 후술하는 바와 같이 실질적 심사가 허용되는 승선공인에 관하여는 이와 같은 의의가 전적으로 타당하나, 선원명부 및 하선의 공인은 오늘날 사실확인을 통한 승선경력의 공신력 제고에 그 의의가 있다. 유명윤, 43-44면.

492) 東京高裁 1976. 3. 26. 判決, 刑事判決時報 27권 3호 42면.

493) Schelp/Fettback, S.107.

위에 해당함은 명백하나, 공인의 법적 성질에 관하여 선박권력부여설, 인가설, 증명설, 사실행위설의 견해대립이 있다.[494)]

가. 선박권력부여설

이는 공인에 의하여 선장에게 선박권력을 부여하는 효과가 발생한다는 견해이나, 해원 이외의 여객에 대하여도 선박권력이 발생하는 근거를 설명하지 못하는 난점이 있다.

나. 인가설

이는 공인이 선원근로계약의 발생 · 소멸의 효력발생요건이라는 견해이나, 법률상 명문의 규정이 없으므로 이를 받아들이기 어렵다.

다. 확인설

확인설(공증설 또는 증명설)은 공인이 선원근로관계의 성립 · 변경 · 종료, 승하선 등 특정한 사실 또는 법률관계의 존재를 공적으로 증명하는 행위로서 강학상 공증(公證)[495)]에 해당한다는 견해이다.[496)] 이에 의하면 공인을 받지 않더라도 승선에 관한 선원근로계약이 무효가 되는 것은 아니고, 이에 반하여 공인이 존재하더라도 반증에 의하여 선원근로계약의 존재를 배척할 수 있다.[497)]

라. 행정상 사실행위설

강학상 확인행위는 특정한 사실 또는 법률관계의 존부 내지 정부(正否)에 관한 의문이 있거나 다툼이 있는 경우에 행정청이 이를 공권적으로 확인하는 행위를

494) 신태호(상), 六 ② D; 藤崎道好, 174-175면.

495) 건설업면허증 및 건설업면허수첩의 재교부는 그 면허증 등의 분실, 헐어 못쓰게 된 때, 건설업의 면허이전 등 면허증 및 면허수첩 그 자체의 관리상의 문제로 인하여 종전의 면허증 및 면허수첩과 동일한 내용의 면허증 및 면허수첩을 새로이 또는 교체하여 발급하여 주는 것으로서, 이는 건설업의 면허를 받았다고 하는 특정사실에 대하여 형식적으로 그것을 증명하고 공적인 증거력을 부여하는 행정행위(강학상의 공증행위)이므로, 그로 인하여 면허의 내용 등에는 아무런 영향이 없이 종전의 면허의 효력이 그대로 지속하고, 면허증 및 면허수첩의 재교부에 의하여 재교부 전의 면허는 실효되고 새로운 면허가 부여된 것이라고 볼 수 없다. 대법원 1994. 10. 25. 선고 93누21231 판결.

496) Schelp/Fettback, S.102; Bemm/Lindemann, S.252; 신태호(상), 六 ② D.

497) 神戸地裁 1964. 11. 20. 判決, 下民集 15권 11호 2790면은, 公認은 사법상 雇入契約의 효력의 요건은 아니고, 공인된 사항에 관하여 통상 그 대상이 되는 실체관계가 推定되는 것에 지나지 않는다고 판시하였다.

말하는데, 승선공인신청자와 관청 사이에 다툼이 없으므로 확인행위에 해당하지 않는 점, 공증의 공적 증명력이 국민의 권리의무에 실질적인 영향을 미쳐야 하는데 승선공인 공인대상인 사실관계의 법률관계 내지 공법상 지위에 아무런 영향을 미치지 않는 점 등을 근거로, 승선공인은 다툼이 없이 명확한 기존의 법률관계를 행정청이 확인하는 행위로서 단순한 행정상 사실행위에 지나지 않는다는 견해이다.[498]

마. 검 토

생각건대, (i) 공인은 선원의 승선 · 하선 · 직무변경 · 계약갱신 등이 적법하게 이루어졌음을 확인하고 선원의 근로조건이 적법한지 여부, 안전항해에 지장이 없는지 여부를 감독하여 선원근로보호의 실효를 기대하기 위한 것인 점, (ii) 선원법은 선박소유자가 선원명부의 공인을 받지 아니한 경우 200만 원 이하의 과태료에 처한다고 규정할 뿐(179조 3항 6호) 선원근로계약의 효력을 무효로 하는 규정이 없는 점, (iii) 승선공인이 유지되는 동안 선원은 다른 선박에 승선공인을 신청하지 못하고,[499] 해기사면허소지자가 승선공인을 받지 못하면 무자격자로 취급받는 등[500] 공법상 지위에 영향을 미치는 점, (iv) 선원근로계약에 관하여는 신고제도를 규정하고 있을 뿐 공인은 선원근로계약의 성립이나 효력에 하등의 영향이 없는 점 등에 비추어 보면, 확인설이 타당하다.[501]

일본 판례[502]는, 선박직원법상 '선박직원 승무'의 의미는 해기사자격을 가진 직원이 직무의 종류에 따라 선박의 항행조직의 일원으로서 실제로 집무할 태세에

---

498) 이정원, "선원법상 승선공인과 승무원의 법적 지위에 관한 고찰", 해사법연구 31권 3호(2019. 11), 10-12면.

499) 창원지법 2011. 5. 4. 선고 2010나3265 판결은, 선박소유자가 하선한 선원에 대한 하선공인을 해양수산청으로부터 받지 않을 경우 그 선원은 각 해양수산청 선원민원시스템에 승선 중으로 표기되어 다른 선박에 대한 승선 신청 자체가 불가능하다고 인정하였다.

500) 인천해심 2018-010호 (2018. 4. 5. 재결) －어선 제132찬유호 · 어선 제209광진호 충돌사건에서 해양안전심판원은 "선박에서 선박직원으로 승무하기 위해서는 선원법 및 선박직원법에 따라 해양항만관청에 승선공인을 하여야 한다. 그러므로 비록 유효한 해기사 면허를 소지하고 사람이 선박에 승선하였다고 할지라도, 선박에서 승무하고자 하는 선박직원으로 해양항만관청에 승선공인을 하지 아니한 경우에는 해당 선박직원의 직무를 수행하여서는 아니 된다. … 따라서 사고 당시 제209광진호는 무자격자에 의해 운항되었다."고 판시하였다. 이에 관한 자세한 논의는 이창희 · 정대득, "승선공인을 받지 않은 선장의 지위와 책임에 관한 연구", 해사법연구 31권 2호(2019. 7.) 참조.

501) 선원법 중 개정법률안 심사보고서, 농림해양수산위원회(2001. 2), 7면; 황석갑, "해상법에서 선장의 해원선임권에 관한 입법론적 고찰", 선원선박 4호(1988. 4), 23면.

502) 大阪高裁 1980. 5. 20. 判決, 刑事裁判月報 12권 4 · 5호 355면.

있는 것을 말하고, 특별한 사정이 없는 한 물리적으로 승선하고 있는 것이 필요하다고 해석되는데, 직원이 고용계약을 체결하고 공인을 받았을 뿐 아직 집무할 태세에 있지 않은 경우에는 승무한 것으로 볼 수 없다고 판시하였다.

3. 공인신청자

공인신청자는 선박소유자, 선장(법 44조 2, 3항), 선박관리사업자(법 112조 3항, 시행령 38조 1항 2, 3호) 등이다. 그러므로 선원법의 적용범위에서 제외되는 외항화물운송업자가 선체용선한 외국 선박에 대한민국 선원을 고용하여 대한민국 선원이 위 선박에 승선하더라도 선체용선자는 승선·하선공인을 신청할 의무가 없다.[503]

4. 공인의 관할청

선원법은 해양수산관청을 공인기관으로 규정하고 있고(법 44조 3항), 해양수산관청은 해양수산부장관, 지방해양수산청장 및 해양수산사무소장을 말하는데(법 2조 18호), 공인의 관할청은 그 중 지방해양수산청장이다. 승선·하선 또는 승선취소의 공인은 그 사실이 발생한 곳을 관할하는 지방해양수산청장이 관할하고, 그 사실이 발생한 곳이 지방해양수산관청과 멀리 떨어져 있거나 선박이 항행 중인 때 등 부득이한 사유가 있는 때에는 그 후의 도착항을 관할하는 지방해양수산청장이 관할한다(시행규칙 21조 1항).

5. 승선공인

가. 선원명부에 기재

선박소유자는 선원의 근로조건 또는 선박의 운항형태에 따라서 해양수산부령으로 정하는 바에 따라 선원의 승선 교대가 있을 때마다 선박에 갖추어 둔 선원명부에 그 사실과 승선선원의 성명을 적어야 한다. 다만 선박소유자가 선원명부에 교대 관련 사항을 적을 수 없을 때에는 선장이 선박소유자를 갈음하여 적어야 한다(법 44조 2항).

503) 선원 91540-152, 1996. 11. 15.

나. 선원명부에 대한 승선공인

(1) 의 의

선박소유자는 승선 교대가 있을 때에는 선원명부에 대하여 해양수산관청의 공인(인터넷을 통한 공인을 포함한다)을 받아야 한다. 이 경우 선박소유자는 선장에게 자신을 갈음하여 공인을 신청하게 할 수 있다(법 44조 3항). 어로계약기간이 만료되었을 때 선원이 종전의 선박에 재승선하기를 원하여 재어로계약을 체결한 경우에는 하선 및 승선공인을 하지 아니하고 승선계약 변경 공인을 받으면 족하다.[504)]

(2) 신청의 방식

선박소유자 또는 선장은 법 44조 3항 및 45조 3항에 따라 선원명부 및 선원수첩 또는 신원보증서에 대한 승선·하선 또는 승선취소의 공인을 신청하는 경우에는 별지 7호 서식의 공인신청서를, 직무변경 및 계약갱신 등에 따른 승선·하선에 관한 변경사항의 공인을 신청하는 경우에는 변경사항을 증명하는 서류를 첨부하여 별지 8호의2 서식의 승선·하선변경공인신청서를 지방해양항만관청에 제출(팩스 또는 인터넷 등에 의한 제출을 포함한다)해야 한다(시행규칙 21조 1항).

선박소유자 또는 선장은 선박에 비치한 선원명부를 잃어버리거나 선원명부가 헐어 못쓰게 된 때에는 지체 없이 선원명부를 새로 작성하여 선원의 현재의 승선현황에 관한 확인을 지방해양수산관청에 신청하여야 한다(시행규칙 27조 1항). 이 경우 선원명부 멸실·훼손에 따른 공인(공인확인)신청서에 (i) 새로 작성한 선원명부, (ii) 현재 승선사항이 기록된 선원수첩 또는 신원보증서, (iii) 사유서를 첨부하여야 한다(시행규칙 27조 2항).

(3) 승선공인신청의 심사

(가) 의 의

승선공인신청의 심사는 선원명부의 공인과 하선공인이 형식심사에 그치는 것과는 달리 실질심사를 포함한다.

---

504) 노정 33750-3864, 1989. 7. 7.

(나) 실질심사의 내용

지방해양수산관청은 선박소유자 또는 선장으로부터 승선공인신청을 받은 때에는, (i) 선원근로계약이 항해의 안전 또는 선원의 근로관계에 관한 법령에 위반되는지 여부, (ii) 선박소유자가 선원법령에서 정한 재해보상 및 유기구제를 위한 보험 또는 공제에 가입하였는지 여부, (iii) 선원근로계약 당사자의 합의 여부, (iii-ii) 선원법 56조에 따른 임금채권보장 보험·공제·기금에 가입하였는지 여부, (iv) 선원법 87조 1항에 따른 건강진단서(외국인 선원의 경우에는 자국에서 받은 건강진단서로 갈음할 수 있음), (v) 선원법 109조에 따른 구직등록·구인등록의 여부(외국인 제외), (vi) 선원법 57조의 규정에 의한 선원의 교육·훈련에 관한 사항, (vii) 선원수첩 또는 출입국관리법에 의한 입국사증 발급 여부(국내에서 승선하는 외국인 선원의 경우에 한함)를 확인(전자정부법 36조 1항에 따른 행정정보의 공동이용을 통한 확인을 포함)한 후 공인하여야 한다(시행규칙 26조 1항 본문). 다만 선원근로계약이 없는 선장의 승선공인신청을 받은 때에는 4호 및 6호의 사항을 확인한 후 공인하여야 한다(시행규칙 26조 1항 단서).

지방해양수산관청이 여객선선장의 승선공인신청을 받은 때에는 해양수산부장관이 정한 여객선선장 기준에 적합한지의 여부를 심사한 후에 공인한다(시행규칙 26조 3항). 승선공인신청을 팩스 또는 인터넷 등으로 받은 지방해양수산관청은 시행규칙 26조 1항 각 호의 사항을 확인한 후 공인한 선원명부·선원수첩 또는 신원보증서 사본을 팩스 또는 인터넷 등으로 송부하고, 사본을 받은 선박소유자 또는 선장은 사후에 지방해양수산관청으로부터 선원명부·선원수첩 또는 신원보증서 원본에 공인을 받을 수 있다(시행규칙 26조 2항).

(4) 승선공인의 제한

지방해양항만관청은 (i) 선원법 시행규칙 57조 1항 또는 선박직원법 시행규칙 2조 1항 3호 및 5호에 따른 교육대상자로서 그 교육을 이수하지 아니하였거나 그 교육의 유효기간이 2개월 미만일 경우(다만, 승선계약기간이 교육 유효기간 내일 경우에는 예외로 한다), (ii) 관계기관으로부터 국외를 왕래함이 부적절하다고 통보된 사람이 외국항에 기항하는 선박에 승무하고자 하는 경우,[505] (iii) 선박직원법 시

505) 지방해양항만관청은 1항 2호의 규정에 의한 통보를 받은 때에는 지체 없이 그 선원명단을 다른 지방

행규칙 별표 1이 정한 보수교육과정의 교육대상자로서 그 교육을 이수하지 아니한 경우(다만, 레이더시뮬레이션교육 및 자동충돌예방교육 시행 이전부터 승선 중인 해기사 중 3년 이상의 승무경력이 있는 사람은 제외한다), (iv) 선원법 119조 및 120조에 따른 취업규칙 또는 선박직원법 11조 및 같은 법 시행령 22조와 선원법 65조 및 66조, 같은 법 시행규칙 44조에 따른 선박별 승무인원이 결정되지 아니한 경우의 어느 하나에 해당할 때에는 승선공인을 하여서는 아니 된다(선원업무 처리지침 16조 1항).

(5) 심사 후 위반사실을 발견한 경우

지방해양수산관청이 승선공인신청을 심사한 결과 선원근로계약 등 실질심사대상에서 법령위반사실을 발견한 경우에는, 이의 시정을 명하거나 선원근로감독관 등 관계기관에 연락하여 필요한 조치를 강구할 수 있고, 공인을 거부할 수 있다.

다. 복수공인

선장이나 기관장의 재선의무이행 등을 위하여 불가피한 경우 특정선박에 선장, 기관장 각 2명씩 공인하는 것과 같이 복수공인이 가능한지 문제된다. 선원의 승선공인은 선원법 65조의 승무정원 및 선박직원법 시행령 [별표 3]의 승무기준을 적용하여 해당 직책 및 인원에 대하여 승선공인함이 원칙이나, 특정 선원의 복수공인이 불가피하고 그 사실이 객관적으로 증명될 수 있는 경우에는 복수공인이 필요한 일정기간을 정하여 승선공인을 하는 것도 허용된다.[506)]

라. 소급공인

선원이 출어준비 등을 위하여 미리 승선한 기간을 소급하여 공인받을 수 있는지 문제되나, 승선공인의 제도의 취지에 비추어 보면 선원법 시행규칙 21조 단서에 해당하는 경우와 같이 불가피한 경우를 제외하고는 소급하여 승선공인을 하는 것은 타당하지 않다.[507)]

해양항만관청에 통보하여야 한다. 선원업무 처리지침 16조 2항.

506) 선원 91540-561, 1993. 11. 26.

507) 선원 91540-115, 1996. 10. 29.

6. 하선공인

선원의 하선교대가 있을 때마다 선원명부에 기재하거나 선원명부의 공인을 신청하는 것은 승선공인과 동일하다(법 44조 2, 3항). 선원근로계약의 종료에 따라 하선공인을 신청하는 자가 선원명부를 제출할 수 없는 경우에는 선원명부 멸실·훼손에 따른 공인(공인확인)신청서에 그 사유서와 선원수첩 또는 신원보증서를 첨부하여 지방해양수산관청에 제출하여야 한다(시행규칙 22조). 선원근로관계의 종료 시점이 불분명한 경우에는 하선공인이 이루어진 날이 유력한 증거가 될 수 있다.[508] 선박소유자는 선원의 승하선교대가 있을 때마다 공인을 받아야 함에도 이를 지연하여 선원이 다른 선박에 취업하는 것이 불가능했던 사실이 인정되는 경우에는 선박소유자는 선원에게 손해배상책임을 부담한다.[509]

7. 선원명부의 공인면제

항해구역이 선박안전법 8조 3항에 따라 정하여진 근해구역 안인 선박의 선원으로서, (i) 수산업법 40조 1항에 따른 근해어업에 사용하는 어선에 승무하는 부원, (ii) 수산업법 40조 2항에 따른 연안어업에 사용하는 어선에 승무하는 부원, (iii) 선박안전법 시행령 2조 1항 3호 ㈎목에 따른 평수구역[510] 안을 운항하는 부선에 승무하는 선원, (iv) 국가 또는 지방자치단체의 공무원으로서 관공선에 승무하는 선원 등에 대하여는 선원명부의 공인이 면제된다(법 44조 3항 전단, 시행령 6조).

---

508) 선박소유자가 2011. 5. 17. 간세포암으로 사망한 선원과의 선원근로계약이 2011. 1. 31. 종료되었다고 주장하였으나, 2011. 3. 28.에 해양수산청에 하선신고하여 선원수첩에 하선공인을 받은 사실에 비추어 보면, 선박소유자의 주장을 인정할 증거가 부족하다는 이유로 위 주장을 배척한 사례로는 대구지법 포항지원 2012. 7. 24. 선고 2011가단9141 판결.

509) 창원지법 김해시법원 2010. 2. 4. 선고 2009가소25341 판결(제1심); 창원지법 2011. 5. 4. 선고 2010나3265 판결(항소심). 위 항소심 판결은 선박소유자가 하선한 선원에 대한 하선공인을 해양수산청으로부터 받지 않을 경우 그 선원은 각 해양수산청 선원민원시스템에 승선 중으로 표기되어 다른 선박에 대한 승선 신청 자체가 불가능하다고 인정하였다.

510) 호소·하천 및 항내의 수역(항만법에 따른 항만구역이 지정된 항만의 경우 항만구역과 어촌·어항법에 따른 어항구역이 지정된 어항의 경우 어항구역을 말한다)과 해양수산부령으로 정하는 수역을 말한다.

8. 일괄공인과 예비공인

가. 일괄공인

지방해양수산관청은 아래에서 열거한 사유와 같이 선원의 승무자격이 같은 다수의 선박 간에 선원이 교대승무할 수 있도록 교대승무하는 선박과 선원명부를 일괄하여 공인할 수 있다(시행규칙 20조의2 1항, 선원업무 처리지침 14조 1, 2항). 일괄공인을 받고자 하는 선박소유자는 선원법 시행규칙 [별지 8호의3 서식]의 일괄공인신청서에 공인을 받고자 하는 사유 및 기간과 선박 상호 간에 선원을 교대근무시키는 절차·방법 및 근무자별 직무범위를 기재하여 신청하여야 한다(처리지침 14조 3항).

(1) 선박소유자가 같은 선박(어선은 제외) 다수가 같은 항로 또는 인접항로에서 운항하는 경우에는 선박별 정상운항에 필요한 승무정원. 다만, 교대근무를 위한 선원이 있는 경우에는 교대근무할 선원을 포함하되, 교대근무할 선원과 다른 선원 간에 근로상의 차별이 없는 조치가 있을 때로 한정하며, 선원법 67조에 따른 예비원은 일괄공인을 할 수 없다.

(2) 운항 중인 여객선이 수리 등으로 운항이 불가능한 때를 대비하여 이를 대체하여 운항할 예비여객선을 운영하는 경우에는 예비선을 일괄공인 선박으로 공인하되, 승무정원은 예비선을 제외한 선박당 정상운항에 필요한 승무정원. 다만, 예비선의 정상운항에 필요한 승무정원이 운항중인 선박(1척)의 정상운항에 필요한 승무정원보다 많지 않은 경우로 한정하며, 증선을 위한 예비선은 일괄공인을 할 수 없다.

(3) 동일한 선박소유자에 속하는 다수의 어선이 인접한 장소에서 공동으로 조업하는 경우에는 선박당 정상운항에 필요한 승무정원.

나. 예비공인

지방해양수산관청은 선박이 운항 중에 승무한 선원이 사망하거나 질병·부상 등으로 인하여 직무를 수행할 수 없는 경우 그 직무를 인수하여 수행할 선원을 미리 공인할 수 있다(시행규칙 20조의3 1항). 이 경우 그 직무를 인수하여 수행할 선원은 수행할 직무에 맞는 자격요건을 갖추고 있는 자이어야 한다(2항). 지방해양항만관청은 선박의 운항시각이 일정하지 않거나 선박의 운항시간이 1일 8시간을 초과하는 등의 사유로 유사시 교대근무할 선원을 보충하기 위하여 승무자격이 같거나 그 이상의 자격을 갖춘 선원을 추가로 승무시킬 필요가 있는 경우에 추가로 승무할 선원이 유사시 수행할 직책을 미리 정하여 선박당 정상운항에 필요한 승무정원에 교대근무에 필요한 선원을 더한 수의 범위 안에서 예비공인을 할 수 있다(선원업무 처리지침 15조).

9. 공인수수료

공인을 신청하는 자는 해양수산부령으로 정하는 수수료를 내야 한다(법 155조 1항). 선박소유자가 인터넷으로 승선·하선 공인을 받은 경우에는 수수료를 면제할 수 있다(2항).

Ⅲ. 선원수첩 또는 신원보증서의 공인

1. 의 의

선박소유자나 선장은 선원명부의 공인을 받을 때에는 해양수산부령으로 정하는 바에 따라 승선하거나 하선하는 선원의 선원수첩이나 신원보증서를 선원명부와 함께 해양수산관청에 제출하여 선원수첩이나 신원보증서에 승선·하선 공인을 받아야 한다(법 45조 3항 본문).511)

다만 (i) 선박소유자 또는 선장이 고의 또는 정당한 사유 없이 선원명부의 공인을 받지 아니하는 경우, (ii) 선박소유자 또는 선장이 1개월 이상 행방불명된 경우, (iii) 선박소유자 또는 선장이 사망한 경우(선박소유자가 법인인 경우에는 파산한 경우를 말한다) 선원명부의 공인을 받을 수 없을 때에는 하선하려는 선원이 직접 선원수첩이나 신원보증서에 하선 공인을 받을 수 있다(법 45조 3항 단서, 시행규칙 24조 1항). 이 경우 선원은 공인신청서에 선원수첩 또는 신원보증서와 위와 같은 사유가 있음을 증빙하는 서류를 첨부하여 지방해양수산관청에 제출하여야 한다

---

511) 선원수첩 하선사유란 기재내용의 중요성에 비추어 볼 때 선박소유자가 선원수첩에 선원의 하선사유를 합의로 기재하여 주는 대신에 선원은 자신의 해고예고수당을 포기하였다고 봄이 상당하다. 대구지법 2005. 4. 20. 선고 2004가소680354 판결.

(시행규칙 24조 2항).

2. 선원수첩 등을 제출할 수 없는 경우의 공인신청

공인을 신청할 때 부득이한 사유로 선원수첩 또는 신원보증서를 제출할 수 없는 경우에는 선원수첩(신원보증서) 제출 불능사유서를 공인신청서에 첨부하여야 한다(시행규칙 23조 1항). 공인을 받은 선원은 선원수첩 또는 신원보증서를 제출할 수 없는 부득이한 사유가 소멸된 경우에는 지체없이 공인을 받은 사실을 증명하는 서류 및 선원수첩 또는 신원보증서를 지방해양수산관청에 제출하여 확인을 받아야 한다(시행규칙 23조 2항). 하선공인을 받으려는 선원이 선원수첩 또는 신원보증서를 제출할 수 없는 경우에 그 공인신청과 공인의 사후 확인을 위한 절차 및 방법에 관하여도 위와 같은 절차가 준용된다(시행규칙 24조 3항).

3. 선원수첩멸실시 공인사항등 증명

선원수첩을 소지한 사람이 이를 잃어버리거나 선원수첩이 헐어 못쓰게 된 때에는 지방해양수산관청에 승하선공인의 증명을 신청할 수 있다(시행규칙 31조 1항). 이 경우 (i) 증명을 신청하는 자의 성명 · 생년월일 및 주소, (ii) 선원수첩을 발급한 지방해양수산관청과 수첩번호, (iii) 증명을 받고자 하는 사항, (iv) 증명을 받고자 하는 사유를 기재한 신청서를 지방해양수산관청에 제출하여야 한다(시행규칙 31조 2항).

4. 귀국 후 선원수첩의 공인

선원이 외국에서 하선공인을 받지 아니하고 귀국한 때에는 선박소유자 또는 선원관리사업자는 25일 이내에 지방해양수산관청에 신고하고 선원수첩의 공인을 받아야 한다(시행규칙 30조).

5. 공인의 면제

인터넷을 통하여 승선 · 하선 공인을 받은 경우 해양수산관청은 선원수첩이나 신원보증서에 대한 공인을 면제할 수 있다(법 45조 4항).

Ⅳ. 공인의 효력

공인은 공적인 증명력만이 있을 뿐이므로, 공인을 받지 아니하더라도 사법상 선원근로계약의 효력에는 아무런 영향이 없다. 또한 선원명부에 기재되지 아니한 선원이라도 선원의 지위가 부정되는 것은 아니다.[512] 무효인 선원근로계약에 대하여 해양수산관청이 유효한 것으로 오인하여 승선공인을 한 경우, 선원근로계약이 유효로 되는 것은 아니다. 취소할 수 있는 선원근로계약은 취소권자에 의한 취소가 있을 때까지 유효하므로 이에 대한 승선공인은 유효하나, 선원근로계약이 취소된 경우에는 해양수산관청은 공인을 철회할 수 있다.

Ⅴ. 해외취업 신고

법 3조에도 불구하고 대한민국 국민으로서 외국 국적 선박소유자와 선원근로계약을 체결한 선원은 해양수산부령으로 정하는 바에 따라 해양수산부장관에게 해외취업을 신고하여야 한다. 다만, 112조 3항에 따른 선원관리사업자를 통해 외국 국적 선박에 취업하는 경우에는 선원관리사업자가 해당 선원의 해외취업을 신고하여야 한다(법 44조의2).

Ⅵ. 과태료

선원법 44조 2, 3항을 위반하여 선원명부에 적지 아니하거나 선원명부의 공인을 받지 아니한 자, 44조의2를 위반하여 선원명부에 적지 아니하거나 선원명부의 공인을 받지 아니한 자에게는 200만 원 이하의 과태료를 부과할 수 있다(법 179조 3항 6호, 6의2호).

512) 부산지법 1995. 12. 28. 선고 95가합8709 판결.

제7절 선원수첩과 선원신분증명서

I. 선원수첩

1. 의 의

선원수첩이란 선원의 승무경력, 자격증명, 근로계약 등의 내용을 수록한 문서를 말한다(법 2조 20호). 선원수첩은 신분증명서의 기능을 가지고 있는 공문서이므로,[513)] 선원자격의 확인(선박안전 조업규칙 10조 4항 7호), 승무경력의 증명자료(선박직원법 시행령 9조 1항 1호), 출국에 필요한 유효한 증명수단(밀항단속법 2조 1호)[514)]의 기능을 가지고 있다. 선원이 되려는 사람은 해양수산관청으로부터 선원수첩을 발급받아야 한다(법 45조 1항 본문). 그러나 선원수첩이 없다고 하여 선원의 지위가 부정되는 것은 아니다.[515)] 선원수첩은 선원의 신원·경력·자격 등을 관리하기 위한 행정적 목적으로 교부되는 것이어서, 해양수산관청이 행정편의상 구분하여 수첩에 기재한 하선 유형을 선박소유자와의 관계에서 퇴직금이나 유급휴가금의 지급에 관한 선원의 귀책 유무를 판단하는 기준으로 삼을 근거는 없다.[516)]

---

513) Schelp/Fettback, S.97.

514) 밀항단속법 3조에서 처벌대상으로 삼고 있는 '밀항'이란, 대한민국 국민으로서 관계 당국에서 발행한 여권·선원수첩 기타 출국에 필요한 유효한 증명 없이 대한민국 외의 지역으로 도항 또는 월경하는 것을 뜻하고, 대한민국 국민이 아닌 외국인이 적법한 절차를 밟지 않고 대한민국 외의 지역으로 도항하는 행위는 이에 포함되지 않는다. 대법원 1999. 3. 23. 선고 98도4020 판결.

515) 선박의 정박 기간 중에는 선원수첩 작성 등 정식 선원근로계약 절차를 밟지 아니하기로 하였다 하여 그러한 약정이 선원근로계약이 아니라고 볼 수는 없다(부산지법 2014. 4. 18. 선고 2013나13167 판결).; 선박소유자가 제605베드로호 선장 A는 선원수첩을 교부받은 바 없어 선원으로 볼 수 없으므로 A의 일실이익을 선원의 임금을 기초로 하여 산정하여서는 안 된다고 주장한 사안에서, A는 선박소유자에 의하여 선원으로 고용되어 어로작업에 종사하던 중 사망하였을 뿐 아니라 선원은 모두 선원수첩을 교부받아야 하는 것은 아니므로 위 주장은 이유 없다고 판시한 사례로는 부산고법 1997. 4. 4. 선고 96나9362 판결.

516) 부산지법 2012. 4. 20. 선고 2011나20567 판결.

2. 선원수첩의 발급

가. 발급 신청

(1) 신청권자

선원수첩을 발급받으려는 경우에는 본인·선박소유자·한국해양수산연수원장·선원관리사업자·선박직원법 시행령 2조 7호의 규정에 의한 지정교육기관의 장 또는 해양수산부장관이 지정하는 기관이나 단체의 장[517]이 지방해양수산청장에게 신청하여야 한다(시행령 8조 1항 본문). 미성년자가 선원수첩의 발급을 신청할 때에는 그 신청서에 법정대리인의 동의서를 첨부하여야 한다(시행령 9조). 외국에 거주하는 대한민국 국민인 경우에는 주재국 대한민국 영사를 거쳐 신청하여야 한다(시행령 8조 1항 단서).

외국인이 대한민국선박에 고용되어 선원수첩을 발급받고자 하는 경우에는 미리 그의 본국정부(우리나라에 주재하는 그의 본국 영사 포함)로부터 그가 승선에 적합하다는 사실의 확인을 받아야 한다(시행령 8조 2항). 그러나 선원수첩을 소지한 자는 선원법 49조에 따른 재발급신청의 경우를 제외하고는 선원수첩의 발급신청을 할 수 없다(시행령 8조 3항).

거짓이나 그 밖의 부정한 방법으로 선원수첩을 발급받거나 선원신분증명서를 발급 또는 정정을 받은 사람은 1년 이하의 징역 또는 1천만 원 이하의 벌금형에 처한다(법 174조 2호).

(2) 신청의 방식

선원수첩의 발급을 신청하려는 자는 선원수첩 발급신청서에 사진 1매, 외국인의 경우에는 여권 사본 1통과 자국정부에서 발행한 선원수첩 또는 시행령 8조 2항의 규정에 의하여 확인받은 서류를 첨부하여 지방해양수산관청에 제출하여야 한다. 이 경우 지방해양수산관청은 전자정부법 36조 1항에 따른 행정정보의 공동

517) 선원업무 처리지침 9조 1항은 (i) 해군참모총장, (ii) 한국선주협회장, (iii) 한국원양산업협회 또는 동 지부의 장, (iv) 한국해운조합 또는 동 지부의 장, (v) 한국선박관리업협회장, (vi) 한국해기사협회장, (vii) 전국해상산업노동조합연맹위원장, 해외취업수산노동조합위원장, 전국원양산업노동조합위원장 또는 전국선박관리선원노동조합위원장, (viii) 한국선박통신사협회장, (ix) 수협중앙회 또는 그 회원조합의 장으로 규정하고 있다.

이용을 통하여 병적증명서(선원수첩의 발급을 신청하는 해의 1월 1일부터 12월 31일까지의 사이에 18세 이상 30세 이하에 해당하는 남자에게만 적용하며, 외국인은 제외) 및 외국인등록사실증명(외국인인 경우에만 적용)을 확인하여야 하며, 신청인이 확인에 동의하지 아니하는 경우에는 해당 서류(외국인등록사실증명의 경우에는 외국인등록증 사본으로 대신할 수 있음)를 첨부하도록 하여야 한다(시행규칙 34조).

나. 신원조사

(1) 의 의

지방해양수산관청은 선원수첩 또는 선원신분증명서의 발급 신청을 받은 경우에는 즉시 그 발급과 관련된 행정전산망을 통하여 선원수첩 또는 선원신분증명서의 발급대상자의 신원을 확인하여야 한다(시행규칙 35조 1항). 지방해양수산관청은 신원을 확인할 수 없는 경우에는 신원조사기관 통보서에 관한 서식을 신원조사기관에 송부하여 신원조사를 의뢰하여야 한다(2항).

(2) 신원이 분명하지 아니한 자의 판정

신원조사를 의뢰한 지방해양항만관청은 신원조사기관에서 통보한 조사결과에 신원조사 지침(보안업무를 총괄하는 기관이 정한 지침을 말한다. 이하 같다)의 규정에 의한 신원특이 내용이 있는 경우에는 12조의 규정에 의한 신원특이자 심사위원회(이하 '심사위원회')에서 심의하게 하고 그 결과에 따라 (i) 조건부(보증) 승선가: 선박소유자, 공무원(7급 이상 또는 경찰관 등), 사회 덕망인사 등 보증, (ii) 외항선 승선 불가(내항선 승선 가), (iii) 재심대상(서류 보완등), (iv) 승선 불가, (v). 승선 가(可)의 어느 하나에 준한 조치를 하여야 한다(선원업무 처리지침 12조 1항). 승선 불가에 해당되는 사람은 선원법 46조 1항 1호의 규정에 따른 신원이 분명하지 아니한 사람으로 판정한다(2항). 지방해양항만관청은 외항선 승선 불가(내항선 승선 가)로 판정된 사람을 전산입력하여 관리하여야 한다(3항).

(3) 신원특이자 심사위원회

지방해양수산청에 신원이 분명하지 아니한 사람 여부를 심사하기 위한 심사위원회를 둔다(선원업무 처리지침 12조 1항). 심사위원회는 위원장과 2명 이상 5명이내의 위원으로 구성한다(2항).

위원장은 선원수첩 등 발급업무를 주관하는 과장(해양수산사무소는 소장)이 되며, 위원은 (i) 지방해양항만관청 과장급 2명(다만, 해양수산사무소는 직원 2명), (ii) 국가정보원 지역지부 직원 1명, (iii) 경찰관서 직원 1명, (iv) 지방해양항만관청이 필요하다고 인정하는 사람의 어느 하나에 해당되는 자 중 지방해양항만관청이 임명 또는 위촉한 사람으로 한다. 다만, 3인으로 심사위원회를 구성하는 경우에는 2호 및 3호로 정하는 사람을 반드시 포함토록 하되 2호로 정하는 사람이 상주하지 아니하는 지역에서는 1호 또는 4호로 정하는 사람으로 대체할 수 있다(3항).

심사위원회 회의는 재적위원 3분의 2 이상의 출석과 출석위원 과반수 찬성으로 의결한다(4항). 위원장이 사고가 있는 때에는 지방해양항만관청이 지정하는 사람이 위원장의 직무를 대행한다(5항). 심사위원회의 간사업무는 선원수첩 등의 발급 담당직원이 담당한다(6항). 위원장은 심사위원회 회의결과를 소속 지방해양항만관청에 보고하여야 한다(7항). 1항부터 7항까지에 규정하지 않은 사항으로서 심사위원회의 운영에 필요한 사항은 지방해양항만관청이 따로 정할 수 있다(8항).

다. 선원수첩의 발급대상자

(1) 국적선과 준국적선에 승무하는 자

선원수첩은 시행규칙 [별지 16호] 서식에 따르되, 본인에게 직접 발급하거나 시행령 8조 1항에 따른 발급신청인을 통하여 발급할 수 있다(시행규칙 37조 1항).

(2) 외국 선박에 승무하는 자

지방해양수산청장은 선원법 3조에 따른 적용범위에 해당되지 아니하는 외국 선박에 승무하고자 하는 자가 선원수첩 또는 선원신분증명서의 발급을 신청하는 경우 선원수첩 또는 선원신분증명서를 발급할 수 있다(시행령 54조 1항). 지방해양수산청장은 선원수첩을 발급받은 자에 대하여 43조의 규정에 의한 교육을 받게 할 수 있고(2항), 위 교육을 받지 아니한 자에 대하여 선박에의 승무를 제한할 수 있다(3항). 지방해양수산관청은 법 3조의 규정에 의한 적용범위에 해당하지 아니하는 외국선박에 승무하고자 하는 자에 대하여 시행규칙 21조부터 34조까지, 34조의2, 37조 및 38조의 규정을 준용할 수 있다(시행규칙 61조 1항). 외국 선박에 승무하고자 하는 자가 선원수첩을 교부받아 출국할 때에는 지방해양수산관청에서 선원수첩의 공인을 받아야 하고(시행규칙 61조 2항), 이는 외국에서 선박을 인수하거나 대한민국에서 건조한 선박으로서 조선소 책임 하에 선박(외국적 미취득 상태)을 외국에 인도하기 위하여 승선하려는 자의 경우를 포함한다(선원업무 처리지침 22조의2).

라. 선원수첩 등의 재발급, 정정

선원수첩이나 선원신분증명서를 발급받은 사람은 (i) 선원수첩이나 선원신분증명서를 잃어버린 경우, (ii) 헐어서 못 쓰게 된 경우, (iii) 선원수첩 또는 선원신분증명서의 사진이나 주요 기재사항을 알아볼 수 없거나 알아보기 곤란하게 된 경우, (iv) 기재사항란의 여백이 없게 된 경우에는 재발급 받을 수 있다(법 49조, 시행규칙 38조 2항). 선원이 선원수첩의 재발급을 받은 때에는 현재의 승선 공인사항에 대하여 지방해양수산관청의 확인을 받아야 한다(시행규칙 28조).

선원은 선원수첩 또는 선원신분증명서에 기재사항의 착오나 변경이 있는 때에는 지체 없이 지방해양수산관청에 기재사항의 정정을 신청하여야 한다(시행규칙 38조 1항). 정정 또는 재발급의 신청은 선원수첩 또는 선원신분증명서를 발급한 지방해양수산관청 또는 다른 지방해양수산관청에 할 수 있다(시행규칙 38조 3항).

마. 발급 제한

(1) 발급거부

해양수산관청은 (i) 신원이 분명하지 아니한 사람, (ii) 병역법 76조 1항 각 호의 어느 하나에 해당하는 사람에게 선원수첩을 발급하지 아니할 수 있다(법 46조 1항). 선원수첩 또는 선원신분증명서의 발급대상자가 신원이 분명하지 아니한 사람에 해당하는지 여부를 판단하기 위하여 지방해양수산관청에 심사위원회를 둔다(시행규칙 37조 3항). 신청인은 발급거부처분에 대하여 지방해양수산청장을 피고로 하여 행정소송법상 항고소송으로 불복할 수 있다.

(2) 승선선박 또는 승선구역의 한정, 유효기간 설정

해양수산관청은 선원수첩을 발급할 때 필요하다고 인정하면 승선선박 또는 승선구역을 한정하거나 유효기간을 정하여 발급할 수 있다(법 46조 2항). 선원수첩에 승선선박 또는 승선구역을 한정하거나 유효기간을 정하여 발급하여야 할 사람은 (i) 국외출입의 제한이 있는 사람, (ii) 어선 또는 외국영토에 기항하지 아니하는 선박에 승무하려는 사람, (iii) 그 밖에 지방해양수산관청이 승선선박 또는 승선구역을 제한할 필요가 있다고 인정하는 사람 등이다(시행규칙 37조 4항).

지방해양수산관청은 승선선박이나 승선구역을 제한하여 선원수첩을 발급하는 경우 선원수첩의 관청기재사항란에 그 제한내용을 기재하고 날인하되, 그 제한사유가 없어진 경우에는 선원의 신청에 의하여 그 제한을 해제한다(시행규칙 37조 5항).

3. 선원수첩의 관리와 검사

가. 보관, 소지, 반환

선원은 승선하고 있는 동안에는 선원수첩이나 신원보증서를 선장에게 제출하여 선장이 보관하게 하여야 하고, 승선을 위하여 여행하거나 선박을 떠날 때에는 선원 자신이 지녀야 한다(법 45조 2항). 위 규정에 따라 선장이 보관하는 경우를 제외하고서 다른 사람의 선원수첩을 가지고 있는 자는 본인의 요구가 있는 때에는 지체 없이 이를 반환하여야 한다(시행령 11조).

나. 선원수첩 등의 대여 및 부당사용 금지

선원은 선원수첩을 부당하게 사용하거나 다른 사람에게 빌려 주어서는 아니 된다(법 50조). 이를 위반하면 1년 이하의 징역 또는 1천만 원 이하의 벌금형에 처한다(법 174조 4호). 다른 사람의 선원수첩을 대여받거나 사용한 사람도 같은 형으로 처벌한다(법 174조 3호).

다. 검 사

해양수산부장관은 선원의 취업실태나 선원수첩 소지 여부를 파악하거나 그 밖에 필요하다고 인정하는 경우에는 선원수첩을 검사할 수 있다(법 45조 5항).

4. 선원수첩의 실효

(i) 선원수첩을 발급한 날 또는 하선한 날부터 5년(군 복무기간 등 해양수산부장

관이 인정하는 기간은 제외) 이내에 승선하지 아니한 선원의 선원수첩, (ii) 사망한 선원의 선원수첩, (iii) 선원수첩을 재발급한 경우 종전의 선원수첩은 그 효력을 상실한다(법 47조).

5. 신원보증서

(i) 외국 영토에 기항하지 아니하고 어로작업에 종사하는 선박에 승무하는 부원(ⓐ 당직부원의 직무에 종사하는 자, ⓑ 구명정 조정사인 부원, ⓒ 의료관리자, ⓓ ⓑ·ⓒ 외에 원양어선에 승무하는 부원은 각 제외), (ii) 국내항 사이만을 운항하는 여객선에 승무하는 부원 중 선박의 운항과 관련되지 아니하는 업무에 종사하는 자로서 사무원·매점원·안내원 등으로 승무하는 자, (iii) 평수구역 안을 운항하는 부선에 승무하는 선원, (iv) 외국인 선원 등의 경우에는 해양수산부령으로 정하는 바에 따라 선박소유자로부터 신원보증서를 받음으로써 선원수첩의 발급을 갈음할 수 있다(법 45조 1항 단서, 시행령 10조 1항, 시행규칙 35조의2 1, 2항).

Ⅱ. 선원신분증명서

1. 의 의

선원신분증명서란 ILO의 '2003년 선원신분증명서에 관한 협약, 185호'[Seafarers' Identity Documents Convention (Revised), 2003 (No. 185)]에 따라 발급하는 선원의 신분을 증명하기 위한 문서를 말한다(법 2조 19호).[518] 외국과의 협정 등에서 선원신분증명서로 여권을 대신할 수 있도록 하는 경우에는 선원신분증명서의 확인으로 여권의 확인을 대신할 수 있다(출입국관리법 14조 2항).

선원신분증명서의 앞면에는 증명서 번호, 성명, 성별, 국적, 생년월일, 출생지, 주민등록번호, 신체특징, 발급지, 발급일, 기간만료일, 사진, 서명을, 뒷면에는 발급관청, 생체인식정보(지문), 기계판독자료가 표기되어야 한다(법 48조 7항, 시행령 15조).

---

518) 2001. 9. 11. 테러 이후 미국의 제안으로 선원의 신분을 생체인식정보를 수록한 선원신분증명서에 의하여 확인하도록 하는 ILO 185호 협약이 채택되었고, 이를 국내법에 수용한 것이다. 송상현·김현, 해상법원론(4판), 박영사(2008), 159면.

2. 발급신청

가. 신청권자

외국 항을 출입하는 선박에 승선할 선원(대한민국 국민인 선원만 해당)은 대통령령으로 정하는 바에 따라 해양수산관청으로부터 선원신분증명서를 발급받아야 한다(법 48조 1항). 선원법 3조 1항 본문에 따른 선박에 승선하는 외국인으로서 출입국관리법 시행령 [별표 1의3]의 규정에 따른 영주의 자격을 가진 사람과 외국 선박에 승선하는 대한민국 선원은 대통령령으로 정하는 바에 따라 선원신분증명서를 발급받을 수 있다(법 48조 2항, 시행령 14조). 선원신분증명서를 발급받으려는 경우에는 본인이 지방해양수산청장(해양수산사무소장의 경우에는 선원신분증명서 발급장비를 갖춘 사무소의 장에 한정한다)에게 신청하여야 한다(시행령 13조 1항). 미성년자가 선원신분증명서의 발급을 신청할 때에는 그 신청서에 법정대리인의 동의서를 첨부하여야 한다(시행령 13조 2항).

나. 신청방식

선원신분증명서를 발급받으려는 사람은 선원신분증명서 발급신청서에 선원수첩, 선원신분증명서(신규 발급신청의 경우는 제외)를 첨부하여 지방해양수산관청에 제출하여야 한다(시행규칙 34조의2).

3. 발급과 반납

선원신분증명서는 본인에게 발급하거나 본인이 지정한 대리인(선장 또는 고용인에 한한다)을 통하여 발급할 수 있다(시행규칙 37조). 선원신분증명서를 소지한 자가 유효기간의 만료 전에 발급신청을 하거나 재발급신청을 하는 경우 또는 기재사항의 정정신청을 하는 경우에는 소지하고 있는 선원신분증명서를 반납하여야 한다(시행령 13조 3항).

4. 유효기간 등

선원신분증명서의 유효기간은 발급일부터 10년으로 한다(법 48조 3항). 선원신분증명서의 발급 제한 및 실효에 관하여는 선원법 46조 1항 및 47조를 준용한다(법 48조 4항). 선원은 선장이 안전유지에 필요하여 선원의 서면동의를 받아 보관하는 경우 외에는 선원신분증명서를 지녀야 한다(법 48조 5항).

선원은 선원신분증명서를 부당하게 사용하거나 다른 사람에게 빌려 주어서는 아니 된다(법 50조). 이를 위반하면 1년 이하의 징역 또는 1천만 원 이하의 벌금형에 처한다(법 174조 4호). 다른 사람의 선원신분증명서를 대여받거나 사용한 사람도 같은 형으로 처벌한다(법 174조 3호).

5. 신분증 대리보관 금지

선박소유자는 선원의 여권 등 신분증을 대리하여 보관해서는 아니 된다(법 50조의2). 위 조문은 2021. 12. 16.부터 시행되었다.

제 4 장
근로조건

제1절 임 금
제2절 근로시간
제3절 승무정원
제4절 유급휴가
제5절 선내 급식
제6절 안전 · 보건
제7절 연소선원과 여성선원

제1절 임 금

Ⅰ. 의 의

1. 임금의 중요성

임금(賃金)은 선원법이 보호하는 근로조건 중 가장 필수적이고 중요한 보호 대상이다. 임금은 선원이 생존을 확보하기 위하여 가지는 유일한 수단이기 때문이다. 선원법 5조 1항에 의하여 적용되는 근기법 2조 1항 1호는 근로자를 '임금을 목적으로' 사업이나 사업장에 근로를 제공하는 자라고 정의하고 있는 것에서 보다시피 임금은 근로자 내지 근로의 핵심 징표로서도 큰 의미를 가진다. 한편 헌법 32조 1항은 "모든 국민은 근로의 권리를 가진다. 국가는 사회적 · 경제적 방법으로 근로자의 고용의 증진과 적정 임금의 보장에 노력하여야 하며, 법률이 정하는 바에 의하여 최저임금제를 시행하여야 한다."고 규정하고 있고, 3항은 "근로조건의 기준은 인간의 존엄성을 보장하도록 법률로 정한다."고 규정하고 있다. 그리하여 헌법은 적정 임금 보장의 노력의무와 법률이 정한 바에 따른 최저임금제 시행의무를 국가에게 지우고 있고, 인간 존엄성 보장을 위하여 임금을 포함한 근로조건의 법정주의를 밝히고 있다.[1)]

2. 임금의 법적 성격

가. 문제의 소재

임금은 유상 · 쌍무 계약인 선원근로계약에 기초하여 선원이 노무를 제공한 데에 대한 대가이다. 그 대가가 구체적 · 현실적 근로의 대가(노동대가설)인지 아니면 노동력을 선박소유자의 지배 아래 둔 것에 대한 대가, 즉 노동력 제공에 대한 대가(노동력대가설)인지 여부가 문제된다. 양자의 차이는 기본급 외에 상여금, 각종 수당, 복리후생비, 은혜적 · 임의적으로 지급되는 금전이 임금에 해당하는지 여부

---

1) 근로기준법 주해 Ⅰ(제2판), 221면.

를 밝히는 데 사고의 단초를 제공하고, 쟁의행위가 있었을 때 임금이 공제되어야 하는지, 공제된다면 모든 임금이 공제되어야 하는지 문제 등에서 드러난다.

나. 노동대가설

이는 근로계약을 근로와 임금의 교환계약으로 보고 근로제공의 대가로 임금이 지급된다고 보는 견해로, 선원이 구체적으로 근로를 제공할 때 비로소 임금청구권이 생긴다고 본다.[2]

다. 노동력대가설

이는 임금을 근로의 대가로 보지 않고, 선박소유자에게 자신의 노동력을 일정 시간 동안 처분할 것을 맡긴 것에 대한 대가로 보는 견해다. 이 견해는 근로가 종속노동이라는 점에서 출발한다. 선원의 근로는 선박소유자의 지휘·감독을 받아 이루어지기 때문에, 선원근로계약은 근로 그 자체의 제공을 약속한 것이 아니라 일정한 조건 아래 노동력의 처분 권한을 선박소유자에게 주는 계약으로 파악하는 것이 옳다고 한다.[3]

라. 임금이분설

이는 임금은 구체적 근로와 직접 관련되는 교환적 임금 부분과 그렇지 않은 보장적 임금 부분으로 구성된다고 하는 견해다.[4] 이 견해에 따르면, 근로계약은 기업이 근로자의 지위를 취득하기 위하여 사용자와 근로자 사이에 맺어진 계약(일종의 신분적 계약)이라고 하는 '고정적 부분'과, 근로자의 근로제공에 대하여 사용자가 그 대가로 임금을 지급하기로 하는 계약(단순한 채무계약)이라고 하는 '변동적 부분'으로 이루어진다. 이 견해는 임금을 고정적 부분에 대한 보장적 임금과 변동적 부분에 대한 교환적 임금으로 구분한다. 보장적 임금은 종업원이라는 지위에 대하여 지급되고 생활보장의 의미가 포함된 것으로, 가족수당, 통근수당, 학력·근속·연령에 따라 정하는 전통적 연공서열형 임금 등이 이에 해당한다. 교환적 임금은 실제의 근로 제공에 대하여 지급되는 것으로서 정근수당, 근무성과

2) 前橋地裁 1963. 11. 14. 判決, 勞民集 14권 6호 1419면.
3) 札幌地裁 室蘭支部 1964. 4. 8. 判決, 勞民集 15권 2호 232면.
4) 最高裁 1965. 2. 5. 判決, 勞民集 19권 1호 52면.

급, 직무급, 직능급, 특수작업수당 등이 이에 해당한다.

마. 판 례

대법원은 과거에는 임금이분설에 따라 임금을 파악하기도 하였으나,[5] 대법원 1995. 12. 21. 선고 94다26721 전원합의체 판결로 견해를 바꾸어 임금이분설을 폐기하고 노동대가설에 따라 임금을 파악하고 있다. 즉 판례는 현실적 근로 제공이 있어야 임금청구권이 발생한다고 하면서, 선원 측의 원인으로 근로가 이루어지지 않은 경우에는 임금청구권이 생기지 않는다고 한다.[6] 이에 따라 쟁의행위 때문에 선박소유자에게 근로를 제공하지 않았다면 임금을 청구할 수 없다고 한다.[7] 하지만 선원이 근로제공을 하였다면 실제 현실적인 근로를 하지 않더라도 이러한 경우는 선박소유자의 수령지체에 해당하여 선원은 임금지급청구권을 행사할 수 있다고 한다.

쟁의기간 중 임금청구권 일체를 부정한 위 전원합의체 판결에 관하여, 위 판결이 계약해석설(의사해석설)을 취한 것으로 보는 견해,[8] 임금일체설을 취한 것으로 보는 견해,[9] 근로관계정지에 입각하고 있다고 보는 견해[10] 등이 있다.

3. 임금의 개념

가. 선원법상 임금의 정의

임금이란 선박소유자[11]가 근로의 대가로 선원에게 임금, 봉급, 그 밖에 어떠한 명칭으로든 지급하는 모든 금전을 말한다(법 2조 10호).

(1) 근로의 대가

임금은 '근로의 대가'로 지급되는 금전이다. 따라서 근로에 대한 대가가 아니라

---

5) 대법원 1992. 3. 27. 선고 91다36307 판결.
6) 대법원 2002. 8. 23. 선고 2000다60890 판결.
7) 대법원 1995. 12. 21. 선고 94다26721 전원합의체 판결.
8) 조경배, "쟁의기간중의 임금지급 문제", 1996 노동판례비평, 민주사회를 위한 변호사모임(1997), 230면.
9) 김홍준, "파업기간 중의 임금지급범위", 노동법연구 6호(1997. 8.), 489면.
10) 임종률a, "파업기간 중 임금지급에 관한 대법 판결", 노동법학 6호(1996. 12), 37면.
11) 선원법 2조 9호, 10호, 56조 1항에 규정된 선박소유자는 2조 2호에 규정된 선박소유자와는 달리 선원근로계약을 체결하지 아니한 선박소유자를 포함하지 않는다는 견해로는 서울중앙지법 2014. 1. 7. 선고 2013가소632785 판결.

선박소유자가 소속 선원들의 복리 후생을 위해 지급하는 금전이나 복리시설 이용 혜택은 원칙적으로 임금이라 말할 수 없다.[12] 실비변상적 성질을 갖는 것도 임금에 해당하지 않는다.[13]

(2) 금 전

근기법상 임금은 사용자가 근로자에게 근로의 대상으로 지급하는 일체의 '금품'을 의미하지만(근기법 2조 1항 5호), 선원법에서는 물품을 제외한 일체의 '금전'만을 임금이라고 규정하고 있다. 이는 선원이 선박 내에서 승무하는 동안 일체의 숙식을 선박소유자가 부담하기 때문에, 일반근로자처럼 물품을 임금에 포함하게 되면 선박소유자가 숙식에 필요한 모든 생활비까지 임금에 포함시키는 불합리한 결과가 초래되므로 물품을 임금에서 제외한 것이다.[14]

나. 선내 급식의 성격

선내 급식이 선박소유자가 근로의 대상으로 지급하는 것인지, 아니면 선박의 운항에 필요한 비품의 일종으로 볼 것인지 문제된다. 선원법은 선박소유자에게 승무 중인 선원을 위하여 적당한 양과 질의 식료품과 물을 선박에 공급하고, 조리와 급식에 필요한 설비를 갖추어 선내 급식을 하여야 할 의무를 부과하고 있고(76조 1항), 선박소유자는 해양수산부장관의 승인을 받아 식료품 공급을 갈음하여 선내 급식을 위한 식료품의 구입비용을 선장에게 지급하고, 선장에게 선내 급식을 관리하게 할 수 있다(77조 1항)고 규정하고 있다. 이와 같이 선박소유자가 선원에게 직접 선내 급식비를 금전으로 지급하는 것이 아니라 현물급식을 행하도록 한 것은 선내 급식이 근로의 대가라기보다는 선박항해의 특성상 선원의 건강 유지를 위하여 선박소유자에게 그 의무를 부과한 것이고, 위에서 본 바와 같이 선원의 임금은 금전에 한정되고 현물은 제외되므로, 선내 급식은 선박운항에 필요한 비용으로 보아야 한다.[15] 다만 식대비가 실제 근무일수와는 무관하게 선원에게 정기적·일률적으로 근로의 대가로 지급되는 경우에는 통상임금[16] 또는 승선평균임금[17]에 해

12) 근로기준법 주해 Ⅰ(제2판), 244면.
13) 대법원 1971. 10. 22. 선고 71다1982 판결.
14) 조귀연, "선원법과 근로기준법과의 관계", 해양한국 206호(1990. 11), 77면.
15) 부산지법 2006. 9. 14. 선고 2006나880 판결; 민경태, "개정 선원법상 선원의 임금제도", 해양한국 206호(1990. 11), 82-83면.

당한다.

다. 선박소유자가 ITF에 납부한 추가임금

선원의 임금과 관련하여 국제운수노련(International Transportation Worker's Federation, ITF)은 낮은 임금에 시달리고 있는 후진국 선원들의 권익을 옹호하기 위하여 ITF에 가입되어 있는 선원노동조합 소속의 선원들이 지급받고 있는 실질임금이 ITF 책정의 기준임금에 미달하는 경우에는 선박소유자에 대하여 추가임금의 지급을 강요하는 수단으로 선박에 대한 하역작업 거부, 출항금지 등 제재를 가하고,[18] 선박소유자가 추가임금을 ITF에 납부하면 이를 당해 선원에게 직접 송금하여 주는 사례가 있다.

이 경우 ITF에 가입되어 있는 선원 소속 국가의 노동조합과 선박소유자 사이에는 선원의 임금에 관하여 ITF책정의 기준임금에 따르기로 단체협약을 맺어 놓고 있기 때문에, ITF가 선원이 낮은 임금을 지급받고 있는 사실을 탐지하여 당해 선박회사에게 추가임금의 지급을 권고하면 선박소유자는 아무런 조건이나 제한을 붙이지 아니하고 추가임금을 ITF에 납부하게 된다. ITF는 아무런 조건이나 제한 없이 이를 당해 선원에게 송금하여 당해 선원으로부터 그 영수증까지 교부받고 있다.

이와 같이 선원이 선박소유자로부터 지급받은 실질임금이 ITF가 책정한 기준임금에 미달하고, 이를 탐지한 ITF가 선박소유자에게 그 차액에 해당하는 추가임금의 지급을 권고하여 선박소유자가 ITF를 통하여 선원에게 지급한 추가임금은 선원에게 귀속된다.[19]

---

16) 서울고법 2011. 1. 28. 선고 2010나31411 판결; 인천지법 2011. 11. 17. 선고 2009가합23036 판결.

17) 인천지법 2009. 7. 8. 선고 2008나19492 판결.

18) ITF는 편의치적선의 선주가 일반적으로 경비의 절약만을 목적으로 하고 있기 때문에 승무원에 대하여 국제수준 이하의 대우를 하고 있을 뿐 아니라 수리비 등까지 최소한도로 줄이려는 선주도 없지 않은데다가 초과근무를 강요하는 일이 많아 선원에 대한 인간적 대우의 결여는 물론 생명의 위협이 존재한다고 주장하면서, ITF협약을 작성하여 같은 협약이나 그 이상의 조건을 내용으로 하는 협약을 체결한 선박의 선주 또는 선장에게는 청색증명서(blue certificate)라는 ITF의 공인증서를 발급하고, 승무원의 근로조건이 위 협약보다 낮은 편의치적선에 대하여는 가맹조합으로 하여금 하역 예선 등 취로를 보이콧하게 하고 있다. 윤윤수, "편의치적선(Ship under Flags of Convenience)", 재판자료 73집(1996), 511-512면.

19) 대법원 1981. 7. 7. 선고 80도1581 판결(船)은, "ITF에 가입되어 있는 국가의 선원노동조합과 선박소유자 사이에는 선원들의 임금에 관하여 ITF 책정의 기준임금에 따르기로 단체협약을 맺어 놓고 있기는 하나(위 단체협약은 ITF의 인가를 받고 있다) 선진국 선원들의 임금 수준을 기초로 하여 책정된

라. 선원의 무임 화물 반입권

고대 그리스의 로도스(Rhodos) 해상법 제2부 7조는 선장은 항해기업 참가자의 일원으로 해원을 고용하고, 선주와 선원은 일정한 지분을 가진다고 규정하고 있다. 중세부터 근세까지 선박소유자는 선원에게 금전으로 지급하는 임금 이외에 일정수량의 화물을 무임으로 선내에 가져올 수 있는 특권(mariner's portage, freight privilege, Führung)[20]을 선원에게 부여하였다.[21] 그러나 위와 같은 특권으로 인하여 본선출항이 지연되는 등 폐단이 생기고, 임금노동제가 확립되자 17세기부터 위와 같은 특권은 폐지되었다. 이와 같은 연혁에 비추어 보면, 선원이 무임으로 반입한 화물은 비록 선박소유자가 이를 용인한다 하더라도 선원법의 해석상 임금에 해당하지 않는다고 보아야 한다.

ITF의 기준임금에 일률적으로 따른다는 것은 각국의 해운업계의 실정이나 경제상황 등에 비추어 매우 어려운 일이기 때문에 개발도상국 등 일부 국가의 해운업계에서는 형식상으로는 ITF가 인가한 단체협약에 따르는 것처럼 하되, 선박소유자와 당해 선원과 개별적인 고용계약에서는 그 나라의 실정에 맞추어 임금조건을 따로 약정하고, 그렇게 하는 경우 ITF의 권유와 제재 때문에 선박소유자가 부득이 추가임금을 당해 선원에게 지급하게 되는 경우가 예상되므로 당해 선원이 위와 같은 경위로 고용계약상 약정을 초과하는 추가임금을 지급받게 되는 경우 이를 당해 선박회사에 반환하기로 따로 약정하는 것이 관례이며, 선원이 지급받게 된 위 추가임금은 비록 선원과 선박소유자 사이의 직접적인 고용계약에 의한 것이 아니고 선원 소속의 선박노동조합과 선박소유자 사이에 맺어진 단체협약과 그 단체협약의 내용을 실현시키려는 ITF의 권유 또는 제재에 의한 것이더라도 위 추가임금은 역시 선원에게 귀속되는 임금의 성격을 가지고, 선원이 선박소유자에게 위 금원을 지급받으면 이를 반환한다는 약정이 있었다 하여 그것만으로 선박소유자에 대하여 그 금원의 보관책임이 생긴다고는 볼 수 없고 선박소유자와의 약정에 따라 위 추가임금을 반환해야 할 계약상 채무만을 부담한다."라고 판시하여, 단체협약에 위반하는 근로계약의 효력을 긍정하고 있다. 그러나 위와 같은 약정은 노조법 33조에 위반되므로 무효이고, 선원은 추가임금을 반환할 채무를 부담하지 아니한다.

20) 이와 구분되면서도 유사한 것으로는 선원이 개인 화물에 대하여 운임을 치루고 선적공간을 이용할 수 있는 제도인 adventure가 있다. Marcus Rediker, *BETWEEN THE DEVIL AND THE DEEP BLUE SEA: Merchant Seamen, Pirates and the Anglo-American Maritime World, 1700-1750*, Cambridge University Press(1987), 마커스 레디커, 악마와 검푸른 바다 사이에서: 상선선원, 해적, 영-미의 해양세계, 1700-1750, 박연 옮김, 까치글방(2001), 127면.

21) 사와 센페이(佐波宣平) 저, 김성준 · 남택근 옮김, 현대 해사용어의 어원, 문현(2017), 195면. 해상법에 의하면 "만약 선원이 화물 무임 반입 조건으로 고용되었다면, 선원 1명에 대하여 1톤의 무임화물 반입이 허가된다. 이것은 해상 관습으로 정해져 있다."고 규정하고 있다(Black Booke of the Admiralty, The Judgements of the Sea § 28, I. p.123).

Ⅱ. 임금의 종류

1. 통상임금

가. 의 의

(1) 선원법의 정의

통상임금이란 선원에게 정기적·일률적으로 일정한 근로 또는 총근로에 대하여 지급하기로 정하여진 시간급금액, 일급금액, 주급금액, 월급금액 또는 도급금액을 말한다(법 2조 11호).

(2) 통상임금의 개념 징표에 관한 판례

(가) 통상임금의 개념 정립[22)]

통상임금 개념은 무엇보다 아래와 같이 기준임금으로서 요청되는 통상임금의 본질과 기능에 부합하는 방향으로 새로이 정립되어야 한다.

첫째, 통상임금은 법적 개념이므로 원칙적으로 법령상 정의에 충실하게 해석해야 한다(법령 부합성). 둘째, 통상임금은 강행적 개념이므로 당사자가 법령상 통상임금의 범위를 임의로 변경할 수 없어야 한다(강행성). 셋째, 통상임금은 소정근로의 가치를 온전하게 담아낼 수 있는 개념이라야 한다(소정근로 가치 반영성). 넷째, 통상임금은 사전에 명확하게 산정될 수 있어야 한다(사전적 산정 가능성). 다섯째, 통상임금 개념은 연장·야간·휴일근로(이하 '연장근로 등'이라 한다)의 억제라는 근로기준법의 정책 목표에 부합하여야 한다(정책 부합성).

(나) 객관적 성질에 따른 판단[23)]

임금이 통상임금에 속하는지 여부는 그 임금이 소정근로의 대가로 근로자에게 지급되는 금전으로서 정기적·일률적으로 지급되는 것인지를 기준으로 객관적 성질에 따라 판단하여야 하고, 임금의 명칭이나 지급주기의 장단 등 형식적 기준에

---

22) 대법원 2024. 12. 19. 선고 2020다247190 전원합의체 판결. 위 판결 선고일인 2024. 12. 19. 이후 제공한 연장근로 등에 대한 법정수당은 새로운 법리에 따른 통상임금의 범위를 기초로 그 지급액을 산정하여야 하고, 2024. 12. 18.까지 제공한 연장근로 등에 대한 법정수당은 당해사건 및 병행사건을 제외하고는 종래 법리에 따른 통상임금을 기초로 산정하여야 한다.

23) 대법원 2013. 12. 18. 선고 2012다89399 전원합의체 판결의 판시사항을 2020다247190 전원합의체 판결의 취지에 따라 고정성 개념을 통상임금의 개념적 징표에서 제외하는 것으로 정리하였다.

의해 정할 것이 아니다. 여기서 소정근로의 대가라 함은 근로자가 소정근로시간에 통상적으로 제공하기로 정한 근로에 관하여 사용자와 근로자가 지급하기로 약정한 금전을 말한다. 근로자가 소정근로시간을 초과하여 근로를 제공하거나 근로계약에서 제공하기로 정한 근로 외의 근로를 특별히 제공함으로써 사용자로부터 추가로 지급받는 임금이나 소정근로시간의 근로와는 관련 없이 지급받는 임금은 소정근로의 대가라 할 수 없으므로 통상임금에 속하지 아니한다. 위와 같이 소정근로의 대가가 무엇인지는 근로자와 사용자가 소정근로시간에 통상적으로 제공하기로 정한 근로자의 근로의 가치를 어떻게 평가하고 그에 대하여 얼마의 금전을 지급하기로 정하였는지를 기준으로 전체적으로 판단하여야 하고, 그 금전이 소정근로시간에 근무한 직후나 그로부터 가까운 시일 내에 지급되지 아니하였다고 하여 그러한 사정만으로 소정근로의 대가가 아니라고 할 수는 없다.

(다) 정기성

임금이 통상임금에 속하기 위해서 '정기성'을 갖추어야 한다는 것은 임금이 일정한 간격을 두고 계속적으로 지급되어야 함을 의미한다. 통상임금에 속하기 위한 성질을 갖춘 임금이 1개월을 넘는 기간마다 정기적으로 지급되는 경우, 이는 노사간의 합의 등에 따라 근로자가 소정근로시간에 통상적으로 제공하는 근로의 대가가 1개월을 넘는 기간마다 분할 지급되고 있는 것일 뿐, 그러한 사정 때문에 갑자기 그 임금이 소정근로의 대가로서 성질을 상실하거나 정기성을 상실하게 되는 것이 아님은 분명하다. 따라서 정기상여금과 같이 일정한 주기로 지급되는 임금의 경우 단지 그 지급주기가 1개월을 넘는다는 사정만으로 그 임금이 통상임금에서 제외된다고 할 수는 없다.

(라) 일률성

임금이 통상임금에 속하기 위해서는 그것이 일률적으로 지급되는 성질을 갖추어야 한다. '일률적'으로 지급되는 것에는 '모든 근로자'에게 지급되는 것뿐만 아니라 '일정한 조건 또는 기준에 달한 모든 근로자'에게 지급되는 것도 포함된다. 여기서 '일정한 조건'이란 고정적이고 평균적인 임금을 산출하려는 통상임금의 개념에 비추어 볼 때 고정적인 조건이어야 한다. 일정 범위의 모든 근로자에게 지급된 임금이 일률성을 갖추고 있는지 판단하는 잣대인 '일정한 조건 또는 기준'은 통상임금이 소정근로의 가치를 평가한 개념이라는 점을 고려할 때, 작업내용이나 기술·경력 등과 같이 소정근로의 가치평가와 관련된 조건이라야 한다.

(마) 노사합의의 효력

통상임금은 근로조건의 기준을 마련하기 위하여 법이 정한 도구개념이므로, 사용자와 근로자가 통상임금의 의미나 범위 등에 관하여 단체협약 등에 의해 따로 합의할 수 있는 성질의 것이 아니다. 따라서 성질상 근기법상 통상임금에 속하는 임금을 통상임금에서 제외하기로 노사 간에 합의하였다 하더라도 그 합의는 효력이 없다.[24] 연장·야간·휴일 근로에 대하여 통상임금의 50% 이상을 가산하여 지급하도록 한 근기법의 규정은 각 해당 근로에 대한 임금산정의 최저기준을 정한 것이므로, 통상임금의 성질을 가지는 임금을 일부 제외한 채 연장·야간·휴일 근로에 대한 가산임금을 산정하도록 노사 간에 합의한 경우 그 노사합의에 따라 계산한 금액이 근기법에서 정한 위 기준에 미달할 때에는 그 미달하는 범위 내에서 노사합의는 무효이고, 무효로 된 부분은 근기법이 정하는 기준에 따라야 한다.

단체협약 등 노사합의의 내용이 근기법의 강행규정을 위반하여 무효인 경우에, 무효를 주장하는 것이 신의칙에 위배되는 권리의 행사라는 이유로 이를 배척한다면 강행규정으로 정한 입법 취지를 몰각시키는 결과가 될 것이므로, 그러한 주장이 신의칙에 위배된다고 볼 수 없음이 원칙이다. 그러나 노사합의의 내용이 근기법의 강행규정을 위반한다고 하여 노사합의의 무효 주장에 대하여 예외 없이 신의칙의 적용이 배제되는 것은 아니다. 신의칙을 적용하기 위한 일반적인 요건을 갖춤은 물론 근기법의 강행규정성에도 불구하고 신의칙을 우선하여 적용하는 것을 수긍할 만한 특별한 사정이 있는 예외적인 경우에 한하여 노사합의의 무효를 주장하는 것은 신의칙에 위배되어 허용될 수 없다.

(바) 고정성 개념의 제외

① 변경 전 판례

어떤 임금이 통상임금에 속하기 위해서는 그것이 고정적으로 지급되어야 한다. '고정성'이라 함은 '근로자가 제공한 근로에 대하여 업적, 성과 기타의 추가적

---

24) 선원근로관계에 관한 같은 취지의 판결로는 인천지법 2011. 11. 17. 선고 2009가합23036 판결.

인 조건과 관계없이 당연히 지급될 것이 확정되어 있는 성질'을 말하고, '고정적인 임금'은 '임금의 명칭 여하를 불문하고 임의의 날에 소정근로시간을 근무한 근로자가 그 다음 날 퇴직한다 하더라도 그 하루의 근로에 대한 대가로 당연하고도 확정적으로 지급받게 되는 최소한의 임금'이라고 정의할 수 있다. 고정성을 갖춘 임금은 근로자가 임의의 날에 소정근로를 제공하면 추가적인 조건의 충족 여부와 관계없이 당연히 지급될 것이 예정된 임금이므로, 지급 여부나 지급액이 사전에 확정된 것이라 할 수 있다.[25] 이와 달리 근로자가 소정근로를 제공하더라도 추가적인 조건을 충족하여야 지급되는 임금이나 조건 충족 여부에 따라 지급액이 변동되는 임금 부분은 고정성을 갖춘 것이라고 할 수 없다.[26]

② 변경 후 판례: 대법원 2024. 12. 19. 선고 2020다247190 전원합의체 판결

고정성이란 잣대 없이도, 근로자와 사용자가 소정근로시간에 제공하기로 정한 근로의 대가라는 '소정근로 대가성', 임금의 지급 시기와 지급 대상이 미리 일정하게 정해졌을 것을 요구하는 '정기성'과 '일률성'의 개념을 통하여 통상임금에 해당하는지 여부를 올바르게 판단할 수 있다. 이러한 통상임금을 이루는 개념에는 '임금 지급에 관한 일정한 사전적 규율'의 의미가 내포되어 있으므로, 소정근로의 제공과 관계없이 일시적이거나 변동적으로 지급되는 금전은 여전히 통상임금에서 제외된다.

(i) **특정 시점에 재직 중인 근로자에게만 지급하는 임금**('재직조건부 임금'): 통상임금은 실근로와 구별되는 소정근로의 가치를 반영하는 도구개념이므로, 계속적인 소정근로의 제공이 전제된 근로관계를 기초로 산정하여야 한다. 근로자가 재직하는 것은 근로계약에 따라 소정근로를 제공하기 위한 당연한 전제이다. '퇴직'은 정년의 도래, 사망, 해고 등과 함께 근로관계를 종료시켜 실근로의 제공을 방해하는 장애사유일 뿐, 근로자와 사용자가 소정근로시간에 제공하기로 정한 근로

---

25) 대법원 2014. 5. 29. 선고 2012다115786 판결.

26) 근로자가 소정근로를 했는지 여부와는 관계없이 지급일 기타 특정 시점에 재직 중인 근로자에게만 지급하기로 정해져 있는 임금은 그 특정 시점에 재직 중일 것이 임금을 지급받을 수 있는 자격요건이 된다. 그러한 임금은 기왕에 근로를 제공했던 사람이라도 특정 시점에 재직하지 않는 사람에게는 지급하지 아니하는 반면, 그 특정 시점에 재직하는 사람에게는 기왕의 근로 제공 내용을 묻지 아니하고 모두 이를 지급하는 것이 일반적이다. 그와 같은 조건으로 지급되는 임금이라면, 그 임금은 이른바 소정근로에 대한 대가의 성질을 가지는 것이라고 보기 어려울 뿐만 아니라, 근로자가 임의의 날에 근로를 제공하더라도 그 특정 시점이 도래하기 전에 퇴직하면 당해 임금을 전혀 지급받지 못하므로 고정성을 결여한 것으로 보아야 한다. 대법원 2020. 4. 9. 선고 2015다20780 판결.

의 대가와는 개념상 아무런 관련이 없다. 따라서 어떠한 임금을 지급받기 위하여 특정 시점에 재직 중이어야 한다는 조건이 부가되어 있다는 사정만으로 그 임금의 소정근로 대가성이나 통상임금성이 부정되지 않는다.

(ii) **일정 근무일수를 충족하여야만 지급하는 임금**('근무일수 조건부 임금'): 소정근로를 온전하게 제공하는 근로자라면 충족할 근무일수 조건, 즉 소정근로일수 이내로 정해진 근무일수 조건의 경우, 그러한 조건이 부가되어 있다는 사정만으로 그 임금의 통상임금성이 부정되지 않는다. 설령 근로자의 실제 근무일수가 소정근로일수에 미치지 못하여 근로자가 근무일수 조건부 임금을 지급받지 못하더라도, 그 임금이 소정근로 대가성, 정기성, 일률성을 갖추고 있는 한 이를 통상임금에 산입하여 연장근로 등에 대한 법정수당을 산정하여야 한다. 통상임금은 실제 근무일수나 실제 수령한 임금에 관계없이 소정근로의 가치를 반영하여 정한 기준임금이기 때문이다. 반면 소정근로일수를 초과하는 근무일수 조건부 임금은 소정근로를 제공하였다고 하여 지급되는 것이 아니고 소정근로를 넘는 추가 근로의 대가이므로 통상임금이 아니다.

(iii) **성과급**: 근로자의 근무실적에 따라 지급되는 성과급은 단순히 소정근로를 제공하였다고 지급되는 것이 아니라 일정한 업무성과를 달성하거나 그에 대한 평가결과가 어떠한 기준에 이르러야 지급되므로, 일반적으로 '소정근로 대가성'을 갖추었다고 보기 어렵다. 따라서 고정성을 통상임금의 개념적 징표에서 제외하더라도 위와 같은 순수한 의미의 성과급은 여전히 통상임금에 해당한다고 볼 수 없다. 다만 근무실적과 무관하게 최소한도의 일정액을 지급하기로 정한 경우 그 금액은 소정근로에 대한 대가에 해당한다.

나. 통상임금의 산정

(1) 시간급통상임금

(가) 산정방법

통상임금을 시간급금액으로 산정할 때에는 (i) 시간급금액으로 정하여진 임금에 대하여는 그 금액, (ii) 일급금액으로 정하여진 임금에 대하여는 그 금액을 1일의 소정근로시간수로 나눈 금액, (iii) 주급금액으로 정하여진 임금에 대하여는 그 금액을 주의 소정근로시간수로 나눈 금액, (iv) 월급금액으로 정하여진 임금에 대하여는 그 금액을 월의 소정근로시간수로 나눈 금액,[27] (v) 일·주·월 외의 일정한 기간으로 정하여진 임금에 대하여는 (ii)~(iv)에 준하여 산정된 금액, (vi) 도급제에 의하여 정하여진 임금에 대하여는 그 임금산정기간에서 도급제에 의하여 계산된 임금의 총액을 당해 임금산정기간(임금마감일이 있는 경우에는 임금마감 기간을 말한다)의 총근로시간수로 나눈 금액, (vii) 임금이 (i)~(vi) 정한 2이상의 임금으로 되어 있는 경우에는 그 부분에 대하여 (i)~(vi)의 방법에 의하여 각각 산정된 금액의 합산액의 방법으로 한다(시행령 3조의2 1항).

(나) 소정근로시간

'1일의 소정근로시간' 또는 '1주의 소정근로시간'이란 선원법 60조에 따른 근로시간의 범위 내에서 단체협약 또는 선원과 선박소유자 간에 정한 근로시간을 말하며, '월의 소정근로시간'이란 월의 소정근로일수에 1일의 소정근로시간을 곱한 시간을 말한다. 다만 임금체계가 근로시간에 관계없이 책정되어 있는 경우에는 항해 중인 항해당직자의 소정근로시간은 항해 중인 항해당직자 외의 선원의 소정근로시간과 같아야 한다(시행령 3조의2 2항).

(다) 산정기초임금

통상임금의 산정기초임금은 선원법 기준근로시간 또는 그 이내에서 정한 근로시간에 대하여 지급하기로 정한 기본임금과 단체협약이나 취업규칙 또는 근로계약 등에 의하여 선원에게 정기적·일률적으로 임금산정기간에 지급하기로 정하여진 고정임금으로 한다. 그러므로 시간외근로수당 등 법정수당과 임시적·부분적·부정기적으로 지급되는 변동임금은 포함되지 아니한다['통상임금 및 승선평균임금의 산정지침'(국토해양부예규 247호) 4조 1항]. 도급제에 의하여 정하여진 임금에 대하여는 당사자 간에 정한 총계약임금 또는 1임금산정기간까지의 임금총액으로 한다(산정지침 4조 2항).

항해에 관한 선원고용계약에서 휴가비를 매월 월급과 함께 지급한 경우, 선원에게 지급된 휴가비는 유급휴가를 사용하지 않은 채 선원이 소정근로시간을 초과하여 근로를 제공함으로서 추가로 지급받은 돈이어서 소정근로에 대한 대가성 내지 정기성을 갖춘 임금으로 보기 어려우므로, 통상임금에 포함되지 않는다는 판결

27) 월급금액으로 정한 통상임금을 시간급금액으로 산정하는 방법에 관한 당사자의 주장은 자백의 대상이 되는 사실에 관한 진술이라 할 수 없다. 대법원 2014. 8. 28. 선고 2013다74363 판결.

례가 있다.[28)]

(라) 예 시

시간급통상임금은 시간급임금으로 정하여진 때에는 그 금액을 말하며, 일급금액, 주급금액 또는 월급금액으로 정하여진 임금의 경우에는 초과근로에 대한 법정수당분을 제외한 금액을 그 기간의 소정근로시간으로 나눈 금액으로 한다(산정지침 5조 1항).

> 산정례: 1일 9시간 근로에 법정수당을 포함한 일급이 190,000원인 경우
> 190,000 ÷ (8시간 + 1.5시간) = 20,000원

(마) 월급으로 정해진 임금에 대한 시간급통상임금

① 유급주휴일이 인정되는 근기법에서 실무상 월급으로 정해진 임금에 대한 시간급통상임금의 산정방법에 관하여 판례와 학설상 견해대립이 있다. 근기법상 근로자에 대하여 판례는 주휴일수당의 통상임금 해당성을 부정하는데,[29)] 이에 의하면 월정액 급여에 주휴일수당이 당연히 포함되어 있으므로, 통상임금의 계산방법은 아래와 같다.[30)]

> 시간급 통상임금을 a, 월급액을 M, 주 소정근로시간을 h_1, 유급 처리되는 시간(주휴일에 유급으로 하는 근로시간수)을 h_2라 하면,
> 주휴일수당은 ah_2
>
> $$M = (ah_1 + ah_2) \times \frac{365}{12 \times 7} = a(h_1 + h_2) \times \frac{365}{12 \times 7}$$
>
> $$\therefore a = \frac{M}{h_1 + h_2} \times \frac{12 \times 7}{365}$$

② 만약 선원에게 유급주휴일이 인정된다면, 1일 8시간, 주 40시간 근로제에

28) 서울고법 2020. 12. 3. 선고 (인천)2020나10877 판결.

29) 대법원 1998. 4. 24. 선고 97다28421 판결; 대법원 2024. 12. 19. 선고 2020다247190 전원합의체 판결.

30) 대법원 2015. 8. 19. 선고 2012다119351 판결.

서 가산수당 산정을 위한 시간급 통상임금의 산정방법은 아래와 같다.[31)]

시간급 통상임금을 a라 하면, 주휴일수당은 $8a$
1주 동안 실제 근무한 데에 따른 임금은 $40a$
주휴일수당을 포함한 1주 임금은 $8a+40a=48a$
연간 월 평균 급여는 $48a \times \frac{365}{7} \div 12 = 208.57 \times a$
월급을 P라 하면, $P = 208.57 \times a$
$\therefore a = \frac{P}{208.57}$

③ 이와 달리, 판례에 반대하면서 주휴일수당을 통상임금에서 제외할 이유가 없다고 보는 견해에 따르면, 통상임금 산정에 주휴일수당은 고려될 이유가 없고, 시간급 통상임금 산정은 월급여액을 월의 소정근로시간수로 나누기만 하면 된다고 한다.[32)] 월 소정근로시간 수는 근로시간에 관하여 당사자 사이에 아무런 합의가 없다면 법정근로시간 자체가 소정근로시간이 되므로, 월 소정근로시간은 단체협약 · 취업규칙 · 선원근로계약 등에서 유급휴일로 하는 날이 하루도 없다면, 주 40시간 근로시간인 경우 173.25시간[33)]으로 월급액을 나누면 된다고 한다.

④ 판례는, 선원법 5조 1항에서 유급주휴일제도에 관한 근기법 55조를 배제하고 있으므로, 주휴일을 유급으로 하기로 약정한 경우는 별론으로 하더라도 선원에게는 법정 유급주휴일제도가 적용되지 아니한다는 입장을 취하고 있다.[34)] 따라서

---

31) 전영우, "선원법상 시간외근로수당 산정을 위한 월(月)의 소정근로시간에 관한 연구", 한국해법학회지 36권 2호(2014), 379－380면; "해운업계는 40여 년 전 근로기준법 준용 규정이 존재했던 것을 이유로 상당히 많은 회사가 주 유급휴일 1일이 포함된 월 소정근로시간 209시간을 적용하고 있다"는 견해로는 전정근 · 박성호, "선원 근로시간 산정기준의 개선을 위한 입법론적 연구", 해사법연구 37권 1호(2025. 3), 155면; "기본임금 외에 공휴, 시간외, 연가, 연차, 기타 수당 등을 모두 포함한 제 수당을 합산한 금액을 월급여로 지급한다"는 내용으로 포괄임금제 취지의 근로계약을 체결한 예선원에 대하여 유급주휴일이 있음을 전제로 시간급 통상임금 산정의 기초가 되는 월 소정근로시간을 209시간으로 본 사례로는 광주지법 2019. 10. 30. 선고 2019나55261 판결.

32) 김기덕, "주휴일 임금과 통상임금의 산정", 노동과 법 6호, 금속법률원(2006), 304면.

33) [{365일－(365일÷7＋1일)}×(40시간÷6일)]÷12개월. '365일÷7＋1일'의 1일은 근로자의 날이다. 1일 근로시간은 주 40시간을 주당 근무일 6일로 나누어 산정한다. 만일 단체협약 등에서 유급으로 하는 날이 있다면 그 날짜수를 위 1일란에 더하여 산정하면 된다. 가령 유급으로 하기로 한 휴일이 10일이라면 167.68시간이 월 소정근로시간수가 된다.

34) 대법원 2023. 9. 14. 선고 2023다241100 판결; 서울고법 2020. 12. 3. 선고 (인천)2020나10877 판결; 부산지법 2008. 9. 26. 선고 2008가단71687 판결.

유급주휴일제도가 없는 경우 선원의 통상임금을 계산하면 월급을 173.81로 나눈 금액이 되고, 구체적인 산정방법은 다음과 같다.[35)]

시간급 통상임금을 a라 하면, 1주 동안 실제 근무한 데에 따른 임금은 $40a$

연간 월 평균 급여는 $40a \times \frac{365}{7} \div 12 = 173.81a$

월급을 P라 하면, $P = 173.81a$

$\therefore a = \frac{P}{173.81}$

생각건대, (i) 성질상 통상임금을 기초로 산정되는 주휴수당은 개념적으로 통상임금이 될 수 없는 점,[36)] (ii) '1일의 소정근로시간' 또는 '1주의 소정근로시간'이란 법 60조에 따른 근로시간의 범위 내에서 단체협약 또는 선원과 선박소유자간에 정한 근로시간을, '월의 소정근로시간'이라 함은 월의 소정근로일수에 1일의 소정근로시간을 곱한 시간을 각 말하는 점(시행령 3조의2 2항), (iii) 월급제의 경우 시간급 통상임금은 월급금액으로 정하여진 임금에 대하여는 그 금액을 월의 소정근로시간수로 나눈 금액인 점(시행령 3조의2 1항 4호), (iv) 1일 소정근로시간은 법정근로시간 내에서 당사자 사이에 합의한 시간이고 월의 소정근로일수는 1달의 평균일수에서 그 달의 평균휴일수를 뺀 일수인 점,[37)] (v) 2024년 전원합의체 판결

---

35) 인천지법 부천지원 2020. 1. 31. 선고 2018가합103302 판결. 위 판결은 항소심(서울고법 2020. 12. 3. 선고 (인천)2020나10877 판결, 항소기각), 상고심(대법원 2021. 4. 29.자 2021다203678 판결, 상고기각)을 거쳐 확정되었다.

36) 대법원 2024. 12. 19. 선고 2020다247190 전원합의체 판결; 시급제 또는 일급제 근로자가 기본 시급 또는 기본 일급 외에 매월 지급받는 고정수당 중에는 근로계약·단체협약 등에서 달리 정하지 않는 한 유급휴일에 실제로 근무를 하지 않더라도 근무를 한 것으로 간주하여 지급되는 법정수당인 주휴수당이 포함되어 있지 않다(대법원 2020. 8. 20. 선고 2017다273663 판결).

37) 대법원 1998. 4. 24. 선고 97다28421 판결. 단체협약상 1주일에 6일을 근무하되 주당 근로시간이 44시간으로 되어 있는 경우 '1일 소정근로시간'은 44/6시간이고, '월의 소정근로일수'는 1달의 평균일수에서 그 달의 평균휴일수를 뺀 일수 즉 '365/12−365/(12×7)=365/12×6/7'일이 되고, 따라서 '월의 소정근로시간'은 '44/6×365/12×6/7≒191.19'시간이 된다. 월급제 사원이 지급받는 월급과 시급제 사원이 매월 지급받는 고정수당에 통상임금으로 볼 수 없는 구 근기법 45조 소정의 유급휴일에 대한 임금의 성격을 갖는 부분과 토요일 오후 4시간분에 대한 임금으로서의 성격을 갖는 부분이 포함되어 있어 그 통상임금을 확정하기가 곤란한 경우에는 근로자들이 유급휴일과 토요일 오후 4시간을 근무한 것으로 의제하여 그 총근로시간수를 산정한 후, 유급휴일에 대한 임금의 성격을 갖는 부분과 토요일 오후 4시간분의 임금의 성격을 갖는 부분이 포함된 월급 또는 고정수당을 그 총근로시간수{=(44+8+4)/7×365/12≒243.33(시간)}로 나누는 방식에 의하여 각 그 시간급 통상임금을 산정하여도 무방하다.

로 각종 수당이 통상임금으로 산입될 가능성이 높아진 점 등에 비추어 보면, 유급 주휴일제도의 유무에 관계없이 분모는 173.81시간으로 계산하는 것이 타당하다(다만, 주휴수당이 있는 경우에는 분자에서 주휴수당을 제외하여야 한다).

⑤ 선원법이 정한 기준근로시간을 초과하는 약정 근로시간에 대한 임금으로서 월급 형태로 지급되는 고정수당을 시간급 통상임금으로 환산하는 경우, 시간급 통상임금 산정의 기준이 되는 총근로시간 수에 포함되는 약정 근로시간 수를 산정할 때는 특별한 정함이 없는 한 선원이 실제로 근로를 제공하기로 약정한 시간 수 자체를 합산하여야 하는 것이지, 가산수당 산정을 위한 '가산율'을 고려한 연장근로시간 수와 야간근로시간 수를 합산할 것은 아니다.[38] 단체협약으로 주휴수당에 가산율을 정한 경우, 이는 주휴수당을 지급할 때에 기본 주휴수당에 일정한 비율을 가산하여 지급하기로 하는 취지에 불과하므로 위와 같은 법리는 이 경우에도 동일하게 적용된다. 따라서 총근로시간 수에 포함되어야 하는 주휴일에 근무한 것으로 의제되는 시간 수를 산정할 때 주휴수당에 정한 가산율을 고려할 것은 아니다.[39]

(2) 일급통상임금

일급통상임금은 시간급금액을 1일 선원법 기준근로시간 또는 그 이내에서 정한 시간을 곱한 금액으로 한다(산정지침 5조 2항).

(3) 주급통상임금

주급통상임금은 시간급금액을 주의 선원법 기준근로시간(선원법 60조의 기준근로시간에 정박 중 휴일을 포함한 시간) 또는 그 이내에서 정한 시간을 곱한 금액으로 한다(산정지침 5조 3항).

(4) 월급통상임금

월급통상임금은 시간급금액을 월의 선원법 기준근로시간(선원법 60조의 기준근로시간에 정박 중의 휴일을 포함한 시간) 또는 그 이내에서 정한 시간을 곱한 금액으로 한다(산정지침 5조 4항).

---

38) 대법원 2020. 1. 22. 선고 2015다73067 전원합의체 판결.
39) 대법원 2020. 3. 26. 선고 2015다73050 판결.

(5) 도급제임금

도급제임금의 경우에는 1임금산정기간(1임금산정기간 도래 이전의 경우에는 그 이전까지의 근로시간)의 임금총액(시간외근로수당 등 법정 가산수당은 제외)을 그 기간의 총근로시간수로 나눈 금액을 시간급통상임금으로 한다. 이 경우 일급통상임금은 시간급임금을 1일 선원법 기준근로시간 또는 그 이내에서 정한 근로시간을 곱한 금액으로 한다. 주급통상임금 및 월급통상임금도 3항, 4항의 방법에 준하여 산정한다(산정지침 5조 5항).

다. 통상임금의 사용범위

통상임금은 상계의 제한(법 31조), 선원근로계약 해지 미예고 수당(법 33조 1항), 실업수당(법 37조), 송환수당(법 39조), 승무 중인 어선원의 부상 또는 질병 중의 임금(법 54조), 시간외근로와 휴일근로에 대한 가산수당(법 62조 1항),[40] 예비원의 임금(법 67조 2항), 유급휴가급(법 73조 1항), 상병보상(법 96조 1, 2항), 행방불명보상(법 101조 1항), 소지품 유실보상(법 102조) 등에 사용된다.[41]

라. 사 례

(1) 각종 수당

① 선박소유자가 선원들에게 계속 승무일수와는 무관하게 매월 정기적으로 '작업 · 유급휴가수당' 명목의 일정 금원을 지급하였고, 위 금원과는 별도로 야간근로수당과 시간외 근로수당을 지급해온 경우, 위 근로수당(작업 · 유급휴가수당)은 실질적으로 근로의 대가로서 정기적 · 일률적으로 지급되는 고정적인 임금에 해당한다.[42]

---

40) 선원법 62조 1항은 "선박소유자는 다음 각 호의 어느 하나에 해당하는 선원에게 시간외근로나 휴일근로에 대하여 통상임금의 100분의 150에 상당하는 금액 이상을 시간외근로수당으로 지급하여야 한다."고 규정하고 있으나, 근기법은 56조 3항 등에서는 "통상임금의 100분의 50 이상을 가산하여 근로자에게 지급하여야 한다."고 규정하여 그 표현을 달리하고 있다.

41) 근기법 56조 3항은 "사용자는 야간근로(오후 10시부터 다음 날 오전 6시 사이의 근로를 말한다)에 대하여는 통상임금의 100분의 50 이상을 가산하여 근로자에게 지급하여야 한다."고 규정하고 있으나, 선원법에는 야간근로에 대한 가산수당 규정은 존재하지 아니한다. 수난구호비용을 청구한 사건에서, 감정인이 인건비에 관하여 근로시간이 8시간인 선원이 3개 조로 투입될 경우의 인건비 추가분(기본인력을 제외한 추가 2개조, 야간할증 적용)을 반영한 사례로는 서울행법 2020. 11. 13. 선고 2017구합83423 판결.

42) 인천지법 2011. 11. 17. 선고 2009가합23036 판결; 근로계약에 따라 원고들에게 지급되는 월정액 중

② 선원이 소정근로시간에 통상적으로 제공하기로 정한 근로를 제공하기만 하면 선박소유자 선박 승선경력이라는 조건을 충족한 모든 선원에게 일률적으로 승선 횟수 기준에 따라 책정된 일정액을 '재고용수당'이라는 이름으로 매월 지급하는 경우 재고용수당은 통상임금에 해당한다.[43)]

③ 종전 선원고용계약에 따라 '고정 시간외수당(Fixed overtime)'과 '선상복지비(Welfare Allowance)'를 지급하다가 새로운 선원고용계약을 체결하면서 통상임금에 해당하는 '선상복지비'를 급여 항목에서 삭제하고 '고정 시간외수당(본선불, Onboard Allowance)'을 신설하여 종전 '선상복지비'와 같은 방식으로 지급한 경우, 새로운 선원고용계약서는 종전 선원고용계약서와 비교하여 형식적으로 급여 항목만 일부 변경된 것에 불과하다고 볼 여지가 크므로, '고정 시간외수당(본선불)'은 실질적으로는 종전의 '선상복지비'와 동일한 지급방식으로 같은 금액을 명칭만 달리하여 지급한 것으로 통상임금에 해당한다.[44)]

(2) 식대비, 교통비, 임금인상 소급분

① 선박소유자가 근로계약기간 중 선원들에게 일률적으로 취업규칙에 따라, '식대비'로 1개월에 2회씩 총 30만 원씩을, '교통비'로 매월 급여에 포함하여 2007. 12.까지는 월 4만 원씩을, 2008. 1.부터는 월 5만 원씩을 고정적으로 각 지급해온 경우, 위 식대비와 교통비는 실제 근무일수와는 무관하게 정기적 · 일률적으로 지급되는 고정적인 임금으로서 통상임금에 해당한다.[45)]

② 단체협약에 선박소유자는 선원에게 1일 9,000원의 '식비'를 지급하고 이와 별도로 각 선박 당 100,000원의 간식비를 지급한다고 규정하고 있는 경우에는 선원에게 직접 지급된 위 1일 9,000원의 식비는 통상임금에 해당한다.[46)]

③ 노동조합과 매년 임금협상을 하면서 기본급 등에 관한 임금인상 합의가 기준일을 지나서 이루어지는 경우, 인상된 기본급을 기준일로 소급하여 적용하기로

'제수당'에 해당하는 '시간외수당', '유급휴가수당', '교통비', '식대'는 모두 정기적, 일률적으로 지급되는 고정적 임금인 통상임금에 해당한다(창원지법 2021. 5. 14. 선고 2020나58240 판결).

43) 인천지법 부천지원 2020. 1. 31. 선고 2018가합103302 판결; 선박에 대한 승선 경력에 따라 월 10만 원 내지 20만 원의 재고용수당을 지급해온 경우 승선 경력은 소정근로의 가치평가와 관련된 고정적 조건이므로 재고용수당은 통상임금에 포함된다(서울고법 2023. 4. 28. 선고 2022나2027381 판결).

44) 대법원 2023. 9. 14. 선고 2023다241100 판결.

45) 인천지법 2011. 11. 17. 선고 2009가합23036 판결.

46) 서울고법 2011. 1. 28. 선고 2010나31411 판결.

약정하고 이에 따라 매년 소급기준일부터 합의가 이루어진 때까지 소정근로를 제공한 선원에게 '임금인상 소급분'을 일괄 지급하는 경우 임금인상 소급분은 통상임금에 해당한다.47)

(3) 개인연금보조금

회사가 노동조합과 사이에 매월 개인연금으로 일정액을 불입하기로 노사합의를 하고 위 합의에 의하여 근로자들을 피보험자로 하여 개인연금보험에 가입한 후 매월 그 보험료를 납부하여 왔다면, 이러한 개인연금보조금은 비록 직접 근로자들에게 현실로 지급되는 것이 아니고 그 지급의 효과가 즉시 발생하는 것은 아니라 하더라도 근로의 대가인 임금에 해당한다.48)

마. 통상임금 및 승선평균임금의 산정 기초임금의 예시

통상임금 및 승선평균임금 산정의 기초가 되는 임금의 범위는 별표의 예시에 따라 판단한다. 다만 그 명칭만으로 판단하여서는 아니 되며, 통상임금 및 승선평균임금의 의의, 근로계약·취업규칙·단체협약 등의 내용, 직종·근무형태, 지급관행 등을 종합적으로 고려하여야 한다(산정지침 10조).

선원에게 지급되는 금전의 명칭	통상 임금	승선평균 임금	기타 금전
1. 소정근로시간에 대하여 지급하기로 정하여진 기본임금	○	○	
2. 일, 주, 월 기타 1임금산정기간 내의 소정근로시간에 대하여 정기적·일률적으로 일급, 주급, 월급 등으로 정하여 지급되는 임금			
① 미리 정하여진 지급조건에 따라 담당하는 업무와 직책의 경중에 따라 지급되는 직책수당, 직무수당	○	○	
② 물가변동 또는 직급간의 임금격차 등을 조정하기 위하여 지급되는 물가수당, 조정수당	○	○	

47) 갑 주식회사가 노동조합과 매년 임금협상을 하면서 기본급 등에 관한 임금인상 합의가 기준일을 지나서 이루어지는 경우 인상된 기본급을 기준일로 소급하여 적용하기로 약정하고, 이에 따라 매년 소급기준일부터 합의가 이루어진 때까지 소정근로를 제공한 근로자들에게 임금인상 소급분을 일괄 지급하는 한편 임금인상 합의가 이루어지기 전에 퇴직한 근로자들에게는 이를 지급하지 않은 사안에서, 임금인상 소급분이 근기법 시행령 6조에서 정한 통상임금에 해당한다고 한 사례로는 대법원 2021. 8. 19. 선고 2017다56226 판결.

48) 대법원 2011. 6. 10. 선고 2010누19461 판결; 서울중앙지법 2021. 9. 2. 선고 2020가합506115 판결.

③ 기술이나 자격, 면허증소지자, 특수선박승선자, 특수작업종사자 등에게 지급되는 기술수당, 면허수당, 특수선수당, 특수작업수당, 위험작업수당	○	○	
④ 국내에 귀항하지 아니하거나 특정지역에 기항하는 선박에 승선하는 선원에게 지급되는 불귀항수당, 특정항로수당	○	○	
⑤ 승무일수에 관계없이 일정금액이 지급되는 승무수당(일급으로 산정되는 경우에는 지급시기와 관계없음)	○	○	
⑥ 일의 능률을 향상시킬 목적으로 근무성적에 관계없이 일정한 금액이 일률적으로 지급되는 능률수당, 장려수당	○	○	
⑦ 기타 1호 내지 6호에 준하는 임금 또는 수당	○	○	
3. 실제근로여부에 따라 지급금액이 변동 지급되는 금전과 1 임금산정기간 외에 지급되는 금전			
① 선원법 62조의 규정에 의한 시간외근로수당 및 휴일 근로수당		○	
② 상여금			
가. 취업규칙, 단체협약 등에 지급조건, 금액, 지급시기가 정해져 있거나 모든 선원에게 관례적으로 지급되는 경우(실제 지급여부에 관계없이 산정기간에 해당되는 금액만 해당)		○	
나. 관례적으로 지급한 사례가 없고, 기업이윤에 따라 일시적·불확정적으로 지급되는 경우			○
③ 승무일에만 일정금액이 지급되는 승무수당		○	
④ 능률에 따라 지급되는 능률수당, 장려수당		○	
⑤ 당직일에만 지급되는 당직수당		○	
⑥ 부정기적으로 지급되는 불귀항수당		○	
4. 근로시간과 관계없이 선원의 생활보조적·복리후생적으로 지급되는 금전			
① 사택수당, 김장수당으로써			
가. 정기적, 일률적으로 선원에게 지급되는 경우		○	
나. 일시적 또는 일부선원에게 지급되는 경우			○
② 가족수당, 교육수당으로써			
가. 독신자를 포함하여 전 선원에게 일률적, 정기적으로 지급되는 경우	○	○	
나. 독신자를 포함하여 전 선원에게 일률적으로 지급되는 경우		○	
다. 가족 수에 따른 가족수당, 본인 또는 자녀교육비부담 해당자에게만 지급되는 경우			○
③ 기타 근로시간에 관계없이 생활보조적, 후생복리적으로 지급되는 금전			○
5. 임금의 대상에서 제외되는 금전			
① 선원법 33조, 37조 및 55조의 규정에 의한 근로계약 해지 미예고수당, 실업수당, 퇴직금			○
② 선원법 77조의 규정에 의한 선내 급식비			○

③ 단순한 생활보조적·후생복리적으로 보조받거나 혜택을 부여받는 경조비, 피복비, 의료비, 체력단련비, 일시적으로 지급되는 급식, 주택제공			○
④ 임시 또는 돌발적인 사유에 따라 지급되거나 지급조건이 규정되어 있어도 사유발생일이 불확정, 무기한 또는 매우 드물게 나타나는 것(결혼수당, 재해위로금 등)			○
⑤ 실비변상적으로 지급되는 출장비, 정보비(활동비), 작업용품대(기구손실금, 작업복, 작업화 등)			○
⑥ 사회보장성 및 손해보험성보험료부담금(국민건강보험료, 국민연금보험료, 고용보험료, 선원재해보상보험료 등)			○

2. 승선평균임금

가. 의 의

승선평균임금이란 산정하여야 할 사유가 발생한 날 이전 승선기간(3개월을 초과하는 경우에는 최근 3개월로 한다)에 그 선원에게 지급된 임금 총액을 그 승선기간의 총일수로 나눈 금액을 말한다. 다만 이 금액이 통상임금보다 적은 경우에는 통상임금을 승선평균임금으로 본다(법 2조 12호). '이전 승선기간'이라 함은 최종승선선박의 승선기간을 말한다(산정지침 7조 2항).

근기법상 평균임금은 이를 산정하여야 할 사유가 발생한 날 이전 3개월 동안에 그 근로자에게 지급된 임금의 총액을 그 기간의 총일수로 나눈 금액을 의미하는 데 비하여(근기법 2조 6호), 선원법상 승선평균임금은 승선기간을 기준으로 한다. 이는 최근 3월간의 평균임금으로 퇴직금 등을 산정하게 되면 선박소유자의 전선명령(轉船命令), 하선명령, 승선기간의 단축 등에 의하여 그 액수가 크게 변동되므로 이를 방지하기 위한 것이다.[49]

나. 승선평균임금의 산정방법

승선기간 중에 (i) 선원법 54조에 따른 부상 또는 질병으로 직무에 종사하지 못한 기간, (ii) 선원이 될 목적으로 실습을 위하여 승선하는 기간이 있는 경우에는 그 일수와 그 기간 중에 지급된 임금은 당해 기간 및 임금의 총액에서 이를 공제한다(시행령 3조의3 1항). 임금의 총액에는 임시로 지급된 임금 또는 수당으로서

49) 조귀연, 77-78면.

해양수산부장관이 정하는 것[50]에 한하여 임금의 총액에 산입한다(2항). 일용선원에 대하여는 해양수산부장관이 업종별로 정하는 금액을 승선평균임금으로 한다(3항). 승선평균임금을 산정할 수 없는 경우에는 해양수산부장관이 정하는 바에 의한다(4항).

승선평균임금 산정의 기초가 되는 임금은 선박소유자가 근로의 대가로 선원에게 지급하는 금전으로서, 선원에게 계속적·정기적으로 지급되고 단체협약, 취업규칙, 급여규정, 선원근로계약, 노동관행 등에 의하여 선박소유자에게 그 지급의무가 지워져 있는 것을 말한다.[51]

다. 승선평균임금의 사용범위

승선평균임금은 퇴직금(법 55조 1, 5항), 장해보상(법 97조), 일시보상(법 98조), 유족보상(법 99조), 장례비(법 100조), 행방불명보상(법 101조) 등에 사용된다.

라. 사 례

(1) 상여금

상여금이 계속적·정기적으로 지급되고 지급대상·지급조건 등이 확정되어 있다면 이는 근로의 대가로 지급되는 임금의 성질을 가지나, 그 지급사유의 발생이 불확정적이고, 지급조건이 경영성과나 노사관계의 안정 등과 같이 선원 개인의 업무실적 및 근로의 제공과는 직접적 관련이 없는 요소에 의하여 결정되도록 되어 있어 그 지급 여부 및 대상자 등이 유동적인 경우에는 이를 임금이라고 볼 수 없다.[52]

(2) 선내급식비

선원법 77조에 의하여 선박소유자가 식료품 공급에 갈음하여 선내급식비를 지급한 경우, 선원근로계약에서 선박소유자가 칠성 1002호(해상화물운송사업등에 사

---

50) 통상임금 및 승선평균임금의 산정지침(국토해양부예규 247호) 8조에서는, 승선평균임금의 산정기초가 되는 임금의 총액에는 근로의 대가로 지급된 금전만을 포함하며, 은혜적·실비변상적 금전은 포함되지 아니하고(1항), 승선평균임금의 산정기초가 되는 임금의 총액과 그 승선기간에는 승선 중 부상 또는 질병기간과 실습기간에 받은 임금과 그 기간이 제외된다(2항)고 규정하고 있다.

51) 대법원 2013. 4. 11. 선고 2012다48077 판결.

52) 대법원 2013. 4. 11. 선고 2012다48077 판결.

용하는 부선, 총톤수 526t)에 근무하는 선두에게 매월 지급하기로 한 식대 300,000원은 그 같은 선내급식비일 뿐이어서 승선평균임금 산정의 기초되는 임금에는 포함되지 않는다.[53)]

이와 달리, (i) 선박소유자가 단체협약에 의해 조합원에게 별도 협정에서 정한 급식비를 지급하기로 하였고, 그에 따라 매년 임금협정 등을 통해 식대를 인상해 오면서, 그 지급시기, 지급방법, 지급액 산출방법에 관하여 자세히 규정하여 매월 15일과 30일에 각 50%씩 계속적·정기적으로 지급해 온 사실, (ii) 2인 1조를 이루는 도선선의 경우 매월 15일과 30일에 각 30만 원을 선장이나 보조선원에게 지급하여 각자 분급하도록 하였을 뿐 위 돈을 선장이 관리하면서 식사를 위한 비용으로 한정하여 사용하지는 않은 사실, (iii) 선원이 승선하였던 도선선은 간이싱크대만 마련되어 있고 별도의 취사시설을 갖추고 있지 않아 선원이나 보조선원은 식사를 각자 해결해 왔고, 육지와의 왕래가 빈번하여 음식을 외부에서 조달하기 용이하기 때문에 항해 중인 선박에서 선내 급식이 반드시 필요하지는 않은 사실, (iv) 선박소유자 회사에 근무하는 직원 중 육상근무직원의 경우에도 월 30만 원의 식대를 매월 지급받고 있는데, 육상근무직원이 퇴직할 경우에는 위 식대를 퇴직금 산정의 기초가 되는 평균임금으로 포함시키고 있는 사실이 인정되는 경우, 식대는 단순히 생활보조적·복리후생적으로 혜택을 부여하는 금품이거나 실비변상으로 지급되는 금품이라기보다는 취업규칙·단체협약에 규정되어 선박소유자에게 지급의무가 부여된 급식비로서 매월 1일과 15일에 선원에게 정기적·일률적으로 지급되어 온 임금의 성격을 띤 근로의 대가로서 퇴직금산정의 기준이 되는 승선평균임금에 포함된다.[54)]

(3) 휴가비

선원근로계약에서 휴가비로 매월 1,023,000원 정액을 지급하도록 정한 점, 사용자는 매월 선원에게 위 금액을 지급하였고 선원이 부분적으로 근무한 7월과 11월의 경우에도 근무한 일수만큼 일할계산하여 지급한 점, 그 지급명목이 휴가비이기는 하나 별도의 지급요건 없이 계속적·정기적으로 지급한 점 등에 비추어 보

53) 대구지법 2020. 7. 9. 선고 2017가단28730 판결.
54) 인천지법 2009. 7. 8. 선고 2008나19492 판결.

면, 휴가비는 임의적 · 은혜적 급여가 아니라 근로의 대가로서 사용자에게 지급의무가 부과되는 급여라고 보아야 하므로, 이를 승선평균임금 산정의 기초에 포함시키는 것이 타당하다.[55]

3. 통상임금 및 승선평균임금의 조정

가. 의 의

선원이 오랜 기간 요양하거나 오랜 기간 요양을 받다가 사망하게 된 경우와 같이 보상금을 오랫동안 지급받거나 오랜 기간이 지난 후 보상금을 받게 될 경우 통상임금이나 승선평균임금을 산정할 사유가 발생한 날인 재해를 입은 날을 기준으로 한 통상임금이나 승선평균임금을 계속 적용하게 되면 불합리한 경우가 생길 수 있다.[56] 그리하여 시행령 3조의4는 일정한 경우 통상임금 및 승선평균임금을 조정하도록 규정하고 있다.

나. 재해보상금 산정을 위한 조정

(1) 내용과 취지

선원법 96조부터 102조까지의 규정에 따른 상병보상 등을 지급할 선원에 대하여 적용할 통상임금 및 승선평균임금은 그 선원이 소속한 사업장에서 동일한 직무에 종사하는 선원에게 지급된 통상임금의 1인당 1월 평균액이 그 부상 또는 질병이 발생한 날이 속하는 달에 동일한 직무에 종사하는 선원에게 지급된 통상임금 평균액의 100분의 105 이상이 되거나, 100분의 95 이하로 된 경우에는 그 변동비율에 의하여 인상 또는 인하된 금액으로 하되, 그 변동사유가 발생한 달의 다음 달부터 이를 적용한다. 다만 제2회 이후의 통상임금 및 승선평균임금의 증감을 위한 조정은 직전 회의 변동사유가 발생한 달의 통상임금을 산정기준으로 한다(시행령 3조의4 1항).

이러한 통상임금 및 승선평균임금의 조정 제도는 재해를 당한 선원의 통상적인 임금 수준이 상승하였거나 저하하였음에도 통상임금 및 승선평균임금을 산정할 사유가 생긴 날인 재해를 입은 날을 기준으로 산정한 통상임금 및 승선평균임금을

---

55) 서울중앙지법 2022. 2. 9. 선고 2019가합578503 판결.
56) 근로기준법 주해 I (제2판), 306면.

계속 적용하여 이를 기초로 한 재해보상금이 지급되는 데에서 생기는 불합리를 시정하여 직무상 재해를 당한 선원에게 적절하고 공정한 보상이 이루어지도록 하려는 데 그 취지가 있다.[57] 이러한 선원법 시행령 규정과 취지에 따르면 직무상 재해를 당한 선원의 임금이 소급적으로 인상된 경우 승선평균임금의 재산정이 허용되지 않는다고 하여 선원법 시행령 3조의4에서 마련하고 있는 승선평균임금의 조정까지 허용되지 않는다고는 할 수 없고, 승선평균임금 조정이 인정되는지 여부는 따로 판단하여야 한다. 그리고 승선평균임금 증감의 기초가 되는 변동비율은 위 시행령 규정의 문언상 그 선원이 소속한 사업장에서 동일한 직무에 종사하는 선원에게 지급된 통상임금 평균액이 부상 또는 질병이 발생한 날이 속하는 달에 동일한 직무에 종사하는 선원에게 지급된 통상임금 평균액과 비교하여 100분의 5 이상 변동된 경우에 그 통상임금 평균액의 변동비율을 의미한다고 봄이 타당하다.

(2) 사업장이 폐지된 경우

선원이 소속한 사업장이 폐지된 경우에는 그 선원의 부상 또는 질병이 발생한 당시의 같은 규모의 업종·사업장 및 선박을 기준으로 하여 1항의 규정을 적용한다(시행령 3조의4 2항).

(3) 동일한 직무에 종사하는 선원이 없는 경우

선원과 동일한 직무에 종사하는 선원이 없는 때에는 그와 유사한 직무에 종사하는 선원에게 지급된 통상임금의 평균액의 변동비율에 의한다(시행령 3조의4 3항).

다. 실업수당과 퇴직금 산정을 위한 조정

선원법 94조 1항에 따른 직무상 부상 또는 질병 선원에 대한 37조 및 55조에 따른 실업수당 및 퇴직금을 산정할 때 적용할 통상임금 및 승선평균임금은 위와 같이 조정된 통상임금 및 승선평균임금으로 한다(시행령 3조의4 4항).

---

57) 대법원 2020. 7. 29. 선고 2018다268811 판결(船).

4. 어선원 임금의 특례

가. 의 의

어선원의 임금은 월 고정급 및 생산수당으로 하거나 비율급으로 할 수 있다(법 57조 1항). 어선원의 비율급 및 생산수당의 정산은 첫 출어부터 조업 종료까지의 기간을 단위로 하되, 그 기간이 1월 미만인 때에는 1월 단위로 정산하고, 그 기간이 6월 이상인 때에는 6월 단위로 정산한다. 다만 그 기간이 6월 이상인 경우에는 단체협약 또는 취업규칙으로 정산기간을 달리 정할 수 있다(시행령 19조 4항).

나. 월 고정급

(1) 개 념

'월 고정급'이란 어선소유자가 어선원에게 매월 일정한 금액을 임금으로 지급하는 것을 말한다(법 2조 13호). 월 고정급제를 채택한 대표적인 업종은 북태평양 트롤인데, 이는 생산량이 급격히 변동하지 않으며, 노동의 수요가 공급보다 큰 경우에 유리한 임금형태이나 능률을 향상시킬 수 있는 동기가 없기 때문에 경영자의 직접적 통제가 곤란한 어업에서는 적용하기 힘들다.[58)]

선원들이 2008. 3. 28. "생계비와 별도 매월 추가 가불을 요청하오니 선처바랍니다. 본 가불금은 향후 퇴직금 및 재해보상 등의 산정기준이 되는 통상임금, 승선평균임금의 기준이 되는 월 급여와는 전혀 상관이 없으며 본인 요청에 의한 가불금임을 확약합니다."라는 문구가 인쇄되어 있고, 선원별 월가불(月假拂) 요청액이 특정되어 있는 '제70오양호 가불 요청서'에 각자의 서명을 하여 선박소유자에게 이를 교부한 경우, 법원은 위 요청서의 서명 · 교부로 인해 성립한 선원근로계약은 성질상 당연히 고정급에 해당하는 금액을 고정급에서 제외하는 것으로 선원법 28조에서 규정하고 있는 "선원법이 정한 기준에 미치지 못하는 근로조건을 정한 선원근로계약"에 해당하여 무효이므로, 위 가불 요청서를 근거로 월가불금 50만 원이 월 고정급에서 제외되어야 한다는 선박소유자의 주장은 이유 없다고 판시하였다.[59)]

---

58) 박영일, "원양어선원의 근로조건 개선방안에 관한 연구", 단국대 산업노사대학원 석사학위논문(1994), 37면.

(2) 통상임금의 산정

선원법 57조 1항에 따라 임금을 받는 어선원에 대하여 37조, 39조, 54조, 96조, 101조, 102조까지의 규정에 따른 실업수당 등을 산정할 때 적용할 통상임금은, (i) 월고정급 및 생산수당으로 임금을 지급하되 임금 중 월 고정급의 비율이 큰 업종 또는 선박으로서 어선원과 어선소유자가 합의한 경우에는 월 고정급의 135%로, (ii) 월고정급 및 생산수당으로 임금을 지급하는 경우로서 (i)외의 경우에는 월고정급의 140%로 하며, (iii) (i) · (ii)외의 업종 또는 선박의 경우에는 월 고정급의 145%로 한다(법 57조 2항, 시행령 19조의2 1항).

(3) 승선평균임금의 산정

선원법 57조 1항에 따라 임금을 받는 어선원에 대하여 55조, 97조 및 99조부터 101조까지의 규정에 따른 퇴직금 등을 산정할 때 적용할 승선평균임금은, (i) 월고정급 및 생산수당으로 임금을 지급하되 임금 중 월고정급의 비율이 큰 업종 또는 선박으로서 어선원과 어선소유자가 합의한 경우에는 월고정급의 165%로, (ii) 월고정급 및 생산수당으로 임금을 지급하는 경우로서 (i)외의 경우에는 월고정급의 170%로, (iii) (i) · (ii)외의 업종 또는 선박의 경우에는 월고정급의 175%로 한다(법 57조 2항, 시행령 19조의2 2항).

(4) 통상임금과 승선평균임금의 산정 취지

어선원의 경우에 각종 수당 및 재해보상의 지급기준이 되는 통상임금 및 승선평균임금을 월 고정급에 대통령령으로 정하는 비율을 곱한 금액으로 하도록 한 특례규정을 도입한 취지는, 어업은 선원의 능력과 노력 여하에 따라 어획량이 좌우되는 특성으로 인하여 어업관행으로 형성된 비율급제 내지 성과급제 임금제도의 계속 시행이 불가피한 점, 비율급제 내지 성과급제에 의한 임금은 업종 · 어장 · 선박 · 어로시기별로 어획량의 격차가 크고 그에 따라 임금수준이 크게 변동되는 점, 어로 도중에 발생한 재해 등으로 중도에 하선한 선원의 경우에는 정산[60]

---

59) 부산고법 2014. 7. 10. 선고 2013나2498 판결.

60) 어선원의 비율급 및 생산수당의 정산은 첫 출어부터 조업 종료까지의 기간을 단위로 하되, 그 기간이 1월 미만인 때에는 1월 단위로 정산하고, 그 기간이 6월 이상인 때에는 6월 단위로 정산한다. 다만 그 기간이 6월 이상인 경우에는 단체협약 또는 취업규칙으로 정산기간을 달리 정할 수 있다(시행령 19조 4항).

이 종료되지 않아 평균임금 등의 산정 기준이 없게 되는 점, 어선원이 매월 지급받는 월 고정급은 최저생계비 성격의 적은 금액으로서 사회통념상 이를 통상임금으로 인정하기 곤란한 실정인 점 등을 고려하여 상선원의 통상임금 및 승선평균임금 규정과는 별개로 월 고정급의 배율규정을 대통령령에 위임함으로써 일정한 한도에서 정액제를 채택하고자 한 것이다.[61] 그러므로 단체협약에 의하여 비율급 임금형태로 조업하던 중 어획부진으로 월 총경비가 월 총생산고를 초과하여 적자가 발생한 경우에도 선박소유자는 선원법 57조에 의하여 고정급을 지급하여야 한다.[62]

(5) 선원법 2조, 11호 12호와 57조 2항의 관계[63]

위와 같은 선원법 57조 2항의 입법 취지와 함께, 선원법 57조의 표제 자체가 '어선원의 임금에 대한 특례'로서 상선원의 통상임금이나 승선평균임금을 정한 선원법 2조 11호, 12호 등의 특별규정으로 이해되고, 선원법 57조 2항의 문언도 월 고정급 및 생산수당에 의하거나 비율급에 의한 임금을 받는 어선원에 대하여 적용할 통상임금 및 승선평균임금을 '월 고정급에 대통령령으로 정하는 비율을 곱한 금액으로 한다'고 하여 간주규정의 형식을 취하고 있는 점을 더하여 보면, 위와 같은 방식의 임금을 받는 어선원의 승선평균임금은 선원법 57조 2항에 따라야 할 뿐 2조 12호의 적용은 배제된다고 봄이 타당하다. 설령 해당 어선원에 대하여 선원법 2조 12호를 적용하여 산정한 승선평균임금이 57조 2항에 따른 승선평균임금보다 다액이라고 하더라도 달리 볼 수는 없다.

다. 생산수당

'생산수당'이란 어선소유자가 어선원에게 지급하는 임금으로 월 고정급 외에 단체협약, 취업규칙 또는 선원근로계약에서 정하는 바에 따라 어획금액이나 어획량을 기준으로 지급하는 금액을 말한다(법 2조 14호). 생산수당제를 채택한 대표적

61) 부산고법 2021. 11. 18. 선고 2020나56301 판결; 이는 어선원에 대하여 관행적으로 내려오는 비율급제는 계절별 · 선박별로 어획량에 따라 임금수준이 크게 변동되는 점, 중도하선자의 경우에는 정산이 되지 아니한 상태에서 하선하게 되므로 임금산정의 기준이 없게 되는 점 등을 고려하여 일정한 한도에서 정액제를 채택한 것이다(조귀연, 78면).

62) 노정 33750-7874, 1986. 11. 12.

63) 부산고법 2021. 11. 18. 선고 2020나56301 판결.

인 업종은 남서대서양 오징어채낚기 업종으로서, 고정급제와 같이 일정금액의 기본급은 매월 지급되며, 어획에 필요한 각종 경비(유류비, 어구비, 선용품비, 주부식비, 수리비, 어획물운반비, 입어료, 포장비 등)와 관계없이 선박소유자 측과 선원 측이 출어 전 합의한 생산수당 요율표에 의해 어기종료 후 생산수당을 지급하는 형태로서, 어획에 필요한 제경비와 어획금액(매출액)과는 관계없이 오로지 어획량에 기초하여 선원들의 금액이 결정된다. 이는 어가(漁價)가 높을 때에는 선박소유자에게 유리하나, 낮을 때에는 선원에게 유리한 임금제도이다.[64]

라. 비율급

'비율급'이란 어선소유자가 어선원에게 지급하는 임금으로서, 어획금액에서 대통령령으로 정하는 공동경비(첫 출어부터 조업 종료까지 발생하는 직접 경비)를 뺀 나머지 금액을 단체협약, 취업규칙 또는 선원근로계약에서 정하는 분배방법에 따라 배정한 금액을 말한다(법 2조 15호, 시행령 3조의5).[65] 비율급제는 기지트롤업종을 비롯하여 어업에서 가장 대표적인 임금지급형태로서, 총어획금액에서 공동경비(조업 및 어획물판매에 필요한 직접경비)를 공제하여 분배할 총액을 산출하고 그 총액을 선박소유자와 선원 사이의 계약에 의하여 일정 비율로 분배한 후, 선원들의 분배분은 조업에 대한 기여도에 기초하여 각 선원의 개별적인 분배짓수에 따라 재분배하는 방식이다.[66] 비율급제에서는 월 고정급을 지급받더라도 어기종료 후 정산 시 비율급의 정산액에서 이미 지급한 월 고정급을 공제한 후 나머지를 지급하므로, 월 고정급은 비율급의 일부를 선불임금의 형태로 지급받는 것에 불과하다.[67]

---

64) 박영일, 39면.

65) 선주와 선원들 사이에 어획물을 일정한 비율로 분배하기로 한 약정(이른바 보합제)이 있었다 하더라도 이는 보수약정의 한 방법일 뿐이므로 선장과 선원을 고용하고 해고하는 권한이 선주에게 있었다면 이들 사이에는 지휘·감독 관계가 있는 것이므로 사용자 피용자 관계가 존재한다[대법원 1987. 6. 23. 선고 86다카2228 판결(船)].; 선주가 선원들과 사이에 일정한 비율에 따라 이익분배를 약정하고 선박을 제공한 보합제 계약에서 선주는 선장, 기관장 기타 선원에 대한 관계에서 민법상 사용자 지위에 선다(대법원 1977. 6. 7. 선고 76다1869 판결).

66) 비율급제에서는 선원이 선주로부터 월급 등의 금원을 선급금 명목으로 지급받더라도, 어기 종료 후 정산을 할 때 선주는 비율급 계산액(보합금 정산액)에서 이미 지급된 위 월급 등의 금원을 공제한 후 나머지를 지급하면 되는 것이고, 정산 결과 선원에게 지급할 비율급 임금이 선급금에 미치지 못하면, 선원은 그 차액을 선주에게 반환할 의무가 있는바(이 때 비율급의 월액이 월 고정급에 미달하면 고정급을 기준으로 계산한다), 이와 같이 선원에게 임금의 선급금으로 지급된 금원은 비율급 계산액과의 상계, 공제를 통한 반환이 예정되어 있는 금원이다. 창원지법 2022. 2. 15. 선고 2021나51437 판결.

무조건 외국인 선원도 비율급 지급의 대상으로서 짓가림에 포함시키는 것이 통영지역의 근해통발 어업의 관습이라는 주장을 인정할 증거가 없다는 이유로, 외국인 선원은 비율급 지급 대상자가 아닐 뿐만 아니라 비율급을 산정하기 위한 승선인원에도 포함되지 아니한다고 판시한 사례가 있으나,[68] 이는 합리적 이유 없이 국적을 이유로 차별하는 것이어서 선원법 5조 1항, 근기법 6조가 규정하고 있는 균등대우의 원칙에 위배되므로 타당하다고 보기 어렵다.

어선원의 임금을 비율급으로 하는 경우에 어선소유자는 어선원에게 월 고정급에 해당하는 금액을 미리 지급하여야 하고, 이 경우 비율급의 월액이 월 고정급보다 적을 때에는 미리 지급한 월 고정급에 해당하는 금액을 비율급의 월액으로 본다(법 57조 3항).[69]

마. 형사책임

선박소유자가 57조 1항, 3항을 위반하여 월 고정급, 생산수당 또는 비율급을 지급하지 아니하였을 때에는 3년 이하의 징역 또는 3천만 원 이하의 벌금에 처한다(법 168조 2호).

5. 통상임금 소송과 신의칙

단체협약 등 노사합의의 내용이 선원법의 강행규정을 위반하여 무효인 경우

67) 어업에서 비율급을 선호하는 이유는 다음과 같다. (i) 어업근로는 선내에서 전문성이 미분화된 작업을 집단적·공동적으로 수행하므로 단순협업적 소규모 집단근로일 뿐만 아니라 근로의 質·量에 의한 개별성과측정이 불가능하기 때문에 임금은 집단성과급제가 되지 않을 수 없다. (ii) 어업근로의 성과는 불확실하고 어업비용도 항해기간·항해거리·어획량·항해조건 등에 의하여 항시 변동되며, 어업근로의 강도와 어획성과의 관계 역시 비정형적이므로, 경영성과의 불확실성으로 인하여 경영체는 불안상황에 놓이게 된다. 이에 경영체의 유지안정을 위해 어업비의 우선확보가 절실히 요청되고, 그 결과 공동경비 공제제도가 도입된다. (iii) 일정시간·일정근로에 대한 일정한 근로성과를 전제로 임금산정과 임금지급제도를 규정하게 되나, 어업은 어업근로성과의 불규칙성과 근로시간의 불특정성으로 인하여 근로성과만을 배분기준으로 하는 비율급제가 어느 정도 합리성을 갖는다. (iv) 어업근로는 어획대상이 회유성·유동성을 지니고 있기 때문에 대상의 움직임에 따라 신속히 대응하여야 하고, 선내라는 좁은 공간에서 이루어지며, 바다라는 특수한 자연환경에서 이루어지기 때문에 선장의 고도의 감독을 필요로 한다. 또한 어업근로는 선박소유자와 격리된 바다에서 이루어지기 때문에 선장을 정점으로 한 선원집단의 자율적인 생산활동으로 진행된다. 그러나 비율급제는 근로성과의 불확실성을 이유로, 투하된 근로의 질과 양은 고려하지 않은 채 경영체의 유지를 일차적으로 고려한 임금제도라는 한계가 있다. 박영일, 41-44면.

68) 부산지법 2014. 5. 16. 선고 2012가합17069 판결.

69) 정산 결과 선원들에게 지급할 배당금이 없는 경우 원고는 월 고정급만 지급하면 되는 것이고, 여기에 짓배분율을 적용할 여지는 없다. 창원지법 2021. 6. 3. 선고 2019나658 판결.

에, 그 무효를 주장하는 것이 신의성실의 원칙(이하 '신의칙'이라 한다)에 위배되는 권리의 행사라는 이유로 이를 배척한다면 강행규정으로 정한 입법 취지를 몰각시키는 결과가 될 것이므로, 그러한 주장은 신의칙에 위배된다고 볼 수 없음이 원칙이다. 다만 신의칙을 적용하기 위한 일반적인 요건을 갖추고 선원법의 강행규정성에도 불구하고 신의칙을 우선하여 적용할 만한 특별한 사정이 있는 예외적인 경우에 한하여 그 노사합의의 무효를 주장하는 것은 신의칙에 위배되어 허용될 수 없다. 노사가 협의하여 정기상여금은 통상임금에 해당하지 않는다는 것을 전제로 정기상여금을 통상임금 산정 기준에서 제외하기로 합의하고 이에 기초하여 임금수준을 정한 경우, 선원이 정기상여금을 통상임금에 가산하고 이를 토대로 추가적인 법정수당의 지급을 청구함으로써 선박소유자에게 과도한 재정적 부담을 지워 중대한 경영상 어려움을 초래하거나 기업의 존립을 위태롭게 하는 것은 신의칙에 반할 수 있다. 그러나 통상임금에서 제외하기로 하는 노사합의가 없는 임금에 대해서는 선원이 이를 통상임금에 가산하고 이를 토대로 추가적인 법정수당의 지급을 청구하더라도 신의칙에 반한다고 볼 수 없다.[70)]

Ⅲ. 임금 지급의 원칙

1. 통화 지급의 원칙

선원의 임금은 통화로 지급하는 것이 원칙이나, 법령 또는 단체협약에 특별한 규정이 있는 경우에는 통화 외의 것으로 지급할 수 있다(법 52조 1항). 선박소유자는 승무 중인 선원이 청구하면 선장에게 임금의 일부를 상륙하는 기항지에서 통용되는 통화로 직접 선원에게 지급하게 하여야 한다(법 52조 4항). 이는 가격이 불명료하고 환가하기 불편하며 폐해를 초래할 염려가 있는 현물 급여(Truck System)를 금지하여 선원의 실질적 임금 확보를 도모하려는 데 그 목적이 있다.[71)] 성과배분제도를 시행하면서 성과급의 지급수단으로 주식을 지급하는 경우는 그 성과급이 임금으로서 실질을 가지지 않는 한 위법하다고 할 수 없다.[72)]

70) 대법원 2021. 6. 10. 선고 2017다52712 판결.
71) 근로기준법 주해 Ⅲ(제2판), 85면
72) 근로기준법 주해 Ⅲ(제2판), 86면. 다만 이 경우에도 그 성과급은 소득세법상 근로소득에 해당한다.

2. 직접 지급의 원칙

가. 의 의

선원의 임금은 직접 선원에게 지급하는 것이 원칙이다(법 52조 1항). 이는 임금이 확실하게 선원 본인의 수중에 들어가게 하여 그의 자유로운 처분에 맡기고 나아가 선원의 생활을 보호하고자 하는 데 그 취지가 있다.[73] 선원이 제3자에게 임금 수령을 위임하거나 대리하게 하는 법률행위는 무효이다. 선박소유자가 임금을 선원의 친권자, 그 밖의 법정대리인에게 지급하는 것은 직접 지급의 원칙에 위반된다.[74] 노동조합이 조합원의 임금을 대리 수령하는 경우가 문제되나, 법률의 규정상 예외를 인정하지 않는 것에 비추어 노동조합이 임금을 대리 수령하는 것도 허용될 수 없다.[75] 한편 사자(使者)에 의한 임금의 수령은 가능하다.[76] 사회통념상 선원 본인에게 지급하는 것과 동일시되는 사람 또는 선원 본인에게 그대로 전달할 것이 확실하다고 판단되는 사람이 임금을 수령할 때에만 그를 사자로 보아야 하고, 이에 해당하는지는 엄격하게 판단하여야 한다.[77] 예를 들면, 선원이 병에 걸려 결근 중에 처자가 선원의 사자로서 임금을 수령하러 온 경우 그에게 임금을 지급하는 것은 직접 지급의 원칙에 반하지 않는다.[78]

나. 임금채권을 양도한 경우

선원은 선원법 152조에 의하여 양도 또는 압류가 금지된 실업수당, 퇴직금, 송환비용, 송환수당, 상병보상 또는 재해보상을 받을 권리를 제외한 나머지 임금은 양도할 수 있으나, 양수인은 선박소유자에게 직접 임금을 청구할 수 없다.[79]

---

73) 대법원 2025. 6. 12. 선고 2025다209645 판결.
74) 근로기준법 주해 Ⅲ(제2판), 82면.
75) 대법원 1960. 11. 17. 선고 4293민상326 판결.
76) 선박의 사무장이 선원들의 추천에 의하여 선장이 임명한 자로서 선원들을 대표하여 선원들의 임금계산 등의 사무를 보아 왔으며, 이 사건 당시에도 선장의 지시로 선원들의 임금을 계산한 후 선주로부터 선원들의 보합금·예치금 등을 받아 왔다면 선주로서는 위 임금을 사무장에게 지급함으로써 이를 선원들에게 지급하는 것으로 여겼다고 볼 수 있으므로, 선주가 보합금 등을 사무장에게 지급한 사실만 가지고는 선원법 52조 1항에 위반되었다고 할 수 없다. 대법원 1990. 12. 11. 선고 89도55 판결(船).
77) 대법원 2025. 6. 12. 선고 2025다209645 판결.
78) 근로기준법 주해 Ⅲ(제2판), 83면.
79) 대법원 1988. 12. 13. 선고 87다카2803 전원합의체 판결.

다. 예 외

선박소유자는 선원이 청구하거나 법령이나 단체협약에 특별한 규정이 있는 경우에는 임금의 전부 또는 일부를 그가 지정하는 가족이나 그 밖의 사람에게 통화로 지급하거나 금융회사 등에 예금하는 등의 방법으로 지급하여야 한다(법 52조 3항). 이는 선원은 가정을 떠나 장기간 항해에 종사하는 경우가 많기 때문에 선원에게 지급하여야 할 임금을 가족이나 선원의 수입에 의해 생계를 유지하는 자에게 지급함으로써, 선원이 육상에 남아 있는 가족의 생활을 걱정하지 않고 근로에 종사할 수 있도록 하려는 데 그 취지가 있다.[80)]

3. 전액 지급의 원칙

가. 의 의

선원의 임금은 전액을 선원에게 지급하는 것이 원칙이나, 법령 또는 단체협약에 특별한 규정이 있는 경우에는 임금의 일부를 공제할 수 있다(법 52조 1항). 이 원칙은 선박소유자가 임금채권을 수동채권으로 하고 자신의 선원에 대한 채권을 자동채권으로 하여 상계하거나, 임금채권의 일부를 부당하게 공제한 후 나머지를 지급하는 행위를 금지하는 취지이다.[81)] 선박소유자가 선원에게 지급하여야 할 임금을 임의로 공제하면 임금을 유일한 생계수단으로 하는 선원은 생활에 위협을 받게 되고 나아가 인신구속을 강요받게 될 우려가 있기 때문이다.[82)] 선박소유자가 이행기가 도래한 임금 채권의 일부에 대한 지급을 유보하고 나머지를 지급하는 것도 허용되지 않는다.

나. 법령에 의한 공제

법령에 의한 경우로는 (i) 근로소득세의 원천징수, 의료보험료(선원을 위한 해원의료보험, 가족을 위한 의료보험), 국민연금기여금 등의 공제, (ii) 민사집행법 227조, 229조에 따라 선박소유자가 선원에 대한 집행권원의 집행을 위하여 선원에 대

80) 藤崎道好, 235면.
81) 근로기준법 주해 III(제2판), 86면.
82) 대법원 1976. 9. 28. 선고 75다1768 판결; 대법원 1999. 7. 13. 선고 99도2168 판결.

한 임금채권 중 2분의 1 상당액(다만 그 금액이 국민기초생활보장법에 의한 최저생계비를 감안하여 대통령령이 정하는 금액에 미치지 못하는 경우 또는 표준적인 가구의 생계비를 감안하여 대통령령이 정하는 금액을 초과하는 경우에는 각각 당해 대통령령이 정하는 금액으로 한다)에 관하여 압류 및 전부명령을 받은 경우,[83] (iii) 선원법 32조 1항에 의하여 감봉 징계를 받은 경우 등이 있다.

다. 단체협약에 의한 공제

(1) 조합비 공제의 개념

단체협약에 의한 경우로는 대표적으로 노동조합비의 원천징수(check off)가 있다. 조합비 공제제도란 선박소유자가 조합원인 선원의 임금에서 조합비를 공제하여 이를 직접 노동조합에게 교부하는 제도를 말하고, 이를 정하는 단체협약의 조항을 조합비 공제조항이라 한다. 조합비공제제도는 소득세법상 원천징수제도와 유사한 성격을 지니는 것으로서, 민법상 채권양도제도와는 별도로 노동조합의 단결권강화 및 조합비공제와 관련하여 노동조합과 선박소유자 사이의 법률관계에서 법적 안정성을 확보하기 위하여 노동관계법이 창설한 특별한 제도이다.[84]

(2) 법적 성격

조합비 공제조항의 법적 성격과 관련하여, (i) 조합비 공제조항에 의하여 사용자의 조합비 공제 및 지급의무가 발생하는데, 이는 협약체결의 당사자인 노동조합과 선박소유자 사이에 조합활동보장의 일환으로서 선박소유자가 일정한 작위의무를 부담하는 것이므로 조합비 공제조항은 단체협약의 채무적 부분에 속한다는 견해,[85] (ii) 조합비 공제조항은 선박소유자가 조합비를 징수하여 노동조합에 인도한다는 면에서는 집단적 노동관계에 관한 것이지만 임금에서 조합비를 공제한다는 점에서는 근로조건에 관한 것이므로 복합적 성격을 가지고 있다는 견해,[86] (iii) 단체협약의 당사자는 사용자와 노동조합이나 그 협약 중 '근로조건 기타 근로자의 대우에 관한 기준'(노조법 33조 1항)의 하나인 임금지급방법에 관한 내용은 규범적

83) 대법원 1994. 3. 16.자 93마1822 결정.
84) 서울서부지법 2012. 11. 13. 선고 2012가단30024 판결.
85) 김유성 Ⅱ, 114면; 김형배, "조합비 일괄공제 제도의 법률문제", 경영계 220호(1996. 2), 27면.
86) 노동조합 및 노동관계조정법 주해 Ⅱ(제2판), 490-491면; 임종률, 171-172면.

부분으로서 그 조합원에게 당연히 효력이 미친다는 견해[87] 등이 제기되고 있다.

(3) 개별 조합원의 동의 요부

(가) 일반조합비

선박소유자가 노동조합에 대하여 위와 같은 조합비 공제조항에 의한 징수위임 사무를 처리하기 위해서는 조합원인 선원이 자신이 선박소유자로부터 지급받을 수 있는 임금 중에서 조합비 상당액을 공제하여 이를 조합비로 대신 교부하여 주는데 대한 개별 동의가 전제되어야 한다는 견해가 있다.[88] 이와 달리, 선박소유자는 단체협약에 조합비공제조항이 있으면 선원의 동의나 수권 여부를 불문하고 노동조합에게 조합비를 지급할 의무를 부담한다는 견해도 있다.[89]

조합원이 조합비공제에 동의한 후 선박소유자에게 조합비 공제의 중지를 요청하는 경우 그 효력이 문제된다. 판례는 근로자가 월급에서 노동조합비가 공제되는 것에 대한 동의를 철회한 이상 사용자는 더 이상 이를 월급에서 공제할 권한이 없고, 이처럼 권한 없이 조합비 명목으로 근로자의 월급에서 공제한 금전은 미지급된 임금에 해당하므로, 사용자는 근로자에게 이를 반환할 의무가 있다는 입장을 취하고 있다.[90]

(나) 특별조합비

특별조합비는 일반조합비와는 달리 특별한 목적을 위하여 조합원총회의 결의나 대의원대회 결의로 징수하는 조합비이다. 특별조합비에는 목적에 따라 다양한 종류가 있는데, 일본 판례에 나타난 특별조합비로는 정치적 활동을 위한 자금,[91] 특정정당 후보자 지원을 위한 자금,[92] 법령위반의 쟁의행위를 위한 투쟁자금,[93]

---

87) 서울고법 2002. 4. 19.자 2002라163 결정; 서울서부지법 2012. 11. 13. 선고 2012가단30024 판결.

88) 노동조합 및 노동관계조정법 주해 Ⅱ(제2판), 491면.

89) 서울서부지법 2012. 11. 13. 선고 2012가단30024 판결; 서울고법 2002. 4. 19.자 2002라163 결정은 "단체협약 16조는 사용자에게 근로자의 임금 중 노동조합비의 일괄공제 및 노동조합에게의 직접 지급의무를 규정하고 있으므로[단체협약의 당사자는 사용자와 노동조합이나 그 협약 중 '근로조건 기타 근로자의 대우에 관한 기준'(노조법 33조 1항)의 하나인 임금지급방법에 관한 내용은 소위 규범적 부분으로서 그 조합원에게 당연히 효력이 미친다], 노동조합 또한 사용자에 대하여 매월 그 일괄 공제한 노동조합비 지급청구권을 가지고 있다."고 판시하였다.

90) 대법원 2012. 11. 15. 선고 2012다66259 판결.

91) 公共企業體等勞働關係法은 정책규정이어서, 공노법위반의 쟁의행위를 조장하는 임시조합비라고 하더라도 그 때문에 바로 공서양속위반이 되는 것은 아니므로 투쟁자금의 징수는 유효하다고 한 사례로는 福岡地裁 1973. 2. 19. 判決, 勞働判例大系 10권, 勞働旬報社(1992), 141면.

92) 특정 정당・후보자지원을 위한 자금모집과 같이 특정조합원의 사상・신조의 자유 등 기본적 인권을

희생자 구원자금,[94] 다른 노동조합의 투쟁지원금[95] 등이 있다.

일반조합비와는 달리 조합원이 노동조합의 의결기관의 의결에 따라 위와 같은 특별조합비를 납입할 의무를 부담하는지 여부가 문제되는데, 이는 특별조합비 징수의결의 효력유무에 따라 달라진다. 특별조합비 징수의결의 유효성은 먼저 규약에 의해 권한 있는 기관의 결정이 선행되어야 하며,[96] 2차적으로는 특별조합비의 납입목적이 노동조합의 목적범위 내의 행위일 때 긍정된다.[97]

노동조합이 쟁의행위에 필요한 자금을 확보하기 위하여 특별조합비 징수의결을 하였고 사후에 쟁의행위가 위법한 것으로 평가되었다 하더라도, 징수의결 당시 쟁의행위의 위법성이 명백하고 현존하는 경우가 아닌 한 조합비 징수의결 자체가 위법한 것은 아니다.[98] 조합원이 조합비를 납입할 의무는 기본적으로 규약에 의하여 정하여지는바, 노동조합이 규약이 정한 바에 따라 유효한 조합비징수 의결을 하는 경우 조합원은 이를 납부할 의무를 부담하고, 별도로 조합원의 동의를 요하지는 아니 한다. 따라서 노동조합이 사용자에 대하여 가지는 특별조합비지급청구권의 요건사실은 (i) 단체협약상 조합비공제조항의 존재,[99] (ii) 노동조합의 특별조합비징수 의결로 족하고, 조합원의 동의는 요건사실에 해당하지 아니한다.[100]

(4) 선박소유자의 노동조합에 대한 채무의 성격

단체협약상 조합비 공제조항에 의하여 선박소유자는 노동조합이 조합원으로부터 징수하여야 할 조합비를 노동조합을 대신하여 징수하고, 그 징수한 금원을 노

본질적으로 침해한다고 인정될 때에는, 그 의결은 개별 조합원과의 관계에서 사회적 타당성에 위반하여 무효라고 판단된다. 最高裁 1975. 11. 28. 判決, 判例時報 798호 9면.

93) 법령위반의 쟁의행위가 일부라 하여도, 투쟁전체의 자금으로서 징수하는 임시조합비가 위법하게 되는 것은 아니라고 한 사례로는 廣島高裁 1973. 1. 25. 判決, 勞働判例大系 10권 142면.

94) 투쟁에 수반된 희생자를 구제하는 공제사업에 사용할 목적으로 자금을 임시로 징수하는 경우에는 유효한 특별조합비 납입의무가 인정된다. 最高裁 1975. 11. 28. 判決, 判例時報 798호 9면.

95) 노동조합의 목적인 조합원의 경제적 지위 향상은 당해 노동조합의 활동뿐만 아니라 넓게 다른 노동조합과의 연대활동에 의하여 이를 실현하는 것도 예정되어 있으므로, 특별조합비 징수 결의는 조합원을 구속한다. 最高裁 1975. 11. 28. 判決, 判例時報 798호 9면.

96) 福岡高裁 1957. 7. 18. 判決, 勞働判例大系 10권 137면; 高松地裁 1969. 10. 21. 判決, 勞働判例大系 10권 131면.

97) 長野地裁 1974. 3. 7. 判決, 勞働判例大系 10권 132면.

98) 서울고법 1998. 10. 23. 선고 98나23944 판결; 수원지법 2003. 9. 24. 선고 2002나18463 판결.

99) 단체협약이 해지되었다는 사실은 사용자의 항변사유에 해당한다. 대구고법 2002. 4. 19. 선고 2001나5099 판결.

100) 서울서부지법 2012. 11. 13. 선고 2012가단30024 판결.

동조합에 교부해 주어야 할 사무를 처리하여야 하는 작위의무를 부담한다. 즉 본질적으로는 선박소유자가 노동조합에게 조합비 상당의 금원을 지급하여야 할 '주는 채무'인 금전채무의 성질을 가지는 것이 아니라, 노동조합의 조합비징수업무를 위임받아 처리하여야 하는 작위의 '하는 채무'의 성질을 가진다.[101)]

(5) 선박소유자의 상계, 가압류의 가부

선박소유자가 조합원으로부터 처분권한을 수여받아 조합원인 근로자의 임금에서 조합비 상당액을 공제하여 이를 조합비 징수액으로 확보하고 있다고 하더라도, 이는 선박소유자가 조합원을 위하여 조합비 지급의무를 이행하기 위한 사무의 처리를 위한 것이지 선박소유자의 노동조합에 대한 금전지급채무의 이행을 목적으로 하는 것이 아니므로, 자동채권인 손해배상청구권과 종류를 달리하는 것이어서 선박소유자가 노동조합에 대하여 갖는 손해배상청구권을 자동채권으로 하여 선박소유자의 노동조합에 대한 위임사무처리 채무와 상계할 수 없다.[102)]

마찬가지로 선박소유자나 그 밖의 제3자가, 선박소유자가 노동조합에 대하여 조합비 공제조항에 기하여 지는 채무를 조합비 상당의 금전지급채무라고 하여 그에 대한 가압류를 신청할 수 없다.[103)]

라. 조정적 상계와 상계계약

(1) 조정적 상계

전(前) 지급일의 임금 계산 착오나 지각·결근일에 대한 임금 지급 등의 사정으로 임금이 초과 지급된 경우, 일종의 부당이득반환청구권인 초과 지급된 임금의 반환청구권을 자동채권으로 하여 이후 발생하는 임금채권과 상계하여 정산하는 것을 '임금의 조정적 상계'라고 한다. 이러한 조정적 상계는 정산의 시기·방법·금액 등에 비추어 선원의 생활 안정을 해치지 않는 범위 내의 것일 때에는 전액지급의 원칙에 반하지 않는 것으로 해석된다.[104)] 이는 임금 상호간의 조정 또는 청산의 의미를 가지는 경우로서 전체적으로 임금 전액을 지급한 경우와 동일하기

---

101) 노동조합 및 노동관계조정법 주해 Ⅱ(제2판), 492면.
102) 노동조합 및 노동관계조정법 주해 Ⅱ(제2판), 493면.
103) 노동조합 및 노동관계조정법 주해 Ⅱ(제2판), 493면.
104) 대법원 1993. 12. 28. 선고 93다38529 판결; 대법원 2010. 5. 20. 선고 2007다90760 전원합의체 판결.

때문이다.

(2) 상계계약

판례는, 선박소유자가 선원의 동의를 얻어 임금채권에 대하여 상계하는 경우에는 그 동의가 선원의 자유로운 의사에 터잡아 이루어진 것이라고 인정할만한 합리적인 이유가 객관적으로 존재하는 때에는 전액 지급의 원칙에 위반하지 않는다고 하여 제한적 긍정설에 따르고 있다.[105] 선원전도금(선급금)은 선박소유자와 선원 사이에 선원근로계약을 확실하게 이행하기 위하여 선박소유자가 선원에게 계약체결 당시 선급금으로 지급하는 것으로서, 매월 임금 지급 시 위 선급금만큼 공제되므로 이는 통상임금의 선지급의 성격을 지닌다.[106]

마. 임금의 포기

(1) 포기의 허용 여부

선원이 임금채권을 사전에 포기하는 것은 강행법규인 선원법에 위반되어 무효이다.[107] 이와 달리, 선원이 이행기가 도래한 임금채권을 선박소유자와 합의에 따라 사후에 포기하는 것은 강행규정인 선원법이 정한 근로조건을 어기는 것이어서 무1 것은 원칙적으로 허용되지만, 임금채권은 법에 의해 강력하게 보호를 받으므로 선원에게 불리한 임금채권 포기의 의사표시가 있었는지는 엄격하게 해석하여야 하고, 이를 판단할 때에는 여러 경위를 살펴 포기 의사표시 여부를 판단하여야 한다.[108]

(2) 단체협약에 의한 포기

이미 구체적으로 지급청구권이 발생한 임금채권은 개별 근로자의 동의나 수권 없이 단체협약으로 포기시킬 수 없다.[109] 이것이 허용되면 결국 노동조합이 조합원의 개인 재산권을 포기하도록 하는 것이 되는데, 단체협약 당사자에게 이러한 권한까지 부여된 것이 아니다.[110]

---

105) 대법원 2001. 10. 23. 선고 2001다25184 판결.
106) 광주고법 2003. 7. 16. 선고 2002나10553 판결.
107) 대법원 1998. 3. 27. 선고 97다49732 판결; 대법원 2002. 7. 26. 선고 2000다27671 판결.
108) 대법원 1997. 7. 22. 선고 96다38995 판결.
109) 대법원 2000. 9. 29. 선고 99다67536 판결.
110) 근로기준법 주해 Ⅲ(제2판), 96면.

이와 달리, 단체협약으로 경영 위기 타개 등 기업경영상 목적이나 공익상 목적에서 향후 발생할 상여금 등 일부 명목의 임금을 당분간 지급하지 않기로 하는 단체협약은, 그러한 협약의 내용과 체결경위·경영여건 등을 고려할 때 현저하게 합리성이 없어 노동조합의 목적을 벗어난 것이라고 볼 수 있는 경우와 같은 특별한 사정이 없는 한 무효라고 볼 수 없고, 이러한 단체협약을 할 때 노동조합이 사전에 선원의 개별적인 동의나 수권을 받을 필요도 없다.[111]

4. 매월 1회 이상 일정기일 지급의 원칙

가. 의 의

임금은 매월 1회 이상 일정한 날짜를 정하여 지급하여야 한다(법 52조 2항 본문).[112] 이 원칙은 임금 지급 간격이 지나치게 넓어지거나 임금 지급이 부정기적으로 행해짐으로써 선원의 생활이 불안정해지지 않도록 하기 위한 것이다.[113] 이와 관련하여 선박소유자는 취업규칙에 반드시 임금 지급 시기를 명시하여야 한다(법 119조 1항 1호). 여기서 매월이란 월력상 1일부터 말일까지를 의미하고, 일정한 날짜란 주기적으로 도래하는 특정일을 의미한다.[114]

나. 예 외

(i) 임시로 지급하는 임금·수당 그 밖에 이에 준하는 것, (ii) 1개월을 초과하는 일정기간의 계속 근무에 대하여 지급되는 근속수당, (iii) 1개월을 초과하는 기간에 걸친 사유에 의하여 산정되는 장려금·능률수당 또는 상여금, (iv) 그 밖에

---

111) 대법원 2000. 9. 29. 선고 99다67536 판결.

112) 지방문화원진흥법에 따라 설립된 갑 법인이 관할 지방자치단체로부터 받아 오던 보조금의 지급이 중단된 후 을을 사무국장으로 채용하면서 '월급을 350만 원으로 하되 당분간은 월 100만 원만 지급하고 추후 보조금을 다시 지급받으면 그때 밀린 급여 또는 나머지 월 250만 원을 지급하겠다.'는 취지로 설명하였고, 그 후 을에게 임금으로 매월 100만 원을 지급한 사안에서, '갑 법인이 보조금을 지급받으면'이라는 사유는, 갑 법인이 보조금을 지급받지 못하면 을에게 약정 임금을 지급하지 않아도 된다는 정지조건이라기보다는 갑 법인의 보조금 수령이라는 사유가 발생하는 때는 물론이고 상당한 기간 내에 그 사유가 발생하지 않은 때에도 약정 임금을 지급해야 한다는 불확정기한으로 봄이 타당한데, 갑 법인과 을의 근로계약 중 월 250만 원의 임금지급약정에 부가된 '갑 법인의 보조금 수령'이라는 불확정기한은 근로기준법 43조의 입법 취지에 반하여 허용될 수 없다. 대법원 2020. 12. 24. 선고 2019다293098 판결.

113) 근로기준법 주해 III(제2판), 98면.

114) 근로기준법 주해 III(제2판), 98면.

부정기적으로 지급되는 각종 수당에 대하여는 매월 1회 이상 일정한 날짜를 정하여 지급하지 않아도 된다(법 52조 2항 단서, 시행령 17조 1항 1, 2, 3호).

5. 일할계산과 급여명세서의 지급

가. 일할계산

임금을 일할계산(日割計算)하는 경우에는 30일을 1개월로 본다(법 52조 5항). 일할계산은 상여금,[115] 문화생활비,[116] 근무수당,[117] 퇴직금,[118] 하기휴가비[119] 등의 금액을 계산할 때 사용하는 경우가 있는데, 선원법은 30일을 1개월로 계산하도록 규정하고 있다. 만약 당사자 사이에 그보다 유리한 선원근로계약·취업규칙·단체협약이 있는 경우에는 그에 따르고, 불리한 조항이 있는 경우에는 선원법의 규정이 적용된다(법 26조).

나. 급여명세서의 교부

선박소유자는 임금을 지급하는 경우에는 (i) 임금의 금액에 관한 사항, (ii) 임금의 구성항목에 관한 사항, (iii) 적용환율에 관한 사항이 포함된 급여명세서를 선원에게 주어야 한다(시행령 17조 2항). 선박소유자는 취업규칙에 임금의 결정·계산·지급 방법을 명시하여야 하는데(법 119조 1항 1호), 이와 별도로 임금 지급시마다 구체적인 내용이 기재된 급여명세서를 교부하도록 함으로써 선원의 임금에 관한 권리를 보호하기 위한 것이다. 선원관리사업자도 선원급여명세서를 제공할 수 있다(법 112조 3항, 시행령 38조 1항 10호).

6. 형사책임

선박소유자가 선원법 52조 1항부터 4항까지의 규정을 위반하였을 때에는 3년 이하의 징역 또는 3천만 원 이하의 벌금에 처한다(법 168조 1항 1호). 다만 피해자가 명시한 의사에 반하여 공소를 제기할 수 없다(법 168조 2항).

115) 대법원 2013. 12. 18. 선고 2012다89399 전원합의체 판결.
116) 부산지법 2014. 10. 10. 선고 2011가합22538 판결.
117) 대법원 1990. 11. 27. 선고 89다카15939 판결.
118) 서울고법 2000. 4. 27. 선고 94나38290 판결; 대전지법 2012. 8. 22. 선고 2012나4372 판결.
119) 서울중앙지법 2013. 9. 12. 선고 2011가합54650 판결.

Ⅳ. 임금에 관한 선박소유자의 의무

1. 기일 전 지급

가. 의 의

임금은 원칙적으로 선원법 52조의 규정에 따라 일정한 날짜에 전액을 지급하여야 하지만, 예외적으로 선원보호를 위하여 선원법 53조는 선원에게 발생한 비상한 경우 이미 제공한 근로에 대한 임금을 지급할 수 있도록 하였다. 이는 선원이 급박한 경비 지출 필요에 대응할 수 있도록 법규로 인정한 선지급(가불) 제도로서 '법정 가불 제도'라고 볼 수 있다.[120)]

나. 요 건

선박소유자는 (i) 선원이나 그 가족의 출산, 질병, 재해, 혼인 또는 사망한 경우, (ii) 해양수산부장관이 정하는 부득이한 사유[121)]로 7일 이상 하선하게 되는 경우의 비용에 충당하기 위하여 선원이 임금지급을 청구하는 때에는 임금 지급일 전이라도 이미 제공한 근로에 대한 임금을 지급하여야 한다(법 53조, 시행령 17조의2). 질병의 경우는 선원의 직무상·직무외 질병, 가족의 질병도 포함되고, 재해는 홍수, 화재, 그 밖의 천재·지변, 사변 등이 모두 포함된다.[122)] 근기법상 비상시 사유가 근로자의 수입으로 생계를 유지하는 자로서 친족, 그 밖의 동거인으로서 근로자가 부양의무를 지고 있는 사람에게 발생한 것으로 족하지만,[123)] 이와 달리 선원법은 선원과 그 가족으로 한정하고 있다. 절차적 요건으로 선원은 선박소유자에게 임금 지급을 청구하여야 한다.

다. 효 과

선박소유자는 비상한 경우의 비용에 충당하기 위하여 선원의 청구가 있으면 지급 기일 전이라도 선원이 이미 제공한 근로에 대한 임금을 지급하여야 한다. 선

120) 근로기준법 주해 Ⅲ(제2판), 118면.
121) 2025. 8. 현재 이에 관하여 해양수산부장관이 정한 사유는 없다.
122) 근로기준법 주해 Ⅲ(제2판), 119면.
123) 근로기준법 주해 Ⅲ(제2판), 119면.

박소유자는 선원이 이미 제공한 근로에 대한 임금만 지급할 의무가 있지만, 단체협약이나 취업규칙으로 아직 제공하지 않은 근로의 대가를 비상시 지급할 수 있도록 정할 수 있다.[124)]

2. 승무 선원의 부상 · 질병 중 임금

가. 의 의

선박소유자는 승무 중인 선원이 부상이나 질병으로 직무에 종사하지 못하는 경우에도 선원이 승무하고 있는 기간에는 어선원 외의 선원에게는 직무에 종사하는 경우의 임금을, 어선원에게는 통상임금을 지급하여야 한다(법 54조 본문).

원래는 선원이 부상 또는 질병(상병)으로 인하여 직무에 종사하지 못하는 경우에는 근로의 대가인 임금을 청구할 수 없으나, 해양노동의 특수성으로 인하여 선원은 선장의 허가 없이 하선할 수 없으므로 선내에 구속된다(재선의무). 이 경우 선원이 근로를 제공하지 않더라도 임금을 지급하는 것이 선원의 생활보호상 필요하므로, 이와 같은 정책적 입장에서 선원법은 선박소유자에게 승무 중인 상병선원에게 임금(어선원 외의 선원) 또는 통상임금(어선원)을 지급하도록 규정하고 있다.[125)] 선원의 부상 또는 질병은 직무상 원인으로 발생한 것에 한하지 않고 직무 외 원인으로 발생한 것도 포함한다.

나. 선박소유자의 면책사유

선원노동위원회가 부상이나 질병이 선원의 고의로 인한 것으로 인정한 경우에는 선박소유자는 임금지급의무를 부담하지 아니한다(법 54조 단서).

다. 상병보상과의 관계

(1) 문제의 소재

선원이 상병으로 인하여 승무 중 요양을 받는 경우,[126)] 선원은 선원법 96조에 의하여 상병보상을 지급받게 되는데, 이때 상병 중의 임금과 상병보상과의 관계가

---

124) 근로기준법 주해 Ⅲ(제2판), 119면.
125) 藤崎道好, 242면.
126) 예를 들면, 선박이 病院船이거나, 船醫가 승선하고 있는 경우를 들 수 있다.

문제된다. 선원법은 재해보상을 받을 권리가 있는 자가 그 재해보상을 받을 수 있는 같은 사유로 인하여 민법이나 그 밖의 법령에 따라 선원법에 따른 재해보상에 상당하는 급여를 받았을 때에는 선박소유자는 그 가액의 범위에서 선원법에 따른 재해보상의 책임을 면한다고 규정하고 있다(법 103조).

(2) 선원이 직무상 원인으로 상병에 걸린 경우

선원이 직무상 원인으로 상병에 걸렸으나 그 상병이 선원의 고의로 인한 것으로 선박소유자가 선원노동위원회의 인정을 받은 경우, 선박소유자는 상병 중 임금을 지급할 의무는 면제되지만, 선원법 94조, 96조에 의한 요양보상·상병보상 의무는 면제되지 아니한다.

상병이 선원의 고의에 의하지 않거나, 고의에 의하더라도 선원노동위원회의 인정을 받지 아니한 경우로서 선원이 직무상 원인으로 상병에 걸려 승무 중인 때에는, 선박소유자는 선원에게 상병 중 임금 또는 통상임금을 지급하여야 하고, 지급한 범위 안에서 상병보상의무가 면제된다. 다만 요양이 4월을 초과하는 경우에는 상병보상은 통상임금의 70%에 그치지만(법 96조 1항 후단), 승무 중 요양이 4월을 초과하더라도 선원법 54조의 상병 중 임금규정이 재해보상규정보다 우선 적용되는 것으로 보아, 선박소유자는 어선원 외의 선원에게 임금 100%를, 어선원에게는 통상임금 100%를 지급하여야 한다.

(3) 선원이 직무외 원인으로 상병에 걸린 경우

선원이 직무외 원인으로 상병에 걸렸으나 그 상병이 선원의 고의로 인한 것으로 선박소유자가 선원노동위원회의 인정을 받은 경우에는 선박소유자는 상병 중 임금지급의무, 요양보상 및 상병보상지급 의무가 면제된다.

상병이 선원의 고의에 의하지 않거나, 고의에 의하더라도 선원노동위원회의 인정을 받지 아니한 경우로서, 선원이 직무외 원인으로 상병에 걸려서 승무하고 있는 동안에는, 선박소유자는 선원에게 상병 중 임금으로 임금 또는 통상임금을 지급하여야 하고, 지급한 범위 안에서 상병보상의무가 면제된다. 원래 위와 같은 경우에 선박소유자는 3월의 범위에 한하여 요양기간 중 매월 1회 통상임금의 70%에 상당하는 금액의 상병보상을 하는 데 그치지만(법 96조 2항), 선원법 54조의 상병 중 임금규정이 재해보상규정보다 우선 적용되는 것으로 보아, 선박소유자는 어선원 외의 선원에게 임금 100%를, 어선원에게 통상임금 100%를 지급하여야 한다.

3. 임금대장의 비치 및 기재

선박소유자는 임금대장을 갖추어 두고, 임금을 지급할 때마다 (i) 선원의 성명·주민등록번호·고용연월일 및 직책, (ii) 임금 및 가족수당 계산의 기초가 되는 사항, (iii) 근로일수 및 근로시간수, (iv) 시간외근로 및 휴일근로를 시킨 경우에는 그 시간수, (v) 임금의 내역별 금액, (vi) 선원법 52조 1항 단서에 따라 임금의 일부를 공제한 경우에는 그 사유 및 금액을 적어야 한다(법 58조, 시행령 20조).

4. 금품 청산 의무

가. 의 의

선박소유자는 선원이 사망 또는 퇴직한 경우에는 그 지급 사유가 발생한 때부터 14일 이내에 임금, 보상금, 수당, 그 밖에 일체의 금품을 지급하여야 한다. 다만, 특별한 사정이 있을 경우에는 당사자 사이의 합의에 의하여 기일을 연장할 수 있다(법 55조의2). 선박소유자가 위 의무를 위반한 경우에는 3년 이하의 징역 또는 3천만 원 이하의 벌금에 처한다(법 168조 1항 1의2호). 이와 같이 선박소유자의 금품 청산 의무위반에 관하여 민사상 이행지체책임과는 별도로 형사책임을 부과하는 취지는 선박소유자로 하여금 기일 내에 금품을 선원에게 어김없이 지급되게 함으로써 선원의 생활안정을 도모하고자 하는데 있다.[127]

나. 요 건

(1) 선원의 사망 또는 퇴직

선원이 사망한 경우 선원근로계약상 지위는 일신전속적인 것으로서 상속되지 않으므로(민법 657조), 선원근로관계는 종료된다. 선원의 퇴직이란 선원의 사망 외의 일체의 근로관계 종료사유를 의미한다. 퇴직에는 해고, 합의해지, 사직, 당연퇴직(선원의 사망으로 인한 경우는 제외), 의원면직, 명예퇴직, 조건부 면직처분, 기간

---

127) 대법원 1993. 7. 13. 선고 92도2089 판결; 대법원 1998. 6. 26. 선고 98도1260 판결.

갱신의 거절 등이 모두 포함된다.

(2) 임금, 보상금 그 밖에 일체의 금품

선원법상 임금이라 함은 선박소유자가 근로의 대상으로 선원에게 임금, 봉급, 그 밖에 어떠한 명칭으로든 지급하는 모든 금전을 말한다(법 2조 10호). 임금에는 승무 선원의 상병 중 임금, 시간외근로수당, 유급휴가급, 퇴직금 등이 포함되고, 보상금에는 재해보상금 등이 포함되며, 그 밖에 일체의 금품은 임금과 보상금을 제외한 나머지 '적립금 · 임치금 · 신원보증금 · 저축금' 등 명칭에 관계 없이 선원에게 지급되어야 할 금전이나 현물을 의미한다. 금품 청산 의무의 목적물은 일체의 금품이므로, 선박소유자가 선원에게 금전 이외의 물품을 지급하지 않는 경우에도 위 의무위반이 된다.

(3) 지급사유 발생일로부터 14일 이내에 기일연장에 관한 합의 없이 미지급

(가) 지급사유 발생일

금품의 지급사유 발생일은 법령, 선원근로계약, 취업규칙, 단체협약, 노사관행 등에 의하여 규정된다.[128] 법 55조의2의 취지는 퇴직 선원 등의 생활안정을 도모하기 위하여 법률관계를 조기에 청산하도록 강제하는 한편 선박소유자 측에 대하여 그 청산에 소요되는 기간을 유예하여 주고 있으므로, 금품청산의무위반죄는 선박소유자가 금품을 지급사유 발생일로부터 14일 이내에 지급하지 아니하면 성립한다.[129] 그러나 금품청산제도는 선박소유자에게 위 기간 동안 임금이나 퇴직금 지급의무의 이행을 유예하여 준 것은 아니므로, 이를 가리켜 퇴직금청구권의 행사에 대한 법률상의 장애라고 할 수는 없고, 따라서 퇴직금청구권은 퇴직한 다음날부터 이를 행사할 수 있다.[130]

(나) 기일연장의 합의

특별한 사정이 있을 경우에는 당사자 사이의 합의에 의하여 기일을 연장할 수

---

128) 명예퇴직이란 근로자가 명예퇴직의 신청(청약)을 하면 사용자가 요건을 심사한 후 이를 승인(승낙)함으로써 합의에 의하여 근로관계를 종료시키는 것으로, 명예퇴직 대상자로 확정되었다고 하여 그 때에 명예퇴직의 효력이 발생하는 것이 아니라 예정된 명예퇴직일자에 비로소 퇴직의 효력이 발생하여 명예퇴직예정일이 도래하면 근로자는 당연히 퇴직되고 사용자는 명예퇴직금을 지급할 의무를 부담한다. 대법원 2000. 7. 7. 선고 98다42172 판결.

129) 대법원 1995. 11. 10. 선고 94도1477 판결.

130) 대법원 2001. 10. 30. 선고 2001다24051 판결.

있다(법 55조의2 단서). 선박소유자는 지급사유가 발생한 때로부터 14일 이내에 선원과 기일연장을 합의하여야 하고,[131] 지급기일 연장에는 제한이 없으므로 3월을 초과하여도 무방하다.[132] '특별한 사정'이란 선박소유자가 모든 성의와 노력을 다 했어도 임금의 체불이나 미불을 방지할 수 없었다는 것이 사회통념상 긍정할 정도가 되어 선박소유자에게 더 이상의 적법행위를 기대할 수 없는 불가피한 사정에 준하는 것으로 해석하여야 한다. 그러므로 선박소유자가 사업의 부진 등으로 자금압박을 받아 이를 지급할 수 없었다는 것만으로는 이를 퇴직금 지급기일을 연장할 수 있는 '특별한 사정'이라고는 할 수 없다.[133] 임금지급기일을 연장하기로 한 합의가 14일을 지나 이루어졌다면 이는 정상참작사유에 불과하고 범죄성립을 조각하지 못한다.[134]

다. 위반의 효과

선박소유자가 위 의무를 위반한 경우에는 3년 이하의 징역 또는 3천만 원 이하의 벌금에 처한다(법 168조 1항 1의2호). 다만 피해자가 명시한 의사에 반하여 공소를 제기할 수 없다(법 168조 2항). 객관적 구성요건은 위에서 본 바와 같으므로, 아래에서는 형사법상 고유한 사항에 한하여 본다.

(1) 고 의

본죄는 고의범이다(형법 8조, 13조, 14조).[135] 본죄의 고의는 선박소유자가 금품청산 의무가 있음에도 불구하고 그 의무를 불이행하는 것을 인식·인용하는 것을 내용으로 한다. 고의에는 미필적 고의도 포함되나, 선박소유자가 구성요건에 관하여 고의가 없는 경우에는 형사책임을 물을 수 없다.[136] 선원이 여러 명일 경우 임

---

131) 대법원 1997. 8. 29. 선고 97도1091 판결; 대법원 1998. 12. 23. 선고 98도3822 판결.

132) 1999. 3. 3. 개정으로 삭제되기 전의 근기법 시행령 13조는 합의에 의한 기일연장은 3월을 초과하지 못한다고 규정하고 있었으나, 대법원은 근기법이 아무런 제한을 두고 있지 아니함에도 불구하고 위 13조가 기일연장을 3월 이내로 제한한 것은 결국 근기법 112조와 결합하여 형사처벌의 대상을 확장하는 결과가 되므로, 위 시행령 13조는 죄형법정주의 원칙에 위배되고 위임입법의 한계를 벗어난 것이 되어 무효라고 판시하였다. 대법원 1998. 10. 15. 선고 98도1759 전원합의체 판결.

133) 대법원 1987. 5. 26. 선고 87도604 판결.

134) 대법원 1997. 8. 29. 선고 97도1091 판결; 대법원 1998. 12. 23. 선고 98도3822 판결; 대법원 2023. 7. 13. 선고 2023도188 판결.

135) 대법원 1997. 9. 30. 선고 97도1490 판결.

136) 대법원 1993. 7. 13. 선고 92도2089 판결; 대법원 1998. 6. 26. 선고 98도1260 판결.

금 등을 지급을 받을 수 없었던 선원 각자마다에 대하여 위 법조 위반의 범의가 있어야 한다.[137]

(2) 기수시기

본죄는 구성요건적 행위가 완성될 때 범죄가 성립하므로,[138] 선박소유자가 지급사유 발생일로부터 14일 이내에 금품 등을 지급하지 아니하거나 기일연장에 관한 합의를 하지 아니하면 성립한다.[139] 그러나 본죄에 대한 미수범처벌규정은 존재하지 아니하므로, 본죄의 미수행위는 처벌대상이 아니다(형법 29조).

(3) 위법성조각사유

(가) 피해자의 승낙

피해자(선원, 유족, 피부양자 등)의 승낙이 위법성조각사유에 해당하는지 문제되나, 일반적으로 선원법이 강행법규인 점에 비추어 보면, 금품청산 불이행에 대한 피해자의 승낙은 위법성을 조각하지 아니한다.[140]

(나) 피해자의 권리포기

선원이 임금등 채권을 사전에 포기하는 것은 강행법규인 선원법·근기법에 위반되어 무효이므로,[141] 선원의 권리포기는 위법성조각사유가 될 수 없다. 그러나 선원이 자유로운 의사에 기하여 임금등 채권을 지급기일부터 14일까지 사이에 포기하면, 이는 당해 채권 자체가 소멸하는 경우이므로, 본죄의 구성요건해당성을 조각하게 된다.[142] 다만 지급기일로부터 14일이 경과하여 본죄가 성립한 이후에 선원이 임금등 채권을 포기한 경우에는 범죄성립에 영향이 없다.

---

137) 대법원 1995. 4. 14. 선고 94도1724 판결. 위 판결은 단일한 범의가 인정되는 경우에는 포괄일죄가 성립할 가능성이 있는 것으로 판시하고 있으나(다만 근로자들의 퇴직일자가 다른 점을 인정하여 단일한 범의를 부정하였다), 위 법조의 구성요건 및 보호법익에 비추어 보면, 단일한 범의가 인정되는 경우에도 포괄일죄가 아니라 근로자별로 범죄가 성립하는 것으로 보아야 한다.

138) 註釋 勞働基準法(下), 東京大學勞働法硏究會 編, 有斐閣(2003), 1100면.

139) 대법원 1995. 11. 10. 선고 94도1477 판결.

140) 임금정기일 지급의무위반죄에 대한 같은 취지의 판결로는 福岡高裁 1955. 5. 19. 判決, 高刑裁 特2卷 12호 575면.

141) 대법원 1998. 3. 27. 선고 97다49732 판결; 대법원 2002. 7. 26. 선고 2000다27671 판결.

142) 註釋 勞働基準法(下), 1100면.

(4) 책임조각사유

(가) 기대가능성

선박소유자가 모든 성의와 노력을 다했어도 임금의 체불이나 미불을 방지할 수 없었다는 것이 사회통념상 긍정할 정도가 되어 선박소유자에게 더 이상의 적법행위를 기대할 수 없는 불가피한 사정이 있는 때에는 본죄의 성립이 부정된다. 기대가능성의 법적 지위에 관하여 일본에서는 구성요건해당성이 조각된다는 견해,[143] 위법성이 조각된다는 견해,[144] 책임이 조각된다는 견해[145] 등 대립이 있으나, 대법원은 적법행위에 대한 기대가능성이 없는 것은 책임조각사유가 된다는 입장을 취하고 있다.[146]

적법행위에 대한 기대불가능성으로 인한 책임조각사유가 인정되기 위해서는 주관적으로 선박소유자는 금품지급을 위하여 모든 성의와 노력을 다하여야 하고, 객관적으로 사회통념상 임금의 체불이나 미불을 방지할 수 없는 특별한 사정이 있을 것(지급가능성의 부존재)이 요구된다. 지급가능성의 유무는 선박소유자의 자력·수입의 유무, 자금조달의 가능성, 다른 채무의 지급을 행할 필요성, 자금부족에 이르게 된 원인 등을 종합적으로 고려하여 판단하여야 한다.[147]

이러한 법리는 퇴직 선원 스스로 선박소유자로 하여금 금품청산을 할 수 없는 상황을 초래하고, 이로 인하여 선박소유자가 모든 성의와 노력을 기울이더라도 임금의 체불이나 미불을 방지할 수 없었다고 사회통념상 인정되는 경우에도 적용된다.[148] 그러나 단순한 사업 부진,[149] 기업이 불황이라는 사유[150]만으로는 임금지급을 연기할 특별한 사정에 해당하지 않는다.

(나) 비난가능성

선박소유자가 퇴직금 지급을 위하여 최선을 다하였으나 경영부진으로 인한 자

---

143) 香城敏麿, 行政罰則と經營者の責任, 帝國地方行政學會(1968), 267면.
144) 名古屋地裁 1950. 10. 16. 判決, 高刑集 4권 4호 382면.
145) 長崎地裁 1950. 10. 5. 判決, 高刑集 4권 7호 677면.
146) 대법원 1997. 11. 11. 선고 97도813 판결; 대법원 2003. 2. 11. 선고 2002도5679 판결(船).
147) 櫻井正史, "勞働基準法違反事件の捜査·處理上の問題點", 法務研修報告書 71집 6호 100면.
148) 대법원 2002. 12. 10. 선고 2002도3730 판결; 대법원 2003. 2. 11. 선고 2002도5679 판결(船)[이에 대한 평석은 권창영, "선박소유자의 금품청산의무위반에 대한 형사책임", 2003 노동판례비평, 73-115면].
149) 대법원 1987. 5. 26. 선고 87도604 판결; 대법원 2002. 11. 26. 선고 2002도649 판결.
150) 대법원 2001. 2. 23. 선고 2001도204 판결; 대법원 2002. 9. 24. 선고 2002도3666 판결.

금사정으로 지급기일 내에 퇴직금을 지급할 수 없었던 불가피한 사정이 있었던 경우뿐만 아니라 그 밖의 사정으로 선박소유자의 퇴직금 부지급을 비난할 수 없는 경우에는 퇴직금 체불의 죄책을 물을 수 없다.[151]

(5) 죄수(罪數)

위 범죄는 선원에 대하여 일정기일까지 임금을 지급받게 하기 위한 취지이므로, 선원이 여러 명일 경우 지급받을 수 없었던 선원 각자에 대하여 범죄가 성립하고, 따라서 그 범죄 상호간은 포괄일죄가 아니고 실체적 경합범의 관계에 있다.[152]

(6) 임금 일정기일 지급 의무위반죄와의 관계

(가) 임금지불의무위반죄

임금의 일정기일 지급의 원칙(법 168조 1항 1호, 52조 2항)은 선박소유자로 하여금 매월 일정하게 정해진 기일에 근로의 대가를 선원에게 어김없이 지급하게 강제함으로써 선원의 생활안정을 도모하고자 하는 데에 그 입법취지가 있다.[153] 선박소유자가 임금 지급기일에 임금을 지급하지 아니함으로써 임금지불의무를 위반한 죄가 성립되므로,[154] 선박소유자가 임금지급기일 후에 임금을 지급한 경우에도 형사책임을 면할 수 없다.[155] 그러나 선박소유자가 모든 성의와 노력을 다했어도 도저히 임금지급기일을 지킬 수 없었던 불가피한 사정이 인정되는 경우 그러한 사유는 책임조각사유가 된다.[156] 임금지불의무위반죄는 선원 별로, 지급기일 별로 성립한다.[157] 그러므로 선박소유자가 선원 A, B의 2025년 5월, 6월의 월급여 및 상반기 상여금(지급기일이 2025. 6. 30.인 것으로 가정한다)을 지급기일에 지급하지 아니하면, 모두 6개의 임금지불의무위반죄가 성립한다.

---

151) 대법원 1988. 2. 9. 선고 87도2509 판결; 대법원 1998. 6. 26. 선고 98도1260 판결. 그러나 고의가 없는 경우에는 구성요건해당성이 없으므로 책임조각사유의 존부에 관한 판단이 불필요하다.
152) 대법원 1995. 4. 14. 선고 94도1724 판결; 대법원 1997. 9. 30. 선고 97도1490 판결.
153) 대법원 1985. 10. 8. 선고 85도1262 판결; 대법원 2001. 2. 23. 선고 2001도204 판결.
154) 대법원 2003. 4. 11. 선고 2002도4323 판결.
155) 대법원 1985. 10. 8. 선고 85도1566 판결.
156) 대법원 1985. 10. 8. 선고 85도1262 판결; 대법원 2001. 10. 26. 선고 2001도4557 판결.
157) 最高裁 1959. 3. 26. 判決, 刑集 13권 3호 401면.

(나) 양 죄의 관계

양 죄는 구성요건과 보호법익이 서로 다르므로, 선박소유자가 선원의 임금을 일정기일에 지급하지 아니하고, 선원에 대한 금품 청산 의무를 위반한 경우에는 양 죄의 죄책을 모두 부담하며, 양 죄는 실체적 경합관계에 있다.

V. 최저임금

1. 해양수산부장관의 임금 최저액 설정

선원법의 적용을 받는 선원과 선원을 사용하는 선박의 소유자에게는 최저임금법을 적용하지 아니한다(최저임금법 3조 2항). 그러나 해양수산부장관은 필요하다고 인정하면 선원의 임금 최저액을 정할 수 있다(법 59조). 이 경우 해양수산부장관은 정책자문위원회규정 2조에 따라 해양수산부에 설치되는 정책자문위원회의 자문을 하여야 한다(법 59조, 시행규칙 38조의2).

2. 2025년도 최저임금

가. 해양수산부 고시

해양수산부 고시(2024-133호)에 의하면, 2025. 1. 1.부터 선박소유자가 선원에게 지급하여야 하는 최저임금은 월 2,614,810원, 어선원의 재해보상 시 적용되는 통상임금 및 승선평균임금 산정을 위한 최저액은 월 3,090,290원, 어선원의 재해보상 시 적용되는 승선평균임금은 월 5,408,000원이다. 다만 (i) 동거 친족만을 선원으로 승선시키는 경우에 당사자 간 합의로 정할 수 있고, (ii) 해기사면허 취득을 위한 지정교육기관 출신으로 근로자 신분이 아닌 순수 기술 습득을 목적으로 실습 승선시키는 경우 적용하지 아니할 수 있으며, (iii) 외국인 선원의 경우 해당 선원노동단체와 선박소유자단체 간에 단체협약으로 최저임금을 정할 수 있으나 최저임금이 종전의 임금수준을 낮추어서는 아니 되는데,[158] 위 각 호의 해당

158) 인도네시아 선원들은 승선기간 중 선박소유자로부터 해양수산부장관의 '선원최저임금고시'상 최저임금보다 낮은 임금을 받았고, 선원과 선박소유자 사이에 최저임금에 관한 단체협약이 체결되었다는 주장·증명이 없는 사안에서, 법원은 위 선원근로계약에는 위 고시가 적용된다고 판시하였다. 부산지법 2011. 9. 28. 선고 2010가합9767 판결.

사업장 및 관련 단체에서는 당해 증빙서류를 해양수산관청에 제출하여 이를 인정 받아야 한다.

나. 선원 최저임금에 산입하는 임금의 범위 (고시 별표 가.)

구분	임금의 범위
공통요건	1. 단체협약·취업규칙 또는 근로계약에 임금항목으로서 지급근거가 명시되어 있거나 관례에 따라 지급하는 임금 또는 수당 2. 미리 정해진 지급조건과 지급률에 따라 일정한 근로(도급제의 경우에는 총근로를 말한다)에 대하여 매월 1회 이상 정기적·일률적으로 지급하는 임금 또는 수당
개별적인 임금·수당의 판단기준	위의 공통요건 모두에 해당하는 것으로 다음 각 호의 어느 하나에 해당하는 임금 또는 수당(산입하지 않는 임금·수당 제외) 1. 직무수당·직책수당·기술수당·면허수당 등 미리 정해진 지급조건에 따라 담당하는 업무·직책의 경중 또는 자격 소지에 따라 지급하는 수당 2. 물가수당·조정수당 등 물가변동이나 직급 간의 임금격차 등을 조정하기 위하여 지급하는 수당 3. 매월 지급하는 상여금 및 이에 준하는 것으로서 월 최저임금액의 25%를 초과한 액(2024년부터는 전액) 4. 매월 통화로 지급하는 식비(다만, 선원법 제76조에 따른 선내급식, 제77조에 따른 선내급식비 또는 선내급식을 대체하기 위해 선원에게 지급하는 식비는 제외), 숙박비, 교통비 등 선원의 생활 보조 또는 복리후생을 위한 성질의 임금으로서 월 최저임금액의 7%를 초과한 금액(2024년부터는 전액) 5. 승무수당·항해수당 등 선박에 승무하여 항해 등의 업무에 종사하는 사람에게 매월 일정한 금액을 지급하는 수당 6. 그 밖에 제1호부터 제5호까지의 규정에 준하는 것으로서 공통요건에 해당하는 것이 명백하다고 인정되는 임금 또는 수당

다. 선원 최저임금에 산입하지 아니하는 임금의 범위 (고시 별표 나.)

구분	임금의 범위
'매월 1회 이상 정기적으로 지급하는 임금' 외의 임금	1. 1개월을 초과하는 기간의 승선성적에 따라 지급하는 정근수당 2. 1개월을 초과하는 일정기간의 계속근무에 대하여 지급하는 근속수당 3. 1개월을 초과하는 기간에 걸친 해당 사유에 따라 산정하는 장려가급(獎勵加給)·능률수당 또는 상여금 4. 어선의 비율급, 생산의 장려수당 및 운반선의 운반수당 5. 그 밖에 결혼수당·월동수당·김장수당 또는 체력단련비 등 임시 또는 돌발적인 사유에 따라 지급하는 임금·수당이나, 지급조건이 사전에 정해진 경우라도 그 사유의 발생일이 확정되지 않거나 불규칙적인 임금·수당
'일정한 근로시간 또는 근로일에 대하여 지급하는 임금' 외의 임금	1. 선원법 제73조에 따른 유급휴가급 및 유급휴가 근로수당 2. 선원법 제62조 규정에 따른 시간외 근로수당 및 휴일근로수당 3. 그 밖에 명칭에 관계없이 일정한 근로에 대하여 지급하는 임금이라고 인정할 수 없는 것
그 밖에 최저임금액에 산입하는 것이 적당하지 않은 임금	식사, 기숙사·주택 제공, 통근차운행 등 현물이나 이와 유사한 형태로 지급되는 급여 등 선원의 복리후생을 위한 성질의 것

3. 외국인 선원에 대한 차별적 최저임금의 효력

가. 문제의 소재

육상근로자의 경우 외국인 근로자에 대하여도 국내의 근로자들과 마찬가지로 근기법상 퇴직금 지급에 관한 규정이나 최저임금법상 최저임금의 보장에 관한 규정이 그대로 적용된다.[159] 위 해양수산부 고시에서 (iii)의 경우 선원노동단체와 선박소유자단체 간에 체결된 단체협약에서 외국인 선원의 최저임금을 내국인 선원보다 낮게 책정할 수 있도록 하는 규정(고시 2. 나. 3)항)이나 선원법이 정한 최저기준에 미달하는 규정은 강행법규에 위반되어 무효가 되는지 여부가 문제된다.

159) 대법원 2006. 12. 7. 선고 2006다53627 판결.

나. 외국의 사례[160)]

선원의 임금지급에서 자국민과 외국인을 달리 대우하는 것은 국제해운계의 일반 거래관행이다. 유럽연합 공동선박등록제도에 따르면 회원국 국민이 아닌 개발도상국 저임금선원의 승선을 허용하고 있으며, 이 경우 선원 거주국의 노동조합과 단체협약을 체결하고 그에 근거하여 개별 선원근로계약을 체결하고 있다. 선원근로조건은 선원 거주국의 임금수준으로 고용이 가능하며, 사회보장 역시 선원 거주국의 법률에 따르도록 하고 있다. 일본의 경우에도 마루십제도를 활용하여 자국 선원과 외국인 선원의 근로조건에서 다른 처우를 하고 있다.

다. 검 토

외항상선과 원양어선에 승무하는 외국인 선원은 우리나라에 입국하지 않고 승선생활 종료 후 바로 자국으로 귀국하므로 우리나라에 생활의 근거를 가지고 있지 않다. 내항상선과 연근해어선의 경우도 우리나라에 입국하나 그들은 선박에서 선박소유자가 제공하는 숙식을 제공받아 생활하고 있고, 임금은 본국의 가족에게 송금하므로 우리나라에 생활의 근거를 가진다기보다는 자국에 생활의 근거를 가진다는 견해가 있다.[161)]

그러나 선원법이 적용되는 국적선과 준국적선에 승선한 외국인 선원에게도 생활의 근거가 외국인 선원의 본국이든 대한민국이든 관계없이 선원법이 제한 없이 적용되므로, 선원법에 정한 최저기준에 미달하는 근로조건을 규정한 선원근로계약이나 단체협약은 강행규정에 위반되어 무효이다.[162)] 또한 한국어 지식의 결여, 승무경력이나 숙련도에 따른 직무능력의 저하 등 합리적 이유 없이 외국인 선원

---

160) 전영우, "외국인 선원의 근로조건에 관한 일고찰", 해사법연구 25권 2호(2013. 7), 12-20면.

161) 전영우, 21-22면. 그러나 내국에 거주하는 외국인 선원이 통신·문화비·교통비 등 시민으로서 일상생활을 영위하는 데 필요한 재화나 용역을 구입하는 경우에는 내국인과 동일한 가격으로 지출하여야 하므로, 위 견해는 타당하다고 할 수 없다. 이주근로자의 시민권에 관한 논의는 이다혜, "시민권과 이주노동" -이주노동자 보호를 위한 '노동시민권'의 모색-, 서울대 법학박사학위논문(2015) 참조.

162) 신승한·전영우, "선원법상 선원근로계약의 준거법 선택에 관한 연구 -비거주선원의 근로계약을 중심으로-", 해사법연구 30권 3호(2018. 11), 85-86면; 대법원 2016. 12. 29. 선고 2013두5821 판결(船)은 국적선에 승선한 외국인 어선원에 대하여 선원최저임금고시상 최저임금이 적용된다고 판시하였다. 서울행법 2022. 1. 19. 선고 2021구단51099 판결도 "최저임금이라 함은 일에 대한 정당한 보수의 최저선을 정한 것으로서…위임의 한계를 일탈하여 외국인 선원에 대하여만 단체협약 등으로 최저임금을 정하도록 한 것을 허용할 수는 없다."고 판시하였다.

의 최저임금을 내국인 선원보다 낮게 책정하는 규정은, 국적을 이유로 근로조건에 대한 차별적 처우를 금지하는 강행규정인 근기법 6조, 선원법 5조 1항에 위반되어 무효라고 보아야 한다.[163] 또한 고시 2. 나. 3)에서 단체협약을 통하여 국내선원의 최저임금보다 낮은 임금을 외국인 선원의 최저임금으로 정할 수 있도록 하는 것은 선원법이 예정하고 있지 않은 것을 해양수산부장관의 고시에서 비로소 정하는 것이라서 상위법에 어긋나기 때문에 위법하다.[164]

Ⅵ. 퇴직금제도

1. 의 의

가. 퇴직금제도의 도입

선박소유자는 계속근로기간이 1년 이상인 선원이 퇴직하는 경우에는 계속근로기간 1년에 대하여 승선평균임금의 30일분에 상당하는 금액을 퇴직금으로 지급하는 제도를 마련하여야 한다(법 55조 1항 본문).

선원은 근로를 제공하는 대가로 임금을 받는다. 그러므로 선원근로관계가 유지되는 동안에는 임금소득으로 생활을 유지하게 된다. 그러나 선원근로관계가 종료되면 임금이 지급되지 않으므로 생활이 어려워진다. 이러한 점을 고려하여 법령

163) 전윤구, "외국인 선원취업제도의 실태와 급여차별", 노동법학 66호(2018. 6), 205면; 노동조합의 존재이유와 단체협약이 구성원이 조합원에게 미치는 효력 법리를 고려할 때, 해양수산부 고시의 규정은 위헌 및 위법적인 규정이라는 견해로는 장우찬, "선원 노동시장의 이중구조와 그 문제점", 법학연구 29권 3호, 경상대학교 법학연구소(2021. 7), 261면; 외국인 선원과 체결하는 현행 선원근로계약의 내용은 선원법의 규정에 합치하지 않아 법령위반이라는 문제가 대두될 수 있고, 현행 선원법을 그대로 적용할 경우에는 우리나라 선원과의 역차별 문제가 발생한다고 볼 수 있다는 견해로는 전영우, 24면; 조상균, "선원이주노동자의 법적 지위와 과제", 전남대 법학논총 33집 1호(2013. 4), 24면.

164) 전윤구, 205면; 해양수산부장관 고시에서 국민과 외국인에 대하여 최저임금을 달리 정할 수 있도록 규정함으로써 법률규정 형식상 근기법 및 선원법상 균등처우의 원칙에 반한다는 시비를 불러일으킬 수 있다. 이러한 시비를 없애기 위해서는 노사의 협의를 거쳐 국적선원과 외국인 선원 모두에게 적용될 수 있는 최저임금, 예를 들면, ILO에서 공표한 유능부원의 최저 기본임금을 반영하여 재설정하도록 하는 것이 바람직하다는 견해로는 전영우, "선원최저임금제도 개선에 관한 연구", 해사법연구 25권 1호(2013. 3), 91면; 고시 2. 나. 3)은 근로조건 대등결정에 관한 근기법 4조 및 근기법 6조 · 헌법 11조의 평등의 원칙에 위반될 뿐만 아니라, 최저 임금의 결정권한을 선원노동단체와 선박소유자단체에게 재위임하여 모법인 선원법에 위반되어 무효이므로, 이를 근거로 한 이 사건 노사합의 역시 무효라고 판시한 사례로는 서울행법 2021. 8. 20. 선고 2021구단55022판결. 그러나 항소심(서울고법 2023. 10. 20. 선고 2021누59610 판결)은 합리적인 이유가 있다는 이유로 위 조항을 유효하다고 보았고, 위 항소심 판결은 대법원 2024. 2. 20.자 2023두57074 판결로 심리불속행 기각되어 확정되었다).

은 선원이 퇴직한 후 다시 직장을 구하기까지 생활할 수 있도록 하는 한편, 은퇴 후에도 생활이 보장될 수 있도록 하는 여러 가지 제도적 장치를 마련하고 있는데, 선원법 55조가 규정하고 있는 퇴직금제도가 대표적이다.

구 선원법(1984. 8. 7. 법률 3751호로 개정되기 전의 것)은 근기법상 퇴직금제도와는 별도로 퇴직수당제도를 설정하였으나, 위 개정시 이를 폐지하고 당시 근기법상 퇴직금제도를 수용하였다. 그런데 현행 근기법 34조는 퇴직급여제도에 관하여는 근로자퇴직급여보장법이 정하는 대로 따른다고 규정하고 있으나, 위 규정은 선원법 5조 1항에 의하여 선원근로관계에 적용되는 규정에 포함되지 않았으므로, 선원에게는 근로자퇴직급여보장법이 적용되지 아니한다.[165)]

나. 구 선원법상 퇴직수당과의 관계

(1) 문제의 소재

구 선원법(1984. 8. 7. 법률 3751호로 개정되기 전의 것) 52조는[166)] 1항 각 호 소정의 사유에 해당하는 경우에 한하여 선박소유자에게 퇴직수당을 지급할 의무를 부과하여 퇴직수당제도를 설정하고 있었을 뿐, 퇴직금에 관하여는 명문의 규정이

---

165) 근퇴법 3조는 근로자를 사용하는 모든 사업 또는 사업장에 적용한다고 규정하고 있으나, 2조에서 임금과 평균임금의 정의를 근기법에 따라 규정하고 있으므로, 해석상 근퇴법은 선원에 대하여는 적용되지 않는 것으로 보아야 한다. 이와 달리, 선원에 대하여도 근퇴법이 적용된다고 본 사례로는 인천지법 2023. 8. 18. 선고 2022고단154 판결.

166) 52조 (퇴직수당) ① 선박소유자(4호의 경우에는 구소유자)는 계속근로연수 1년 이하의 선원으로서 다음 각 호의 1에 해당하는 경우에는 즉시 20일분의 봉급액에 상당한 액의 퇴직수당을 지급하여야 한다.

1. 46조 6호의 규정(기타 선원노동위원회의 인정을 얻었을 때)에 의하여 선박소유자가 승선계약을 해제하는 동시에 근로계약도 해제하였을 때
2. 47조 1항 1호 또는 2호(선원이 승선계약 성립 시에 국적을 상실하였을 때, 승선계약에 의하여 정한 근로조건이 사실과 현저하게 상위할 때)의 규정에 의하여 선원이 승선계약을 해제하는 동시에 근로계약도 해제하였을 때
3. 48조의 규정(기간의 정함이 없는 승선계약은 선박소유자 또는 선원이 24시간 이상의 기간을 정하여 서면으로써 해제의 요청을 하였을 때에는 그 기간이 만료한 때에 종료한다)에 의하여 선박소유자가 승선계약을 해제하는 동시에 근로계약도 해제하였을 때
4. 49조 1항의 규정(상속 기타 포괄승계의 경우를 제외하고 선박소유자의 변경이 있을 때에는 승선계약은 종료한다)에 의하여 승선계약이 종료되는 동시에 근로계약도 종료되었을 때
5. 선원이 88조의 건강증명서를 받을 수 없음으로 인하여 승선계약이 해제되는 동시에 근로계약도 해제되었을 때
6. 선원의 사망으로 인하여 승선계약 또는 근로계약이 종료된 때

② 선박소유자는 계속근로연수 1년 이상인 선원으로서 전항 각 호의 1에 해당하는 경우에는 연당 30일분의 봉급액에 상당한 액의 퇴직수당을 지급하여야 한다. 다만, 6월 미만은 반년으로, 6월 이상은 이를 1년으로 간주한다.

없었는데 퇴직수당과 퇴직금과의 관계가 문제된다. 이하에서는 먼저 퇴직수당과 퇴직금과의 관계가 쟁점이 된 한국수산개발공사 사건에 대하여 살펴보기로 한다.

(2) 한국수산개발공사 사건[167)]

(가) 처분의 경위

A는 승선계약기간을 정함이 없이 월고정급제의 임금약정 하에 한국수산개발공사(이하 '공사') 소속 제51수공호에 일정기간 승선하였다가 하선하면서 공사에게 퇴직금지급을 청구하였다. 공사는 A의 퇴직사유는 구 선원법 52조에 해당하지 아니하고 승선계약기간을 정함이 없이 근무한 선원은 퇴직금지급대상이 되지 아니한다는 이유로 퇴직금지급을 거절하였다. A는 1977. 4. 27. 인천지방해운항만청에 진정서를 제출하였다. 인천지방해운항만청장은 진정서 처리결과통보란 제목으로, 구 선원법 52조 소정 각 호에 해당하는 퇴직이 아니라고 하여 A에게 퇴직수당을 지급치 아니함은 부당하니 구 근기법 28조에 의거 퇴직금을 지급하여야 하므로, A에게 구 근기법 28조에 의한 퇴직금을 지급할 것을 명한다는 취지의 명령을 발령하였다.

(나) 재 결

공사는 1977. 6. 24. 해운항만청에 선원법은 근기법의 특별법으로 선원법에 규정되지 않은 사항만이 근기법이 적용되며, 퇴직수당은 구 선원법 52조에 규정되어 있으므로 근기법을 준용하여 퇴직금지급을 명한 처분은 위법부당하다는 이유로 소원을 제기하였으나, 해운항만청은 1977. 8. 9. 기각재결하였다.

(다) 원심의 판결 요지

공사는 1978. 3. 21. 인천지방해운항만청장을 피고로 하여 서울고등법원에 퇴직금지급명령취소청구의 소를 제기하였다. 서울고등법원은 1978. 8. 1. 선고 77구489 판결에서 "구 선원법 128조가 준용하는 근기법의 규정에는 퇴직금지급에 관한 구 근기법 28조의 규정이 포함된다고 해석하여야 할 때도, 공사와 A 사이의 근로계약이 해제 또는 종료되었음이 명백한 이 사건에서 비록 구 선원법 52조 소정의 퇴직금 지급사유가 발생하지 아니하였더라도 A에게 구 근기법 28조 소정의

---

167) 사건의 경과에 관하여는 허용구, "선원 퇴직금제도에 관한 사례연구 －대법원 판례를 중심으로－", 해운항만 58호(1981. 12), 50-51면.

퇴직금을 지급하여야 할 의무가 있으니, 공사에 대하여 그 퇴직금지급을 명한 피고의 행정처분에는 어떠한 무효사유나 위법사유가 없다."고 판시하여 공사의 청구를 기각하였다.

(라) 대법원의 판결 요지

공사는 1978. 8. 25. 대법원에 상고를 제기하였다. 대법원은 1980. 10. 14. 선고 78누379 판결에서 "구 선원법 109조에 의하면, 해운관청은 이 법 또는 이 법에 의하여 발하는 명령에 위반하는 사실이 있다고 인정할 때에는 선박소유자 또는 선원에 대하여 필요한 처분을 할 수 있다고 규정되어 있어 해운관청은 그와 같은 행정처분을 할 수 있음은 분명하고, 위 설시와 같은 피고의 처분이 위 법조에 의거하여서 한 처분이라고 할 수 있다. 그러나 처분경위라든가 처분의 내용으로 보아서 제51수공호에 승선하였던 A에게 구 선원법 52조 소정 사유 아닌 퇴직이라도 구 근기법 28조 소정의 사유가 있다면 그에 따른 퇴직금을 지급해야 한다는 취지에서 그에 대한 조치를 취할 것을 지시한 것으로 풀이함이 상당하다. 위 처분은 공사의 구체적인 권리의무에 직접변동을 초래하는 것을 내용으로 하는 행정처분이라고 볼 수 없고, 퇴직금 지급에 관한 권고적 성질을 가진 처분에 해당한다. 그렇다면 위 처분은 권고적 성질의 처분으로서 행정처분에 해당되지 아니하니(민사소송의 대상이 됨은 별론으로 하고) 이는 항고소송의 대상이 될 수 없다."는 이유로 직권으로 원심판결을 파기하고, 이 사건 소를 각하하였다.

(3) 검 토

(i) 퇴직수당의 지급요건은 구 선원법 52조의 사유에 한정되고 그 산정기준도 봉급액[168]에 의하나 퇴직금은 1년 이상 계속 근로로 충분하고 선원의 귀책사유 유무와는 무관하며, 그 산정기준도 평균임금에 의하는 등 퇴직수당과 퇴직금의 지급요건 및 산정기준이 서로 다른 점, (ii) 선원법이 근기법에 대하여 특별법의 지위에 있는 이상 선원법이 규정하지 아니한 사항에 대하여는 근기법을 적용하여야 하는 점, (iii) 선원의 귀책사유로 인하여 근로계약이 종료된 경우 퇴직수당지급요건을 충족하지 못하더라도 근기법상 퇴직금을 지급하는 것이 퇴직금제도의 취지

168) 구 선원법 64조 2항, 1항에 의하면 월봉급액이라 함은 근로계약이 정하는 일정 보수액의 1월분을 말하는 것이니, 선원의 퇴직금 청구의 기준이 되는 봉급액도 이에 의함이 타당하다. 대법원 1975. 11. 25. 선고 74다1105 판결(船).

및 선원보호의 이념에 합치하는 점 등에 비추어 보면, 퇴직수당과 퇴직금은 양립할 수 있는 별개의 제도로 보아야 한다. 따라서 특별법우선의 원칙에 따라 퇴직수당제도는 퇴직금제도에 우선 적용되므로, 퇴직수당을 지급받은 선원은 퇴직금을 지급받을 수 없으나, 퇴직수당을 지급받지 못한 선원은 퇴직금을 지급받을 수 있다.[169)]

2. 퇴직금의 법적 성격

가. 공로보상설

지점을 차려주거나 주종의 정의(情誼)에 기하여 은혜적으로 지급되던 연혁[170)]에 비추어 오늘날에도 퇴직금은 사용자가 그 정의에 의하여 근로자의 재직 연한, 재직 중 직책의 경중, 기업에 공헌한 정도, 근속에 따른 공적 등을 고려하여 감사의 표시로 지급하는 은혜적인 증여라고 하는 견해이다.[171)]

나. 임금후불설

임금이 노동력의 가치 이하로 지급되고 있기 때문에 그 미지급분을 퇴직시에 일괄하여 정산하는 것이 퇴직금이라는 견해이다.[172)] 즉 임금이 근로자가 소유하는 노동력의 제공에 대한 대가라고 하지만 현실적으로 볼 때 그러한 노동력의 가치에 상당한 임금이 지급되지 못하기 때문에, 이러한 미불임금의 축적이 퇴직금의 재원이 되는 것이며, 따라서 근로자는 이를 당연히 수취할 권리가 있다.

---

169) 1963. 8. 3. 교통부의 질의에 대한 법무부의 회신.

170) 옛날 우리나라에서 관행되고 있던 퇴직금제도와 유사한 것을 보면, 주인이 근로자를 고용하다가 일정한 시기가 오면 그 동안 공로에 대한 대가로서 근로자가 독립하여 생활할 수 있도록 하는 관행이 있었다. 조선시대에는 지덕제도라고 하여 고용하고 있던 주인이 하인을 어느 시기가 오면 혼인을 시켜주고 또한 농경지를 주어 독립적으로 생활할 수 있게 해준다든지, 또는 상업을 하는 상점 주인이 그 상점에서 오랫동안 종사한 종업원에게 조그마한 가게를 하나 차려주어 독립시켜 주는 관행도 있었다. 이러한 관행은 어디까지나 봉건사회에서 가부장적인 주인의 은혜적 · 자선적 · 공로보상적인 증여의 성격을 내포하고 있으며, 한편 이는 근로자들의 노동력의 이동을 방지하고 강제적 노동책으로 이용되어 왔다. 이종남, “퇴직금제도에 관한 연구 (상)”, 사법행정 26권 12호(1985), 111-112면.

171) 이는 “퇴직금의 성격에 관하여는 우리는 연혁적으로도 현실적으로도 근속에 대한 공로보상이 그 근간이고 부수적으로 국가의 사회보장제도가 확립되기까지 사회보장의 보충적 역할로서 생활보장의 요소가 가미된 것이다.”라는 취지의 1949. 6. 일본 경영자단체가 정부에 보낸 의견서에 잘 나타나 있다. 정진경, “직위해제 후 퇴직한 자의 퇴직금산정: 평균임금산정방식과 퇴직사유에 따른 퇴직금액규정의 효력을 중심으로”, 사법연구자료 22집(1995), 395면.

172) Albert de Roode, “Pension as Wage”, The American, Juno, 1913, 287면; 이철원, “퇴직금제도에 관한 연구”, 노동법의 제문제 –가산 김치선 박사 화갑기념논문집–, 박영사(1983), 242면.

다. 생활보장설

퇴직금은 퇴직 후 생활을 보장하는 수단이라고 보는 견해이다. 생활보장설은 퇴직금은 근로자의 실업 중, 퇴직 후의 생활을 보장하는 것으로서 어디까지나 최저생활을 보장하는 임금에 대한 요구로서 획득된 것이라 주장한다.[173] 특히 실업·노령보험 등 사회보장제도가 제대로 실시되지 못하고 있는 상황에서는 정년·중도퇴직자 등에게 퇴직금이 생활보장을 위한 가장 중요한 수단이 되기 때문에, 기업이 가지는 사회적 책임의 일환으로 퇴직하는 근로자에게 생활보장을 위하여 퇴직금을 지급하여야 한다고 주장한다.

라. 판 례

판례는 퇴직금은 임금의 성격을 가진다는 입장을 취하고 있다.[174] 즉 퇴직금은 사회보장적 성격과 공로보상적인 성격이 포함되어 있지만, 사용자와 근로자의 관계에서는 근로의 대가인 임금의 성질을 갖는 것으로 보아, 사용자가 근로자에게 지급하는 퇴직금은 근로자의 근로제공에 대한 미지급임금이 축적된 것이 그 재원이 된 것으로, 본질적으로는 후불적 임금의 성질을 가진다고 한다.[175] 퇴직금 채권의 발생시기에 관하여 판례는 퇴직시에 비로소 발생하는 불확정 기한부 채권으로 보고 있다.[176]

3. 선원법상 퇴직금제도

가. 법적 근거

선박소유자는 계속근로기간이 1년 이상인 선원이 퇴직하는 경우에는 계속근로기간 1년에 대하여 승선평균임금의 30일분에 상당하는 금액을 퇴직금으로 지급하는 제도를 마련하여야 한다. 다만 이와 같은 수준을 밑돌지 아니하는 범위에서 선원노동위원회의 승인을 받아 단체협약이나 선원근로계약에 의하여 퇴직금제도를 갈음하는 제도를 시행하는 경우에는 그러하지 아니하다(법 55조 1항).[177]

---

173) 김치선, 노동법강의, 박영사(1988), 270면.
174) 대법원 1976. 9. 28. 선고 75다1768 판결; 대법원 1990. 5. 8. 선고 88다카26413 판결.
175) 대법원 1975. 7. 22. 선고 74다1840 판결; 대법원 1998. 3. 27. 선고 97다49732 판결.
176) 대법원 1991. 6. 28. 선고 90다14560 판결; 대법원 1998. 3. 27. 선고 97다49732 판결.

나. 퇴직금의 산정방법

(1) 원 칙

선박소유자는 계속근로기간이 1년 이상인 선원이 퇴직하는 경우에는 계속근로기간 1년에 대하여 승선평균임금의 30일분에 상당하는 금액을 퇴직금으로 지급하여야 한다.

(2) 계속근로기간

(i) 퇴직금을 산정할 경우 계속근로기간이 1년 이상인 선원의 계속근로기간을 계산할 때 1년 미만의 기간에 대하여는 6개월 미만은 6개월로 보고, 6개월 이상은 1년으로 본다(법 55조 3항 본문). 그러나 계속근로기간의 계산에 관하여 단체협약이나 취업규칙에서 달리 정한 경우에는 그에 따른다(법 55조 4항).

(ii) 계속근로기간의 기산일은 입사일·근로계약일 등 출근의무가 생긴 날이다. 사업장이 개정 법령 시행일부터 법정퇴직금제도 적용대상이 되었다면, 그 사업장의 근로자는 개정 법령 시행일 이전부터 계속 근로하였더라도 퇴직금 지급을 위한 계속근로기간 기산점은 개정 법령의 시행일이라는 판례[178]에 따르면, 선원의 법정퇴직금 제도는 1984. 9. 8.부터 시행되었으므로 계속근로기간 기산점은 위 날짜 이전으로 소급할 수 없다. 퇴직일, 즉 근로관계가 끝나는 날이 계속근로기간의 종료일이 된다.

(iii) 계속근로기간은 선원근로계약 체결시부터 종료시까지 선원근로계약의 존속기간을 의미하므로, 휴가기간·휴직기간·예비원의 지위에 있는 기간 등이 모두 포함된다.[179] 해상기업의 합병·분할·영업양도와 같이 선원근로관계가 포괄승계된 때에는 기업 자체의 동일성이 인정되는 이상 선원의 의사와 관계없이 전후 기업의 근로기간을 합하여 계속근로기간을 산정한다.[180]

177) 단체협약 17조 3항 단서에서 "선원이 상병으로 하선한 경우에는 해당승무기간에 대하여 승선평균임금을 일할 계산하여 퇴직금을 지급한다."고 규정되어 있고, 이를 이유로 106일간 승무한 선원에게 퇴직금을 인정한 사례로는 부산지법 2020. 12. 23. 선고 2018가합46137 판결.

178) 대법원 1993. 4. 27. 선고 92다37161 판결; 대법원 1996. 12. 10. 선고 96다42024 판결.

179) 선원이 승선근무 중 고용계약기간 종료 이전에 하선하여 직무상 부상 또는 질병으로 치료를 받을 경우 승선한 기간과 요양기간을 합하여 1년이 경과하였을 때에는 퇴직금을 지급하여야 한다. 부산청선원 33751-4295, 1990. 5. 14.

180) 기업의 일부가 독립하여 새로운 회사가 성립되었다 하더라도 신설회사와 구 회사 사이에 기업의 동일성을 유지하고 있고 구 회사에 속했던 근로자가 그 회사에서의 퇴직이나 신설회사에 신규입사절차를

그러나 A회사와 B회사 사이에 B회사의 북미항로 해상운송사업부문에 관하여 근로관계가 포괄적으로 승계되는 법률관계에 해당하지 아니하는 선박 위수탁 운영계약이 체결되고, 선원이 B회사에 남아 대일항로 운송사업부문에 종사할 수 있는 기회까지 제공받고도 자의에 의하여 B회사를 퇴직하고 퇴직금을 수령한 후 A회사에 신규 임용되었다면, 선원의 계속근로기간은 B회사를 퇴직함으로써 단절되었다고 보아야 한다.181)

(iv) 퇴직금을 산정함에 있어서는 근로계약이 만료됨과 동시에 근로계약기간을 갱신하거나 동일한 조건의 근로계약을 반복하여 체결한 경우에는 갱신 또는 반복한 계약기간을 모두 합산하여 계속근로연수를 계산하여야 한다.182) 근로계약기간이 만료하면서 다시 근로계약을 맺어 그 근로계약기간을 갱신하거나 동일한 조건의 근로계약을 반복하여 체결한 경우에는 갱신 또는 반복된 계약기간을 합산하여 계속 근로 여부와 계속 근로 연수를 판단하여야 하고, 갱신되거나 반복 체결된 근로계약 사이에 일부 공백 기간이 있다 하더라도 그 기간이 전체 근로계약기간에 비하여 길지 아니하고 계절적 요인이나 방학 기간 등 당해 업무의 성격에 기인하거나 대기 기간·재충전을 위한 휴식 기간 등의 사정이 있어 그 기간 중 근로를 제공하지 않거나 임금을 지급하지 않을 상당한 이유가 있다고 인정되는 경우에는 근로관계의 계속성은 그 기간 중에도 유지된다고 보아야 한다.183)

거침이 없이 신설회사에 소속되어 계속근무하고 있다면, 신설회사가 구 회사와는 별개 독립의 법인체로서 그 권리의무를 포괄승계하지 않은 경우라 할지라도 구 회사에 속한 근로자에 대한 근로관계는 신설회사에 포괄승계되어 근로의 계속성이 유지되므로 계속근로연수를 계산할 때는 구 회사에서의 근로기간까지를 통산하여야 한다(대법원 1987. 2. 24. 선고 84다카1409 판결).; 어떤 사업이 다른 경영주체에 양도되면서 물적 시설을 이전함과 아울러 그 양도되는 사업에 근무하던 근로자들의 소속도 변경시킨 경우에는 원칙적으로 해당 근로자들의 근로관계가 양수하는 경영 주체에게 승계되어 그 계속성이 유지되어서 근로자가 사업을 양수한 기업에서 퇴직하면 그 기업은 합산한 계속근로연수에 상응하는 퇴직금을 지급할 의무가 있다(대법원 1994. 1. 25. 선고 92다23834 판결; 대법원 1997. 10. 24. 선고 96다12276 판결).

181) 부산고법 1999. 12. 29. 선고 98나7803 판결.

182) 대법원 1997. 12. 26. 선고 97다17575 판결.

183) 대법원 2006. 12. 7. 선고 2004다29736 판결; 선원들이 하선 후 재승선한 사이의 공백 기간이 2~3개월 미만에 불과하고 매년 비슷한 시기에 공백 기간이 존재하는 점에서 이는 계절적 요인 또는 선원이라는 업무의 성격에 기인하거나 대기 기간·재충전을 위한 휴식 기간 등으로 관행적으로 이용되어 온 것으로 보이는 점, (iii) 선원들은 상당한 기간 동안 계속적으로 선박에 승선 및 하선을 반복하면서 동일 또는 유사한 조건의 근로계약을 반복하여 체결한 점 등에 비추어 볼 때, 위 선원근로계약은 별도 합의 등 특별한 사정이 없는 한 원칙적으로 연장되고, 총 근로계약기간이 1년을 초과할 경우에는 계약이 갱신되는 것으로 보아 온 것으로 인정된다. 따라서 퇴직금 지급요건인 계속근로기간을 산정함에 있어서, 선원들의 1차~3차 승선기간 동안의 근로관계는 단절되지 않고 계속되었다고 봄이 타당하다(대법원 2022. 4. 28. 선고 2020다262229 판결; 부산지법 2019. 9. 18. 선고 2018가단310909 판결).

(3) 승선평균임금

승선평균임금이란 산정하여야 할 사유가 발생한 날 이전 승선기간(3개월을 초과하는 경우에는 최근 3개월로 한다)에 그 선원에게 지급된 임금 총액을 그 승선기간의 총일수로 나눈 금액을 말한다. 다만 이 금액이 통상임금보다 적은 경우에는 통상임금을 승선평균임금으로 본다(법 2조 12호). 구체적인 산정방법은 시행령 3조의3에 규정되어 있다.

(4) 유급휴가급

선원이 유급휴가를 사용하지 아니한 채 퇴직함으로 말미암아 그 기간에 대한 유급휴가수당지급청구권이 발생하였다 하더라도, 이는 유급휴가를 받게 된 원인이 된 '퇴직하기 전해 1년간의 근로의 대상'으로 지급되는 것이지 유급휴가를 청구할 수 있게 된 '퇴직하는 그 해의 근로에 대한 대가'로 지급되는 것이라고 볼 수 없기 때문에, 유급휴가를 받게 된 원인이 된 퇴직하기 전해 1년간의 일부가 퇴직한 날 이전 3개월간에 포함되지 않는 한 유급휴가수당은 퇴직금 산출기준이 되는 승선평균임금에 포함시킬 수 없다.[184]

다. 계속근로기간이 6개월 이상 1년 미만인 선원

선박소유자는 계속근로기간이 6개월 이상 1년 미만인 선원으로서 선원근로계약의 기간이 끝나거나 선원에게 책임이 없는 사유로 선원근로계약이 해지되어 퇴직하는 선원에게 승선평균임금의 20일분에 상당하는 금액을 퇴직금으로 지급하여야 한다(법 55조 5항).[185] 퇴직금은 선원근로계약의 종료사유가 선원의 귀책사유에 의한 경우라도 지급되어야 한다는 점에서, 이는 명칭에도 불구하고 구 선원법상의 퇴직수당과 동일한 성격을 가진다. 선박소유자는 이와 별도로 선원법 37조에 따라 선원에게 실업수당을 지급하여야 한다. 외국인선원이 263일간 대형 선망어선에 승선하여 제주도 근해 해상에서 고등어조업을 마치고 2020. 4. 6. 경남 삼천포항에 입항한 직후 선박소유자에게 아무런 보고도 없이 선박소유자가 제공한 숙소

---

184) 대법원 1993. 4. 27. 선고 92다37161 판결.

185) 구 선원법(2001. 3. 28. 법률 6457호로 개정되기 전)은 '선원근로계약이 종료'되는 경우로 규정하고 있었으나 위 법 개정 시 위와 같이 개정되었고, 이는 부칙 2조에 의하여 51조 5항의 개정규정은 위 법 시행 후 최초로 선원의 책임없는 사유로 선원근로계약이 해지된 분부터 적용한다.

에 들어오지 않고 갑자기 사라져버린 후 연락이 되지 않은 경우에는 선원에게 귀책사유가 있으므로 선원법 55조 5항에 기한 퇴직금 지급의무가 없다고 한 사례가 있다.[186)]

라. 계속근로기간이 6개월 미만인 선원

계속근로기간이 6개월 미만인 경우에는 법정퇴직금을 지급할 의무가 없다.[187)]

마. 직무상 요양 중 선원근로계약기간이 만료된 경우

계약기간의 정함이 있는 선원근로계약에서 선원이 그 계약기간 중 직무상 재해를 당하였다고 하더라도 재해보상을 받을 권리가 소멸되지 않음은 별론으로 하고, 그 잔여계약기간의 진행이 중단되는 것은 아니다. 직무상 재해로 인한 요양 때문에 당초 계약기간의 정함이 있는 위 선원근로계약의 잔여계약기간의 진행이 중단된다거나 요양을 위한 휴업기간 중의 해지금지를 규정한 선원법 32조 2항에 의하여 위 선원근로계약이 그 기간의 만료로서 종료될 수 없는 것도 아니다.[188)] 따라서 요양기간 중 선원근로계약이 만료된 경우 퇴직금산정 기준일은 선원근로계약 종료일이므로, 계속근로기간을 치료종결일까지 연장하여 산정할 수는 없다.[189)]

마. 중간정산제도

(1) 의 의

선박소유자는 선원이 요구하면 선원이 퇴직하기 전에 그 선원의 계속근로기간에 대한 퇴직금을 미리 정산하여 지급할 수 있다. 이 경우 미리 정산한 후의 퇴직금 산정을 위한 계속근로기간은 정산시점부터 새로 계산한다(법 55조 2항). 그러나 퇴직금을 미리 정산하기 위한 계속근로기간을 계산할 때 1년 미만의 기간은 제외되지만(법 55조 3항), 계속근로기간의 계산에 관하여 단체협약 또는 취업규칙에 달리 정하는 경우에는 그에 따른다(법 55조 4항).

186) 창원지법 진주지원 2021. 4. 2. 선고 2020가단40265 판결.
187) 부산고법 2021. 12. 22. 선고 2021나54289 판결.
188) 대법원 1992. 9. 1. 선고 92다26260 판결.
189) 부산고법 2022. 10. 26. 선고 2021나50836 판결; 부산청선원 33750-797, 1992. 5. 15., 선원행정사례집(1997), 62면.

장기 근속자나 다수 선원이 일시에 퇴직하는 경우 또는 해상기업이 자금 사정이 어려워지거나 파산 위기에 처하는 경우에 기업의 자금부담 가중을 방지하고, 선원도 긴급한 생활안정자금이 필요할 때 이를 활용할 필요성이 있어, 중간정산 제도를 도입한 것이다.[190]

(2) 요 건

선박소유자는 회사방침 등 일방적으로 선원의 퇴직금을 중간 정산할 수 없으며,[191] 오직 선원의 요구에 따라 퇴직하기 전의 계속근로기간에 대한 퇴직금을 정산할 수 있다. 이러한 '선원의 요구'는 형식적으로 서면이 작성되었는지 여부에 따라 판단될 사항이 아니라, 선원의 객관적인 사정이 확인되는 경우에 한하여 엄격하게 인정되는 것이 타당하다.[192] 취업규칙이나 단체협약에 중간정산 제도를 두었더라도 중간정산은 개별 선원의 구체적 요구가 있어야 가능하다.[193]

퇴직금 중간정산 제도는 선원이 요구할 때 선박소유자가 이를 들어주어야만 하는 의무적인 제도가 아니고, 선원의 요구와 선박소유자의 승낙이 함께 필요한 쌍방 간 합의를 요건으로 한다.[194] 중간정산은 반드시 선원이 시간적으로 먼저 요구하고 선박소유자가 이를 승낙하여야만 성립되는 것은 아니며, 선박소유자의 제안에 선원이 동의하여도 유효하다. 선박소유자는 선원이 중간정산을 요구한 기간 중 일부에 대하여만 일방적으로 중간정산을 실행함으로써 그 합의를 확정지을 수 없으나, 선박소유자의 일부 기간에 대한 중간정산 실행이 민법 534조에 의한 변경을 가한 승낙으로서 새로운 청약에 해당하고 선원이 그 중간정산퇴직금을 아무런 이의 없이 수령함으로써 이에 동의한 것으로 볼 수 있는 경우에는 그 중간정산이 실행된 일부 기간의 범위 안에서 중간정산이 성립된다.[195]

(3) 효 과

퇴직금산정에 적용되는 계속근로기간만이 정산시점부터 새로 기산되고, 유급휴가의 산정, 승진 등 인사관리 등에서 인정되는 계속근로기간은 퇴직금중간정산

190) 근로기준법 주해 Ⅱ(제2판), 722면.
191) 대법원 1997. 6. 27. 선고 96다49674 판결; 대법원 1997. 10. 24. 선고 96다12276 판결.
192) 근로기준법 주해 Ⅱ(제2판), 723면.
193) 근로기준법 주해 Ⅱ(제2판), 723면.
194) 대법원 2008. 2. 1. 선고 2006다20542 판결.
195) 대법원 2008. 2. 1. 선고 2006다20542 판결.

으로 단절되지 않는다. 임금 인상 결정일 이전에 퇴직금 중간정산이 이루어진 후에 임금 인상을 하기로 하는 단체협약·취업규칙 등이 정해지고 그 임금 인상의 효과가 퇴직금 중간정산일 이전으로 소급되었다 하더라도, 당사자 간에 특약이 없는 한 중간정산금액을 소급된 인상률로 다시 계산하여 추가 중간정산 퇴직금을 지급할 의무는 없다.[196)]

(4) 연봉제와 퇴직금

퇴직금 중간정산을 실시하여 연봉제계약에 따라 유효하게 퇴직금을 지급하기 위해서는 (i) 중간정산을 요구하는 선원의 요구가 명시적이어야 하고, (ii) 중간정산의 대상이 되는 근속기간은 중간정산을 요구하는 시점을 기준으로 중간정산 요구 이전의 과거 근속기간만이 포함되고, 선원이 장래에 계속 근로할 것을 전제로 중간정산 요구 이후의 미래 근속기간에 대하여 사전에 중간정산을 하는 것은 허용되지 아니하며, (iii) 연봉제계약 체결 시 연봉 중에 포함되는 퇴직금 액수가 명확하게 제시되어 있어야 하고, (iv) 선원근로계약에 의해 매월 또는 계약기간 1년이 경과한 시점에서 선원이 미리 지급받은 퇴직금 총액이 계약기간 1년이 경과한 시점에서 산정한 승선평균임금을 기초로 한 퇴직금 액수에 미달하지 않아야 한다.[197)]

선박소유자가 선원에게 퇴직금 명목의 금원을 실질적으로 지급하였음에도 불구하고 정작 퇴직금 지급으로서의 효력이 인정되지 아니할 뿐만 아니라 선원법 소정의 임금 지급으로서의 효력도 인정되지 않는다면, 선박소유자는 법률상 원인 없이 선원에게 퇴직금 명목의 금원을 지급함으로써 위 금원 상당의 손해를 입은 반면 선원은 같은 금액 상당의 이익을 얻은 셈이 되므로, 선원은 수령한 퇴직금 명목의 금원을 부당이득으로 선박소유자에게 반환하여야 한다고 보는 것이 공평의 견지에서 합당하다.[198)]

---

196) 대법원 2014. 12. 11. 선고 2011다77290 판결.

197) 서울고법 2015. 2. 13. 선고 2013나2025567 판결; 서울지법 의정부지원 2002. 5. 8. 선고 2002가소1707 판결.

198) 대법원 2010. 5. 20. 선고 2007다90760 전원합의체 판결. 위 판결은 "계산의 착오 등으로 임금을 초과 지급한 경우에, 근로자가 퇴직 후 그 재직 중 받지 못한 임금이나 퇴직금을 청구하거나, 근로자가 비록 재직 중에 임금을 청구하더라도 위 초과 지급한 시기와 상계권 행사의 시기가 임금의 정산, 조정의 실질을 잃지 않을 만큼 근접하여 있고 나아가 사용자가 상계의 금액과 방법을 미리 예고하는 등으로 근로자의 경제생활의 안정을 해할 염려가 없는 때에는, 사용자는 위 초과 지급한 임금의 반환청

다만 퇴직금 제도를 강행법규로 규정한 입법취지를 감안할 때, 위와 같은 법리는 선박소유자와 선원 사이에 실질적으로 선원근로관계의 계속 중에 매월 지급하는 월급이나 매일 지급하는 일당과 함께 퇴직금으로 일정한 금원을 미리 지급하기로 하는 약정이 존재함을 전제로 하여 비로소 적용할 것인바, 선박소유자와 선원이 체결한 당해 약정이 그 실질은 임금을 정한 것에 불과할 때도 불구하고 선박소유자가 퇴직금의 지급을 면탈하기 위하여 퇴직금 분할 지급 약정의 형식만을 취한 것인 경우에는 위와 같은 법리를 적용할 수 없다. 즉 선박소유자와 선원 사이에 월급이나 일당 등에 퇴직금을 포함시키고 퇴직 시 별도의 퇴직금을 지급하지 않는다는 취지의 합의가 존재할 뿐만 아니라, 임금과 구별되는 퇴직금 명목 금원의 액수가 특정되고, 위 퇴직금 명목 금원을 제외한 임금의 액수 등을 고려할 때 퇴직금 분할 지급 약정을 포함하는 선원근로계약의 내용이 종전의 선원근로계약이나 선원법 등에 비추어 선원에게 불이익하지 아니하여야 하는 등 선박소유자와 선원이 임금과 구별하여 추가로 퇴직금 명목으로 일정한 금원을 실질적으로 지급할 것을 약정한 경우에 한하여 위와 같은 법리가 적용된다.[199]

4. 퇴직금채권의 보호

가. 압류금지

퇴직금을 받을 권리는 양도 또는 압류할 수 없다(법 152조). 민사집행법은 퇴직금 그 밖에 이와 비슷한 성질을 가진 급여채권의 2분의 1에 해당하는 금액에 한하여 압류를 금지하고 있는데(민집법 246조 1항 5호), 선원법은 압류금지범위를

구권을 자동채권으로 하여 근로자의 임금채권이나 퇴직금채권과 상계할 수 있다. 그리고 이러한 법리는 사용자가 근로자에게 이미 퇴직금 명목의 금원을 지급하였으나 그것이 퇴직금 지급으로서의 효력이 없어 사용자가 같은 금원 상당의 부당이득반환채권을 갖게 된 경우에 이를 자동채권으로 하여 근로자의 퇴직금채권과 상계하는 때에도 적용된다. 한편 민사집행법 246조 1항 5호는 근로자인 채무자의 생활보장이라는 공익적, 사회 정책적 이유에서 '퇴직금 그 밖에 이와 비슷한 성질을 가진 급여채권의 2분의 1에 해당하는 금액'을 압류금지채권으로 규정하고 있고, 민법 497조는 압류금지채권의 채무자는 상계로 채권자에게 대항하지 못한다고 규정하고 있으므로, 사용자가 근로자에게 퇴직금 명목으로 지급한 금원 상당의 부당이득반환채권을 자동채권으로 하여 근로자의 퇴직금채권을 상계하는 것은 퇴직금채권의 2분의 1을 초과하는 부분에 해당하는 금액에 관하여만 허용된다고 봄이 상당하다." 고 판시하였다. 그런데 선원의 퇴직금은 전액이 압류가 금지되므로(법 152조), 위 판결에 의하더라도 선박소유자는 퇴직금채권에 해당하는 금액에 관하여 상계를 할 수 없다.

199) 대법원 2010. 5. 27. 선고 2008다9150 판결; 서울고법 2015. 2. 13. 선고 2013나2025567 판결; 수원지법 안산지원 2021. 10. 15. 선고 2020가단98961 판결.

확장하여 선원의 퇴직금채권을 일반근로자의 퇴직금채권보다 더욱 강하게 보호하고 있다.

나. 임금채권보장보험 등의 가입

선박소유자(선박소유자 단체 포함)는 선박소유자의 파산 등 시행령 18조로 정하는 사유로 퇴직한 선원이 받지 못할 임금 및 퇴직금의 지급을 보장하기 위하여 대통령령으로 정하는 보험 또는 공제에 가입하거나 기금을 조성하여야 한다(법 56조 1항 본문). 지급의 대상이 되는 퇴직금에는 퇴직한 선원이 해당 가입기간 전에 제공한 근로의 대가에 해당하는 부분도 포함된다.[200)]

다. 사전포기의 금지

구체적인 퇴직금청구권은 계속근로가 끝나는 퇴직이라는 사실을 요건으로 하여 발생되는 것이고, 최종 퇴직 시 발생하는 이와 같은 퇴직금청구권을 사전에 포기하거나 사전에 그에 관한 민사상 소를 제기하지 않겠다는 부제소특약을 하는 것은 강행법규인 선원법에 위반되어 무효이다.[201)]

5. 위반의 효과

선박소유자가 선원법 55조 1, 5항을 위반하여 퇴직금을 지급하지 아니하였을 때에는 2년 이하의 징역 또는 2천만 원 이하의 벌금에 처한다(법 170조 3호).

Ⅶ. 임금채권의 보호

임금채권을 보호하기 위해서 선원법은 우선변제권(법 5조 1항, 근기법 38조), 임금채권보장보험 등의 가입의무(법 56조), 시효의 특례(법 156조)를, 상법은 책임제한 배제(773조), 선박우선특권(777조 1항 2호) 등을 두고 있다. 민사집행법은 임금채권의 압류제한(민집법 246조 1항 4호)을 규정하고 있다.

---

200) 대법원 2022. 4. 28. 선고 2020다262229 판결.
201) 대법원 1998. 3. 27. 선고 97다49732 판결.

1. 시효의 특례

가. 의 의

선원의 선박소유자에 대한 채권(재해보상청구권 포함)은 3년간 행사하지 아니하면 시효로 소멸한다(법 156조). 이는 민법상 급료채권의 단기소멸시효와 동일하다(민법 163조의2). 일반 채권보다 단기간의 소멸시효를 규정한 것은 기업 거래의 안전과 법적 안정성을 위한 것이다.[202] 헌법재판소는, 임금채권 소멸시효를 일반 채권보다 단기로 규정한 것이 입법재량의 범위를 현저히 일탈하였다거나 다른 일반 채권들에 비하여 근로자에 대해서만 특별히 차별대우를 하고 있다고 볼 수 없어 위헌이 아니라고 판시한 바 있다.[203]

나. 기산일

소멸시효의 기산일은 그 채권을 행사할 수 있는 날로부터 진행된다(민법 166조 1항). 구체적으로 보면, 임금채권 중 임금 부분은 임금의 정기지급일, 상여금은 그 상여금에 관한 권리가 발생한 때,[204] 유급휴가급은 그 청구권이 발생한 때,[205] 퇴직금은 퇴직한 날이 소멸시효의 각 기산일이 된다.

판례는, 근기법 36조 소정의 금품청산제도는 사용자에게 위 기간 동안 임금이나 퇴직금 지급 의무의 이행을 유예하여 준 것이라고 볼 수 없으므로, 이를 가리켜 퇴직금 청구권의 행사에 대한 법률상의 장애라고 할 수는 없고, 따라서 퇴직금 청구권은 퇴직한 다음날부터 이를 행사할 수 있다고 하여 근기법 36조가 시효 기산점의 예외가 아님을 명백히 하고 있다.[206]

2. 미지급 임금에 대한 지연이자

(1) 선박소유자는 법 55조의2에 따라 지급하여야 하는 임금 및 55조에 따른 퇴직금의 전부 또는 일부를 그 지급 사유가 발생한 날부터 14일 이내에 지급하지

---

202) 헌재 1998. 6. 25. 선고 96헌바27 결정.
203) 헌재 1998. 6. 25. 선고 96헌바27 결정.
204) 대법원 1980. 5. 13. 선고 79다2332 판결.
205) 대법원 1980. 5. 13. 선고 79다2332 판결.
206) 대법원 2001. 10. 30. 선고 2001다24051 판결.

아니한 경우 그 다음 날부터[207] 지급하는 날까지의 지연 일수에 대하여 연 100분의 40 이내의 범위에서 은행법에 따른 은행이 적용하는 연체금리 등 경제 여건을 고려하여 대통령령으로 정하는 이율에 따른 지연이자를 지급하여야 한다(법 55조의3 1항). 현재 대통령령으로 정하는 이율은 연 20%이다(시행령 17조의3).[208]

(2) 1항은 선박소유자가 천재·사변, 그 밖에 대통령령으로 정하는 사유에 따라 임금 및 퇴직금의 지급을 지연하는 경우 그 사유가 존속하는 기간에 대해서는 적용하지 아니한다(법 55조의3 2항). 대통령이 정하는 사유에는 (i) 선박소유자가 채무자회생법에 따른 회생절차개시 결정을 받거나 파산선고를 받은 경우, (ii) 선박소유자가 시행령 18조의2 1항에 따른 도산등사실인정을 받은 경우, (iii) 선박소유자가 선원에게 미지급 임금 및 퇴직금을 지급하라는 ㈎ 민사집행법 24조에 따른 확정된 종국판결, ㈏ 민사집행법 56조 3호에 따른 확정된 지급명령, ㈐ 민사집행법 56조 5호에 따른 소송상 화해, 청구의 인낙(認諾) 등 확정판결과 같은 효력을 가지는 것, ㈑ 민사조정법 28조에 따라 성립된 조정, ㈒ 민사조정법 30조에 따른 확정된 조정을 갈음하는 결정, ㈓ 소액사건심판법 5조의7 1항에 따른 확정된 이행권고결정의 어느 하나에 해당하는 판결, 명령, 조정 또는 결정 등이 있는 경우, (iv) 채무자회생법, 국가재정법, 지방자치법 등 법령상의 제약에 따라 임금 및 퇴직금으로 지급할 자금을 확보하기 어려운 경우, (v) 지급이 지연되고 있는 임금 및 퇴직금의 전부 또는 일부의 존부(存否)를 법원이나 법 4조에 따른 선원노동위원회에서 다투는 것이 적절하다고 인정되는 경우, (vi) 그 밖에 1호부터 5호까지의 규정에 준하는 사유가 있는 경우 등이다(시행령 17조의4).

---

207) 항해사가 퇴직한 날로부터 14일이 지난 다음날부터 연 20%의 비율로 계산한 지연손해금이 발생한다고 판시한 사례로는 광주지법 목포지원 영암군법원 2021. 6. 3. 선고 2021가소5213 판결.

208) 위 조항은 2021. 2. 18.부터 시행되었다. 개정 전 선원법 5조 1항은 선원근로관계에 관하여 적용되는 근기법의 규정에서 위 37조를 제외하고 있었고, 이에 따라 지연손해금의 비율에 대해서는 근기법을 적용 또는 준용하여 연 20%를 인정할 수는 없고, 다만 정산금에 대해서는 선박소유자의 상행위로 인한 채무로 상법을 적용하여야 한다는 재판례가 있었다. 서울고법 2015. 2. 13. 선고 2013나2025567 판결; 부산고법 2014. 7. 10. 선고 2013나2498 판결(한편 위 판결은 유족보상금 등에 대해서는 선원의 기본적 생활을 보장·향상시키기 위한 법정책임이라는 점에서 민법상 연 5%의 비율을 적용하였다).

3. 선박소유자의 책임제한 배제

가. 상법 773조 1호

선장 · 해원 그 밖의 사용인으로서 그 직무가 선박의 업무에 관련된 자 또는 그 상속인, 피부양자, 그 밖의 이해관계인의 선박소유자에 대한 채권에 대하여는 선박소유자는 그 책임을 제한하지 못한다(상법 773조 1호).

나. 취 지

선장 · 해원 그 밖의 사용인은 선박소유자와 고용관계에 있으므로 선원근로계약을 기초로 하여 선박소유자에게 임금 · 보상금 등 청구권을 가진다. 이러한 채권은 선장 · 해원 및 그 상속인, 피부양자 그 밖의 이해관계인의 생계수단이다. 선장 · 해원 그 밖의 사용인 선박소유자의 피용인으로서 선박소유자에 비하여 경제적 지위가 열악하기 때문에 사회정책상 고용조건 등에 관하여 개선 · 보호할 필요가 있다. 그러므로 선박소유자에 대한 채권은 사용인의 사망 시에도 그 상속인과 피부양자의 임금채권을 승계하여 장래에서 생활기초로 삼아야 하기 때문에 선박소유자의 책임제한을 법률로 배제한 것이다.[209)]

4. 압류의 제한

가. 민사집행법 246조 1항 4호

급료 · 연금 · 봉급 · 상여금 · 퇴직연금 그 밖에 이와 비슷한 성질을 가진 급여채권의 2분의 1에 해당하는 금액(다만 그 금액이 국민기초생활보장법에 의한 최저생계비를 감안하여 대통령령이 정하는 금액에 미치지 못하는 경우 또는 표준적인 가구의 생계비를 감안하여 대통령령이 정하는 금액을 초과하는 경우에는 각각 당해 대통령령이 정하는 금액으로 한다)에 대하여는 압류가 금지된다(민집법 246조 1항 4호). '국민기초생활보장법에 의한 최저생계비를 감안하여 대통령령이 정하는 금액'은 2026. 2. 1.부터 월 250만 원이고(민집법 시행령 3조), '표준적인 가구의 생계비를 감안하여 대통령령이 정하는 금액'은 월 300만 원 이상으로서 위 300만 원에 '민사집행법

---

209) 주석 상법 Ⅷ, 74면. 선박소유자의 선원에 대한 손해배상책임에서 책임제한 배제를 인정한 사례로는 대법원 1971. 3. 30. 선고 70다2294 판결(船); 대법원 1987. 6. 23. 선고 86다카2228 판결(船).

246조 1항 4호 본문의 규정에 의한 압류금지금액(월액으로 계산한 금액)에서 위 300만 원을 뺀 금액의 2분의 1'을 합산한 금액을 말한다(민집법 시행령 4조).

이는 선원의 생존권을 최소한도로 보장하려는 헌법상 사회보장적 요구에서 비롯된 것으로, 선원의 임금 등 채권에 대한 우선변제권을 인정하고 있는 근기법 규정과 함께 선원의 생활안정을 실질적으로 보장하기 위한 또 다른 규정이다.

그 취지는 계속적으로 일정한 일을 하면서 그 대가로 정기적으로 얻는 경제적 수입에 의존하여 생활하는 채무자의 경우에 그러한 경제적 수입(그러한 일에 더 이상 종사하지 않게 된 후에 이미 한 일에 대한 대가로서 일시에 또는 정기적으로 얻게 되는 경제적 수입을 포함한다)은 채무자 본인은 물론 그 가족의 생계를 유지하는 기초가 된다. 따라서 이와 관련된 채권자의 권리 행사를 일정 부분 제한함으로써 채무자와 그 가족의 기본적인 생활(생계)을 보장함과 아울러 근로 또는 직무수행의 의욕을 유지시켜 인간다운 삶을 가능하게 하려는 사회적·정책적 고려에 따른 것이다.[210)]

나. 내 용

채무자(선원)가 제3채무자(선박소유자)에 고용되어 근로를 제공한 대가로 계속적으로 수령하는 급여채권을 모두 포함하며 근로관계가 공법상의 것이든 사법상의 것이든 관계없다.[211)] 본봉 외에 소득세의 부과대상인 상여금 및 각종수당도 포함되며, 여기의 수당에는 가족수당, 시간외근로수당, 유급휴가급, 관리직수당, 직능수당, 특수근무수당 등이 포함된다. 그러나 통근비, 출장여비, 숙박비나 식비 등 급여의 성질을 갖지 않는 실비지급금은 제외된다. 급여채권의 2분의 1에 해당하는 금액이란 총액에서 소득세·주민세·보험료 등 원천징수액을 뺀 잔액의 2분의 1을 말한다. 채무자가 여러 종류의 급여채권이 있는 경우에는 이를 합산하여 앞에서 본 바와 같은 방식으로 압류금지채권을 계산하여야 한다(민집법 시행령 5조). 강제집행의 목적이 될 수 없는 이상 장차의 강제집행을 보전하기 위한 가압류의 목적 대상도 될 수 없으므로, 압류금지채권에 대한 가압류도 금지된다(민집법 291조, 296조 1항).

---

210) 대법원 2018. 5. 30. 선고 2015다51968 판결.

211) 법원실무제요 민사집행 Ⅳ, 사법연수원(2020), 196면.

다. 퇴직금의 경우

민사집행법 246조 1항 5호는 퇴직금 그 밖에 이와 비슷한 성질을 가진 급여채권의 2분의 1에 해당하는 금액도 압류금지대상으로 규정하고 있으나, 선원의 퇴직금에 대하여는 전액이 압류금지되므로(법 152조), 위 민사집행법의 규정은 적용될 여지가 없다.

라. 재판에 의한 압류금지채권의 범위 변경

법원은 당사자가 신청하면 채권자와 채무자의 생활형편, 그 밖의 사정을 고려하여 압류명령의 전부 또는 일부를 취소하거나 위 압류금지채권에 대하여 압류명령을 할 수 있다(민집법 246조 3항). 이 재판은 직권으로 할 수는 없으며, 채권자가 압류금지채권에 대한 압류명령을 신청하거나 채무자가 압류명령의 취소를 신청하여야 한다. 제3채무자에게는 일반적으로 신청권이 없다. 채권자는 압류금지채권의 축소를 채권집행의 신청과 동시에 신청할 수 있으나, 채무자의 압류금지확장신청은 성질상 압류명령을 발령한 이후에나 가능하다. 채무자의 압류금지 확장신청은 압류금지채권(민집법 246조 1항)에 대한 압류명령에 국한하지 아니하고 일반채권에 대한 압류명령에 대하여도 할 수 있으나, 채권자의 압류금지 축소신청은 민사집행법 246조 1항에 의한 압류금지채권에 대하여만 신청할 수 있고 특별법에 의한 압류금지채권에 대하여는 범위의 축소를 신청할 수 없다.[212)]

마. 압류금지채권에 대한 압류 · 가압류의 효력

(1) 압류의 효력

집행법원은 압류명령을 하기 전에 직권으로 채권의 압류될 적격을 심사하여 피압류적격이 없는 때에는 압류신청을 각하하여야 한다. 실무에서는 채권자의 주장만을 가지고 판단할 수밖에 없으므로 주장 그 자체로 분명하지 않은 한 압류될 적격이 없다는 것을 밝히기는 어렵다.[213)] 압류될 적격이 없는 채권에 대하여 압류명령을 한 경우에는 즉시항고에 의하여 취소되는 이외에 압류명령도 하나의 재판

212) 법원실무제요 민사집행 Ⅳ, 사법연수원(2020), 203면.
213) 법원실무제요 민사집행 Ⅳ, 사법연수원(2020), 307면.

이므로 이를 당연무효라고는 할 수 없지만 이는 강행법규에 위반되어 실체법상 효과를 발생할 수 없다는 의미에서 무효가 되고,[214] 만일 압류명령 외에 추심명령이나 전부명령을 하였다면 제3채무자는 이러한 실체법상 무효를 이유로 지급을 거절할 수 있다.[215]

(2) 가압류의 효력

압류금지 목적물에 대한 가압류신청은 부적법하므로 각하하여야 하고,[216] 압류금지 목적물에 대한 가압류명령은 무효가 된다.[217]

바. 압류금지채권이 전환된 경우

(1) 문제의 소재

위와 같이 법률에 의한 압류금지 기타 제한은 당해 채권에 관한 공익상·사회정책상의 이유에 기하여 본래의 채권에 대한 변제를 확보하기 위한 취지에서 비롯된 것이다.[218] 실무상 선박소유자가 임금을 선원이 지정한 은행계좌로 입금하거나 선원의 채권자가 임금채권을 압류하자 이를 공탁하는 경우와 같이 압류금지채권이 다른 성질의 채권(전자의 경우에는 예금채권, 후자의 경우에는 공탁금출급청구권)으로 전환된 경우, 전환된 금전(eingenommenes Geld)에 대하여는 압류금지효과가 미치는지 여부가 문제된다.

(2) 독일의 논의

독일 민사소송법(Zivilprozessordnung) 850조 내지 850조b에서 임금채권에 대한 압류를 금지하고 있고, 850조k 1항은 "850조 내지 850조b에 기재된 종류의 정기적 수입이 금융기관의 채무자의 계좌(Konto)에 입금된 경우에 압류 당시부터 다음의 지급기에 상응하는 수입 중 압류할 수 없는 부분에 대한 예금채권(Guthaben)이 있을 때에는 집행법원은 채무자의 신청에 의하여 그 예금청구권의 압류를 취소하여야 한다."고 규정하고 있다. 이와 같은 압류금지규정은 전환된 금전에는 미

214) 대법원 2008. 6. 12. 선고 2008다11702 판결.
215) 대법원 1987. 3. 24. 선고 86다카1588 판결.
216) 법원실무제요 민사집행 Ⅴ, 사법연수원(2020), 107면.
217) 대법원 2004. 1. 29. 선고 2003다52210 판결.
218) 대법원 2008. 6. 12. 선고 2008다11702 판결.

치지 아니하지만,[219] 학설과 실무상으로는 어떠한 경우에 전환으로 인정할 것인지 여부가 문제된다.

압류금지채권의 목적물인 금전이 채무자나 독일 민법 362조 2항[220]에 의하여 지급장소(Zahlstelle), 대리인(Vertreter), 변제수령권자인 제3자에게 지급된 경우와 같이 그 채권이 채무자의 지배하에 들어가서 자유롭게 처분할 수 있는 경우[221]에는 전환된 금전이 되어 압류금지효력이 미치지 아니한다.[222] 압류금지채권이 채무자의 은행 또는 우체국 계좌에 입금되어 예금채권으로 변환된 경우에도 전환된 금전으로 보아 압류금지효력이 소멸한다.[223]

이와 달리 압류금지채권의 목적물이 BGB 372조에 의하여 또는 집행법원에 의하여 공탁된 경우에는 채무자·대리인에게 지급되지 아니하여 채무자가 공탁금에 대하여 완전한 처분권을 취득하지 못하였고,[224] 공탁금은 지급정지된 계좌(Sperrkonto)에 입금된 금전과 유사하므로,[225] 채무자가 국가에 대하여 갖는 공탁금지급청구권에 대하여는 당초의 채권과 동일하게 압류금지효력이 미친다.[226]

(3) 일본의 논의

(가) 예금채권으로 전환된 경우

구 민사소송법 아래에서 압류금지채권이 예금채권으로 전환된 경우에는 압류금지효력이 미친다는 견해,[227] 압류금지효력이 미치지 않는다는 견해,[228] 압류금지효력이 미치지는 않지만 유체동산압류금지규정이 적용된다는 견해[229]가 있었다. 민사집행법 개정에 관한 제2차 시안은 ZPO 850조k와 동일한 내용의 규정을 둘

219) Stein/Jonas/Brehm, Kommentar zur Zivilprozessordnung Bd. 8(§§ 828~915h), 22 Aufl., J.C.B. Mohr(2004), S.158.
220) 변제의 목적으로 제3자에 대하여 급부가 행하여진 경우에는 185조가 적용된다(362조 2항). 무권리자가 어떤 목적물에 대하여 한 처분이 권리자의 사전승인 아래 행하여진 경우에는 그 처분은 효력이 있다(185조 1항).
221) OLG Celle NJW 1960, 1015 mwN.
222) LG Düsseldorf MDR 1977, 586.
223) RGZ 133, 256; KG NJW 1957, 1443; OLG Celle NJW 1960, 1015; Rpfleger 1962, 282.
224) LG Verden MDR 1953, 495.
225) LG Aachen Büro 1982, 1424; LSozG Mainz BB 1978, 663.
226) OLG Hamburg OLGRsp 29, 235; LG Berlin DGVZ 1976, 154.
227) 宮脇幸彦, 强制執行法 各論, 法律学全集 36-2, 有斐閣(1978), 104면.
228) 일본 실무의 입장이었다. 注釈 民事執行法 (6), 金融財政事情研究会(1995), 357면.
229) 注解 强制執行法 (2), 第一法規(1976), 423면.

것을 제안하였으나, 민사집행법 제정에는 반영되지 않아 현재에도 압류금지효력이 미치는지 여부는 여전히 해석에 맡겨져 있다.[230] 1979년 민사집행법이 제정되어 압류금지채권의 범위변경에 관한 153조가 새로 규정된 이후 학설은 압류금지채권의 목적물인 금전이 채무자의 은행예금계좌에 예입된 후에는 채권의 동일성이 상실되므로 그 예금채권에 대하여는 전액 압류가 가능하고, 단지 그 경우의 채무자의 보호는 민사집행법 153조에 의한 압류금지채권의 범위변경절차에 의하여야 한다는 입장을 취하고 있고,[231] 판례도 이와 같은 입장을 취하고 있다.[232]

(나) 공탁된 경우

학설[233]과 공탁선례[234]는 일치하여 법률이 압류금지채권으로 규정한 취지는 본래의 채권의 대한 변제를 확보하기 위한 것이므로 위와 같은 취지는 공탁된 경우에도 잃지 않는다고 한다.[235] 즉 공탁에 의하여 본래의 채무자(사용자)는 면책되지만, 공탁물은 완전히 채권자(근로자)의 지배 아래 있지 아니하여 채권자가 현실적으로 채권의 변제를 받을 수 없는데, 공탁물의 환부를 확보하지 못하면 압류제한을 규정한 법의 취지가 몰각된다. 따라서 공탁물환부청구권은 당초의 채권과 동일하게 압류금지 등의 제한에 복종한다.

(4) 우리나라의 논의

판례는 예금채권으로 전환된 사안에서 "압류금지채권의 목적물이 채무자의 예금계좌에 입금된 경우에는 그 채권은 채무자의 당해 금융기관에 대한 예금채권으로 변하여 종전의 채권과의 동일성을 상실하고, 압류명령은 채무자와 제3채무자의 심문 없이 하도록 되어 있어 압류명령 발령 당시 당해 예금으로 입금된 금원의 성격이 압류금지채권의 목적물인지 또는 그에 해당하지 아니하는 금원인지, 두 가지 금원이 혼입되어 있다면 예금액 중 압류금지채권액이 얼마인지를 가려낼 수

---

230) 注釈 民事執行法 (6), 第一法規(1984), 357-358면.
231) 注釈 民事執行法 (6), 358면.
232) 東京高裁 1992. 2. 5. 決定, 判例タイムズ 788호 270면; 東京高裁 1990. 1. 22. 決定, 判例タイムズ 762호 284면; 압류가 금지된 교통사고피해자 등의 보험회사에 대한 보험금이 채무자의 대리인의 계좌에 입금된 경우, 채무자의 대리인에 대한 금전인도청구권은 압류금지의 대상이 된다고 한 사례로는 大阪地裁 岸和田支部 1980. 7. 25. 判決, 判例時報 993호 77면.
233) 注釈 民事執行法 (6), 359면; 注解 强制執行法 (2), 423면.
234) 1984년도 全國供託課長会議 決議 14問, 先例集 7권 109면.
235) 供託先例判例百選, 別冊 ジュリスト 158호 131면.

없는 것인바, 신속한 채권집행을 실현하기 위해서는 압류단계에서는 피압류채권을 형식적・획일적으로 판단하여야 하므로 압류금지채권의 목적물이 채무자의 예금계좌에 입금된 경우, 채무자의 제3채무자 금융기관에 대한 예금채권에 대하여는 압류금지효력이 미치지 아니한다."[236]는 입장을 취하고 있는데, 이는 독일과 일본의 판례와 일치한다. 한편 법원실무제요는 "경매절차에서 임금우선변제권이 인정되어 배당된 채권은 임금채권이 그 형태만 변경된 것이고 임금채권과 동일한 법적 성격을 갖는다."고 서술하여[237] 배당금채권에는 압류금지규정이 적용됨을 긍정하고 있다.

(5) 검 토

위에서 살펴본 바와 같이 독일과 일본은 압류금지를 규정한 입법취지를 존중하여 압류금지채권에서 전환된 금전에 대하여는 압류금지효력이 미치지 않고, 전환되지 아니한 금전에는 압류금지효력이 미친다는 입장을 취하고 있다. 이러한 논의는 우리 민사집행법의 적용과 해석에 직접 도입하여도 좋다고 생각한다.

선박소유자가 선원이 지정한 예금계좌에 임금을 송부하면 임금지급채무는 소멸하고 선원은 은행에 대하여 예금인도채권을 갖게 된다. 이 경우 예금채권은 근로자의 지배 아래 있으므로 임금채권으로서 성질은 소멸하였다고 보아도 무방하다. 다만 그 예금이 실질적으로는 근로자의 생활의 근거가 된다는 점은 부인할 수 없으므로, 민사집행법 246조 2항이 정하는 바에 따라 집행법원이 채무자의 신청에 의하여 채무자와 채권자의 생활 상황 기타의 사정을 고려하여 압류명령의 전부 또는 일부를 취소할 수 있다.[238]

이러한 문제점을 해결하기 위해서는 압류가 원천적으로 차단되는 어선원보험 전용계좌 등을 개설하게 되면 재해보상금이 위 계좌에 입금되더라도 압류가능성이 원천적으로 차단된다.[239]

---

236) 대법원 1996. 12. 24.자 96마1302, 1303 결정; 대법원 2008. 12. 12.자 2008마1774 결정.

237) 법원실무제요 민사집행 III, 사법연수원(2020), 105면. 同旨 이우재, 배당의 제문제, 진원사(2008), 708면.

238) 대법원 2008. 12. 12.자 2008마1774 결정.

239) 해양수산부는 2012. 2. 어선원의 기초적인 생활을 보장하기 위해 어선원 및 어선 재해보상보험법 시행령을 개정하여 어선원보험 보험급여 압류금지 조항을 신설하였으나, 보험급여가 일반 계좌에 혼재되어 있는 경우 압류 가능성이 있어 재해어선원의 기초생활이 위협받을 수 있다는 문제가 제기되어 왔다. 이를 해결하기 위해 해양수산부는 어선원보험 사업의 위탁사업자인 수협중앙회와의 업무 협력

그러나 압류금지채권이 공탁된 경우에는 공탁물은 완전히 채권자(근로자)의 지배 아래 있지 아니하므로, 공탁물출급청구권은 당초의 채권과 동일하게 압류금지 등의 제한에 복종한다. 선박소유자 소유의 재산에 대한 강제집행절차에서 선원이 임금채권을 신고하여 배당표가 작성된 경우도 임금을 공탁한 경우와 동일한 법리가 적용된다.[240] 경매에 관하여 사법상 매매설의 입장을 취하는 한, 매도인은 선박소유자가 되고 매각대금은 선박소유자의 책임재산에 해당하므로, 그 중 선원에 대한 배당금은 임금채무의 변제금으로서 성격을 가진다. 그런데 배당표의 확정에 의하여 선원이 배당금을 출급할 수 있을 때까지는 배당금에 대한 처분권이 선원에게 있는 것이 아니므로, 배당금이나 배당금을 공탁한 경우 공탁금에 대한 출급청구권은 임금채권으로서 성질을 잃지 아니하고 압류금지효력도 미친다고 보아야 한다.

5. 임금채권의 보장

가. 의 의

해난사고의 발생, 경기변동과 산업구조 변화, 어업협정 · 기후변화에 따른 어획량의 감소 등으로 해상사업을 계속하는 것이 불가능하거나 해상기업의 경영이 불안정하여 선원에게 임금 등을 지급하지 못하는 경우가 있다. 채무자회생법은 회생절차와 파산절차에서 근로자의 채권을 보호하는 제도를 두고 있다. 이와 별도로 일반근로자에 대하여는 임금채권보장법이 제정 · 시행되고 있으나, 선원은 위 법률의 적용대상에서 제외되므로(임금채권보장법 3조 본문), 선원법은 선박소유자에게 최소한 최우선변제권이 인정되는 체불임금(임금의 최종 4개월분, 퇴직금의 최종 4년분)의 지급을 보장하는 보험 · 공제에 가입하거나 기금을 조성하도록 규정하고 있다(법 56조 1항). 체불임금의 지급을 보장하기 위한 기금의 운영 및 관리, 체불임금의 청구와 지급 등에 관하여 필요한 사항은 대통령령으로 정한다(법 56조 6항). 이는 선원의 생존권을 최소한도로 보장하려는 헌법상 사회보장적 요구에서

을 통해 어선원보험 보험급여의 압류를 방지하고 어선원보험 보험급여만 입금되는 어선원보험 전용계좌를 개발하였다. 어선원보험 전용계좌는 어선원보험의 보험급여 지급 결정을 받은 어선원에 한하여 계좌 개설이 가능하고, 어선원보험 보험급여 이외의 자금의 경우 전용계좌에 입금이 제한되며, 출금 및 이체는 자유롭게 할 수 있어 어선원보험 수급권이 강화된다.

240) OLG Hamburg OLGRsp 29, 235; LG Berlin DGVZ 1976, 154.

비롯된 것으로, 선원의 임금 등 채권에 대한 우선변제권을 인정하고 있는 법규정의 실효성을 확보함으로써 선원의 생활안정을 실질적으로 보장하기 위한 것이다.

나. 도산절차상 보호제도

(1) 회생 절차와 관련한 보호

채무자회생법은 임금채권은 공익채권으로 보고, 이를 회생채권과 분리하여 보호하고 있다. 즉 사용자가 회생 절차에 이른 경우, 근로자의 임금·퇴직금·재해보상금과 회생절차개시 전의 원인으로 생긴 근로자의 임치금·신원보증금 반환청구권은 모두 공익채권으로 한다(채무자회생법 179조 1항 10호, 11호). 그리하여 근로자의 임금채권은 회생절차에 의하지 아니하고 수시로 변제하고, 회생채권이나 회생담보권에 우선하여 변제한다(채무자회생법 180조 1항, 2항).

(2) 파산 절차와 관련한 보호

채무자회생법은 임금채권을 재단채권으로 보고 파산채권과 분리하여 보호한다. 즉 사용자가 파산절차에 이른 경우, 근로자의 임금·퇴직금·재해보상금과 파산선고 전 원인으로 생긴 근로자의 임치금·신원보증금 반환청구권은 모두 재단채권으로 한다(채무자회생법 473조 10호, 11호). 그리하여 근로자의 임금채권은 파산절차에 의하지 아니하고 수시로 변제하고, 파산채권보다 먼저 변제한다(채무자회생법 475조, 476조). 파산선고 전에 생긴 선원의 임금·퇴직금 및 재해보상금에 대하여 파산관재인이 파산선고 후 변제할 의무의 이행을 지체함으로써 생긴 지연손해금 채권이 채무자회생법 473조 4호 소정의 재단채권에 해당한다.[241] 그러나 임금채권 등 재단채권에 기하여 파산선고 전에 강제집행이 이루어진 경우에도 그 강제집행은 파산선고로 인하여 그 효력을 잃는다.[242]

다. 보험·공제에 가입 또는 기금의 조성과 관리·감독

(1) 선박소유자(선박소유자 단체를 포함한다)는 (i) 채무자회생법에 따른 파산의 선고 또는 회생절차 개시의 결정(파산선고등), (ii) 지방해양수산청장의 도산등사실인정 등의 사유로 퇴직한 선원이 받지 못할 임금 및 퇴직금(체불임금)의 지급을 보

241) 대법원 2014. 11. 20. 선고 2013다64908 전원합의체 판결.
242) 대법원 2008. 6. 27.자 2006마260 결정.

장하기 위하여, 대통령령으로 정하는 보험 또는 공제에 가입하거나 기금[243)]을 조성하여야 한다(법 56조 1항 본문).[244)] 다만 다른 법률에 따라 선원의 체불임금 지급을 보장하기 위한 기금의 적용을 받는 선박소유자는 위와 같은 의무가 면제된다(법 56조 1항 단서). 보험·공제·기금은 적어도 (i) 임금의 최종 4개월분, (ii) 퇴직금의 최종 4년분에 해당하는 체불임금의 지급을 보장하여야 한다(법 56조 2항).[245)] 지급의 대상이 되는 임금에는 퇴직한 선원이 해당 가입기간 전에 제공한 근로의 대가에 해당하는 부분도 포함된다.[246)]

(2) 해양수산부장관은 선원법 56조에 따른 임금채권보장기금의 건전한 운영

---

243) 시행령 18조의3 1항은, (i) 선주상호보험조합이 운영하는 손해보험, (ii) 보험업법 2조 6호, 8호에 따른 보험회사 및 외국보험회사가 선원의 임금채권 보장을 목적으로 운영하는 같은 법 2조 4호에 따른 손해보험, (iii) 선박소유자 단체가 선원의 임금채권 보장을 목적으로 한국해운조합법 6조, 수산업협동조합법 60조, 원양산업발전법 28조에 따른 정관에 따라 소속업체 등으로부터 부담금을 징수하여 운영하는 공제, (iv) 선박소유자 단체가 선원의 임금채권 보장을 목적으로 한국해운조합법 10조, 수산업협동조합법 17조 또는 원양산업발전법 28조에 따른 정관에 따라 소속업체 등으로부터 부담금을 징수하여 운영하는 기금, (v) 민법 32조에 따라 주무관청의 허가를 받아 설립된 사단법인이 선원의 임금채권 보장을 목적으로 같은 법 40조에 따른 정관에 따라 소속업체 등으로부터 부담금을 징수하여 운영하는 공제 또는 기금, (vi) 중소기업협동조합법 3조 1항 1호에 따른 협동조합이 선원의 임금채권 보장을 목적으로 같은 법 29조에 따른 정관에 따라 조합원으로부터 부담금을 징수하여 운영하는 공제 또는 기금을 규정하고 있다. 또한 (iii)·(v)·(vi)에 따른 공제업자는 공제금의 조성기준 및 지급요건 등 그 운영에 관하여 필요한 사항을 정하여 해양수산부장관의 승인을 얻어야 하고(시행령 18조의3 2항), (iv)·(v)·(vi)에 따른 기금의 조성기준 및 지급요건 등 그 운영에 관하여 필요한 사항은 해양수산부장관이 정한다(3항).

244) 선원법 56조 1항 및 한국해운조합의 선원임금채권보장계약의 약관 4조 1항은 '선박소유자의 파산 등 대통령령으로 정하는 사유가 발생한 경우'에 '퇴직한 선원이 받지 못한 임금 및 퇴직금을 보장한다'는 의미라고 해석되고, 이 경우 해당 보험기간 내에 '대통령령으로 정하는 사유' 및 '선원의 퇴직'이 모두 발생되어야 한다고 해석할 근거가 없다. 즉, 피고의 퇴직금 지급의무는 보험기간 내에 위 '대통령령으로 정하는 사유'가 발생하고, 퇴직한 선원이 '받지 못한 임금 및 퇴직금이 존재'하기만 하면 족하고, 반드시 위 대통령령으로 정하는 사유 발생 시점과 퇴직 시점이 모두 보험기간 내여야 하는 것은 아니다. 부산지법 2019. 9. 18. 선고 2018가단310909 판결.

245) 구 선원법 56조 2항 2호에서 정한 '55조에 따른 퇴직금'은 해당 퇴직 선원에 대한 '선원법 55조 1항 본문 또는 5항에 따른 퇴직금'(이하 '법정퇴직금'이라고 한다)을 의미한다고 해석하여야 한다. 선원법 55조 1항 단서에 따라 '퇴직금 제도를 갈음하는 제도'를 두거나 별도의 약정으로 법정퇴직금을 초과하는 액수를 지급하기로 한 경우에 그중 법정퇴직금 액수를 초과하는 부분까지 여기에 포함되는 것은 아니다(대법원 2022. 4. 28. 선고 2020다262229 판결).; 이와 달리 원심(부산지법 2020. 8. 13. 선고 2019나58902 판결)과 제1심은 "퇴직금제도에 관한 선원법 55조의 규정은 퇴직금제도의 최저기준을 정한 것으로서, 개별 선원근로계약에 의하여 선원에게 더 유리한 퇴직금제도를 둔 경우에는 위 법 규정이 아닌 선원근로계약이 적용되어야 하고, 한국해운조합(피고)이 선원임금채권보장계약에 따라 인수한 퇴직금 보장의무도 최소한 선원법 55조에 따른 퇴직금의 최종 3년분을 하회하지 않는 한도에서 실제로 선원에게 지급되어야 할 퇴직금이라고 보아야 한다. 따라서 선원근로계약에 의하여 선원들에게 더 유리한 퇴직금제도를 둔 경우, 피고는 이 사건 선원근로계약에 따라 원고들에게 미지급 퇴직금을 지급할 의무가 있고, 선원법 55조에 의하여 그 범위가 제한된다고 볼 수는 없다."고 판시하였다(부산지법 2019. 9. 18. 선고 2018가단310909 판결).

246) 대법원 2022. 4. 28. 선고 2020다262229 판결.

및 임금등을 체불당한 피해 선원의 보호 등을 위하여 필요하다고 인정되는 경우에는 기금운영자, 선박소유자 등에게 필요한 보고나 관계 서류의 제출을 요구할 수 있다(법 56조의2 1항). 해양수산부장관은 기금의 관리·감독을 위하여 필요하다고 인정하면 관계 공무원으로 하여금 이 법을 적용받는 기금운영자, 선박소유자 등의 사업장에 출입하여 관계 서류를 검사하거나 관계인에게 질문하게 할 수 있다(2항). 해양수산부장관은 1항 및 2항에 따른 보고 또는 검사 결과 필요한 경우에는 시정명령을 할 수 있다(3항). 2항에 따라 출입 검사를 하는 공무원은 그 권한을 표시하는 증표를 지니고 이를 관계인에게 내보여야 한다(4항). 1항부터 3항까지의 규정에 따른 보고, 서류 제출 요구, 출입 검사 및 시정명령 등 그 밖에 필요한 사항은 해양수산부령으로 정한다(5항).

라. 지급사유

(1) 파산선고등

사업의 계속에 현저한 지장을 초래하지 아니하고는 변제기에 있는 채무를 변제할 수 없거나 채무자에게 파산의 원인인 사실이 생길 염려가 있는 경우에 법원은 회생절차개시 신청일부터 1개월 이내에 회생절차 개시결정을 한다(채무자회생법 34조, 49조). 채무자가 지급할 수 없거나 법인 부채 총액이 자산 총액을 초과하는 때에는 법원은 신청에 의하여 결정으로 파산을 선고한다(채무자회생법 305조, 306조).

(2) 지방해양수산청장의 도산등사실인정

(가) 도산등사실인정의 요건

선박소유자가 (i) 사업이 폐지된 경우, (ii) 사업이 폐지과정에 있는 경우[㈎ 사업의 영업활동이 중단된 상태에서 주된 업무시설이 압류 또는 가압류되거나 채무변제를 위하여 양도된 경우(민사집행법에 의한 경매가 진행 중인 경우 포함), ㈏ 그 사업에 대한 인가·허가·등록 등이 취소되거나 말소된 경우, ㈐ 그 사업의 영업활동이 1월 이상 중단된 경우], (iii) 체불임금을 지급할 능력이 없는 경우, (iv) 체불임금의 지급이 현저히 곤란한 경우[㈎ 도산등사실인정일 현재 선박소유자가 1월 이상 소재불명인 경우, ㈏ 선박소유자의 재산을 환가하거나 회수하는데 도산등사실인정의 신청일부터 3개월 이상이 소요될 것으로 인정되는 경우] 등에는, 지방해양수산청장은 당해 선박소유자로부터 체불임금을 지급받지 못하고 퇴직한 선원의 신청이 있는 때에는 당해 선박소유자가 미지급한 체불임금을 지급할 능력이 없는 것으로 인정(도산등사실인정)할 수 있다(시행령 18조의2 1항).

(나) 도산등사실인정의 신청

도산등사실인정의 신청은 선원이 퇴직한 날의 다음날부터 1년 이내에 하여야 한다(시행령 18조의2 2항). 선원은 시행규칙 [별지 17호의5 서식]에 (i) 퇴직 당시의 선박소유자가 발행한 퇴직증명서 1부, (ii) 해당 선박소유자의 사업활동이 정지 중에 있고 해당 선박소유자가 체불임금을 지급할 능력이 없다는 사실을 기재하거나 증명하는 자료(사실의 기재나 증명이 가능한 경우에 한한다) 1부를 첨부하여 해당 사업장의 선원근로감독을 관할하는 지방해양수산관청에 제출하여야 한다(시행규칙 39조 1항). 동일 사업 또는 사업장에서 퇴직한 선원이 2인 이상인 경우에 그 중 1인의 퇴직선원이 1항의 규정에 의한 도산등사실인정신청서를 제출한 때에는 다른 퇴직선원은 이를 제출하지 아니할 수 있다(시행규칙 39조 2항).

(다) 도산등사실인정의 통지

지방해양수산관청은 도산등사실인정의 신청에 대하여 도산등사실인정의 여부를 결정한 때에는 지체 없이 시행규칙 [별지 17호의6 서식]에 의하여 그 내용을 신청인에게 통지하여야 한다(시행규칙 39조의2).

마. 체불임금의 청구

(1) 선원의 체불임금 직접 청구

체불임금을 지급받으려는 선원은 해당 선박소유자에 대하여 파산선고 등이 있거나 도산등사실인정이 있은 날부터 2년 이내에 시행령 18조의3 1항에 따른 보험·공제 또는 기금을 운영하는 선주상호보험조합, 보험업자, 공제업자 또는 기금운영자에게 체불임금을 청구하여야 한다(시행령 18조의4 1항).

(2) 체불임금 지급사유 확인

선원이 체불임금을 청구하는 경우에는 (i) 파산선고등 또는 도산등사실인정이 있은 날 및 그 신청일, (ii) 퇴직일, (iii) 최종 4월분의 임금 및 최종 4년분의 퇴직금 중 미지급액에 관하여 지방해양수산청장의 확인을 받아 함께 제출하여야 한다(시행령 18조의5 1항). 지방해양수산청장은 1항의 규정에 따른 확인을 위하여 필요한 경우에는 현장조사를 하거나 해당 선박소유자·관리인 등에게 파산선고등과 관련된 사항의 보고 또는 관계서류의 제출을 요구하는 등 필요한 조치를 할 수 있다(시행령 18조의5 2항).

체불임금 지급사유의 확인을 받고자 하는 자는 시행규칙 [별지 17호의7 서식]에 (i) 퇴직 당시의 선박소유자가 발행한 퇴직증명서 또는 도산등사실인정통지서 사본 1부, (ii) 해당 선박소유자가 체불임금 등을 증명한 서류 1부(소유자가 발급한 경우에 한한다)를 첨부하여 해당 사업장의 선원근로감독을 관할하는 지방해양수산관청에게 제출하여야 한다(시행규칙 39조의3).

(3) 체불임금 지급사유 확인의 통지 등

체불임금 지급사유의 확인신청서를 접수한 지방해양수산관청은 시행령 18조의5 1항 각 호에 대하여 사실확인한 후 그 결과를 [별지 17호의8 서식]에 의하여 신청인에게 통지하여야 한다. 다만 사실확인이 불가능한 경우에는 [17호의9 서식]에 의하여 그 사유를 통지하여야 한다(시행규칙 39조의4).[247]

바. 체불임금의 지급

(1) 선원 또는 지정대리인에게 직접 지급

보험업자, 공제업자 또는 기금운영자는 그 퇴직한 선원 또는 지정대리인이 체불임금을 청구하는 경우에는 민법 469조에도 불구하고 선박소유자를 대신하여 체불임금을 지급한다(법 56조 3항).[248] 보험업자·공제업자 또는 기금운영자가 1항

---

247) 선원이 2020. 4.경 부산지방해양수산청 산하 관리단에 체불임금 지급사유 확인신청을 하였으나 선원근로감독관은 선원에게 적용될 최저임금에 관하여 제대로 된 검토나 필요한 조사를 하지 아니하였고, 2020. 5. 27. 선원에게 체불임금 7,399,200원의 체불임금 지급사유 확인통지서를 발급하였으나, 2020. 12. 21. 선원에게 체불임금을 9,607,510원으로 변경하여 재차 체불임금 지급사유 확인통지서를 발급한 경우, 대한민국은 그 소속 공무원의 위법행위로 인한 손해를 배상할 책임이 있고, 그 범위는 체불임금액의 차액인 2,208,310원에 대한 원고가 구하는 지연일수 207일 동안 법정이자 연 5%의 비율로 계산한 돈이라고 판시한 사례로는 의정부지법 2021. 7. 15. 선고 2021가소300320 판결.

248) 선체용선자와 선원근로계약을 체결한 선원이 근로계약을 체결하지도 아니한 선박소유자에게 임금을 청구할 하등의 권리가 있다고 인정할 근거가 없다는 점에서도 선원법 56조 3항에 규정된 선박소유자에 선원근로계약을 체결하지 아니한 선박소유자가 포함된다고 볼 수는 없다. 서울중앙지법 2014. 1. 7. 선고 2013가소632785 판결.

의 규정에 따라 체불임금 지급청구를 받은 때에는 특별한 사유가 없는 한 체불임금을 청구받은 날부터 7일 이내에 체불임금을 지급하여야 한다(시행령 18조의4 2항). 선주책임상호보험의 경우 통상 선지급조항(pay to be paid clause)이 있는데, 이는 제3자의 직접청구권을 규정하고 있는 상법 724조 2항에 반하여 무효라는 견해가 다수설이고,[249] 이와 달리 유효하다는 견해도 있으나,[250] 선원법은 체불임금에 관하여는 선원 또는 지정대리인에게 직접청구권을 명문으로 인정하여 학설상 논란을 종식시켰다.

(2) 체불임금 청구권의 대위

선원 또는 지정대리인에게 체불임금을 대신 지급한 보험업자, 공제업자 또는 기금운영자는 그 지급한 금액의 한도에서 해당 선박소유자에 대한 선원의 체불임금 청구권을 대위한다(법 56조 4항).[251] 법 152조의3 2항(개정 전에는 근기법 38조 2항에 따른 임금채권의 우선변제권 및 근로자퇴직급여보장법 12조 2항[252]에 따른 퇴직금에 한하여 우선변제권의 대위를 인정하였다)에 따른 우선변제권은 대위되는 권리에 존속한다(법 56조 5항). 선주상호보험조합 · 보험업자 · 공제업자 및 기금운영자가 선원의 체불임금 청구권을 대위하는 경우에는 청구권의 행사 및 확보 등에 관하여 필요한 조치를 할 수 있다(시행령 18조의6).

대위지급자가 체불임금을 지급할 때에 상한액을 제한하여 일부만 대신 지급한 경우에는 잔여부분에 대한 당해 선원의 임금우선변제권과 대위지급자의 체불임금에 대한 대위권에 기한 우선변제권이 병존하게 되는데, 이 경우에는 당해 선원의 우선변제권이 대위지급자의 대위권에 기한 우선변제권에 우선한다.[253]

이와 달리, 선박소유자와 합의에 의하여, 외국인선원에게 체불임금을 지급한

249) 김찬영, "선주책임상호보험에 있어 제3자의 직접청구권에 관한 연구", 한국해법학회지 37권 1호(2015. 4), 290-291면; 박영준, "선주책임상호보험에 관한 연구: 사적 고찰과 법적 문제점을 중심으로", 고려대 법학박사학위논문(2002), 269-270면; 최종현, "선박보험과 피해자의 직접청구권", 보험법연구 4(2002), 120면.

250) 문병일, "보험자에 대한 직접청구권의 성질: P&I 보험을 중심으로", 한국해법학회지 32권 2호(2010. 11), 290-291면.

251) 선원들에게 선박소유자를 대신하여 체당금을 지급한 한국해운조합에 대하여 체불임금청구권의 대위권을 인정한 사례로는 부산지법 2016. 7. 1. 선고 2015가단82609 판결.

252) 법문상 '11조 2항'은 '12조 2항'의 오기이다.

253) 고용노동부장관의 체당금에 관한 같은 취지의 판결로는 대법원 2011. 1. 27. 선고 2008다13623 판결; 대법원 2011. 2. 24. 선고 2009다47937 판결.

제3자는 선박소유자에게 구상금을 청구할 수 있으나,[254] 위 구상금은 일반채권의 지위에 있으므로 우선변제권이 인정되지 아니한다.

(3) 경과규정

최우선변제권이 인정되는 임금채권은 종전에는 최종 3개월분 임금, 최종 3년간의 퇴직금이었으나, 2017. 1. 18.부터 최종 4개월분의 임금, 최종 4년간의 퇴직금으로 개정되었다(구 선원법 152조의2 2항). (i) 개정법 시행 전에 퇴직한 선원, (ii) 개정법 시행 이후에 퇴직한 선원으로서 개정법 시행 이후에 임금을 지급받지 못한 근로기간이 3개월 이하인 선원이 받지 못한 임금의 지급 보장 범위에 대해서는 법 56조 2항 1호의 개정규정에도 불구하고 종전의 규정에 따른다(부칙 7조 1항).

개정법 시행 이후 퇴직한 선원으로서 개정법 시행 이후 임금을 지급받지 못한 근로기간이 3개월 초과 4개월 미만인 선원이 받지 못한 임금의 지급 보장 범위에 대해서는 법 56조 2항 1호의 개정규정을 적용하되, 다만 개정법 시행 이후에 받지 못한 임금으로 한정한다(부칙 7조 2항).

개정법 시행 전에 퇴직한 선원이 받지 못한 퇴직금의 지급 보장 범위에 대해서는 법 56조 2항 2호의 개정규정에도 불구하고 종전의 규정에 따른다(부칙 7조 3항).

6. 우선변제권

가. 의 의

임금채권은 사용자에게는 경영과 관련하여 부담하게 되는 여러 채무 중 하나로서, 사용자가 파산 등으로 지불 능력을 잃으면 임금채권자는 사용자의 다른 채권자들과 함께 사용자의 총재산에서 만족을 얻어야 함이 민사법의 일반적인 원칙이다. 그런데 임금채권자는 사용자의 다른 채권자들에 비하여 채권확보를 위한 조치를 취하기가 어려워 사실상 파산상태인 사용자로부터 변제받기가 불가능한 경우가 많다. 임금채권은 근로자가 생활을 보장받을 수 있는 거의 유일한 수단이어서 근로자의 보호를 위해서는 다른 채권과 달리 취급되어야 할 필요성이 크다.

이러한 취지에서 법 152조의3(개정 전에는 선원법 5조 1항에 의하여 선원근로관계에도 적용되는 근기법 38조와 근로자퇴직급여보장법 12조는[255])에 의하여 우선변제권이

254) 광주고법 2021. 8. 25. 선고 (제주)2021나10106 판결.

인정되었다)는 임금, 퇴직금, 요양비용, 보상 또는 장제비, 그 밖에 선원의 근로관계로 인한 채권은 선박소유자의 총재산에 대하여 담보권(질권, 저당권, 동산·채권 등의 담보 등에 관한 법률에 따른 담보권)에 우선하지 않는 조세·공과금 및 다른 채권에 우선하여 변제되고, 최종 4개월분 임금·재해보상금(요양비용, 보상 또는 장제비), 최종 4년간 퇴직금은 선박소유자의 총재산에 대하여 최우선 순위로 변제되도록 하고 있다.[256] 선원임금채권은 대체로 선박우선특권에 의하여 보호되는데, 임금채권우선변제제도는 선원이 승선하고 있던 선박이 침몰하여 그 선박에 대하여 선박우선특권을 행사할 수 없거나 선박소유자가 집행대상인 선박을 소유하고 있지 아니하는 경우와 일반근로자가 사용자의 총재산에 대하여 임금채권을 확보하는 경우에 그 실효성이 인정된다.[257]

나. 법적 성격

임금우선변제제도는 근로자의 생활안정, 특히 사용자가 파산하거나 사용자의 재산이 다른 채권자에 의해 압류되었을 경우 사회·경제적 약자인 근로자의 최저생활보장을 확보하기 위한 사회정책적 고려에서 일반 담보물권자 등의 희생 아래 인정되어진 제도로서,[258] 이 규정은 근로자의 최저생활을 보장하기 위한 공익적 요청에서 일반 담보물권의 효력을 일부 제한하고 임금채권의 우선변제적 효력을 인정한 것이다.[259] 통설[260]과 판례[261]는, 임금채권의 우선변제권의 법적 성격을 당사자의 약정 없이 법률의 규정에 의하여 당연히 발생하는 법정담보물권으로 본다.

---

255) 근로자퇴직급여보장법 12조는 선원법 5조 1항에 명시적으로 적용대상으로 규정되어 있지 않다. 그러나 이는 구 근기법 37조가 퇴직금에 관하여도 우선변제권을 규정하고 있다가 근로자퇴직급여보장법이 제정·시행되면서 2007. 1. 27. 근기법에서 퇴직금에 관한 규정을 삭제한 과정을 선원법 개정시 제대로 반영하지 못한 입법상 오류에 불과하다. 이는 선원법 56조 5항에서 근로자퇴직급여보장법 11조(12조의 오기임) 2항에 따른 퇴직금의 우선변제권은 대위되는 권리에 존속한다고 규정한 것을 보아도 알 수 있다. 따라서 근로자퇴직급여보장법 12조의 규정은 선원의 퇴직금에도 적용된다고 보아야 한다. 실무도 이와 같다(부산지법 2014. 2. 13. 선고 2012가합45095 판결).

256) 법률의 규정에 의하여 우선변제권이 있는 채권을 우선특권이라고 부르기도 하고, 법 38조 1항의 규정을 '일반우선변제권', 2항 규정을 '최우선변제권'이라고 구분하면서 이 둘을 합하여 '임금우선특권'이라고 부르기도 한다. 이 글에서는 1항의 규정을 '우선변제권'으로, 2항을 '최우선변제권'으로 부르기로 한다.

257) 최재선, "선원임금채권 우선변제제도의 문제점과 개선방향", 해양수산동향 168호(1998. 9), 24-25면.

258) 대법원 2005. 10. 13. 선고 2004다26799 판결.

259) 대법원 2002. 10. 8. 선고 2001다31141 판결; 대법원 2004. 5. 27. 선고 2002다65905 판결.

260) 근로기준법 주해 Ⅱ(제2판), 762면.

261) 대법원 1990. 7. 10. 선고 89다카13155 판결; 대법원 2009. 11. 12. 선고 2009다53017 판결.

다. 효 력

(1) 우선변제적 효력

(가) 내 용

선원은 선박소유자 소유 재산에 대한 경매절차[262]나 체납처분절차에서 담보권에 의하여 담보되는 채권을 제외하고는 조세·공과금 및 일반 채권에 우선하여 변제받을 수 있다. 법 152조의3 1항 각 호의 임금, 퇴직금, 재해보상금, 그 밖에 선원의 근로관계로 인한 채권은 담보권 등에 의하여 담보되는 채권보다는 후순위이고, 당해세를 포함한 조세·공과금·일반채권보다 선순위이다(법 152조의3 1항, 근기법 38조 1항 본문, 국세기본법 35조 1항 5호, 지방세법 31조 2항 5호). 다만 조세·공과금이 담보권에 우선하는 경우에는 조세·공과금, 담보권에 의하여 담보되는 채권, 법 152조의3 1항 각 호의 임금채권의 순서가 된다(법 152조의3 1항 단서).

조세채권 중 당해세가 있는 경우에 당해세는 원칙적으로 저당권에 우선하므로, 근로관계 채권과 당해세 등 조세 채권, 담보권에 의하여 담보되는 채권을 동시에 배당할 때는 법 152조의3 1항 단서에 의하여 당해세가 근로관계 채권보다 선순위가 된다. 따라서 당해세, 담보권으로 담보된 채권, 근로관계 채권, 그 밖의 조세 등 채권의 순위가 되거나, 당해세, 그 밖의 조세 등 채권, 담보권 등에 의하여 담보된 채권, 법 152조의3 1항의 임금채권의 순위가 된다.

배당에 참가한 채권 중 조세 등 채권이 없는 경우에는 근로관계 채권은 항상 담보권에 의하여 담보된 채권의 후순위이고, 담보권에 의하여 담보된 채권이 없는 경우에는 근로관계 채권은 항상 당해세를 포함한 조세 등 채권에 우선한다. 최우선변제권은 회생담보권에도 우선한다.[263] 사례별로 구체적인 배당 순위를 정리하면 다음과 같다.[264]

---

262) 강제경매의 경우와 강제경매 신청을 하여 임의경매절차에 기록이 첨부된 경우뿐만 아니라 사용자 소유의 재산에 설정된 담보권의 실행으로 진행되는 임의경매절차에서도 그 권리를 주장하여 저당권의 피담보채권보다 우선하여 변제받을 수 있다. 대법원 1990. 7. 10. 선고 89다카13155 판결.

263) 부산지법 2014. 2. 13. 선고 2012가합45095 판결.

264) 법원실무제요 민사집행 Ⅲ, 사법연수원(2020), 173-175면.

(나) 매각 재산에 조세채권의 법정기일 전에 설정된 담보권에 의하여 담보되는 채권이 있는 경우

① 제1순위: 소액 주택임대차보증금 채권, 최종 4개월분 임금 · 최종 4년분 퇴직금 · 재해보상금 채권

② 제2순위: 집행의 목적물에 대하여 부과된 국세 · 지방세 · 그 가산금(당해세)

③ 제3순위: 국세 · 지방세의 법정기일 전에 설정된 담보권에 의하여 담보되는 채권

④ 제4순위: 제1순위의 임금 · 퇴직금 · 재해보상금 채권을 제외한 나머지 임금, 그 밖에 근로관계로 인한 채권

⑤ 제5순위: 국세 · 지방세 등 지방자치단체의 징수금

⑥ 제6순위: 국세 · 지방세 다음 순위로 징수되는 공과금

⑦ 제7순위: 일반 채권

(다) 매각 재산에 조세 채권의 법정기일 후 설정된 담보권에 의하여 담보되는 채권이 있는 경우

① 제1순위: 소액 주택임대차보증금 채권, 최종 4개월분 임금 · 최종 4년분 퇴직금 · 재해보상금 채권

② 제2순위: 조세, 그 밖에 이와 동 순위의 징수금

③ 제3순위: 담보권에 의하여 담보되는 채권

④ 제4순위: 제1순위의 임금 · 퇴직금 · 재해보상금 채권을 제외한 나머지 임금, 그 밖에 근로관계로 인한 채권

⑤ 제5순위: 조세 다음 순위의 공과금

⑥ 제6순위: 일반 채권

(라) 매각 재산에 저당권 등에 의하여 담보되는 채권이 없는 경우

① 제1순위: 소액 주택임대차보증금 채권, 최종 4개월분 임금 · 최종 4년분 퇴직금 · 재해보상금 채권

② 제2순위: 제1순위의 임금 · 퇴직금 · 재해보상금 채권을 제외한 나머지 임금 기타 근로관계로 인한 채권

③ 제3순위: 조세, 그 밖에 이와 동 순위의 징수금

④ 제4순위: 조세 다음 순위의 공과금

⑤ 제5순위: 일반채권자의 채권

(2) 경매신청권 인정 여부

임금채권의 우선변제권에 관하여 담보물권의 일반적인 기능 중 환가기능인 경매청구권이 인정되는가에 관하여 판례는 부정한다.265) 판례에 따르면 임금채권을 가진 근로자는 별도의 집행권원을 가져야 경매를 신청할 수 있다.

(3) 추급효 인정 여부

임금 지급 채무를 부담하는 사용자가 책임 재산을 제3자에게 양도하였을 경우, 그 양도된 재산에 대하여도 임금채권의 책임 재산이 되는지, 나아가 우선변제권이 인정되는지, 다시 말해 임금채권의 우선변제권에 이른바 추급효가 인정되는지 문제되는데, 판례는 부정설을 취하고 있다.266)

라. 배당 절차와 관련한 문제

(1) 배당요구와 부당이득반환청구

근로자는 민사집행법에 따라 강제집행을 신청하여 우선변제를 받을 수도 있고, 다른 채권자가 신청한 집행 절차에 집행력 있는 정본을 제출하거나 가압류를 하고 배당요구를 할 수도 있으며, 유체동산의 매각절차에서 민사집행법 217조 규정에 따라 매각대금의 배당을 요구할 수도 있다. 하지만 우선변제권을 가진 임금채권자라도 배당요구 종기까지 배당요구를 하지 아니하면 배당을 받을 수 없다.267) 배당요구 종기 전에 배당요구를 하였더라도 채권의 일부 금액만 배당요구하였으면, 배당요구의 종기 이후에는 채권액을 추가하거나 확장할 수 없다.268)

임금채권자가 집행력 있는 정본에 의하지 않은 채 임금채권의 배당요구를 할 때에는 그 배당요구서에 적어야 할 '채권의 원인'에 채무자로 하여금 채권이 어느 것인가를 식별할 수 있을 정도로 그 채권의 원인에 관하여 구체적으로 표시하여야 한다. 예를 들면, 배당요구서에 채권의 원인을 '임금'이라고만 적었을 뿐이고, 첨부서면에도 퇴직금이 포함되지 않았음이 분명하다면, 설사 퇴직금이 후불적 임

265) 대법원 1994. 12. 27. 선고 94다19242 판결; 대법원 2012. 4. 13. 선고 2011다42188 판결(船).
266) 대법원 1994. 1. 11. 선고 93다30938 판결; 대법원 2002. 10. 8. 선고 2001다31141 판결.
267) 대법원 2005. 8. 25. 선고 2005다14595 판결.
268) 대법원 2001. 3. 23. 선고 99다11526 판결; 대법원 2008. 12. 24. 선고 2008다65242 판결.

금의 성격이 있어 신중하게 판단할 필요가 있더라도, 퇴직금 채권에 대한 배당요구를 하였다고 볼 수는 없다.[269)]

임금채권자가 배당요구를 하지 아니하여 배당을 받지 못하면, 적법한 배당요구를 한 경우에 배당받을 수 있었던 금액 상당의 금전이 후순위 채권자에게 배당되었다고 하더라도 이를 법률상 원인이 없는 것이라고 볼 수 없으므로, 후순위 채권자를 상대로 부당이득반환청구도 할 수 없다.[270)]

(2) 가압류를 한 임금채권자의 우선변제권

임금채권자가 부동산에 대한 경매신청 기입등기 전에 그 부동산에 가압류를 한 경우에는 배당요구를 하지 않더라도 배당요구를 한 것과 동일하게 취급되므로 (민집법 148조 3호), 채권계산서를 제출하지 아니하였다 하여 배당에서 제외되지는 않는다.[271)] 이 경우 임금채권자가 계산서를 제출하지 않았더라도 집행법원이 직권으로 조사하여 배당에 포함시켜야 하는데, 우선변제권이 있는 임금채권자로서의 소명을 언제까지 하여야 하는가에 관하여, 판례는 배당표 확정시까지 소명하면 된다고 한다.[272)]

사용자 소유의 부동산을 가압류한 임금채권자가 다른 부동산의 경매절차에서 우선변제를 받고 이로 인하여 불이익을 받은 저당권자가 임금채권자가 가압류한 부동산의 경매절차에서 임금채권자를 대위하여 배당받는 경우, 배당표가 확정되기 전까지 그 가압류의 피보전채권이 우선변제권 있는 임금채권으로서 그 임금채권자를 대위할 권리가 있음을 소명하면 배당요구의 종기까지 배당요구를 하지 아니하였다고 하더라도 임금채권자를 대위하여 배당에 참가할 수 있다.[273)]

가압류한 임금채권자가 배당요구의 종기까지 우선변제권을 주장 · 소명하지는 못하였으나 배당표의 확정 이전에 이를 주장 · 소명하였음에도 경매법원이 임금채권자에게 우선 배당을 하지 않은 경우, 임금채권자는 당해 배당기일에 출석하여 이의를 진술하고 배당이의의 소를 제기할 수 있음은 물론이고, 후순위 채권자를 상대로 부당이득반환청구의 소를 제기하여 구제받을 수도 있다. 이러한 경우는 배

---

269) 대법원 2008. 12. 24. 선고 2008다65242 판결.
270) 대법원 1996. 12. 20. 선고 95다28304 판결; 대법원 1997. 2. 25. 선고 96다10263 판결.
271) 대법원 1995. 7. 28. 선고 94다57718 판결.
272) 대법원 2002. 5. 14. 선고 2002다4870 판결; 대법원 2022. 4. 28. 선고 2020다299955 판결.
273) 대법원 2002. 12. 10. 선고 2002다48399 판결; 대법원 2005. 9. 29. 선고 2005다34391 판결.

당을 받아야 할 자가 배당을 받지 못하고 배당을 받지 못할 자가 배당을 받은 것이어서 배당에 관하여 이의를 하였는지 여부나 형식상 배당절차가 확정되었는지 여부와 상관없이 부당이득반환청구권을 가지고, 가압류권자는 이해관계인이 아니므로 배당기일을 확인하고 그 기일에 출석하여 배당이의 진술을 하여야만 구제받을 수 있다고 보는 것은 임금채권자를 보호하려는 법의 취지를 몰각하는 것이기 때문이다.[274)]

(3) 우선변제권 소명 방식

배당요구 채권자의 배당요구는 채권의 원인과 액수를 적은 서면으로 하여야 하고, 그와 같은 배당요구서에는 집행력 있는 정본 또는 그 사본, 그 밖에 배당요구의 자격을 소명하는 서면을 붙여야 한다(민집법 88조 1항, 민사집행규칙 48조). 임금채권자가 배당요구를 하면서 제출해야 할 '배당요구의 자격을 소명하는 서면'에 관하여는 대법원 재판예규 '근로자의 임금채권에 대한 배당 시 유의사항'(재민 97-11)이 '근로자의 임금채권 우선변제권에 기한 배당요구 시 첨부할 소명자료'라는 항목으로 구체적으로 규정하고 있다.[275)]

그러나 위 재판예규에서 우선변제권이 있는 임금채권에 기한 배당요구 시 위와 같은 소명자료를 첨부하도록 하는 것은 경매절차에서 경매법원이 배당을 요구한 사람이 우선변제권이 있는 임금채권자인지 여부를 원활하게 판단하기 위하여 보다 객관적인 자료 중 하나를 예시한 것에 불과할 뿐, 위와 같은 소명자료를 첨부하지 아니하는 경우에는 배당요구가 부적법하다거나 우선변제권 있는 임금채권자임을 소명하지 못한 것으로 간주하여 배당에서 배제하여야 한다는 취지는 아니다.[276)]

---

274) 대법원 2004. 7. 22. 선고 2002다52312 판결.

275) 법원의 확정 판결(판결 이유에서 배당요구채권이 우선변제권 있는 임금채권이라는 판단이 있는 것)과 고용노동부 지방사무소에서 발급한 체불임금확인서 중 하나, (i) 국민연금보험료 원천공제계산서, (ii) 근로소득 원천징수영수증, (iii) 국민연금보험료 납부사실 확인서, (iv) 국민건강보험료 납부사실 확인서, (v) 고용보험피보험 자격취득확인통지서, (vi) 위 (i)~(v) 서면을 제출할 수 없는 부득이한 사정이 있는 때에는 사용자 작성 근로자명부 또는 임금대장의 사본(사용자가 사업자등록을 하지 아니하는 등의 사유로 위 (i)~(iv) 서면을 발급받을 수 없다는 사실을 소명하는 자료를 같이 제출) 중 하나.

276) 서울고법 2011. 5. 4. 선고 2010나86503 판결. 이에 대한 평석은 권창영, "여러 척의 선박 집행에서 선원근로계약상 채권의 보호", 한국해법학회지 37권 1호(2015. 4), 93-156면.

(4) 선정당사자의 배당요구

실무상 다수 근로자가 임금채권의 배당요구를 할 때 선정당사자 제도를 많이 이용한다. 집행법원은 배당표에 선정당사자를 채권자로 기재하고, 선정자별 임금 합계액을 채권액으로 기재하며, 배당표에 선정자와 선정자별 배당채권액 목록을 첨부한다. 배당금 출급명령서도 선정당사자를 채권자로 기재한다. 선정당사자는 선정자인 근로자들의 위임장 등 특별한 절차 없이 스스로 배당금 전액을 지급받을 수 있다. 선정당사자는 배당요구를 할 때 일정한 서류[277]를 구비하여 신청하여야 한다(재민 97-11).

(5) 선박우선특권의 행사를 임금최우선변제권의 행사로 볼 수 있는지 여부

선박우선특권제도는 원래 해상기업에 수반되는 위험성으로 인하여 해사채권자에게 확실한 담보를 제공할 필요성과 선박소유자에게 책임제한을 인정하는 대신 해사채권자를 두텁게 보호해야 한다는 형평상 요구에 의하여 생긴 제도임에 비하여, 임금우선변제제도는 근로자의 생활안정, 특히 사용자가 파산하거나 사용자의 재산이 다른 채권자에 의해 압류되었을 경우에 사회·경제적 약자인 근로자의 최저생활보장을 확보하기 위한 사회정책적 고려에서 일반 담보물권자 등의 희생 아래 인정된 제도로서 그 공익적 성격이 매우 강하므로, 양 제도는 그 입법취지가 서로 다르다.

또한 선박우선특권은 선원이 승선한 선박 등으로부터 임금을 우선변제받을 수 있지만 1년의 제척기간의 적용이 있는 반면 최우선변제권은 사용자의 총재산으로부터 임금 및 퇴직금을 우선 변제받을 수 있지만 최종 4월의 임금 및 최종 4년간의 퇴직금에 한정되고, 선박우선특권은 민사집행법 88조 1항에 의한 배당요구 외에 경매청구를 통해 경매절차상 행사될 수 있으나 임금최우선변제권보다 후순위인 반면 임금우선변제권은 경매절차에서 배당요구만 할 수 있지만 그 순위는 선박우선특권보다 우선하는 것이어서, 그 요건과 효과도 서로 다르다.

따라서 요건 및 효과를 달리하는 최우선변제권과 선박우선특권은 독립된 실체법상 권리이므로, 최우선변제권에 관하여 아무 내용도 기재된 바 없이 제출된 선

---

277) (i) 선정당사자를 포함한 선정자의 성명·주소가 기재된 당사자선정서, (ii) 선정자별 배당요구 임금채권액이 기재된 서면, (iii) 선정자별 임금채권이 우선변제권이 있는 임금채권임을 소명하는 서면.

박우선특권에 기한 임의경매신청을 최우선변제권에 기한 배당요구로 볼 수는 없다.[278)]

(6) 선박임의경매절차에서 체불임금 중 일부를 배당받은 경우

선박에 대한 선박임의경매 사건(부산지방법원 2016타경16824)에서 선원들이 퇴직금이 포함된 금액을 각 청구금액으로 하여 그 중 일부 금액을 각 배당받았으나, 배당액을 공제한 잔존 채권액이 여전히 선원(원고)들의 체당금지급청구금액을 상회하는 경우 한국해운조합(피고)의 체당금지급의무가 인정되는 여부가 문제된 사안에서 법원은, "담보권 실행을 위한 경매에서 배당된 배당금이 담보권자가 가지는 수개의 피담보채권 전부를 소멸시키기에 부족한 경우에는 민법 476조에 의한 지정변제충당은 허용될 수 없고, 채권자와 채무자 사이에 변제충당에 관한 합의가 있었다고 하여 그 합의에 따른 변제충당도 허용될 수 없으며, 획일적으로 가장 공평타당한 충당방법인 민법 477조 및 479조의 규정에 의한 법정변제충당의 방법에 따라 충당하여야 하는 것인바(대법원 2000. 12. 8. 선고 2000다51339 판결), 민법 477조 2호에 의하면, 채무전부의 이행기가 도래하였거나 도래하지 아니한 때에는 채무자에게 변제이익이 많은 채무의 변제에 충당하도록 되어 있으므로, 선원들이 각 배당받은 위 배당금은 변제이익이 더 많다고 볼 수 있는 '체당금(이 사건 청구금) 외의 채권'에 충당되었다고 봄이 타당하다."는 이유로 피고의 주장을 배척하였다.[279)]

마. 대위변제자 또는 후순위 채권자의 우선변제권

(1) 대위변제자 또는 후순위 채권자의 임금채권 대위

사용자 아닌 자가 사용자를 대신하여 임금채권을 변제한 경우 그 변제자는 민법 482조에 따라 구상할 수 있는 범위 안에서 임금채권을 행사할 수 있다. 그리고 사용자 소유의 여러 재산 중 일부만 강제집행되었을 때 그 매각대금에서 임금채권자가 다른 채권자보다 우선하여 변제를 받으면, 그 후순위 채권자는 사용자 소유의 다른 부동산의 강제집행 절차에서 임금채권자에 밀려 배당받지 못한 금액

---

278) 서울고법 2011. 5. 4. 선고 2010나86503 판결.
279) 부산지법 2019. 9. 18. 선고 2018가단310909 판결.

한도 안에서 임금채권자를 대위한다(민법 368조 2항).[280]

채무자를 위해 변제한 제3자(임의대위)는 제3자에게 대항하기 위하여는 확정일자 있는 증서에 의한 대위의 통지나 승낙을 해야 하는데(민법 480조 2항, 450조 2항), 이때 제3자는 대위변제의 목적인 그 채권 자체에 관하여 대위변제자와 양립할 수 없는 법률상 지위에 있는 자를 의미하므로, 사용자의 재산에 대한 근저당권자는 여기서 말하는 제3자에 해당하지 않는다. 따라서 임금채권을 대위변제한 제3자가 가지는 변제자 대위의 효력은 변제받은 근로자들이 사용자에게 대위통지를 한 이상, 근저당권자가 신청하여 개시된 경매절차에서 압류의 효력이 발생한 날보다 대위통지의 날짜가 늦더라도 아무런 영향이 없다.[281]

A 해운회사가 B 회사 등과 선박을 이용한 화물운송계약을 체결하였는데, 선원들에 대한 임금 체불로 인하여 선박 운행이 어려워지자, 선장이 화주인 B 회사 등에 선원의 급여를 출항 전에 지급하여 줄 것을 요청하는 내용의 서약서를 작성·교부하여 B 회사 등이 이를 지급하였고, 이후 A 회사는 B 회사 등에 '귀 법인에서 체불임금 등을 대위변제하여 화물을 운송할 수 있도록 조치하여 주시면 이후 대위변제한 금액에 대하여 책임지고 지급할 것을 확약합니다.'라는 내용의 지불각서를 작성해 준 사안에서, 적어도 임금채권 채권자인 선원들은 임금을 B 회사 등이 변제한 후 선원들을 대위하는 것을 승낙하였다고 추단되고, 채무자인 A 회사는 사전에는 선장을 통하여, 사후에는 직접 각각 위 대위변제금을 변제하겠다는 뜻을 표시함으로써 B 회사 등의 변제자대위에 대하여 승낙하였다고 할 수 있는데, 이때 선박 소유자인 C 회사는 한국인 선원의 임금채권에 관하여 B 회사 등과 양립할 수 없는 지위에 있는 자에 해당하지 않으므로 위 승낙이 확정일자 있는 증서에 의한 것인지는 문제되지 아니한다.[282]

(2) 우선변제권 인정 여부

임금채권의 대위변제자는 임금채권자가 가지던 우선변제권을 그대로 가진다. 이렇게 대위변제자에게 우선변제권을 인정하더라도 근로자에게 임금이 직접 지급된 점에 비추어 볼 때 이러한 우선변제권 인정이 임금 직접 지급의 원칙에 위반된

---

280) 대법원 2002. 12. 10. 선고 2002다48399 판결; 대법원 2005. 9. 29. 선고 2005다34391 판결.
281) 대법원 1996. 2. 23. 선고 94다21160 판결.
282) 대법원 2011. 4. 15.자 2010마1447 결정(船).

다고 볼 수도 없다.[283] 사용자가 소유하던 여러 부동산 중 일부가 먼저 경매되고 그 경매 대금에서 임금채권자가 담보권자에 우선하여 변제를 받으면 민법 368조 2항 후문이 유추 적용되어 그 후순위 담보권자는 임금채권자에 밀려 배당받지 못한 금액 한도 안에서 임금채권자를 대위하는바, 이때에도 임금채권자를 대위하는 담보권 등 채권자에게도 우선변제권이 인정된다.[284] 이 경우에도 우선변제를 받을 수 있는 대위변제자 또는 차순위 채권자는 배당요구의 종기까지 배당요구를 한 경우에 한하여 배당을 받을 수 있다.[285] 다만 이때 임금채권자가 사용자 소유의 부동산을 가압류하였고 대위변제자는 배당표가 확정되기 전까지 그 가압류의 피보전채권이 우선변제권 있는 임금채권으로서 그 임금채권자를 대위할 권리가 있음을 소명하면, 배당요구 종기까지 배당요구를 하지 아니하였더라도 임금채권자를 대위하여 배당에 참가할 수 있다.[286]

이와 달리 동일한 채권의 담보로 부동산과 선박에 저당권이 설정된 경우 차순위자의 대위에 관한 민법 368조 2항 후문의 규정을 유추적용할 수 없다.[287] 근로자의 임금채권 우선변제권이 선박경매절차에서 행사된 뒤 그 사용자의 부동산이 경매되는 경우에는 민법 368조가 유추적용되지 아니하므로, 선박에 대한 경매절차가 먼저 진행되어 근로자들이 임금채권 우선변제권에 따라 배당받음으로써 선박에 대한 저당권자가 부동산과 선박에 대한 경매절차가 함께 진행되어 동시에 배당이 이루어졌다면 받을 수 있었던 금액보다 적은 금액만을 배당받거나 또는 배당받지 못하게 되었다고 하더라도, 선박에 대한 저당권자는 사용자의 부동산에 대한 경매절차에서 그 근로자들의 임금채권 우선변제권을 대위 행사할 수 없다.[288]

(3) 임금채권자를 대위하는 후순위 채권자의 우선변제권 범위

임금채권자를 대위하는 후순위 채권자가 우선변제권을 주장할 수 있는 범위는, 임금채권 우선변제권이 행사됨으로써 그 담보권자가 배당받지 못한 금액을, 사용자가 소유하는 수개 부동산의 경매대금에서 동시에 배당될 경우 각 부동산의

---

283) 대법원 1996. 2. 23. 선고 94다21160 판결.
284) 대법원 2002. 12. 10. 선고 2002다48399 판결; 대법원 2005. 9. 29. 선고 2005다34391 판결.
285) 대법원 2000. 9. 29. 선고 2000다32475 판결; 대법원 2002. 12. 10. 선고 2002다48399 판결.
286) 대법원 2002. 12. 10. 선고 2002다48399 판결.
287) 대법원 2002. 7. 12. 선고 2001다53264 판결.
288) 대법원 2002. 10. 8. 선고 2002다34901 판결.

경매대금에 비례하여 임금채권자에게 배당될 임금채권 분담액의 비율에 따라 나눈 금액에 한정된다.[289)]

바. 담보권이 설정된 부동산을 양수한 사용자에 대한 최우선변제권

(1) 일반적인 경우

우선변제권은 사용자가 재산을 특정승계로 취득하기 전에 설정된 담보권에 대해서까지 그 임금채권의 우선변제권을 인정한 취지는 아니므로, 사용자가 이미 담보권이 설정되어 있는 부동산을 양수한 경우에는 원칙적으로 최우선변제권이 있는 임금채권자가 담보권자에 우선하지 않는다.[290)] 그러나 사용자가 그 지위를 취득하기 전에 설정한 질권 또는 저당권에 의하여 담보된 채권에 대해서는 임금우선변제권이 인정된다.[291)]

(2) 사용자의 인적 조직과 물적 설비가 포괄 승계되는 경우

영업의 인적 조직이나 물적 설비가 일체로서 포괄적으로 이전되는 경우 이는 영업의 포괄승계에 해당한다. 이 경우 신규채용 형식을 취하였는지 여부와 관계없이 근로자들의 근로관계가 승계인에게 단절 없이 승계되는 경우라면, 승계 전 사용자가 설정한 담보권에 우선하던 임금채권은 승계 후 사용자와 관계에서도 우선변제권이 있는 임금채권이 되고, 그 담보권에 우선하여 변제받을 수 있다.[292)] 포괄승계 후에 신규채용된 근로자들에 대해서도 임금채권 우선변제권이 인정된다.[293)]

사. 우선변제권이 인정되는 임금채권의 범위

(1) 일반 우선변제권이 인정되는 임금채권의 범위

임금은 선원법 2조 10호에 규정된 임금 중 지급받지 못한 부분을 의미한다. 기본급을 포함하여 실업수당 등 각종 수당, 상여금 등을 포함한다. 그 밖의 수당과 근로관계로 인한 채권이란 근로관계로 인하여 발생한 일체의 금전적 청구권을 말한다. 예를 들면, 보증금 · 적립금 · 저축금의 반환, 예치하였거나 보관한 금전의

289) 대법원 2002. 12. 10. 선고 2002다48399 판결.
290) 대법원 1994. 1. 11. 선고 93다30938 판결; 대법원 2004. 5. 27. 선고 2002다65905 판결.
291) 대법원 2011. 12. 8. 선고 2011다68777 판결.
292) 대법원 2002. 10. 8. 선고 2001다31141 판결; 대법원 2004. 5. 27. 선고 2002다65905 판결.
293) 대법원 2004. 5. 27. 선고 2002다65905 판결.

반환, 해고 예고 수당 등이다. 선원이 당한 직무상·직무외 재해가 사용자의 불법행위가 되기도 하여 선원이 취득한 민사상 손해배상 채권은 민법상 불법행위에 따른 일반채권에 불과하므로 여기서 말하는 재해보상금이나 그 밖의 근로관계로 인한 채권에 포함되지 않는다.[294] 임금·퇴직금 등 채무 이행지체에 따른 지연손해금은 사법상 채무불이행에 따른 일반채권일 뿐 근로관계 자체로 인하여 발생한 채권은 아니므로 이에 해당하지 않는다.[295]

(2) 최우선변제권이 인정되는 임금채권의 범위

최우선변제권이 인정되는 임금채권은 종전에는 최종 3개월분 임금, 최종 3년간의 퇴직금을 2017. 1. 18.부터 최종 4개월분의 임금, 최종 4년간의 퇴직금으로 개정되었다(법 152조의3 2항). 위 개정규정은 개정법 시행 전에 발생한 임금채권 및 퇴직금 채권에 대해서도 적용한다. 다만 개정법 시행 전에 발생한 임금채권 및 퇴직금 채권과 이 법 시행 전에 발생한 (i) 질권·저당권, (ii) 동산·채권 등의 담보에 관한 법률에 따른 담보권에 따라 담보된 채권, (iii) 질권·저당권 또는 동산·채권 등의 담보에 관한 법률에 따른 담보권에 따라 담보된 채권에 우선하는 조세·공과금 권리 간의 변제는 근기법 38조 2항 및 근로자퇴직급여 보장법 12조 2항에 따른다(부칙 4조).

(가) 최종 4개월분의 임금

언제부터 4개월분의 임금이 되느냐, 즉 '최종'의 기산점을 언제로 볼 것인지 문제된다. 임금채권의 최우선변제권이 사용자의 재산에 대한 집행 절차와 관련하여 이를 보호하는 데 의미가 있으므로, 최종 4개월분의 임금을 말할 때 최종 기산점은 강제집행이나 임의경매의 배당요구와 관련하여 배당요구 이전에 이미 근로관계가 종료된 근로자의 경우에는 근로관계 종료일을, 배당요구 당시에도 근로관계가 종료되지 않은 근로자의 경우에는 배당요구 시점을 각각 그 기산점으로 보아야 한다.[296] 판례도 "우선변제권에 의하여 보호되는 임금채권의 범위는 퇴직의 시기를 묻지 않고 사용자로부터 지급받지 못한 최종 4월분의 임금을 말하고, 반드시 사용자의 도산 등 사업폐지 시로부터 소급하여 4개월 내에 퇴직한 근로자의 임금

---

294) 부산고법 1999. 1. 8. 선고 97나10956 판결; 노동부 질의회시 1990. 9. 12. 임금 32240-12784.
295) 대법원 2000. 1. 28.자 99마5143 결정.
296) 근로기준법 주해 Ⅱ(제2판), 781면.

채권에 한정하여 보호하는 취지라고 볼 수 없다."고 판시하고 있다.[297]

4개월분 임금이란 최종 4개월 사이에 지급사유가 발생한 임금 중 미지급분을 의미한다. 따라서 최종 4개월간은 임금을 전액 또는 일부 지급받았으나 그 이전에 임금을 일부 지급받지 못한 것이 있더라도 최종 4개월 이전의 미지급 임금은 여기에 해당되지 않는다.[298] 또한 4개월분 임금이란 최종 4개월간 근로한 대가에 해당하는 임금채권을 말한다.[299] 근저당권의 피담보채권이 우선권 있는 임금채권임을 소명함으로써 선순위 근저당권자보다 우선배당을 받을 수 있는 최종 4개월분의 임금은 배당요구의 종기에 이미 근로관계가 종료된 근로자의 경우에는 근로관계 종료일부터, 배당요구의 종기 당시에도 근로관계가 종료되지 않은 근로자의 경우에는 배당요구의 종기부터 소급하여 4개월 사이에 지급사유가 발생한 임금 중 미지급분을 말한다.[300]

실업수당은 최우선변제권이 인정되지 아니한다.[301] 송환수당도 근로의 대가로 지급되는 것이 아니라 선원의 하선 시에 발생하는 실비변상적 성격의 급여이므로 임금에 해당하지 아니하여 임금최우선변제권의 대상이 아니라는 판례도 있다.[302]

(나) 최종 4년간의 퇴직금

1997. 12. 24. 개정 법 이후 최우선변제권이 인정되는 퇴직금은 '최종 3년분의 퇴직금'으로 한정되었다가 2017. 1. 18.부터 최종 4년분의 퇴직금으로 변경되었다. 여기서 최우선변제권이 인정되는 퇴직금은 계속근로기간 1년에 대하여 30일분의 승선평균임금으로 계산한 금액을 말한다(법 55조 1항, 근기법 37조 3항, 근퇴법 12조 3항). 즉 퇴직금 누진제가 실시되더라도 계속근로연수 1년에 대하여 승선평균임금 30일분을 초과하는 퇴직금부분은 최우선변제권이 인정되지 않는다. 근저당권의 피담보채권이 우선권 있는 임금채권임을 소명함으로써 선순위 근저당권자 등 보다 우선배당을 받을 수 있는 최종 4년간의 퇴직금은 배당요구 종기일 이전에 퇴직금 지급사유가 발생하여야 한다.[303]

297) 대법원 1996. 2. 23. 선고 95다48650 판결; 대법원 1997. 11. 14. 선고 97다32178 판결.
298) 대법원 2008. 6. 26. 선고 2006다1930 판결.
299) 대법원 2002. 3. 29. 선고 2001다83838 판결.
300) 대법원 2015. 8. 19. 선고 2015다204762 판결.
301) 부산지법 2012. 1. 12. 선고 2011가단19030 판결.
302) 부산지법 2014. 2. 13. 선고 2012가합45095 판결.
303) 대법원 2015. 8. 19. 선고 2015다204762 판결.

(다) 재해보상금

재해보상금이란 선원법 제10장에 규정된 요양보상금, 상병보상금, 장해보상금, 유족보상금, 장제비, 행방불명보상금, 소지품 유실보상금을 말한다. 최우선변제권의 대상이 되는 재해보상금이란 선박소유자의 재산을 청산하여야 할 당시까지 입은 재해로 지급받게 될 재해보상금을 의미한다. 장래의 재해보상금 산정과 관련하여, 선원이 요양을 계속하는 경우 앞으로 발생할 요양비, 상병보상, 장해보상은 배당 시점에서 통상 예견될 수 있는 기간 또는 상태를 기준으로 하여 최우선변제권 인정범위를 확정하여야 한다.[304)]

(라) 지연손해금 부분

최우선변제권은 근로자의 생활안정을 위한 사회 정책적 고려에서 담보물권자 등의 희생 아래 인정되고 있고, 공시방법이 있는 민법상 담보물권에도 피담보채권에 포함되는 이자 등 부대채권과 그 범위에 관하여 별도의 규정이 있는데, 근기법은 원본채권에 대하여만 최우선변제권이 있다고 규정하고 있다. 따라서 임금 등에 대한 지연손해금채권은 최우선변제권이 인정되지 않고 일반채권과 안분하여 배당받는다.[305)]

아. 우선변제의 대상

(1) 개 요

임금채권 우선변제권을 행사할 수 있는 대상은 '사용자의 총재산'이다. 여기서 말하는 사용자의 총재산이란 근로계약의 당사자로서 임금채무를 1차적으로 부담하는 사업주인 사용자의 총재산을 뜻한다.[306)]

(2) 사용자의 의미

근기법상 사용자란 '사업주 또는 사업 경영 담당자 그 밖에 근로자에 관한 사항에 대하여 사업주를 위하여 행위하는 자'를 말한다(근기법 2조 1항 2호). 이러한 정의에 따른 사용자 가운데 사업주가 아닌 사용자의 재산을 우선변제권의 대상이 되는 사용자의 총재산으로 볼 수 있는지 문제된다. 사용자의 개념은 각 법규의 입

---

304) 근로기준법 주해 Ⅱ(제2판), 783면.
305) 대법원 2000. 1. 28.자 99마5143 결정.
306) 대법원 1996. 2. 9. 선고 95다719 판결; 대법원 2003. 6. 25.자 2003마28 결정.

법목적 등에 따라 그 개념이 반드시 일치하여야 하는 것이 아니고, 우선변제권의 입법취지는 근로자의 최저생활을 보장하고자 하는 공익적 요청에서 예외적으로 각종 채권 상호간 우선변제 순위를 규정한 것이지 근로계약의 당사자인 사업주를 확대하려는 데 그 목적이 있는 것이 아니므로, 이를 사업주로 제한하여 해석하는 것이 타당하다.[307] 따라서 법인의 대표자 등 사업경영담당자들의 재산, 합명회사 사원·합자회사 무한책임사원의 재산[308]은 우선변제권의 대상인 사용자의 총재산에 포함되지 않는다.

(3) 총재산의 의미

사용자의 총재산에는 사용자가 소유하는 동산·부동산은 물론, 물권·채권,[309] 각종의 지식재산권·광업권·어업권 등이 모두 포함되나, 법률상 압류가 금지된 재산은 여기에 해당되지 않고, 소극재산이 있다고 하여 사용자의 총재산을 그 소극재산 규모만큼 공제할 것은 아니다.[310]

7. 선박우선특권

가. 의 의

선원과 그 밖의 선박사용인의 고용계약으로 인한 채권은 선박·그 속구, 그 채권이 생긴 항해의 운임, 그 선박과 운임에 부수한 채권에 대하여 우선특권이 있다(상법 777조 1항 2호). 선박우선특권은 선박에 관한 특정채권에 관하여 선박 관련 당사자가 당해 선박과 부속물 등에 대하여 다른 채권자보다 우선특권을 받을 수 있도록 인정된 법정담보권으로서, 선박우선특권을 인정하는 이유는 해상기업에 수반되는 위험성으로 인하여 해사채권자에게 확실한 담보를 제공해 주어야 한다는 해상기업 특유의 성질에서 연유함과 동시에 선박소유자에게 유한책임만을 인정하는 대신 해사채권자를 두텁게 보호하여야 한다는 형평의 요구에 부응하기 위한 것이다.[311]

---

307) 대법원 1996. 2. 9. 선고 95다719 판결; 대법원 2003. 6. 25.자 2003마28 결정.
308) 대법원 1996. 2. 9. 선고 95다719 판결.
309) 대법원 1994. 12. 9. 선고 93다61611 판결.
310) 근로기준법 주해 Ⅱ(제2판), 787면.
311) 대법원 2005. 10. 13. 선고 2004다26799 판결.

상법에서 선원과 그 밖의 선박사용인[312]의 임금에 대하여 선박우선특권을 인정한 이유는, (i) 선박은 육상의 토지나 건물 등 부동산과는 달리 국제적인 유동성이 강하여 선원들이 선박소유자의 변경, 저당권의 설정 등을 인지하기 어렵고, (ii) 해양노동의 특수성을 고려하여 일반근로자보다 선원의 임금채권을 더욱 두텁게 보호할 필요가 있으며,[313] (iii) 선원이 그의 노동력만으로 생활한다는 점 및 그 가족의 생활 등을 고려한 사회정책적 배려와, (iv) 선원의 근로로 인하여 총채권자를 위한 담보인 선박이 유지·보존되기 때문이다.[314]

나. 선박우선특권의 특성

(1) 일반적 특성

상법은 선박우선특권에 관하여는 그 성질에 반하지 않는 한 민법의 저당권에 관한 규정을 준용하고 있는데(상법 777조 2항), 선박우선특권의 특성으로는 (i) 법정담보물권성(선박우선특권은 계약이나 불법행위 등으로부터 생기는 일정한 해사채권의 담보를 위하여 법률상 당연히 발생하는 법정담보물권이므로, 당사자의 약정으로 선박우선특권을 창설할 수 없고, 그 범위를 변경할 수 없다), (ii) 성립 및 피담보채권의 특성[선박우선특권은 계약 또는 해사불법행위 등 해사거래 관계에서 생기며, 해산(海産)을 그 목적물로 하고, 해산에 대하여 제공된 용역채권 또는 선박 등 해산에 의하여 생긴 손해로 인하여 발생한 채권을 담보한다], (iii) 공시방법의 결여, (iv) 우선력 및 추급력(追及力, 선박우선특권은 선박 관련 채권자를 특별히 보호하기 위하여 인정된 법정담보물권이므로 일정한 공시방법 없이도 약정담보물권인 선박저당권이나 질권보다 우선하며, 선박소유권의 이전으로 인하여 영향을 받지 않는다), (v) 소멸원인상 특성(선박우선특권은 저당권과 동일한 소멸원인으로서 목적물의 멸실, 피담보채권의 소멸, 경매·포기·혼동 등에 의하여 소멸하는 외에 1년의 기간 경과로 인하여 소멸하는 특징이 있다) 등을 들 수 있다.

---

312) 상법 777조 1항 2호는 선원과 그 밖의 선박사용인의 고용계약으로 인한 채권을 선박우선특권 있는 채권으로 규정하고 있다. 그런데 해상법상 선박은 선원법상 선박보다 범위가 넓기 때문에, 선원법상 선박이 아니더라도 해상법상 선박인 '항해용 선박'에서 근무하는 선원은 해상법상 선원 또는 선박사용인이 될 수 있으므로, 선박우선특권이 인정된다. 同旨, 인천지법 2010. 8. 27. 선고 2009가합13053 판결.

313) 최재선, "선원임금채권 우선변제제도의 문제점과 개선방향", 해양수산동향 168호(1998. 9), 26면.

314) 주석 상법 Ⅷ, 695면.

(2) 선체용선과 선박우선특권

선체용선자가 상행위나 그 밖의 영리를 목적으로 선박을 항해에 사용하는 경우에는 그 이용에 관한 사항에는 제3자에 대하여 선박소유자와 동일한 권리의무가 있고(상법 850조 1항), 1항의 경우에 선박의 이용에 관하여 생긴 우선특권은 선박소유자에 대하여도 그 효력이 있지만, 우선특권자가 그 이용의 계약에 반함을 안 때에는 그러하지 아니 하다(2항). 선체용선자의 경우에도 선박의 이용에 관하여 생긴 우선특권을 가지는 채권자는 선박소유자에 대한 효력을 주장하여 해당 선박에 대하여 경매를 청구할 수 있다.[315] 상법 850조 2항의 취지는, 선체용선의 경우 상법 850조 1항에 의하여 선박의 이용에 관한 사항에는 제3자에 대한 관계에서 선체용선자가 책임을 지고 선박소유자는 직접적인 법률관계가 없는데, 제3자의 선체용선자에 대한 채권이 선박우선특권에 해당하는 경우 제3자를 보호하기 위해 그 우선특권이 선박소유자에게도 효력을 미치도록 한 것, 즉 선박소유자가 제3자에 대한 채무자가 아님에도 선박소유자의 자산인 선박에 대한 압류・경매가 가능하도록 한 것이지, 선박소유자가 직접 손해배상책임을 진다는 것은 아니다.[316]

(3) 정기용선과 선박우선특권

정기용선의 경우 제3자에 대한 법률관계에 관하여 상법은 아무런 규정을 두지 않고 있다. 그러나 다음과 같은 이유로 선체용선에 관한 상법 850조 2항의 규정이 정기용선에 유추적용되어 정기용선된 선박의 이용에 관하여 생긴 우선특권을 가지는 채권자는 선박소유자의 선박에 대하여 경매청구를 할 수 있다고 봄이 타당하다.[317]

① 정기용선계약은 선체용선계약과 유사하게 용선자가 선박의 자유사용권을 취득하고 그에 선원의 노무공급계약적인 요소가 수반되는 특수한 계약관계로서 정기용선자는 다른 특별한 사정이 없는 한 화물의 선적, 보관 및 양하 등에 관련된 상사적인 사항의 대외적인 책임관계에 선체용선에 관한 상법 850조 1항이 유

---

315) 대법원 2019. 7. 24.자 2017마1442 결정.
316) 서울고법 2013. 2. 21. 선고 2012나34681 판결
317) 대법원 2019. 7. 24.자 2017마1442 결정.

추적용되어 선박소유자와 동일한 책임을 부담한다.

② 선체용선에서 선박의 이용에 관한 사항에 대하여는 선체용선자만이 권리·의무의 주체가 되고 선박소유자와 제3자 사이에는 원칙적으로 직접적인 법률관계가 발생하지 않는 것이나, 상법은 선박채권자를 보호하기 위하여 850조 2항을 두어 선박우선특권은 선박소유자에 대하여도 효력이 발생하고 그러한 채권은 선박을 담보로 우선변제를 받을 수 있도록 하였다. 이와 같은 선박채권자 보호의 필요성은 선체용선과 정기용선이 다르지 않다. 특히 상법 777조 1항 1호에 규정된 예선료 채권을 보면, 채무자가 선박소유자 또는 선체용선자인지, 정기용선자인지를 구별하지 않고 우선적으로 보호하여야 할 필요성이 크다. 예선업자는 특별한 사정이 없는 한 예선의 사용 요청을 거절하지 못하고(선박의 입항 및 출항 등에 관한 법률 29조 1항), 정당한 이유 없이 이를 위반하여 예선의 사용 요청을 거절한 때에는 형사처벌을 받는다(같은 법 55조 4호). 이처럼 예선업자는 대상 선박을 이용하는 자가 누구인지 여부와 상관없이 예선계약의 체결이 사실상 강제될 뿐만 아니라 현실적으로 예선계약 체결 당시 예선료 채무를 부담하는 자가 선박소유자인지 여부 등을 확인하기도 곤란하다.

③ 상법 777조 1항에서는 선박우선특권이 인정되는 채권을 한정적으로 열거하고 있으므로, 정기용선자에 대한 그와 같은 채권에 관하여 선박우선특권을 인정하더라도 선박소유자나 선박저당권자에게 예상치 못한 손해가 발생한다고 볼 수 없다.

(4) 선박우선특권의 대상

선박우선특권의 대상은 선박·그 속구, 그 채권이 생긴 항해의 운임, 그 선박과 운임에 부수한 채권이다. 선박이 선박우선특권의 대상이 되는 이상 선박의 멸실로 인한 손해배상청구권도 선박의 변형물로서 선박우선특권의 대상에 당연히 포함되므로, '어업협정체결에 따른 어업인등의 지원 및 수산업발전특별법'에 따른 감척지원보상금 중 선박 및 그 속구에 대한 어업시설물잔존가액에 해당하는 부분에는 선박우선특권이 미치지만, 폐업지원금은 어업자의 생활안정 및 복지향상에 기여하기 위하여 국가에 의하여 지원되는 금원으로서 그 성격상 선박의 직접적인 대가라기보다는 국가의 출연행위에 의하여 지급되는 보조금에 해당하므로 선박우

선특권의 대상이 되지 않는다.[318)]

다. 선박우선특권의 순위

(1) 선박우선특권과 유치권의 순위

선박을 목적으로 하는 유치권이 성립하여 선박우선특권과 경합하는 경우에 유치권자는 목적물에 대하여 우선변제를 받을 권리가 인정되지 않기 때문에 선박우선특권자가 우선한다. 그러나 유치권자는 자기의 채권을 변제받을 때까지 목적물을 점유하고 있을 권리가 있기 때문에 목적물의 반환을 거부함으로써 사실상 선박우선특권자에 우선하여 변제받을 수 있는 지위를 갖게 된다.

(2) 임금최우선변제권과 선박우선특권과의 관계

선원의 임금에 대하여는 임금채권최우선변제에 관한 선원법 152조의3이 적용되고, 선박소유자와 근로관계를 맺고 있는 일반근로자들은 근기법에 따라 임금을 청구하므로 선박우선특권과의 배당이 문제되는데, 판례는 임금최우선변제권이 선박우선특권보다 우선한다고 한다.[319)]

표 4-1 임금최우선변제권과 선박우선특권의 차이점

	임금최우선변제권	선박우선특권
권 리 자	선원(근로자)	해상법상 선원
책임재산	선박소유자(사용자)의 총재산	승무 선박·그 속구 등 海産
피담보채권	최종 4(3)개월분 임금, 4(3)년분 퇴직금, 재해보상금	고용계약상 채권
행사기간의 제한	3년의 소멸시효	1년의 제척기간
경매청구권	없음	있음
배당순위	1순위	2순위
준 거 법	대한민국 법	원칙적으로 선적국법
추 급 효	없음	있음
가 압 류	가능	불가능

318) 서울고법 2005. 1. 18. 선고 2004나54789 판결.
319) 대법원 2005. 10. 13. 선고 2004다26799 판결.

라. 선박우선특권의 준거법

(1) 선적국법 원칙

선박우선특권에 의해 담보될 채권의 종류와 선박에 대한 우선특권의 순위에 관한 사항은 선적국법에 의하여야 한다(국제사법 94조 1호, 2호). 선박이 선체용선 등록제도에 따라 선적국이 아닌 국가에 선체용선등록이 되어 있는 경우에도 마찬가지이다.[320] 선박우선특권이 우리나라에서 실행되는 경우에 실행기간을 포함한 실행방법은 우리나라의 절차법에 의하여야 한다.[321]

국제사법 94조 1호, 2호에서 선적국법에 의하도록 규정하고 있는 사항은 선박우선특권의 성립 여부, 일정한 채권이 선박우선특권에 의하여 담보되는지 여부, 선박우선특권이 미치는 대상의 범위, 선박우선특권의 순위 등으로서 선박우선특권에 의하여 담보되는 채권 자체의 대위에 관한 사항은 포함되어 있지 않다고 해석되므로, 그 피담보채권의 임의대위에 관한 사항은 특별한 사정이 없는 한 국제사법 55조 2항에 의하여 그 피담보채권의 준거법에 의하여야 한다.[322]

(2) 선원임금채권

선박우선특권에 의하여 담보되는 채권이 선원근로계약에 의하여 발생되는 임금채권인 경우 그 임금채권에 관한 사항은 선원근로계약의 준거법에 의하여야 하고, 선원근로계약에 관하여는 선적국을 선원이 일상적으로 노무를 제공하는 국가로 볼 수 있어 선원근로계약에 의하여 발생하는 임금채권에 관한 사항에 대하여는 특별한 사정이 없는 한 국제사법 48조 2항에 의하여 선적국법이 준거법이 되므로, 결국 선원임금채권의 대위에 관한 사항은 그 선원임금채권을 담보하는 선박우선특권에 관한 사항과 마찬가지로 선적국법에 의한다는 것이 판례[323]의 입장이다. 프랑스 판례[324]도 선박을 국가영토의 일부로 보고 선적국을 노무제공지로 보고 있다.

이와 달리, 공해에서 주로 영업하거나 세계 각국을 전전하며 영업하는 선박에

---

320) 대법원 2014. 11. 27.자 2014마1099 결정; 대법원 2015. 4. 23. 선고 2014다71507 판결.
321) 대법원 2011. 10. 13. 선고 2009다96625 판결.
322) 대법원 2007. 7. 12. 선고 2005다39617 판결(船); 대법원 2007. 7. 12. 선고 2005다47939 판결(船).
323) 대법원 2007. 7. 12. 선고 2005다39617 판결(船).
324) C. trav. maritime. art. 5.[川口美貴, 國際社會法の研究, 信山社(1999), 233면].

서의 선원들의 근무는 '일상적으로 어느 한 국가에서 노무를 제공하지 않는 경우'로 보고 사용자가 선원들을 고용한 영업소가 가장 밀접한 관련성을 가졌다고 보는 견해가 있다.[325] 이 경우 영업소는 사용자인 선박소유자의 영업소로 볼 것인지, 아니면 선박소유자로부터 선원관리업무를 위임받은 선원관리사업자의 영업소로 볼 것인지 문제되나, 선원관리사업자는 실질적으로 선원의 고용·배승·해고 등의 권한을 선박소유자로부터 위임받아 행사하고 있으므로,[326] 선원관리사업자 또는 선원송출회사의 영업소 역시 준거법 결정의 표준이 될 수 있다.[327]

(3) 편의치적선의 경우

선박이 편의치적되어 있어 그 선적만이 선적국과 유일한 관련이 있을 뿐이고, 실질적인 선박소유자나 선박운영회사의 국적과 주된 영업활동장소, 선박의 주된 항해지와 근거지, 선원들의 국적, 선원들의 근로계약에 적용하기로 한 법률, 선박저당권의 피담보채권을 성립시키는 법률행위가 이루어진 장소 및 그에 대하여 적용되는 법률, 선박경매절차가 진행되는 법원이나 경매절차에 참가한 이해관계인 등은 선적국이 아닌 다른 특정 국가와 밀접한 관련이 있어, 앞서 본 법률관계와 가장 밀접한 관련이 있는 다른 국가의 법이 명백히 존재하는 경우에는 다른 국가의 법을 준거법으로 보아야 한다.[328]

마. 선박우선특권의 효력

(1) 경매청구권

선박우선특권에는 그 성질에 반하지 않는 한 민법의 저당권에 관한 규정을 준용하므로(상법 777조 2항 2문), 선박우선특권자는 변제를 위하여 선박우선특권의 목적물에 대한 경매를 청구할 수 있다(민법 363조 1항). 선원은 선박우선특권에 기하여 선박에 대한 가압류를 할 수 있는지 문제되나, 판례[329]는 선박우선특권 있는

325) 정해덕, "섭외사법 개정법률안의 검토 〈제7분과 토론자료〉 -제10장 해상-", 한국국제사법학회 제8차 연차 학술대회(2001), 3면.

326) 선원법 112조 3항은 선원관리사업자는 선박소유자로부터 수탁한 업무 중 대통령령으로 정하는 업무에 관하여 선원법을 적용할 때 선박소유자로 본다고 규정하고 있다.

327) 김동진, "선박우선특권과 준거법", 판례연구 20집(2009. 2), 부산판례연구회, 801면; 김진권, "선원근로계약의 준거법에 관한 고찰", 해사법연구 16권 1호(2004. 10), 143면.

328) 대법원 2014. 7. 24. 선고 2013다34839 판결(船).

329) 대법원 1982. 7. 13. 선고 80다2318 판결; 대법원 1988. 11. 22. 선고 87다카1671 판결.

채권자는 선박소유자의 변동에 관계없이 그 선박에 대하여 집행권원 없이도 경매청구권을 행사할 수 있으므로 채권자는 채권을 보전하기 위하여 그 선박에 대한 가압류를 하여둘 필요가 없다고 보아 부정설의 입장을 취하고 있다.

(2) 우선변제권

선박우선특권자는 목적물의 매각대금으로부터 다른 채권에 앞서 자신의 채권의 우선변제를 받을 권리가 있다. 임금최우선변제권을 선박우선특권보다 우선시키는 것이 합리적이라는 것이 판례의 태도이다.[330] 선박우선특권은 선박저당권이나 선박질권보다 우선한다(상법 788조).[331] 실무상 선박 자체에 부과된 재산세와 같은 당해세는 선박우선특권보다 우선하지만, 당해세를 제외한 나머지 세금은 선박우선특권보다 후순위라는 견해와 동순위라는 견해가 대립하고 있다.[332]

(3) 추급효

상법 785조는 선박우선특권은 선박소유권의 이전으로 인하여 영향을 받지 않는다고 규정하고 있다. 선박양수인이 선의·무과실인 경우에도 선박우선특권자에게 대항하지 못한다.[333]

바. 선박우선특권이 있는 선원의 고용계약으로 인한 채권의 범위

(1) 문제의 소재

상법 777조 1항 2호는 '선원의 고용계약으로 인한 채권'을 선박우선특권 있는 채권으로 규정하고 있는바, 구체적으로 선박우선특권을 행사할 수 있는 선원(주체)과 그 선원이 선박우선특권을 행사할 수 있는 채권의 범위(피보전채권)에 관하여는 견해 대립이 있다.

(2) 선박우선특권을 행사할 수 있는 선원

(가) 최광의설

이 견해는 상법상 선원을 선원법상 선원과 동일한 개념으로, 상법상 고용계약

330) 대법원 2005. 10. 13. 선고 2004다26799 판결.
331) 창원지법 진주지원 2020. 1. 15. 선고 2018가합11797 판결.
332) 선박집행실무(개정판), 부산지방법원(2013), 177면.
333) 선박집행실무(개정판), 171면.

을 선원법상 선원근로계약과 동일한 개념으로 파악하여 특정선박과 선원과의 관련성을 요하지 아니한다고 해석한다(관련성 부정설). 이에 의하면, 선박소유자가 L, M 두 척의 선박을 소유하고 있던 중 L이 경매된 경우, L의 승무원뿐만 아니라 M의 승무원, 기타 예비원들도 선박우선특권을 행사할 수 있다.

(나) 광의설

이 견해는 선박우선특권의 취지상 특정선박과 선원과의 관련성을 요한다고 해석한다(관련성 긍정설).[334] 위 사례에서 L의 승무원과 L에 승선하기로 예정된 예비원만이 L에 관하여 선박우선특권을 행사할 수 있을 뿐, M의 승무원이나 기타 예비원은 L에 대하여 선박우선특권을 행사할 수 없다. 따라서 선원의 임금채권에 대하여 선박우선특권이 인정되는 것은 그 선원이 승선한 선박에 한하므로, 비록 두 어선이 쌍끌이 어선으로서 같이 조업을 한다 하더라도 선원이 승선하지 아니한 선박에 대하여는 임금채권으로 선박우선특권을 취득할 수는 없다.[335]

선원이 2000. 9. 9.부터 2004. 3. 25.까지 선박 S에 승선하여 근무하다가 선박소유자의 요청으로 일시적으로 선박 T에 승선하여 근무한 후 2005. 12. S에 대한 선박경매사건에서 배당요구를 한 경우, 선박우선특권이 인정되는 선원의 임금채권은 그 해당선박에 제공한 노무의 대가에 한정되므로, T에 승선한 기간 동안의 채권에 대하여는 선박우선특권이 인정되지 아니한다는 취지의 판례[336]도 이와 같다.

(다) 협의설

이 견해는 선박우선특권의 취지상 특정선박과 선원과의 관련성을 요하며, 선박우선특권을 행사할 수 있는 선원은 선원근로계약에 의하여 특정선박에 승선하여 계속적으로 당해 선박의 항해상 근로에 종사하는 지위에 있어 인적 기관을 구성하는 자를 의미한다고 본다.[337] 위의 사례에서 L의 승무원과 L와 특정계약을 체

334) 부산지법 2023. 4. 5. 선고 2021가합52507 판결; 선박우선특권이 당해 선박과 관련하여 발생한 특정채권을 보호하기 위하여 인정된 그 선박에 관한 대물적인 법정담보물권의 성질을 갖는 점에 비추어, 위 법조의 선박우선특권이 인정되는 선원 등의 임금채권은 당해 선박을 사용할 권한이 있는 일체의 자에 의하여 고용되어 그 선박에 승선하여 그 고용기간 중에 발생한 것이면 족하다(부산지법 1999. 6. 22. 선고 99가합253 판결).

335) 부산지법 1999. 9. 17. 선고 98가단52151 판결.

336) 부산지법 2009. 1. 14. 선고 2008나10911 판결.

337) 大阪高裁 1977. 10. 28. 判決, 判例時報 885호 160면. 위 판결은 유급휴가 중인 예비선원은 유급휴가 제도의 취지에 비추어 특정선박의 인적 기관을 구성하는 지위에 있는 자로서 선박우선특권을 가지는 선원에 포함된다고 판시하였다. 이에 대한 평석은 志津田氏治, “船舶先取特權の對象となるべき「雇傭

결한 예비원 중 유급휴가 중인 선원만이 선박우선특권을 행사할 수 있을 뿐, 나머지 승무원과 예비원은 선박우선특권을 행사할 수 없다.

(라) 최협의설

이 견해는 상법상 고용계약을 특정계약으로, 해상법상 선원을 선원법상 선원으로 해석하여 특정선박에 승선한 선원에 한하여 선박우선특권이 인정된다고 본다. 위 사례에서 L의 승무원만 선박우선특권이 있을 뿐, 예비원과 나머지 승무원은 선박우선특권을 행사할 수 없다.[338)]

(마) 검 토

생각건대, 선원의 임금채권에 대하여 선박우선특권을 인정한 취지, 선원임금채권의 공시방법의 결여, 우선력·추급효 등으로 인하여 선원의 임금채권에 대하여 무제한 선박우선특권을 인정하게 되면 다른 담보물권자의 권리를 침해할 소지가 있는 점,[339)] 선원법상 선원에는 예비원도 포함되는 점, 임금채권과 경매선박과의 관련성이 부정되는 선원은 그 선원이 승무한 선박에 대하여 선박우선특권을 행사하거나[340)] 또는 근기법상 임금채권우선변제권을 행사할 수 있는 점[341)] 등에 비추어 보면, 광의설의 입장이 타당하다고 본다.

판례[342)]도 "복수의 선원 그 밖의 선박사용인이 선박우선특권에 의하여 그들을 고용한 선박소유자가 소유한 복수의 선박 등에 대한 경매신청을 한 경우, 선박우선특권에 의해 경매신청을 한 압류채권자의 지위에서 당연히 우선 배당을 받을 수 있는 대상은 그 선원이 승선한 당해 선박과 그 속구 등의 매각대금에 한정되고, 당해 선박이 아닌 다른 선박에 대한 매각대금에 대하여서까지 따로 배당요구를 하지 않더라도 당연히 우선 배당을 받을 수 있는 것은 아니다."라고 판시하여 광의설의 입장을 취하고 있다.[343)]

契約に因りて生じたる船長其他の船員の債權」の範圍", 判例時報 909호 143-146면.

338) 福岡高裁 1977. 7. 7. 判決, 下民集 28권 5-8호 775면.

339) 헌재 1997. 8. 21. 선고 94헌바19 등 결정 참조.

340) 위의 사례에서 M의 승무원과 M에 관한 특정계약을 체결한 예비원은 그 임금채권에 관하여 M에 대하여 선박우선특권을 행사할 수 있다.

341) L에 관한 특정계약을 체결한 예비원을 제외한 나머지 예비원, M의 승무원은 L에 대하여 근기법상 임금채권우선변제권을 행사할 수 있다.

342) 대법원 2012. 4. 13. 선고 2011다42188 판결(船).

343) 같은 취지에서, 선박에 공급한 유류비 채권이 벨리제국 상선등록법에 규정된 선박우선특권 있는 채권에 해당하는데, 이때 선박에 대하여 우선특권을 가지는 채권은 당해 선박에 공급한 유류비 채권에 한

(3) 선박우선특권이 인정되는 채권의 범위

선원보험법상 인정되는 선원보험료채권에는 선박우선특권이 부여되지 않는다(폐지된 선원보험법 15조)라는 명문의 규정이 있었으나, 선박우선특권이 인정되는 임금채권의 범위에 관하여는 견해의 대립이 있다.

(가) 광의설

상법이 고용계약으로 인한 채권으로 규정하고 있는 이상 발생상 한정을 예정하지 않다고 해석함이 상당하므로 선원의 선원근로계약으로 인하여 발생한 모든 채권, 즉 근로의 대상으로 지급되는 일체의 금전이 그 피담보채권이 된다는 견해이다.[344] 이에 의하면, 선박우선특권이 있는 채권에는 선원의 임금, 실업수당, 송환수당, 퇴직금, 유급휴가수당, 재해보상금[345] 등 선원법이 정하고 있는 각종 수당,[346] 단체협약[347]이나 선원근로계약에 의한 일체의 금원이 포함된다. 선원의 임금에는 월고정급, 생산수당, 입항비, 시간외 근로수당, 일반상여금, 특별상여금[348] 등 근로의 대상으로 지급되는 일체의 금품이 모두 포함된다.[349] 이와 달리, 선박이 압류되고 경매법원의 감수보존결정으로 감수보존업체가 정해지면 기존에 선박에 탑승하고 있던 선원들이 선박을 관리하기 위하여 선박에 탑승할 필요가 없게 되므로, 압류 이후에 발생한 선원임금채권은 원칙적으로 당해 선박과 관련된 임금채권이라고 볼 수 없기 때문에 선박우선특권이 인정될 수 없다.[350]

(나) 협의설

피담보채권은 선원근로계약 존속 중 선원의 근로에 대한 대가로서 지급되는

정된다고 판시한 사례로는 대법원 2010. 3. 10.자 2009마1942 결정.

344) 부산지법 2023. 4. 5. 선고 2021가합52507 판결; 大阪高裁 1977. 10. 28. 判決, 判例時報 885호 160면.

345) 부산고법 2004. 11. 12. 선고 2004나12158 판결.

346) 선원법은 선원의 임금(기본급, 특정수당, 시간외 수당 등이 포함됨, 52조) 외에도 해지예고에 따른 해고수당(33조), 실업수당(37조), 송환수당(39조), 퇴직금(55조), 유급휴가수당(69조), 요양보상(94조) 등 각종 수당을 규정하고 있는바, 선박우선특권이 있는 상법 777조 1항 2호 '선원의 임금채권'에는 선원이 선박에 제공한 직접·간접적인 보수도 포함되고, 선원법이 정한 위 수당들은 선박우선특권이 있는 선원의 임금채권에 포함된다. 부산지법 2013. 5. 15. 선고 2011가단88166 판결.

347) 노동조합과 협정에 기하여 선박소유자가 선원에게 지급하는 선원법상 雇止手當을 초과하는 雇止手當이나, 선박소유자가 사업폐쇄·해산에 의하여 선원을 해고하는 경우 선원에게 지급하기로 약정한 慰勞金은 모두 근로의 대가로서 의미를 가지는 것으로 봄이 상당하므로 선박우선특권의 피담보채권이 된다. 福岡地裁 1981. 3. 25. 判決, 訟務月報 27권 8호 1427면.

348) 대법원 2008. 4. 24. 선고 2008다10006 판결(船).

349) 부산지법 1998. 2. 25. 선고 97가합14319 판결.

350) 부산지법 2023. 4. 5. 선고 2021가합52507 판결.

급부에 한정되며, 그 범위는 근저당권자 등에 의하여 통상 지급되는 것으로 예상되는 채권에 한한다는 견해이다.[351] 이에 의하면 노동조합과 단체협약에 의하여 선원법상 실업수당을 초과하여 지급하기로 약정한 특별실업수당은 선원과 그 가족의 생활보장적 성격과 근로계약에 기하여 종전의 근로에 대한 위로적 성격을 가지나 근로의 대가는 아니므로 선박우선특권은 인정되지 아니하며, 재직 중 근무성적이 특별히 양호하여 회사에 공적이 있다고 인정되는 자에게 지급하는 퇴직금 이외의 특별공로금은 근로의 대가가 아니므로 선박우선특권이 인정되지 아니한다고 본다.[352]

(다) 최협의설

피담보채권의 범위는 당해 선박에 승무 중에 지급되는 것과 승무와 관련하여 발생한 것에 한정되므로 실업수당은 선박우선특권이 인정되나, 퇴직금은 선박우선특권이 인정되지 아니한다는 견해이다.[353]

(라) 검 토

상법의 규정상 선원의 임금채권의 범위는 선원이 선박에 제공하거나 제공하기로 예정된 근로의 대가로서 받는 일체의 금전을 의미하므로 광의설이 타당하다고 본다. 그러므로 선원법에 규정된 각종 수당뿐만 아니라 단체협약, 취업규칙, 선원근로계약에 기하여 근로의 대가로 지급되는 일체의 금전이 선박우선특권의 피담보채권이 된다.[354] 또한 퇴직금은 임금후불적 성격을 가지므로 당연히 선박우선특권이 인정된다.[355]

351) 福岡高裁 1983. 9. 28. 判決, 判例時報 1109호 130면.

352) 福岡高裁 1983. 9. 28. 判決, 判例時報 1109호 130면.

353) 谷川久, "船員の雇傭契約上の債權と船舶先取特權の對象となる範圍", ジュリスト 725호(1980. 10.), 139-143면; 영국 판례는 선원이 선박회사의 과잉인력이 되어 퇴직함에 따라 받게 되는 퇴직수당은 2년 이상 선박에 근로를 제공한 선원에게 지급되는 것인데, 이는 선박에 대한 노무제공의 대가로서 받는 것이 아니고 일정한 기간 동안 고용관계가 종료되는 선원에게 고용관계의 종료에 따른 보상금으로서 지급되는 것이므로, 퇴직수당은 임금에 해당하지 않고 따라서 선박우선특권이 발생하지 않는다고 판시하였다. The Tacoma City [1991] 1 Lloyd's Rep. 330(C.A.).

354) 이범균, "선박경매의 배당에서의 실무상 몇 가지 문제점", 선박집행의 제문제, 부산지방법원(1999), 238면.

355) 주석 상법 Ⅷ, 696면. 선박우선특권을 행사할 수 있는 채권에는 해당 선원의 퇴직금 전액이 포함된다고 보아야 하고, 그중 해당 선박에서 근무한 기간만을 기준으로 산정한 금액에 한정된다고 보기 어렵다고 판시한 사례로는 부산지법 서부지원 2022. 9. 21. 선고 2021가단7397 판결.

(마) 모험대차금

영국법상 선박우선특권(maritime lien)이 인정되는 채권에 모험대차금(bottomry and respondentia)이 있다. 이는 선박소유자가 선박과 화물을 담보로 자금(의장비 또는 화물구입 대금 등)을 조달할 목적으로 선박과 화물(bottomry) 또는 화물(respondentia)에 우선특권을 부여한 것을 말한다. 모험대차의 특성상 해당 선박과 화물이 안전하게 목적지까지 도착할 경우에는 원리금에 대한 우선변제권이 인정되지만, 만약 해상사고가 발생한 경우에는 변제의무가 면제된다.[356] 그러나 해상법 실무에서 이러한 모험대차금제도는 오래 전에 소멸되었으므로,[357] 모험대차금에 선박우선특권을 인정하기는 어렵다.

사. 선박우선특권의 대위 및 민법 368조의 유추적용 여부

선원송출계약 등에 의하여 선원의 임금을 대위변제한 자에게도 선박우선특권이 인정되는지 문제되나, 근기법상 우선변제권이 있는 임금채권을 대위변제한 자에게도 우선변제권을 인정하는 판례[358]의 태도에 비추어 보면 선원의 임금을 대위변제한 자에게도 선박우선특권이 인정된다.[359] 다만 선원임금의 대위변제자가 선박소유자의 대리인, 기타 선박소유자 본인과 동일시할 만한 사유가 있는 경우에는 선박우선특권을 인정할 여지는 없다.[360]

다음으로 선박우선특권은 선박·그 속구·그 채권이 생긴 항해의 운임·그 선박과 운임에 부수한 채권에 대하여만 인정되므로, 선박의 근저당권자는 선박소유자의 다른 부동산에 대하여 민법 368조를 유추하여 선원들을 대위할 수 없다.[361] 이와 달리 다수의 선박 중 하나의 선박에 대하여 먼저 담보권실행절차가 진행된 경우 선박우선특권 있는 채권자들이 다른 선박에 대하여 임금우선변제권을 대위행사할 수 있다.[362]

---

356) 사와 센페이(佐波宣平) 저, 김성준·남택근 옮김, 현대 해사용어의 어원, 문현(2017), 69면.
357) Iain Goldrein/Matt Hannaford/Paul Turner, Ship Sale and Purchase, 6th Edi., Informa Law from Routledge(2012), 183면.
358) 타인의 채무를 변제하고 채권자를 대위하는 대위변제의 경우 채권자의 채권은 동일성을 유지한 채 법률상 당연히 변제자에게 이전하고, 이러한 법리는 채권이 근기법상 임금채권이라 하더라도 그대로 적용된다. 대법원 1996. 2. 23. 선고 94다21160 판결.
359) 광주고법 2012. 6. 15. 선고 2011나6242 판결.
360) 대법원 1978. 5. 23. 선고 77다1679 판결.
361) 대법원 2002. 7. 12. 선고 2001다53264 판결; 대법원 2002. 10. 8. 선고 2002다34901 판결.

아. 선박우선특권의 소멸

상법 786조에 의하면, 선박채권자의 우선특권은 그 채권이 생긴 날로부터 1년 내에 실행하지 아니하면 소멸한다고 규정하고 있다. 위 기간은 제척기간으로서,[363] 채권 자체의 소멸이 아니라 그 채권에 관한 우선특권이 소멸함을 의미한다.[364] 여기서 말하는 우선특권의 실행은 선박에 대한 경매신청이나 다른 신청인에 의하여 진행 중인 경매절차에서의 배당요구 등 우선변제청구권의 행사를 의미한다.[365] 1년의 제척기간의 기산일은 피담보채권이 발생한 날이고, 그 채권발생일은 민법상 법리에 따라 판단한다.[366]

8. 체불선박소유자 명단 공개

가. 요 건

해양수산부장관은 법 52조, 55조의2 및 62조에 따른 임금, 보상금, 수당, 그 밖에 일체의 금품(이하 "임금등"이라 한다)을 지급하지 아니한 선박소유자(법인인 경우에는 그 대표자를 포함한다. 이하 "체불선박소유자"라 한다)가 명단 공개 기준일 이전 3년 이내 임금등을 체불하여 2회 이상 유죄가 확정된 자로서 명단 공개 기준일 이전 1년 이내 임금등의 체불 총액이 3천만 원 이상인 경우에는 그 인적사항 등을 공개할 수 있다(법 55조의4 1항 본문). 해양수산부장관은 1항에 따라 명단 공개를 할 경우 체불선박소유자에게 3개월 이상의 기간을 정하여 소명 기회를 주어야 한다(법 55조의4 2항).

공개내용은 (i) 체불선박소유자의 성명 · 나이 · 상호 · 주소(체불선박소유자가 법인인 경우에는 그 대표자의 성명 · 나이 · 주소 및 법인의 명칭 · 주소를 말한다), (ii) 명단 공개 기준일 이전 3년간의 임금등 체불액이다(시행령 17조의5 1항). 1항에 따

362) 선박집행실무(개정판), 179면.
363) 대법원 2011. 10. 13. 선고 2009다96625 판결.
364) 실무상 선박우선특권을 행사한 날(경매신청일 또는 배당요구일)부터 소급하여 1년 이내에 변제기가 도래한 임금만을 선박우선특권있는 채권으로 인정하고 있다. 부산지법 2014. 2. 13. 선고 2012가합45095 판결.
365) 부산지법 2000. 1. 28. 선고 99가단44164 판결.
366) 선박집행실무(개정판), 172면. 외국 선박에 대하여 선박우선특권을 근거로 선박경매개시신청이 들어오는 경우에도 상법상 제척기간이 적용된다(대법원 2011. 10. 13. 선고 2009다96625 판결).

른 공개는 관보에 게재하거나 해양수산부의 인터넷 홈페이지 또는 그 밖에 열람이 가능한 공공장소에 3년간 게시하는 방법으로 한다(2항). 1항 및 2항에서 규정한 사항 외에 명단 공개에 필요한 세부사항은 해양수산부장관이 정하여 고시한다(3항).

나. 제외 대상

체불선박소유자의 사망·폐업으로 명단 공개의 실효성이 없는 경우 등 대통령령으로 정하는 사유가 있는 경우에는 그러하지 아니하다(법 55조의4 1항 단서). 대통령령으로 정하는 사유에는 (i) 체불선박소유자가 사망하거나 민법 27조에 따라 실종선고를 받은 경우(체불선박소유자가 자연인인 경우만 해당한다), (ii) 체불선박소유자가 법 55조의4 2항에 따른 소명 기간 내에 체불 임금등을 전액 지급한 경우, (iii) 체불선박소유자가 채무자회생법에 따른 회생절차개시 결정을 받거나 파산선고를 받은 경우, (iv) 체불선박소유자가 시행령 18조의2 1항에 따른 도산등사실인정을 받은 경우, (v) 체불선박소유자가 체불 임금등의 일부를 지급하고, 남은 체불 임금등에 대한 구체적인 청산 계획과 자금 조달 방안을 충분히 소명하여 법 55조의4 3항에 따른 임금체불정보심의위원회가 명단 공개 대상에서 제외할 필요가 있다고 인정하는 경우, (vi) 그 밖에 1호부터 5호까지의 규정에 준하는 경우로서 법 55조의4 3항에 따른 임금체불정보심의위원회가 체불선박소유자의 인적사항 등을 공개할 실효성이 없다고 인정하는 경우 등이 있다(시행령 17조의6).

다. 임금체불정보심의위원회

체불선박소유자의 인적 사항 등에 대한 공개 여부를 심의하기 위하여 해양수산부에 임금체불정보심의위원회(이하 '위원회')를 둔다. 이 경우 위원회의 구성·운영 등에 필요한 사항은 시행규칙 38조의3으로 정한다(법 55조의4 3항).

위원회는 위원장 1명을 포함한 11명의 위원으로 성별을 고려하여 구성한다(시행규칙 38조의3 1항). ② 위원장은 해양수산부차관이 되고, 위원은 (i) 해양수산부의 고위공무원단에 속하는 일반직공무원 중 해양수산부장관이 지정하는 직위에 있는 사람 3명, (ii) 변호사 또는 공인노무사 자격이 있는 사람 중에서 해양수산부장관이 위촉하는 사람 2명, (iii) 고등교육법 2조에 따른 대학에서 부교수 이상의 직으로 재직했거나 재직하고 있는 사람 중에서 해양수산부장관이 위촉하는 사람 2명, (iv) 1호부터 3호까지의 규정에 준하는 경험 또는 사회적 덕망이 있다고 인정되는 사람으로서 해양수산부장관이 위촉하는 사람 3명이 된다(2항). 2항 2호부터 4호까지의 규정에 따른 위원의 임기는 3년으로 한다(3항). 위원회의 회의는 위원장을 포함한 재적위원 과반수의 출석으로 개의하고, 출석위원 과반수의 찬성으로 의결한다(4항). 1항부터 4항까지에서 규정한 사항 외에 위원회의 구성 및 운영에 필요한 사항은 해양수산부장관이 정하여 고시한다(5항).

9. 임금등 체불자료의 제공

가. 요 건

해양수산부장관은 '신용정보의 이용 및 보호에 관한 법률' 25조 2항 1호에 따른 종합신용정보집중기관이 체불선박소유자(자료제공 요구일 이전 3년 이내 임금 등을 체불하여 2회 이상 유죄가 확정된 자로서 자료제공 요구일 이전 1년 이내 임금등의 체불 총액이 2천만 원 이상인 체불선박소유자의 경우에 한정한다)의 인적사항과 체불액 규모 등에 관한 자료(이하 '임금등 체불자료')를 요구할 때에는 임금등의 체불을 예방하기 위하여 필요하다고 인정하는 경우 그 자료를 제공할 수 있다(법 55조의5 1항 본문).

나. 제외 대상

체불선박소유자의 사망·폐업으로 임금등 체불자료 제공의 실효성이 없는 경우 등 대통령령으로 정하는 사유가 있는 경우에는 그러하지 아니하다(법 55조의5 1항 단서). 대통령령으로 정하는 사유에는 (i) 체불선박소유자가 사망하거나 민법 27조에 따라 실종선고를 받은 경우(체불선박소유자가 자연인인 경우만 해당한다), (ii) 체불선박소유자가 임금등체불자료의 제공일 전까지 체불 임금등을 전액 지급한 경우, (iii) 체불선박소유자가 채무자회생법에 따른 회생절차개시 결정을 받거나 파산선고를 받은 경우, (iv) 체불선박소유자가 18조의2 1항에 따른 도산등사실인정을 받은 경우, (v) 임금등체불자료의 제공일 전까지 체불선박소유자가 체불 임금등의 일부를 지급하고, 남은 체불 임금등에 대한 구체적인 청산 계획과 자금

조달 방안을 충분히 소명하여 체불 임금등 청산을 위해 성실히 노력하고 있다고 해양수산부장관이 인정하는 경우 등이 있다(시행령 17조의8).

다. 비밀유지의무

법 55조 1항에 따라 임금등 체불자료를 받은 자는 이를 체불선박소유자의 신용도 · 신용거래능력 판단과 관련한 업무 외의 목적으로 이용하거나 누설해서는 아니 된다(법 55조의5 2항).

제2절 근로시간

Ⅰ. 근로시간법

1. 의 의

근로시간은 임금과 함께 가장 중요한 근로조건이며, 근로조건에 관한 최초의 법적 논의는 장시간 근로로부터 근로자를 보호하는 데에서 출발하였다. 흔히 '근로시간법'이라고 하면 '근로시간 단축'에 관한 입법론적 논의에서 출발하는 것이 보통이고, 근로시간법의 역사는 근로시간 단축의 역사라고 할 수 있다. 선원법은 근로시간에 관하여 다양한 제한 규정을 두고 있는바, 이러한 제한의 주된 이유로는 현실적으로 노사 간의 힘이 불균형하므로 그 결정을 선박소유자와 선원의 합의에 위임하면 장시간 근로가 횡행하여 선원의 신체와 건강에 악영향을 미친다는 점, 피로의 축적에 의해 재해발생의 원인이 되며 근로능률을 저하시킨다는 점, 선원이 사회적 · 문화적 생활을 영위할 여유와 활력을 박탈당한다는 점 등을 들 수 있다.[367)]

선원법상 근로시간에 관한 규정은 인간다운 생활을 보장하고 있는 헌법의 정신에 따라 선원의 근로시간을 제한하여 선원의 정신적 · 육체적 피로의 회복을 통

367) 근로기준법 주해 Ⅲ(제2판), 165면.

하여 선원의 건강을 유지하고 재해를 예방하며, 선원으로 하여금 사회적·문화적 활동에 참여할 수 있는 여가를 제공하기 위한 것이다.

선원법에서 근로시간은 몇 가지 의미로 사용된다. 먼저 선원법 2조 16호는 '근로시간'이란 선박을 위하여 선원이 근로하도록 요구되는 시간을 말한다고 규정하고 있다. 다음으로 실제 근로한 시간을 의미하는 '실근로시간', 법 60조에 따른 근로시간의 범위 내에서 단체협약 또는 선원과 선박소유자간에 정한 근로시간인 '소정근로시간' 등이 자주 사용된다(시행령 3조의2 2항).

2. 적용범위

예선이 아닌 선박으로서, (i) 범선으로서 항해선이 아닌 것, (ii) 어획물 운반선을 제외한 어선, (iii) 총톤수 500t 미만의 선박으로서 항해선이 아닌 것,[368] (iv) 평수구역[369]을 그 항해구역으로 하는 선박에 대하여는 선원법 제6장의 근로시간 및 승무정원에 관한 규정을 적용하지 아니한다(법 68조 1항, 시행규칙 46조).

선원법 68조 1항에 규정된 선박이라 하더라도 (i) 여객선, (ii) 연해구역 이상을 항해구역으로 하는 총톤수 100톤 이상의 화물선, (iii) 위험화물(LPG·LNG등 가스류, 케미칼 또는 유류) 적재선박 중 총톤수 5톤 이상의 선박(예·부선이 결합하여 위험물을 운반하는 선박 포함)에서의 근로시간은 총톤수 500톤 이상의 선박에서의 근로시간(법 60조)을 준용한다(선원업무 처리지침 62조).

해양수산부장관은 필요하다고 인정하면 위 선박에 대하여 적용할 선원의 근로시간 및 승무정원에 관한 기준을 따로 정할 수 있다(법 68조 2항). 해양수산부장관이 별도의 기준을 정하지 아니한 경우(선원업무 처리지침 62조에 포함되지 아니한 선박)에는 근기법 제4장과 제5장에서 정한 근로시간, 휴게와 휴일에 관한 규정이 적용된다는 견해도 있다.[370] 그러나 선원법에서 근로시간을 규정하지 아니한 이상

---

368) 기선으로 총톤수 43톤, 항해구역이 평수구역인 내항상선에는 선원법 67조 2항이 적용되지 아니하므로, 기관장의 예비원에 대한 급여(미승선급여) 청구는 이유 없다. 부산지법 2019. 9. 4. 선고 2018나6430 판결.

369) 선박안전법 시행령 2조 1항 3호 ㈎목에 따른 평수구역을 말한다.

370) 총톤수 185.97t인 용진호에 승선한 선원에 대하여는 시간외근로수당에 관한 선원법 규정의 적용이 배제되고 근기법이 적용된다(부산지법 1997. 9. 10. 선고 95가합10443 판결).; 총톤수 197.4t인 예선 고려1호에 승선한 선원의 근로시간에 관하여는 선원법이 적용되지 아니하고 일반법인 근기법이 적용된다(부산지법 1996. 2. 16. 선고 95가합40 판결).; 예선에 근무하는 선원들의 시간외근로수당에 대하여 선원법 관련규정이 적용되지 아니하고, 단체협약·임금협약·취업규칙에도 달리 정한 바가 없는 이

강행법규로서 적용될 근로시간법제는 존재하지 아니하고, 선원근로계약의 당사자가 자유롭게 정할 수 있다고 보는 것이 타당하다.

Ⅱ. 기준근로시간·실근로시간·소정근로시간

1. 기준근로시간

가. 의 의

근로시간에 대한 가장 기본적인 노동법적 규제는 1주 및 1일에 대한 최장근로시간을 설정하는 형태로 나타난다. 이러한 최장근로시간을 흔히 '기준근로시간'이라고 하며, 법정근로시간 또는 법정기준시간이라는 용어를 사용하기도 한다. 이러한 시간이 근로시간의 절대적 상한이 아니고, 이를 초과하는 근로가 일정한 요건하에서 허용된다는 점에서 '기준근로시간'이라는 용어가 더 적합하다.[371] 선원의 기준근로시간은 1일 8시간, 1주간 40시간으로 한다(법 60조 1항 본문).

나. 1주간

근기법 2조 1항 7호에서 '1주'란 휴일을 포함한 7일을 말한다고 규정하고 있다. 1주간은 원칙적으로 일요일부터 토요일까지를 기준으로 하지만, 선원근로계약이나 취업규칙, 단체협약 등에 선원이 근로를 시작한 날로부터 7일간으로 정하는 등 다른 기준점에 의하여 1주간을 정하고 있는 경우에는 그에 따라야 한다. 그러나 선박소유자는 불규칙적으로 선원의 근로시간 중 임의의 시점을 택하여 그때로부터 7일간을 기준근로시간의 산정을 위한 단위기간으로 삼을 수는 없다.[372]

다. 1일

1일은 원칙적으로 오전 0시부터 오후 12시까지의 24시간에 해당하는 역일에 의한 하루를 의미하지만, 계속된 근로의 중간에 오전 0시가 끼어 2역일에 걸친 때에는 비록 역일을 달리할지라도 그 계속된 근로를 1일 근무로 보아야 하고 시업

상, 결국 선원의 비번일의 시간외근로에 대한 근로수당은 근로일의 근로에 대하여 지급되는 통상임금의 액수와 동일하다(인천지법 2010. 12. 30. 선고 2010나613 판결).

371) 근로기준법 주해 Ⅲ(제2판), 166면.

372) 근로기준법 주해 Ⅲ(제1판), 노동법실무연구회, 박영사(2010), 72면.

시간이 속하는 날의 계속근로로 보아야 한다.[373] 기준근로시간에 대한 법적 규제는 근로를 계속하여 일정한 시간을 넘게 하여서는 안 된다는 취지에서 비롯된 것이므로, 근로시간이 이틀에 걸쳐 연속적으로 이어지고 있는 경우 하루하루 역일 단위로 구분하여 산정하는 것은 불합리하기 때문이다.

라. 주 40시간 근로제와 주 5일 근무제

1주 40시간, 1일 8시간을 기준근로시간이라고 볼 때 주 5일 근로가 당연한 것으로 받아들여지고 있으나, 선원법 60조 8항에서 정박 중일 때에는 주 1일을 휴일로 정하고 있는 이상 반드시 주 5일제를 취해야 하는 것은 아니다. 따라서 토요일에 근로를 시키는 경우 휴일근로수당은 발생하지 않으며, 1주 40시간을 초과하였거나 1일 8시간을 초과한 경우 시간외근로수당만 발생한다.

2. 실근로시간

가. 의 의

선원법이 기준근로시간에 의하여 규제하려고 하는 대상은 선박소유자가 실제로 선원을 근로시킨 시간(實勤勞時間)이다.[374] 실근로시간이 기준근로시간을 초과하는 경우에는 그 초과되는 연장근로에 대하여 가산임금을 지급하여야 하는 문제가 발생하며 형사처벌 문제도 발생하므로, 어떠한 시간을 실근로시간에 포함시켜야 할 것인가는 중요한 법적 문제가 된다.

대법원은, 선원법 60조는 1일 또는 1주일을 단위로 하여 과중한 근무시간을 제한하고자 하는 규정이므로 위 법조문의 근로시간은 실근로시간을 의미하고 유급휴일의 근로시간을 포함하는 것은 아니라는 취지라고 판시하였으며,[375] 실근로시간을 "근로자가 사용자의 지휘·감독 아래 근로계약상 근로를 제공하는 시간"으로 정의하고 있다.[376]

---

373) 1991. 10. 5. 근기 01254-1433.

374) 근로시간이란 근로자가 사용자의 지휘·감독을 받으면서 근로계약에 따른 근로를 제공하는 시간 즉 실근로시간을 말한다. 대법원 2020. 8. 20. 선고 2019다14110 판결.

375) 대법원 1992. 10. 9. 선고 91다14406 판결; 대법원 1992. 11. 24. 선고 92누9766 판결.

376) 대법원 1992. 10. 9. 선고 91다14406 판결; 대법원 1993. 9. 28. 선고 93다3363 판결.

나. 선원법 60조의 근로시간

선원법 60조의 근로시간의 개념에 관하여, 선원이 선박 안에서 근로에 종사하지 않는 휴식시간을 광의의 직무항시수행성[377]과 관련하여 일반근로자의 대기시간과 동일시할 수 있는지 문제되나,[378] 선원의 근로시간 이외의 휴식시간은 '근로의 밀도가 낮은 대기성의 계속적 업무'로 볼 수 있으므로 근로시간에 포함할 수는 없다.[379] 그렇다면 선원법 60조는 1일 또는 1주일을 단위로 하여 과중한 근무시간을 제한하고자 하는 규정이므로, 위 법조문의 근로시간은 선원이 선박소유자의 지휘·감독 아래 근로계약상 근로를 제공하는 시간, 즉 실근로시간을 의미한다.

다. 사 례

① 예선에 근무하는 해원들이 '1일 8시간, 주 40시간 근로'를 내용으로 하는 근로계약을 체결하기는 하였으나, 실제로는 본선 스케줄 및 기후 등 외부적 요인에 따라 가변적인 예선업무에 대응하기 위하여 선장의 지시·감독 하에 근무일에는 상시적으로 선박통신장비를 청취하면서 불시에 발생할 수 있는 예선작업을 위해 대기하는 등 예정된 작업 후에도 선박을 떠나지 못한 경우, 해원들은 근무일에 실제 작업을 하는 시간 이외의 시간이라고 하더라도 선박소유자의 지휘·감독 아래 추가 작업을 위해 대기하는 등 자유로운 휴식을 보장받았다고는 할 수 없으므로, 해원들의 1일 실근로시간은 24시간으로 봄이 타당하다.[380]

② 선원들이 격일제로 근무하고, 근로일의 24시간 근무 중 8시간은 당일 근무시간이고, 8시간은 익일 대체 근무시간이며, 나머지 8시간은 시간외 및 휴게시간으로 정해졌는바, 위 시간외 및 휴게시간은 주로 취침·식사·휴식·대기하는 데 소요되는 시간이지만, 원칙적으로 선박을 떠나 외부로 나갈 수 없고, 불가피한 사정으로 휴게시간을 이용하여 외부로 나갈 경우 담당자에게 이선시간과 사유를 통

377) 승선 중인 해원은 근무시간 이외에도 선박의 경계를 벗어날 수 없고, 선박에서 생활하면서 선내기율의 준수 등 상당한 정도의 감독 또는 제약을 받고 있으며, 수시로 업무에 대비하지 않으면 안 된다.

378) 일반적으로 숙직업무의 내용이 본래의 정상적인 업무가 연장된 경우는 물론이고 그 내용과 질이 통상의 근로와 마찬가지로 평가되는 경우에는 그러한 초과근무에 대하여는 야간·휴일근로수당 등을 지급하여야 한다. 대법원 2000. 9. 22. 선고 99다7367 판결.

379) 유명윤, "선원의 근로시간과 휴일", 해상교통정책 23호 1권(1999. 10), 113면.

380) 서울고법 2015. 2. 13. 선고 2013나2025567 판결.

보하고 허가를 얻어야 하며, 그 범위는 근거리로 제한되었던 점 등을 고려하면 근로시간으로 보아야 한다.381)

③ 단체협약상 준설선박의 운전원·갑판원·기관원 등은 아침 7시에 승선하여 다음날 아침 7시에 하선하며 야간에는 운전원 2명, 갑판원 5명, 기관원 5명, 전기원 1명이 근무하면서 준설작업을 하는데, 준설작업은 정상가동 중일 때에는 보고 있기만 하면 되는 단속적 작업이므로 운전원·갑판원·기관원은 서로 교대로 작업을 하면서 침실 등에서 쉬거나 잠자는 시간이 부여되어 있고, 실제로 위와 같이 자거나 쉬는 시간을 그때마다 정확히 파악할 수 없어서 사용자가 그들에게 하루 4시간씩 휴식(취침)시간을 부여하였다면, 단체협약에 의하여 휴식 또는 취침을 하도록 부여한 4시간은 근무시간이라고 볼 수 없다.382)

3. 소정근로시간

'1일의 소정근로시간' 또는 '1주의 소정근로시간'이란 법 60조에 따른 근로시간의 범위 내에서 단체협약 또는 선원과 선박소유자간에 정한 근로시간을 말하고, '월의 소정근로시간'이란 월의 소정근로일수에 1일의 소정근로시간을 곱한 시간을 말한다(시행령 3조의2 2항). 이는 시업시각에서 종업시각까지 시간 중 휴게시간으로 정한 부분을 뺀 시간으로, 선원으로서는 근로제공의무를 부담하기로 약속한 시간이고, 선박소유자로서는 근로제공의무의 이행에 대하여 임금을 지급하기로 약속한 시간이다.383)

Ⅲ. 시간외근로

1. 의 의

선박소유자는 원칙적으로 기준근로시간 한도에서 선원을 근로하게 해야 하는 바, 통상 예상하기 어려운 업무의 증가가 있을 때에는 이러한 기준근로시간을 초과하는 근로제공이 필요한 경우가 있다. 이렇게 본래 정해진 소정근로시간을 연장

381) 인천지법 2010. 12. 30. 선고 2010나613 판결.
382) 대법원 1992. 7. 28. 선고 92다14007 판결.
383) 근로기준법 주해 Ⅰ(제2판), 359면.

하여 근로하게 하는 것을 '시간외근로'라고 하는데, 시간외근로는 한편으로는 사업 운영상 불가피하다는 측면이 있지만 다른 한편으로는 선원의 건강과 생활에 위험과 불안정을 증가시킨다는 부정적 측면도 있으므로, 무한정 허용해서는 안 되고 일정한 규제를 가할 필요가 있다.[384] 선원법 60조는 시간외근로를 일정한 요건 하에서만 허용하고 상한을 두어 그 시간을 초과하는 시간외근로를 금지하고 있다.

2. 당사자 합의에 의한 시간외근로

가. 의 의

선박소유자와 선원 간의 합의에 의하여 1주간 16시간을 한도로 근로시간을 연장(이하 '시간외근로')할 수 있다(법 60조 1항 단서). 선원의 시간외근로에 대한 합의권을 박탈하거나 제한하지 않는 범위에서 단체협약에 의한 합의로 연장이 가능하다.[385] 시간외근로에 관한 합의는 시간외근로를 할 때마다 할 필요는 없고 선원근로계약 등으로 미리 약정하는 것도 가능하고, 시간외근로계약에서 특별히 기간을 정하지 아니한 경우에는 기간의 약정이 없는 계약으로서 선원이 위 선원근로계약을 해지하지 아니한 이상 시간외근로에 관한 합의의 효력은 그대로 유효하다.[386]

나. 시간외근로의 한도

당사자간 합의가 있는 경우에도 시간외근로는 1주간에 16시간을 초과할 수 없다. 1일 시간외근로의 상한을 정하지 않고 있지만, 임의의 24시간에 10시간 이상의 휴식시간을 주어야 하므로(법 60조 3항), 시간외근로시간은 6시간(= 24 - 8 - 10)을 초과할 수는 없다. 선원법 60조 1항 단서는 본문의 기준근로시간을 연장하는 한도만을 정한 것이므로, 당초 기준근로시간에 미달하는 시간으로 소정근로시간을 정한 경우에는 연장하는 근로시간이 주 16시간을 초과할 수도 있다.[387]

---

384) 근로기준법 주해 Ⅲ(제2판), 201면.

385) 당사자 간 합의라 함은 원칙적으로 사용자와 근로자의 개별적 합의를 의미하고, 개별근로자의 연장근로에 관한 합의권을 박탈하거나 제한하지 아니하는 범위에서는 단체협약에 의한 합의도 가능하다. 대법원 1993. 12. 21. 선고 93누5796 판결.

386) 대법원 1995. 2. 10. 선고 94다19228 판결.

387) 근로기준법 주해 Ⅲ(제2판), 209면.

3. 선박소유자의 명령에 의한 시간외근로

가. 의 의

선박소유자는 1항에도 불구하고 항해당직근무를 하는 선원에게 1주간에 16시간의 범위에서, 그 밖의 선원에게는 1주간에 4시간의 범위에서 시간외근로를 명할 수 있다(법 60조 2항). 선원의 동의를 요하지 않는 시간외근로의 허용한 것에 관하여, 일상적인 시간외근로는 정원의 부족문제로서, 이는 "항구적인 시간외근로를 가능한 한 피하도록 하여야 한다."는 ILO 109호 협약[Wages, Hours of Work and Manning (Sea) Convention (Revised), 1958 (No. 109)] 19조 1항과 배치되며, 정원의 증가 없이 노동력을 확보하려는 선박소유자의 이익에 편중된 입법이라는 비판이 제기된다.[388)]

나. 내 용

'1항에도 불구하고'를 '선박소유자와 선원 간의 합의가 있어야 함에도 불구하고'로 해석하여 선원의 동의를 요하지 아니하고 선박소유자는 시간외근로를 명할 수 있다고 보는 견해가 있다.[389)]

그러나 '1항의 규정'은 선원의 기준근로시간인 1주간 40시간과 당사자의 합의에 의한 1주간에 16시간 한도의 시간외근로를 의미하므로, (i) 선박소유자는 1주간에 56시간(= 40시간 + 16시간) 이외에 별도로 항해당직을 위하여 1주간에 16시간의 시간외근로를 명하거나(이 경우 근로시간은 1주간에 72시간이 된다), 다른 업무를 위하여 1주간에 4시간의 시간외근로를 명할 수 있고(이 경우 근로시간은 1주간에 60시간이 된다). (ii) 당사자 사이에 시간외근로에 관한 합의가 성립하지 않더라도 선박소유자는 항해당직을 위하여 16시간의 시간외근로를 명하거나(이 경우 근로시간은 1주간에 56시간이 된다), 다른 업무를 위하여 1주간에 4시간의 시간외근로를 명할 수 있다(이 경우 근로시간은 1주간에 44시간이 된다)고 보아야 한다.[390)]

---

388) 유명윤, "선원의 근로시간과 휴일", 119면; 최정호, "선원법상 근로시간 규정의 문제점과 개선방안", 원광법학 37권 3호(2012), 190면.

389) 유명윤, "선원의 근로시간과 휴일", 118-119면.

390) 同旨 김동인, 468면.

Ⅳ. 휴식시간

1. 의 의

장시간 근로로부터 근로자의 건강을 보호함과 동시에 근로자의 시민으로서의 생활에 필요한 자유시간을 확보하기 위한 제도로, 근기법상 휴식이 있다. 근기법상 휴식이 휴게·휴일·유급휴가를 모두 포함하는 개념임에 비하여(근기법 제4장 참조), 선원법은 휴식, 휴일, 유급휴가를 구분하여 사용하고 있다.

선원법상 '휴식시간'이란 근로시간 외의 시간(근로 중 잠시 쉬는 시간은 제외)을 말한다(법 2조 17호). 즉 "근로시간의 종료 후에 선박소유자의 지휘명령으로부터 완전히 해방되어 선원이 자유로이 이용할 수 있는 시간"을 의미한다. 이는 "근로시간 도중에 사용자의 지휘명령으로부터 완전히 해방되어 근로자가 자유로이 이용할 수 있는 시간"[391]을 의미하는 '휴게'와 구분된다. 또한 현실적으로 작업은 하고 있지 않지만 조속한 시간 내에 근무에 임할 것이 예상되거나 선박소유자로부터 언제 근로의 요구가 있을지 불분명한 상태에서 기다리는 '대기시간'과 구별된다.[392] 휴식은 근로일의 계속된 근로로부터 선원의 건강을 보호하는 것과 자유로운 시간보장을 목적으로 한다.

2. 휴식시간의 부여

선박소유자는 선원법 60조 1항, 2항에도 불구하고 선원에게 임의의 24시간에 10시간 이상의 휴식시간과 임의의 1주간에 77시간 이상의 휴식시간을 주어야 한다. 이 경우 임의의 24시간에 대한 10시간 이상의 휴식시간은 한 차례만 분할할 수 있으며, 분할된 휴식시간 중 하나는 최소 6시간 이상 연속되어야 하고 연속적인 휴식시간 사이의 간격은 14시간을 초과하여서는 아니 된다(법 60조 3항).

근로시간의 도중에 부여되는 휴게와는 달리, 근로시간 종료 후 부여되는 휴식

391) 대법원 1992. 4. 14. 선고 91다20548 판결; 대법원 2006. 11. 23. 선고 2006다41990 판결.

392) 일반적인 숙·일직 근무가 주로 정기적 순찰, 전화와 문서의 수수, 기타 비상사태 발생 등에 대비한 시설 내 대기 등 업무를 내용으로 하고 있는 것과 달리, 숙·일직 시 행한 업무의 내용이 본래의 업무가 연장된 경우이거나 그 내용과 질이 통상의 근로와 마찬가지로 평가되는 경우라면, 그러한 초과근무에 대하여는 야간·연장·휴일근로수당 등을 지급하여야 한다. 대법원 2019. 10. 17. 선고 2015다213568 판결.

은 연속적인 사용이 가능해야 노동력회복이라는 취지를 달성할 수 있으므로, 선원법은 위와 같이 '최소 6시간 이상 연속 휴식시간 부여의 원칙'과 '근로시간 14시간 초과금지의 원칙'을 규정하여 휴식제도의 실효성을 확보하고 있다.[393]

휴식시간은 선원이 자유롭게 이용할 수 있다. 선원법에는 이에 관한 명문의 규정이 없으나, 근로시간 도중에 부여되는 휴게시간도 근로자가 자유롭게 사용할 수 있는 점에 비추어 보면(근기법 54조 2항), 근로시간 종료 후에 부여되는 휴식시간에도 선원의 자유이용이 보장되어야 함은 자명하다.

3. 휴게시간의 적용여부

휴게시간이란 근로시간 도중에 선박소유자의 지휘 · 감독으로부터 해방되어 선원이 자유로이 이용할 수 있는 시간을 말한다.[394] 선원법은 근기법과는 달리 휴게에 관하여 규정하고 있지 않고, 선원의 근로관계에 적용되는 근기법 규정에도 휴게에 관한 조항은 없다. 판례[395]와 실무관행[396]은 선원에게 휴게에 관한 규정이 적용됨을 긍정하고 있다. 그러나 선원법 5조 1항에서 선원근로관계에 적용하기로 열거한 규정 이외에는 선원에게 나머지 근기법 규정은 적용되지 아니하므로,[397] 휴게에 관하여 당사자가 합의하거나 노동관행으로 인정되는 경우를 제외하고는 휴게시간은 선원에게 인정되지 아니한다고 보는 것이 타당하다.[398] 한편 선박소유

393) 선장은 직접 지휘를 해야 하는 특별한 경우를 대비하여 항상 적절히 휴식을 취하고 있다. 그러나 이 규정을 엄격히 시행하면 선장은 1등항해사의 당직시간(04:00부터 08:00, 16:00부터 20:00)에만 휴식이 가능하다. 그러나 이러한 휴식체제는 임의의 24시간에 10시간 이상의 휴식시간을 주어야 하고, 휴식시간을 분할하더라도 그중 하나는 최소 6시간 이상 연속되어야 한다는 선원법 60조 3항의 규정과 어긋날 소지가 있다는 견해로는 박영선, "선원법 제9조(선장의 직접 지휘)의 문제점 및 입법 개선방안", 한국해법학회지 44권 1호(2022), 135면.

394) 대법원 2020. 8. 20. 선고 2019다14110 판결. 근로자가 작업시간 도중에 실제로 작업에 종사하지 않은 대기시간이나 휴식 · 수면시간이라 하더라도 근로자에게 자유로운 이용이 보장된 것이 아니라 실질적으로 사용자의 지휘 · 감독을 받고 있는 시간이라면 근로시간에 포함된다고 보아야 한다. 근로계약에서 정한 휴식시간이나 수면시간이 근로시간에 속하는지 휴게시간에 속하는지는 특정 업종이나 업무의 종류에 따라 일률적으로 판단할 것이 아니다. 이는 근로계약의 내용이나 해당 사업장에 적용되는 취업규칙과 단체협약의 규정, 근로자가 제공하는 업무의 내용과 해당 사업장에서의 구체적 업무 방식, 휴게 중인 근로자에 대한 사용자의 간섭이나 감독 여부, 자유롭게 이용할 수 있는 휴게 장소의 구비 여부, 그 밖에 근로자의 실질적 휴식을 방해하거나 사용자의 지휘 · 감독을 인정할 만한 사정이 있는지와 그 정도 등 여러 사정을 종합하여 개별 사안에 따라 구체적으로 판단하여야 한다.

395) 부산지법 동부지원 2007. 9. 5. 선고 2006가단21905 판결.

396) 유명윤, "선원의 근로시간과 휴일", 121면.

397) 제3판부터 저자는 종전과 달리 견해를 수정하였다.

398) 휴게시간에 관한 규정은 선원에게 적용되지 아니하므로, 휴게시간을 가질 권리를 선원에게 보장하기

자는 선원이 선박에서 업무를 수행할 때 선원으로 하여금 필요한 휴게를 취하게 하는 등 안전하게 근로를 제공할 수 있도록 환경을 조성하고, 작업 중 어지러움을 느끼며 쓰러진 선원에 대하여 신속한 조치를 취하는 등 안전배려의무를 부담한다.[399]

대법원은, "생산직 근로자가 약 2시간씩 제공하는 근로시간 중간중간에 부여받은 10분 또는 15분의 짧은 휴게시간은 피고 회사의 자동차 생산공장의 규모, 작업 특성, 한꺼번에 휴게시간을 부여받는 생산직 근로자의 인원수 등을 고려할 때, 이를 자유롭게 이용하는 데 근본적으로 한계가 있을 수밖에 없다. 위와 같은 휴게시간은 생산직 근로자가 기본적인 생리현상을 해결하는 데 필요한 최소한의 시간이거나, 피고의 사업장 내 안전보건 및 효율적 생산을 위하여 작업 중단 및 생산장비의 운행 중지와 정비 등에 필요한 시간으로도 볼 수 있다. 생산 업무에 종사하는 근로자에 대해서는 일반직 · 영업직 · 기술직 근로자와 달리 근로시간 중간에 작업 중단 시간을 구체적으로 설정한 것이고, 이는 다음 근로를 위한 대기시간 또는 준비시간으로 보는 것이 타당하다."고 판시하였다.[400] 이러한 판례의 취지에 비추어 보면, 선원이 선상에서 근무 중 잠시 쉬는 시간은 휴게시간으로 보기는 어렵다고 생각한다.

Ⅴ. 단체협약에 의한 근로시간 규율의 특례

1. 의 의

해양수산관청은 입항 · 출항 빈도, 선원의 업무특성 등을 고려하여 불가피하다고 인정할 경우에는 당직선원이나 단기항해에 종사하는 선박에 승무하는 선원에 대하여 근로시간의 기준, 휴식시간의 분할과 부여간격에 관한 기준을 달리 정하는 단체협약을 승인할 수 있다(법 60조 4항 1문). 선박소유자와 선원이 선원근로계약으로 근로시간과 휴식시간을 규정하게 하면 선원에게 불리한 내용으로 그 내용이

위해서는 선원법 개정이 필요하다는 견해로는 유명윤, "선원의 근로시간과 휴일", 121면.

399) 부산지법 2020. 1. 14. 선고 2017가단302482 판결. 위 판결문에서는 '휴식'이라는 용어를 사용하였으나, 근로 도중 부여하는 것이므로 '휴게'라는 용어가 타당하다.

400) 대법원 2020. 8. 20. 선고 2019다14110 판결; 同旨 서울고법 2021. 2. 5. 선고 2017나2072165 판결.

형성될 우려가 있으나, 노동조합이 선박소유자와 체결한 단체협약에는 그러한 문제점이 없으므로, 해양수산관청의 승인을 전제로 단체협약에 의하여 당직선원이나 단기항해에 종사하는 선박에 승무하는 선원에 대하여 근로시간·휴식시간에 관하여 선원법과 달리 정하도록 허용하고 있다.

2. 요 건

가. 대 상

입항·출항 빈도, 선원의 업무특성 등을 고려하여 불가피하다고 인정할 경우에는 당직선원이나 단기항해에 종사하는 선박에 승무하는 선원에 대하여 근로시간의 기준, 휴식시간의 분할과 부여간격에 관한 기준을 대상으로 한다. 단기항해에 종사하는 선박에 관한 명문의 규정이 없으므로, 사회통념에 의하여 판단하여야 한다.

나. 휴식시간의 완화 기준

해양수산청장은 해당 단체협약이 해양수산부령으로 정하는 휴식시간의 완화에 관한 기준에 적합한 것에 한하여 승인하여야 한다(법 60조 4항 2문).

(1) 해양수산부령으로 정하는 휴식시간의 완화에 관한 기준

'해양수산부령으로 정하는 휴식시간의 완화에 관한 기준'이란, (i) 선원에게 임의의 1주간에 70시간 이상의 휴식시간을 줄 것, (ii) 휴식시간의 완화는 계속하여 2주를 초과하지 아니할 것(다만 휴식시간의 완화가 적용되는 기간의 2배에 해당하는 기간이 경과한 후에는 계속하여 휴식시간의 완화를 적용할 수 있다), (iii) 선원에게 임의의 24시간에 10시간 이상의 휴식시간을 줄 것, (iv) (iii)에 따른 휴식시간을 주되, ⓐ 휴식시간의 분할은 두 차례를 초과하지 아니할 것, ⓑ 휴식시간을 두 차례로 분할하는 경우 휴식시간 중 1회는 연속하여 최소한 6시간 이상, 다른 휴식시간은 1시간 이상이어야 하고, 연속되는 휴식시간 사이의 간격은 14시간을 초과하지 아니할 것, (v) (iii)·(iv)에 따른 휴식시간의 완화를 적용하는 기간은 임의의 1주간에 48시간을 초과하지 아니할 것 등을 모두 충족하는 것을 말한다(시행규칙 39조의5 1항).

(2) 휴식시간의 분할에 관한 기준을 적용하기 곤란한 항로를 운항하는 선박

(가) 의 의

'시행규칙 39조의 5 1항 4호에 따른 휴식시간의 분할에 관한 기준을 적용하기 곤란한 항로'는 (i) 대한민국, 중화인민공화국(중화인민공화국 홍콩특별행정구는 제외), 일본국 및 러시아연방공화국(극동지역에 한정함)의 항구 사이의 항로, (ii) 그 밖에 선박소유자단체 및 선원단체의 대표자의 의견을 들어 해양수산부장관이 정하여 고시하는 항로를 말한다(시행규칙 39조의5 3항).

(나) 휴식시간의 완화기준

시행규칙 39조의 5 1항 4호에 따른 휴식시간의 분할에 관한 기준을 적용하기 곤란한 항로를 운항하는 선박에 승무한 선원에 대한 휴식시간의 완화는, (i) 선원에게 1항 (i)·(iii)·(v)의 기준에 적합한 휴식시간을 줄 것, (ii) 1항 (ii)의 단서에도 불구하고 휴식시간의 완화가 적용되는 기간의 2배에 해당하는 기간이 경과하지 하지 아니하여도 휴식시간의 완화를 적용할 수 있으나, 휴식시간의 완화의 적용기간은 계속하여 48시간을 초과하지 아니할 것, (iii) 1항 (iv)에도 불구하고 휴식시간을 최대 3차례까지 분할할 수 있으나, ⓐ 휴식시간을 3차례로 분할할 경우 휴식시간 중 1회는 연속하여 4시간 이상, 다른 휴식시간은 각각 1시간 이상일 것, ⓑ 연속되는 휴식시간의 간격은 14시간을 초과하지 아니할 것, (iv) 선원법 69조 1항에 따른 유급휴가 간격보다 더 짧은 간격으로 유급휴가를 주거나 선원법 70조에 따른 유급휴가의 일수에 1일 이상을 더한 날 수 만큼의 유급휴가를 줄 것(이 경우 유급휴가에 관한 사항은 단체협약으로 정하여야 한다) 등의 기준을 모두 충족하여야 한다(시행규칙 39조의5 2항).

다. 유급휴가

단체협약에는 선원법 69조 1항에 따른 유급휴가의 부여간격보다 더 빈번하거나, 선원법 70조 1항에 따른 유급휴가일수보다 더 긴 기간의 유급휴가를 부여하는 내용이 포함되어야 한다(법 60조 5항).

라. 해양수산관청의 승인

해양수산관청은 입항·출항 빈도, 선원의 업무특성 등을 고려하여 불가피하다고 인정할 경우에는 근로시간의 기준, 휴식시간의 분할과 부여간격에 관한 기준이 합리적이라고 인정되는 경우에 단체협약을 승인할 수 있다. 이 경우 실질적인 심사를 거쳐야 하므로, 승인의 법적 성질은 강학상 '확인'에 해당한다. 선박소유자는 해양수산관청의 승인을 받은 단체협약에 따라 근로시간·휴식시간을 규율하여야 하고, 승인을 받지 아니한 단체협약에 의한 경우에는 선원법의 강행규정에 위반한 것으로서 무효이다.

Ⅵ. 부득이한 사유에 의한 시간외근로

1. 의 의

선박소유자는 인명, 선박 또는 화물의 안전을 도모하거나, 해양 오염 또는 해상보안을 확보하거나, 인명이나 다른 선박을 구조하기 위하여 긴급한 경우 등 부득이한 사유가 있을 때에는 선원법 60조 1항, 2항에 따른 근로시간을 초과하여 선원에게 시간외근로를 명하거나 3항에 따른 휴식시간에도 불구하고 필요한 작업을 하게 할 수 있다(법 60조 6항). 인명·선박·화물의 안전 도모, 해양 오염 또는 해상보안의 확보, 인명·다른 선박의 구조는 부득이한 사유의 예시에 해당하므로, 부득이한 사유유무에 대한 판단은 1차적으로 선장이 하여야 하나 객관적 타당성이 있어야 한다.[401] 위와 같은 경우는 선박이 조우하는 비상상황에 해당하므로, 예외적으로 근로시간과 휴식시간의 제한을 해제함으로써 해양인의 기본적인 의무를 다하도록 한 것이다.

---

401) 선장이 시간외근로를 명할 임시의 필요성이 있는지에 관하여는, 과중한 근로를 강요받아서는 안 되는 근로자의 기본적 권리에 비추어 볼 때 선박 운행의 안전유지상 필요하다고 인정되는 것으로 한정하여 해석함이 상당하다. 본건에서 시한부 파업은 하선예정자가 하선하고 승선예정자가 승선하지 아니할 것을 목적으로 하는 것임을 인정할 수 있는바, 인계정박당직자가 승선하지 아니하면 정박당직자가 전혀 없는 사태를 확실히 예정할 수 있으므로, 기관부 정박당직 직무의 선박보안상 중요성에 비추어 볼 때 선박의 안전을 확보하여야 할 최고책임자인 선장으로서는 위 정박당직자의 흠결에 수반하는 위험을 회피할 수단을 다하는 것은 그 직책상 당연한 조치이다. 札幌高裁 函館支部 1969. 1. 17. 判決, 勞民集 20권 1호 1면. 이에 대한 평석은 谷川久, "船員の時間外勞働", 運輸判例百選, 別冊 ジュリスト 34호(1971. 11), 94-95면.

2. 내 용

선박소유자는 선원에게 법정근로시간을 초과하여 선원에게 시간외근로를 명하거나 법정휴식시간에도 불구하고 필요한 작업을 하게 할 수 있다. 법문상 선박소유자가 명령권자로 되어 있으나, 통상의 경우 필요한 작업명령은 선장이 한다. 특히 선박에 급박한 위험이 있을 때 선원은 인명·선박·화물을 구조하는데 필요한 조치를 다하여야 하고(법 11조), 이는 공법상 의무이므로 근로시간이나 휴식시간의 제한이 적용되지 않아야 그 의미가 있다.

3. 보상휴식

선박소유자는 6항에 따라 휴식시간에도 불구하고 필요한 작업을 한 선원 또는 휴식시간 중에 작업에 호출되어 정상적인 휴식을 취하지 못한 선원에게 작업시간에 상응한 보상휴식을 주어야 한다(법 60조 7항).

Ⅶ. 시간외근로수당

1. 의 의

선박소유자는 선원법 60조 1항·2항·6항에 따라 시간외근로를 한 선원에게 시간외근로에 대하여 통상임금의 100분의 150에 상당하는 금액 이상을 시간외근로수당으로 지급하여야 한다(법 62조 1항 1호). 가산임금제도의 1차 목적은 선박소유자에게 가중된 금전적 부담을 가함으로써 사전적으로 위와 같은 근로를 억제하여 선원 보호를 위한 근로시간 제한제도가 준수되도록 하려는 데 있고,[402] 2차 목적은 선박소유자가 위와 같은 근로를 시킨 경우 이는 선원에게 더 큰 피로와 긴장을 주고 그의 생활상 자유시간을 제한하므로 이에 상응하는 경제적 보상을 해 주려는 데 있다.[403]

선원법은 1일과 1주를 단위로 하여 근로시간의 기본상한선을 정하고, 당사자

---

402) 김유성 Ⅰ, 170면.
403) 대법원 1990. 12. 26. 선고 90다카12493 판결.

사이의 합의 또는 선박소유자의 명령에 따라 그 상한선을 넘어서는 시간외근로를 인정하되, 시간외근로의 한도를 정함과 아울러 그 시간외근로에 대하여 가산임금을 지급하도록 하고 있다. 가산임금을 주어야 할 시간외근로는 적법한 것인지 위법한 것인지 불문한다.[404] 시간외근로수당 지급에 관한 규정은 강행규정이므로 노사 간의 합의에 의해 가산임금을 지급하지 않기로 하였다고 하더라도 그 합의는 무효이다(법 26조).

2. 법내 초과근로

시간외근로는 '법내 초과근로'와 구별된다. 법내 초과근로는 선원근로계약 · 취업규칙 · 단체협약 등에 따라 선원법이 정한 근로시간보다 적은 시간을 1일 · 1주의 근로시간으로 정하였을 때, 그 정해진 근로시간을 초과하면서 선원법이 정한 근로시간보다 적은 근로시간을 근로한 경우를 말한다. 법내 초과근로는 선원법 62조의 시간외근로에 해당하지 않고, 이에 대해서는 가산임금을 지급할 필요가 없다.[405] 하지만 법내 초과근로에 대하여 시간외근로수당을 지급하기로 하는 선원근로계약 · 취업규칙 · 단체협약이 유효함은 계약자유의 원칙으로 보나, 선원법이 정한 근로기준은 최저 기준에 불과하다는 원리로 보나 당연하다. 이러한 선원근로계약 · 취업규칙 · 단체협약이 있으면, 선박소유자는 시간외근로수당을 지급할 의무를 진다.[406]

3. 시간외근로수당의 산정

시간외근로수당은 시간급 통상임금을 기초로 거기에 시간외근로시간 수와 법정 가산율을 곱하는 방법에 의하여 산정한다. 따라서 가산임금을 산정하기 위해서는 시간외근로의 시간수와 시간급 통상임금을 각각 확정하여야 한다. 시간외근로에 대하여 통상임금의 150% 이상을 지급하도록 한 선원법 규정은 시간외근로에 대한 임금 산정의 최저기준을 정한 것이므로, 시간외근로에 대한 가산임금 산정방식에 관하여 노사 간에 합의한 경우 노사합의에 따라 계산한 금액이 선원법에서

404) 근로기준법 주해 Ⅲ(제2판), 254면.
405) 대법원 1991. 6. 28. 선고 90다카14758 판결; 대법원 1995. 6. 29. 선고 94다18553 판결.
406) 대법원 2005. 9. 9. 선고 2003두896 판결.

정한 기준에 미치지 못할 때에는 그 부분만큼 노사합의는 무효이고, 무효로 된 부분은 선원법이 정하는 기준에 따라야 한다.[407]

가. 시간외근로시간 수

시간외근로의 시간 수는 선원이 현실적으로 근로를 제공한 실제 근로시간을 기준으로 산정한다. 가산임금제도의 사후적 · 보상적 측면, 즉 선원에게 가중된 부담을 과하는 근로가 실제로 행해졌다면 이에 상응하는 금전적 보상을 행한다는 측면에서 볼 때, 시간외근로가 선원법이 정한 요건을 갖추지 못한 경우나 시간외근로시간 수가 선원법이 정한 최장시간의 제한을 초과하였다 하여도, 그러한 위법행위에 대한 벌칙이 적용되는 것과 별도로 가산임금 제도의 규제는 당연히 받는다. 또한 시간외근로에 대한 선원의 동의가 있었다 하더라도 이는 선원에 대해 시간외시간 근로의 의무를 설정하는 효과와 근로시간 규제 원칙 위반에 대한 면책을 부여하는 효과만 있을 뿐이고, 가산임금제도의 적용을 배제하는 효과는 없다.[408]

나. 시간급 통상임금

시간급 통상임금의 산정방법에 관하여는 시행령 3조의2에서 자세히 규정하고 있다.

다. 가산율

가산임금은 통상임금의 50%이다. 선원법은 '통상임금의 100분의 150에 상당하는 금액 이상'을 지급하여야 한다고 규정하고 있으므로, 위 가산율은 최저기준에 해당한다.

4. 포괄임금제

가. 근기법상 포괄임금제

포괄임금제는 사용자와 근로자가 임금산정방법을 정하면서 일정 항목의 임금

407) 대법원 2020. 11. 26. 선고 2017다239984 판결.
408) 강성태, "연장시간근로 등에서 근로시간의 산정", 노동법연구 4호(1994. 12), 243면.

을 따로 산정하지 않은 채 다른 항목의 급여에 포함시켜 일괄하여 지급하기로 하는 임금지급방법을 말한다. 판례는 (i) 기본임금을 미리 산정하지 않은 채 시간외 근로 등에 대한 제 수당을 합한 금액을 월급여액이나 일당 임금으로 정하거나, (ii) 매월 일정액을 제 수당으로 지급하기로 하는 임금지급계약이 포괄임금제라고 하면서, 근로시간 · 근로형태 · 업무의 성질 등을 참작하여 계산의 편의와 근로자의 근무의욕을 고취하는 뜻에서 근로자의 승낙을 받고, 그것이 단체협약이나 취업규칙에 비추어 근로자에게 불이익이 없으며 여러 사정에 비추어 정당하다고 인정되면, 포괄임금제의 임금 약정은 유효하다고 하여,[409] 일정한 조건 아래 유효성을 인정하고 있다.[410]

나. 선원법상 포괄임금제

선박소유자는 단체협약, 취업규칙, 선원근로계약에서 정하는 바에 따라 선종(船種), 선박의 크기, 항해 구역에 따른 근로의 정도 · 실적 등을 고려하여 일정액을 시간외근로수당으로 지급하는 제도를 마련할 수 있다(법 62조 2항).[411] 선원법은 일정액을 시간외근로수당으로 지급하는 제도에 관하여만 규정하여, 판례법상 포괄임금제 중 두 번째 유형만을 그 대상으로 하고 있다. 그러나 판례법상 첫 번째 유형의 포괄임금제도 판례가 언급하는 적법요건을 갖춘다면, 그 유효성을 부정할 것은 아니다.

선종(船種), 선박의 크기, 항해 구역에 따른 근로의 정도 · 실적 등을 고려하여 시간외근로수당(휴일근로수당 포함)을 산정하여야 한다. 실근로시간을 산정하기 어

---

409) 대법원 1997. 4. 25. 선고 95다4056 판결; 대법원 1999. 6. 11. 선고 98다26385 판결.

410) 포괄임금제에 관한 약정이 성립하였는지는 근로시간, 근로형태와 업무의 성질, 임금 산정의 단위, 단체협약과 취업규칙의 내용, 동종 사업장의 실태 등 여러 사정을 전체적 · 종합적으로 고려하여 구체적으로 판단하여야 한다. 비록 개별 사안에서 근로형태나 업무의 성격상 연장 · 야간 · 휴일근로가 당연히 예상된다고 하더라도 기본급과는 별도로 연장 · 야간 · 휴일근로수당 등을 세부항목으로 나누어 지급하도록 단체협약이나 취업규칙, 급여규정 등에 정하고 있는 경우에는 포괄임금제에 해당하지 아니한다. 그리고 단체협약 등에 일정 근로시간을 초과한 연장근로시간에 대한 합의가 있다거나 기본급에 수당을 포함한 금액을 기준으로 임금인상률을 정하였다는 사정 등을 들어 바로 위와 같은 포괄임금제에 관한 합의가 있다고 섣불리 단정할 수는 없다. 대법원 2020. 2. 6. 선고 2015다233579 판결.

411) 취업규칙에 선원이 시간외 근무를 하였을 경우 선박소유자와 선원간의 합의에 따라 일정 금액을 시간외수당으로 정할 수 있도록 규정되어 있는 사실, 그에 따라 선박소유자는 선원과의 선원근로계약에서 매월 일정 금액을 시간외수당으로 책정하여 이를 지급하여 온 사실이 인정되는바, 위와 같은 선원법의 규정, 취업규칙 및 선원근로계약의 내용 등에 비추어 보면, 선박소유자가 추가로 시간외근로수당을 지급할 의무가 있다고 보기는 어렵다. 창원지법 통영지원 2020. 12. 9. 선고 2020가소1472 판결.

려운 근무형태 등 여러 가지 사정상, 선박소유자와 선원이 쌍방이 계산의 편의 등을 위하여 특정한 근로의 목표·양에 대한 합의를 전제로 그러한 특정한 근로에 관하여 정액제의 시간외근로수당제에 합의하였다면, 선원법의 취지에 위반하였다고 단정하기는 어렵다. 문제는 과연 선원이 선박소유자와 얼마나 대등한 위치에서 자유로운 의사에 따라 정액급 방식의 시간외근로수당제에 관한 계약을 체결할 수 있느냐는 점이다. 이러한 점을 생각해 볼 때 정액급 방식의 시간외근로수당제에 관하여도 전면적으로 그 유효성을 부정하기는 어렵지만, 그 요건을 객관화하고 엄격하게 제한하여 유효성을 인정하는 것이 타당하다. 정액급 방식의 시간외근로수당제는 단체협약, 취업규칙, 선원근로계약에 의하여야 하고, 선박소유자가 일방적으로 포괄임금제를 선원에게 강요할 수는 없다.

5. 보상휴식을 부여한 경우

선박소유자는 6항에 따라 휴식시간에도 불구하고 필요한 작업을 한 선원 또는 휴식시간 중에 작업에 호출되어 정상적인 휴식을 취하지 못한 선원에게 작업시간에 상응한 보상휴식을 주어야 하는데(법 60조 7항), 이와 같이 보상휴식을 받은 선원에게는 시간외근로수당을 지급할 필요가 없다(법 62조 1항 1호 괄호).

6. 야간근로수당의 인정여부

야간근로란 '오후 10시부터 오전 6시까지 사이에 행하는 근로'를 말하는데, 야간근로에 대하여는 야간근로한 시간에 시간급 통상임금의 50%를 가산하여 지급하여야 한다(근기법 56조). 선원법 5조 1항에서 선원근로관계에 적용되는 근기법 조항에는 야간근로수당에 관한 조항이 포함되어 있지 않지만, 선원근로관계에도 야간근로수당이 적용되는지 여부가 문제된다.

선원의 근로는 야간에도 행할 것이 예정되어 있고 주간보다 야간근로가 더욱 과중한 점 등을 근거로 야간근로에 대하여도 가산임금이 발생한다는 견해(긍정설),[412] 선원법에 야간근로수당에 관한 명문의 규정이 없으므로 선원근로관계에는

412) 야간근로수당은 선장이 각 선박별로 몇 명의 선원이 야간근로를 하였다고 계산하여 일괄 청구한 경우에만 선박소유자가 청구금액을 선박별로 지급하였고, 실제로 야간근로나 장거리근로를 한 개별 선원들은 선장으로부터 자기 몫의 수당을 지급받은 경우, 야간근로수당이 임금이 아니라고 할 수 없다고

야간근로수당은 적용되지 않는다는 견해(부정설)[413] 등이 대립되고 있다. 선원법 5조 1항의 열거조항을 한정적으로 해석하는 이상 부정설이 타당하다고 본다. 다만 부정설에 의하더라도 단체협약 · 취업규칙 · 선원근로계약에 야간근로수당에 관한 규정이 있는 경우에는 선박소유자는 야간근로수당을 지급하여야 한다.

7. 유급휴가의 추가

선박소유자는 선원법 62조 1항에도 불구하고 60조 1항 · 2항 · 6항에 따른 시간외근로 중 1주간에 4시간의 시간외근로에 대하여는 시간외근로수당을 지급하는 것을 갈음하여 70조에 따른 유급휴가 일수에 1개월의 승무기간마다 1일을 추가하여 유급휴가를 주어야 한다(법 62조 5항).

8. 형사책임

① 선박소유자가 선원법 62조 1항, 2항에 위반하여 시간외근로수당을 지급하지 아니하면 3년 이하의 징역 또는 3천만 원 이하의 벌금에 처한다(법 168조 1항 3호). 다만 피해자의 명시적인 의사와 다르게 공소를 제기할 수 없다(법 168조 2항).

② 선박소유자가 62조 5항을 위반하여 유급휴가를 추가하여 주지 아니하였을 때에는 2년 이하의 징역 또는 2천만 원 이하의 벌금에 처한다(법 170조 1항 4호).

Ⅷ. 근로시간 등에 관한 서류

1. 서류의 비치와 기재

선박소유자는 해양수산부령으로 정하는 바에 따라 선원의 1일 근로시간, 휴식시간 및 시간외근로를 기록할 서류를 선박에 갖추어 두고 선장에게 근로시간, 휴식시간, 시간외근로 및 그 수당의 지급에 관한 사항을 적도록 하여야 한다(법 62조 3항). 선박소유자에게 근로시간 · 휴식시간 · 시간외근로 및 시간외근로수당의

판시한 사례로는 서울고법 2011. 1. 28. 선고 2010나31411 판결.

413) 인천지법 2010. 12. 30. 선고 2010나613 판결.

지급에 관한 사항을 명백히 기재할 의무를 부과함으로써, 근로시간 · 휴식시간 · 시간외근로에 관한 선원법 규정을 준수하였는지 여부, 시간외근로수당이 제 때 지급되었는지 여부 등을 감독하고, 선원의 권리보호의 실효성을 확보하기 위한 것이다. 선박소유자가 위 의무를 위반한 경우에는 200만 원 이하의 과태료를 부과한다(법 179조 3항 7호).

2. 서류 사본의 요청

선원은 선박소유자 또는 선장에게 본인의 기록이 적혀 있는 3항에 따른 서류의 사본을 요청할 수 있다(법 62조 4항). 선원이 근로시간 · 휴식시간 · 시간외근로 및 시간외근로수당의 지급에 관한 사항을 확인하여, 필요한 경우에는 해양수산관청에 신고하거나 법원에 소를 제기하는 등의 조치를 취할 수 있게 하기 위한 것이다.

Ⅸ. 휴 일

1. 1주간에 1일 이상의 휴일

가. 의 의

근기법 55조는 1주일에 평균 1회 이상의 유급휴일을 주도록 규정하고 있으나, 선원법 60조 8항은 "선박소유자는 선박이 정박 중일 때에는 선원에게 1주간에 1일 이상의 휴일을 주어야 한다."고 규정하고 있다. 이의 해석에 관하여는 (i) 근기법상 '1주일에 평균 1회 이상의 유급휴일' 규정이 선원에게 적용되는지 여부, (ii) 근기법상 유급주휴일과 정박 중 휴일과의 관계, (iii) 정박 중 휴일이 유급인지 여부가 문제된다.

나. 근기법의 유급휴일 규정의 적용여부

(1) 긍정설

선원의 근로관계에도 근기법은 보충적인 법원이 되므로 근기법상 '1주일에 평균 1회 이상의 유급휴일 부여' 규정도 선원에게 적용된다고 보는 견해이다.[414] 선

---

414) 제2판까지 필자의 견해였다.

원법의 개정연혁에 비추어 보면 1984년 개정 당시 유급휴일에 관한 규정이 누락되었지만 주 1일 유급의 임금액이 감액되는 임금체계의 변경이 없었고, 그 이후의 개정에서도 주 1일의 유급휴일이 계속 존치된 것으로 해석하는 견해도 있다.[415] 실무관행에서도 유급주휴일이 일반적으로 시행되고 있다.[416]

(2) 부정설

선원법 5조가 근기법상 유급휴일(주휴일)에 관한 규정(55조)을 선원에게 준용하지 아니하고 있는 점, 항행 중인 선원이 선박에서 벗어나서 휴식을 취하는 것은 사실상 불가능하기 때문에 선원법은 이러한 해양노동의 특수성을 고려하여 정박 중인 경우에만 1주일간에 1일 이상의 휴일을 보장하고 있는바 선원법이 근기법 55조를 준용하지 않는 것도 해양노동의 특수성을 고려하여 그 적용을 배제한 것인 점 등에 비추어 보면, 선원에게는 유급휴일이 인정되지 아니한다고 보아야 한다.[417]

다. 정박 중 휴일

선원법은 선원이 정박기간을 이용하여 휴식 내지 가족과의 만남 등을 도모할 수 있도록 하기 위하여, 정박 중 1주일에 적어도 하루는 근로의무에서 해방시킨 것이므로 선원법상 정박 중 휴일은 특별휴일의 성격을 지니고 있다.[418] 한편 긍정설에 의하면 유급주휴일과 정박 중 휴일은 양립할 수 있는바, 정박기간이 1주일이면 선원은 1일의 유급주휴일과 1일의 정박 중 휴일을 가지고, 정박기간이 1주일 미만인 경우에는 선박소유자는 정박 중 휴일을 부여할 의무가 없으나, 유급주휴일은 항해기간을 포함하여 1주일에 평균 1회 이상 부여하여야 한다.

---

415) 전영우, "선원법상 시간외근로수당 산정을 위한 월의 소정근로시간에 관한 연구", 한국해법학회지 36권 2호(2014. 11), 375면; 전정근 · 박성호, "선원 근로시간 산정기준의 개선을 위한 입법론적 연구", 해사법연구 37권 1호(2025. 3), 155면.

416) 유명윤, "선원의 근로시간과 휴일", 122면; 휴일로 정한 날인지는 단체협약이나 취업규칙 등에 있는 휴일 관련 규정의 문언과 그러한 규정을 두게 된 경위, 해당 사업장과 동종 업계의 근로시간에 관한 규율 체계와 관행, 근로제공이 이루어진 경우 실제로 지급된 임금의 명목과 지급금액, 지급액의 산정 방식 등을 종합적으로 고려하여 판단하여야 한다(대법원 2020. 1. 30. 선고 2016다236407 판결).

417) 대법원 2023. 9. 14. 선고 2023다241100 판결; 부산지법 2008. 9. 26. 선고 2008가단71687 판결; 인천지법 부천지원 2020. 1. 31. 선고 2018가합103302 판결[위 판결은 항소심 판결(서울고법 2020. 12. 3. 선고 (인천)2020나10877 판결, 항소기각), 상고심 판결(대법원 2021. 4. 29.자 2021다203678 판결로 심리불속행되어 상고기각됨)을 거쳐 확정되었다].

418) 유명윤, "선원의 근로시간과 휴일", 121면.

라. 유급인지 여부

선원법은 근기법상 유급휴일이라는 용어와는 별도로 휴일이라는 용어를 사용하고 있는 점, 선원법은 최저근로기준 설정규범성을 가지고 있으므로 정박 중 휴일은 무급으로 해석하여야 한다. 다만 당사자 사이에 유급으로 하기로 약정한 경우에는 유급휴일이 된다.[419)]

2. 휴일근로수당

가. 의 의

휴일근로수당이란 휴일에 근로한 것에 대하여 지급되는 수당을 말한다. 휴일근로에 대하여는 통상임금의 100분의 150에 상당하는 금액 이상을 지급하여야 한다(법 62조 1항 1호). 이는 선원이 근로할 의무가 있는 날에 근로를 한 경우보다는 더 큰 대가가 지급되어야 보상이 된다는 점을 고려한 것이다.

'휴일근로'라고만 규정하고 있으므로, 법정공휴일이나 단체협약 · 취업규칙 · 선원근로계약에 휴일로 정해져 있어 선원이 근로할 의무가 없는 것으로 선박소유자와 선원 모두가 인식하고 있는 날에 선박소유자의 필요에 따라 부득이 근로를 하게 된 경우 휴일근로수당을 지급하여야 한다.[420)] 하지만 휴가로 지정된 날에 한 근로나 교대제 근무에서 비번일의 근로는 가산임금의 지급 대상인 휴일근로가 아니다.[421)]

나. 대체휴일

휴일의 대체란 취업규칙 · 단체협약 등에 정해진 휴일에 근로를 시키는 대신 다른 날에 휴일을 부여하는 것을 말한다. 휴일의 사전대체가 적법하려면, 취업규칙 · 단체협약 등에서 특정휴일을 근로일로 하고 대신 통상의 근로일을 휴일로 교체할 수 있는 규정을 두거나 선원의 동의를 얻어야 하고, 미리 교체할 휴일을 특

419) 同旨 전영우, 376-377면.

420) 구 근로기준법(2018. 3. 20. 법률 제15513호로 개정되기 전의 것) 56조에 따라 휴일근로수당으로 통상임금의 100분의 50 이상을 가산하여 지급하여야 하는 휴일근로에는 구 법 55조에 정해진 주휴일 근로뿐만 아니라 단체협약이나 취업규칙 등에서 휴일로 정한 날의 근로도 포함된다. 대법원 2020. 1. 30. 선고 2016다236407 판결.

421) 김유성 Ⅰ, 171면.

정하여 고지하여야 한다. 적법하게 휴일을 대체하면 원래의 휴일은 통상의 근로일이 되고 그 날의 근로는 휴일근로가 아닌 통상근로가 되며 대체하기로 한 날이 휴일로 변경된다. 이와 같이 대체된 휴일(대체휴일)에 한 근로에 대하여는 휴일근로수당을 지급할 의무가 없다.[422)]

이와 달리 정해진 규정에 따라 휴일 대체를 하지 않고, 적법한 근거 없이 특정된 주휴일에 근로하게 한 후 그 휴일에 대신하는 휴일을 주는 경우 이에 따라 휴일에 근로한 것은 휴일근로이고, 대신 쉰 날은 휴일이 아니라 선박소유자가 선원으로 하여금 근로의무를 면제시킨 것에 불과하다. 통상 이를 '휴일의 대체'와 구분하여 '대휴(代休)'라고 한다. 대휴의 경우에는 휴일근로 가산수당을 지급하여야 한다.[423)]

다. 주 40시간 근로제에서 휴무일 근로

1일 8시간 근로, 주 40시간 근로제에서는, 1주일 중 소정근로일은 5일(통상 월요일부터 금요일까지)이다. 정박 중인 경우에는 1주간에 1일 이상의 휴일을 주어야 한다. 만약 일요일에 정박 중 휴일을 부여하였다면, 나머지 1일(통상 토요일)은 노사가 별도로 약정하지 않는 이상 추가로 인정되는 무급휴무일이다. 이 날(통상 토요일)은 근로시간 단축에 따라 자연적으로 근로하지 않게 된 날로서, 달리 말하면 근로면제일 · 비번일 · 휴무일이다. 이 날은 휴일근로수당이 지급되어야 할 휴일이 아니지만, 다른 날에 주 40시간 근로를 모두 채웠다면 이 날 근로한 것에 대하여는 1주 40시간을 초과한 근무에 해당하므로 시간외근로수당이 지급되어야 한다.[424)]

X. 실습선원의 실습시간 및 휴식시간 등

1. 실습시간과 휴식시간

실습선원의 실습시간은 1일 8시간, 1주간 40시간 이내로 한다. 다만, 항해당직

422) 대법원 2008. 11. 13. 선고 2007다590 판결.
423) 근로기준법 주해 Ⅲ(제2판), 263면.
424) 근로기준법 주해 Ⅲ(제2판), 263면.

훈련을 목적으로 하는 경우에는 1주간에 16시간 이내에서 연장할 수 있다(법 61조의2 1항). 선박소유자는 1항에 따른 실습시간을 제외한 모든 시간을 휴식시간으로 주어야 한다. 이 경우 임의의 24시간 중 한 차례의 휴식시간은 8시간 이상 연속되어야 한다(2항).

2. 휴 일

선박소유자는 실습선원에게 1주간에 최소 1일 이상의 휴일을 주어야 한다(법 61조의2 3항). 유급이라는 규정이 없으므로, 무급휴일로 해석하여야 한다. 다만 당사자 사이에 유급으로 하는 약정이 있는 경우에는 유급휴일이 된다.

3. 부득이한 사유가 있는 경우

선박소유자는 실습선원에게 인명, 선박 또는 화물의 안전을 도모하거나, 해양오염 또는 해상보안을 확보하거나, 인명 또는 다른 선박을 구조하기 위하여 긴급한 경우 등 부득이한 사유가 있을 때에는 1항에 따른 실습시간을 초과하는 훈련 또는 작업을 명하거나 2항에도 불구하고 필요한 훈련 또는 작업을 하게 할 수 있다(법 61조의2 4항).

4. 선원실습 운영 지도 및 점검 등

해양수산부장관은 법 61조의2에 따른 실습시간 및 휴식시간 준수 등과 선박직원법 21조의2에 따른 현장승선실습 계약의 체결 등 선원실습 운영에 대하여 선박소유자에게 필요한 경우 보고 또는 자료의 제출을 하게 하거나 관계 공무원으로 하여금 현장조사를 실시하게 하는 등의 지도·점검을 할 수 있다(법 129조의2 1항). 해양수산부장관은 1항에 따른 현장조사를 하는 경우에는 현장조사를 받는 자에게 미리 조사 일시, 조사 내용 등 필요한 사항을 알려야 한다. 다만, 긴급하거나 미리 알릴 경우 그 목적을 달성할 수 없다고 인정되는 경우에는 그러하지 아니하다(2항). 1항 및 2항에 따라 현장조사를 하는 사람은 그 권한을 표시하는 증표를 지니고 이를 관계인에게 내보여야 한다(3항).

제3절 승무정원

Ⅰ. 의 의

1. 승무정원제도

선박공동체는 갑판부·기관부 등에 속한 선원들이 각자의 역할을 수행함으로써 유지되는 유기적 결합체이고, 현대의 선박은 고도의 기술집약체로서 그 운항을 위해서는 전문적인 지식과 기술이 필요하다. 일정한 자격을 갖춘 선원의 승무정원을 선원법에서 규정하는 취지는 선박운항의 안전을 확보하고, 근로시간의 제한을 준수하여 과도한 근로로부터 선원을 보호하며, 인적 감항능력을 구비할 수 있게 하여 선박운항의 본래 목적을 달성하기 위한 것이다.

2. 적용범위

예선이 아닌 선박으로서, (i) 범선으로서 항해선이 아닌 것, (ii) 어획물 운반선을 제외한 어선, (iii) 총톤수 500t 미만의 선박으로서 항해선이 아닌 것, (iv) 평수구역을 그 항해구역으로 하는 선박에 대하여는 선원법 제6장의 근로시간 및 승무정원에 관한 규정을 적용하지 아니한다(법 68조 1항, 시행규칙 46조). 해양수산부장관은 필요하다고 인정하면 위 선박에 대하여 적용할 선원의 근로시간 및 승무정원에 관한 기준을 따로 정할 수 있다(법 68조 2항).

선원법 68조 1항에 규정된 선박이라 하더라도 (i) 여객선, (ii) 연해구역 이상을 항해구역으로 하는 총톤수 100톤 이상의 화물선, (iii) 영해 내를 항해구역으로 하는 예선과 부선이 결합하여 해상화물운송사업에 등록한 총톤수 100톤 이상 500톤 미만의 예선,[425] (iv) 위험화물(LPG·LNG등 가스류, 케미칼 또는 유류) 적재선박 중 총톤수 5톤 이상의 선박(예·부선이 결합하여 위험물을 운반하는 선박 포함)에 대

425) 61조 (iii)호의 개정규정은 2024. 7. 1.부터 시행한다. 다만, 61조의 개정규정과 관련하여 추가 승선을 위해 구조변경이 필요한 선박에 대해서는 2026. 7. 1. 이후 첫 정기검사 완료일부터 시행한다(선원업무 처리지침 부칙 599호, 2021. 6. 16, 1조).

하여는 선박별 승무정원증서를 발급받아야 한다(선원업무 처리지침 61조). 위 선박 중 선원법 68조 1항에 따라 선원법 제6장의 근로시간 및 승무정원에 관한 규정을 적용받지 아니하는 선박에서의 근로시간은 총톤수 500톤 이상의 선박에서의 근로시간(법 60조)을 준용한다(선원업무 처리지침 62조).

Ⅱ. 자격요건을 갖춘 선원의 승무

1. 항해당직 부원

가. 적용대상 선박

총톤수 500t 이상 또는 선박직원법 시행령 2조 10호에 따른 주 기관 추진력 750㎾ 이상의 선박의 선박소유자는 해양수산부령으로 정하는 자격요건을 갖춘 선원을 갑판부나 기관부의 항해당직 부원으로 승무시켜야 한다(법 64조 1항, 시행령 21조 1항 본문). 다만 (i) 평수구역을 항행구역으로 하는 선박, (ii) 선박의 입항 및 출항 등에 관한 법률 2조 4호에 따른 예선, (iii) 해사안전기본법 3조 2호에 따른 수면비행선박은 제외한다(시행령 21조 1항 단서).

나. 항해당직 부원의 자격요건

(1) 갑판부 · 기관부 항해당직 부원의 자격

갑판부 · 기관부의 항해당직 부원이 될 수 있는 사람은 16세 이상인 사람으로서, (i) 총톤수 200t 이상의 선박에서 갑판부 또는 기관부의 부원으로서 1년 이상 승무한 경력이 있을 것, (ii) 갑판부 또는 기관부의 부원으로서 2월 이상 승무한 경력을 가지고 시행규칙 [별표 2]의 당직부원교육과정을 이수하였을 것, (iii) 선박직원법 시행령 16조 1항 1호의 규정에 의한 승무경력이 있을 것 중 어느 하나에 해당하는 사람으로 한다(시행규칙 41조 1항).

(2) 자동화선박에서 운항당직부원의 자격

선원법 64조 1항에 따른 선박 중 자동화선박에서 갑판부 및 기관부의 항해당직을 겸하여 행하는 부원(이하 '운항당직부원')이 될 수 있는 사람은 16세 이상인 사람으로서, (i) 총톤수 200t 이상의 선박에서 갑판부 또는 기관부의 부원으로서 1

년 이상 승무한 경력이 있는 사람으로서 자동화 선박에서 1년 이상 승무한 경력이 있거나 시행규칙 [별표 2] 중 운항당직부원교육과정을 이수하였을 것, (ii) 선박직원법 시행령 16조 1항 또는 2항의 규정에 의한 승무경력이 있을 것(다만 운항과 외의 학과를 이수한 자는 시행규칙 [별표 2] 중 운항당직부원 교육과정을 이수하였을 것), (iii) 총톤수 200t 이상의 선박의 승무경력이 3년 이상인 사람으로서 해양수산부장관으로부터 (i) 또는 (ii)와 동등 이상의 자격이 있다고 인정을 받았을 것 중 어느 하나에 해당하는 사람으로 한다(시행규칙 41조 2항).

(3) 총톤수 500t 이상으로 1일 항해시간이 16시간 이상인 선박

총톤수 500t 이상으로 1일 항해시간이 16시간 이상인 선박의 선박소유자는 선원법 64조 1항의 자격요건을 갖춘 선원 3명 이상을 갑판부의 항해당직 부원으로 승무시켜야 한다(법 64조 2항).

2. 특수선박 승무원의 자격요건

가. 위험화물적재선박

(1) 위험화물적재선박[산적액체화물(散積液體貨物)을 수송하기 위하여 사용되는 선박만 해당] 중 통 등에 넣지 아니한 석유류 액체화학물질 또는 액화가스를 그대로 싣는데 전용되는 선박(평수구역을 항행구역으로 하는 선박은 제외)의 선박소유자는 해양수산부령으로 정하는 자격요건을 갖춘 선원을 승무시켜야 한다(법 64조 3항, 시행령 21조 2항).

시행규칙 42조 1항은, (i) 유조선 또는 케미칼탱커에 선장, 1등항해사, 기관장, 1등기관사, 운항장으로 승무하려는 사람의 자격요건, (ii) 유조선 또는 케미칼탱커에 항해사(1등항해사 제외), 기관사(1등기관사 제외), 운항사, 갑판부 및 기관부 부원 또는 운항당직 부원으로 승무하려는 사람의 자격요건, (iii) 액화가스탱커에 선장, 1등항해사, 기관장, 1등기관사, 운항장으로 승무하려는 사람의 자격요건, (iv) 액화가스탱커에 항해사(1등항해사 제외), 기관사(1등기관사 제외), 운항사, 갑판부 및 기관부 부원 또는 운항당직 부원으로 승무하려는 사람의 자격에 관하여 규정하고 있다. 또한 시행규칙 42조 2항은 위험화물적재선박 중 항해선이 아닌 선박에 승무하는 선장, 1등항해사, 기관장, 1등기관사, 운항장 또는 운항사의 자격요건에

관하여 규정하고 있다.

(2) 지방해양항만관청은 선원으로부터 유조선, 케미칼탱커 또는 액화가스탱커의 승무자격증의 발급을 신청받은 경우에는 그의 선원수첩에 해당 자격이 있음을 증명하여 주고, 승무자격증을 발급(정보통신망을 통한 발급 포함)하여야 한다(시행규칙 42조 3항). 유조선·케미칼탱커·액화가스탱커의 승무자격의 유효기간은 STCW에 따라 각각 5년으로 하되, 부원의 승무자격의 유효기간은 따로 없는 것으로 한다(시행규칙 42조 4항).

승무자격의 유효기간 만료일 이후 승무자격의 효력을 계속 유지시키려는 사람 또는 승무자격의 유효기간이 지나서 승무자격의 효력이 상실된 후 승무자격을 되살리려는 사람은, (i) 승무자격 유효기간 만료일 또는 승선일 전 5년 이내에 같은 종류의 위험화물적재선박에 3개월 이상 승무한 경력이 있을 것, (ii) 승무자격 유효기간 만료일 또는 승선일 전에 [별표 2]에 따른 탱커기초 교육과정(1항 각 호에 따라 승무자격을 갖추기 위하여 이수한 교육과정은 제외)을 이수하였을 것 중 어느 하나에 해당하는 요건을 갖추어야 한다(시행규칙 42조 5항).

나. 가스연료 등 추진선박

가스 또는 저인화점 연료(인화점이 섭씨 60도 미만인 연료를 말한다)를 사용하는 기관을 설치한 선박의 선박소유자는 해양수산부령[426]으로 정하는 자격요건을 갖춘 선원을 승무시켜야 한다(법 64조 6항, 시행령 21조 5항).

3. 구명정 조종사의 자격요건과 임무 등

가. 적용대상

선박안전법 2조 2호에 따른 선박시설 중 구명정·구명뗏목·구조정 또는 고속구조정을 비치하여야 하는 선박의 선박소유자는 해양수산부령으로 정하는 구명정 조종사 자격증을 가진 선원을 승무시켜야 한다(법 64조 4항, 시행령 21조 3항).

426) 시행규칙 42조의2에서 자격요건을 자세히 규정하고 있다.

나. 조종사의 자격

(1) 구명정 조종사의 자격

지방해양수산청장은 (i) 18세 이상일 것, (ii) 12개월 이상의 승무경력이 있거나 또는 6월 이상의 승무경력과 한국해양수산연수원에서 [별표 2]의 상급안전교육중 구명정 조종사 교육과정을 이수하였을 것의 요건을 갖춘 선원에 대하여 그의 선원수첩에 구명정 조종사의 자격이 있음을 증명하여 주고, 구명정 조종사 자격증을 발급(정보통신망을 통한 발급 포함)하여야 한다. 이 경우 구명정 조종사 자격의 유효기간은 STCW에 따라 5년으로 한다(시행규칙 43조 2항).

(2) 고속구조정 조종사 자격

지방해양수산청장은 시행령 43조 2항에 따른 구명정 조종사 자격요건을 갖춘 사람이 [별표 2]에 따른 고속구조정 조종사 교육과정을 이수한 경우에는 그의 선원수첩에 고속구조정 조종사 자격이 있음을 증명하여 주고, 고속구조정 조종사 자격증을 발급(정보통신망을 통한 발급 포함)하여야 한다(시행규칙 43조의2 1항). 고속구조정 조종사 자격의 유효기간은 STCW에 따라 5년으로 한다(시행규칙 43조의2 2항).

다. 구명정 조종사의 인원

적재하여야 할 구명정·구조정·고속구조정·구명뗏목(연해구역을 항행구역으로 하는 선박에서는 팽창식 구명뗏목은 제외)마다, (i) 정원 40인 이하의 구명정은 2인, (ii) 정원 41인 이상 61인 이하의 구명정은 3인, (iii) 정원 62인 이상 85인 이하의 구명정은 4인, (iv) 정원 86인 이상의 구명정은 5인, (v) 구조정 또는 고속구조정은 2인, (vi) 구명뗏목은 1인의 구명정 조종사를 승선시켜야 한다(연해구역을 항행구역으로 하는 선박에서는 1인). 다만 최대탑재인원보다 적은 인원을 탑재하고 항해를 할 경우에는 가까운 지방해양수산관청의 허가를 받아 그 인원수를 감할 수 있다(시행규칙 43조 3항).

라. 구명정 조종사의 배치와 업무

선장은 미리 구명정등에 그 구명정 조종사를 배치하고 각기 그 지휘자를 정하여 두어야 한다(시행규칙 43조 4항). 구명정 조종사는 (i) 식료 · 항해용구 · 기타 물품의 구명정등에의 적재, 구명정등의 하강과 해원 및 여객의 구명정등에의 승정 지휘, (ii) 구명정등의 운항지휘 또는 보좌, (iii) 구명줄발사기 · 구명부환 · 기타 구명설비의 조작, (iv) 구명정등과 기타의 구명설비(구명조끼 제외)의 정비 및 관리의 업무에 종사한다(시행규칙 43조 5항).

4. 여객안전관리선원

선박안전법 2조 10호에 따른 여객선(평수구역만을 항해구역으로 하는 선박과 '유선 및 도선 사업법' 2조 1호 또는 2호에 따른 유선사업 또는 도선사업을 위하여 사용되는 선박은 제외)의 소유자는 시행규칙 43조의3으로 정하는 여객의 안전관리에 필요한 자격요건을 갖춘 선원을 승무시켜야 한다(법 64조 5항, 시행령 21조 4항).

'해양수산부령으로 정하는 여객의 안전관리에 필요한 자격요건을 갖춘 선원'(이하 '여객안전관리선원')이란 시행규칙 [별표 2]에 따른 여객선 상급교육 과정을 이수한 선원을 말한다(시행규칙 43조의3 1항). 위 여객선에는 여객안전관리선원을 (i) 여객 정원이 100명 이상 500명 이하인 경우: 1명 이상, (ii) 여객 정원이 500명 초과 1천명 이하인 경우: 2명 이상, (iii) 여객 정원이 1천명 초과 1천 500명 이하인 경우: 3명 이상, (iv) 여객 정원이 1천 500명을 초과하는 경우: 4명 이상을 승무시켜야 한다(시행규칙 43조의3 1항). 선장은 여객안전관리선원을 여객선의 객실 갑판에 배치하고, (i) 비상시 여객에 대한 구명조끼 등 구명기구의 지급 및 착용 안내, (ii) 비상시 여객의 집합장소 안내, (iii) 여객의 구명정등 탑승 보조, (iv) 비상시 여객의 탈출로 정비 및 관리, (v) 그 밖에 선장이 지시하는 비상시 여객지원 등의 업무에 종사하도록 하여야 한다(시행규칙 43조의3 3항).

5. 여객선선장에 대한 적성심사 기준

여객선선장은 해양수산부령으로 정하는 적성심사 기준에 적합한 사람이어야 한다(법 66조의2 1항). 여객선 소유자는 적성심사기준을 충족하지 못한 사람을 선장으로 승무시켜서는 아니 된다(법 66조의2 2항). 적성심사기준의 충족확인절차 등에 필요한 사항은 시행규칙 45조의2에서 정하고 있다(법 66조의2 3항).

여객선선장에 대한 적성심사 기준(이하 '적성심사기준') 및 적성심사기준의 충족 여부 확인은 시행규칙 [별표 5의2]에 따른다(시행규칙 45조의2 1항). 여객선선장에 대한 적성심사(이하 '적성심사') 결과 적성심사기준을 충족하는 것으로 확인된 경우 그 유효기간은 적성심사기준을 충족하였음을 확인한 날부터 3년(여객선선장이 적성심사를 받을 당시 65세 이상인 경우에는 2년)으로 한다(시행규칙 45조의2 2항). 적성심사의 유효기간을 연장하려는 사람은 적성심사의 유효기간 만료 전에 다시 적성심사를 받을 수 있다. 이 경우 여객선선장이 적성심사기준을 충족하면 원래의 적성심사의 유효기간 만료일 다음 날부터 적성심사의 유효기간을 기산한다(시행규칙 45조의2 3항). 적성심사기준을 충족한 여객선선장이 그 유효기간에 같은 항로를 항해하는 같은 형태의 다른 여객선에 승무하려는 경우에는 적성심사를 생략할 수 있다(시행규칙 45조의2 4항). 해양수산관청은 적성심사를 매년 6회 이상 실시하여야 하고, 이 경우 시행규칙 45조의2 5항 각 호의 어느 하나에 해당하는 사람 5명 이상으로 적성심사위원회를 구성하여 적성심사를 실시하여야 한다(시행규칙 45조의2 5항).

Ⅲ. 승무정원의 인정 및 승무정원증서

1. 승무정원의 인정

가. 의 의

선박운항의 안전을 확보하고 선원의 근로시간과 휴식시간의 준수를 위해서는 적정한 수의 승무원이 승선하는 것이 필요하다. 이에 따라 선원법에서는 승무정원을 규정하고 관청의 인정을 받도록 규정하고 있다. 선박소유자는 60조(근로시간 및 휴식시간), 64조(자격요건을 갖춘 선원의 승무), 76조(선내 급식)를 지킬 수 있도록 필요한 선원의 정원(승무정원)을 정하여 해양수산관청의 인정을 받아야 한다(법 65조 1항). 선박제원, 항해시간 변경 등으로 인하여 1항에 따라 인정받은 승무정원에 변동이 발생한 경우 선박소유자는 지체 없이 승무정원을 다시 정하여 해양항만관청의 인정을 받아야 한다(법 65조 2항).

나. 승무기준 산정의 원칙

(1) 선원법 66조, 시행규칙 45조에 따라 선적항 또는 사업장 관할 지방해양항만관청으로부터 승무정원감축에 대한 인정을 받지 아니하고는 선박직원에 대하여 선박직원법 11조, 시행령 22조 [별표 3]에서 정한 기준보다 하위 자격 또는 적은 수로 산정하지 못한다(선원업무 처리지침 63조 1항).

(2) 연해구역 이상을 항해구역으로 하는 총톤수 500톤 이상의 선박으로서 1일 항해시간이 16시간 이상인 선박의 부원에 대하여는 선원법 64조, 시행규칙 41조에서 규정한 기준보다 하위자격 또는 적은 수로 산정하지 못한다. 다만 총톤수 1,600톤 미만의 선박으로서 선원법 119조에 따른 취업규칙에 노·사가 합의하여 선원법 64조 2항의 규정에 의한 갑판부 항해당직부원 3인만을 승무하도록 명시한 경우에는 기관부 당직부원은 최소승무정원으로 산입하지 아니할 수 있다(2항).

(3) 선원법의 규정에 의한 의료관리자·구명정수 또는 선박조리사는 그 자격을 가진 선박직원 또는 부원 등이 겸하여 행할 수 있으며, 승무 선원에 대하여 위험물적재선박의 선박직원 또는 당직부원의 자격을 요구하는 경우에는 각각 그 자격을 가진 자로 산정한다(3항).

(4) 승무정원은 산정요소별로 선원수를 산정한다(불필요한 경우 '0'으로 한다)(4항).

다. 산정요소별 산정요령

(1) 당직인원은 다음 각 호와 같이 산정된 내용이 포함된 모든 당직자의 연(延) 1일 근무시간을 합산하고 이를 8시간 또는 9시간으로 나눈 수로 계산하며, 선원이 하역작업에 종사하는 경우에는 작업시간을 산입한다(선원업무 처리지침 64조 1항). (i) 선박의 설비 또는 구조상 동시에 당직근무를 하여야 되는 개소와 갑판부·기관부 및 통신부의 통합여부를 산정한다. (ii) 갑판부 당직해기사는 신청일 이전 6개월 동안 각 항차당 항해시간이 가장 긴 순서로부터 차례로 6회를 합산하여 평균한 시간(이하 '기준시간')을 기준으로 1일 교대 횟수를 정하고 그 교대 횟수에 따라 당직인원수를 산정한다(단, 운항 중 기상악화·기관고장 등으로 정상운항을 하지 못한 경우는 제외한다). (iii) 기관부 당직해기사는 신청일 이전 6개월 동안 실

제 운항한 일수를 평균한 1일평균항해시간 또는 항차별 최대항해시간 중 택일하여 위 2호와 같은 방법으로 산정한다. (iv) 선원법 60조에 따라 항해 또는 정박 중의 당직편성을 위하여 1일(주·야간)에 소요되는 연(延)인원을 산정한다.

(2) 일시적으로 기준시간을 초과하여 운항하여야 할 경우에는 (i) 기준시간이 16시간(교대시간 포함 18시간) 이내인 선박이 20시간을 초과하여 운항할 경우에는 3인, (ii) 기준시간이 8시간(교대시간 9시간) 이내인 선박이 12시간을 초과하여 운항할 경우에는 2인, 18시간을 초과할 경우에는 3인의 어느 하나에 의하여 갑판부 해기사를 승무시켜야 한다(2항).

(3) 당직근무 외에 선박의 운항 또는 일상적인 업무처리를 위하여 소요되는 인원 중 (i) 항해 또는 정박 중에 당직을 하지 아니하고 일상근무를 하는 인원은 선원법 60조의 기준을 충족하는 범위에서 인원을 산정하고, 당사자가 동 기준을 충족하는 범위에서 근로 및 휴식시간 기준을 따로 정한 경우 그 기준에 따라 인원을 산정한다. (ii) 외국항에 기항하는 선박 중 조리부의 인원은 별도로 승무시키는 경우에만 산정한다(3항).

(4) 기준시간이 9시간 이상인 위험화물 운반선 중 선박직원이 3인 미만인 경우에는 갑판부에 선박직원 1명을 증원하여 산정한다(4항). 선박의 접안 및 정박시의 작업(이하 '계류작업')을 위하여 필요한 총인원 중 1항부터 3항까지의 인원을 뺀 추가 소요인원을 산정한다(5항).

2. 승무정원의 유지 및 증감

가. 승무정원의 유지

선박소유자는 운항 중인 선박에는 항상 승무정원 증서에 적힌 수의 선원을 승무시켜야 하며, 결원이 생기면 지체 없이 인원을 채워야 한다. 다만, 해당 선박이 외국 항에 있는 등 지체 없이 인원을 채우는 것이 곤란하다고 인정되어 해양수산부장관의 허가를 받은 경우에는 그러하지 아니하다(법 65조 4항).

나. 승무정원의 증감

처리지침 66조에 따라 산정한 선박별 승무정원은 선박소유자와 선원노조가 협의하여 증원(2명 이상을 동일직책으로 승선시키는 것을 포함한다)하거나 감원(자격경감을 포함한다)할 수 있다. 다만 산정한 승무정원을 감원하고자 하는 경우에는 선박직원법 13조 및 같은 법 시행령 23조, 선원법 시행규칙 45조에 따라 지방해양항만관청의 허가를 받아야 한다(선원업무 처리지침 67조 1항).

1항에 따른 승무정원에 결원이 발생하였으나 (i) 해당 선박이 외국항만에 있어 인원 확보가 어려운 경우, (ii) 천재지변 등의 사유로 인원 확보가 불가한 경우의 사유로 지체 없이 인원을 채우는 것이 곤란한 경우에는 선원법 65조 3항에 따라 해양수산부장관의 허가를 받아야 한다(2항).

3. 승무정원증서

해양수산관청은 법 65조 1항 및 2항에 따라 선박의 승무정원을 인정할 때에는 해양수산부령으로 정하는 바에 따라 승무정원증서를 발급하여야 한다(법 65조 3항). 선박소유자가 선박의 승무정원을 정하여 지방해양항만관청의 인정을 받고자 하는 때에는 승무정원인정신청서에 취업규칙을 첨부하여 제출하여야 한다(시행규칙 44조 1항). 신청서를 받은 지방해양항만관청은 취업규칙과 해당 선박의 승무정원을 심사하여 적정하다고 인정할 때에는 승무정원증서를 발급하여야 한다(시행규칙 44조 2항). 승무정원인정신청 및 승무정원증서 발급은 정보통신망을 통하여 신청 및 발급을 할 수 있다(시행규칙 44조 3항). 선장은 선박의 승무정원증서를 선내에 갖추어 두어야 한다(시행규칙 13조 2항 5호).

Ⅳ. 자격요건 및 승무정원의 특례

1. 의 의

선박의 설비가 해양수산부령으로 정하는 기준에 맞는 경우 그 선박에 적용할 선원의 자격요건 및 정원에 관한 사항은 64조와 65조에도 불구하고 해양수산부령으로 정하는 바에 따른다(법 66조). 선박의 종류와 특성에 따라서 선원의 자격요건 및 정원에 관한 규정을 완화할 수 있도록 특칙을 정한 것이다.

2. 적용대상

선원법 66조에서 '해양수산부령으로 정하는 기준에 맞는 경우'란, (i) 항해사가 기관실의 기관을 원격조정할 수 있는 설비를 갖춘 선박, (ii) 선박의 항해·정박등을 위한 자동설비를 갖춘 선박, (iii) 압항부선(기선과 결합되어 밀려서 추진되는 선박), (iv) 해저조망부선(잠수하여 해저를 조망할 수 있는 시설을 설치한 선박으로서 스스로 항행할 수 없는 선박) 중 어느 하나에 해당하는 선박으로서 지방해양수산청장의 인정을 받은 선박을 말한다(시행규칙 45조 1항).

3. 항해당직부원의 자격요건 및 승무정원에 관한 특례

지방해양수산청장은 1항에 해당하는 선박에 대하여는 선원법 64조 1항 및 2항에 따른 항해당직부원의 자격요건 또는 선원법 65조에 따른 승무정원에 관한 규정을 완화하여 적용할 수 있다(시행규칙 45조 2항). 위 규정에 의하여 지방해양수산청장의 인정을 받고자 하는 자는 승무정원완화허가신청서에 지방해양수산관청, 한국해양교통안전공단, 선급법인 또는 해양수산부장관이 인정하는 국제선급협회가 발급한, 해당 선박이 1항의 규정에 해당하는 사실을 증명하는 증서, 그 밖에 필요한 증빙서류를 첨부하여 신청하거나 정보통신망을 통하여 신청할 수 있다(시행규칙 45조 3항). 선원법 66조 및 시행규칙 45조에 따라 선적항 또는 사업장 관할 지방해양항만관청으로부터 승무정원감축에 대한 인정을 받지 아니하고는 선박직원에 대하여 선박직원법 11조 및 시행령 22조 [별표 3]에서 정한 기준보다 하위 자격 또는 적은 수로 산정하지 못한다(선원업무 처리지침 63조 1항).

V. 예 비 원

1. 예비원의 정원

예비원이란 선박에서 근무하는 선원으로서 현재 승무 중이 아닌 선원을 말한다(법 2조 7호). 선박소유자는 그가 고용하고 있는 총승선 선원 수의 10% 이상의 예비원을 확보하여야 한다(법 67조 1항 본문). 다만 항해선이 아닌 선박의 경우에

는 선박의 종류 · 용도 등을 고려하여 대통령령으로 다르게 정할 수 있는데(법 67조 1항 단서), 시행령 21조2 1항은 (i) 선박소유자가 보유하고 있는 선박이 3척 이하인 경우(다만 법 21조 2항에 따른 위험화물적재선박, 해운법 3조 1 · 3 · 5 · 6호에 따른 해상여객운송사업에 종사하는 선박은 제외), (ii) 지방해양수산청장의 승인을 얻어 승선할 선박을 특정하여 선원근로계약을 체결한 선원의 경우, (iii) 평수구역만을 항해구역으로 하는 선박의 경우로 규정하고 있다.

선원법 21조 2항에 따른 위험화물적재선박, 해운법 3조 1 · 3 · 5 · 6호에 따른 해상여객운송사업에 종사하는 선박의 선박소유자가 해양수산부장관이 정하는 바에 따라 같은 종류의 선박을 3척 이하 보유한 다른 선박소유자와 공동으로 해당 선박소유자와 다른 선박소유자가 고용하고 있는 총승선 선원 수의 10% 이상 예비원을 확보한 경우에는 해당 선박소유자가 고용하고 있는 총승선 선원 수의 10% 미만으로 예비원을 확보할 수 있다. 이 경우 선박소유자가 공동으로 확보한 예비원에 대하여 지방해양수산청장의 확인을 받아야 한다(시행령 21조의2 2항).

2. 예비원의 임금

선박소유자는 (i) 유급휴가자, (ii) 선박소유자의 귀책사유로 인하여 하선한 자, (iii) 선원법 116조 또는 다른 법령에 따라 의무적으로 교육 · 훈련을 받는 자, (iv) 기타 단체협약 또는 취업규칙으로 정한 자 외의 예비원에게 통상임금의 70%를 임금으로 지급하여야 한다(법 67조 2항, 시행령 21조의2 3항).

3. 제외되는 선원

휴직한 선원 및 정직 중인 선원에 대하여는 예비원의 확보의무 및 임금의 지급의무에 관한 선원법 67조를 적용하지 아니한다(시행령 21조의2 4항). 휴직한 선원 및 정직 중인 선원은 총승선 선원의 수에서 제외되고, 통상임금의 70%를 임금으로 지급하지 않아도 된다는 취지이다. 다만 임금지급에 관하여는 단체협약 · 취업규칙 · 선원근로계약에 이보다 유리한 내용이 있다면 그에 따라야 한다.

Ⅵ. 벌 칙

선박소유자가 (i) 64조 1항부터 4항까지의 규정을 위반하여 자격요건을 갖춘 선원을 승무시키지 아니하였을 때, (ii) 65조 1항을 위반하여 승무정원의 인정을 받지 아니하였을 때 또는 같은 조 3항을 위반하여 승무정원을 승무시키지 아니하였거나 결원을 충원하지 아니하였을 때, (iii) 66조에 따른 선원의 자격요건 및 정원을 위반하였을 때, (iv) 66조의2 2항을 위반하여 적성심사기준을 충족하지 못한 사람을 여객선선장으로 승무시켰을 때, (v) 67조 1항을 위반하여 예비원을 확보하지 아니하였거나 같은 조 2항을 위반하여 예비원에게 임금을 지급하지 아니하였을 때에는, 1년 이하의 징역 또는 1천만 원 이하의 벌금에 처한다(법 173조 8호, 9호, 10호, 10호의2, 11호).

제4절 유급휴가

Ⅰ. 의 의

1. 취 지

유급휴가는 일정기간 계속 승무한 선원에 대하여 비교적 장기간에 걸쳐 유급으로 근로의무가 면제되는 날을 의미한다. 이는 선원에게 일정기간 근로의무를 면제함으로써 심신의 피로를 회복하여 건강을 유지하고, 선원이 여가를 선용하여 사회·문화적 시민생활을 누리고, 가족과 사회와의 연계를 회복하게 하려는데 그 취지가 있다.[427] 휴가는 선원의 권리이므로 휴가로 정해진 날에 휴가사용을 근거로 불이익하게 취급하는 것은 금지되어 있으며, 근로관계 존속을 전제로 하므로 휴가종료 후에는 복직이 당연히 예정되어 있다.[428]

427) 대법원 2008. 10. 9. 선고 2008다41666 판결; 광주지법 목포지원 2008. 8. 20. 선고 2007가단1232 판결.

2. 구별개념

'휴게'가 근로시간 도중에 부여되고, '휴식'이 근로시간 종료 후에 부여되는 반면, '휴가'는 원칙적으로 1일 이상의 복수일로 부여된다. '휴일'이 아예 근로의무가 없는 날인 것과는 달리 휴가는 근로일은 그대로 두면서 구체적인 근로의무만 면제하는 것이이다. '휴직'은 선원을 복무시키기 어려운 사정이 있을 때 선박소유자의 처분으로 행하며 출근일수나 재직기간에 포함되지 않는 것이라는 점에서 선원의 권리이며 출근일수·재직기간에 포함되는 휴가와 구별된다.

3. 적용범위

(i) 어선(어획물 운반선과 선원법 74조에 따른 어선은 제외), (ii) 범선으로서 항해선이 아닌 것, (iii) 가족만 승무하여 운항하는 선박으로서 항해선이 아닌 것의 어느 하나에 해당하는 선박에 대하여는 선원법 제7장의 규정을 적용하지 아니한다(법 75조).

Ⅱ. 성립요건

1. 8개월간의 계속 승무

선박소유자는 선원이 8개월간 계속하여 승무한 경우에는 그때부터 4개월 이내에 선원에게 유급휴가를 주어야 한다(법 69조 1항 1문). '계속 승무'란 선원이 동일한 선박소유자에 속한 선박의 선원으로 계속 재직하고 있는 것을 의미하고 반드시 매일 근로하거나 선내에 상주하여야 하는 것을 의미하는 것은 아니다.[429] 주휴일에 근로하지 않거나,[430] 직무상 질병으로 출근하지 못한 경우,[431] 선박이 선원의 승선기간 중 계속 정박 중이어서 단 한 차례도 항해하지 않았다 하더라도 계속

428) 근로기준법 주해 Ⅲ(제2판), 322면.
429) 서울고법 2010. 6. 18. 선고 2009나103464 판결; 인천지법 2009. 2. 10. 선고 2008나11368 판결; 창원지법 2016. 2. 16. 선고 2015나31876 판결; 광주지법 목포지원 영암군법원 2021. 6. 3. 선고 2021가소5213 판결; 부산지법 2021. 12. 15. 선고 2020가합45168 판결.
430) 藤崎道好, 300면.
431) 노정 91551-387, 1994. 12. 13.

성에는 영향이 없다. 그러므로 '계속 승무'란 근기법상 '계속 근로'와 동일한 의미로서 광의의 승무에 해당한다.[432] 승무기간에는 수리 중이거나 계선 중인 선박에서의 근무기간(법 69조 1항), 선원이 동일한 선박소유자에 속하는 다른 선박에 옮겨 타기 위하여 여행하는 기간(법 69조 2항), 유급휴가기간[433] 등이 모두 포함된다. 산전·산후의 여성선원이 근기법 74조에 따른 휴가로 휴업한 기간은 계속하여 승무한 기간으로 본다(법 69조 3항).

예인선 선장이 월 6~10회 정도 예인선을 운항하고 나머지는 대기하는 경우에도 계속 승무의 요건을 갖춘 것이므로 유급휴가는 인정된다.[434] 예인선 선원들이 2001. 4.경부터 퇴직일까지 당일 오전 9시부터 다음날 오전 9시까지 24시간 격일제로 예인선에 승무해 온 경우, 선박소유자는 근로의무가 있는 날을 기준으로 8월간 계속 승무한 선원에 해당하는 선원들에게 유급휴가근로수당을 지급할 의무가 있다.[435]

2. 8개월에 미달하는 경우

선원이 8개월간 계속하여 승무하지 못한 경우에도 이미 승무한 기간에 대하여 유급휴가를 주어야 한다(법 69조 4항). 2012. 2. 4. 이전에는 "선원의 고의 또는 중대한 과실로 인한 것이 아닌 경우"에 한하여 유급휴가를 인정하였으나(구 선원법 67조 4항),[436] 현행 선원법(2011. 8. 4. 법률 11024호로 전부 개정된 것)은 위와 같이

432) '계속 승무'란 근기법상 '계속 근로'에 대응하는 것으로서 선원이 동일한 선박소유자에 속한 선박의 선원으로 계속 재직하고 있는 것을 의미하고, 8개월 동안 매일 근로하여야 한다거나 선내에서 상주하거나 생활의 본거가 선내여야 할 필요는 없다. 서울고법 2010. 6. 18. 선고 2009나103464 판결; 인천지법 2009. 2. 10. 선고 2008나11368 판결; 창원지법 2016. 2. 16. 선고 2015나31876 판결; 광주지법 2019. 10. 30. 선고 2019나55261 판결.

433) 예를 들면, 선원이 2021. 1. 1.부터 2022. 4. 30.까지 계속 승무한 경우, 2021. 1. 1.부터 2021. 8. 31.까지 8개월간 계속 승무에 대하여 유급휴가권이 발생하고 선원은 2021. 9. 1.부터 2021. 12. 31. 사이에 이에 대한 유급휴가를 사용할 수 있으며, 유급휴가기간을 포함하여 2021. 9. 1.부터 2022. 4. 30.까지 다시 8개월간의 계속 승무요건을 충족하므로 이에 대하여 별도의 유급휴가권이 발생하고 선원은 2022. 5. 1.부터 2022. 8. 31. 사이에 그 권리를 행사할 수 있다.; 항해사가 2020. 9. 24.부터 2020. 11. 13.까지 근무하였고, 같은 해 10. 8.부터 10. 12.까지 휴가를 사용한 경우, 선박이 운항하지 않는 기간 동안 휴가를 다녀왔더라도 그 기간을 포함하여 유급휴가일수를 계산하여야 하고, 유급휴가비를 지급하여야 한다고 판시한 사례로는 광주지법 목포지원 영암군법원 2021. 6. 3. 선고 2021가소5213 판결.

434) 광주지법 목포지원 2008. 8. 20. 선고 2007가단1232 판결.

435) 인천지법 2011. 11. 17. 선고 2009가합23036 판결. 또한 위 판결은, 격일제 근무상 당연히 근로의무가 없는 비번일까지도 계속 승무하여야 유급휴가근로수당을 청구할 수 있다는 선박소유자의 주장을 배척하였다.

선원의 귀책사유 유무에 관계없이 유급휴가를 인정하고 있다. 선박소유자가 임금 지급을 연체하던 상황에서 선박의 수리비지급도 지체하여 선박압류 및 감수보존 조치를 당하게 됨에 따라 선원들이 선박에서 계속 근무하지 못하고 하선하게 된 경우에도 선박소유자는 유급휴가를 주어야 한다.[437)]

Ⅲ. 유급휴가의 내용

1. 유급휴가의 일수

가. 원 칙

유급휴가의 일수는 계속하여 승무한 기간 1개월에 대하여 6일로 한다(법 70조 1항). 선박안전법 8조 3항에 따라 정하여진 연해구역을 항해구역으로 하는 선박 또는 15일 이내의 기간마다 국내 항에 기항하는 선박에 승무하는 선원의 유급휴가 일수는 계속하여 승무한 기간 1개월에 대하여 5일로 한다(법 70조 2항). 유급휴가 일수를 계산할 때 1개월 미만의 승무기간에 대하여는 비율로 계산하되, 1일 미만은 1일로 계산한다(법 70조 5항).

나. 2년 이상 계속 근로한 선원

2년 이상 계속 근로한 선원에게는 1년을 초과하는 계속근로기간 1년에 대하여 1항 또는 2항에 따른 휴가 일수에 1일의 유급휴가를 더한다(법 70조 3항).[438)]

---

436) 선원은 하선신청서의 하선사유란에 '건강상 이유'라고 기재하였으나 실제 승무에 지장이 있을 정도의 건강상 문제가 있지는 않았고, 다른 회사에 취업하기 위하여 하선하였는바, 이에 의하면 선원이 세투스호에 8월간 계속하여 승무하지 못한 것은 그의 자의 즉 고의로 인한 것이고, 선박소유자가 선원의 하선을 승낙하였다는 것만으로 선원에게 유급휴가급을 지급하겠다는 의사를 표시한 것으로 보기 어렵다. 부산지법 2012. 6. 22. 선고 2012나4722 판결.

437) 부산지법 2008. 9. 26. 선고 2008가단71687 판결. 구법 하의 판결로서, 계속 승무하지 못한데 대하여 선원들의 고의 또는 중대한 과실이 없다고 판시하였다.

438) 구 시행규칙 46조의4 "계속 승무한 1년에 대하여 15일로 하고, 1년을 초과하여 계속 승무한 매 1월마다 1일의 유급휴가를 가산한다"라는 문구는 1년을 초과하여 근무할 경우 매 1월마다 1일의 유급휴가만이 추가된다고 해석하기보다는, 1년을 초과하여 근무할 경우에는 1년차의 유급휴가 15일과 같은 유급휴가가 보장되고, 거기에 매 1월마다 1일의 유급휴가가 추가된다고 해석함이 상당하다. 부산고법 2014. 7. 10. 선고 2013나2498 판결.

다. 유급휴가 매수제도의 허용 여부

근기법 60조 4항은 연차유급휴가의 상한을 25일로 규정하고 있으나, 선원의 유급휴가에 대하여는 선원법상 상한규정이 없으므로, 유급휴가 매수제도는 허용되지 아니한다.439)

2. 유급휴가 사용일수

선원이 실제 사용한 유급휴가 일수의 계산은 선원이 유급휴가를 목적으로 하선하고 자기나라에 도착한 날(38조 1항에 따라 통상적으로 송환에 걸리는 기간이 도래하는 날)의 다음 날부터 계산하여 승선일(외국에서 승선하는 경우에는 출국일) 전 날까지의 일수로 한다(법 71조 전단). 그러나 (i) 관공서의 공휴일 또는 근로자의 날,440) (ii) 선원이 116조 또는 다른 법령에 따라 받은 교육훈련 기간, (iii) 선박소유자가 인정하는 포상 또는 보상 성격의 휴가기간, (iv) 기상악화 · 천재지변 또는 사변으로 인한 정박기간, (v) 정박 중 선장의 허가를 받아 일시 상륙한 기간은 유급휴가 사용일수에 포함하지 아니한다(법 71조 후단, 시행규칙 46조의3).

3. 휴가사용의 자유

휴가를 어떻게, 어떠한 목적으로 이용할 것인가는 선원이 자유롭게 결정할 수 있다. 질병의 치료 · 조합활동 · 정치활동이나 다른 사업장에서 유상으로 근무하는 것 등 그 이용목적에 제한이 없으며, 선원이 휴가시기를 지정하면서 표시한 이용목적과 다른 목적으로 이용하여도 아무런 상관이 없다.441)

---

439) 구 근기법 59조 2항 단서는 20일을 초과하는 연차휴가에 대하여는 통상임금을 지급하고 유급휴가를 주지 아니할 수 있다고 규정하고 있었으며, 판례도 연차휴가권이 유효하게 존속하는 동안 연차휴가의 환가는 연차휴가일수 20일을 초과하는 부분이 아닌 한 근기법에 반하여 허용될 수 없다고 하였다. 대법원 1991. 6. 28. 선고 90다카14758 판결; 대법원 1995. 6. 29. 선고 94다18553 판결.

440) 선원이 관공서의 공휴일 또는 근로자의 날에 휴무한 경우 이를 유급휴가를 사용한 것으로 볼 수 없으므로, 선원법 73조 2항에 따라 선박소유자는 해당 일수에 대하여 통상임금에 상당하는 금액을 임금 외에 따로 지급하여야 한다. 법제처 14-0142, 2014. 4. 15. 해양수산부.

441) 근로기준법 주해 Ⅲ(제2판), 335-336면.

Ⅳ. 유급휴가의 부여

1. 부여 시기

선박소유자는 선원의 유급휴가청구권이 발생한 때로부터 4월 이내에 선원에게 유급휴가를 주어야 하지만, 선박이 항행 중인 때에는 항해를 마칠 때까지 유급휴가를 연기할 수 있다(법 69조 1항). 이는 유급휴가청구권이 발생한 때로부터 4월 이내에 유급휴가의 모든 일수가 종료되어야 한다는 것을 의미하고, 4월 이내에 유급휴가를 부여하면 족하다는 의미는 아니므로, 발항 전에 유급휴가를 부여할 4월이 경과할 것이 명백한 경우에는 발항하기 전에 유급휴가를 부여하여야 한다. 유급휴가는 단체협약에서 정하는 바에 따라 기간을 나누어 줄 수 있다(법 72조 2항). 선박소유자는 선원의 유급휴가청구(시기, 항구, 기간)에 대하여 정당한 사유가 없는 한 이를 거절할 수 없다.[442] 그러나 격일제 근무를 한 선원들이 선박소유자의 요청에 따라 비번일 중 일정한 날을 유급휴가일로 지정하고 해당 일에 선박소유자에게 근로를 제공하지 않았다고 하더라도, 이는 근무일과 일체가 되어 근로를 제공한 날에 해당할 뿐 휴가의 실시라고 볼 수는 없다.[443]

2. 협의의 법적 성질

가. 선박소유자와 선원의 협의

근기법상 연차유급휴가의 법적 성질에 관하여는 청구권설, 형성권설, 이분설의

442) 1963. 6. 5. 員基 98호.

443) 서울고법 2010. 6. 18. 선고 2009나103464 판결; 24시간 교대 근무를 하는 선원들의 근무 특성상 귀가하여 휴식을 취한 일수를 유급휴가일수로 보아야 한다는 선박소유자의 주장에 대하여 법원은 “사용자는 근로자에 대하여 1주일에 평균 1회 이상의 유급휴일을 주어야 한다는 근로기준법 55조의 규정은 매일 연속적으로 근로를 제공하는 경우에 한하지 않고 24시간 근로를 제공하고 24시간 휴무(비번)를 되풀이하는 이른바 격일제 근무의 경우에도 적용되고(대법원 1989. 11. 28. 선고 89다카1145 판결 등 참조), 격일제 근무를 한 선원이 비번일에 선박소유자에게 근로를 제공하지 않았다고 하더라도 이는 근무일과 일체가 되어 근로를 제공한 날에 해당할 뿐 휴가의 실시라고 볼 수는 없다. 원고 등이 24시간 교대체계로 출·퇴근하면서 근무하였다고 하여 선원법 및 취업규칙에서 정한 ‘계속하여 승무’라는 유급휴가의 요건을 충족하지는 못하였다고 본다면, 통상 격일제 근무체제로 운영되는 예인선 사업장의 경우 선원들 중 누구도 계속하여 승무한 것으로 볼 수 없으므로 유급휴가규정을 적용받는 근로자가 있을 수 없어 위 규정을 둔 아무런 의미도 없게 되는 것인바, 위 규정을 둔 취지나 존재이유에 비추어 보아도 선박소유자의 주장과 같은 해석이 부당함은 명백하다.”고 판시하였다(광주지법 2019. 10. 30. 선고 2019나55261 판결).

견해대립이 있다.[444] 선원법 72조 1항은 근기법과는 달리 유급휴가를 부여할 시기와 항구에 대하여는 선박소유자와 선원과의 협의에 의하도록 규정하고 있다. 판례[445]에 따르면, 유급휴가권은 선원법상 성립요건을 충족하는 경우에 당연히 발생하나, 그 시기와 항구는 선원과 선박소유자의 협의에 의하여 결정된다.

나. 견해의 대립

유급휴가를 부여할 시기와 항구에 대한 선원과 선박소유자의 협의가 무엇을 의미하는지에 관하여, 협의를 선박소유자로 하여금 교체자 준비 등 필요한 조치를 할 수 있도록 통고하는 것으로 해석하는 견해도 있다.[446] 그러나 선원이 시기지정권을 행사하면 선박소유자는 정당한 사유가 있는 경우에 한하여 시기변경권을 행사할 수 있는 것으로 해석하여야 하므로, 협의란 시기지정권과 시기변경권을 합한 것으로 보아야 한다(이분설).[447]

다. 시기지정권

원칙적으로 휴가는 선원의 권리이므로 선원의 청구가 있는 시기에, 발생한 휴가일수 안에서 청구한 만큼 주어야 한다. 이렇게 휴가의 시기를 선원이 정할 수 있는 권리를 선원의 '시기지정권'이라고 한다. 시기지정의 형식에는 아무런 제한이 없으나, 선원의 시기지정권에 대응하여 선박소유자에게는 시기변경권이 있으므로, 적어도 선박소유자로 하여금 시기변경권의 행사 여부를 결정할 수 있을 만한 시간적 여유를 두고 시기를 지정하여야 한다. 또한 선박소유자가 예측할 수 없었던 손해를 입지 아니하게 할 충분한 시간적 여유를 두고 시기지정을 철회하는 것도 가능하다. 판례는 선원이 그 시기를 특정하지 않은 채 시기지정을 하는 경우에는 적법한 시기지정이라고 할 수 없어 그 효력이 발생하지 않는다는 입장을 취하고 있다.[448]

---

444) 박홍우, "연차유급휴가권", 재판자료 39집(1987), 559-563면.
445) 대법원 1972. 11. 28. 선고 72다1758 판결; 대법원 1997. 3. 25. 선고 96다4930 판결.
446) 武城正長, 122면. 이에 의하면, 선원이 협의를 하지 아니하고 하선한 경우에는 유효한 유급휴가권의 행사라고 보기는 어렵기 때문에 해고사유가 되나, 충분히 협의한 후에는 교체자가 보충되지 아니하더라도 하선할 수 있다고 한다.
447) 유명윤, 125-126면.
448) 대법원 1997. 3. 25. 선고 96다4930 판결; 대법원 1997. 3. 28. 선고 96누4220 판결.

라. 시기변경권

근기법 60조 5항은, 사용자는 근로자가 신청한 시기에 유급휴가를 주는 것이 사업운영에 막대한 지장이 있는 경우에는 그 시기를 변경할 수 있다고 규정하고 있다. 선원법에는 위와 같은 규정이 없으나, 시기변경권의 취지상 위와 같은 요건은 선박소유자의 시기변경권에도 유추적용되어야 한다. 시기변경권은 시기지정권을 전제로 하므로, 선박소유자는 원칙적으로 시기지정을 한 때로부터 지정된 시기(유급휴가의 개시일)까지의 기간 내에 시기변경권을 행사하여야 하며, 지정시기가 도래하기 전에 시기변경권을 행사하였다 하더라도 그 시점이 휴가 직전인 경우 등과 같이 선원의 유급휴가권의 원활한 행사를 방해할 우려가 있는 경우에는 권리남용으로 허용되지 않는다.[449)]

V. 유급휴가 수당

1. 유급휴가급

선박소유자는 유급휴가 중인 선원에게 통상임금을 유급휴가급으로 지급하여야 한다(법 73조 1항). 선원법에는 유급휴가 수당 지급시기에 관한 규정이 존재하지 아니하므로, 근기법 시행령 29조에 의하여 선박소유자는 유급휴가를 주기 전 또는 준 직후의 임금지불일에 유급휴가 수당을 선원에게 지급하여야 한다. 그러나 휴일수당을 지급한 것만으로는 유급휴가급을 지급하였다고 볼 수는 없다.[450)] 유급휴가를 사용할 권리 또는 유급휴가수당 청구권은 선원이 이미 승무한 기간 동안 근로를 제공하면 당연히 발생하는 것으로서, 유급휴가를 사용할 당시가 아니라 그 이전 승무기간의 근로에 대한 대가에 해당한다. 따라서 근로자가 직무상 재해 등의 사정으로 말미암아 유급휴가를 사용할 승무기간에 전혀 출근하지 못한 경우라 하더라도, 이미 부여받은 유급휴가를 사용하지 않은 데 따른 유급휴가수당은 청구할 수 있다.[451)] 선원이 일단 유급휴가권을 취득한 후에 유급휴가를 사용하기 전에

449) 근로기준법 주해 Ⅲ(제2판), 341면.
450) 광주지법 목포지원 2008. 8. 20. 선고 2007가단1232 판결.
451) 대법원 2017. 5. 17. 선고 2014다232296 판결.

퇴직 등의 사유로 선원근로관계가 종료된 경우, 선원은 선박소유자에게 근로관계 종료 시까지 사용하지 못한 연차휴가일수 전부에 상응하는 휴가수당을 청구할 수 있다.[452)]

2. 유급휴가 근로수당

유급휴가 근로수당이라 함은 선원이 유급휴가청구권을 행사하여 유급휴가를 취득하였으나 유급휴가일에 휴가를 실시하지 아니한 채 근로하였을 때 그 휴가일 근로에 대한 대가로 추가로 지급되어야 하는 임금을 의미한다. 선박소유자는 선원이 유급휴가의 전부 또는 일부를 사용하지 아니한 때에는 사용하지 아니한 유급휴가 일수에 대하여 통상임금에 상당하는 금액을 임금 외에 따로 지급하여야 한다(법 73조 2항). 이 경우 유급휴가 근로수당에는 할증률에 의한 가산임금이 지급되지 아니한다.[453)] 선박소유자가 선원과의 사전 약정으로 선원이 유급휴가를 사용하지 않거나 유급휴가 청구로 얻게 될 유급휴가일에도 근로할 것을 정하고 유급휴가일의 근로에 대한 수당을 지급하기로 하는 것('유급휴가권의 사전매수')은 강행법규인 선원법이 정하고 있는 유급휴가권의 행사를 저지하고 근로를 강요하는 결과를 초래하게 되어 그 유효성을 인정할 수 없으므로, 휴가를 사용하지 않을 때의 보상금 성격인 유급휴가근로수당을 미리 연봉에 포함시킨 포괄임금제에 의한 임금지급계약은 그 부분에 한하여 무효가 된다.[454)]

3. 유급휴가 대체수당

선원법은 유급휴가 대체를 허용하지 아니하므로, 원칙적으로 유급휴가 대체수당은 발생하지 않는다.[455)] 어선원이 유급휴가의 전부 또는 일부를 사용하지 아니

452) 대법원 2005. 5. 27. 선고 2003다48549 판결.
453) 대법원 1990. 12. 26. 선고 90다카12493 판결.
454) 대법원 1996. 6. 11. 선고 95누6649 판결; 창원지법 2016. 2. 16. 선고 2015나31876 판결; 광주지법 2019. 10. 30. 선고 2019나55261 판결(포괄임금제를 규정한 선원근로계약서상 '유급휴가수당'에 유급휴가근로수당까지 포함된 것으로 보게 되면, 선원법 등에 비추어 유급휴가를 사용한 근로자와 유급휴가를 사용하지 않은 근로자의 연봉에 차이가 없게 되어 사실상 근로자가 근로한 데에 대한 대가, 즉 임금 없이 근로를 제공하는 부당한 결과가 초래될 수 있다).
455) 2003. 9. 15. 개정 전 근기법에서는 연차휴가일 20일을 초과하는 일수에 대하여 통상임금을 지급하고 유급휴가를 주지 않을 수 있었는데, 그 초과하는 일수에 대하여 지급하는 통상임금을 연차휴가대체수당이라고 하였다. 근로기준법 주해 III(제2판), 301면.

한 때에는 사용하지 아니한 유급휴가일수에 대하여 임금 외에 유급휴가급을 따로 지급하여야 한다(시행규칙 46조의7 2항). 따라서 어선원 아닌 선원에 대하여도 위와 같은 규정이 적용된다고 해석하여야 한다.

4. 소멸시효

위와 같은 각 수당은 임금이므로 3년의 소멸시효가 적용되고(법 156조), 그 기산점은 유급휴가권을 취득한 날(8월간 계속 승무 또는 선박이 항행 중인 때에는 항해를 마친 때)로부터 4월이 경과하여 그 휴가불실시가 확정된 다음날이다.[456]

Ⅵ. 월차휴가

선원법에 명시적인 월차유급휴가에 관한 규정이 없다 하더라도, 선박소유자와 선원 사이에 단체협약, 취업규칙 등에 따로 정한 바가 있다면, 그로써 선박소유자는 선원들에게 월차유급휴가를 부여할 의무를 진다.[457]

Ⅶ. 어선원의 유급휴가

1. 적용범위와 성립요건

어획물 운반선을 제외하고, (i) 원양산업발전법 2조 2호에 따른 원양어업에 종사하는 어선, (ii) '어업의 허가 및 신고 등에 관한 규칙' [별표 1]의 규정에 의한 대형선망어업에 종사하는 어선, (iii) 위 규칙 [별표 1]에 따른 대형저인망어업에 종사하는 어선의 선박소유자는 어선원이 같은 사업체에 속하는 어선에서 1년 이상 계속 승무한 경우에는 유급휴가를 주어야 한다(법 74조 1항, 시행규칙 46조의4). 어선원이 고의나 중대한 과실 없이 어선에서의 승무를 중지한 경우 그 중지한 기간이 30일을 초과하지 아니할 때에는 계속하여 승무한 것으로 본다(법 74조 2항).

---

456) 대법원 2023. 11. 16. 선고 2022다231403 판결.
457) 인천지법 2009. 7. 8. 선고 2008나19492 판결(월차유급휴가수당에 관한 판결임).

2. 유급휴가 일수

유급휴가의 일수는 계속 승무한 1년에 대하여 20일로 하고, 1년을 초과하여 계속 승무한 매 1월마다 1일의 유급휴가를 가산한다(법 74조 3항, 시행규칙 46조의5).

3. 유급휴가 부여방법

어선의 소유자는 어선원이 1년간 계속하여 승무한 경우에는 1년이 되는 날부터 3월 이내에 어선원에게 유급휴가를 주어야 한다. 다만 어획작업 및 항행 중인 때에는 해당 항해를 마칠 때까지 휴가를 연기할 수 있다(시행규칙 46조의6 1항). 유급휴가는 단체협약 또는 고용계약이 정하는 바에 따라 시기를 분할하여 이를 부여할 수 있고(2항), 유급휴가의 구체적인 부여방법에 대하여는 선박소유자와 선원과의 협의에 의한다(3항).

4. 유급휴가급

어선의 소유자는 유급휴가 중인 어선원에게 통상임금을 유급휴가급으로 지급하여야 하고(시행규칙 46조의7 1항), 어선원이 유급휴가의 전부 또는 일부를 사용하지 아니한 때에는 사용하지 아니한 유급휴가일수에 대하여 임금 외에 유급휴가급을 따로 지급하여야 한다(2항).

5. 유급휴가의 사용일수 계산

어선원이 실제 사용한 유급휴가일수의 계산은 원양어선원의 경우 유급휴가를 사용할 국가에 도착한 날의 다음 날부터 기산하여 승선일(외국에서 승선하는 경우에는 출국일)의 전일까지의 일수로 하고, 근해어선원의 경우 유급휴가를 부여받은 일수로 하되, (i) 관공서의 공휴일 및 근로자의 날, (ii) 선원법 116조 또는 다른 법령의 규정에 의하여 받은 교육훈련 기간, (iii) 선박소유자가 인정하는 포상 또는 보상 성격의 휴가기간, (iv) 기상악화 · 천재지변 또는 사변으로 인한 정박기간, (v) 정박 중 선장의 허가를 받아 일시 상륙한 기간은 사용일수에 포함하지 아니한다(선원업무 처리지침 51조의4).

Ⅷ. 벌 칙

선박소유자가 (i) 69조 1항 또는 4항을 위반하여 유급휴가를 주지 아니하였을 때, (ii) 73조 1항 또는 2항을 위반하여 유급휴가급을 지급하지 아니하였을 때, (iii) 74조 1항을 위반하여 어선원에게 유급휴가를 주지 아니하였을 때에는 2년 이하의 징역 또는 2천만 원 이하의 벌금에 처한다(법 170조 5~7호).

Ⅸ. 감염병의 예방 및 관리에 관한 법률상 유급휴가

2020년 들어 전세계적으로 COVID-19 창궐로 인하여 선원근로관계에도 많은 영향을 미치고 있다. 감염병의 예방 및 관리에 관한 법률에서는 유급휴가에 관하여 규정하고 있다. 즉, 사업주는 근로자가 위 법에 따라 입원 또는 격리되는 경우 근기법 60조 외에 그 입원 또는 격리기간 동안 유급휴가를 줄 수 있다. 이 경우 사업주가 국가로부터 유급휴가를 위한 비용을 지원받을 때에는 유급휴가를 주어야 한다(감염병예방법 41조의2 1항). 사업주는 1항에 따른 유급휴가를 이유로 해고나 그 밖의 불리한 처우를 하여서는 아니 되며, 유급휴가 기간에는 그 근로자를 해고하지 못한다. 다만, 사업을 계속할 수 없는 경우에는 그러하지 아니하다(2항). 국가는 1항에 따른 유급휴가를 위한 비용을 지원할 수 있다(3항). 3항에 따른 비용의 지원 범위 및 신청·지원 절차 등 필요한 사항은 대통령령으로 정한다(4항).[458]

위와 같은 특별법상 규정은 선원의 근로관계에도 적용된다. 선원이 감염병에 감염되었거나 격리가 필요한 경우에도 유급휴가를 줄 수 있다. 전국해상선원노동조합연맹과 선주협회는 2020. 8. 27. 자가격리 기간 중 통상임금 70% 또는 1일 10만 원을 지급하기로 합의하였다.[459]

458) 사업주에게 주는 유급휴가 지원비용은 질병관리청장이 기획재정부장관과 협의하여 고시하는 금액에 근로자가 법에 따라 입원 또는 격리된 기간을 곱한 금액으로 한다(시행령 23조의3 1항).
459) 월간 선원 586호(2020. 9), 15-16면.

제5절 선내 급식

Ⅰ. 선내 급식 의무

1. 의 의

선박소유자는 승무 중인 선원을 위하여 해양수산부령으로 정하는 바에 따라 적당한 양과 질의 식료품과 물을 선박에 공급하고, 조리와 급식에 필요한 설비를 갖추어 선내 급식을 하여야 한다. 이 경우 승무 중인 선원의 다양한 문화와 종교적 배경을 고려하여야 한다(법 76조 1항). 선박소유자가 선원에게 선내 급식을 행하도록 규정한 것은 선원은 고립된 선박에서 생활하면서 근로를 제공해야 하는 해양노동의 특성상 선원의 건강유지를 위하여 선박소유자에게 의무를 부과한 것이고, 이는 오래 전부터 내려오는 관습이었다.[460] 외국인 선원 또는 선원의 종교적 · 문화적 이유로 식료품에 일정한 제한이 있는 경우가 있으므로, 이를 고려하여 식료품을 제공할 의무를 부과하고 있다. 선원법은 선박소유자의 선택에 따라 직접 식료품을 구입하거나 선장에게 선내 급식비를 지급할 수 있게 하고 있다.[461]

2. 법적 성질

선내 급식은 선박소유자가 선원에게 제공하는 중요한 급부 중 하나이고,[462] 선원의 노동력제공에 대한 보상이므로, 선내 급식에 관한 규정은 식료품에 대한 기본방침을 규정한 것이다.[463] 선내 급식은 선박소유자가 무상으로 선원에게 제공하여야 하는 것이므로, 선장에게 선내 급식비를 지급한 경우에도 임금에 해당하지 아니한다.[464] 선내 급식 의무는 공법상 의무이므로, 선박소유자는 선원근로계약이

460) 藤崎道好, 313면.
461) 부산지법 2006. 9. 14. 선고 2006나880 판결.
462) ArbG Lübeck, Beschluss vom 14.4.1986 －1c Ga 10/86－; ArbG Hamburg, Urteil vom 10.3.1992 －S 5 Ca 308/91－.
463) LAG Hamburg, Urteil vom 7.3.1983 －2 Sa 156/82－; ArbG Hamburg, Urteil vom 5.12.1991 －S 14 Ca 196/91－; ArbG Hamburg, Urteil vom 7.10.2011 －S 1 Ca 126/11－.

존속하는 동안 선내 급식을 제공하여야 한다.

3. 파업과 선내 급식 의무

선원이 파업을 하는 경우 선내 급식 의무가 중단된다는 견해[465]와 유지된다는 견해가 대립하고 있다.[466] 생각건대, (i) 파업으로 인하여 선원근로관계가 종료되는 것은 아닌 점, (ii) 인명과 선박의 안전유지를 위한 선원의 공법상 의무는 파업의 경우에도 중지되거나 면제되는 것은 아닌 점, (iii) 선박공동체를 적절하게 유지하기 위한 선박소유자의 의무(인적 감항능력 주의의무)는 파업의 경우에도 중지되거나 감소되는 것이 아닌 점, (iv) 파업으로 인하여 선박소유자는 임금지급의무를 면하는 점 등을 종합하면, 파업의 경우에도 선내 급식 의무가 정지되는 것은 아니라고 보는 것이 타당하다. 다만 선상파업시 선내 급식을 담당하는 선원도 파업에 가담하는 경우에는, 선내에 적당한 양·질의 식료품·물, 조리와 급식에 필요한 설비 등이 갖추어 있거나 선장에게 선내 급식비를 지급한 이상, 선박소유자가 육상에서 선박으로 음식을 직접 제공할 의무까지 부담하는 것은 아니다.[467]

4. 급식위원회

선박소유자는 적당한 양과 질의 선내 급식을 위하여 선박마다 선장과 조리책임자를 포함하여 5인 이상의 위원으로 구성하는 급식위원회를 두어 선원의 식생활을 관리하게 하여야 한다. 다만 외국영토에 기항하지 아니하는 선박 또는 새우트롤 어선은 그러하지 아니하다(시행규칙 47조 1항). 외국영토에 기항하지 아니하는 선박은 상대적으로 항해기간이 짧고, 승무선원의 수도 5인을 넘지 않는 경우가 많기 때문에 위와 같은 예외를 두고 있다.

---

464) 소득세법 시행령 12조 2호는 '선원법에 의하여 받은 식료'를 소득세법 12조 3호 (자)목에서 규정한 '대통령령으로 정하는 실비변상적(實費辨償的) 성질의 급여'라고 규정하고 있으나, 식료는 임금이 아니므로 위 규정은 부당하다. 한편, '선원법에 의하여 받는 식료'라 함은 선원법에 의거 선내급식을 위해 지급하는 식료를 말하는 것이므로 '선원 개인에게 현금으로 지급하는 식료'는 실비변상적인 급여에 해당되지 아니하는 것이며, 이 경우 소득세법 시행령 17조의2 2호의 규정에 따라 월 5만 원 이하의 식사대에 한하여 비과세되는 식사대의 범위에 포함된다(법인 46013-2171, 2000. 10. 24.)

465) LAG Hamburg, Urteil vom 26.8.1983 -6 Sa 36/83-; ArbG Lübeck, Beschluss vom 14.4.1986 -1c Ga 10/86-.

466) ArbG Bremen, Beschluss vom 5.8.1977 -7 Ca 7260-81/77-.

467) Lindemann, S.930-931.

5. 선원의 권리

법정기준에 미달하는 급식을 제공한 경우에는 선원은 법정기준을 준수한 급식의 제공을 청구할 수 있다. 영국 상선법(Merchant Shipping Act 1995) 44조 1항은, 3인 이상의 선원이 승선한 영국선박에 승선한 선원은 식료품·물의 양·질이 부적합한 경우에는 선장에게 고충을 제기할 수 있다고 규정하고 있다. 또한 미국 연방법률 46 U.S.C. §11106 (b)는, 선원이 기준미달의 식료품·물을 공급받은 경우에는 선박소유자나 선장을 상대로 감량·품질불량에 대하여 보상을 청구할 수 있고, 법원은 심리 후 합리적인 금액의 지급을 명할 수 있다고 규정하고 있다.

Ⅱ. 선박조리사

선박소유자는 선내 급식을 위하여 18세 이상인 사람으로서, (i) 해양수산부령으로 정하는 선박조리사교육을 이수하고 해양수산부장관이 실시하는 자격시험(선박조리사 자격시험)에 합격한 사람, (ii) 국가기술자격법에 따른 조리기능사 이상의 자격증을 취득하고, 선박에서 3년 이상 조리업무에 종사한 경력이 있는 사람으로서 해양수산부령으로 정하는 선박조리사교육[468]을 이수한 사람, (iii) 선박에서 6년 이상 조리업무에 종사한 경력이 있고, 해양수산부령으로 정하는 선박조리사교육을 이수한 사람, (iv) 2006 해사노동협약에 따라 외국정부로부터 선박에서의 조리와 급식에 관한 자격을 취득한 사람을 선박조리사로서 선박에 승무시켜야 한다(법 76조 2항 본문, 시행령 22조 1항).

다만 (i) 항해선이 아닌 선박, (ii) 선원법 65조 1항에 따른 승무정원이 10명 미만인 선박, (iii) 어선에 대하여는 이를 면제하거나 선박조리사를 갈음하여 선상조리와 급식에 관한 지식과 경험을 가진 사람을 승무하게 할 수 있다(법 76조 2항 단서, 시행령 22조의2).

해양수산부장관은 대통령령으로 정하는 바에 따라 선박조리사의 자격을 위한 교육과 시험을 실시한다(법 76조 3항). 선박조리사 자격시험, 자격증의 발급 등에 관하여는 시행령 22조 2~4항, 시행규칙 47조의3, 47조의4, 47조의5에서 규정하

468) 시행규칙 47조의2에서 [별표 2]에 따른 선박조리사교육을 말한다고 규정하고 있다.

고 있다. 해양수산부장관은 선박조리사 자격을 위한 교육과 선박조리사 자격시험의 실시에 관한 사무를 한국해양수산연수원에 위탁하고(법 158조 1항, 시행령 52조 2항 1호), 필요하다고 인정하는 경우 업무를 위탁받은 자에 대하여 그 추진사항을 보고하게 하거나, 업무의 개선을 요구하는 등 필요한 감독을 할 수 있다(시행령 52조 4항).

Ⅲ. 선내 급식비

1. 의 의

선박소유자는 해양수산부장관의 승인을 받아 식료품 공급을 갈음하여 선내 급식을 위한 식료품의 구입비용(선내 급식비)을 선장에게 지급하고, 선장에게 선내 급식을 관리하게 할 수 있다. 이 경우 선장은 선원 모두에게 차별 없이 선내 급식이 이루어지도록 하여야 한다(법 77조 1항). 외국항에 기항하거나 장기간 항해하는 경우에는 선박소유자가 직접 식료품을 공급하는 것보다는 선장이 현지에서 구입하는 것이 적당하기 때문에 해양수산부장관의 승인을 전제로 선내 급식비를 선장에게 지급·관리할 수 있는 규정을 두었다.

2. 법적 성질

선내 급식비는 선박소유자가 선원에게 제공하는 공법상 법정편의제공의무의 일종이므로, 임금에 해당하지 아니한다.[469)]

(1) 선원법 77조에 의하여 선박소유자가 식료품 공급에 갈음하여 선내 급식비를 지급한 경우, 선원근로계약에서 선박소유자가 칠성 1002호(해상화물운송사업등에 사용하는 부선, 총톤수 526t)에 근무하는 선두에게 매월 지급하기로 한 식대 300,000원은 그 같은 선내 급식비일 뿐이어서 승선평균임금 산정의 기초되는 임금에는 포함되지 않는다.[470)]

---

469) 선박소유자가 식료품 공급에 갈음하여 선내급식을 위한 식료품 구입비를 선원법 75조의 규정에 따라 지급하는 경우에는 소득세법 12조 4호 및 같은 법 시행령 12조 2호의 규정에 의한 실비변상적인 급여에 포함되는 것이다(법인 46013－1570, 2000. 7. 13.). 그러나 선내 급식비는 급여가 아니므로, 위와 같은 견해는 부당하다.

470) 대구지법 2020. 7. 9. 선고 2017가단28730 판결.

(2) 선박소유자가 부선의 선두에게 매월 5일에 계속적 · 정기적으로 지급한 식대는, 부선에는 선두 1인만이 승선하였고 선내 급식을 위한 취사시설이 없었으며, 선내급식을 위한 식료품 구입비용 용도로 지급되었다거나 위 용도로 사용되었던 것으로 보이지 않는 점, 다른 선박에 승선하고 있는 선원들에게도 각 30만 원의 식대를 매월 지급을 고려하면, 선원법 77조에 따른 선내 급식비로 보기 어려우므로, 승선평균임금의 산정을 위한 임금 총액에 포함된다.[471)]

(3) 단체협약 36조에서 "선박소유자는 선원에게 1일 9,000원의 식비를 지급한다."고 규정하고 있고, 이와 별도로 선박마다 10만 원의 간식비를 지급해온 경우에는 위 1일 9,000원의 식비는 임금에 해당한다.[472)]

3. 내 용

선박소유자는 선내 급식비를 지급할 때에는 선원 1인당 1일 기준액을 밝혀야 한다(법 77조 2항). 선내 급식비는 선내 급식을 위한 식료품 구입과 운반을 위한 비용 외의 용도로 지출하여서는 아니 된다(법 77조 3항). 해양수산부장관은 선내 급식비의 최저기준액을 정하고자 할 때에는 해양수산부령이 정하는 바에 따른 자문을 거쳐 선내 급식비의 최저기준액을 정할 수 있고, 이 경우 선박소유자는 최저기준액 이상의 선내 급식비를 지급하여야 한다(법 77조 4항, 시행령 23조).

Ⅳ. 벌 칙

선박소유자가 76조 1항에 따른 선내 급식을 하지 아니하였거나, 2항을 위반하여 선박조리사를 선박에 승무시키지 아니하였을 때에는 1년 이하의 징역 또는 1천만 원 이하의 벌금에 처한다(법 173조 1항 12호). 선장이 77조 1항 후단을 위반하여 차별 급식을 한 경우에는 200만 원 이하의 과태료를 부과한다(법 179조 3항 9호).

471) 부산지법 2018. 12. 5. 선고 2017가합50177 판결.
472) 서울고법 2011. 1. 28. 선고 2010나31411 판결.

제6절 안전 · 보건

Ⅰ. 안전 · 보건의 중요성

선원의 생명 · 신체 · 건강은 선원에게 가장 소중한 것이고, 그것이 근로 제공 과정에서 손상당하지 않도록 하는 것은 노동법의 중요한 과제이다. 근로시간 · 휴식에 관한 법정기준도 선원에게 과도한 피로가 축적되는 것을 방지함으로써 건강 장애와 사고 발생을 방지하는 기능을 수행하고, 그 밖의 대우 보장의 체계(최저임금제, 단체교섭권 등)도 선원의 건강의 유지 향상에 간접적으로 이바지하는 것이며, 산업재해보상 책임의 제도화도 산업재해를 억제하는 효과가 있다. 그러나 위와 같은 과제의 중심을 이루는 것은 근로의 장에서 안전 · 보건[473)]을 확보하고, 그에 따라 산업재해를 방지하는 것이다.[474)]

ILO는 선원을 위하여 68호 음식 및 공급(선원)협약[Food and Catering (Ships' Crews) Convention, 1946년], 92호 선원의 편의시설협약(개정)[Accommodation of Crews Convention (Revised), 1949년], 133호 선원의 편의시설(보충규정)협약[Accommodation of Crews (Supplementary Provisions) Convention, 1970년], 134호 재해의 예방(선원)협약[Prevention of Accidents (Seafarers) Convention, 1970년], 163호 선원의 복지협약(Seafarers' Welfare Convention, 1987년), 164호 건강보호 및 의료보호(선원)협약[Health Protection and Medical Care (Seafarers) Convention, 1987년] 등을 채택하였다.

2006 해사노동협약(Maritime Labour Convention, 2006)은 선내 선원의 건강 및 안전 보호와 사고방지를 위하여 규정 제4.3조 제3항에서 "각 회원국은 자국의 선박에서 산업 안전과 건강보호 및 재해방지를 위한 기준을 정한다."라고, 기준 가

473) 안전(safety)이란 가해주체에 의하여 필수 요인이나 확대 요인의 상호 작용으로 피해 주체에 가해지는 외부적인 위험을 어떤 법칙에 적합한 행동과 방법으로 피할 수 있는 것을 의미하고, 보건(health)이란 근로하는 장소에서 근로자가 접촉하는 물체 또는 환경에 의한 질병의 발생이 필연성을 지니고 있는 경우(이를 '유해'라고 한다) 이러한 유해성을 제거함으로써 질병 방지 등을 꾀하는 것을 의미한다. 근로기준법 주해 Ⅲ(제2판), 460면.

474) 菅野和夫, 일본노동법, 이정 譯, 법문사(2007), 341면.

제4.3조에서 "규정 제4.3조 제3항에 따라 법령 또는 그 밖의 조치에는 다음 사항을 포함한다."라고 하면서 "선내 직무상 사고, 상해 및 질병을 방지하기 위한 합리적인 주의사항. 이 주의사항에는 선내 장비 및 기계의 사용으로 인하여 발생할 수 있는 상해 또는 질병의 위험뿐만 아니라 환경요인 및 화학물질의 위험한 수준에 노출될 위험을 경감하고 방지하기 위한 조치가 포함된다."라고 규정하였다.

헌법상 근로의 권리가 '일할 자리에 관한 권리'만이 아니라 '일할 환경에 관한 권리'도 함께 내포하고 있고, 후자는 인간의 존엄성에 대한 침해를 방어하기 위한 자유권적 기본권의 성격도 갖고 있어 건강한 작업환경을 요구할 수 있는 권리 등을 포함하고 있다.[475] 이를 위하여 헌법 34조 6항은 "국가는 재해를 예방하고 그 위험으로부터 국민을 보호하기 위하여 노력하여야 한다."고 규정하고 있고,[476] 36조 3항은 "모든 국민은 보건에 관하여 국가의 보호를 받는다."고 규정하고 있으며, 국가는 근로자에 대한 재해예방의무와 보건의무를 구체화하기 위하여 선원법 외에도 근기법, 산업안전보건법 등을 제정 · 시행하고 있다.

그런데 산업안전보건법 3조 1항, 시행령 2조의2 1항 [별표 1] 1호 ㈑목은 선박안전법 적용 사업(선박 및 보트 건조업은 제외)에 대하여는 일부 조항을 적용하지 않는다고 규정하고 있고, [별표 1] 3호 ㈏목은 산업안전보건법 31조(같은 조 3항에 따른 특별교육은 제외)를 적용하지 않는다고 규정하고 있다. 그러나 선원법이 적용되는 사업장에는 근기법이나 산안법이 적용되지 않는다고 보아야 하므로, 위 규정은 선원법이 적용되지 아니하는 선박안전법 적용 사업에 한하여 적용되는 것으로 해석하는 것이 타당하다. 선원법은 안전 · 보건에 관하여 국가, 선박소유자, 선원에게 책임과 의무에 관한 다수의 규정을 두고 있으므로, 선원의 안전 · 보건은 주로 선원법에 의하여 규율된다.

---

475) 헌재 2007. 8. 30. 선고 2004헌마670 결정.

476) 헌법학자들은 위 조항의 '재해'를 '국가적 재앙'으로 해석하거나[성낙인, 헌법학(8판), 법문사(2008), 676면], '자연재해'로 해석하고 있으나[구병삭, 신헌법원론(3전정판), 박영사(1996), 617면], 위 재해를 이와 같이 좁게 해석할 근거는 없다. 근로기준법 주해 Ⅲ(제2판), 440면.

Ⅱ. 국가의 책임과 의무

1. 선내 안전·보건 등을 위한 국가의 책임과 의무

해양수산부장관은 승무 중인 선원의 건강을 보호하고 안전하고 위생적인 환경에서 생활·근로 및 훈련을 할 수 있도록, (i) 선내 안전·보건정책의 수립·집행·조정 및 통제, (ii) 선내 안전·보건 및 사고예방 기준의 작성, (iii) 선내 안전·보건의 증진을 위한 국내 지침의 개발과 보급, (iv) 선내 안전·보건을 위한 기술의 연구·개발 및 그 시설의 설치·운영, (v) 선내 안전·보건 의식을 북돋우기 위한 홍보·교육 및 무재해운동 등 안전문화 추진, (vi) 선내 재해에 관한 조사 및 그 통계의 유지·관리, (vii) 그 밖에 선원의 안전 및 건강의 보호·증진 등의 사항을 성실히 이행할 책임과 의무를 진다(법 78조 1항).

해양수산부장관은 위 사항을 효율적으로 수행하기 위하여 필요한 경우 선박소유자 단체 및 선원 단체의 대표자와 협의하여야 하고(2항), 선내 안전·보건과 선내 사고예방을 위한 활동이 통일적으로 이루어지고 증진될 수 있도록 ILO 등 관계 국제기구 및 그 회원국과의 협력을 모색하여야 한다(3항).

2. 선내 안전·보건 및 사고예방 기준

가. 내 용

선내 안전·보건 및 사고예방 기준(선내안전보건기준)에는 (i) 선원의 안전·건강 관련 교육훈련 및 위험성 평가 정책, (ii) 선원의 직무상 사고·상해 및 질병(직무상 사고등)의 예방 조치, (iii) 선원의 안전과 건강 보호를 증진시키기 위한 선내 프로그램, (iv) 선내 안전저해요인의 검사·보고와 시정, (v) 선내 직무상 사고등의 조사 및 보고, (vi) 선장과 선내 안전·건강담당자의 직무, (vii) 선내안전위원회의 설치 및 운영, (viii) 선내 시설 및 장비의 주기적인 점검·관리, (ix) 소년선원과 여성선원의 보호, (x) 위험작업 또는 유해물질에 노출되는 작업에 대한 안전 및 방호, (xi) 선원법 125조에 따른 선원근로감독관이 해양수산관청의 명에 따라 수행하는 선내 안전·보건 및 사고예방 점검과 안전 진단 등에 관한 사항,

(xii) 그 밖에 선내 안전・보건 및 사고예방과 관련하여 해양수산부장관이 필요하다고 인정하는 사항이 포함되어야 한다(법 79조 1항, 시행규칙 47조의6).

나. 고시와 개정

선내안전보건기준의 구체적인 사항은 해양수산부장관이 정하여 고시한다(법 79조 2항). 해양수산부장관은 선박소유자 단체 및 선원 단체의 대표자와 협의하여 선내안전보건기준을 정기적으로 검토하여야 하며, 필요한 경우 검토 결과를 고려하여 선내안전보건기준을 개정할 수 있다(법 80조).

3. 직무상 사고등의 조사

해양수산부장관은 선박소유자로부터 직무상 사고등의 발생 사실을 보고받은 경우에는 그 사실과 원인을 조사하여야 한다(법 81조 1항). 사고의 원인을 분석하여 재발을 방지할 수 있는 조치를 마련하고, 문제점을 개선하거나 선박소유자에게 시정명령 등 필요한 행정처분을 하기 위해서 사고원인의 조사는 필요하다. 해양수산부장관은 직무상 사고등을 예방하기 위하여 1항에 따라 조사한 직무상 사고등에 관한 통계를 유지・관리하여야 하고, 그 통계를 분석하여 자료집을 발간할 수 있다(2항).

4. 의료조언

해양수산부장관은 대한민국 주변을 항해 중인 선박(외국 국적 선박을 포함한다)의 선장이 부상을 당하거나 질병에 걸린 선원(상병선원)에 대한 의료조언을 요청할 경우에는 무선 또는 위성통신으로 의료조언을 무료로 제공하여야 한다(법 88조 1항). 의료인은 컴퓨터・화상통신 등 정보통신기술을 활용하여 먼 곳에 있는 의료인에게 의료지식이나 기술을 지원하는 원격의료를 할 수 있으나(의료법 34조 1항), 이는 선내에 보건복지부령으로 정하는 시설과 장비를 갖추어야 하고(의료법 34조 2항), 선의(船醫)가 존재하는 경우에만 가능하기 때문에, 의료조언에 관한 규정을 둔 것이다. 해양수산부장관은 1항에 따른 의료조언을 제공하기 위하여 '응급의료에 관한 법률' 27조에 따라 응급의료정보센터를 설치・운영하는 보건복지부장관에게 협조를 요청하여야 하고, 보건복지부장관은 특별한 사유가 없으면 협조하여야 한다(2항).

5. 외국인 선원에 대한 진료 등

해양수산부장관은 국내 항에 입항한 선박의 외국인 상병선원이 진료받기를 요청할 때에는 필요한 조치를 하여야 한다(법 89조).

Ⅲ. 선박소유자의 의무

1. 안전운항을 위한 의무

STCW를 적용받는 선박소유자는 선박 운항의 안전을 위하여 (i) 해기(海技) 능력의 향상을 위한 선원의 선상훈련 및 평가계획의 수립·실시, (ii) 해양사고에 대비하기 위한 선상 비상훈련의 실시, (iii) 항해당직에 관한 상세한 기준의 작성·시행, (iv) 선원에게 선박 안에서의 임무 및 선박의 특성을 숙지하도록 교육을 실시할 것, (v) 선장에게 선박 안에서 필요한 근무지침서를 제공할 것, (vi) 선장에게 해상인명안전 및 해양환경보호와 관련된 국내외의 규정등 자료를 제공할 것, (vii) 선원을 교체할 때에는 업무의 인계·인수에 소요되는 충분한 시간을 선원에게 줄 것 등을 이행하여야 한다(법 63조 1항, 시행령 52조의2).

선상훈련·평가계획의 수립기준은 시행규칙 [별표 4]와 같고, 항해당직 기준의 작성방법은 시행규칙 [별표 5]와 같다(법 63조 2항, 시행규칙 40조의2).

2. 안전보건에 관한 의무

가. 선박소유자의 선원법상 의무

(1) 보호장구와 방호장치 등의 제공

(가) 내용

선박소유자는 선원에게 보호장구와 방호장치 등을 제공하여야 하며, 방호장치가 없는 기계의 사용을 금지하여야 한다(법 82조 1항). 선박소유자가 82조 1항을 위반하는 때는 1년 이하의 징역 또는 1,000만 원 이하의 벌금에 처한다(법 172조).

(나) 판례[477]

해사노동협약(2006 MLC)에 의하면, 규정과 코드 가편의 조항은 강행규정이고, 코드 나편의 조항은 강행규정이 아니나 회원국은 코드 나편에 마련된 방식으로 자국의 책임을 이행하도록 상당한 고려를 하여야 한다(6조 1항, 2항). 선내 선원의 근로환경이 산업안전 및 건강을 증진시키도록 보장하기 위하여 각 회원국은 관련 국제문서를 고려하여 코드에서 규정하는 사안들을 다루는 법령 및 그 밖의 조치를 채택하고, 자국의 선박에서 산업 안전과 건강 보호 및 재해 방지를 위한 기준을 정하여야 하고(규정 4.3조 목적, 3항), 이에 따라 채택되는 법령 또는 그 밖의 조치에는 선내 직무상 사고, 상해 및 질병을 방지하기 위한 합리적인 주의사항이 포함되어야 하고, 위 주의사항에는 선내 장비 및 기계의 사용으로 인하여 발생할 수 있는 상해 또는 질병의 위험뿐만 아니라 환경요인 및 화학물질의 위험한 수준에 노출될 위험을 경감하고 방지하기 위한 조치가 포함되어야 한다(기준 가 4.3조 1항 나호). 보호장비 또는 그 밖의 사고방지 안전장비를 제공하여야 하는 선박소유자의 모든 의무는 일반적으로 선원이 그것을 이용할 것을 요구하는 규정과 관계 사고 방지 및 건강 보호 조치를 준수하기 위한 선원에 대한 요건과 함께 규정되고, 1963년 기계의 방호에 관한 협약(119호) 7조 및 11조의 규정과 1963년 기계의 방호에 관한 권고(118호)의 그에 상응하는 규정도 또한 고려되며, 이들 규정에 의하여 사용자는 사용 중인 기계에 적당한 방호장치를 마련하고, 적당한 방호장치가 되어 있지 아니한 기계의 사용을 금지하는 요건을 준수할 의무를 지는 반면에 근로자는 방호장치가 마련되어 있지 아니하거나 마련된 방호장치가 작동하지 않는 기계를 사용하지 않을 의무가 있다(지침 나 4.3.4.조 1항).

이상에서 살펴본 법률의 문언, 개정의 이유와 배경, 보호장구와 방호의 사전적 정의를 종합하면, 선원법 82조 1항에 따라 선박소유자는 선원이 선내에서 통상적인 방법으로 근로를 제공하는 과정에서 처할 수 있는 생명·신체에 대한 위험으로부터 선원을 보호하기 위하여 필요하고 적당하다고 인정되는 보호장구와 방호장치 등을 제공하여야 하며, 만일 기계를 제공하는 경우에는 위와 같은 방호장치

477) 창원지법 통영지원 2021. 2. 15. 선고 2020고정73 판결; 창원지법 2021. 10. 14. 선고 2021노650 판결(항소 기각); 대법원 2022. 1. 27. 선고 2021도14513 판결(상고 기각).

가 없는 기계의 사용을 금지하여야 한다는 의무를 정한 것으로 해석된다.

나아가, 선원법 82조 1항은 그 기초가 된 해사노동협약 등 조약의 내용을 그대로 옮긴 정도에 불과하여 선원의 선내 근로의 실정, 선박소유자와 선원 간의 이해관계 조절 등 국내 사정을 고려하여 결정한 개별적이고 구체적인 규범을 수범자인 선박소유자에게 제시하지 못하고 있는 점, 해양수산부도 "선원법 82조는 선박소유자의 일반적인 의무를 규정한 조항이고, 이에 대한 단속결과는 없으며, 현단계에서 개정은 고려하지 않고 있다"는 취지로 민원회신한 점, 선원법 82조 1항이 적용되지 않더라도 일반법인 산업안전보건법에 의한 선원의 보호가 가능한 점을 덧붙여 보면, 선원의 선내 직무상 사고 방지에 대하여 합리적인 주의를 가진 선박소유자라고 한다면 검사가 주장하는 보호장구나 방호장치가 필요하고 적당한 정도라는 점에 대하여 의문 없이 수긍할 수 있을 정도가 되어야 선박소유자가 앞서 본 의무를 위반하였다고 보아 선원법 172조에 따라 처벌할 수 있을 것이다.

위 법리에 비추어보면, 선박소유자가 어선(80t)에서 통발어구 양망작업을 하는 어선원에게 안전모 등 보호장구를 제공할 의무가 있었다거나 덮개 등 방호장치 없는 양승기 롤러의 사용을 금지할 의무가 있었다고 단정하기 어렵다.

(2) 위험한 선내 작업 시 의무

선박소유자는 해양수산부령으로 정하는 바에 따라 위험한 선내 작업에는 일정한 경험이나 기능을 가진 선원을 종사시켜야 한다(법 82조 2항).

(가) 위험한 선내작업

위험한 선내작업이란 (i) 양묘기·권양기를 조작하는 작업, (ii) 하역용 장비를 조작하는 작업, (iii) 바닥에서 2미터 이상인 장소에서 보조장비를 사용하여 하는 작업, (iv) 몸의 중심을 선체 밖으로 내놓고 하는 작업, (v) 산소결핍의 우려가 있는 장소에서 하는 작업, (vi) 인체에 유해한 가스를 검지하는 작업, (vii) 위험화물의 상태를 점검하는 작업, (viii) 감전의 우려가 있는 전기공사작업, (ix) 금속의 용접·절단 또는 가열작업을 말한다[해양수산부령 486호, 선원의 안전 및 위생에 관한 규칙(이하 '규칙') 3조 1항].

(나) 위험한 선내작업 종사자

선박소유사는 법 82조 2항에 따라 (i) 위 규칙 3조 1항 각 호의 규정에 의한 작업에 6월 이상 근무한 경력이 있는 자 또는 당해 작업을 할 수 있는 자로서 국가에서 인정한 해당자격증을 소지한 자, (ii) 선원법 시행규칙 [별표 2]의 규정에 의한 당직부원교육과정을 수료한 자, (iii) 선박직원법 4조의 규정에 의하여 해기사면허를 받은 자의 어느 하나에 해당하는 자가 아니면 위험한 선내작업에 종사시킬 수 없다(규칙 3조 2항).

(다) 안전담당자의 선임

선박소유자는 법 82조 2항에 따라 선내작업으로 인한 위험을 방지하고 기타 이 규칙에서 정하는 사항을 이행하기 위하여 선박에 기관장 또는 2년 이상 승선근무한 경험이 있는 기관사 중에서 안전담당자 1인을 선임하여야 한다. 다만, 선원이 10인 이하인 선박의 경우에는 선장을 안전담당자로 할 수 있다(규칙 4조 1항).

위험물선박 운송 및 저장 규칙 2조 1호의 규정에 의한 위험물을 상시 운송하는 선박에는 1항의 규정에 의한 안전담당자 외에 1등 항해사를 위험물안전담당자로 선임하여야 한다. 다만, 선원이 10인 이하인 선박의 경우에는 위험물안전담당자를 선임하지 아니할 수 있다(규칙 4조 2항).

(라) 안전담당자의 임무

안전담당자는 (i) 선내작업상의 안전도 확인 및 적정한 작업인원의 배치, (ii) 안전장비 · 위험탐지기구 · 소화기구 · 보호기구 기타 위험방지를 위한 설비 · 용구등의 비치 및 점검, (iii) 작업중 위험한 사태가 발생하였거나 발생할 우려가 있을 때의 응급조치 또는 방지조치, (iv) 안전장비 및 보호기구등의 사용방법과 안전수칙 기타 작업의 안전에 관한 교육, (v) 선내안전관리에 관한 기록의 작성 및 보관, (vi) 기타 안전조치에 필요한 사항의 임무를 수행한다(규칙 5조 1항). 위험물안전담당자는 위험물의 취급과 관련된 1항 각 호의 임무를 수행하여야 한다(규칙 5조 2항).

(마) 개선의견의 제출 등

안전담당자 및 위험물안전담당자는 소관업무에 관한 개선의견을 기록 유지하고 이를 선장에게 보고하여야 한다. 다만, 2항의 규정에 의하여 보고를 받은 선장이 개선의견을 선박소유자에게 보고하지 아니한 경우에는 직접 선박소유자에게 보고할 수 있다(규칙 6조 1항). 선장은 1항의 규정에 의한 개선의견의 보고가 있는 때에는 이를 검토하여 선박소유자에게 보고하여야 한다(규칙 6조 2항). 1항 단서 또는 2항의 규정에 의하여 개선의견을 보고받은 선박소유자는 개선에 필요한 조치를 하여야 한다(규칙 6조 3항).

(3) 승무 제한

선박소유자는 감염병·정신질환·그 밖의 질병을 가진 사람 중에서 승무가 곤란하다고 해양수산부령으로 정하는 선원을 승무시켜서는 아니 된다(법 82조 3항).

(4) 보고의무

선박소유자는 선원의 직무상 사고등이 발생하였을 때에는 즉시 해양수산관청에 보고하여야 한다(법 82조 4항).

(5) 위험 방지 및 위생 유지 의무

선박소유자는 선내 작업 시의 위험 방지, 의약품의 비치와 선내위생의 유지 및 이에 관한 교육의 시행 등에 관하여 (i) 선내작업에 필요한 기계·기구·용구 등의 공급, (ii) 선내위생의 유지에 필요한 의약품·위생용품·의료서적 등의 공급, (iii) 작업시 안전을 위한 조명장치·안전표시 기타 보조기구의 설치, (iv) 거주구역·기관실·조리실등의 환기·채광·조명 및 온도의 유지와 소음 및 진동의 방지등 위생상 양호한 상태를 유지하기 위한 시설의 설치, (v) 거주구역 및 창고등에 쥐·벌레등을 없애기 위한 약품의 공급, (vi) 산소 및 인체에 유해한 기체 등의 측정에 필요한 기구의 공급(다만, 냉동시설이 설치되어 있지 아니한 연근해어선은 그러하지 아니하다), (vii) 화물창에서의 작업, 높은 곳에서의 작업, 용접작업, 무거운 물건을 취급하는 작업, 전기류사용작업, 어로작업등 위험작업시의 위해방지를 위한 필요한 보호기구의 공급, (viii) 선내안전 및 위생관리에 필요한 교육의 실시, (ix) 선내작업시의 위해방지 및 위생의 유지를 위한 선내안전위생수칙의 제정 및 보급 등의 사항을 지켜야 한다(법 82조 5항, 규칙 2조).

(6) 제복 제공 의무

해운법 3조에 따른 해상여객운송사업에 종사하는 선박의 선박소유자는 선박에 승선하는 선원에게 제복을 제공하여야 한다(법 82조 7항, 시행령 23조의2).

나. 안전배려의무

(1) 개 념

안전배려의무란 일응 선원의 안전·보건에 관한 선박소유자의 주의의무라고 할 수 있다.[478] 판례는 "사용자는 근로계약에 수반되는 신의칙상 부수의무로서 피용자가 노무를 제공하는 과정에서 생명·신체·건강을 해치는 일이 없도록 인적·물적 환경을 정비하는 등 필요한 조치를 강구하여야 할 보호의무를 부담하고, 이러한 보호의무를 위반함으로써 피용자가 손해를 입은 경우 이를 배상할 책임이 있다"[479]고 판시하여 주로 '보호의무'라는 용어를 사용하지만, 여기서는 '안전배려의무'라는 용어를 사용하기도 한다.[480] 종래의 안전배려의무론은 산업재해가 발생한 경우 손해배상사건과 같이 사후구제이론으로 발전하였으나, 최근에는 산업안전보건법령의 정비와 더불어 근로자의 생명·신체에 관한 예방조치확보를 위하여 사전조치로서 안전배려의무로 확대되었다.[481]

(2) 안전배려의무의 법적 성질

(가) 부수의무설

안전배려의무의 법적 성질에 관하여 학설상 선박소유자가 선원근로계약의 부수적 의무로서 신의칙상 부담하는 의무라는 견해[482]와 본질적인 의무라는 견해[483] 등으로 나뉜다. 판례는 "건축공사의 일부분을 하도급받은 자가 구체적인 지휘·감독권을 유보한 채, 재료와 설비는 자신이 공급하면서 시공부분만을 시공기술자에게 재하도급하는 경우와 같은 노무도급의 경우, 그 노무도급의 도급인과 수급인은 실질적으로 사용자와 피용자의 관계에 있고, 그와 같은 경우 도급인은 수급인

---

478) 선박소유자의 안전배려의무에 관한 자세한 논의는 김기선·전영우, "선박소유자의 안전배려의무와 선내 안전·보건 및 사고예방 제도개선 연구", 해사법연구 30권 2호(2018. 7) 참조.

479) 대법원 2000. 5. 16. 선고 99다47129 판결.

480) 대법원 2000. 9. 29. 선고 2000다28995 판결.

481) 注釈労働基準法(下), 東京大學労働法研究会 編, 有斐閣(2003), 951, 953면.

482) 근로기준법 주해 Ⅲ(제2판), 450면; 김유성 Ⅰ, 54면; 김형배, 386-390면; 임종률, 366면.

483) Larenz, Lehrbuch des Schuldrechts Bd., Ⅱ. Allgemeiner Teil(SR AT), 14. Aufl., C.H. Beck(1987), S.326.; Fikentscher, Wolfgang Schuldrecht, 7. Aufl., Walter de Gruyter(1985), S.540.(임금지급의무에 이은 제2의 주된 의무라고 한다); 김교숙, "사업주의 안전배려의무 - 법리의 변천을 중심으로 -", 노동법에서 권리와 책임(김형배 교수 화갑 기념 논문집), 박영사(1994), 219-221면; 전형배, "안전배려의무의 내용과 과제", 노동법학 55호(2015. 9), 35-37면.

이 노무를 제공하는 과정에서 생명·신체·건강을 해치는 일이 없도록 물적 환경을 정비하고 필요한 조치를 강구할 보호의무를 부담하며, 이러한 보호의무는 실질적인 고용계약의 특수성을 고려하여 신의칙상 인정되는 부수적 의무로서 산업안전보건법 23조가 적용되지 아니하는 사용자일지라도 마찬가지로 인정된다."[484]고 판시하여 안전배려의무는 신의칙상 인정되는 부수의무라는 입장을 취하였다.

(나) 본질적 의무설

근로자는 사업주가 제공하는 장소에서 그의 설비 및 장비를 이용하여 그의 지배 하에서 근로를 제공할 의무를 부담하기 때문에 위험요소를 내포하고 있는 근무장소 및 설비에 항상 노출될 수밖에 없게 된다. 근로제공과 근로자의 신체는 불가분의 일체를 이루어 분리할 수 없으므로 근로제공 그 자체에 근로자의 생명과 건강에 대한 위험이 내재하고 있고, 따라서 사용자는 근로자가 근로제공을 하기 위한 전제를 갖추어 줄 의무로서 근로자의 생명·신체에의 위험을 미연에 방지할 주된 급부의무를 부담한다. 사용자는 근로자에게 노무제공을 청구하기에 앞서 그 노무제공을 안전하게 이행할 수 있도록 인적·물적 근로환경을 정비하는 등의 조치를 취할 의무를 부담한다.[485]

안전배려의무는 근로계약상 본질적 의무이므로, 당사자의 합의에 의하여 이를 배제·제한하는 것은 허용되지 아니한다. 독일 민법 618조 1항은 "사용자는, 그가 노무의 실행을 위하여 제공한 장소, 장비나 기구를 설치·유지하고 또 자신의 명령 또는 지시 하에 행해지는 노무급부를 지휘할 때 노무급부의 성질이 허용되는 한도에서 노무자가 생명과 건강에 대한 위험으로부터 보호되도록 하여야 한다."고 규정하고 있고, 619조에서 "618조에 따른 사용자의 의무는 계약에 의하여 사전에 배제하거나 제한할 수 없다."고 규정하여 이를 확인하고 있다.

(3) 안전배려의무의 내용

안전배려의무의 구체적인 내용은 선원근로계약 등 당사자의 약정이나 법령, 단체협약, 취업규칙 등에 의하여 결정되지만, 이러한 규정이 없는 경우에는 개별적 근로관계와 관련하여 사회통념상 타당한 범위 내에서 인정되어야 한다.[486] 판

484) 대법원 1997. 4. 25. 선고 96다53086 판결; 대법원 2006. 9. 28. 선고 2004다44506 판결.
485) 강선희·정진우, "사내하도급근로자에 대한 도급사업주의 안전배려의무와 산안법상 안전보호조치의무", 고려법학 64호(2012), 326-327면.

례[487]도 선박소유자가 부담하는 안전배려의무의 구체적 내용은 선원의 직종, 노무내용, 노무제공장소 등 안전배려의무가 문제되는 당해 구체적 상황 등에 의하여 결정된다는 입장을 취하고 있다.[488]

(4) 안전배려의무위반의 효과

판례는 아직까지 안전배려의무의 위반의 효과로서 손해배상청구권만을 인정하고 있으며, 더 나아가 이행거절권이라든가 이행청구권의 문제에 대해서는 다루고 있지 않다. 그러나 학설은 선박소유자의 안전배려의무위반에 대하여 선원은 안전배려의무이행청구 · 안전배려의무에 위반되는 행위의 중지청구와[489] 노무급부거절권을 행사할 수 있다고 본다.[490]

선박소유자가 안전배려의무를 위반하는 경우, 선원은 선박소유자에 대하여 채무불이행책임을 물을 수 있고, 불법행위책임을 물을 수도 있다.[491] 안전배려의무의 내용을 특정하고 의무위반에 해당하는 사실을 주장 · 증명할 책임은 그 의무위반을 주장하는 선원이 부담하고,[492] 안전배려의무위반을 이유로 선박소유자에게 손해배상책임을 인정하기 위해서는 특별한 사정이 없는 한 그 사고가 선원의 업

486) 산안법에는 근로자에 대한 '소음 작업'을 '1일 8시간 작업을 기준으로 85dB 이상의 소음이 발생하는 작업'으로 정의하면서 위 소음의 정도를 근로자의 머리를 기준으로 60㎝내에서 측정하도록 규정하고 있는 점, 선박의 기관실에서 100dB 전후의 소음이 지속적으로 발생하였다 하더라도 선박의 기관실에 존재하는 귀마개 등 보호장구를 착용하였을 경우 실제 전달되는 소음은 대략 65~80dB 정도에 이르는 것으로 나타나는 점, 일반적으로 선박의 기관실은 일정 수준 이상의 소음 발생이 불가피한 공간이라는 점에 비추어 보면, 선박의 기관실 출입문에는 출입을 제한하고 출입시 귀마개 등 보호장비를 착용해야 한다는 경고문이 부착되어 있고 기관실 내에는 귀마개 등의 보호장비가 비치되어 있는 경우, 기관실 소음 방지를 위하여 경고문 부착 및 보호장비의 비치 이외에 추가적인 조치를 취하지 아니하였다 하여 이를 보호조치 및 안전배려의무 위반이라고 인정하기는 어렵다. 부산지법 2020. 6. 25. 선고 2019가단301063 판결.

487) 대법원 2001. 7. 27. 선고 99다56734 판결.

488) 선박소유자는 어선원과 보합제 방식으로 선원근로계약을 체결하였으므로, 선원으로 하여금 선박소유자의 비용으로 건강진단서를 발급받게 하여 해상에서 근무할 수 있는 정도의 건강상태인지를 확인한 후 승선하게 하여야 하고, 만일 선원의 건강상태를 확인하지 않고 승선하게 한 경우에는 선원의 건강상태에 관한 위험을 인수하여 선원의 건강상태 변화를 주시하면서 건강을 유지하면서 근로를 제공하게 하여야 할 것인바, 구체적으로는 작업 중 충분한 휴식을 취하게 하는 등 안전하게 근로를 제공할 수 있도록 조치하고, 출항 이후에는 육지에서 격리되어 있는 선박이라는 장소의 특성상 휴식 중이더라도 선원의 건강과 안전을 충분히 살펴서 만일 선원의 건강에 이상이 있는 경우 즉시 조치하여 그로 인한 위험을 최소화하는 등으로 선원근로계약에 부수한 안전배려의무를 부담한다. 부산지법 서부지원 2020. 9. 3. 선고 2019가단113541 판결.

489) 임종률, 366면.

490) 박홍규, 451면.

491) 대법원 1997. 4. 25. 선고 96다53086 판결.

492) 대법원 2000. 3. 10. 선고 99다60115 판결; 대법원 2006. 4. 28. 선고 2005다63504 판결.

무와 관련성을 가지고 있을 뿐 아니라 또한 그 사고가 통상 발생할 수 있다고 하는 것이 예측되거나 예측할 수 있는 경우라야 하고, 그 예측가능성은 사고가 발생한 때와 장소, 가해자의 분별능력, 가해자의 성행, 가해자와 피해자의 관계 기타 여러 사정을 고려하여 판단하여야 한다.[493] 선원근로계약상 보호의무 위반에 따른 선원의 손해배상청구권은 특별한 사정이 없는 한 10년의 민사 소멸시효기간이 적용된다.[494]

다. 선장의 의무

선장은 특별한 사유가 없으면 선박이 기항하고 있는 항구에서 선원이 의료기관에서 부상이나 질병의 치료를 받기를 요구하는 경우 거절하여서는 아니 된다(법 82조 6항). 또한 선장은 선박소유자의 이행보조자로서 안전배려의무를 부담한다.[495]

3. 건강진단서에 관한 의무

선박소유자는 의료법에 따른 병원급 이상의 의료기관 또는 해양수산부령으로 정하는 기준에 맞는 의원의 의사가 승무에 적당하다는 것을 증명한 건강진단서를 가진 사람만을 선원으로 승무시켜야 한다(법 87조 1항). 건강진단의 검진비용은 선박소유자가 부담한다(시행규칙 55조 2항).

건강검진의료기관에 관하여는 시행규칙 52조의2가, 일반건강진단과 특수건강진단의 항목·판정기준에 관하여는 시행규칙 53조가, 건강진단의 유효기간에 관하여는 시행규칙 54조가, 건강진단서의 발급에 관하여는 시행규칙 54조의2가 자세히 규정하고 있다.

---

493) 대법원 2001. 7. 27. 선고 99다56734 판결.

494) 대법원 2021. 8. 19. 선고 2018다270876 판결.

495) 선장은 항해 중인 선박과 승무 중인 선원들의 안전에 관하여 포괄적이고 절대적인 권한을 가진 지위에 있는바, 그에 따라 선장은 안전관리를 책임지는 사람으로서 작업하는 선원들에게 사전에 충분히 안전교육을 하고, 구명조끼 등 안전복을 착용하고 작업을 하도록 하며, 작업과정을 항상 주시하면서 사고가 발생할 경우 즉시 구조할 수 있도록 하여야 할 업무상 주의의무가 있다. 인천지법 2023. 9. 26. 선고 2022노4520 판결.

Ⅳ. 선원의 권리와 의무

1. 선원의 준수 의무

선원은 선내 작업 시 위험 방지와 선내 위생의 유지에 관하여 (i) 선내 안전・보건 및 사고예방 기준을 숙지하고 준수할 것, (ii) 선내 위험장소임을 알리거나 선원의 접근이 금지・제한되는 장소임을 알리는 표지에 표시된 지시에 따를 것, (iii) 화물창 안에서의 작업, 용접작업, 도료작업, 무거운 물건을 취급하는 작업, 전기를 사용하는 작업, 어로작업, 높은 곳에서의 작업, 선체 외부작업 및 얼음을 제거하는 작업 등 위험한 작업을 하는 경우 안전벨트・안전그물망・구명의 등 보호기구나 장비를 사용할 것, (iv) 거주환경의 청결유지 등 개인의 위생 관리를 철저히 할 것 등을 지켜야 한다(법 83조 1항, 시행규칙 47조의8).[496]

2. 작업거부권

가. 의 의

선원은 방호시설이 없거나 제대로 작동하지 아니하는 기계의 사용을 거부할 수 있다(법 83조 2항). 이는 긴급권의 일종인 작업거부권을 규정한 것인데, 요건과 효과에 관하여는 다양한 논점이 있다. 먼저 법철학적 근거에 관하여 살펴본다.[497]

나. 작업중지권의 법철학적 근거

긴급권이란 급박한 위난을 피하기 위하여 부득이 타인에게 손해를 가하게 되는 행위를 법적으로 인정할 수 있는가라는 문제이다. 작업거부권을 긴급권이라고

---

496) 선내안전보건에 관한 선원의 권리와 의무에 관한 자세한 논의는 김기선・전영우, "선내안전보건 관련 선원의 법적 지위 연구", 해사법연구 33권 2호(2021. 7) 참조.

497) 작업 도중에 급박한 위험을 이유로 작업을 중지하는 것을 作業中止權(the right to cease unsafe work), 급박한 위험이 발생할 가능성이 있다는 이유로 작업개시를 거부하는 것을 作業拒否權(the right to refuse unsafe work)이라고 할 수 있으나, 학설과 실무는 두 가지를 통칭하여 '작업중지권'이라는 용어를 사용하고 있다. 오스트레일리아 산업안전보건법은 제6절 'Right to cease or direct cessation of unsafe work'이라는 표제 아래, 83조에서 "In this Division, cease work under this Division means (a) to cease, or refuse, to carry out work under section 84; or (b) to cease work on a direction under section 85."라고 규정하고 있다. 이 글에서는 산업안전보건법, 어선안전조업법, 민사상 급부거절권의 경우에는 '작업중지권'이라는 용어를, 선원법의 경우에는 '작업거부권'이라는 용어를 사용하기로 한다.

한다면, 먼저 민법과 형법상 논의에 앞서 법철학적인 근거에 관한 논의가 선행되어야 한다.

(1) 긴급행위에 대한 도덕적 평가

의무론적 도덕론은 어떤 행위에 대한 평가는 규범에 맞게 이루어졌을 때 도덕적으로 선한 의미를 가진다고 보고, 공리주의적 도덕론은 행위의 결과가 도덕적으로 선한 경우에 선한 의미를 가진다고 본다. 법질서는 원칙적으로 행위를 의무주의적 도덕의 기준에 따라 평가하므로, 법의 일반규칙에 일치하는 행위를 합법적이고 정당한 행위로 인정한다. 그러나 긴급상황에서 긴급한 행위는 이와 같은 기준을 적용할 수 없으므로, 공리주의적 도덕론에 따른 평가가 요구된다. 따라서 긴급상황에서 행위는 결과를 고려하여 행위의 의미를 평가하여야 한다. 그렇기 때문에 재산을 침해했지만 생명을 구한 행위는 적법하다.[498)]

(2) 긴급행위에 대한 평가

헤겔(Hegel)은 '카르네아데스(Carneades) 판자'[499)]의 상황에서 행위자가 갖는 긴급권은 그 성격이 단지 법질서 내에서 허용되는 것에 그치지 않고 적극적인 권리로 평가하였다. 즉 헤겔은 인간의 삶과 자유에 대한 절대적인 요구는 타인의 권리에 대한 침해를 가능하게 할 수 있고, 인간의 삶과 자유에 대한 절대성은 개개인의 권리에 우선하므로, 생명의 위험과 같은 긴급한 상황에서 이를 피하기 위한 어쩔 수 없는 행위는 비록 그것이 타인의 권리를 침해하는 경우에도 정당화될 수 있는 권리로 평가하였다.[500)]

칸트(Kant)는 긴급권을 잠정적으로 또는 명목상으로 인정되는 범주로 평가하여 일종의 허용되는 요소로 보았다.[501)] 칸트는 긴급한 상황에서 어쩔 수 없이 불법을 자행한 경우에도 옳지 못한 것을 합법적으로 만드는 것은 법이론 자체에도

498) Ulfrid Neumann, "Der strafrechtliche Notstand – Rechtfertigungs– oder Entschuldigungs–grund? –", 정현미 譯, "형법상의 긴급피난 – 정당화사유인가, 면책사유인가? –", 이화여대 법학논집 5권 1호(2000), 385-386면.

499) BC 2C경 그리스 철학자 카르네아데스가 제기한 것으로, 선박이 항해 중 좌초·침몰하여 단지 조그만 판자에 의지하여 표류 중이던 선원이 급박한 상황에서 자신의 생명을 구하기 위하여 다른 사람을 죽인 경우 이를 어떻게 평가할 것인가의 문제이다.

500) 김학태, "긴급권에 관한 법철학적 근거 – 긴급피난을 중심으로 –", 법철학연구 8권 2호(2005), 222-223면.

501) 김학태, 221면.

어긋난다고 보았다. 다만 카르네아데스의 판자와 같은 상황에서는 정당성을 부여하지 않고, 가벌성을 배제하는 것으로 보았다.[502)]

(3) 공리주의 법사상과 연대성의 원칙

긴급행위가 행위자의 책임을 배제하는 것이 아니라 긍정적 규범적 가치판단을 받게 되는, 즉 정당한 행위로 인정되는 근거로는 공리주의 법사상과 연대성의 원칙이 있다.

벤담(Bendham)이 주장한 공리주의 법사상의 관점에서 보면, 정당화될 수 있는 긴급행위의 필수적 전제조건은 보호법익과 침해법익과의 비교형량 결과 우월적 법익의 보호가 필수적이다. 생명·신체·자유·재산 등 개인의 법익에 대한 보호이익은 사회전체의 차원보다 개인의 차원에서 평가되어야 하고, 이익형량을 고려할 때도 사회적 차원에서 우월적 이익의 보호라는 관점이 아니라, 관련되는 주체들의 고유한 이익을 고려하여 평가하여야 하므로, 사회전체의 이익을 고려하여 판단하는 공리주의 법사상은 긴급행위 정당성 평가에는 적합하지 못한 측면이 있다.[503)]

긴급행위의 본질적 의미는 타인의 이익이 본질적으로 중요하고 우월한 경우에 이와 관련된 개인의 권리침해를 감수하게 하는 것으로, 이러한 요구를 사회의 연대라는 관점에서 수용하도록 하는 것이 법질서에서 허용된다는 것이 연대성의 원칙이다.[504)] 연대의무를 요구하는 것은 연대의무를 부담하는 사람에 비하여 다른 사람을 위해서 본질적으로 더 중요한 이익을 보호하는 경우에 한하여 허용된다.[505)] 따라서 개인에게 타인의 법익이 자신의 것보다 더욱 중요하고 비중 있는 경우에 자신의 법익을 양보하도록 요구할 수 있게 해주는 연대성의 원칙에 따른 평가를 통하여 법적 정당성이 인정될 수 있다.

---

502) 김학태, 223면.
503) Ulfrid Neumann, 387-388면; 김학태, 228면.
504) Max Scheller는 총체적 사회 조직 속에 있는 많은 개별인격 사이의 존재론적 관계를 연대성의 원칙이라고 평가하면서, 참된 연대적 관계는 부분이 단지 전체 속에 포함되어 있는 것이 아니라 전체를 위하여 작용하고, 전체성으로서 전체는 부분 속에서 작동하고 부분 속에 존재하고 살고 있는 방식으로 구성된다고 한다. 김학태, 228면.
505) 김학태, 229면.

(4) 작업중지권에서의 함의

위와 같은 논의의 결과를 작업중지권에 대입해보면, 작업중지권의 행사에 의하여 보호되는 근로자의 법익(생명, 신체에 관한 인격권)이 그로 인하여 침해되는 사용자의 법익(재산권, 노무지휘권 등)보다 더욱 중요하고 비중 있다고 인정되는 경우, 사용자의 법익을 양보하도록 요구할 수 있게 해주는 연대성의 원칙에 따른 평가를 통하여, 작업중지권은 그 법적 정당성이 인정된다.

작업중지권이 긴급권이라고 보는 이상, (i) 작업중지권 행사 이외에는 위난을 피할 다른 방법이나 수단이 없는 경우에 한하여 인정된다는 '보충성의 원칙', (ii) 긴급상황으로 인하여 침해되는 이익이 보호되는 이익보다 크거나 같은 경우에는 정당성이 인정되지 않는다는 '이익형량의 원칙', (iii) 작업중지권은 사회윤리나 법질서 전체의 정신에 비추어 적합한 수단으로 사용되어야 한다는 '적합한 수단의 원칙'이 적용된다.[506)]

그 중 작업중지권의 행사에 의하여 보호되는 법익인 생명·신체의 이익은 침해되는 이익보다 더욱 우월적 가치에 있으므로,[507)] 이익형량의 원칙은 문제가 되지 아니한다. 다만 근로자가 근로조건의 개선을 목적으로 하거나 품질관리를 목적으로 작업중지권을 행사하는 경우, 그로 인하여 보호되는 이익은 근로계약상 권리 또는 재산권이므로, 이익형량의 원칙상 정당한 작업중지권으로 평가할 수 없다.

다. 법적 성질

(1) 시민권

작업중지권을 시민권(Citizenship)으로 파악하면, 작업중지권을 거부하고 "다른 직장을 구하라!"는 말은 근로자와 사회 모두에서 궁극적인 손실이 되고, 여기서 손실이란 작업장에서 기본적인 시민권 행사의 상실을 의미한다.[508)] 시민권이란 전통적 의미의 시민권을 의미하는 것이 아니라, 사회의 운영에 참가하고 대표할 수

506) 김학태, 231-237면; 주석 민법 채권 각칙(8), 539-540면; 윤일구, "민법상 긴급피난과 그 피해자의 구제", 전남대학교 법학논총 31권 2호(2011. 8), 320-321면.

507) 김학태, 234면; 박신욱, "긴급피난과 손해배상청구권에 관한 비교법적 고찰", 홍익법학 13권 4호(2012), 357면.

508) Jeffrey Hilgert, Hazard or Hardship －Crafting Global Norms on the Right to Refuse Unsafe Work－, Cornell Univ. Press(2013), 2면.

있는, 양도불가능한 권리와 특권을 보유할 수 있는 행위를 말한다. 근로자는 자유로운 사회에서 작업장을 시민권의 실행공간으로 만들 수 있는 권리를 행사하고 누릴 수 있어야 한다. 만약 근로자가 작업중지권을 행사할 수 없어서 직장을 그만두게 되면, 사회는 작업장에서 발언·대표·운영할 공간과 자유를 상실하게 된다. 노동이 상품이라는 생각은 작업장에서 시민권을 과소평가하고 작업장에서 자유·민주주의·기본권에 관한 기초적 사고를 침식시킨다. 이는 사회의 변화를 위해서 노력하기 보다는 "다른 나라로 떠나라!"라고 하는 것과 같다.[509)]

(2) 자연권

아래와 같은 이유에 비추어 보면, 작업중지권은 인간의 자기보호본능과 자력구제의 수단으로서 자연권의 성질도 지니고 있다고 보아야 한다.

(가) 미국 독립선언문과 국제규약

미국 독립선언문은 "다음과 같은 사실을 자명한 진리로 받아들인다. 즉 모든 사람은 평등하게 태어났고, 창조주는 몇 개의 양도할 수 없는 권리를 부여했으며, 그 권리 중에는 '생명'과 자유와 행복의 추구가 있다. 이 권리를 확보하기 위하여 인류는 정부를 조직했으며, 이 정부의 정당한 권력은 인민의 동의로부터 유래하고 있다. 또 어떤 형태의 정부이든 이러한 목적을 파괴할 때에는 언제든지 정부를 개혁하거나 폐지하여 인민의 '안전'과 행복을 가장 효과적으로 가져올 수 있는, 그러한 원칙에 기초를 두고 그러한 형태로 기구를 갖춘 새로운 정부를 조직하는 것은 인민의 권리이다."라고 하여, 생명과 안전에 관한 권리가 자연법상 권리임을 천명하고 있다.[510)]

UN 경제적·사회적·문화적 권리 이사회(International Covenant on Economic, Social and Cultural Rights)는 1966년에 경제적·사회적·문화적 권리에 관한 국제규약을 채택하였는데,[511)] 7조 (b)항에서 "이 규약의 당사자국은 특히 '안전하고 건강한 근로조건'이 확보되는 공정하고 유리한 근로조건을 모든 사람이 향유할 권리를 가지는 것을 인정한다."고 규정하고 있다.

---

509) Jeffrey Hilgert, 2면.

510) 우리 헌법은 전문에서 "우리 대한국민은 우리들과 우리들의 자손의 '안전'을 영원히 확보할 것을 다짐한다"고 규정하고 있다.

511) 우리나라에서는 1990. 3. 16. 국회비준동의를 거쳐 1990. 7. 10. 조약 1006호로 발효되었다.

(나) 긴급권으로 작업중지권

개인이 자력에 의해서 침해된 권리를 구제 또는 실현하는 일체의 행위를 의미하는 자력구제는 원시사회에서는 널리 인정되었으나, 국가권력이 확립되고 법적 구제절차가 정비됨에 따라 권리침해에 대한 구제는 공권력에 의하게 되어 권리를 자력에 의해서 실현하는 것이 원칙적으로 금지되었다.[512] 법치주의와 소송제도가 발달한 오늘날에는 국가가 권리의 확인과 실현에 관한 권한을 독점하고 있으므로, 권리구제는 적법한 절차에 의하지 않으면 안 된다.[513]

다만 자력구제의 금지는 어디까지나 국가가 적시에 피해이익을 구제할 수 있음을 그 전제로 하는데, 국가권력에 의해서도 침해된 법익을 시급히 구제하는 것이 불가능하거나 현저히 곤란한 경우까지도 자력구제를 인정하지 않는다면 법은 불법에 편을 드는 결과가 되어 정의와 공평의 관념에 반하게 된다. 이에 따라 형법 23조 1항은 "법정절차에 의하여 청구권을 보전하기 불능한 경우에 그 청구권의 실행불능 또는 현저한 실행곤란을 피하기 위한 행위는 상당한 이유가 있는 때에는 벌하지 아니 한다."고 규정하여 위법성조각사유의 하나로 자구행위를 규정하고 있다. 근로자가 통상의 절차에 따라 사용자에게 안전배려의무이행을 청구하는 방법으로는 급박한 위험을 피할 수 없을 때에는 근로자는 자력구제의 행사방법으로 작업현장에서 이탈하는 등 스스로 안전조치를 취할 수밖에 없다.[514]

또한 근로자는 본인 이외에도 다른 근로자나 사람에게 산업재해가 발생할 가능성이 있는 경우에도 작업중지권을 행사할 수 있는데, 이는 긴급피난에 해당한다. 민법 761조 2항은 급박한 위난을 피하기 위하여 부득이 타인에게 손해를 가한 경우에 배상할 책임이 없다고 규정하고 있고, 형법 22조 1항도 자기 또는 타인의 법익에 대한 현재의 위난을 피하기 위한 행위는 상당한 이유가 있는 때에는 벌하지 아니한다고 규정하고 있는데, 이러한 취지는 작업중지권의 행사에도 적용되어야 한다.

---

512) Münchener Kommentar Zivilprozessordnung §§803~1060, Bd. 3*, 2. Aufl., C. H. Beck(2001), S.657; Winfried Schuschke/Wolf-Dietrich Walker, Vollstreckung und Vorläufiger Rechtsschutz: Kommentar zum Achten Buch der Zivilprozeßordnung Bd. Ⅱ, Arrest und Einstweilige Verfügung §§916~945 ZPO, Carl Heymanns(1995), S.4.

513) 창원지법 2015. 5. 13. 선고 2015노236 판결.

514) Whirlpool Corp. v. Marshall, Secretary of Labor, 445 U.S. 1 (1980).

생명과 신체 또는 건강에 급박한 위험이 발생한 경우에는 굳이 위와 같은 명문의 규정이 없다고 하더라도 근로자는 자신의 안전과 건강을 지키기 위하여 노무제공을 중단하고 이를 회피할 일반적인 권리를 갖는다고 보는 것이 타당하다는 견해[515]도 이와 같은 입장이라고 할 수 있다.

라. 산안법상 작업중지권[516]

2019. 1. 15. 전부 개정된 산안법은 52조에서 산업재해가 발생할 급박한 위험이 있는 경우에는 근로자가 작업을 중지하고 대피할 수 있음을 명확히 하고, 산업재해가 발생할 급박한 위험이 있다고 근로자가 믿을 만한 합리적인 이유가 있을 때에는 작업을 중지하고 대피한 근로자에 대하여 해고나 그 밖의 불리한 처우를 금지하도록 규정하고 있다. 근로자의 작업중지권은 근로자가 산업재해발생의 급박한 위험이 있다고 믿을 만한 합리적인 근거가 있는 때에는 작업을 중지하고 긴급 대피할 수 있도록 함으로써 산업재해를 예방하고, 안전하고 건강하게 일할 수 있는 여건을 조성하여 근로자의 생명과 건강을 보호하기 위한 규정이다. 따라서 근로자는 산업재해, 즉 업무에 관계되는 건설물 · 설비 · 원재료 · 가스 · 증기 · 분진 등에 의하거나 작업 또는 그 밖의 업무로 인한 사망, 부상 또는 질병이 발생할 급박한 위험이 있다고 믿을 만한 합리적인 근거가 있을 때에는 작업을 중지하고 대피할 수 있으며 사업주는 이와 같은 사유로 작업을 중지하고 대피한 근로자에 대하여 해고나 그 밖의 불리한 처우를 할 수 없다.

마. 민사상 작업중지권

(1) 의 의

아파트 건설현장에서 발생한 근로자의 사망사고와 관련하여 대법원[517]은, 작업의 편리성 등에 치중하여 3m 간격으로 설치되어 있던 추락방지망을 제거하고 매트리스를 설치하는 등의 추가적인 위험방지조치를 강구하지 않았다고 하더라도, 산업안전기준에 관한 규칙에서 그와 같은 추락방지망 등을 설치할 의무에 관

515) 전형배, 47면.

516) 대법원 2023. 11. 9. 선고 2018다288662 판결. 이에 대한 평석은 권창영, "작업중지권에서 산업재해가 발생할 급박한 위험의 판단 기준과 주체", 노동법연구 56호(2024. 3), 325−372면 참조.

517) 대법원 2009. 5. 28. 선고 2008도7030 판결.

하여 따로 규정하고 있지 않는 이상, 사업주는 산업안전보건법위반죄의 책임을 부담하지 않지만, 사고현장에서 안전보건에 관한 실무를 담당한 현장소장과 수급인의 근로자인 비계팀장에 대해서는 형법상 업무상과실치사죄의 성립을 긍정하였다. 민사상 작업중지권을 논의하는 의미는, 선원법·산업안전보건법의 적용에서 배제되는 영역에서 이루어지는 작업중지권에 대하여 그 정당성을 부여함으로써, 근로자를 법적으로 보호하기 위한 것이다.

(2) 근로제공거부권

(가) 동시이행의 항변권으로서 작업중지권

근로관계에서 근로자가 정당하게 근로의 제공을 거부할 수 있는 경우로는 사용자가 임금지급의무를 이행하지 않는 경우 이외에도, 사용자의 안전배려의무불이행에 대하여 동시이행항변으로서 근로제공을 거부하는 경우가 있다. 동시이행의 항변을 통한 근로제공의 거부는 사용자의 안전배려의무가 근로계약의 주된 급부의무라는 전제 아래 근로제공과 대가적 견련관계가 있으므로, 근로제공의 본질적 전제 요건인 사용자의 안전배려의무의 중요한 내용이 이행되지 아니하는 경우에는 근로자는 그 의무의 이행이 이루어질 때까지 잠정적으로 근로제공 내용의 변경뿐만 아니라 그 중지도 할 수 있다는 의미이다.[518)]

(나) 행사요건

동시이행의 항변권으로 작업중지권을 행사하는 경우에는 사용자의 안전배려의무위반으로 인하여 산업재해가 발생할 위험이 있는 사실로 충분하고, 산업재해가 발생할 급박한 위험을 요건으로 하지 아니한다. 예를 들면, 산업안전보건법령상 사용이 금지된 재료나 설비를 사용하여 작업을 하게 한 경우, 근로자는 그러한 작업지시의 금지를 청구하거나 작업지시를 거부할 수 있다. 또한 산업안전보건법령상 사고방지를 위하여 일정한 장치나 설비를 반드시 설치·구비하여야 하는 경우, 근로자는 그러한 사고방지 장치나 설비가 설치·제공될 때까지 근로제공을 거부할 수 있다. 그러나 사용자가 안전배려의무를 이행하더라도 업무에 통상 내재하는 위험이 있는 경우에는 동시이행의 항변권을 행사할 수는 없다.

---

518) 김용효, "산업재해에 있어서의 안전배려의무", 단국대 법학논총 35권 1호(2011), 385-387면; 전형배, 48면.

(3) 안전보건조치 청구권

근로자는 소극적인 근로제공거부권 이외에도, 사용자의 안전배려의무를 근거로 적극적으로 사용자에 대하여 자신의 근로제공에 필요한 안전 및 보건상의 조치를 사용자에게 요구할 수 있는 청구권을 가진다(안전배려의무이행청구권).[519] 근로자가 청구할 수 있는 구체적인 조치의 내용은 기본적으로 산업안전보건법령의 규정 내용이 중요한 기준이 될 수 있지만, 관련 규정이 현대의 산업기술의 발달을 제 때 반영하지 못하기 때문에 명문이 규정이 없더라도 근로자가 제공하는 근로의 내용과 특성, 근로를 제공하는 작업환경의 문제점, 청구 당시 개발된 안전보건 관련 장구의 현황 등을 고려하여 그 내용을 확정할 수 있다.[520] 위험방지조치에 여러 가지 방법이 있는 경우, 사용자는 부담최소한의 원칙에 따라 기술적 · 경제적으로 부담이 가벼운 방법을 선택할 수 있다.[521] 일본에서는 예방조치권을 행사할 수 있는지 여부에 관하여, 이를 부정하는 판례[522]와 특정한 위험업무에 종사하는 계약에 수반하여 의무이행가능성을 긍정한 판례[523]가 대립하고 있다.

바. 선원의 작업거부권

(1) 의 의

선원에게는 산안법상 작업중지권이 인정되지 아니하지만, 선원근로관계에 관한 특별법인 선원법 83조 2항에 규정된 작업거부권, 안전배려의무위반에 대한 근로제공거부권이 인정된다. 독일 해양노동법(Seearbeitsgesetz) 68조 1항은, 선박이 오염된 항구에서 작업하여야 하거나 선원에게 중대한 건강상 위험을 초래할 수 있는 전염병이 발생한 항구를 즉시 떠나지 아니한 경우(5호), 선박이 무력분쟁으로 인하여 특별한 위험이 발생한 수역을 항해할 예정이거나 그러한 수역에서 즉시 떠나지 아니한 경우(6호) 등에는 선원은 민법 626조에 규정된 해지예고 없이 선원근로계약을 즉시 해지할 수 있다고 규정하고 있다. 우리나라 선원법에는 위와 같은 명문의 규정이 없지만, 위와 같은 경우에는 위험을 이유로 선원은 작업거부

519) 김용호, 384-385면.
520) 전형배, 48면.
521) 宮本建藏, 安全配慮義務と契約責任の擴張, 信山社(1993), 195면.
522) 大阪地裁 1990. 11. 28. 判決, 労働經濟判例速報 1413호 3면.
523) 東京地裁 1990. 3. 27. 判決, 労働判例 563호 90면.

권을 행사하여 승선을 거부하거나 선원근로계약을 해지할 수 있다고 보아야 한다. 그러나 선원에게 부과된 공법상 의무에 의하여 작업거부권이 제한될 수 있다.

(2) 내 용

선원은 방호시설이 없거나 제대로 작동하지 아니하는 기계의 사용을 거부할 수 있다(선원법 83조 2항). 방호시설이 없는 기계는 재해가 발생할 위험이 높기 때문이며, 제대로 작동하지 않는 기계도 오작동이나 통제의 곤란함 때문에 재해가 발생할 위험이 높기 때문에 명문으로 작업거부권을 인정하고 있다. 산업재해가 발생할 급박한 위험을 요건으로 하지 않는다는 점에서, 산업안전보건법상 작업중지권보다 그 요건이 완화되어 있다.

(3) 효 과

정당하게 작업거부권을 행사한 것은 위법성조각사유에 해당하므로, 선원은 그에 따른 민사상 · 형사상 책임을 지지 아니한다. 그러나 정당성이 인정되지 아니하는 경우에는 업무방해죄 등의 죄책을 지지만, 형법 22조 3항에서 불안한 상태에서 당황으로 인한 과잉긴급피난의 경우 책임조각사유를 인정하고 있으므로, 장시간 근로 및 열악한 작업환경으로 인한 피로의 누적, 주의력감퇴 등으로 합리적인 판단을 하기 어려운 상황에 놓인 선원이 착오로 작업거부권을 행사한 경우에는 형사책임을 물을 수 없다. 오상긴급피난의 경우에는 위법성조각사유의 전제조건에 관한 착오이므로, 고의에 관한 죄책을 물을 수 없고, 과실이 있는 경우에 한하여 과실범의 죄책을 물을 수 있는데,[524] 형법 314조에 규정된 업무방해죄는 과실범을 처벌하는 규정이 없으므로, 결국 선원은 형사책임을 부담하지 아니한다.

(4) 제 한

(가) 선장의 명령권에 의한 제한

국가권력으로부터 격리되어 해양에 있는 선박에서 선장은 선박의 최고책임자로서 선박의 안전과 여객 · 화물 운송 등 항해의 목적을 달성하기 위하여 선박권력을 보유하는데, 선장은 해원을 포함하여 선내에 있는 사람에게 선장의 직무를 수행하기 위하여 필요한 명령을 할 수 있다(법 6조 후단).[525] 누구든지 선박의 안

524) 이규호, “정당방위와 긴급피난”, 사법행정 55권 11호(2014. 11), 46, 49면.

전을 위한 선장의 전문적인 판단을 방해하거나 간섭하여서는 아니 되므로(해사안전법 45조), 재선자는 선장의 공법상 명령에 복종하여야 한다. 해원에게 복종의무를 발생시키는 선장의 직무상 명령은 인명·선박의 안전확보와 선내질서의 유지를 위한 공법상 직무명령에 한정되므로, 해원은 이와 관련이 없는 선장의 사법(私法)상 직무명령에는 작업거부권이나 쟁의행위를 이유로 복종을 거부할 수 있다. 해원이 선장의 명령에 복종할 의무는 공법상 의무이므로, 위험한 상황에 처하거나 쟁의행위를 하는 경우에도 정지되는 것은 아니다.[526)]

(나) 선박위험시 구조조치의무에 의한 제한

선장과 해원은 선박에 급박한 위험이 있을 때에는 인명, 선박 및 화물을 구조하는 데 필요한 조치를 다하여야 하고, 인명구조조치를 다하기 전에 선박을 떠나서는 아니 된다(법 11조). 위와 같은 선원의 의무는 공법상 의무이다.[527)] 이 규정에 따라 급박한 위험, 예를 들면, 충돌·좌초 또는 화재 등 절박한 위험이 있는 경우에는 선원은 인명·선박 및 화물(구조의 순서는 원칙적으로 이 순서에 의한다)의 구조에 필요한 모든 수단을 강구하여야 한다.[528)] 이와 같이 선원에게 구조조치의무가 인정되는 이상, 선원은 구조현장에 급박한 위험이 있더라도 작업거부권을 행사할 수 없다. 다만 구조조치로 인하여 선원의 생명·신체에 급박한 위험이 있는 경우에는 법익형량의 원칙상 선박 및 화물을 구조할 의무는 면제된다.

사. 선원의 선원근로계약해지권

① 바다 위의 조업은 언제든지 사고가 발생할 수 있는 위험을 내포하고 있으므로 선박소유자로서는 선원들이 안전하게 작업할 수 있는 환경을 제공할 의무가 있는 점, ② 원양참치연승어선 M은 2015. 2. 11. 부산에서 출항한 후, 2015. 2. 27.경 일항사가 베트남 선원으로부터 칼에 찔리는 상해를 입는 사고가 발생한 점, ③ 위와 같은 사건의 발생으로 당초 M의 선장 A가 중도 하선하게 되고, B가 선장으로 고용되어 현지로 급히 합류하게 된 점, ④ B가 M에 승선한 후인 2015. 4. 6.경 냉동기가 고장 나 M과 같은 선단으로 함께 조업하던 K호의 냉동기로 어획물

525) 藤崎道好, 79-80면.
526) Bemm/Lindemann, S.986; Lindemann, S.1115.
527) Lindemann, S.466.
528) 藤崎道好, 91면.

을 이전하기도 한 점, ⑤ 2016. 6.경에는 K호에서 베트남 선원에 의한 선장 살해 사건이 발생하기도 한 점 등을 종합하여 보면, 선박소유자는 B가 M의 선장으로서 안전하게 조업할 수 있는 환경을 제공해 주지 못하였다. 따라서 B는 위와 같은 선박소유자의 안전한 근로환경 제공의무 위반에 따라 계약을 중도 해지한 것인바, B가 임의로 선박에서 중도 하선하였음을 전제로 하는 선박소유자의 손해배상 청구는 이유 없다.[529)]

3. 제복 착용 의무

해운법 3조에 따른 해상여객운송사업에 종사하는 선박에 근무하는 선원은 선원법 82조 7항에 따라 선박소유자가 제공한 제복을 입고 근무하여야 한다(법 83조 3항, 시행령 23조의2). 이 경우 제복의 제공시기, 복제 등에 관하여는 시행규칙 47조의7이 정한 바에 의한다.

Ⅴ. 의료 관련자

1. 의사의 승무

가. 원 칙

(i) 3일 이상의 국제항해에 종사하는 선박으로서 최대 승선인원이 100명 이상인 선박(어선은 제외), (ii) 총톤수 5천t 이상·승선인원이 200인 이상의 어선으로서 모선식(母船式) 어업에 종사하는 어선의 선박소유자는 그 선박에 의사를 승무시켜야 한다(법 84조 본문, 시행규칙 48조 3항).[530)]

---

529) 부산지법 2017. 9. 8. 선고 2016나10947 판결.

530) 2006 MLC 협약에 따른 의사 승무에 관한 규정은 '제4장(TITLE 4) 건강보호, 의료관리, 복지 및 사회보장보호'에 편재되어 있으며, 기준 4.1조(Standard A4.1) 선내 및 육상에서의 의료관리 4항 (b)호에서 규정하고 있다. 즉, 100명 이상을 운송하고(carrying 100 or more persons), 3일을 초과하는 기간의(more than three day's duration)의, 국제항해에 통상적으로 종사하는(ordinarily engaged on international voyages) 선박에는 의료관리를 제공할 책임을 담당할 자격을 갖춘(responsible for providing medical care) 의사(doctor)를 승선하는 기준을 최소 요건으로 하여 국내법령에 마련하도록 명시하고 있다. 2006 MLC 협약에서 '100인 이상을 운송하는 선박'의 경우, 'persons'는 선원이 아닌 여객을 의미하며, 이는 선의(船醫)의 목적이 여객의 안전과 보건 서비스를 제공하기 위한 것이기 때문이다. 따라서 최대 승선 인원 100인이 아닌 100인 이상의 여객을 승선하는 선박으로 좀 더 협약과 입법목적에 부합하도록 개정이 필요하다는 견해로는 박장호·윤귀호·이윤석, "선박 의사 승무에

나. 예 외

해양수산부령으로 정하는 바에 따라 지방해양수산관청의 승인을 받은 경우에는 의사를 승무시키지 않아도 되지만, 반드시 의료관리자를 승무하게 하여야 한다(법 84조 단서, 시행규칙 48조 2항). 선박소유자는 단서에 따른 승인을 받으려는 경우에는 (i) 선박의 명칭 · 종류 · 총톤수 및 항행구역, (ii) 최대 탑재인원 및 승선인원, (iii) 승인을 얻고자 하는 기간, (iv) 승인을 얻고자 하는 사유를 기재한 신청서 2통을 지방해양수산관청에 제출하여야 한다(시행규칙 48조).

2. 의료관리자

가. 적용범위

의사를 승무시키지 아니할 수 있는 선박 중, (i) 선박안전법 8조 3항에 따라 정하여진 원양구역을 항해구역으로 하는 총톤수 5천t 이상의 선박, (ii) 총톤수 300t 이상의 어선(다만 평수구역 · 연해구역 또는 근해구역을 항행구역으로 하는 어선은 제외)의 선박소유자는 선박에 의료관리자를 두어야 한다(법 85조 1항, 시행규칙 49조 2항).

나. 의료관리자의 자격 등

(1) 의료관리자는 의료관리자 자격증을 가진 선원(18세 미만인 사람은 제외) 중에서 선임하여야 한다. 다만 부득이한 사유로 해양수산관청의 승인을 받은 경우에는 그러하지 아니하다(법 85조 2항).

(2) 의료관리자 자격증은 해양수산부령으로 정하는 바에 따라 해양수산부장관이 실시하는 시험에 합격하거나 시험에 합격한 사람과 같은 수준 이상의 지식과 경험을 가졌다고 해양수산부장관이 인정하는 사람에게 해양수산부장관이 발급한다(법 85조 3항). 의료관리자 자격시험에 관하여는 시행규칙 50조가, 자격시험의 합격기준에 관하여는 시행규칙 50조의2가, 의료관리자 자격증의 발급에 관하여는 시행규칙 51조가 자세히 규정하고 있다.

관한 입법론적 고찰 −선원법 제84조를 중심으로−", 해사법연구 36권 3호(2024. 11), 365, 387면.

(3) '시험에 합격한 사람과 같은 수준 이상의 지식과 경험을 가졌다고 해양수산부장관이 인정하는 사람'이란 (i) 한국해양수산연수원 또는 해기사지정교육기관에서 선원법 시행규칙 [별표 2]의 의료관리자 교육과정을 이수하고 자체필기시험의 60%이상 점수를 얻은 사람, (ii) 의료법 5조에 따른 의료인의 면허를 받은 사람, (iii) 약사법 3조에 따른 약사의 면허를 받은 사람, (iv) 공중위생관리법 6조의2에 따른 위생사의 면허를 받은 사람, (v) 응급의료에 관한 법률 36조에 따른 응급구조사의 자격을 인정받은 사람, (vi) 간호법 4조에 따른 간호사의 면허를 받은 사람, (vii) 선박직원법 10조의2 1항에 해당하는 선박직원 중 「1978년 선원의 훈련, 자격증명 및 당직근무의 기준에 관한 국제협약」에 따라 의료관리에 관한 해기능력을 입증한 사람의 어느 하나에 해당하는 사람을 말한다(선원업무 처리지침 52조).

(4) 해양수산부장관은 의료관리자 자격시험의 시행 및 의료관리자 자격증의 발급의 사무를 한국해양수산연수원에 위탁하고(법 158조 1항, 시행령 52조 2항 2호), 필요하다고 인정하는 경우 업무를 위탁받은 자에 대하여 그 추진사항을 보고하게 하거나, 업무의 개선을 요구하는 등 필요한 감독을 할 수 있다(시행령 52조 4항).

(5) 선박소유자는 의료관리자가 질병이나 그 밖의 사유로 그 직무를 수행할 수 없거나 하선하는 경우에는 지체 없이 다른 의료관리자를 선임하거나 승무시켜야 한다(법 85조 5항).[531]

다. 의료관리자 등의 의무

의료관리자는 (i) 선원의 건강관리 및 보건지도, (ii) 선내의 작업환경위생 및 거주환경위생의 유지, (iii) 식료 및 용수의 위생유지, (iv) 의료기구, 의약품, 그 밖의 위생용품 및 의료서적 등의 비치·보관 및 관리, (v) 선내의료관리에 관한 기록의 작성 및 관리, (vi) 선내환자의 의료관리에 관한 사항 등 선박 내의 의료관리에 필요한 업무에 종사하여야 한다(법 85조 4항, 시행규칙 52조 1항).

의료기구, 의약품 등의 비치·보관 및 관리는 의료관계 법령과 ILO의 '선내의료함 내용물에 관한 권고'에 따른다. 이 경우 의약품 등의 비치에 관한 세부기준

531) 위 조항은 2019. 6. 12.부터 시행되었다.

은 보건복지부장관과의 협의를 거쳐 해양수산부장관이 정하여 고시한다(시행규칙 52조 2항). 선장 및 의료관리자는 [별지 25호의2 서식]에 따른 표준의료보고서에 따라 선내 환자의 의료관리에 관한 사항 등을 기록·관리하여야 한다. 이 경우 작성된 내용은 비밀을 유지하여야 한다(시행규칙 52조 3항).

3. 응급처치 담당자

의사나 의료관리자를 승무시키지 아니할 수 있는 선박 중 (i) 연해구역 이상을 항해구역으로 하는 선박(어선은 제외), (ii) 여객정원이 13명 이상인 여객선의 선박소유자는 선박에 응급처치를 담당하는 선원(응급처치 담당자)을 두어야 한다(법 86조 1항). 선박소유자는 응급처치 담당자를 해양수산부령으로 정하는 응급처치에 관한 교육을 이수한 선원 중에서 선임하여야 한다(법 86조 2항).

Ⅵ. 벌 칙

1. 형 벌

선박소유자가, 82조 1항부터 3항까지의 규정을 위반하였을 때(법 172조), 84조를 위반하여 의사를 승무시키지 아니하였을 때(법 173조 13호), 85조 1항을 위반하여 선박에 의료관리자를 두지 아니하였거나 같은 조 2항을 위반하여 의료관리자 자격증을 가진 선원을 의료관리자로 선임하지 아니하였을 때(법 173조 14호), 86조 1항을 위반하여 선박에 응급처치 담당자를 두지 아니하였거나 같은 조 2항을 위반하여 응급처치에 관한 교육을 이수한 선원을 응급처치 담당자로 선임하지 아니하였을 때(법 173조 15호)에는, 1년 이하의 징역 또는 1천만 원 이하의 벌금에 처한다.

선장이 82조 6항을 위반하여 선원의 부상·질병 치료 요구를 거절하였을 때에는 1년 이하의 징역 또는 1천만 원 이하의 벌금에 처한다(법 164조 10호).

2. 과태료

82조 4항을 위반하여 선원의 직무상 사고 등이 발생하였을 때에 해양수산관청에 즉시 보고하지 아니한 선박소유자(법 179조 3항 10호), 82조 5항을 위반한 선박소유자(법 179조 3항 11호), 87조 1항을 위반하여 건강진단서를 가지지 아니한 사람을 선원으로 승무시킨 선박소유자(법 179조 3항 12호)에게는 200만 원 이하의 과태료를 부과한다.

82조 7항을 위반하여 선원에게 제복을 제공하지 아니한 선박소유자에게는 500만 원 이하의 과태료를 부과하고(법 179조 2항 5호), 정당한 사유 없이 83조 3항을 위반하여 제복을 입지 아니한 선원에게는 100만 원 이하의 과태료를 부과한다(법 179조 4항 2호).

Ⅶ. 어선안전조업법상 어선원의 안전·보건

1. 연 혁

종래에는 어선원의 안전 · 보건에 관하여는 근기법, 선원법, 산안법에서 규정하고 있었다. 어선원의 재해 발생 비율은 육상근로자나 상선원에 비하여 매우 높았고, 어선원에 대한 관리 · 감독은 근기법이 적용되는 어선의 경우에는 근로감독관이 선원법이 적용되는 어선의 경우에는 선원근로감독관이 담당하는 등 체계가 이원화되어 있었다. 이에 따라 어선원의 안전 · 보건 증진 및 재해예방에 관한 사항을 「어선안전조업 및 어선원의 안전 · 보건 증진 등에 관한 법률」에 일률적으로 규정하여 어선원에 대한 관리 · 감독 체계를 일원화함으로써 어업 재해율을 낮추고 어선원의 안전 · 보건 증진에 기여하도록 하였다.

어안법은 2025. 1. 3.부터 시행되었다. 어선원의 안전 · 보건 증진 및 재해예방에 관하여는 어안법을 우선 적용한다(어안법 4조 단서).

2. 적용범위

가. 어안법 3조

어안법은 대한민국 국민(국내법에 따라 설립된 법인과 국내 어업허가 등을 받은 외국인 · 외국법인을 포함한다)과 대한민국 정부가 소유하는 모든 어선에 대하여 적용한다(어안법 3조 본문). '어선'이란 어선법 2조 1호 각 목의 어느 하나에 해당하는 선박을 말한다(어안법 2조 1호).

나. 적용제외

(i) 어선법 2조 1호 나목에 따른 수산업에 관한 시험·조사·지도·단속 또는 교습에 종사하는 선박, (ii) 원양산업발전법 2조 2호에 따른 원양어업에 종사하는 어선, (iii) 내수면어업법 2조 5호에 따른 내수면어업에 종사하는 어선, (iv) 양식산업발전법 10조 1항 7호에 따른 내수면양식업에 종사하는 어선에 대해서는 어안법의 전부를 적용하지 않는다(어안법 3조 단서, 시행령 3조 1항).

(i)호 선박의 총톤수가 20톤 미만인 경우에는 근기법이, 20톤 이상인 경우에는 선원법이 적용된다. (ii)호 어선의 경우에는 선원법이 작용된다. (iii), (iv)호 어선의 경우에는 근기법이 적용된다.

다. 일부 적용제외

어안법 시행령 3조 1항 각 호의 어선을 제외한 어선 중 상시 사용하는 어선원이 5명 미만인 어선에 대해서는 어안법 제4장의2(어선원의 안전·보건 및 재해예방 관리체계) 및 제6장(법 제4장의2와 관련된 위반행위에 대한 벌칙 및 과태료로 한정한다)을 적용하지 않는다(어안법 3조 단서, 시행령 3조 2항).

'상시 사용하는 어선원이 5명 미만인 어선'의 판단은 '상시 근무하는 어선원의 수가 5명 미만인 어선'이 아니라 '사용하는 어선원의 수가 상시 5명 미만인 어선'을 뜻하는 것이고, 이 경우 '상시(常時)'란 상태(常態)를 의미하므로, 어선원의 수가 때때로 5인 미만이 되는 경우가 있어도 사회통념에 의하여 객관적으로 판단하여 상태적으로 5인 미만이 되는 경우에는 이에 해당한다.[532] 그런데 강행법규의 적용여부를 선원의 근무 상태에 따라 결정하는 것은 법적 안전성을 저해하므로, '승무정원이 5인 미만인 어선'으로 개정하는 것이 타당하다고 생각한다.[533]

---

532) 대법원 2023. 6. 15. 선고 2020도16228 판결.

533) 선원법 65조에서 승무정원에 관하여 규정하고 있으나, 법 68조 1항 2호에서 어획물 운반선을 제외한 어선에 대하여는 제6장의 규정을 적용하지 아니한다. 해양수산부장관은 필요하다고 인정하면 1항 각 호의 어느 하나에 해당하는 선박에 대하여 적용할 선원의 근로시간 및 승무정원에 관한 기준을 따로 정할 수 있지만(법 68조 2항), 2025. 8. 현재 따로 정한 규정은 존재하지 않는다.

3. 당사자의 의무

가. 국가와 지방자치단체의 책무

국가와 지방자치단체는 어안법의 목적을 달성하기 위하여 (i) 어선의 안전한 조업과 항행에 필요한 정책의 수립 및 집행, (ii) 어선원재해[534] 예방에 필요한 정책의 수립 및 집행, (iii) 어선원 안전·보건 및 재해예방 기준의 작성, (iv) 선내 어선원 거주 생활시설 현대화 및 복지시설 강화, (v) 그 밖에 어선원의 안전 및 건강의 보호·증진의 사항을 성실히 이행할 책무를 진다(어안법 5조).

나. 어선안전 등에 관한 기본계획의 수립 등

해양수산부장관은 관계 행정기관의 장과 협의하여 어선의 안전한 조업·항행과 어선원의 안전·보건 및 재해예방을 위한 어선안전 등에 관한 기본계획(이하 '기본계획')을 5년마다 수립하여야 한다(어안법 7조 1항). 기본계획에는 (i) 어선안전조업에 관한 중·장기 정책에 관한 사항, (ii) 어선사고 및 어선원재해의 발생현황과 원인 분석, 감소 목표, (iii) 어선안전조업제도와 어선원 안전·보건·재해예방 제도의 개선에 관한 사항, (iv) 어선사고 및 어선원재해를 예방하기 위한 교육·홍보 등에 관한 사항, (v) 어선안전조업 및 어선원재해 예방을 위한 정책 및 기술 등의 연구·개발에 관한 사항, (vi) 어선안전 및 어선원재해 예방을 위한 연차별 세부 추진계획 및 투자계획, (vii) 그 밖에 어선의 안전한 조업·항행과 어선원 안전·보건의 유지·증진을 위하여 필요한 사항이 포함되어야 한다(동조 2항). 1항에 따른 기본계획의 수립과 변경, 그 밖에 기본계획의 시행에 필요한 사항은 대통령령으로 정한다(동조 3항).

다. 어선소유자의 의무

어선소유자는 국가와 지방자치단체가 정한 어선의 안전한 조업 및 어선원재해 예방 정책에 협조하여야 하며 어안법에 따라 정하는 어선원 안전·보건 및 재해예방 기준을 준수하여야 한다(어안법 6조 1항).

---

534) '어선원재해'란 어선원이 어로 작업 또는 그 밖의 업무로 인하여 사망 또는 부상하거나 질병에 걸리는 것을 말한다(어안법 2조 1의3호).

라. 어선원의 의무

어선원은 국가와 지방자치단체가 정한 어선의 안전을 위한 정책과 어선원의 안전·보건 및 재해예방에 관한 조치에 따라야 한다(어안법 6조 2항).

마. 구명조끼 등의 착용

어선에 승선하는 사람은 기상특보가 발효되거나 승선 인원이 소규모인 경우 등 해양수산부령으로 정하는 경우 안전한 조업과 항행을 위하여 구명조끼 또는 구명의(救命衣)를 착용하여야 한다(어안법 24조 1항). 1항의 경우 어선의 선장은 어선에 승선하는 사람에게 구명조끼 또는 구명의를 착용하게 하여야 한다(동조 2항). 1항의 경우 해양수산부장관은 해양수산부령으로 정하는 사람으로 하여금 어선에 승선하는 사람이 구명조끼 또는 구명의를 착용하였는지를 확인하게 할 수 있다(동조 3항).

바. 안전조업교육

어선의 소유자와 선장, 기관장, 통신장 또는 그 직무를 대행하는 자는 조업질서의 유지 및 안전한 조업을 위하여 필요한 교육(이하 '안전조업교육')을 이수하여야 한다(어안법 25조 1항). 1항에 따른 안전조업교육의 종류, 시행기관, 실시방법 등 그 밖의 필요한 사항은 해양수산부령으로 정한다(동조 2항).

4. 어선원의 안전·보건 및 재해예방 관리체계

가. 해양수산부장관의 의무

(1) 어선원 안전·보건 및 재해예방 기준

해양수산부장관은 (i) 어선원 안전·보건 확보를 위한 작업 및 위생 기준, (ii) 어선소유자의 안전 및 보건 조치를 위한 기준, (iii) 어선 안전 위해요소 발굴을 위한 위험성평가 기준, (iv) 그 밖에 어선원 안전·보건 및 재해예방을 위하여 필요한 사항이 포함된 어선원 안전·보건 및 재해예방 기준(이하 '어선원안전보건기준')을 작성하여야 한다(어안법 26조 1항). 해양수산부장관은 어선원안전보건기준을 작성하거나 변경할 때에는 어선소유자 단체 및 어선원 단체의 대표자와 협의하여야 한다(동조 2항). 어선원안전보건기준의 구체적인 사항은 해양수산부장관이 정하여 고시한다(동조 3항).

(2) 어선원재해 예방 통합정보시스템 구축·운영 등

해양수산부장관은 어선원재해를 체계적이고 효율적으로 예방하기 위하여 어선원재해 예방 통합정보시스템을 구축·운영할 수 있다(어안법 30조 1항). 1항에 따른 통합정보시스템의 구축·운영 및 그 밖에 필요한 사항은 대통령령으로 정한다(동조 2항).

나. 어선소유자의 의무

(1) 어선관리감독자

어선소유자는 어선의 조업과 항행에 관련되는 업무를 담당하고 어선원을 직접 지휘·감독하는 직위에 있는 사람(이하 '어선관리감독자')에게 어선원의 안전 및 보건에 관한 업무로서 대통령령으로 정하는 업무를 수행하도록 하여야 한다(어안법 27조).

(2) 위험성평가의 실시

어선소유자는 어선의 선체와 그 부속물 및 기계·기구·설비(이하 '선체등'), 어선원의 작업행동 및 그 밖의 업무로 인한 유해·위험 요인을 찾아내어 부상 또는 질병으로 이어질 수 있는 위험성의 크기가 허용 가능한 범위인지를 평가하여야 한다(어안법 28조 1항). 어선소유자는 1항에 따른 평가의 결과에 따라 이 법과 이 법에 따른 명령에 따른 조치를 하여야 하며, 어선원에 대한 위험 또는 건강장해를 방지하기 위하여 필요한 경우에는 추가적인 조치를 하여야 한다(동조 2항). 어선소유자는 1항에 따른 평가 시 해양수산부장관이 정하여 고시하는 바에 따라 해당 작업장의 어선원을 참여시켜야 한다(동조 3항). 어선소유자는 1항에 따른 평가의 결과와 2항에 따른 조치 사항을 해양수산부장관이 정하는 바에 따라 기록하여 보존하여야 한다(동조 4항). 1항에 따른 평가의 방법·절차 및 시기, 그 밖에 필요한 사항은 해양수산부장관이 정하여 고시한다(동조 5항).

(3) 어선안전보건표지의 설치・부착

어선소유자는 어선 내 유해하거나 위험한 장소・시설・물질에 대한 경고, 비상시에 대처하기 위한 지시・안내 또는 그 밖에 어선원의 안전 및 보건 의식을 고취하기 위한 사항 등을 그림, 기호 및 글자 등으로 나타낸 표지(이하 '어선안전보건표지')를 어선원이 쉽게 알아볼 수 있도록 설치하거나 붙여야 한다. 이 경우 대한민국 국적을 가지지 아니한 외국인어선원을 사용하는 어선소유자는 어선안전보건표지를 해양수산부장관이 정하는 바에 따라 외국인어선원의 모국어로 작성하여야 한다(어안법 29조 1항). 어선안전보건표지의 종류, 형태, 색채, 용도 및 설치・부착 장소, 그 밖에 필요한 사항은 해양수산부령으로 정한다(동조 2항).

(3) 안전조치

어선소유자는 (i) 어구의 줄감김 또는 실족 등에 의한 해상추락 사고 위험, (ii) 어구, 로프 및 구조물 등에 의한 신체충돌 사고 위험, (iii) 양망기에 의한 신체끼임 사고 위험, (iv) 질식 등 잠수작업 사고 위험, (v) 그 밖에 어선에서 이루어지는 작업에 의한 사고 위험으로 인한 어선원재해를 예방하기 위하여 필요한 조치(이하 '안전조치')를 하여야 한다(어안법 31조 1항). 1항에 따라 어선소유자가 하여야 하는 안전조치에 필요한 사항은 해양수산부령으로 정한다(동조 2항).

위 조항에 따라 어선소유자가 해야 하는 안전조치는 (i) 어선 내 안전한 작업환경의 조성, (ii) 어로 작업과 관련된 기계・기구 또는 설비에 방호장치의 설치, (iii) 안전한 통행과 승하선을 위한 설비 또는 장치의 설치, (iv) 밀폐된 작업공간에 비상 시 대비용 기구・용품의 비치, (v) 해상추락 등의 위험을 방지하기 위한 안전난간 등의 설치, (vi) 그 밖에 어선원재해를 예방하기 위하여 해양수산부장관이 필요하다고 인정하여 고시하는 조치 등이다(시행규칙 18조).

(4) 보건조치

어선소유자는 (i) 원재료・가스・분진・산소결핍・병원체 등에 의한 건강장해,[535] (ii) 고온・저온・소음・진동・이상기압 등에 의한 건강장해, (iii) 단순반복

535) 사업주가 고용한 근로자가 타인의 사업장에서 근로를 제공하는 경우 그 작업장을 사업주가 직접 관리・통제하고 있지 아니한다는 사정만으로 사업주의 재해발생 방지의무가 당연히 부정되는 것은 아니다. 타인의 사업장 내 작업장이 밀폐공간이어서 재해발생의 위험이 있다면 사업주는 당해 근로관계

작업 또는 인체에 과도한 부담을 주는 작업에 의한 건강장해, (iv) 환기·채광·조명·보온·방습·청결 등의 적정기준을 유지하지 아니하여 발생하는 건강장해를 예방하기 위하여 필요한 조치(이하 '보건조치')를 하여야 한다(어안법 32조 1항). 1항에 따라 어선소유자가 하여야 하는 보건조치에 필요한 사항은 해양수산부령으로 정한다(동조 2항). 32조의 개정규정은 2025. 10. 19.부터 시행되었다(부칙 1조 단서).

위 조항에 따라 어선소유자가 해야 하는 보건조치는 (i) 어선 내 위생적인 작업환경의 유지, (ii) 어선 내 작업장 및 통로의 위험한 부분에 적정한 조명 유지, (iii) 어로 작업과 관련된 진동 및 소음 감소를 위한 장치 등의 설치, (iv) 원활한 통풍 및 환기를 위한 장치 등의 설치, (v) 어선 내 식료품 및 식수의 위생적 관리, (vi) 그 밖에 어선원의 건강장해를 예방하기 위하여 해양수산부장관이 필요하다고 인정하여 고시하는 조치 등이다(시행규칙 19조).

(5) 어선원재해 발생 사실의 은폐 금지 및 보고 등

어선소유자는 어선원재해가 발생한 경우 그 발생 사실을 은폐하여서는 아니 된다(어안법 43조 1항). 어선소유자는 해양수산부령으로 정하는 바에 따라 어선원재해의 발생 원인 등을 기록하여 보존하여야 한다(동조 2항). 어선소유자는 해양수산부령으로 정하는 어선원재해에 대하여서는 그 발생 개요·원인 및 재발방지 계획 등을 해양수산부령으로 정하는 바에 따라 해양수산부장관에게 보고하여야 한다(동조 3항).

다. 어선원의 안전조치 및 보건조치 준수 의무

어선원은 31조 및 32조에 따라 어선소유자가 한 조치로서 해양수산부령으로 정하는 조치 사항을 지켜야 한다(어안법 33조). '해양수산부령으로 정하는 조치 사항'이란 시행규칙 18조 및 19조에 따른 어선소유자의 안전조치 및 보건조치를 말

가 근로자파견관계에 해당한다는 등의 특별한 사정이 없는 한 구 산안법(2019. 1. 15. 법률 16272호로 전부 개정되기 전의 것, 이하 '법'이라고 한다) 24조 1항 1호에 따라 근로자의 건강장해를 예방하는 데 필요한 조치를 취할 의무가 있다. 따라서 사업주가 근로자의 건강장해를 예방하기 위하여 법 24조 1항에 규정된 조치를 취하지 아니한 채 타인의 사업장에서 작업을 하도록 지시하거나 그 보건조치가 취해지지 아니한 상태에서 위 작업이 이루어지고 있다는 사정을 알면서도 이를 방치하는 등 위 규정 위반행위가 사업주에 의하여 이루어졌다고 인정되는 경우에는 법 66조의2, 24조 1항의 위반죄가 성립한다. 대법원 2020. 4. 9. 선고 2016도14559 판결.

한다(시행규칙 20조). 이는 선원근로계약에 수반된 신의칙상 의무가 아니라 어안법에 의하여 어선원에게 부과되는 공법상 의무이다.[536] 어선원이 이를 위반하여 해양수산부령으로 정하는 조치 사항을 지키지 아니한 경우에는 300만 원 이하의 과태료를 부과한다(어안법 58조 5항 6호).

라. 어선안전보건개선계획

(1) 어선안전보건개선계획의 수립·시행 명령

해양수산부장관은 (i) 어선원재해율이 같은 업종의 톤급별 평균재해율보다 높은 어선, (ii) 어선소유자가 필요한 안전조치 또는 보건조치를 이행하지 아니하여 어선원중대재해가 발생한 어선, (iii) 대통령령으로 정하는 수 이상의 직업성 질병자가 발생한 어선의 어느 하나에 해당하는 어선으로서 어선원재해 예방을 위하여 종합적인 개선조치를 할 필요가 있다고 인정되는 어선소유자에게 해양수산부령으로 정하는 바에 따라 어선의 안전과 어선원의 안전·보건에 관한 개선계획(이하 '어선안전보건개선계획')을 수립하여 시행할 것을 명할 수 있다(어안법 34조 1항). 어선소유자는 어선안전보건개선계획을 수립할 때에는 36조에 따른 어선안전보건위원회의 심의를 거쳐야 한다. 다만, 어선안전보건위원회가 설치되어 있지 아니한 어선의 경우에는 승선한 어선원 과반수의 찬성으로 선출된 어선원대표의 의견을 들어야 한다(동조 2항).

(2) 어선안전보건개선계획서의 제출 등

34조 1항에 따라 어선안전보건개선계획의 수립·시행 명령을 받은 어선소유자는 해양수산부령으로 정하는 바에 따라 어선안전보건개선계획서를 작성하여 해양수산부장관에게 제출하여야 한다(어안법 35조 1항). 해양수산부장관은 1항에 따라 제출받은 어선안전보건개선계획서를 해양수산부령으로 정하는 바에 따라 심사하여 그 결과를 어선소유자에게 서면으로 알려 주어야 한다. 이 경우 해양수산부장관은 어선원의 안전 및 보건의 유지·증진을 위하여 필요하다고 인정하는 경우 해당 어선안전보건개선계획서의 보완을 명할 수 있다(동조 2항). 어선소유자와 어선원은 2항 전단에 따라 심사를 받은 어선안전보건개선계획서(같은 항 후단에 따라

536) 근로기준법 주해 Ⅲ(제2판), 479면.

보완한 어선안전보건개선계획서를 포함한다)를 준수하여야 한다(동조 3항).

(3) 어선안전보건위원회

어선소유자는 어선원의 안전 및 보건에 관한 중요 사항을 심의·의결하기 위하여 어선안전보건위원회를 구성·운영하여야 한다(어안법 36조 1항). 어선소유자와 어선원은 어선안전보건위원회가 심의·의결한 사항을 성실하게 이행하여야 한다(동조 2항). 어선안전보건위원회는 이 법, 이 법에 따른 명령, 단체협약, 취업규칙에 반하는 내용으로 심의·의결하여서는 아니 된다(동조 3항). 어선소유자는 어선안전보건위원회의 위원에게 직무 수행과 관련한 사유로 불리한 처우를 하여서는 아니 된다(동조 4항). 어선안전보건위원회의 구성 대상 어선, 심의·의결 사항 및 구성·운영 등에 필요한 사항은 대통령령으로 정한다(동조 5항).

마. 작업중지

(1) 어선소유자 등의 긴급조치

어선소유자 또는 어선관리감독자는 어선원재해가 발생할 급박한 위험이 있을 때에는 어선원의 작업을 즉시 중지시키고 어선원을 어선에서 대피시키는 등 안전 및 재해예방에 필요한 조치를 하여야 한다(어안법 37조 1항). 어선소유자 또는 어선관리감독자는 어선원에게 승무 중 부상 또는 질병이 발생할 경우 즉각적이고 적절한 치료 등 요양조치를 하여야 한다(동조 2항). 1항 및 2항에 따른 조치 사항의 방법 및 절차 등에 필요한 사항은 해양수산부령으로 정한다(동조 3항).

(2) 어선원의 작업중지

어선원은 재해가 발생할 급박한 위험이 있는 경우에는 작업을 중지하고 대피할 수 있다(어안법 38조 1항). 1항에 따라 작업을 중지하고 대피한 어선원은 지체없이 그 사실을 어선관리감독자에게 보고하여야 한다(동조 2항). 어선관리감독자는 2항에 따른 보고를 받으면 어선원의 안전에 관하여 필요한 조치를 하여야 한다(동조 3항). 어선소유자는 재해가 발생할 급박한 위험이 있다고 어선원이 믿을 만한 합리적인 이유가 있을 때에는 1항에 따라 작업을 중지하고 대피한 어선원에 대하여 해고나 그 밖의 불리한 처우를 하여서는 아니 된다(동조 4항).

어선원의 작업중지권은 어선원이 재해발생의 급박한 위험이 있다고 믿을 만한 합리적인 근거가 있는 때에는 작업을 중지하고 긴급 대피할 수 있도록 함으로써 재해를 예방하고, 안전하고 건강하게 일할 수 있는 여건을 조성하여 어선원의 생명과 건강을 보호하기 위한 규정이다.[537] 재해가 발생할 '급박한 위험'의 판단 주체와 기준은 어선원이 작업중지 당시 어선원이 인식한 내용을 기준으로 판단하여야 한다는 주관설[538]의 입장이 타당하다.[539]

(3) 해양수산부장관의 시정조치 등

해양수산부장관은 어선소유자가 어선의 선체등의 안전에 관하여 해양수산부령으로 정하는 필요한 조치를 하지 아니하여 어선원에게 현저한 유해·위험이 초래될 우려가 있다고 판단될 때에는 해당 선체등에 대하여 사용중지·대체·제거 또는 시설의 개선, 그 밖에 안전 및 보건에 관하여 해양수산부령으로 정하는 필요한 조치(이하 '시정조치')를 명할 수 있다(어안법 39조 1항). 1항에 따라 시정조치 명령을 받은 어선소유자는 해당 선체등에 대하여 시정조치를 완료할 때까지 시정조치 명령 사항을 어선 내에 어선원이 쉽게 볼 수 있는 장소에 게시하여야 한다(동조 2항). 해양수산부장관은 어선소유자가 해당 선체등에 대한 시정조치 명령을 이행하지 아니하여 유해·위험 상태가 해소 또는 개선되지 아니하거나 어선원에 대한 유해·위험이 현저히 높아질 우려가 있는 경우에는 해당 선체등과 관련된 작업의 전부 또는 일부의 중지를 명할 수 있다(동조 3항). 1항에 따른 사용중지 명령 또는 3항에 따른 작업중지 명령을 받은 어선소유자는 그 시정조치를 완료한 경우에는 해양수산부장관에게 1항에 따른 사용중지 또는 3항에 따른 작업중지의 해제를 요청할 수 있다(동조 4항). 해양수산부장관은 4항에 따른 해제 요청에 대하여 시정조치가 완료되었다고 판단될 때에는 1항에 따른 사용중지 또는 3항에 따른 작업중지를 해제하여야 한다(동조 5항).

537) 대법원 2023. 11. 9. 선고 2018다288662 판결.

538) 이철수, 282면. 급박한 위험을 '사고가 발생할 수 있다고 예측되거나 예측할 수 있는 경우'까지 포함하여야 한다는 점에서 인정근거 및 인정범위를 보다 명확하게 하여 근로자의 주관적인 기준이 반영될 수 있도록 판단하여야 한다고 보는 견해도 주관설에 해당한다. 조흠학, "산업안전보건법상 근로자의 권리: 작업중지권 실태조사를 중심으로", 노동법논총 31권(2014. 8), 340면.

539) 자세한 논의는 권창영, "작업중지권에서 산업재해가 발생할 급박한 위험의 판단 기준과 주체", 노동법연구 56호(2024. 3), 325－372면 참조.

바. 어선원중대재해 발생 시 조치

(1) 어선원중대재해의 개념

'어선원중대재해'란 어선원재해 중 사망 등 재해 정도가 심하거나 다수의 재해 어선원이 발생한 경우로서 (i) 사망자가 1명 이상 발생한 어선원재해, (ii) 6개월 이상의 요양이 필요한 부상자가 동시에 2명 이상 발생한 어선원재해, (iii) 부상자 또는 직업성 질병자가 동시에 10명 이상 발생한 어선원재해의 어느 하나에 해당하는 어선원재해를 말한다(어안법 2조 1의4, 시행규칙 1조의2).

(2) 어선원중대재해 발생 시 어선소유자의 조치

어선소유자는 어선원중대재해가 발생한 경우 즉시 해당 작업을 중지시키고 어선원을 작업장소에서 대피시키는 등 안전 및 보건에 관하여 필요한 조치를 하여야 한다(어안법 40조 1항). 어선소유자는 어선원중대재해가 발생한 사실을 알게 된 경우에는 해양수산부령으로 정하는 바에 따라 지체 없이 해양수산부장관에게 보고하여야 한다. 다만, 천재지변 등 부득이한 사유가 발생한 경우에는 그 사유가 소멸되면 지체 없이 보고하여야 한다(동조 2항).

(3) 해양수산부장관의 조업 또는 항행 중지 조치

해양수산부장관은 어선원중대재해가 발생한 경우 어선소유자가 37조 1항에 따른 조치를 하지 아니하여 어선원재해가 다시 발생할 급박한 위험이 있다고 판단되는 경우에는 조업 또는 항행 중지를 명할 수 있다(어안법 41조 1항). 해양수산부장관은 화재·폭발 등으로 인하여 어선원중대재해가 발생하여 그 재해가 발생한 어선 주변으로 어선원재해가 확산될 수 있다고 판단되는 등 불가피한 경우에는 해당 어선의 조업 또는 항행을 중지시키고 어선원을 대피시키도록 명할 수 있다(동조 2항). 해양수산부장관은 어선소유자가 1항 또는 2항에 따른 조업 또는 항행 중지의 해제를 요청한 경우에는 해양수산부령으로 정하는 바에 따라 1항 또는 2항에 따른 조업 또는 항행 중지를 해제하여야 한다(동조 3항). 3항에 따른 조업 또는 항행 중지 해제의 요청 절차 및 방법 등에 필요한 사항은 해양수산부령으로 정한다(동조 4항).

(4) 어선원중대재해 원인조사 등

해양수산부장관은 어선원중대재해가 발생한 경우 그 원인 규명 또는 어선원재해 예방대책 수립을 위하여 그 발생 원인을 조사할 수 있다(어안법 42조 1항). 누구든지 어선원중대재해 발생 현장을 훼손하거나 1항에 따른 해양수산부장관의 원인조사를 방해하여서는 아니 된다(동조 2항). 어선원중대재해가 발생한 어선에 대한 원인조사의 내용 및 절차, 그 밖에 필요한 사항은 해양수산부령으로 정한다(동조 3항).

사. 어선원의 안전·보건 감독

(1) 어선원안전감독관

어선원의 안전·보건 감독을 위하여 해양수산부에 어선원안전감독관을 둔다(어안법 44조 1항). 어선원안전감독관의 자격·임면 및 직무 등에 필요한 사항은 대통령령으로 정한다(동조 2항).

(2) 어선원안전감독관의 권한

어선원안전감독관은 이 법에 따른 어선원의 안전·보건 감독을 위하여 어선소유자, 어선원 또는 그 밖의 관계인에게 출석을 요구하거나 장부나 서류의 제출을 명할 수 있으며, 어선이나 그 밖의 사업장에 출입하여 검사하거나 질문할 수 있다(어안법 45조 1항). 1항에 따라 출입·검사를 하는 경우에는 검사 개시 7일 전까지 검사의 일시·목적 및 내용 등의 검사계획을 조사대상자에게 알려야 한다. 다만, 긴급한 경우 또는 사전에 검사의 실시를 통지하면 증거인멸 등으로 검사 목적을 달성할 수 없다고 인정하는 경우에는 그러하지 아니할 수 있다(동조 2항). 1항에 따라 출입·검사를 하는 어선원안전감독관은 그 권한을 표시하는 증표를 지니고 이를 관계인에게 내보여야 하고, 출입 시 성명·출입시간·출입목적 등이 표시된 문서를 관계인에게 보여주어야 한다(동조 3항).

(3) 비밀유지 의무 등

어선원안전감독관이거나 어선원안전감독관이었던 사람은 직무상 알게 된 비밀을 누설하여서는 아니 된다(어안법 46조 1항). 어선원안전감독관은 직무를 공정하고 독립적으로 수행하여야 한다(동조 2항). 어선원안전감독관은 어선원 안전·보건 감독과 관련하여 직접적 또는 간접적인 이해관계가 있는 업무를 수행하여서는 아니 된다(동조 3항).

(4) 감독기관에 대한 신고

어선에서 이 법 또는 이 법에 따른 명령을 위반한 사실이 있으면 어선원은 그 사실을 해양수산부장관 또는 어선원안전감독관에게 신고할 수 있다(어안법 47조 1항). 어선소유자는 1항에 따른 신고를 이유로 해당 어선원에 대하여 해고나 그 밖의 불리한 처우를 하여서는 아니 된다(동조 2항).

Ⅷ. 중대재해처벌법

1. 의 의

가. 제정경위

현대중공업 아르곤 가스 질식 사망사고, 태안화력발전소 압사사고, 물류창고 건설현장 화재사고와 같은 산업재해로 인한 사망사고와 함께 가습기 살균제 사건 및 4·16 세월호 사건과 같은 시민재해로 인한 사망사고 발생 등이 사회적 문제로 지적되어 왔다. 안전보건에 관한 법령상 제도개선이 꾸준히 이어져 왔음에도 이러한 재해가 계속되는 근본적인 이유는 기업에 안전·보건을 체계적으로 관리하는 시스템이 제대로 구축되지 않았기 때문이다. 이에 중대산업재해와 중대시민재해가 발생한 경우 사업주와 경영책임자 및 법인 등을 처벌함으로써 근로자를 포함한 종사자와 일반 시민의 안전권을 확보하고, 기업의 조직문화 또는 안전관리 시스템 미비로 인해 일어나는 중대재해사고를 사전에 방지하려는 목적에서 중대재해처벌법을 제정하여 2022. 1. 27.부터 시행하였다.

나. 목 적

중대재해처벌법은 사업 또는 사업장, 공중이용시설 및 공중교통수단을 운영하거나 인체에 해로운 원료나 제조물을 취급하면서 안전·보건 조치의무를 위반하여 인명피해를 발생하게 한 사업주, 경영책임자, 공무원 및 법인의 처벌 등을 규정함으로써 중대재해를 예방하고 시민과 종사자의 생명과 신체를 보호함을 목적으로 한다(중대재해처벌법 1조).

다. 법적 성질

중대재해처벌법은 형사법이다. 따라서 죄형법정주의의 원칙이 적용되므로, 법률에서 명시적으로 시행령에 위임하지 아니한 사항은 시행령으로 규정할 수 없다.

2. 중대산업재해

가. 개 념

(1) 중대산업재해

'중대산업재해'는 산안법 2조 1호에 따른 산업재해[540] 중 ㈎ 사망자가 1명 이상 발생, ㈏ 동일한 사고로 6개월 이상 치료가 필요한 부상자가 2명 이상 발생, ㈐ 동일한 유해요인으로 급성중독 등 대통령령으로 정하는 직업성 질병자가 1년 이내에 3명 이상 발생[541]에 해당하는 결과를 야기한 재해를 말한다(중대재해처벌법 2조 2호).

(2) 종사자

'종사자'란 ㈎ 근로기준법상의 근로자, ㈏ 도급, 용역, 위탁 등 계약의 형식에 관계없이 그 사업의 수행을 위하여 대가를 목적으로 노무를 제공하는 자, ㈐ 사업이 여러 차례의 도급에 따라 행하여지는 경우에는 각 단계의 수급인 및 수급인과 가목 또는 나목의 관계가 있는 자 의 어느 하나에 해당하는 자를 말한다(2조 7호).

(3) 사업주

'사업주'란 자신의 사업을 영위하는 자, 타인의 노무를 제공받아 사업을 하는 자를 말한다(2조 8호).

---

540) '산업재해'란 노무를 제공하는 사람이 업무에 관계되는 건설물·설비·원재료·가스·증기·분진 등에 의하거나 작업 또는 그 밖의 업무로 인하여 사망 또는 부상하거나 질병에 걸리는 것을 말한다.

541) '1년 이내'를 판단하는 기산점은 세 번째 직업성 질병자가 발생한 시점부터 역산하여 산정한다. 중대재해처벌법 해설 －중대산업재해 관련－, 고용노동부(2021. 11), 14면.

(4) 경영책임자등

경영책임자등이란 ㈎ 사업을 대표하고 사업을 총괄하는 권한과 책임이 있는 사람 또는 이에 준하여 안전보건에 관한 업무를 담당하는 사람, ㈏ 중앙행정기관의 장, 지방자치단체의 장, 지방공기업법에 따른 지방공기업의 장, 공공기관의 운영에 관한 법률 4조부터 6조까지의 규정에 따라 지정된 공공기관의 장의 어느 하나에 해당하는 자를 말한다(2조 9호).

'사업을 대표하고 사업을 총괄하는 권한과 책임이 있는 사람'에는 법인사업주의 경우에는 대표이사, 비법인사단·비법인재단인 경우에는 대표자, 조합인 경우에는 업무집행조합원 등이 포함된다. '이에 준하여 안전보건에 관한 업무를 담당하는 사람'이란 사업 전반의 안전·보건에 관한 조직·인력·예산 등에 관하여 총괄하는 권한과 책임을 가지는 등 최종 결정권을 가진 사람을 말한다.[542]

나. 적용범위

중대재해처벌법은 원칙적으로 모든 사업 또는 사업장에 적용된다. 다만 상시 근로자가 5명 미만인 사업 또는 사업장의 사업주(개인사업주에 한정한다. 이하 같다) 또는 경영책임자등에게는 제2장의 규정을 적용하지 아니한다(3조). 개인사업자 또는 상시 근로자가 50명 미만인 사업 또는 사업장(건설업의 경우에는 공사금액 50억원 미만의 공사)에 대해서는 공포 후 3년이 경과한 날인 2025. 1. 27.부터 시행한다(부칙 1조 1항 단서). 선원법이 적용되는 사업장(선박)의 경우 공해상이나 외국의 영해에서 재해가 발생하더라도 중대재해처벌법이 적용되지만, '상시 근로자가 5인 미만'[543]인 선박에 대하여는 위 법이 적용되지 아니한다.

선원법이 적용되지 아니한 선박(외국선박, 편의치적선 등)이라도 한국선원에 대하여 재해가 발생한 경우에는 형법 3조의 속인주의 규정에 따라 중대재해처벌법

---

542) 의료인이 아닌 사람이 월급을 지급하기로 하고 의료인을 고용해 그 명의를 이용하여 개설한 의료기관인 이른바 '사무장 병원'에 있어서 비록 의료인 명의로 근로자와 근로계약이 체결되었더라도 의료인 아닌 사람과 근로자 사이에 실질적인 근로관계가 성립할 경우에는 의료인 아닌 사람이 근로자에 대하여 임금 및 퇴직금의 지급의무를 부담한다고 보아야 한다. 대법원 2020. 4. 29. 선고 2018다263519 판결.

543) 선주선장은 근로자가 아니므로, 상시 근로자에 포함되지 아니한다. 해사법의 적용범위는 선박의 총톤수와 항행구역으로 결정하는 것이 일반적인데, 위와 같이 육상사업장에 적용되는 상시 근로자 수를 기준으로 중대재해처벌법의 적용범위를 결정하는 것은 타당하다고 보기 어렵다.

이 적용될 수 있다는 견해도 있다.[544] 생각건대, (i) 안전보건에 관한 기본법인 근로기준법은 원칙적으로 역내사업에 강행적으로 적용되는 속지법(屬地法)에 해당하는 점,[545] (ii) 근로관계를 규율하는 강행법규의 대다수는 성질상 공법의 범주에 속하고 이와 같이 공법의 성질을 갖는 법규의 적용관계는 '공법의 속지주의 적용원칙'에 의하여 결정되어야 하는 점(公法理論),[546] (iii) 중대재해처벌법상 수범자에게 부과된 안전보건확보의무의 전제가 되는 안전보건 법령은 모두 대한민국 공법에 해당하고 이는 원칙적으로 대한민국 역내에만 적용되는 점[547] 등을 종합적으로 고려하면, 중대재해처벌법의 적용범위는 역내 사업에 한정되는 것이 원칙이고, 개별법에 의하여 안전보건에 관한 의무가 부과되는 범위가 역외 사업으로 확장되는 경우(예를 들면, 선원법이 적용되는 준국적선)에는 예외적으로 역외 사업에도 적용된다고 해석하는 것이 타당하다.

다. 안전 · 보건 확보의무

사업주 또는 경영책임자등은 사업주나 법인 또는 기관[548]이 실질적으로 지배 · 운영 · 관리하는 사업 또는 사업장에서 종사자의 안전 · 보건상 유해 또는 위험을 방지하기 위하여 그 사업 또는 사업장의 특성 및 규모 등을 고려하여 (i) 재해예방에 필요한 인력 및 예산 등 안전보건관리체계의 구축 및 그 이행에 관한 조치,[549] (ii) 재해 발생 시 재발방지 대책의 수립 및 그 이행에 관한 조치, (iii) 중앙행정기관 · 지방자치단체가 관계 법령에 따라 개선, 시정 등을 명한 사항의 이행에 관한 조치, (iv) 안전 · 보건 관계 법령에 따른 의무이행에 필요한 관리상의 조

544) 이상협, "중대재해 처벌 등에 관한 법률의 도입에 따른 법적 쟁점에 관한 검토", 한국해법학회 43권 2호(2021. 11), 125-126면.

545) 대법원 2024. 10. 25. 선고 2023두46074 판결은 "외국기업이 외국에서 사용하는 근로자에 대하여는 특별한 사정이 없는 한 외국의 노동관계법령이 적용될 뿐이므로, 대한민국 근로기준법이 적용되지 않는 외국에서 사용하는 근로자 수까지 합산하여 근기법 11조 1항의 '상시 5명 이상의 근로자를 사용하는 사업 또는 사업장'에 해당하는지 여부를 판단할 수는 없다"고 판시하였는바, 근기법의 속지법적 성격을 확인한 것으로 평가할 수 있다.

546) 東京地裁 1965. 4. 26. 決定, 勞民集 16卷 2号 308頁.

547) 독일에서도 EGBGB 30조 1항의 강행법규 적용에서는 중증장애인의 해고에서 중요한 역할을 다하는 복지사무소(Hauptfürsorfestelle)나 각종 근로자보호법 감독행정을 하는 영업감독청(Gewerbeaufsichtsamt)에 의한 행정권한의 행사는 그 규범이 적용되는 영토 범위 내에 한정된다는 '공법의 속지적 적용원칙'이 주장되고 있다. Gamillscheg, IAR, S. 187f.[김희성, "국제근로계약에 관한 연구", 2010년 선정 신진교수지원(인문사회분야) 사업 결과보고서(2011), 29면에서 재인용]

548) 비법인사단, 비법인재단, 조합, 영조물인 학교 등이 이에 해당한다.

549) 시행령 4조에서 자세히 규정하고 있다.

치[550]를 하여야 한다(4조 1항).

사업주 또는 경영책임자등은 사업주나 법인 또는 기관이 제3자에게 도급, 용역, 위탁 등을 행한 경우에는 제3자의 종사자에게 중대산업재해가 발생하지 아니하도록 4조의 조치를 하여야 한다. 다만, 사업주나 법인 또는 기관이 그 시설, 장비, 장소 등에 대하여 실질적으로 지배·운영·관리하는 책임이 있는 경우에 한정한다(5조). '실질적으로 지배·운영·관리하는 책임이 있는 경우'란 중대산업재해 발생원인을 살펴 해당 시설·장비·장소에 관한 소유권, 임차권, 그 밖에 사실상 지배력을 가지고 있어 위험에 대한 제어능력이 있다고 볼 수 있는 경우를 의미한다.[551]

라. 범죄의 구성요건

안전보건확보의무위반치사죄와 안전보건확보의무위반치상죄가 성립하기 위해서는 (i) 안전·보건 확보의무 위반, (ii) 안전·보건 확보의무 위반에 대한 고의, (iii) 중대산업재해의 발생, (iv) 중대산업재해 발생이라는 결과에 대한 예견가능성,[552] (v) 안전·보건 확보의무 위반과 중대재해 발생 사이의 상당인과관계의 존재[553] 등이 요구된다.

550) 시행령 5조에서 자세히 규정하고 있다.

551) 사업주가 고용한 근로자가 타인의 사업장에서 근로를 제공하는 경우 그 작업장을 사업주가 직접 관리·통제하고 있지 아니한다는 사정만으로 사업주의 재해발생 방지의무가 당연히 부정되는 것은 아니다. 타인의 사업장 내 작업장이 밀폐공간이어서 재해발생의 위험이 있다면 사업주는 당해 근로관계가 근로자파견관계에 해당한다는 등의 특별한 사정이 없는 한 구 산안법(2019. 1. 15. 법률 16272호로 전부 개정되기 전의 것, 이하 '법'이라고 한다) 24조 1항 1호에 따라 근로자의 건강장해를 예방하는 데 필요한 조치를 취할 의무가 있다. 따라서 사업주가 근로자의 건강장해를 예방하기 위하여 법 24조 1항에 규정된 조치를 취하지 아니한 채 타인의 사업장에서 작업을 하도록 지시하거나 그 보건조치가 취해지지 아니한 상태에서 위 작업이 이루어지고 있다는 사정을 알면서도 이를 방치하는 등 위 규정 위반행위가 사업주에 의하여 이루어졌다고 인정되는 경우에는 법 66조의2, 24조 1항의 위반죄가 성립한다. 대법원 2020. 4. 9. 선고 2016도14559 판결.

552) 결과로 인하여 형이 중한 죄에 있어서 그 결과의 발생을 예견할 수 없었을 때에는 중한 죄로 벌할 수 없는 것인바(형법 15조 2항, 대법원 1993. 4. 27. 선고 92도3229 판결), 중대재해처벌법은 안전보건확보의무 위반에 대하여는 기본범죄로 구성하지 않고, 중한 결과가 발생한 경우에만 범죄가 성립하는 것으로 규정하고 있는 점에서, 본죄는 결과적 가중범이라고 볼 수 없다.

553) 유흥주점에 감금된 채 윤락을 강요받으며 생활하던 여종업원들이 유흥주점에 화재가 났을 때 미처 피신하지 못하고 유독가스에 질식해 사망한 사안에서, ① 지방자치단체의 담당 공무원이 위 유흥주점의 용도변경, 무허가 영업 및 시설기준에 위배된 개축에 대하여 시정명령 등 식품위생법상 취하여야 할 조치를 게을리 한 직무상 의무위반행위와 위 종업원들의 사망 사이에 상당인과관계가 존재하지 않지만, ② 소방공무원이 위 유흥주점에 대하여 화재 발생 전 실시한 소방점검 등에서 구 소방법상 방염규정 위반에 대한 시정조치 및 화재 발생시 대피에 장애가 되는 잠금장치의 제거 등 시정조치를 명하지 않은 직무상 의무 위반은 현저히 불합리한 경우에 해당하여 위법하고, 이러한 직무상 의무 위반과

마. 처 벌

4조 또는 5조를 위반하여 2조 2호 ㈎목의 중대산업재해에 이르게 한 사업주 또는 경영책임자등은 1년 이상의 징역 또는 10억 원 이하의 벌금에 처한다. 이 경우 징역과 벌금을 병과할 수 있다(6조 1항). 4조 또는 5조를 위반하여 2조 2호 ㈏목 또는 ㈐목의 중대산업재해에 이르게 한 사업주 또는 경영책임자등은 7년 이하의 징역 또는 1억 원 이하의 벌금에 처한다(6조 2항). 1항 또는 2항의 죄로 형을 선고받고 그 형이 확정된 후 5년 이내에 다시 1항 또는 2항의 죄를 저지른 자는 각 항에서 정한 형의 2분의 1까지 가중한다(6조 3항). 중대재해 처벌 등에 관한 법률 위반(산업재해치사)죄와 근로자 사망으로 인한 산업안전보건법 위반죄 및 업무상과실치사죄는 상호 간 사회관념상 1개의 행위가 수 개의 죄에 해당하는 경우로서 상상적 경합 관계에 있다.[554)]

법인 또는 기관의 경영책임자등이 그 법인 또는 기관의 업무에 관하여 6조에 해당하는 위반행위를 하면 그 행위자를 벌하는 외에 그 법인 또는 기관에 (i) 6조 1항의 경우: 50억 원 이하의 벌금, (ii) 6조 2항의 경우: 10억 원 이하의 벌금형을 과(科)한다. 다만, 법인 또는 기관이 그 위반행위를 방지하기 위하여 해당 업무에 관하여 상당한 주의와 감독을 게을리하지 아니한 경우에는 그러하지 아니하다(7조).[555)] 법무부장관은 6조, 7조에 따른 범죄의 형이 확정되면 그 범죄사실을 관계 행정기관의 장에게 통보하여야 한다(12조).

바. 안전보건교육의 수강

중대산업재해가 발생한 법인 또는 기관의 경영책임자등은 대통령령[556)]으로 정

위 사망의 결과 사이에 상당인과관계가 존재한다. 대법원 2008. 4. 10. 선고 2005다48994 판결.

554) 대법원 2023. 12. 28. 선고 2023도12316 판결.

555) 형벌의 자기책임원칙에 비추어 볼 때 위 양벌규정은 법인이 사용인 등에 의하여 위반행위가 발생한 그 업무와 관련하여 상당한 주의 또는 관리감독 의무를 게을리한 때에 한하여 적용된다고 봄이 상당하고, 구체적인 사안에서 법인이 상당한 주의 또는 관리감독 의무를 게을리하였는지 여부는 당해 위반행위와 관련된 모든 사정, 즉 당해 법률의 입법 취지, 처벌조항 위반으로 예상되는 법익 침해의 정도, 그 위반행위에 관하여 양벌규정을 마련한 취지 등은 물론 위반행위의 구체적인 모습과 그로 인하여 실제 야기된 피해 또는 결과의 정도, 법인의 영업 규모 및 행위자에 대한 감독가능성 또는 구체적인 지휘감독 관계, 법인이 위반행위 방지를 위하여 실제 행한 조치 등을 전체적으로 종합하여 판단하여야 한다. 대법원 2011. 7. 14. 선고 2009도5516 판결.

556) 시행령 6조에서 자세히 규정하고 있다.

하는 바에 따라 안전보건교육을 이수하여야 한다(8조 1항). 1항의 안전보건교육을 정당한 사유 없이 이행하지 아니한 경우에는 5천만 원 이하의 과태료를 부과한다(2항). 2항에 따른 과태료는 대통령령으로 정하는 바에 따라 고용노동부장관이 부과·징수한다(3항).

사. 손해배상의 책임

사업주 또는 경영책임자등이 고의 또는 중대한 과실로 이 법에서 정한 의무를 위반하여 중대재해를 발생하게 한 경우 해당 사업주, 법인 또는 기관이 중대재해로 손해를 입은 사람에 대하여 그 손해액의 5배를 넘지 아니하는 범위에서 배상책임을 진다. 다만, 법인 또는 기관이 해당 업무에 관하여 상당한 주의와 감독을 게을리하지 아니한 경우에는 그러하지 아니하다(15조 1항). 법원은 1항의 배상액을 정할 때에는 (i) 고의 또는 중대한 과실의 정도, (ii) 이 법에서 정한 의무위반행위의 종류 및 내용, (iii) 이 법에서 정한 의무위반행위로 인하여 발생한 피해의 규모, (iv) 이 법에서 정한 의무위반행위로 인하여 사업주나 법인 또는 기관이 취득한 경제적 이익, (v) 이 법에서 정한 의무위반행위의 기간·횟수 등, (vi) 사업주나 법인 또는 기관의 재산상태, (vii) 사업주나 법인 또는 기관의 피해구제 및 재발방지 노력의 정도를 고려하여야 한다(2항).

제7절 연소선원과 여성선원

Ⅰ. 연소선원

1. 의 의

헌법 35조 5항은 연소자의 근로는 특별한 보호를 받는다고 규정하고 있고, 선원법 제9장은 이를 구체화하고 있다. 연소자인 청소년들은 성장 단계에 있으므로 성인에 비해 육체적·정신적으로 약하고 교육을 받을 기회가 보장되어야 한다.[557]

그러므로 연소자 근로를 규율하는 선원법은 연소선원[558]의 건강 유지와 건전한 성장의 보장, 그리고 인격수양을 위해 연소자의 노동을 제한하는 방식으로 연소선원을 보호하고 있다.

2. 미성년자의 능력

가. 선원근로계약의 체결

미성년자가 선원이 되려면 법정대리인의 동의를 받아야 하고(법 90조 1항), 법정대리인의 동의를 받은 미성년자는 선원근로계약에 관하여 성년자와 같은 능력을 가진다(법 90조 2항). 동의를 얻어야 하는 선원근로계약은 18세 미만의 연소선원에 한정되지 않고, 19세에 이르지 못한 미성년자가 체결하는 모든 선원근로계약을 말한다. 동의 없이 체결된 선원근로계약은 미성년자 본인 또는 그 법정대리인이 취소할 수 있다(민법 5조 2항).

나. 임금청구

미성년자는 독자적으로 임금을 청구할 수 있다(법 5조 1항, 근기법 68조). 과거에 친권자·후견인 등 법정대리인이 근로계약을 대리하여 체결함과 아울러 미성년자의 임금을 대리 수령함으로써 미성년자를 혹사하려는 봉건적 폐단을 방지하려는 데 입법 취지가 있다.[559] 미성년자의 독자 임금 청구를 규정한 근기법 조항은 1953. 5. 10. 제정 때부터 마련되어 내용 개정 없이 지금까지 이르고 있다. 미성년자 자신의 노무 제공에 따른 임금은 미성년자가 독자적으로 청구할 수 있다.[560] 미성년자뿐만 아니라 친권자 또는 후견인도 임금을 청구할 수는 있으나 임금을 대리하여 수령할 수는 없다.[561]

근기법 68조에 대한 별도의 벌칙은 없으나, 선원법 52조 1항은 선원에게 직접 임금을 지급하여야 한다는 임금 직접 지급의 원칙을 규정하고 있으므로, 선박소유

557) 근로기준법 주해 Ⅲ(제2판), 361면.
558) 표제와 법문상 '소년선원'이라는 용어를 사용하고 있으나, '소녀'를 배제한다는 의미로 읽힐 수 있어, 이 글에서는 구 시행규칙 상의 용어인 '연소선원'이라고 한다.
559) 근로기준법 주해 Ⅲ(제2판), 381면.
560) 대법원 1981. 8. 25. 선고 80다3149 판결.
561) 근로기준법 주해 Ⅲ(제2판), 382면.

자가 임금을 미성년자에게 직접 지급하지 않으면 선원법 52조 위반이 되어 3년 이하의 징역 또는 3천만 원 이하의 벌금에 처한다(법 168조 1항 1호).

3. 사용제한

가. 16세 미만인 사람

선박소유자는 16세 미만인 사람을 선원으로 사용하지 못한다. 다만 그 가족만 승무하는 선박의 경우에는 그러하지 아니하다(법 91조 1항). 이와 같이 최저 취업 연령을 설정한 것은 성장 과정에 있는 연소자의 신체 및 건강을 보호하고, 연소자의 정신적 성숙을 위하여 중학교 수준 이상의 교육 기회를 실질적으로 부여하기 위한 것이다. 연령의 계산은 출생일을 산입하여 역일에 따라 계산한다(민법 158조, 160조). 최저 취업 연령을 정한 취지는 16세 미만인 자는 선원근로계약과 관계없이 실제 근로를 시켜서는 안 된다는 것을 뜻한다. 따라서 16세 미만인 사람이 선원근로계약을 체결하지 않아도 사실상 근로를 제공하면 선원법 91조 1항 위반이 된다.[562] 선박소유자가 16세 미만인 자와 체결한 선원근로계약은 그 가족만 승무하는 선박이 아닌 한 무효이다. 하지만 무효인 선원근로계약에 따라 실제로 제공한 근로의 대가인 임금청구권은 그대로 가진다.

나. 18세 미만인 연소선원

선박소유자는 18세 미만인 사람을 선원으로 사용하려면 해양수산부령으로 정하는 바에 따라 해양수산관청의 승인을 받아야 한다(법 91조 2항). 선박소유자가 연소선원의 사용승인을 받으려는 경우에는 해당 선원의 승선공인신청서에 해당선원이 18세에 달하는 연월일을 빨간색글씨로 기재하여 지방해양수산관청에 제출하여야 한다(시행규칙 56조).

4. 근로조건

가. 근로시간

선박소유자는 18세 미만의 연소선원의 보호를 위하여 해양수산부령으로 정하

---

562) 근로기준법 주해 III(제2판), 365-366면.

는 근로시간, 휴식시간 등에 관한 규정을 지켜야 한다(법 61조). 18세 미만인 연소선원의 근로시간은 1일 8시간, 1주간 40시간을 초과하지 아니하여야 한다(시행규칙 39조의6 1호). 또한 18세 미만인 연소선원에 대해서는 (i) 1일 1시간 이상의 식사를 위한 휴식시간, (ii) 매 2시간 연속 근로 후 즉시 15분 이상의 휴식시간을 주어야 한다(시행규칙 39조의6 2호). 연소선원의 근로시간에 관하여 일반 성인선원과는 달리 시간외근로를 허용하지 않고 있다. 연소선원은 아직도 육체적·정신적으로 성장기에 있고 또 수학 적령기에 있으므로, 연장근로를 불허하여 행복하고 건강하게 성장하면서 교육을 받게 하려는 데 그 취지가 있다.

나. 위험한 선내 작업과 위생상 해로운 작업의 금지

선박소유자는 18세 미만의 선원을 (i) 부식성물질, 독물 또는 유해성물질을 제거하기 위한 화물창 또는 탱크안의 청소작업, (ii) 유해성의 도료 또는 용제를 사용하는 작업, (iii) 직접 햇빛을 받으며 장시간하는 작업, (iv) 추운 장소에서 장시간하는 작업, (v) 냉동고 안에서 장시간하는 작업, (vi) 수중에서 선체 또는 추진기를 검사·수리하는 작업, (vii) 선체의 전부 또는 상당부분이 물에 잠긴 상태에서 탱크 또는 보일러의 내부에서 행하는 수리작업, (viii) 먼지 또는 분말이 발생하는 장소에서 장시간하는 작업, (ix) 30kg 이상의 물건을 다루는 작업, (x) 알파선·베타선·중성자선 기타 유해한 방사선에 노출될 우려가 있는 작업 등 해양수산부령으로 정하는 위험한 선내 작업과 위생상 해로운 작업에 종사시켜서는 아니 된다(법 91조 3항, 선원의 안전 및 위생에 관한 규칙 8조 1항).[563] 연소선원을 위험하고 해로운 작업에 종사시키지 못하도록 하는 것은 저항력이 약하고, 육체적·정신적으로 아직 덜 성숙하며, 위험과 유해성을 충분히 자각하지 못하는 연소선원을 안전·보건 측면에서 보호하기 위한 것이다.[564]

다. 야간작업의 금지

선박소유자는 18세 미만의 선원을 자정부터 오전 5시까지를 포함하는 최소 9시간 동안은 작업에 종사시키지 못한다(법 92조 1항 본문). 야간근로는 인간의 생

---

563) 근기법 시행령 40조 [별표 4]에서는 잠수작업을 18세 미만인 사람의 사용금지 직종으로 규정하고 있다.

564) 근로기준법 주해 Ⅲ(제2판), 369면.

체주기를 깨뜨려 특히 신체적으로 약한 연소선원에게 부정적인 영향을 가져오기 때문에 이를 제한하는 것이다.[565]

다만 (i) 가벼운 일로서 그 선원의 동의와 해양수산부장관의 승인을 받은 경우(법 92조 1항 단서), (ii) 인명, 선박 또는 화물의 안전을 도모하거나, 해양 오염 또는 해상보안을 확보하거나, 인명이나 다른 선박을 구조하기 위하여 긴급한 경우 등 부득이한 사유가 있을 때 필요한 작업에 종사시키는 경우(법 92조 2항 전단), (iii) 가족만 승무하는 선박에 대하여는 야간작업 금지 규정을 적용하지 아니한다(법 92조 2항 후단).

라. 유급휴가

선박소유자는 18세 미만의 연소선원 보호를 위하여 해양수산부령으로 정하는 바에 따라 유급휴가를 주어야 한다(법 69조 5항).[566]

Ⅱ. 여성선원

1. 의 의

헌법 32조 4항은 여자의 근로는 특별한 보호를 받는다고 규정하고 있고, 선원법 제9장은 이를 구체화하고 있다. 오늘날 기술 혁신, 산업구조의 고도화, 직장 환경의 개선, 교육 수준의 향상, 출산율 저하, 여성 취업에 대한 의식의 전환, 보육시설의 확대 등 여러 가지 측면에서 여성 취업을 용이하게 하는 방향으로 경제여건이 변화되면서 여성의 경제 활동 참가율은 꾸준히 증가하고 있다. 그 결과 종래 여성은 남성에 비하여 신체적으로 열악하고 노동능력이 부족하다는 전제 하에 여성근로자를 특별하게 보호하던 노동입법의 태도는 오히려 여성근로자에 대한 과보호가 되거나 여성근로자가 취업하는 데에는 물론이고, 임금・배치・승진・정년 등에서 평등하게 취급받는 데 장애가 되기에 이르렀다. 여성과 남성의 성차(性差)에 관하여도 이는 여성이 모성, 즉 임신・출산・수유를 행해야 한다는 것에서 연유할 뿐 그 밖에 지금까지 여성의 일반적 특질이라고 생각해 온 신체적・심리적

565) 근로기준법 주해 Ⅲ(제2판), 385-386면.
566) 2025. 8. 현재 해양수산부령으로 정한 바는 없다.

특색은 정치·사회·문화적으로 형성되어 온 것에 불과하다는 인식이 자리잡게 되었다. 국제적인 여성정책 또한 초기 열악한 노동환경 속에서 여성근로자를 보호하던 것으로부터 시작하여 차별적인 현실에 대한 교정과 남녀평등의 법적 실현 등의 단계를 거쳐 현재는 실질적 평등의 관점에서 여성근로자 일반에 대한 합리적 이유 없는 특별보호는 점차 완화·폐지하는 한편 남녀의 생물학적 차이에서 비롯되는 모성보호는 더욱 강화하는 추세에 있다.[567)]

2. 사용제한

가. 여성선원의 사용제한

선박소유자는 여성선원을 (i) 부식성물질, 독물 또는 유해성물질을 제거하기 위한 화물창 또는 탱크안의 청소작업, (ii) 유해성의 도료 또는 용제를 사용하는 작업, (iii) 30kg 이상의 물건을 다루는 작업, (iv) 알파선·베타선·중성자선 기타 유해한 방사선에 노출될 우려가 있는 작업, (v) 인체에 유해한 가스를 검지하는 작업 등 해양수산부령으로 정하는 임신·출산에 해롭거나 위험한 작업에 종사시켜서는 아니 된다(법 91조 4항, 선원의 안전 및 위생에 관한 규칙 8조 2항).

나. 임신 중인 여성선원의 사용제한

선박소유자는 임신 중인 여성선원을 선내 작업에 종사시켜서는 아니 된다(법 91조 5항 본문). 다만 (i) 해양수산부령으로 정하는 범위의 항해[568)]에 대하여 임신 중인 여성선원이 선내 작업을 신청하고, 임신이나 출산에 해롭거나 위험하지 아니하다고 의사가 인정한 경우, (ii) 임신 중인 사실을 항해 중 알게 된 경우로서 해당 선박의 안전을 위하여 필요한 작업에 종사하는 경우에는 그러하지 아니하다(법 91조 5항 단서).[569)]

---

567) 김엘림, "여성노동보호법의 법리와 개정방향", 노동법에서 권리와 책임(김형배 교수 화갑 기념 논문집), 박영사(1994), 84-109면.

568) 가장 가까운 국내의 항에 2시간 이내에 입항할 수 있는 항해를 말한다. 선원의 안전 및 위생에 관한 규칙 8조 3항.

569) 산재보험법의 해석상 임신한 여성 근로자에게 그 업무에 기인하여 발생한 '태아의 건강손상'은 여성 근로자의 노동능력에 미치는 영향 정도와 관계없이 산재보험법 5조 1호에서 정한 근로자의 '업무상 재해'에 포함된다. 임신한 여성 근로자에게 업무에 기인하여 모체의 일부인 태아의 건강이 손상되는 업무상 재해가 발생하여 산업재해보상보험법에 따른 요양급여 수급관계가 성립하게 되었다면, 이후 출산으로 모체와 단일체를 이루던 태아가 분리되었다 하더라도 이미 성립한 요양급여 수급관계가 소

다. 산후 1년이 지나지 아니한 여성선원의 사용제한

선박소유자는 산후 1년이 지나지 아니한 여성선원을 (i) 부식성물질, 독물 또는 유해성물질을 제거하기 위한 화물창 또는 탱크안의 청소작업, (ii) 유해성의 도료 또는 용제를 사용하는 작업, (iii) 직접 햇빛을 받으며 장시간하는 작업, (iv) 추운 장소에서 장시간하는 작업, (v) 냉동고 안에서 장시간하는 작업, (vi) 수중에서 선체 또는 추진기를 검사 · 수리하는 작업, (vii) 선체의 전부 또는 상당부분이 물에 잠긴 상태에서 탱크 또는 보일러의 내부에서 행하는 수리작업, (viii) 먼지 또는 분말이 발생하는 장소에서 장시간하는 작업, (ix) 30kg 이상의 물건을 다루는 작업, (x) 알파선 · 베타선 · 중성자선 기타 유해한 방사선에 노출될 우려가 있는 작업, (xi) 양묘기 · 권양기를 조작하는 작업, (xii) 하역용 장비를 조작하는 작업, (xiii) 몸의 중심을 선체 밖으로 내놓고 하는 작업, (xiv) 산소결핍의 우려가 있는 장소에서 하는 작업, (xv) 인체에 유해한 가스를 검지하는 작업, (xvi) 금속의 용접 · 절단 또는 가열작업 등 해양수산부령으로 정하는 위험한 선내 작업과 위생상 해로운 작업에 종사시켜서는 아니 된다(법 91조 6항, 선원의 안전 및 위생에 관한 규칙 8조 4항). 여성은 산후 1년까지는 육체적 · 생리적인 취약성을 면하기 어려우므로 피로 회복에 충분한 시간을 주어 산모의 건강을 보호하려는 데 그 취지가 있다.

라. 예 외

가족만 승무하는 선박의 경우에는 위와 같은 사용제한 규정을 적용하지 아니한다(법 91조 7항).

3. 생리휴식

가. 의 의

선박소유자는 여성선원이 청구하면 월 1일의 생리휴식을 주어야 한다(법 93조). 생리는 여성의 몸에서 일정한 간격을 두고 주기적으로 반복되는 자궁내막의

멸된다고 볼 것은 아니다. 따라서 여성 근로자는 출산 이후에도 모체에서 분리되어 태어난 출산아의 선천성 질병 등에 관하여 요양급여를 수급할 수 있는 권리를 상실하지 않는다. 대법원 2020. 4. 29. 선고 2016두41071 판결.

출혈현상으로, 여성은 생리기간 동안 신체적·정신적으로 평소와 다른 변화를 겪는다. 선원법은 여성선원이 생리기간 중 무리하게 근무함으로써 정신적·육체적으로 건강을 해치는 것을 방지하기 위해 생리휴식 제도를 규정하고 있다.[570)]

나. 요 건

생리휴식은 여성선원이 청구하는 경우에 부여된다. 생리휴식은 생리 중인 여성선원의 신체적·정신적 건강을 보호하기 위한 것이므로 생리휴식은 사실상 생리 현상이 있는지 여부에 따라 부여하여야 한다. 여성선원이라 하더라도 고령, 폐경, 자궁제거 등으로 생리가 없거나 또는 임신으로 인하여 생리가 일시 중단되는 경우 등 생리현상이 없는 여성선원에게는 생리휴식을 부여하지 않아도 무방하다.

생리기간 해당 여부 및 생리유무에 관한 증명책임에 관하여는, 기본적으로 여성선원 본인의 증명을 기대할 수밖에 없으나 이를 엄격하게 해석하면 제도의 취지가 상실될 우려가 있을 뿐만 아니라 성적 프라이버시와도 충돌할 수 있으므로, 증명을 요구하여야 할 특별한 사정이 없는 한 증명 없이 생리휴식을 청구하더라도 선박소유자는 이를 부여하여야 한다.[571)]

다. 사용 방법

생리휴식은 여성선원이 청구하면 월 1일씩 부여된다. 생리휴식은 사실상 생리현상에 따라 부여하는 것으로 월차휴가와 달리 적치하여 사용하거나 분할하여 사용할 수 없고, 그 달이 지나면 소멸한다. 생리휴식의 특성상 선박소유자가 미리 생리휴식 가능 요일을 지정하거나 특정일에 대체 휴무시키는 행위를 하는 것은 허용되지 않는다. 생리휴식을 부여하는 대신 생리휴식 근로수당으로 대신할 것을 당사자 간에 미리 약정하거나 선박소유자가 일방적으로 생리휴식 근로수당을 지급하는 것은 허용되지 않는다. 선박소유자는 정당하게 생리휴식을 사용한 것을 이

---

570) 근로기준법 주해 Ⅲ(제2판), 396면.

571) 김유성 Ⅰ, 366면; 사용자로서는 여성 근로자가 생리휴가를 청구하는 경우, 해당 여성 근로자가 폐경, 자궁제거, 임신 등으로 생리현상이 없다는 점에 관하여 비교적 명백한 정황이 없는 이상 여성 근로자의 청구에 따라 생리휴가를 부여하여야 한다. 여성의 생리현상은 하루 만에 끝나는 것이 아니라 일반적으로 며칠에 걸쳐서, 몸 상태에 따라서는 상당히 오랜 기간 나타날 수도 있고, 더욱이 그 기간이나 간격이 반드시 일정한 것은 아니기에 설령 여성 근로자의 생리휴가 청구가 휴일이나 비번과 인접한 날에 몰려 있다거나 생리휴가 청구가 거절되자 여러 차례 다시 청구하였다는 등의 사정은 생리현상이 없다는 점에 관한 명백한 정황에 해당한다고 볼 수 없다(대법원 2021. 4. 8. 선고 2021도1500 판결).

유로 여성선원에게 불이익을 주어서는 안 된다.

라. 무 급

선원법에 유급이라는 규정이 없는 이상, 생리휴식은 무급이라고 해석하여야 한다. 따라서 생리휴식을 사용하였다면 그 휴식일에 대한 임금은 지급되지 않는다. 다만 당사자 사이에 약정으로 유급으로 하는 것도 가능하다.

4. 임신 중 여성선원의 보호

선원법 5조 1항에 의하여 적용되는 근기법 74조, 74조의2는 임신 중인 여성 근로자를 보호하기 위해 출산전후휴가, 유산·사산 보호휴가, 시간외근로의 금지, 쉬운 종류 근로로 전환, 출산전후휴가 종료 후 동일 업무·동등 대우 직무 복귀 제도, 근로시간의 단축, 태아검진 시간의 허용 등을 규정하고 있다.

가. 출산전후휴가

(1) 의 의

출산전후휴가란 임신 중의 여성 근로자에게 출산 전후에 주어지는 휴가를 말한다. 출산 전후 일정한 기간 근로제공의무를 면제함으로써 산모와 태아의 건강을 보호하고, 여성근로자가 임신·출산으로 소모된 체력을 회복하게끔 도모하려는 데 그 취지가 있다.

(2) 부여 대상

출산전후휴가는 임신 중 여성에게 부여된다. 이는 보장적 휴가로서, 여성선원에게 임신과 출산이라는 사실에 기초하여 부여되므로, 입양은 출산전후휴가의 대상이 아니다. 휴직기간 중 휴직자가 복직 신청과 함께 출산전후휴가 신청을 하였을 경우 일단 복직을 시키기로 한 경우에는 출산전후휴가를 부여하여야 한다.

(3) 출산전후휴가의 내용

사용자는 임신 중의 여성에게 출산 전과 출산 후를 통하여 90일(한 번에 둘 이상 자녀를 임신한 경우에는 120일)의 출산전후휴가를 주어야 한다. 이 경우 휴가 기간의 배정은 출산 후에 45일(한 번에 둘 이상 자녀를 임신한 경우에는 60일) 이상이 되어야 한다(근기법 74조 1항). 산전에 45일이 넘는 기간을 휴가로 사용하였을 경우(가령 출산전후 휴가로 90일을 부여했는데 출산일이 늦어져 산후 45일이 확보되지 않은 경우)에도 산후에 45일 이상의 유급보호휴가를 주어야 한다. 90일을 초과하는 출산전후 일수는 무급휴가로 처리될 수 있으며, 사용자의 임금 지급이나 고용보험상 출산전후휴가 급여의 대상이 되지 않는다.[572)]

출산전후휴가 기간은 근로자가 지정한 날부터 기산됨이 원칙이고, 만일 근로자가 출산 전에 휴가기간을 지정하지 않았다면 그 기간은 출산일부터 90일이 되는 날까지이다.[573)] 출산전후휴가 기간 90일은 역일로 계산된다. 따라서 근로계약, 취업규칙, 단체협약 등에 따로 정함이 없는 한 그 기간 중에 있는 휴일(주휴일 등 법정 휴일과 근로계약, 취업규칙, 단체협약에서 정한 휴일 모두 포함) 일수나 휴직한 기간은 휴가 기간에 모두 포함된다(다시 말해 출산전후휴가 기간 중에 있는 휴일이나 휴가 일수만큼 더 쉴 수 있는 것은 아니다).[574)]

근로자가 원하는 경우 출산전후휴가기간을 단축할 수 있는지 여부와 관련하여, 근기법 74조가 정한 근로조건은 최저의 근로조건이고 출산전후휴가는 여성근로자의 모성을 보호하기 위하여 반드시 지켜야 하는 근로조건이므로, 근로자가 원한다 하더라도 출산전후휴가기간을 단축할 수 없다.[575)]

(4) 사용 방법

휴가는 원칙적으로 출산일을 전후하여 연속하여 사용해야 한다. 그러나 사용자는 임신 중인 여성근로자가 (i) 임신한 근로자에게 유산·사산의 경험이 있는 경우, (ii) 임신한 근로자가 출산전후휴가를 청구할 당시 연령이 만 40세 이상인 경우, (iii) 임신한 근로자가 유산·사산의 위험이 있다는 의료기관의 진단서를 제출한 경우 등의 사유로 출산전후휴가를 청구하는 경우 출산 전 어느 때라도 휴가를 나누어 사용할 수 있도록 하여야 하고, 이 경우 출산 후의 휴가 기간은 연속하여 45일(한 번에 둘 이상 자녀를 임신한 경우에는 60일) 이상이 되어야 한다(근기법 74조 2항, 시행령 43조 1항).

---

572) 2002. 2. 18. 여원 68430-79.
573) 2002. 9. 5. 평정 68240-173.
574) 2002. 9. 5. 평정 68240-173, 2006. 1. 24. 여성고용팀-333.
575) 2003. 9. 30. 평정 68240-346.

(5) 휴가 종료 후 동일 업무·동등 대우 직무 복귀

사업주는 출산전후휴가 종료 후에는 휴가 전과 동일한 업무 또는 동등한 수준의 임금을 지급하는 직무에 복귀시켜야 한다(근기법 74조 6항). 이 조항이 없더라도 휴가 사용을 이유로 근로자에게 불이익을 주는 것은 금지되므로 이 조항은 확인규정에 불과하지만, 이 의무 위반에 대한 벌칙 또한 새로 마련되었으므로 형사처벌이 가능하다는 점에서 규정 신설에 의의가 있다.[576)]

(6) 출산전후휴가수당

출산전후휴가 중 최초 60일(한 번에 둘 이상 자녀를 임신한 경우에는 75일)은 유급으로 한다(법 74조 3항 본문). 따라서 사용자는 산전후휴가 기간 중 최초 60일에 대하여 그 일수에 해당하는 임금을 근로자에게 지급하여야 한다. 근기법상 지급기준을 규정하지 않았으나 유급휴가수당과 마찬가지로 통상임금에 따른 임금을 지급하여야 한다. 근로자가 만일 출산전후휴가 중 전부 또는 일부를 사용하지 않고 그 휴가기간 중에 근로를 제공하였다면, 그 사용할 수 있는 기간이 끝나는 날에 출산전후휴가근로수당 청구권이 따로 발생한다. 다만 남녀고용평등과 일·가정 양립 지원에 관한 법률 18조에 따라 출산전후휴가급여 등이 지급된 경우에는 그 금액의 한도에서 지급의 책임을 면한다(근기법 74조 3항 단서).

나. 유산·사산 보호휴가

사용자는 임신 중인 여성이 유산 또는 사산한 경우로서 그 근로자가 청구하면 대통령령으로 정하는 바에 따라 유산·사산 휴가를 주어야 한다. 다만 인공 임신 중절 수술(모자보건법 14조 1항에 따른 경우는 제외)에 따른 유산의 경우는 그러하지 아니하다(근기법 74조 3항).

다. 시간외근로의 금지

사용자는 임신 중의 여성근로자에게 시간외근로를 하게 하여서는 아니 된다(근기법 74조 5항 전단). 이는 시간외근로가 임신 중의 근로자에게 과중한 신체

---

576) 근로기준법 주해 III(제2편), 406면. 그러나 벌칙규정인 근기법 114조 1호는 선원법 5조 1항에 누라되어 있으므로, 선원근로관계에는 적용되지 아니한다.

적 · 정신적 부담을 주는 것을 방지하여 산모와 태아를 보호하기 위함이다.

라. 쉬운 종류의 근로로 전환

사용자는 근로자의 요구가 있는 경우에는 쉬운 종류의 근로로 전환하여야 한다(근기법 74조 5항 후단). 이는 임신 중에 체력 소모가 많아 통상의 작업을 수행하기 곤란한 경우에 여성근로자의 건강을 보호하기 위해 업무 강도를 조절할 수 있도록 하기 위한 것이다. 쉬운 종류의 근로의 내용에 관하여는 법상 아무런 규정도 두지 않고 있으므로 '쉬운 종류의 근로'인지 여부는 사회 통념에 따라 합리적으로 판단하여야 하나, 대체로 임신 중 여성이 수행하기에 신체적 · 정신적으로 보다 수월하고 용이한 업무라고 보아야 한다.[577] '쉬운 종류의 근로'는 그 근로 내용만이 아니고 근로시간대의 변경도 포함한다. 쉬운 종류의 근로로 전환하는 것은 임신 중 여성근로자의 요구를 전제로 하므로 여성근로자가 요구하지 않는 경우 종래의 업무에 그대로 사용해도 이 규정에 위반되지 않는다. 또한 임신을 이유로 근로자의 의사에 반하여 사용자가 임의로 전환시킬 수는 없다.

마. 근로시간의 단축

사용자는 임신 후 12주 이내 또는 36주 이후에 있는 여성 근로자가 1일 2시간의 근로시간 단축을 신청하는 경우 이를 허용하여야 한다. 다만 1일 근로시간이 8시간 미만인 근로자에 대하여는 1일 근로시간이 6시간이 되도록 근로시간 단축을 허용할 수 있다(근기법 74조 7항). 사용자는 7항에 따른 근로시간 단축을 이유로 해당 근로자의 임금을 삭감하여서는 아니 된다(근기법 74조 8항). 7항에 따른 근로시간 단축의 신청방법 및 절차 등에 필요한 사항은 대통령령으로 정한다(근기법 74조 9항).

바. 태아검진 시간의 허용 등

사용자는 임신한 여성선원이 모자보건법 10조에 따른 임산부 정기건강진단을 받는데 필요한 시간을 청구하는 경우 이를 허용하여 주어야 한다(법 5조 1항, 근기법 74조의2 1항). 사용자는 1항에 따른 건강진단 시간을 이유로 그 선원의 임금을

577) 근로기준법 주해 Ⅲ(제2판), 414면.

삭감하여서는 아니 된다(동조 2항).

5. 유급휴가

산전·산후의 여성선원이 근기법 74조에 따른 휴가로 휴업한 기간은 계속하여 승무한 기간으로 본다(법 69조 3항). 이 경우 보호휴가로 휴업한 기간에 대한 유급휴가 일수는 1개월에 12분의 15일로 하되, 1일 미만의 단수는 1일로 계산한다(법 70조 4항, 시행규칙 46조의2).

Ⅲ. 벌 칙

1. 선원법 위반

선박소유자가 91조 2항, 4항, 5항, 6항을 위반하였을 때에는 3년 이하의 징역 또는 3천만 원 이하의 벌금에 처한다(법 168조 1항 4호). 선박소유자가 91조 1항을 위반하여 16세 미만인 사람을 선원으로 사용하거나(법 170조 8호), 92조 1항을 위반하여 18세 미만의 선원을 야간작업에 종사시킨 경우(법 170조 9호)에는 2년 이하의 징역 또는 2천만 원 이하의 벌금에 처한다. 선박소유자가 91조 3항 또는 93조를 위반하였을 때에는 1천만 원 이하의 벌금에 처한다(법 175조 1항).

2. 근기법 위반

근기법 74조 1항부터 5항까지 위반한 자는 2년 이하의 징역 또는 1천만 원 이하의 벌금에 처한다(법 5조 1항, 근기법 110조 1호). 이와 별도로 근기법 74조 6항을 위반한 자는 500만 원 이하의 벌금에 처하고(근기법 114조 1호), 근기법 74조 7항을 위반한 자는 500만 원 이하의 과태료에 처하지만(근기법 116조 1항 2호), 위 벌칙규정은 선원법 5조 1항에 누락되어 있으므로, 선원근로관계에는 적용되지 아니한다.

제 5 장

재해보상

제1절 서 론
제2절 재해보상청구권의 성립요건
제3절 선원법상 재해보상
제4절 어선원의 재해보상
제5절 해외취업선원의 재해보상
제6절 손해배상
제7절 미국의 선원재해구제제도

제1절 서 론

Ⅰ. 의 의

1. 재해보상의 필요성

선원은 직무와 관련하여 부상·질병·사망 등 직업상 위험에 항시 노출되어 있다. 많은 경우 이러한 직업상 위험은 선원 개인의 부주의보다는 선박·생산시설의 결함이나 재해예방을 위한 설비·투자의 미흡, 열악한 근로조건과 과중한 업무, 해양고유의 위험 등에 의해 발생한다. 선원 본인의 주의와 노력만으로는 직무상 재해라고 하는 직업위험을 통제하거나 극복하기 어렵다. 더구나 기술발전에도 불구하고 새로운 직업병은 계속 증가하고 있고, 선박·설비가 대형화·기계화·자동화되어 감에 따라 직업상 사고의 규모도 대형화되거나 선원의 생명·신체에 미치는 치명도가 더욱 커지고 있다. 다른 한편, 재해는 선원과 그 가족에 막대한 고통을 초래한다. 노동능력의 감소·상실, 나아가 선원근로관계의 단절은 가정의 빈곤화와 생활의 파탄으로 이어지기도 한다. 이렇듯 재해는 선원의 책임과 무관하게 노동생활의 영역에 내재되어 있는 본질적 직업위험이자 선원과 가족에게 치명적인 생활위험이기 때문에 그에 따른 적절한 보호가 이루어져야 한다.[1)]

한국선원통계연보에 따르면 2023년 한 해 동안 3,683명의 선원이 직무상(3,162명) 또는 직무외(520명) 원인으로 재해를 입었다.[2)] 2023. 12. 31. 기준 취업선원 60,148명을 고려하면 선원의 직무상 재해율은 6.12%에 달하고 있다. 이는 고용노동부에서 발표한 2023년 산업재해 발생현황에 따른 육상근로자 사고 재해율 0.66%보다 약 9.23배 높은 수치로서 선원재해예방을 위한 대책이 절실한 상황이다.

---

1) 김유성 Ⅰ, 220면.
2) 2024 한국선원통계연보, 한국선원복지고용센터(2024), 289면.

2. 손해배상제도의 한계

민법상의 손해배상제도는 과실책임의 원칙(민법 750조)에 기초하여 운영되기 때문에 직무상 재해에 따른 선원보호에 불충분할 수 있다. 선박소유자에게 과실이 없는 경우에는 그 책임을 물을 수 없고, 설사 과실이 있더라도 재해를 당한 근로자 · 선원은 이를 증명하여야 하지만, 그 증명은 곤란한 경우가 많다. 또 손해배상 소송의 지연은 경제적 여유가 없는 선원의 생활을 위협하게 되고 소송의 계속 자체를 어렵게 하기도 한다.[3] 이러한 손해배상제도의 결함 · 한계를 극복하기 위하여 특별한 재해보상제도를 마련할 필요가 있다.

3. 선원재해보상제도의 개념

선원재해보상제도는 선원이 선원근로계약 존속 중 부상을 당하거나 질병에 걸리거나 사망한 경우에 선원이나 유족을 보호하기 위하여 선원 · 유족에게 적정한 보상을 해주는 제도를 말한다. 근기법, 산재법에서 근로자에 대한 재해보상을 규정하고 있고, 선원재해에 관하여는 선원법, 어재법에서 규정하고 있다. 이와 별도로 '해외취업선원 재해보상에 관한 규정'도 해외취업선원의 보호에 중요한 역할을 수행하고 있다.

Ⅱ. 연 혁

선원재해보상제도는 근로자에 대한 재해보상제도와 많은 차이점이 있는데, 선원재해보상제도를 제대로 이해하기 위해서는 선원재해보상제도의 연혁을 살펴보는 것이 매우 중요하다.

1. 개 관

가. 기 원

승무 중 상병을 당한 선원을 보살펴주는 선박소유자의 의무의 기원은 고대로

3) 김유성, 한국사회보장법론(5판), 법문사(2002), 292-293면.

거슬러 올라가고, 중세 및 근대의 해사법전[4]에도 등장하는데, 이는 대부분 해양국가에서 수세기 동안 승인되었다.[5] 그 중 1200년경에 편찬되어 대서양 각국의 공통법으로 형성된 Oleron해법 6조, 7조와 14 · 15C경 Gothland의 Wisbuy시를 중심으로 한 해사관습을 편찬한 것으로 북해 · 발틱해의 연안에 적용된 Wisbuy해법 18조, 19조는 선원의 재해보상에 관하여 다음과 같이 규정하고 있다.

나. Oleron해법

[6조] 선장에 의해 고용된 선원이 임의로 하선한 경우, 선장의 지시에 불복종하는 경우, 상호 폭행 중에 부상을 입은 경우에는 선장은 부상을 당한 선원을 요양하거나 어떠한 물품도 지급할 의무가 없다. 부상을 입은 선원이나 가해자는 이에 대한 비용을 부담하여야 하며, 선박에 대하여 그 비용을 청구할 수 없고, 선원이 이를 부담하기로 약정한 경우에는 선장에게 반드시 이를 지급하여야 한다. 그러나 선원이 선장의 지휘나 선박소유자의 지시에 의하여 승무 중 부상을 입은 경우에는 선박의 비용과 부담으로 선원에게 요양과 숙식을 제공할 의무가 있다.

[7조] 선원이 승무 중 질병에 걸린 때에는 선장은 질병에 걸린 선원을 상륙시키고 숙박과 조명을 제공하여야 하며, 선박의 사환을 선원에게 배치하거나 여성을 고용하여 선원을 개호하게 하여야 한다. 또한 선상에서 그 선원에게 제공되는 정도의 식사를 제공하여야 하며, 선장의 지시가 없으면 그 이상의 식사를 제공할 의무는 없다. 선원이 더 나은 식사를 원하는 경우 선장은 그 선원이 비용을 부담하지 않는 한 이를 제공할 의무는 없다. 선박의 출항준비가 완료된 경우에도 질병에 걸린 선원을 남겨두고 가서는 안 되며, 선원이 질병에서 회복된 경우에는 선장이 선원에게 제공한 것에 대한 선원의 부담분을 공제한 나머지 임금을 지급하여야 한다. 선원이 사망한 때에는 배우자나 차순위 상속권자에게 이를 지급하여야 한다.

---

4) Oleron해법 6조, 7조; Wisbuy해법 18조, 19조, 33조, 62조; Hanse Towns해법 35조, 39조, 45조; Louis 14세 해사칙령 11조, 12조, 15조 각 참조.

5) Steven Bellman/Aileen Jenner/Bari Chase/Joan Loo, Benedict on Admiralty IB –Seamen's Action–, 7th Edition(Revised), Matthew Bender & Co., Inc(1986), 4-5면.

다. Wisbuy해법

[18조] 선원이 상륙 중 또는 승무 중 부상을 입은 때에는 선박의 부담으로 상병보상 및 요양보상을 하여야 한다. 그러나 선원이 휴식 그 밖의 개인적 용무를 위하여 상륙하였다가 부상을 입은 때에는 선장은 선원을 하선시킬 수 있으며, 선원은 그가 수령한 상병요양보상을 반환하여야 하고, 부상을 당한 선원 대신에 고용한 선원의 임금 상당액도 지급하여야 한다.

[19조] 선원이 질병에 걸리고, 질병에 걸린 선원을 상륙시키는 것이 용이한 때에는, 질병에 걸린 선원을 상륙시키고 그 선원에게는 선상에서와 같은 상태의 식사를 제공하여야 하며, 그를 개호할 사람을 배치하여야 한다. 선원이 질병에서 회복된 경우에는 임금을 지급하여야 하고, 선원이 사망한 경우에는 배우자나 상속인에게 임금을 지급하여야 한다.

라. 프랑스

1681년 루이(Louis) 14세 해사칙령(Ordonnance de la marine)은 콜베르(Colbert) 아래 다수의 학자 및 실무가가 모여 당시 프랑스와 유럽 제국의 법률 및 관습법을 참고하여 해사법 전반에 걸쳐 조직적으로 편찬한 것으로 1807년의 프랑스 상법전의 기초가 되었고, 프랑스 상법전은 1869년 보통독일상법(Das Allgemeine Deutsche Handelsgesetzbuch)의 모범이 되었다.

마. 독 일

독일은 1873년 선원보호에 관한 규정을 상법전에서 분리하여 선원법으로 독립시켰고, 일본의 1899년 상법은 보통독일상법을 계수한 것으로 평가된다.

바. ILO의 선원재해에 관한 협약

전통적으로 선원의 근로는 어렵고 매우 위험하며, 선원은 가정에서 오랫동안 떨어져서 생활하여야 하고 해양고유의 위험에 노출되어 있다.[6)] ILO는 선원의 질병 · 상해 · 사망시 선박소유자 책임에 관한 협약[Shipowners' Liability (Sick and

6) Schoenbaum, 221면.

Injured Seamen) Convention, 1936, 55호], 선원에 대한 업무상 재해 방지에 관한 협약[Prevention of Accidents (Seafarers) Convention, 1970, 134호], 선원의 건강보호·의료보호에 관한 협약[Health Protection and Medical Care (Seafarers) Convention, 1987, 164호], 선원의 사회보장에 관한 개정협약[Social Security (Seafarers) Convention (Revised), 1987, 165호], 2006년 해사노동협약 등을 채택하였는데, 이와 같이 선원의 재해에 관하여 특별한 협약이 존재하는 이유는 해양노동의 위험성과 특수성 때문이다. 그 중 1936. 10. 24.에 채택된 55호 협약[7]은 각국의 선원재해보상제도에 지대한 영향을 미쳤다. 위 협약은 종전의 입법례와 마찬가지로 재해발생의 원인을 구분하지 아니하고 고용계약 기간 중 발생한 재해를 보상하도록 규정하고 있다.

2. 일본 선원재해보상제도의 연혁[8]

가. 상법과 1899년 선원법

일본 실정법에 선원재해보상규정이 최초로 규정된 것은 1890년 상법으로,[9] 요양보상(882조), 유족수당(883조 1항), 장제비의 선박소유자부담(883조 2항) 등을 규정하였다. 1899년 선원법이 법률 47호로 제정되었으나 이는 선박항행의 안전확보를 위한 행정감독을 목적으로 한 것이어서 선원보호법의 내용은 존재하지 않았고, 1899년 상법 제5편에서 선원보호에 관한 규정을 두었는데 선원재해에 관한 규정으로는 요양보상(578조), 장제료(580조) 등이 있다.[10]

7) 1939. 10. 29. 효력발생. 비준국은 Belgium, Belize, Bulgaria, Djibouti, Egypt, France, Greece, Italy, Liberia, Luxembourg, Mexico, Morocco, Panama, Peru, Spain, Tunisia, Turkey, United States 등 18개국이었으나, 2015. 10. 10. 현재 Djibouti, Egypt, Mexico, Peru, Tunisia, Turkey, United States 등 7개국에서만 효력이 있고, 나머지 11개국은 Maritime Labour Convention, 2006 (MLC, 2006)의 비준에 따라 그 효력이 발생하면 10조에 의하여 위 55호 협약에서 자동으로 탈퇴하게 된다(http://www.ilo.org).

8) 蒲章, 船員勞働災害補償の研究, 日本海事廣報協會(1983), 9-57면.

9) Hermann Roesler가 작성한 1881년 상법 초안 946조, 947조에도 선원의 취역 후 질병·부상·사망한 경우 보상을 규정하였고, 이는 1890년 상법 제2편 해상 제4장(선장과 해원) 882조, 883조에 직접 영향을 주었다.

10) 鹽田環, 船員論, 三書樓出版(1911), 192-203면.

나. 1937년 선원법

그 후 해양노동법의 국제적 압력 · 국내에서 노동법사고의 진전 결과, 1937년 선원법은 상법상 재해보상규정을 도입하여, 요양보상, 상병 중 임금지급, 상병고지해원(傷病雇止海員)에 대한 수당지급(요양수당, 상병실업수당), 장제료, 선원보험법과의 조정에 관하여 규정하였다. 1937년 선원법의 재해보상제도가 종전의 상법상 제도와 크게 다른 점은 재해보상제도가 상법에서 이탈하여 선원법으로 편입됨으로써 사법영역에서 노동법 분야로 이전하였다는 것인데, 그 결과 선장에 대하여도 재해보상규정이 적용되도록 하였고(17조), 선박소유자가 재해보상의무를 위반한 경우에는 벌칙의 적용을 받도록 하였다(61조).

다. 1947년 선원법

1947. 9. 1. 제정된 이래 수차례 개정을 거쳐 현재까지 시행되고 있는 1947년 선원법은 노동기준법의 재해보상규정과 ILO 55호 협약의 기준을 참고하여 기업상 재해보상책임의 입장에서 입법한 것으로, 요양보상, 상병수당, 예후수당, 장해수당, 유족수당, 다른 급부와의 관계, 심사 및 중재에 관하여 규정하였다. 주목할 점은 종래 선원법에 의한 보상규정이 ILO 55호 협약과 모순되는 부분이 있어,[11] 직무상 재해와 고입계약(雇入契約) 기간 중 직무외 재해를 구별하여 직무상 재해의 경우에는 더욱 강화된 내용의 보상을 행하도록 하였다는 점이다. 그 후 1962년 선원법의 개정으로 행방불명수당제도가 신설되었다.

라. 선원보험법

이와는 별도로 1939년 선원보험법이 제정되었는데, 선원보험은 선원의 질병, 분만, 실업, 노령, 폐질, 사망 등의 사고 및 가족의 질병 등의 사고에 관하여 보험급부를 행하는 것을 내용으로 하는 사회보험이다.

---

11) 요양보상을 예로 들면, 종래에는 고입계약 존속 중 상병에 관하여는 요양부조의무를 3개월로 한정하였으나 ILO 55호 협약 2조 1항은 "직무의 개시에 관하여 고용계약서에 명시된 날부터 계약종료일까지의 사이에 발생한 질병 및 부상 그리고 이러한 부상 또는 질병으로 사망한 경우 선박소유자는 이에 대한 보상책임이 있다"고 규정하여 재해의 직무상 사유 여부를 불문한다.

3. 근로자에 대한 재해보상제도의 기원

가. 유럽 각국

근로자에 대한 재해보상제도는 노동조합의 세력증진, 산업재해에 대한 보상으로서 전통적인 손해배상제도의 결함의 인식, 높은 산업재해율에 대한 사회적 관심, 산업안전과 재해근로자의 사회복귀에 대한 동기부여 등의 이유에서 19C 후반부터 생성·발전된 것이다. 영국에서는 1880년 사용자책임법(Employers Liability Act)이 제정되어 1897년 근로자보상법(Workmen's Compensation Act)으로 발전하였고, 독일에서는 1871년 사용자책임법(Reichshaftpflichtgesetz)이 제정되어 1884년 산업재해보험법(Unfallversichrungsgesetz)로 발전하였으며, 이탈리아(1883년), 노르웨이(1894년), 프랑스와 덴마크(1898년) 등에서도 근로자재해보상에 관한 입법을 정비하였다. 특히 1898년 프랑스의 재해책임법(그 후 1946년 10월법에 의하여 사회보장법에 포함되었다)은 오늘날 근로자의 재해보상제도의 효시가 되었다.[12] 그 중 최초의 재해보상보험제도는 독일의 1884년 산업재해보험법인데, 공업근로자 및 저소득층을 대상으로 하여 업무상 재해에 관하여 재해발생 후 14주부터 요양급여 및 노동능력상실에 대한 급여지급에 관하여 규정하였다. 사회보험 관련 법률을 통일법전으로 종합한 1911년의 제국보험법(Reichsversicherungsordnung)이 만들어졌고, 산업재해보험법은 제3편에 편성되었다. 그 후 1925년에 직업병이 보험급여의 대상에 추가되었고, 1942년의 개정에 의해서 모든 근로자에게 재해보상보험제도를 적용하게 되었다.[13]

나. 일 본

일본에서는 1905년 광업법, 1911년 공장법에서 재해에 대한 부조를 규정하였고, 1923년 공장법을 개정하여 직공의 과실 유무에 관계없이 업무상 상병에 대하여 사업주에게 부조의무를 부과하였으며, 사업주가 직공의 중대한 과실을 증명하면 휴업부조료 및 장해부조료의 지급의무를 면하도록 하였다. 또한 옥외근로자에

---

12) A. I. Ogus/E. M. Barendt/T. G. Buck/T. Lynes, The Law of Social Security, 3rd Edition, Butterworths(London, 1988), 250면.

13) 우태시, "산업재해부상보험제도의 헌법적 연구 – 업무상 재해를 중심으로 –", 한국행정사학지 31호(2012), 79면.

관하여는 1931년 노동자재해부조법이 제정되었으나, 각 직종별로 분산되어 있는 법규를 통합함과 동시에 내용을 확충하여 근로자재해보상제도를 정비한 노동기준법은 2차 대전 후인 1947년에 제정되었다.

4. 우리나라 선원재해보상제도의 연혁

가. 일본 선원법의 의용

일본의 1899년 선원법은 조선선원령(1914. 4. 제령 9호), 조선선원령 시행규칙에 의하여 1914년부터 우리나라에도 적용되었다.[14] 조선선원령(1938. 3. 28. 시행, 칙령 4호)에 의하여 일본의 1937년 선원법은 44조, 45조를 제외하고 조선에 선적항을 가진 일본선박의 선원에 관하여도 적용되었으며, 조선선원령 시행규칙(1938. 3. 조선총독부령 32호)에 의하여 선원법 시행령, 선원법 시행규칙도 적용되었다.[15]

나. 선원법의 제정과 개정

(1) 1962년 선원법

1962. 1. 10. 법률 963호로 제정된 우리나라의 선원법은 일본의 1947년 선원법을 참고한 것이다. 그 주요 내용을 살펴보면, 직무상 상병에 대한 요양보상(94조 1항)과, 승선계약존속 중 직무 외에서 상병에 걸린 경우 3월의 범위 내에서 요양보상을 행하되 선원의 고의·중과실로 인한 경우에는 면책이 되도록 규정하였으며(2항), 요양의 범위에는 진찰·약제 또는 치료재료의 공급·수술 기타의 치료, 병원·진료소·기타 치료에 필요한 자택 이외의 장소에의 수용(식료의 공급을 포함), 간호, 이송 등을 규정하였다(95조). 선원이 직무상 상병에 걸린 경우에는 2월의 범위 내에서 표준보수의 월액에 상당하는 상병수당을 지급하고, 2월이 경과한 경우에는 표준보수 월액의 60%를 지급하며(96조 1항), 선원이 직무상 상병으로 신체에 장해가 있는 경우에는 장해수당을 지급하되(97조 1항), 다만 위의 경우 선원의 고의·중과실의 경우에는 적용이 제외되도록 규정하였다(각 2항). 선원이 직무상 사망한 경우(직무상 상병으로 인하여 사망한 경우 포함) 각령(閣令)이 정하는 유

14) 이원재, "한국노동법의 전개과정에 관한 일고찰" −일제하와 미군정기를 중심으로−, 서울대 법학석사학위논문(1987), 24면; 우리 선원의 역사 −상선선원을 중심으로−, 해양수산부·한국해기사협회·한국도선사협회·한국해사재단(2004), 64-65면.

15) 壺井玄剛, 改正船員法解說, 交通硏究社(1938), 189-192면.

족에게 표준보수월액 36월분의 유족수당과(98조), 장제를 행하는 자에게 표준보수월액 3월분의 장제비를 지급하도록 규정하였다(99조). 이외에도 타 급부와의 관계(100조), 해운관청의 심사와 중재(101조), 선원노동위원회의 심사와 중재(102조), 민사소송의 특칙으로 선원노동위원회 심사·중재 전치주의(103조), 재해보상에 관한 서류의 보존의무(104조)를 규정하였다.

(2) 1966년 선원법

1966. 12. 9. 법률 1844호로 개정된 선원법은 표준보수월액을 월봉급액으로, 각령을 대통령령으로 수정하였다.

(3) 1973년 선원법

1973. 2. 5. 법률 2467호로 개정된 선원법은, 선원이 승선 중 사망한 때 월봉급액의 36월분에 상당하는 유족수당을 지급하되, 다만 고의·중과실의 경우에는 적용이 제외되도록 하는 직무외 유족보상제도를 신설하였고(98조 2항),[16] 선원이 해상에서 행방불명이 되었을 때 3월의 범위 내에서 매월 1회 피부양자에게 행방불명수당을 지급하고(99조의2 1항), 행방불명기간이 3월을 경과한 경우에는 사망으로 추정하여 유족수당과 장제비를 지급하도록 하였으며(2항), 선원이 승선근무 중 해난사고로 인하여 소지품을 유실한 경우에는 그에 상당하는 액을 보상하도록 규정하였다(99조의3).

(4) 1984년 선원법

1984. 8. 7. 법률 3751호로 전문 개정된 선원법은, 직무외 요양보상의 요건으로 승무 중(기항지에서의 상륙기간, 승선을 위한 여행기간 및 선박소유자가 인정하는 하선여행기간을 포함)을 요하도록 하고(85조 2항), 기본급 상당의 상병수당의 지급시기를 4월로 연장하였으며(87조), 일시보상에 관한 규정을 신설하였고(89조), 직무외 유족보상의 성립요건을 '승선 중'에서 '승무 중'으로(90조 2항), 장제비의 성립요건을 선원의 '직무상 사망'에서 '사망'으로(91조), 소지품유실보상의 성립요건을

16) 이와 같은 개정의 동기에 관하여, 노무관리자로 하여금 직무상 사망여부로 유가족으로부터 시달리는 괴로움에서 도피하는 방법으로 채택된 것이라는 견해로는 서병기, 97면; 선원이 선박에서 숙식 기거하며 휴식 기타 상륙하여 답토보행하다가 사망한 경우에도 유족수당을 지급하여야 하고, 그러한 경우 유족수당은 선주 단독 소유재산인 선박을 晝夜를 가리지 않고 守護한 代償을 겸한 것이기 때문이며, 그 점이 해양노동의 특수성이라는 견해로는 송윤근, 131면.

'승선근무 중'에서 '승선 중'으로 각 변경하였다(93조). 직무외 요양보상(85조 2항), 상병수당(87조), 장해수당(88조), 직무외 유족수당(90조 2항)의 면책사유로 고의·중과실 이외에 선원노동위원회의 인정을 받도록 하였고, 장해수당·일시보상·유족수당·장제비(91조)의 지급액을 기본급에 해운항만청장이 고시하는 금액을 합산한 금액으로 변경하였다. 또한 월봉급액을 기본급으로 변경하였고, 소지품유실보상의 상한을 기본급 2월분으로 하였으며(93조), 보험가입의무조항이 신설되었다(98조).

(5) 1990년 선원법

1990. 8. 1. 법률 4255호로 개정된 선원법은, 직무외 요양보상의 요건으로 승무 중(기항지에서의 상륙기간, 승하선에 수반되는 여행기간 포함)의 용어를 수정하였고(85조 2항), 요양의 범위에 의지 기타 보철구의 지급(86조 2호), 통원치료에 필요한 교통비(7호)를 추가하였다. 또한 '수당'이라는 용어는 모두 '보상'이라는 용어로 변경되었다. 상병보상의 보상기준은 통상임금으로 하고 4월이 경과한 경우에는 통상임금의 70%를 지급하고(87조), 선박소유자의 면책사유규정은 삭제하였으며, 장해보상 및 일시보상의 기준을 산재법이 정한 장해등급에 승선평균임금을 곱한 금액으로 변경하였다. 직무상 사망인 경우 유족보상은 승선평균임금 1,300일분, 직무외 사망인 경우 유족보상은 승선평균임금 1,000일분으로 변경하였으며(90조), 장제비도 승선평균임금 120일분으로 변경하였다(91조). 행방불명보상을 1월분의 통상임금과 3월분의 승선평균임금으로 변경하였으며(92조 1항), 행방불명기간이 1월이 경과하면 유족보상 및 장제비 보상을 행하도록 하였다(2항). 소지품 유실보상의 상한을 통상임금의 2월분으로 변경하였으며(93조), 선원노동위원회 심사·중재 전치주의는 삭제되었다.

(6) 1997년 선원법

1997. 8. 22. 법률 5366호로 개정된 선원법은, 직무외 상병으로 요양 중인 선원에게 3월의 범위 내에서 통상임금 70%의 상병보상을 행하도록 하는 규정을 신설하였다(87조 2항).

(7) 1999년 선원법

1999. 2. 5. 법률 5809호로 개정된 선원법은 소지품유실보상의 요건을 해난사고에서 해양사고로 변경하였다(93조).

(8) 2001년 선원법

2001. 3. 28. 법률 6457호로 개정된 선원법은, 직무외 요양보상의 성립요건을 국민건강보험법에 의한 요양급여의 대상이 되는 상병으로 변경하였으며(85조 2항, 3항), 장제비를 지급하여야 할 유족이 없는 경우에는 실제로 장제를 행한 자에게 장제비를 지급하도록 하는 규정을 신설하였다(91조 2항).

(9) 2005년 선원법

2005. 3. 31. 법률 7479호로 개정된 선원법은 요양의 범위 중 간호를 '간병(看病)'으로 개정하였다(86조 5호).

(10) 2011년 선원법

2011. 8. 4. 법률 11024호로 전부개정되어 2012. 2. 5.부터 시행된 현행 선원법은 표현을 순화하면서 종전 85조 내지 98조를 94조 내지 106조로 변경하였다. 가장 중요한 개정내용은 직무외 요양보상 및 유족보상에서 선박소유자의 면책사유를 선원의 '고의'로 제한하여 종전의 중대한 과실을 삭제한 것이다.

(11) 2015년 선원법

2015. 1. 6. 법률 13000호로 개정된 선원법은 종전 106조를 1항으로 하고, "선박소유자는 1항에 따른 보험 또는 공제에 가입할 경우 보험가입 금액은 승선평균임금 이상으로 하여야 한다"는 내용으로 2항을 신설하였다.

(12) 2021년 선원법

2021. 6. 15. 법률 18286호로 개정된 선원법은 "1항 및 2항에 따른 상병보상 지급액이 59조에 따른 선원 최저임금액보다 적으면 선원 최저임금액을 상병보상의 지급액으로 한다."는 내용으로 96조 3항을 신설하였다.

(13) 2024년 선원법

2024. 1. 23. 법률 20127호로 개정된 선원법은 103조의2를 신설하여, 행방불명보상을 받을 수 있는 사람 중 선원에 대하여 양육책임이 있었던 사람이 이를 이행하지 아니하였던 경우에는 해양항만관청의 심의를 거쳐 양육책임을 이행하지 아니한 기간, 정도 등을 고려하여 해당 보상금의 전부 또는 일부를 지급하지 아니할 수 있도록 하였다. 2024. 10. 22. 법률 20525호 개정된 선원법은 종전의 '장제비'를 '장례비'로, 100조 1항의 '유족'을 '유족 중 장례를 지낸 유족'으로 각 개정하였다(100조, 103조).

다. 어재법의 제정과 개정

(1) 어재법 제정 전 상황

대한수산중앙회가 1958년 선원공제사업을 개시한 후 1962. 4. 1. 수산업협동조합법의 제정에 의한 수산업협동조합(이하 '수협')과 수협중앙회 설립으로 공제사업은 수협중앙회에 승계되었다.[17] 수협중앙회는 1970. 4.부터 생명공제사업을 실시하였고, 1977. 10.부터 지구별 수협에 생명공제사업의 원수취급업무를 이관하였으며, 1978. 3.부터 선원공제료에 대하여 국고보조가 이루어지기 시작하였다.[18] 당초에는 연근해 및 원양 등 어선어업에 대하여 모두 어선공제・선원공제 사업을 실시하였지만,[19] 1973년 연근해어업과 원양어업의 산업적 규모 차이 등으로 수협중앙회에서는 연근해어업을 위주로 한 공제사업에 전념하고자 원양어선에 대한 공제사업 인수를 중단하였으며, 이후로는 수협중앙회의 어선 및 선원공제는 연근해어선을 대상으로 하였다.[20]

---

17) 수산업협동조합법 132조 1항 6호의 규정에 의하여 수산업협동조합중앙회가 회원을 위하여 행하는 선원보통공제는 그 가입자가 한정되어 있고 영리를 목적으로 하지 아니한다는 점에서 보험법에 의한 보험과 다르기는 하지만 그 실체는 일종의 보험으로서 상호보험과 유사하고, 단기소멸시효에 관한 상법 662조의 규정은 상법 664조에 의하여 상호보험에도 준용되므로, 공제금청구권의 소멸시효에 관하여도 상법 664조의 규정을 유추적용하여 상법 662조의 보험금 지급청구에 관한 2년의 단기소멸시효에 관한 규정을 준용하여야 한다. 대법원 1998. 3. 13. 선고 97다52622 판결(船).

18) 해양수산부a, 수산관련 보험공제제도의 도입 및 활성화 방안(2002. 2), 47면.

19) 선원공제보험은 선원보통공제와 선원종합공제로 나누어진다. 선원보통공제는 선원법 적용대상 이외의 어선승선자를 가입대상으로 하고, 담보하는 손해는 기본계약상 직무상 사망 및 폐질과 특약상 치료비부담, 생계비부담, 장제비부담, 부대비용 등으로 한다. 선원종합공제는 선원법 적용대상 어선승선자를 가입대상으로 하고, 담보하는 손해는 기본계약상의 선원법상 재해보상과 특약상 사용자배상책임부담, 부대비용부담 등으로 한다.

(2) 기존 재해보상제도의 문제점과 한계

(가) 재해보상제도의 다원화

어선원에 대한 재해보상규정은 2003. 12. 31.까지는 [표 5-1]에서 보는 바와 같이 어선규모와 승선선원의 수에 따라 적용법령이 달라,[21] 선박소유자의 재해보상책임 및 보상제도도 상이하였다.[22]

표 5-1 어선원에 대한 재해보상규정

구분		25t 이상 어선	25t 미만 어선	
			5인 이상 승선	5인 미만 승선
선박소유자의 재해보상책임의 근거		선원법	산재법	근기법
보험제도	수산업협동조합	선원종합공제	·	선원보통공제
	민간 사보험	선원근재보험	·	·
	정부책임보험	선원보험법	산재법	·

이와 같이 어선원에 대한 재해보상은 형식적으로는 이원화, 내용적으로는 3가지로 나누어져 있어서 실제 적용상 문제점이 발생하였다. 선망·권현망 등과 같이 하나의 허가 아래 대소형의 여러 어선이 선단을 이루어 조업을 행하는 어업의 경우, 어선의 톤수에 따라 가입하여야 하는 보험이 달라지는 등 동일한 사업장에서도 보험은 이원화되는 사태의 발생으로 행정적 비용도 증가되었다.[23]

(나) 정부 주도의 보험제도의 불완전성

선원법과 산재법에 의한 재해보상은 선원에 대한 정책보험으로서 혜택이 상대적으로 빈약하다. 또한 25t 미만의 어선 중 5인 이상이 승선한 어선에 한하여 산

20) 해양수산부b, 재해보상보험실무교재(2004), 4면.

21) 구 산재법 5조 단서, 구 산재법 시행령 3조 1항 2호는 선원법에 의하여 재해보상이 행하여지는 사업에는 산재법이 적용되지 않는다고 규정하였다.

22) 총톤수 30t 미만의 어선은 선원법이 적용되지 않았으나, 1997. 8. 22. 법률 5366호로 선원법이 개정되면서 1999. 1. 1.부터 총톤수 25t 미만의 어선에 대하여 선원법이 적용되지 않았고(2조 1항 3호, 부칙 1항), 2005. 3. 31. 법률 7479호로 개정된 선원법 2조 1항 3호가 시행된 2005. 10. 1.부터는 총톤수 20t 미만인 어선으로서 국토해양부령이 정하는 선박에 한하여 선원법의 적용이 배제되고 근기법이 적용된다. 따라서 이하의 내용은 어재법이 시행되기 전인 2003. 12. 31. 현재를 기준으로 한 것이다.

23) 해양수산부a, 103면.

재법이 적용되었으므로, 열악한 환경에 처한 대다수의 어선이 가입대상에서 제외되었다. 이외에 선원보험법의 사문화로 수협선원공제가 선원의 재해보상에 대하여 지원기능을 수행하고 있었으나, 수협공제는 아래에서 보는 바와 같이 어선원 보호에 한계를 지닐 수밖에 없었다.[24)]

(다) 수협 선원공제제도의 한계

수협중앙회가 연근해어선에 대한 보험으로서 공제사업을 실시하였으나, 공제가입률이 저조하여 안정적인 어업생산기반을 구축하는 디딤돌이 되기에는 한계가 있었다. 공제가입률이 부진한 이유는 어업환경의 악화(EEZ 및 한일어업협정 등으로 인한 어장축소), 입어 및 어획할당량 제한으로 인한 어업손실, 휴폐업 및 사업도산 등 수산업 존립위기의 도래, 조업부진으로 인한 어가소득의 악화로 공제료납입부담의 가중, 도시가계소득에 비해 낮은 어가소득, 정부의 복구지원 기대심리 등으로 자진가입 저조, 해양사고에 대한 인식결여와 무사고어업인의 피해의식 과다 등 여러 가지가 있으나, 공제가입을 강제할 실질적인 제재수단이 없는 것이 근본적인 원인이었다.[25)]

(라) 공제가입 촉진을 위한 정부의 재정적 · 행정적 지원의 미흡

선원공제에 대하여는 1987년부터 국고보조가 이루어지고 있으나 정부의 국고보조율은 낮은 상황이다. 육상의 다른 산업과 비교해 볼 때 보험료에 대하여 보조금이 지급된다는 것 자체가 형평성의 문제로 이어질 수 있으나, 열악한 어로작업의 한계를 극복하고 경쟁력 강화와 생산성 향상을 위해서는 어업에 대한 보조금은 현실적으로 존재할 수밖에 없다. 2000년도를 기준으로 육상재해의 평균위험률인 0.7%에 비하여 어선원재해(수협선원공제)의 평균위험률은 14배 높은 9.8%에 달해,[26)] 국고보조가 있다 하더라도 어선소유자의 부담은 육상사업주에 비해 매우 높다.[27)] 선원공제에서도 톤급별로 차등지원되며, 정부예산에 따라 국고보조율이 매년 달라지는 문제점이 있고,[28)] 공제에 가입하지 아니한 어선에 대한 행정제재도

24) 해양수산부a, 104면.

25) 김현용, "어선원 및 어선재해 보상보험제도의 도입방안", 해양수산법제 5호(2001. 8), 12면.

26) 육상재해율(산재평균)은 0.7%(=68,976명/9,485,557명)이고, 어선원재해율은 9.8%(=3,099명/31,498명)이다. 해양수산부a, 114면.

27) 근거법령으로는 수산업법 87조, 수산업법 시행령 67조, 수산장려보조금 교부규칙 2조, 선원공제료 보조금 집행요령 등이고, 보조대상은 어선원 중 수협선원공제에 가입한 자에 한하며, 지원율은 2001년 당시 30t 미만은 50%, 50t 미만은 20%, 100t 미만은 10% 등이다. 해양수산부a, 107면.

미흡하여 가입률이 저조한 원인이 되었다.[29)]

(3) 어선원재해보상제도 개혁에 관한 논의

이러한 문제점을 극복하기 위하여 선원보험·어선보험의 시행촉구 등 선원재해보상제도를 개선하려는 노력이 계속되었다.[30)] 해양수산부[31)]는 이와 같은 노력의 일환으로 2002. 2. 어재법을 제정하기 위한 정책연구자료를 발간하였다.

(4) 제정과정

(가) 의안접수

해양수산부는 정책연구자료를 바탕으로, 연근해 어업에 종사하는 어선원 및 어선의 재해발생시 이를 신속·공정하게 보상하고, 체계적으로 관리하도록 하는 국가적 정책보험제도를 도입하여 어선원을 보호하고, 어선소유자의 생산능력을 확보하는 등 어업경영의 안정을 도모하기 위하여 어재법안을 작성하였고, 정부는 2002. 10. 26. 어재법안을 16대 234회 국회(정기회)에 의안으로 제출하였다(의안번호 161906).

그 주요내용은 (i) 이 법에 의한 재해보상보험사업은 해양수산부장관이 관장하

---

28) 25t 미만으로 산재법이 적용되는 어선에 대하여는 국고보조가 이루어지지 아니하고, 오히려 25t 이상으로서 선원법이 적용되는, 상대적으로 대형인 어선에 대하여 국고보조가 이루어지는 불합리한 점이 있었다. 김현용, 8면.

29) 미가입자에 대하여 입출항통제 등을 실시하였으나, 규모가 작은 입출항신고소의 경우에는 전화통보 및 약식통제로 인하여 실질적인 가입강제수단이 되지 못하였다. 김현용, 12면.

30) 강동수, "선원의 보호와 가칭 '해난사고처리특례법'의 제정에 관하여", 한국해법학회지 20권 2호(1998. 10); 김병대, "선원의 재해보상에 관한 재검토", 해기 153호(1979. 10); 김영욱, "선원보험의 위치정립을 위한 소고(상)·(하)", 손해보험 186·187호(1984. 4/5); 김원준, "백혈병과 업무상 질병" —선원법, 근로기준법 등 관련 법률규정의 현실화가 필요해—, 보험법률 7호(1996. 2); 대한재보험공사 편, "선원근재손해사정상의 소고", 보험월보 171호(1977. 8); 목진용, "선원재해보상과 선박소유자의 재해보상보장제도", 해운산업동향 104호(1993. 5); 박효성, "한국선원의 보험제도와 재해보상문제(상)·(중)·(하)", 해운항만 69·70·71호(1984. 4/7/9); 서헌제, "어업재해 보상제도에 관한 소고 —어선보험·선원보험의 실시를 촉구하며—", 보험학회지 31집(1988. 3); 이인택, "선박과 인명사고 —선원질병과 선주의 책임을 중심으로—", 중재 301호(2001. 가을); 이철원, "선원재해보상에 관한 보험에 관한 일고찰 —실무상 몇 가지 문제점에 관하여—", 해상·보험연구 2호(2002. 3); 이태우·임종길, "우리나라 선원의 선내노동재해의 원인 및 유형과 그 대책에 관한 연구", 한국해운학회지 12호(1991. 5); 전영우, "선원재해보상 제도의 한계와 그 개선을 위한 국제적 동향(상) —강제책임보험 제도의 개선을 중심으로—", 해기 418호(2001. 11); 정영석, "선원 재해보상 제도의 문제점과 개선 방안 —보험제도를 중심으로 (상)·(하)—", 해기 346·347호(1995. 11/12); 정영석, "선상의 인적 손해에 대한 선주상호보험 보상에 관한 연구", 한국해법학회지 22권 2호(2000. 11); 황철홍, "선원보험의 이론적 고찰 (상)·(하)", 손해보험 19권 5·6호(1979. 5/6).

31) 정부조직법의 개정으로 2008. 2. 29.부터 농림수산식품부에서 어선원재해에 관한 사무를 관장하게 되었다가, 2013. 3. 23.부터 다시 해양수산부가 위 사무를 관장하게 되었다(어재법 3조 1항).

고, 그 운영을 수협중앙회에 위탁함(안 3조 및 9조), (ii) 보험료의 일부를 국고에서 지원할 수 있도록 하고, 보험사업에 관한 중요사항을 심의 및 심사하기 위하여 어업재해보상보험위원회를 둠(안 4조 및 7조), (iii) 어선원재해보상보험은 연근해어업에 종사하는 어선소유자를 당연가입자로 하여 어선원·가족어선원 및 어선소유자가 어업활동과 관련하여 입은 재해를 보상하도록 하고, 그 보험급여의 종류 및 범위를 정함(안 18조 및 23조 내지 32조), (iv) 어선재해보상보험은 연근해어업에 종사하는 어선소유자가 가입할 수 있도록 하고, 그 보험의 대상은 선체·기관 및 의장품을 일괄단위로 하며, 가입금액은 대상어선의 잔존가액의 일정비율로 함(안 51조 내지 55조), (v) 보험급여에 관한 결정에 불복이 있는 자는 중앙회에 심사청구를 제기할 수 있도록 하고, 심사청구에 대한 결정에 불복하는 경우엔 어업재해보상보험위원회에 재심사청구를 할 수 있도록 하며, 이 경우 재심사청구를 받은 날부터 50일 이내에 재결하도록 하고, 위원회의 재결은 중앙회를 기속하게 함(안 59조 내지 64조) 등이다.

(나) 농림해양수산위원회의 심사

농림해양수산위원회는 2002. 10. 26. 위원회에 회부된 어재법안을 2002. 11. 1. 위원회에 상정하여 해양수산부장관으로부터 의안설명을 들었으며, 2003. 2. 19. 법안을 수정가결하였다. 수정이유 및 수정주요골자로는 (i) 이 법 적용의 기준이 되는 어선에 대한 정의규정을 신설함(안 2조 1항 1호), (ii) 어업재해보상보험심의위원회와 어업재해보상보험심사위원회를 분리·설치토록 하여 보험사업에 대한 중요 정책사항의 심의기능과 보험급여에 대한 재심사기능을 각각 담당하도록 함(안 7조 및 60조), (iii) 보험사업의 원활한 운영을 위하여 중앙회가 자금을 차입하는 경우에는 해양수산부장관의 승인을 받도록 함(안 13조 2항), (iv) 재해를 당한 어선원의 용이한 재활과 치료를 위하여 수협중앙회 지정병원은 물론 근로복지공단이 지정한 의료기관에서도 요양할 수 있도록 함(안 22조 2항), (v) 보험가입자의 권익보호를 위하여 중앙회가 보험료 등을 징수하고자 할 때에는 보험가입자에게 그 사실을 통지하도록 함(안 64조), (vi) 어선원 등이 보험급여를 용이하게 수령할 수 있도록 어선의 소유자에 대하여 증명발급의무를 부과함(안 68조) 등이다.[32)]

---

32) 수정내용에 관한 자세한 사항은 박선춘, "어선원 및 어선 재해보상보험법안", 국회보(2003. 5), 103-105면 참조.

(다) 본회의 심의

농림해양수산위원회의 수정가결을 거친 법안은 2003. 2. 19. 법제사법위원회 체계자구심사에 회부되어 2003. 2. 25. 수정가결되었다. 그 후 법안은 2003. 2. 26. 236회 국회(임시회) 8차 본회의에서 수정가결되었다.

(라) 정부이송 및 공포

국회는 2003. 3. 6. 어재법을 정부로 이송하였고, 정부는 2003. 3. 19. 법률 6866호로 이를 공포하였다. 정부안은 공포 후 6월이 경과한 날부터 시행하도록 하였으나, 보험연도 중간에 법이 시행될 경우 기존 공제가입자의 어선원보험으로의 전환에 따른 행정적 착오 등을 감안하여 보험연도가 시작되는 2004. 1. 1.부터 어재법이 시행되도록 규정하였다.[33)]

(5) 개 정

어재법은 시행 후 현재까지 26차례에 걸쳐 개정되었는데, 2009. 5. 27. 법률 9727호로 개정된 것이 가장 큰 폭의 개정이고, 가장 최근 개정은 2024. 1. 23. 법률 20132호로 개정되어 2024. 7. 24.부터 시행된 것이다.

라. 선원보험법의 제정과 폐지

선원법과는 별도로 사회보험법의 성격을 지닌 선원보험법이 1962. 1. 10. 법률 964호로 제정되어 1962. 7. 1.부터 시행되도록 예정되었으나,[34)] 하위법령의 미제정으로 사문화(死文化)되었고, 결국 2009. 2. 6. 법률 9446호로 폐지되었다.

위와 같이 하위법령을 미제정하여 선원보험법을 사문화시킨 원인으로, (i) 선원보험법은 선원재해보상뿐 아니라 의료보험·연금보험까지 포함하는 종합적인 사회보험으로서 이상적이기는 하나 이를 뒷받침할 수 있는 현실적인 재정능력이 부족한 점, (ii) 선원보험법의 내용 중 의료보험과 연금보험은 의료보험법과 국민연금법에 의하여 규율되었고 선원재해는 손해보험·공제에 의하여 보상받고 있기 때문에 선원보험법의 필요성이 감소된 점 등이 거론되었다.[35)]

---

33) 박선춘, 105면. 농림해양수산위원회는 2004. 10. 7. 해양수산부 회의실에서 개최된 2004년도 국정감사에서 위험분산을 위한 재보험가입의 필요성을 지적하였다. 농림해양수산위원회, 2004년도 국정감사결과보고서(2004. 12), 63면.

34) 이에 따라 1940. 2. 칙령 65호 '선원보험법을 조선에 시행하는 건'은 폐지되었다.

35) 서헌제, "어업재해 보상제도에 관한 소고 —어선보험·선원보험의 실시를 촉구하며—", 보험학회지

Ⅲ. 법적 성질

1. 의 의

업무상 재해보상제도의 본질에 관하여는 주지하는 바와 같이 재해로 인하여 생긴 노동력훼손의 손해전보에서 구하는 손해전보설과 근로자의 생활위협이라는 면에서 포착하여 보상의 목적을 근로자 또는 유족의 생활보장에서 구하는 생활보장설로 크게 나누어져 있다. 대법원은 "근기법의 재해보상제도는 근로를 제공하는 근로자를 그 지배하에 두고 재해위험이 내재된 기업을 경영하는 사용자로 하여금 그 과실 유무를 묻지 아니하고 재해발생으로 근로자가 입은 손해를 보상케 하려는 데에 그 목적이 있으며",[36] "근로자의 업무상 재해에 대한 손해보상과 아울러 생활보장적 성격도 가지고 있다."[37]고 판시하여 절충설의 입장을 취하고 있다.

그런데 선원법 제10장은 근기법이나 산재법과는 달리 선원이 직무상 재해를 당한 경우 이외에 승무 중 직무외 재해를 당한 경우에도 선박소유자의 귀책사유 유무에 관계없이 선박소유자에게 재해보상의무를 부과하고 있고, 재해의 원인과 관계없이 장례비 · 행방불명보상 · 소지품 유실보상을 행하도록 규정하고 있어서,[38] 이를 어떻게 보아야 할 것인지 문제된다. 재해보상의 법적 성질에 관한 견해의 대립은 재해보상 요건의 해석, 법적 효과, 손해배상청구권과 재해보상청구권의 조정 등에서 서로 다른 결론에 이르게 된다.

2. 일원설

선원법상 재해보상은 직무상 · 직무외 재해를 불문하고, 손해전보와 생활보장의 성격을 모두 지니고 있다는 견해이다.[39] 대법원도 선원법의 재해보상은 근기법

31집(1988. 3), 283면.

36) 대법원 1981. 10. 13. 선고 81다카351 전원합의체 판결.

37) 대법원 1994. 5. 24. 선고 93다38826 판결.

38) 해양노동의 특수성에 따라 전통적으로 선원은 일반근로자보다 두터운 법적 보호를 받아왔다는 견해로는 이창재, "미국 선원재해소송의 주요내용과 최근 동향", 한국해법학회지 35권 1호(2013. 4), 273면.

39) 목진용, "선원의 재해보상에 관한 연구 －책임보험을 중심으로－", 한국해양대 법학석사학위논문(1989), 31면.

이나 산재법의 그것과 제도적 성격을 같이하고,[40] 승무 중 직무외 재해에 관하여 "선원 직무의 특수성 및 이를 참작하여 선원에 대한 재해보상을 확대한"[41] 것이라고 보아, 선원법상 재해보상의 법적 성질은 본질적으로 근기법상 재해보상의 법적 성질과 같은 것으로 파악하고 있다.[42]

3. 이원설

선원법상 '직무상 재해보상'은 국고의 일부보조(수협의 공제가입시)나 세금감면(한국해운조합의 공제가입시) 등에 비추어 보면 사회보장의 성격도 일부 가지고 있으나, 사회보험방식이나 연금화 등과는 거리가 있기 때문에 생활보장과 사회보장의 일면을 모두 가지고 있고,[43] '승무 중 직무외 재해보상'은 해양노동의 특수성과 선원근로계약의 특수성을 모두 고려한 별도의 제도로 파악하는 견해이다.[44]

4. 검 토

가. 연혁적 고찰

선원근로관계의 특징에 관하여 살펴보면, 선원근로관계는 선원이 특정선박에 승선할 것을 약정한 때에 개시하고 약정승선기간(기간을 정하거나 항해단위로 정하는 경우 등)이 종료하면 하선함으로써 종료하는 것이 세계적인 관행이었고, 현재에도 특수한 경우를 제외하고는 단속적(斷續的)인 고용계약이 일반적이다.[45] 1936년

40) 대법원 2008. 3. 27. 선고 2007다84420 판결(船).

41) 대법원 1999. 9. 17. 선고 99다24836 판결(船).

42) "어재법상 어선원의 재해보상은 사용자배상책임의 성격을 가지고 있다는 점을 전제로, 승무 중 직무외 재해를 규정함으로써 재해보장의 기본적 성격에서 벗어나고 있으며, 어선원보험은 위로금성격의 행방불명급여와 재물보험성격의 소지품유실급여를 규정하여 일반적인 산재보상의 성격에서 벗어나 과도한 급여를 규정하고 있는 한편, 재해보험 에서 중요한 급여인 간병급여와 재활급여를 지급하지 않고 있어 제도의 목적을 달성하는 데 한계를 보이고 있다. 따라서 어선원보험이 종합적인 사회보장체계에서 그 성격과 목적에 맞는 역할을 하도록 하기 위해서는 재해인정범위와 급여범위를 제도의 근본적 성격 과 목적에 맞게 개선해 나가기 위한 노력이 필요하다"는 견해로는 김진수 · 정창률 · 남재욱, "어선원보험의 성격 분석 및 개선과제 연구", 사회보장연구 29권 3호(2013), 169-194면 참조. 그러나 위 견해는 일반근로자에 대한 재해보상제도와 선원에 대한 재해보상제도의 차이점을 간과한 것이어서 타당하다고 보기는 어렵지만, 간병급여와 생활급여를 인정하여야 한다는 주장은 바람직하다고 생각한다.

43) 김성환, "선원의 재해보상제도에 관한 연구", 한국해양대 법학박사학위논문(2002), 16면.

44) 김성환, 22-23면; 해상에 고립된 선박을 직장으로 하는 선원의 근로에 관하여는 육상산업에 비하여 보다 많은 재해와 질병이 발생하기 쉬운 것이 국제적으로 공통된 현상이라고 한다. 신태호, "선원법 · 동시행령 해설(하)", 월간법제(1962. 12), 13. ①.

ILO의 '선원의 질병·부상·사망 시 선박소유자 책임에 관한 협약'(55호)은 종래의 입법례와 마찬가지로 직무상·직무외를 구분하지 아니하고 고용계약 기간 중에 발생한 재해를 보상하도록 규정하고 있다.

이에 비하여 우리나라 선원법의 모범이 된 일본의 1947년 선원법은 노동기준법의 재해보상규정과 ILO 55호의 기준을 참고한 것으로, 직무상 재해와 고입계약 기간 중 직무외 재해를 구별하여 직무상 재해의 경우에는 더욱 강화된 내용의 보상을 행하도록 하였다는 점이다. 즉 연혁적으로는 선원 재해의 직무상·직무외를 불문하고 고용계약 중에 발생한 일체의 재해(다만 선원의 고의 등 일정한 면책사유의 규정은 항시 존재하였다)를 보상하는 규정이 일반적이었으나, 일본은 일반근로자에 관한 고용계약의 관념을 선원근로관계에 도입하여 고용계약과 고입계약을 구별하고, 노동기준법의 업무상 재해 개념을 선원법에 반영함으로써, 외형적으로는 '직무상 재해'에 관한 규정과 '고입계약 중 직무외 재해'에 관한 규정이 병존하는 형태가 된 것이다.

이러한 일본의 입법례는 우리나라 선원법에도 영향을 주었는데, 이는 1962년 선원법 94조 2항이 요양보상에 관하여 현재의 선원법 94조 2항과는 달리 "선원이 승선계약존속 중 직무외에서 부상하였거나 질병에 걸린 때에는" 선박소유자에게 요양보상을 행하도록 하고 있었던 점에서도 알 수 있다. 그런데 구 선원법(1984. 8. 7. 법률 3751호로 개정되기 전의 것)은 근로계약이라는 용어와는 별도로 선원이 특정선박에 승선하여 근로를 제공하고 선박소유자는 이에 대하여 임금을 지급함을 목적으로 체결된 계약에 대하여 '승선계약'이라는 용어를 사용하였고, 구 선원법(1990. 8. 1. 법률 4255호 개정되기 전의 것)은 승무할 선박을 특정하지 아니한 선원근로계약을 '일반계약'이라 하고, 승무할 선박을 특정한 선원근로계약을 '특정계약'이라고 하였으나, 현행법에서는 '선원근로계약'이라는 단일용어를 사용하고 있다. 이는 재해보상에 관한 규정에도 영향을 주어 직무외 요양보상의 요건 중 '승선계약존속 중'이라는 요건은 '승무 중'이라는 요건으로 변경되었다.

그러므로 연혁적으로 선원의 재해보상은 직무상·직무외를 불문하고 승무 중 발생한 재해에 관한 규정이 원칙적인 것이고, 승무외 직무상 재해에 대한 보상규

45) 蒲章, 16면; ILO 8호 협약 1조도 다음과 같이 규정하고 있다. "The term 'seamen' includes all persons employed on any vessel engaged in maritime navigation."

정은 근기법의 영향을 받아 직무상 재해의 개념을 도입하여 재해보상액을 증액한 것으로 보아야 한다.

나. 선원법상 재해보상제도의 특징

① 선박소유자의 무과실책임을 원칙으로 하고 있다. 다만 선원이 고의로 인하여 승무 중 직무외 재해를 당하여 선원노동위원회의 인정을 받은 경우에는 보상책임이 면제되는데 이는 형평의 관념에 입각한 것이지 과실상계의 개념을 반영한 것은 아니다.[46)]

② 재해에 관하여는 선박소유자가 보상책임을 부담하고 있고, 보상의 목적은 훼손된 노동력의 회복과 선원·가족 또는 유족의 생계가 재해 전의 수준에서 유지되도록 하는 것이다.

③ 보상의 범위는 선원이 재해로 인하여 실제로 입은 손해의 전보배상이 아니고 미리 정해진 보상유형에 따라 통상임금·승선평균임금에 의하여 산정한 정률보상방식을 채택하고 있다.

④ 보상의무의 이행을 확보하기 위하여 보험가입의무 및 벌칙의 적용, 해양수산관청의 심사와 조정, 선원노동위원회의 심사와 중재를 규정하고 있다.[47)]

⑤ 민법상 손해배상 의무자와 재해보상 의무자가 서로 일치하지 아니하고, 재해보상과 손해배상의 조정을 규정하고 있다.

다. 이원설에 대한 비판

먼저 승무 중 직무외 재해보상은 해양노동의 특수성과 선원근로계약의 특수성을 모두 고려한 별도의 제도로 파악하는 것은 승무 중 직무외 재해보상의 법적 성질과 근거를 혼동한 것이다. 즉 손해전보설, 생활보장설, 사회보장설에 관한 논의는 재해보상제도가 지니고 있는 기능(손실전보적 기능, 근로조건의 보호기능, 피재근로자 및 그 가족의 생활확보적 기능) 중 어느 일면을 중시하고 이 제도 전체의 성격을 통일적으로 파악하는 법적 성질에 관한 논의이고, 선원근로계약의 특수성과 해

---

46) 노동특수이론 및 업무상재해관련소송, 사법연수원(2000), 186면.

47) 재해를 당한 해원에 대한 선원법상 재해보상에 관한 사회적 보호(der soziale Schutz)는 독일 선원법 10조에 따른 강행규정으로 당사자가 배제할 수 없다는 견해로는 ArbG Hamburg, Urteil vom 31.8.1984 －S 1Ca 26/84－.

양노동의 특수성은 일반근로자와는 달리 선원에 대하여는 직무상 재해에 관하여 선박소유자의 면책을 인정하지 않는 점, 직무외 재해보상을 행하는 점, 재해원인과 관계없이 장례비 · 행방불명보상 · 소지품 유실보상을 행하는 근거로 이해하여야 하기 때문이다.

다음으로 선원의 재해보상제도를 통일적으로 이해하지 아니하고 직무상 재해와 직무외 재해의 법적 성질을 별개로 파악하는 견해는, (i) 선원법상 직무상 재해를 일반근로자의 업무상 재해와 동일하게 파악하여 선원재해의 특수성을 망각한 점, (ii) 위에서 살펴본 바와 같이 연혁적 · 비교법적으로 승무 중 재해에 대한 보상제도가 보편적이라는 점, (iii) 직무상 재해와 직무외 재해의 법적 성질을 별도로 파악하여야 할 합리적인 이유가 없는 점 등에 비추어 보면, 타당하다고 볼 수 없다.

라. 소 결

따라서 선원법상 재해보상제도를 통일적으로 이해하는 점에서는 일원설이 타당하지만, 선원법상 재해보상제도의 법적 성질을 재해를 선원의 노동력 훼손이라는 면보다는 선원의 생활위험이라는 면에서 포착하고 보상의 목적을 선원 또는 가족 · 유족의 생활보장으로 파악하는 생활보장설의 입장이 타당하다고 생각한다.[48)]

Ⅳ. 선원재해보상제도의 개관

선원법상 선원에게는 선원법상 재해보상규정이 적용된다.[49)] 선원법의 적용범위에서 제외되는 선원에게는 근기법이 적용되므로 산재법상 재해보상규정이 적용

48) 손해전보설의 입장을 취하는 견해로는 藤崎道好, 353면. 한편 헌재 2009. 12. 29. 선고 2008헌바48 결정은 어재법상 유족보상은 사회보장 및 생활보장의 성격을 가진다고 판시하였다.

49) 1999. 4. 15. 법률 5972호로 선박법이 개정되어 부선이 선박의 범위에 포함되게 됨에 따라 근로자가 선원법상 선원이 되어 선원법에 따른 재해보상 대상자가 되었는데, 선원법에 따라 재해보상이 행하여지는 사업은 구 산재법 시행령(2000. 6. 7. 대통령령 16871호로 개정되기 전의 것) 3조 1항 4호에 따라 산재법의 적용제외사업에 해당하고, 사업주가 보험의 당연가입자가 되는 사업이 사업규모의 변동 등으로 인하여 적용제외사업에 해당하게 된 경우 보험의 의제 가입에 관한 구 산재법(1999. 12. 31. 법률 6100호로 개정되기 전의 것) 8조 1항의 규정은 위와 같이 선원법에 재해보상이 행하여지는 경우에는 적용되지 아니한다. 대법원 2002. 7. 23. 선고 2002두1847 판결(船).

된다.[50)] 산재법의 적용범위에서 제외되는 선원에게는 근기법상 재해보상규정이 적용된다.[51)] 어재법이 적용되는 어선원에게는 선원법의 특별법인 어재법상 재해보상규정이 적용된다. 그러므로 선원의 재해보상이 문제된 경우, 어선원의 적용범위, 선원법의 적용범위, 산재법의 적용범위 순서대로 검토한 후 마지막으로 근기법을 적용하여야 한다. 이와 별도로 선원은 선박소유자에게 민법상 손해배상청구권을 행사할 수 있다. 위와 같은 국내법의 적용범위에서 제외되는 해외취업선원에게는 '해외취업선원 재해보상에 관한 규정'이 적용된다. 우리나라의 선원재해보상제도를 이해하기 위하여 선원재해보상에 관한 다수의 판례가 축적되어 있는 미국의 선원재해보상제도를 살펴볼 필요가 있다.

먼저 제2절에서는 선원법, 어재법, 해외취업선원 재해보상에 관한 규정에서 공통적으로 규정하고 있는 직무상 재해보상청구권, 직무외 재해보상청구권의 성립요건과 양 청구권의 상호관계에 관하여 살펴본다. 제3절에서는 선원재해보상제도의 일반규정인 선원법상 재해보상제도를, 제4절에서는 어재법상 재해보상제도를, 제5절에서는 해외취업선원의 재해보상제도를, 제6절에서는 선원·유족 등의 선박소유자에 대한 손해배상청구소송을, 제7절에서는 미국의 선원재해보상제도에 관하여 살펴본다.

---

50) 선원법이 정한 일정 규모에 미달하는 선박을 소유하는 자 등이 선원을 고용하여 선박에 승무시켜 행하는 사업의 경우에는 선원법이 적용되지 않으므로 원칙적으로 산재법이 적용된다. 서울고법 2000. 4. 27. 선고 99누11259 판결.

51) 근로자재해보장보험(이하 '근재보험')의 약관에서 보험자는 피보험자의 근로자에게 생긴 업무상 재해로 인하여 피보험자가 부담하는 손해배상책임 중 의무보험인 산업재해보상보험법에 의해 전보되는 범위(이하 '산재보상분')를 초과하는 부분에 대해서만 보상할 의무를 부담하는 것으로 정하였다면, 보험자가 인수한 위험은 산재보상분을 초과하는 부분에 대한 피보험자의 배상책임으로 인한 손해에 한정되므로, 보험자는 산재보상분에 대하여 보험금 지급의무를 부담하지 아니한다. 즉, 사업주가 업무상 재해로 피해를 입은 근로자에 대하여 부담하는 손해배상책임 중 산재보상분에 대하여는 근로복지공단이 산업재해보험급여(이하 '산재보험급여') 지급의무를 부담하고, 이를 초과하는 부분에 대하여만 근재보험의 보험자가 보험금 지급의무를 부담하게 된다. 따라서 근재보험의 보험자가 피해 근로자에게 산재보상분에 해당하는 손해까지 보상한 경우 이는 근로복지공단의 산재보험급여 지급의무를 대신 이행한 것으로서, 이런 사정을 근재보험의 보험자와 피해 근로자가 알고 있었다면 민법 469조에 의하여 근로복지공단의 산재보험급여 지급의무가 소멸하고 근재보험의 보험자는 근로복지공단에 산재보상분 상당을 구상할 수 있다. 대법원 2020. 7. 23. 선고 2016다271455 판결.

제2절 재해보상청구권의 성립요건

선원법, 어재법, 해외취업선원 재해보상에 관한 규정은 크게 직무상 재해와 직무외 재해로 구분하여 재해보상을 행하도록 하고 있고, 직무외 재해는 승무 중이라는 요건을 충족하도록 규정하고 있다. 그러므로 재해보상의 요건 해석에서 직무상 재해를 먼저 명확하게 이해하면, 직무상 재해 개념에서 벗어나는 재해는 직무외 재해가 되고, 직무외 재해의 해석문제는 승무 중이라는 시기상 요건해석에 한정되게 된다. 이하에서는 직무상 재해, 직무외 재해에 관하여 먼저 살펴보고, 직무상 재해보상청구권과 직무외 재해보상청구권 상호 관계에 관하여 논의하기로 한다.52)

Ⅰ. 직무상 재해

1. 의 의

가. 해석의 필요성

선원법은 직무상 재해에 관하여 직무외 재해보다 더 높은 수준의 재해보상을 행하거나, 직무외 재해에는 없는 보상을 행하도록 규정하고 있으나, '직무상 재해'의 개념에 관하여는 별다른 규정을 하지 않고, 단지 선원법 시행령 24조에서 직무상 질병의 범위에 관하여는 근기법 시행령 44조의 규정을 준용하도록 규정하고 있다.

직무상 재해의 개념을 명확하게 이해하기 위해서는 직무의 개념, 재해의 개념, 직무와 재해와 인과관계 등에 관한 이해가 선행되어야 하는데, 이를 위해서는 광범위한 논의와 판례가 축적되어 있는 일반근로자의 '업무상 재해'에 관한 논의를 참조하여야 한다. 그런데 구 산재법(1981. 12. 17. 법률 3467호로 개정되기 전의 것)은 3조 1호에서 "업무상 재해라 함은 업무수행 중 그 업무에 기인하여 발생한 재

52) 여기에서는 논의의 편의상 요양보상, 상병보상, 장해보상, 일시보상, 유족보상의 공통적인 성립요건인 '직무상 재해', 요양보상, 상병보상, 유족보상에 공통적인 성립요건인 '승무 중 직무외 재해'에 관하여 살펴보기로 한다.

해를 말한다."고 규정함으로써 업무수행성과 업무기인성의 2가지 요건을 업무상 재해의 인정기준으로 삼았고, 판례도 업무수행성과 업무기인성 2가지 요건을 업무상 재해의 인정기준을 삼고 있는 것이 주류였다.[53]

현행 산재법 5조 1호에서 "업무상 재해란 업무상의 사유에 따른 근로자의 부상·질병·장해 또는 사망을 말한다."고 규정하게 되었는데, 일반적으로는 업무상 재해의 인정기준으로 종전에 규정되었던 업무수행성과 업무기인성의 2가지 요건을 반드시 다 갖출 필요는 없고, 각종 업무의 실태와 사업운영의 구체적 내용 및 산재보험의 사회보장적 성격을 고려하여 융통성 있게 해석하여야 한다는 입장을 취하고 있다.[54]

나. 증명책임

직무상 재해에 관한 주장·증명책임은 재해보상을 구하는 원고(선원·유족)가 부담한다.[55] 선박소유자가 직무외 재해라고 주장하는 것은 부인에 불과하다. 직무상 재해에는 선박소유자의 면책사유는 존재하지 아니하므로, 선박소유자가 선원에게 재해발생에 고의가 있다고 주장하는 것은 법률상 의미가 없다. 또한 재해보상청구에서는 과실상계가 적용되지 아니하므로, 선박소유자가 선원에게 과실이 있다고 주장하는 것도 법률상 의미가 없다.[56]

---

53) 대법원 1979. 8. 14. 선고 79누148 판결; 부산지법 2014. 8. 22. 선고 2013가단49318 판결; 일본의 경우도 이와 같다[海事法硏究會 編, 海事法(6판), 海文堂(2009), 86면].

54) 노동특수이론 및 업무상재해관련소송, 사법연수원(2014), 214면.

55) 산재보험법상 업무상 재해의 개념, 보험급여의 지급요건 및 구 산재보험법 37조 1항 전체의 내용과 구조를 종합적으로 살펴보면, 구 산재보험법 37조 1항에서 말하는 업무상의 재해에 해당하기 위해서는 업무와 재해 사이에 상당인과관계가 인정되어야 하고 이는 보험급여의 지급요건으로서 이를 주장하는 근로자 측에서 증명하여야 한다고 볼 수 있다. 구 산재보험법 37조 1항은 본문에서 업무상 재해의 적극적 인정 요건으로 인과관계를 규정하고 단서에서 그 인과관계가 상당인과관계를 의미하는 것으로 규정함으로써, 전체로서 업무상의 재해를 인정하기 위해서는 상당인과관계를 필요로 함을 명시하고 있을 뿐, 상당인과관계의 증명책임을 전환하여 그 부존재에 관한 증명책임을 공단에 분배하는 규정으로 해석되지 아니한다. 대법원 2021. 9. 9. 선고 2017두45933 전원합의체 판결.

56) 근기법상 재해보상책임에는 법률에 특별한 규정이 없는 한 과실책임의 원칙과 과실상계의 이론이 적용되지 않는 것인바, 근기법 81조에 의하면 휴업보상과 장해보상에 대하여는 근로자에게 중대한 과실이 있음을 이유로 그 보상책임을 면할 수 있는 경우를 규정하고 있으나 요양보상에는 아무런 규정이 없으므로, 기업자는 근로자에게 과실이 있다고 하여도 그 과실비율에 상당한 요양보상금의 지급을 면할 수 없다. 대법원 1983. 4. 12. 선고 82다카1702 판결.

2. 직무상 재해와 업무상 재해의 동일 여부

가. 문제의 제기

선원법은 업무상 재해라는 용어를 사용하는 근기법이나 산재법과는 달리 직무상 재해라는 용어를 사용하고 있는데, 선원법상 '직무상 재해'와 근기법이나 산재법상 '업무상 재해'가 동일한지 여부가 문제된다.[57] 참고로 육상근로자의 통근재해도 공무원과 동일하게 업무상 재해로 인정된 것은 2018. 1. 1.부터인데, 위와 같은 내용의 산재법 개정 전에는 통근재해가 공무상 재해인지 여부와 관련하여 공무상 재해와 업무상 재해의 동일성 여부가 문제가 된 사안에서, 대법원은 "공무원연금법의 공무상 재해에 관하여 출근 중 부상·사망을 공무상 재해로 인정하고 있더라도 업무상 재해와는 그 성질을 달리하므로 그 재해기준을 같이 하여야 한다고 할 수 없다."고 판시하였고,[58] 다수설도 우리나라의 법제 및 판례상 일반근로자에 대하여는 업무상 재해에 해당하는 경우 외에는 통근재해를 인정하지 않고 있는 반면 공무원의 경우에는 통근재해를 보다 넓게 공무상 재해로 인정하고 있다는 점[59]을 근거로 공무상 재해를 업무상 재해보다 넓은 개념으로 파악하고 있었다.[60]

---

57) 공무원연금법은 '공무로 인한'(1조, 25조), '공무상'(35조, 38조, 51조, 61조의 각 1항)이라는 용어를, 국가유공자 예우 등에 관한 법률도 '직무수행 중'(4조)이라는 용어를, 군인연금법도 '공무상'(23조 1항)이라는 용어를 아무런 설명 없이 사용하고 있다.

58) 대법원 1997. 10. 10. 선고 97누10376 판결.

59) 대법원 1995. 3. 14. 선고 94누15523 판결은 일반 근로자와 공무원간에 통근재해에 관한 인정기준을 달리 하더라도 공무원연금법상으로는 공무원이 상당한 액의 기여금을 불입하게 되는 데 비하여 산업재해의 경우에는 그와 같은 근로자의 부담이 없는 점 등 그 성질을 같이 하는 것이 아니므로 그 재해기준을 같이 하지 않는다고 하여 헌법상 평등원칙에 위배되지 않는다고 판시하였다. 그러나 헌재 2016. 9. 29. 선고 2014헌바254 결정은 사업주가 제공하는 교통수단을 이용하는 근로자의 출퇴근 중 재해만을 업무상 재해로 인정하는 것은 합리적 근거 없는 차별이라는 이유로, 산재법 37조 1항 1호 ㈐목의 효력을 2017. 12. 31.까지만 유지하도록 하는 헌법불합치 결정을 하였다. 이에 따라 정부는 산재법을 개정하여 2018. 1. 1.부터 통상적인 경로와 방법으로 출·퇴근하는 중의 사고도 업무상 재해로 인정하게 되었다.

60) 이성호, "공무원의 통근재해와 공무상 재해인정의 한계", 대법원 판례해설 23호(1995. 12), 397-398면은 '통근재해를 공무상 재해나 업무상 재해로 인정할 것인지 여부는 이론상 문제라기보다는 각 나라마다 상이한 국가재정상태나 산업 및 경제발전의 정도에 따라 사회복지정책적으로 결정하여야 할 문제'라고 보고 있다.

나. 일본의 논의

(1) 견해의 대립

(가) 동일설

일본에서는 노동기준법과 노동재해보험법에서 '업무'라는 용어를 사용하고 선원법과 선원보험법에서는 '직무'라는 용어를 사용하고 있는데, 이는 전적으로 역사적인 경위의 산물일 뿐 실질적으로 그 차이는 없다고 이해하는 입장이다.[61] 이에 의하면 선내거주생활을 비노동관계(非勞動關係)로 이해하여 고유의 직무는 구체적인 작업에 거의 한정되고, 승하선 중 재해도 통근재해와 동일한 기준으로 판단하게 되므로, 직무상 재해의 범위는 현저히 좁게 된다.

(나) 구별설

이는 해양노동의 특수성을 반영하여 선원은 승선부터 하선까지 24시간 선박소유자에게 노동력을 맡기는 것으로 이해하여, 승선 중 생활도 직무에 포함되므로 원칙적으로 승선 중 재해는 직무상 재해로 보며, 승선·하선 여행은 고입계약의 전개·이행과정이므로 승하선 여행 중 재해도 원칙적으로 직무상 재해로 파악하게 된다.[62]

(2) 제15금장호 사건

제15금장호(第15金章丸) 사건에서 선원보험법 50조 3호의 '직무상 사유에 의한 사망'이 문제가 되었는데, 1심 판결과 2심 판결은 선원의 사망을 모두 직무상 사유에 의한 사망으로 인정하였으나, 직무상 사망이 노동기준법상 업무상 사망과 동일한 것인지에 관하여는 서로 다른 입장을 취하였다.

(가) 사실관계

X는 선박소유자(川南工業 株式會社)에 선원으로 고입되어 제15금장호에 갑판장으로 승무하였는데, 저인망어로를 목적으로 나가사끼항 밖의 섬을 출항한 후 1950. 10. 30. 14:00경 어장에 도달하여 어로에 종사하였다. X는 11. 3. 19:30경

61) 蒲章, 76면. 이에 의하면 1878년 日本海令草案 186조에서는 '船役ノ爲'를, 1899년 商法에서는 '服役中', '職務ヲ行フニ因リテ' 등의 용어를 사용하였는데 이는 선원법·선원보험법에 영향을 주었고, 이에 비하여 공장법·광업법 등에서는 '업무상'이라는 용어를 사용하였는데 이는 노동기준법에 영향을 주었다고 한다.

62) 武城正長, 133면.

에 개시된 양망 작업 시 우현에서 와이어를 말아 올리는 작업을 하다가 신체상태가 악화되어 사주실(司廚室)에 들어가 휴게를 취하였다. 와이어를 다 말아 올리고 로프를 인양할 때 다시 작업에 종사하다가 어망을 선상에 인양할 때 재차 신체의 상태가 악화되는 것을 걱정하여 다시 사주실에 들어가 휴게를 취하였으나, X가 가슴의 고통과 죽음의 예감을 걱정하자 다른 선원이 클로로포름이 함유된 약을 마시게 하였다. X는 배뇨 후 기분이 좋다고 말한 다음 잠이 들었다가 약 10분 후인 20:40경 사망하였다. 감정결과에 의하면 X의 2회에 걸친 신체이상은 '노작시 협심증'의 발작으로, 이에는 관상동맥의 매독성변화에 기인한 심근변성인증도 있으나(매독으로 인한 것이라는 증거는 없었다), 협심증의 발작은 대부분 육체노동에 기인하는 것으로 알려져 있는데, 저인망어선 갑판장의 노동은 상당한 격무였다.

(나) 1심 판결[63)]

선원보험법은 직무상 사유로 인한 것과 직무외 사유로 인한 것을 구별하여 전자에 관하여는 후자보다 보험급부상 우대조치를 취하고 있고, 피보험자에게 발생한 보험사고에는 선원의 업무와 전혀 관계가 없는 것부터 그 관계가 매우 밀접한 것까지 각각의 단계가 있다. 그런데 직무상 사유로 인한 보험사고가 발생한 경우에 우대조치를 취하는 것을 고려하면, 피보험자의 보험사고 중 선원의 직무와 밀접한 관계가 있는 것을 특히 직무상 사유로 인한 것으로 하여 다른 것과 구별하고 있다고 해석할 수 있다. 통상 상당인과관계는 선행사실과 후행사실 사이에 사회적으로 보아 선행사실이 있으면 일반적으로 후행사실이 발생한다고 예상되는 인과관계가 있는 경우로서 고도의 사회정형성을 갖춘 경우이다.

선원보험법의 생활보장적 성격과 사회보험적 성격을 고려하면, 선원이 선원으로서 직무를 수행할 때 다양한 종류의 위험에 조우하는 것을 예상하여 그 위험이 현실화된 경우 보험사고가 발생한 것으로 보아 가중된 위험에 대응하여 보상을 행하는 취지로 보는 것이 상당하다. 따라서 선원보험법상 직무상 사유에 의한 보험사고에는, 피보험자가 선원으로서 직무에 종사하다 그로 인하여 발생한 것과 선원의 직무가 야기한 위험성의 범위 안에 있는 사유로 인한 것이 있다고 해석할 수 있다. 이 사건에서 X의 사망이 갑판장으로서 어로작업에 종사한 일로 인하여 발

63) 東京地裁 1955. 7. 1. 判決, 勞民集 6권 5호 739면.

생하였고, 그 사망의 원인이 된 협심증의 발작이 X가 종사한 선원의 직무에 사회적으로 보아 내포되어 있다고 생각되는 위험성 범위 내의 사항이라는 점, 여기에 부적절한 약물투여, 제1회 발작 후 다시 일한 점에 더하여, 의사나 다른 의료시설이 없는 본건 어선에서는 다분히 일어날 수 있는 일이라는 점을 고려하면, X의 사망은 어로작업에 통상 내재하는 위험성의 범위 안의 사고로 해석함이 상당하다.

(다) 2심 판결[64)]

선원보험법이 직무상 사유에 의한 사망과 직무외 사유에 의한 사망을 구별하는 이유는 직무상 사유에 의한 보험사고가 발생한 경우가 선원법 89조 이하의 선원이 재해를 입어 선박소유자에게 보상책임이 있는 경우, 노동기준법 75조 이하의 근로자가 재해를 입어 사용자에게 보상책임이 있는 경우에 상당하는 것이기 때문이다. 이 점에 비추어 보면, 선원법상 직무상 재해는 노동기준법상 업무상 재해와 동일한 것으로 해석함이 상당하므로,[65)] 직무와 사고 사이에 원인·결과의 관계가 있을 뿐만 아니라 사고의 원인을 직무에 돌아가게 하고 다른 것에 돌아가게 하지 않는 것이 사회관념상 타당하다고 판정된 경우, 이른바 원인과 결과 사이에 상당인과관계가 있는지 아닌지에 의하여 직무상 재해 여부를 판단하여야 한다. 이 사건에서 X는 제1회 발작이 발생한 이후에 해상어선 안에서 적절한 조치를 할 수 없는 상태에서 다시 중노동에 종사하다가 제2회 발작이 발생하여 심장마비를 일으켜 사망에 이르렀다고 봄이 상당하므로, X의 사망은 X의 직무상 노동에 의한 것이라고 생각하지 않을 수 없다.

다. 우리나라의 논의

(1) 견해의 대립

학설과 재해보상실무에서는 근기법상 업무상 재해와 선원법상 직무상 재해는 그 용어에도 불구하고 실질적으로 동일하다는 견해와,[66)] 해양노동의 특수성과 사회와의 격리·고립을 감안하여 직무상 재해의 범위의 판단기준을 육상근로자에

---

64) 東京高裁 1957. 12. 25. 判決, 勞民集 8권 6호 1037면.

65) 선원보험법상 '직무상 사유로 인한'이라는 요건은 勞働者災害補償保險法상 '업무상 사유에 의한'이라는 요건과 동일하다는 견해로는 東京地裁 1997. 9. 25. 判決, 判例時報 1633호 66면.

66) 김성환, 25면; 이안의, "직업성 암에 대한 선원법상 재해보상", 한국해법학회지 36권 2호(2014. 11), 306면.

대한 업무상 재해보다 넓게 해석하는 견해[67]가 대립하고 있다.

(2) 대법원 판례: 동일설

대법원은 제3001태영호 사건[68]과 해상왕호 사건[69]에서 사실상 업무상 재해와 직무상 재해가 동일하다는 입장을 취한 것으로 평가된다.

(가) 제3001태영호 사건

① 사실관계

A는 1996. 12. 25. 피고 Y와 사이에 계약기간을 같은 날부터 1997. 12. 24.까지로 하는 내용의 승선계약을 체결하고 Y 소유 선박 제3001태영호의 조리장으로 승선하였다. 위 선박은 1997. 1. 1. 08:50경 선적항인 부산항에 도착하여 부두에서 하역작업을 마친 후, 1. 1. 19:00경 부산항 제4부두에 정박하였는데, 선원들은 그 다음날이 휴무일이어서 19:40경 귀가하였다. 그런데 선원들 중 A와 집이 포항인 항해사 C는 달리 갈 곳이 마땅치 않아 입항 당일(1. 1.) 및 그 다음날(1. 2.)도 위 선박에서 기거하였다.

다른 선원들은 휴무(신정연휴)를 마친 후 1. 3. 오전에 위 선박에 승선하였으나 운송물량이 없어 아무런 작업도 하지 못한 채 오후에 모두 하선하였다. A도 같이 하선하여 그 날 오후에 Y로부터 항차수당을 지급받은 후 1. 3. 17:00경 평소 자주 들리던 식당에서 맥주 2병 가량을 마시고 나갔다가, 1. 4. 02:00경 다시 위 식당에 들러 국밥을 먹고 배 타러 간다는 말을 하고 나간 뒤 혈중알코올농도 0.19% 정도의 술에 취한 상태에서 위 선박에 승선하다가 발을 헛디뎌 바다에 추락하는 바람에 그 무렵 익사하였다.

A의 아들로서 유일한 재산상속인인 원고 X는, 주위적으로 A는 1997. 1. 3. 오전까지 위 선박에서 근무한 후 선박에 필요한 식료품 등 부식을 사기 위해 하선하였다가 다음날 새벽 구입한 부식을 가지고 선박으로 돌아가기 위해 승선하던 중

67) 강석본, “선원의 직무상 상병의 범위와 기준 –개정 선원법을 중심으로–”, 의료보험 73호(1984. 10), 28-29면; 선원법상 직무와 근기법상 업무는 동일하지만 선원재해의 직무수행성 판단에서는 근기법상 업무수행성보다 그 범위를 넓게 인정하여야 한다는 견해로는 이안의, “선원의 재해보상에 관한 연구 –편의치적 선박을 중심으로–”, 연세대 법학박사 학위논문(2016), 142면.

68) 대법원 1999. 9. 17. 선고 99다24836 판결(船). 이에 대한 평석은 권창영, “선원법 제90조의 유족보상청구권의 성립요건”, 노동법연구 13호(2002. 12), 471-522면.

69) 대법원 2011. 5. 26. 선고 2011다14282 판결(船).

바다에 빠져 익사한 것이므로 이는 '선원이 직무상 사망한 경우'에 해당하고, 예비적으로 A는 가사 부식구매를 목적으로 한 것이 아니라고 하여도 선박으로 돌아오는 도중 승선과정에서 사망한 것이므로 이는 '선원이 승무 중 직무외 원인으로·사망한 경우'에 해당한다고 주장하면서, 선박소유자인 Y를 상대로 선원법 소정의 유족보상금의 지급을 구하였다.

② 주위적 청구에 관한 판단

A는 개인적 용무를 보기 위하여 하선하였다가 일을 마친 후 잠을 자기 위하여 승선하려다 사망하였는바, 이와 같은 경우는 선원이 직무상 사망한 때에 해당한다고 할 수 없다.

③ 예비적 청구에 관한 판단

선원 직무의 특수성 및 이를 참작하여 선원에 대한 재해보상을 확대한 선원법의 취지에 비추어 보면, 선원법상 '승무 중'이라는 개념에는 업무수행 여부를 떠나서 선원이 승선하고 있는 일체의 기간, 기항지에서의 상륙기간, 승하선에 수반되는 여행기간을 포함하는 것으로 해석하여야 하고, 휴무와 관련하여서 본다면, 휴무기간 중이더라도 계속 승선하고 있는 일체의 기간, 휴무를 마치고 배로 복귀하는 여행기간은 물론 비록 휴무기간이 만료되기 전이더라도 배로 복귀하는 기간도 이에 해당한다. 따라서 이 사건의 경우 A가 휴무기간 중 갈 곳이 없어서 승선하고 있었더라도 그 승선기간은 사무(私務)가 아닌 '승무 중'이라고 보아야 하고, 휴무기간 중 하선하였다가 휴무기간이 끝나기 전에 배로 복귀하던 중 사망하였다면 이는 '승무 중 직무외 원인으로 사망한 경우'에 해당한다.

(나) 해상왕호 사건

선원이 육상이나 항구에 소재한 자신의 주소·거소와 같은 생활의 근거지에서 휴무 중에 재해를 당하여 부상을 입은 경우에는 임박한 항해를 위한 준비 중에 있었다는 등 특별한 사정이 없는 한 '직무상 부상'에 해당한다고 볼 수 없다. 선원 B가 항해를 마친 후 선원 숙소 건물 내에 있는 자신의 방에서 쉬고 있던 중 같은 숙소에 거주하는 사람 부탁으로 건물 옆 컨테이너 위에서 사다리를 잡아주다가 부상을 입은 사안에서, 위 숙소는 B의 생활 근거지가 되는 거소로 볼 수 있는데, B가 당시 숙소에서 항해를 위하여 대기 중에 사고를 당하였다고 인정할 증거가 부족하고, 오히려 숙소에서 휴식을 취하고 있던 중 사고를 당한 것으로 보일 뿐이므로, B가 입은 부상은 직무상 부상에 해당하지 않는다.[70]

(다) 평 가

대법원은 A가 선원들이 사용할 부식을 구매하기 위하여 하선하였다가 승선하려 한 점에 대한 증명이 부족하고, 개인적 용무인 식사를 하기 위하여 하선하였다가 일을 마친 후 잠을 자기 위하여 승선하려다 사망한 것이므로 직무상 사망으로 인정할 수 없다고 판시하였다. 그런데 승무 중인지 여부에 관한 판단에서는 잠을 자기 위한 행위는 사무(私務)가 아니라고 판단하여 선원의 생활영역을 좁은 의미의 직무, 개인적인 용무, 기타로 나누어서 좁은 의미의 직무 수행 중 재해만을 직무상 재해로 인정하는 입장을 취하고 있다. 또한 해상왕호 사건에서는 생활의 근거지에서 휴무 중에 재해를 당하여 부상을 입은 경우에는 임박한 항해를 위한 준비 중에 있었다는 등 특별한 사정[71]이 없는 한 '직무상 부상'에 해당한다고 볼 수 없다고 하였다. 이는 직무상 재해를 업무상 재해와 동일하게 파악하는 입장으로 평가할 수 있다.

(3) 하급심 판례: 광의설

부산지방법원은 텐푸호 사건에서, 인천지방법원은 한강77호 사건에서 광의설의 입장을 취하였다.

(가) 텐푸호 사건[72]

① 사실관계

텐푸호(파나마 선적의 4,939t 선박)가 필리핀 다바오항에 기항하여 일시 정박하던 중, 선장 · 기관장 · 1등항해사 · 1등기관사 등이 함께 하선하여 저녁회식을 하고 노래방에 갔다가 1등항해사 · 1등기관사가 먼저 돌아간 후, 선장이 기관장과 함께 택시로 귀선하는 과정에서 교통사고로 기관장이 사망하였다.

---

70) 대법원 2011. 5. 26. 선고 2011다14282 판결(船).

71) B는 항해업무 이외에도 선원숙소 보수업무를 담당하였고, 이 사건 사고는 다른 선원이 선원숙소에 열쇠를 놓아둔 채 문을 잠그고 나와 버려 B가 위 숙소 보수업무의 일환으로 이를 해결해 주는 과정에서 발생하였으므로 이 사건 사고로 인해 B가 입게 된 부상은 직무상 부상에 해당한다고 주장하였으나, 항소심(광주고법 2011. 1. 19. 선고 2010나5297 판결)은 이 사건 사고 당시 B가 항해업무 외에 선원숙소를 보수하는 업무를 담당하고 있었음을 인정할 만한 증거가 없다는 이유로 위 주장을 배척하였다.

72) 부산지법 2006. 9. 14. 선고 2006나880 판결.

② 판시사항

선원법에 규정된 '직무'란 근기법에 규정된 '업무'보다 넓은 개념으로서, 선원들이 제공하는 해양노동의 특수한 성질에 비추어 볼 때 선내에서 이루어지는 일체의 행위는 원칙적으로 모두 직무에 해당하고, 그 밖에 선원이 선박에 타거나 떠나는 경우, 승선·하선 중인 경우, 자신의 승용차나 대중교통수단을 이용하여 생활의 근거지에서 승선지로 이동하거나 하선지에서 생활의 근거지로 이동하는 경우, 기항지에서 식사·물품구입·통신 등 사회통념상 허용되는 행위를 하는 경우 등은 비록 그 자체는 선원으로서의 고유한 직무에 해당하지 않지만 직무수행성이 인정되므로, 위와 같은 행위를 하다가 사고를 당하는 경우에는 '직무상 재해'에 해당한다.

(나) 한강77호 사건[73)]

① 사실관계

C는 2005. 8.경부터 2008. 2. 10.까지 북한지역에서 모래를 채취하는 한강77호의 기관사 또는 기관장으로 근무하였다. 위 선박은 북한 해주 해역에서 작업 후 2008. 2. 4. 인천항으로 귀항하였고, C는 귀항 후 거주지인 부산으로 가서 설을 쇠다가, 같은 달 9일 선박소유자인 회사의 직원으로부터 "2008. 2. 11. 출항할 예정이니 귀선하라."는 연락을 받고 설 연휴 마지막 날인 같은 달 10일 인천에 돌아왔다.

C는 인천에 도착하여 회사의 전무에게 복귀인사를 하고, 선장의 명령에 따라 2개월 동안 선상생활에 필요한 물품을 선박에 실은 다음, 하선하여 항해사와 저녁식사를 하였다. 반주를 곁들여 식사를 한 후 C는 다음날 있을 출항에 대비하여 선박에서 취침하고자 위 선박으로 돌아와 기관실로 내려가던 중 발이 미끄러져 추락하는 바람에 외상성 뇌지주막하출혈 등의 상해를 입었다.

② 판시사항

선원법에 규정된 '직무'란 근기법에 규정된 '업무'보다 넓은 개념으로서, 선원의 '직무상 재해'는 선원으로서 직무 종사 중에 그로 인하여 발생한 재해와 선원의 직무에 내재하거나 이에 통상 수반하는 위험의 현실화라고 볼 수 있는 재해를 포

73) 인천지법 2011. 4. 13. 선고 2009가합22910 판결.

함하는데, 선원들이 제공하는 해양노동의 특수한 성질에 비추어 볼 때 선내에서 이루어지는 일체의 행위는 원칙적으로 모두 직무에 해당하고, 여기에는 식사·운동·취침·휴식 등 노동력 회복을 위한 행위도 포함되며, 그 밖에 휴무기간 중 선박에 머무르면서 작업을 준비하는 경우, 선원이 선박에 타거나 떠나는 경우, 승·하선 중인 경우, 자신의 승용차나 대중교통수단을 이용하여 생활 근거지에서 승선지로 이동하거나 하선지에서 생활근거지로 이동하는 경우, 기항지에서 식사·물품구입·통신 등 사회통념상 허용되는 행위를 하는 경우 등은 비록 그 자체로 선원의 고유한 직무에 해당하지는 않지만 직무수행성이 인정되므로, 위와 같은 행위를 하다가 사고를 당한 경우에는 직무상 부상에 해당한다. 나아가 음주상태에서 발생한 재해라 하더라도, 음주가 직무와 전혀 무관하게 이루어졌고 직무수행능력을 현저히 약화시킬 정도에 이르러 선원이 선박소유자의 지배관계에서 벗어난 것으로 평가할 수 있는 경우가 아니라면, 음주 사실만으로 직무수행성을 당연히 배제할 수는 없다.

(4) 검 토

(가) 해양노동의 특수성

직무와 업무라는 용어가 연혁적인 이유에서 비롯된 것은 사실이나, 이로 인하여 반드시 직무와 업무의 개념이 동일하다고 볼 수는 없다. 실정법상 선원의 직무에 관한 것으로는 선장의 직무를 규정하고 있는 선원법 제2장과 선박직원의 직무를 규정하고 있는 선박직원법 11조 2항이 있으나, 선원의 직무가 이에 한정되는 것은 아니다.[74] 선원법이 근기법과 구별되는 개념을 사용하고 있는 것은 해양노동의 특수성을 선원의 재해보상제도에 반영한 것이므로, 재해와 관련된 해양노동의 특수성[75]을 먼저 검토할 필요가 있다.

첫째, 선원에게는 재선의무가 인정되므로[선원의 장기직장구속, 이가정성(離家庭性), 이사회성(離社會性)],[76] 선원은 임의로 선박에서 이탈할 수 없고, 선원이 재선

74) 선원법 24조 1항 1호는 해원이 상급자의 직무상 명령에 따르지 아니한 때, 5호는 해원이 직무를 게을리 하거나 다른 해원의 직무수행을 방해한 때를 징계사유로 규정하고 있다.

75) 재해와 관련된 일반적인 해양노동의 특수성으로는, (i) 선원은 상사의 직무상 명령에 복종할 의무를 부담하는 점, (ii) 선원은 일반근로자에 비하여 장시간 근로를 행하는 점, (iii) 선박소유자에게 건강진단의무를 부과하고 있는 점, (iv) 선내 급식을 선박소유자의 책임으로 규정하고 있는 점, (v) 근로환경이 위험하고 고립성으로 인하여 구호의무의 이행이 용이하지 않은 점 등을 들 수 있다. 강석본, 25-26면.

중인 사실만으로도 승무정원의 충족이나 근무시간규제의 준수 등 선박공동체의 유지에 기여하게 된다.

둘째, 선원이 선무에 종사하지 아니하고 휴무(휴식 · 휴게 등) 중이라도 항시 다종다양한 작업(일상적 작업, 비일상적 작업, 돌발적 작업, 잠재적 작업)을 수행할 준비를 하여야 한다(광의의 직무항시수행성). 그러므로 선원이 술에 취하거나 약품에 중독되어 있더라도 직무수행능력을 상실하지 않는 한 직무수행 중이라고 평가할 수 있다.

셋째, 선박은 선원이 근로를 제공하는 근로의 장일 뿐만 아니라, 일상생활을 영위하는 장소이기도 하다. 식사[77] · 운동 · 용변 등 생리적 필요행위, 작업준비 · 마무리행위 등 작업에 수반되는 필요적 부수행위, 선원이 작업시간 외의 시간 중에 선박의 시설을 자유롭게 이용하는 경우, 휴무기간 중에 선박에 잠시 머무르는 경우 등은 모두 직무와 관련 있는 행위로 평가하여야 한다.

넷째, 선박소유자의 지배관리권이 미치는 영역은 원칙적으로 선박과 육상사업장이지만 이에 한정되지 아니하고 선박과 인접한 해상, 부두시설, 화물도 작업장이 될 수 있다. 특히 정박 중의 계선, 적하 · 양하, 수리, 정비 등 선원들이 하는 작업은 선박의 외연을 벗어나 위의 시설과 장소를 필연적으로 사용하지 않으면 안 되고 선장의 하역감독권과 선박권력은 그곳까지 확대되기 때문이다.[78]

다섯째, 선원이 근로를 제공하는 선박은 이동성을 그 특징으로 하므로 선원의 직무수행성도 이를 고려하여야 한다. 즉 선원의 지배영역(생활의 근거지나 유급휴가지 등)에서 승무지로 이동하거나, 하선지에서 선원의 지배영역으로 이동하는 것도 직무의 전개 · 이행을 위한 과정이라고 보아야 한다.[79]

---

76) 선원이 선장의 허가 없이 선박을 떠나거나, 정당한 사유 없이 선장이 지정한 시간까지 선박에 승선하지 아니하였을 경우 선장은 선원을 징계할 수 있으며(법 22조 1항 2호, 6호), 해원이 선박에 급박한 위험이 있는 경우에 선장의 허가 없이 선박을 떠난 때에는 형벌의 적용을 받는다(166조 1호); 피고인이 대한민국 외의 지역인 기항지에서 하선 상륙하여 선장이 지정한 귀선 시간 내에 귀선하지 아니하였다면 신병을 치료하고 또 귀국절차를 밟기 위하여 한국주재공관을 찾아갔다 하더라도 사전에 선장의 허가를 받지 아니한 이상, 선원이 선원법상 일방적으로 승선계약을 해제할 수 있다 하여도 그것과 대한민국 외의 지역에서의 이선과는 아무런 상관이 없으니, 피고인의 소위는 밀항단속법 3조 1항의 이선죄에 해당한다(대법원 1984. 2. 14. 선고 83도3016 판결).

77) 선원법 76조 1항은 선박소유자에게 적당한 양과 질의 식료품과 물을 공급하고 조리와 급식에 필요한 설비를 갖추어 선내 급식을 하도록 규정하고 있다.

78) 유명윤, "선원재해보상에서의 직무상의 범위에 대한 해석론적 연구", 한국해양대 법학석사학위논문(1989), 67-68면.

79) 예를 들면, 주거지가 목포인 선원이 부산에서 승무하여 근로를 제공하다가 유급휴가를 위하여 인천에

여섯째, 선원의 휴무는 선박에서 이루어지기도 하지만, 기항지에서도 이루어지는데 기항지는 선박소유자의 의사에 따라 결정되므로, 선원의 휴무에 관한 권리는 많은 제약이 따른다. 그러므로 기항지에서 휴무 중에 발생한 재해도 선원의 직무에 내재하는 위험성의 발현으로 볼 수 있다.

(나) 선원법의 독자성과 진보성

선원법은 해양노동의 특수성으로 인하여 근기법에 대하여 독자적인 지위를 가지고 있고, 선원에 대한 재해보상제도는 위에서 살펴본 바와 같이 일반근로자에 대한 재해보상제도와는 별도로 독립하여 발달하여 왔다. 또한 선원법의 진보적인 성향은 일반근로자의 재해보상에도 영향을 주어, 산업재해의 범위를 확대하는데 하나의 참고가 될 수 있다. 그러므로 특별근로자의 지위에 있는 선원에 대한 재해의 개념을 일반근로자에 대한 재해의 개념과 동일한 기준으로 평가할 필요성이나 당위성은 존재하지 않는다. 오히려 특별근로자의 특수성에 대한 이해를 바탕으로 일반근로자에 비하여 더욱 강화된 내용의 재해보상을 행할 필요성과 당위성이 인정될 뿐이다.

(다) 결 론

그렇다면 선원법이 근기법과는 달리 직무라는 용어를 사용하고 있는 것은 해양노동의 특수성을 반영한 것으로, 선원법상 직무의 개념은 근기법상 업무보다 더 넓은 선원법 고유의 개념으로 이해하는 것이 타당하다.[80] 따라서 선원법상 직무상 재해는 일반근로자에 대한 업무상 재해보다 넓은 개념으로 해석하여야 할 것인바 (구별설 중 광의설의 입장), 선원의 직무상 재해는 선원으로서 직무에 종사하다 그로 인하여 발생한 재해와, 선원의 직무에 내재하거나 이에 통상 수반하는 위험의 현실화라고 볼 수 있는 재해를 포함한다고 보아야 한다.[81] 특히 선원은 승선부터

서 하선한 다음, 목포에 도착하여 유급휴가를 즐기다가 휴가가 종료한 후 선박의 기항지인 나가사끼에 도착한 경우, 주거지에서 승선지까지 이동하는 과정(목포→부산, 목포→나가사끼), 기항지에서 주거지까지 이동하는 과정(인천→목포) 등은 모두 직무수행을 위한 것으로 보아야 한다.

80) 부산지법 2021. 12. 15. 선고 2020가합45168 판결.

81) 부산지법 2021. 12. 15. 선고 2020가합45168 판결; 상이를 당한 군인의 직무 전반에 당연히 또는 통상 수반하는 범위 내의 행위는 모두 직무에 해당하므로, 직무를 마치고 귀가 또는 귀대하던 도중에 발생 한 사고로 부상한 경우도 구 국가유공자 예우 등에 관한 법률(1988. 12. 31. 법률 4072호로 개정되기 전의 것) 4조 6호에서 규정한 '군인의 직무수행 중 상이'에 해당하지만, 그 범위 내의 행위가 아니라 자의적 행위 또는 사적 행위일 때에는 업무수행성을 인정할 수 없는 한편, 그 '상이'가 당해 군인이 수행하던 직무에 내재하거나 이에 통상 수반하는 위험의 현실화라고 볼 수 있는 사정이 있어

하선까지 24시간 선박소유자에게 노동력을 맡기고 있는 것으로 이해하면 승선 중 생활도 직무에 포함되므로 승선 중 재해는 특별한 사정이 없는 한 직무상 재해가 되고,[82] 승선 이외의 기간도 직무관련성이 인정되는 한 직무상 재해로 평가하여야 한다.[83]

3. 직무수행성

가. 승선 중

선박에 승선 중인 선원은 선내근로의 특성상 선내에 구속되어 계속 선박소유자의 지배관계하에 있다고 인정되나, 예외적으로 선박소유자의 지배관계에서 벗어난 것으로 평가할 수 있는 경우에 한하여 직무수행성이 부정된다.[84] 즉 선내에서 이루어지는 일체의 행위는 선원이 적극적으로 직무에서 이탈하여 사회통념상 허용되지 아니하는 행위를 하는 경우를 제외하고는 직무수행성이 추정된다. 그러므로 선원근로계약에 의한 고유의 직무, 선장이나 상급자의 지시에 의한 작업, 소방훈련 · 구명정훈련 그 밖에 비상시에 대비한 훈련, 인명 · 항해선 · 적하 · 기타의 물건이 위난에 조우한 경우 이를 구조하기 위한 행위 등 비상행위, 식사 · 운동 · 용변 등 생리적 필요행위, 작업준비 · 마무리행위 등 작업에 수반되는 필요적 부수행위, 선원이 작업시간 외의 시간 중에 선박시설을 자유롭게 이용하는 경우, 휴무기간 중 선박에 잠시 머무르는 경우 등은 모두 직무수행성이 인정된다.

나. 육상작업

선원이 항구 · 부두 또는 육상사업장에서 작업을 하거나 작업준비 · 마무리행위 등 작업에 수반되는 필요적 부수행위에 종사하는 경우에도 직무수행성이 인정되고, 선원이 선박에 타거나 떠나는 경우, 선원이 승선 · 하선 중인 경우에도 직무수행성이 인정된다.[85] 그러므로 선원이 자신의 승용차나 대중교통수단을 이용하

야 위 '직무수행 중 상이'에 해당한다(대법원 1992. 11. 27. 선고 92누4444 판결).

82) 武城正長, 133면.

83) 부산지법 2006. 9. 14. 선고 2006나880 판결.

84) 東京地裁 1990. 4. 17. 判決, 勞働判例大系 8, 勞働旬報社(1992), 42면.

85) 일반적으로 탑승은 자동차, 항공기, 기차, 선박 등에 올라타는 것을 의미하고, 탑승 전후에 걸쳐 탑승과 밀접히게 이어지는 일련의 행위 역시 탑승의 개념에 포함된다고 봄이 상당하나, 이러한 경우에도 탑승과 밀접한 관련이 있는 행위로서 탑승으로 볼 수 있는 행위는 선박승무원, 이부, 사공, 그 밖에

여 생활의 근거지에서 승선지로 이동하거나, 하선지에서 생활의 근거지로 이동하더라도, 산업재해보상보험법이 개정되기 전인 2017. 12. 31.까지 인정되었던 일반근로자의 통근재해에 관한 과거의 법리[86]와는 달리 직무수행성이 인정된다.[87]

다. 기항지

기항지에서 식사, 물품구입, 통신 등 사회통념상 허용되는 행위를 한 경우에도 직무수행성이 인정된다. 그러나 매매춘, 폭력 등 사회통념상 허용되지 아니한 행위를 하는 경우에는 직무수행성이 부정된다.

라. 휴가, 임의하선

휴가 중이거나, 임의로 하선한 경우 등에는 원칙적으로 직무수행성이 부정된다.[88]

마. 고의가 있는 경우

근기법 81조는 근로자가 중대한 과실로 인하여 업무상 부상·질병에 걸리고 노동위원회의 인정을 받은 경우에는 사용자는 휴업보상과 장해보상의무를 면하도록 규정하고 있으나, 선원법에는 직무상 재해에 관한 면책규정이 존재하지 아니하므로, 선원이 무중항행술(霧中航行術)을 위반하거나,[89] 상사의 구체적인 지시사항

선박에 탑승하는 것을 직무로 하는 사람이 선박에 탑승하고 있는 동안 일반적으로 수반되거나 탑승 전후에 걸쳐 불가분적으로 이어지는 일련의 행위에 한정된다. 광주지법 목포지원 2019. 8. 21. 선고 2018가단56047 판결.

86) 출퇴근 중에 발생한 재해가 업무상 재해로 되기 위해서는 사업주가 제공한 교통수단을 근로자가 이용하거나 또는 사업주가 이에 준하는 교통수단을 이용하도록 하는 경우, 외형상으로는 출퇴근의 방법과 그 경로의 선택이 근로자에게 맡겨진 것으로 보이지만 출퇴근 도중에 업무를 행하였다거나 통상적인 출퇴근시간 이전 또는 이후에 업무와 관련한 긴급한 사무처리나 그 밖에 업무의 특성이나 근무지의 특수성 등으로 출퇴근의 방법 등에 선택의 여지가 없어 실제로는 그것이 근로자에게 유보된 것이라고 볼 수 없고 사회통념상 아주 긴밀한 정도로 업무와 밀접·불가분의 관계에 있다고 판단되는 경우 등 근로자의 출퇴근 과정이 사업주의 지배·관리 하에 있다고 볼 수 있는 경우라야 한다. 대법원 2014. 2. 27. 선고 2013두17817 판결.

87) 이러한 점에서 직무상 재해는 공무상 재해와 유사하다고 할 수 있으나, 선원의 승하선은 불규칙적이고 승하선지가 주로 선박소유자의 의사에 의하여 결정된다는 점에서 공무상 재해보다 광범위하다고 할 수 있다.

88) 기관장이 휴가기간 중 중국 여행을 갔다가 2015. 4. 9. 22:55분경 귀국한 뒤 자신의 차량을 운전하여 2015. 4. 10. 새벽 마산항에 도착하였고, 같은 날 07:40 이후 선박에 방선하였다가 같은 날 10:00경 하선한 다음, 마산항에서 선원의 주거지인 여수로 바로 출발한 것이 아니라 그 반대 방향에 있는 부산 동래구 소재 망인의 친형 집을 방문하여 그곳에서 하룻밤 자고 다음날 점심을 먹은 뒤 여수시 소재 자택으로 이동하던 중 부산에서 교통사고를 당하여 사망한 경우에는 직무상 재해가 아니다. 광주지법 2021. 8. 26. 선고 2020나59740 판결.

89) 부산고법 1998. 2. 13. 선고 97나1372 판결.

을 위반하는 것과 같이 직무수행 중에 고의로 재해를 당한 경우에도 직무상 재해로 인정된다.

이와 달리 선원이 직무에서 적극적으로 이탈하여 오로지 개인적인 일에 종사하다가 재해에 관한 선원의 고의[90]로 인하여 재해가 발생한 경우에는 선원법의 규정에도 불구하고 직무상 재해로 볼 수 없다.[91] 위와 같은 경우에도 감항능력결함・안전배려의무위반 등과 같이 선박소유자의 귀책사유가 경합하거나, 제3자의 행위・해양사고가 경합한 경우에는 선원직무에 내재하는 위험의 현실화로 인정되므로 직무상 재해로 인정하여야 한다.[92]

4. 직무기인성

가. 의 의

직무기인성은 주로 직무상 질병, 특히 과로사와 관련하여 많은 논의가 진행되었는데, 산재법상 업무상 재해에 관한 인과관계의 법리는 선원법상 직무상 재해에 관해서도 동일하게 적용된다.[93]

나. 내 용

직무기인성을 업무기인성에 관한 기존의 판례에 대입하여 요약하면 다음과 같다.[94] 직무상 재해라 함은 선원이 직무수행에 기인하여 입은 재해를 뜻하는 것으로 직무와 재해발생 사이에 상당인과관계가 있어야 하고, 인과관계는 이를 주장하는 측에서 증명하여야 한다.[95] 재해가 직무와 직접 관련이 없는 기존의 질병이더

---

90) 선원법 22조 1항 3호는 선장의 허가 없이 '마약류 불법거래방지에 관한 특례법' 2조 1항의 규정에 따른 마약류를 선박 안에 들여 온 때 선원을 징계할 수 있도록 규정하고 있는데, 선원이 위 규정을 위반하여 마약류를 선박 안에 반입한 다음 이를 섭취하여 마약중독증에 걸린 경우에는 직무상 재해라고 볼 수 없다.

91) 부산지법 1999. 7. 20. 선고 99가합2464 판결.

92) 대법원 1999. 1. 26. 선고 98두10103 판결; 부산선노위 1990. 11. 6, 선원행정사례집, 163면.

93) 대법원 2008. 3. 27. 선고 2007다84420 판결(船); 부산지법 2020. 12. 10. 선고 2019가합51150 판결.

94) 부산지법 2011. 8. 24. 선고 2010가합14066 판결은 "선원의 경우 '직무상 재해'는 그 원인 및 인과관계를 육상근로자보다 더 엄격하고 객관적으로 판단해야 한다."는 선박소유자의 주장에 대하여, "선원법과 이를 토대로 한 해외취업선원재해보상에 관한 규정이 직무상 재해 외에 '승무 중 직무외 재해'도 보상하는 규정을 둔 것은 선원의 근로조건 등을 고려하여 해상근로자를 더욱 두텁게 보호하려는 취지이다. 따라서 이러한 추가의 보호규정을 두었다고 하여, 본래의 '직무상 재해' 개념을 판단할 때 더 엄격한 해서을 해야 한다는 것은 결과적으로 해상근로자의 보호를 약화시키는 것이어서 받아들이기 어렵다"고 판시하였다.

라도 그것이 직무와 관련하여 발생한 사고 등으로 말미암아 더욱 악화되거나 그 증상이 비로소 발현된 경우,[96] 직무상 과로나 스트레스가 질병의 주된 발생원인에 겹쳐서 질병을 유발·악화시킨 경우, 평소에 정상적인 근무가 가능한 기초질병이나 기존질병이 직무의 과중 등이 원인이 되어 자연적인 진행속도 이상으로 급격하게 악화된 때에도 인과관계는 인정된다.[97] 또한 여러 척의 선박 또는 여러 개의 사업장을 옮겨 다니며 근무한 선원이 질병에 걸린 경우 당해 질병이 직무상 재해에 해당하는지 여부를 판단할 때에 그 선원이 복수의 선박소유자 아래서 경험한 모든 직무를 포함시켜 판단의 자료로 삼아야 한다.[98] 1차 재해가 업무와 상당인과관계 있는 직무상 재해에 해당한다면, 그 후에 발생한 2차 재해는 1차 재해가 자연발생적으로 악화되어 발생될 가능성이 크고, 만약 사정이 그러하다면 2차 재해도 업무에 기인한 직무상 재해라고 볼 여지가 충분하다.[99]

다. 상당인과관계

직무와 재해 사이의 상당인과관계가 있어야 하지만 인과관계는 반드시 의학적·자연과학적으로 명백하게 증명되어야 하는 것은 아니고, 직무와 재해 사이의 상당인과관계의 유무는 보통 평균인이 아니라 당해 선원의 건강과 신체조건을 기준으로 하여 판단하여야 한다.[100] 선원의 취업 당시의 건강상태, 발병 경위, 질병의 내용, 치료의 경과 등 제반 사정을 고려할 때 직무와 질병 사이에 상당인과관계가 있다고 추단되거나 개연성이 증명되면 그 증명이 있다고 보아야 한다.[101]

---

95) 대법원 1995. 3. 14. 선고 94누7935 판결; 대법원 2008. 1. 31. 선고 2006두8204 판결.

96) 대법원 2008. 3. 27. 선고 2007다84420 판결(船).

97) 대법원 1996. 9. 6. 선고 96누6103 판결; 대법원 2010. 12. 9. 선고 2010두15803 판결.

98) 대법원 2017. 4. 28. 선고 2016두56134 판결.

99) 대법원 2020. 5. 28. 선고 2019두62604 판결.

100) 대법원 2018. 5. 15. 선고 2018두32125 판결; 업무로 인한 과로가 질병의 발생이나 악화에 어느 정도 기여하여야 상당인과관계를 인정할 수 있는가에 관하여, 결정적일 것을 요구하는 최유력원인설, 상대적으로 유력하면 된다는 상대적 유력원인설, 공동원인의 하나이면 족하다는 공동원인설이 있다. 대법원의 입장에 관하여는 (i) 근로자가 사망 직전에 강도 높은 과로를 하였다는 점을 중시한다고 하여 상대적 유력원인설을 취하고 있다는 견해, (ii) 과로가 부수적 원인이라도 업무상 재해를 인정하고 있다고 하여 공동원인설을 취하고 있다는 견해[박해식·송평근·서태환·이선애, "업무상 재해의 인정요건으로서 업무와 재해와의 인과관계", 행정재판실무편람 II, 서울행정법원(2002), 612-616면], (iii) 업무상 과로가 질병의 주된 원인과 겹친 경우에는 과로를 사망의 공동원인으로 파악하고, 과로가 기존질병을 급속하게 악화시킨 경우에는 과로를 사망의 상대적 유력원인으로 파악하는 이원적 입장을 취하고 있다는 견해 등이 있다. 박상훈, "판례평석: 과로와 업무상 재해", 노동법연구 12호(2002. 6), 90-91면 참조.

101) 대법원 1995. 3. 14. 선고 94누7935 판결; 대법원 2008. 1. 31. 선고 2006두8204 판결.

선원이 극심한 직무상 스트레스와 그로 인한 정신적인 고통으로 우울증세가 악화되어 정상적인 인식능력이나 행위선택능력, 정신적 억제력이 현저히 저하되어 합리적인 판단을 기대할 수 없을 정도의 상황에 처하여 자살에 이르게 된 것으로 추단할 수 있는 경우라면 선원의 직무와 사망 사이에 상당인과관계가 인정될 수 있고,[102] 비록 그 과정에서 선원의 내성적인 성격 등 개인적인 취약성이 자살을 결의하게 된 데에 영향을 미쳤다거나 자살 직전에 환각, 망상, 와해된 언행 등의 정신병적 증상에 이르지 않았다고 하여 달리 볼 것은 아니다.[103]

라. 시설의 결함이나 관리소홀의 경우

선박소유자가 관리하고 있는 시설의 결함 또는 선박소유자의 시설관리소홀로 인하여 재해가 발생하거나 또는 그와 같은 시설의 결함이나 관리소홀이 다른 사유와 경합하여 재해가 발생한 때에는 선원의 자해행위 등으로 인한 경우를 제외하고는 이를 직무상 재해로 보아야 하고,[104] 재해발생원인에 관한 직접적인 증거가 없는 경우라도 간접적인 사실관계 등에 의거하여 경험법칙상 가장 합리적인 설명이 가능한 추론에 의하여 직무기인성을 추정할 수 있는 경우에는 직무상 재해라고 보아야 한다.[105]

마. 과로사

과로사의 경우에는 사고성 재해의 경우와는 달리 직무기인성의 판단이 제1차적 기준이 되므로 직무기인성이 인정되면 직무수행성은 추정된다. 그러므로 발병·사망 장소가 선박 이외의 장소이고 직무수행 중에 발병·사망한 것이 아니더라도 직무상 과로가 원인이 되면 직무상 재해로 인정된다.

---

102) 근로자가 업무상의 사유 그 자체 또는 업무상의 재해로 말미암아 우울증세가 악화되어 정상적인 인식능력, 행위선택능력이나 정신적 억제력이 현저히 낮아져 합리적인 판단을 기대할 수 없을 정도의 상황에 처하여 자살에 이른 것으로 추단할 수 있는 경우라면 근로자의 업무와 사망 사이에 인과관계가 인정될 수 있다. 그와 같은 인과관계를 인정하기 위해서는 근로자의 질병이나 후유증상의 정도, 그 질병의 일반적 증상, 요양기간, 회복가능성 유무, 연령, 신체적·심리적 상황, 근로자를 에워싸고 있는 주위상황, 자살에 이르게 된 경위 등을 종합적으로 고려해야 한다. 사망의 원인이 된 질병의 주된 발생 원인이 업무수행과 직접적인 관계가 없더라도 적어도 업무상 재해가 질병의 주된 발생 원인에 겹쳐서 질병을 유발하거나 악화시켰다면 그 사이에 인과관계가 있다고 보아야 한다. 대법원 2021. 10. 14. 선고 2021두34275 판결.

103) 대법원 2017. 5. 31. 선고 2016두58840 판결.

104) 대법원 1999. 1. 26. 선고 98두10103 판결.

105) 대법원 1999. 1. 26. 선고 98두10103 판결.

바. 비특이성 질환

비특이성 질환의 경우에는 특정 위험인자와 비특이성 질환 사이에 역학적 상관관계가 인정된다 하더라도, 어느 개인이 그 위험인자에 노출되었다는 사실과 그 비특이성 질환에 걸렸다는 사실을 증명하는 것만으로 양자 사이의 인과관계를 인정할 만한 개연성이 증명되었다고 볼 수 없다. 이러한 경우에는 그 위험인자에 노출된 집단과 노출되지 않은 다른 일반 집단을 대조하여 역학조사를 한 결과 그 위험인자에 노출된 집단에서 그 비특이성 질환에 걸린 비율이 그 위험인자에 노출되지 않은 집단에서 그 비특이성 질환에 걸린 비율을 상당히 초과한다는 점을 증명하고, 그 집단에 속한 개인이 위험인자에 노출된 시기와 노출 정도, 발병시기, 그 위험인자에 노출되기 전의 건강상태, 생활습관, 질병 상태의 변화, 가족력 등을 추가로 증명하는 등으로 그 위험인자에 의하여 그 비특이성 질환이 유발되었을 개연성이 있다는 점을 증명하여야 한다.[106)]

사. 선원재해의 특수성과 인과관계

일반적으로 사고성 재해의 경우에는 일반근로자와 동일하게 판단해도 되지만(상당인과관계설), 질병이나 사망의 경우에는 해양노동의 특수성을 고려하여야 한다. 해양은 육상보다 가혹한 근로환경을 제공하고,[107)] 선박소유자는 의사가 승무에 적당하다는 것을 증명한 건강진단서를 가진 사람만을 선원으로 승무시켜야 하며(법 87조 1항), 선원법 시행규칙 [별표 3] 선원건강판정기준표에서는 합격판정기준을 구체적으로 규정하고 있는데, 합격기준을 충족하지 아니하면 정당한 선원근로계약해지사유가 되고,[108)] 해양수산관청은 건강진단서에 관한 사항을 확인한 후

---

106) 대법원 2014. 4. 10. 선고 2011다23422 판결(船).

107) (i) 선원이 거주하는 구역은 밀폐된 공간으로서, 강렬한 파랑의 압력에 견디기 위하여 창과 문은 좁고 작으며, 기관실 위에 있는 거주구의 경우 기관발열의 영향으로 온도가 높고, 해면에 가까워서 다습하고, 이러한 이유로 진드기나 해충 등이 번식하기 쉽다. 또한 식량이나 음용수의 장기저장으로 신선도나 수질을 보장하기 곤란하고, 전염병발생지역이나 음용수가 부적절한 지역에 기항하게 된다. (ii) 선박은 출항에서 입항까지 장기간에 걸쳐 진동을 받게 되고, 해상에서 지속적으로 동요하며 특히 황천과 조우하면 편현으로 30° 이상으로 동요하는 경우가 있다. 또한 해상은 육상보다 햇볕이 강렬해서 자외선이 풍부하며, 육상과는 달리 차폐물이 없어 직사일광에 노출되어 있는 시간이 많다. (iii) 선원은 작업뿐만 아니라 식사·휴식 등 일상생활도 선내에서 영위하여야 하고, 식료품과 물은 선박소유자가 공급하도록 규정하고 있다.

108) 대법원 2001. 6. 12. 선고 2001다13044 판결(船).

승선공인을 하여야 한다(시행규칙 26조 1항 4호).

그러므로 선원이 승무 후 건강진단 결과 승무 전 건강진단서에 나타난 건강상태보다 약화되거나 새로운 질병[109]에 걸린 것으로 밝혀진 경우에는, 그 질병의 원인이 불명하더라도 선박소유자가 질병이 선원의 직무와 인과관계가 없고 오로지 직무 이외의 사유로 인하여 재해가 발생하였다는 사실을 명백하게 증명하지 않는 한, 선원의 직무와 질병 사이의 인과관계는 추정된다고 봄이 상당하다(공동원인설, 증명책임의 사실상 전환).[110] 또한 직무상 재해로 인하여 요양 중 사망하거나 직무상 질병으로 인하여 사망한 경우에도 위와 같이 해석할 수 있다.[111]

5. 선내 재해의 유형별 검토

아래에서는 선내 재해에 관하여 유형별로 살펴본다. 선박은 반드시 항행 중일 필요는 없고, 정박·수리·계선 중인 경우도 모두 포함한다. 이하에서는 재해발생의 시기(작업 중, 휴무 중, 직무에서 적극적으로 이탈한 상태에서 재해를 당한 경우)와 재해의 원인별(해양사고·천재지변, 안전배려의무위반·감항능력주의의무위반, 제3자의 행위)로 직무상 재해 여부를 검토하기로 한다.

가. 작업 중 재해

(1) 사 례

① 블루시(Blue Sea)호의 1등 항해사가 1994. 4. 3. 2:50경 중국 신강항에서 위 선박의 순검 중 현문(舷門) 사다리(Gangway ladder)의 이상을 발견하고 이를 수리하다가 실족하여 부두에 머리를 부딪치는 사고로 인하여 사망한 경우,[112]

---

109) 예를 들면, 선원이 기항지에서 노출된 풍토병(특히 기존 의학계에 널리 알려지지 않은 경우)은 인과관계를 엄격하게 증명하기 어려운 경우가 많다.

110) 행정실무도 대체로 위와 같은 입장을 취하고 있다고 평가된다. 부산선노위 1990. 8. 20., 선원행정사례집, 161면; 노정 1576-9193, 1979. 12. 1(만성간염, 위염); 노정 1576-4079, 1982. 6. 5(간암); 선원 1522.2-193, 1977. 1. 28(당뇨병, 대장염); 선원 1552.2-807, 1976. 7. 30(맹장염, 정신착란증); 선원 1552.2-679, 1976. 7. 6(폐결핵); 노정 1576-9193, 1979. 12. 1.(뇌종양); 노정 1522-927, 1979. 2. 5(간경화증); 강석본, 28면 참조. 그러나 선원보험재정과 건강진단서 제도 등에 비추어 위와 같은 입장은 실현 곤란하다는 견해로는 藤崎道好, 355면.

111) 부산선노위 1990. 9. 24, 선원행정사례집, 162면.

112) 부산고법 1996. 5. 16. 선고 95나8676 판결. 위 판결은 "1등항해사는 갑판부의 책임자로서 선장의 명을 받아 갑판부의 선무를 위하여 필요한 지휘·감독을 하고 선장을 보좌하며 선장 부재 시에 그 직무를 대행하는 자로서, 그의 임무 중에는 선박의 안전을 위한 수시 순검이 포함되므로 1등항해사가 선박 순검 중 현문 사다리의 이상을 발견하고 이를 고치려고 한 것은 그 직무에 포함된다"고 판시하였다.

② 무허가 소형기선저인망어선인 제2성창호(7.93t)의 어선원이 1996. 1. 18. 12:00경 부산 오륙도 동방 약 25마일 지점 해상에 이르러 선박의 좌측현 선수에서 어망과 전개판을 바다에 투입한 후 전개판을 따라 풀려나가던 로프를 선미에 있는 비트에 묶는 작업을 하던 중 어망의 로프에 발목이 걸려 로프와 함께 해상에 추락하여 실종된 경우,[113)]

③ 원양어선인 한보3호에 기관사보조로서 엔진 수리·정비 등 업무를 담당하는 조기원(助機員)으로 승선한 선원이 1990. 8. 12. 일본 북해도 앞바다에 이르러 선장의 지시에 따라 부갑판장과 함께 투망조로 편성되어 갑판원이 하는 일인 그물을 장대로 펴서 바다에 내리는 작업을 하던 중, 오른쪽 발목이 바다로 풀려 내려가던 그물에 감겨 그물의 풀리는 힘을 이기지 못하고 바다 쪽으로 끌려가면서 그대로 갑판 난간에 부딪히는 바람에 우측 경골원위부 골수염 등의 상해를 입은 경우,[114)]

④ 근해 채낚기·유자망어선인 제301성원호(29t)의 갑판장을 포함한 선원들 5인은 1995. 5. 7. 3:40경 일본 대마도 북동쪽 약 27마일 해상에서 선장의 지시 하에 오징어채낚기작업을 마치고 위 선박을 이동시키기 위하여 해묘(海錨) 양망작업[115)]을 하는 과정에서, 갑판장이 롤러 옆에서 해묘의 줄이 제대로 감겨 올라오는지를 살피고 있던 중 롤러에 감겨 올라오던 줄이 꼬이면서 롤러가 헛도는 것을 보고 이를 풀기 위하여 오른손으로 꼬인 줄을 밀다가 줄 사이에 손이 끼면서 오른팔이 줄과 함께 엉켜 롤러에 감겨 두바퀴 도는 바람에 우측주관절 개방성 탈구, 마멸창 등의 상해를 입고 결국 우측주관절 상부를 절단하게 된 경우,[116)]

⑤ 오징어채낚기어선인 일신호(22t)의 기관장이 1997. 9. 27. 선내에서 출어를 위한 준비작업을 하면서 고기를 담는 나무상자를 고치기 위하여 망치로 나무를 치는 순간 나무조각이 오른쪽 눈에 박혀 각막열상 외상성 백내장의 상해를 입은 경우,[117)]

---

113) 부산지법 1996. 11. 5. 선고 96가합4285 판결.
114) 서울고법 1997. 4. 8. 선고 96나27737 판결.
115) 선박을 고정시키기 위해 수중에 투하해 둔 해묘를 갑판 위로 끌어올리는 작업으로서, 선장이 조타실에서 롤러 작동스위치를 작동시키면 해묘의 줄이 롤러에 감겨 갑판 위로 올라오게 되고 올라 온 줄을 선수(船首) 공간에 모아 둠으로써 작업이 끝난다.
116) 부산지법 1997. 11. 13. 선고 96가합16271 판결.
117) 서울행법 1999. 8. 10. 선고 98구21836 판결.

⑥ 저인망어선인 동명66호의 어선원이 1998. 10. 9. 14:00경 위 선박의 창고에서 이적 작업을 위하여 어획한 어물을 담은 상자를 들어 올리던 중 어선의 요동으로 몸의 중심을 잃고 주저앉았는데 그 충격으로 인하여 요추 추간판탈출의 상해를 입은 경우,[118]

⑦ 소형어선인 진일호(8.9t)의 어선원이 2000. 4. 13. 전남 홍도 남방 약 30마일 해상에서 어로작업을 위하여 그물을 바다에 내린 다음, 선원 2명이 전개판을 들어 현측으로 들어 올리고 그 상태에서 선원 2명이 다른 전개판을 들어 현측으로 들어 올린 다음 두 전개판을 동시에 바다에 던져야 하는 전개판 투하작업과정을 무시하고, 혼자 선박 좌현에서 60kg 남짓의 전개판을 바다에 던지려다가 전개판과 함께 바다에 빠지는 바람에 사망한 경우,[119]

⑧ 코레스부산호의 1기사가 1999. 6. 15. 기관실로 내려가다가 넘어져 제5경추 척추경 골절 등의 상해를 입은 경우,[120]

⑨ 제27금해호의 갑판원이 2000. 8. 21. 부산 충무동 소재 남항에서 갑판장의 지시로 다른 선원과 함께 갑판 위에 있는 250kg의 와이어로프 다발을 굴려 옮기기 위해 세우다가 위 와이어로프 다발이 갑판원 쪽으로 기울어지는 바람에 이를 피하기 위하여 뒤로 물러서다가 미끄러져 넘어지고, 2000. 8. 26. 제주도 서남방 60마일 지점에서 강풍과 폭우 속에서 잡어 어로작업을 하던 중 선박의 요동이 심해지자 선박의 균형을 잡기 위하여 조기장의 지시로 갑판 왼쪽에 있던 25kg 가량의 생선상자를 두 손에 들고 갑판 오른쪽으로 옮기다가 선박이 좌우로 흔들리는 바람에 넘어져서 제3요추 척추분리증 등의 상해를 입은 경우,[121]

⑩ 오징어채낚기어선인 제77부성호(69t)가 1999. 2. 3. 6:50경 조업을 마치고 귀항하기 위하여 선박엔진을 조작하던 중, 물 닻에 연결된 부이(buoy)줄이 선미 스크루에 감기게 되어 자력항해가 불가능하게 되어 어선원과 다른 선원이 선수쪽 드럼에서 스크루에 감긴 부이줄을 풀다가 선장이 줄이 감긴 반대방향으로 갑자기 선박의 엔진을 가동 · 전진하는 바람에 부이줄이 어선원의 우측 하퇴부에 감기면서 우측 경비골 개방성 골절 등의 상해를 입은 경우,[122]

---

118) 서울지법 동부지원 2001. 3. 23. 선고 99가단48093 판결.
119) 부산지법 2001. 7. 6. 선고 2000가단64874 판결.
120) 부산지법 2002. 1. 16. 선고 2001기합11539 판결.
121) 부산지법 2002. 1. 30. 선고 2001가단31437 판결.

⑪ 제105호 금성호의 어부가 근무하던 중 1993. 12. 12. 5:00경 약 2-3m 높이의 갑판에서 떨어져 좌측 제2늑골골절 등의 상해를 입은 경우,[123)]

⑫ 퀸스타호의 1항사가 1992. 8. 27. 중국 상해 검역묘지에서 투묘 준비작업을 하던 중 파도에 의한 순간적인 선체요동으로 갑판에 넘어지면서 뒹굴어 양쪽 어깨부분과 머리부위를 충격당하여 뇌진탕 등의 상해를 입은 경우,[124)]

⑬ 선장이 2001. 9. 24. 아프리카 기니국 영해에서 조업 중이던 바린다26호의 조타실에서 불상의 경위로 소지하고 있던 M16 소총을 조작하다가 오발사하여 당시 조타실에서 조타업무를 보고 있던 2등항해사에게 왼쪽 정강이 총알 관통상을 입게 한 경우,[125)]

⑭ 선두가 부두에 계류 중인 부선의 우현 중앙 갑판 내 맨홀 탱크에서 고인 물을 빼내는 작업을 하던 중에 맨홀 탱크 내부 철제 사다리를 통해 이동하다가 미끄러져 물이 고인 탱크 바닥에 추락하여 익사한 경우,[126)]

⑮ 선박이 중국 산동시에 소재한 시시아커우 조선소에 수리를 위하여 입거되었는데, 이 사건 조선소 직원인 H가 2016. 2. 6. 14:30경 선박의 C-Deck 화물창에서 산소 용기 및 아세틸렌 용기를 사용하여 선실 통풍기 통로 벽판의 절단 작업을 하다가 H가 용접작업을 하던 부위에서 폭발이 발생하여 선박 갑판을 돌아다니면서 수리 작업 공정이 제대로 이루어지는지 여부를 감독하던 일등항해사가 부상을 입은 경우[127)]

등 사안에서 직무상 재해 여부가 문제되었다.

(2) 검 토

위 사례와 같이 선원이 선박이나 해양에서 작업을 하다가 재해를 당한 경우는 직무상 재해로 인정된다. 작업은 선원근로계약에 의한 고유의 선무(①, ②, ⑥, ⑦, ⑪, ⑫의 경우), 상급자의 지시에 의한 비일상적인 작업(③, ⑨의 경우), 사고나 긴급조치 시에 필요한 돌발작업(④, ⑨, ⑩의 경우), 작업준비 · 마무리행위 등 작업

122) 대구고법 2002. 3. 7. 선고 2001나2250 판결.
123) 서울고법 1995. 10. 12. 선고 95구12714 판결.
124) 부산지법 1995. 12. 15. 선고 94가합4830 판결.
125) 부산지법 2010. 3. 19. 선고 2009나16329 판결.
126) 부산지법 2018. 12. 5. 선고 2017가합50177 판결.
127) 서울중앙지법 2019. 12. 11. 선고 2017가합501813 판결.

에 수반되는 필요적 부수행위(⑤, ⑧, ⑭의 경우), 선박의 안전을 확보하기 위한 행위(⑬의 경우),[128] 조선소에서 선박 수리를 하는 것을 감독하는 행위(⑮의 경우), 선박위험 · 선박충돌 또는 조난선박의 조우시 인명 · 선박 · 화물을 구조하는 행위, 소방훈련 · 구명정훈련 그 밖에 비상시에 대비한 훈련 등을 모두 포함한다.

나. 휴무 중 재해

(1) 사 례

(가) 아틀란티아호 사건[129]

① 사실관계

유조선 아틀란티아호는 1996. 1. 28. 베네수엘라에서 원유를 적재하고 미국 루이지애나 머독스항으로 항해 중이었는데, 3등기관사 A는 1996. 1. 31. 22:00경 조타실에서 커피를 마시고 Ⅲ갑판에 있는 자신의 침실로 돌아간 후 다음날인 1996. 2. 1. 06:15경 Ⅳ갑판에서 시체로 발견되었다. 부검 결과 A는 두개골이 골절되어 있었고, 왼쪽 손에 칼로 베인 길이 5cm 정도의 깊은 열상이 있었다.

A의 침실이 있는 Ⅲ갑판과 그의 시체가 발견된 Ⅳ갑판은 그 높이가 9.75m이고, Ⅲ갑판의 4등기관사용 빈방에 A의 안경과 슬리퍼, 물에 적셔진 수건이 있었으며, 그 곳 바닥과 침대, Ⅳ갑판으로 통하는 통로와 계단에 많은 피가 흘러 있었고, Ⅳ갑판의 시체 위치는 Ⅲ갑판의 피를 흘린 난간 지점에서 자유낙하한 지점과 일치하였다. A의 시체 옆에서 피 묻은 칼이 발견되었는데 그 칼은 선원들이 평소 과일을 깎을 때 사용하는 것이었다. A의 방이나 위 4등기관사용 방은 흐트러지지 않았고, 선원들은 다투거나 소란을 피우는 소리를 듣지 못하였으며, 사고 직전 A가 선원들과 다툰 바도 없었다. 그러나 A는 유서를 남기지 않았다.

② 판시사항

A가 그의 직무집행과 관련하여 사망하였다고 인정할 증거가 없으므로 직무상 재해에 관한 주위적 청구는 이유 없다. 그러나 위 인정사실에 의하면 A 스스로 왼

---

128) 법원은 "피해자가 조타 업무 중 상해를 입은 점, 해적 출몰이 빈번하고 그로 인한 피랍 사고가 잦은 최근의 국제정세 변화에 따라 해외 조업에 나서는 선박의 선장으로서는 안전을 위한 자위수단을 마련할 필요성이 증대되고 있는 점 등을 종합적으로 고려하여 보면, 이 사건 사고는 직무상 재해에 해당한다"고 판시하였다.

129) 대법원 2002. 6. 14. 선고 2001다2112 판결(船). 이에 대한 평석은 권창영, "해외취업선원의 재해보상", 저스티스 74호(2003. 8), 201-246면.

쪽 손목에 과도로 자해를 하여 상당 시간 피를 흘리다가 난간으로 뛰어내려 그 충격으로 인한 두개골 골절로 사망하였을 가능성이 보이기는 하나, 그렇다고 하여 A가 자살하였다거나 자신의 중대한 과실로 사망하였다는 확신을 갖기에는 부족하므로, 선박소유자는 직무외 재해에 관한 보상책임이 있다.

(나) 제3용진호 사건[130)]

① 사실관계

어선 제3용진호의 기관장 B는 어로작업 차 1986. 10. 14. 충남 장항항을 출항하여 동지나 해상으로 진행하며 기관장으로서 직무를 수행하다가, 1986. 10. 21. 20:00경 제주도 서남방 약 30마일 지점 해상에서 태풍을 만나 위 어선이 닻을 내리고 정박한 상태에서 모든 선원은 조업을 중단하고 휴식(취침)을 취하라는 선장의 명령에 따라 어로작업을 멈추고 기관실에 들어가 잠을 잤다.

B가 그 다음날 02:00경 태풍주의보가 해제되어 선장의 기상신호를 받고도 기상하지 아니하자, 이를 이상히 여기고 위 기관실에 들어간 다른 선원들에 의하여 누워 있는 채 이미 사망한 상태로 발견되었다. 관계 의료진의 B에 대한 사체부검결과 B에게서 극약 또는 유해물질이 검출되거나 타살로 단정할 만한 흔적은 발견되지 아니하였으며, 아무런 자세한 사인이 밝혀지지 아니하였다.

② 판시사항

B는 어로작업을 계속 수행하다가 선장의 지휘명령에 따라 일시 조업을 중단하고 선내에서 휴식(취침)을 취하던 중 사망한 것으로서, B의 사망은 비록 직접적인 직무수행 중 발생한 것은 아니라 하더라도, 위 휴식종료 후 곧바로 작업계속이 예정되어 있었던 점 등에 비추어 직무수행과 상당한 인과관계 있는 범위 내에 있는 직무상 사망으로 봄이 상당하다.

(다) 와이케이 72호 사건[131)]

① 사실관계

승선경험이 없던 C는 아들이 군복무를 마치고 제대하여 대학에 복학하게 되자 대학 등록금과 생활비 등을 마련하기 위하여 와이케이에 일반선원으로 고용되어

---

130) 광주지법 1988. 6. 30. 선고 88가합280 판결.

131) 부산고법 2002. 12. 13. 선고 2002나1796, 1802 판결. 위 판결은 대법원 2003. 4. 11. 선고 2003다5801, 5818 판결로 상고 기각되어 확정되었다.

YK72호에 승선하게 되었다. C는 승선 후 다른 선원들이 잠든 후에도 수면을 취하지 못하여 다른 선원들보다 훨씬 적은 하루 평균 2-3시간 정도밖에는 수면을 취하지 못하였다. C는 출항한 2일째인 2000. 6. 17. 07:00경 여수시 삼산면에 있는 상백도 동방 공해상에서 다른 선원들이 인망조업을 하고 있는 사이에 바다에 투신하였다(1차 투신). 1차 투신 당시 C는 고기상자 2개를 들고 바다로 뛰어 들었다가 힘이 떨어지자 살려 달라며 구조를 요청하였고, 선장과 항해사가 그를 발견하여 구조하였다. 선장은 1차 투신 이후 가끔씩 정신이상증세를 보이는 C가 재차 바다에 투신할 것을 우려하여 선원들로 하여금 특별히 감시하게 하고 C의 손을 묶어두기까지 하였다.

C는 작업을 하지 않고 조타실 안 항해사침실에서 쉬고 있던 중, 2000. 6. 19. 01:10경 갑자기 조타실 문을 열고 갑판으로 뛰어 나와 조타실 우현 난간을 통하여 바다에 투신하였다. 그 직후부터 2000. 6. 23. 06:00경까지 계속 수색하였지만 C는 실종되어 발견하지 못하였다. 선박소유자인 와이케이는 C가 고의 또는 중과실로 인하여 사망하였다면 선원법상 재해보상책임을 면할 수 있음에도 이에 대하여 아무런 이의제기 없이 C의 유족들과 보상합의를 하였다.

② 판시사항

위 사고 당시 C는 바다에 뛰어들면 사망할 수도 있음을 분별할 수 있을 정도의 변별능력을 갖추고 있었다고 보기보다는, 갑작스런 근무 및 생활환경의 변화와 수면부족·과로 등으로 인한 순간적인 정신이상상태에서 극한 상황을 벗어나기 위하여 바다에 뛰어들었다가 익사한 것으로 추인함이 상당하다. 그렇다면 위 사고는 피보험자의 지배된 의사에 기인한 것으로 볼 수 없는 우연한 사고에 해당한다. 따라서 위 사고가 C의 "고의로 인한 행위 또는 자살 및 이와 유사한 행위"로 발생하였음을 전제로 하는 원고(보험회사)의 면책항변은 이유 없다.[132]

(라) 해금강호 사건[133]

① 사실관계

선원 D는 2000. 3. 말경 해금강호의 갑판장으로 근무하기로 하는 근로계약을

132) 1심(부산지법 2001. 12. 12. 선고 2001가합171, 8090 판결)은 C가 가족들에게 보험금을 지급받도록 하기 위하여 또는 생활형편을 비관하여 바다에 투신하였다고 보여지고, 결국 이 사건 사고는 C가 스스로 초래한 "고의로 인한 행위 또는 자살에 유사한 행위"로 발생하였다고 판단하였다.

133) 부산지법 2001. 11. 21. 선고 2000가단68029 판결.

체결하고 선박에 승선하였다. 위 선박은 같은 해 5. 5. 01:00경 울산 화암부두를 출항하여 같은 달 7. 12:25경 삼호조선소 앞 600m 해상에 정박하였다가, 같은 달 9. 10:20경 목포시 삼학도 한국냉동 앞 부두에서 D와 다른 선원들을 하선시켰다. D와 하선한 선원들은 각자 이발 및 시내구경을 하고 같은 날 20:30경 이 사건 선박에 승선하였는데, 승선 당시 D는 술에 취한 상태였다.

위 선박은 같은 날 21:00경 위 부두를 출항하여 같은 날 21:55경 삼호조선소 앞 600m 해상에 정박하였는데, D는 동료선원 2명과 같은 침실에 투숙하였다가 행방불명되어 수색 끝에 같은 날 23:00경 위 해상 선수 좌현에서 익사체로 발견되었다. 사체검안 결과에 의하면, D의 사망시점은 같은 날 21:45경으로 추정되었고, 검출된 혈액의 혈중알코올농도는 0.183%이었으며, 특별한 외상은 없었다.

② 판시사항

위 인정사실에 의하면, D는 직무외 원인으로 사망하였다.

(마) 제501삼일호 사건[134)]

① 사실관계

E는 2012. 7. 31. 선박소유자와 사이에 선원근로계약을 체결한 후 제501삼일호(모래운반선, 1,812t)에 기관장으로 승선하였다. 위 선박은 2012. 12. 31. 진해 장천항에 입항하여 채취한 모래를 하역한 다음 진해 장천항의 전용부두에 계류되어 있다가, 2013. 1. 7. 선박 정기검사를 받기 위하여 부산항으로 출항하였다.

E는 2013. 1. 4. 선장과 함께 선박에서 하선한 다음 부산에 있는 자택에 도착하여 휴식을 취하던 중, 같은 날 19:00경 자택을 나간 이후 행방불명되었고, 2013. 2. 19. 을숙도 하구둑 갑문 상류 강가에서 시신으로 발견되었는데, 발견 당시 E의 혈중 알코올농도는 0.304%였다.

② 판시사항

E는 2013. 1. 1.부터 자택에서 선박으로 출퇴근을 하며 업무를 수행하였고, 위 선박이 2013. 1. 7.자 정기검사를 위한 출항이 예정되어 있는 상황에서 언제든지 위 선박의 정비를 위해 돌아갈 수 있음을 전제로 자택에서 대기를 하고 있다가 이 사건 선박에 다시 승선할 목적으로 이동하던 중 불의의 사망사고를 당하였다고

134) 부산지법 2014. 7. 4. 선고 2014가합751 판결.

추정함이 상당하다. E는 '기항지에서의 상륙기간' 또는 '휴무기간이 만료되기 전이더라도 선박으로 복귀하는 기간'에 사망사고를 당하였으므로, 이는 선원법 99조 2항에서 정한 '승무 중' 사고에 해당하는바, 결국 선박소유자는 E의 유족에 대하여 유족보상금 채무를 부담한다.

(바) 제5신고호 사건[135)]

① 사실관계

F는 제5신고호(第5新高丸)에 1등기관사로 승선하여 1985. 3. 15. 임시정박 중 동료와 저녁식사시간인 18:00경부터 술을 마셨는데, 22:00경 우현 선미 개구부(당시 추락방지용 쇠사슬이 잠겨 있지 않았다) 부근에서 소변을 보다가 바다로 추락하여 구조되었으나 병원에서 급성심부전으로 사망하였다.

② 판시사항

위 사고 당시 F가 주취상태에 있었던 사실은 인정되나 이로 인하여 F가 1등기관사의 직무와 직무명령에 기한 각종 선내 근로를 행하는데 필요한 직무수행능력을 완전히 상실하였다고 인정하기에 부족하고, 달리 F가 선박소유자의 지배관계에서 벗어났다고 평가할 만한 특별한 사유도 존재하지 아니하므로 직무수행성은 인정된다. 그러나 추락방지용 쇠사슬의 유무에도 불구하고 개구부 부근에서 바다로 추락할 것이라는 사실은 일반적으로 생각하기 어렵고, 식당 부근에 변소가 있었고 그 이용에 특별한 불편이 없었다는 점에 비추어 보면, 이 사건 사고는 선박시설의 하자로 인한 것이라고 할 수 없고, F의 극히 부주의한 행동에 수반하여 발생한 것이므로 직무기인성은 존재하지 아니한다.

(사) 자살한 경우

선원이 해외취업선의 실습선원으로 승선근무 중 선내침실에서 자신이 범한 절도행위를 한탄하여 죽겠다는 취지의 유서를 남기고 목을 매어 자살한 경우, 이는 고의로 인한 사망이다.[136)]

---

135) 東京地裁 1990. 4. 17. 判決, 勞働判例大系 8, 42면.

136) 부산선노위 1989. 7. 15, 선원행정사례집, 150면; 이와 달리, 서울고법 2023. 2. 8. 선고 2021나2024316 판결은 "피고 F은 망인이 이 사건 선박에 승선한 기간 동안 수차례 망인에게 욕설을 하였고, 이를 미얀마 국적의 선원 3명이 들은 사실, 피고 F은 망인의 업무능력이나 태도 등을 이유로 당직 교대 시간 등을 이용해서 계속 망인을 질책하는 한편, 망인에 대한 부정적인 이야기들을 함께 승선한 선원들에게 한 사실, 망인은 점점 업무에 대한 자신감을 상실하고 선내에서 고립되어 업무 외 시간에 피고 F의 숙소에서 선원들이 모여 교류하는 자리에도 더 이상 참석하지 않게 되었고, 체중이 크게 감

(2) 검 토

선박은 선원이 생활을 영위하는 장소이기도 하고, 선원은 항상 비상시 작업 등을 대비하여야 하며, 노동력의 재생도 선박에서 이루어지므로, 선원이 선박 안에서 휴식을 취하는 것도 직무수행의 연장으로 볼 수 있다. 그러므로 직무와 무관한 이유로 자해·자살을 하거나, 범죄행위와 같이 의도적으로 사회통념상 허용되지 아니하는 행위를 하는 경우[(가), (사)의 경우]를 제외하고, 식사[137]·용변·운동·취침·휴식 등 선박 안에서 일상적으로 행하여지는 행위는 직무에 부수적인 행위로 보아 이로 인하여 재해를 당한 경우에는 직무상 재해로 인정하여야 한다.[138]

또한 선박 안에서 휴무 중 재해를 당하였으나 재해의 원인이 명백하게 밝혀지지 아니한 경우에도 직무상 재해로 인정하여야 한다[(나), (다), (라), (마)의 경우].[139] 선원이 승선 중 선장의 허가를 얻거나 관행적으로 묵인되는 정도의 음주행위도 해양노동으로 인한 긴장을 해소하고 선원노동력을 회복하기 위한 것으로 보아 직무수행성을 인정하여야 한다. 이와 달리 직무수행능력을 완전히 상실할 정도의 주취상태에 있는 경우는 직무수행성을 인정하기 어렵다.[140] 그러나 단순히 주취상태에서 판단력 미숙이나 선원의 부주의로 인하여 재해가 발생한 경우에는 직무상 재해로 평가할 수 있다[(바)의 경우].

소한 사실, 망인은 2017년 12월 중순경부터 카카오톡 메신저 등을 통해 한국에 있는 지인들에게 피고 F에 대한 적대감을 드러내면서 피고 F 때문에 선내 생활이 괴롭다고 지속적으로 하소연한 사실이 인정된다. 위 인정사실에 의하면, 피고 F은 2017년 12월 중순경부터 망인에 대하여 폭언과 욕설을 하고 직장 내 선임의 지위를 이용하여 업무상 적정범위를 넘어 망인에게 정신적 고통을 주는 이른바 '직장 내 괴롭힘'의 불법행위를 하였다고 인정된다. (중략) 망인이 자신을 지지해주는 원고들을 비롯하여 지인들에게 깊은 미안함을 품고서도 피고 F의 괴롭힘을 견디기 어렵다고 하면서 자살을 하게 된 것을 보면 망인이 직무상 얻은 괴로움으로 정신적 억제력이 현저히 떨어져 합리적인 판단을 기대할 수 없었다고 보이는 점 등을 고려하면, 망인의 사망은 선원으로서 직무를 수행하면서 얻은 정신적 고통과 상당인과관계가 있다고 볼 것이므로, 망인은 직무상 사망한 것에 해당한다"고 판시하였다.

137) 정박 중이던 선박의 갑판에서 식사를 하던 중 기관장이 술에 취한 선원을 나무라는 과정에서 선원을 폭행하여 그 선원이 사망한 경우 이는 직무수행 중 사고에 해당한다. 서울지법 동부지원 2002. 9. 5. 선고 2002가단21234 판결.

138) 선원들이 제공하는 해양근로의 특수한 성질에 비추어 볼 때 선내에서 이루어지는 일체의 행위는 원칙적으로 모두 직무에 해당하고, 여기에는 식사, 운동, 취침, 휴식 등 노동력의 회복을 위한 행위도 포함된다. 부산지법 2021. 12. 15. 선고 2020가합45168 판결.

139) 선원이 정박시 동료선원과 음주를 하고 난 후 침실 쪽 계단으로 내려가는 것이 동료선원들에게 목격되고 나서 선체 밑부분에서 시체로 발견된 사안(부산선노위 1990. 1. 20, 선원행정사례집, 159면)에서, 부산선원노동위원회는 위의 사고를 직무외 사망으로 인정하였으나, 위의 사례에서는 사인이 명확하게 밝혀지지 않았으므로 직무상 사망으로 보아야 한다.

140) 東京地裁 1990. 4. 17. 判決, 勞働判例大系 8, 42면.

다. 직무에서 적극적으로 이탈한 상태에서 재해를 당한 경우

(1) 사 례

① 쌍끌이 대형기선저인망어선인 제38보양호의 선장과 기관장이 어획고에만 집착한 나머지 선원들에게 뚜렷한 이유 없이 빈번하게 폭언과 폭력을 가하고 가혹한 근로조건과 주거환경을 조금이라도 개선하려는 노력은 하지 아니한 채 아예 선원들의 구체적 심신상태를 고려하지 아니하고 끝없이 높은 강도의 근로를 강요하고, 위와 같은 선상 생활을 벗어나고자 하선을 요구하는 선원들에게 폭력을 행사하여 선원들로 하여금 정상적인 절차에 의하여서는 하선을 하지 못한다는 관념을 갖게 하던 중, 선상생활에 염증을 느낀 선원 A가 1998. 12. 21. 02:35경 제주시 화순항 해상에서 탈출하기 위하여 어획물 전재작업 완료 후 육지로 돌아갈 예정인 수산물 운반선 제52보양호 선미 화장실에 숨어 있다가 기관장으로부터 나무막대기로 옆구리를 맞는 등 심하게 폭행을 당한 경우,[141]

② 과거에 승선경험이 전혀 없는 미성년자 선원 3명이 승선 후 7일만에 심한 배멀미와 작업미숙을 이유로 한 수 회에 걸친 선장의 폭행으로 인하여 해안에서 1해리 떨어진 해상에 정박 중인 선박에서 탈출하기로 하고 바다에 뛰어 내려 육상으로 헤엄쳐 가는 도중 사망 또는 실종된 경우,[142]

③ 제2대광호가 1994. 1. 30. 부산항을 출항하여 동지나해에서 어로작업을 마친 후 어획물을 다른 선박에 이적하기 위하여 1994. 2. 24. 18:00경 화순외항에 입항하여 자정 무렵까지 이적작업을 마쳤는데, B는 다른 선원들이 모두 취침하고 있는 가운데 당직근무자의 만류에도 불구하고 뭍에 나가 전화를 하고 다음날 아침 귀선하겠다며 1994. 2. 25. 00:45경 위 선박과 화순항을 오가며 물품 등을 전달하는 익진호(통선)를 타고 화순항에 내린 후 연락이 끊겼다가, 그로부터 약 2주가량이 지난 1994. 3. 12. 16:00경 위 화순항에서 1마일 떨어진 해상에서 사인 불명의 익사체로 발견되었는데, B는 위 선박의 출항시간 이전에 귀선하기 위하여 화순항 부두에서 배회하던 중 바다에 추락하여 사망한 것으로 추정된 경우,[143]

141) 부산지법 1999. 7. 20. 선고 99가합2464 판결.
142) 부산선노위 1990. 11. 6. 선원행정사례집, 163면.
143) 광주고법(제주부) 1997. 6. 13. 선고 96나398 판결.

④ 선원이 밀항을 기도하여 선박을 벗어난 후 해상에서 실종된 경우,[144]

⑤ 선원들이 승선 중 모의하여 선박의 기름을 절취하는 도중에 화재가 발생하여 사망한 경우,[145]

⑥ 기관고장으로 해상에 정박 중인 선내에서 동료선원 3명과 소주 1.8리터 3병을 나누어 마신 후 술에 만취된 상태에서 육지로 가서 다시 술을 마시기 위해 아무런 보호장비 없이 심야에 바다로 뛰어들었다 사망한 경우[146] 등 사안에서 직무상 재해에 해당하는지 문제가 되었다.

(2) 검 토

선원이 적극적으로 직무에서 이탈한 상태에서 해양사고나 선박소유자의 귀책사유 이외의 원인으로 재해를 당한 경우에는 원칙적으로 직무상 재해로 평가할 수 없다(③, ④, ⑤, ⑥의 경우). 적극적으로 직무에서 이탈한 상태[147]에는 (i) 범죄행위를 하는 경우, (ii) 선장·상급자·당직자의 만류에도 불구하고 선박을 떠나거나 그 허락 없이 선박을 떠난 경우, (iii) 직무수행능력을 완전히 상실할 정도로 술에 취하거나 약품에 중독된 경우 등이 있다.

그러나 단지 술에 취한 것만으로는 직무수행성이 부정되는 것은 아니다.[148] 또한 피재선원의 직무이탈 원인이 직무에 기인하거나 선박소유자(선박소유자의 사용인도 포함한다)의 귀책사유로 인한 경우에는 직무상 재해로 평가할 수 있다(①, ②의 경우). 위 ② 사례에서 부산선원노동위원회는 "위 사고가 피재선원들의 다소 무모한 상륙기도가 그 직접적인 원인이 되었다 하더라도 이들이 그와 같은 행동을 취할 수밖에 없었던 보다 근본적인 원인은 선박소유자가 이들을 고용할 때 선내작업의 강도에 관하여 충분히 사전에 주지·교육시키지 못한 점, 이들의 수 회

144) 노정 33750-31, 1989. 1. 6, 선원행정사례집, 108면.

145) 노정 33750-14, 1991. 1. 3, 선원행정사례집, 111면.

146) 인천선노위 1990. 3. 28, 선원행정사례집, 160면.

147) 서울고법 1995. 11. 28. 선고 94구35291 판결은 "국가유공자예우 등에 관한 법률 시행령 3조의2 단서 2호에 규정된 공무이탈상태라고 함은, 공무 그 자체를 수행하고 있는 경우 이외의 모든 경우를 가리키는 것이라고 보아서는 아니 되고, 실질적 관점에서 구체적인 제반 사정을 종합하여 본 결과 공무원이 근무시간 중에 소속 상관의 허가 또는 상당한 이유 없이 근무장소를 이탈하는 등 사회통념상 공무관련성을 인정할 수 없을 정도로 공무를 이탈한 것으로 평가할 수 있는 경우를 의미한다."고 판시하였는바, 직무이탈상태의 해석에 하나의 참고가 될 수 있다.

148) 東京地裁 1990. 4. 17. 判決, 勞働判例大系 8, 42면; 업무수행 중 사고를 당한 근로자가 사고 당시 술에 취한 상태에 있었다는 이유만으로 그 사고로 인한 사상을 업무상 재해가 아니라고 할 수는 없다(대법원 2001. 7. 27. 선고 2000두5562 판결; 대법원 2009. 3. 12. 선고 2008두19147 판결).

에 걸친 하선요구를 선장이 거절하였고 또 사고 당시 정박 중인 선박으로부터 외출도 허용하지 않은 점, 선내 각종 구명설비의 용도에 관하여 교육이나 훈련을 실시하지 않고 있었던 점 등 선박소유자의 관련 법규상 및 일반적인 선량한 관리자의 의무를 이행하지 않고 있었던 점에 있으므로, 이 사건 재해는 그 원인이 피재선원들의 과실에 기인한 점이 인정되지만, 위에서 본 바와 같이 재해의 원인에 선박소유자 및 그 대리인인 선장의 선박 · 선원관리상 중요한 과실이 경합되고 있어 직무상 재해로 인정된다."고 판단하여 이와 동일한 입장을 취하였다.

라. 해양사고 · 안전배려의무위반 · 감항능력결함 등

(1) 사 례

① 제102우일호(96.5t, 안강망어선)가 1995. 1. 5. 21:30경 전북 옥구군 소재 어청도 남서 21.5마일 해상에 이르렀을 때 선박 갑판의 좌측에 쌓은 다음 컴퍼스로 덮어 묶어두었던 그물이 파도로 인한 선박의 요동에 의하여 컴퍼스가 찢어지는 바람에 미끄러져 위 갑판 배수구를 막은 상태에서, 갑자기 위 선박 좌현 쪽에서 몇 차례에 걸쳐 큰 파도가 일어 바닷물이 위 선박 갑판 위로 넘쳐 들어와 위 배수구를 막은 그물 때문에 배수가 되지 아니하고 기관실 출입문을 통하여 기관실로 흘러 들어가게 되어 위 선박이 서서히 침수하기 시작하였다. 이에 선원들은 기관실로 넘쳐 들어 온 바닷물을 배수펌프로 퍼냈으나 계속 들어오는 바닷물을 감당치 못하게 되자 선장 A는 선박침몰에 대비하여 선원들에게 구명동의를 착용하도록 하고, 선원 C에게 조타실 위 우현 쪽에 있던 팽창식 구명보트를 투하하도록 하였다. 그러나 C가 팽창식 구명보트를 잘못 투하하는 바람에 그 구명보트가 선박 좌현 롤러 밑으로 떨어져 팽창되면서 터져 못쓰게 되었고, 이에 A를 제외한 선원 8명은 A의 지시에 따라 스티로폼 통 3개를 엮어 뗏목처럼 만들어 바다에 투하한 후 바다에 뛰어들어 위 스티로폼통을 잡고 바다에 떠 있었다. A는 침몰되는 위 선박에 휩쓸려 들어가 사망하였고, 위 선원들 중 B는 다른 선원들과 함께 위 스티로폼통을 잡고 1시간 정도 바다에 계속 표류하다가 같은 달 6. 00:00경 인근해상을 항해하다가 구난신호를 받고 온 제102기룡호에 의하여 구조되었으나 그 역시 사망한 경우,[149]

149) 서울고법 1996. 6. 20. 선고 95나49082 판결. 다만 위 판결은 공작물의 설치 또는 보존상 하자란 공

② 어획물운반선인 제306세양호(65.09t)와 화학물질운반선인 써니팔콘(Sunny Falcon)호(3,778t)가 1995. 3. 19. 21:42경 전남 여천군 삼산면 거문도 남서방 약 11.7마일 해상에서 항해하다가 써니팔콘호의 선수 정면부분으로 제306세양호의 좌현부분을 충돌하여 위 제306세양호가 침몰하고 승선하고 있던 선원들이 모두 실종된 경우,[150]

③ 제19성운호가 1997. 3. 8. 15:00경 부산시 사하구 감천항에서 모래 약 1,400㎥를 적재하고 선장 등 선원 8명이 승선·출항하여 온산항으로 항해 중, 같은 날 19:50경 울산 울주구 소재 온산방파제 약 1마일 해상에서 주식회사 유공이 관리하는 제3번 부이(Buoy)와 충돌하여, 위 선박의 선체가 전복되고 선장 등 5명이 사망하고, 기관장 등 2명이 실종된 경우,[151]

④ 통발어선인 제18청신호(총톤수 36t)가 1998. 9. 28. 01:22경 폭풍주의보가 발령되어 비가 내리고 북동풍이 초속 10-12m로 불며 해상에 높이 2-2.5m의 파도가 일고 있는 남제주군 마라도에서 남서쪽으로 약 100마일 떨어진 해상에 이르렀을 때 연료공급탱크의 연료유가 고갈되면서 주기관이 정지하였고, 어선의 우현 갑판에 무거운 통발어구를 높이 적재하고 활어창에 해수를 주입하여 선박의 복원력이 매우 저하되어 있는 상태에서, 바람과 파도에 의해 위 어선이 급격히 전복·침몰하여 선원 6명이 실종된 경우,[152]

⑤ 제2흥해호(67.12t)가 2000. 8. 31. 21:30경 태풍 프라피운으로 충남 태안군 근흥면 신지도리 신진항에 피항 중 전복되어 침몰하여 위 선박의 기관장이 사망한 경우,[153]

⑥ 연근해 트롤어선인 제108행복호(총톤수 59t)가 2000. 10. 7. 6:00경 포항시 남구 장기면 양포리 동방 10마일 해상에서 양망작업을 하던 중, 당시 선미에 그물에 어획된 오징어 약 300상자(약 15t)와 이와 혼합된 약 15t 정도의 해수를 갑판 위로 끌어올리면 선박의 복원성이 약화되어 기울어져 전복될 수 있는 상황이었으

작물이 그 용도에 따라 통상 갖추어야 할 안전성을 결여하게 된 것을 의미하는데, 위 사고는 공작물인 위 선박이 그 용도에 따라 통상 갖추어야 할 안전성을 결여함으로 인하여 발생한 사고로 볼 수 없다고 판시하여 공작물의 하자로 인한 손해배상책임은 부정하였다.

150) 부산고법 1997. 4. 25. 선고 96나10720 판결.

151) 부산지법 1997. 10. 8. 선고 97가합15015 판결.

152) 창원지법 2001. 6. 14. 선고 99가합6241 판결.

153) 인천지법 2001. 6. 27. 선고 2000가합15780 판결.

므로, 안전하게 조타기 및 기관을 사용하여 그물을 선미중앙부분으로 인양하여야 함에도 불구하고 이를 무시한 채 조타기 및 기관을 사용하지 않고 그물을 인양한 잘못과 그물이 좌현으로 쏠리면서 선체가 좌현으로 기울어지자 급하게 추진기를 무리하게 증속으로 작동하고 조타기를 좌현 20° 정도로 조작한 잘못으로 위 선박을 선체가 기울어지면서 전복하게 하여, 위 선박에 승선 중이던 기관장과 선원이 실종된 경우,[154)]

⑦ 1999. 9. 29. 11:00경 인천 연안부두를 출발하여 인천 백아도 근해 어장으로 항해하던 제5신흥호가 때마침 인천항을 출발하여 대만 타이중항으로 항해하던 파나마 국적의 에버프라이스호 선박과 충돌하는 바람에 위 제5신흥호에 타고 있던 갑판장 등을 비롯한 선원 3명이 사망한 경우,[155)]

⑧ 어선의 갑판이 그리스 및 폐유로 미끄러운 상태임에도 요철고무판이나 나무판 등 안전시설이 없는 상태에서 갑판장이 와이어로프 운반하다가 미끄러져 상해를 입은 경우[156)] 등에는 모두 직무상 재해로 인정된다.

(2) 검 토

충돌, 접촉, 좌초, 화재・폭발, 침몰, 기관 손상, 조난, 시설물 손상, 포획 등 해양사고로 인한 경우나, 폭풍・파도 등 천재지변으로 인하여 재해가 발생한 경우(①, ②, ③, ④, ⑤, ⑥, ⑦의 경우)에는 직무상 재해로 인정된다. 공작물인 선박의 결함(선박속구의 하자를 포함한다)으로 인하여 재해가 발생한 경우(⑧의 경우)에도 직무상 재해로 인정된다.

(3) 안전배려의무

선박소유자의 안전배려의무위반으로 인하여 재해가 발생한 경우에도 직무상 재해로 인정된다.[157)] 먼저 일반근로자에 대하여 사용자에 안전배려의무가 인정되

154) 부산지법 2002. 1. 15. 선고 2000가단94745 판결.

155) 인천지법 2002. 2. 14. 선고 2000가합2470 판결.

156) 부산지법 2002. 1. 30. 선고 2001가단31437 판결.

157) 고용관계 또는 근로관계는 이른바 계속적 채권관계로서 인적 신뢰관계를 기초로 하는 것이므로, 고용계약에 있어 피용자가 신의칙상 성실하게 노무를 제공할 의무를 부담함에 대하여, 사용자로서는 피용자에 대한 보수지급의무 외에도 피용자의 인격을 존중하고 보호하며 피용자가 그의 의무를 이행하는 데 있어서 손해를 받지 아니하도록 필요한 조치를 강구하고 피용자의 생명, 건강, 풍기 등에 관한 보호시설을 하는 등 쾌적한 근로환경을 제공함으로써 피용자를 보호하고 부조할 의무를 부담하고, 이러한 보호의무를 위반함으로써 피용자가 손해를 입은 경우 이를 배상할 책임이 있다(대법원 1998. 2.

는지 여부에 관하여 견해의 대립이 있으나, 안전배려의무는 생존권 및 노동기본권에 바탕을 둔 근로계약상 책임으로 사회법적 신의칙이 지배하는 근로계약상 본질적인 의무로 보아야 하므로,[158] 선원으로 하여금 고립되고 위험한 작업환경인 선박에서 작업하게 하는 선박소유자로서는 선원의 생명 및 건강 등을 산업재해의 위험으로부터 안전하게 보호하여야 할 주의의무를 부담한다.[159]

안전배려의무의 내용은 물적 안전배려의무와 인적 안전배려의무로 나누어 볼 수 있는데, 전자에는 근로제공의 장소에 안전시설을 설치할 의무, 근로제공의 도구·수단에서 안전한 것을 선택할 의무, 기계 등에 안전장치를 설치할 의무, 근로자에게 안전상 필요한 장비를 제공할 의무가 포함되고, 후자에는 근로제공의 장소에 안전감시원 등의 인원을 배치할 의무, 안전교육을 철저히 할 의무, 사고원인이 될 수 있는 도구·수단에 적임자인 인원을 충분히 배치할 의무가 포함된다.[160]

최근 판례[161]는 근로시간·휴게시간·휴일·휴게장소 등에 관하여 적정한 근로조건을 확보하고 건강진단을 실시하여 근로자의 건강을 배려하고, 연령·건강상태 등에 비추어 근로자의 작업내용의 경감, 취업장소의 변경 등 적절한 조치를 취할 의무까지 확대하고 있다. 다음으로 선박소유자에 대하여는 상법 794조에서 해상운송인의 감항능력 주의의무를, 선원법 7조에서 선장의 출항 전 검사의무를 명문으로 규정하고 있으므로, 선박소유자가 위와 같은 실정법상 감항능력주의의무를 부담한다는 점에 대하여는 의문의 여지가 없으나, 선박소유자는 선원에 대하여 안전배려의무의 일부로서 감항능력주의의무를 부담한다.

(4) 선원에 대한 감항능력주의의무

미국법상 불감항성을 이유로 한 손해배상청구에 관한 논의를 기초로 선박소유자의 선원에 대한 감항능력주의의무를 살펴보면, 감항능력주의의무는 항해에 적합한 선박을 제공할 의무를 의미하는데, 선박소유자가 상당한 주의의무를 다하였거나 선박소유자가 선박의 하자를 몰랐거나 수리할 기회가 없었더라도 감항능력

---

10. 선고 95다39533 판결; 대법원 2001. 7. 27. 선고 99다56734 판결).

158) 김진국, "과로사와 기업책임", 노동법연구 5호(1996. 6.), 72-78면.

159) 대법원 1982. 12. 28. 선고 82다카563 판결; 대법원 1989. 8. 8. 선고 88다카33190 판결.

160) 品田充儀, "使用者の安全·健康配慮義務", 講座 21世紀の勞働法 7권 －健康安全と家庭生活－, 有斐閣(2000), 117면.

161) 東京地裁 1996. 3. 28. 判決, 勞働判例 694호 34면.

주의의무의 위반에는 아무런 영향을 미치지 아니한다.

선박소유자의 감항능력주의의무는 선체, 화물선적장치, 선상에 있는 연장, 밧줄 및 삭구, 기타 선박에 속하거나 하역업자가 선상에 반입한 장비에 적용되며, 선박의 비품인 식량, 식수, 가구, 의복, 비품의 포장용기까지 포함된다. 화물 자체는 감항능력주의의무의 대상은 아니지만, 화물적재방법, 화물컨테이너의 상태, 화물포장에 대하여는 감항능력주의의무가 적용된다. 선박소유자는 항해에 적합한 선원을 승선시킬 의무가 있으므로, 선원이 피해자를 공격 또는 가혹행위를 하거나 잘못된 지시를 내리거나 미숙련선원을 고용한 데 대하여 책임을 진다.[162)]

감항능력주의의무가 절대적이고 과실책임과는 무관하지만, 단지 사고가 발생한 것만으로는 선박이 불감항이 되는 것은 아니다. 감항능력의 판단기준은 선박·속구·장비가 목적에 적합한지 여부이다. 그러나 선박소유자는 반드시 완벽한 선박을 제공하여야 하는 것은 아니므로, 선박소유자는 최신식, 최고의 장비를 갖출 의무는 없으며, 선박이 반드시 무사고선(無事故船)일 필요도 없다. 선박소유자가 선박안전법, 어선안전조업법 등 안전에 관한 법령을 위반하면 그 자체로서 감항능력주의의무위반으로 볼 수 있다.

마. 제3자의 행위로 인하여 재해가 발생한 경우

(1) 사 례

① 제97성신호(113t)의 갑판원이 1995. 4. 7. 07:00경 해상에서 위 선박조타실에서 선장에게 키를 잡아 보겠다고 제의하여 조타를 하였는데, 선장이 업무미숙을 이유로 타를 빼앗자 이에 화가 난 나머지 위 조타실 밖으로 뛰쳐나가서 선수 좌현 안전받침대 위에 서 있던 중, 선장이 갑판원을 붙잡으려 하는 과정에서 갑판원이 부주의로 바다에 떨어져 사망한 경우,[163)]

② 쌍끌이 대형기선저인망어선인 제38보양호에 승선한 지 18개월 정도 된 선원이 1998. 12. 10. 14:00경 해상에서 선장으로부터 술만 마시고 일을 하지 않는다는 이유로 폭행을 당하여 늑골골절 등의 상해를 입은 경우,[164)]

---

162) 선원의 직접적인 가해행위로 인하여 재해가 발생한 경우에는 다음의 '제3자의 행위로 인하여 재해가 발생한 경우'에서 살펴보기로 한다.

163) 부산지법 1996. 9. 11. 선고 96가합78, 9075 판결.

164) 부산지법 1999. 7. 20. 선고 99가합2464 판결.

③ 원양참치잡이어선 페스카마15호의 갑판장이 1996. 8. 2. 03:30경 남태평양 해상에서, 조선족 중국인 선원 5인이 작업방법이 서툴고 작업속도가 느리다는 이유로 선장 및 갑판장 등으로부터 폭행을 당하고 이에 대항하여 조업거부 등을 하다가 이에 대한 징계로 하선조치당할 위기에 처하자 위 선박을 강취하기로 공모하여 선상반란을 일으킴에 따라, 선원 5인에 의하여 살해된 경우,[165)]

④ 선원들의 선상난동 과정에서 선상난동을 진압하여 선박의 안전을 확보해야 할 의무가 있는 1기사가 난동선원의 칼에 찔려 사망한 경우,[166)]

⑤ 선원 A가 원양어선에 승선근무 중 해상에서 명태상자 운반작업을 하는 과정에서 선원 B는 A가 게으름을 피운다고 생각하고 명태상자를 나르자는 말을 하자, A는 자기보다 나이가 적은 사람이 일을 시킨다는 이유로 욕설을 하면서 B의 뺨을 때리고, 이에 B가 격분하여 A의 안면부를 때려 어창으로 추락하여 사망하게 한 경우[167)] 등에는 직무상 재해로 인정된다.

(2) 검 토

제3자의 행위[168)]로 인하여 선원이 재해를 당한 경우에는 직무상 재해로 추정된다. 타인의 폭력에 의하여 재해가 발생한 경우가 문제되는데, 그것이 직장 안의 인간관계 또는 직무에 내재하거나 통상 수반하는 위험의 현실화로서 직무와 상당인과관계가 있으면 직무상 재해로 인정되지만, 가해자와 피해자 사이의 사적인 관계에 기인한 경우 또는 피해자가 직무의 한도를 넘어 상대방을 자극하거나 도발한 경우에는 직무기인성을 인정할 수 없어 직무상 재해로 볼 수 없다.[169)] 그러므로 직무와 무관한 이유로 상호 폭행 중에 재해를 당하거나,[170)] 오로지 피재선원의 귀책사유로 인하여 싸움에 이르게 되어 재해를 당한 경우에는 직무상 재해로 평가할 수 없다.[171)]

---

165) 부산지법 1997. 7. 29. 선고 96가합23699 판결.
166) 부산선노위 1990. 7. 23, 선원행정사례집, 161면.
167) 부산선노위 1989. 11. 11, 선원행정사례집, 158면.
168) 선원, 일반근로자, 승객, 선박에 일시 승선한 하역근로자 등을 모두 포함한다.
169) 대법원 1995. 1. 24. 선고 94누8587 판결; 대법원 2017. 4. 27. 선고 2016두55919 판결.
170) 선원이 승선조업 중 개인적인 문제로 다투다 상대방의 폭력에 의하여 부상을 입은 경우는 직무상 재해로 볼 수 없다. 노정 33750-1479, 1989. 3. 14, 선원행정사례집, 97면.
171) 산재법 시행규칙 38조 1항은, 타인의 폭력행위에 의하여 근로자가 사상한 경우 재해발생경위 및 사상한 근로자가 담당한 업무의 성질이 가해행위를 유발할 수 있다고 사회통념상 인정될 것, 타인의 가해행위와 사상한 근로자의 사상 간에 상당인과 관계가 있을 것의 요건에 해당되는 경우에는 제3자의 행

6. 선외 재해의 유형별 검토

가. 작업 중 재해

선원이 항구(선적항, 기항지 등)나 육상사업장에서 작업 중 또는 작업준비 중[172] 재해를 당한 경우에는 선박에서 작업 중 재해를 당한 경우와 동일한 기준으로 직무상 재해의 성립 여부를 평가하면 족하다.[173]

나. 휴무[174] 중 재해

(1) 사 례

① 선원이 외국의 항구에 입항하여 선장의 허락 하에 동료선원과 외출하여 술을 마시고 귀선하기 직전 소변을 보러 차도를 건너갔다가 돌아오던 중 차량에 의해 교통사고를 당하여 사망한 경우,[175]

② 선원이 통신사로 근무 중 선박의 입항시 선장으로부터 귀가를 허락받고 선원의 집에서 체류하던 중 연탄가스중독으로 사망한 경우,[176]

③ 원양어선이 당해 항차의 조업을 종료하고 어업전진기지인 외국항구에 입항하였을 때 어로계약이 존속 중인 선원이 상륙허가를 얻은 후 상륙하여 해수욕장

위에 의한 업무상 재해로 본다고 규정하고 있다.

172) 육상근로자인 A는 전북 진안군이 B회사에 발주한 진안군 동향면 도리들 용수로 수해복구공사현장에서 B회사와 '2005. 12. 1.부터 위 공사 준공일까지'를 계약기간으로 한 근로계약을 체결하고 일용직 석공으로 일하던 중, 공사가 일시 중지 상태에 있던 2006. 2. 27. 07:20경 현장에서 모닥불을 피우다가 불길이 바지에 옮겨 붙어 화상을 입고 병원으로 후송되어 치료를 받았으나 2006. 3. 9. 사망하였다. 이에 관하여 대법원은, 사고 당일 현장 점검 후 작업이 가능하면 작업을 할 의도로 작업 장비를 갖추어 포크레인 기사 및 보조인과 함께 현장으로 가 현장을 둘러보고 대기하면서 현장반장의 지시 내지 양해 하에 몸을 녹이기 위하여 현장에 비치된 휘발유 등으로 불을 피웠을 가능성이 크고, 이는 겨울철 토목공사현장에서 공사 준비 및 휴식 등을 위하여 불을 피워 몸을 녹이는 작업 준비행위 내지는 사회통념상 그에 수반되는 합리적·필요적 행위로서 위 사고가 업무수행 중에 발생한 것으로 볼 수 있다고 판시하였다(대법원 2009. 5. 14. 선고 2009두157 판결).

173) 직무상 재해는 재해의 발생원인이 직무에 기인한 것이면 족하고, 반드시 재해가 직무수행 중에 발생할 필요는 없다(선장이 선원근로계약종료 후 승무 중에 있었던 선상화재의 충격으로 뇌동맥파열 진단을 받은 경우 직무상 재해로 인정된다. 부산선노위 1992. 9. 19, 선원행정사례집, 169면). 그러므로 이하의 논의는 재해의 원인이 있었던 시기에 따른 분류이고 재해가 발생한 시기에 따른 분류는 아니다. 다만 직무상 부상의 경우에는 재해의 원인이 있었던 시기와 재해가 발생한 시기가 근접하는 경우가 일반적이다.

174) 휴가를 제외한 휴식, 휴게, 휴일, 선박소유자의 귀책사유·천재지변·불가항력을 원인으로 한 휴업 등을 포함하는 개념으로 휴무라는 용어를 사용하기로 한다.

175) 부산선노위 1988. 11. 21, 선원행정사례집, 151면.

176) 부산선노위 1989. 8. 5, 선원행정사례집, 156면.

에서 수영 중에 익사한 경우,[177]

④ 선원이 비당직근무시간 중 하선하여 사적인 용무를 위하여 오토바이를 타고 가다가 사고로 부상을 당한 경우,[178]

⑤ 선원이 휴무기간 동안 갈 곳이 없어 선박에서 머물던 중 식사를 하기 위하여 일시 하선하였다가 잠을 자기 위해 다시 승선하다가 사망한 경우,[179]

⑥ 원양오징어채낚기어선인 제55세양호가 1997. 3. 18. 어획물 전재를 위하여 아르헨티나 푸에프토 마드린 항에 입항하였는데, 1항기사가 3. 19. 저녁 동료선원들과 함께 마드린 항에 상륙하여 시내 레스토랑 등지에서 술을 마신 후 3. 20. 02:10경 귀선하던 중 항구에서 실족하여 익사한 경우,[180]

⑦ 선박이 필리핀 다바오항에 기항하여 일시 정박하던 중, 선장 · 기관장 · 1등항해사 · 1등기관사 등이 함께 하선하여 저녁회식을 하고 노래방에 갔다가 1등항해사와 1등기관사가 먼저 돌아간 후, 선장이 기관장과 함께 택시로 귀선하는 과정에서 교통사고로 기관장이 사망한 경우,[181]

⑧ 선원이 항해를 마친 후 선박소유자가 제공한 선원 숙소 건물 내에 있는 자신의 방에서 쉬고 있던 중, 같은 숙소에 거주하는 다른 선원의 부탁으로 건물 옆 컨테이너 위에서 사다리를 잡아주다가 다른 선원이 미끄러지는 바람에 그 충격으로 부상을 입은 경우[182] 등에 직무상 재해에 해당하는지 문제가 되었다.

(2) 검 토

(가) 선원의 지배영역

선원이 선원의 지배영역이라고 평가될 수 있는 장소(주소 · 거소와 같은 생활의 근거지, 휴가지와 같이 선원이 임의로 선택한 장소 등)에서 휴무 중에 재해를 당한 경우(②, ⑧의 경우)에는 임박한 항해를 위한 준비 중에 있었다는 등 특별한 사정이 없는 한, 직무상 재해라고 볼 수 없다.[183] 그러나 휴무를 위하여 항구에서 선원의 지배영역으로 이동하거나 휴무종료로 인하여 선원의 지배영역에서 항구로 이동하

177) 노정 33750-8517, 1985. 12. 18, 선원행정사례집, 104면.
178) 노정 33750-6229, 1987. 8. 11, 선원행정사례집, 106면.
179) 대법원 1999. 9. 17. 선고 99다24836 판결(船).
180) 서울지법 2000. 12. 29. 선고 2000가합18566 판결.
181) 대법원 2008. 2. 1. 선고 2006다63990 판결(船).
182) 대법원 2011. 5. 26. 선고 2011다14282 판결(船).
183) 대법원 2011. 5. 26. 선고 2011다14282 판결(船).

는 과정에 재해를 당한 경우에는 선원근로제공의무의 전개 · 이행과정에 해당하므로 원칙적으로 직무상 재해로 평가할 수 있다.

(나) 선원의 지배영역이 아닌 곳

선원이 선원의 지배영역이라고 평가될 수 없는 장소[184]에 기항하여 선장 등의 허가를 받고 상륙하여 식사, 물품구입, 통신, 취침, 운동 등 사회통념상 허용되는 행위를 하다가 재해를 당한 경우에는 직무상 재해로 인정된다(③의 경우). 또한 휴무를 위하여 상륙하여 목적지에 도착하는 과정이나 목적지에서 선박으로 돌아오는 과정 중에 발생한 재해도 직무상 재해로 평가할 수 있다(①, ⑤, ⑥의 경우).[185]

선원근로계약에 기하여 선박에 승선한 선원이 선박의 항해 중 기항지에 상륙하여 다른 선원들과 모임을 갖던 중 재해를 당한 경우 이를 직무상 재해로 인정하려면, 해양근로관계의 특수성에 비추어 그러한 모임의 개최와 이를 위한 하선 및 귀선에 대하여 선장의 지휘 · 감독이 있었는지 여부를 우선적으로 고려하는 한편, 그 모임의 주최자 · 목적 · 내용 · 참가인원과 그 강제성 여부 · 운영방법 · 비용부담 등의 사정들까지 종합하여, 사회통념상 그 모임의 전반적인 과정이 선박소유자 등을 대리하는 선장의 지배나 관리를 받는 상태에 있어야 한다.[186]

그러나 선장의 허가를 받지 아니하고 직무에서 적극적으로 이탈하거나, 오로지 사적인 업무에 종사하다가 재해를 당하거나(④의 경우), 하선허가를 받았더라도 매매춘 · 폭력 등 사회통념상 허용되지 아니한 행위를 하다가 재해를 당한 경우에는 직무상 재해로 볼 수 없다.[187]

음주의 경우에는 문제가 되는데 통상적으로 수십일 간의 계속된 항해에 시달린 선원에게는 육상으로의 외출과 가벼운 음주가 상당한 범위 내에서 인정되어야 하고, 실제 필요성이 해운계에서 인정을 받고 있는 점[188] 등에 비추어 보면, 선장

---

184) 특히 외국의 항구에 기항한 경우에는 언어나 주위환경 파악에 어려움이 있고, 음식이나 식용수가 생리에 적합하지 않을 수 있으며, 풍토병 등에 노출될 위험이 있으므로, 기항지에서의 재해도 선원의 직무가 야기한 위험성의 범위 안에 있는 사유로 인하여 발생한 재해로 볼 수 있다.

185) 위 ⑤, ⑥ 사례에서 법원은 직무외 재해라고 판단하였다. 위 사례에서 사망한 선원들이 선박에 타는 과정 중에 익사하였다는 사실이 명백하게 증명된 경우에는 다음에서 보는 바와 같이 '선박에 타는 과정 중'에 재해가 발생한 것으로 평가하여 직무상 재해로 볼 수 있으나, 대상 판결에는 이러한 점이 명확하게 나타나지 않아서 귀선 도중의 재해에 포함시켰다.

186) 대법원 2008. 2. 1. 선고 2006다63990 판결(船).

187) 선원이 직무와 무관한 매매춘행위로 인하여 후천성면역결핍증에 걸린 경우에는 직무상 재해로 볼 수 없다. 노정 33750-7054, 1989. 12. 27. 선원행정사례집, 109면.

188) 부산선노위 1988. 11. 21, 선원행정사례집, 152-153면; 사업주의 지배나 관리를 받는 상태에 있는 회

의 허가를 얻거나 관행적으로 묵인되는 정도의 음주행위도 해양노동으로 인한 긴장을 해소하고 선원노동력을 회복하기 위한 것으로 보아 직무수행성을 인정하여야 할 것이다(⑦의 경우).[189] 이와는 달리 근무시간 중에 직무에서 이탈하여 음주행위를 하거나,[190] 직무수행능력을 완전히 상실할 정도의 음주행위로 인하여 주취상태에서 발생한 재해는 직무상 재해로 볼 수 없다.[191]

다. 승선 · 하선 중 재해

근로의 이행지인 선박은 선원의 생활근거지와 일치하지 않고, 승선지나 하선지는 선박의 이동성으로 인하여 수시로 변경되며, 승선 · 하선을 위한 여행은 선원근로계약의 전개 · 이행과정으로 볼 수 있으므로, 승선 · 하선 여행 중의 재해는 원칙적으로 직무상 재해가 된다.[192] 선원이 승선근로계약을 체결한 후 선박에 승선하기 위하여 출국하다가 공항 에스컬레이터에서 넘어져 허리부상을 당한 경우[193]에는 직무상 재해로 볼 수 있다. 한편 선원의 승하선 중 재해는 일반근로자

식 과정에서 근로자가 주량을 초과하여 음주를 한 것이 주된 원인이 되어 부상 · 질병 · 신체장해 또는 사망 등의 재해를 입은 경우 이러한 재해는 상당인과관계가 인정되는 한 업무상 재해로 볼 수 있다. 이때 상당인과관계는 사업주가 과음행위를 만류하거나 제지하였는데도 근로자 스스로 독자적이고 자발적으로 과음을 한 것인지, 업무와 관련된 회식 과정에서 통상적으로 따르는 위험의 범위 내에서 재해가 발생하였다고 볼 수 있는지 아니면 과음으로 인한 심신장애와 무관한 다른 비정상적인 경로를 거쳐 재해가 발생하였는지 등 여러 사정을 고려하여 판단하여야 한다(대법원 2020. 3. 26. 선고 2018두35391 판결).

189) 부산지법 2021. 12. 15. 선고 2020가합45168 판결; 18세기 전반 영미 상선 선원들은 급료 10파운드에 럼주 10갤런을 보수로 받을 것을 협상했다. 1717년경 잭 크레머는 12파운드의 급료와 6갤런의 럼주를 보수로 받고 보스턴에서 런던까지 항해했다. 맥주는 중요한 영양공급원이었고, 술은 혹독하고 긴장을 늦출 수 없는 상황에서 잠시 벗어날 수 있게 해주는 수단이었다. Marcus Rediker, *BETWEEN THE DEVIL AND THE DEEP BLUE SEA: Merchant Seamen, Pirates and the Anglo-American Maritime World, 1700-1750*, Cambridge University Press(1987), 마커스 레디커, 악마와 검푸른 바다 사이에서: 상선선원, 해적, 영-미의 해양세계, 1700-1750, 박연 옮김, 까치글방(2001), 131, 180면.; Warren v. United States, 340 U.S. 523 (1951) 사건에서는 선원이 1944년 나폴리에 상륙하여 댄스홀에서 술을 마신 후 무대로 걸어 나와서 철제 난간에 몸을 기대었는데, 철제 난간이 무너지면서 선원이 넘어져 다리가 부러지는 상해를 입었다. 법원은 선원에게 휴식 및 상륙은 선박의 원활한 기능유지를 위하여 필수적이므로, 위 선원이 부상을 입을 때 그는 승무 중이었다는 이유로, 선원의 상병요양보상청구를 인용하였다.

190) 광주고법(제주부) 1997. 6. 13. 선고 96나398 판결.

191) 독일 판례도 만취에 이를 정도의 음주(hochgradige Trunkenheit)는 요양보상의 면책사유에 해당한다고 본다(LSG Schleswig-Holstein, Urteil vom 3.11.1982 -S 4 U 119/81-, (Bemm/Lindemann, 519면).; 항구에 정박 중인 선박의 간수를 명받은 선원이 상륙하여 선박에서 1km 정도 떨어진 음식점에서 술을 마시다가 귀선하던 중, 과도한 음주로 인하여 운동 · 지각능력, 반응시간 등에 상당한 영향을 받은 상태에서 바다에 추락하여 수영하였으나 해안에 도착하지 못하고 익사한 경우에는 직무외 사망으로 인정된다(東京地裁 1981. 10. 21. 判決, 勞働判例大系 8, 41면).

192) 武城正長, 133면.

에 대한 통근재해나 공무원에 대한 통근재해의 성립요건과 같은 엄격한 제약은 필요하지 않으나, 다만 선원이 고의로 승하선 과정에서 이탈하거나 승하선 도중에 사회통념상 허용되지 아니하는 행위로 인하여 재해를 당한 경우에는 직무상 재해로 인정할 수 없다.

라. 선박에 타거나 떠나는 도중의 재해

(1) 사 례

① 선원이 제주도 근해에서 조업 중이던 제33대광호에 승선하기 위해 위 선박의 어획물 운반선인 제5한길호를 타고 가다가 해상에서 선체요동으로 바다에 떨어져 행방불명이 된 경우,[194]

② 선원이 1999. 1. 21. 5:05경 통영시 항남동 부두에서 그 곳에 접안된 제35기룡호를 통하여 그 옆에 계류 중이던 기선권현망선단 소속 제36덕양호(29t)로 승선하는 과정에서 실족하여 바다에 추락하여 사망한 경우,[195]

③ 안강망어선 수진호(76.28t)가 태풍으로 인하여 제주 한림항에 피항 중 1995. 8. 26. 14:00경 동료선원 2명과 하선하여 식당에서 소주를 마신 후 가게에서 소주 1병(1.5리터)을 구입하여 다시 한림항으로 되돌아와서 같은 날 16:00경 위 선박과 같은 인천 선적의 선단인 우진호를 통하여 승선하게 되었는데, 동료 선원 2명이 먼저 승선한 후 선원 A도 오른손에 위 소주병을 들고 왼손으로는 선박 닻줄을 잡고 배 위에 오르려는 순간 잡고 있던 닻줄을 놓쳐 위 우진호의 아래로 떨어지면서 우진호의 가장자리에 머리 뒷부분이 부딪친 후 그대로 수심 6.5m의 바닷물 속으로 빠져 익사한 경우,[196]

④ 야간당직자가 상륙하여 식당에서 장시간 동안 술을 마시다가 귀선하여 트랩에 오르다가 추락하여 익사한 경우[197] 등에 직무상 재해인지 여부가 문제된다.

193) 부산선노위 1992. 5. 27, 선원행정사례집, 167면.
194) 대법원 1998. 9. 8. 선고 98다19509 판결(船).
195) 부산고법 2000. 2. 18. 선고 99누2468 판결.
196) 제주지법 1997. 1. 16. 선고 96가합3278 판결.
197) 東京高裁 1973. 12. 20. 判決, 勞働判例大系 8, 43면.

(2) EM8호 사건[198]

① 사실관계

EM8호는 2019. 10. 10. 23:00경 여천항에 도착하여 2019. 10. 12.경으로 예정된 화물 선적 작업을 위해 대기 중이었다. 갑판장 H는 2019. 10. 11. 21:00경 조리장 L과 함께 하선하여 부두 입구로 나왔고 근처 노래방에 갔다가, 2019. 10. 12. 00:20경 귀선하기 위해 선박 좌현 갑판 현문과 안벽 사이에 설치된 갱웨이(gangway)를 건너다가 해상으로 추락하여 사망하였다. 위 사고 당시 갱웨이에 안전그물, 안전로프 등 안전설비가 설치되어 있지 않았고, 발판(길이 4m, 너비 43cm)만 놓여 있는 상태였다.

② 판시사항

H가 이 사건 사고 당시 당직 업무를 하는 등 정규 과업을 수행하고 있는 상태는 아니었으나, 이틀간의 정박기간 중 비근무시간에 동료 선원과 함께 외출하는 것은 금지된 것이 아닐 뿐만 아니라 선원들의 근로 패턴상 직무에 내재한 활동이라고 볼 수 있다. H와 L이 1등항해사의 승낙을 받지 않고 외출한 사정은 있으나 이 사건에서 외출시에 사전에 보고를 하여야 한다는 규율에 관한 자료를 찾을 수 없고, 그러한 사정만으로 직무수행성이 소멸하였다고 볼 수 없다. 더욱이 H는 외출을 마치고 귀선하는 중 선박소유자의 지배하에 놓여있던 이 사건 갱웨이에서 사고를 당하였다. 이 사건 갱웨이는 너비 43cm의 좁은 통로였고, 그 주변에는 안전그물이나 손잡이 등의 추락방지 시설이 설치되어 있지 않았다. 이 사건 선박과 부두간의 간격이 1~2미터 정도였고 경사도가 약 8도로서 비교적 짧은 거리이기는 했으나, 이 사건 갱웨이에서 한 보라도 헛디디면 바로 해상으로 추락하여 심각한 사고로 이어질 가능성이 있었다. 이 사건 갱웨이에서 선박 내부 계단으로 이동할 때 갱웨이의 오른쪽 방향에 계단이 있어 오른쪽으로 약간 틀면서 중심을 잡고 계단을 내려가야 하는 상황이었는바, H은 계단을 내려가기 위해 오른쪽으로 틀면서 한 보를 잘못 헛디뎌 중심을 잃고 바다 속으로 추락하였다. 그렇다면 이 사건 선박이 비록 여객선이 아니었고 이 사건 갱웨이가 주로 선원들만 드나드는 통로였다고 하더라도 이 사건 갱웨이에 안전그물 등 추락방지 시설이 설치되어 있지

198) 부산지법 2021. 12. 15. 선고 2020가합45168 판결.

않은 것은 통상적인 안전성을 결여한 것이라고 봄이 타당하다. 따라서 이는 시설의 결함 또는 사업주의 시설관리 소홀로 평가할 수 있고, 위와 같은 시설의 결함 또는 시설관리 소홀과 이 사건 사고 사이의 인과관계도 인정된다.

(3) 검 토

선원이 항구에서 선박에 타거나 선박에서 항구로 떠나는 행위는 선원근로계약의 전개·이행과정이고, 선원의 직무에 수반하는 위험성의 범위 내의 행위이므로, 이를 출퇴근상 재해와 동일하게 평가할 수 없다.[199] 그러므로 선박에 타거나 선박을 떠나는 도중에 재해를 당한 경우에는 직무상 재해로 인정된다. 선원이 항구에서 선박에 타는 유형에는, 부교·잔교 등 부두시설물에서 선박으로 직접 타는 경우, 통선(通船)이나 정박 중인 다른 선박을 이용하여 선박에 타는 경우, 헬기나 자동차 등을 이용하여 선박에 타는 경우 등이 있는바, 선박에 타는 수단이 선박소유자의 지배영역이 아니더라도 선박에 타는 과정에서 발생한 재해[200]는 직무상 재해로 볼 수 있다. 또한 선원이 직무에서 적극적으로 이탈하였다가 귀선 도중에 재해를 당한 경우, 귀선하여 선박에 타는 시점부터 직무이탈상태는 종료되므로 선박에 타는 행위는 직무에 부수적인 행위로 평가할 수 있어 직무상 재해로 보아야 한다.[201] 따라서 위의 사례는 모두 직무상 재해에 해당한다.

마. 휴가 중 재해

선원법은 유급휴가를 부여할 시기와 항구에 대하여 선박소유자와 선원과의 협의에 의하도록 규정하고 있으므로(법 72조 1항), 선원의 지배영역으로 평가할 수 있는 휴가 중에 발생한 재해는 원칙적으로 직무상 재해로 볼 수 없다.[202] 선원이 실제 사용한 유급휴가일수의 계산은 선원이 유급휴가를 목적으로 대한민국에 도착한 날의 다음날부터 기산하여 승선일(외국에서 승선하는 경우에는 출국일)의 전날까지 일수로 하지만(법 71조), 선원이 유급휴가를 실시하기 위하여 상륙한 항구에

---

199) 부산고법 2000. 2. 18. 선고 99누2468 판결.

200) 선박에서 떠나는 경우도 이와 같다.

201) 東京高裁 1973. 12. 20. 判決, 勞働判例大系 8, 43면.

202) 태창펄호 기관장이 휴가기간 중 일사 방선 후 하선하여 자신의 친형 집에 머물렀다가 다음날 자택으로 이동하던 중 교통사고를 당하여 부상을 입은 경우에는 직무상 부상이라고 인정할 수 없다. 광주지법 순천지원 2020. 5. 26. 선고 2018가단73413 판결.

서 목적지로 이동하는 과정이나, 유급휴가 종료 후 승선하기 위하여 목적지에서 승선할 항구까지 이동하는 과정에서 재해가 발생한 경우에는 직무상 재해로 평가할 수 있다.

바. 송환 중 재해

(1) 문제의 소재

선원법은 선박소유자에게 선원이 거주지 또는 선원근로계약의 체결지가 아닌 항구에서 하선하는 경우에는 선박소유자의 책임으로 송환목적지까지 지체 없이 송환하도록 규정하고 있는바(법 38조 1항), 송환이란 선원이 선원근로계약의 종료 등으로 인하여 하선한 경우 선원의 거주지 또는 선원근로계약 체결지 등 송환목적지까지 귀향시키는 조치를 말한다. 선원이 송환 중[203]에 재해를 당한 경우 이를 직무상 재해로 볼 수 있는지 문제된다.

(2) 선원근로계약이 종료되지 아니한 경우

먼저 선원근로계약의 종료 이외의 사유로 하선하는 경우(선원이 하선징계를 받고 하선하는 경우, 쟁의행위의 수단으로 하선파업을 하는 경우 등)에는 선원근로계약은 존속하고 있고, 송환의무는 선박소유자의 책임이므로, 위와 같은 사유로 송환 중에 재해를 당한 경우에는 직무상 재해로 볼 수 있다.

(3) 선원근로계약이 종료된 경우

선원근로계약의 종료를 사유로 하선하여 송환 중에 재해를 당한 경우에는 선원근로계약이 종료한 이상 이를 '직무상' 재해로 평가할 수 있는지 문제된다. 생각건대, 선원근로계약의 종료로 인한 송환의무는 원상회복의무의 일종으로 선원근로관계의 부수적 의무에 해당하므로, 비록 선원근로계약이 종료하였더라도 부수적 의무[204]를 이행하는 과정에서는 여전히 선원근로관계가 존속 중이라고 평가하여야 한다. 따라서 선원이 위와 같은 사유로 송환 중 재해를 당한 경우에는 직무상 재해로 볼 수 있다. 다만 선원의 요청에 의하여 송환에 필요한 비용을 선원에

---

203) '송환 중'이란 선원이 하선한 때부터 지체 없이 출발할 수 있을 때(송환에 필요한 준비기간)까지 및 하선지에서 출발한 때부터 송환목적지에 도착한 때까지를 의미한다.

204) 선원근로계약의 본질적인 의무인 근로제공의무와 근로수령의무는 선원근로계약의 종료로 소멸하지만, 송환의무・송환수당지급의무 등 선원근로관계의 부수적인 의무는 여전히 존속한다.

게 지급하는 경우(법 38조 1항 단서)에는 선박소유자의 송환의무는 종료하므로, 선원이 송환비용을 수령한 이후에 그에게 발생한 재해는 직무상 재해로 볼 수 없다.

(4) 유상송환의 경우

선원이 (i) 정당한 사유 없이 임의로 하선한 경우, (ii) 22조 3항의 규정에 따라 하선 징계를 받고 하선한 경우, (iii) 단체협약·취업규칙·선원근로계약으로 정하는 사유에 해당하는 경우(법 38조 2항 단서) 등과 같이 선원에게 귀책사유가 있는 경우에는 송환비용을 선원에게 청구할 수 있으나(선원유상송환), 이는 송환의 원인이 선원에게 있고 송환비용을 선원이 부담하는 것을 의미하는 것에 불과할 뿐, 선박소유자는 여전히 송환의 책임을 부담하므로, 위와 같은 사유로 인한 송환 중에 선원이 재해를 당한 경우에도 직무상 재해로 볼 수 있다.

사. 예비원이 재해를 당한 경우

예비원은 선원 중 승무 중이 아닌 자로서 관념적인 선내항해조직을 형성할 뿐 구체적인 선내항행조직에 가입하고 있지 아니한 자를 말하는바, 예비원이 재해를 당한 경우 이를 직무상 재해로 볼 수 있는지 문제된다. 이는 구체적인 사실관계에 따라 판단하여야 할 문제로서, 직무에서 이탈한 상태로 평가할 수 있는 예비원(유급휴가자, 휴직 또는 정직 중인 선원 등)의 경우에는 원칙적으로 직무상 재해로 볼 수 없지만, 광의의 직무수행성이 인정되는 예비원(교육 또는 훈련 중인 선원, 노조전임자[205] 등)의 경우에는 원칙적으로 직무상 재해로 볼 수 있다.

7. 직무상 질병

가. 의 의

직무상 질병 또는 직무상 질병으로 인하여 사망한 경우[206]에는 직무기인성이 주로 문제가 된다. 선원법 시행령 24조는 직무상 질병의 범위에 관하여는 근기법 시행령 44조의 규정을 준용하도록 하고 있고, 산재법 시행령 34조는 업무상 질병의 인정기준을 규정하고 있는데, 이는 선원의 직무상 질병 여부를 판단하는 하나

205) 대법원 1994. 2. 22. 선고 92누14502 판결; 대법원 1996. 6. 28. 선고 96다12733 판결.
206) 직무상 질병 또는 부상의 치료 중 사망한 경우는 직무상 사망에 해당한다. 노정 33750-5925, 1988. 10. 6, 선원행정사례집, 107면.

의 기준이 될 수 있다.[207)]

직무기인성에 관한 논의에서 살펴본 바와 같이 선원의 직무상 질병에 해당하는지 여부를 판단할 때는 직무로 기인한 것이 명확한 정도를 요하는 것은 아니고, 선원이 승무 후 건강진단 결과 승무 전의 건강상태보다 약화되거나 새로운 질병에 걸린 것으로 인정되는 경우에는, 선박소유자가 질병이 선원의 직무와 인과관계가 없고 오로지 직무 이외의 사유로 인하여 재해가 발생하였다는 사실을 명백하게 증명하지 않는 한, 선원의 직무와 질병 사이의 인과관계는 추정된다.[208)]

재해가 직무와 직접 관련이 없는 기존의 질병이더라도 그것이 직무와 관련하여 발생한 사고 등으로 말미암아 더욱 악화되거나 그 증상이 비로소 발현된 것이라면 직무와의 사이에는 인과관계가 존재한다.[209)] 또한 직무와 직접적인 관련이 없는 기존의 질병이라도 직무상 과로가 질병의 주된 원인에 겹쳐져 질병을 유발 또는 악화시켰다면 인과관계가 인정된다. 과로의 정도는 당해 선원의 건강과 신체조건을 기준으로 판단하여야 하지만, 승무원 수가 선원법상 승무정원에 미달하거나, 근로시간의 제한을 준수하지 아니한 경우 등에는 일응 과로로 인정할 수 있다. 직무상 질병의 성립에는 선박소유자의 과실이나 귀책사유를 요구하지 않지만, 질병의 발생·악화나 기왕증의 악화에 선박소유자의 안전배려의무위반, 노무관리의 하자, 구호조치의무의 불이행 등 귀책사유가 존재한다면 직무상 질병으로 볼 수 있다.

직무상 질병은 그 질병의 원인이 직무에 기인한 것으로 족하고 반드시 선원의 지위에 있을 때 발생한 것을 요하는 것은 아니며, 선원이 2척 이상의 선박에 승선하여 각각의 직무상 원인이 중첩되어 질병이 발생한 경우에는 복수의 선박소유자

207) 구 산재법 시행령 34조 3항 및 [별표 3]이 규정하고 있는 '업무상 질병에 대한 구체적인 인정 기준'은 구 산재법 37조 1항 2호 ㈎목이 규정하고 있는 '업무수행 과정에서 유해·위험 요인을 취급하거나 그에 노출되어 발생한 질병'에 해당하는 경우를 예시적으로 규정한 것으로 보이고, 그 기준에서 정한 것 외에 업무와 관련하여 발생한 질병을 모두 업무상 질병에서 배제하는 규정으로 볼 수는 없다. 따라서 [별표 3]의 15호 ㈏목에서 정하고 있는 기준을 충족한 경우뿐 아니라, 기준을 충족하지 아니한 경우라도 업무수행 중 노출된 벤젠으로 인하여 백혈병, 골수형성 이상 증후군 등 조혈기관 계통의 질환이 발생하였거나 적어도 발생을 촉진한 하나의 원인이 되었다고 추단할 수 있으면 업무상 질병으로 인정할 수 있다. 대법원 2014. 6. 12. 선고 2012두24214 판결.

208) 선원이 후천성면역결핍증(AIDS)에 걸린 경우, 선원이 직무상 질병을 치료하기 위한 수혈 등으로 AIDS에 감염된 것이 증명된 경우에는 직무상 질병으로 인정하여야 하나, 직무와 관련 없는 행위 등으로 인하여 AIDS에 감염되었다면 직무외 질병으로 인정하여야 한다. 노정 33750-7054, 1989. 12. 27, 선원행정사례집, 109면.

209) 대법원 2008. 3. 27. 선고 2007다84420 판결(船).

모두에게 재해보상을 청구할 수 있다.

나. 직무로 인하여 질병에 걸린 경우

① 선원 A가 1997. 11. 11. 신체검사에서 아무런 이상이 없어 어선인 제31동산호에 기관장으로 승선하여 인도양 해역에서 어로작업을 벌였는데, 8개월 동안 계속된 선상생활로 인한 근무여건과 과로로 인하여 건강상태가 악화되어, 1998. 7. 1. 하선한 다음 귀국하여 1998. 8. 11. 진단을 받은 결과 식도암 판정을 받고 치료를 받다가 1999. 6. 9. 사망한 경우에는 직무상 재해로 볼 수 있다.[210]

② 선장 B는 1994. 7. 20. 승선채용신체검사에 합격한 후 같은 해 8. 24. 데라만 3호에 승선하여 선장으로 근무하여 왔는데, 1995. 6. 15.경 우측 둔부에 치루로 인한 통증을 느끼기 시작하자, 1995. 9. 13. 그 치료를 위하여 일시 귀국한 다음 우측둔부 농양 및 누공 절제술 및 절개 등의 수술을 받는 등 입원 또는 통원치료를 받아 상태가 호전된 후 10. 24. 위 선박에 재승선하여 근무하여 왔다. 그런데 B는 위와 같이 치료를 받은 우측 둔부의 농양 및 누공이 악화되어 치루로 발전하게 되자 1996. 1. 26. 다시 귀국하였고, 같은 해 2. 5.부터 9. 3. 사이에 3회에 걸쳐 치루제거수술을 받았고, 그 이후 1997. 1. 8.까지 통원치료를 받았다. 그러므로 B는 선장 직무 수행 중에 우측둔부 농양 및 누공 등에 걸려 그에 대한 치료를 받은 후 재승선하여 근무 중 과로 등을 원인으로 하여 위 우측둔부 농양 및 누공이 악화·발전되어 치루에 걸리게 된 것이므로, 특별한 사정이 없는 한 B의 선장이라는 직무의 수행과 위 치루의 발병 사이에 상당인과관계가 있다.[211]

③ C는 1997. 3. 25. 제318행복호에 갑판장으로 승선하여 조업을 시작한 지 약 6개월이 경과하였을 때 비출혈을 함으로써 악성흑색종의 초기증상을 보였는데, 그때까지 이 사건 선박은 수개월동안 태평양 일대에서 참치잡이 작업을 수행하여 오면서 C는 장시간 태양광선에 노출되었다. C는 비출혈이 악화되고 코안에서 혹이 발견되자 선장에게 고통을 호소하였으나 조업을 중단하고 회항할 수 없어 1998. 4. 11. 부산항에 입항할 때까지 별다른 치료를 받지 못하였고, 부산항에 입항한 후 악성흑색종이라는 진단을 받았다. 이에 의하면 C의 질병은 갑판장으로서

---

210) 부산지법 2000. 12. 27. 선고 2000가합3975 판결. 그러나 법원은 직무상 질병을 부정하였다.
211) 서울고법 1999. 11. 30. 선고 99나8195 판결.

장시간 태양광선에 노출된 것이 그 원인이 되었을 가능성이 있거나 적어도 장기간의 승선으로 조기 진단과 치료의 기회를 놓침으로써 그 증상이 악화되었을 가능성은 충분하므로, C의 질병은 직무상 질병에 해당한다.[212)]

다. 기왕증이 직무로 인하여 악화된 경우

① 선원 P의 사망의 원인이 된 육종은 악질성 종양으로 이미 출항 이전에 발생된 것으로서, 복통·소화불량 등의 증세가 나타난 이후에는 그것이 치명적이어서 수술을 하더라도 도저히 생명을 구할 수는 없으나 이를 연장할 수는 있다. P의 직무환경이 귀환하려면 상당한 시일과 비용이 필요하고, 어선의 인원부족으로 병증세가 나타난 후 사망에 이르기까지 20파운드의 체중감소까지 있었는데도 처음 10일간은 계속 직무를 수행하여 수술을 받지 못한 것이 육종에 더욱 악영향을 주어 P로 하여금 빨리 사망에 이르게 한 것이라고 인정되는 경우에는 직무상 재해로 볼 수 있다.[213)]

② 조리장 Q의 요추간판탈출증은 당초 업무수행에 지장을 주지 않은 정도의 퇴행성 변화로 인한 기왕증이 있는 상태에서 보험기간 전에 발생한 1차 사고로 인하여 그 증세가 다소 악화되었지만 업무수행을 할 수 없거나 수술적 치료를 받아야 할 정도에는 이르지 않았는데, 보험기간 중의 계속적인 승선근무와 그 중에 발생한 2차 사고로 인하여 자연적 경과를 넘어 급격히 악화됨으로써 업무수행을 할 수 없을 정도에 이르고, 급기야 수술적 치료를 받아야 할 정도에 이른 것이어서 이는 요양급여와의 관계에서는 직무상 재해에 해당한다.[214)]

③ R은 간경변증·식도정맥류 등으로 요양을 한 다음, 1998. 8. 8.경 제91한성호에 승선하여 식사준비·어종 선별·고기상자의 냉동실 입출고 등 직무에 종사하였다. 1998. 8. 17. 11:00경 제주 서귀포 남방 약 220마일 해상에서 어망 투망시 대기작업을 하다가 갑자기 쓰러져 응급치료를 받은 다음, 8. 18. 11:00 제주도 서귀포시에 있는 의원으로 긴급후송되어 치료를 받았으나, 8. 20. 16:45경 간경변증과 이에 동반된 식도정맥류출혈 및 십이장정맥류출혈에 의한 쇼크로 사망

---

212) 울산지법 1999. 6. 3. 선고 98가합6899 판결.
213) 대법원 1969. 8. 26. 선고 69다732 판결(船).
214) 대법원 2008. 3. 27. 선고 2007다84420 판결(船).

하였다. R의 사인이 기왕증인 간경변증 등이지만, 선상생활 중 수면이 불규칙하고 수면시간도 4시간을 넘지 못하였을 뿐만 아니라 좁고 한정된 선상생활로 인하여 심한 스트레스를 받고 영양섭취도 제대로 되지 않아 승선 당시 과중한 업무로 인하여 기존의 간경변증 등이 자연적 진행속도보다 더 빠르게 악화됨으로써 사망에 이르게 되었으므로, 위 사망은 직무상 재해로 볼 수 있다.[215)]

④ 선원 S가 1997. 7. 31. 14:20경 오징어채낚기 어선인 성진호에 승선하여 오징어 조업을 위하여 포항을 출발, 다음날 14:00경 조업장소인 68-3 해구에 도착하여 조업하던 중, 같은 해 8. 2. 01:00경부터 지병인 폐결핵 및 간경화증으로 비롯된 패혈증 증세로 인하여 왼쪽 다리에 물집이 생기는 등 통증을 느껴 선원침실에서 휴식을 취하였다. S의 증세가 휴식에도 불구하고 계속 악화되자, 선장은 같은 해 8. 3. 04:00경 조업을 중단하고, S의 치료를 위하여 울릉도로 항해하였으나, S는 같은 날 08:00경 울릉도 서면 태화 북동방 약 50마일 해상에 이르러 패혈증으로 사망하였다. 선박소유자에게는 선원 보호를 위하여 일정한 질병에 걸린 선원을 승무시킬 것을 금하고, 소정의 건강진단서를 가진 자만을 선원으로 승무시킬 것을 규정한 선원법에 위반하여 중증폐결핵·간경화증 등을 앓고 있던 S의 건강진단서를 확인하지 아니한 채 성진호 선원으로 승무시킨 잘못이 있고, 선장으로서도 항해 도중 S의 신체상태가 정상적이지 않음을 발견한 이상, 그 곳은 응급상황이 발생할 경우 즉각적인 치료가 불가능한 해상이므로 S의 상태를 잘 살펴 증세가 악화되면 즉시 회항하거나, 헬리콥터 등을 이용하여 육지 등으로 후송할 수 있도록 대책을 강구하여야 함에도 만연히 S를 선박 내에 누워있도록 한 채 조업을 계속하는 바람에 S로 하여금 적절한 치료를 받을 기회를 박탈하여 사망에 이르게 한 잘못이 있으므로, S의 사망은 직무상 재해로 볼 수 있다.[216)]

⑤ T는 1990. 7. 20. 한쪽 팔을 완전히 펴지 못하고 다리를 저는 등 어느 정도의 뇌경색 및 파킨슨씨병의 초기증상을 보이는 상태에서 소강호에 승선하였는데, 위 선박은 수동식으로 냉난방 시설이 전혀 갖추어지지 않은데다가 위 선박에서 T의 갑판장으로서의 22개월간 업무는 1회 4시간에 달하는 항해당직을 1일 2회 서고, 접안 및 피항시 1일 2교대로 당직을 서면서 선박순시 및 선박점검 등을 하고,

---

215) 부산고법 2000. 7. 26. 선고 2000나34 판결.
216) 울산지법 1999. 12. 8. 선고 99가단7410 판결.

항해당직을 서지 않는 중간에도 1일 4시간 정도 페인트작업, 선창 및 화물창 청소 등 선박정비작업을 하는 등 비교적 과중한 것이었다. 소강호를 연가하선한 후 자신의 몸에 이상을 느낀 T가 회사에 얘기하고 치료받기를 원하여 병원에서 진료한 결과 파킨슨씨병 등의 진단을 받고 입원절차를 밟으려고 하던 중, 회사의 명령에 따라 질병에 대한 충분한 치료를 받지 못하고 다시 우양클로버호에 승선하였다. 그 후 우양클로버호 하선 후 6일만에 다시 우양프린스호에 승선하는 등으로, T가 자신의 질병을 알고도 약 1년 6개월간 선박운행관계로 자신의 질병에 대한 정상적인 치료를 받지 못하고 계속적으로 위와 같은 과중한 업무에 시달려 왔다. 이 사건에서 T는 이미 소강호 승선 당시 뇌경색이나 파킨슨씨병의 증세가 있었으나 승선 후 과중한 업무, 열악한 환경, 정신적인 스트레스 등으로 T의 기존질병이 진행·악화되어 현재의 상태에 이른 것으로 보여지므로, T의 뇌경색, 파킨슨씨병 등 질병은 T의 직무에 기인한 것이다.[217)]

⑥ U는 1974. 3.경부터 선원으로 일하다가 1990. 8. 7.부터 지코 제1호에 기관장으로 승선하여 로얄 오션 제5호에서 하선한 1998. 1. 30.까지 8년 가까이 피지 근해에서 원양어선의 기관장으로 일하였다. U의 사망원인인 당뇨·폐암·간경화가 비록 보험기간 개시 전에 이미 발생해 있던 기존의 질병이라 하더라도, U는 승선하기 전의 건강진단 결과 '승선 가'(Fit for Duty) 판정을 받을 정도로 심하지 않은 편이었는데, 로얄 오션 제5호에 승선 근무한 9개월여 동안 과도한 업무부담 및 열악한 근무환경(암모니아 가스 흡입, 피지 근해의 기후나 선상생활의 특수성)으로 인한 업무상 과로 및 스트레스 등으로 자연적인 진행속도보다 빠르게 악화됨으로써 사망에 이르게 된 것으로 봄이 상당하다.[218)]

Ⅱ. 직무외 재해

1. 의 의

선원법은 선박소유자에게 선원이 승무 중(승하선 과정, 기항지에서 상륙기간을 포함한다) 직무외 원인으로 재해를 당한 경우에는 3월의 범위에 한하여 요양보상

217) 부산지법 1996. 5. 14. 선고 95가합13848 판결.
218) 서울지법 2001. 6. 1. 선고 2000가합7061 판결.

을(법 94조 2항, 다만 선원의 고의로 인한 부상 또는 질병에 대하여는 선원노동위원회의 인정을 받은 경우를 제외한다), 요양 중에 있는 선원에게 요양기간 중(3월의 범위에 한한다) 매월 1회 통상임금의 70%에 상당하는 금액의 상병보상을(법 96조 2항), 선원이 승무 중 직무외 원인으로 사망한 경우에는 승선평균임금의 1,000일분에 상당하는 금액의 유족보상을(법 99조 2항, 다만 사망의 원인이 선원의 고의로 인한 것으로 선원노동위원회의 인정을 받은 경우를 제외한다) 각 행하도록 규정하고 있다.

선원법이 이와 같이 승무 중 직무외 원인으로 인한 재해에 대하여도 보상을 행하도록 규정하고 있는 취지는, 일반근로자와는 달리 선원은 선원직무의 특성상 그 직무상뿐만 아니라 승무 중에도 그 위험성이 매우 큰 데 비하여, 그 과정에서 부상 · 질병 · 사망 등과 직무상 관련성 등이 명백히 규명되지 아니하는 경우가 많은 점 등을 고려하여 선원보호의 측면에서 재해보상을 인정한 것이다.[219)]

2. 요건사실

가. 문제의 소재

직무외 재해보상청구권의 성립요건은 선원이 (i) 승무 중, (ii) 직무외 원인으로, (iii) 재해(부상, 질병, 사망)를 당하였을 것 등이다. 그 중 '승무 중'이라는 시기적 요건이 (i) 직무외 원인을 제한하는 것인지(제1설, 원인제한설, 즉 '승무 중에 있었던 직무외 원인'으로 '재해가 발생하였을 것'으로 해석하는 경우), (ii) 재해의 발생 시기를 제한하는 것인지(제2설, 결과제한설, 즉 '직무외 원인으로 한 재해'가 '승무 중 발생하였을 것'으로 해석하는 경우[220)]), (iii) 직무외 원인과 재해 모두를 제한하는 것인

219) 대법원 2018. 8. 30. 선고 2018두43774 판결(船); 광주고법(제주부) 1997. 6. 13. 선고 96나398 판결. 직무외 유족보상의 취지에 관하여 "선상 근무는 그 직무의 특성상 노동력 소모가 극심한 점, 너울로 인한 흔들림이 지속되고 개인 공간이 충분히 확보되지 않은 선상에서 온전한 휴식을 취하기 어려우므로 노동력재생산이 불완전한 점, 노동력재생산이 불완전한 상태에서 장기간 근무할 경우 질병 발생 확률이 증가하는 점 등 선원 직무의 특수성을 고려하여 사회정책적 측면에서 선원의 보호 저변을 확대하기 위한 것에 있다"고 판시한 사례로는 서울행법 2017. 11. 3. 선고 2017구합66459 판결.

220) 대법원 2018. 8. 30. 선고 2018두43774 판결(船); 서울고법 2016. 6. 21. 선고 2015나2062119 판결; 부산지법 2001. 7. 24. 선고 2001가합5534 판결; 서울지법 2002. 9. 5. 선고 2001가합61161 판결; 질병의 최초 발생시기를 특정하고 그 시점이 승선 중임을 증명하도록 요구한다면 사실상 질병의 경우 요양보상 및 요양기간 중 사망에 따른 유족보상을 거부하는 결과가 되므로, '승무 중 질병의 발생'이란 해당 질병이 승무 중 비로소 인지 내지 확인되었음을 의미한다(서울중앙지법 2022. 2. 9. 선고 2019가합578503 판결); 대한재보험공사 편, "선원근재손해사정상의 소고", 보험월보 171호(1977. 8), 56면; 임방조, "선원재해보상 관련 소송실무상의 몇 가지 문제점과 관련하여", 부산법조 30호(2013), 336-338면.

지(제3설, 원인·결과 공동제한설, '승무 중에 있었던 직무외 원인'으로 '승무 중 재해가 발생하였을 것'으로 해석하는 경우) 여부가 문제된다.

나. 위 견해의 문제점

다음과 같은 구체적인 사례를 들어 위 견해 중 어느 것이 타당한지 살펴보자.

① 선원 A가 직무와 무관하게 기왕증으로 인하여 승무 중 사망한 경우
② 선원 B가 직무와 무관하게 기왕증으로 인하여 승무 후에 사망한 경우
③ 선원 C가 승무 중 직무와 무관한 싸움으로 부상을 당하여 요양보상(3개월에 한한다)을 받는 도중에 부상이 악화되어 사망한 경우
④ 선원 D가 승무 중 직무와 무관한 싸움으로 부상을 당하여 3개월간 요양보상을 받은 후 부상이 악화되어 사망한 경우

제1설에 의하면, 위의 사례에서 A와 B는 유족보상을 청구할 수 없고, C와 D만이 유족보상을 청구할 수 있게 된다. 제2설에 의하면, A[221]와 C는 유족보상을 청구할 수 있고, B[222]와 D[223]는 유족보상을 청구할 수 없다. 제3설에 의하면 C만 유족보상을 청구할 수 있고, A·B·D는 유족보상을 청구할 수 없다는 결론에 이

221) 선원이 2020. 11.부터 선박에 승선하여 근무 중 2021. 1. 5.경 감기몸살 및 팔, 다리 마비증상으로 G병원에 후송되어 진료를 받다가 2021. 1. 9. 부산대학교병원에서 사망(병명은 상세불명의 소포성 림프종, 뇌졸중으로 진단되었고, 사인은 뇌졸 중, 사망의 종류는 병사로 확인되었다)하였다. 피고는 "선원이 승선 중 직무외 재해로 사망한 것만으로는 유족보상을 지급하기에 충분하지 않고, 승선 중 발생한 질병, 재해 등의 원인으로 사망한 경우에만 유족보상을 지급할 의무가 있는데, 이미 2018년경부터 사망의 원인이 된 상세불명의 소포성 림프종으로 치료받아 온 망인은 승무 중 발생한 원인으로 사망한 것이 아니므로 피고 조합이 유족보상을 지급할 대상이 아니다"라고 주장하였다. 법원은 "선원법 94조 2항이 '승무 중 직무 외의 원인에 의하여 부상이나 질병이 발생한 경우'에 요양보상을 지급하는 것으로 제한하는 것과는 달리 선원법 99조 2항은 '승무 중 직무 외의 원인으로 사망하였을 때' 유족보상을 지급하는 것으로 규정하고 있을 뿐 '직무 외에 발생한 원인으로 사망하였을 때'로 제한하고 있지 않은 점, 위 조항에서 94조 제2항에 따른 '승무 중 직무 외 원인에 의하여 부상이나 질병이 발생하여 요양 중의 사망'을 포함하고 있어 보충해석상 승무 중 발생하지 않은 원인으로 사망한 경우도 포함되는 것으로 해석되는 점 등을 종합하면, 사망의 원인이 승무 중 발생하였는지 와는 관계없이 유족보상 지급의 대상이 된다."고 판시하면서, 피고의 주장을 배척하였다(부산지법 2022. 4. 21. 선고 2021가단325055 판결).

222) 선원의 사망이 직무외 원인으로 인한 경우에 선박소유자가 유족보상의 책임을 부담하기 위하여는 그 사망이 승무 중 발생하여야 하는데, 선원이 승무 중 사망한 것이 아니므로 결국 선박소유자는 선원의 사망에 관하여 유족보상의 책임을 부담하지 않는다. 부산지법 1995. 12. 15. 선고 94가합4830 판결.

223) 선원의 사망은 승무 중 또는 3월 이내의 요양기간 중에 사망한 것이 아니므로, 유족보상을 받을 수 있는 경우에 해당하지 않는다는 견해로는 대법원 2018. 8. 30. 선고 2018두43774 판결(船); 부산지법 2001. 7. 24. 선고 2001가합5534 판결; 서울지법 2002. 9. 5. 선고 2001가합61161 판결; 부산지법 2014. 5. 21. 선고 2013가합14739 판결.

르게 된다. 만약 입법자가 제2설의 입장을 취한 것이라면, '승무 중 직무외 원인으로 재해를 당하였을 것'이라고 하지 않고, '직무외 원인으로 승무 중 재해를 당하였을 것'이라고 규정하였을 것이다.

다. 검 토

(i) 1962년 선원법은 '승선계약존속 중 직무 외에서 재해를 당한 경우'로 규정하여 제2설의 입장을 취하였다고 해석되었으나, 현행 선원법의 규정상으로는 승무 중이라는 요건이 원인을 제한하는 것과 결과를 제한하는 것 모두로 해석할 여지가 있으므로 선원에게 유리하게 해석하여야 하는 점(in dubio pro labor),[224] (ii) 질병의 경우에는 이를 발견하거나 질병·사망의 원인을 파악하는데 장기간 소요되는 경우도 있는 점,[225] (iii) 재해보상의 연혁과 외국의 입법례를 보더라도 선원근로계약 존속 중 재해를 보상하는 것이 일반적인 점,[226] (iv) 선원재해보상제도의 생활보장적 성격과 재해보상청구권의 확장적 해석이 국가해양정책에서 중요한 역할을 수행하는 점,[227] (v) 제1설에 의하면 위의 사례에서 A와 C는 별다른 차이가 없음에도 불구하고 A를 보호영역에서 배제하는 점, (vi) 제2설에 의하면 승무기간 중 직무외 원인으로 인하여 발생한 재해는 선원의 지위와 관련이 있는 것으로 승무와 무관한 사유로 인한 재해보다 보호의 필요성이 더 강함에도 불구하

---

224) Harden v. Gordon, 11 F.Cas. 480 (C.C.C.Me. 1823) 사건에서는 "계약내용 중 불합리한 불평등조항, 교섭의 불균형, 특별한 이익의 제공에 의한 보상조치 없는 일방당사자의 희생 등이 있는 경우, 법원의 당해 조항에 대한 판단은 그 교섭은 부당하고 불합리하므로 가능한 한(*pro tanto*) 약자에게 유리하게 해석하여야 한다. 이 사건에서 선내의약품상자에 비치된 의약품을 제외한 나머지 의약품과 진단비용은 모두 선원이 부담하도록 하는 규정은 선원에게 특별한 보상이 주어지지 아니하였으므로 무효이다"라고 판시하였다.

225) 발암원인 유해물질에 대한 폭로기간(노출기간) 및 잠복기간은 발암물질과 암의 종류에 따라 다르지만, 석면(폐암)의 경우 최장폭로기간은 51년, 최장잠복기간은 55년에 이른다. 이안의, "직업성 암에 대한 선원법상 재해보상", 한국해법학회지 36권 2호(2014. 11), 327면.

226) 독일의 경우 요양보상은 직무상·직무외 재해의 구별이 없고, 선원근로계약 존속기간 전체에 관하여 인정된다. Giesen, "Seearbeitsrecht", Münchener Handbuch Arbeitsrecht, Band 2, Individualarbeitsrecht Ⅱ, C. H. Beck'sche Verlagsbuchhandlung (München, 2009), Rn. 29.; Günter Schelp/Richard Fettback, Seemannsgesetz Kommentar, Carl Heymanns Verlag KG(1961), 178면; Bemm/Lindemann, 519면.

227) Harden v. Gordon, 11 F.Cas. 480 (C.C.C.Me. 1823) 사건에서 Story 대법관은, 상병요상보상제도를 긍정하는 것은 중요한 집단인 해양인들을 해양산업에 계속 종사하게 하고 국가의 해양력 유지에 필요하므로 위대한 공공정책(the great public policy)이고, 선원재해보상을 강화하는 입법을 통하여 해양인들이 국가와 더욱 견고하게 결합하게 될 것이라고 판시하였는바, 190여년이 지난 지금 우리에게 시사하는 바가 크다. 이에 대한 평석은 권창영, "해양강국을 위한 해양정책과 선원보호의 중요성", 해양한국 500호(2015. 5), 146-152면.

고[228] 보호의 범위에서 배제되고, C와 D는 별다른 차이가 없음에도 불구하고 재해의 결과발생시점에 따라 보호여부가 결정되어 불합리한 결과를 초래하는 점[229] 등에 비추어 보면, 승무 중이라는 시기적 요건은 직무외 원인과 재해의 발생시기를 선택적으로 제한한다고 보는 것이 타당하다(제4설, 원인·결과 선택적 제한설).[230] 즉 '승무 중 발생'한 직무외 재해 및 '승무 중 직무외 원인'으로 승무 이외의 시기에 발생한 재해 모두가 승무 중 직무외 원인으로 인한 재해에 포함된다(위의 사례에서 A, C, D 모두 보호대상이 된다).

라. 판 례

대법원은 어선원의 직무 외 유족급여에 관한 사건[231]에서 다음과 같은 이유를 들어 제2설(결과제한설)의 입장을 취하였다.

(1) 근로자의 직무상 재해에 대하여만 보험급여를 지급하도록 하고 있는 산재법과는 달리, 어재법 23조 1항 및 2항과 27조 2항 본문은 어선원 등의 경우 승무 중 직무 외의 원인으로 인한 재해에 대하여도 요양급여, 유족급여의 보험급여를 지급하도록 하고 있다. 이는 어선원 등은 작업환경의 특성상 그 직무상뿐만 아니라 승무 중에도 재해발생의 위험성이 매우 큰 데 비하여, 재해와 직무의 관련성 등을 명백히 규명하기 어려운 경우가 많은 점 등을 고려하여 직무관련성을 인정하기 어려운 경우라도 승무 중 직무 외 재해보상을 인정하여 어선원 등을 보호하기 위한 것이다.

그러나 다른 한편, 직무상 재해일 것을 요건으로 하지 않는 위 규정의 특수성 및 이에 따른 재정적 부담 등을 고려하여 위 23조 1항 및 2항은 직무 외 원인으로 인한 재해에 대하여 지급하는 요양급여의 범위를 요양기간의 최초 3개월 이내의 비용으로 제한하고 있는데, 이러한 취지는 유족급여에 관한 위 27조 2항 본문을 해석함에 있어서도 마찬가지로 고려되어야 한다. 특히 승무 중 직무 외의 원인

228) 특히 선원이 소송기술상의 문제로 인하여 직무상 재해의 증명에 실패한 경우에는 사회적 약자인 선원을 보호의 영역에서 배척하는 결과를 초래한다.

229) 극단적인 예를 들면, 동일한 정도의 부상을 당한 C와 D가 있는데, 요양을 제대로 하지 아니한 C는 3개월 만료일에 사망하고, 요양을 열심히 한 D는 3개월 만료 다음날에 사망한 경우, C는 보호를 받을 수 있지만 D는 보호를 받을 수 없게 된다.

230) 同旨 김동인, 570-571면.

231) 대법원 2018. 8. 30. 선고 2018두43774 판결(船). 이에 대한 평석은 권창영, "어선원의 직무 외 유족급여청구권의 성립요건", 노동법의 미래담론 3, (사)노동법연구소 해밀(2021).

으로 인한 부상 또는 질병으로 요양하다가 사망한 경우 기간의 제한 없이 유족급여 지급 대상에 포함시키게 되면, 요양기간이 장기화되어 승무 중 입은 부상 또는 질병이 사망의 주된 원인인지 아니면 고령 등이 원인이 되어 발생한 다른 질병 등이 사망의 주된 원인인지 명확하게 구별하기 어려운 경우까지도 유족급여를 지급하게 되는 불합리한 결과가 초래될 수 있다.

어재법 27조 2항 본문은 위와 같은 제반 사정을 고려하여 '어선원 등이 승무 중 직무 외의 원인으로 인한 부상 또는 질병으로 요양하는 중에 사망한 경우'를 유족급여 지급 대상에 포함시키되, 그 범위를 '23조 1항 및 2항에 따른 요양급여가 이루어지는 기간 중', 즉 '요양개시일로부터 3개월 이내에' 사망한 경우로 제한하고 있다고 해석함이 타당하다.

(2) 어재법은 해운업이나 원양어업에 종사하는 선박소유자 등과 비교하여 재정적 여건이 좋지 않거나 재해발생 위험이 높은 연근해어업 종사 선박 등에 대하여 일정한 요건을 갖춘 어선 소유자는 어선원재해보상보험에 당연가입하도록 하고 피고로 하여금 어선원 등에게 보험급여를 지급하게 함으로써 연근해어업 등에 종사하는 어선원 등이 입은 재해를 신속·공정하게 보상하려는 데 그 입법취지가 있다. 어재법은 지급주체를 선박소유자가 아닌 수협중앙회로 정한 것 이외에는 기본적으로 보험급여의 종류와 내용을 선원법의 재해보상과 거의 동일하게 규정하고 있다.

선원법 94조 2항은 어재법 23조 1항 및 2항과 마찬가지로 선원이 승무 중 직무 외의 원인에 의하여 부상이나 질병이 발생한 경우 요양에 필요한 3개월 범위의 비용만을 요양보상으로 지급한다고 규정하고 있다. 선원법 99조 2항 본문은 선박소유자는 선원이 승무 중 직무 외의 원인으로 사망(94조 2항에 따른 요양 중의 사망을 포함한다)하였을 때에는 유족에게 유족보상을 하여야 한다고 규정하는데, 이때 '94조 2항에 따른 요양 중'은 그 문언상 94조 2항에 따른 요양보상이 지급되는 기간 중임을 의미하는 것으로 해석함이 상당하다. 위와 같은 선원법과 어선원재해보험법의 관계에 비추어 선원법 99조 2항 본문의 내용은 어재법 27조 2항 본문의 해석에 있어 마땅히 고려되어야 한다.

(3) 2009. 5. 27. 법률 9727호로 개정되기 전의 구 어재법 27조 2항 본문은 '중앙회는 어선원 등이 승무 중 직무 외의 원인으로 사망(승무 중 직무 외의 원인으

로 부상 또는 질병으로 인한 요양 중의 사망을 포함한다)한 경우에 유족에게 유족급여를 지급한다'고만 규정하고 있었다. 그러다가 2009. 5. 27. 개정을 통해 '23조 1항 및 2항에 따른'을 추가하여 현재와 같이 '23조 1항 및 2항에 따른 승무 중 직무 외의 원인으로 인한 부상 또는 질병으로 요양하는 중에 사망한 경우를 포함한다'고 규정하게 되었다. 이는 23조 1항 및 2항에 따른 요양급여가 이루어지는 기간 중 사망한 경우에 한하여 유족급여를 지급한다는 점을 보다 명확하게 나타내기 위한 것으로 볼 수 있다.

(4) 사회보장급여의 하나인 재해보상보험급여의 기준이나 내용 등을 구체적으로 확정하는 문제는 재해보상보험기금의 상황, 국가의 재정부담능력, 전체적인 사회보장수준과 국민감정 등 사회정책적인 측면 및 보험기술적 측면과 같은 제도 자체의 특성 등 여러 가지 요소를 고려할 필요에 의하여 입법자에게 광범위한 입법형성의 자유가 주어진 영역이라는 점에서,[232] 직무 외 원인으로 인한 사망에 대한 유족급여 지급 여부 및 그 범위의 결정은 입법자에게 폭넓게 허용되는 입법재량의 범위 내에 속한다.

이러한 전제에서 보면, 승무 중 발생한 부상 또는 질병이 사망 원인에 일부라도 기여한 경우 기간의 제한 없이 유족급여를 지급한다면 보험재정에 과도한 부담이 될 수 있는 점, 요양기간이 장기화되는 경우 일반적으로 사망에 승무 중의 부상 또는 질병 이외에 다른 원인이 개재될 가능성이 높다는 점 등의 사정을 고려하여, 어재법 27조 2항 본문이 사망 시기를 기준으로 유족급여 지급 여부를 달리 취급하는 것이 합리적인 입법재량의 범위를 넘는다거나 헌법상 평등원칙에 반한다고 볼 수도 없다.

3. 증명책임

요건사실 중에서 선원 또는 유족은 (i) 승무 중인 사실, (ii) 재해가 발생한 사실에 대한 주장·증명책임을 부담하고, (iii) 직무외 원인으로 인한 것이라는 사실은 직무상 원인으로 인한 것이라는 적극적 사실의 모순개념이므로 주장책임만을 부담한다.

232) 대법원 2011. 10. 27. 선고 2011두15640 판결.

이에 대하여 선박소유자는 항변사유로서 (i) 재해의 원인이 선원의 고의로 인한 것이라는 사실, (ii) 선원노동위원회의 인정을 받은 사실에 대한 주장·증명책임을 부담한다.[233] 그러나 재해보상청구에서는 과실상계가 적용되지 아니하므로,[234] 선박소유자가 선원에게 과실이 있다고 주장하는 것은 법률상 의미가 없다.[235]

4. 유형별 검토

가. 의 의

직무외 원인이라 함은 직무수행성과 직무기인성이 인정되는 경우를 제외한 나머지 경우를 의미하므로, 직무상 재해로 인정되는 경우에 해당하지 아니하면 직무외 재해로 볼 수 있다. 직무상 원인과 직무외 원인이 경합하는 경우는 직무상 재해로 본다.

---

233) 대법원 2002. 6. 14. 선고 2001다2112 판결(船).

234) 대법원 2008. 3. 27. 선고 2007다84420 판결(船); 대법원 2008. 11. 27. 선고 2008다40847 판결; 대법원 2010. 8. 19. 선고 2010두5141 판결.

235) 대법원 1981. 10. 13. 선고 81다카351 전원합의체 판결; 대법원 1983. 4. 12. 선고 82다카1702 판결; 비업무상재해 확장담보 추가특별약관(선원 및 해외근로자용) 2조의 면책규정은 구 선원법이 규정하고 있는 고의·중과실에 해당하는 것으로 선원노동위원회의 인정을 받은 경우에 한하여 유효하고, 나머지는 선원법의 면책규정에 해당하지 아니하므로 그 효력을 인정할 수 없다고 판시한 사례로는 서울지법 2000. 12. 29. 선고 2000가합18566 판결. 위 판결의 사실관계와 판시사항은 다음과 같다.

[사실관계] 제52세양호는 1997. 3. 18.경 어획물 전재를 위해 아르헨티나 푸에프토 마드린 항에 입항하였는데, 1항기사인 선원이 19. 저녁 동료 선원들과 함께 마드린 항에 상륙하여 시내 레스토랑 등지에서 술을 마신 후 다음날 새벽 02:10경 귀선하던 중 항구에서 실족하여 익사하였다. 선원의 유족들이 유족보상을 청구한 것에 대하여 피고 L화재는 위 특별약관 2조 1항에서 중독, 마취, 만취 등으로 인한 손해는 보상하지 않는다고 규정하고 있다는 이유로, 위 사고는 선원의 음주 만취로 인하여 발생한 사고여서 위 피고는 면책된다고 주장하였다.

[판시사항] 선원법은 선원의 고의, 중과실을 이유로 유족보상금 지급책임을 면하기 위하여는 선원노동위원회의 인정을 받을 것을 요건으로 하고 있는데, 위 특별약관이 면책사유로 규정하고 있는 중독, 마취, 만취 등은 결국 이 사건 보험계약의 수익자인 선원의 고의, 중과실의 한 유형에 해당하는 것인바, 중독·마취·만취 등 사유가 있는 경우 선원노동위원회의 인정을 받지 못한 경우에도 보험자의 면책을 인정한다면 이는 유족보상금에 대한 면책사유를 선원노동위원회를 통하여만 인정받도록 엄격히 제한한 선원법의 취지에 반하고, 그러한 경우 보험자는 면책되는 반면 선박소유자는 여전히 유족보상금 지급채무를 부담하는 결과가 되어 선박소유자의 보상책임의 완전한 이행을 위해 선박소유자에게 보험 가입을 강제하고 있는 선원법의 취지에도 반하며, 나아가 유독 중독·마취·만취 등 사유를 다른 고의·중과실에 해당하는 사유와 구분하여 달리 취급할 합리적인 이유 또한 찾아보기 어렵다. 결국 위와 같은 약관의 면책조항은 선원법이 적용되는 선원에 대한 유족보상금에 관하여는 효력이 없다.

나. 사 례

(1) 퀸스타호 사건[236)]

① 사실관계

A는 선원근로계약을 체결하기 전인 1992. 1. 3. 부산대학교부속병원에서 직장암으로 직장절제술을 받았고, A가 승선근무 중 부상을 당하여 1992. 10. 11. 귀국하여 입원한 후에도 경추 및 요추염좌에 대한 치료를 받는 외에 직장암(4기)의 간 · 뇌 전이 진단을 받고 항암제투여 등 암치료를 받다가, 1992. 12. 14. 사망하였다.

② 판시사항

A가 승선근무 중 입은 부상과는 무관하게 기왕증인 대장암이 악화되어 사망한 경우에는 직무외 원인으로 인한 사망으로 보아야 한다.

(2) 루이스1호 사건[237)]

① 사실관계

B는 1994. 11. 18. 건강진단결과 '승선 가(可)' 판정을 받고, 1994. 11. 25. 루이스(Louise)1호의 1항해사로 승선하여 근무하다가, 1997. 6.경 선장으로 승선하여 조업에 종사하였다. 그 후 1997. 10.경부터 구토증세 및 어지럼증세가 나타나 업무를 수행할 수 없어 인도네시아 뚜알항에 긴급 입항하여 암본병원에서 치료를 받기 시작하였다. 위 병원에서 병명이 밝혀지지 아니하고 치료가 진전이 없게 되자, B는 1997. 11. 21. 귀국하여 치료를 받았는데 병원에서는 병명을 전신성 홍반성 낭창으로 진단하였다. B는 1998. 9. 25.경 입원 및 통원치료를 받다가, 2000. 3. 14. 직접사인이 급성 신부전증 · 패혈증, 중간선행사인이 전신성 홍반성 낭창으로 사망하였다.

② 판시사항

B의 업무(선원생활)와 중간선행사인인 이 사건 질병과의 상당인과관계가 있다고 할 수 없고, 나아가 B가 선원생활로 인하여 과로나 스트레스를 받았다고 하더라도 이로 인하여 이 사건 질병을 악화시켰다고 보기에도 어려워, B의 업무와 이

---

236) 부산지법 1995. 12. 15. 선고 94가합4830 판결.
237) 부산지법 2001. 7. 24. 선고 2001가합5534 판결.

사건 질병 사이에는 상당인과관계가 없다.

(3) 코레스코부산호 사건[238)]

① 사실관계

C는 1998. 12. 5.부터 코레스코부산호에 1기사로 승선하여 근무하던 중, 1999. 6. 15. 기관실로 내려가다가 넘어져 부상을 입는 사고를 당한 후 신경외과에서 제5경추척추경골절 등의 진료를 받고, 신경정신과에서 불안장애에 대한 진료를 받은 이후 불안장애에 대하여는 그 증상의 호전으로 치료가 종결되었다. C의 '외상 후 스트레스 장애'는 이 사건 사고 이전부터 발병한 C의 기왕증이었다.

② 판시사항

위 사고와 '외상 후 스트레스 장애' 사이에는 인과관계가 존재한다고 할 수 없어서 위 장애는 직무상 질병이라고 할 수 없고, 따라서 직무외 원인으로 인한 질병이다.

(4) 기타 사례

D가 통신사로 승선 근무 중 입항시 선장으로부터 하선을 허락받고 집에서 체류하던 중 연탄가스 중독으로 인하여 사망한 경우,[239)] 아틀란티아호의 3등기관사 E가 스스로 왼쪽 손목에 과도로 자해를 하여 상당 시간 피를 흘리다가 난간으로 뛰어내려 그 충격으로 인한 두개골 골절로 사망하였을 가능성이 있는 경우[240)] 등에는 모두 직무외 재해로 인정되었다.

다. 직무외 재해로 인정되는 경우

(i) 선원이 승선 중 적극적으로 직무에서 이탈한 상태에서 해양사고나 선박소유자의 귀책사유 이외의 원인으로 재해를 당한 경우, (ii) 선원이 항구·부두 또는 육상사업장에서 적극적으로 직무에서 이탈하여 사회통념상 허용되지 아니하는 행위를 하는 도중에 재해를 당한 경우, (iii) 기항지에서 매매춘·폭력 등 사회통념상 허용되지 아니한 행위를 하는 도중에 재해를 당한 경우, (iv) 휴무 중 직무와 무관한 사유로 재해를 당한 경우,[241)] (v) 직무와 무관한 이유로 상호 폭행 중에

238) 부산지법 2002. 1. 16. 선고 2001가합11539 판결.
239) 부산선노위 1989. 8. 5., 선원행정사례집, 159면.
240) 대법원 2002. 6. 14. 선고 2001다2112 판결(船).

재해를 당한 경우,[242] (vi) 오로지 피재선원의 귀책사유로 인하여 싸움에 이르게 되어 재해를 당한 경우, (vii) 선원이 재해를 당하였으나 직무와 인과관계가 인정되지 않는 경우[243] 등에는 직무상 재해로 평가할 수 없다.

라. 제1차 의무의 원칙의 적용 여부

(1) 제17한신호 사건[244]

① 사실관계

K는 인천 선적 어획물운반선 제17한신호의 선원인바, 1998. 10. 27. 오후 인천 옹진군 덕적면 울도 근해에서 조업을 하기 위해 위 선박에 승선하여 출항하였다. 같은 날 19:30경 위 울도 근해 상에 정박하여 20:00경 저녁식사를 하게 되었는데, 당시 위 선박에서 음식물 조리 등을 담당하였던 K는 저녁식사로 생선찜을 준비하여 다른 선원들에게 제공하였고, 자신은 저녁식사를 준비하면서 복어 1마리를 쪄서 다른 사람 몰래 이를 혼자서만 먹게 되었다. 그런데 K는 같은 날 24:00경 기관장과 함께 위 선박 후미 침실에서 잠을 자던 중 그 다음날인 28. 01:40경 갑자기 몸을 비틀면서 의식이 불명해졌고, 이를 발견한 기관장이 해양경찰 경비정에 구조요청을 해서 같은 날 03:25경 위 경비정에 의해 인천으로 이송되어, 05:35경 바로 119 구급대편으로 인천 기독병원으로 후송되었으나, 같은 날 05:50경 위 병원에서 사망하였다. 그 후 실시된 국립과학수사연구소의 K에 대한 부검결과 K는 복어독 중독에 의하여 사망한 것으로 판명되었다.

② 판시사항

K는 저녁식사로 제공한 음식을 먹고서 위와 같이 사망에 이르게 된 것이 아니

---

241) 휴가 중이거나, 임의로 하선한 상태에서 재해를 당한 경우에는 직무수행성이 부정되나, 이는 후술하는 바와 같이 승무 중이라고 볼 수 없다.

242) 札幌地裁 1990. 1. 29. 判決, 訟務月報 36권 9호 1687면. 출어 중인 어선 내에서 갑판원 A가 선장의 칼에 찔려 부상당하였는데, 이 사건 재해는 우발적으로 일어난 개인 간의 싸움이라는 색채가 강하고, 선장이 가해행위에 이른 것은 그 직전에 A가 선장이 경험이 부족하고 조업에 미숙하다는 이유로 폭언을 하고 놀린 것이 원인이 되어 그동안 쌓인 분노가 폭발한 것으로서 A가 도발한 것으로 볼 수 있으므로, 선원보험법 30조 2항 1호 소정의 '직무상 사유에 의한 질병 또는 부상'에 해당하지 아니한다.

243) 기관장이 2020. 1. 7. 03:28경 선박이 기상악화로 제주 애월항으로 피항한 상태에서 같은 달 8. 19:11경 선내 식당 휴게실에서 휴식을 취하던 중 의식을 잃고 쓰러져 제주 소재 중앙병원으로 응급후송되었으나 박리 대동맥의 파열에 의한 흉강내 대량출혈로 사망한 사례에서, 법원은 상당인과관계가 없다는 이유로 직무상 재해를 인정하지 않았다. 창원지법 2021. 10. 6. 선고 2020구단11375 판결.

244) 인천지법 2001. 7. 10. 선고 2000가합139 판결.

고, 선상에서 복어의 취식은 금지되어 있음에도 불구하고 음식물 조리를 담당하는 그 자신이 몰래 숨겨 둔 복어를 혼자서 미처 복어의 독을 제대로 제거하지 아니한 채 조리해 먹다가 위와 같이 사망에 이르게 된 것으로, 이처럼 승무 중 음식물 조리 등을 담당하는 자가 다른 사람 몰래 혼자서 선상에서 취식이 금지된 음식을 취식한 것은 직무활동에 해당하거나 이에 수반되는 행위라고 볼 수는 없으므로, K의 사망은 직무상 사망에 해당하지 아니한다.

(2) 훼미리5호 사건[245]

① 사실관계

L은 훼미리5호(7.93t)의 선원으로 근무하던 중 2009. 3. 28. 04:30경 조업차 출항하였는데, 같은 날 08:45경 인천 옹진군 영흥동 남방 약 3.5마일 해상에서 조업을 마친 후 어구 정리 작업을 하다가, 포획한 주꾸미(길이 약 20cm)를 산 채로 먹던 중 위 주꾸미가 L의 기도를 막아 이로 인한 호흡곤란을 호소하여, 같은 날 09:35경 119 긴급구조대에 의해 화성시 소재 병원으로 후송되었으나, 같은 날 10:20경 사망하였다.

② 판시사항

(i) 이 사건 선박은 화장(주방장)이 따로 없어 선박에서 음식을 준비하지 않았으며 어선원들은 통상 밥을 따로 가지고 다닌 점, (ii) 이 사고 당시 L은 혼자 선박 앞쪽 갑판에서 어구정리 및 주꾸미 분류작업을 하다가 주꾸미를 먹었을 뿐 식사시간에 식사의 일환으로 위 주꾸미를 먹은 것으로는 보이지 않는 점, (iii) 어선원들이 선박 내에서 포획한 어물을 임의로 먹는 행위가 통상적인 업무 범위 내에 속한다거나 업무와 관련된 일반적인 관행이라고는 보이지 않을 뿐더러, L이 선장의 구체적인 지시 또는 승인을 받아 주꾸미를 취식하였다는 점을 인정할 증거도 없는 점, (iv) 어선원들이 조업 중 포획한 어물을 선박 내에서 먹는 것이 통상적으로 종종 행해지는 일이라고 하더라도, 이 사건에서와 같이 길이가 약 20cm나 되는 주꾸미를 작업 중에 날로 먹는 것은 주꾸미의 이른바 '빨판'으로 인해 기도가 막혀 사고가 발생할 위험이 크므로 어선원들의 조업과 관련해서 통상적으로 행해지는 범주에 속하는 일이라고 할 수 없는 점 등에 비추어 보면, 이 사건 사고는

245) 서울행법 2011. 2. 11. 선고 2010구합17793 판결.

L의 직무수행에서 비롯되거나 직무와 관련된 행위로 발생하였다고는 보기 어렵고, L이 사업주의 지배 · 관리가 미치지 않는 사적인 영역에서 임의로 한 행위라고 봄이 상당하다.

(3) 검 토

미국 판례법상 '제1차 의무의 원칙'(The Primary Duty Doctrine)이란 선장과 직원은 재선 중 안전한 상태를 지속적으로 유지할 의무가 있는데, 선장이나 직원이 그 의무를 위배한 결과 재해를 당한 경우 선박소유자에 대하여 과실책임이나 불감항성위반책임을 소구할 수 없다는 원칙을 의미한다.[246] 제1차 의무의 원칙은 선장이나 직원에게 재해의 발생에 관한 전적인 책임이 있는 경우에 한하여 사용자에게 배상청구가 금지되는 것을 의미한다. 이러한 제1차 의무의 원칙을 선원법상 재해보상제도의 해석에 도입할 수 있을지 문제되나, 직무상 재해에 관하여는 선박소유자의 면책사유를 인정하지 않는 점에 비추어 보면, 직무와 관련성이 인정되는 한 이를 인정할 필요가 없다.

그러므로 선상근무조건의 안전유무를 확인하는 의무를 가진 1등항해사가 선창을 점검하다가 상해를 입거나,[247] 1등기관사가 그가 보수유지를 담당하는 장치의 일부인 사다리를 이용하다가 상해를 입은 경우[248]에는 모두 직무상 재해로 인정하여야 한다. 그러나 선원이 직무에서 이탈한 상태에서 오로지 선원의 귀책사유로 인하여 재해가 발생한 경우에는 직무외 재해로 인정하여야 한다(제17한신호 사건, 훼미리5호 사건).

5. 승무 중

가. 의 의

선원법은 직무외 재해 일체를 보호하는 것이 아니라 승무 중 직무외 재해만을 보호하므로 직무외 재해보상청구권에서 승무 중의 개념이 가장 중요하다. 그런데 1962년 선원법은 "선원이 승선계약존속 중 직무 외에서 재해를 당한 경우"에 재

246) Reinhart v. United States, 457 F.2d 151, 153, n.1 (9th Cir. 1972).
247) Reinhart v. United States, 457 F.2d 151 (9th Cir. 1972).
248) Peymann v. Perini Corp., 507 F.2d 1318 (1st Cir. 1974).

해보상을 하도록 규정하였으나, 현행 선원법은 선원근로계약이라는 단일용어를 사용하면서 직무외 재해의 요건 중 "승선계약존속 중"이라는 요건은 "승무 중(기항지에서의 상륙기간, 승하선에 수반되는 여행기간도 포함한다)"이라는 요건으로 변경되었다.[249] 이에 따라 '승무 중'의 개념이 구 선원법상 '승선계약존속 중'이라는 개념과 동일한 것인지(광의설의 입장), 아니면 현행 선원법의 고유한 개념인지(협의설, 최협의설의 입장)에 관하여 견해의 대립이 있다.

나. 광의설

이는 승무 중의 개념을 구 선원법상 승선계약존속 중의 개념과 동일하게 파악하는 견해이다.[250] 구 선원법(1984. 8. 7. 법률 3751호로 개정되기 전의 것)상 승선계약은 선원이 특정 선박에 승선하여 근로를 제공하고 선박소유자는 이에 대하여 임금을 지급함을 목적으로 체결된 계약을 의미하는데, 선박소유자가 예비원을 두고 있는 경우 이는 일반적인 근로계약을 체결한 것이고, 예비원이 특정 선박에 승무할 때 다시 승선계약이 이루어져 승무원이 되며, 하선할 때 승선계약은 종료하고 다시 예비원의 지위로 돌아간다고 보았다. 그러므로 이에 따르면 선원이 승선 여행을 시작한 때부터 하선 여행이 종료한 시점까지를 '승무 중'으로 해석하게 된다.

다. 협의설

'승무 중'이라는 개념은 업무수행 여부를 떠나서 선원이 승선[251]하고 있는 일체의 기간, 기항지에서의 상륙기간, 승하선에 수반되는 여행기간을 포함하고, 휴무와 관련하여서 본다면, 휴무기간 중이더라도 계속 승선하고 있는 일체의 기간, 휴무를 마치고 배로 복귀하는 여행기간은 물론 비록 휴무기간이 만료되기 전이더라도 배로 복귀하는 기간도 이에 해당한다고 해석하는 견해이다.[252]

---

249) 서병기, 99면.

250) 김성환, "선원의 재해보상제도에 관한 연구", 한국해양대 법학박사학위논문(2002), 28-29면.

251) 승선은 구체적인 항해조직체에 편입하는 규범적인 개념임에도, 실무에서는 이를 선박에 타는 행위와 혼동하는 경향이 있다. 위에서 승선 중이란 재선 중으로 해석된다.

252) 대법원 1999. 9. 17. 선고 99다24836 판결(船); 광주고법(제주부) 1997. 6. 13. 선고 96나398 판결; 김인현, "선원법 제90조(유족보상)상 '승무 중'의 범위", 해양한국 320호(2000. 5), 92면.

라. 최협의설

이는 승무의 개념을 승선 중이나 선박소유자의 지휘감독권 범위 안에 있는 기항지에서의 상륙기간 등으로 한정하여 해석하는 견해이다.[253]

마. 검 토

생각건대, (i) 선원재해보상제도의 연혁에서 살펴본 바와 같이, 세계적으로 승선계약이 보편적이고, 우리나라 선원법의 모법인 일본 선원법에서는 '고입계약 중'이라는 용어를 사용하고 있는데 이는 구 선원법상 '승선계약존속 중'과 동일한 개념인 점, (ii) '승선계약존속 중'이라는 용어는 구 선원법이 선원근로계약이라는 단일개념을 도입하면서 동일한 의미인 '승무 중'이라는 용어로 치환되었다고 보는 것이 입법 연혁상 자연스러운 점,[254] (iii) 협의설이나 최협의설과 같은 입장을 취하게 되면 현행 선원법의 보호범위가 구 선원법의 보호범위보다 오히려 축소되는 점, (iv) 선원이 기항지 이외의 장소에서 휴무 중인 경우는, 직무에서 적극적으로 이탈한 것으로 평가할 수 없고 노동력의 재생산을 위하여 법이 선박소유자에게 강제한 결과 또는 선박소유자나 불가항력과 같이 선원의 지배영역에서 벗어난 것으로 평가할 수 있는 점 등에 비추어 보면, 광의설의 입장이 타당하다고 본다.

그러므로 '승무 중'에는 직무수행 여부를 떠나서 선원이 선박에 있는 일체의 기간, 선박에 타거나 떠나는 기간, 기항지에서의 상륙기간, 승하선에 수반되는 여행기간을 포함하는 것으로 해석하여야 하고, 휴무와 관련하여서 본다면, 휴무기간 중이더라도 계속 승선하고 있는 일체의 기간, 휴무를 마치고 배로 복귀하는 여행기간, 휴무기간이 만료되기 전이더라도 선박으로 복귀하는 기간, 휴무 중인 기간을 모두 포함하는 것으로 해석하여야 한다. 다만 선원이 휴무기간을 제외한 하선기간, 즉 선원이 구체적으로 선내항행조직에서 이탈하여 선내항행조직의 기능수행에 기여하고 있지 아니한 상태로 평가할 수 있는 기간은 승무 중이라고 볼 수 없으므로,[255] 기항지 이외의 장소에서 유급휴가 중[256]이거나 임의로 하선한 기간

---

253) 제주지법 1996. 6. 20. 선고 95가합3981 판결.

254) 이는 승무 중에 기항지에서의 상륙기간, 승하선에 수반되는 여행기간도 포함하도록 규정한 것에서도 알 수 있는데, 선원법 개정 당시 위와 같은 취지를 명확하게 하기 위해서 삽입한 주석규정이라고 한다. 서병기, 99면.

255) 부산지법 2016. 6. 24. 선고 2015가단56839 판결.

등은 '승무 중'의 범주에서 제외된다.[257]

6. 선박소유자의 항변사유

고의에 의한 재해에 관하여 선박소유자는 보상책임이 없다.[258] 고의라는 항변사유의 존재에 관하여 선박소유자가 증명책임을 부담한다.[259] 구 선원법은 2012. 2. 4.까지는 중과실로 인한 경우에도 면책사유로 규정하였으나, 현행 선원법은 2012. 2. 5.부터는 고의만 면책사유로 규정하고 있다. 그러나 어재법상 직무외 재해와 '해외취업선원의 재해보상에 관한 규정'상 직무외 요양보상은 여전히 고의 이외에도 중대한 과실을 면책사유로 규정하고 있다. '고의 또는 중대한 과실에 의한 재해'는 '고의 또는 중대한 과실로 인한 선원의 행위에 전적으로 기인하여 재해가 발생하였거나 고의 또는 중대한 과실로 인한 선원의 행위가 주된 원인이 되어 재해가 발생한 경우'를 말하는 것으로 해석함이 상당하다.[260]

가. 고 의

(1) 의 의

고의라 함은 선원이 일정한 재해가 발생하리라는 것을 알면서 감히 이를 행하는 심리상태를 의미한다. 이는 직무외 재해보상의 면책사유이므로 엄격하게 해석하여야 하고, 선박소유자는 일반인의 상식에서 합리적인 의심이 들지 않을 정도로 명백하게 증명하여야 한다.[261] 이에 해당하는 경우로는 자살, 자해, 범죄행위, 중

---

256) 선박소유자의 귀책사유나 불가항력으로 인한 휴무, 법률에 의하여 부여시기와 기간이 규정되는 휴게, 휴식, 휴일과는 달리 유급휴가는 선박소유자와 선원의 협의에 의하여 시기와 장소가 결정되고 그 기간도 장기적이며, 사용기간도 예측가능하다는 점에서 선원의 지배영역으로 평가하여야 한다.

257) 선원이 휴가를 마치고 선박에 복귀할 목적으로 2017. 7. 10. 06:26 부산 구포역에서 기차를 타기로 계획하였고, 03:20경 자택에서 출발하여 B병원에서 수액을 맞기 위하여 가족이 운전하는 차량을 타고 이동하던 중 지주막하 출혈로 의식을 잃은 사안에서, 법원은 "이 사건 상병이 위와 같이 병원으로 이동하던 중에 발생하였다고 보더라도, 이는 승선을 위하여 통상적이고 필연적인 기간이 시작되기 전에 개인적인 생활영역에서 발생하였다고 보아야 한다."고 판시하면서, 선원이 승무 중 직무외 원인으로 사망한 것이 아니라고 판결하였다. 부산지법 서부지원 2021. 11. 10. 선고 2020가단110470 판결.

258) 독일의 통설도 이와 같다. Bemm/Lindemann, 520면.

259) 대법원 2002. 6. 14. 선고 2001다2112 판결(船).

260) 대법원 2010. 6. 10. 선고 2010도1777 판결.

261) 대법원은 "보험계약의 보통보험약관에서 '피보험자가 고의로 자신을 해친 경우'를 보험자의 면책사유로 규정하고 있는 경우 보험자가 보험금 지급책임을 면하기 위해서는 위 면책사유에 해당하는 사실을 증명할 책임이 있는바, 이 경우 자살의 의사를 밝힌 유서 등 객관적인 물증의 존재나, 일반인의 상식에서 자살이 아닐 가능성에 대한 합리적인 의심이 들지 않을 만큼 명백한 주위 정황사실을 증명하여

독, 피재선원이 유발한 싸움 등을 들 수 있다. 그러나 음주 자체만으로는 고의로 평가할 수 없다.

(2) 사 례

① 선원이 해외취업선의 실습선원으로 승선근무 중 선내 침실에서 자신이 범한 절도행위를 한탄하여 죽겠다는 취지의 유서를 남기고 자살한 경우[262]에는 고의로 인한 재해이지만, ② '와이케이72호'의 선원이 가족들에게 보험금을 지급받도록 하기 위하여 또는 생활형편을 비관하여 바다에 투신하였다고 볼만한 증거는 없고, 오히려 갑작스런 근무 및 생활환경의 변화와 수면부족, 과로 등으로 인한 순간적 정신이상 상태에서 극한상황을 벗어나기 위하여 바다에 뛰어들었다가 익사한 것으로 보이는 경우,[263] ③ 아틀란티아호의 3등기관사가 스스로 왼쪽 손목에 과도로 자해를 하여 상당 시간 피를 흘리다가 난간으로 뛰어내려 그 충격으로 인한 두개골 골절로 사망하였을 가능성이 보이기는 하나 그렇다고 하여 그가 자살하였다는 확신을 갖게 하기에는 부족한 경우[264] 등에는 고의로 인한 재해라고 할 수 없다.

나. 중대한 과실

(1) 적용범위

어재법은 직무외의 원인에 의한 요양급여(23조 3항), 상병급여(24조 2항), 유족급여(27조 2항)의 경우에는 중앙회의 면책사유로 고의 이외에 중대한 과실(중과실)을 규정하고 있다.[265] 그런데 선원법은 2012. 2. 5.부터 중과실을 면책사유에서 제외하였으므로 양자의 관계가 문제된다.

생각건대, (i) 어재법의 적용대상 어선 중 선원법의 적용 범위에 속하는 어선의 경우[266]에는 신법우선의 원칙에 따라 중과실은 면책사유에서 제외된 것으로

야 한다."고 판시하였으나(대법원 2002. 3. 29. 선고 2001다49234 판결), 사망한 선원이 유서를 남기고 실종·사망한 것은 자살로 인한 개연성은 있으나 필연성을 없고, 유서 이외에 고의 또는 중대한 과실이 있다는 증거가 없는 경우에는 망인의 고의 또는 중대한 과실로 인한 재해라고 볼 수 없다. 부산선노위 1987. 11. 5, 선원행정사례집, 150면.

262) 부산선노위 1989. 7. 15, 선원행정사례집, 150면.

263) 부산고법 2002. 12. 13. 선고 2002나1796, 1802 판결.

264) 대법원 2002. 6. 14. 선고 2001다2112 판결(船).

265) 해외취업선원 재해보상에 관한 규정도 직무외 요양보상의 경우 중과실을 면책사유로 규정하고 있다.

보고, (ii) 어재법의 적용대상 어선 중 선원법의 적용 범위에 속하지 아니한 어선[267]의 경우에는 근기법·산재법과 동일하게 중과실은 면책사유에 포함된 것으로 보는 것이 타당하다.

(2) 내 용

'중대한 과실'이라 함은 통상인에게 요구되는 정도의 상당한 주의를 하지 않더라도 약간의 주의를 한다면 손쉽게 위법·유해한 결과를 예견할 수 있는 경우인데도 불구하고, 만연히 이를 간과함과 같은 거의 고의에 가까운 현저히 주의를 결여한 상태를 말한다.[268] 이는 어선소유자의 면책사유이므로 고의에 준하는 정도를 의미하는 것으로 엄격하게 해석하여야 한다.[269] 중대한 과실은 재해의 원인이 되는 사고 발생에서 중대한 과실을 의미하므로, 사고와 직접적인 인과관계가 없는 상태를 야기한 것만으로는 과실이 있다고 할 수 없다.[270]

(3) 사 례

① 기관고장으로 해상에 정박 중인 선내에서 동료선원 3명과 소주 1.8리터 3병을 나누어 마신 후 술에 만취된 상태에서 육지로 가서 다시 술을 마시기 위해 아무런 보호장비 없이 심야에 바다로 뛰어들었다 사망한 경우,[271] ② 선박이 조업 중 기관고장으로 육지로부터 약 700m 떨어진 해상에 정박 중이었는데 선원이 술에 취한 채 승선을 거부하면서 선장 및 동료의 명령·권고에도 불구하고 하선을 고집하여 바다에 뛰어들어 헤엄쳐 상륙한 다음 기다리다가 술이 깨어 선박으로 헤엄쳐 오다가 익사한 경우[272] 등에는 중대한 과실이 있다고 할 수 있다.

---

266) 예를 들면, 총톤수 20t 이상인 어선으로서 선원법 3조 1항 단서에 해당하지 않는 경우.

267) 예를 들면, 근해구역에서 어로작업에 종사하는 총톤수 20t 미만의 어선.

268) 선박소유자가 수산업협동조합중앙회와 체결한 어선보통공제계약의 약관에 "공제계약자, 피공제자의 고의 또는 중대한 과실로 인하여 발생한 사고에 대하여는 공제금을 지급하지 아니한다."고 규정하고 있던 사안에서, 대법원 1991. 7. 12. 선고 91다6351 판결(船)은 위와 같은 취지로 판시하였다.

269) 공무원연금법 62조 3항 1호의 중대한 과실이라 함은 조금만 주의를 하였더라면 사고의 발생을 미리 인식하여 이를 방지할 수 있었음에도 불구하고 현저히 주의를 태만하였기 때문에 사고의 발생을 인식할 수 없었거나 이를 방지하지 못한 경우를 말하고, '중대한 과실'은 되도록 엄격하게 해석하여야 한다. 대법원 1996. 4. 12. 선고 96누716 판결.

270) 무단 조퇴하고 오토바이로 퇴근 중 교통사고로 사망한 경우, 공무원연금법 62조 3항 1호 소정의 '중대한 과실'은 사망의 원인이 되는 사고 발생에서의 중대한 과실을 의미하므로, 그 무단 조퇴는 사고 발생과 직접적 인과관계가 없어 같은 호 소정의 '중대한 과실'에 해당하지 않는다. 서울고법 1996. 6. 14. 선고 95구26461 판결.

271) 인천선노위 1990. 3. 28, 선원행정사례집, 160면.

272) 부산선노위 1990. 2. 19, 선원행정사례집, 159면.

그러나 과거에 승선경험이 전혀 없는 미성년자 선원 3명이 승선 후 7일만에 심한 배멀미와 작업미숙을 이유로 한 수 회에 걸친 선장의 폭행으로 인하여 해안에서 1해리 떨어진 해상에 정박 중인 선박에서 탈출하기로 하고 바다에 뛰어 내려 육상으로 헤엄쳐 가는 도중 사망 또는 실종된 경우에는, 피재선원들이 승선하고 있던 선박은 육지에서 1해리 떨어진 곳에 정박 중이었고, 1해리 정도의 거리는 조류나 기타 기상조건이 양호하다면 수영에 능숙한 사람 또는 그렇지 못하다고 하더라도 부표 등의 도움을 받아 수영할 경우 통상 해안까지 무사히 도달하는 것이 불가능한 거리라고 볼 수 없고, 피재선원들은 모두 선원생활을 시작한지 7일에 불과한 미성년자임을 감안할 때, 이들이 해안에 무사히 상륙할 수 없을 것이라는 사실을 인식하지 못한 것이 현저하게 부주의하였다고 볼 수 없다.[273)]

다. 선원노동위원회의 인정

선박소유자가 재해보상의무를 면하려면 선원노동위원회로부터 고의(또는 중과실)를 인정받아야 한다. 이는 선박소유자가 선원노동위원회에 '고의 인정 신청'과 같이 독립한 신청행위를 하여, 선원노동위원회가 이를 인정하는 결정을 함으로써 성립하는 것으로, 고의와 별도로 요구되는 면책사유이다. 이는 선박소유자의 독립한 신청행위를 전제로 하므로, 재해보상에 관한 심사와 중재에서 선박소유자가 선원의 고의를 주장하여 선원노동위원회가 이를 인용한 결과 선원의 재해보상청구가 기각되었더라도, 선원노동위원회의 고의인정을 받았다고 볼 수 없다. 또한 재해보상청구소송에서 선박소유자가 선원의 고의를 주장·증명하였다 하더라도 선원노동위원회의 인정을 받았다는 사실을 주장·증명하지 않으면, 선박소유자의 면책항변은 받아들일 수 없다.[274)] 선원노동위원회의 고의 인정 결정은 강학상 확인행위로서 행정처분에 해당하므로, 선박소유자가 이에 불복하는 경우에는 중앙노동위원회에 재심을 신청할 수 있고,[275)] 재심결정에 대하여는 다시 행정소송을 제기할 수 있다.

---

273) 부산선노위 1990. 11. 6, 선원행정사례집, 163면.
274) 부산지법 2001. 11. 21. 선고 2000가단68029 판결; 인천지법 2001. 7. 10. 선고 2000가합139 판결.
275) 노동위원회법 3조 1항 1호 참조.

Ⅲ. 양 청구권의 상호관계

1. 소송물의 수

직무상 재해보상청구권과 직무외 재해보상청구권이 하나의 소송물로서 공격방법을 달리하는 것에 불과한지,[276] 아니면 복수의 소송물인지 여부는 소송물이론에 따라 달라지겠지만, 판례는 구 실체법설(구 소송물이론)을 취하고 있다. 이에 의하면, 양 청구권은 그 근거 조문이 서로 다른 점(직무상 요양보상청구권은 법 94조 1항에, 직무외 요양보상청구권은 94조 2항에, 직무상 상병보상청구권은 96조 1항에, 직무외 상병보상청구권은 96조 2항에, 직무상 유족보상청구권은 99조 1항에, 직무외 유족보상청구권은 99조 2항에 각 법적 근거를 두고 있다), 직무상 재해보상청구권의 성립요건과 직무외 재해보상청구권의 성립요건이 서로 다른 점 등에 비추어 보면, 복수의 소송물로 보아야 한다.[277]

2. 주위적·예비적 청구의 관계

직무상 재해보상청구권의 성립요건인 '직무상' 재해는 직무외 재해보상청구권의 성립요건인 '직무외' 재해와 양립불가능한 모순개념인 점에 비추어 보면, 양 청구권은 논리적으로 양립할 수 없는 모순된 청구이므로 주위적·예비적 청구의 관계에 있다.[278] 원고가 직무상 재해보상청구와 직무외 재해보상청구를 선택적으로 청구하는 것은 허용되지 아니한다.[279] 원고가 양립불가능한 직무상 재해보상청구와 직무외 재해보상청구를 선택적으로 구하는 경우에는 이를 주위적·예비적 청구로 보아 주위적 청구부터 판단하여야 한다.[280] 그러나 예비적 청구가 주위적 청구와 동일한 목적물에 관하여 동일한 청구원인을 내용으로 하고 있고, 다만 주위적 청구에 대한 수량적 일부분을 감축하는 것에 지나지 아니한 경우에는 소송상

---

276) 부산지법 1998. 10. 1. 선고 97가합10287 판결은 유족보상청구소송에서 단일한 청구취지만을 기재하여 직무상 유족보상청구와 직무외 유족보상청구를 공격방법의 차이로 파악하고 있는 것으로 보인다.
277) 대법원 2002. 6. 14. 선고 2001다2112 판결(船).
278) 대법원 2002. 6. 14. 선고 2001다2112 판결(船).
279) 대법원 1982. 7. 13. 선고 81다카1120 판결; 문일봉, "선택적 병합과 청구권경합", 법조 510호(1999. 3), 126면.
280) 서울고법 1991. 1. 17. 선고 89구10885 판결.

예비적 청구라고 할 수 없다.[281)]

3. 항소심의 심판범위

예비적 병합의 경우에는 수개의 청구가 하나의 소송절차에 불가분적으로 결합되어 있기 때문에 주위적 청구를 먼저 판단하지 않고 예비적 청구에 대하여만 판단한 일부판결은 예비적 병합의 성질에 반하는 것으로서 법률상 허용되지 아니하며, 그럼에도 불구하고 주위적 청구를 배척하면서 예비적 청구에 대하여 판단하지 아니하는 판결을 한 경우에는 그 판결에 대한 상소가 제기되면 판단이 누락된 예비적 청구 부분도 상소심으로 이심이 되고 그 부분이 재판의 탈루에 해당하여 원심에 계속 중이라고 볼 것은 아니다.[282)]

제3절 선원법상 재해보상

Ⅰ. 당사자

1. 재해보상 청구권자

가. 선 원

선원이란 선원법이 적용되는 선박에서 근로를 제공하기 위하여 고용된 사람을 말한다(법 2조 1호). 국적선·준국적선에 대한민국 선원과 외국인 선원이 승선한 경우(混乘) 외국인 선원에게도 선원법이 적용되므로, 외국인 선원도 재해보상청구권자가 된다.

---

281) 대법원 1991. 5. 28. 선고 90누1120 판결; 대법원 2017. 2. 21. 선고 2016다225353 판결.
282) 대법원 2002. 10. 25. 선고 2002다23598 판결; 대법원 2007. 10. 11. 선고 2007다37790 판결.

나. 선원의 유족

(1) 유족의 범위

유족보상 · 장례비 · 행방불명보상에 관하여 선원의 사망 당시 유족을 청구권자로 규정하고 있는데,[283] 유족이란 (i) 선원의 사망 당시 그에 의하여 부양되고 있던 배우자(사실상 혼인관계에 있던 자 포함) · 자녀 · 부모 · 손 및 조부모, (ii) 선원의 사망 당시 그에 의하여 부양되고 있지 아니한 배우자 · 자녀 · 부모 · 손 및 조부모, (iii) 선원의 사망 당시 그에 의하여 부양되고 있던 형제자매, (iv) 선원의 사망 당시 그에 의하여 부양되고 있지 아니한 형제자매, (v) 선원의 사망 당시 그에 의하여 부양되고 있던 배우자의 부모, 형제자매의 자녀 및 부모의 형제자매, (vi) 선원의 사망 당시 그에 의하여 부양되고 있지 아니한 배우자의 부모, 형제자매의 자녀 및 부모의 형제자매 등을 말한다(시행령 29조).

(2) 유족의 순위

유족보상 및 장례비를 받을 순위는 시행령 29조 각 호의 순서에 의하고, 같은 호에 규정된 자 사이에서는 그 기재된 순서에 의한다. 시행령 29조 1항 1호 및 2호의 경우 배우자 · 자녀 · 부모는 같은 순위로 하며, 부모에서는 양부모를 선순위로 실부모를 후순위로 하고, 조부모에서는 양부모의 부모를 선순위로 실부모의 부모를 후순위로, 부모의 양부모를 선순위로 부모의 실부모를 후순위로 한다(시행령 30조 1항). 그러므로 선원 사망 당시 부양되고 있던 배우자가 부양되고 있지 않던 부모보다 우선순위에 있고,[284] 선원 사망 당시 부양되고 있지 아니한 배우자와 자녀는 같은 순위로 유족보상을 받을 수 있다.[285]

---

283) 변론종결 시까지 당사자 사이에서 근로자재해보상책임보험의 부보 범위만이 쟁점이 되어 다투어져 왔을 뿐 원고가 유족으로서 보상금을 수령할 요건을 갖추었는지 여부에 관하여는 명시적인 다툼이 없었던 경우, 설사 원심이 변론종결 당시까지 제출된 증거자료에 의하여 원고가 망인의 수입에 의하여 생계를 유지한 것이 아니므로 유족에 해당하지 않는다는 심증이 들었다고 할지라도 이를 재판의 기초로 삼기에 앞서, 마땅히 당사자들이 간과한 재해보상금을 수령할 수 있는 유족의 요건에 관하여 석명을 구하고 증명을 촉구하여야 함에도 불구하고, 이에 이르지 아니한 채 원고가 이미 제출한 증거만으로는 그러한 요건을 인정할 수 없다는 이유로 청구를 기각한 것은, 당사자가 전혀 예상하지 못하였던 법률적인 관점에 기한 예상외의 재판으로 원고에게 불의의 타격을 가하였을 뿐만 아니라, 원고가 망인의 유족으로서 그 재해보상금을 수령할 수 있는 지위에 있었는지 여부에 관하여 심리를 다하지 아니한 위법이 있다. 대법원 1998. 9. 8. 선고 98다19509 판결(船).

284) 부산지법 2022. 4. 21. 선고 2021가단325055 판결.

285) 서울행법 2022. 4. 15. 선고 2021구합55500 판결.

선원이 유언 또는 선박소유자에게 대한 통보로서 시행령 29조 각 호의 1에 해당하는 자를 지정한 경우에는 그 순위에 따른다(시행령 30조 2항). 다만 유언에 의한 지정은 유족의 범위 내에서 그 순위를 변경한다는 의미이지 선원법상 유족의 범위에 해당하지 않는 사람에 대해서는 효력이 없다. 예를 들면, 생계를 같이 하는 며느리, 가장 가까운 친족인 조카를 수급권자로 지적하였다고 하더라도 이들은 선원법상 유족이 아니므로 수급권자가 될 수 없다.[286)]

태아는 29조 1호 및 2호를 적용할 때는 이미 출생한 것으로 한다(시행령 30조 3항). 유족보상을 받을 수 있는 같은 순위의 자가 2인 이상 있는 경우에는 유족보상은 그 지급받을 사람의 수에 의하여 등분하여 지급한다(시행령 30조 4항).[287)] 유족보상을 받을 수 있었던 자가 사망한 경우에는 유족보상을 받을 권리를 상실하고 같은 순위의 자가 있는 경우에는 같은 순위의 자가, 같은 순위의 자가 없는 경우에는 다음 순위의 자가 이를 승계한다(시행령 30조 5항).

(3) 배우자

(가) 법률상 배우자

법률혼주의를 대전제로 하고 있는 우리 가족법 체계를 고려하여 보면, 법률상 배우자 사이에 이혼의사가 합치되어 법률혼은 형식적으로만 존재하고 사실상 혼인관계가 해소되어 법률상 이혼이 있었던 것과 마찬가지로 볼 수 있는 등의 특별한 사정이 없는 한, 법률상의 배우자가 유족으로서 수급권을 갖는다.[288)]

---

286) 산재법 소정의 유족급여를 받을 수급권자는 같은 법 3조 3항 소정의 유족에 한정되고, 같은 법 시행령 25조 5항은 당해 근로자가 위 법조항에 수급권자로 규정된 유족들의 순위에 관하여 같은 법 시행령에 규정된 순위와 달리 수급권자를 유언으로써 지정할 수 있음을 규정한 것에 불과하며, 유족급여의 수급권자의 범위에 관하여는 민법 1001조의 대습상속에 관한 규정이 준용될 여지도 없으므로, 근로자가 사망할 당시 같은 법 3조 3항 소정의 유족이 없었고 위 망인이 유언으로 가장 가까운 친족인 조카를 유족급여의 수급권자로 지정하였다고 하더라도, 사망한 근로자의 조카가 유족급여의 수급권자로 될 수는 없는 것이다. 대법원 1992. 5. 12. 선고 92누923 판결.

287) 산재법 시행령 60조 1항 소정의 유족보상연금의 대표자 선임규정은 선원재해보상의 경우에는 적용되지 않는다. 따라서 유족보상의 동순위자인 부모 중 1명이 행방불명일 때 보상금은 총액의 1/2만 수령할 수 있고 유족보상금은 양도 또는 압류할 수 없으므로 위임 수령은 불가하다(보상 1458.7-2714, 1984. 12. 18.).; 원고들은 선원의 사망 당시 그에 의하여 부양되고 있지 아니한 배우자 및 자녀들로서 선원법 시행령 29조, 30조에 따라 같은 순위의 유족임을 자인하고 있는바, 선원법 시행령 30조 4항에 따라 각 위 유족보상금을 5등분한 금액의 지급을 구할 권리를 갖는다(부산지법 2018. 12. 5. 선고 2017가합50177 판결).

288) 대법원 1993. 7. 27. 선고 93누1497 판결; 대법원 2007. 2. 22. 선고 2006두18584 판결; 서울행법 2022. 4. 15. 선고 2021구합55500 판결.

(나) 사실상 혼인관계에 있던 배우자

배우자에는 사실상 혼인관계에 있던 자를 포함하기 때문에 민법상 상속인과 재해보상청구권자가 일치하지 않는 경우가 발생한다. 선원법이 사실혼 관계의 배우자를 유족의 범위에 포함하고 있는 것은 사실상 혼인의 실체를 갖추고 있으면서도 혼인신고가 없기 때문에 법률상 혼인으로 인정되지 아니한 사실상 배우자를 보호함으로써 선원의 사망 이후의 생활을 안정시키려는데 그 입법의 취지가 있다.

만일 사망한 선원과 사이에 일시적인 동거관계가 있었다 하더라도 주관적으로 혼인의 의사가 있고 객관적으로도 사회관념상 가족질서적인 면에서 부부 공동생활을 인정할 만한 혼인생활의 실체가 없어 그들 사이에 사실혼 관계가 존재한다고 볼 수 없다면 선원법상 유족보상 등을 구할 수 없다.[289] 그러나 법률상 혼인을 한 부부가 별거하고 있는 상태에서 그 다른 한 쪽이 제3자와 혼인의 의사로 실질적인 부부생활을 하고 있다고 하더라도, 특별한 사정이 없는 한 이를 사실혼으로 인정하여 법률혼에 준하는 보호를 할 수는 없다.[290]

(다) 혼인이 무효인 경우

민법 815조는 혼인무효사유를 규정하고 있는데, 재판실무에서는 '당사자 간에 혼인의 합의가 없는 때'에는 그 혼인은 무효로 한다는 1호 규정이 주로 문제된다. 이러한 무효사유는 당사자 사이에 사회관념상 부부라고 인정되는 정신적·육체적 결합을 생기게 할 의사를 갖고 있지 않은 경우를 가리키므로, 당사자 사이에 비록 혼인의 계출 자체에 관하여 의사의 합치가 있어 일응 법률상 부부라는 신분관계를 설정할 의사는 있었다고 인정되는 경우라도, 그것이 단지 다른 목적을 달성하기 위한 방편에 불과한 것으로서 그들 사이에 참다운 부부관계의 설정을 바라는 효과의사가 없을 때에는 그 혼인은 민법 815조 1호의 규정에 따라 그 효력이 없다.[291]

따라서 선원 A가 1995. 11. 21. 중화인민공화국 국적의 B와 혼인신고를 한 바 있으나, 실제로는 B와 진정하게 혼인할 의사가 있었던 것이 아니라 B의 국내 취업을 도와주기 위하여 B로부터 소정의 수수료를 받고 마치 혼인한 것처럼 혼인신

289) 인천지법 2002. 2. 14. 선고 2000가합2470 판결.
290) 대법원 2001. 4. 13. 선고 2000다52943 판결.
291) 대법원 1996. 11. 22. 선고 96도2049 판결.

고를 해 준 경우에는, 그들 사이에는 혼인의 계출(屆出)에 관하여는 의사의 합치가 있었으나 참다운 부부관계의 설정을 바라는 효과의사는 없었다고 인정되므로, 그 혼인은 우리나라의 법에 의하여 혼인으로서의 실질적 성립요건을 갖추지 못하여 그 효력이 없어서 B는 선원법상 유족에 해당하지 아니한다.[292]

2. 재해보상 의무자

가. 선박소유자

재해보상의무를 부담하는 '선원법상 선박소유자'는 선박의 소유와는 관계없이 실질적으로 그 선박을 운영하면서 선원을 고용하고 임금을 지급하는 자를 말한다.[293] 선박의장자, 선박임차인,[294] 선박관리인, 선체용선인 등이 이에 해당한다. 선원근로계약에 기하여 선원에 대한 재해보상과 보험가입의무를 부담하고 있는 선박용선회사를 대신하여 특수한 관계에 있는 다른 회사가 보험에 가입한 경우, 위 회사는 선박용선회사의 재해보상의무를 중첩적으로 인수한 것이다.[295] 선원법 3조 1항의 요건을 충족한 국적선과 준국적선에 대하여는 선원법이 적용되는데, 위 선박의 소유자가 외국인이라도 우리나라 선원법의 적용된다. 선원법의 규정은 적극적 저촉법적 규정이므로, 외국의 관련 법규는 적용되지 않는다.

나. 선원관리사업자

(1) 부정되는 경우

선원관리사업자가 선박소유자의 위탁을 받아 선원에 대한 인사관리업무를 수

292) 서울지법 동부지원 2000. 6. 29. 선고 99가단59840 판결.

293) 광주고법 2000. 12. 1. 선고 2000나1739 판결.

294) A가 선박을 위 선박의 선원으로 일하고 있던 B에게 임대하고, B가 자신의 비용으로 위 선박을 관리·운항하고 포획한 어류를 판매하여 그 이익금을 선원들에게 분배하였으나, B는 A로부터 이 사건 선박을 임차하면서 당초 A가 채용한 선장 C와 선원 D를 그대로 위 선박에서 일하게 하되, 다만 C가 임차사실을 알게 되면 자신 밑에서 일하는 B와의 관계를 고려하여 선장직을 그만 둘지도 모르고 그런 경우 새로운 선장을 고용하기가 곤란하다는 판단 하에 위와 같은 임차사실을 선원들에게는 숨기기로 하고, 내부적으로는 B가 선박의 관리비용을 지출하고 포획한 어류를 처분하여 그 이익을 선원들에게 지급하면서도 외형적으로는 선주인 A가 지불하는 것처럼 하여 C 등은 사고발생 이후에도 위와 같은 선박 임대사실을 모르고 있었던 사실을 인정할 수 있는 바, 그렇다면 A, B의 위 임대차 약정은 내부적으로만 B가 이 사건 선박을 임차하여 그의 경제적인 책임 하에 운행하되, 다만 외부적인 고용관계 및 지휘감독관계는 기존의 것을 유지하기로 한 것이다. 부산지법 1996. 11. 5. 선고 96가합4285 판결.

295) 대법원 2008. 2. 1. 선고 2006다63990 판결(船).

탁받아 이를 대행하는 업무만을 영업으로 하는 경우, 선원관리사업자는 선박소유자의 대리인 또는 이행보조자의 지위에 있을 뿐 선박소유자라고 할 수는 없다. 따라서 선원법상 임금지급이나 재해보상 의무자는 선박소유자에 한정되는 이상, 선원관리사업자가 선원의 임금지급업무나 재해보상 등의 업무를 수행한다고 하더라도 이는 선박소유자와의 계약관계에 기하여 선박소유자가 이행할 채무를 대행하는데 불과하므로, 선원이나 사망한 선원의 유족은 선원관리사업자에 대하여 직접 임금이나 재해보상 등의 지급을 청구할 수 없다.[296)]

선원 X와 사이의 선원근로계약의 직접 당사자는 선박소유자 Z이고 선원관리사업자 Y는 선박소유자의 대리인에 불과한 까닭에, Y와 Z 사이에 체결된 대리점계약서 및 그에 부속된 취업규칙에도, Z가 선원법상 요양보상, 상병보상 등 재해보상을 책임지기로 하고 그 이행을 담보하기 위하여 선주상호책임보험(P&I)에 가입하도록 규정하고 있으며, 이 사건 선박(파나마 국적 선박 Yukikaze호)이 Y의 지배하에 있는 것도 아니고 선원들의 노무관리 등 근로조건의 결정이나 업무명령의 발출, 구체적인 지휘, 감독을 행하는 등의 점에서 Z로부터 Y에게 실질적으로 일정한 권한이 부여되었다고 볼 만한 아무런 자료가 없는 이상, 비록 Y가 Z부터 X를 포함한 선원들의 급료를 송금받아 다시 이를 선원(또는 선원가족)들에게 재송금하는 방식으로 급료가 지급되었다고 하더라도, 이를 들어 Y가 '선원을 고용하고 그 선원에 대하여 임금을 지급하는 자' 또는 '선원에 관한 사항에 대하여 사업주(선박소유자)를 위하여 행위하는 자'로서 선원법상 재해보상책임을 지도록 되어 있는 선박소유자와 동일한 지위에 있는 자라고 볼 수는 없다.[297)]

구 해사안전법 51조에 따른 안전관리대행업자가, 선박소유자로부터 선박관리계약을 통해 위탁받은 '안전관리 대행업무'는 구 해사안전법 46조에 근거한 것으로서 선박의 안전관리체계의 수립과 시행에 관한 업무범위는 구 해사안전법 시행규칙 33조에 의한 [별표 11]에서 정하고 있고 위 법령이 정한 사항에 관하여 위반한 바가 없다고 주장한 사안에서, 법원은 "선박관리계약상 안전관리 대행업무를 수탁한 안전관리대행업자가 선박소유자로부터 선박의 운항에 대한 책임을 위탁받

296) 서울고법 2000. 11. 24. 선고 2000나28645 판결; 서울지법 2002. 9. 5. 선고 2001가합61161 판결; 부산지법 2004. 1. 9. 선고 2003가단38470 판결; 부산지법 2005. 2. 18. 선고 2004가단51166 판결.
297) 대법원 2004. 12. 24. 선고 2004다51696 판결(船).

고 선원법에 따른 선박소유자의 권리 및 책임과 의무를 인수하기로 동의한 선박관리업자로서 선박소유자와 동일한 지위에 있는 자라고 인정하기 부족하다"고 판시하였다.[298)]

(2) 긍정되는 경우

선원관리사업자에게 선원의 근로조건이나 재해보상 등 선원법 112조 3, 7항에 규정된 사항 이외의 사항에 관하여 선박소유자의 규정을 적용하기 위해서는 선원을 고용하고 임금을 지급하여야 한다는 실질적 요건을 충족하여야 한다.

선원관리사업자라도 수탁받은 업무의 내용과 범위에 따라서 선박소유자인지 여부가 결정된다. 선원관리사업의 내용은 선박소유자와 선원관리사업자 사이의 업무수탁계약에 따라 결정되므로, 선원관리사업자가 선원을 고용하고 임금을 지급하는 등 사용자로서의 업무를 수탁받았다면 그 명칭에도 불구하고 선원관리사업자는 선박소유자의 지위를 가진다. 판례[299)]에 따르면, 외국 국적 선박 등에 근무할 선원들을 모집하여 그 선원들로부터 근로소득세 징수, 의료보험료, 국민연금 등의 공제 등을 하면서 선원들에게 직접 급여를 지급하고, 그들로 하여금 외국 국적의 선박에 선원으로 근무하게 하는 방식으로 선원관리사업 등을 하는 회사는 비록 송출선박의 소유자는 아니라 할지라도 선원을 고용하여 송출선박에 근무하게 하면서 그에게 직접 임금을 지급하였으므로, 선박소유자에 관한 선원법의 규정을 적용받는다.

Ⅱ. 재해보상의 내용

1. 요양보상

가. 직무상 요양보상

(1) 성립요건

선박소유자는 선원이 직무상 부상을 당하거나 질병에 걸린 경우에는 그 부상이나 질병이 치유될 때까지 선박소유자의 비용으로 요양을 시키거나 요양에 필요

---

298) 부산지법 2021. 8. 11. 선고 2019가합52146 판결.
299) 서울고법 1999. 11. 30. 선고 99나8195 판결.

한 비용을 지급하여야 한다(법 94조 1항).

선원법 94조의 '치유'는 어재법 2조 1항 8호의 '치유'와 같은 의미로,[300] 부상 또는 질병이 완치되거나 치료의 효과를 더 이상 기대할 수 없고 그 증상이 고정된 상태에 이르게 된 것으로 풀이함이 타당하다.[301] 재해로 인한 부상의 대상인 신체를 반드시 생래적 신체에 한정할 필요는 없는 점을 고려하면, 의족은 단순히 신체를 보조하는 기구가 아니라 신체의 일부인 다리를 기능적 · 물리적 · 실질적으로 대체하는 장치로서, 직무상 사유로 선원이 장착한 의족이 파손된 경우는 요양보상의 대상인 선원의 부상에 포함된다.[302]

(2) 요양의 범위

요양의 범위는 (i) 진찰, (ii) 약제나 치료재료와 의지(義肢) 및 그 밖의 보철구 지급, (iii) 수술 및 그 밖의 치료, (iv) 병원, 진료소 및 그 밖에 치료에 필요한 자택 외의 장소에 수용(식사제공 포함), (v) 간병(看病), (vi) 이송, (vii) 통원치료에 필요한 교통비[303] 등이다(법 95조). 간병의 범위는 산재법 시행규칙 11조에 따른 간병의 범위에 따른다(시행규칙 56조의2).

요양보상은 재해로 상실된 노동능력을 일정 수준까지 보장하는 것을 주목적으로 하는 상병보상과는 달리 재해에 의한 상병을 치유하여 상실된 노동능력을 원상회복하는 것을 주목적으로 하므로, 요양보상은 재해 전후의 장해 상태에 관한 단순한 비교보다는 재해로 말미암아 비로소 발현된 증상이 있고 그 증상에 대하여 최소한 치료효과를 기대할 수 있는 요양이 필요한지에 따라서 그 지급 여부나 범위가 결정되어야 한다.[304]

(3) 이송과 송환의 관계

선원이 재해를 당하여 하선한 경우 이송과 송환과의 관계가 문제된다. 원칙적으로 주된 목적에 따라서 결정하되, 선원이 이동과정에 별다른 요양의 필요 없이 선원의 거주지 · 선원근로계약 체결지로 이동할 수 있는 경우에는 송환으로 보고,

---

300) 광주지법 목포지원 2014. 9. 17. 선고 2013가단15478 판결.
301) 대법원 2013. 12. 12. 선고 2013다210299 판결.
302) 대법원 2014. 7. 10. 선고 2012두20991 판결.
303) 직무상 상병이 치유될 때까지 통원치료를 받기 위하여 지출한 교통비를 요양보상금으로 인정한 사례로는 부산고법 2022. 10. 26. 선고 2021나50836 판결.
304) 대법원 2009. 8. 20. 선고 2009두6919 판결.

하선지에서 적절한 요양이 불가능하거나 곤란하여 치유를 목적으로 이동하는 경우나 송환 중 재해를 당한 경우에는 이송으로 봄이 타당하다.

(4) 치료의 범위

선원이 치료효과를 기대할 수 있는 유효한 치료방법이 있음에도 이에 의하지 않고 의학상 일반적으로 승인되지 아니하는 방법에 의하여 치료를 하는 경우에는 그를 위하여 지출한 비용은 요양보상의 대상이 되지 아니하지만, 선원이 의학상 치료효과를 기대할 수 있는 유효한 치료방법에 나아간 경우에는 그 치료를 위한 비용은 요양보상의 대상이 된다.[305] 치아보철비용 · 성형수술비용,[306] 의수지착용비용,[307] 척추를 부상당한 선원이 척추 내에 고정 삽입되어 있는 금속정의 수술제거비용[308] 등도 요양보상의 대상이 된다.

(5) 지급시기

요양보상의 지급시기는 선원법에 별도의 규정이 없으나 매월 1회 이상 지급하여야 한다(근기법 시행령 46조 참조).[309] 요양은 상병이 완치되었거나, 계속하여 치료를 하더라도 의학적인 효과를 기대할 수 없게 되고, 그 증상이 고정상태에 이르렀다는 의학적 소견이 있으면 치료를 종결할 수 있다.[310] 그러나 종결 후라도 재요양이 필요하고 원래의 상병과 인과관계가 있다는 의학적 소견이 있다면 재요양

---

305) 대법원 1999. 7. 9. 선고 99다7473 판결.

306) 노정 33750-199, 1990. 1. 13, 선원행정사례집, 98면.

307) 노정 33750-1550, 1990. 3. 15, 선원행정사례집, 99면.

308) 노정 33750-846, 1991. 2. 5, 선원행정사례집, 100면.

309) 요양보상의 사유가 발생하게 되면 지체 없이 보상을 하여야 하는 것으로 해석함이 상당한바, 근기법 시행령 46조에 의하면 요양보상은 매월 1회 이상 이를 행하여야 하는 것으로 규정되어 있으므로, 사용자가 적어도 요양보상의 사유가 발생한 달의 말일까지 요양보상을 행하지 아니한 때에는, 그때부터 근기법 78조에 위반한 자에 해당되어 근기법 110조 1호에 따라 처벌받게 된다(대법원 1992. 2. 11. 선고 91도2913 판결); 선원법 94조는 선박소유자가 요양보상을 하여야 할 시기에 관하여 명시적으로 규정하고 있지 않은 것으로 보이기는 한다. 그러나 선원법은 선원의 근로조건을 정함으로써 선원의 기본적 생활을 보장 · 향상시키기 위하여 근로기준법의 특별법으로 제정된 것으로 보이므로, 특별법인 선원법에서 요양보상의 시기를 정하고 있지 않다면 이는 선원법에 관한 일반규정 또는 재해보상에 대한 일반법이라 할 수 있는 근로기준법이 적용된다고 보는 것이 합리적인 해석이라고 할 것이다. 한편 근로기준법 78조 2항 및 동법 시행령 46조에 따른 요양보상의 시기는 '매월 1회 이상'으로 규정되어 있으므로(이는 선원법상의 상병보상에 대응하는 개념인 휴업보상의 경우도 같다), 선원법에 따른 요양보상의 시기 역시 동일하다고 보아야 한다(부산지법 2020. 12. 18. 선고 2020노609 판결).

310) 요양 중인 근로자의 상병을 호전시키기 위한 치료가 아니라 단지 고정된 증상의 악화를 방지하기 위한 치료만이 필요한 경우는 산재법에 규정된 치료종결 사유에 해당한다고 봄이 상당하다(대법원 2008. 9. 25. 선고 2007두4810 판결; 대법원 2009. 9. 10. 선고 2009두7332 판결).

이 가능하다.[311] 그러나 선원 A에 대하여 2012. 2. 11. 직무상 상해로 인한 더 이상의 치료 효과를 기대할 수 없어 어재법상 요양급여가 종결되었고, 나아가 A에게 어재법상 장해급여까지 지급된 경우, 어재법상 요양급여가 종결된 이후 발생한 치료비에 대하여 선박소유자에게 선원법 94조에 따른 보상책임을 인정하기 어렵다.[312]

(6) 과실상계의 불허용

(i) 선원법상 재해보상책임에는 법률에 특별한 규정이 없는 한 과실책임의 원칙과 과실상계의 이론이 적용되지 않는 점,[313] (ii) 선원에게 과실이 있다고 하여도 그 과실비율에 상당한 요양보상금의 지급을 면할 수 없는 점,[314] (iii) 요양보상은 재해로 상실된 노동능력을 일정 수준까지 보장하는 것을 주목적으로 하는 장해급여 등과는 달리 재해에 의한 상병을 치료하여 상실된 노동능력을 원상회복하는 것을 주목적으로 하므로, 재해 전후의 장해상태에 관한 단순한 비교보다는 재해로 말미암아 비로소 발현된 증상이 있고 그 증상에 대하여 최소한 치료효과를 기대할 수 있는 요양이 필요한지에 따라서 그의 지급 여부 등이 결정되어야 하는 점,[315] (iv) 선원법의 재해보상은 근기법 · 산재법의 그것과 제도적 성격을 같이하는 점 등에 비추어 보면, 재해보상에서 기왕증 등이 손해 확대에 기여한 부분이 있다고 하더라도 이를 이유로 감액하여서는 안 된다.[316]

나. 직무외 요양보상

(1) 의 의

선박소유자는 선원이 승무(기항지에서의 상륙기간, 승선 · 하선에 수반되는 여행기간을 포함한다) 중 직무 외의 원인에 의하여 부상이나 질병이 발생한 경우 아래와 같이 요양에 필요한 3개월 범위의 비용을 지급하여야 한다(법 94조 2항).

① 선원이 국민건강보험법에 따른 요양급여의 대상이 되는 부상을 당하거나

311) 보상 1458.7-1471, 1984. 1. 19.
312) 광주지법 목포지원 2014. 9. 17. 선고 2013가단15478 판결.
313) 대법원 2010. 8. 19. 선고 2010두5141 판결.
314) 대법원 1983. 4. 12. 선고 82다카1702 판결.
315) 대법원 2000. 3. 10. 선고 99두11646 판결.
316) 대법원 2008. 3. 27. 선고 2007다84420 판결(船). 근기법상 요양보상에 관한 같은 취지의 판결로는 대법원 1981. 10. 13. 선고 81다카351 전원합의체 판결; 대법원 2010. 2. 25. 선고 2009다97314 판결.

질병에 걸린 경우에는 같은 법 44조에 따라 요양을 받는 선원의 본인 부담액에 해당하는 비용을 지급하여야 하고, 같은 법에 따른 요양급여의 대상이 되지 아니하는 부상을 당하거나 질병에 걸린 경우에는 그 선원의 요양에 필요한 비용을 지급하여야 한다.

② 국제항해에 종사하는 선박에 승무하는 선원이 부상이나 질병에 걸려서 승무 중 치료받는 경우에는 1호에도 불구하고 그 선원의 요양에 필요한 비용을 지급하여야 한다.

(2) 3개월의 범위

보상의 대상이 되는 3개월의 범위가 문제된다. 그 기산점은 선원이 객관적으로 보아 요양을 받을 수 있는 상태에 이른 날[일반적으로 선의(船醫)가 승선하지 아니한 경우에는 상병이 발생한 날이 아니라 통상 하선일이 되고, 잠재적인 재해의 경우에는 진단 등으로 질병의 발생이 확정된 날이 된다]부터 기산하되 민법 157조에 의하여 초일은 산입하지 아니한다.[317] 또한 선원이 요양을 개시하였더라도 객관적으로 요양을 받을 수 없는 상태가 발생한 경우에는 그 상태가 종료한 이후에 나머지 기간이 진행한다.[318]

(3) 선박소유자의 면책

선박소유자는 선원의 고의에 의한 부상이나 질병에 대하여는 선원노동위원회의 인정을 받아 2항에 따라 부담하는 비용을 부담하지 아니할 수 있다(법 94조 3항).

2. 상병보상

가. 직무상 상병보상

(1) 성립요건

선박소유자는 94조 1항에 따라 요양 중인 선원에게 4개월의 범위에서 그 부상이나 질병이 치유될 때까지 매월 1회 통상임금에 상당하는 금액의 상병보상을 하여야 하며, 4개월이 지나도 치유되지 아니하는 경우에는 치유될 때까지 매월 1회

317) 이철원, “선원재해보상에 관한 보험에 관한 일고찰 －실무상 몇 가지 문제점에 관하여－”, 해상 · 보험연구 2호, 해상 · 보험연구회(2002. 3), 100-101면.
318) 藤崎道好, 357면.

통상임금의 100분의 70에 상당하는 금액의 상병보상을 하여야 한다(법 96조 1항). 상병보상 지급액이 법 59조에 따른 선원 최저임금액보다 적으면 선원 최저임금액을 상병보상의 지급액으로 한다(법 96조 3항). 이는 근기법상 휴업보상에 대응하는 개념이다.

(2) 범 위

선원이 치료효과를 기대할 수 있는 유효한 치료방법이 있음에도 이에 의하지 않고 의학상 일반적으로 승인되지 아니하는 방법에 의하여 치료를 하는 경우에는 그 기간 동안의 상병보상이 인정되지 않지만, 선원이 의학상 치료효과를 기대할 수 있는 유효한 치료방법에 나아간 경우에는 그 치료를 위하여 일정한 기간 동안 취업할 수 없었다면 그 기간에 대하여는 상병보상도 행해져야 한다.[319)]

(3) 새로 요양이 개시된 경우 통상임금의 산정

요양보상의 대상이 되는 부상 또는 질병 치유 후 상당한 시간이 경과하고 나서 당초 보상대상이었던 부상 또는 질병이 재발하거나 치유 당시보다 악화되어 새로 요양이 개시되는 경우에는, 요양이 필요하다는 진단은 당초 보상대상인 질병 등의 검사 · 치료와 시간적 · 의학적으로 연속성이 인정되지 않아 단절된 것으로 보아야 하는 점, 산재법 56조 1항이 재요양을 받은 자에 대하여 최초 요양시가 아닌 재요양 당시 임금을 기준으로 평균임금을 산정하여 휴업급여를 지급하도록 규정하고 있는 점 등을 종합하면, 위와 같은 요양으로 취업하지 못한 기간에 대하여 지급하는 상병보상 산정 기준이 되는 통상임금 산정사유 발생일은 선원이 당초 부상 또는 질병으로 요양보상을 받았는지를 묻지 않고 원칙적으로 새로 요양보상이 대상이 되는 부상 또는 질병이 재발하거나 악화되었다고 확정된 날이 된다.[320)]

나. 직무외 상병보상

선박소유자는 94조 2항에 따라 요양 중인 선원에게 요양기간(3개월의 범위로 한정한다) 중 매월 1회 통상임금의 100분의 70에 상당하는 금액의 상병보상을 하여야 한다(법 96조 2항). 상병보상 지급액이 법 59조에 따른 선원 최저임금액보다

---

319) 대법원 1999. 7. 9. 선고 99다7473 판결.
320) 대법원 2011. 12. 8. 선고 2010두10655 판결.

적으면 선원 최저임금액을 상병보상의 지급액으로 한다(법 96조 3항).

3. 장해보상

가. 성립요건

선원이 직무상 부상이나 질병이 치유된 후에도 신체에 장해가 남는 경우에는 선박소유자는 지체 없이 산재법 시행령 53조에서 정하는 장해등급에 따른 일수에 승선평균임금을 곱한 금액의 장해보상을 하여야 한다(법 97조, 시행령 27조).

장해보상은 원칙적으로 선원이 직무상 부상 또는 질병에 걸려 완치 후 신체에 장해가 있는 경우, 즉 부상 또는 질병이 완치되거나 부상 또는 질병에 대한 치료의 효과를 더 이상 기대할 수 없게 되고 그 증상이 고정된 상태에 이르게 된 때에 지급할 수 있다.[321] 또한 산재법 5조 5호는 '장해'를 "부상 또는 질병이 치유되었으나 신체에 남은 영구적인 정신적 또는 육체적 훼손으로 인하여 노동능력이 상실 또는 감소된 상태"라고 정의하고 있으므로, 한시장해는 선원법상 장해보상의 장해에 해당하지 않는다.[322] 요양보상을 받으면서 동시에 상병보상을 지급받고 있는 선원은 임의로 상병이 완치되었음을 이유로 요양보상 및 상병보상의 수령을 거절하고 대신 장해보상의 지급을 청구할 수 없다.[323]

상병 부위가 2 이상이고 그 중 일부 부위에 대하여 치료가 종결되어 증상이 고정되었으나 다른 부위는 치유되지 아니한 상태에 있어 폐질등급에 따른 상병보상의 지급대상이 되는 경우에는, 치료가 종결된 부위의 장해를 그 등급에 상당한 폐질로 보고 상병보상의 대상인 폐질등급을 인상 조정하여 그 치료가 종결될 때까지 조정된 폐질등급에 따른 상병보상을 지급함이 상당하고, 전체 상병에 대한 치료가 종결되었는지 여부와 관계없이 신체부위별로 치료가 종결되어 증상이 고정되었음을 이유로 별도로 장해등급을 판정하여 장해급여를 지급할 수는 없다.[324]

321) 대법원 2005. 4. 29. 선고 2004두14977 판결.
322) 부산지법 2002. 1. 16. 선고 2001가합11539 판결.
323) 대법원 1997. 5. 7. 선고 96누16056 판결.
324) 대법원 2000. 2. 25. 선고 97누13702 판결.

나. 산재법 시행령 53조의 합헌성

(i) 산재법은 근로자의 업무상 재해를 공정하게 보상하는 것을 그 목적의 하나로 삼고 있는 점, (ii) 산재법상 업무상 재해를 원인으로 지급되는 보험급여의 하나인 장해급여는 근로자가 업무상 사유로 부상을 당하거나 질병에 걸려 치유된 후 신체 등에 장해가 있는 경우에 제1급부터 제14급까지의 장해등급을 기준으로 산정되는 것인 점, (iii) 업무상 재해로 인한 장해가 어떤 등급에 해당하는지는 사회 · 경제적 상황에 따라 달라질 수 있으므로 산재법은 이에 탄력적으로 대응할 수 있도록 그 상세한 기준을 대통령령으로 정할 수 있도록 한 점, (iv) 장해급여의 공정한 보상이라는 목적을 달성하고 산재법이 정한 방법에 따른 장해급여의 적정한 산정을 위하여 대통령령으로 장해등급의 기준을 정할 경우 업무상 재해로 인한 개별 장해의 등급기준뿐만 아니라 업무상 재해로 복수의 장해가 있거나 이미 장해가 있던 사람에게 업무상 재해로 장해가 생긴 때의 처리기준이 그 대강으로 예측될 수 있는 점 등을 종합하면, 산재법 시행령 53조는 산재법 57조 2항의 위임에 근거한 것이어서 위임입법의 한계를 일탈하였다고 볼 수 없다.[325)]

다. 승선평균임금의 산정

(1) 승선평균임금의 산정기간

통상 생활임금을 사실적으로 반영하려는 승선평균임금 제도의 취지와 직무상 질병 등 승선평균임금 산정사유는 선원근로관계 존속 중 수행하였던 직무가 원인이 되어 발생한 것이라는 점 등을 고려하면, 퇴직한 선원에게 직업병 진단이 확정되어 그 직업병 진단 확정일을 승선평균임금 산정사유 발생일로 하여 승선평균임금을 산정하고 이에 따라 보상금 지급하는 경우, 그 선원의 퇴직일 이후 승선평균임금 산정사유 발생일, 즉 진단 확정일까지 기간은 승선평균임금 산정기간에서 제외하여야 한다.[326)] 만일 승선평균임금 산정기간에서 제외하는 기간이 3월 이상인 경우에는 그 제외하는 기간의 최초일을 승선평균임금 산정사유 발생일로 보아 승선평균임금을 산정하고, 그와 같이 산정된 금액에서 동일 직종 선원의 임금변동률

325) 대법원 2011. 10. 27. 선고 2011두15640 판결.
326) 대법원 2007. 4. 26. 선고 2005두2810 판결.

로 승선평균임금 증감을 거친 금액을 그 선원의 보상금 산정기준이 되는 승선평균임금으로 하여야 한다(산재법의 유추적용).[327]

재해를 당한 선원에게 지급될 일시보상금 등의 산정 기초가 되는 승선평균임금은 선원이 재해를 입은 날 이전 승선기간이 3개월을 초과하는 경우에는 최근 3개월 동안 지급된 임금 총액을 그 3개월의 총일수로 나눈 금액으로 산정하여야 하고, 그 재해발생일 후 임금 인상에 관한 단체협약 등 노사합의나 새로운 취업규칙의 시행 등에 따라 위 승선평균임금 산정기간 안의 임금 중 전부나 일부를 소급하여 인상하기로 하였더라도 그 인상된 임금액을 승선평균임금 산정의 기초가 되는 임금 총액에 포함해서는 안 된다.[328]

(2) 승선평균임금의 조정[329]

직무상 부상을 당하거나 질병에 걸려 요양 중인 선원에 대하여 상병보상금이나 일시보상금 등을 지급할 때 적용할 통상임금 및 승선평균임금은 그 선원이 소속한 사업장에서 동일한 직무에 종사하는 선원에게 지급된 통상임금의 1인당 1월 평균액(이하 '통상임금 평균액'이라 한다)이 그 부상 또는 질병이 발생한 날이 속하는 달에 동일한 직무에 종사하는 선원에게 지급된 통상임금 평균액의 100분의 105 이상이 되거나, 100분의 95 이하로 된 경우에는 그 변동비율에 의하여 인상 또는 인하된 금액으로 하되, 그 변동사유가 발생한 달의 다음 달부터 이를 적용하고, 다만 제2회 이후의 통상임금 및 승선평균임금의 증감을 위한 조정은 직전 회의 변동사유가 발생한 달의 통상임금을 산정기준으로 한다(시행령 3조의4 1항). 이러한 통상임금 및 승선평균임금의 조정 제도는 재해를 당한 선원의 통상적인 임금 수준이 상승하였거나 저하하였음에도 통상임금 및 승선평균임금을 산정할 사유가 생긴 날인 재해를 입은 날을 기준으로 산정한 통상임금 및 승선평균임금을 계속 적용하여 이를 기초로 한 재해보상금이 지급되는 데에서 생기는 불합리를 시정하여 직무상 재해를 당한 선원에게 적절하고 공정한 보상이 이루어지도록 하려는 데 그 취지가 있다.

이러한 선원법 시행령 규정과 취지에 따르면 직무상 재해를 당한 선원의 임금

327) 대법원 2007. 4. 26. 선고 2005두2810 판결.
328) 대법원 2020. 7. 29. 선고 2018다268811 판결(船).
329) 대법원 2020. 7. 29. 선고 2018다268811 판결(船).

이 소급적으로 인상된 경우 승선평균임금의 재산정이 허용되지 않는다고 하여 시행령 3조의4에서 마련하고 있는 승선평균임금의 조정까지 허용되지 않는다고는 할 수 없고, 승선평균임금 조정이 인정되는지 여부는 따로 판단하여야 한다. 그리고 승선평균임금 증감의 기초가 되는 변동비율은 위 시행령 규정의 문언상 그 선원이 소속한 사업장에서 동일한 직무에 종사하는 선원에게 지급된 통상임금 평균액이 부상 또는 질병이 발생한 날이 속하는 달에 동일한 직무에 종사하는 선원에게 지급된 통상임금 평균액과 비교하여 100분의 5 이상 변동된 경우에 그 통상임금 평균액의 변동비율을 의미한다고 봄이 타당하다.

라. 장해등급이 변경된 경우

산재법 시행령 53조 4항은, 이미 신체장해(직무상 재해 여부를 불문한다)가 있던 사람이 업무상 부상 또는 질병으로 인하여 같은 부위에 장해의 정도가 심해진 경우에 그 장해에 대한 장해급여의 금액에 관하여 규정하고 있고, 여기서 말하는 '심해진 경우'란 업무상 재해로 새롭게 장해가 더해진 결과 현존하는 장해가 기존의 장해보다 중하게 된 경우를 말하되, 신체장해등급표상 기존의 장해의 등급보다도 현존하는 장해의 등급이 중하게 되지 않으면 '심해진 경우'에 해당하지 않는다.[330] 그러나 신체부위의 기능장해와 그로부터 파생한 신경증상이 의학적으로 보아 1개의 병증으로 파악되는 경우에는 위 기능장해와 신경증상을 포괄하여 1개의 신체장해로 평가하고, 그 등급은 전자의 장해등급에 의하고, 등급을 조정할 것은 아니다.[331]

직무상 재해로 신체장해를 입은 선원이 당시에 판정된 장해등급에 따른 장해보상을 청구하지 아니하여 기존의 장해에 대해서 전혀 보상을 받지 못하고 있다가 기존의 장해상태가 악화되어 장해등급이 변경된 후 비로소 변경된 장해등급에 따라 장해보상을 청구한 경우에는, 선박소유자는 재요양 후 치유된 날이 속하는 달의 다음 달부터 변경된 장해등급에 해당하는 장해보상금을 지급하여야 하고, 이러한 이치는 기존의 장해등급에 대한 장해보상청구를 하지 않고 있던 중 청구권이 시효 소멸된 경우에도 마찬가지로 적용된다.[332]

---

330) 대법원 2001. 12. 24. 선고 2000두598 판결.
331) 대법원 2001. 12. 11. 선고 2000두7452 판결.

마. 소멸시효

선원이 치유된 후에도 신체에 장해가 남는 경우에는 장해보상을 하여야 한다. 이때 '치유'란 부상 또는 질병이 완치되거나 치료의 효과를 더 이상 기대할 수 없고 그 증상이 고정된 상태에 이르게 된 것을 말한다. 따라서 장해보상구권은 장해보상의 지급사유가 발생한 때, 즉 치유 시점부터 소멸시효가 진행한다.[333)]

4. 일시보상

가. 의 의

선박소유자는 94조 1항 및 96조 1항에 따라 보상을 받고 있는 선원이 2년이 지나도 그 부상이나 질병이 치유되지 아니하는 경우에는 산재법에 따른 제1급의 장해보상에 상당하는 금액을 선원에게 한꺼번에 지급함으로써 94조 1항, 96조 1항 또는 97조에 따른 보상책임을 면할 수 있다(법 98조).

일시보상이란 요양보상을 받는 선원이 요양 개시 후 2년을 경과하여도 부상 또는 질병이 완치되지 아니하는 경우에 선박소유자가 소정의 금액을 일시에 보상하는 것으로서, 선박소유자는 일시보상에 의하여 그 이후의 요양보상・상병보상・장해보상 의무를 면하게 된다.[334)] 그러나 근기법[335)]과는 달리 유족보상・장례비・행방불명보상・소지품 유실보상의무는 일시보상으로 면할 수 없다.

선박소유자는 일시보상에 관하여 선원과 합의가 없어도 일시보상을 할 수 있다.[336)] 그러나 일시보상을 행함으로써 그 이후 재해보상의무를 면할 것인지, 아니면 재해보상을 계속할 것인지 여부는 어디까지나 선박소유자의 선택에 달려 있을 뿐, 선원이 선박소유자에게 장래의 재해보상에 갈음하여 일시보상금을 지급해 줄 것을 적극적으로 요구할 권리는 없다.[337)] 선박소유자는 일시보상금을 전부 지급한다는 '명시적인 의사'로 일시보상금 명목의 돈을 '일시에 지급'하여야 한다.[338)]

---

332) 대법원 2015. 4. 16. 선고 2012두26142 전원합의체 판결.
333) 대법원 2020. 6. 4. 선고 2020두31774 판결.
334) 대법원 2020. 7. 29. 선고 2018다268811 판결(船); 서울고법 2021. 5. 14. 선고 2020나2001910 판결.
335) 근기법 84조는 일시보상을 행하여 근기법상 모든 보상책임을 면할 수 있도록 규정하고 있다.
336) 부산청선원 33750-10556, 1990. 12. 10, 선원행정사례집, 117면.
337) 대법원 1999. 7. 9. 선고 99다7473 판결.
338) 원고가 구 선원법 89조 상의 일시보상금을 지급한다는 의사로 피고에게 일시보상금 명목의 돈을 일

나. 판 례[339)]

선박소유자가 요양보상, 상병보상 또는 장해보상의 책임을 면하기 위하여 선원법 98조에 따른 일시보상금을 전부 지급한다는 의사로 해당 선원에게 일시보상금 명목의 돈을 제공하고 해당 선원이 그 명목을 알면서 이를 수령하는 때에는, 실제로는 적법하게 산정된 일시보상금 중 일부만을 제공하였음에도 선박소유자가 전부 제공하였다고 주장하고 해당 선원이 이를 받아들이지 않는 경우라도, 특별한 사정이 없는 한 해당 선원은 선박소유자를 상대로, 일시보상금 제공일을 기준으로 적법하게 산정된 일시보상금 중 미지급분과 이에 대한 지연손해금을 청구할 수는 있으나, 일시보상금 중 일부만을 지급받았다는 이유로 선박소유자의 위 일시보상금 제공일 후 발생하는 요양보상금, 상병보상금 또는 장해보상금을 청구할 수는 없다. 여기서 특별한 사정이란, 선박소유자가 요양보상, 상병보상 또는 장해보상의 책임을 면할 목적으로, 적법하게 산정된 일시보상금 중 일부만을 지급하는 것이 객관적으로 분명함에도 사회통념상 합리적이라고 볼 수 없는 이유나 주장을 내세우며 단지 겉으로만 일시보상금을 전부 지급한다는 의사를 밝힐 뿐인 경우와 같이 선박소유자가 신의성실의 원칙에 반하여 일시보상금 제도를 본래의 취지나 목적과 다르게 이용한다고 볼 수 있는 사정 등이다. 즉 해당 선원이, 선박소유자가 제공하는 일시보상금(일시보상금 전액이라고 주장하는 돈)을 수령하는 경우에는 위와 같은 특별한 사정이 없는 한 선박소유자의 일시보상금 제공일을 기준으로 선박소유자와 해당 선원의 재해보상에 관한 법률관계는 일시보상에 관한 권리의무나 법률관계만 남게 되고 그날을 기준으로 향후 발생하는 요양보상, 상병보상 또는 장해보상에 관한 권리의무나 법률관계는 종결된다. 반면 선박소유자가 일시보상금 지급을 선택하였음에도 적법하게 산정된 일시보상금 중 일부만을 제공하였을 뿐이고 해당 선원이 이를 수령하지 않는 경우에는, 그 선원은 선박소유자의 일시보상금 제공일 후 발생하는 요양보상금, 상병보상금 또는 장해보상금을 청구

시에 지급하지 않은 이상, 사후적으로 계산하여 원고가 피고에게 사고 발생일로부터 2년간에 해당하는 요양보상금, 상병보상금, 구 선원법 89조 상의 일시보상금 상당액과 이에 대한 이자 상당액의 합계를 초과하는 금액을 지급한 것으로 산정된다고 하더라도 선원법이 정한 재해보상금 지급채무를 면한다고 할 수 없다. 부산지법 2020. 11. 12. 선고 2019가합51839 판결.

339) 대법원 2020. 7. 29. 선고 2018다268811 판결(船). 이에 대한 평석은 권창영, “선원법 제98조의 일시보상제도”, 한국해법학회지 43권 1호(2021. 5).

할 수 있다.

5. 유족보상

가. 직무상 유족보상

선박소유자는 선원이 직무상 사망(직무상 부상 또는 질병으로 인한 요양 중의 사망을 포함한다)하였을 때에는 지체 없이 대통령령으로 정하는 유족에게 승선평균임금의 1,300일분에 상당하는 금액의 유족보상을 하여야 한다(법 99조 1항). 선원이 장해보상을 받은 후 동일한 재해가 원인이 되어 사망한 경우에도 유족보상은 장해보상과 그 목적을 달리 하므로 전액이 지급되어야 한다.[340)]

나. 직무외 유족보상

선박소유자는 선원이 승무 중 직무 외의 원인으로 사망(94조 2항에 따른 요양 중의 사망을 포함한다)하였을 때에는 지체 없이 대통령령으로 정하는 유족에게 승선평균임금의 1,000일분에 상당하는 금액의 유족보상을 하여야 한다. 다만 사망 원인이 선원의 고의에 의한 경우로서 선박소유자가 선원노동위원회의 인정을 받은 경우에는 그러하지 아니하다(법 99조 2항). 위에서 살펴 본 바와 같이 선원이 '승무 중 사망'한 경우뿐만 아니라 '승무 중 직무외 원인'으로 인하여 승무 후에 사망한 경우(직무외 상병으로 인한 요양기간 이후도 포함)에도 유족보상을 청구할 수 있다. 그러나 다수의 하급심 판례는 선원법 99조 2항에서 정한 '94조 2항에 따른 요양 중의 사망'이란, 선원이 선박소유자가 그 보상의무를 지는 3개월의 범위 내의 요양기간 중 사망한 경우만을 의미한다고 해석하고 있다.[341)]

다. 유족보상 지급의 제한

99조에 따른 유족보상 또는 101조에 따른 행방불명보상을 받을 수 있는 사람 중 선원에 대하여 양육책임이 있었던 사람이 이를 이행하지 아니하였던 경우에는

340) 법무 810-7616, 1982. 4. 10.

341) 선원의 사망은 승무 중 또는 3월 이내의 요양기간 중에 사망한 것이 아니므로, 유족보상을 받을 수 있는 경우에 해당하지 아니한다는 판결로는 부산지법 2001. 7. 24. 선고 2001가합5534 판결; 서울지법 2002. 9. 5. 선고 2001가합61161 판결; 부산고법 2008. 1. 9. 선고 2007나8570 판결; 부산지법 2014. 3. 21. 선고 2013가합8574 판결; 서울고법 2016. 6. 21. 선고 2015나2062119 판결.

양육책임 이행과 관련한 해양항만관청의 심의를 거쳐 양육책임을 이행하지 아니한 기간, 정도 등을 고려하여 대통령령[342]으로 정하는 바에 따라 해당 보상금의 전부 또는 일부를 지급하지 아니할 수 있다(법 103조의2 1항). 선박소유자는 1항에 따른 재해보상 지급의 제한 사유에 해당하는 경우에는 해양항만관청에 양육책임 이행과 관련한 심의를 청구하여야 한다(동조 2항). 선박소유자는 1항에 따라 보상금의 전부 또는 일부를 지급하지 아니하기로 결정하면 지체 없이 이를 재해보상을 청구한 자에게 알려야 한다(동조 3항).

위 조항은 2024. 7. 24.부터 시행한다(부칙 1조). 위 개정규정은 이 법 시행 전에 유족보상 또는 행방불명보상의 사유가 발생한 사람에 대해서도 적용한다(부칙 2조 1항). 1항에 따른 재해보상 지급의 제한은 이 법 시행 이후 최초로 도래하는 지급분부터 적용한다(동조 2항).

6. 장례비

선박소유자는 선원이 사망하였을 때에는 지체 없이 시행령 29조가 정하는 유족 중 장례를 지낸 유족에게 승선평균임금의 120일분에 상당하는 금액을 장례비(葬禮費)로 지급하여야 한다(법 100조 1항). 1항에 따른 장례비를 지급하여야 할 유족이 없는 경우에는 실제로 장례를 지낸 자에게 장례비를 지급하여야 한다(법 100조 2항).

구 선원법(1984. 8. 7. 법률 3751호로 전문 개정되기 전의 것)은 선원이 직무상 사망(직무상 부상 또는 질병으로 사망한 경우를 포함)한 경우에 한하여 장제비 지급의무가 발생한 것으로 규정하였으나, 현행법은 단순히 선원이 사망한 것을 요건으로 하므로, 사망의 원인이 직무상·직무외 재해인 경우뿐만 아니라 기타 사유로 인하여 사망한 경우에도 그 유족은 장례비를 청구할 수 있다.[343] 또한 선원의 지위에 있을 때 사망(사망의 원인을 불문한다)한 경우뿐만 아니라, 사망 당시 선원의 지위를 상실하였더라도 그 사망의 원인이 직무상·직무외 재해인 경우에는 장례비

342) 시행령 31조의2에서 자세히 규정하고 있다.

343) 부산고법 1999. 4. 14. 선고 98나12195 판결; 부산고법 2000. 4. 12. 선고 99나10530 판결; 부산지법 1995. 12. 15. 선고 94가합4830 판결; 선원이 자살한 경우에도 장례비 청구를 인용한 사례로는 부산지법 2023. 11. 16. 선고 2022나71578 판결. 이와는 달리 선원이 직무상 사망 또는 승무 중 직무외 원인으로 사망한 경우에 한하여 장례비청구권이 성립한다는 견해로는 부산지법 1998. 10. 1. 선고 97가합10287 판결.

지급을 청구할 수 있다.[344)]

7. 행방불명보상

가. 성립요건

선박소유자는 선원이 해상에서 행방불명된 경우에는 시행령 29조, 30조로 정하는 피부양자에게 1개월분의 통상임금과 승선평균임금의 3개월분에 상당하는 금액의 행방불명보상을 하여야 한다(법 101조 1항, 시행령 31조).

선원이 행방불명이 되어 생사가 불분명한 기간은 선원이 근로를 제공하지 아니하므로 임금청구권은 발생하지 아니하지만, 선원의 피부양자는 생계비가 필요하므로 선박소유자에 대하여 일정한 금액의 지급의무를 부여함으로써 선원이 직무에 전념하게 할 필요성이 있고, 선원의 피부양자들은 행방불명기간 중 계속하여 정신적 고통을 부담하므로 이를 위자할 필요가 있다.[345)] 행방불명은 사실상 행방불명을 의미하므로 법률상 생사와는 관계없고,[346)] 행방불명상태에서 선원이 사망한 것으로 확인되더라도 사망한 시기로 소급하여 행방불명보상의무가 소멸하는 것은 아니다.[347)]

선원이 '해상'에서 행방불명이 된 것을 요건으로 하므로, 선원이 해상 이외의 장소에서 행방불명이 된 경우에는 행방불명보상을 청구할 수 없다. 그러나 승무 중을 요건으로 하지는 않으므로, 선원이 근무장소인 선박을 떠나서 다른 선박이나 육지 등에 있다가 해상에서 행방불명이 된 경우[348)]에도 행방불명보상을 청구할 수 있다.

해상의 범위에 관한 명확한 규정은 존재하지 아니하나, 사회통념상 바다로 해석할 수 있다. 선원이 잠수 도중에 행방불명되거나, 잠수할 때 실종된 경우에는

---

344) 이와는 달리 선원의 사망을 직무상 사망으로 볼 수 없는 이상, 사망 당시에는 선원으로서의 지위를 가지고 있다고 보기도 어려워 장례비를 받을 수 없다는 견해로는 부산지법 2001. 7. 24. 선고 2001가합5534 판결; 부산지법 2013. 8. 29. 선고 2012가합17465 판결; 부산지법 2014. 3. 21. 선고 2013가합8574 판결; 부산지법 2014. 5. 21. 선고 2013가합14739 판결; 서울고법 2016. 6. 21. 선고 2015나2062119 판결; 광주지법 순천지원 2020. 5. 26. 선고 2018가단73413 판결; 광주지법 2021. 8. 26. 선고 2020나59740 판결.

345) 藤崎道好, 361-362면.

346) 민법상 실종선고제도 등이 이에 해당한다.

347) 藤崎道好, 362면.

348) 선원이 휴무 중 해수욕을 하다가 행방불명이 된 경우를 들 수 있다.

해저도 해상에 포함된다. 또한 선원이 승무 중 행방불명이 된 경우는 사회통념상 바다뿐만 아니라 해상항행선박이 항행을 계속할 수 있는 하천 · 호수 · 늪 등의 내수도 해상에 포함된다고 보아야 한다(해사안전법 3조 1항 1호).

나. 행방불명기간이 1개월이 지난 경우

선원의 행방불명기간이 1개월을 지났을 때에는 선박소유자는 유족보상 및 장제비를 지급하여야 한다(법 101조 2항). 이 경우는 1항과는 달리 행방불명의 장소가 해상일 것을 요하지 않는지 문제되나, 문리해석상 1항의 행방불명의 요건을 전제로 한 것으로 보아야 한다. 또한 유족보상과 장제비 청구의 성립요건을 충족하여야 한다.

다. 행방불명보상 지급의 제한

101조에 따른 행방불명보상을 받을 수 있는 사람 중 선원에 대하여 양육책임이 있었던 사람이 이를 이행하지 아니하였던 경우에는 양육책임 이행과 관련한 해양항만관청의 심의를 거쳐 양육책임을 이행하지 아니한 기간, 정도 등을 고려하여 대통령령으로 정하는 바에 따라 해당 보상금의 전부 또는 일부를 지급하지 아니할 수 있다(법 103조의2 1항). 심의청구와 통지, 적용시기 등에 관한 내용은 유족보상에서 설명한 것과 동일하다(동조 2, 3항, 부칙 1, 2조).

8. 소지품 유실보상

선박소유자는 선원이 승선하고 있는 동안 해양사고로 소지품을 잃어버린 경우에는 통상임금의 2개월분의 범위에서 그 잃어버린 소지품의 가액(價額)에 상당하는 금액을 보상하여야 한다(법 102조).

'승선'의 의미는 재선 중에 한정되지 아니하고, 구체적인 항행조직을 형성하고 있는 동안, 즉 '협의의 승무'와 동일한 개념으로 해석하여야 한다. '해양사고'는 반드시 충돌, 접촉, 좌초, 화재, 폭발, 침몰,[349] 기관손상, 조난 등과 같이 해사안전법상 해양사고를 의미하는 것은 아니지만, 오로지 선원의 고의로 인하여 그 선원

349) 부산지법 1997. 10. 8. 선고 97가합15015 판결; 부산지법 2000. 9. 20. 선고 99가합22673 판결; 부산지법 2000. 12. 27. 선고 2000고단4945 판결.

에게만 재해가 발생한 경우에는 해양사고라고 할 수 없다.[350] 그러나 해상강도나 해적행위로 인한 경우에는 해양사고에 해당한다.

'소지품'은 휴대품이나 휴대할 수 있는 수하물보다 넓은 개념으로 선원의 개인사물을 의미하나, 합성물인 선박의 일부를 구성하는 속구나 부속물은 소지품이라고 할 수 없다. 금지품(흉기, 마약 등), 밀수품 등은 보상대상인 소지품에서 제외된다.

소지품을 '잃어버린 경우'란 선원의 의사와 무관하게 점유를 상실한 것을 의미하나, 공동해손이나 선장의 보관, 폐기처분 등의 사유로 인하여 물건의 효용을 상실한 경우에도 그 소지가 법률에 의하여 금지되거나 선박의 안전을 해치지 않는 한 잃어버린 것에 해당한다.

'소지품의 가액'이 통상임금의 2월분을 하회하면 그 가액이, 상회하면 통상임금 2월분이 보상액이 된다. 선박소유자에게 귀책사유가 있는 경우 선원은 소지품 가액에서 통상임금의 2월분을 공제한 나머지 가액에 대하여 손해배상을 청구할 수 있다.

승선 중 '해양사고 이외의 사유'로 소지품을 잃어버린 경우, 즉 하선 중에 발생한 해양사고나 해양사고 이외의 사유로 소지품을 잃어버린 경우에는 소지품 유실보상을 청구할 수 없으나, 선박소유자에게 귀책사유가 있는 경우에는 소지품의 가액을 증명하여 그 손해배상을 청구할 수 있다.

Ⅲ. 다른 급여와의 관계

1. 의 의

선원이 선박소유자에 대하여 손해배상청구권을 가지는 경우 재해보상과의 관계가 문제되는데, 이에 관하여는 주지하는 바와 같이 재해보상우선주의, 택일주의, 경합조정주의가 있다. 선원법 103조는 1항은 "94조부터 102조까지의 규정에 따라 요양비용, 보상 또는 장례비의 지급(재해보상)을 받을 권리가 있는 자가 그 재해보상을 받을 수 있는 같은 사유로 민법이나 그 밖의 법령에 따라 이 법에 따른 재해

350) 선원이 과도로 왼쪽 손목을 자해한 후 상당 시간 피를 흘리다가 난간으로 뛰어내려 그 충격으로 인한 두개골 골절로 사망한 것으로 인정되는 경우는 해양사고로 인하여 사망하였다고 볼 수 없으므로 소지품 유실보상 청구는 이유 없다. 서울고법 2000. 11. 24. 선고 2000나28645 판결.

보상에 상당하는 급여를 받았을 때에는 선박소유자는 그 가액의 범위에서 이 법에 따른 재해보상의 책임을 면한다."고 규정하여 경합조정주의를 취하고 있다.[351]

위 규정의 취지는 재해로 인하여 손실 또는 손해를 입은 선원은 재해보상청구권을 행사할 수 있고, 아울러 일정한 요건이 충족되는 경우 선박소유자에 대하여 불법행위로 인한 손해배상청구권도 행사할 수 있으므로, 이들 청구권 상호 간의 관계와 손실의 이중전보를 방지하기 위한 보상 또는 배상액의 조정문제를 규율하는 데에 있다.[352]

2. 상호보완의 범위

가. 보완의 물적 범위

'동일한 사유'란 그 대상이 되는 손해가 동질 · 동일의 것이어야 한다. 판례는 민사상 손해배상이 적극적 손해 · 소극적 손해 · 위자료로 3분되어 있다고 보고 있으므로,[353] 손해배상을 이미 받은 경우에는 그에 상응하는 재해보상이 어떤 것인가를 가려내어 면책의 범위를 결정하여야 한다.

요양보상 · 장례비 · 소지품 유실보상 등은 손해배상에서 적극적 손해에 해당하고,[354] 상병보상[355] · 장해보상 · 유족보상[356] 등은 소극적 손해에 해당하며, 일시보상은 위 양자를 포함한 장래의 손해에 해당하므로 서로 대응관계 있는 항목 사이에서만 서로 공제가 인정되어 보완관계가 생긴다.[357] 그러나 행방불명보상은 선원법이 인정한 특별보상의 성격을 가지므로 위자료의 산정에 참작사유가 될 뿐 그 공제가 허용되지는 아니한다.[358] 또한 손해배상의 위자료는 정신적 손해에 대한 것이고, 재해보상은 재산상 손해에 대한 것이므로 서로 간의 보완관계는 생기

351) 자세한 논의는 제4절 Ⅷ. 2. '보험급여와 손해배상의 조정' 부분 참조.
352) 대법원 2015. 1. 15. 선고 2014두724 판결.
353) 대법원 2002. 9. 10. 선고 2002다34581 판결.
354) 요양보상 중 간병은 개호기간 중의 개호비에 대응하는 것이므로 간병에 대해서는 그것이 지급되는 개호기간 중의 개호비 상당 손해액만을 위 조항에 따라 공제할 수 있다. 대법원 2012. 5. 24. 선고 2010두18505 판결.
355) 상병보상은 일실이익에 대응한다. 대법원 2007. 2. 8. 선고 2004다48829 판결(船).
356) 근기법 또는 산재법 소정의 유족보상 또는 유족급여는 근로자의 사망으로 인하여 장래 얻을 수 있는 수입을 상실하게 된 재산상 손해를 전보하기 위하여 일정액을 소정 유족에게 지급하는 것으로서, 이는 위자료의 성질을 가지는 것이 아니다. 대법원 1981. 10. 13. 선고 80다2928 판결.
357) 대법원 1991. 7. 23. 선고 90다11776 판결.
358) 부산고법 2008. 8. 13. 선고 2008나6373 판결.

지 않는다.[359)]

'민법 그 밖의 법령에 의하여 선원법에 의한 재해보상에 상당하는 급여를 받은 경우' 공제가 인정되므로 어느 한 쪽이 현실로 지급될 것이 필요하다. 그러므로 가해자를 상대로 손해배상청구의 소를 제기하여 승소판결을 받았더라도 현실로 지급을 받지 못한 경우에는 재해보상의 지급을 면할 수 없다.

나. 보완의 인적 범위

재해보상 청구권자와 손해배상 청구권자가 서로 다른 경우, 예를 들면, 선원이 사망한 경우 유족보상과 관련하여 선원법상 수급권자와 민법상 상속순위가 서로 다른 까닭에 문제가 발생한다.

선원이 직무상 재해로 사망함에 따라 유족보상을 수급권자에게 지급하였다 하더라도, 수급권자가 아닌 망인의 공동상속인들이 상속한 손해배상채권과 유족급여의 수급권은 그 귀속주체가 서로 상이하여 상호보완적 관계를 인정할 수 없으므로, 수급권자에 대한 유족보상의 지급으로써 그 수급권자가 아닌 다른 공동상속인들에 대한 선박소유자의 손해배상책임까지 당연히 소멸된다고 할 수는 없다.[360)] 수급권자가 공동상속인 등의 1인인 경우, 망인의 손해에 대한 상속분을 계산한 후 보상액을 수급권자의 상속분에서 공제할 것인지(상속 후 공제설), 망인의 손해에서 먼저 공제한 후 그 잔액에 대하여 상속을 인정할 것인지(공제 후 상속설)에 관하여 견해 대립이 있으나, 판례는 '상속 후 공제설'의 입장을 취하고 있다.[361)]

3. 국민연금과 재해보상의 조정

선원법이 보호하는 사회적 위험은 그 원인이 업무상 행위에 있다는 점에서 차이가 있지만, 위험의 실체는 질병, 부상, 장해, 사망 등 국민연금법이 보호하는 그것과 동일하다. 따라서 사회보험법에 의하여 지급되는 급여와의 조정이 필요하다.[362)]

---

359) 부산지법 2021. 1. 29. 선고 2019나52232 판결; 보상이 실현된 경우 손해배상의 위자료산정에 참작할 사유가 될 뿐이다(대법원 1980. 10. 14. 선고 79다2260 판결).

360) 대법원 2009. 5. 21. 선고 2008다13104 전원합의체 판결. 위 판결은 근로자에 대한 산재법의 유족급여에 관한 것인데, 이와 같은 법리는 어선원보험에도 적용된다고 판시한 사례로는 대구고법 2021. 8. 19. 선고 2020나24428 판결.

361) 대법원 2009. 5. 21. 선고 2008다13104 전원합의체 판결.

장애연금 또는 유족연금의 수급권자가 국민연금법에 따른 장애연금 또는 유족연금의 지급 사유와 같은 사유로 선원법 97조에 따른 장해보상, 98조에 따른 일시보상 또는 99조에 따른 유족보상의 어느 하나에 해당하는 급여를 받을 수 있는 경우에는 국민연금법 68조에 따른 장애연금액이나 같은 법 74조에 따른 유족연금액은 그 2분의 1에 해당하는 금액을 지급한다(국민연금법 113조 3호).

4. 선원의 권리 또는 이익의 침해 금지

선박소유자는 재해보상을 하는 경우 선원의 직무상 부상 또는 질병으로 인하여 민법이나 그 밖의 법령에 따라 선원이 가지는 권리 또는 이익을 침해해서는 아니 된다(법 103조 2항).

Ⅳ. 해양수산관청의 심사와 조정

1. 의 의

재해보상은 선원과 유족의 보호를 위하여 간이한 절차에 의하여 신속하게 이루어져야 한다. 그런데 민사소송에 의하는 경우에는 판결이 확정되기까지 장시간이 소요되고 소송비용도 많이 소요되므로, 선원법은 근기법과 유사하게 해양수산관청의 심사·조정에 관하여 규정하고 있다.[363)]

2. 요건 및 절차

선원의 직무상 부상·질병 또는 사망의 인정, 요양의 방법, 재해보상금액의 결정 및 그 밖에 재해보상에 관하여 이의가 있는 자는 해양수산관청에 심사나 조정을 청구할 수 있다(법 104조 1항).

심사란 해양수산관청이 당사자 사이에 다툼이 되고 있는 문제점을 조사하고 사실에 관한 판단을 함으로써 분쟁을 해결하는데 조력하는 행위를 의미하고,[364)]

362) 전광석, 한국사회보장법론(10판), 집현재(2014), 412-413면.
363) 이와 별도로 선원노동위원회의 심사와 중재(법 105조), 해양수산관청의 근로관계에 관한 분쟁의 해결 주선(법 130조)에 관하여 규정하고 있다.
364) 藤崎道好, 372면.

조정(調整)이란 해양수산관청이 당사자의 의견을 들어 조정안을 작성하고 당사자에게 그 수락을 권고하는 조정(調停)과 해양수산관청이 당사자의 의견을 청취한 후 적절하다고 생각되는 내용의 중재안을 결정하는 중재(仲裁)를 모두 포함한다. 그러나 조정안이나 중재안의 수락 여부는 당사자에게 맡겨져 있으므로 강제적인 효력은 없다.

해양수산관청은 심사 또는 조정의 청구를 받으면 1개월 이내에 심사나 조정을 하여야 하고(법 104조 2항), 심사 또는 조정의 청구가 없어도 필요하다고 인정하면 직권으로 심사 또는 조정을 할 수 있다(법 104조 3항). 해양수산관청이 심사나 조정을 할 경우에는 선장이나 그 밖의 이해관계인의 의견을 들어야 하고(법 104조 4항), 필요하다고 인정하면 의사에게 진단이나 검안(檢案)을 시킬 수 있다(법 104조 5항).

3. 효 과

선원법에는 해양수산관청의 심사·조정에 관한 결정을 직접 쟁송의 대상으로 규정하지 않고 있고, 선원이나 유족은 그 심사·조정의 내용 여하를 불문하고 민사소송을 제기할 수 있으므로, 위 심사·조정에 관한 결정은 행정처분이 아니고 권고적 성질을 가진 행위에 불과할 뿐,[365] 재해보상관계자의 권리의무에 법적 효과를 미치는 행정처분은 아니므로, 위 심사·조정의 취소를 구하는 행정소송은 부적법하다.[366] 심사나 조정의 청구는 시효의 중단에 관하여 재판상 청구로 본다(법 104조 6항).

V. 선원노동위원회의 심사와 중재

1. 의 의

선원법 105조는 간이·신속한 절차에 의한 재해보상이 이루어지도록 하기 위하여 해양수산관청의 심사·조정과는 별도로 선원노동위원회에 심사와 중재를 청

365) 대법원 1966. 6. 21. 선고 66누52 판결.
366) 대법원 1982. 12. 14. 선고 82누448 판결.

구할 수 있도록 규정하였다. 선원노동위원회는 선원근로관계에서 판정·조정업무의 신속·공정한 수행을 위하여 설치된, 독립성을 가진 합의체 행정기관으로서, 선원노동위원회가 행하는 절차 및 조치는 행정작용으로서의 성격을 가지므로 사법상 절차 및 조치와는 구별된다.[367)]

2. 요건 및 절차

해양수산관청이 심사 또는 조정의 청구를 받은 날로부터 1개월 이내에 심사나 조정을 하지 아니하거나 심사나 조정의 결과에 이의가 있는 자는 선원노동위원회에 심사나 중재를 청구할 수 있다(법 105조 1항). 선원노동위원회는 심사나 중재의 청구를 받으면 1개월 이내에 심사나 중재를 하여야 한다(법 105조 2항). 당사자는 선원노동위원회의 심사·중재에 관하여 불복하는 경우에는 중앙노동위원회에 재심을 청구할 수 있다.[368)]

3. 효 과

선원법상 재해보상에 대한 선원노동위원회의 심사·중재에 관한 결정은 행정처분이 아니고 권고적 성질을 갖는 행위에 불과하므로 당사자의 권리의무에 법적 효과를 미치는 행정처분이 아니다.[369)] 이는 선원노동위원회의 결정에 대한 중앙노동위원회의 재심결정에서도 같으므로 중앙노동위원회의 결정의 취소를 구하는 행정소송은 부적법하다.[370)]

Ⅵ. 재해보상의무 이행의 확보

1. 보험가입의 강제

선박소유자는 해당 선박에 승무하는 모든 선원에 대하여 재해보상을 완전히

367) 대법원 1997. 6. 27. 선고 95누17380 판결.

368) 노동위원회법 3조 1항 1호 참조. 그러나 중앙노동위원회 2000. 2. 1.자 2000재해1 결정과 2000. 3. 20.자 2000재해3 결정은 위와 같은 심사·중재는 권고적 성격을 갖는 것에 불과하므로 재심대상이 아니라는 이유로 각하하였다.

369) 대법원 1995. 3. 28. 선고 94누10443 판결(船); 서울고법 1995. 10. 12. 선고 95구12714 판결.

370) 대법원 1982. 12. 14. 선고 82누448 판결.

이행할 수 있도록 (i) 선주상호보험조합이 운영하는 손해보험, (ii) 보험업법 2조 6호 및 8호에 따른 보험회사 및 외국보험회사가 선원의 재해보상을 목적으로 운영하는 같은 법 2조 1호 ㈏목에 따른 손해보험, (iii) 선박소유자 단체가 선원의 재해보상을 목적으로 한국해운조합법 6조, 수산업협동조합법 60조 또는 원양산업발전법 28조에 따른 정관에 따라 소속업체 등으로부터 부담금을 징수하여 운영하는 공제, (iv) 민법 32조에 따라 주무관청의 허가를 받아 설립된 사단법인이 선원의 재해보상을 목적으로 같은 법 40조에 따른 정관에 따라 소속업체 등으로부터 부담금을 징수하여 운영하는 공제 등에 가입하여야 한다(법 106조 1항, 시행령 32조).

선박소유자는 1항에 따른 재해보상보험등(보험 또는 공제)에 가입할 경우 보험가입 금액은 승선평균임금 이상으로 하여야 하고(법 106조 2항), 재해보상보험등에 가입하는 선박소유자는 선원이 재해보상보험등을 운영하는 사업자(이하 '재해보험사업자등')에게 보험금을 직접 청구할 수 있도록 선원을 피보험자로 지정하여야 한다(법 106조 3항). 선주책임상호보험의 경우 통상 선지급조항(pay to be paid clause)이 있는데, 이는 제3자의 직접청구권을 규정하고 있는 '상법 724조 2항'[371]에 반하여 무효라는 견해가 다수설이고,[372] 이와 달리 유효하다는 견해도 있으나,[373] 선원법은 재해보상금에 관하여는 선원의 직접청구권을 인정하도록 규정하여 학설상 논란을 종식시켰다.

재해보험사업자등은 선원·유족 또는 지정대리인이 재해보상을 청구하는 경우에는 지체없이 재해보상금을 산정하여야 하고, 민법 469조에도 불구하고 선박소유자를 대신하여 재해보상금이 산정[374]된 날부터 10일 내에 재해보상을 하여야 한다(법 106조 4항, 시행령 33조).

선원법 151조 1항 4호는 선박소유자에게 재해보상보험등의 가입 여부, 보험금

---

371) 상법 724조가 규정하고 있는 피해자의 직접청구권은 책임보험의 보험사고가 발생한 때 피해자가 보험금액의 한도 내에서 책임보험자에 대해 직접 보상을 청구할 수 있도록 특별히 인정된 권리로서, 피해자에게 신속·확실한 구제기회를 부여함으로써 피해자를 두텁게 보호하기 위한 것이다. 대법원 2023. 4. 27. 선고 2017다239014 판결.

372) 김찬영, "선주책임상호보험에 있어 제3자의 직접청구권에 관한 연구", 한국해법학회지 37권 1호(2015. 4), 290-291면; 박영준, "선주책임상호보험에 관한 연구: 사적 고찰과 법적 문제점을 중심으로", 고려대 법학박사학위논문(2002), 269-270면; 최종현, "선박보험과 피해자의 직접청구권", 보험법연구 4(2002), 120면.

373) 문병일, "보험자에 대한 직접청구권의 성질: P&I 보험을 중심으로", 한국해법학회지 32권 2호(2010. 11), 290-291면.

374) 법문상 재해보상금이 '확정'된 날은 '산정'의 오기임이 분명하다.

의 청구・지급 절차 및 그 밖에 해양수산부령으로 정하는 사항이 포함된 서류를 선박 내의 보기 쉬운 곳에 게시하도록 규정하고 있고, 선원법 시행규칙 26조 1항 2호는 지방해양수산관청이 승선공인 시 확인하여야 할 사항으로 '선박소유자가 선원법령에서 정한 재해보상 및 유기구제를 위한 보험 또는 공제에 가입하였는지 여부'를 규정하고 있다.

2. 재해보상보험등의 해지 제한 등

재해보험사업자등은 법률 또는 보험계약에 따라 재해보상보험등의 계약기간이 끝나기 전에 보험계약을 해지하려는 경우에는 해양수산부장관에게 재해보상보험등의 해지예정일의 30일 전까지 계약이 해지된다는 사실을 통지하지 아니하면 해당 재해보상보험등을 해지할 수 없다(법 106조의2 1항).

재해보험사업자등은 선박소유자가 (i) 자기와 재해보상보험등의 계약을 체결한 경우, (ii) 자기와 재해보상보험등의 계약을 체결한 후 계약기간이 끝나기 전에 1항의 사전통지절차를 거친 후 그 계약을 해지한 경우, (iii) 자기와 재해보상보험등의 계약을 체결한 자가 그 계약기간이 끝난 후 자기와 다시 계약을 체결하지 아니한 경우의 어느 하나에 해당하면 그 사실을 해양수산부령으로 정하는 기간[375] 내에 해양수산부장관에게 알려야 한다(법 106조의2 2항). 법 106조의2 2항을 위반

375) 시행규칙 19조의2 [별표 1의2]는 다음과 같이 규정하고 있다.
유기구제보험등 및 재해보상보험등의 계약 체결 사실 등의 통지(19조의3 관련)
2. 재해보상보험등

구 분	통지 시기
가. 법 106조의2 2항 1호에 따른 재해보상보험등 계약의 체결 사실	계약의 효력발생일부터 14일 이내
나. 법 106조의2 2항 2호에 따른 재해보상보험등 계약의 해지 사실	계약의 효력소멸일부터 7일 이내
다. 법 106조의2 2항 3호에 따른 재해보상보험등 계약의 미체결 사실	
1) 매월 1일부터 10일까지의 기간에 재해보상보험등의 계약이 끝난 경우	같은 달 30일까지
2) 매월 11일부터 20일까지의 기간에 재해보상보험등의 계약이 끝난 경우	다음 달 10일까지
3) 매월 21일부터 말일까지의 기간에 재해보상보험등의 계약이 끝난 경우	다음 달 20일까지

하여 같은 항 각 호의 사항을 해양수산부장관에게 알리지 아니한 재해보험사업자등에게는 200만 원 이하의 과태료를 부과한다(법 179조 3항 12의2호).

해양수산부장관은 법 106조의2 1항 또는 2항에 따른 통지를 받으면 그 사실을 지체 없이 해당 재해보상보험등의 피보험자인 선원에게 알려야 한다(법 106조의2 3항).

3. 벌칙의 제재

선박소유자가 (i) 94조 1항을 위반하여 요양하게 하지 아니하였거나 요양에 필요한 비용을 지급하지 아니하였을 때, (ii) 94조 2항(같은 조 3항에 해당하지 아니하는 경우로 한정한다)을 위반하여 요양에 필요한 비용을 지급하지 아니하였거나, 국민건강보험법 44조에 따라 요양을 받는 선원이 부담하여야 하는 비용을 지급하지 아니하였거나 요양에 필요한 비용을 지급하지 아니하였을 때, (iii) 96조 1항 또는 2항을 위반하여 상병보상을 하지 아니하였을 때, (iv) 97조를 위반하여 장해보상을 하지 아니하였을 때, (v) 99조 1항 또는 2항을 위반하여 유족보상을 하지 아니하였을 때, (vi) 100조를 위반하여 장제비를 지급하지 아니하였을 때, (vii) 101조를 위반하여 행방불명보상을 하지 아니하였을 때에는, 2년 이하의 징역 또는 2천만 원 이하의 벌금에 처한다(법 170조 10~16호).

또한 선박소유자, 유기구제보험사업자등 또는 재해보험사업자등이 (i) 102조를 위반하여 소지품 유실보상을 하지 아니하였을 때, (ii) 106조를 위반하여 재해보상을 완전히 이행할 수 있는 재해보상보험등에 가입하지 아니하였거나 같은 조 2항을 위반하여 보험가입 금액을 승선평균임금 미만으로 가입하였을 때, (iii) 정당한 사유 없이 106조 4항을 위반하여 기간 내에 재해보상을 하지 아니하였을 때에는, 1년 이하의 징역 또는 1,000만 원 이하의 벌금에 처한다(법 173조 1항 16, 17, 18호).

Ⅶ. 재해보상청구권의 효력

1. 최우선변제권

가. 범 위

선원법상 재해보상금은 근기법 38조 2항에 규정된 재해보상금에 해당하여 최우선변제권이 인정되는 채권이다.[376] 재해보상금이란 근기법 제8장이나 선원법 제10장에 규정된 재해보상제도에 의한 보상금을 의미하므로, 재해로 인하여 입은 손해에 대하여 민사상 손해배상청구의 소를 제기하여 승소판결을 받은 손해배상청구권은 민법상 불법행위에 따른 일반채권에 지나지 않을 뿐, 근기법 소정의 최우선변제권 있는 재해보상금에는 포함되지 아니한다.[377]

나. 약정재해보상금의 경우

전국선박관리선원노동조합과 한국선박관리업협회가 아덴만 소말리아 해역과 같은 고위험지역을 항해하는 선박에 승선한 선원에게 재해보상을 할 때 법정보상금의 2배를 지급하기로 합의하였으므로, 선원은 장해보상금의 2배에 해당하는 금원 전부에 관하여 최우선변제권을 가진다고 주장한 사안에서, 법원은 아래와 같은 이유로 법정재해보상금에 한하여 최우선변제권이 인정된다고 판시하였다.[378]

① 재해보상금에 관한 최우선변제권은 저당권을 비롯한 담보물권제도의 중대한 예외를 이루는 것으로서 그 채권의 존재와 범위가 공시되지 아니하여 거래 일반의 신뢰와 법적 안정성을 해할 수 있기에, 근기법 제8장과 선원법 제10장에서 재해보상을 규정함으로써 재해보상의 범위와 요건을 법정하여 근로자의 생활보호와 재산권 보장 간의 조화를 꾀하고 있다.

② 만약 당사자의 약정에 기한 재해보상금 전부에 대하여 최우선변제권을 인정한다면, 법률이 예정하고 있는 재해보상제도를 초월하여 담보물권자의 우선변제에 관한 기대권을 침해함으로써 담보물권자가 예측할 수 없는 손실을 입을 수 있고, 사용자와 근로자와 사이에 재해보상금을 과도하게 합의하는 경우 예외적인

---

376) 제주지법 1997. 1. 16. 선고 96가합3278 판결.
377) 부산고법 1999. 1. 8. 선고 97나10956 판결.
378) 부산지법 2014. 6. 12. 선고 2012가합21822 판결.

최우선변제채권이 당사자의 약정으로 현저히 확대될 수 있어 담보물권제도의 근간을 훼손할 수 있고, 최우선변제채권을 작출하려는 악용의 위험성도 커질 수 있다.

③ 최우선변제권으로 담보되지 아니한 약정에 의한 재해보상금 채권에 관하여는 근로자가 여전히 사용자에게 재해보상금을 구할 수 있으므로,[379] 법률이 정한 범위를 넘는 약정에 기한 재해보상금 부분에 관하여 최우선변제권을 인정하지 아니한다고 하더라도 근로자에 대한 보호가 미흡하다고 단정할 수 없다.

2. 선박우선특권

선원과 그 밖의 선박사용인의 고용계약으로 인한 채권은 선박·그 속구, 그 채권이 생긴 항해의 운임, 그 선박과 운임에 부수한 채권에 대하여 우선특권이 있다(상법 777조 1항 2호). 선원법상 재해보상청구권이 고용계약으로 인한 채권에 포함되는지 문제되나, 상법이 고용계약으로 인한 채권으로 규정하고 있는 이상 발생상 한정을 예정하고 있지 않다고 해석함이 상당하므로, 재해보상청구권에 대하여도 선박우선특권이 인정된다.[380]

3. 양도·압류금지와 수급계좌

가. 양도와 압류 금지

유기 구제비용 또는 재해보상을 받을 권리는 양도 또는 압류할 수 없다(법 152조의2 1항). 152조 1항에 따라 지정된 유기구제비용등수급계좌의 예금 중 대통령령으로 정하는 액수 이하의 금액에 관한 채권은 압류할 수 없다(동조 2항). 제2항은 2026. 3. 17.부터 시행된다.

나. 수급계좌

유기구제보험사업자등과 재해보험사업자등은 지급대상자의 신청이 있는 경우에는 유기 구제비용과 재해보상 보험금(이하 '유기구제비용등')을 지급대상자 명의의 지정된 계좌(이하 '유기구제비용등수급계좌')로 입금하여야 한다. 다만, 정보통신

379) 대법원 2002. 6. 14. 선고 2001다2112 판결(船).

380) 부산고법 2004. 11. 12. 선고 2004나12158 판결; 근기법상 재해보상청구권은 선박우선특권이 있다는 견해로는 부산지법 1997. 11. 13. 선고 96가합16271 판결.

장애나 그 밖에 대통령령으로 정하는 불가피한 사유로 유기구제비용등을 유기구제비용등수급계좌로 이체할 수 없을 때에는 현금 지급 등 대통령령으로 정하는 바에 따라 유기구제비용등을 지급할 수 있다(법 152조 1항). 유기구제비용등수급계좌가 개설된 해당 금융기관은 이 법에 따른 유기구제비용등만이 유기구제비용등수급계좌에 입금되도록 관리하여야 한다(동조 2항). 1항에 따른 유기구제비용등의 신청 방법 및 절차와 2항에 따른 유기구제비용등수급계좌의 관리에 필요한 사항은 대통령령으로 정한다(동조 3항). 위 조항은 2026. 3. 17.부터 시행된다.

4. 선박소유자의 책임제한 배제

선장 · 해원, 그 밖의 사용인으로서 그 직무가 선박의 업무에 관련된 자 또는 그 상속인, 피부양자 그 밖의 이해관계인의 선박소유자에 대한 채권에 대하여는 선박소유자는 그 책임을 제한하지 못한다(상법 773조 1호). 또한 상법 769조, 770조에 의한 선박소유자의 책임한도에 관한 규정은 피해자가 선장 · 해원, 그 밖의 선박사용인일 때는 적용이 없으므로, 선박소유자는 피해자인 선원에 대하여는 무제한의 책임을 진다.381)

Ⅷ. 소멸시효

1. 선원법의 규정

선원의 선박소유자에 대한 재해보상청구권은 3년간 이를 행사하지 아니하면 시효로 인하여 소멸한다(법 156조). 재해보상청구권의 소멸시효기간의 기산점은 그 권리를 행사할 수 있는 때부터 진행한다. 부상이나 즉시 발견이 가능한 질병의 경우에는 선원이 하선하거나 입국한 다음날부터 진행하고, 잠재적 질병이나 사망의 경우에는 이를 알았거나 알 수 있었을 때(구체적으로는 진단 등에 의하여 재해의 발생이 확정된 다음날)부터 진행한다.

381) 대법원 1971. 3. 30. 선고 70다2294 판결(船); 대법원 1987. 6. 23. 선고 86다카2228 판결(船).

2. 재해보상별 기산방법

요양보상의 경우에는 요양에 필요한 비용이 구체적으로 확정된 날의 다음날, 즉 요양을 받은 날의 다음날부터 매일매일 진행하므로, 직무상 재해로 인한 질병이 계속되고 있는 경우에는 그 선원이 요양보상의 신청을 한 때로부터 역산하여 3년이 넘는 부분에 대한 요양보상청구권은 이미 소멸시효가 완성되었더라도 3년 이내의 부분 및 장래 발생할 부분에 대한 요양보상청구권은 위 요양보상 청구로 인하여 시효의 진행이 중단된다.[382)]

장해보상의 경우에는 장해의 원인이 된 질병을 치료종결하고 그 장해정도가 확정된 날 다음날부터 진행하며, 상병보상은 상병을 요하는 날을 기준으로 하여 보상대상 해당일 다음날부터 매일매일 진행한다.[383)]

3. 보험금청구권의 소멸시효

근로자재해보장책임보험계약의 사용자배상책임담보 특별약관에서 책임보험의 보험금청구권의 발생시기나 발생요건에 관하여 달리 정한 경우 등 특별한 다른 사정이 없는 한, 원칙적으로 책임보험의 보험금청구권의 소멸시효는 피보험자의 제3자에 대한 법률상 손해배상책임이 상법 723조 1항이 정하고 있는 변제·승인·화해·재판의 방법 등에 의하여 확정됨으로써 그 보험금청구권을 행사할 수 있는 때로부터 진행된다.[384)]

수산업협동조합중앙회가 회원을 위하여 행하는 선원보통공제는 그 가입자가 한정되어 있고 영리를 목적으로 하지 아니한다는 점에서 보험법에 의한 보험과 다르기는 하지만 그 실체는 일종의 보험으로서 상호보험과 유사하고, 단기소멸시효에 관한 상법 662조의 규정은 상법 664조에 의하여 상호보험에도 준용되므로, 공제금청구권의 소멸시효에 관하여도 상법 664조의 규정을 유추 적용하여 상법 662조의 보험금 지급청구에 관한 3년[385)]의 단기소멸시효에 관한 규정을 준용하여

382) 대법원 1989. 11. 14. 선고 89누2318 판결.
383) 서울고법 1982. 3. 10. 선고 81나3497 판결.
384) 대법원 2012. 1. 12. 선고 2009다8581 판결.
385) 종래에는 2년이었으나 2015. 3. 12.부터 3년으로 개정되었고, 구 계약의 청구권이 위 시행일 이후에 발생한 경우에도 개정규정이 적용된다(부칙 2조 4항).

야 한다.[386)]

4. 소멸시효 항변과 신의성실 · 권리남용금지의 원칙

채무자의 소멸시효에 터 잡은 항변권의 행사도 우리 민법의 대원칙인 신의성실의 원칙과 권리남용금지의 원칙의 지배를 받는 것이어서, 채무자가 시효완성 전에 채권자의 권리행사나 시효중단을 불가능 또는 현저히 곤란하게 하였거나, 그러한 조치가 불필요하다고 믿게 하는 행동을 하였거나, 객관적으로 채권자가 권리를 행사할 수 없는 장애사유가 있었거나, 또는 일단 시효완성 후에 채무자가 시효를 원용하지 아니할 것 같은 태도를 보여 권리자로 하여금 그와 같이 신뢰하게 하였거나, 채권자보호의 필요성이 크고, 같은 조건의 다른 채권자가 채무의 변제를 수령하는 등의 사정이 있어 채무이행의 거절을 인정함이 현저히 부당하거나 불공평하게 되는 등의 특별한 사정이 있는 경우에는 채무자가 소멸시효의 완성을 주장하는 것이 신의성실의 원칙에 반하여 권리남용으로서 허용될 수 없다.[387)]

제4절 어선원의 재해보상

Ⅰ. 어재법의 지위

어재법 2조 1항은, '어선'이란 어선법 2조 1호 ㈑목에 따른 선박(1호), '어선원'이란 임금을 받을 목적으로 어선에서 근로를 제공하기 위하여 고용된 사람(2호),

386) 수산업협동조합중앙회의 선원보통공제약관상 선원이 공제사고로 해상에서 행방불명된 경우에 최후 音信日로부터 1월이 경과하여도 행방을 알 수 없을 때에는 그 때에 사망한 것으로 추정한다는 규정은 사망진단서 등 사망사실을 확인하는 증명 없이도 유족의 이익을 위하여 피공제자에게 공제금이 신속히 지급될 수 있도록 하기 위한 규정이므로, 수산업협동조합중앙회가 위 약관상 사망에 관한 추정을 부정하여 피공제자의 공제금 지급청구에 불응한 경우에는, 소멸시효의 기산점과 관련하여 유족에게 불리하게 위 규정을 적용하여 최후 음신일로부터 1월이 되는 때를 공제금청구권의 소멸시효의 기산점으로 삼을 수 없으며, 피공제자는 행방불명된 선원의 사망 사실에 대한 확인 증명을 대신하는 역할을 하는 실종선고 심판이 확정될 때에 비로소 공제금청구권에 대한 권리행사를 할 수 있게 되었다고 봄이 상당하므로 그 때부터 시효기간이 진행된다. 대법원 1998. 3. 13. 선고 97다52622 판결(船).

387) 대법원 2014. 7. 10. 선고 2013두8332 판결.

'가족어선원'이란 어선의 소유자의 배우자(사실혼 관계에 있는 사람 포함) 및 직계존속·비속으로서 어선에서 근로를 제공하는 사람(3호), '어선의 소유자'란 선주·어선차용인·어선관리인·용선인 등 명칭에 상관없이 어선원을 고용하고 그 어선원에게 임금을 지급하거나 자기가 직접 또는 가족어선원과 함께 어업 활동을 하는 자(4호)로 정의하고 있다. 이와 같이 특별선원인 어선원에 대한 재해보상에 관하여 규정하고 있는 어재법과 다른 법률과의 관계가 문제된다.

1. 어재법과 선원법의 관계

어재법은 선원법의 재해보상과는 별개로 선원의 재해에 대하여 보험급여를 지급하는 제도를 마련하고 있으므로, 양자의 관계가 문제된다. 선원법에 의한 재해보상제도는 경제적 능력의 결여로 선박소유자가 재해보상의무를 이행하지 못하는 경우 유명무실하게 될 우려가 있다. 그리하여 확실하고 신속하며 공정한 재해보상제도의 확립을 도모하기 위하여 어선의 소유자를 보험가입자로 하여 해양수산부장관이 관장하도록 하는 어재법이 제정되었다. 수급권자가 어재법에 따라 보험급여를 받았거나 받을 수 있는 경우에는 보험가입자는 같은 사유에 대하여 선원법에 의한 재해보상책임이 면제된다(어재법 31조 1항). 어재보험은 선원법상 선박소유자 중 어재법이 적용되는 어선소유자의 재해보상책임이 확실하게 이행될 수 있도록 담보하기 위한 책임보험의 성격을 갖는다.[388]

2. 어재법과 산재법의 관계

어재법의 적용을 받는 어선에 대하여는 산재법을 적용하지 아니하고(6조 2항), 어재법 시행 전에 산재법 및 선원법 그 밖의 다른 법률에 의한 보험 또는 공제에 가입한 자로서 어재법 시행 당시 그 보험 또는 공제에 가입되어 있는 자는 그 보험기간(산재법의 경우에는 보험연도를 포함) 또는 공제기간이 만료된 날의 다음 날부터 어선원보험에 관한 어재법의 규정을 적용한다(부칙 2항). 이와 같이 산재법과 어재법은 적용대상을 서로 달리하므로 '자매법'의 관계에 있다.

388) 부산고법 2009. 9. 25. 선고 2008나15322 판결.

3. 어재법과 근기법의 관계

선원법이 적용되지 아니하는 어선에 근무하는 근로자에 대하여는 근기법상 재해보상에 관한 규정이 적용된다.[389] 선원법이 적용되지 않는 어선 중 어재법이 적용되는 어선에 근무하는 어선원의 재해보상에 관하여는 근기법의 재해보상과는 별개로 어선원의 재해에 대하여 보험급여를 지급하는 제도를 마련하고 있으므로 양자의 관계가 문제된다. 수급권자가 어재법에 따라 보험급여를 받았거나 받을 수 있는 경우에는 보험가입자는 동일한 사유에 대하여 근기법에 의한 재해보상책임이 면제된다(어재법 31조 1항). 다만 직무외 재해보상은 근기법에 존재하지 아니하는 것으로, 어재법은 사용자의 재해보상책임을 근기법의 그것보다 확장하였다. 어재보험은 근기법상 사용자 중 어재법이 적용되는 어선소유자의 재해보상책임이 확실하게 이행될 수 있도록 담보하기 위한 책임보험의 성격을 갖는다.

4. 어재법과 농어업인의 안전보험 및 안전재해예방에 관한 법률과의 관계

2024. 5. 1.부터 시행된 「농어업인의 안전보험 및 안전재해예방에 관한 법률」(이하 '농안법')은 농어업작업으로 인하여 발생하는 농어업인과 농어업근로자의 부상 · 질병 · 장해 또는 사망을 보상하기 위한 농어업인의 안전보험과 안전재해예방에 관하여 필요한 사항을 규정함으로써 농어업 종사자를 보호하고, 농어업 경영의 안정과 생산성 향상에 이바지함을 목적으로 한다(1조). 농어업근로자란 농어업작업을 수행하기 위하여 농어업인이나 「농어업경영체 육성 및 지원에 관한 법률」 2조 2호 및 5호에 따른 농업법인 또는 어업법인에 고용되어 근로를 제공하는 사람을 말한다(농안법 2조 3호). 보험은 농어업인 또는 농어업근로자를 피보험자로 한다. 다만, (i) 산재법에 따른 산업재해보상보험의 적용을 받는 사람, (ii) 어재법에 따른 어선원보험의 적용을 받는 사람, (iii) 최근 2년 이내에 보험 관련 보험사기행위로 형사처벌을 받은 사람, (iv) 그 밖에 대통령령으로 정하는 사람의 어느 하나에 해당하는 사람은 피보험자가 될 수 없다(농안법 6조 1항). 1항 (i), (ii)에도

---

389) 만약 위와 같은 근로자에 대하여 산재법이 적용되는 경우에는 어재법과 산재법의 관계로 환원된다. 한편 산재법 시행령 3조 1항 6호는 어업 중 법인이 아닌 자의 사업으로서 상시 근로자수가 5인 미만인 사업을 산재법의 적용범위에서 제외하고 있다.

불구하고 산재법 및 어재법에 따라 적용받는 사업장 이외의 장소에서 농어업작업을 하려는 농어업인 또는 농어업근로자는 피보험자가 될 수 있다(동조 2항). 농어업작업안전재해의 인정기준에 관하여는 농안법 8조에서 규정하고 있다.

Ⅱ. 어재법의 적용범위

1. 어재법 6조의 규정

어재법은 모든 어선에 적용하되, (i) 원양산업발전법 6조 1항에 따라 원양어업의 허가를 받은 어선, (ii) 해운법 24조 2항에 따라 수산물운송에 종사하는 어선, (iii) 그 밖에 어선의 규모 · 어선원수 · 위험률 · 어로장소 등을 고려하여 대통령령으로 정하는 어선에 대하여는 어재법에 특별한 규정이 있는 경우에 한하여 적용한다(어재법 6조).

2. 어재법이 적용되지 않는 선박

어재법 6조 단서 3호의 '대통령령으로 정하는 어선'[390]에는[391] (ii) 가족어선원만 승선하는 어선, (iii) 내수면어업법에 따라 내수면어업에 사용하는 어선, (iv) 수산업법 27조 1항에 따라 관리선으로 지정받은 어선(다만 정치망어업의 관리선으로 지정받은 어선은 제외), (v) 수산업법 45조에 따라 시험어업 또는 연구어업 · 교습어업에 사용하는 어선, (v-ii) 양식산업발전법 41조 1항에 따라 관리선으로 지정받은 어선, (v-iii) 양식산업발전법 53조에 따른 시험양식업 또는 연구양식업 · 교습양식업에 사용하는 어선, (vi) 어선법 2조 1호 ㈏목에 따라 수산업에 관한 시

390) 어재법이 적용되는 어선을 대통령령으로 위임한 것에 대하여 위헌이라는 견해가 있을 수 있으나, 헌재 2003. 7. 24. 선고 2002헌바51 결정은 "헌법 34조의 인간다운 생활을 할 권리나 국가의 사회보장 · 사회복지 증진의무 등의 성질에 비추어 볼 때 국가가 어떠한 내용의 산재보험제도를 어떠한 범위에서, 어떠한 방법으로 시행할 것인지는 입법자의 재량영역에 속하는 문제이고, 근로자에게 인정되는 보험수급권도 그와 같은 입법재량권의 행사에 따라 제정되는 산재법에 의하여 비로소 구체화되는 법률상 권리인바, 그렇다면 처음부터 적용제외사업에 종사함으로써 위 법 소정의 수급자격을 갖추지 못한 근로자로서는 헌법상의 인간다운 생활을 할 권리나 산재법에 기한 권리를 내세워 국가에 대하여 적용대상사업 획정과 관련한 적극적 행위를 요구할 지위에 있다고 볼 수 없으므로, 이 사건 법률조항(산재법 5조 단서)은 헌법 34조에 위반되지 않는다"고 판시하였는바, 어재법에 관하여도 같은 결론에 도달할 수 있다.

391) 2018. 1. 30. 대통령령 28618호가 시행되기 전에는 총톤수 4t 미만의 어선으로 규정하고 있었다.

험 · 조사 · 지도 · 단속 또는 교습에 종사하는 어선 등이 있다(어재법 시행령 3조). 2024. 12. 31.까지 (i) 3t 미만의 어선(다만 3t 이상의 어선 1척 이상을 소유하고 있는 자가 소유하는 3t 미만의 어선은 제외)[392]은 임의가입어선이었으나, 시행령의 개정으로 2025. 1. 1.부터 3t 미만의 어선도 어재법이 당연적용된다.

Ⅲ. 보험관계의 주체

어재법은 정부(해양수산부장관이 관장)의 위탁을 받은 수산업협동조합중앙회(이하 '중앙회')를 보험자로 하고, 어선소유자를 보험가입자로 하는 제도를 채용하고 있으며, 피보험자의 개념을 별도로 규정하고 있지 않는데, 수급권자를 피보험자로 하지 않는 것은 본래 어선소유자가 부담하여야 하는 재해보상의 책임을 보험급여로 이행한다고 하는 일종의 책임보험적 성격에서 비롯된 것이다.[393]

1. 보험가입자

가. 의 의

어재법 16조 1항은 "이 법을 적용받는 어선의 소유자는 당연히 어선원등의 재해보상보험(이하 '어선원보험')의 보험가입자(이하 '당연가입자')가 된다. 다만, 6조 1항 3호의 규정에 따른 어선의 소유자는 중앙회의 승인을 받아 어선원보험에 가입할 수 있다."고 규정하고 있으므로, 보험가입자에 대한 논의는 어재법의 적용범위를 규정한 어재법 6조에 관한 논의로 귀결된다.

어선소유자는 보험가입자로서 보험료를 부담하며, 그 보험료로 어선원재해를 당한 어선원등에게 소정의 보험급여를 지급하게 된다. 따라서 어선원보험의 적용은 원칙적으로 어선을 단위로 하여 행해진다. 어선원보험의 가입자에는 당연가입자와 임의가입자가 있고, 어재법이 당연히 적용되는 어선의 소유자가 당연가입자가 되며, 어재법이 임의로 적용되는 어선의 소유자가 임의가입자가 된다. 그런데 어선소유자의 개념은 양자에 공통된 것이므로, 이하에서는 먼저 어재법이 당연히 적용되는 어선, 임의로 적용되는 어선, 어재법이 적용되지 않는 어선의 범위를 먼

392) 2018. 1. 30. 대통령령 28618호가 시행되기 전에는 총톤수 4t 미만의 어선으로 규정하고 있었다.
393) 김유성, 한국사회보장법론(5판), 법문사(2002), 297-298면.

저 살펴보고, 그 후 어선소유자에 관하여 논의하기로 한다.

나. 당연적용어선: 어선법 2조 1호 ㈑목의 규정에 따른 어선

(1) 의 의

어재법은 원칙적으로 모든 어선에 대하여 적용되는데(어재법 6조 본문), 어재법은 '어선'을 어선법 2조 1호 ㈑목의 규정에 따른 선박으로 정의하고 있다(2조 1항 1호). 그런데 어재법·어선법은 선박의 개념에 관하여는 침묵을 지키고 있는데, 선박법에서 선박의 개념에 관하여 규정하고 있다. 어재법이 적용되는 어선은 상위개념으로 먼저 선박법상 선박일 것, 어선법상 어선일 것이 요구된다.

(2) 선박법상 선박

선박법상 '선박'은 수상 또는 수중에서 항행용으로 사용하거나 사용될 수 있는 배 종류로서 기선, 범선, 부선을 말한다(선박법 1조의2 1항).

(3) 어선법상 어선

어선법상 '어선'이란 (i) 어업·어획물운반업 또는 수산물가공업(이하 '수산업')에 종사하는 선박, (ii) 수산업에 관한 시험·조사·지도·단속 또는 교습에 종사하는 선박, (iii) 8조 1항에 따른 건조허가를 받아 건조 중이거나 건조한 선박, (iv) 13조 1항에 따른 어선의 등록을 한 선박 등을 말한다(어선법 2조 1호).

'어업'이란 수산동식물을 포획·채취하거나 양식[394]하는 사업과 염전에서 바닷물을 자연 증발시켜 소금을 생산하는 사업을(수산업법 2조 2호), '어획물운반업'이란 어업현장에서 양륙지(揚陸地)까지 어획물이나 그 제품을 운반하는 사업을(3호), '수산물가공업'이란 수산동식물을 직접 원료 또는 재료로 하여 식료·사료·비료·호료(糊料)·유지(油脂) 또는 가죽을 제조하거나 가공하는 사업을 말한다(4호).

어선인지 여부에 관하여 일본 행정해석[395]은, 어선등록을 한 선박이라도 어업활동 이외의 업무에 상시 사용된다고 인정되는 경우에는 어선법상 어선으로 취급할 수 없고, 어선등록을 하지 아니한 선박이라도 수산업에 종사하는 한 어선법상

---

394) '양식'이란 수산동식물을 인공적인 방법으로 길러서 거두어들이는 행위와 이를 목적으로 어선·어구를 사용하거나 시설물을 설치하는 행위를 말한다(수산업법 2조 7호).

395) 1959. 12. 21. 4省廳覺書, 運輸省 海上技術安全局 船員部 勞働基準課 編, 船員法解釋例規, 22면.

어선으로 취급하는 경우를 제외하고는 원칙적으로 당해 선박이 어선등록유무에 따라 판단하여야 한다는 입장을 취하고 있다. 또한 '어업활동'에는 어로와 관련된 일체의 작업뿐만 아니라, 어초(魚礁) 조성[396] 등을 위하여 운반작업에 종사하는 경우 등을 포함하는 것으로 해석하여야 한다는 입장을 취하고 있다.[397]

(4) 어선법 13조 1항의 규정에 의하여 등록을 하였을 것

어재법은 '어선'을 어선법 2조 1호 ㈑목의 규정에 따른 선박으로 정의하고 있고(2조 1항 1호), 2조 1호 ㈑목은 13조 1항에 따른 어선의 등록을 한 선박을 말한다고 규정하고 있다. 어선의 소유자나 해양수산부령으로 정하는 선박의 소유자는 그 어선이나 선박이 주로 입항·출항하는 항구 및 포구(선적항)를 관할하는 시장·군수·구청장에게 해양수산부령으로 정하는 바에 따라 어선원부에 어선의 등록을 하여야 한다. 이 경우 선박등기법 2조에 해당하는 어선[398]은 선박등기를 한 후에 어선의 등록을 하여야 한다(어선법 13조 1항). 1항에 따른 등록을 하지 아니한 어선은 어선으로 사용할 수 없다(어선법 13조 2항).

위와 같이 어재법 적용여부를 판정하는데 기준이 되는 것은 어선등록여부인데, 이는 선박이 실제로 수산업활동에 종사하는지 여부를 기준으로 하게 되면 법적용의 안정을 기대할 수 없어 법률관계가 불안하게 되기 때문이다(형식설). 그러므로 선박국적증서(총톤수 20t 이상인 어선), 선적증서(총톤수 20t 미만인 어선으로서 총톤수 5t 미만의 무동력어선은 제외), 등록필증(총톤수 5t 미만인 무동력어선)을 교부받은 어선은 원칙적으로 어재법이 적용되는 어선이라고 볼 수 있으나, 실제 어업활동에 종사하지만 어선등록을 하지 아니한 선박은 어재법의 적용범위에서 제외되고, 어선등록을 하였지만 수산업 이외의 업무에 상시적으로 사용된다고 인정되는 선박에 대하여도 어재법이 적용된다고 보아야 한다.

위와 같이 어선의 사용실태와 등록관계가 불일치하는 경우에 발생하는 문제점을 해결하기 위하여 어선법은 어선등록말소제도에 관하여 규정하고 있다. 이에 의하면, 13조 1항에 따른 등록을 한 어선이 (i) 어선 외의 목적으로 사용하게 된 경

396) 선박, 콘크리트 덩어리, 돌 등을 바다 속에 설치하거나 투입하여 수산동식물을 대상으로 한 공작물 등을 인공적으로 조성하는 것으로, 암초 폭발작업도 포함된다.
397) 1960. 2. 16. 厚生省 保險局長 發15號, 勞働省 勞働基準局長 發102號, 船員法解釋例規, 22면.
398) 총톤수 20t 이상의 기선과 범선 및 총톤수 100t 이상의 부선(다만 선박법 26조 4호 본문에 따른 부선은 제외).

우, (ii) 대한민국의 국적을 상실한 경우, (iii) 멸실·침몰·해체 또는 노후·파손 등의 사유로 어선으로 사용할 수 없게 된 경우, (iv) 6개월 이상 행방불명이 된 경우 그 어선의 소유자는 30일 이내에 해양수산부령으로 정하는 바에 따라 등록의 말소를 신청하여야 한다(어재법 16조 1항).[399]

시장·군수·구청장은 어선의 소유자가 (i) 속임수나 그 밖의 부정한 방법으로 등록을 한 경우, (ii) 어선의 소유자가 1항에 따른 등록의 말소신청을 기간 내에 하지 아니한 경우, (iii) 해당 어선으로 영위하는 수산업의 허가·신고·면허 등의 효력이 상실된 후 1년이 지난 경우(다만 대통령령으로 정하는 경우에는 그러하지 아니하다) 등에는 30일 이내의 기간을 정하여 등록의 말소를 신청할 것을 최고하여야 하며, 그 어선의 소유자가 최고를 받고도 정당한 사유 없이 이행하지 아니하면 직권으로 그 어선의 등록을 말소하여야 한다(어선법 19조 2항).

다. 임의적용어선

어재법 6조 1항 단서에 규정된 어선은 어재법에 특별한 규정이 있는 경우에 한하여 어재법이 적용되는바, 6조 1항 단서 3호에 규정된 어선의 소유자는 중앙회의 승인을 얻어 어선원보험에 가입할 수 있다(16조 1항, 이하 '임의가입자'). 어재법 6조 1항 단서 3호의 내용을 구체화하고 있는 것은 어재법 시행령 3조 2~6호이다.

(1) 가족어선원만 승선하는 어선

어재법이 가족어선원만 승선하는 어선을 원칙적으로 적용되는 범위에서 제외한 것은, 가족어선원만 승선한 어선은 사실상 가족어업으로서 종속적 근로관계의 요소가 강하지 않을 뿐 아니라 어선소유자와 근로자의 구별이 엄격하지 않거나 무의미한 경우가 많기 때문이다. 그러나 적용이 제외되는 어선은 가족어선원만 승

399) 어선이 그 소유자이던 A의 말소등록신청에 의하여 등록취소 및 말소등록이 된 후로도 계속 바다에 정박되어 있다가 그 뒤 B가 선체부식을 방지한다는 이유로 이를 바닷물 속에 가라앉혔으나 현재는 그 선체의 형태를 알아볼 수 없을 정도로 부식되어 다시 인양한다 하더라도 더 이상 어선으로 사용할 수 없는 상태라면 이는 어선등록의 대상이 되지 아니하므로, 외형상 무효인 등록취소행위가 잔존하고 있다고 하여도 특단의 사정이 없는 한 이제 와서 굳이 위 처분이 무효임을 확인할 법률상의 이익이 없어 그 등록취소처분의 무효확인을 구하는 부분 소는 소의 이익이 없어 부적법하고, 위 어선에 대하여 선적증서원부에서 말소등록을 한 것은 그 소유자의 신청에 따라 등록이 취소되고 소유자의 신청에 의하여 말소등록을 하였다는 사실을 기재한 것에 불과할 뿐 그로 인하여 어선의 소유권을 상실하거나 실체상의 권리변동이 생기는 것이 아니므로, 그 말소등록처분의 무효확인청구 부분은 행정소송의 대상이 되는 행정처분에 해당하지 아니하여 부적법하다. 대법원 1992. 2. 14. 선고 91누3529 판결.

선하는 어선에 한정되므로, 가족이외의 어선원이 한 명이라도 승선하는 어선에 대하여는 어재법이 적용되고, 위 어선에서 재해가 발생한 경우에는 가족 이외의 어선원뿐만 아니라 가족어선원, 어선소유자에게도 어재법상 보험급여가 인정된다(어재법 2조 1항 6, 7호). 위와 같은 어재법의 규정은 '동거하는 친족만'을 사용하는 사업에 대하여 근기법의 적용을 배제하는 근기법 11조 1항 단서와 구별된다.

(2) 내수면어업법에 따라 내수면어업에 사용하는 어선

'내수면'이란 하천, 댐, 호수, 늪, 저수지와 그 밖에 인공적으로 조성된 담수(淡水)나 기수(바닷물과 민물이 섞인 물)의 물흐름 또는 수면을 말하고(내수면어업법 2조 1호), '내수면어업'이란 내수면에서 수산동식물을 포획·채취하거나 양식하는 사업을 말한다(5호). 위와 같은 내수면어업에 사용하는 어선에 대하여는 어재법 적용이 원칙적으로 배제되고, 근기법 또는 산재법이 적용된다.

(3) 수산업법 27조 1항에 따라 관리선으로 지정받은 어선

어업권자는 그 어업의 어장관리에 필요한 어선(이하 '관리선')을 사용하려면 시장·군수·구청장의 지정을 받아야 한다. 이 경우 관리선은 어업권자(수산업법 37조에 따른 어업권의 행사자 포함)가 소유한 어선이나 임차한 어선으로 한정한다(수산업법 27조 1항). 위와 같이 관리선으로 지정받은 어선에 대하여는 어재법의 적용이 원칙적으로 배제된다. 다만 개정 어재법 시행령(2005. 3. 8. 대통령령 18735호)이 시행된 2005. 3. 8.부터 정치망어업 관리선으로 지정받은 어선에 대하여는 어재법이 적용된다.

그런데 위 제한규정과 어재법 시행령 3조 1호의 제한규정과 관계가 문제된다. 예를 들면, 어업권자 X가 그 소유의 3t 이상인 관리선 A와 3t 미만인 어선 B를 사용하여 어업에 종사하는 경우, A에 대하여는 어재법이 적용되지 않지만 B에 대하여는 어재법이 적용되는지 문제된다. 생각건대, 어재법 시행령 3조 1호의 제한규정상 3t 이상의 어선에는 관리선도 포함되고, 3t 이상의 선박이 어재법의 적용대상이 되는지 여부는 묻지 아니하므로, 위 사례에서 B에 대하여는 어재법이 적용된다. 입법론적으로는 관리선을 어재법이 원칙적으로 적용되는 범위에서 제외하는 것은 합리적인 이유가 없으므로, 이를 삭제하는 것이 타당하다.

(4) 수산업법 45조에 따라 시험어업 또는 연구어업·교습어업에 사용하는 어선

수산업법 8조·41조·42조 또는 47조에 따른 어업 외의 새로운 어구·어법 또는 어장을 개발하기 위하여 시험어업을 하려는 자는 해양수산부령으로 정하는 바에 따라 시험어업을 신청하여야 한다(수산업법 45조 1항). 해양수산부장관, 시·도지사는 수산자원의 상태와 어업여건 등을 고려하여 8조·41조·42조 또는 47조에 따른 어업 외의 새로운 어구·어법 또는 어장을 개발하기 위하여 필요한 때 또는 1항에 따른 신청이 타당하다고 인정될 때에는 어업자, 1항에 따른 신청자 및 시험연구기관 등과 공동으로 시험어업을 할 수 있고, 시·도지사는 시험어업계획을 세워 해양수산부장관의 승인을 받아야 한다(2항). 해양수산부장관이 지정한 시험연구기관·수산기술지도보급기관·훈련기관 또는 교육기관에서 연구어업·교습어업을 하려는 경우에는 1항과 2항, 8조·41조·42조 및 47조에도 불구하고 연구어업·교습어업을 할 수 있다(3항). 위와 같이 시험어업, 연구어업, 교습어업에 사용하는 어선에 대하여는 원칙적으로 어재법의 적용이 배제된다.

(5) 어선법 2조 1호 ㈏목에 따라 수산업에 관한 시험·조사·지도·단속 또는 교습에 종사하는 어선

수산업(어업·어획물운반업 또는 수산물가공업)에 관한 시험·조사·지도·단속 또는 교습에 종사하는 어선은 어선법상 어선에 속하지만[어선법 2조 1호 ㈏목], 위 선박에 대하여는 원칙적으로 어재법이 적용되지 아니한다.

라. 어재법이 적용되지 않는 어선

(1) 원양산업발전법 6조 1항에 따라 원양어업의 허가를 받은 어선

'원양어업'이란 대한민국 국민이 해외수역에서 단독 또는 외국인과 합작(대한민국 국민이 납입한 자본금 또는 보유한 의결권 등이 대통령령으로 정하는 기준 이상인 경우에 한한다)으로 수산동식물을 포획·채취하는 사업을 말한다(원양산업발전법 2조 2호). 원양어업을 하려는 자는 어선마다 해양수산부장관의 허가를 받아야 하는데(원양산업발전법 6조 1항 1문), 원양어업 허가를 얻은 어선은 어재법의 적용범위에서 제외되고, 선원법이 적용된다.

(2) 해운법 24조 2항에 따라 수산물운송에 종사하는 어선

외항 정기 화물운송사업이나 외항 부정기 화물운송사업(이하 '외항화물운송사업')을 경영하려는 자는 해양수산부령으로 정하는 바에 따라 해양수산부장관에게 등록하여야 한다(해운법 24조 2항). 외항화물운송사업에는 일반화물운송과 수산물운송(활·선어운송과 냉동어운송으로 나뉜다)이 있는데,[400] 어재법의 적용에서 제외되는 것은 수산물운송에 종사하는 어선이다.

(3) 건조 중인 어선과 미등록 어선

건조 중인 선박에 대하여 선박담보에 관한 규정(상법 777조 내지 789조)을 준용하고(상법 790조), 어선법 8조 1항의 규정에 의한 건조허가를 받아 건조 중이거나 건조한 선박도 어선의 범주에 포함되는데(어선법 2조 1항 3호), 건조 중인 어선이 어선법 13조 1항에 따라 등록이 가능한지 문제된다.

생각건대, 어선법 시행규칙 21조 1항 2, 3호는 어선의 등록시 첨부하여야 할 서류로 어선총톤수측정증명서와 선박등기부등본을 규정하고 있는 점에 비추어 보면, 어선총톤수측정증명서는 준공된 어선에 대해서만 작성할 수 있다고 보아야 한다. 따라서 건조 중인 선박은 어선법에 의한 등록을 할 수 없으므로, 이에 대하여는 어재법이 적용되지 아니한다.

준공된 선박이라도 어선법에 의한 등록을 마치지 아니한 선박에 대하여는 어재법이 적용되지 아니한다.

마. 보험가입자로서 어선의 소유자

'어선의 소유자'(어선소유자)란 선주, 어선차용인, 어선관리인, 용선인 등 명칭에 상관없이 어선원을 고용하고 그 어선원에게 임금을 지급하거나 자기가 직접 또는 가족어선원과 함께 어업활동을 하는 자를 말하고(어재법 2조 1항 4호), 어재법의 적용대상 선박과 자기가 직접 또는 가족어선원과 함께 어업활동을 하는 자를 포함하는 것을 제외하고는 기본적으로 선원법상 선박소유자의 개념과 같다.

총톤수 4.95t으로 소형어선에 해당하는 영길호의 소유권변동은 상법이 아니라 어선법에 따라 등록하여야 그 효력이 발생하는바, A가 B에게 영길호를 매도하였

---

400) 해운법 시행규칙 [별표 3] 참조.

다고 하나 어선원부에 그대로 소유자로 남아 있는 상태에서 사고가 발생한 이상 상법 879조 선박소유자 책임을 면할 수 없다(상법 879조는 자동차손해배상보장법상의 운행자 책임과 달리 선박소유자의 책임을 규정하고 있을 뿐 운행지배와 운행이익에 따른 책임을 규정한 것이 아니다).[401]

바. 보험가입자의 의무

보험가입자는 보험관계의 신고 및 변경신고의무(어재법 20조), 임금총액의 변경신고의무(38조), 보험료의 신고・납부의무(41조), 보험급여액의 납부의무(44조), 보험급여에 필요한 증명의무(68조), 관계서류제출, 재해원인과 내용 및 재해를 입은 어선원등에 관한 사항의 신고의무(어재법 시행령 50조) 등을 부담한다.

2. 수급권자

가. 어선원

임금을 받을 목적으로 어재법이 적용되는 어선에서 근로를 제공하기 위하여 고용된 사람이 어선원이 되는데(어재법 2조 1항 2호), 이는 근기법상 근로자와 동일한 개념이다. 어선원 중에는 선원법이 적용되는 선박에 근무하는 어선원과 선원법이 적용되지 아니하는 선박에 근무하는 어선원으로 나누어 볼 수 있다. 선원법이 적용되지 않는 선박에 근무하는 사람으로서 선원법상 선원이 아니더라도 어재법상 어선원에 해당하면 어재법상 수급권자가 될 수 있다.

나. 가족어선원

'가족어선원'이란 어선소유자의 배우자(사실혼 관계에 있는 사람 포함) 및 직계존속・비속으로서 어선에서 근로를 제공하는 사람을 말한다(어재법 2조 1항 3호). 위에서 '어선'은 어재법이 적용되는 어선을 말하고, 배우자 및 직계존비속의 범위는 민법의 규정에 의한다. '가족어선원'을 별도로 보험급여의 수급권자로 정하고 있는 이유는, 어선소유자의 배우자나 직계 존속・비속이 별도의 임금을 받지 않고 어선에서 근로를 제공하는 것이 일반적인 현실을 고려하여 이들에게도 보험급여의 혜택을 부여하기 위한 것이다.[402]

---

401) 광주지법 순천지원 2014. 11. 12. 선고 2013가합3959 판결.

다. 어선소유자

어재법은 어선소유자가 어업활동과 관련하여 입은 재해에 대하여도 보험급여를 지급하도록 하고 있는데(어재법 2조 1항 6호), 어선소유자의 개념은 위에서 본 바와 같다.

라. 외국인 선원

어재법상 어선소유자는 당연히 어선원보험의 보험가입자가 되고, 근기법 6조에 의하면 사용자는 근로자에 대하여 국적을 이유로 근로조건에 대한 차별적 처우를 하지 못하므로, 어선소유자는 어선원재해보상보험의 가입 등과 관련하여 외국인 선원과 내국인 선원을 부당하게 차별하여서는 안 된다.[403]

3. 보험자

가. 의 의

어재법에 의한 보험사업은 해양수산부장관이 관장하지만(어재법 3조 1항), 구체적인 보험사업은 해양수산부장관으로부터 보험업무를 위탁받은 수산업협동조합중앙회가 행한다(9조).

나. 수산업협동조합중앙회

수산업협동조합법에 따라 설립된 수산업협동조합중앙회(이하 '중앙회')는 해양수산부장관으로부터 어재법의 목적을 달성하기 위한 사업을 효율적으로 수행하기 위하여 (i) 보험가입자 · 수급권자 및 해당 어선에 관한 기록의 관리 · 유지, (ii) 보험료 등 어재법에 따른 징수금의 징수, (iii) 보험급여의 결정 · 지급, (iv) 보험

402) 만약 '어선에서 근로를 제공하는'의 범위를 어선에 직접 승선하지 않은 채 부수적인 어업 활동을 수행하는 사람까지 확대하여 해석할 경우, 어선원이나 가족어선원의 범위를 명확하게 특정하기 어려워질 뿐만 아니라, 보험급여 수급권자의 범위가 지나치게 확대되어 보험재정에 과도한 부담을 줄 우려가 적지 않은 점 등에 비추어 보면, 어재법상의 '가족어선원' 역시 선원법상의 선원과 마찬가지로 어선에 직접 승선하여 근로를 제공하는 것을 전제하고 있다고 해석함이 상당하다. 서울행법 2023. 1. 18. 선고 2021구단74122 판결.

403) 대법원 2016. 12. 29. 선고 2013두5821 판결(船). 또한 위 판결은 선원최저임금고시는 그 적용의 특례를 정하지 않은 사항에 대해서는 내국인 선원뿐만 아니라 외국인 선원에 대해서도 적용된다고 판시하였다.

급여에 관한 심사청구의 심리 · 결정, (v) 그 밖에 어재법에 따른 보험사업과 관련하여 해양수산부장관이 위탁한 업무 등을 수탁받아 어재보험자로서 업무를 수행한다(어재법 9조).

또한 어재법은 해양수산부장관의 중앙회에 대한 업무의 감독(10조), 회계처리(11조), 책임준비금 등의 적립(12조), 손실보전준비금의 조성(13조), 잉여금과 손실금의 처리(14조) 등에 관하여 규정하고 있다.

다. 회원조합의 업무

중앙회는 보험료 등 어재법에 따른 징수금의 수납, 보험급여의 지급, 보험료납부의 확인 등에 관한 업무를 수산업협동조합법 2조 4호의 규정에 따른 지구별수산업협동조합, 업종별수산업협동조합, 수산물가공수산업협동조합(이하 '회원조합')으로 하여금 대행하게 할 수 있다(어재법 15조 1항).

중앙회가 회원조합으로 하여금 대행하게 할 수 있는 업무의 범위는 (i) 보험가입 신고의 접수 및 보험료의 산정에 관한 업무, (ii) 보험가입자 · 수급권자 및 어선에 관한 기록의 관리 · 유지에 관한 업무, (iii) 보험료 등 징수금의 수납에 관한 업무, (iv) 보험급여의 청구 · 지급에 관한 업무, (v) 보험료 등의 과납액(過納額)의 반환에 관한 업무, (vi) (i)~(v)의 업무에 부대하는 업무 등이다(어재법 15조 2항, 시행령 17조 1항).

Ⅳ. 보험관계의 성립과 소멸

1. 보험관계의 성립

가. 당연가입

당연가입대상인 어선의 경우에는 어선법 13조 1항의 규정에 따른 어선의 등록일 다음 날부터 어선원보험의 보험관계가 성립한다(어재법 18조 1호). 어선의 등록일이 어재법 시행일 이전인 경우에는 어재법 시행일인 2004. 1. 1.부터 보험관계가 성립되는 것으로 보아야 한다. 다만 어재법 시행 전에 산재법 · 선원법 그 밖의 다른 법률에 의한 보험 또는 공제에 가입한 자로서 어재법 시행 당시 그 보험 또는 공제에 가입되어 있는 자는 그 보험기간(산재법의 경우에는 보험연도를 포함한다)

또는 공제기간이 만료된 날의 다음 날부터 어선원보험에 관한 어재법의 규정을 적용한다(어재법 부칙 2항). 어선의 소유자는 어재법 16조 1항 본문의 규정에 따라 당연가입자가 된 때에는 그 사유가 발생한 날부터 14일 이내에 이를 중앙회에 신고하여야 한다(어재법 20조 1항).

나. 규모 변동 등으로 당연가입자가 되는 경우

어재법 6조 1항 단서 3호에 따른 어선(임의적용어선)이 규모 변동 등으로 그 소유자가 당연가입자가 되는 어선의 경우에는 그 소유자가 당연가입자가 된 날에 어선원보험의 보험관계가 성립한다(어재법 18조 2호). 생각건대, 시행령의 개정으로 3톤 미만의 어선도 당연적용어선이 되었으므로, 위 조문에서 '규모 변동'을 '용도 변동'으로 수정하는 것이 타당하다.

다. 임의가입

어재법 6조 1항 단서 3호의 규정에 따른 어선(임의적용어선)의 소유자는 중앙회의 승인을 얻어 어선원보험에 가입할 수 있는데(어재법 16조 1항 단서), 이 경우에는 어선소유자가 중앙회의 승인을 얻은 날의 다음날부터 어선원보험의 보험관계가 성립한다(어재법 18조 3호).

이에 따라 어선소유자의 보험가입 신청 후 중앙회의 승인 전의 사이에 발생한 재해에 관하여는 후에 중앙회의 승인이 있어 보험관계가 성립하더라도 어재법의 효력이 미치지 않게 되어 보험의 보호를 받지 못하게 되는 불합리 내지 유사한 피해 어선원 사이에 보호를 받거나 받지 못하는 차별이 발생할 수 있다.

그러나 재해보험제도에서 당연가입 아닌 임의가입제도를 둘 수밖에 없는 현실적 필요성과, 임의가입에서는 당사자 쌍방의 의사합치가 있어야 법률관계가 성립하는 계약적 성격을 부정할 수 없는 점, 그리고 위와 같은 제도로 말미암은 불합리는 어선소유자의 사업개시시기의 선정 등에 의하여 미리 방지할 수 있는 점 등에 비추어 보면, 어재법 18조 3호가 헌법상 사회보장·사회복지의 증진규정이나 재해로부터 예방·보호에 관한 규정 또는 평등의 원칙에 관한 규정에 위반되는 규정이라고 할 수 없다.[404)]

---

404) 헌재 2005. 7. 21. 선고 2004헌바2 결정; 대법원 2005. 10. 7. 선고 2003두14994 판결.

라. 의제가입

당연가입대상이 되는 어선이 그 규모의 변동 등으로 인하여 어재법 6조 1항 단서 3호의 규정에 따른 어선(임의적용어선)에 해당하게 된 경우에는 당해 어선의 소유자는 그 해당하게 된 날부터 어재법 16조 1항 단서의 규정에 따라 어선원보험에 가입한 것으로 본다(어재법 17조 1항).[405] 이 경우에는 그에 해당하게 된 날에 보험관계가 성립한다(어재법 18조 2호).

2. 보험관계의 소멸

가. 어선의 등록이 말소된 경우

어선원보험관계는 어선의 등록이 말소되거나 임의가입자가 보험계약을 해지하는 경우 등에는 소멸된다. 어선법 19조 1항, 2항의 규정에 따라 어선의 등록을 말소한 경우에는 등록말소일의 다음날에 어선원보험관계가 소멸한다(어재법 19조 1호). 어선소유자는 19조 1호의 규정에 따라 보험관계가 소멸한 때에는 그 사유가 발생한 날부터 14일 이내에 이를 중앙회에 신고하여야 한다(어재법 20조 1항).

나. 임의가입자, 임의가입의제자가 보험계약을 해지한 경우

임의가입자, 임의가입의제자는 보험계약을 해지하고자 할 때에는 중앙회의 승인을 받아야 한다(어재법 16조 2항, 17조 2항 본문). 임의가입의제자의 해지는 그 보험관계가 성립한 날부터 1년이 경과한 경우에 한한다(어재법 17조 2항 단서). 이와 같이 임의가입자, 임의가입의제자가 보험계약을 해지하는 경우에는 그 해지에 관하여 중앙회의 승인을 얻은 날의 다음 날에 어선원보험관계가 소멸한다(어재법 19조 2호).

---

405) 1999. 4. 15. 선박법이 개정되어 부선이 선박의 범위에 포함되게 됨에 따라 원고의 남편이 선원법상 선원이 되어 선원법에 따른 재해보상 대상자가 되었는데, 선원법에 따라 재해보상이 행하여지는 사업은 구 산재법 시행령(2000. 6. 7. 대통령령 16871호로 개정되기 전의 것) 3조 1항 4호에 따라 산재법의 적용제외사업에 해당하고, 사업주가 보험의 당연가입자가 되는 사업이 사업규모의 변동 등으로 인하여 적용제외사업에 해당하게 된 경우 보험의 의제가입에 관한 구 산재법(1999. 12. 31. 법률 6100호로 개정되기 전의 것) 8조 1항의 규정은 이 사건에서와 같이 선원법에 의하여 재해보상이 행하여지는 경우에는 적용되지 아니한다. 대법원 2002. 7. 23. 선고 2002두1847 판결(船).

다. 중앙회가 보험관계를 소멸시킨 경우

중앙회는 (i) 어재법 18조에 따른 보험관계의 성립일 이후 2년 이상 어선의 소재 불분명, (ii) 어업의 파산 · 어선의 멸실 등으로 인한 어업의 휴업, (iii) 20조에 따른 보험관계 신고의 3회 이상 기피 또는 거부 등의 사유로 계속하여 보험관계를 유지할 수 없는 경우에는, 그 보험관계를 소멸시킬 수 있다(어재법 시행령 18조). 위 규정에 따라 중앙회가 보험관계를 소멸시키는 경우에는 그 소멸통지가 도달한 날의 다음 날(다만 소재불명으로 통지를 할 수 없는 때에는 그 선적항을 관할하는 회원조합에 10일간 공고함으로써 통지에 갈음할 수 있다)에 어선원보험관계가 소멸한다(어재법 19조 3호).

Ⅴ. 보험급여의 내용

어선원보험 보험급여의 종류는 요양급여, 부상 및 질병급여, 장해급여, 일시보상급여, 유족급여, 장례비, 행방불명급여, 소지품 유실급여 등이 있고(어재법 21조 1항), 보험급여는 보험급여를 받을 수 있는 사람(이하 '수급권자')의 청구를 받아 지급하며(2항), 보험급여는 지급결정일부터 14일 이내에 지급하여야 한다(3항). 보험급여의 내용은 기본적으로 선원법상 재해보상과 유사하므로, 아래에서는 선원법과 다른 점을 중심으로 간략하게 살펴본다.

1. 요양급여

가. 직무상 요양급여

(1) 내 용

요양급여는 직무상 부상을 당하거나 질병에 걸린 어선원등에게 지급한다(어재법 22조 1항).[406] 요양급여는 요양비 전액으로 하되, 해당 어선원등을 중앙회가 지정한 의료기관 또는 산재법 43조 1항 따른 산재보험 의료기관(이하 '지정의료기관등')에서 요양하게 한다. 다만 부득이한 경우에는 요양을 갈음하여 요양비를 지급

406) 재해의 구체적인 인정기준에 관하여는 산재법 시행령 27조부터 36조까지의 규정을 준용한다(어재법 시행령 1조의2).

할 수 있다(2항). 요양급여의 범위는 (i) 진찰 및 검사, (ii) 약제 또는 치료재료와 의수족(義手足), 그 밖의 보철구(補綴具) 지급, (iii) 수술이나 그 밖의 치료, (iv) 병원·진료소 또는 그 밖에 치료에 필요한 자택 외의 장소에 수용(식사 제공 포함), (v) 간병, (vi) 이송, (vii) 통원치료에 필요한 교통비, (viii) 그 밖에 해양수산부령으로 정하는 사항 등이다(3항). 요양급여의 범위·비용 등 요양급여의 산정기준은 해양수산부령으로 정한다(4항).

(2) 전원(轉院) 요양

중앙회는 (i) 어선원등이 요양하고 있는 지정의료기관등의 인력·시설 등이 그 어선원등의 전문적인 치료에 맞지 아니하여 다른 지정의료기관등으로 옮길 필요가 있는 경우, (ii) 생활근거지에서 요양하기 위하여 다른 지정의료기관등으로 옮길 필요가 있는 경우, (iii) 산재법 43조 1항 2호에 따른 상급종합병원에서 전문적인 치료 후 다른 지정의료기관등으로 옮길 필요가 있는 경우, (iv) '그 밖에 대통령령으로 정하는 절차'[407]를 거쳐 부득이한 사유가 있다고 인정되는 경우의 어느 하나에 해당하는 사유가 있으면 요양하고 있는 어선원등을 다른 지정의료기관등으로 옮겨 요양하게 할 수 있다(어재법 23조의4 1항). 요양하고 있는 어선원등은 1항 1호부터 3호까지의 어느 하나에 해당하는 사유가 있으면 중앙회에 전원 요양을 신청할 수 있다(2항).

(3) 추가 부상·질병에 따른 요양급여

요양하고 있는 어선원등이 (i) 그 재해로 이미 발생한 부상이나 질병이 추가로 발견되어 요양이 필요한 경우, (ii) 그 재해로 발생한 부상이나 질병이 원인이 되어 새로운 질병이 발생하여 요양이 필요한 경우의 어느 하나에 해당하는 경우에 그 부상 또는 질병(이하 '추가상병')에 대한 요양급여를 신청할 수 있다(어재법 23조의5).

(4) 재요양

어재법 22조, 23조에 따른 요양급여를 받은 사람이 치유 후 요양의 대상이 되었던 직무상 부상 또는 질병이 재발하거나 치유 당시보다 상태가 악화되어 이를 치유하기 위한 적극적인 치료가 필요하다는 의학적 소견이 있으면 다시 22조, 23

407) '대통령령으로 정하는 절차'란 전원(轉院) 요양의 타당성에 대하여 27조의2에 따른 자문의사에게 자문하는 것을 말한다(시행령 21조의2).

조에 따른 요양급여(재요양)를 받을 수 있다(어재법 23조의6 1항). 재요양의 요건과 절차 등에 필요한 사항은 시행령 21조의3에서 자세히 규정하고 있다.

나. 직무외 요양급여

중앙회는 어선원등이 승무 중(기항지에서의 상륙기간과 승하선에 수반되는 여행기간을 포함한다. 이하 같다) 직무 외의 원인으로 부상을 당하거나 질병에 걸린 경우로서 국민건강보험법 41조에 따른 요양급여의 대상이 되는 경우에는 같은 법 44조에 따라 어선원등이 부담하여야 하는 비용(23조의6에 따른 재요양을 포함한 요양기간의 최초 3개월 이내의 비용만 해당한다)을 요양급여로 지급한다(어재법 23조 1항). 어선원등이 승무 중 직무 외의 원인으로 부상을 당하거나 질병에 걸린 경우로서 국민건강보험법 41조의 대상이 되지 아니하는 경우에는 그 어선원등의 요양에 필요한 비용(23조의6에 따른 재요양을 포함한 요양기간의 최초 3개월 이내의 비용만 해당한다)을 요양급여로 지급한다(2항). 어선원등이 고의 또는 중대한 과실로 부상을 당하거나 질병에 걸린 경우에는 1항 및 2항에도 불구하고 요양급여를 지급하지 아니할 수 있다(3항).

다. 보험급여 지급의 제한

중앙회는 요양하고 있는 어선원등이 정당한 사유 없이 요양에 관한 결정을 위반하여 부상 · 질병 또는 장해의 상태를 악화시키거나 그 치유를 방해한 경우에는 보험급여의 전부 또는 일부를 지급하지 아니할 수 있다(어재법 31조의3 1항). 중앙회는 1항에 따라 보험급여를 지급하지 아니하기로 결정하면 지체 없이 이를 해당 보험가입자와 보험급여를 청구한 자에게 알려야 한다(동조 3항). 1항에 따라 보험급여지급 제한의 대상이 되는 보험급여의 종류 및 제한 범위는 대통령령으로 정한다(동조 4항).

라. 건강보험과의 관계

(1) 건강보험의 우선 적용

법 23조의2에 따라 요양급여의 신청을 한 자는 중앙회가 이 법에 따른 요양급여에 관한 결정을 하기 전에는 국민건강보험법 41조에 따른 요양급여 또는 의료급여법 7조에 따른 의료급여(이하 '건강보험 요양급여등')를 받을 수 있다(어재법 23조의7 1항). 1항에 따라 건강보험 요양급여등을 받은 자가 국민건강보험법 44조 또는 의료급여법 10조에 따른 본인 일부 부담금을 의료기관에 납부한 후에 이 법에 따른 요양급여 수급권자로 결정된 경우에는 그 납부한 본인 일부 부담금 중 22조 4항에 따른 요양급여에 해당하는 금액을 중앙회에 청구할 수 있다(2항).

(2) 요양급여 비용의 정산

중앙회는 국민건강보험법 13조에 따른 국민건강보험공단 또는 의료급여법 5조에 따른 시장, 군수 또는 구청장(이하 '국민건강보험공단등')이 23조의7 1항에 따라 이 법에 따른 요양급여의 수급권자에게 건강보험 요양급여등을 우선 지급하고 그 비용을 청구하는 경우에는 그 건강보험 요양급여등이 이 법에 따라 지급할 수 있는 요양급여에 상당한 것으로 인정되면 그 요양급여에 해당하는 금액을 지급할 수 있다(어재법 23조의8 1항). 중앙회가 수급권자에게 요양급여를 지급한 후 그 지급결정이 취소된 경우로서 그 지급한 요양급여가 국민건강보험법 또는 의료급여법에 따라 지급할 수 있는 건강보험 요양급여등에 상당한 것으로 인정되면 중앙회는 그 건강보험 요양급여등에 해당하는 금액을 국민건강보험공단등에 청구할 수 있다(2항).

2. 부상 및 질병 급여

가. 직무상 부상 및 질병 급여

직무상 부상을 당하거나 질병에 걸려 요양하고 있는 어선원등에게는 4개월 이내의 범위에서 그 부상 또는 질병이 치유될 때까지 매월 1회 통상임금에 상당하는 금액을 부상 및 질병 급여로 지급하고, 4개월이 지나도 치유되지 아니하는 경우에는 치유될 때까지 매월 1회 통상임금의 100분의 70에 상당하는 금액을 부상 및 질병 급여로 지급한다(어재법 24조 1항). 1항 후단에 따라 산정된 부상 및 질병 급여가 선원법 59조에 따른 최저임금액에 미달하는 경우에는 그 최저임금액을 부상 및 질병 급여의 지급액으로 한다(3항).

나. 직무외 부상 및 질병 급여

중앙회는 승무 중 직무 외의 원인으로 부상을 당하거나 질병(어선원등의 고의 또는 중대한 과실로 인한 부상 또는 질병은 제외한다)에 걸려 요양하고 있는 어선원등에게는 요양기간(최초 3개월 이내로 한정한다) 동안 매월 1회 통상임금의 100분의 70에 상당하는 금액을 부상 및 질병 급여로 지급한다(어재법 24조 2항). 2항에 따라 산정된 부상 및 질병 급여가 선원법 59조에 따른 최저임금액에 미달하는 경우에는 그 최저임금액을 부상 및 질병 급여의 지급액으로 한다(3항).

다. 기준임금

어재법을 적용할 때 (i) 어업을 폐업한 경우, (ii) 어선원등이 가족어선원이나 어선의 소유자인 경우로서 임금을 지급하지 아니하는 경우, (iii) 임금에 관련된 자료가 없거나 명확하지 아니한 경우, (iv) 임금을 선원법 2조 14호 또는 15호에 따른 생산수당 또는 비율급으로 지급하는 경우, (v) 어선의 선적항 변경, 보험 가입의 미신고 등으로 어선의 소재지 또는 어선의 소유자를 파악하기 곤란한 경우의 어느 하나에 해당하여 임금을 산정·확인하기 곤란한 경우에는 해양수산부장관이 정하여 고시하는 금액(이하 '기준임금')을 임금으로 한다(어재법 5조 1항, 어재법 시행령 2조). 기준임금은 어선의 규모·어업형태 및 임금수준 등을 고려하여 정한다(어재법 5조 2항).

3. 장해급여

가. 내 용

장해급여는 직무상 부상을 당하거나 질병에 걸려 치유된 후에도 신체에 장해가 남은 어선원등에게 지급하고(어재법 25조 1항), 산재법 57조 2항의 장해등급에 따른 장해보상일시금의 일수(日數)에 승선평균임금을 곱하여 산정한다(2항).

장해급여는 직무상 재해에서 비롯된 소득능력의 감소·상실에 대한 소득보장급여로서 성격을 가지고 있으므로, 급여요건은 장해의 유무이지 종전의 노동능력 유무가 아니다.[408] 어선원의 임금은 월고정급 및 생산수당으로 하거나 비율급으로 할 수 있는데(선원법 57조 1항), 임금을 산정·확인하기 곤란한 경우에는 해양수산부장관이 정하여 고시하는 금액인 기준임금을 임금으로 한다.

나. 합병증 등 예방관리

중앙회는 직무상의 부상 또는 질병이 치유된 사람 중에서 합병증 등 재요양 사유가 발생할 우려가 있는 사람에게 지정의료기관등에서 그 예방에 필요한 조치를 받도록 할 수 있다(어재법 25조의2 1항). 1항에 따른 조치대상, 조치내용 및 조치비용 산정 기준 등 예방관리에 필요한 구체적인 사항은 시행령 22조의2에서 자세히 규정하고 있다.

4. 일시보상급여

어재법 22조 1항, 24조 1항에 따라 요양급여와 부상 및 질병 급여를 받고 있는 어선원등의 부상 또는 질병이 요양을 시작한 지 2년이 지나도 치유되지 아니하는 경우에는 산재법 57조 2항에 따른 제1급의 장해등급에 해당하는 장해보상일시금의 일수에 승선평균임금을 곱하여 산정한 금액을 그 어선원등에게 한꺼번에 지급할 수 있다. 이 경우 22조 1항, 24조 1항 및 25조 1항에 따른 보험급여의 책임은 면한다(어재법 26조).

이와 같이 일시보상급여란 요양급여를 받는 어선원이 요양 개시 후 2년을 경과하여도 부상 또는 질병이 완치되지 아니하는 경우에 중앙회가 소정의 금액을 일시에 보상하는 것으로, 중앙회는 일시보상급여에 의하여 그 이후의 요양급여 · 부상 및 질병 급여 · 장해급여 지급의무를 면하게 된다. 일시보상급여를 행함으로써 그 이후의 보험급여지급의무를 면할 것인지, 아니면 보험급여를 계속할 것인지의 여부는 어디까지나 중앙회의 선택에 달려 있을 뿐, 어선원이 중앙회에게 장래의 보험급여에 갈음하여 일시보상급여를 보상해 줄 것을 적극적으로 요구할 권리는 없다.[409] 또한 중앙회는 일시보상급여에 관하여 어선원과 합의가 없어도 일시보상급여를 할 수 있다.[410] 그러나 근기법과는 달리 유족급여 · 장제비 · 행방불명급여 · 소지품유실급여 지급의무는 일시보상급여의 지급으로 면할 수 없다.

---

408) 김유성, 한국사회보장법론(5판), 315-316면.
409) 대법원 1999. 7. 9. 선고 99다7473 판결.
410) 부산청선원 33750-10556, 1990. 12. 10, 선원행정사례집, 127면.

5. 유족급여

가. 직무상 유족급여

(1) 내 용

어선원등이 직무상 사망한 경우(직무상 부상 또는 질병으로 요양하는 중에 사망한 경우 포함)에 대통령령으로 정하는 유족에게 승선평균임금의 1,300일분에 상당하는 금액을 유족급여로 지급한다(어재법 27조 1항). 사망 당시 반드시 어선원의 지위에 있을 것을 요하지는 아니하므로, 어선원의 사망원인이 직무에 기인한 것이면 족하다. 어선원이 장해급여를 받은 후 동일한 재해가 원인이 되어 사망한 경우에도 유족급여는 장해급여와 그 목적을 달리 하므로 전액이 지급되어야 한다.[411)]

산재법 39조 1항은 "사고가 발생한 선박 또는 항공기에 있던 근로자의 생사가 밝혀지지 아니하거나 항행 중인 선박 또는 항공기에 있던 근로자가 행방불명 또는 그 밖의 사유로 그 생사가 밝혀지지 아니하면 대통령령으로 정하는 바에 따라 사망한 것으로 추정하고, 유족급여와 장의비에 관한 규정을 적용한다."고 규정하고 있으나, 어재법 29조 2항은 어선원등의 행방불명기간이 1개월을 넘을 때에는 유족급여 및 장제비를 지급하도록 규정하여 산재법보다 신속하게 보험급여를 지급하도록 하고 있다. 그러나 행방불명을 원인으로 민법상 실종선고절차를 거쳐 사망이 확정되어야만 유족급여 및 장례비를 지급할 수 있다고 볼 수 없다.[412)]

(2) 유족의 범위와 순위

어재법 시행령 23조는, 유족급여를 지급받을 수 있는 유족의 범위에 관하여는 선원법 시행령 29조를, 유족의 순위에 관하여는 선원법 시행령 30조를 각 준용하도록 규정하고 있다.

어재법상 유족보상금 수급권자인 유족의 범위는 어업에 종사하는 자들의 특수한 현실, 특히 가족 구성원의 생계 및 부양에 관한 상황과 보험 가입률, 국가의 재정적 지원 규모 및 어업인의 재해보상에 관한 다른 법률과의 균형 등을 고려하여 정하여져야 할 사항으로, 이를 전문적인 지식을 갖추고 있는 행정부가 정하도록

411) 법무 810-7616, 1982. 4. 10.
412) 서울행법 2015. 1. 13. 선고 2014구합60252 판결.

하여 위와 같은 가변적인 상황들에 적절하게 대처해야 할 필요성이 인정된다. 또한 '유족'이라는 용어는 민법상 '상속인'과는 구별되는 개념으로 문언상 그 범위의 한계설정이 가능할 뿐만 아니라 수범자로서는 어재법과 동일한 입법목적으로 제정되어 유사한 보험관계를 보이는 산재법 65조의 규정을 참고하고, 어선원 등과 그 유족의 생활보장을 목적으로 제정된 어재법의 성격을 고려하여 어선원의 사망 당시 실질적인 가족공동체를 구성하여 망인의 부양을 받던 자가 법률상의 혼인 여부를 불문하고 그 수급권자가 될 것이라는 점을 충분히 예측할 수 있다. 따라서 유족급여 및 장제비의 수급권자인 유족의 구체적인 범위를 대통령령에서 정하도록 위임하고 있는 어재법 규정은 포괄위임입법금지원칙에 위배되지 아니한다.[413]

(3) 승선평균임금의 산정

보험가입자는 보험연도의 보험기간 동안 모든 어선원 등에게 지급한 임금총액에 보험요율을 곱하여 산정한 금액을 신고하여야 하고, 중앙회는 보험가입자가 위 신고를 하지 아니하거나 그 신고가 사실과 다른 때에는 그 사실을 조사하여 어선원보험료를 산정하여야 하며, 그에 따라 산정된 보험료를 납부하지 아니한 보험가입자에 대하여는 그 보험료 전액을 징수하고, 어선원보험료를 납부한 보험가입자에 대하여 그 납부한 보험료의 차액이 있는 때에는 그 초과액을 반환하거나 부족액을 징수하여야 하며, 보험가입자가 보험가입신고를 게을리 한 기간 중이나 보험가입자가 어선원보험료의 납부를 게을리 한 기간 중에 발생한 재해에 대하여 보험급여가 지급됨을 전제로 그 급여액의 일부를 보험가입자로부터 징수할 수 있다고 규정하고 있는 점 등에 비추어 보면, 어재법상 보험급여는 그 신고내용이나 보험계약내용에 불구하고 어선원이 받은 실제의 임금[414]을 기준으로 한 급여라고 봄이 상당하다.[415]

나. 직무외 유족급여

중앙회는 어선원등이 승무 중 직무 외의 원인으로 사망한 경우(23조 1항 및 2항에 따른 승무 중 직무 외의 원인으로 인한 부상 또는 질병으로 요양하는 중에 사망한

---

413) 헌재 2009. 12. 29. 선고 2008헌바48 결정.

414) 한국선원통계연보에 의한 월평균임금은 승선평균임금이라거나 승선평균임금을 산정하기 위한 월고정급으로 볼 수 없다. 부산지법 2003. 11. 19. 선고 2003가합18107 판결.

415) 광주고법 2008. 12. 18. 선고 2008누1626 판결.

경우 포함)에 유족에게 승선평균임금의 1,000일분에 상당하는 금액을 유족급여로 지급한다. 다만 그 어선원등이 자신의 고의 또는 중대한 과실로 인하여 사망한 경우에는 유족급여를 지급하지 아니할 수 있다(어재법 27조 2항). 위에서 살펴 본 바와 같이 어선원이 '승무 중 사망'한 경우[416]뿐만 아니라 '승무 중 직무외 원인'으로 인하여 승무 후에 사망한 경우(직무외 상병으로 인한 요양기간 이후도 포함)에도 유족급여를 청구할 수 있다.

다. 보험급여 지급의 제한

중앙회는 어재법 21조 1항 5호・7호에 따른 유족급여・행방불명급여 또는 31조의2에 따른 미지급 보험급여를 받을 수 있는 사람 중 어선원등에 대하여 양육책임이 있었던 사람이 이를 이행하지 아니하였던 경우에는 양육책임을 이행하지 아니한 기간, 정도 등을 고려하여 대통령령으로 정하는 바에 따라 해당 급여의 전부 또는 일부를 지급하지 아니할 수 있다(어재법 31조의3 2항). 중앙회는 2항에 따라 보험급여를 지급하지 아니하기로 결정하면 지체 없이 이를 해당 보험가입자와 보험급여를 청구한 자에게 알려야 한다(동조 3항).

6. 장례비

중앙회는 어선원등이 직무상 사망하거나 승무 중 직무 외의 원인으로 사망한 경우에 장례를 지낸 유족에게 승선평균임금의 120일분에 상당하는 금액을 장례비로 지급하고(어재법 28조 1항),[417] 1항에 따른 유족이 없는 경우에는 실제로 장례를 지낸 자에게 1항의 장례비를 지급한다(2항). 유족은 유족급여에서의 그것과 동일하다. 어재법은 단순히 어선원등이 사망한 것을 요건으로 하므로, 사망의 원인이 직무상・직무외 재해인 경우뿐만 아니라 그 밖의 사유로 인하여 사망한 경우에도 그 유족은 장례비를 청구할 수 있다.[418] 또한 어선원의 지위에 있을 때 사망

---

416) 어선원이 조업해상에 이르러 야간작업을 하기 위하여 제103유성호 선실 내에서 낮잠을 자고 있던 중, 어선소유자에 의하여 고용된 다른 선원에 의해 특별한 이유 없이 작업시 사용하는 칼로 왼쪽 목부분을 찔려 사망한 경우, 승무 중 직무외 원인으로 인한 사망에 해당한다. 부산지법 2003. 11. 19. 선고 2003가합18107 판결.

417) 어선원 사망 당시 그에 의하여 부양되지 아니한 자녀와 배우자가 있었고, 자녀가 장례를 지낸 경우에는 자녀에게 장제비 전액을 지급하여야 한다고 판시한 사례로는 서울행정법원 2022. 4. 15. 선고 2021구합55500 판결.

418) 부산고법 1999. 4. 14. 선고 98나12195 판결; 부산고법 2000. 4. 12. 선고 99나10530 판결; 부산지법

(사망의 원인을 불문한다)한 경우뿐만 아니라, 사망 당시 어선원등의 지위를 상실하였더라도 그 사망의 원인이 직무상·직무외 재해인 경우에는 장제비지급을 청구할 수 있다.

7. 행방불명급여

가. 의 의

어선원이 행방불명이 되어 생사가 불분명한 기간은 어선원등이 근로를 제공하지 아니하므로 임금청구권은 당연히 발생하지 아니하지만, 어선원등의 피부양자는 생계비가 필요하므로 중앙회에 대하여 일정한 금액의 지급의무를 부여함으로써 어선원등이 직무에 전념하게 할 필요성이 있고, 어선원등의 피부양자들은 행방불명기간 중 계속하여 정신적 고통을 부담하므로 이를 위자할 필요가 있다.[419] 행방불명은 사실상 행방불명을 의미하므로 법률상 생사와는 관계없고, 행방불명상태에서 어선원등이 사망한 것으로 확인되더라도 사망한 시기에 소급하여 행방불명급여지급의무가 소멸하는 것은 아니다.[420]

나. 내 용

중앙회는 사고가 발생한 어선에 있던 어선원등의 생사가 불명하거나 어로 활동 또는 항행 중인 어선에 있던 어선원등이 행방불명이나 그 밖의 사유로 생사가 불명한 경우에는, 그 기간(이하 '행방불명기간')이 1개월을 넘을 때에는 대통령령으로 정하는 피부양자에게 통상임금의 1개월분과 승선평균임금의 3개월분에 상당하는 금액을 행방불명급여로 지급한다(어재법 29조 1항). 1항에 따른 어선원등의 행방불명기간이 1개월을 넘을 때에는 27조·28조에 따른 유족급여·장례비를 지급한다(어재법 29조 2항).

중앙회는 2항에 따른 보험급여를 지급한 후 행방불명되었던 사람의 생존 사실이 확인되었을 때에는 그 보험급여를 받은 자가 선의인 경우에는 지급한 금액을 반환받고, 악의인 경우에는 지급한 금액의 2배에 해당하는 금액을 반환받아야 한

1995. 12. 15. 선고 94가합4830 판결.

419) 부산고법 2008. 8. 13. 선고 2008나6373 판결; 藤崎道好, 361-362면.

420) 藤崎道好, 362면.

다(어재법 29조 3항). 이는 악의의 수익자에 대하여 부당이득의 반환범위를 규정하고 있는 민법 748조 2항의 특칙을 규정한 것이다.

다. 행방불명기간의 기산

행방불명기간은 사고가 발생한 어선에 있던 어선원등의 생사가 불명한 경우에는 그 사고가 발생한 날부터 기산하고, 어로 활동 또는 항행 중인 어선에 있던 어선원등이 행방불명이나 그 밖의 사유로 생사가 불명한 경우에는 그 어선원등이 행방불명된 날부터 기산한다. 다만 어선사고가 발생한 날을 알 수 없는 경우에는 최후 통신한 날부터 기산하고, 최후 통신한 날을 알 수 없는 경우에는 출항한 다음 날부터 기산한다(어재법 29조 4항).

8. 소지품 유실급여

어선원등이 승선 중 어선재해로 인하여 소지품을 잃어버린 경우에는 통상임금 2개월분의 범위에서 그 잃어버린 소지품의 가액에 상당하는 금액을 소지품 유실급여로 지급한다(어재법 30조).

승선의 의미는 재선 중에 한정하지 아니하고, 구체적인 항행조직을 형성하고 있는 동안 즉 협의의 승무와 동일한 개념으로 해석하여야 한다. 어선재해란 침몰·좌초·충돌·화재·손상 등 어선의 사고(어선의 수리 또는 정박 중에 생긴 사고를 포함한다)를 말한다(어재법 2조 1항 7호).

9. 미지급 보험급여

보험급여의 수급권자가 사망한 경우에 그 수급권자에게 지급하여야 할 보험급여 중 아직 지급되지 아니한 보험급여가 있으면 그 수급권자의 유족(유족급여의 경우에는 그 유족급여를 받을 수 있는 다른 유족을 말한다)의 청구에 따라 그 보험급여를 지급한다(어재법 31조의2 1항). 1항의 경우에 그 수급권자가 사망 전에 보험급여를 청구하지 아니하면 같은 항에 따른 유족의 청구에 따라 그 보험급여를 지급한다(동조 2항).

Ⅵ. 쟁송절차

선원법에 기한 재해보상청구는 선원·유족 등이 선박소유자를 상대로 재해보상의무 이행을 구하는 민사소송절차에 의하고, 선원·유족 등이 보험자 또는 공제사업자를 상대로 직접 보험금을 청구할 수 있다(시행령 32조 2항).[421)]

어재법도 수급권자가 보험자에 대하여 직접 보험금을 청구할 수 있도록 규정하고 있는바, 보험사업은 해양수산부장관이 관장하고 그 사업은 중앙회가 수행하므로, 어재법상 보험급여청구는 중앙회를 처분청으로 하는 행정소송법상 항고소송에 의하여야 한다.[422)]

1. 보험급여 청구

가. 의 의

보험급여를 받으려는 사람은 어재법 21조 2항에 따라 해당 보험급여에 대한 청구서를 중앙회에 제출하여야 하고(어재법 시행령 20조 1항), 중앙회는 1항에 따라 보험급여의 청구서를 받았을 때에는 보험급여의 지급 여부, 지급 내용 등을 결정하여 청구인에게 알려야 한다(2항).

나. 처분청

그런데 어재법 57조는 "보험급여에 관한 결정에 불복하는 자는 회원조합을 거쳐 중앙회에 심사청구를 할 수 있다. 이 경우 회원조합은 심사청구서에 의견서를 첨부하여 5일 이내에 중앙회에 제출하여야 한다."고 규정하고 있어서, 보험급여청구는 회원조합을 상대로 하여야 하는 것으로 해석할 여지가 있다.

---

421) 원양어선 한보제3호의 助機員으로 승선하여 조업 중 상해를 입은 선원이 선박소유자가 근로자재해보상 책임보험계약을 체결한 보험회사를 상대로 선원법상 재해보상금의 지급을 구한 사안에서, 서울고법 1997. 4. 8. 선고 96나27737 판결은 "상법 724조 2항은 피보험자가 책임질 사유로 인하여 제3자에게 부담하게 되는 손해배상책임을 보험자가 보상하여 주는 배상책임보험의 경우에 적용되는 규정으로서 이 사건 보험계약처럼 손해배상책임이 아니라 과실유무를 묻지 아니하고 업무상의 재해를 입은 피재자에게 각종 보상책임을 부담함으로써 선박소유자가 입은 손실을 보상하여 주는 보상책임보험계약의 경우에는 적용되지 아니하는 규정이다. 또한 이 사건 보험계약의 약관을 검토하여 보아도 제3자인 피재자에게 직접 보험금의 지급을 청구할 수 있도록 인정하고 있다고 볼 아무런 근거도 없다"고 판시하면서 원고의 청구를 기각하였다. 그러나 위 판결은 현행 선원법 하에서는 유지될 수 없다.

422) 대법원 2021. 4. 29. 선고 2020두48512 판결(船); 광주지법 2008. 8. 14. 선고 2007구합4247 판결.

생각건대, (i) 중앙회는 보험급여의 결정 · 지급에 관한 업무를 수행하고(어재법 9조 3호), (ii) 중앙회는 보험급여의 지급 및 보험료납부의 확인 등에 관한 업무를 회원조합으로 하여금 대행하게 할 수 있으며(어재법 15조 1항), (iii) 중앙회가 회원조합으로 하여금 대행하게 할 수 있는 업무의 범위에는 보험급여의 청구 · 지급에 관한 업무와 이에 부대하는 업무가 포함되는바(어재법 시행령 17조 1항 4호, 6호), 중앙회가 회원조합에게 보험급여의 청구 · 지급에 관한 업무를 회원조합에게 대행하게 한 경우에도 중앙회가 보험급여의 결정 · 지급업무의 주체가 되고, 회원조합은 위와 관련된 업무를 사실상 수행하는 것으로 보아야 한다. 그 법적 성질은 강학상 권한의 내부위임에 해당하므로, 처분청은 중앙회가 된다.[423]

다. 행정심판법에 의한 행정심판 제기 불가

보험급여에 관한 결정에 관하여는 행정심판법에 의한 행정심판을 제기할 수 없고(어재법 57조 3항), 어재법에 규정된 특수한 불복절차에 따른다.

2. 심사청구

가. 심사청구전치주의

보험급여에 관한 결정에 불복이 있는 자는 회원조합을 거쳐 중앙회에 심사청구를 할 수 있다. 이 경우 회원조합은 심사청구서에 의견서를 첨부하여 5일 이내에 중앙회에 제출하여야 한다(어재법 57조 1항). 심사청구는 당해 보험급여에 관한 결정이 있음을 안 날부터 90일 이내에 하여야 한다(2항). 이와 같이 심사청구전치주의를 채택한 이유는 어선원보험급여결정이 전문적 · 기술적 성질을 지니고 있기 때문에 신중하고 신속한 결정을 하게 함으로써 수급권자의 생활안정을 기하기 위한 것이다.[424]

나. 방식 등

심사청구는 (i) 심사청구인의 성명 및 주소, (ii) 심사청구의 대상인 보험급여

---

423) 광주고법 2015. 7. 16. 선고 2014누6097 판결; 서울행법 2015. 1. 13. 선고 2014구합60252 판결; 창원지법 2010. 11. 30. 선고 2010구단1171 판결.

424) 김유성, 한국사회보장법론(5판), 341면.

의 결정내용, (iii) 보험급여에 관한 결정이 있음을 알게 된 날, (iv) 심사청구의 취지 및 이유, (v) 심사청구에 관한 고지의 유무 및 고지의 내용, (vi) 심사청구 연월일 등을 적은 문서로 한다(어재법 시행령 38조).

심사청구인이 사망한 경우 그 청구인이 보험급여의 수급권자인 때에는 27조 1항의 규정에 의한 유족이, 그 외의 자인 때에는 상속인 또는 심사청구의 대상인 보험급여에 관련된 권리 · 이익을 승계한 자가 청구인의 지위를 승계한다(어재법 62조). 심사청구의 제기는 시효중단에 관하여 민법 168조의 규정에 따른 재판상 청구로 보고(어재법 63조 1항), 심사청구에 관하여 어재법에서 정하고 있지 아니한 사항에 대하여는 행정심판법의 규정에 따른다(3항).

다. 심 리

심사청구인이 심사청구를 심리하기 위하여 중앙회에 질문 · 출석 · 제출 · 검사 등을 신청하는 경우에는 (i) 심사청구 사건명, (ii) 조사의 신청 취지 및 이유, (iii) 출석을 필요로 하는 관계인의 성명 및 주소(어재법 58조 2항 1호의 행위인 경우만 해당), (iv) 제출을 필요로 하는 문서와 그 밖의 물건의 표시 및 그 소유자 또는 보관자의 성명과 주소(어재법 58조 2항 2호의 행위인 경우만 해당), (v) 감정을 필요로 하는 사항 및 그 이유(어재법 58조 2항 3호의 행위인 경우만 해당), (vi) 출입할 어선과 그 밖의 장소의 명칭 및 소재지, 질문할 어선원등과 그 밖의 관계인의 성명 및 주소, 검사할 문서와 그 밖의 물건의 표시(어재법 58조 2항 4호의 행위인 경우만 해당), (vii) 진단을 받을 어선원등의 성명 및 주소(어재법 58조 2항 5호의 행위인 경우만 해당) 등을 적은 문서로 한다(어재법 시행령 40조 1항).

중앙회는 심사청구를 심리하기 위하여 필요한 경우에는 청구인의 신청 또는 중앙회의 직권으로 (i) 청구인이나 관계인을 지정장소에 출석하게 하여 질문을 하거나 의견을 진술하게 하는 것, (ii) 청구인이나 관계인에게 증거가 될 수 있는 문서 또는 그 밖의 물건을 제출하게 하는 것, (iii) 전문적인 지식이나 경험을 가진 제3자로 하여금 감정을 하게 하는 것, (iv) 소속 직원으로 하여금 사건과 관계가 있는 어선이나 그 밖의 장소에 출입하여 보험가입자 · 어선원등 또는 그 밖의 관계인에게 질문하게 하거나 문서 또는 그 밖의 물건을 검사하게 하는 것, (v) 심사청구와 관계가 있는 어선원등에 대하여 22조 2항 본문에 따른 의료기관에서 진단을 받게 하는 것 등의 행위를 할 수 있다(어재법 58조 2항). 2항 4호에 따른 질문이나 검사를 하는 소속 직원은 그 권한을 표시하는 증표를 지니고 이를 관계인에게 보여주어야 한다(어재법 58조 3항).

위와 같이 조사를 한 경우에는 중앙회는 (i) 사건번호 및 사건명, (ii) 조사의 일시 및 장소, (iii) 조사의 대상 및 방법, (iv) 조사의 내용 및 결과 등을 적은 조서를 작성하여야 하고, 심사청구인 또는 관계인으로부터 진술을 받았을 때에는 진술조서를 작성하여 첨부하여야 한다(어재법 시행령 40조 2항).

라. 심사청구에 대한 결정

중앙회는 57조 1항에 따라 심사청구를 받았을 때에는 그 청구를 받은 날부터 60일 이내에 심사청구에 대한 결정을 하여야 한다. 다만 부득이한 사유로 그 기간에 결정을 할 수 없을 때에는 20일을 넘지 아니하는 범위에서 한 번만 그 기간을 연장할 수 있다(어재법 58조 1항).

심사청구에 대한 결정은 (i) 사건번호 및 사건명, (ii) 심사청구인 또는 대리인의 성명 및 주소, (iii) 심사청구인이 재해를 당한 어선원등이 아닌 경우에는 재해를 당한 어선원등의 성명 및 주소, (iv) 주문(主文), (v) 심사청구의 취지, (vi) 이유, (vii) 결정연월일 등을 적은 문서로 한다(어재법 시행령 39조).

3. 재심사청구

가. 재심사청구의 방식 등

어재법 58조 1항에 따른 심사청구에 대한 중앙회의 결정에 불복하는 자는 어업재해보상보험 심사위원회(이하 '심사위원회')에 재심사를 청구할 수 있다(어재법 59조 1항). 재심사청구는 중앙회를 거쳐 심사위원회에 제기하여야 한다(2항). 재심사청구를 받은 중앙회는 10일 이내에 의견서를 첨부하여 심사위원회에 보내야 한다(3항). 재심사청구는 심사청구에 대한 결정이 있음을 안 날부터 90일 이내에 제기하여야 한다(4항).

재심사청구는 (i) 재심사청구인의 성명 및 주소, (ii) 재심사청구의 대상이 되는 보험급여의 결정 내용, (iii) 심사청구에 대한 결정이 있음을 알게 된 날, (iv)

재심사청구의 취지 및 이유, (v) 재심사청구에 관한 고지 유무 및 그 내용, (vi) 재심사청구 연월일 등을 적은 문서로 한다(어재법 시행령 42조).

재심사청구인이 사망한 경우 그 청구인이 보험급여의 수급권자인 때에는 27조 1항의 규정에 의한 유족이, 그 외의 자인 때에는 상속인 또는 재심사청구의 대상인 보험급여에 관련된 권리·이익을 승계한 자가 청구인의 지위를 승계한다(어재법 62조). 재심사청구의 제기는 시효중단에 관하여 민법 168조의 규정에 따른 재판상 청구로 보고(어재법 63조 1항), 재심사청구에 관하여 어재법에서 정하고 있지 아니한 사항에 대하여는 행정심판법의 규정에 따른다(3항).

나. 어업재해보상보험 심사위원회

(1) 재심사청구 재결청

재심사청구를 심리·재결하게 하기 위하여 해양수산부에 심사위원회를 둔다(어재법 60조 1항). 심사위원회는 위원장을 포함한 15명 이내의 위원으로 구성하되, 위원 중 1명은 당연직 위원으로 한다(2항). 심사위원회 위원[425)]은 해양수산부장관이 위촉하되, 어선원 단체 및 어선의 소유자 단체가 추천하는 사람이 각각 3명 이상 포함되어야 한다. 다만 당연직 위원은 해양수산부장관이 소속 3급 일반직 공무원 또는 고위공무원단에 속하는 일반직공무원 중에서 지명하는 사람으로 한다(3항). 위원(당연직 위원은 제외)의 임기는 3년으로 하되 연임할 수 있지만, 보궐위원의 임기는 전임자 임기의 남은 기간으로 한다(5항).

(2) 위원장과 소위원회

심사위원회의 위원장은 위원 중에서 해양수산부장관이 임명한다(어재법 시행령 43조 1항). 위원장은 심사위원회를 대표하며, 그 업무를 총괄한다(2항). 위원장이 부득이한 사유로 직무를 수행할 수 없을 때에는 위원 중 연장자 순서로 그 직무를 대행한다(3항). 심사위원회는 재심사청구를 효율적으로 심리하기 위하여 필요하다고 인정하는 경우에는 (i) 위원장, (ii) 당연직 위원, (iii) 위원장이 지정하는 위원 2명으로 구성된 소위원회를 운영할 수 있다(어재법 시행령 48조 1항).

---

425) 어재법 60조 3항 각 호에서 위원의 자격을, 4항 각 호에서 결격사유를 규정하고 있다.

(3) 회의 및 운영

위원장은 심사위원회의 회의를 소집하며, 그 의장이 된다(어재법 시행령 44조 1항). 위원장이 심사위원회의 회의를 소집하려는 경우에는 회의 개최 5일전까지 회의의 일시·장소 및 안건을 각 위원에게 문서로 알려야 하지만, 긴급한 경우에는 그러하지 아니하다(2항). 심사위원회의 회의는 (i) 위원장, (ii) 당연직 위원, (iii) 위원장이 매 회의마다 지정하는 사람 7명(이 경우 어재법 60조 3항 2호 및 5호에 해당하는 사람 1명 이상을 각각 포함하여야 한다)으로 구성한다(3항). 심사위원회의 회의는 3항에 따른 구성원의 과반수의 출석으로 개의(開議)하고(이 경우 어재법 60조 3항 2호 및 5호에 해당하는 사람 1명 이상이 각각 출석하여야 한다), 출석구성원 과반수의 찬성으로 의결한다(4항).

다. 재심사청구의 심리

심사위원회는 재심사청구를 받았을 때에는 그 청구에 대한 심리기일 및 장소 등을 적은 문서를 심리기일 5일 전까지 당사자 및 중앙회에 각각 통지하여야 하고(어재법 시행령 45조 1항), 위 통지는 직접 전달하거나 등기우편에 의하여야 한다(2항). 심사위원회의 심리는 공개하여야 하지만, 당사자의 양쪽 또는 어느 한쪽이 비공개를 신청하는 경우에는 그러하지 아니하다(어재법 시행령 46조 1항).

심사위원회는 재심사청구에 대한 심리에 관하여 (i) 사건번호 및 사건명, (ii) 심리의 일시 및 장소, (iii) 출석한 위원 및 당사자의 성명, (iv) 심리의 내용, (v) 그 밖에 심리에 관련된 사항 등을 적은 조서를 작성하여야 한다(어재법 시행령 47조 1항). 1항에 따른 조서에는 작성 연월일을 적고, 위원장이 기명날인하여야 한다(2항). 당사자 또는 관계인은 1항에 따른 조서의 열람을 문서로 신청할 수 있고, 심사위원회는 정당한 사유 없이 열람을 거부할 수 없다(3항).

라. 재심사청구에 대한 결정

심사위원회는 재심사청구를 받았을 때에는 그 청구를 받은 날부터 60일 이내에 재심사청구에 대한 결정을 하여야 한다. 다만 부득이한 사유로 그 기간에 결정을 할 수 없을 때에는 20일을 넘지 아니하는 범위에서 한 번만 그 기간을 연장할 수 있다(어재법 61조, 58조 1항). 재심사청구에 대한 재결은 행정소송법 18조를 직용할 때에는 행정심판에 대한 재결로 본다(어재법 63조 2항).

4. 취소소송

가. 행정소송법상 항고소송의 제기

행정소송법 18조 1항에 의하면 "취소소송은 법령의 규정에 의하여 당해 처분에 대한 행정심판을 제기할 수 있는 경우에도 이를 거치지 아니하고 제기할 수 있다. 다만 다른 법률에 당해 처분에 대한 행정심판의 재결을 거치지 아니하면 취소소송을 제기할 수 없다는 규정이 있는 때에는 그러하지 아니하다."고 규정하고 있다. 그런데 어재법 57조 1항 본문에 의하면 "보험급여에 관한 결정에 불복이 있는 자는 회원조합을 거쳐 중앙회에 심사청구를 할 수 있다."고만 규정하고 있을 뿐, 심사청구나 재심사청구 절차를 거치지 아니하면 취소소송을 제기할 수 없다는 명문의 규정은 두고 있지 아니하므로, 이는 위 행정소송법상 단서에 해당하지 않는 경우로 해석하여야 한다.[426)]

따라서 필수적 행정심판전치주의를 채택하지 아니한 이상, 중앙회의 어선원보험급여결정에 불복이 있는 당사자는, (i) 심사청구나 재심사청구를 거치지 아니한 채 결정서를 송달받은 날로부터 90일 이내에 또는 보험급여청구를 한 날로부터 60일이 지나도 결정이 없는 때에 곧바로 행정소송을 제기하거나, (ii) 일단 중앙회에 심사청구를 하여 그 결정을 받은 후에 행정소송을 제기하거나, (iii) 심사위원회에 재심사청구까지 하여 그 결정을 받은 후에 비로소 행정소송을 제기하는 방

426) 행정소송법 18조 1항은 행정심판과 취소소송과의 관계에 관하여 규정하면서, 1994. 7. 27. 법률 4770호로 개정되기 이전에는 법령의 규정에 의하여 당해 처분에 대한 행정심판을 제기할 수 있는 경우에는 그에 대한 재결을 거치지 아니하면 취소소송을 제기할 수 없다고 규정하여 이른바 재결전치주의를 택하고 있었으나, 위 개정 후에는 그와 같은 행정심판의 제기에 관한 근거 규정이 있는 경우에도 달리 그 행정심판의 재결을 거치지 아니하면 취소소송을 제기할 수 없다는 규정을 두고 있지 아니하는 한 그러한 행정심판의 재결을 거치지 아니하고도 취소소송을 제기할 수 있는 것으로 규정함으로써 이른바 자유선택주의로 전환하였으므로, 위 개정 조항이 같은 법 부칙(1994. 7. 27.) 1조에 의하여 1998. 3. 1.자로 시행된 이후에는 법령의 규정에서 단지 행정심판의 제기에 관한 근거 규정만을 두고 있는 처분에서는 위 개정 조항에 따라 그에 대한 행정심판 절차는 당연히 임의적 절차로 전환되었다. '독점규제 및 공정거래에 관한 법률'은 1999. 2. 5. 법률 5813호로 개정되기 이전은 물론 그 이후에도 같은 법 53조에서 공정거래위원회의 처분에 대하여 불복이 있는 자는 그 처분의 고지 또는 통지를 받은 날부터 30일 이내에 공정거래위원회에 이의신청을 할 수 있다고 규정하고 있을 뿐, 달리 그에 대한 재결을 거치지 아니하면 취소소송을 제기할 수 없다는 규정을 두고 있지 아니하므로, 행정소송법 18조 1항 개정 조항이 1998. 3. 1.자로 시행된 이후에는 공정거래위원회의 처분에 대하여도 이의신청을 제기함이 없이 바로 취소소송을 제기할 수 있다. 대법원 1999. 12. 20.자 99무42 결정.

법 가운데 하나를 선택하여 행사하면 된다.[427] 이 경우 소송물은 중앙회의 보험급여에 관한 결정이므로, 어재법은 항고소송의 대상에 관하여 원처분주의를 채택하고 있다.[428]

나. 관 할

행정소송에 관한 직무관할은 전속관할이지만, 토지관할은 전속관할이 아니므로, 공법인의 사무소 · 영업소를 관할하는 지방법원에도 관할권이 있다.[429] 따라서 당사자는 중앙회의 지부를 관할하는 지방법원 본원 또는 강릉지원에 행정소송을 제기할 수 있다.[430]

다. 제소기간

중앙회에 심사청구만을 거친 채 행정소송을 제기할 경우에 그 제소기간을 최초 어재보험급여 부지급처분을 받은 날을 기준을 할 것인지, 심사청구결정문을 받은 날을 기준으로 할 것인지에 관하여 논란이 있을 수 있는바, 산재보험에 관한 판례[431]에 따르면, 이 경우 행정소송법 20조 1항의 규정에 따라 그 제소기간은 심사청구에 대한 결정의 정본을 송달받은 날로부터 기산하여야 한다.

재심사청구에 대한 심사위원회의 재결에 대하여 불복이 있으면 중앙회를 상대로 행정소송을 제기할 수 있고, 그 시기는 재결서를 송달받은 날로부터 90일, 또는 재심사청구를 한 날로부터 60일이 지나도 재결이 없는 때이다(행정소송법 18조, 20조).

원고가 고의 또는 중대한 과실 없이 행정소송으로 제기하여야 할 사건을 민사소송으로 잘못 제기한 경우, 수소법원으로서는 만약 그 행정소송에 대한 관할도 동시에 가지고 있다면 이를 행정소송으로 심리 · 판단하여야 하고, 그 행정소송에 대한 관할을 가지고 있지 아니하다면 당해 소송이 이미 행정소송으로서의 전심절

---

427) 대법원 2002. 11. 26. 선고 2002두6811 판결.

428) 다만 행정소송법 19조 단서에 의하여 예외적 재결주의가 인정된다. 박성수, "산업재해관련 행정소송사건 심리상의 몇 가지 착안점", 행정재판실무편람 －자료집－, 서울행정법원(2001), 328면 참조.

429) 대법원 1994. 1. 25. 선고 93누18655 판결.

430) 광주고법(전주부) 2007. 7. 27. 선고 2007누417 판결; 부산고법 2007. 10. 23. 선고 2007나4516 판결.

431) 대법원 2002. 11. 26. 선고 2002두6811 판결.

차 및 제소기간을 도과하였거나 행정소송의 대상이 되는 처분 등이 존재하지도 아니한 상태에 있는 등 행정소송으로서의 소송요건을 결하고 있음이 명백하여 행정소송으로 제기되었더라도 어차피 부적법하게 되는 경우가 아닌 이상 이를 부적법한 소라고 하여 각하할 것이 아니라 관할 법원에 이송하여야 하는바,[432] 이러한 법리는 원고의 소변경 신청 유무를 불문하고 수소법원이 취할 조치에 관한 것으로서, 수소법원으로서는 당해 소송의 제소시점을 기준으로 하여 행정소송으로서의 제소기간 준수 여부 등 소송요건을 심사하라는 취지이다.[433]

라. 불복기간이 경과된 경우

종전의 요양급여청구취소처분(유족급여등 부지급처분)이 불복기간의 경과로 확정된 후 다시 요양급여청구(유족급여등 청구)를 할 수 있는지 문제된다. 판례는, 행정처분이나 행정심판 재결이 불복기간의 경과로 인하여 확정될 경우 확정력은 처분으로 인하여 법률상 이익을 침해받은 자가 처분이나 재결의 효력을 더 이상 다툴 수 없다는 의미일 뿐 판결에서와 같은 기판력이 인정되는 것이 아니어서 처분의 기초가 된 사실관계나 법률적 판단이 확정되고 당사자들이나 법원이 이에 기속되어 모순되는 주장이나 판단을 할 수 없게 되는 것은 아니므로, 종전의 요양급여취소처분이 불복기간의 경과로 인하여 확정되었다고 하더라도 요양급여청구권이 없다는 내용의 법률관계까지 확정된 것은 아니며, 소멸시효에 걸리지 아니한 이상 다시 요양급여를 청구할 수 있고 그것이 거부된 경우 이는 새로운 거부처분으로서 위법여부를 소구할 수 있다고 한다.[434]

마. 국가를 상대로 한 당사자소송이나 민사소송의 허용여부

일반적으로 사회보장수급권은 관계 법령에서 정한 실체법적 요건을 충족시키는 객관적 사정이 발생하면 추상적인 급부청구권의 형태로 발생하고, 관계 법령에서 정한 절차·방법·기준에 따라 관할 행정청에 지급 신청을 하여 관할 행정청이 지급결정을 하면 그때 비로소 구체적인 수급권으로 전환된다. 급부를 받으려고 하는 사람은 우선 관계 법령에 따라 행정청에 그 지급을 신청하여 행정청이 거부

432) 대법원 1997. 5. 30. 선고 95다28960 판결.
433) 광주지법 2008. 8. 14. 선고 2007구합4247 판결.
434) 대법원 1993. 4. 13. 선고 92누17181 판결; 광주고법 2015. 7. 16. 선고 2014누6097 판결.

하거나 일부 금액만 지급하는 결정을 하는 경우 그 결정에 대하여 항고소송을 제기하여 취소 또는 무효확인 판결을 받아 그 기속력에 따른 재처분을 통하여 구체적인 권리를 인정받아야 한다. 따라서 사회보장수급권의 경우 구체적인 권리가 발생하지 않은 상태에서 곧바로 행정청이 속한 국가나 지방자치단체 등을 상대로 한 당사자소송으로 급부의 지급을 소구하는 것은 허용되지 않는다.[435]

5. 보험금의 지급시기

어재법은 어선원 등과 어선에 대한 재해보상보험사업의 시행에 관해 규율하면서, 보험급여의 결정 및 지급 등의 보험사업 업무를 중앙회에 위탁하고(9조), 어선원보험의 보험급여는 보험급여를 받을 수 있는 자의 청구에 의하여 지급하되, 지급결정일부터 14일 이내에 지급하여야 한다(21조 2항, 3항)고 규정하고 있다. 그러므로 어선원 보험급여의 지급결정이 있어야만 비로소 보험급여의 지급의무가 발생하고, 보험급여에 대한 지연손해금은 보험급여 지급결정일로부터 14일이 지나야 발생한다.[436]

Ⅶ. 구상관계

1. 중앙회의 어선소유자에 대한 구상권

중앙회가 어선원등(수급권자)에게 보험금을 지급한 경우, 중앙회는 어선소유자(보험가입자)에 대하여 구상권을 행사할 수 없다. 이는 어선원재해보험의 본질상 당연하다.[437]

2. 어선소유자의 중앙회에 대한 구상권

보험가입자가 소속 어선원등의 재해에 관하여 어재법에 따른 보험급여의 지급사유와 같은 사유로 민법이나 그 밖의 법령에 따라 보험급여에 상당하는 금품을 수급권자에게 미리 지급한 경우로서 그 금품이 보험급여를 대체하여 지급되었다

435) 대법원 2021. 3. 18. 선고 2018두47264 전원합의체 판결.
436) 대법원 2021. 4. 29. 선고 2020두48512 판결(船).
437) 대법원 1983. 11. 22. 선고 83다카991 판결.

고 인정되는 경우에 보험가입자는 대통령령으로 정하는 바에 따라 그 수급권자의 보험급여를 받을 권리를 대위한다(어재법 35조). 보험가입자가 수급권자를 대위하여 보험급여를 받으려는 경우에는 그 사실을 증명하는 서류를 첨부하여 중앙회에 청구하여야 하고(어재법 시행령 27조 1항), 중앙회는 1항에 따른 청구를 받으면 해당 수급권자가 보험급여에 상당하는 금품을 수령하였는지 여부를 확인하여야 한다(2항).

어선원재해가 보험가입자와 제3자의 공동불법행위로 인하여 발생한 경우에 그 제3자가 손해배상금을 먼저 지급하고 보험가입자에게 구상권을 행사하여 보험가입자가 이를 지급하였다면, 실질적인 의미에서 보험급여 지급 전에 보험가입자의 돈으로 수급권자에게 손해배상을 한 경우와 마찬가지라고 볼 수 있으므로, 제3자의 구상에 응한 보험가입자는 어재법 35조의 유추적용에 의하여 중앙회에 대하여 제3자에게 지급한 금원과 동일성이 인정되는 보험급여의 범위 내에서 재구상할 수 있다.[438]

3. 중앙회의 제3자에 대한 구상권

가. 의 의

어재법 33조 1항은 "중앙회는 제3자의 행위에 의한 재해로 인하여 어선원등에게 이 장에 따른 보험급여를 지급한 경우에 그 급여액의 범위에서 보험급여를 받은 자의 제3자에 대한 손해배상청구권을 대위한다."고 규정하여 산재법 87조 1항과 같은 취지로 보험자대위를 인정하고 있다.[439] 실무상 선박충돌사고의 경우 구상권이 문제되는 경우가 많다.[440]

---

438) 대법원 2002. 3. 21. 선고 2000다62322 전원합의체 판결; 대법원 2002. 9. 4. 선고 2002다13324 판결.

439) 한편 어재법 시행 전 상황에서, 대법원 2004. 3. 26. 선고 2003다13239 판결(船)은 "수산업협동조합법에 의한 선원공제에 대하여 보험자대위에 관한 상법 규정을 준용할 수 있는 이상, 보험의 기술적 구조에서 유래된 규정이라기보다 산재보험재정의 확보를 위한 입법정책적 배려 규정으로 보이는 보험자대위에 관한 특별 규정인 구 산재법 54조 1항(현행 87조 1항)을 명문의 규정도 없이 수산업협동조합법에 의한 선원공제에 준용하거나 유추 적용할 수는 없다."고 판시하였으나, 현행법 하에서는 더 이상 유지될 수 없다.

440) 이에 관한 자세한 논의는 임방조, "선박충돌사고에 따른 어선보험 및 어선원보험의 구상에 관한 실무상 문제점", 해사법연구 33권 2호(2021. 7).

나. 대위하는 권리

(1) 보험급여를 받은 자의 제3자에 대한 손해배상청구권

중앙회가 보험급여로 인하여 대위하는 권리는 '보험급여를 받은 자의 제3자에 대한 손해배상청구권'이다. 어재법 33조 1항의 규정은 보험급여를 받은 어선원이 제3자에 대하여 손해배상청구권을 갖고 있음을 전제로 하여, 중앙회가 어선원에게 지급한 보험급여액의 한도 안에서 그 손해배상청구권을 취득한다는 취지로서, 중앙회가 법규정에 따라 보험급여를 함으로써 취득하는 손해배상청구권은 어선원의 제3자에 대한 손해배상청구권과 동일성이 그대로 유지된다.[441]

어선원보험은 수급권자가 입은 재산상 손해의 전보를 목적으로 하는 것으로서 정신적 손해의 전보까지 목적으로 하는 것은 아니므로,[442] 보험급여의 사유가 제3자의 행위로 인하여 발생한 경우 중앙회가 구상할 수 있는 대상채권에서 위자료 청구권은 제외된다.[443]

(2) 수급권자의 포기, 면제

보험금을 지급받기 전에 수급권자가 제3자에 대한 손해배상청구권을 포기하였거나 면제하여 소멸한 경우에는 대위할 수 있는 손해배상청구권이 존재하지 아니하여 중앙회가 제3자에 대하여 대위할 수 없으나,[444] 수급권자도 그 면제한 한도에서 어재보험금청구권을 상실한다.[445]

수급권자가 보험금을 지급받은 후에 한 포기나 면제는 보험급여액의 한도 안에서 수급권자를 대위할 수 있는 손해배상청구권에 대한 중앙회의 대위권이 발생한 후에 이루어진 것으로 중앙회에 대항할 수 없다.[446]

(3) 과실상계

중앙회가 구상권을 행사하는 경우에 과실상계를 하려면 급여받은 피해자 측의 과실로 상계함은 별론으로 하고, 피해자 아닌 제3자의 과실로 상계함은 부당

441) 대법원 2008. 12. 11. 선고 2006다82793 판결.
442) 노동특수이론 및 업무상재해관련소송, 사법연수원(2014), 323면.
443) 대법원 2000. 3. 10. 선고 98다37491 판결.
444) 대법원 1991. 8. 27. 선고 91다19081 판결.
445) 대법원 2000. 8. 18. 선고 2000두918 판결.
446) 대법원 1990. 2. 23. 선고 89다카22487 판결.

하다.[447)]

(4) 유족급여

유족급여의 경우 어재보험급여의 수급권자와 손해배상청구권의 상속인이 일치하지 않는 수가 있다. 먼저 유족급여의 수급권자와 손해배상청구권의 상속인이 전혀 다른 경우에는 유족급여가 이행되었다 할지라도 중앙회는 수급권자 아닌 상속인의 제3자에 대한 손해배상채권을 대위에 의하여 이전받을 수 없다.[448)]

유족급여의 수급권자가 공동상속인 중의 1인인 경우, 어재법 33조 1항에서 말하는 '보험급여를 받은 자'를 수급권자로서 실제로 보험급여를 지급받은 사람뿐 아니라 어선원의 상속인인 유족들이 모두 포함되는 것으로 확장해석하게 되면, 수급권자 이외의 상속인인 유족들은 보험급여를 지급받지 않고도 그들이 제3자에 대하여 가지는 손해배상청구권을 잃든가 그 액을 감액당하는 경우가 발생하여 그 유족들에게 뜻하지 아니한 손해를 입히게 되므로, 현실적으로 중앙회로부터 보험급여에 의하여 보상을 받은 자를 의미하고 그 상속인인 유족은 포함되지 아니한다.[449)]

(5) 부상 및 질병 급여

제3자의 행위에 의한 재해를 입은 어선원에게 중앙회가 요양기간 중 일실이익을 초과하는 부상 및 질병 급여를 지급한 경우에 위 부상 및 질병 급여와 장해급여의 합계액이 어선원의 소극적 손해의 범위 내라고 하더라도, 부상 및 질병 급여는 요양기간 중의 일실이익에 대응하는 것이므로 그것이 지급된 요양기간 중 일실이익 상당의 손해액에서만 공제되어야 하는 점, 부상 및 질병 급여가 어선원의 요양기간 중의 일실이익을 초과한다면 그 초과액은 부상 또는 질병으로 인하여 요양 중에 있는 어선원의 최저생활을 보장하기 위하여 실제 발생한 손해보다 초과하여 지급된 것으로서 그 금원의 성격상 중앙회가 최종 부담자가 되어야 하는 점 등에 비추어, 요양기간 중 일실이익을 초과하는 부상 및 질병 급여에 관하여는 중앙회가 어선원의 제3자에 대한 손해배상청구권을 대위할 수 없다.[450)]

447) 대법원 1987. 11. 24. 선고 87다카1013 판결.
448) 노동특수이론 및 업무상재해관련소송, 사법연수원(2014), 321-322면.
449) 대법원 1987. 7. 21. 선고 86다카2948 판결; 대법원 2002. 4. 12. 선고 2000다45419 판결.
450) 대법원 2006. 9. 28. 선고 2004다48768 판결; 대법원 2010. 4. 29. 선고 2009다98928 판결.

다. 제3자의 범위

(1) 의 의

어선소유자가 피재어선원에 대하여 불법행위책임을 지는 사용자행위재해의 경우에는 보험자가 그 수급권자에게 보험급여를 지급하였더라도 어선원보험의 법리상 보험자대위는 할 수 없고, 따라서 중앙회의 구상권이 생길 여지가 없다.[451] 그러므로 여기서 제3자라 함은 '보험자(중앙회), 보험가입자(어선소유자) 및 당해 수급권자(어선원등 및 유족 등)를 제외한 자로서 피재어선원에 대하여 불법행위 등으로 인한 손해배상책임을 지는 자'를 말한다.

(2) 어선원보험관계가 없는 자

판례에 따르면, 제3자라 함은 피재어선원과의 사이에 어선원보험관계가 없는 자로서 피재어선원에 대하여 불법행위 등으로 인한 손해배상책임을 지는 자를 지칭하는 것인 바, 이 경우 피재어선원과 보험가입자 사이에 보험관계의 성립이 있다고 할 수 있으려면 위 피해자가 보험가입자의 어선원에 해당되어야 한다고 한다.[452] 따라서 손해배상책임을 지는 자가 어재법의 적용을 받은 어선소유자이더라도 피재어선원과 사이에 어선원보험관계가 없으면 위 제3자에 포함된다.

(3) 동료어선원

위 제3자의 범위에 피재어선원과 같은 어선소유자에게 고용된 동료어선원도 포함되는지 문제된다. 동료어선원에 의한 가해행위로 인하여 다른 어선원이 재해를 입어 그 재해가 어선원재해로 인정되는 경우에 그러한 가해행위는 마치 사업장 내 기계기구 등의 위험과 같이 사업장이 갖는 하나의 위험이라고 볼 수 있으므로, 그 위험이 현실화하여 발생한 재해에 대하여는 중앙회가 궁극적인 보상책임을 부담하는 것이 어선원재해보험의 사회보험적 내지 책임보험적 성격에 부합하고,[453] 이 경우 중앙회가 어선소유자나 가해어선원에게 구상권을 행사할 수 있다고 한다면 어선소유자로서는 어재보험의 책임을 다하기 위하여 하는 보험료지급

451) 노동특수이론 및 업무상재해관련소송, 323면.
452) 대법원 2004. 12. 24. 신고 2003다33691 판결.
453) 대법원 2004. 12. 24. 선고 2003다33691 판결.

이 무의미하게 되고, 또 가해어선원에의 구상은 어선원보호라는 제도목적에 반할 뿐만 아니라, 어선원이 스스로 부주의한 사고로 재해를 입은 경우에도 과실상계를 부인하고 그 손해를 전보하는 어선원보험의 취지를 고려하여, 이를 부정하는 것이 판례의 입장이다.[454)]

라. 불법행위의 경합

제3자와 보험가입자 또는 그 소속 어선원의 불법행위가 경합되어 발생한 재해의 경우에도 위 조항이 적용되는지 문제된다. 위 조항은 당해 재해가 제3자만의 불법행위에 의하여 발생한 경우이거나 또는 제3자의 불법행위와 보험가입자 또는 그 소속 어선원의 불법행위가 경합하여 발생한 경우이거나를 가리지 않고 적용된다고 보는 것이 판례의 입장이다.[455)]

어선원등의 재해가 보험가입자와 제3자의 공동불법행위로 인하여 발생한 경우에 중앙회가 제3자에 대하여 보험급여액 전액을 구상할 수 있다면, 그 급여액 전액을 구상당한 제3자는 다시 공동불법행위자인 보험가입자를 상대로 그 과실 비율에 따라 그 부담 부분의 재구상을 할 수 있고, 재구상에 응한 보험가입자는 어재법 35조의 유추적용에 의하여 중앙회에게 재구상당한 금액의 재재구상을 할 수 있다고 하여야 하는데, 그렇게 되면 순환소송이 되어 소송경제에도 반할 뿐만 아니라, 중앙회는 결국은 보험가입자에게 반환할 것을 청구하는 것이 되어 이를 허용함은 신의칙에 비추어 보더라도 상당하지 않으므로, 피해자가 배상받을 손해액 중 보험가입자의 과실 비율 상당액을 보험급여액에서 공제하고 차액이 있는 경우에 한하여 그 차액에 대하여만 중앙회가 제3자로부터 구상할 수 있다.[456)]

마. 소멸시효

구상금채권의 소멸시효 기산점에 대하여 손해전보일(중앙회가 수급권자에게 보험급여를 지급한 날)을 기준으로 하여야 하는지, 손해배상채권 자체를 기준으로 하여야 하는지 문제된다. 산재보험에 관한 판례[457)]의 취지에 따르면, 어재법 33조 1

---

454) 대법원 2011. 7. 28. 선고 2008다12408 판결.
455) 대법원 1992. 2. 25. 선고 91다28726 판결.
456) 대법원 2002. 3. 21. 선고 2000다62322 전원합의체 판결; 대법원 2010. 1. 28. 선고 2008다65686 판결(船).
457) 대법원 1997. 12. 16. 선고 95다37421 전원합의체 판결.

항의 규정은 급여를 받은 자의 제3자에 대한 손해배상청구권이 있음을 전제로 하여 지급한 급여액의 한도 안에서 그 손해배상청구권을 취득한다는 취지에 불과하므로, 중앙회가 위 규정에 따라 보험급여를 함으로써 취득하는 손해배상청구권은 동일성이 그대로 유지되고, 따라서 소멸시효의 기산점과 기간도 손해배상청구권 자체를 기준으로 판단하여야 한다.

4. 어선소유자의 제3자에 대한 구상권

가. 의 의

제3자의 불법행위로 인한 재해에 관하여 어선소유자가 근기법 · 선원법상 재해보상금을 어선원에게 지급한 경우, 그 한도 내에서 피해자의 제3자에 대한 손해배상청구권은 어선소유자에게 이전되고 어선소유자는 구상권을 행사할 수 있는지 문제되나, 민법 399조의 손해배상자대위의 규정, 민법 480조, 763조의 변제자대위의 규정을 유추하여 이를 인정함이 타당하다.[458)]

나. 어선소유자 소속 어선원과 제3자의 공동불법행위

어선소유자 소속 어선원과 제3자의 공동불법행위로 인하여 같은 어선소유자에게 고용된 다른 어선원에게 재해가 발생한 경우 어선소유자의 제3자에 대한 구상범위가 문제된다. 보험금을 수령한 피해자가 불법행위자를 상대로 배상청구를 하는 경우에는 청구의 상대방이 보험가입자인지 여부에 관계없이 이미 수령한 보험금을 손해배상액에서 공제되어야 하고, 제3자에 의하여 재해가 발생한 경우 보험금을 지급한 중앙회는 불법행위자인 제3자에 대하여 구상할 수 있는 것이어서 어선원보험에 가입하지 아니한 제3자는 중앙회의 급여로 아무런 이익도 얻지 못하면서 중앙회로부터 구상을 당하는 반면, 이에 가입한 어선소유자는 공동불법행위가 보험가입자가 아니라는 우연한 사정 때문에 보험면책의 이익을 독점함으로써 그의 부담부분에 미치지 못하는 근소한 배상을 하게 되는 불합리한 결과에 이르게 된다. 그러므로 어선소유자 소속 어선원과 제3자의 공동불법행위로 인하여 재해가 발생하여 어선소유자가 피해자에게 손해전액을 배상한 후 보험금을 수령한

---

458) 대법원 1966. 10. 18. 선고 66다1727 판결; 부산고법 2004. 11. 25. 선고 2004나6276 판결.

경우, 어선소유자의 제3자에 대한 구상범위는 어선소유자가 피재어선원의 유족들에게 지급한 금원에서 보험금을 공제한 나머지를 가지고 어선소유자, 제3자의 과실비율에 따라 산정하여야 한다.[459)]

다. 부당이득반환의무

재해를 입은 어선원이 어선소유자가 아닌 제3자로부터 근기법이나 선원법에 규정된 요양보상에 해당하는 급부를 받았다면 어선원은 어선소유자에게 더 이상 재해로 인한 요양보상청구권을 행사할 수 없으므로, 어선소유자는 어선원에게 요양보상에 해당하는 급부를 한 제3자에게 어선원에 대한 요양보상의무를 면하게 됨으로써 얻은 이득을 반환할 의무가 있다.[460)]

Ⅷ. 보험급여와 다른 청구권의 관계

1. 보험급여청구권과 재해보상청구권의 경합

가. 선택적 청구의 가부

(1) 문제의 소재

피재어선원의 어선소유자에 대한 재해보상청구와 중앙회에 대한 보험급여청구는 별개의 제도로서 근기법·선원법과 어재법에 별개로 규정되어 있으므로, 어선원은 양자의 청구를 모두 할 수 있으나, 양자 중 반드시 어느 일방을 우선 청구하여야 하는지 아니면 양자의 선택적 청구가 가능한지 문제된다.[461)]

(2) 선택적 청구 긍정설

어선소유자가 사고 어선이 어선원보험에 가입되어 있으므로 어선원은 어선소유자가가 아닌 위 보험에 따른 재해보상보험금을 청구하여야 한다고 주장한 사안에서, 법원은 선원법에서 명시적으로 어선소유자에게 요양보상금 등의 지급의무를 규정하고 있는 이상, 사고 선박이 어재법에 따른 어선원보험에 가입되어 있다

459) 대법원 1990. 12. 11. 선고 90다5634 판결.
460) 대법원 2005. 4. 28. 선고 2004다12660 판결.
461) 대법원 1994. 5. 24. 선고 93다38826 판결은, 1993. 12. 27. 산재법 개정 전의 사안에 대하여 선택적 청구가 가능하다고 하면서 산재법 개정 후의 해석에 대하여는 별도로 논의할 문제라고 판시하였다.

고 하더라도 어선소유자는 선원법에 따른 요양보상금 등의 지급의무를 면한다고 할 수 없다고 판시하였다.[462]

(3) 선택적 청구 부정설

산재법 80조 1항은 "수급권자가 이 법에 따라 보험급여를 받았거나 받을 수 있으면 보험가입자는 동일한 사유에 대하여 근기법에 따른 재해보상 책임이 면제된다."고 규정하고 있다. 이 규정의 취지는, 산업재해보상보험이 재해보상에 대한 책임보험적 성질을 가지고 있고, 근로자로 하여금 산업재해보상보험급여를 먼저 청구하도록 하는 것이 근로자에게 불리하지 아니하며, 사용자로서는 강제로 산업재해보상보험에 가입하여 보험료를 납부하여 왔는데도 다시 근로자에 대하여 재해보상을 선이행하여야 한다면 그 보험이익을 박탈당하는 불합리한 결과를 초래할 뿐만 아니라, 재해보상을 한 사용자가 사후에 국가에 대하여 구상할 수 있다고 하더라도 그들 사이의 법률관계가 복잡하게 되는 점 등에 비추어 볼 때, 사용자가 산업재해보상보험에 가입하여 당해 사고에 대하여 마땅히 보험급여가 지급되어야 하는 경우라면 사용자로 하여금 근기법에 의한 재해보상책임을 면하게 하자는 것이다.[463] 이에 따라 하급심 판례[464]도 어재법에 따라 장례비 보험급여를 받을 수 있는 자는 선원법에 의한 장제비를 선박소유자에 구할 수 없고 어재법에 따라 중앙회에 장례비 급여를 구할 수 있을 뿐이라고 하여, 부정설의 입장을 취하고 있다.

(4) 검 토

어재법 31조 1항은 "수급권자가 이 장의 규정에 따라 보험급여를 받았거나 받을 수 있는 경우에는 보험가입자는 같은 사유에 대하여 선원법 및 근기법에 의한 재해보상책임이 면제된다."고 규정하고 있는데 이는 산재법 80조 1항과 같은 내용인 점에 비추어 보면, 어선소유자가 어재보험에 가입되어 있는 경우는 '보험급여를 받을 수 있는 경우'에 해당하는 것으로 보아 어선원으로 하여금 어재보험을 우선 청구하도록 하고, 어선원이 어선소유자를 상대로 재해보상을 먼저 청구하여 오는 경우 어선소유자는 어재보험에 가입되어 있고 당해 사고가 어재보험급여를

462) 광주지법 2014. 6. 25. 선고 2014나1870 판결.
463) 대법원 2001. 9. 18. 선고 2001다7834 판결.
464) 서울고법 2013. 2. 21. 선고 2012나34681 판결.

받을 수 있는 사고임을 주장하여 면책될 수 있다고 해석하는 것이 타당하다.[465)]

나. 근기법 · 선원법상 재해보상과 어재법상 보험급여의 조정

(1) 관련 규정

어재법 31조 1항은 "수급권자가 이 장의 규정에 따라 보험급여를 받았거나 받을 수 있는 경우에는 보험가입자는 같은 사유에 대하여 선원법 및 근기법에 의한 재해보상책임이 면제된다."고 규정하고 있고, 선원법 103조는 "재해보상을 받을 권리가 있는 자가 그 재해보상을 받을 수 있는 같은 사유로 민법이나 그 밖의 법령에 따라 이 법에 따른 재해보상에 상당하는 급여를 받았을 때에는 선박소유자는 그 가액의 범위에서 이 법에 따른 재해보상의 책임을 면한다."고 규정하고 있다(근기법 87조도 같은 취지의 규정이다).

위 규정의 취지는 재해로 인하여 손실 또는 손해를 입은 어선원은 재해보상청구권 또는 어재법상 보험급여청구권을 행사할 수 있고, 아울러 일정한 요건이 충족되는 경우 선박소유자에 대하여 불법행위로 인한 손해배상청구권도 행사할 수 있으므로, 이들 청구권 상호 간의 관계와 손실의 이중전보를 방지하기 위한 보상 또는 배상액의 조정문제를 규율하는 데에 있다.[466)]

(2) 내 용

'보험급여를 받을 수 있는 경우'란 단순히 어재보험에 가입되어 보험료를 지급하여 왔다거나 어선원보험대상이 되는 재해로 보인다는 정도로는 안 되고, 어선원보험급여의 지급결정이 있었으나 현실로 지급되지 않은 경우 또는 이와 유사한 정도로 그 지급이 확실한 경우로 보는 것이 타당하다.[467)]

피재어선원이 어선원보험급여를 받지 못하는 것이 확정되어도 재해보상책임이 따라서 소멸하는 것은 아니고 수급권자는 여전히 동일한 사유로 보험가입자인 어선소유자에게 선원법 · 근기법상 재해보상금을 다시 청구할 수 있다.[468)] 이 경우 재해보상을 한 어선소유자는 중앙회나 국가에 대하여 부당이득반환 등의 청구를

465) 홍성무, "산재보험에 가입한 사용자가 피재근로자에게 재해보상을 한 경우 국가에 대하여 구상을 할 수 있는지의 여부", 대법원판례해설 21호(1994. 11), 570면.

466) 대법원 2015. 1. 15. 선고 2014두724 판결.

467) 노동특수이론 및 업무상재해관련소송, 307-308면.

468) 대법원 1996. 8. 19. 선고 83다카1670 판결.

할 수 없다.[469] 그러나 재해보상책임의 부존재가 확정된 경우에는 책임보험적 성격이 농후한 어재법 하에서 어선원보험급여청구권도 소멸한다.[470]

(3) 수급권자의 귀책사유로 보험급여를 받지 못한 경우

어선소유자가 어선원보험에 가입하여 당해 사고에 대하여 마땅히 보험급여가 지급되어야 하는 경우라면 어선소유자는 선원법·근기법에 의한 재해보상책임을 면하고, 비록 어재법에 의한 보험급여가 지급되어야 하는데도 수급권자가 중앙회가 행한 보험급여에 대한 결정에 불복하지 아니하는 등의 이유로 결과적으로 보험급여가 지급되지 아니하였더라도 달리 볼 것은 아니다.[471]

다. 국민연금과 보험급여의 조정

어재법이 보호하는 사회적 위험은 그 원인이 업무상 행위에 있다는 점에서 차이가 있지만, 위험의 실체는 질병, 부상, 장해, 사망 등 국민연금법이 보호하는 그것과 동일하다. 따라서 사회보험법에 의하여 지급되는 급여와의 조정이 필요하다.[472]

장애연금 또는 유족연금의 수급권자가 국민연금법에 따른 장애연금 또는 유족연금의 지급 사유와 같은 사유로 어재법 25조에 따른 장해급여, 같은 법 26조에 따른 일시보상급여 또는 같은 법 27조에 따른 유족급여의 어느 하나에 해당하는 급여를 받을 수 있는 경우에는 국민연금법 68조에 따른 장애연금액이나 같은 법 74조에 따른 유족연금액은 그 2분의 1에 해당하는 금액을 지급한다(국민연금법 113조 4호).

---

469) 대법원 1989. 11. 14. 선고 88다카28204 판결.

470) 노동특수이론 및 업무상재해관련소송, 309면.

471) 대법원 2013. 8. 22. 선고 2013다25118 판결. 한편 수급권자가 보험급여지급 거부처분에 대하여 전심절차를 거치지 않은 채 행정소송을 제기한 과실로 각하판결을 선고 받아 결과적으로 마땅히 지급받아야 보험급여를 지급받지 못하게 된 경우, 이는 구 산재법 48조 1항(현행 80조 1항) 소정의 '보험급여를 받을 수 있는 경우'에 해당하여 사용자의 근기법상 재해보상책임이 면제되지만(대법원 2001. 9. 18. 선고 2001다7834 판결), 어재법은 앞에서 본 바와 같이 필수적 행정심판 전치주의를 채택하지 아니하였으므로, 위 판례는 어재법에 관하여 유추적용하기 어렵다.

472) 전광석, 한국사회보장법론(10판), 집현재(2014), 412-413면.

2. 보험급여와 손해배상의 조정

가. 관련 규정

어재법 31조 2항은 "수급권자가 어선원등의 재해로 인하여 이 장의 규정에 따라 보험급여를 받은 경우에 보험가입자는 그 금액의 한도에서 민법이나 그 밖의 법령에 따른 손해배상책임이 면제된다."고 규정하고 있고, 3항은 "수급권자가 같은 사유로 민법이나 그 밖의 법령에 따라 이 법의 보험급여에 해당하는 금품을 받으면 중앙회는 그 받은 금품을 대통령령으로 정하는 방법에 따라 환산한 금액의 범위에서 이 법에 따른 보험급여를 지급하지 아니한다."고 규정하고 있다.

위 조항은 비록 어재법에 의한 보험급여가 민사상 손해배상으로서의 성질을 갖는 것은 아니지만, 어재법상 보험급여의 대상이 된 손해와 민사상 손해배상의 대상이 된 손해가 서로 같은 성질을 띠는 것이어서, 보험급여와 손해배상이 상호보완적 관계에 있는 경우에는 중복전보에 의한 부당이득을 방지하기 위하여 그 보험급여 금액의 한도 안에서 보험가입자의 손해배상책임을 면제하는 취지이다.[473)]

'수급권자가 민법이나 그 밖의 법령에 따라 이 법의 보험급여에 해당하는 금품을 받은 경우'[474)] 공제가 인정되므로 어느 한 쪽이 현실로 지급될 것이 필요하다. 그러므로 가해자를 상대로 손해배상청구의 소를 제기하여 승소판결을 받았더라도 현실로 지급을 받지 못한 경우에는 보험급여의 지급의무를 면할 수 없다.[475)]

나. 상호보완의 물적 범위

(1) 동일한 사유

보험급여와 손해배상이 상호보완되기 위해서는 수급권자가 동일한 사유로 보험급여를 받아야 하는바,[476)] 여기서 '동일한 사유'란 그 대상이 되는 손해가 동

473) 대법원 2009. 5. 21. 선고 2008다13104 전원합의체 판결.
474) 어재법 31조 3항은 '수급권자가 보험가입자인 사용자의 보상 또는 배상 책임의 이행으로 금품을 지급받는 경우'만을 규율대상으로 삼고 있다고 봄이 타당하다. 대법원 2015. 1. 15. 선고 2014두11571 판결.
475) 서울고법 1985. 7. 18. 선고 85나861 판결.
476) 산재법 80조 2항은 '동일한 사유에 대하여'라는 규정을 두고 있다.

질 · 동일의 것이어야 한다.[477] 판례는 민사상 손해배상이 적극적 손해 · 소극적 손해 · 위자료로 3분되어 있다고 보고 있으므로,[478] 손해배상을 이미 받은 경우에는 그에 상응하는 재해보상이 어떤 것인가를 가려내어 면책의 범위를 결정하여야 한다.[479]

(2) 내 용

요양급여 · 장례비 · 소지품 유실보상급여 등은 손해배상에서 치료비 · 장례비[480] 등 적극적 손해에 해당한다. 부상 및 질병 급여 · 장해급여 · 유족급여[481] 등은 일실이익 상당의 소극적 손해에 해당한다.[482] 일시보상급여는 위 양자를 포함한 장래의 손해에 해당한다. 그러므로 서로 대응관계 있는 항목 사이에서만 서로 공제가 인정되어 보완관계가 생긴다.[483] 행방불명급여는 어재법이 인정한 특별보상의 성격을 가지므로 위자료의 산정에 참작사유가 될 뿐 그 공제가 허용되지는 아니한다.[484] 또한 손해배상의 위자료는 정신적 손해에 대한 것이고, 보험급여는 재산상의 손해에 대한 것이므로 서로간의 보완관계는 생기지 않고,[485] 다만 보상이 실현된 경우 손해배상의 위자료산정에 참작할 사유가 될 뿐이다.[486]

원칙적으로 어재법상 보험급여를 공제할 때 적극적 손해액과 소극적 손해액을 합한 전체 손해액에서 공제해서는 안 되고, 피해자가 수령한 부상 및 질병 급여와 장해급여의 합계액이 소극적 손해액보다 더 많더라도 그 초과부분을 그 성질을

477) 대법원 2009. 5. 21. 선고 2008다13104 전원합의체 판결.
478) 대법원 2002. 9. 10. 선고 2002다34581 판결.
479) 선원법상 재해보상청구권과 민법상 불법행위로 인한 손해배상청구권은 청구권경합의 관계에 있고[대법원 1987. 6. 23. 선고 86다카2228 판결(船)], 구 상법 750조 3항(현행 770조 1항, 3항)에 의한 손해배상청구권과 선원법 소정의 재해보상청구권은 경합관계에 있다[대법원 1971. 3. 30. 선고 70다2294 판결(船)].
480) 부산지법 2015. 1. 14. 선고 2012가합20164 판결.
481) 부산지법 2015. 1. 14. 선고 2012가합20164 판결; 근기법 또는 산재법 소정의 유족보상 또는 유족급여는 근로자의 사망으로 인하여 장래 얻을 수 있는 수입을 상실하게 된 재산상 손해를 전보하기 위하여 일정액을 소정 유족에게 지급하는 것으로서 이는 위자료의 성질을 가지는 것이 아니다(대법원 1981. 10. 13. 선고 80다2928 판결).
482) 대법원 2007. 2. 8. 선고 2004다48829 판결(船); 부산고법 2004. 11. 25. 선고 2004나6276 판결.
483) 대법원 1991. 7. 23. 선고 90다11776 판결; 원고가 근로복지공단으로부터 수령한 요양급여는 치료비 손해에 대응하는 것이지만, 이를 기왕치료비와 향후치료비 손해액에서 공제하려면 먼저 요양급여 중 원심이 인정한 기왕치료비, 향후치료비와 발생기간을 같이하는 부분을 특정한 다음 그 부분에 해당하는 금액만을 공제하여야 한다(대법원 2018. 6. 28. 선고 2017다269374 판결).
484) 부산고법 2008. 8. 13. 선고 2008나6373 판결; 부산지법 2015. 1. 14. 선고 2012가합20164 판결.
485) 부산지법 서부지원 2020. 9. 3. 선고 2019가단113541 판결.
486) 대법원 1980. 10. 14. 선고 79다2260 판결.

달리하는 적극적 손해의 배상액을 산정할 때 공제하여서는 안 된다.[487)]

적극적 손해에 해당하는 급여라고 하더라도 장례비 중 장의비 손해를 초과하는 부분을 치료비 손해에서 공제할 수 없고, 요양급여(간병) 중 개호비 손해를 초과하는 부분을 치료비 손해에서 공제할 수 없다.[488)]

어선원이 이미 지급받은 요양급여를 포함하여 기왕 치료비 전액을 구하는 경우에는 전체 치료비 손해액에서 기지급된 요양급여액 전액을 공제하여야 하지만, 어선원이 요양급여액을 제외한 나머지 본인 부담 치료비만 청구하는 경우에는 치료비 손해에서 요양급여액을 공제하여서는 안 되고, 어선원이 수령한 요양급여 중 어선원의 과실비율에 따른 금원을 부당이득이라 하여 손해배상액에서 공제하여서도 안 된다.[489)] 향후치료비는 변론종결일 이후 장차 지출할 금원이므로, 향후치료비에서 기지급된 요양급여액을 공제할 수 없다.[490)]

일시보상급여가 이루어진 경우에는 그 이후에 발생되는 요양급여 · 부상 및 질병 급여 · 장해급여가 모두 포함되므로(어재법 26조), 일시보상이 이루어진 기간에 발생한 적극적 손해액과 소극적 손해액을 합한 손해액에서 기지급된 일시보상액을 공제하여야 한다.[491)]

(3) 부상 및 질병 급여와 휴업기간

다 같은 수입상실에 관한 것일지라도 그 대상이 되는 기간이 다른 경우, 예를 들면, 부상 및 질병 급여와 휴업기간 이후의 수입상실 손해 사이에는 상호보완관계가 없다. 따라서 피해자가 위 부상 및 질병 급여를 지급받은 기간 이후의 수입상실 손해만 청구하는 경우에는 위 기산일 이전분으로 지급받은 부상 및 질병 급여 등은 공제하여서는 안 되고, 그것이 지급된 휴업기간 중의 일실이익 상당의 손해액에서만 공제하여야 한다.[492)]

그런데 부상 및 질병 급여가 지급된 기간과 그 이후의 기간을 구별하지 않고 일실이익을 청구하는 경우, 피해자의 과실비율이 30%를 초과하는 경우 휴업기간

---

487) 대법원 2012. 6. 14. 선고 2010다77293 판결.
488) 손해배상소송실무(교통 · 산재)(제2판), 사법발전재단(2017), 398면.
489) 대법원 1981. 10. 13. 선고 81다카351 전원합의체 판결; 대법원 1994. 12. 27. 선고 94다40543 판결.
490) 대법원 2013. 12. 26. 선고 2012다41892 판결.
491) 손해배상소송실무(교통 · 산재)(제2판), 397-398면.
492) 대법원 1993. 12. 21. 선고 93다34091 판결.

중 70%를 부상 및 질병 급여로 지급받은 어선원은 오히려 손해가 발생하고 공제와 관련하여 문제가 발생하는 바, 이런 경우 통상 피해자의 일실이익 손해의 청구를 휴업기간 이후부터 구하는 것으로 정리하는 것이 바람직하다.

(4) 지급예정액의 공제 여부

장해급여의 지급결정이 있었으나 개호가 필요하여 장래(재판실무상 변론종결일 이후)에도 간병급여의 지급이 예정되어 있는 경우 이를 개호비에서 공제할 수 있는지 문제된다. 판례에 의하면, 어선원이 어재법에 따라 그 여명기간까지 간병급여를 지급받을 수 있다 하더라도 이를 현실적으로 지급받지 아니한 이상 이러한 장래의 보험급여액을 개호비 상당의 손해액에서 미리 공제할 수 없다고 한다.[493]

다. 상호보완의 인적 범위

(1) 수급권자와 손해배상청구권자 사이에 상호보완적 관계가 요구됨

수급권자와 손해배상청구권자가 서로 다른 경우, 예를 들어 어선원이 사망한 경우 유족급여와 관련하여 어재법의 수급권자와 민법상 상속순위가 서로 다른 까닭에 문제가 발생한다. 상호보완적 관계는 보험급여 수급권과 민사상 손해배상채권의 귀속주체 사이에도 존재할 것이 요구되므로, 선원이 재해로 인하여 사망할 때 따라 중앙회가 어재법에 의한 유족급여를 수급권자에게 지급하였다 하더라도, 수급권자가 아닌 망인의 공동상속인들이 상속한 손해배상채권과 그 유족급여의 수급권은 그 귀속주체가 서로 상이하여 위와 같은 상호보완적 관계를 인정할 수 없으므로, 수급권자에 대한 유족급여의 지급으로써 그 수급권자가 아닌 다른 공동상속인들에 대한 손해배상책임까지 위 조항에 의하여 당연히 소멸된다고 할 수는 없다.[494]

493) 대법원 2008. 11. 13. 선고 2008다60933 판결.

494) 대법원 2009. 5. 21. 선고 2008다13104 전원합의체 판결. 대법원은 종래에는 손해전보설의 입장에서, 수급권자와 손해배상청구권의 상속인이 전혀 다른 경우에 지급받은 보상금액을 손해배상액에서 공제하여야 한다는 입장을 취하고 있었으나(대법원 1987. 6. 9. 선고 86다카2581 판결), 위 전원합의체 판결로 입장을 변경하였다. 위 전원합의체 판결은 근로자에 대한 산재법의 유족급여에 관한 것인데, 이와 같은 법리는 어선원보험에도 적용된다고 판시한 사례로는 대구고법 2021. 8. 19. 선고 2020나24428 판결.

(2) 상속 후 공제설

수급권자가 공동상속인 등의 1인인 경우, 사망한 어선원의 손해에 대한 상속분을 계산한 후 보상액을 수급권자의 상속분에서 공제할 것인지(상속 후 공제설), 사망한 어선원의 손해에서 먼저 공제한 후 그 잔액에 대하여 상속을 인정할 것인지(공제 후 상속설)에 관하여 견해의 대립이 있다. 어재보험은 기본적으로 선원법·근기법상 재해보상책임에 대한 책임보험이지 민법상 손해배상책임에 대한 책임보험이 아니므로, 대법원은 상속 후 공제설의 입장을 취하고 있다.[495)]

라. 포기, 면제 등

(1) 재해보상, 어선원보험금의 포기

재해보상 또는 어선원보험금은 어선원 또는 유족의 생활보호를 위하여 정책적으로 인정되는 것이므로 그 수급권의 확보를 위하여 권리의 양도 또는 압류가 금지되어 있고(법 152조, 근기법 86조, 어재법 34조 2항), 따라서 수급권의 포기도 무효이다.

(2) 손해배상청구권의 포기 등

(가) 사전 포기 등

어선원이 가지는 손해배상청구권은 순수한 사권이므로 이에 대한 포기, 면제, 그 밖의 합의 등 처분은 유효하다.

(나) 사후 포기 등

다만 피재어선원이 어선원보험금을 수령한 이후에는 제3자에 대한 손해배상청구권을 면제하거나 포기하더라도, 이는 보험급여액의 한도 안에서 피재어선원을 대위할 수 있는 손해배상청구권에 대한 중앙회의 대위권이 발생한 후에 이루어진 것으로 중앙회에 대항할 수 없다.[496)]

(다) 사전 포기 등이 보험급여청구권에 미치는 영향

수급권자가 보험급여를 수령하기 전에 손해배상청구권을 포기 또는 면제하는 등의 처분하는 것이 가능하더라도, 이 경우 수급권자의 보험급여청구권에 어떠한 영향을 미치는지 문제된다.

---

495) 대법원 2009. 5. 21. 선고 2008다13104 전원합의체 판결.
496) 대법원 1990. 2. 23. 선고 89다카22487 판결.

① 어선소유자행위재해의 경우에는 보상이 이루어지더라도 대위의 문제는 생기지 않고 오로지 어선소유자와 피재어선원 사이에서 해결되면 족하므로, 포기나 면제 등 배상에 관한 합의는 그대로 보상 또는 어선원보험에서 존중된다.497)

② 제3자행위재해의 경우에는 피재어선원이 제3자에 대한 손해배상청구권을 포기 또는 면제 등 합의한 후 보상을 한 어선소유자 또는 보험급여를 한 중앙회는 그에 따라 감축된 금액부분에 대하여는 대위의 기초를 잃어 대위청구를 할 수 없게 되므로 이 경우 대위권을 행사할 수 없는 금액만큼 보상 또는 보험급여의 책임이 감소된다고 볼 것인지 문제된다.

판례498)는 "제3자의 불법행위에 의한 재해로 인하여 산재상 보험급여 지급의무가 발생한 경우 보험급여의 수급권자가 보험급여와 제3자에 의한 손해배상에 의하여 중복전보를 받는 것과 유책의 제3자가 그 책임을 면탈하는 것을 방지하고 보험재정의 확보를 꾀하려는 데 목적이 있는 산재법의 입법취지와 그 규정내용에 비추어 볼 때, 보험급여의 수급권자가 제3자로부터 자신의 재산상 손해배상과 관련된 일정한 금원을 지급받고 나머지 청구를 포기 또는 면제하기로 하였거나 또는 이를 전혀 지급받지 않은 채 제3자의 재산상 손해배상의무 전부를 면제하여 주었다면, 수급권자가 그 재해로 인하여 제3자로부터 배상받을 수 있는 진정한 재산상 손해액(보험급여 항목과 관련된 범위에 국한된다)의 한도 내에서 근로복지공단은 보험급여의 지급의무를 면하게 된다."고 판시한 이후 긍정설을 취하고 있다. 위 판결의 취지는 어재법에서도 동일하게 적용된다.

③ 공제되는 것은 포기 또는 면제한 배상의 항목과 동일한 사유인 재해보상에 한하며, 반대로 동일사유가 인정되는 한 그 항목의 전체금액이 공제되고 배상청구권자가 임의로 금액만을 한정할 수는 없다.499)

마. 과실상계

(1) 보험급여의 과실상계 불가

어선원보험은 단순한 손해의 전보만이 아니고 수급권자의 생활보장에 그 목적

497) 김진석, "산업재해보상보험금 지급청구권과 민법상 손해배상의 관계", 노동법연구 7호(1998. 5), 373면.
498) 대법원 1978. 2. 14. 선고 76다2119 전원합의체 판결.
499) 대법원 1993. 6. 22. 선고 92누16102 판결.

을 두고 있으므로, 일정한 지급사유가 발생하면 일정한 금액이 반드시 지급되어야 하고, 어선원등에게 과실이 있다 하여 보상액에 관하여 과실상계를 할 수 없다.[500)]

(2) 공제 후 과실상계설

재해보상 또는 어선원보험급여의 공제와 과실상계가 함께 이루어지는 경우 그 순서에 관하여, 과실상계가 선행한다는 견해(상계 후 공제설)와 보상 또는 보험급여의 공제가 선행되어야 한다는 견해(공제 후 상계설)가 대립하고 있다.

종전 판례는 '상계 후 공제설'의 입장을 취하면서, 보험급여를 받은 피해자가 제3자에 대하여 손해배상청구를 하고 그 손해발생에 피해자의 과실이 경합된 때에는 먼저 산정된 손해액에다 과실상계를 한 후 거기에서 보험급여를 공제하여야 한다고 함으로써 재해보험급여의 공제를 손익상계의 문제로 보고 있었다.[501)]

대법원은 2021. 3. 18. '공제 후 과실상계설'로 입장을 변경하였고,[502)] 2022. 3. 24.[503)]에도 아래와 같은 이유로 그 입장을 유지하고 있다.

"산업재해보상보험법(이하 '산재보험법') 87조의 문언과 입법 취지, 산업재해보상보험(이하 '산재보험') 제도의 목적과 사회보장적 성격, 재해근로자(유족 등 보험급여 수급자를 포함한다)와 근로복지공단(이하 '공단') 및 불법행위자 사이의 이익형량 등을 종합하여 보면, 공단이 제3자의 불법행위로 재해근로자에게 보험급여를 한 다음 산재보험법 제87조 제1항에 따라 재해근로자의 제3자에 대한 손해배상청구권을 대위할 수 있는 범위는 제3자의 손해배상액을 한도로 하여 보험급여 중 제3자의 책임비율에 해당하는 금액으로 제한된다. 따라서 보험급여 중 재해근로자의 과실비율에 해당하는 금액에 대해서는 공단이 재해근로자를 대위할 수 없으며 이는 보험급여 후에도 여전히 손해를 전보받지 못한 재해근로자를 위해 공단이 종국적으로 부담한다고 보아야 한다. 이와 같이 본다면 산재보험법에 따라 보험급여를 받은 재해근로자가 제3자를 상대로 손해배상을 청구할 때 그 손해 발생에 재해근로자의 과실이 경합된 경우에, 재해근로자의 손해배상청구액은 보험급

500) 대법원 2010. 8. 19. 선고 2010두5141 판결.
501) 대법원 1989. 4. 25. 선고 88다카5041 판결; 대법원 2002. 12. 26. 선고 2002다50149 판결.
502) 대법원 2021. 3. 18. 선고 2018다287935 전원합의체 판결.
503) 대법원 2022. 3. 24. 선고 2021다241618 전원합의체 판결.

여와 같은 성질의 손해액에서 먼저 보험급여를 공제한 다음 과실상계를 하는 '공제 후 과실상계' 방식으로 산정하여야 한다.

또한 산업재해가 산재보험 가입 사업주와 제3자의 공동불법행위로 인하여 발생한 경우에도 공단이 재해근로자의 제3자에 대한 손해배상청구권을 대위할 수 있는 범위는 제3자의 손해배상액을 한도로 하여 보험급여 중 제3자의 책임비율에 해당하는 금액으로 제한됨은 위와 같다. 따라서 공단은 보험급여 중 재해근로자의 과실비율에 해당하는 금액에 대해서 재해근로자를 대위할 수 없고 재해근로자를 위해 위 금액을 종국적으로 부담한다. 재해근로자가 가입 사업주와 제3자의 공동불법행위를 원인으로 가입 사업주나 제3자를 상대로 손해배상을 청구하는 경우에도 그 손해 발생에 재해근로자의 과실이 경합된 때에는 '공제 후 과실상계' 방식으로 손해배상액을 산정하여야 한다.

다만 위와 같이 공동불법행위로 산업재해가 발생하여 공단이 제3자를 상대로 재해근로자의 손해배상청구권을 대위하는 경우에는, 순환적인 구상소송을 방지하는 소송경제적인 목적 등에 따라 공단은 제3자에 대하여 산재보험 가입 사업주의 과실비율 상당액은 대위 행사할 수 없다. 그러므로 공단은 '공제 후 과실상계' 방식에 따라 보험급여에서 재해근로자의 과실비율 상당액을 공제한 다음, 여기서 다시 재해근로자가 배상받을 손해액 중 가입 사업주의 과실비율 상당액을 공제하고 그 차액에 대해서만 재해근로자의 제3자에 대한 손해배상청구권을 대위할 수 있다.

나아가 이러한 법리는 보험급여 수급권자가 동일한 사유로 불법행위자인 산재보험 가입 사업주로부터 민법이나 그 밖의 법령에 따라 산재보험법의 보험급여에 상당한 금품을 받거나 제3자로부터 보험급여 상당의 손해배상을 받음으로써 공단이 보험급여 지급의무를 면하게 되는 범위(산재보험법 80조 제3항 본문 및 87조 2항, 시행령 76조, 81조)에 대해서도 동일하게 적용된다. 이때 공단이 보험급여 지급의무를 면하는 범위는 사업주나 제3자의 행위를 원인으로 지급 사유가 발생한 금액, 즉 보험급여 중 사업주나 제3자의 책임비율에 해당하는 금액으로 한정되고, 나머지 부분인 보험급여 중 재해근로자의 과실비율에 해당하는 금액은 여전히 공단이 부담한다고 보아야 한다. 따라서 사업주나 제3자의 손해배상 후 재해근로자가 보험급여를 받았다면 공단이 산재보험법 84조에 따라 재해근로자에게 부당이득으로 징수할 수 있는 범위도 보험급여 중 사업주나 제3자의 책임비율에 해당하는 금액

으로 한정된다."

Ⅸ. 소멸시효

1. 3년 또는 5년의 소멸시효

보험료 등 이 법에 따른 징수금을 징수하거나 징수금을 반환받을 권리 및 보험급여를 받을 권리는 3년간 행사하지 아니하면 시효로 인하여 소멸한다. 다만 보험급여 중 장해급여, 유족급여, 장례비를 받을 권리는 5년간 행사하지 아니하면 시효의 완성으로 소멸한다(어재법 65조 1항). 소멸시효에 관하여는 어재법에 규정된 것을 제외하고는 민법의 규정에 따른다(3항).

2. 보험급여별 기산점

산재법상 보험급여 청구권의 소멸시효와 관련한 판례를 유추하면, 어재법상 보험급여를 받을 권리의 소멸시효기간의 기산점은 그 권리를 행사할 수 있는 때로서, (i) 요양급여청구권의 경우에는 요양에 필요한 비용이 구체적으로 확정된 날의 다음날, 즉 요양을 받은 날의 다음날부터 매일매일 진행하고,[504)] (ii) 부상 및 질병급여청구권의 경우에는 요양으로 인하여 구체적으로 취업을 하지 못한 날의 다음날부터 소멸시효가 매일매일 진행되며,[505)] (iii) 장해급여에 대한 소멸시효는 치료가 종결되어 장해가 고정된 시점부터 진행된다.[506)]

Ⅹ. 수급권의 보호

1. 퇴직으로 인하여 소멸하지 아니함

어선원등의 보험급여를 받을 권리는 그 퇴직으로 인하여 소멸되지 아니한다(어재법 34조 1항).

---

504) 대법원 1989. 11. 14. 선고 89누2318 판결.
505) 대법원 1996. 10. 25. 선고 96누2033 판결.
506) 대법원 1997. 5. 7. 선고 96누16056 판결.

2. 양도, 압류의 금지

가. 어재법의 규정

보험급여를 받을 권리 및 33조의2 1항[507]에 따른 보험급여계좌의 예금 중 대통령령으로 정하는 액수 이하의 금액에 관한 채권은 양도하거나 압류할 수 없다(어재법 34조 2항). 대통령령으로 정하는 액수는 (i) 요양급여, 장례비, 행방불명급여 및 소지품 유실급여는 해당 보험급여 전액, (ii) 부상 및 질병 급여는 민사집행법 시행령 4조에 따른 금액,[508] (iii) 장해급여, 일시보상급여 및 유족급여는 해당 보험급여의 3분의 2에 해당하는 금액, (iv) 해약환급금은 민사집행법 시행령 6조 1항 3호에 따른 금액[509] 등이다(어재법 시행령 26조의2).

나. 어선원보험급여 압류방지 전용계좌의 도입

해양수산부는 2012. 2. 어선원의 기초적인 생활을 보장하기 위해 어선원 및 어선 재해보상보험법 시행령을 개정하여 어선원보험 보험급여 압류금지 조항을 신설하였으나, 보험급여가 일반 계좌에 혼재되어 있는 경우 압류 가능성이 있어 재해어선원의 기초생활이 위협받을 수 있다는 문제가 제기되어 왔다. 이를 해결하기 위해 해양수산부는 어선원보험 사업의 위탁사업자인 수협중앙회와의 업무 협력을 통해 어선원보험 보험급여의 압류를 방지하고 어선원보험 보험급여만 입금되는 어선원보험 전용계좌를 개발하였다.

중앙회는 어선원보험의 보험급여를 지급대상자 명의의 지정된 계좌(이하 '보험급여계좌')로 입금하여야 한다(어재법 33조의2 1항 본문), 보험급여계좌의 해당 금융기관은 이 법에 따른 보험급여만이 보험급여계좌로 입금되도록 관리하여야 한다(2항). 보험급여를 받을 권리 및 33조의2 1항에 따른 보험급여계좌로 입금된 금액

507) 중앙회는 어선원보험의 보험급여를 지급대상자 명의의 지정된 계좌(보험급여계좌)로 입금하여야 한다.

508) 월 300만 원 이상으로서 1호의 금액(월 300만 원)과 2호의 금액[민사집행법 246조 1항 4호 본문에 따른 압류금지금액(월액으로 계산한 금액을 말한다)에서 1호의 금액을 뺀 금액의 2분의 1]을 합산한 금액을 말한다.

509) 보장성보험의 해약환급금 중 다음 각 목에 해당하는 환급금
㈎ 민법 404조에 따라 채권자가 채무자의 보험계약 해지권을 대위행사하거나 추심명령 또는 전부명령을 받은 채권자가 해지권을 행사하여 발생하는 해약환급금
㈏ ㈎목에서 규정한 해약사유 외의 사유로 발생하는 해약환급금 중 150만 원 이하의 금액.

전액에 관한 채권은 양도하거나 압류할 수 없다(어재법 34조 2항, 시행령 26조의3).

3. 물상대위권

물상대위권을 갖는 채권자가 동시에 집행권원을 가지고 있으면서 집행권원에 의한 강제집행의 방법을 선택하여 채권의 압류 및 추심명령을 얻은 경우에는, 비록 그가 물상대위권을 갖는 실체법상의 우선권자라 하더라도 원래 일반집행권원에 의한 강제집행절차와 담보권의 실행절차는 그 개시요건이 다를 뿐만 아니라 다수의 이해관계인이 관여하는 집행절차의 안정과 평등배당을 기대한 다른 일반채권자의 신뢰를 보호할 필요가 있는 점에 비추어 일반집행권원에 의한 채권압류를 물상대위권의 행사로 볼 수 없다.[510] 어선보험의 대상인 어선에 대한 근저당권자로서 '어선보험의 보험급여를 지급받을 권리'에 대하여 물상대위권을 행사하여 우선변제를 받을 권리가 있는 자라 하더라도, 물상대위권을 행사하지 아니하고 일반집행권원에 기하여 '어선보험의 보험급여를 지급받을 권리'를 압류하였다면 그 압류에 의하여는 우선변제를 받을 권리가 없으므로, 그 압류는 강행법규인 어재법 56조 본문에 위반되어 무효라고 봄이 상당하다.[511]

제5절 해외취업선원의 재해보상

I. 의 의

우리나라 선원이 선원관리사업자를 통하여 외국 선박소유자와 선원근로계약을 체결하고 선원법의 적용범위에 포함되지 아니한 외항선에 승선하는 경우가 있다. 선원관리사업자가 선박소유자(외국인 포함)로부터 선원의 인력관리업무를 수탁한 경우에는 (i) 근로조건에 관한 사항, (ii) 재해보상에 관한 사항을 그 업무에 포함

510) 대법원 1990. 12. 26. 선고 90다카24816 판결.
511) 대법원 2009. 1. 30. 선고 2008다73311 판결(船).

시켜야 한다(법 112조 6항). 선원관리사업자는 수탁한 업무의 내용을 선원근로계약을 체결하기 전에 승무하려는 선원에게 알려주어야 한다(법 112조 5항). 해양수산부장관은 위 규정에 따라 선원관리사업자가 선박소유자로부터 선원의 인력관리업무를 위탁받는 경우에 포함시켜야 되는 사항에 대한 세부기준을 따로 정할 수 있고(시행령 38조 2항), 위 사항을 선원관리사업자가 성실하게 수행하도록 지도·감독하여야 한다(시행령 38조 3항).

선원법이 적용되지 아니하는 외국인 선박소유자와 선원근로계약을 체결하는 경우에는 선원의 근로조건이나 재해보상이 선원법 소정의 기준에 미달할 우려가 있고, 노동력이 착취될 가능성이 있으므로, 이를 방지하기 위하여 해양수산부장관에게 세부기준의 설정과 지도·감독 권한을 부여하여, 해외취업선원을 보호하기 위한 것이다. 해양수산부장관이 제정한 세부기준에서 '해외취업선원 재해보상에 관한 규정'(해양수산부 고시 2015-145호, 이하 '보상규정')이 가장 중요하다. 이는 해양수산부장관의 감독을 통하여 해외취업선원의 선원근로계약 내용으로 편입되므로, 행정청이 제정한 약관이라고 할 수 있다.

Ⅱ. 유효성

1. 아틀란티아호 사건

가. 사실관계

우리나라 선원 A는 1995. 3. 22. 리베리아 선적의 유조선 아틀란티아호의 소유자 B(미국 법인 OSG Ship Management, Inc.)를 위하여 인사관리업무를 대행하는 선원관리사업자인 C(해외선박 주식회사)와 사이에 선원근로계약을 체결하고 위 선박에 3등기관사로 승무하였는데, 당시 B를 대리한 C와 A는 재해보상은 구 보상규정(1991. 2. 8. 제정된 해운항만청 고시 1991-6호)에 의하기로 약정하였다.

아틀란티아호는 1996. 1. 28. 베네수엘라에서 원유를 적재하고 미국 루이지애나 머독스항으로 항해 중이었는데, A는 1996. 1. 31. 22:00경 조타실에서 커피를 마시고 Ⅲ갑판에 있는 자신의 침실로 돌아간 후 다음날인 1996. 2. 1. 06:15경 Ⅳ갑판에서 시체로 발견되었다. A의 유족 D는 B를 상대로 구 보상규정 3조에 의하여 법정유족보상(이 부분은 당사자 사이에 다툼이 없었다)과 특별보상금의 지급을 구하는 소를 서울지방법원에 제기하였다. 한편 구 보상규정 3조 2항은, 선박소유자는 선원이 승무 중 직무 외의 원인으로 사망한 경우에는 그 유족에게 특별보상금으로 30,000 $(미합중국달러)를 지급하여야 한다고 규정하고 있었다.

나. 대법원의 판단[512)]

근기법 및 선원법에서 정하고 있는 근로조건은 최저기준이므로, 근기법 및 선원법 소정의 재해보상에 관한 규정도 최저기준을 정하고 있는 것에 불과하다. 계약자유의 원칙상 근로계약 당사자는 근기법이나 선원법 소정의 재해보상금 이외에 별도의 재해보상금을 지급하기로 약정하는 것은 얼마든지 가능하고, 그러한 약정을 한 이상 근로자의 재해발생시 사용자는 그 약정에 따른 별도의 재해보상금을 지급할 의무가 있다. 그 약정이 선원법에 근거규정이 없는 별도의 재해보상금인 특별보상금을 지급할 것을 규정하고 있는 구 보상규정에 의한 것이라 할지라도, 근로계약 당사자가 구 보상규정에서 정하고 있는 특별보상금을 재해보상금으로 추가로 지급하기로 약정하였다면, 이에 따라 사용자는 위 특별보상금을 지급하여야 할 의무를 부담한다.

2. 검 토

가. 법규명령

보상규정은 해양수산부 고시의 형식을 지니고 있고, 1조는 제정 목적에 관하여 "선원법 112조 및 시행령 38조 2항의 규정에 의하여 선원관리사업자가 외국선주로부터 위탁받은 사항 중 재해보상에 관한 사항을 정함을 목적으로 한다."고 규정하고 있으므로, 법규명령에 해당한다.[513)]

---

512) 대법원 2002. 6. 14. 선고 2001다2112 판결(船).

513) 아틀란티아호 사건의 원심판결(서울고법 2000. 11. 24. 선고 2000나28645 판결)은 "구 선원법 103조나 시행령 38조 2항은 선원관리사업자의 업무범위에 관한 규정이지 선박소유자의 재해보상에 관한 규정이 아니다. 또한 보상규정에서 정한 특별보상금과 같이 선박소유자에게 재산상의 의무를 부과하는 것은 입법사항이므로 법률로 그 요건 및 금액을 정하든가 이를 구체적으로 정할 수 있는 객관적 기준을 명시하여 대통령령이나 규칙에 위임하여야 한다. 그런데 선원법의 제 규정을 살펴보아도 보상규정에서 정한 특별보상금에 대하여 그 근거를 찾아볼 수 없다. 따라서 특별보상에 관한 보상규정 3조 2항은 위임입법의 한계를 일탈한 무효의 규정이고, 이를 근거로 한 D의 특별보상금 청구는 이유없다."고 판시하였다. 그러나 현행 선원법 112조 6항 2호는 '재해보상에 관한 사항'을 선원의 인력관

나. 외국 선주가 선원법의 수범자인 경우

외국 선주가 선원법의 수범자인 경우, 법정보상을 규정한 부분은 선원법에 규정된 내용과 동일한 내용을 반복하여 확인한 것에 불과하므로 문제가 될 여지는 없다. 보상규정에 따르도록 선원근로계약을 체결한 경우 법정보상을 초과한 부분은 그 내용이 선량한 풍속이나 사회질서에 반한다고 볼 수 없어 유효하다.

다. 외국 선주가 선원법의 수범자가 아닌 경우

(1) 계약의 구속력

외국 선주를 대리한 선원관리사업자와 선원 사이에 재해보상에 관하여는 보상규정에 의하도록 약정한 경우에는 보상규정의 구속력과는 별개로 약정의 효력이 문제된다. 위에서 본 바와 같이 선원법과 시행령에 의하면, 선원관리사업자는 보상규정에 의하여 재해보상을 행한다는 내용의 선원근로계약을 체결하도록 사실상 강제된다. 이와 같이 외국 선주를 대리한 선원관리사업자와 선원 사이에 재해보상에 관하여는 보상규정에 의하도록 약정한 경우, 이러한 약정은 그 내용이 선량한 풍속이나 사회질서에 반한다고 볼 수 없어 유효하고,[514] 보상규정의 내용은 계약의 내용으로 편입되므로, 선원은 약정에 기한 재해보상금을 청구할 수 있고 선박소유자는 재해보상금을 지급하여야 할 의무를 부담한다.[515]

(2) 보험가입의무

선박소유자는 보상규정에 정한 재해보상을 완전히 이행할 수 있도록 선원법 시행령이 정하는 바에 의하여 보험에 가입하여야 한다(보상규정 17조).

라. 해외취업 신고

선원법 3조에도 불구하고 대한민국 국민으로서 외국 국적 선박소유자와 선원근로계약을 체결한 선원은 해양수산부령[516]으로 정하는 바에 따라 해양수산부장

리업무에 포함시키도록 규정하고 있으므로, 보상규정이 위임입법의 한계를 일탈하여 무효라고 볼 수는 없다.

514) 대법원 2002. 6. 14. 선고 2001다2112 판결(船); 부산고법 1996. 5. 16. 선고 95나8676 판결.

515) 서울고법 2023. 2. 8. 선고 2021나2024316 판결.

516) 시행규칙 22조의2(해외취업 신고) 법 44조의2에 따라 외국 국적 선박소유자와 선원근로계약을 체결한 선원은 선원근로계약서를 작성한 날부터 30일 이내에 별지 9호의2 서식의 해외취업 신고서에 다

관에게 해외취업을 신고하여야 한다. 다만 112조 3항에 따른 선원관리사업자를 통해 외국 국적 선박에 취업하는 경우에는 선원관리사업자가 해당 선원의 해외취업을 신고하여야 한다(법 44조의2).

Ⅲ. 재해보상의 내용

1. 선원법상 재해보상의 준용

보상규정에서 사용하는 용어의 정의는 선원법 2조의 규정을 적용하고(보상규정 2조), 보상규정상 직무상 재해는 선원법상 직무상 재해와 동일한 개념이다.[517)]

2. 요양보상

가. 직무상 요양보상

선박소유자는 선원이 직무상 부상하거나 질병에 걸린 때에는 그 부상이나 질병이 치유될 때까지 선박소유자의 비용으로 요양을 시키거나 요양에 필요한 비용을 지급하여야 한다(보상규정 11조 1항).

나. 직무외 요양보상

선박소유자는 선원이 승무 중(기항지에서의 상륙기간, 승하선에 수반되는 여행기간을 포함한다) 직무외의 원인으로 부상하거나 질병에 걸린 경우에는 3월의 범위 안에서 선박소유자의 비용으로 요양을 시키거나 요양에 필요한 비용을 지급하여야 한다. 다만 그 부상 또는 질병이 선원의 고의 또는 중대한 과실로 인한 것일 경우에 선박소유자가 선원법 4조의 규정에 의한 선원노동위원회의 인정을 받은 때에는 그러하지 아니하다(보상규정 11조 2항).

음 각 호의 서류를 첨부하여 해양수산부장관에게 제출해야 한다.
1. 선원수첩 또는 신원보증서 1부
2. 선원근로계약서 등 해외취업을 증명할 수 있는 서류 1부

517) 부산지법 2011. 8. 24. 선고 2010가합14066 판결.

다. 요양의 범위

11조의 규정에 의한 요양의 범위는 (i) 진찰, (ii) 약제 또는 치료재료와 의지 기타 보철구의 지급, (iii) 수술 그 밖의 치료, (iv) 병원, 진료소 그 밖의 치료에 필요한 자택 외의 곳에의 수용(식사 제공 포함), (v) 간호, (vi) 이송, (vii) 통원치료에 필요한 교통비 등이다(보상규정 12조).

3. 상병보상

가. 직무상 상병보상

선박소유자는 11조 1항의 규정에 의하여 요양 중에 있는 선원에게 4월의 범위 안에서 그 부상 또는 질병이 치유될 때까지 매월 1회 통상임금에 상당하는 금액의 상병보상을 행하여야 하며, 4월이 지나도 치유되지 아니하는 경우에는 치유될 때까지 매월 1회 통상임금의 70%에 해당하는 금액의 상병보상을 행하여야 한다(보상규정 10조 1항).

나. 직무외 상병보상

선박소유자는 11조 2항의 본문의 규정에 의하여 요양 중에 있는 선원에게 요양기간 중(3월의 범위에 한한다) 매월 1회 통상임금의 70%에 상당하는 금액의 상병보상을 행하여야 한다(보상규정 10조 2항).

4. 유족보상

가. 직무상 유족보상

선박소유자는 선원이 직무상 사망한 경우에는 지체없이 선원법 시행령이 정하는 유족에게 승선평균임금의 1,300일분에 상당하는 금액과 특별보상금인 4만 $(미합중국달러)(어선에 승무하는 선원은 2만 $)를 합산한 금액의 유족보상을 행하여야 한다. 다만 합산한 유족보상금이 7만 $(어선에 승무하는 선원은 5만 6천 $) 미만일 경우에는 7만 $(어선에 승무하는 선원은 5만 6천 $)로 한다(보상규정 3조 1항).

나. 직무외 유족보상

선박소유자는 선원이 승무(11조 2항의 규정에 의한 요양을 포함한다) 중 직무외 원인으로 사망하는 경우에는 지체없이 선원법 시행령이 정하는 유족에게 승선평균임금의 1,000일분에 상당하는 금액과 특별보상금인 4만 $(어선에 승무하는 선원은 2만 $)를 합산한 금액의 유족보상을 행하여야 한다(보상규정 3조 2항).

5. 장제비

선박소유자는 선원이 사망한 경우에는 지체없이 선원법 시행령이 정하는 유족에게 승선평균임금의 120일분에 상당하는 금액을 장제비로 지급하여야 한다. 다만 장제비가 4,500 $(어선에 승무하는 선원은 3,000 $)이하일 경우에는 4,500 $(어선에 승무하는 선원은 3,000 $)로 한다(보상규정 4조).

6. 장해보상

선원이 직무상 부상 또는 질병이 치유된 후에도 신체에 장해가 남는 경우에는 선박소유자는 지체없이 산재법이 정하는 장해등급에 따른 일수에 승선평균임금을 곱한 금액과 특별보상금으로 산재법이 정하는 장해등급에 따른 일수에 30 $(어선에 승무하는 선원은 12 $)를 곱한 금액을 합산한 금액의 장해보상을 행하여야 한다(보상규정 5조).

7. 일시보상

선박소유자는 10조 1항, 11조 1항의 규정에 의하여 보상을 받고 있는 선원이 2년이 지나도 그 부상 또는 질병이 치유되지 아니하는 경우에는 5조의 규정에 의한 제1급의 장해보상에 상당하는 금액을 선원에게 일시에 지급함으로써, 5조, 10조 1항, 11조 1항의 규정에 의한 보상책임을 면할 수 있다(보상규정 6조).

8. 행방불명보상

선박소유자는 선원이 해상에서 행방불명이 된 경우에는 선원법 시행령이 정하

는 피부양자에게 1월분의 통상임금과 승선평균임금의 3월분에 상당하는 금액의 행방불명보상을 행하여야 한다(보상규정 7조 1항). 선원의 행방불명기간이 1월을 경과한 때에는 3조 및 4조의 규정을 적용한다(보상규정 7조 2항).

9. 소지품 유실보상

선박소유자는 선원이 승선 중 해난사고로 인하여 소지품을 잃어버린 경우에는 통상임금의 2월분의 범위 안에서 그 유실된 소지품의 가액에 상당하는 금액을 보상하여야 한다(보상규정 8조).

10. 현지 화장 또는 매장시 특별위로금

선원이 외국에서 사망하여 현지에서 화장 또는 매장하는 경우에는 승선평균임금의 90일분(어선에 승무하는 선원은 60일분)을 특별위로금으로 지급하여야 한다(보상규정 9조).

11. 실습선원의 재해보상

선원이 될 목적으로 승선실습 중인 자의 재해보상은 실습을 마치고 종사하게 될 직급의 선원의 통상임금 및 승선평균임금의 70%를 기준으로 산정하여 실시하며, 특별보상금은 지급하지 아니한다(보상규정 13조).

Ⅳ. 다른 급여와의 관계

3조 내지 13조의 규정에 의하여 보상, 요양비용, 또는 장제비의 지급(이하 '재해보상')을 받을 권리가 있는 자가 그 재해보상을 받을 수 있는 동일한 사유로 인하여 민법 그 밖의 법령에 의하여 이 규정에 의한 재해보상에 상당하는 급여를 받은 경우에는 선박소유자는 그 가액의 범위 안에서 이 규정에 의한 재해보상의 책임을 면한다(보상규정 14조).

Ⅴ. 해양수산관청의 심사, 조정

1. 심사, 조정의 청구

직무상 부상·질병·사망의 인정, 요양의 방법, 재해보상금액의 결정 그 밖에 재해보상에 관하여 이의가 있는 자는 해양수산관청에 대하여 심사 또는 조정을 청구할 수 있다(보상규정 15조 1항). 심사 또는 조정의 청구는 시효의 중단에 관하여 이를 재판상 청구로 본다(보상규정 15조 6항).

2. 심사, 조정

해양수산관청은 1항의 규정에 의한 심사 또는 조정의 청구가 있는 때에는 1월 이내에 심사 또는 조정할 수 있다(보상규정 15조 2항). 해양수산관청은 필요하다고 인정되는 경우에는 직권으로 재해보상에 관한 사항에 대하여 심사 또는 조정할 수 있다(보상규정 15조 3항). 해양수산관청이 심사·조정할 때는 선장 그 밖의 이해관계인의 의견을 들어야 하고(보상규정 15조 4항), 심사 또는 조정을 위하여 필요하다고 인정되는 경우에는 의사에게 진단 또는 검안을 시킬 수 있다(5항).

Ⅵ. 선원노동위원회의 심사와 중재

해양수산관청이 15조 2항의 규정에 의한 기간 내에 심사 또는 조정을 하지 아니하거나 심사 또는 조정의 결과에 이의가 있는 자는 선원노동위원회에 심사 또는 중재를 청구할 수 있다(보상규정 16조 1항). 선원노동위원회는 1항의 규정에 의한 심사 또는 중재의 청구가 있는 때에는 1월 이내에 심사 또는 중재를 하여야 한다(보상규정 16조 2항).

Ⅶ. 민사소송

1. 재해보상금 청구의 소 제기

선박소유자가 재해보상금을 지급하지 아니하는 경우 선원이나 그 유족 등은

선박소유자를 상대로 재해보상금의 지급을 구하는 소를 제기할 수 있다. 선원은 노무제공지, 그를 고용한 선원관리사업자의 영업소 소재지,[518] 선박소유자의 주소지, 의무이행지 등에서 소를 제기할 수 있다(국제사법 2조, 43조).

2. 국제재판관할의 경합

가. 의 의

국제적으로 여러 국가에 동일한 소송이 계속되는 경우가 종종 발생한다.[519] 국제재판관할이 경합하는 원인은 당사자들이 복수의 국가 법원에서 소송이 가능한 경우 더 유리한 법정에서 재판을 구하는 Forum Shopping 동기에서 비롯된다. Forum Shopping이 발생하게 되는 이유는 당사자들이 법정에서 사용될 언어, 손해배상의 범위, 소의 제척기간, 증거의 편재, 증명책임 법리, 증거개시 절차의 유무 및 범위, 소송비용에 관한 절차법, 외국판결의 집행 가능성, 관련사건(형사, 세무, 특허 등)의 진행여부 등 여러 가지 측면을 고려하여 가장 유리한 법원을 선택하기 때문이고, 비제도적인 측면으로 각국 법원의 소송관행, 즉 법원의 중립성·독립성, 법원의 효율적인 사건 관리, 평균적인 사건 처리 기간 등도 중요한 고려요소가 된다.[520]

나. 국제소송 경합의 해결

소송이 복수의 국가 법원에 계속되어 있고 이를 조정할 수 있는 당사자의 합의나 제도가 존재하지 않는 경우 결국 각국 법원이 국내 법규와 관행에 따라 판단

518) 대법원 2008. 2. 1. 선고 2006다63990 판결(船).

519) 대법원 2002. 6. 14. 선고 2001다2112 판결(船)은 "선원법상 재해보상청구권과 민법상 불법행위로 인한 손해배상청구권은 청구권경합의 관계에 있는 것으로서 소송물을 달리 하며, 선박이 안전한 항해를 할 수 있는 능력을 구비하지 못하였다는 이른바 불감항성을 이유로 한 손해배상청구 소송도 손해배상청구소송이라는 점에서 불법행위로 인한 손해배상청구 소송과 동일한 성격을 가진다."는 점을 근거로, 원고가 미국 법원에 피고를 상대로 A(원고의 배우자)의 사망을 원인으로 한 손해배상청구의 소를 제기하여 그 소송 계속 중에 있으므로 선원법에 기한 재해보상을 구하는 소는 중복제소에 해당하여 부적법하다는 피고의 항변에 대하여, 원고가 선박소유자인 피고의 과실로 인하여 A가 사망하였다고 주장하면서 1997. 1. 22. 루이지애나州 Parish of St. Bernard 소재 제34지방법원(34th Judicial District Court)에 피고를 상대로 손해배상청구의 소를 제기한 사실은 인정되나, 선박소유자의 불법행위를 이유로 한 손해배상청구와 선원법상 재해보상청구는 소송물을 달리하므로 중복제소가 될 수 없다는 이유로, 피고의 본안 전 항변을 배척하였다.

520) 이철원, "EU법상 국제소송 경합의 처리와 우리 법에 대한 시사점", 한국해법학회지 34권 2호(2012. 11), 10면.

하게 된다. 이에 관하여 영미법계 국가의 경우 소송경합이 실제 발생하기 이전에도 Forum Non Conveniens의 법리에 따라 자국 법원과 사건의 관련성을 검토하여 부적절하다고 여겨지는 경우 소송 진행을 중단하는 한편, 실제 국제소송 경합이 발생하고 자국 법원이 가장 사건 처리에 적합하다고 판단되는 경우에는 당사자를 상대로 타국 법원의 소송 제기 또는 수행을 금지하는 Anti Suit Injunction(소송중지명령 또는 제소금지가처분)을 발령하게 된다. 대륙법계 국가들이 대다수를 차지하고 있는 EU의 브뤼셀규정(Brussels I Regulation)[521] 27조에서는 대륙법계 국가들의 중복소송법리를 받아들여 국제소송 경합 발생 시 그 소송계속의 선후에 따라 기계적으로 우선권을 부여하는 Lis Pendens Rule(선소 우선의 원칙)[522]에 따라 이 문제를 해결하도록 정하였다.[523]

다. 소송중지명령

(1) 소송중지명령의 발령

영미법계 법원은 자국 법원이 해당 사건의 가장 자연스러운 법원에 해당할 때도 외국법원에서 피고에 대하여 억압적이고 성가신 방법으로 소송이 진행되는 경우, 그 외국 법원 소송의 원고를 상대로 하여 더 이상의 소송행위를 금지하는 Anti Suit Injunction을 발령하여 왔다.[524] 이는 다른 나라의 사법주권을 침해한다는 점에서 문제가 있지만,[525] 피신청인이 소송중지명령에 위반한 경우에는 법정모

521) Regulation (EC) No 44/2001 of 22 December 2000 on jurisdiction and the recognition and enforcement of judgments in civil and commercial matters, Official Journal of the European Communities, L 12/1.

522) Lis Pendens Rule은 보통법에서 유래하는데[Hill v. Worsley and Rogison(1663), Hardie's R. 320, (14 and 15, Ch. 2.)], 형평법원장 Bacan이 위 규칙을 형평법원에 도입하였다[John I. Bennett, LL.D., A Treatise on the Law of Lis Pendens: Or the Effect of Jurisdiction Upon Property involved in Suit, Reprinted by Beard Book(2000), 57-59면]. 위 원칙에 관한 최근의 연구성과로는 Campbell McLachlan, Lis Pendens in International Litigation, Hague Academy of International Law(2009) 참조.

523) 이철원, 15면.

524) Tesha L. Chavier, "Equitable Relief – International Anti-Suit Injunction", Suffolk Transnational Law Journal, Vol. 14, Issue 1 (Fall 1990), 257-272면; C.J.S. Knight, "Continued Rise (and Future Fall) of the Anti-Suit Injunction", King's Law Journal, Vol. 20, Issue 1 (2009), 137-144면; J. P. McEvoy, "International Litigation: Canada, Forum Non Conveniens and the Anti-Suit Injunction", Advocates' Quarterly, Vol. 17, Issue 1 (February 1995), 1-29면.

525) 유럽연합법원(European Court of Justice)은 Turner v. Grovit 사건(C-159/02 [2004])에서 영국법원이 다른 회원국가 법원에 계속되어 있는 소송에 대하여 Anti Suit Injunction을 발령하는 것은 브뤼셀 규정에 반한다고 선언하였다. Neil A. Dowers, "Anti-Suit Injunction and the EU: Legal

욕죄에 해당하여 구금되거나 벌금을 받게 되므로,[526] 사실상 외국에서 소송을 진행할 수 없게 된다.[527]

(2) MSC Carla호 침몰사건과 소송중지명령[528]

① 파나마 선적의 선박 MSC Carla호는 컨테이너선으로, 현대미포조선은 1984. 9. 선박 중간부분에 15m 정도의 중간선체를 용접하여 잇는 선박연장개조작업을 수행하였다. 위 선박은 1997. 11. 컨테이너를 싣고 대서양을 항해하던 중 두 조각으로 깨져 침몰하였다. 선주는 1997. 12. 뉴욕남부지방법원에 선주책임제한절차를 신청하였고, 화주들은 1998. 9. 현대미포조선을 상대로 불법행위 및 제조물책임 등을 근거로 같은 법원에 손해배상을 구하는 소를 제기하였다. 현대미포조선은 위 소제기 전인 1998. 6. 화주들을 상대로 울산지방법원에 채무부존재확인의 소를 제기하였다.

② 뉴욕남부지방법원은 2000. 7. 21. 현대미포조선이 울산지방법원에 제기한 소송의 진행을 금지하는 명령을 발령하였다. 울산지방법원이 뉴욕남부지방법원의 2004. 7. 9.자 본안판결에도 불구하고 소송을 계속 진행하자, 뉴욕남부지방법원은 2004. 9. 30. 현대미포조선의 채무부존재확인소송의 참석을 금지하고, 2004. 10. 1.로 예정된 울산지방법원의 변론기일에 출석하더라도 미국법원의 재판진행과정을 법원에 알리는 것 이외의 변론을 금지하는 명령을 발령하였다.

③ 뉴욕남부지방법원은 울산지방법원이 소송을 계속 진행하자, 2004. 11. 8. 현대미포조선에게 채무부존재확인의 소를 취하하도록 명령하였다. 이에 따라 현대미포조선은 울산지방법원에 계속 중이던 채무부존재확인의 소를 취하하였다.

Tradition and Europeanisation in International Private Law", Cambridge Journal of International and Comparative Law, Vol. 2, Issue 4 (2013), 960-973면; Thalia Kruger, "Anti-Suit Injunction in the European Judicial Space: Turner v Grovit", International and Comparative Law Quarterly, Vol. 53, Issue 4 (October 2004), 1030-1040면; 석광현, "국제상사중재에서 중재합의와 소송유지명령", 선진상사법률연구 통권 50호(2010. 4), 법무부, 3-39면.

526) Allen v. Dingley, Choyce Cases 113, 21 Eng. Rep. 70 (Ch. 1576-1577)[David W. Raack, "A History of Injunctions in England Before 1700", Indiana Law Journal, Vol. 61 Iss. 4(1986), 569면].

527) 하충룡 · 박원형, "국제상사중재에 있어 Anti-Suit Injunction에 대한 미국법원의 해석과 함의", 상사판례연구 19집 4권(2006. 12), 515면.

528) 정해덕, "미국해사소송에서의 대한민국법상의 소멸시효와 소송중지명령 -선박 MSC Carla 침몰 사건에 관한 미국판결을 중심으로-", 한국해법학회지 31권 2호(2009. 11), 57-88면.

(3) 개선의 필요성에 관한 논의

위 사례에서 본 바와 같이 소송중지명령은 사실상 국내법원의 재판권을 침해하는 것이므로, 이에 대한 적절한 대응방안이 필요하다.[529] 이와 관련하여 자국민 보호 및 외국법제와의 형평성을 고려하여 우리나라 법원도 가처분으로 외국법원에 계속 중인 소송에 대하여 소송중지명령을 발령할 수 있다는 견해[530]도 있으나, 간접강제 이외에는 가처분명령위반에 대한 제재수단이 없으므로 실효성에 의문이 있다.

라. 국제사법에 의한 해결

2022년 국제사법 11조, 12조는 다음과 같이 규정하고 있으므로, 앞으로는 이에 따라 사건을 처리하면 된다.

(1) 11조(국제적 소송경합)

① 같은 당사자 간에 외국법원에 계속 중인 사건과 동일한 소가 법원에 다시 제기된 경우에 외국법원의 재판이 대한민국에서 승인될 것으로 예상되는 때에는 법원은 직권 또는 당사자의 신청에 의하여 결정으로 소송절차를 중지할 수 있다. 다만, 다음 각 호의 어느 하나에 해당하는 경우에는 그러하지 아니하다.

1. 전속적 국제재판관할의 합의에 따라 법원에 국제재판관할이 있는 경우
2. 법원에서 해당 사건을 재판하는 것이 외국법원에서 재판하는 것보다 더 적절함이 명백한 경우

② 당사자는 제1항에 따른 법원의 중지 결정에 대해서는 즉시항고를 할 수 있다.

③ 법원은 대한민국 법령 또는 조약에 따른 승인 요건을 갖춘 외국의 재판이 있는 경우 같은 당사자 간에 그 재판과 동일한 소가 법원에 제기된 때에는 그 소

---

529) Choe, Chang Su, “Transnational Litigation Strategies for the U.S. Foreign Anti-suit Injunction”, 민사소송 18권 2호(2014. 11), 417-467면; Danella A. Wilmhurst/Amy J. Lay, “Anti-Anti-Suit Injunction: The fight by Australian Courts to Protect Rights Created under Australian Legislation Extra Territorially – A Case Summary: Pan Australia Shipping Pty Ltd v the Ship Comandate (2006) FCA 881 (Unreported, Rares J, 22 June 2006)”, Australian and New Zealand Maritime Law Journal, Vol. 20, Issue 1 (2006), 61-63면.

530) 정해덕, 86면.

를 각하하여야 한다.

④ 외국법원이 본안에 대한 재판을 하기 위하여 필요한 조치를 하지 아니하는 경우 또는 외국법원이 합리적인 기간 내에 본안에 관하여 재판을 선고하지 아니하거나 선고하지 아니할 것으로 예상되는 경우에 당사자의 신청이 있으면 법원은 제1항에 따라 중지된 사건의 심리를 계속할 수 있다.

⑤ 제1항에 따라 소송절차의 중지 여부를 결정하는 경우 소의 선후(先後)는 소를 제기한 때를 기준으로 한다.

(2) 12조(국제재판관할권의 불행사)

① 이 법에 따라 법원에 국제재판관할이 있는 경우에도 법원이 국제재판관할권을 행사하기에 부적절하고 국제재판관할이 있는 외국법원이 분쟁을 해결하기에 더 적절하다는 예외적인 사정이 명백히 존재할 때에는 피고의 신청에 의하여 법원은 본안에 관한 최초의 변론기일 또는 변론준비기일까지 소송절차를 결정으로 중지하거나 소를 각하할 수 있다. 다만, 당사자가 합의한 국제재판관할이 법원에 있는 경우에는 그러하지 아니하다.

② 제1항 본문의 경우 법원은 소송절차를 중지하거나 소를 각하하기 전에 원고에게 진술할 기회를 주어야 한다.

③ 당사자는 제1항에 따른 법원의 중지 결정에 대해서는 즉시항고를 할 수 있다.

제6절 손해배상

Ⅰ. 의 의

1. 법률적 구성

재해를 당한 선원이 선원법상 재해보상이나 어재법상 보험급여에 만족하지 않고, 사고에 관하여 책임 있는 선박소유자나 제3자를 상대로 불법행위나 채무불이행을 원인으로 한 민사상 손해배상을 청구할 수 있다. 이러한 손해배상은 재해보

상의 무과실책임 원칙과는 달리 과실책임의 원칙이 적용된다.[531)]

손해배상책임의 근거로는 (i) 선박소유자를 불법행위의 직접적인 행위자로 보고 민법 750조에 기하여 손해배상을 청구하는 경우, (ii) 민법 758조에 기하여 공작물의 점유자·소유자로서 선박소유자를 상대로 공작물 설치·보존의 하자로 인한 불법행위책임을 묻는 경우, (iii) 사용자책임으로서 가해선원을 고용한 선박소유자에 대하여 민법 756조에 기하여 사용자책임을 묻는 경우 등이 있는데, 실무상 세 번째 유형이 가장 많이 사용되고 있다.[532)]

또한 선원근로계약상 의무 또는 신의칙상 의무로서 선박소유자는 선원에 대한 보호의무(안전배려의무)가 있고,[533)] 불법행위에 기한 손해배상청구와 계약책임불이행 즉 채무불이행에 기한 손해배상청구는 양립할 수 있으며, 피해자는 그의 선택에 따라 가해자인 채무자에 대하여 계약책임을 묻거나 불법행위책임을 물을 수 있다고 보는 청구권경합설이 판례[534)]이므로, 선박소유자의 안전배려의무 위반을 이유로 채무불이행에 기한 손해배상청구도 가능하다. 보호의무위반을 이유로 사용자에게 손해배상책임을 인정하기 위하여는 특별한 사정이 없는 한 그 사고가 피용자의 업무와 관련성을 가지고 있을 뿐 아니라 또한 그 사고가 통상 발생할 수 있다고 하는 것이 예측되거나 예측할 수 있는 경우라야 할 것이고, 그 예측가능성

531) 사용자에게 근로자가 입은 신체상의 재해에 대하여 민법 750조의 불법행위책임을 지우기 위해서는 사용자에게 당해 근로로 인하여 근로자의 신체상의 재해가 발생할 수 있음을 알았거나 알 수 있었음에도 불구하고 그 회피를 위한 별다른 안전조치를 취하지 않은 과실이 인정되어야 한다(대법원 2000. 3. 10. 선고 99다60115 판결; 대법원 2004. 7. 22. 선고 2003다20183 판결). 선원이 직무상 상병을 입었다 하더라도, 선박소유자가 선원에게 재해가 발생할 수 있음을 알았거나 알 수 있었다고 보기에 부족하다는 이유로 선원의 위자료 청구를 기각한 사례로는 부산지법 2020. 1. 9. 선고 2017가단317095 판결.

532) 잠수부가 K가 운전하던 1.92톤 모터보트(이 사건 선박)를 타고 격비도 남서방 약 40마일 해상에서 어선의 스크루에 감긴 어망을 제거하고 연포항에 복귀하던 중 해상에서 실종된 사안에서, 잠수부의 상속인들은 "위 사고는 이 사건 선박을 고속으로 운전한 K의 고의·과실로 발생한 것이고, 사고로 인하여 잠수부가 사망하였으므로, 선원법과 자동차손해배상 보장법의 유추적용에 따라 이 사건 선박의 소유자인 피고는 그 운행으로 인하여 망인이 사망한 데 대하여 면책사유가 없는 한 손해배상책임을 진다."고 주장하였다. 법원은 "위 선박은 자동차손해배상 보장법의 적용 대상인 '자동차'가 아니고, 자동차와 선박은 운행장소, 목적, 일상생활에 사용되는 빈도 등이 전혀 달라 선박에 대하여 자동차손해배상 보장법을 유추적용할 아무런 근거가 없으므로, 피고가 선박의 소유자로서 위 선박의 운행으로 인한 책임을 진다고 할 수도 없다."고 판시하였다. 대전지법 천안지원 2021. 2. 4. 선고 2020가단103739 판결.

533) 사용자는 근로계약에 수반되는 신의칙상의 부수적 의무로서 피용자가 노무를 제공하는 과정에서 생명, 신체, 건강을 해치는 일이 없도록 인적·물적 환경을 정비하는 등 필요한 조치를 강구하여야 할 보호의무를 부담하고, 이러한 보호의무를 위반함으로써 피용자가 손해를 입은 경우 이를 배상할 책임이 있다. 대법원 2001. 7. 27. 선고 99다56734 판결.

534) 대법원 1994. 11. 11. 선고 94다22446 판결.

은 사고가 발생한 때와 장소, 사고가 발생한 경위 기타 여러 사정을 고려하여 판단하여야 한다.[535)]

2. 관 할

재해로 인한 손해배상을 구하는 소송은 민사소송이므로 민사소송법의 관할규정에 의한다. 관할은 피고의 보통재판적 규정에 따라(민소법 2조), 피고가 자연인인 경우에는 피고의 주소지(보충적으로 거소지, 마지막 주소지, 3조), 법인인 경우에는 주된 사무소 또는 영업소가 있는 곳(보충적으로 주된 업무담당자의 주소, 5조 1항)이 되고, 특별재판적으로는 선적지(13조), 선박소재지(14조), 불법행위지(18조) 등이 있다. 또한 합의관할(29조), 변론관할(30조)에 의하여도 관할이 인정된다.

Ⅱ. 손해배상의 범위

1. 소극적 손해

가. 의 의

소극적 손해로서 일실이익은 재해가 없었을 경우를 가정하여 피해자가 장래 얻을 수 있으리라고 예측되는 이익 또는 소득을 말한다.[536)] 피해자의 장래수입 상실 손해액은 피해자의 노동능력이 가지는 재산적 가치를 정당하게 반영하도록 당해 사건에 현출된 구체적 사정을 기초로 객관적이고 합리적인 자료에 의하여 피해자의 수입금액을 확정하여 이를 기초로 산정하여야 한다.[537)]

불법행위로 인한 피해자의 일실이익은 사고 당시 피해자가 상실한 소득을 기준으로 하여 산정할 수도 있고(차액설), 상실된 노동능력의 가치를 기준으로 평가할 수도 있으며(평가설), 이와 같은 일실이익의 산정은 당해 사건에 현출된 구체적 사정을 기초로 하여 합리적이고 객관성 있는 기대수익을 산정할 수 있으면 되고, 반드시 어느 한쪽만이 정당한 산정방법이라고 고집할 필요는 없다.[538)] 실무상으로

---

535) 대법원 2006. 9. 28. 선고 2004다44506 판결.
536) 손해배상소송실무(교통 · 산재)(제2판), 서울중앙지방법원, 사법발전재단(2017), 107면.
537) 대법원 1997. 10. 24. 선고 96다33037 판결.
538) 대법원 1994. 4. 12. 선고 93다52372 판결.

는 평가설에 의하여 일실이익을 산정하고 있다.

나. 소득액

(1) 기준시

불법행위로 인하여 노동능력을 상실한 급여소득자의 일실이익은 원칙적으로 노동능력상실 당시의 임금수익을 기준으로 산정하지만, 장차 그 임금수익이 증가될 것을 상당한 정도로 확실하게 예측할 수 있는 객관적인 자료가 있을 때에는 장차 증가될 임금수익도 일실이익을 산정할 때 고려되어야 한다.[539] 이와 같이 장차 증가될 임금수익을 기준으로 산정된 일실이익 상당의 손해는 당해 불법행위에 의하여 사회관념상 통상 생기는 것으로 인정되는 통상손해에 해당하므로 당연히 배상범위에 포함시켜야 하고, 피해자의 임금수익이 장차 증가될 것이라는 사정을 가해자가 알았거나 알 수 있었는지의 여부에 따라 그 배상범위가 달라지는 것은 아니다.[540]

피해자가 사고 당시 근무하고 있던 직장이 기간을 정한 타인과의 계약에 기한 것이어서 그 계약기간이 만료된 후에는 그 직장에 계속 근무할 수 없는 사정이 있다고 하더라도 피해자가 그 이후에는 일용노동에 종사하여 벌 수 있는 수익밖에 올릴 수 없다고 단정할 수는 없고, 특별한 사정이 없는 한 그 가동연한까지 종전 직장에서와 같은 정도의 수익이 있는 유사한 직종에 계속 종사할 수 있는 것으로 봄이 타당하고,[541] 한편 봉급생활자가 근무하던 직장에서 정년퇴직한 이후 가동연한이 될 때까지 일용노임보다 많은 수입을 얻을 수 있다는 점은 이를 주장하는 자가 증명하여야 한다.[542]

도시 일용근로자의 월 가동일수에 관하여 판례는, 근로기준법의 개정으로 인한 근로시간 상한의 감소, 「관공서의 공휴일에 관한 규정」의 개정으로 인한 연간

539) 대법원 2007. 2. 8. 선고 2004다48829 판결(船).
540) 대법원 1989. 12. 26. 선고 88다카6761 전원합의체 판결.
541) 대법원 1987. 12. 22. 선고 87다카2169 판결; 대법원 1995. 4. 25. 선고 93다61703 판결.
542) 대법원 1995. 9. 29. 선고 94다61946 판결; 선박직원법상 선박의 기계적 추진, 기계와 전기설비의 운전 및 보수관리에 대하여 책임을 지는 기관장이 재해를 당한 경우, 적어도 만 60세가 되는 2016. 9. 28.까지는 기관장으로 근무할 수 있었던 것으로 보이고, 그 이후부터 경험칙상 가동연한 종료일인 만 65세가 되는 2021. 9. 28.까지는 선원의 일용노임 상당의 소득을 얻을 수 있었던 것으로 봄이 상당하다고 판시한 사례로는 부산고법 2021. 11. 18. 선고 2020나56301 판결; 同旨 부산지법 2021. 12. 15. 선고 2020가합45168 판결.

공휴일의 증가 등 사회적·경제적 구조에 지속적인 변화가 있었고, 근로자의 삶의 질 향상과 일과 삶의 균형이 강조되는 등 근로여건과 생활여건의 많은 부분도 과거와 달라졌으며, 고용노동부의 고용형태별 근로실태 조사(법정통계조사)의 최근 10년간 월 평균 근로일수 등의 내용이 과거 통계자료와 많이 바뀌었으므로, 도시일용근로자의 월 가동일수를 20일을 초과하여 인정하기는 어렵다고 보고 있다.[543)]

(2) 위법소득

범법행위를 계속함으로써 얻을 수 있는 이른바, 위법소득은 손해액 산정의 기초로 삼을 수는 없으나, 위법소득인지 여부는 법이 금하고 있다고 하여 일률적으로 이를 위법소득으로 볼 것이 아니고 그 법규의 입법취지와 법률행위에 대한 비난 가능성의 정도 특히, 그 위반행위가 가지는 위법성의 강도 등을 종합하여 구체적·개별적으로 판단하여야 한다. 수산업법상 무면허 어업행위에 의한 수입이라는 이유만으로 그것이 곧 위법소득에 해당된다고는 볼 수 없지만, 어촌계가 특별한 시설 등을 갖출 필요 없이 면허를 받아 어업행위를 할 수 있었음에도 절차상 이유 등으로 면허를 받지 못한 채 무면허 공동어업을 해 온 경우와는 달리, 애초에 면허를 받을 수 없는 공단지정지역 내에서의 무면허 어업행위는 위법성의 정도가 강하므로 그로 인한 수입은 위법소득으로서 일실이익 산정의 기초가 될 수 없다.[544)]

(3) 급여소득에 포함되는지 여부

불법행위로 인하여 사망하거나 신체상의 장해를 입은 급여소득자가 장래 얻을 수 있는 수입의 상실액은 상실되거나 감퇴된 노동능력에 관한 것이므로, 사용자에 의하여 근로의 대상으로 계속적·정기적으로 지급되는 금품이라면 그 명칭이나 그 지급 근거가 급여규정에 명시되어 있는지 여부에 상관없이 이에 포함된다.[545)]

일실이익 산정 기초 임금에서 제외되는 것으로는 (i) 특수하고 우연한 사정으로 지급되는 급여, (ii) 은혜적·시혜적으로 지급되는 급여, (iii) 실비변상적 급여, (iii) 실제 근무시만 지급되는 급여 등이 있다.[546)]

---

543) 대법원 2024. 4. 25. 선고 2020다271650 판결.
544) 대법원 2004. 4. 28. 선고 2001다36733 판결.
545) 대법원 2012. 6. 14. 선고 2010다77293 판결.
546) 대법원 2007. 2. 8. 선고 2004다48829 판결(船).

위로금 지급사유가 된 입출항 보조, 마닐라 연항, 외국선원관리 등의 업무는 선원이 선박소유자 회사에서 정년까지 선박에서 2등항해사로 근무하면 당연히 수행할 성질의 업무이고, 위로금은 이러한 업무수행의 대가로서 회사의 인사노무지침에 정해진 일정기준에 따라 지급되는 것으로서, 일실이익 산정의 기초가 되는 급여이다.[547)]

선박소유자가 일정한 지급기준에 따라 일정한 시기에 모든 선원에게 과세승선수당을 지급하였고, 선원들이 어획고를 올리기 위하여 승선하여 행하는 조업은 선박소유자에게 제공하는 근로의 가장 중요한 부분인 점 등을 고려하면, 과세승선수당은 일실이익 산정의 기초가 되는 급여소득에 포함시키는 것이 타당하다.[548)]

(4) 외국인 선원

일시적으로 국내에 체류한 후 장래 출국할 것이 예정되어 있는 외국인의 일실이익을 산정할 때에는 예상되는 국내에서의 취업가능기간 내지 체류가능기간 동안의 일실이익은 국내에서의 수입(실제 얻고 있던 수입 또는 통계소득)을 기초로 하고, 그 이후에는 외국인이 출국할 것으로 상정되는 국가(대개는 모국)에서 얻을 수 있는 수입을 기초로 하여 일실이익을 산정하고, 국내에서의 취업가능기간은 입국목적과 경위, 사고 시점에서의 본인의 의사, 체류자격의 유무 및 내용, 체류기간, 체류기간 연장의 실적 내지 개연성, 취업의 현황 등의 사실적 내지 규범적 제 요소를 고려하여 인정함이 상당하며, 이러한 법리는 비록 당해 외국인이 불법체류자라고 하더라도, 당해 외국인의 취업활동 자체가 공서양속이나 사회질서에 반하는 것으로서 사법상 당연무효가 되지 않는 이상 마찬가지로 적용된다.[549)]

(5) 산정방법

피해자에 대한 사고 당시의 실제수입을 확정할 수 있는 객관적인 자료가 현출되어 있어 그에 기하여 합리적이고 객관성 있는 기대수입을 산정할 수 있다면, 사고 당시의 실제수입을 기초로 일실이익을 산정하여야 하고, 통계소득이 실제수입보다 높다고 하더라도 사고 당시에 실제로 얻고 있던 수입보다 높은 통계소득만

547) 대법원 2007. 2. 8. 선고 2004다48829 판결(船).
548) 창원지법 통영지원 2014. 10. 2. 선고 2013가합2982 판결.
549) 대법원 1998. 9. 18. 선고 98다25825 판결.

큼 수입을 장차 얻을 수 있으리라는 특수 사정(실제 수입보다 일반노동 임금이 훨씬 많은 경우에는 일반노동에 종사하리라는 개연성이 농후하다)이 인정되는 경우에 한하여 그러한 통계소득을 기준으로 일실이익을 산정하여야 하며,[550] 사고 당시에 실제로 얻고 있던 수입보다 높은 통계소득만큼 수입을 장차 얻을 수 있으리라는 특수한 사정이 없을 때에는 그러한 통계소득을 기준으로 쉽게 일실이익을 산정할 수는 없다.[551]

다만 신고된 소득액이 피해자의 직업, 나이, 경력 등에 비추어 현저히 저액이라고 판단되는 경우에는 신고소득액만을 피해자의 사고 당시 수입금액으로 삼을 수는 없으나, 그러한 경우 피해자에게 일용노임 이상의 소득금액을 기초로 한 일실수입을 인정하려면 사고 당시 피해자가 실제로 그러한 소득금액을 얻고 있었다거나 그러한 소득금액을 얻을 수 있었다는 상당한 개연성이 인정되어야 한다. 따라서 그러한 사정이 인정되지 않는 경우에까지 피해자가 주장하는 소득금액을 기초로 일실수입을 인정하여서는 아니 된다.[552]

한편 불법행위 당시 피해자가 일정한 직업에 종사하고 있었으나 그 직업의 소득을 기준으로 할 수 없는 경우에는 그 피해자가 가지고 있는 특정한 기능이나 자격 또는 학력에 따라 얻을 수 있을 것으로 상당한 개연성이 인정되는 통계소득을 기준으로 하여 산정할 수도 있으나,[553] 이와 같이 통계소득을 기준으로 일실이익을 산정하는 경우는 '그 직업의 소득을 기준으로 할 수 없는 경우'에 한정되고, 피해자에 대한 사고 당시의 실제수입을 확정할 수 있는 객관적인 자료가 현출되어 있어 그에 기하여 합리적이고 객관성 있는 기대수입을 산정할 수 있다면, 사고 당시의 실제수입을 기초로 일실이익을 산정하여야 한다.[554]

재판실무에서 선원의 소득액을 산정하는 방법으로는 (i) 승선원 평균연임금으로 계산하는 경우,[555] (ii) 해양수산부장관이 정한 선원 최저 임금 이상으로서 선박소유자가 인정한 금액으로 계산하는 경우,[556] (iii) 고용노동부에서 매년 발간하

550) 대법원 2004. 10. 15. 선고 2003다39927 판결; 대법원 2006. 3. 9. 선고 2005다16904 판결.
551) 대법원 2007. 2. 8. 선고 2004다48829 판결(船).
552) 대법원 2016. 6. 28. 선고 2015다23024 판결.
553) 대법원 2001. 12. 11. 선고 2000다15258 판결; 대법원 2004. 2. 13. 선고 2003다60365 판결.
554) 대법원 2007. 2. 8. 선고 2004다48829 판결(船).
555) 대구지법 안동지원 2014. 11. 6. 선고 2013가합376 판결.
556) 인천지법 2014. 11. 12. 선고 2014가합50797 판결.

는 '고용형태별 근로실태조사 보고서'의 해당란 통계자료에 의하여 계산하는 경우,[557] (iv) 한국선원통계연보의 임금현황 중 해당 통계자료에 의하여 계산하는 경우[558] 등이 있다.

통계소득을 적용하는 경우, 원칙적으로 손해가 발생한 당시 소득을 기준으로 삼아 산정하여야 하지만, 그 후 사실심 변론종결 시까지 사이에 일실이익의 기초가 되는 통계소득이 인상되었을 때에는 그 이후의 일실이익손해는 사실심 변론종결 시에 가장 가까운 통계소득을 기준으로 삼아 산정하여야 한다.[559]

(6) 일실퇴직금

일반적으로 정년이 보장되어 있는 급여소득자가 재직 중 불법행위로 인하여 사망함으로써 입은 퇴직금 손해는 사망하지 않았더라면 지급받을 수 있는 정년 시까지의 총 근속기간에 대한 퇴직금 전액에서 사망으로 인하여 지급받게 된 그 때까지의 근속기간에 해당하는 퇴직금 등을 공제하는 방법으로 산정하여야 한다.[560] 실무상 가장 보편적으로 취하고 있는 산정방식은 '[(예상 총퇴직금 × 사고 당시로의 현가율) − 기근속 퇴직금] × 노동능력상실률'이다.[561]

(7) 소득세 등 세금의 비공제

생명이나 신체에 대한 불법행위로 인하여 가동능력의 전부 또는 일부를 상실함으로써 일실하는 이익액은 그 피해자가 그로 인하여 상실하게 된 가동능력에 대한 총평가액으로서 그 소득에 대하여 소득세 등 제세금액을 공제하지 아니한 금액이라고 보아야 한다.[562]

---

557) 서울동부지법 2014. 10. 10. 선고 2013가합17481 판결; 창원지법 진주지원 2015. 6. 17. 선고 2014가합11188 판결.

558) 부산고법 2021. 11. 18. 선고 2020나56301 판결.

559) 대법원 2002. 9. 24. 선고 2002다30275 판결.

560) 대법원 2005. 3. 25. 선고 2005다4208 판결. 피해자가 일실퇴직금을 청구하기 위해서는 그 사고가 없었더라면 사고 당시 근무하고 있던 직장에서 1년 이상 계속근로가 가능하였고, 일실퇴직금 산정기간 종료 시까지 동일 또는 유사의 직장에서 계속근로가 가능하였음을 증명하여야 한다(대법원 2016. 12. 29. 선고 2016다236285 판결 등 참조).

561) 대법원 1989. 4. 11. 선고 87다카2901 판결; 대법원 2005. 3. 25. 선고 2005다4208 판결. 한편, 원양상선의 선원으로 1년 중 8개월 정도만 실제 승선하였을 것으로 봄이 타당하므로, 이를 기초로 연간 퇴직금 액수를 산정(월 승선평균임금 미화 9,969달러 × 8/12)한 사례로는 부산고법 2022. 10. 26. 선고 2021나50836 판결.

562) 대법원 1979. 2. 13. 선고 78다1491 전원합의체 판결; 대법원 1989. 1. 17. 선고 88다카122 판결.

다. 생계비의 공제

피해자가 불법행위로 사망한 경우에는 가동기간 동안 일실이익에서 생계비를 공제하여야 한다. 피해자가 상해를 입은 경우에는 생계비공제는 문제되지 않으나, 부상당한 피해자의 여명이 가동기간 내로 단축된 경우에는 그 단축된 여명 이후부터 가동연한까지의 기간은 생계비를 공제하여야 한다.[563)]

생계비는 사람이 사회생활을 영위하는 데 필요한 비용을 가리키는 것으로 이는 수입의 다과에 따라 각기 소요액이 다른 것으로 보아야 하며, 구체적인 생계비 소요액은 결국 사실인정의 문제로서 증거에 의하여 인정되어야 하는 것이지, 수입의 다과에 불문하고 그 수입의 1/3 정도가 생계비로 소요된다고 하는 경험칙은 없다.[564)] 그러나 실무에서는 대체로 수입의 1/3 정도로 생계비가 소요된다는 것을 다툼 없는 사실로 정리하여 처리하는 것이 일반적이다.[565)]

라. 노동능력상실

(1) 노동능력상실률

노동능력상실률을 적용하는 방법에 의하여 일실이익을 산정할 경우 그 노동능력상실률은 단순한 의학적 신체기능장애율이 아니라 피해자의 연령, 교육 정도, 종전 직업의 성질과 직업경력, 기능 숙련 정도, 신체기능장애 정도 및 유사직종이나 다른 직종으로의 전업 가능성과 그 확률 기타 사회적·경제적 조건을 모두 참작하여 경험칙에 따라 정한 수익상실률로서 합리적이고 객관성이 있어야 하고, 노동능력상실률을 정하기 위한 보조자료의 하나인 의학적 신체기능장애율에 관한 감정인의 감정결과는 사실인정에 관하여 특별한 지식과 경험을 요하는 경우에 법관이 그 특별한 지식·경험을 이용하는 데 불과하며, 궁극적으로는 앞서 열거한 피해자의 조건과 경험칙에 비추어 규범적으로 결정할 수밖에 없다.[566)]

(2) 수입의 감소 여부

타인의 불법행위로 인하여 상해를 입은 피해자에게 신체장애가 생긴 경우에

---

563) 대법원 1984. 3. 27. 선고 83다카853 판결.
564) 대법원 1994. 4. 12. 선고 93다30648 판결.
565) 손해배상소송실무(교통·산재)(제2판), 사법발전재단(2017), 167면.
566) 대법원 2013. 9. 13. 선고 2013다37722 판결.

그 피해자는 그 신체장애 정도에 상응하는 가동능력을 상실했다고 봄이 경험칙에 합치되고, 피해자가 종전과 같은 직종에 종사하면서 종전과 다름없는 수입을 얻고 있다고 하더라도 당해 직장이 피해자의 잔존 가동능력의 정상적 한계에 알맞은 것이었다는 사정까지 나타나지 않는 한, 피해자의 신체훼손에도 불구하고 바로 피해자가 재산상 아무런 손해를 입지 않았다고 단정할 수는 없다.[567)]

(3) 노동능력상실 정도의 평가 기준

실무에서는 맥브라이드(McBride)표를 원칙으로 하면서, 여기에 나오지 않는 항목에 대하여 국가배상법 시행령 별표상 기준을 예외로 적용하여 노동능력상실률을 결정하고 있다.[568)] 대한의학회는 2016. 10.경 장애평가기준(KAMS) 개정판을 공표하였는데, 위 기준이 실무에서 타당성과 합리성을 검증받고, 법원이 규범적 효력을 부여할지에 관하여 향후 추이가 주목된다.

(4) 기왕증이 있는 경우

피해자가 기왕의 장해로 인하여 이미 노동능력의 일부를 잃고 있는 경우 당해 사고로 인한 노동능력 상실의 정도를 산정하기 위해서는, 기왕에 있던 장해와 당해 사건 사고로 인한 장해를 합하여 현재의 노동능력 상실의 정도를 알아내고 여기에서 기왕의 장해로 인한 노동능력 상실의 정도를 감하는 방법에 의한다.[569)]

(5) 복합장해율

중복장애로 인한 총노동능력상실률을 산정할 때는 각 개별장해율을 적용한 뒤 장해율이 많은 쪽의 수치를 기준으로 하고 이를 공제한 잔존능력률에 나머지 장해율을 곱하여 산정된 장해율을 합산하는 방식에 의하여 피해자의 총노동능력상실률을 결정한다.[570)] 즉 장해율이 30%, 20%라면, 총상실률은 44%[＝30%＋(100%－30%)×20%]가 된다.

567) 대법원 2002. 9. 4. 선고 2001다80778 판결.
568) 손해배상소송실무(교통 · 산재)(제2판), 사법발전재단(2017), 187면.
569) 대법원 2009. 2. 12. 선고 2008다73830 판결.
570) 대법원 1995. 1. 20. 선고 94다38731 판결.

마. 가동기간

(1) 기대여명

기대여명이란 현재의 나이에서 그 사람이 앞으로 몇 년 더 살겠느냐 하는 예측연수를 말한다. 가동기간을 정하기 위해서는 전제로 기대여명을 확정하여야 하고, 장래 필요한 개호비, 치료비, 보조구 등의 비용을 산정하는데도 기대여명의 확정은 필요하다. 한국인의 평균여명은 통계청이 정기적으로 조사 · 작성하여 발표하는 '한국인 간이생명표' 등에 의하여 인정한다. 평균여명은 손해발생시에 가장 가까운 때에 작성된 간이생명표에 의하여 확정하여야 한다.[571)]

상해의 후유증이 평균여명에 어떠한 영향을 미쳐 얼마나 단축될 것인가는 후유증의 구체적 내용에 따라 의학적 입장에서 개별적으로 판단하여야 할 것인바, 신체감정촉탁에 의한 여명감정 결과는 의학적 판단에 속하는 것으로서 특별한 사정이 없는 한 그에 관한 감정인의 판단은 존중되어야 한다.[572)]

(2) 가동개시연령

가동개시연령은 원칙적으로 성년이 되는 19세부터이다. 그러나 미성년자라도 사고 당시 현실적으로 수입을 얻고 있었고, 그러한 수입을 계속 얻으리라는 사정이 인정되는 경우에는 사고 당시부터 수입상실을 인정한다.[573)] 남자의 경우에는 사고 전에 이미 병역면제 처분을 받았다거나 사고 후 변론종결 전에 사고와 인과관계 없는 사유로 병역면제 처분을 받았다는 특별한 사정이 없는 한 병역복무기간이 가동기간에서 제외되어야 한다.[574)]

(3) 가동종료연령

일실이익의 기초가 되는 가동연한은 사실심이 우리나라 국민의 평균여명, 경제 수준, 고용 조건 등의 사회적 · 경제적 여건 외에, 연령별 근로자 인구 수, 취업률 또는 근로참가율 및 직종별 근로조건과 정년 제한 등 제반 사정을 조사하여 이로부터 경험법칙상 추정되는 가동연한을 도출하든가, 또는 당해 피해자의 연령 ·

---

571) 대법원 1984. 11. 27. 선고 84다카1349 판결.
572) 대법원 2002. 11. 26. 선고 2001다72678 판결.
573) 대법원 1970. 8. 18. 선고 70다999 판결.
574) 대법원 2000. 4. 11. 선고 98다33161 판결.

직업 · 경력 · 건강상태 등 구체적인 사정을 고려하여 그 가동연한을 인정할 수 있다.[575] 정년이 정하여져 있는 경우에는 원칙적으로 그 정년을 가동연한으로 인정한다.[576] 일반육체노동을 하는 사람 또는 육체노동을 주로 생계활동으로 하는 사람은 특별한 사정이 없는 한 만 65세까지 가동할 수 있다고 보는 것이 경험칙에 합당하다.[577]

이에 따라 선원의 정년이 65세 미만인 경우에는 선원으로서 월 급여 상당의 소득을 얻을 수 있을 것으로 보고, 그 이후부터 경험칙상 가동연한 종료일인 만 65세가 되기까지는 도시지역 보통인부의 일용노임 상당의 소득을 얻을 수 있었을 것으로 인정하는 것이 법원의 실무례이다.[578]

한편, 사고 당시 그 연령이 당해 직종에 대하여 일반적으로 인정되는 가동연한을 넘은 피해자에 대하여는 법원이 피해자 본인의 연령, 경력, 건강상태, 가동여건 등 주관적 특수사정과 관련 분야의 인식, 그 연령에 대한 보험회사의 가동기간 인정기준 등 주변사정을 참작하여 그의 가동연한을 인정할 수 있다.[579]

---

575) 대법원 2001. 3. 9. 선고 2000다59920 판결.

576) 원고는 이 사건 사고 당시 일등항해사 선원으로 근무하고 있었는데 피고와 국적선해운노동조합 사이에 체결한 2013년도 단체협약서에 의하면 선원의 정년을 63세로 정하고 있으므로 만 63세가 되는 해의 말일인 2047. 2. 28.까지는 원고가 선원으로 근무하면서 이 사건 사고 무렵 급여 소득인 월 4,812,420원의 소득을 얻는다고 봄이 타당하고, 그 다음날부터 만 65세가 되는 해의 말일인 2049. 2. 28.까지는 원고가 도시일용노동자로 근무하면서 도시일용노임 상당액의 소득을 얻는다고 봄이 상당하다. 서울중앙지법 2019. 12. 11. 선고 2017가합501813 판결.

577) 대법원 2019. 2. 21. 선고 2018다248909 전원합의체 판결.

578) 부산지법 2021. 12. 15. 선고 2020가합45168 판결; 원고는 이 사건 사고 당시 일등항해사 선원으로 근무하고 있었는데 피고와 국적선해운노동조합 사이에 체결한 2013년도 단체협약서에 의하면 선원의 정년을 63세로 정하고 있으므로 만 63세가 되는 해의 말일인 2047. 2. 28.까지는 원고가 선원으로 근무하면서 이 사건 사고 무렵 급여 소득인 월 4,812,420원의 소득을 얻는다고 봄이 타당하고, 그 다음날부터 만 65세가 되는 해의 말일인 2049. 2. 28.까지는 원고가 도시일용노동자로 근무하면서 도시일용노임 상당액의 소득을 얻는다고 봄이 상당하다. 서울중앙지법 2019. 12. 11. 선고 2017가합501813 판결.

579) 대법원 2014. 11. 13. 선고 2014다219415 판결; 이 사건 사고 당시 원고가 62세 4개월로서 그 평균여명이 약 13.59년 정도의 고령이었고 이 사건 사고 당시에 비닐하우스 재배를 하고 있었던 점, 원고가 거주하고 있는 지역 사람들의 상당수가 60세 이상 농업에 종사하고 있으며 1993년도 농업기본통계자료에 의하면 15세 이상의 전북지역 전체 농업종사인구 436,951명 중 60세 이상의 농업종사인구가 약 122,762명 정도로써 전체의 약 28.1% 정도에 이르고 있었던 점 등을 고려하면 원고가 적어도 65세가 될 때까지 농업에 종사할 수 있다고 봄이 상당하다(대법원 1997. 4. 22. 선고 97다3637 판결).

바. 현가액의 산정(중간이자의 공제)

(1) 일시금배상과 정기금배상

민법 751조 2항은 법원은 위자료를 정기금채무로 지급할 것을 명할 수 있다고 규정하고 있다. 재산상 손해에 대해서도 당사자는 정기금으로 지급할 것을 청구할 수도 있고, 중간이자를 공제하고 현가를 산정하여 일시금으로 지급할 것을 청구할 수도 있으며, 이러한 경우 법원으로서도 그 판단에 따라 정기금 또는 일시금으로 지급을 명할 수 있다.[580] 여명 예측이 불확실한 경우에는 피해자가 확실히 생존하고 있으리라고 인정되는 기간 동안의 일실이익은 중간이자를 공제한 일시금으로, 그 기간 이후 가동연한까지의 일실이익은 생계비를 공제한 금액에서 중간이자를 공제한 일시금으로, 그 기간 이후 가동연한까지의 일실이익 중 생계비 상당의 손해는 피해자의 생존을 조건으로 매월 정기금으로 배상할 것을 명하여야 한다.[581]

(2) 일시금배상과 중간이자의 공제

법원이 장래에 발생할 손해에 대하여 일시금으로 배상을 명할 때에는 중간이자를 공제하여야 한다. 중간이자를 공제하는 방법에는 이자를 단리로 계산하는 호프만 방식과 이자를 복리로 계산하는 라이프니쯔 방식이 있다. 대법원은 두 가지 방식을 모두 허용하고 있는데,[582] 실무는 대부분 호프만 방식에 의한다. 호프만식 계산법에 의하여 중간이자를 공제하는 경우에 중간이자 공제기간이 414개월을 초과하여 월단위 수치표상 단리연금현가율이 240을 넘게 되는 경우, 이를 그대로 적용하여 현가를 산정하게 되면 현가로 받게 되는 금액의 이자가 매월 입게 되는 손해액보다 많게 되어 피해자가 과잉배상을 받게 되는 결과가 되므로, 이를 막기 위하여는 그 수치표상 단리연금현가율이 얼마인지를 불문하고 모두 240을 적용하여야 한다.[583]

(3) 지연손해금의 기산점

불법행위로 인한 손해배상채권은 불법행위시에 발생하고 그 이행기가 도래하

---

580) 대법원 1992. 10. 27. 선고 91다39368 판결.
581) 대법원 2000. 7. 28. 선고 2000다11317 판결.
582) 대법원 1983. 6. 28. 선고 83다191 판결.
583) 대법원 1994. 11. 25. 선고 94다30065 판결.

므로, 장래 발생할 소극적 · 적극적 손해의 경우에도 불법행위시가 현가산정의 기준시기가 되고, 이때부터 장래의 손해발생시점까지의 중간이자를 공제한 금액에 대하여 다시 불법행위시부터 지연손해금을 부가하여 지급을 명하는 것이 원칙이다. 다만 불법행위시 이후로 사실심의 변론종결일 이전의 어느 시점을 기준으로 하여 그 이후 발생할 일실이익손해를 그 시점으로부터 장래의 각 손해발생시점까지의 중간이자를 공제하는 방법으로 현가를 산정하되 지연손해금은 그 기준시점 이후로부터 구하는 것도 그것이 위와 같은 본래의 방법을 벗어나거나 이에 모순 · 저촉되는 것이 아닌 한 허용된다. 그러나 불법행위시 이후 사실심 변론종결일 이전의 어느 시점을 기준으로 하여 현가를 산정하면서도 지연손해금은 그 기준시점 이전부터 명하는 것은 위와 같은 방법에 비하여 중간이자를 덜 공제하였거나 지연손해금을 더 많이 인용한 결과가 되어(일종의 과잉배상이 된다) 허용될 수 없다.[584)]

(4) 판결 확정 후 기대여명보다 일찍 사망하거나 더 생존하는 경우

불법행위로 인한 인신손해에 대한 손해배상청구소송에서 판결이 확정된 후 피해자가 그 판결에서 손해배상액 산정의 기초로 인정된 기대여명보다 일찍 사망한 경우, 그 판결이 재심의 소 등으로 취소되지 않는 한 그 판결에 기하여 지급받은 손해배상금 중 일부를 법률상 원인 없는 이득이라 하여 반환을 구하는 것은 그 판결의 기판력에 저촉되어 허용될 수 없다.[585)]

다음으로 불법행위로 인한 적극적 손해의 배상을 명한 전소송의 변론종결 후에 새로운 적극적 손해가 발생한 경우에 그 소송의 변론종결 당시 그 손해의 발생을 예견할 수 없었고 또 그 부분 청구를 포기하였다고 볼 수 없는 등 특별한 사정이 있다면 전소송에서 그 부분에 관한 청구가 유보되어 있지 않다고 하더라도 이는 전소송의 소송물과는 별개의 소송물이므로 전소송의 기판력에 저촉되는 것이 아닌바, 식물인간 피해자의 여명이 종전의 예측에 비하여 수년 연장되어 그에 상응한 향후치료, 보조구 및 개호 등이 추가적으로 필요하게 된 것은 전소의 변론종결 당시에는 예견할 수 없었던 새로운 중한 손해로서 전소의 기판력에 저촉되지

584) 대법원 1994. 11. 25. 선고 94다30065 판결.
585) 대법원 2009. 11. 12. 선고 2009다56665 판결.

않는다.[586)]

2. 적극적 손해

가. 치료비

(1) 기왕치료비

치료는 병세의 호전이나 완치만을 목적으로 하는 것이 아니라 병세의 악화방지나 생명의 연장 등도 치료의 목적이므로, 병세의 악화방지를 위하여도 향후치료의 필요성은 인정되며 이 경우에 치료비는 불법행위와의 사이에 상당인과관계가 있는 범위 내에서만 배상청구가 가능하다. 상당성 여부를 판단할 때는 당해 치료행위의 필요성, 기간과 함께 그 진료행위에 대한 보수액의 상당성이 검토되어야 하며, 그러기 위해서는 부상 정도, 치료내용, 횟수, 의료사회 일반의 보편적 치료비수준 등 제반사정을 고려하여 비상식적인 고액진료비나 저액진료비의 가능성을 배제하여 합리적으로 그 범위를 정해야 한다.[587)]

피해자의 후유증이 재해를 유일한 원인으로 하여 생긴 것이 아니고 재해와 피해자의 기왕증이 경합하여 후유증이 나타난 것이라면, 그 재해가 후유증이라는 결과발생에 대하여 기여하였다고 인정되는 정도에 따라 그에 상응한 배상액을 부담시키는 것이 손해의 공평한 부담이라는 입장에서 타당하다.[588)]

(2) 향후치료비

신체감정 당시를 기준으로 치료가 종결되지 않고 앞으로도 계속 치료가 필요한 경우에는 추정 향후치료비를 산정한다.[589)] 한때 예상되었던 치료비라 할지라도 변론종결 당시에 이미 예상기간이 지났다면 그 지난 부분의 손해는 실제로 발생한 손해에 한하여 배상받을 수 있다.[590)] 향후치료비 중 1회 내지 수회 지급하여야

---

586) 대법원 2007. 4. 13. 선고 2006다78640 판결.

587) 대법원 1988. 4. 27. 선고 87다카74 판결; 대법원 2006. 5. 11. 선고 2003다8503 판결.

588) 대법원 1988. 4. 27. 선고 87다카74 판결.

589) 향후치료비와 같은 예상손해액은 사실심의 변론종결 당시에 이미 그 예상기간이 지났다면 그 지난 부분의 손해는 실제로 발생한 손해에 한하여 배상을 받을 수 있는 것이므로, 사실심 변론종결 당시까지의 예상치료비에 대하여는 그것이 실제 치료비로 소요되었는지 만약 그렇지 않다면 변론종결 당시로 보아서도 그와 같은 치료비가 앞으로도 소요될 것인지의 여부를 가려 향후치료비 손해를 산정하여야 할 것이다(대법원 1996. 12. 20. 선고 96다41236 판결; 대법원 1999. 2. 26. 선고 98다51831 판결).

590) 대법원 2003. 7. 25. 선고 2003다23670 판결.

할 비용에 관하여 그 지출시기가 밝혀진 경우에는 그 시기를 기준으로, 지출시기가 밝혀지지 아니한 경우에는 계산의 편의상 사실심 변론종결 무렵을 기준으로 사고일까지의 중간이자를 공제한다.

(3) 보조구

보조구는 휠체어, 욕창방지용 특수매트리스, 치과보철, 의족 등을 말하고, 그 수명과 가격은 통상 감정의사의 감정의견에 의해 결정된다.[591)]

(4) 변론종결 후에 발생한 새로운 적극적 손해

불법행위로 인한 적극적 손해의 배상을 명한 전소송의 변론종결 후에 새로운 적극적 손해가 발생한 경우에 그 소송의 변론종결 당시 그 손해의 발생을 예견할 수 없었고 또 그 부분 청구를 포기하였다고 볼 수 없는 등 특별한 사정이 있다면, 전소송에서 그 부분에 관한 청구가 유보되어 있지 않다고 하더라도 이는 전소송의 소송물과는 별개의 소송물이므로 전소송의 기판력에 저촉되는 것이 아니다.[592)]

나. 개호비

개호란 피해자가 중상을 입어 그 치료기간 동안 또는 치료가 종결된 이후에도 불치의 후유장해로 인하여 일정기간 또는 여명까지 다른 사람의 조력을 받아야 하는 경우 그 피해자를 돕는 행위를 말하는데, 이에 필요한 비용을 개호비라고 하여 적극적 손해로 파악한다. 신체의 부자유로 인하여 개호인의 조력을 받을 필요가 있는 경우 개호인비용은 특단의 사정이 없는 한 개호를 필요로 하는 기간의 전 일수에 해당하는 도시보통일용 또는 농촌여자일용 노임액을 기준으로 산정한다.[593)]

다. 장례비

실무상 장례비는 지출된 비용 여하를 불문하고 사회적 상당성 있는 범위 내로 제한함으로써 금액이 정액화되고 있는데, 500만 원 정도에서 다툼 없는 사실로 정리하여 처리하고 있다.[594)]

---

591) 손해배상소송실무(교통 · 산재)(제2판), 사법발전재단(2017), 255-256면.
592) 대법원 2007. 4. 13. 선고 2006다78640 판결.
593) 대법원 1990. 10. 23. 선고 90다카15171 판결.

라. 신체감정 등 부대비용

타인의 불법행위로 인하여 상해를 입었을 경우에 손해배상청구를 할 때 진단서의 제출은 필요하므로, 진단서작성을 위하여 지출한 비용은 불법행위로 인한 손해에 포함된다.[595] 피해자가 법원의 감정명령에 따라 신체감정을 받으면서 그 감정을 위한 제반 검사비용으로 지출하였다는 금액은 예납절차에 의하지 않고 직접 지출하였다 하더라도 감정비용에 포함되어 소송비용에 해당하고, 소송비용으로 지출한 금액은 소송비용확정절차를 거쳐 상환받을 수 있어서 이를 별도로 소구할 이익이 없다.[596]

3. 위자료

가. 의 의

위자료는 정신상 고통을 금전으로 위자하기 위하여 지급되는 금전을 말한다. 불법행위로 입은 정신적 고통에 대한 위자료 액수에 관하여는 사실심 법원이 제반 사정을 참작하여 그 직권에 속하는 재량에 의하여 이를 확정할 수 있다.[597] 사실상 혼인관계에 있는 배우자도 다른 배우자가 제3자의 불법행위로 인하여 상해를 입은 경우에는 자기가 받은 정신적 고통에 대한 위자료를 청구할 권리가 있다.[598]

나. 산정방법

현재 실무례는 (i) 원고들 전체(家團)에 대한 금액을 기준으로 하여, 예를 들면, 1억 원(사망 또는 노동능력 100% 상실시)[599]에서 과실비율 상당금액을 공제한 금액에다 여러 가지 증감요소를 고려하여 적절히 증감한 뒤 신분관계에 따라 배

594) 손해배상소송실무(교통・산재)(제2판), 사법발전재단(2017), 279면.
595) 대법원 1974. 11. 12. 선고 74다483 판결.
596) 대법원 2000. 5. 12. 선고 99다68577 판결.
597) 대법원 2003. 7. 11. 선고 99다24218 판결; 대법원 2006. 5. 11. 선고 2003다8503 판결.
598) 대법원 1969. 7. 22. 선고 69다684 판결.
599) 대법원이 2016. 10. 24. 발표한 '불법행위 유형별 적정한 위자료 산정방안'에 의하면, 교통사고(1억 원), 대형 재난사고(2억 원), 영리적 불법행위(3억 원), 명예훼손(일반피해 5천만 원, 중대피해 1억 원)으로 나누어 기준금액을 달리 설정하고, 특별 가중사유가 존재하는 경우 기준금액을 2배 가중하도록 하였다.

분하거나, (ii) 청구인별로 기준금액을 정하여, 예를 들면, 피해자 본인에 대하여 3,000만 원(사망 또는 노동능력 100% 상실시)을 기준으로 하여 과실상계 등 제반 증감요소를 고려한 뒤 신분관계에 따라 다른 원고들의 위자료를 일정한 비율로 정하는 방법이 있다.[600)]

노동능력의 일부 상실시에는 사망시 기준금액에서 노동능력상실률을 곱한 금액에다 위와 같은 원칙을 적용한다.

다. 판 례

(1) 선장이 당초 예정된 선원근로계약기간이 만료될 무렵 건강이 급속히 악화되어 선박소유자에게 긴급한 하선요청 내지 임무교대를 요청하였으나 선박소유자가 후임선장을 예비하고 있지 못하여, 선장이 부득이하게 예정일보다 2개월 16일 늦게 하선하여 적절한 진단과 치료를 받지 못하여 나중에 항암치료를 받던 중 사망한 사안에서, 선박소유자의 보호의무위반으로 인하여 선장이 적어도 하선이 늦어진 기간 동안 치료기회를 박탈당했다고 봄이 상당하므로 선박소유자는 선원에게 정신적 손해를 배상할 책임이 있다.[601)]

(2) 선박소유자는 재해 발생 당시 만 70세의 고령인 망인을 선원으로 승선하게 함에 있어 선원법이 정하는 건강진단서를 발급받게 하지 않았고, 그러한 경우 망인의 상태를 더욱 잘 살펴서 건강을 유지하면서 근로를 제공할 수 있도록 조치하여야 함에도, 협심증과 부정맥, 고지혈증 등을 앓고 있는 망인으로 하여금 재해 직전 1주일 동안 57시간의 작업을 수행하게 하여 그 전 12주의 1주당 평균 근로시간보다 30% 이상 근로를 제공하게 하고 특히 이 사건 재해 직전 13일 동안 휴일 없이 작업을 수행하게 하였는바, 이러한 단기간의 과중한 업무는 망인이 가지는 기왕의 협심증과 부정맥을 급속도로 악화시켜 재해에 이르는 원인이 되었다. 또한 망인이 피를 토하고 의식이 혼미한 상태에서 발견되어(이 사건 재해) 최초 발병 당시의 증상이나 최초 발병시점을 알 수 없는 것으로 보아, 발병 당시부터 상당 시간이 지난 이후에서야 발견되었고 그로 인하여 망인에 대한 응급처치 및 육상이송이 지연됨으로써 이 사건 재해로 인한 손해가 더욱 확대된 것으로 보인다.

600) 손해배상소송, 사법연수원(2014), 218면.
601) 서울서부지법 2019. 1. 24. 선고 2017가합40092 판결.

선박소유자는 이 사건 재해로 인하여 발생한 손해의 배상책임(위자료)을 부담한다.[602]

4. 과실상계

가. 의 의

과실상계제도는 채권자가 신의칙상 요구되는 주의를 다하지 아니한 경우 공평의 원칙에 따라 손해의 발생에 관한 채권자의 그와 같은 부주의를 참작하게 하려는 것이므로, 단순한 부주의라도 그로 말미암아 손해가 발생하거나 확대된 원인이 되었다면 피해자에게 과실이 있는 것으로 보아 과실상계를 할 수 있고, 피해자에게 과실이 인정되면 법원은 손해배상의 책임 및 그 금액을 정하면서 이를 참작하여야 하며, 배상의무자가 피해자의 과실에 관하여 주장하지 않는 경우에도 소송자료에 의하여 과실이 인정되는 경우에는 이를 법원이 직권으로 심리・판단하여야 한다.[603]

또한 불법행위제도에서 과실상계란 피해자와 가해자 사이의 공평을 도모하고자 손해배상책임의 발생 및 손해의 확대에 피해자의 부주의가 가담된 경우 그가 입은 손해액에 합리적인 제한을 하여 가해자의 책임을 제한하고 배상액을 감경하는 제도이다. 민법 763조는 396조를 준용하여 불법행위에 관하여 피해자에게 과실이 있는 때에는 법원이 손해배상의 책임 및 그 금액을 정할 때 참작하도록 하고 있다. 불법행위에서 피해자의 과실을 따지는 과실상계상 과실은 가해자의 과실과 달리 사회통념이나 신의성실의 원칙에 따라 공동생활에 있어 요구되는 약한 의미의 부주의를 가리키는 것이다.[604]

나. 과실비율의 결정

(1) 일반론

과실상계는 법원의 소송상 나타난 모든 사정을 참작하여 그 재량에 의하여 결정하고,[605] 피해자의 과실 유무, 정도 등은 당사자의 주장과 달리 법원이 직권으

602) 부산지법 서부지원 2020. 9. 3. 선고 2019가단113541 판결.
603) 대법원 2012. 8. 23. 선고 2012다9041 판결.
604) 대법원 1999. 2. 26. 선고 98다52469 판결.

로 조사 · 결정한다.[606] 불법행위로 인한 손해의 발생 또는 확대에 관하여 피해자에게도 과실이 있을 때에는 그와 같은 사유는 가해자의 손해배상의 범위를 정할 때 당연히 참작되어야 하고, 양자의 과실비율을 교량할 때 손해의 공평부담이라는 제도의 취지에 비추어 사고발생에 관련된 제반 상황이 충분히 고려되어야 하며, 과실상계사유에 관한 사실인정이나 그 비율을 정하는 것이 사실심의 전권사항이라고 하더라도 그것이 형평의 원칙에 비추어 현저히 불합리하여서는 안 된다.[607]

(2) 재해사고에서 과실상계의 특수성

(가) 불가항력의 사유가 기여한 경우

재해사고의 발생에 불가항력의 요소가 작용한 경우 이를 어떻게 고려할 것인가에 관하여는 (i) 과실책임주의의 입장을 관철하여 가해자의 과실비율이 전손해의 발생에 기여한 비율로 손해를 부담하여야 한다는 가해자위법설, (ii) 피해자의 과실분만 피해자부담으로 공제되고 잔여의 손해분은 가해자의 부담으로 된다는 절대설, (iii) 불가항력의 요소가 있는 경우 이를 제외하고 쌍방의 과실비율만 고려하는 상대설의 견해대립이 있다.[608]

판례는 일반불법행위에서 불법행위에 기한 손해배상 사건에서 피해자가 입은 손해가 자연력과 가해자의 과실행위가 경합되어 발생된 경우, 가해자의 배상범위는 손해의 공평한 부담이라는 입장에서 손해발생에 대하여 자연력이 기여하였다고 인정되는 부분을 공제한 나머지 부분으로 제한함이 상당하다고 하여 원칙적으로 가해자위법설의 입장을 취하고 있다.[609]

다만 피해자가 입은 손해가 통상의 손해와는 달리 특수한 자연적 조건 아래 발생한 것이라 하더라도 가해자가 그와 같은 자연적 조건이나 그에 따른 위험의 정도를 미리 예상할 수 있었고 또 과도한 노력이나 비용을 들이지 아니하고도 적절한 조치를 취하여 자연적 조건에 따른 위험의 발생을 사전에 예방할 수 있었다면, 그러한 사고방지 조치를 소홀히 하여 발생한 사고로 인한 손해배상의 범위를 정할 때 자연력의 기여분을 인정하여 가해자의 배상범위를 제한할 것은 아니라고

605) 대법원 1974. 2. 26. 선고 73다76 판결.
606) 대법원 1981. 12. 22. 선고 81다331 판결.
607) 대법원 1997. 2. 28. 선고 96다54560 판결.
608) 손해배상소송실무(교통 · 산재), 한국사법행정학회(2005), 523-524면.
609) 대법원 1991. 7. 23. 선고 89다카1275 판결; 대법원 1993. 2. 23. 선고 92다52122 판결.

한다.[610)]

이에 따라 건설공사현장의 사고로 인한 손해가 통상의 손해와는 달리 강풍 등 특수한 자연조건 아래 발생한 것이라 하더라도, 그 공사현장의 안전관리자가 그와 같은 자연조건이나 그에 따른 위험의 정도를 미리 예상할 수 있었고 또 과도한 노력이나 비용을 들이지 아니하고도 적절한 조치를 취하여 자연조건에 따른 위험의 발생을 사전에 방지할 수 있었다면, 그러한 사고방지조치를 소홀히 하여 발생한 사고로 인한 손해배상의 범위를 정할 때에는 불가항력적인 자연력의 기여분을 인정하여 가해자의 배상범위를 제한할 것은 아니라고 하였다.[611)]

(나) 선박소유자가 제공한 설비, 장비 등의 하자로 인한 경우

선박소유자는 선원에게 노무제공에 적합한 작업환경, 기구, 장비 등을 지급할 의무가 있다. 이와 같은 설비, 장비 등이 노무제공에 적합한 성능을 가지고 있지 않아 재해사고가 발생한 경우, 피해자의 과실은 적다고 보아야 한다.[612)] 일반적인 선원의 입장에서 선박소유자가 제공한 장비 등의 하자를 발견할 수 없었던 경우에는 과실이 없다고 할 수 있다. 그러나 선원에게도 선박소유자가 제공한 장비 등의 적합성 여부를 살필 주의의무가 있고,[613)] 하자를 쉽게 발견할 수 있었음에도 불구하고 이를 발견하지 못하였거나 선원의 부적절한 직무수행으로 인하여 하자가 가중된 경우에는 과실이 있다고 평가하여야 한다.[614)]

---

610) 대법원 2003. 6. 27. 선고 2001다734 판결.

611) 대법원 1995. 2. 28. 선고 94다31334 판결.

612) 회사의 작업반장이 일용잡부로 입사한 피해자에게 프레스기계작업에 관한 기술교육이나 안전교육 등 제반 기초사항을 알려 준 바도 없고, 프레스기의 수리요청을 받고서도 수리를 하여 주지 아니하였으며, 프레스기에 부착되어 있는 전자감응식 안전장치마저 고장난 상태여서 애당초 위 프레스기로 작업하도록 지시하여서는 아니 됨에도 불구하고 이를 무시한 채 피해자에게 계속 작업할 것을 지시한 과실로 사고가 발생하였다면, 프레스기로 작업을 할 때 작업상 주의의무를 소홀히 한 정도의 피해자의 과실만을 가지고 그 비율을 35%로 평가한 것은 회사 측 과실내용에 비추어 볼 때 지나치게 무겁게 평가한 것으로서 형평의 원칙에 현저히 반한다. 대법원 1992. 3. 31. 선고 91다37263 판결.

613) 선박이 수리를 마치고 하가(下架) 작업 중이어서 '진수' 이전의 상태여서 선박직원이 승무하여야 할 상황은 아니었던 것으로 보이는 점, 사고 당시 승선해 있던 선원들은 이 사건 하가작업 이후 즉시 출항을 위해 대기 중이었던 것으로 보이는데 이 경우 선원들은 하가작업이 완료된 이후에 안전하게 선박에 승선하였어야 하는 점 등을 고려하면, 선장을 비롯한 선원 9명이 하가작업 이전인 2017. 10. 18. 11:30경부터 선박에 승선한 상태로 대기 중이었다가 선박이 미끄러지면서 승선 중이던 기관장이 재해를 입은 경우 피재선원의 과실을 60%로 인정한 사례로는 서울동부지법 2022. 5. 13. 선고 2020가단139320 판결.

614) 손해배상소송실부(교통 · 산재), 한국사법행정학회(2005), 525면.

(다) 안전장비를 착용하지 않은 경우

선박소유자가 안전장비를 지급하였음에도 불구하고 작업의 편의나 부주의로 안전장비를 착용하지 않았을 때에는 피해자의 과실이 크다고 평가되어야 한다. 그러나 선박소유자가 안전장비를 지급하지 않았거나,[615] 선원이 안전장비의 지급을 요구하였다면 선박소유자가 바로 지급하였을 것이라는 사정이 없는 한, 안전장비를 착용하지 아니한 것을 피해자의 과실로 평가할 수는 없다.[616]

다. 사 례

(1) 써니린덴호 사건[617]: 45%

A가 피고 회사 근무 전에는 시력과 혈압이 선원으로서 근무하기에 아무런 문제가 없었다가, 피고 회사의 화물운송선 써니린덴호 2등항해사로서 이 사건 상병 발병 전까지 00:00부터 04:00까지, 12:00부터 16:00까지 하루에 2회 항해 당직을 서는 등 낮과 밤이 바뀌는 상황으로 근무를 하고, 통상적으로 수행하여야 할 2등항해사 업무 외에 국제안전경영규약(ISM) 내부 감사에 대비한 관련 서류 작성 업무와, 세계 항해 재난 안전 통신체계(GMDSS) 실시에 따른 문서수발, 파일관리, 사무용품의 청구·관리·재고 조사, 입·출항시 일반 선원이 하여야 할 사다리와 통로(Gangway)의 설치·철거 작업 등 원고에게 익숙하지 않은 업무를 추가로 수행하면서 약 3개월의 기간 동안 하루 평균 4시간씩 추가적인 야간근무를 계속하

615) 춘양국유림관리소가 작업인부들로 하여금 높은 나무 위에 올라가 종자채취작업을 하도록 하였다면, 그러한 지시를 하는 사용자로서는 그 작업인부들이 추락할 위험성이 크다는 점을 쉽게 예상할 수 있으므로, 철저한 안전교육을 실시하여야 할 뿐만 아니라, 안전모, 안전화, 안전띠 등 안전장구를 작업인부들에게 지급하여 착용하고 작업하도록 하여 추락을 방지하여야 하고, 나아가 만일의 사고에 대비해 응급처치를 할 수 있는 준비를 하여 두어 사고로 인한 손해 확대를 방지하여야 할 주의의무가 있는바, 담당공무원인 A 등은 위와 같은 주의의무를 거의 이행하지 아니하였으며 반면, 원고 1은 위와 같이 위험한 작업을 할 때 있어 나뭇가지가 튼튼한지 여부를 잘 살피는 등으로 스스로의 안전을 도모하지 아니한 잘못이 있다는 것인바, 원고 1이 안전장구의 지급을 요구하지 아니한 잘못을 덧붙여 감안하여 보아도, 위와 같은 사정 하에서라면 A의 과실이 원고 1의 과실보다 더 크거나 비슷하다고는 볼 수 있을지언정, 원고 1의 과실이 A의 과실보다 현저히 크다고 볼 수는 없다. 대법원 2002. 10. 11. 선고 2002다38064 판결.

616) 원고가 공사장에서 착용하여야 할 안전모가 원고 스스로 마련할 의무 있는 장비가 아니라 건축주인 피고 회사가 준비하여 각 작업인부들에게 공급할 성질의 장비이고, 피고가 그와 같은 장비공급을 한 바 없어 원고가 착용할 수 없었던 것이라면, 원고가 작업장에서 안전모를 쓰지 않은 것을 원고의 과실로 돌릴 수 없으므로, 위와 같은 경우에 원고가 안전모를 쓰지 않고 작업하다 상해를 입었더라도 과실상계를 인정할 수 없다. 대법원 1984. 7. 10. 선고 84다카365 판결.

617) 대법원 2007. 2. 8. 선고 2004다48829 판결(船).

였다.

A는 육체적 피로와 정신적 스트레스에 시달리던 중, 본태성 고혈압과 왼쪽 눈 망막 출혈, 망막 정맥 폐색증으로 시력이 0.1 이하로 떨어졌고, A가 시력이 저하되기 시작하여 1998. 7. 21. 이 사건 선박이 부산항에 정박하였을 때 병원을 찾아가 진단을 받은 결과 본태성 고혈압(210/160mmHg)과 망막 출혈로 왼쪽 눈의 시력이 0.1로 떨어졌고 2~3개월 약물치료 후 정확한 진단이 가능하다는 진단을 받았는데, 선장은 A의 상병상태에 대한 특별한 조치 없이 A를 선박에 승무하게 하고 다시 출항하였다.

A의 기질적 소인, 업무 과중의 정도, 진단 후 조치 부적절의 정도, 이 사건 상병 발병 원인, 상병의 정도 등을 고려하여, A의 과실 비율을 45%로 본 것은 정당하다.

(2) 정승3호 사건[618]: 40%

피고는 예인선 정승3호를 소유하는 회사이고, S는 위 예인선의 선장으로, B는 예인선의 항해사로 각 피고 회사와 근로계약을 체결하였다. S는 2012. 11. 28. 11:20경 서귀포시 대정읍 화순항 제3부두 끝단 100m 해상에서 이 사건 예인선으로 부선 산청2700호를 예인한 후 정박하기 위하여 B로 하여금 이 사건 예인선과 부선을 연결하는 예인줄을 줄이도록 한 후 엔진을 가동하여 이 사건 예인선을 전진시켰다. B는 당시 예인줄을 줄인 후 이 사건 예인선의 선미 쪽으로 이동하였는데, 선미에 걸려있던 예인줄에 장력이 발생하면서 예인줄이 튕겨 B의 왼쪽 팔, 몸통, 턱 부위 등을 타격하였고, 그로 인하여 B는 해상에 추락하여 사망하였다.

B는 이 사건 예인선의 항해사로서 예인줄을 줄이는 작업을 하면서 부득이 후속 작업 등을 위하여 선미 쪽으로 접근하는 경우 선장에게 이를 알려서 엔진을 사용하지 않도록 함으로써 사고를 미리 방지할 수 있었음에도 이러한 조치를 취하지 아니한 채 선미 쪽으로 이동하였다가 이 사건 사고를 당한 것으로 보이는바, B에게도 이 사건 사고 및 손해의 발생에 어느 정도 책임이 있다고 보아야 한다. 이러한 B의 부주의를 피고가 배상할 손해액을 정할 때에 참작하기로 하되 그 비율을 40%로 봄이 옳다.

---

618) 광주고법(제주부) 2014. 9. 17. 선고 2014나64 판결.

(3) 죽암호 사건[619]: 40%

C는 2011년경부터 강원도 등지에서 바다 속 해산물의 채취 작업을 하는 잠수부로 일해 오다가 2013. 2.부터 울릉도에서 잠수부로 근무하게 되었는데, 매년 3. 1.부터 시작되는 잠수기 조업철을 앞두고 2013. 2. 26. 피고 V 소유의 선박인 죽암호에 승선하여 첫 시험 잠수기 작업을 하던 중에 일산화탄소 중독에 의하여 사망하였다.

피고 T는 잠수작업 전부를 관리하는 이 사건 선박의 선장으로서 숯이 발화될 가능성을 미연에 방지하기 위하여 공기정화기 내에 적정량의 숯이 충진되었는지 확인하고, 선박 엔진 배기구에서 나오는 연기나 불꽃이 공기압축기의 공기 유입호스로 들어갈 수 없도록 충분한 이격 거리를 두도록 선주에게 건의하거나 직접 그 이격 거리를 조정하는 등의 조치를 취하였어야 할 때도 그러한 주의의무를 다하지 않은 과실이 있다. 바다에서의 작업은 사고 위험이 클 수밖에 없고, 특히 잠수부의 경우 공기탱크를 비롯한 호흡과 관련한 장비들은 생명과 직결되는 것이므로, C로서도 조업을 하기 전에 공기정화기나 공기유입호스와 배기구의 이격 거리 등을 직접 확인하여 스스로 안전을 도모하였어야 할 때도 이러한 조치를 취하지 않은 잘못이 있다.

이 사건의 발생 원인은 모두 그 발생가능성이 희박한 사태들이라서 피고들로서도 이를 예견하고 그 방지조치를 취하기 쉽지 않았을 것으로 보인다는 점을 보태어 보면, 형평의 원칙에 입각하여 피고들의 책임을 60%로 제한함이 상당하다.

(4) 제36대영호 사건[620]: 30%

피고는 제36대영호(9.77t, 연안자망어선)의 소유자이고, D는 이 사건 선박의 선원으로서 어업활동을 하던 사람이다. 위 선박은 2013. 11. 8. 15:35경 인천 옹진군 덕적면에 있는 굴업도 북서방 약 11해리 해상에서 투망해 두었던 젓새우자망 어구에 50mm 로프(올림줄)을 연결하여 위 어구를 양망하는 작업을 하게 되었다. 위 선박에서 투망된 어망을 연결하는 줄은 22mm, 28mm의 철제 와이어로 되어 있고, 두 개의 철제 와이어 끝부분은 26mm 폴리에스테르 재질 로프로 3, 4번 감

619) 울산지법 2015. 1. 15. 선고 2013가합5806 판결.
620) 인천지법 2014. 11. 12. 선고 2014가합50797 판결.

아서 연결이 되어 있으며, 위 로프와 올림줄은 서로 연결되어 있다. 양망 작업을 할 때에는 어망줄과 선박이 수직을 이루게 만든 후, 올림줄이 튕기는 것을 방지하기 위하여 쇠말뚝 2개를 설치하고 그 사이에 올림줄을 넣어 작업을 시작하여야 한다.

이 사건 선박에서 일하는 D는 갑판장과 함께 투망된 어망줄에 올림줄을 연결하였다. 그 후 갑판장은 양망 롤러를 조정하기 위하여 조타실 우측으로 이동하였고, D는 선수에서 양망할 어망을 관찰하고 있었으며, 선장은 조타실에서 선원들에게 업무지시를 하고 있었다. 이 사건 양망 작업 당시, 조류로 인하여 어선이 어망줄과 수직을 이루지 못하였고 어망에 젓새우가 평소보다 두 배 정도 많이 걸리는 바람에 어구와 연결 로프에 과도한 장력이 발생하면서 연결 로프가 끊어졌고, 올림줄을 지지해주던 쇠말뚝 2개 중 오른쪽에 설치해놓은 쇠말뚝이 올림줄에 의하여 휘어지면서 올림줄이 튕겨져 나와 선수에서 양망 작업을 하던 D의 오른쪽 허리 부위를 강하게 타격하였다. 이로 인하여 D는 사망하였다.

이 사건 선박은 2013. 건조된 선박으로 2013. 1. 안전검사를 마쳐 어선 자체의 안전에는 별다른 문제가 없는 것으로 보이는데, 평소보다 두 배 많은 젓새우가 어망에 걸린 상태에서 조류로 인하여 이 사건 선박과 어망줄이 수직을 이루지 못하게 됨으로써 어구와 연결로프에 과도한 장력이 걸려 이 사건 사고가 발생하게 되었다.

손해의 공평한 부담이라는 입장에서 위와 같은 자연력이 손해발생에 기여하였다고 인정되는 부분을 공제하여 가해자의 손해배상의 범위를 정할 것인 점, D는 선수에서 어망을 관찰하는 업무를 담당한 선원으로서 평소보다 어획량이 많은 경우 이를 선장에게 알려 이 사건 양망 작업시 안전사고를 방지할 의무를 다소간은 부담하는 점 등 이 사건 사고의 경위에 비추어 보면, 피고의 책임을 70% 상당으로 제한함이 상당하다.

(5) 제2008일광호 사건[621]: 50%

선원 E는 2012. 8. 31. 포항시 동력선 제2008일광호(55t)에 승선하여 인천 옹진군 자월면 이작리 목덕도 남서방 3.2마일 해상에서 선장의 지시에 따라 이 사건

621) 창원지법 진주지원 2015. 6. 17. 선고 2014가합11188 판결.

선박의 2층에서 통발을 쌓는 작업을 하다가 실종된 이후 생환하지 못하였다.

이 사건 선박 자체의 안전에는 별다른 문제가 없는 것으로 보이는 점, 이 사건 사고 당시의 파고는 0.5~1m 정도로 조업하기에 양호했던 점, 이 사건 선박의 2층 중 통발을 쌓는 작업을 하는 장소는 가로 30㎝, 세로 50㎝의 격자모양의 철재 테두리로 둘러싸여 있어 E가 해상으로 추락할 위험이 거의 없었던 것으로 보이는 점 등에 비추어 보면, 피고의 책임을 50% 상당으로 제한함이 상당하다.

(6) 용시아호 사건[622]: 30%

선박이 중국 산동시에 소재한 시시아커우 조선소에 수리를 위하여 입거되었는데, 이 사건 조선소 직원인 H가 2016. 2. 6. 14:30경 선박의 C-Deck 화물창에서 산소 용기 및 아세틸렌 용기를 사용하여 선실 통풍기 통로 벽판의 절단 작업을 하다가 H가 용접작업을 하던 부위에서 폭발이 발생하여 선박 갑판을 돌아다니면서 수리 작업 공정이 제대로 이루어지는지 여부를 감독하던 일등항해사가 부상을 입었다.

원고(일등항해사)는 선장이 직무를 수행할 수 없을 때에는 그 직무를 대행하고 (선박직원법 11조 2항 1호), 갑판부의 부서장으로서 선체 및 선체 의장품의 관리업무, 선내질서유지, 선내 안전교육 및 직무교육의 실시 등을 담당하는 등(선장 매뉴얼 5.2항) 선주를 대신하여 선원의 안전을 확보하여야 할 지위에 있는 점, 이 사건 사고 직후 미처 폭발하지 않은 채 갑판부에서 발견된 액화산소 및 아세틸렌 실린더 용기의 크기 및 수량을 감안하면, 원고가 좀 더 세심한 주의를 기울여 선내 위험요소를 사전에 파악하고 위험물질의 선외 반출을 명하였더라면 이 사건 사고의 발생을 미연에 방지할 가능성도 있었던 것으로 보이는 점 등을 종합적으로 고려하면, 이러한 선내 안전 및 사고방지 조치를 소홀히 한 원고의 과실도 이 사건 사고의 발생 및 피해의 확대에 한 원인이 되었다 할 것이므로, 피고(선박소유자)가 배상할 손해액을 산정함에 있어서 이를 참작하기로 하되, 위와 같은 사실관계에 비추어 보면 원고의 과실비율을 30% 정도로 봄이 상당하므로, 피고의 책임을 나머지 70% 부분으로 제한한다.

---

622) 서울중앙지법 2019. 12. 11. 선고 2017가합501813 판결.

5. 손익상계

불법행위에 의하여 손해를 입은 피해자가 동시에 불법행위를 원인으로 하여 이득을 얻은 경우 손해배상액에서 그 이득을 차감함으로써 이해의 조정을 도모하는 것을 손익상계(또는 손익공제)라고 한다. 대표적인 것으로는 생계비, 잔존노동능력에 의한 소득,[623] 사회보장제도에 의한 급여[624] 등이 있다. 불법행위 등이 피해자에게 손해를 생기게 하는 동시에 이익을 가져다 준 경우에는 공평의 관념상 그 이익은 당사자의 주장을 기다리지 아니하고 손해를 산정할 때 공제하여야 하나, 이와 같은 손익공제가 허용되기 위해서는 손해배상책임의 원인이 되는 행위로 인하여 피해자가 새로운 이득을 얻었고 그 이득과 손해배상책임의 원인행위 사이에 상당인과관계가 있어야 한다.[625]

6. 소멸시효

사용자는 근로계약에 수반되는 신의칙상의 부수적 의무로서 근로자가 노무를 제공하는 과정에서 생명, 신체, 건강을 해치는 일이 없도록 인적 · 물적 환경을 정비하는 등 필요한 조치를 강구하여야 하는 보호의무를 부담하고, 이러한 보호의무를 위반하여 근로자가 손해를 입었다면 이를 배상할 책임을 진다. 상법 64조에서 5년의 상사시효를 정하는 것은 대량, 정형, 신속이라는 상거래 관계 특성상 법률관계를 신속하게 해결할 필요성이 있기 때문이다. 사용자가 상인으로서 영업을 위하여 근로자와 체결하는 근로계약이 보조적 상행위에 해당하더라도 사용자가 근로계약에 수반되는 신의칙상의 부수적 의무인 보호의무를 위반하여 근로자에게 손해를 입힘으로써 발생한 근로자의 손해배상청구와 관련된 법률관계는 근로자의 생명, 신체, 건강 침해 등으로 인한 손해의 전보에 관한 것으로서 그 성질상 정형적이고 신속하게 해결할 필요가 있다고 보기 어렵다. 따라서 근로계약상 보호의무

---

623) 2등항해사가 망막 정맥폐색증 치료 종결 후 고혈압에 대하여 약물 치료를 하는 기간에는 시력 저하에 따른 노동능력상실 부분을 제외한 노동능력으로 도시일용노동에 종사할 수 있는 경우, 일실이익을 산정하면서 선원으로 종사하지 못하는 기간 동안 선원으로 종사하지 못함으로써 상실한 수입에서, 남은 노동능력으로 도시일용노동에 종사함으로써 얻을 수 있는 수입을 공제한 것은 정당하다. 대법원 2007. 2. 8. 선고 2004다48829 판결(船).

624) 선원법, 산재법, 어재법에 의한 급여와 손해배상과의 관계는 제4절 Ⅷ. 참조.

625) 대법원 2005. 10. 28. 선고 2003다69638 판결.

위반에 따른 근로자의 손해배상청구권은 특별한 사정이 없는 한 10년의 민사 소멸시효기간이 적용된다고 봄이 타당하다.[626)]

제7절 미국의 선원재해구제제도

Ⅰ. 의 의

1. 선원의 보호

미국 해사법상 선원은 일반근로자에 비하여 특별한 권리와 구제수단을 가지는데, 이는 역사적 전통 및 선원은 해양 고유의 위험과 해양노동의 고난을 견디어야 한다는 인식 때문이다.[627)] 선원이 직무상 재해(부상, 질병, 사망)를 당한 경우, 선원은 사용자에게 (i) Jones법[628)]에 의한 손해배상, (ii) 불감항성(Unseaworthiness)을 이유로 한 손해배상, (iii) 상병요양보상(Maintenance and Cure)을 청구할 수 있는데,[629)] 위 3가지 구제수단은 선원에게 고유한 것이다. 또 선원은 사용자 아닌 선박소유자에게도 불감항성을 이유로 한 손해배상을 청구할 수 있고, 불법행위자에 대하여 일반해사불법행위법(The General Maritime Tort Law)에 의하여 과실책임(Negligence) 및 엄격책임(Strict Liability)을 물을 수 있다.

2. The Osceola 판결

위와 같은 3가지 구제수단이 형성되는 과정을 이해하기 위해서는 The Osceola 사건[630)]에서 판시된 Brown 대법관의 견해를 정독하여야 한다. 그는 당시의 구제

---

626) 대법원 2021. 8. 19. 선고 2018다270876 판결. 이에 대한 평석은 권창영, “사용자의 보호의무 위반에 따른 손해배상청구권의 소멸시효”, 노동법실무연구 4권, 대법원 노동법실무연구회(2024) 참조.

627) Schoenbaum, 220면.

628) 46 U.S.C. §30104(a).

629) 이창재, “미국 선원재해소송의 주요내용과 최근 동향 －Manderson 사건의 이중배상원칙 적용을 중심으로”, 한국해법학회지 35권 1호(2013. 4), 281-282면.

630) The Osceola, 189 U.S. 158 (1903).

수단을 4가지 명제로 정리하였다.

① 선박과 선박소유자는 선원이 승무 중 재해를 당한 경우, 최소한 항해가 종료될 때까지 상병요양보상을 행하고 임금을 지급할 의무가 있다.
② 영국법과 미국법에 의하면, 선박과 선박소유자는 선박의 불감항성으로 인하여 발생한 선원의 재해에 대하여 배상할 책임이 있다.
③ 승무원들 상호간은 동료 근로자(fellow servants)이기 때문에, 선원이 다른 승무원의 과실로 인하여 재해를 당한 경우 상병요양보상만을 청구할 수 있고, 그 이외의 구제수단은 허용되지 아니한다.
④ 선원은 선장이나 해원의 과실에 대하여 손해배상을 청구할 수 없다.

이에 따라 미연방대법원은 재해를 당한 선원에게 상병요양보상청구권과 선박의 불감항성을 이유로 한 구제를 인정하였으나, 과실로 인한 재해에 대하여는 구제를 허용하지 아니하였다.[631)]

3. Jones법의 제정

그 후 1920년 미연방의회는 Jones법을 제정하여 직무상 재해를 당한 선원에게 손해배상청구권을 인정함으로써 ③, ④의 명제를 입법적으로 파기하였고, 연방대법원도 Jones법의 합헌성을 인정하였으며,[632)] 1920년대 이후로 Jones법에 의한 손해배상청구가 선원재해에 대하여 가장 중요한 구제수단이 되었다. 선원은 Jones법에 의한 손해배상청구, 상병요양보상의 청구, 불감항성을 이유로 한 손해배상청구를 병합하여 제기할 수도 있고, 한 가지씩 차례로 제기할 수도 있다.[633)] 위 3가지 구제수단 중 한 가지 이상을 청구한 경우 선원이 이중배상을 받는 것을

631) 법원은 그 이유로 선박소유자는 선박에 승선하고 있지 않고, 선장은 선박소유자가 아니라는 것을 들고 있다. 그러므로 법원의 결론은 선장과 해원은 동료 근로자로 취급되기 때문에 선장이나 해원에게 과실이 있는 경우 선박 또는 선박소유자에게 과실을 원인으로 한 청구는 허용되지 아니한다는 '동료근로자의 원칙'(fellow servant doctrine)에 그 근거를 두고 있다(Schoenbaum, 241면). 참고로 '동료근로자의 원칙'은 근로자가 사용자에 대하여 재해로 입은 손해의 배상을 청구하는 경우, 그 사고가 사용자 밑에서 일하는 다른 동료 근로자의 과실로 인하여 발생한 때에는 사용자는 손해배상책임을 면한다는 보통법(common law)상 법리를 의미하는데, 피재근로자의 구제기회를 부당하게 축소한다는 강한 비판에 따라 판례와 제정법에 의하여 그 적용이 제한되어, 현재 영미법에서는 폐지되기에 이르렀다. 英米法辭典, 編輯代表 田中英夫, 東京大學出版會(1991), 165면.

632) Panama R.R. v. Johnson, 264 U.S. 375 (1924).

633) Cooper v. Diamond M Co., 799 F.2d 176, 179 (5th Cir. 1986).

방지하기 위하여 법원은 손해배상액을 조정하게 된다.

Ⅱ. 사후존속소권에 의한 청구와 불법사망소송

1. 의 의

과실로 인하여 불법사망(wrongful death)한 선원은 Jones법에 의하여 손해배상을 청구할 수 있다. 사망이 해안에서 3해리(nautical mile)보다 먼 곳[634]에서 발생한 경우에는 '공해상 사망에 관한 법률'(The Death on the High Seas Act,[635] DOHSA)도 동시에 적용된다. 사망이 해안에서 3해리 이내에서 발생한 경우에는 일반해사법에 의하여 불감항성을 이유로 불법사망에 대한 배상[636]을 청구할 수 있다.[637] DOHSA와 함께 1920년에 시행된 Jones법은 불법사망에 대한 구제와 사후존속소권에 의한 청구(survival action)를 규정하고 있는 연방사용자책임법(The Federal Employers' Liability Act, FELA)의 보호수단을 선원에게 확장한 것이다. Jones법에 의한 구제의 허용여부는 선원의 지위가 인정되는지 여부에 따라 결정된다. 배상책임의 유무는 과실의 증명에 달려 있으며, 불감항성에 대해서는 Jones법상 구제수단은 존재하지 아니한다.[638]

2. Jones법에 의한 구제

Jones법은 주법에 의한 불법사망책임보다 우선 적용된다.[639] Jones법에 의한

---

634) DOHSA에서 규정하고 있는 일반적인 공해(high seas)는 미국 연안으로부터 3해리(nautical miles) 밖을 지칭한다(46 U.S.C. § 30302). 다만 2000년 법개정에 따라 상업항공기와 관련된 사고로 인한 사망에 대해서는 별도로 12해리를 공해로 규정하고 있다(46 U.S.C.A. § 30307).

635) 46 U.S.C.A. §30301.

636) ① 訴權存續法(survival statute): 타인의 불법행위로 인하여 상해를 입은 후 사망한 피해자에게 가해자에 대한 배상청구권의 존속을 정한 법률로서, 불법행위 소권은 원고 또는 피고의 사망으로 소멸한다는 보통법상 원칙(*actio personalis moritur cum persona*)을 수정한 것이다. 피해자 본인이 상해를 입은 때부터 사망할 때까지 사이에 발생한 배상청구권은 본인 사후에도 존속하고, 망인의 인격대표자(personal representative)가 가해자에 대하여 행사한다. ② 피해자의 사망으로 그 유족들이 입은 손해는 不法死亡法(wrongful death statute)에 의하여 배상청구가 인정된다. 英米法辭典, 834면.

637) Miles v. Apex Marine Corp., 498 U.S. 19 (1990); Moragne v. States Marine Lines, Inc., 398 U.S. 375 (1970), on remand 446 F.2d 906 (5th Cir. 1971).

638) Gillespie v. United States Steel Corp., 379 U.S. 148 (1964); Lindgren v. United States, 281 U.S. 38 (1930).

639) Gillespie v. United States Steel Corp., 379 U.S. 148 (1964).

불법사망소송의 원고적격은 망인의 인격대표자인데, 인격대표자에는 망인의 배우자와 자녀, 그리고 이들이 존재하지 아니한 경우에는 피부양 근친자 등이 있다. Jones법에 의한 불법사망소송에서 손해배상의 범위는 DOHSA와 마찬가지로 재산상 손해에 한정되므로,[640] 원고는 가족권 · 배우자권의 상실(loss of society and consortium)에 대한 배상[641]이나 징벌적 손해배상(punitive damages)[642]을 청구할 수 없다. 선원이 사망하기 전에 겪은 정신적 고통에 대한 위자료 청구는 Jones법상 사후존속소권 규정에 의하여 배상받을 수 있다.[643]

만약 사망의 원인이 된 사고가 해안으로부터 3해리보다 먼 곳에서 발생한 경우에는 선원의 인격대표자는 Jones법상 과실을 원인으로 한 청구에 DOHSA상 불감항성을 원인으로 한 청구를 병합할 수 있다.[644] 이와 달리 사망의 원인이 된 사고가 해안으로부터 3해리보다 가까운 곳에서 발생한 경우에는 원고는 Jones법상 과실을 원인으로 한 청구에 일반해사법상 불감항성을 원인으로 한 청구를 병합할 수 있다.[645]

640) Jones법은 손해배상의 범위에 대하여 특별한 제한이 없으나 FELA의 배상규정을 준용하고 있고, FELA도 재산상 손해와 비재산상 손해를 구분하고 있지 아니하다. 그러나 연방대법원은 Michigan Central R. Co. v. Vreeland, 227 U.S. 59 (1913)에서 FELA의 불법사망소송 규정이 재산상 손해에 한하여 배상을 허용한 Lord Cambell's Act, 9 & 10 Vict. Ch. 93 (1846)을 반영하고 있다고 판시하였다. 그 결과 Jones법의 배상범위도 이와 마찬가지로 재산상 손해에 한정된다. Schoenbaum, 272면.

641) Miles v. Apex Marine Corp., 498 U.S. 19 (1990).

642) Bergen v. F/V St. Patrick, 816 F.2d 1345, 1347 (9th Cir. 1987); In re Mardoc, 768 F.Supp. 595 (E.D.Mich. 1991); Complaint of Aleutian Enterprise, Ltd., 777 F.Supp. 793 (W.D.Wash. 1991). 그러나 제5연방항소법원과 제11연방항소법원은 Jones법상 청구에 일반해사법상 청구가 병합된 경우, 징벌적 손해배상을 인정하였다. In re Merry Shipping, 650 F.2d 622 (5th Cir. 1981); Miles v. Melrose, 882 F.2d 976 (5th Cir. 1989); Hines v. J. A. LaPorte, Inc., 820 F.2d 1187 (11th Cir. 1987); Garay v. Carnival Cruise Line, Inc., 904 F.2d 1527 (11th Cir. 1990). 그럼에도 불법사망소송에 관한 한, 일반해사법상 징벌적 손해배상은 인정되지 아니한다. Miller v. American President Lines, 989 F.2d 1450 (6th Cir. 1993); Matter of Waterman S. S. Corp., 780 F.Supp 1093 (E.D.La. 1992); Haltom v. Lykes Bros. S. S. Co., Inc., 771 F.Supp. 179 (E.D.Tex. 1991).

643) De Centeno v. Gulf Fleet Crews, Inc., 798 F.2d 138, 142 (5th Cir. 1986); Deal v. A.P. Bell Fish Co., 728 F.2d 717 (5th Cir. 1984); Neal v. Barisich, Inc., 707 F.Supp. 862 (E.D.La. 1989).

644) Doyle v. Albatross Tanker Corp., 260 F.Supp. 303 (S.D.N.Y. 1965), affirmed 367 F.2d 465 (2d Cir. 1966).

645) Landry v. Two R. Drilling Co., 511 F.2d 138 (5th Cir. 1975), rehearing denied 517 F.2d 675 (1975); Hlodan v. Ohio Barge Line, Inc., 611 F.2d 71 (5th Cir. 1980); Smith v. Ithaca Corp., 612 F.2d 215 (5th Cir. 1980); Complaint of Patton-Tully Transp. Co., 797 F.2d 206, 212 (5th Cir. 1986), rehearing denied 800 F.2d 262 (5th Cir. 1986).

3. 일반해사법에 의한 구제

선원이 일반해사법에 의하여 불법사망소송을 청구할 수 있다는 것은 연방대법원의 Moragne v. Marine Lines 판결[646)]을 통해서 형성되었으며, Miles v. Apex Marine Corp. 판결[647)]을 통하여 다시 재확인되었다. 연방대법원은 일반해사법에 의한 불법사망소송의 원고의 개념을 규정하지 아니하고 법원이 DOHSA, 불법사망소송을 규정한 다른 연방법률이나 주법을 살펴보아야 한다고 판시하였다.[648)] 법원은 일반적으로 DOHSA를 참조하여 원고 적격자는 사망한 선원의 인격대표자라고 판단하고 있는데,[649)] DOHSA에 의하면 인격대표자에는 배우자[650)]·피부양 부모·피부양 자녀 등이 포함된다.[651)]

연방대법원은 통일성의 원칙에 따라 일반해사법상 불법사망소송에서 인정하는 손해배상의 범위를 DOHSA, Jones법과 동일하게 재산상 손해에 한정하고 있다.[652)] Miles v. Apex Marine Corp. 판결에서, 미국 항구에서 정박하고 있던 도중에 동료 선원으로부터 살해된 선원의 어머니(피부양 상태가 아니라 독립하여 생계를 유지하고 있었다)가 일반해사법상 불법사망소송에서 불감항성을 이유로 가족권의 상실(loss of society)에 대한 배상을 청구하였으나 연방대법원은 이를 기각하였다. 연방대법원의 판단은 해사법의 통일성에 기초한 것으로, 연방의회가 DOHSA, Jones법에서 선원의 사망으로 인한 비재산상 손해의 배상을 금지하였기 때문에,

646) 398 U.S. 375 (1970), on remand 446 F.2d 906 (5th Cir. 1971), overruling The Harrisburg, 119 U.S. 199 (1886).
647) 498 U.S. 19 (1990).
648) Moragne v. States Marine Lines, Inc., 398 U.S. at 408 (1970); Stissi v. Interstate and Ocean Transport Co., 590 F.Supp. 1043 (E.D.N.Y. 1984), modified on other grounds 765 F.2d 370 (2d Cir. 1985); In re P&E Boat Rentals, Inc., 872 F.2d 642 (5th Cir. 1989).
649) Ivy v. Security Barge Lines, Inc., 585 F.2d 732 (5th Cir.1978), rehearing en banc 606 F.2d 524 (1979).
650) 일반해사법에 의하여 불법사망소송을 제기할 수 있는 普通法상 배우자인지 여부는 州法에 의하여 결정된다. Tidewater Marine Towing, Inc. v. Curran-Houston, Inc., 785 F.2d 1317 (5th Cir. 1986).
651) Stissi v. Interstate & Ocean Transport Co., 590 F.Supp. 1043 (E.D.N.Y. 1984), modified 765 F.2d 370 (2d Cir. 1985); Spiller v. Thomas M. Lowe, Jr. & Associates, Inc., 466 F.2d 903 (8th Cir. 1972); Sennett v. Shell Oil Co., 325 F.Supp. 1 (E.D.La. 1971); Hamilton v. Canal Barge Co., 395 F.Supp. 978 (E.D.La. 1975); Complaint of Patton-Tully Transp. Co., 797 F.2d 206, 212-13 (5th Cir. 1986), rehearing denied 800 F.2d 262 (5th Cir. 1986).
652) Mobil Oil Corp. v. Higginbotham, 436 U.S. 618 (1978), on remand 578 F.2d 565 (5th Cir. 1978); Miles v. Apex Marine., 498 U.S. 19 (1990).

비재산상 손해인 가족권의 상실에 대하여 법원이 배상을 인용하는 것은 일관성이 없기 때문이다.

비록 일반해사법상 사후존속소권에 의한 청구가 허용되는지 여부에 관한 연방대법원의 명시적인 판단은 존재하지 아니하지만, 연방하급법원은 불법사망소송에 관한 유추적용을 통하여 이를 인정하고 있다.[653] 일반해사법상 사후존속소권에 의한 배상범위는 불법사망소송에서 인용된 배상의 내용과 중복하여 인용될 수 없으며, Jones법상 사후존속소권에 의한 배상범위를 상회할 수 없다.[654] 그러므로 장래 일실이익은 배상받을 수 없으나,[655] 선원이 사망하기 전에 겪은 정신적 고통에 대한 위자료청구는 허용된다.[656] 정신적 고통 이외의 비재산상 손해에 대하여는 배상이 허용되지 아니한다.[657]

Ⅲ. 손해배상의 범위

1. 과거의 일실임금

과거의 일실임금은 증명이 되면 배상의 범위에 포함되는데, 대부분의 사건에서 이를 산정하는 것은 용이하기 때문에 이에 관하여는 다툼이 별로 없다.[658]

2. 장래 예상소득의 상실

장래 예상소득(Future Earning Capacity)의 상실정도를 산정하는 확실한 방법이

---

653) Evich v. Morris, 819 F.2d 256 (9th Cir. 1987); Azzopardi v. Ocean Drilling & Exploration Co., 742 F.2d 890 (5th Cir. 1984); Barbe v. Drummond, 507 F.2d 794 (1st Cir. 1974); Spiller v. Thomas M. Lowe, Jr., & Assoc., Inc., 466 F.2d 903 (8th Cir. 1972); Chute v. United States, 466 F.Supp. 61 (D.Mass. 1978); Marsh v. Buckeye S.S Co., 330 F.Supp. 972 (N.D.Ohio, E.D. 1971); McAleer v. Smith, 791 F.Supp. 923 (D.R.I. 1992); Deniston v. Boeing Co., 1991 WL 39194 (N.D.N.Y. 1991) (not reported in F.Supp.); Kuntz v. Windjammer "Barefoot" Cruises, Ltd., 573 F.Supp. 1277 (W.D.Pa. 1983), affirmed 738 F.2d 423 (3d Cir. 1984).

654) Miles v. Apex Marine Corp., 498 U.S. 19 (1990).

655) Miles v. Apex Marine Corp.

656) Anderson v. Whittaker Corp., 894 F.2d 804, 814 (6th Cir. 1990); In re P & E Boat Rentals, Inc., 872 F.2d 642 (5th Cir. 1989); McAleer v. Smith, 791 F.Supp. 923, 930 (D.R.I. 1992).

657) Rollins v. Peterson Builders, 761 F.Supp. 943 (D.R.I. 1991).

658) Firth v. United States, 554 F.2d 990 (9th Cir. 1977); Ceja v. Mike Hooks, Inc., 690 F.2d 1191 (5th Cir. 1982); Johnson v. Offshore Express, Inc., 845 F.2d 1347 (5th Cir. 1988); Evans v. United Arab Shipping Co., 790 F.Supp. 516 (D.N.J. 1992), judgment affirmed 4 F.3d 207 (3d Cir. 1993); Havens v. F/T Polar Mist, 996 F.2d 215 (9th Cir. 1993).

없기 때문에 이 항목은 실무에서 자주 다투어진다.[659]

첫 번째 변수는 선원이 재해로 인하여 가동능력을 전부 또는 일부 상실하였는지 여부이다. Strokes v. Janoush Towing, Inc. 사건[660]에서 법원은, 원고가 그가 주장하는 재해를 당한 이후에 3회에 걸쳐 싸움을 했고, 왕성한 성행위를 하였으며, 3륜자동차를 자유자재로 운전하고, 무거운 물건을 들거나 운반하였다는 사실관계를 확정한 후 원고는 가동능력을 상실하지 아니하였고, 원고가 그동안 코카인과 마리화나의 판매에 종사하였다는 이유로 상병요양보상청구만을 인용하였다. 장래의 가동능력을 판단할 때 법원은 선원이 보다 용이한 대체 직업을 보유할 수 있는지를 고려하여야 한다. Courville v. Cardinal Wireline Specialists, Inc. 사건[661]에서 법원은 장래의 소득상실 상당액 대신에 원고가 대체 직업을 구할 수 있도록 학사학위를 취득하는데 필요한 비용의 배상을 명하였다.

두 번째 변수는 선원이 가동능력을 전부 또는 일부 상실하였다고 가정하였을 때 장래의 소득을 산정하는 방법이다. 생산성향상과 승진을 어느 정도 고려하여야 하는지가 주로 문제된다. 장래 예상소득 상실액을 산정할 때에는 장래의 인플레이션도 고려하여야 하고, 중간이자를 공제하여 현가로 산정하여야 한다. 자주 사용되는 가정은 시중의 이율은 인플레이션 및 생산성 향상과 정확히 상쇄된다는 것이다.[662] 또한 노동능력, 과거의 평균임금, 정년 등을 고려하여야 한다.[663] 장래의 소득에 대해서는 '이중배상원칙'(collateral saurce rule)[664]이 적용되고,[665] 상병보상도 공제되어서는 안 되며,[666] 판결 선고 전 지연배상금도 허용되지 아니한다.[667]

---

659) Pedersen v. Diesel Tankers, Ira S.Bushey, Inc., 280 F.Supp. 421 (S.D.N.Y. 1967).
660) 685 F.Supp. 198 (E.D.Ark. 1988).
661) 775 F.Supp. 929 (W.D.La. 1991).
662) Jones & Laughlin Steel Corp. v. Pfeifer, 462 U.S. 523, at 550, n.32. (1983).
663) Michel v. Total Transp. Inc., 957 F.2d 186 (5th Cir. 1992); Saleeby v. Kingsway Tankers, Inc., 531 F.Supp. 879, 888 (S.D.N.Y. 1981).
664) 불법행위에 기한 손해배상청구 소송에서 피해자인 원고가 수령한 보험금, 사회보장급여 등과 같이 가해자로부터 出捐되지 아니한 것은 배상액에서 공제되어서는 안 된다는 원칙을 말한다. Yost v. American Overseas Marine Corp., 798 F.Supp. 313 (E.D.Va. 1992); 英米法辭典, 158면.
665) A.H. Bull S.S. Co. v. Ligon, 285 F.2d 936, 937 (5th Cir. 1960) (사회보장연금 및 군인연금); Gauthier v. Crosby Marine Service, Inc., 752 F.2d 1085 (5th Cir. 1985); Haughton v. Blackships, Inc., 462 F.2d 788 (5th Cir. 1972); Riddle v. Exxon Transp. Corp., 563 F.2d 1103 (4th Cir. 1977).
666) Ward v. American Hawaii Cruises, Inc., 719 F.Supp. 915, 924 (D.Hawaii 1988); Colburn v. Bunge Towing, Inc., 883 F.2d 372 (5th Cir. 1989).
667) Boyle v. Pool Offshore Co., 893 F.2d 713 (5th Cir. 1990).

3. 기왕의 치료비와 장래의 치료비

선원은 요양보상으로 회복되지 아니한 범위 내에서 기왕의 치료비 및 장래의 치료비를 청구할 수 있다.[668] 장래의 치료비에 대한 청구의 인용여부는 장래 치료의 필요성과 그 비용을 증명하는지 여부에 달려 있다.[669]

4. 위자료

선원은 육체적 · 정신적 고통, 신체적 결함, 불편함 등과 같이 일상생활에 불편을 주는 육체적 · 정신적 효과에 대해서도 그 배상을 청구할 수 있다.[670] 이와 같은 손해의 산정에서 원고는 주로 1시간당 1 $와 같이 시간을 기준으로 할 것을 주장하는데, 시간을 기준으로 산정하는 것은 하나의 참고자료일 뿐 구속력이 없다.[671]

5. 지연손해금 및 기타 관련 문제

가. 지연손해금

판결 선고 전 이자(prejudgment interest)는 벌칙이 아니라 원고에게 제 때 지급되었더라면 이를 운용하여 얻을 수 있었던 이익의 상실에 대한 보상이다. 이중배상을 방지하기 위하여 장래의 일실이익의 배상, 장래의 고통에 대한 위자료 등과 같이 장래의 손해에 대한 배상금에는 판결선고 전 이자를 부가하지 아니한다.[672] 또한 원고의 청구금액에 비하여 인용된 금액이 현저하게 적은 경우에도 이

668) Saleeby v. Kingsway Tankers, Inc., 531 F.Supp. 879, 883 (S.D.N.Y. 1981).

669) Evans v. United Arab Shipping Co., 790 F.Supp. 516 (D.N.J. 1992), judgment affirmed 4 F.3d 207 (3d Cir. 1993); Burden v. Evansville Materials, Inc., 636 F.Supp. 1022; (W.D.Ky. 1986), affirmed 840 F.2d 343 (6th Cir. 1988); Ringering v. Compania Maritima De-La-Mancha, 670 F.Supp. 301 (D.Or. 1987).

670) Pfeifer, 678 F.2d at 460; Dunn v. Penrod Drilling Co., 660 F.Supp. 757, 769 (S.D.Tex. 1987); Wilcox v. Kerr-McGee Corp., 706 F.Supp. 1258 (E.D.La. 1989); Levesque v. Marine Drilling Co., 783 F.Supp. 302 (E.D.Tex. 1992).

671) Bunge Towing v. Colburn, 883 F.2d at 375; Havens v. F/T Polar Mist, 996 F.2d 215 (9th Cir. 1993).

672) Martin v. Walk, Haydel & Assoc., Inc., 794 F.2d 209 (5th Cir. 1986); Boyle, supra, 893 F.2d at 719.

자는 허용되지 아니한다.673) 배심재판에 의하여 이루어지는 Jones법상 청구에 대하여는 판결선고 전 이자는 허용되지 아니하나,674) 배심재판에 의하지 아니하는 청구에 대하여는 판결선고 전 이자는 허용된다.675) 배상이 Jones법상 청구 및 불감항성을 이유로 한 청구가 모두 이유 있다는 배심원의 평결에 기초하여 이루어진 경우에는, 불감항성을 이유로 한 청구 부분에 한하여 판결선고 전 이자가 허용되나,676) 불감항성을 이유로 한 청구부분이 특정되지 아니한 경우에는 판결 선고 전 이자는 허용되지 아니한다.677) 과거의 상병요양보상에 대하여도 판결선고 전 이자는 허용되나,678) 배심재판이 이루어진 경우에는 허용되지 아니한다.679)

나. 과실상계

원고에게 기여과실(contributory negligence)에 있는 경우에는 과실상계를 하고,680) 원고가 사용자로부터 재해보상을 받은 경우 손익상계를 한다.681) 만약 재해가 기왕증을 악화시킨 것에 불과하다면 피고는 원고에게 기왕증으로 인한 부분을 제외하고 이를 악화시킨 부분에 한하여 배상책임을 부담한다.682)

다. 제3자에 대한 손해배상청구

선원이 사용자에 대하여 Jones법이나 일반해사법에 의하여 손해배상을 청구하는 경우 징벌적 손해배상이나 가족권상실에 대한 배상은 허용되지 아니하나,683)

---

673) Al-Zawkari v. American S.S. Co., 871 F.2d 585 (6th Cir. 1989).

674) Simeon v. T. Smith & Son, Inc., 852 F.2d 1421 (5th Cir. 1988), rehearing denied 860 F.2d 1255(1988). Bunge Towing, 883 F.2d at 375.

675) Williams v. Reading & Bates Drilling Co., 750 F.2d 487, 491 (5th Cir. 1985); Domangue v. Penrod Drilling Co., 748 F.2d 999 (5th Cir. 1984).

676) Wyatt v. Penrod Drilling Co., 735 F.2d 951 (5th Cir. 1984); Magee v. United States Lines, 976 F.2d 821 (2d Cir. 1992).

677) McPhillamy v. Brown & Root, Inc., 810 F.2d 529 (5th Cir. 1987).

678) Weason v. Harville, 706 P.2d 306 (Alaska 1985); Ursich v. da Rosa, 328 F.2d 794 (9th Cir. 1964).

679) Robinson v. Pocahontas, Inc., 477 F.2d 1048 (1st Cir. 1973).

680) Burden v. Evansville Materials, Inc., 636 F.Supp. 1022 (W.D.Ky. 1986), affirmed 840 F.2d 343 (6th Cir. 1988); Ringering, supra 670 F.Supp. at 306; Saleeby, 531 F.Supp. at 884.

681) Burden, 636 F.Supp. at 1045.

682) Evans v. United Arab Shipping Co., 767 F.Supp. 1284 (D.N.J. 1991), judgment affirmed 4 F.3d 207 (3d Cir. 1993); Wilson v. Zapata Off-Shore Co., 939 F.2d 260, 270 (5th Cir. 1991).

683) Miles v. Apex Marine Corp., 498 U.S. 19 (1990); Murray v. Anthiny J. Bertucci Const. Co., Inc., 958 F.2d 127 (5th Cir. 1992); Michel v. Total Transp., Inc., 957 F.2d 186 (5th Cir. 1992); Breland v. Western Oceanic, Inc., 755 F.Supp. 718 (W.D.La. 1991); Warwick v. Huthnance

제3자인 불법행위자에 대하여 일반해사법에 의하여 징벌적 손해배상이나 가족권 상실에 대한 배상을 청구할 수 있다.684)

라. 이중배상원칙

이중배상원칙은 선원의 배상청구에 전면적으로 적용된다.685) 피고의 과실책임뿐만 아니라 무과실책임에 대해서도 적용된다.

Ⅳ. 소멸시효

1. Jones법상 손해배상청구권의 소멸시효

Jones법은 손해배상청구권의 소멸시효를 3년으로 규정하고 있다. 소멸시효는 원고가 그의 재해 및 인과관계를 인식하였거나 인식할 수 있었던 때부터 진행하는데, 이는 일반해사법상 소멸시효를 일반적으로 3년으로 규정한 것과 일치한다. 소송원인(cause of action)은 원고의 법익이 침해되는 시점에서 발생하는데, 이는 주로 불법행위가 이루어진 때를 의미한다.686) 그러나 항해 도중에 불법행위가 발생한 경우에는 항해가 종료할 때까지 소멸시효는 진행하지 아니한다.687)

2. 불감항성을 이유로 한 손해배상청구권의 소멸시효

불감항성을 이유로 한 손해배상청구는 일반해사법을 근거로 하기 때문에 해사불법행위에 관한 통일소멸시효법(The Uniform Statute of Limitation for Maritime Torts)상 3년의 소멸시효 규정이 적용된다.688)

Div., Grace Offshore Co., 760 F.Supp. 571 (W.D.La. 1991).

684) Mussa v. Cleveland Tankers, 802 F.Supp. 84 (E.D.Mich. 1992). Rebstock v. Sonat Offshore Drilling, 764 F.Supp. 75 (E.D.La. 1991); Verdin v. L & M Bo-Truc Rental, Inc., 1991 WL 87930, 1992 AMC 93 (E.D.La. 1991).

685) Yost v. American Overseas Marine Corp., 798 F.Supp. 313 (E.D.Va. 1992); Manderson v. Chet Morrision Contractors, Inc., 666 F.3d 373 (5th Cir. 2012)(선박소유자가 선원의 상해에 대해 무과실책임을 부담하는 생활비와 치료비 항목의 특징에 비추어 볼 때, 이중배상원칙이 반드시 엄격하게 적용될 필요는 없고, 피고가 지급하여야 할 치료비는 해당 의료기관이 청구한 금액이 아닌, 실제 지급된 금액이다).

686) Clay v. Union Carbide Corp., 828 F.2d 1103 (5th Cir. 1987); Albertson v. T.J.Stevenson & Company, Inc., 749 F.2d 223 (5th Cir. 1984); Urie v. Thompson, 337 U.S. 163 (1949).

687) Nasser v. Hudson Water Ways Corp., 563 F.Supp. 88 (W.D.Wash. 1983).

3. 상병요상보상의 소멸시효

상병요양보상은 일반해사법에 근거를 두고 있지만, 법원은 일반해사법상 3년의 소멸시효 규정이 엄격하게 적용되는지 여부에 관하여는 명확한 판단을 하지 않는다. 따라서 상병요양보상청구 소송에서는 해태(laches)에 관한 규정이 적용되나, 원고는 법원이 3년의 소멸시효 규정을 기준으로 삼을 것을 예상하여 제소의 지연에 합리적인 이유가 있고 피고의 지위를 침해하지 않는다는 것을 증명하여야 한다.[689] 구체적 사건에서는 소송원인이 발생한 시점을 결정하는 것이 중요하다. 일반적으로 '사건발생 시의 원칙'(time-of-event rule)이 기준이 되는데, 불법행위로 인하여 즉시 인식 가능한 재해가 발생한 경우에는 불법행위가 이루어진 시점에 소송원인이 발생하게 된다.[690]

그러나 잠재적 재해(latent injury)의 경우에는 다른 원칙이 적용된다. 잠재적 재해란 재해의 원인이 된 불법행위가 발생한 때부터 소멸시효가 경과한 후 재해를 발견한 경우를 의미하는데,[691] 잠재적 재해에는 청력상실,[692] 석면침착증[693] 등이 포함된다. 잠재적 재해 사건에서 원고의 소송원인은 불법행위가 발생한 시점이 아닌, 원고가 재해와 인과관계를 인식하거나 합리적으로 인식가능한 시점에서 발생한다.[694] 이를 '인식 시의 원칙'(discovery rule)이라고 하는데, 이 원칙은 전적으로 잠재적인 재해 사건에만 적용되고, '직접적임과 동시에 잠재적인 재해'의 경우에는 원고의 재해가 완전히 나타나지 않더라도 사건발생시의 원칙이 적용된다.[695] 그러므로 선원이 선박에서 태풍을 경험하고 잠시 후에 심리적인 질병을 얻었다면, 선원은 그로부터 3년 이내에 소를 제기하여야 하고, 만약 소멸시효가 경

---

688) McKinney v. Waterman S.S. Corp., 925 F.2d 1 (1st Cir. 1991); Taurel v. Central Gulf Lines, Inc., 947 F.2d 769 (5th Cir. 1991).

689) McKinney, supra at 3-4; Armstrong v. Trico Marine, Inc., 923 F.2d 55 (5th Cir. 1991); Reed v. American S.S. Co., 682 F.Supp. 333 (E.D.Mich. 1988).

690) Albertson, 749 F.2d at 229.

691) Taurel v. Central Gulf Lines, 947 F.2d at 771.

692) W.T. Smith v. States Marine International, Inc., 864 F.2d 410 (5th Cir. 1989).

693) Taurel, supra.

694) Albertson, supra at 229. The rule was applied to bar an action in Puthe v. Exxon Shipping Co., 802 F.Supp. 819 (E.D.N.Y. 1992), affirmed 2 F.3d 480 (2d Cir. 1993).

695) Hicks v. Hines, Inc., 826 F.2d 1543 (6th Cir. 1987); Armstrong v. Trico Marine, Inc., 923 F.2d 55 (5th Cir. 1991); Clay v. Union Carbide Corp., 828 F.2d 1103, 1106 (5th Cir. 1987); Crisman v. Odeco, Inc., 932 F.2d 413 (5th Cir. 1991).

과하였다면 비록 3년이 경과한 후에 심리적인 질병이 반복·악화되었다 하더라도 그의 청구는 인용될 수 없다.[696]

4. 금반언과 형평성의 원칙

법원은 금반언의 원칙과 형평성의 원칙에 의하여 소멸시효가 경과한 이후에 제기된 청구를 인용할 수 있다.[697] 금반언의 원칙을 적용하기 위해서는, 원고가 피고의 유도나 기망에 의하여 소멸시효를 도과하였다는 것을 증명하여야 한다.[698] 형평성의 원칙은 원고가 사법적 구제를 소멸시효기간 내에 제기하였으나 청구가 결함이 있는 경우에 적용된다.[699] 형평성의 원칙은 넓게 적용되지만 원고가 부수적인 구제나 행정적 구제를 제기한 것만으로는 불충분하다.[700]

V. Jones법에 의한 손해배상

1. 의 의

직무상 재해를 당한 선원은 Jones법에 따라 배심재판에 의하여 사용자의 과실로 인한 손해배상을 청구할 수 있다. Jones법상 손해배상청구권은 사용자[701] 또는 선박소유자에 대한 대인소송(in personam)에 의하여 실현되고, Jones법에는 선박우선특권규정이 없으므로 Jones법상 손해배상청구권을 이유로 한 선박에 대한 대물소송(in rem)은 허용되지 아니한다.[702]

696) Armstrong, 923 F.2d at 59.
697) Glus v. Brooklyn Eastern District Terminal, 359 U.S. 231 (1959).
698) McKinney, 925 F.2d at 6.
699) Burnett v. New York Central R. Co., 380 U.S. 424 (1965) (FELA case).
700) Wilson v. Zapata Off-Shore Co., 939 F.2d 260 (5th Cir. 1991).
701) 사용자는 통상의 경우에는 선박소유자이나 반드시 선박소유자에 국한되는 것은 아니며 육상에 본거를 둔 자일 수도 있다[Volyrakis v. M/V Isabelle, 668 F.2d 863 (5th Cir. 1982)]; 또 스스로 선원을 고용하고 선박을 점유·지배하는 선체용선자는 선원의 사용자로 볼 수 있고, 선체용선자가 아닌 용선자라 할지라도 선원에게 안전한 근무장소를 제공할 주의의무를 이행하지 아니한 경우에는 Jones법상 과실책임을 진다[Solet v. M/V Captain H.V. Dufrene, 303 F.Supp. 980 (E.D.La. 1969)].
702) Plamals v. Pinar Del Rio, 277 U.S. 151 (1928).

2. 사용자의 의무

Jones법에 의한 사용자의 기본의무는 선원에게 상당히 안전한 근무장소를 제공하여야 한다는 것이다.[703] 위 의무는 절대적이고 양도할 수 없기 때문에, 사용자가 선원이 근무하는 선박의 소유자가 아니더라도 의무를 부담한다.[704] 위 의무는 선원이 선박에 오르거나 내릴 때 상당히 안전한 수단을 제공하여야 하는 것까지 확장된다.[705] FELA와 마찬가지로 Jones법상 사용자는 사용자의 직원·대리인·근로자의 과실에 대하여 책임을 진다. 이는 선원이 선장이나 동료선원의 과실로 인하여 재해를 당한 경우 사용자가 책임을 진다는 것을 의미한다.

위 기준에 의하면 독립계약자(independent contractor)의 과실에 대하여는 사용자는 책임을 지지 않지만,[706] 독립계약자가 선박운행과 관련된 기능을 수행하거나 사용자의 대리인으로 관여한 경우에는 사용자는 독립계약자의 과실에 대하여도 책임을 진다.[707] Hopson v. Texaco, Inc. 사건[708]에서 연방대법원은, 선원을 병원으로 이송하는 일에 종사한 택시기사는 사용자의 대리인이므로 택시기사의 과실로 발생한 교통사고로 인하여 선원이 입은 상해에 대하여 사용자는 책임이 있다고 판시하였다. 독립계약자가 사용자의 대리인이 되는지 여부는 사용자가 독립계약자가 수행하는 일에 대하여 충분히 통제력을 행사할 수 있는지 여부에 따라

703) Southard v. Independent Towing Co., 453 F.2d 1115, 1118 (3d Cir. 1971); Davis v. Hill Engineering, Inc., 549 F.2d 314 (5th Cir. 1977); Ivy v. Security Barge Lines, Inc., 585 F.2d 732 (5th Cir. 1978), modified on other grounds 606 F.2d 524 (5th Cir. 1979); Havens v. F/T Polar Mist, 996 F.2d 215 (9th Cir. 1993).

704) Bertrand v. International Mooring and Marine, 710 F.2d 837 (5th Cir. 1983); Sojak v. Hudson Waterways Corp., 590 F.2d 53 (2d Cir. 1978); 그러나 선원들에게 수영하는 방법을 가르치거나 구명장비를 항상 착용하라고 요구할 일반적인 의무는 없다. Zapata Haynie Corp. v. Arthur, 980 F.2d 287 (5th Cir. 1992).

705) Massey v. Williams-McWilliams, Inc., 414 F.2d 675 (5th Cir. 1969); Meyers v. M/V EUGENIO C, 842 F.2d 815 (5th Cir. 1988), rehearing granted 852 F.2d 806 (5th Cir. 1988), on motion for reconsideration 876 F.2d 38 (5th Cir. 1989); Marceau v. Great Lakes Transit Corp., 146 F.2d 416 (2d Cir. 1945).

706) Mahramas v. American Export Isbrandtsen Lines, Inc., 475 F.2d 165 (2d Cir. 1973); Spinks v. Chevron Oil Co., 507 F.2d 216 (5th Cir. 1975).

707) Sinkler v. Missouri Pacific R.R.Co., 356 U.S. 326 (1958), rehearing denied 356 U.S. 978 (1958); Vincent v. Harvey Well Service, 441 F.2d 146 (5th Cir. 1971); Williamson v. Western Pacific Dredging Corp., 441 F.2d 65 (9th Cir. 1971); Hopson v. Texaco, Inc., 383 U.S. 262 (1966); Mounteer v. Marine Transport Lines, Inc., 463 F.Supp. 715 (S.D.N.Y. 1979).

708) 383 U.S. 262 (1966).

결정된다.[709] 그러나 대리인의 지위는 하역회사의 근로자까지 확대되지 않기 때문에, 선박소유자는 하역근로자의 과실에 대하여는 책임을 지지 아니한다.[710]

3. 직무상 재해

가. 직무수행 중 재해

Jones법은 선원이 '직무수행 중'(in the course of his employment) 재해를 당한 경우 배상청구를 허용하고 있는데, 이는 주로 선원이 상륙 중 재해를 당한 경우 문제가 된다.[711] 선원이 재해를 당할 당시에 그가 직무수행 중인지 여부는 구체적인 사실관계에 따라 판단하여야 한다. 예를 들면, Mounteer v. Marine Transport Lines, Inc. 사건[712]에서 선원인 원고는 노동조합을 통하여 고용되자마자 그가 승선하기로 예정된 선박으로 가기 위하여 사용자가 지정해 준 택시를 타고 가던 중 재해를 입었는데, 법원은 선원이 그의 직무수행에 착수하기 위하여 가던 도중이었지만 이미 선박의 기능수행에 기여한 것이라고 판단하였다.

그러나 선원이 해고되어 근로관계가 종료되었다면, 그가 하선하여 귀가하는 도중에 재해를 당했더라도 그는 선박의 기능수행에 기여한 것은 아니다.[713] 선원이 사용자의 지시에 의하여 해안에서 일시적인 직무를 수행하다가 재해를 입은 경우나,[714] 해안을 떠난 경우에도 직무수행성은 인정된다.[715] 그러나 선원이 순전히 개인적인 용무를 보기 위하여 하선한 경우에는 직무수행성을 인정할 수 없다.[716]

선원이 재해를 당할 당시에 그 재해가 직무상 재해인지 여부는 그가 전통적인

---

709) Wheatley v. Gladden, 660 F.2d 1024 (4th Cir. 1981); King v. Deutsche-Dampfs-Ges., 397 F.Supp. 618 (S.D.N.Y. 1974) 사건에서는 선주는 그가 고용하지 아니한 하역근로자의 과실에 대하여 책임지지 않았다.

710) Tim v. American President Lines, Ltd., 409 F.2d 385 (9th Cir. 1969).

711) O'Donnell v. Great Lakes Dredge and Dock Co., 318 U.S. 36 (1943).

712) 463 F.Supp. 715 (S.D.N.Y. 1979).

713) McCall v. Overseas Tankship Corp., 222 F.2d 441 (2d Cir. 1955).

714) Smith v. Odom Offshore Surveys, Inc., 791 F.2d 411 (5th Cir. 1986).

715) Daughenbaugh v. Bethlehem Steel Corp., 891 F.2d 1199 (6th Cir. 1989); Allan v. Brown & Root, Inc., 491 F.Supp. 398 (S.D.Tex. 1980); Ugarte v. U.S. Lines, Inc., 64 N.Y.2d 836, 486 N.Y.S.2d 934, 476 N.E.2d 333 (1985).

716) Howard v. M/V Bristol Monarch, 652 F.Supp. 677 (W.D.Wash. 1987); McClendon v. OMI Offshore Marine Serv., 807 F.Supp. 1266 (E.D.Tex. 1992).

선원(blue water seamen)인지 아니면 육해양노동자(brown water seamen)인지 여부에 따라 다르다. 법원은 전통적인 선원의 경우에는 상당히 자유롭게 판단하여 선원이 상륙하거나 휴식을 취하는 것뿐만 아니라 승선 · 하선에 수반되는 여행까지도 직무성을 인정하지만, 매일 출 · 퇴근하는 육해양노동자의 경우에는 통근을 직무수행으로 보지 아니한다.717) 그 결과 육해양노동자가 근무를 마치고 자신의 차로 퇴근하다가 상해를 입은 경우에는 Jones법상 손해배상청구는 인용되지 아니한다.718)

나. 사용자책임의 확장

해안에서 발생한 재해에 관한 두 번째 문제는 해안의 위험에 대한 사용자의 의무가 어디까지 확장되는가 하는 것이다. 통상적으로 선박에 타거나 선박을 떠나는 장소를 벗어난 곳은 사용자가 통제할 수 없는 곳이므로, 상당히 안전한 근로장소를 제공하여야 할 의무는 선박 이외의 장소까지 확장되지는 아니하며, 선박 이외의 장소에서 상당히 안전한 근로장소를 제공하는 것은 선원근로관계의 일반적인 내용은 아니다.719) 그럼에도 사용자의 의무는 특별한 사정이 있으면 실제 근로관계의 내용을 확장한다.

Marceau v. Great Transit Corp. 사건720)에서 원고인 선원은 해안에서 배에 오르다가 현문(舷門)의 해안 쪽 끝에서 5ft도 안 되는 장소에서 추락하였는데, 법원은 (i) 위험한 상황이 배에 오르는 장소에서 5ft도 안 되었고, (ii) 원고가 미끄러진 장치는 다른 선원의 과실로 잘못 설치되었으며, (iii) 다른 선원들은 위험한 상황을 인식하였고, (iv) 다른 선원들이 장치를 옮기거나 사고예방조치를 취하지 아니하였다는 4가지의 특별한 사정이 인정되므로 사용자는 그 손해를 배상할 책임이 있다고 판시하였다.

사용자는 그가 인식하거나 인식할 수 있었던 위험한 상황을 선원에게 고지할

---

717) Schoenbaum, 299면.
718) Lee v. Mississippi River Grain Elevator, Inc., 591 So.2d 1371 (La.App. 1991).
719) Todahl v. Sudden and Christenson, 5 F.2d 462 (9th Cir. 1925); Paul v. United States, 205 F.2d 38 (3d Cir. 1953); Bates v. Prudential-Grace Lines Inc., 375 F.Supp. 774, 775 (W.D.Wash. 1972), affirmed 497 F.2d 900 (9th Cir. 1974); Dangovich v. Isthmian Lines, Inc., 218 F.Supp. 235 (S.D.N.Y. 1963), affirmed 327 F.2d 355 (2d Cir. 1964).
720) 146 F.2d 416 (2d Cir. 1945).

의무가 있다.[721] Verrett v. McDonough Marine Service 사건[722]에서 선원이 야간에 선박을 도선하다가 소등되고 감항능력이 없는 바지선과 충돌하여 재해가 발생하였는데, 사용자는 바지선이 그의 근로자에 의하여 부적절한 장소에 놓여 있었기 때문에 이를 알았거나 알 수 있었으므로, 선박소유자는 선원에게 이를 고지할 의무가 있다고 인정되었다. Salomon v. Motor Vessel Poling Bros. No. 11, Inc. 사건[723]에서 선박의 조리사가 식료품을 구입하여 선박으로 돌아오는 길에 선박에서 300ft 정도 떨어진 부두계단을 오르다가 미끄러져 추락하였는데, 법원은 이 경우에도 선원이 그 임무를 수행하기 위해서는 선박 이외의 장소를 거쳐야 하기 때문에 사용자는 그 손해를 배상할 책임이 있다고 판시하였다.[724]

4. 재해의 범위

가. 부상과 질병

Jones법에 의하여 배상이 인정된 상병의 목록에는 실제로 일어날 수 있는 모든 신체적인 부상과 질병이 포함된다. Jones법상 상병에는 신체적 상병과 함께 발생한 정신적 질병도 포함된다.[725] Wilson v. Zapata Off-Shore Co. 사건[726]에서 법원은 남성선원들로부터 신체적 상해를 수반한 성희롱을 당한 여성선원의 손해배상청구를 인용하였으나, 오로지 감정적인 장해에 대하여 손해배상이 허용되는지에 관하여는 판단을 하지 아니하였다. Hagerty v. L & L Marine Service, Inc. 사건[727]에서, 사고로 중독성 화학물질에 노출된 선원이 암발생을 걱정하여 생긴 정신적인 불안에 관하여 손해배상을 청구하였고 법원은 이를 인용하였는데, 이 사건에 선원은 화학물질과 신체적인 접촉이 있었고, 이로 인하여 신체적인 질병의 증상을 보이기도 하였다.

---

721) Verrett v. McDonough Marine Service, 705 F.2d 1437 (5th Cir. 1983); Martin v. Walk, Haydel and Associates, Inc., 742 F.2d 246 (5th Cir. 1984), appeal after remand 794 F.2d 209 (5th Cir. 1986).
722) 705 F.2d 1437 (5th Cir. 1983).
723) 751 F.Supp. 343 (E.D.N.Y. 1990).
724) 751 F.Supp. at 345.
725) Lipari v. Maritime Overseas Corp., 493 F.2d 207 (3d Cir. 1974); Juan v. Grace Line, Inc., 299 F.Supp. 1259 (S.D.N.Y. 1969).
726) 939 F.2d 260 (5th Cir. 1991).
727) 788 F.2d 315 (5th Cir. 1986), modified 797 F.2d 256 (5th Cir. 1986).

나. 정신적 장해

그러나 법원은 오로지 정신적인 장해에 대하여는 Jones법상 손해배상청구를 인용하지 아니한다. Ainsworth v. Penrod Drilling Corp. 사건[728]에서 연해해저 유전굴착작업시설의 통제실에 있던 선원이 헬리콥터가 위 작업시설의 갑판에 충돌한 사고를 목격한 것을 이유로 배상을 청구하였는데, 법원은 이를 인용하지 아니하였다. 그 이유로 (i) 사고는 통제실(bow leg에 의하여 헬리콥터와 격리되어 있었다)에서 100ft 정도 떨어진 곳에서 발생하였고, (ii) 원고는 헬리콥터가 통제실과 충돌하지 않을 것이라고 인식하였으며, (iii) 원고는 위 사고 자체로 어떤 두려움을 느낀 것이 아니라 만약 그가 헬리콥터에 탑승한다면 위 사고와 똑 같은 일이 그에게 발생할 지도 모른다는 걱정이 생긴 것으로 인정되는바, 원고의 주장・증명에 의하여도 헬리콥터 사고가 그에게 신체적인 상처를 주었다거나 정신적인 고통을 유발하지도 아니한 것으로 인정되기 때문이다.[729] Plaisance v. Texaco, Inc. 사건[730]에서 제5연방항소법원의 부(部)판결은 정서적인 장해는 특별한 사정이 있으면 배상이 가능하다고 판시하였으나, 전원합의체 판결은 이를 파기하였다.

5. 사용자의 주의의무와 인과관계

가. 의 의

Jones법상 과실(negligence)은 사용자가 보통인이라면 구체적인 사정에 따라 선원들에 대한 의무를 이행할 때 있어 기울여야 할 주의의무(care)를 다하지 아니한 것을 의미한다.[731] 이와 같은 주의의무의 기준은 상당히 안전한 근로장소를 제공하여야 한다는 사용자의 기본적인 의무를 반영한 것이지만, 이러한 의무는 절대적인 것은 아니고 구체적인 사정에 따라 기울여야 할 '상당한 주의의무'(reasonable care)를 뜻한다.[732]

---

728) 972 F.2d 546 (5th Cir. 1992).

729) Gaston v. Flowers Transp., 866 F.2d. 816 (5th Cir. 1989) 사건에서는 두 선박의 충돌로 인하여 형제가 사망한 것을 목격한 선원이 그 고통으로 인하여 회복할 수 없는 위험한 상태에 있다는 것을 증명하지 못하였다.

730) 937 F.2d 1004 (5th Cir. 1991), rehearing en banc granted 954 F.2d 266 (5th Cir. 1992).

731) Clements v. Chotin Transport, Inc., 496 F.Supp. 163, 165 (M.D.La. 1980); Marvin v. Central Gulf Lines, Inc., 554 F.2d 1295 (5th Cir. 1977); Meyers v. M/V EUGENIO C, 842 F.2d 815 (5th Cir. 1988), rehearing granted 852 F.2d 806 (5th Cir. 1988).

나. 주의의무의 정도

많은 법률가와 판사들은 Jones법상 주의의무의 정도를 '사소한 과실'(slight negligence)로 정의하고 있다. 예를 들면, Robin v. Wilson Bros. Drilling 사건[733]에서 법원은 배심원들에게 "과실이 아무리 사소하더라도 상병이나 손해를 유발하였다면 과실과 법률상 손해 사이의 인과관계가 인정된다."고 교시하였다.

그러나 연방대법원의 판시내용을 분석해 보면 사소함이란 개념은 주의의무의 정도와 관련된 것이 아니라 FELA와 Jones법 사건에서 인과관계의 정도를 완화한 것이므로,[734] Jones법 사건에서 과실과 인과관계를 구별하여 배심원에게 교시하여야 한다. 그러므로 단순히 상병을 입었다는 사실만으로는 Jones법상 손해배상 책임이 인정되지 아니한다.

상병을 입은 선원은 사용자에게 과실이 있다는 점을 증명하여야 한다.[735] Jones법이 시행된 이후 생각할 수 있는 거의 모든 과실에 관한 소송이 제기되었다. 빈번히 제기된 과실의 유형은 상당히 안전한 장치와 설비를 유지하였는지 여부,[736] 불합리하게 위험한 작업이나 불안전한 작업방법을 지시한 경우,[737] 과도한 연장근로를 지시한 경우,[738] 점검을 하지 아니한 경우,[739] 이미 인식하고 있던 위험을 경고하지 아니한 경우,[740] 이미 인식하고 있던 위험한 상황을 개선하지 아니

732) Ober v. Penrod Drilling Co., 694 F.2d 68 (5th Cir. 1982), modified on other grounds 726 F.2d 1035 (5th Cir. 1984); Carlton v. M/G Transport Serv., Inc., 698 F.2d 846 (6th Cir. 1983) 사건에서는 기관장이 심장병으로 선상에서 사망하였는데, 선주는 기관장의 심장혈관질환을 알지 못했고, 선상에서의 작업도 책임을 질만큼 특별한 것이 없어서 선주의 책임은 부정되었다.

733) 719 F.2d 96 (5th Cir. 1983).

734) Rogers v. Missouri Pacific R. Co., 352 U.S. 500 (1957); Cortes v. Baltimore Insular Line, 287 U.S. 367 (1932).

735) Marvin v. Central Gulf Lines, Inc., 554 F.2d 1295 (5th Cir. 1977); Kent v. Shell Oil Co., 286 F.2d 746 (5th Cir. 1961); Carlton v. M/G Transport Services, Inc., 698 F.2d 846 (6th Cir. 1983); 그러나 오로지 선원의 과실로 인하여 불감항상태가 발생하고 그로 인하여 부상을 당한 경우에는 구제가 허용되지 아니한다. McClendon v. OMI Offshore Marine Serv., 807 F.Supp. 1266 (E.D.Tex. 1992).

736) Ceja v. Mike Hooks, Inc., 690 F.2d 1191 (5th Cir. 1982); Colburn v. Bunge Towing, Inc., 883 F.2d 372 (5th Cir. 1989).

737) Diebold v. Moore McCormack Bulk Transport Lines, Inc., 805 F.2d 55 (2d Cir. 1986); Burden v. Evansville Materials, Inc., 840 F.2d 343 (6th Cir. 1988).

738) Smith v. Reinauer Oil Transport, Inc., 256 F.2d 646 (1st Cir. 1958); Gajewski v. United States, 540 F.Supp. 381 (S.D.N.Y. 1982).

739) Barger v. Petroleum Helicopters, Inc., 514 F.Supp. 1199 (E.D.Tex. 1981), reversed on other grounds 692 F.2d 337 (5th Cir. 1982).

740) Givens v. M/V Calypso, 540 F.Supp. 12 (W.D.Wash. 1982).

한 경우[741] 등이다.

사용자가 선장 또는 직원을 적임자로 선발하는데 실패한 과실이 있는 경우에도 책임이 인정된다.[742] 그러므로 사용자는 근로자와 대리인의 과실에 관하여도 대신 책임을 진다.[743] 그러나 사용자는 가해자가 위험한 성향을 지니고 있다고 알려져 있거나[744] 가해행위가 사용자의 일을 조장하기 위하여 행해진 경우[745]를 제외하고는 동료 선원의 의도적인 공격행위에 대하여는 책임을 지지 아니한다.[746] 선원이 병에 걸리거나 심장질환이 발생한 경우에는 사용자는 책임이 없지만,[747] 상당하지 아니한 근로조건이 발병에 영향을 미치거나[748] 사용자가 적절한 치료를 제공하지 아니한 경우[749]에는 책임이 인정된다. 사용자에게는 선원을 구호하기 위해서 적절한 조치를 취할 의무가 있다.[750] 과실추정의 법리(res ipsa loquitur)는 선원의 배상청구에 전면적으로 적용되고,[751] 사용자의 과실책임을 면제하는 내용의 면책계약은 공서양속에 반하여 무효가 된다.[752]

다. 법률상 당연과실 (negligence per se)

사용자가 법률에 규정된 의무를 위반한 결과 선원이 재해를 당한 때에는 선원이 당해 법률에 규정된 것과 다른 종류의 재해를 당한 경우에도 사용자는 무과실책임을 진다.[753] 특히 사용자가 선원의 안전에 관한 법령을 위반한 경우에는 선원

---

741) Davis v. Hill Engineering, Inc., 549 F.2d 314 (5th Cir. 1977).
742) Anderson v. Great Lakes Dredge & Dock Co., 509 F.2d 1119 (2d Cir. 1974).
743) Ives v. United States, 58 F.2d 201 (2d Cir. 1932); Moore v. Assoc. Pipeline Contr., 468 F.2d 815 (5th Cir. 1972).
744) Wiradihardja v. Bermuda Star Line, Inc., 802 F.Supp. 989, 993 (S.D.N.Y. 1992); Kyriakos v. Goulandris, 151 F.2d 132 (2d Cir. 1945).
745) Jones v. Lykes Bros. S.S. Co., 204 F.2d 815 (2d Cir. 1953); Stoot v. D & D Catering Services, Inc., 807 F.2d 1197 (5th Cir. 1987); Wiradihardja, 802 F.Supp. at 993.
746) Stechcon v. United States, 439 F.2d 792 (9th Cir. 1971).
747) Brady v. Isthmean S.S. Co., 1956 AMC 1642 (S.D.N.Y. 1956); Lamon v. Standard Oil Co., 117 F.Supp. 831 (E.D.La. 1954).
748) Gorman v. Prudential Lines, Inc., 637 F.Supp. 879 (S.D.N.Y. 1986).
749) De Zon v. American President Lines, 318 U.S. 660 (1943), rehearing denied 319 U.S. 780 (1943); Joyce v. Atlantic Richfield Co., 651 F.2d 676 (10th Cir. 1981).
750) Reyes v. Vantage S.S. Co., 609 F.2d 140 (5th Cir. 1980), appeal after remand 672 F.2d 556 (5th Cir. 1982).
751) United States v. Baycon Indus., Inc., 804 F.2d 630 (11th Cir. 1986); Domar Ocean Transp., Ltd. v. Independent Refining Co., 783 F.2d 1185 (5th Cir. 1986); O'Connor v. Chandris Lines, Inc., 566 F.Supp. 1275 (D.Mass. 1983).
752) Boyd v. Grand Trunk Western R. Co., 338 U.S. 263 (1949).

에게 기여과실이 있더라도 사용자의 책임에는 영향을 미치지 아니한다.[754)]

라. 인과관계

Jones법상 사건에서 인과관계(causation)의 기준은 매우 명확하다. 사용자의 과실이 선원의 재해를 일으키는데 조금이라고 기여하였다면 인과관계는 인정된다.[755)] 그러므로 원고의 인과관계의 증명책임은 매우 가볍다.[756)] 이는 실무상 배심원들이 인과관계가 불명확한 사건에서도 그 추정이 가능하다는 것을 의미한다.

Martin v. John W. Stone Oil Distributor, Inc. 사건[757)]에서는 선원이 Mississippi강을 항해하던 중 실종되었다가 9개월 후에 사체로 발견되었는데, 부검결과 선원은 익사한 것을 밝혀졌다. 증거에 의하면, 선원은 간질발작의 전력이 있었고, 실종되기 약 1개월 전에 선박에서 쓰러져 머리를 다친 적이 있었는데, 의사는 발작이 있었다는 증거를 발견하지 못하고 선원에게 직무에 복귀하도록 하였다. 원고는 의사가 오진한 것이고, 선원이 너무 일찍 직무에 복귀하였다고 주장하였으나, 법원은 인과관계를 증명할 증거가 없다는 이유로 원고의 청구를 기각하였다.

이에 반하여 Kline v. Martrans CP, Inc. 사건[758)]에서는 선원이 실종되기 전에 선장에게 소변을 보러 간다고 말하였다. 증거에 의하면, 선원들이 평소에 선측에서 바다로 소변을 보는 곳에는 난간이 설치되어 있지 않았던 사실이 인정되었다. 법원은 선원이 실종되던 날 밤에 선원이 소변을 보던 정확한 지점을 본 사람은 없지만 인과관계를 인정하는데 상당한 이유가 있다고 판시하였다.

---

753) Kernan v. American Dredging Co., 355 U.S. 426 (1958); 법률위반이 당연과실로 인정되기 위해서는, (i) 해양안전규정을 위반할 것, (ii) 원고가 위 규정의 수익자일 것, (iii) 상해가 위 규정이 보호하고자 하는 범주에 포함될 것, (iv) 법률위반에 면책사유가 없을 것, (v) 인과관계 등 5가지 요건이 필요하다. Smith v. Trans-World Drilling Co., 772 F.2d 157 (5th Cir. 1985).

754) Roy Crook and Sons, Inc. v. Allen, 778 F.2d 1037 (5th Cir. 1985).

755) Robin v. Wilson Bros. Drilling, 719 F.2d 96 (5th Cir. 1983) (per curiam); Ferguson v. Moore-McCormack Lines, Inc., 352 U.S. 521 (1957); Sentilles v. Inter-Caribbean Shipping Corp., 361 U.S. 107 (1959); Chisholm v. Sabine Towing & Transp. Co., 679 F.2d 60 (5th Cir. 1982); Landry v. Oceanic Contractors, Inc., 731 F.2d 299 (5th Cir. 1984), rehearing denied 746 F.2d 812 (5th Cir. 1984).

756) Landry v. Two R. Drilling Co., 511 F.2d 138, 142 (5th Cir. 1975), rehearing denied 517 F.2d 675 (5th Cir. 1975).

757) Martin v. John W. Stone Oil Distr., Inc., 819 F.2d 547, 549 (5th Cir. 1987).

758) 791 F.Supp. 455 (D.Del 1992).

6. 제1차 의무의 원칙

제1차 의무의 원칙(The Primary Duty Doctrine)이란 선장과 직원[759)]은 재선 중 안전한 상태를 지속적으로 유지할 의무가 있는데, 선장이나 직원이 그 의무를 위배한 결과 재해를 당한 경우 사용자에 대하여 과실책임이나 불감항성위반책임을 소구할 수 없다는 원칙을 의미한다.[760)]

위 원칙이 최초로 등장한 Walker v. Lykes Brothers S.S. Co. 사건[761)]에서 선장은 선실에 있는 문서함 손잡이가 부러져 있다는 것을 알고서도 해상에서 부러진 손잡이로 인하여 상해를 입었다. Learned Hand 판사는 손잡이를 안전하게 유지하는 것은 선장의 의무이고, 선장은 그의 과실로 인하여 상해를 입었으므로 손해배상청구는 허용되지 아니한다고 판시하였다.

제1차 의무의 원칙은 여러 가지 유형의 사건에서 적용되었는데, Reinhart v. United States 사건[762)]에서 선상근무조건의 안전유무를 확인하는 의무를 가진 1등항해사가 선창을 점검하다가 상해를 입었고, Peymann v. Perini Corp. 사건[763)]에서는 1등기관사가 그가 보수유지를 담당하는 장치의 일부인 사다리를 이용하다가 상해를 입었다. 그러나 Johannessen v. Gulf Trading & Transp. Co. 사건[764)]에서는 승무원들의 과실로 인하여 구조되지 못하고 사망한 선장에 대하여 위 원칙을 적용하지 아니하였다.

제1차 의무의 원칙은 선장이나 직원에게 재해의 발생에 관한 전적인 책임이 있는 경우에 한하여 사용자에게 배상청구가 금지되는 것을 의미하는 것이므로, 사용자의 과실이 재해발생에 조금이라도 기여하였다면 선장이나 직원은 사용자의 과실비율에 상응하는 배상을 청구할 수 있다.[765)]

---

759) 제1차 의무의 원칙은 선박을 유지할 의무를 부담하는 직원에게만 적용된다. Villers Seafood Co. v. Vest, 813 F.2d 339, 342 (11th Cir. 1987).

760) 위 원칙은 불감항성을 원인으로 한 손해배상에도 적용된다. Reinhart v. United States, 457 F.2d 151, 153, n.1 (9th Cir. 1972); Boudoin v. J. Ray McDermott & Co., 281 F.2d 81 (5th Cir. 1960); Graham v. Milky Way Barges, Inc., 590 F.Supp. 721 (E.D.La. 1984), affirmed in part, reversed in part 824 F.2d 376 (5th Cir. 1987), rehearing denied Land & Offshore Services, Inc. v. American Fidelity Insurance Company, 832 F.2d 1264 (5th Cir. 1987).

761) 193 F.2d 772 (2d Cir. 1952).

762) 457 F.2d 151 (9th Cir. 1972).

763) 507 F.2d 1318 (1st Cir. 1974).

764) 633 F.2d 653 (2d Cir. 1980).

Ⅵ. 불감항성으로 인한 손해배상

1. 의 의

선박소유자는 선박의 불감항성이나 선박속구의 하자로 인하여 선원[766]이 상병을 당한 경우에는 이에 대한 배상책임이 있다. 선박소유자의 감항능력주의의무는 항해에 적합한 선박을 제공할 의무를 의미하는데, 이 의무는 절대적이며 양도할 수 없다.[767] 선박은 선원의 삶의 터전이고 선박소유자는 해양위험으로부터 선원을 최대한 보호하여야 한다는 점에서, 선박소유자의 감항능력주의의무는 사회보장적 성격을 지니고 있다. 위 의무는 Jones법이나 일반해사법상 과실책임과는 전혀 별개의 것이므로, 선박운항자가 상당한 주의의무를 다하였거나 선박소유자가 선박의 하자를 몰랐거나 수리할 기회가 없었더라도 감항능력주의의무의 위반에는 아무런 영향을 미치지 아니한다.[768]

2. 요 건

상병을 당한 선원이 선박소유자의 감항능력주의의무 위반책임을 청구하려면 자신의 상병이 선박이나 속구, 부속물의 하자로 인하여 발생하였음을 주장하여야 한다. 선박소유자의 감항능력주의의무는 선체,[769] 화물선적장치,[770] 선상에 있는 연장,[771] 밧줄 및 삭구,[772] 기타 선박에 속하거나 하역업자가 선상에 반입한 장

---

765) Kelley v. Sun Transp. Co., 900 F.2d 1027 (7th Cir. 1990); Boudreaux v. Sea Drilling Corp., 427 F.2d 1160, 1161 (5th Cir. 1970).

766) 선박소유자는 선원에 대하여만 감항능력주의의무를 부담하므로, 승선 중인 여객, 방문객, 해양탐사선의 과학자들은 감항능력주의의무위반을 주장할 수 없다. 연방대법원은 Seas Shipping Co. v. Sieracki 판결[328 U.S. 85 (1946), rehearing denied 328 U.S. 878 (1946)]에서 선상에서 상해를 입은 하역근로자가 선박소유자의 피용자가 아니더라도 선박소유자의 감항능력주의의무위반에 대하여 손해배상청구권을 가진다고 판시하였으나, 1972년 연방의회는 하역근로자손해배상법(The Longshore and Harbor Worker's Compensation Act)을 개정하여, 위 법의 적용을 받는 근로자가 감항능력주의 의무위반에 관하여 제소할 수 없도록 하였다. 이에 대한 비판적인 견해로는 Field, Kristin A., "Seamen Forgotten by Congress: The General Maritime Doctrine of Seaworthiness as a Means of Bridging the Statutory Gap", Tulane Law Review v.73, no. 5/6, 2095-2119면 참조.

767) Mahnich v. Southern S.S. Co., 321 U.S. 96 (1944).

768) Mitchell v. Trawler Racer, Inc., 362 U.S. 539 (1960).

769) Martinez v. Sea-Land Services, Inc., 763 F.2d 26, 27 (1st Cir. 1985), on remand 637 F.Supp. 503 (D.P.R. 1986).

770) Mahnich v. Southern S.S. Co., 321 U.S. 96 (1944); McAllister v. Magnolia Petroleum Co., 357 U.S. 221 (1958).

비[773]에 적용되며, 선박의 비품인 식량 · 식수 · 가구 · 의복 · 비품의 포장용기까지 포함된다.[774] 화물 자체는 감항능력주의의무의 대상은 아니지만,[775] 화물적재방법, 화물컨테이너의 상태, 화물포장에 대하여는 감항능력주의의무가 적용된다.[776] 그러나 선박에 설치된 장비가 아닌 육상에 설치된 장비에 대하여는 감항능력주의의무가 인정되지 아니한다.[777]

선박소유자는 항해에 적합한 선원을 승선시킬 의무가 있으므로, 선원이 피해자를 공격[778] 또는 가혹행위[779]를 하거나 잘못된 지시를 내리거나 미숙련선원을 고용[780]한 데 대하여 책임을 진다. 선박에 특정장비가 구비되지 아니한 경우에는 불감항 상태에 있다고 볼 수 있으나 이는 구체적인 사안별로 결정될 문제이다.[781]

---

771) Gosnell v. Sea-Land Service, Inc., 782 F.2d 464 (4th Cir. 1986); Blevins v. United States, 1983 AMC 2168 (D.Md. 1983).

772) Mitchell v. Trawler Racer, Inc., 362 U.S. 539 (1960).

773) Italia Societa per Azioni di Navigazione v. Oregon Stevedoring Co., 376 U.S. 315 (1964). on remand 336 F.2d 124 (9th Cir. 1964); Michalic v. Cleveland Tankers, Inc., 364 U.S. 325 (1960); Crumady v. The Joachim Hendrik Fisser, 358 U.S. 423 (1959), on remand 176 F.Supp. 595 (D.N.J. 1959), judgment affirmed 272 F.2d 396 (3d Cir. 1959).

774) Martinez v. Sea Land Services, Inc., 763 F.2d 26 (1st Cir. 1985), on remand 637 F.Supp. 503 (D.P.R. 1986).

775) Smith v. American Mail Line, Ltd., 525 F.2d 1148 (9th Cir. 1975).

776) Pryor v. American President Lines, 520 F.2d 974, 981 (4th Cir. 1975); Smith v. American Mail Line, Ltd., 525 F.2d 1148 (9th Cir. 1975); Gutierrez v. Waterman Steamship Corp., 373 U.S. 206 (1963), rehearing denied 374 U.S. 858 (1963); Atlantic and Gulf Stevedores, Inc. v. Ellerman Lines, Ltd., 369 U.S. 355 (1962), rehearing denied 369 U.S. 882 (1962); Waterman Steamship Corp. v. Dugan & McNamara, Inc., 364 U.S. 421 (1960).

777) Feehan v. United States Lines, Inc., 522 F.Supp. 811 (S.D.N.Y.1980).

778) Wiradihardja v. Bermuda Star Line, Inc., 802 F.Supp. 989 (S.D.N.Y. 1992).

779) Waldron v. Moore-McCormack Lines, Inc., 386 U.S. 724 (1967); Boudoin v. Lykes Bros. S.S. Co., 348 U.S. 336 (1955), judgment amended 350 U.S. 811 (1955). 그러나 선원이 다른 선원을 단지 폭행하였다는 사실만으로는 불감항성이 인정되지 아니한다. Gerald v. United States Lines Co., 368 F.2d 343 (2d Cir. 1966); Walters v. Moore-McCormack Lines, Inc., 309 F.2d 191 (2d Cir. 1962), petition denied 312 F.2d 893 (2d Cir. 1963). 그러나 Deakle v. John E. Graham and Sons, 756 F.2d 821, 825 (11th Cir. 1985), rehearing denied 763 F.2d 419 (11th Cir. 1985) 사건에서 법원은, 선원이 유발되지도 않았음에도 갑자기 특이하게 맹렬한 공격행위를 다른 선원에게 가하는 경우, 선주는 공격자의 위험한 성향을 알았거나 알았어야 한다는 것과는 관계없이 감항능력주의의무를 위반한 것이라고 판시하였다.

780) Waldron v. Moore-McComack Lines, Inc., 386 U.S. 724 (1967); American President Lines, Ltd. v. Welch, 377 F.2d 501 (9th Cir. 1967); Voisin v. O.D.E.C.O. Drilling, Inc., 557 F.Supp. 715 (E.D.Tex. 1982), reversed on other grounds 744 F.2d 1174 (5th Cir. 1984);Brown v. Cliff's Drilling Co., 638 F.Supp. 1009 (E.D.Tex. 1986).

781) Jordan v. United States lines, Inc., 738 F.2d 48 (1st Cir. 1984); Valm v. Hercules Fish Products, Inc., 701 F.2d 235 (1st Cir. 1983).

3. 내 용

감항능력주의의무가 절대적이고 과실책임과는 무관하지만, 단지 사고가 발생한 것만으로는 선박이 불감항이 되는 것은 아니다. 감항능력의 판단기준은 선박·속구·장비가 목적에 적합한지 여부이다.[782] 선박소유자는 설비가 최상의 상태가 아니더라도 목적에 적합하다는 것을 증명함으로써 승소할 수 있다.[783] 그러나 선박소유자는 반드시 완벽한 선박을 제공하여야 하는 것은 아니므로,[784] 선박소유자는 최신식·최고의 장비를 갖출 의무는 없으며, 선박이 반드시 무사고선일 필요도 없다.[785]

선박소유자가 안전에 관한 법령을 위반하면 그 자체로서(per se) 감항능력주의의무위반으로 간주된다.[786] 선박이 항구를 벗어난 이후에 불감항상태가 발생할 수 있는데, 임시적이고 일시적인 상태도 감항능력주의의무위반이 될 수 있다.[787] 감항능력주의의무는 항해 중인 선박에만 적용되기 때문에,[788] 건선거(dry dock)에서 대수선 중인 선박은 항해 중이라고 볼 수 없으므로 감항능력주의의무는 인정되지 아니한다.[789]

그러나 선원이 단 1회의 과실행위를 한 사실만으로는 불감항이 되는 것은 아니다. Usner v. Luckenbach Overseas Corp. 사건[790]에서는 윈치운전자가 과실

782) Jordan v. United States Lines, Inc., 738 F.2d 48 (1st Cir. 1984); Hubbard v. Faros Fisheries, Inc., 626 F.2d 196, 199 (1st Cir. 1980), 위 판결은 Mitchell v. Trawler Racer, Inc., 362 U.S. 539, 550 (1960)를 인용하고 있다.

783) Jordan, 738 F.2d at 51; Valentine v. St. Louis Ship Bldg. Co., 620 F.Supp. 1480 (E.D.Mo. 1985), judgment affirmed 802 F.2d 464 (8th Cir. 1986).

784) 선박은 상상할 수 있는 폭풍이나 해상고유의 위험을 견디어야 하는 것은 아니고, 항해를 수행하는데 상당히 적합하면 족하다. Mitchell v. Trawler Racer, Inc., 362 U.S. 539 (1960).

785) Mitchell v. Trawler Racer, Inc., 362 U.S. 539, 550 (1960); Oliveras v. American Export Isbrandtsen Lines, Inc., 431 F.2d 814, 815 (2d Cir. 1970); Thornton v. Deep Sea Boats, Inc., 399 F.Supp. 933, 936 (S.D.Ala. 1975); Reinhart v. United States, 457 F.2d 151, 152 (9th Cir. 1972).

786) Smith v. Trans-World Drilling Co., 772 F.2d 157 (5th Cir. 1985).

787) Mitchell v. Trawler Racer, Inc. 사건에서는 트롤어선의 선원이 배에서 내리는 도중에 상해를 입었는데, 선원은 부두에 있는 사다리에 오르기 위하여 배의 난간을 밟다가 미끄러졌다. 증거에 의하면 배의 난간은 하역작업을 하는 도중에 생선의 점액과 살점으로 뒤덮혀 있었다. 이 사건에는 불감항성이 일시적인 상태에도 확장되는지 문제가 되었는데, 연방대법원은 이를 긍정하였다.

788) Hodges v. S.S. Tillie Lakes, 512 F.2d 1279 (5th Cir. 1975).

789) West v. United States, 361 U.S. 118 (1959); Roper v. United States, 368 U.S. 20 (1961); Johnson v. Oil Transport Co., 440 F.2d 109 (5th Cir. 1971). rehearing denied 445 F.2d 1402 (5th Cir. 1971); Watz v. Zapata Off-Shore Co., 431 F.2d 100 (5th Cir. 1970), appeal after remand 500 F.2d 628 (5th Cir. 1974); Dean v. United States, 418 F.2d 1236 (9th Cir. 1969).

로 슬링(sling, 이 사고 전후로 슬링이 문제를 일으킨 적은 없었다)을 너무 빨리 내렸기 때문에 선원이 슬링에 부딪혀 상해를 입었는데, 위와 같은 개인의 과실행위가 선상에서 발생하였다 하더라도 불감항상태가 되는 것은 아니다.[791] 감항성 있는 장비를 위험한 방법이나 안전하지 않은 방법으로 사용하는 경우에도 불감항상태가 될 수 있다.[792] 그러나 선박소유자가 작업방법을 달리 할 수 있었다거나 다른 장비를 사용할 수 있었다는 사실만으로는 불감항성을 인정하기에 부족하고, 원고는 사고 당시에 사용한 작업방법 자체가 불안전하였음을 증명하여야 한다.[793]

4. 인과관계

원고가 선박소유자의 감항능력주의의무 위반책임을 구하기 위해서는 불감항상태로 인하여 자신이 상병을 입었다는 것을 증명하여야 하는데, 불감항성과 상병과의 인과관계는 Jones법상 과실책임을 청구할 때보다 고도의 인과관계가 있어야 한다.[794] 인과관계는 전통적인 의미에서 상당한 인과관계가 있음을 증명하면 된다.[795] 상당인과관계는 (i) 선원의 상병이 발생한 것에 대하여 불감항성이 중요한 역할을 하였고, (ii) 선원의 상병이 불감항성의 직접적인 결과 또는 합리적으로 가능한 결과라는 것을 의미한다.[796]

---

790) 400 U.S. 494 (1971), rehearing denied 401 U.S. 1015 (1971).

791) 그러나 사고 이전에 선박의 불감항상태가 존재하였거나 선원의 과실행위가 연속적인 행위의 일부로서 이루어진 경우에는 불감항상태가 인정된다. Mascuilli v. United States, 358 F.2d 133 (3d Cir. 1966), judgment reversed 387 U.S. 237 (1967), appeal after remand 411 F.2d 867 (3d Cir. 1969), on remand 343 F.Supp. 439 (E.D.Pa. 1972), judgment reversed 483 F.2d 81 (3d Cir. 1973); Grillea v. United States, 232 F.2d 919 (2d Cir. 1956).

792) Luneau v. Penrod Drilling Co., 720 F.2d 675 (5th Cir. 1983); Crumady v. The Joachim Hendrik Fisser, 358 U.S. 423 (1959), judgment affirmed 272 F.2d 396 (3d Cir. 1959); Waldron v. Moore-McCormack Lines, Inc., 386 U.S. 724 (1967).

793) Rogers v. Eagle Offshore Drilling Services, Inc., 764 F.2d 300 (5th Cir. 1985), rehearing denied 770 F.2d 549 (5th Cir. 1985).

794) Comeaux v. T.L.James & Co., Inc., 702 F.2d 1023 (5th Cir. 1983).

795) Herrmann v. Nicor Marine, Inc., 664 F.Supp. 241 (E.D.La. 1985).

796) Alverez v. J. Ray McDermott & Co., Inc., 674 F.2d 1037, 1042-43 (5th Cir. 1982); Phillips v. Western Company of North America, 953 F.2d 923 (5th Cir. 1992); McClow v. Warrior & Gulf Navigation Co., 842 F.2d 1250 (11th Cir. 1988); Smith v. Trans-World Drilling Co., 772 F.2d 157 (5th Cir. 1985).

5. 관련 문제

선원에게 기여과실이 있다 하더라도 선박소유자의 감항능력주의의무가 면제되는 것은 아니며, 선원의 과실이 사고발생에 기여한 정도에 따라 선박소유자의 배상액이 감액될 뿐이다.[797] 그러나 상병이 감항능력 있는 선박을 과실로 잘못 사용하여 발생하거나,[798] 선원의 과실이 상병의 유일한 원인이 된 경우[799]에는 불감항성을 이유로 한 청구는 허용되지 아니한다.

불감항성을 이유로 한 청구에서는 불감항상태가 발생하거나 사고가 발생한 시점에서 선박을 운항하고 있던 자가 피고적격을 가지므로,[800] 일반적으로 선박소유자가 피고가 되나 선체용선자가 피고가 되기도 한다.[801] 선박소유자는 선체용선자에게 선박을 인도한 후에 발생한 불감항성에 대하여는 책임을 지지 아니하지만, 선체용선자에게 선박을 인도하기 전에 이미 존재한 불감항성에 대하여는 책임을 진다.[802] 감항능력주의의무위반에 대하여 선박은 대물책임을 지며, 선박소유자와 선박운항자는 대인책임을 진다.[803]

Ⅶ. 상병요양보상

1. 의 의

미국법상 상병요양보상에 관한 권리는 일반해사법에서 발생하였는데, 이는

797) Vance v. American Hawaii Cruises, Inc., 789 F.2d 790 (9th Cir. 1986); Matthews v. Ohio Barge Line, Inc., 742 F.2d 202 (5th Cir. 1984); Villers Seafood Co., Inc., v. Vest, 813 F.2d 339 (11th Cir. 1987); Snow v. Whitney Fidalgo Seafoods, Inc., 38 Wn.App. 220, 686 P.2d 1090 (1984); Fontenot v. Teledyne Movible Offshore, Inc., 714 F.2d 17 (5th Cir. 1983).

798) Boudreaux v. Sea Drilling Corp., 427 F.2d 1160 (5th Cir. 1970).

799) 원고의 과실이 상병에 유일한 원인이 되었는지 여부는 구체적인 사실관계에 따라 결정될 문제이다. Matthews v. Ohio Barge Line, Inc., 742 F.2d 202 (5th Cir. 1984) 사건에서 철제다리로 된 의자가 고무매트가 없는 철제갑판에 놓여 있는 것이 불감항성을 구성하였다. 법원은 선원에게 물품공급을 요청할 의무나 사고가 난 곳을 점검할 의무가 없기 때문에 선원에게 책임이 없다고 판시하였다.

800) Martin v. Walk, Haydel and Associates, Inc., 742 F.2d 246 (5th Cir. 1984), appeal after remand 794 F.2d 209 (5th Cir. 1986).

801) 용선자가 '소유권, 지휘권, 선박의 항해에 관한 권리'를 완전히 양수받은 경우에는 피고적격을 가진다. Guzman v. Pichirilo, 369 U.S. 698, 699 (1962).

802) Baker v. Raymond Int'l, Inc., 656 F.2d 173 (5th Cir. 1981).

803) Baker v. Raymond Int'l, Inc., 656 F.2d 173 (5th Cir. 1981).

1823년 Story 대법관에 의하여 최초로 판시되었다.[804] 상병보상(maintenance)은 선원이 근로기간 중 상병을 당한 경우에 부양료를 청구할 권리이며,[805] 요양보상(cure)은 필요한 치료를 받을 권리를 말한다. 선원은 상병에서 최선의 상태로 회복할 때까지 요양보상을 받을 수 있으며, 상병이 발생한 시점부터 항해 종료시까지 임금을 청구할 수 있다.[806] 상병요양보상을 청구할 수 있는 선원의 범위는 Jones법상 손해배상을 청구할 수 있는 선원의 범위와 동일하며,[807] 상병요양보상의 의무자는 사용자이다.[808] 선원은 상병요양보상을 선박에 대하여 대물적으로 청구할 수 있으며, 상병요양보상청구권에 대하여는 최우선변제의 순위가 부여되는 선박우선특권이 인정된다.[809]

상병요양부상의무는 과실이나 주의의무위반과는 무관하고, 인과관계도 요하지 아니한다.[810] 일반해사법에 의한 상병요양보상청구는 상병이 육상에서 발생한 경우에도 제기할 수 있으며,[811] 이는 해사불법행위관할에서 불법행위지 원칙의 예외가 된다. 선원의 기여과실은 완전한 상병요양보상을 방해하지 아니한다.[812] 사용자의 상병요양보상의무는 사용자의 과실·귀책사유 유무에도 불구하고 선원이 상병을 당하는 경우에 인정된다.[813]

질병은 반드시 선원의 지위에서 발생하여야 하는 것은 아니므로, 심장질환·기왕증이 선원의 근무기간 중에 발생하더라도 사용자의 의무는 인정된다.[814] 실제로는 오로지 정신적인 질환을 포함한 모든 질병에 대하여 상병요양보상청구권이

---

804) Harden v. Gordon, 11 F.Cas. 480 (C.C.C.Me. 1823).

805) Calmar S.S. Corp. v. Tayler, 303 U.S. 525, 527 (1938), motion denied 59 S.Ct. 56 (1938).

806) Gardiner v. Sea-Land Service, Inc., 786 F.2d 943 (9th Cir. 1986); Farrell v. United States, 336 U.S. 511 (1949).

807) Hall v. Diamond M Co., 732 F.2d 1246, 1248 (5th Cir. 1984).

808) Morales v. Garijak, 829 F.2d 1355 (5th Cir. 1987). 사용자의 범위는 Jones법상 사용자 범위와 동일하다. Matute v. Lloyd Bermuda Lines, Ltd., 931 F.2d 231 (3d Cir. 1991); Hall v. Diamond M Company, 732 F.2d 1246 (5th Cir. 1984).

809) Fredelos v. Merrit-Chapman & Scott Corp., 447 F.2d 435 (5th Cir. 1971); The Osceola, 189 U.S. 158 (1903).

810) Pacific S.S. Co.v. Peterson, 278 U.S. 130, 138 (1928); Seville v. United States, 163 F.2d 296 (9th Cir. 1947); Calmar S.S. Corp. v. Taylor, 303 U.S. 525 (1938), motion denied 59 S.Ct 56 (1938).

811) Warren v. United States, 340 U.S. 523 (1951); Yelverton v. Mobile Laboratories, Inc., 608 F.Supp. 400 (S.D.Miss. 1985), affirmed 782 F.2d 555 (5th Cir. 1986).

812) John A. Roebling's Sons Co. v. Erickson, 261 Fed. 986 (2d Cir. 1919).

813) Schoenbaum, 336면.

814) Breese v. AWI, Inc., 823 F.2d 100 (5th Cir. 1987); Sammon v. Central Gulf S.S. Corp., 442 F.2d 1028 (2d Cir. 1971).

인정된다.[815] 상병요양보상청구권은 계약상 권리일 뿐만 아니라 오랜 전통을 가진 일반해사법상 권리이므로,[816] 계약에 의하여 이를 포기하는 것은 허용되지 아니한다.[817] 상병요양보상의무는 사용자가 파산한 이후에도 인정된다.[818]

2. 승무 중일 것

선원이 상병요양보상을 청구하기 위해서는 상병을 당할 당시 선원이 '승무 중'(in the service of his ship)이어야 하고,[819] 이는 선원이 증명하여야 한다.[820]

선원이 육상에서 휴무 중에 상병을 당한 경우에도 상병요양보상을 청구할 수 있다. 이에 관한 선례는 Warren v. United States 사건[821]인데, 선원이 1944년 나폴리에 상륙하여 댄스홀에서 술을 마신 후 무대로 걸어 나와서 철제 난간에 몸을 기대는 순간 철제 난간이 무너지면서 선원이 넘어져 다리가 부러지는 상해를 입었다. 법원은 선원에게 휴식 및 상륙은 선박의 원활한 기능유지를 위하여 필수적이므로, 위 선원이 부상을 입을 때 그는 승무 중이었다는 이유로, 선원의 상병요양보상청구를 인용하였다.

Archer v. Trans/American Service, Ltd. 사건[822]에서, 원고는 순항선(cruise ship)에 요리를 조달하는 계약을 체결한 요리조달회사에서 부담당자로 근무하였는데, 순항선의 항해와 항해 사이에 교통사고를 당하였다. 즉 원고는 1983. 1. 23.부터 시작되는 1년 단위 근로계약의 절차적 요건을 이행하기 위하여 Miami에 위치한 사용자에게 고지한 후 되돌아 가다가 그 날 교통사고를 당하였다. 법원은 원고의 사용자가 선박소유자의 대리인의 지위에 있고, 원고는 사고 당시에 승무 중이라는 이유로 원고의 상병요양보상청구를 인용하였다. 그러므로 선원이 상병을 당

815) Harrell v. Air Logistics, Inc., 805 F.2d 1173 (5th Cir. 1986).
816) Virginia A. McDaniel, Recognizing Modern Maintenance and Cure as an Admiralty Right, 14 Ford Int'l L.J. 669 (1991).
817) Omar v. Sea-Land Serv., Inc. 813 F.2d 986 (9th Cir. 1987).
818) In re Sea Ray Marine Services, Inc., 105 B.R. 12 (Bkrtcy. La. 1989).
819) Aguilar v. Standard Oil Co. of New Jersey, 318 U.S. 724 (1943).
820) Miller v. Lykes Bros-Ripley S.S.Co., 98 F.2d 185 (5th Cir. 1938); Patterson v. Rio Grande Transport, Inc., 1977 AMC 1464 (M.D.La. 1976); 선원근로관계가 종료된 이후에도 상병요양보상청구권이 존속하는 경우도 있다. LeBlanc v. B.G.T. Corp., 992 F.2d 394 (1st Cir. 1993).
821) 340 U.S. 523 (1951).
822) 834 F.2d 1570 (11th Cir. 1988).

할 당시에 사용자의 편의를 위한 장소에 있는 경우에는 승무 중이라고 인정된다.[823] 그러나 선원이 사용자의 소환에 응하지 않거나 상병을 입을 당시에 오로지 개인적인 일에 종사하였다면 상병요양보상은 허용되지 아니한다.[824]

3. 상병 중 임금

선원이 승무 중에 상병을 당한 경우에는 선원은 그가 근무를 하였더라면 받을 수 있었을 계약상 임금을 청구할 수 있다.[825] 상병 중 임금은 선원의 근로기간이 종료하거나 직무에 종사할 수 있을 때까지 지급하여야 한다.[826] 전통적으로 이는 항해가 종료할 때까지 상병 중 임금을 지급하는 것을 의미한다.[827]

만약 선원이 선원근로계약을 항해 단위가 아닌 유기계약으로 체결하였다면 유기계약기간 동안의 임금을 청구할 수 있다.[828] Archer v. Trans/American Service, Ltd. 사건[829]에서 원고는 1년의 유기계약을 체결하였는데, 원고는 1년간의 임금을 보상받았다. Reed v. American S.S. Co. 사건[830]에서 법원은 선원이 5대호를 항해하는 선박에 고용되었고, 선원은 언제든지 자유롭게 하선할 수 있기 때문에, 선원이 상병을 입을 당시에 항구에서 항구로의 항해가 종료할 때까지의 임금만을 보상받을 수 있다고 판시하였다.

임금에는 기본급에 합리적으로 예상되는 연장근로수당과 상여금이 포함된다.[831] 상병보상에 의하여 지급된 금액은 공제되지 아니하나,[832] Jones법상 일실

---

823) Smith v. United States, 167 F.2d 550 (4th Cir. 1948).

824) Foret v. Co-Mar Offshore Corp., 508 F.Supp. 980 (E.D.La. 1981); Keeping v. Dawson, 262 F.2d 868 (1st Cir. 1959); Moran v. Bay State Trawler Corp., 4 Mass.App.Ct. 764, 358 N.E.2d 473 (1976).

825) Smith v. Atlas Off-Shore Boat Service, 653 F.2d 1057 (5th Cir. 1081), on remand 552 F.Supp. 128 (S.D.Miss. 1982).

826) Warren v. United States, 75 F.Supp. 836 (D.Mass. 1948).

827) Farrell v. United States, 336 U.S. 511 (1949); Blainey v. American Steamship Co., 990 F.2d 885 (6th Cir. 1993).

828) Nichols v. Barwick, 792 F.2d 1520 (11th Cir. 1986); Vickers v. Tumey, 290 F.2d 426 (5th Cir.1961); Rofer v. Head & Head, Inc., 226 F.2d 927 (5th Cir. 1955); Jones v. Waterman S.S.Corp., 155 F.2d 992 (3d Cir. 1946).

829) 834 F.2d 1570 (11th Cir. 1988).

830) 773 F.Supp. 991 (E.D.Mich. 1991), judgment affirmed in part, vacated in part 990 F.2d 886 (6th Cir. 1993).

831) Lamont v. United States, 613 F.Supp. 588 (S.D.N.Y. 1985); Gajewski v. United States, 540 F.Supp. 381 (S.D.N.Y. 1982).

임금은 이중배상을 방지하기 위하여 공제된다.[833] 조합원은 단체협약에 의하여 보상금을 지급받을 수 있으나,[834] 계약으로 상병 중 임금을 제한하는 것은 허용되지 아니한다.[835] 상병 중 임금과 상병보상·요양보상은 상호 관련이 있으므로 선원에게 3가지 청구가 모두 인용될 수도 있고, 하나도 인용되지 않을 수도 있다.[836]

4. 피고의 항변사유

상병요양보상소송에서 사용자(피고)의 항변사유는 극히 적다. 원칙적으로 선원은 근로계약 중 상병을 당하였다는 사실을 증명하면 족하다. 선원(원고)은 직무와 상병 사이의 인과관계를 주장·증명할 필요가 없고,[837] 원고의 기여과실은 청구의 내용을 감경하지 아니하며,[838] 원고의 위험인수나 중과실도 청구의 항변사유가 되지 아니한다.[839] 오로지 선원의 의도적인 악행(willful misconduct)만이 상병요양보상청구를 배척할 수 있다.[840] 의도적인 악행에 관한 증명책임은 사용자가 부담한다.[841] 의도적인 악행이 있더라도 선원의 재해가 선박의 불감항성으로 인한 경우에는 상병요양보상청구가 인용된다.[842]

---

832) Ceja v. Mike Hooks, Inc., 690 F.2d 1191 (5th Cir. 1982).

833) Vickers v. Tumey, 290 F.2d 426 (5th Cir. 1961); Evans v. Schneider Transp. Co., 250 F.2d 710 (2d Cir. 1957).

834) Barnes v. Andover Co., L.P., 900 F.2d 630, 634, n.3 (3d Cir. 1990).

835) Dowdle v. Offshore Express, Inc., 809 F.2d 259 (5th Cir. 1987); Williams v. Tidex Int'l Inc., 674 F.Supp. 548 (E.D.La. 1987).

836) Dailey v. Alcoa S.S. Co., 219 F.Supp. 601 (E.D.La. 1963), judgment affirmed 337 F.2d 611 (5th Cir. 1964).

837) Linder v. J.B. Talley & Co., Inc., 618 F.2d 327 (5th Cir. 1980).

838) Clinton v. Joshua Hendy Corp., 264 F.2d 329 (9th Cir. 1959); Rodriguez Alvarez v. Bahama Cruise Line, 898 F.2d 312 (2d Cir. 1990); Farrell v. United States, 336 U.S. 511 (1949).

839) Aguilar v. Standard Oil Co., 318 U.S. 724 (1943).

840) Aguilar v. Standard Oil Co., 318 U.S. 724 (1943) 사건에서 Rutledge대법관은 "Only some willful misbehavior or deliberate act of indiscretion suffices to deprive the seaman of his protection." 이라고 판시하였다.

841) Gulledge v. United States, 337 F.Supp. 1108 (E.D.Pa. 1972).

842) Bentley v. Albatross S. S. Co., 203 F.2d 270 (3rd Cir. 1953) 사건에서 선원은 외국 항구에서 술에 취하여 그가 근무하는 선박(Liberty ship, 미국이 2차대전시에 사용한 약 1만t급의 표준형 수송선)으로 돌아와 휴게실로 들어가서 몸을 따뜻하게 위해 방열기(radiator)옆에 앉았다. 대부분의 리버티船에는 화상을 예방하기 위하여 방열기 주위에 철제방호막을 설치하는데 이 사건에서 선원이 승선한 선박에는 방호막이 설치되어 있지 않았다. 선원은 술에 취한 상태에서 방열기로 넘어졌고, 선원은 방열기로부터 벗어나려고 하였으나 얼마 후 도착한 다른 선원의 도움으로 간신히 벗어날 수 있었다. 이로 인하여 선원은 손과 얼굴에 3도 화상을 입었고 한쪽 귀의 절반을 상실하였다. 연방지방법원은 선원의 상병요양보상청구를 기각하였으나, 연방항소법원은 불감항성으로 인한 상해라는 이유로 원심판결을 파기하고 선원의 청구를 인용하였다.

의도적인 악행은 반드시 재해를 발생시키기 위한 고의적인 행위를 의미하지는 않고, 선원의 무모한 행위나 경솔한 행위로 인하여 재해가 발생한 경우에도 선원의 행위를 의도적인 악행으로 볼 수 있다.[843] 선원이 상륙하여 댄스홀에서 술을 마신 후 무대로 걸어 나와서 철제 난간에 몸을 기대었는데, 철제 난간이 무너지면서 선원이 넘어져 다리가 부러지는 상해를 입은 Warren v. United States 사건[844]에서 법원은 선원에게 중과실이나 고의적인 명령불복종과 같이 적극적인 악행이 없는 한 선원의 상병요양보상청구권은 인용된다고 판시하였다.

Koistinen v. American Export Lines 사건[845]에서 선원은 술을 마신 후 매춘부를 찾아갔다가 화대를 선불로 지급할 것을 거절하였다는 이유로 매춘부의 방에 감금되었는데, 선원은 매춘부의 방에서 탈출하기 위하여 창문으로 뛰어내리다가 상해를 입었다. 법원은 선원의 상해가 최초의 부도덕한 의도로 인하여 발생한 것이 아니라, 유능한 선원의 안전과 생명을 유지할 목적으로 선원이 당초 예측할 수 없었던 급박한 상황에서 탈출하는 과정에서 공포 때문에 부적절한 판단을 한 결과 발생한 것이므로, 상병요양보상청구권은 인정된다고 판시하였다. 이에 반하여 Matthews v. Gulf & South American S.S. Co. 사건[846]에서는 선원이 매춘부를 방문하여 성행위를 마친 후 화대지급을 거절하다가 다툼 끝에 상해를 입었는데, 법원은 선원의 상병요양보상청구를 기각하였다.

전통적으로 상병요양보상청구를 배척하는 의도적인 악행에는 음주, 성병, 싸움 등이 있다. Blouin v. American Export Isbrandtsen Lines 사건[847]에서 선원은 과도한 음주로 인하여 고혈압이 발생하였는데 상병요양보상청구가 기각되었다. 일반적으로 성병의 경우에도 상병요양보상청구는 기각된다.[848] 음주로 인하여 발생한 부상에 대하여는 의도적인 악행으로 평가되면 상병요양보상청구는 기각되는데, 단지 음주하였다는 사실만으로는 청구를 기각할 수 없다.[849] 선원이 가해자로

843) Rose v. Bloomfield S.S. Co., 162 F.Supp. 576 (E.D.La. 1958); Murphy v. Light, 224 F.2d 944 (5th Cir. 1955).
844) 340 U.S. 523 (1951).
845) 194 Misc. 942, 83 N.Y.S.2d 297 (1948).
846) Matthews v. Gulf & South American S.S. Co., 226 F.Supp. 555 (E.D.La.1964), affirmed per curiam 339 F.2d 702 (5th Cir. 1964).
847) 319 F.Supp. 1150 (S.D.N.Y. 1970).
848) Ressler v. States Marine Lines, Inc., 517 F.2d 579 (2d Cir. N.Y. 1975); Zambrano v. Moore-McCormack Lines, Inc., 131 F.2d 537 (2d Cir. N.Y. 1942).

인정되는 경우 싸움도 의도적인 악행으로 평가된다.[850)]

선원이 기왕증 등 건강상태에 관하여 고의로 허위의 사실을 고지하거나 은폐한 경우, 만약 사용자가 이를 알았더라면 선원을 고용하지 않았을 것이라고 인정되고, 은폐한 건강상태와 문제가 된 재해 사이에 관련성이 인정되면, 상병요양보상청구는 기각된다.[851)] 선원이 고용당시 건강상태로는 선원의 임무에 적합하다고 선의로 믿은 경우에는 상병요양보상청구는 인용된다.[852)] 선원이 합법적인 지시에 불응한 사실도 항변사유가 된다.[853)]

5. 상병보상의 내용

상병보상은 선원이 최대한 회복될 때까지 선원에게 충분한 부양료(식비 및 숙박료 등)를 보상하기 위한 것으로, 특정한 재해나 손해에 대한 보상은 아니다.[854)] 상병보상은 선원이 승선 중에 받을 수 있었던 상당한 정도의 식비 및 숙박료 등을 보장하기 위한 것으로,[855)] 전통적으로 상병보상의 목적은 (i) 외국항에서 빈곤하고 낭비벽 있는 선원을 보호하고, (ii) 선박소유자들로 하여금 선원이 근무하는 동안 선원의 안전과 건강을 보호하도록 조장하며, (iii) 상선에의 고용을 유도하는 것이라고 설명된다.[856)]

상병보상액은 선원이 실제로 지출하게 될 식비와 숙박료를 증명하는 것을 전제로 사실관계에 따라 결정된다.[857)] 과거에는 대부분의 법원이 하루에 필요한 비

849) Garay v. Carnival Cruise Line, Inc., 904 F.2d 1527 (11th Cir. 1990); Sullivan v. United States, 179 F.2d 924 (2d Cir. 1949); Gaham v. Texas Co., 218 F.Supp. 331 (E.D.Pa. 1963).

850) Gulledge v. United States, 337 F.Supp. 1108 (E.D.Pa. 1972); Prendis v. Central Gulf S.S. Co., 330 F.2d 893 (4th Cir. 1963); Watson v. Joshua Hendy Corp., 245 F.2d 463 (2d Cir. 1957); Jones v. United States, 232 F.Supp. 585 (E.D.Va. 1964).

851) McCorpen v. Central Gulf S.S. Corp., 396 F.2d 547, 548 (5th Cir. 1968); Keys v. Halliburton Co., 1989 AMC 1620, 1989 WL 54224 (E.D.La. 1989); Tawada v. United States, 162 F.2d 615 (9th Cir. 1947); Omar v. Sea-Land Serv., Inc., 813 F.2d 986 (9th Cir. 1987).

852) Sammon v. Central Gulf S.S. Corp., 442 F.2d 1028 (2d Cir. 1971); Couts v. Erickson, 241 F.2d 499 (5th Cir. 1957); Capone v. Boat St. Victoria, 1989 AMC 1782, 1989 WL 47387 (D.Mass. 1989).

853) Vandinter v. American S.S. Co., 387 F.Supp. 989 (W.D.N.Y. 1975).

854) Caulfield v. AC & D Marine, Inc., 633 F.2d 1129 (5th Cir. 1981).

855) Castro v. M/V Ambassador, 657 F.Supp. 886 (E.D.La. 1987).

856) Vella v. Ford Motor Co., 421 U.S. 1, 3-4 (1975) quoting Aguilar v. Standard Oil Co., 318 U.S. 724, 727 (1943); Gypsum Carriers, Inc. v. Handelsman, 307 F.2d 525, 536 (9th Cir. 1962).

857) Gauthier v. Crosby Marine Service, Inc., 752 F.2d 1085 (5th Cir. 1985); Nichols v. Barwick, 792 F.2d 1520 (11th Cir. 1986), Springborn v. American Commercial Barge Lines, Inc., 767 F.2d 89

용을 표준화하여 보상액을 결정하였고 전통적으로 1일당 8 $의 비율이었는데, 현재에는 선원이 실제 지출한 비용을 증명하여 보상액을 결정한다.[858] 만약 선원이 부모와 함께 생활하면서 부양료를 지출하지 아니한다면, 실제 지출하는 부양료는 없기 때문에 상병보상은 허용되지 아니한다.[859] 일반적으로 선원의 피부양가족에 대한 비용은 합산되지 아니하는데, Ritchie v. Grimm 사건[860]에서 법원은 선원이 혼자 살았더라도 동일한 금액을 지출하였을 것이라는 이유로 선원의 아파트임대료 전부에 대한 보상을 인정하였다.

일부 법원은 상병보상과 상병 중 임금은 중첩되어 지급할 수 없기 때문에 상병 중 임금의 지급이 종료된 이후에만 상병보상이 허용된다는 입장을 취하고 있고,[861] 다른 법원은 선원은 승선 중에도 식사와 숙박을 제공받고서도 이와 별도로 임금을 수령하는데다가 상병보상은 단지 식비와 숙박료의 대상물이므로 선원은 상병보상과 상병 중 임금을 이중으로 수령할 수 있다는 입장을 취하고 있다.[862]

사용자의 상병보상의무는 계약으로 배제할 수 없는데,[863] 일부 법원은 단체협약이 공정한 절차에 의하여 체결되고 그 금액이 부당하게 저액이 아니면 단체협약에 의한 상병보상금액을 유효하다고 인정하고 있다.[864]

6. 요양보상의 내용

요양보상은 부상 또는 질병에 걸린 선원에게 치료비를 지급할 사용자의 의무를 의미한다.[865] 단체협약이나 보험에 의하여 보장되지 아니하는 치료비는 사용자

(5th Cir. 1981).

858) Incandela v. American Dredging Co., 659 F.2d 11 (2d Cir. 1981); Tate v. American Tugs, Inc., 634 F.2d 869 (5th Cir. 1981); Caulfield v. AC & D Marine, Inc., 633 F.2d 1129 (5th Cir. 1981); McWilliams v. Texaco, Inc., 781 F.2d 514 (5th Cir. 1986).

859) United States v. Johnson, 160 F.2d 789 (9th Cir. 1947), affirmed in part, reversed in part 333 U.S. 46 (1948).

860) 724 F.Supp. 59 (E.D.N.Y. 1989).

861) Gajewski v. United States, 540 F.Supp. 381, 387, n.5 (S.D.N.Y. 1982).

862) Rodriguez Alvarez v. Bahama Cruise Line, Inc., 898 F.2d 312, 316 (2d Cir. 1990).

863) Cortes v. Baltimore Insular Line, 287 U.S. 367 (1932).

864) Gardiner v. Sea-Land Service, Inc., 786 F.2d 943 (9th Cir. 1986); Macedo v. F/V Paul & Michelle, 868 F.2d 519 (1st Cir. 1989); Al-Zawkari v. American Steamship Co., 871 F.2d 585 (6th Cir. 1989); Castro v. M/V Ambassador, 657 F.Supp. 886 (E.D.La. 1987); Guevara v. Maritime Overseas Corp., 792 F.Supp. 520 (E.D.Tex. 1992); McNaughton v. Exxon Shipping Co., 813 F.Supp. 710 (N.D.Cal. 1992).

865) Vella v. Ford Motor Co., 421 U.S. 1 (1975).

가 부담하여야 한다.[866] 법원은 치료비가 신의칙에 부합하고 상당한 것인지 여부를 신중하게 심리하여야 하고,[867] 선원은 가능하다면 치료비의 지출을 줄이도록 노력하여야 한다.[868] 선원은 의사를 선택하여 치료를 받을 권리가 있지만, 현저하게 고액이거나 불필요한 치료에 대하여는 보상이 허용되지 아니하는데,[869] 사용자는 과도한 치료에 대한 증명책임을 부담한다.[870] 만약 선원이 사용자에 의하여 제공된 적절한 치료를 거부하고 개인적으로 의사와 상담하였다면, 선원의 요양보상청구는 기각된다.[871]

7. 상병요양보상의무의 종기

상병요양보상의 의무는 선원의 치료가 종결되거나, 또는 영구적 장해가 남는 경우에는 의학적으로 최대한 치료될 때까지 유지된다.[872] 영구적 재해의 경우에는 선원의 노동력감퇴가 영구적이라고 의학적인 진단이 내려질 때까지 상병요양보상이 허용된다.[873] 선원은 나중에 보다 나은 치료방법이 개발된 경우에는 새로운 상병요양보상을 청구할 수 있다.[874] 최대한 치료상태는 법률적인 판단이 아닌 의학적인 판단이며, 의심스러울 때는 선원에게 유리하게 해석하여야 한다.[875] 사용자가 상병요양보상을 종료하기 위해서는 엄격한 증명책임을 부담한다.[876]

866) Caulfield v. AC & D Marine, Inc., 633 F.2d 1129 (5th Cir. 1981); Macedo v. F/V Paul & Michelle, 868 F.2d 519 (1st Cir. 1989).
867) Naviera Maersk Espana v. Cho-Me Towing, 782 F.Supp. 317 (E.D.La. 1992).
868) Caulfield, 633 F.2d at 1133; Kossick v. United Fruit Co., 365 U.S. 731 (1961), rehearing denied 366 U.S. 941 (1961); Dowdle v. Offshore Express, Inc., 809 F.2d 259 (5th Cir. 1987).
869) Rodriguez Alvarez v. Bahama Cruise Line, Inc., 898 F.2d 312 (2d Cir. 1990).
870) Caulfield, 633 F.2d at 1133; Turner v. Inland Tugs Co., 689 F.Supp. 612 (E.D.La. 1988).
871) Luth v. Palmer Shipping Corp., 210 F.2d 224 (3d Cir. 1954); Pelotto v. L & N Towing Co., 604 F.2d 396 (5th Cir. 1979); Dowdle v. Offshore Express, Inc., 809 F.2d 259 (5th Cir. 1987); Al-Zawkari v. American S.S. Co., 871 F.2d 585, 590 (6th Cir. 1989).
872) Farrell v. United States, 336 U.S. 511 (1949).
873) Vella v. Ford Motor Co., 421 U.S. 1 (1975); Desmond v. United States, 217 F.2d 948, 950 (2d Cir. 1954); Vitco v. Joncich, 130 F.Supp. 945 (S.D.Cal. 1955), affirmed 234 F.2d 161 (9th Cir. 1956); Belcher Towing Co. v. Howard, 638 F.Supp. 242 (S.D.Fla. 1986).
874) Farrell v. United States, 336 U.S. at 519; Johnson v. Marlin Drilling Co., 893 F.2d 77 (5th Cir. 1990).
875) Breese v. AWI, Inc., 823 F.2d 100, 104-05 (5th Cir. 1987); Morales v. Garijak, Inc., 829 F.2d 1355 (5th Cir. 1987).
876) Morales v. Garijak, Inc., 829 F.2d 1359-60 (5th Cir. 1987); Lirette v. K&B Boat Rentals, Inc., 579 F.2d 968 (5th Cir. 1978).

8. 사용자가 상병요양보상을 거부한 경우 법률관계

사용자가 과실로 인하여 재해를 당한 선원에게 상병요양보상을 하지 아니한 경우에는 불법행위를 구성한다.[877] 만약 사용자가 고의 또는 자의적으로 상병요양보상의무를 이행하지 아니한 경우에는 선원의 변호사 선임료[878]와 징벌적 손해배상[879]을 지급할 의무를 부담한다. 상병요양보상사건에서 조사를 태만히 한 경우에도 위의 기준을 충족한다.[880] 위와 같은 사용자의 행위는 불법행위이므로 해사불법행위법상 3년의 소멸시효가 적용된다.

877) The Iroquois, 194 U.S. 240 (1904); Downie v. United States Lines Co., 359 F.2d 344 (3d Cir. 1966). Picou v. American Offshore Fleet, Inc., 576 F.2d 585 (5th Cir. 1978); Morales v. Garijak, 829 F.2d 1355 (5th Cir. 1987); De Centeno v. Gulf Fleet Crews, Inc., 798 F.2d 138 (5th Cir. 1986); Garay v. Carnival Cruise Line, Inc., 904 F.2d 1527 (11th Cir. 1990), rehearing denied 915 F.2d 698 (11th Cir. 1990).

878) Vaughan v. Atkinson, 369 U.S. 527 (1962), rehearing denied 370 U.S. 965 (1962); Williams v. Kingston Shipping Co., Inc., 925 F.2d 721 (4th Cir. 1991).

879) Holmes v. J. Ray McDermott & Co., Inc., 734 F.2d 1110 (5th Cir. 1984); Robinson v. Pocahontas, Inc., 477 F.2d 1048 (1st Cir. 1973); Hines v. J.A.LaPorte, Inc., 820 F.2d 1187 (11th Cir. 1987); Breese v. AWI, Inc., 823 F.2d 100 (5th Cir. 1987). 그러나 Kraljic v. Berman Enterprises, Inc., 575 F.2d 412 (2d Cir. 1978) 사건에서 법원은 변호사선임료의 배상은 징벌적 손해배상에 해당하므로 별도의 징벌적 손해배상은 허용되지 아니한다고 판시하였다. 미국 해상법상 징벌적 손해배상에 관하여는 남도현, "미국 해상법상 징벌적 손해배상에 관한 연구", 상사법연구 36권 4호(2018), 179－213면 참조.

880) Sims v. Marine Catering Serv., Inc., 217 F. Supp. 511 (E.D. La. 1963) 사건에서 사용자가 선원의 치료비를 계속 지급하지 아니한 것에 대하여 합리적인 설명을 하지 아니하였는데, 법원은 이러한 행위가 고의적이고 자의적이라고 판단하였다.

제 6 장

선원정책 · 직업안정 · 교육훈련

제1절 선원정책

제2절 직업안정

제3절 교육훈련

세4절 한국선원복지고용센터

제1절 선원정책

Ⅰ. 선원정책기본계획

1. 선원정책기본계획의 수립 · 시행

가. 의 의

해양수산부장관은 선원정책의 효율적 · 체계적 추진을 위하여 선원정책위원회의 심의를 거쳐 5년마다 선원정책에 관한 기본계획(선원정책기본계획)을 수립 · 시행하여야 한다(법 107조 1항). 해양수산부장관은 선원정책기본계획에 따라 매년 선원정책에 관한 시행계획(이하 '시행계획')을 수립 · 시행하고 이에 필요한 재원을 확보하기 위하여 노력하여야 한다(법 107조 3항). 해양수산부장관은 1항 및 3항에 따라 선원정책기본계획 및 시행계획을 수립한 때에는 국회 소관 상임위원회에 제출하고, 관보 또는 해양수산부의 인터넷 홈페이지에 게재해야 한다(법 107조 4항, 시행규칙 56조의3).

나. 해양수산발전 기본계획 및 시행계획과의 관계

'해양수산발전 기본계획'은 해양수산발전기본법 6조에 근거한 법정계획 및 국가기본계획으로서 해양 · 해양자원의 합리적 개발 · 보전 등에 관한 기본지침이고, '해양수산발전 시행계획'은 해양수산발전기본계획을 구체화하기 위한 연도별 세부계획으로서 해양수산부를 비롯하여 과학기술정보통신부 · 고용노동부 · 국토교통부 등 각 부처에서 추진하고 있는 사업을 종합하여 수립하는 것이다.[1] 선원정책기본계획은 해양수산부장관이 해양수산발전기본 · 시행계획과는 별도로 선원정책의 효율적 · 체계적 추진을 위하여 수립 · 시행하는 것이지만, 그 내용은 체계상 상위 국가기본계획인 해양수산발전기본계획과 위 기본계획을 구체화하기 위한 해양수산발전시행계획 등을 고려하여야 한다.

1) 2015년도 해양수산발전계획, 해양수산부 등(2015. 5), 3면.

2. 선원정책기본계획의 내용

선원정책기본계획에는 아래의 사항이 포함되어야 한다(법 107조 2항).

가. 선원복지에 관한 사항(1호)

(i) 선원복지 수요의 측정과 전망, (ii) 선원복지시설에 대한 장기 · 단기 공급대책, (iii) 인력 · 조직과 재정 등 선원복지자원의 조달 · 관리 · 지원, (iv) 선원의 직업안정 및 직업재활, (v) 복지와 관련된 통계의 수집과 정리, (vi) 선원복지시설 설치 항구의 선정, (vii) 선내 식품영양의 향상, (viii) 선원복지와 사회복지서비스 및 보건의료서비스의 연계, (ix) 선원의 건강증진에 관한 사항, (x) 그 밖에 해양수산부장관이 선원복지를 위하여 필요하다고 인정하는 사항.[2)]

나. 선원인력 수급에 관한 사항(2호)

(i) 선원인력의 수요 전망 및 양성, (ii) 선원의 구직 · 구인 및 직업소개 기관의 운영, (iii) 외국인 선원의 고용, (iv) 그 밖에 해양수산부장관이 선원인력의 수급관리에 필요하다고 인정하는 사항.

다. 선원인력의 교육훈련에 관한 사항(3호)

(i) 선원 교육훈련의 중장기 목표, (ii) 선원 교육훈련의 장기 · 중기 · 단기 추진계획, (iii) 선원 교육훈련 기관 및 운영방식, (iv) 선원의 노동권 및 인권 보호에 관한 교육에 관한 사항(교육기관의 운영, 인력의 양성 및 관련 프로그램의 연구 · 개발 지원 등을 포함한다), (v) 그 밖에 해양수산부장관이 선원의 교육훈련을 위하여 필요하다고 인정하는 사항.

---

2) 젊고 유능한 인력을 선원직으로 유치하여 장기 승선을 유도할 수 있도록 선원복지 정책을 2012년부터 지속적 추진하고 있다. 2014년도 선원복지 증진사업은 (i) 휴양콘도 운영, (ii) 선원가족 장학금 지원, (iii) 결혼예식비 지원, (iv) 순직선원 장제비 지원, (v) 맞춤형 복지비 지원 등으로 모두 5,675명을 지원하였다. 2015년도 선원복지 추진사업은 선원복지 향상을 통한 선원인력의 안정적 수급을 위하여 (i) 선원(자녀) 장학금 지원, (ii) 선원휴양시설 운영, (iii) 무료 법률구조사업, (iv) 장해선원재활 지원 등이다. 2015년도 해양수산발전계획, 429-430면.

3. 선원정책위원회

가. 선원정책위원회의 설치와 심의사항

(i) 선원정책기본계획의 수립·변경에 관한 사항, (ii) 선원정책의 성과평가 및 개선에 관한 사항, (iii) 국제기구 등으로부터 요청된 선원정책에 관한 사항, (iv) 그 밖에 선원복지·선원인력의 수급 및 교육훈련에 관한 사항으로서 해양수산부장관이 필요하다고 인정하는 사항을 심의하기 위하여 해양수산부에 선원정책위원회를 둔다(법 107조 5항).

나. 선원정책위원회의 구성과 운영

선원정책위원회(이하 '위원회')는 위원장 1명을 포함한 20명 이내의 위원으로 구성하되, 위원장은 해양수산부장관이 된다. 이 경우 위원 중 3분의 1 이상은 선원 관련 단체의 대표자나 전문가로 한다(법 107조 6항). 그 밖에 위원회의 구성·운영 등에 필요한 사항은 대통령령으로 정한다(법 107조 7항).

위원의 임기는 2년으로 하되 연임할 수 있다(시행령 34조 2항). 위원회의 사무를 처리하기 위하여 위원회에 간사 1명을 두며, 간사는 해양수산부 소속 공무원 중에서 해양수산부장관이 지명한다(3항). 위원장은 위원회를 대표하고, 그 업무를 총괄한다(시행령 35조 1항). 위원장이 부득이한 사유로 직무를 수행할 수 없을 때에는 위원장이 미리 지명한 위원이 그 직무를 대행한다(2항). 위원장은 위원회의 회의를 소집하되, 그 회의는 재적위원 과반수의 출석으로 개의(開議)하고, 출석위원 과반수의 찬성으로 의결한다(3항). 위원회는 필요하다고 인정하는 경우에는 관련 기관 또는 단체에 법 107조 3항 각 호의 사항과 관련된 자료·서류 등의 제출을 요청하거나 관계 공무원, 이해관계인 및 참고인 등을 위원회에 출석시켜 의견을 진술하게 할 수 있다. 이 경우 위원회에 출석한 공무원이 아닌 사람에게는 예산의 범위에서 수당을 지급할 수 있다(4항). 1항부터 4항까지에서 규정한 사항 외에 위원회의 운영에 필요한 사항은 위원회의 의결을 거쳐 위원장이 정한다(5항).

Ⅱ. 선원인력수급관리

해양수산부장관은 선원의 자질향상 및 선원인력 수급(需給)의 균형을 도모할 수 있도록 선원인력 수급관리에 관한 제도(선원인력수급관리제도)를 마련할 수 있다(법 115조 1항). 해양수산부장관은 선원인력의 수급이 균형을 잃어 수급의 조정(調整)이 불가피하다고 인정하는 경우에는 107조 5항에 따른 선원정책위원회의 심의를 거쳐 선원인력 공급의 우선순위를 정하는 등 필요한 조치를 할 수 있다(법 115조 2항).

해양수산부장관은 선원법 115조에 따른 선원인력 수급관리에 관한 제도를 수립 · 시행하기 위하여 필요하다고 인정하는 경우에는 관계 중앙행정기관, 지방자치단체, 공공기관 및 선원인력 수급과 관련된 기관 · 단체에 필요한 협조를 요청할 수 있다(법 115조 3항, 시행령 39조 1항). 해양수산부장관은 선원인력의 수급과 관련하여 법 107조 2항 2호 ㈐목에 따른 외국인 선원의 고용에 관한 기준을 정하려는 경우에는 미리 관계 중앙행정기관의 장과 협의하여야 한다(시행령 39조 2항).

Ⅲ. 선원의 날

선원 경제활동의 중요성을 국민에게 알리고, 선원의 긍지와 자부심을 고취하기 위하여 매년 6월 셋째 주 금요일을 선원의 날로 정한다(법 4조의2 1항). 국가와 지방자치단체는 선원의 날의 취지에 적합한 기념행사를 개최할 수 있다(동조 2항). 2항에 따른 선원의 날 기념행사에 관하여 필요한 사항은 해양수산부령으로 정한다(동조 3항). 위 조항은 2023. 9. 21.부터 시행되었다(부칙). 선원의 날을 기념하기 위하여 국가와 지방자치단체는 (i) 선원의 날 기념행사, (ii) 선원의 위상 및 권익 향상 등을 위한 연구 발표 및 국제교류 행사, (iii) 선원의 위상 및 권익 향상과 관련하여 공로가 있는 사람이나 단체에 대한 격려 및 포상, (iv) 선원에 대한 대중매체 등을 통한 홍보 행사, (v) 그 밖에 선원에 대한 범국민적 관심을 높이기 위한 행사를 개최할 수 있다(시행규칙 3조의2 1항).

제2절 직업안정

Ⅰ. 의 의

1. 직업안정의 중요성

노동시장법은 크게 구인 · 구직의 매개체제, 직업능력의 개발, 실업 등에 대한 급여, 고용촉진과 실업예방 등으로 나눌 수 있는데, 근로자가 노동시장에 편입하는 단계인 구인 · 구직의 매개체제는 근로의 권리를 실현하는데 중요한 역할을 수행한다. 근로관계 성립을 위하여 노동력의 수요 · 공급을 결합시키는 활동이 행해지는 마당인 노동시장부문[3]에 대해서는 직업선택의 자유 · 근로의 권리 · 중간착취금지 등의 기본적 원리 아래에서 직업소개 · 근로자공급 · 근로자파견 등의 활동에 대해 법적 규제가 행해지고 있다.

노동시장 관련법제에서 최근 세계적인 경향은 지금까지 원칙적으로 공공부문이 독점하다시피 해 온 고용서비스부문에 민간부문의 참여를 허용하는 방향으로 흐르고 있는데, 이러한 움직임은 노동시장이 '시장'으로서 기능을 제대로 발휘하기 위해서는 민간부문의 시장메커니즘이 작동되어야 한다는 점을 감안한 결과라고 보인다.[4] 선원의 채용 및 직업소개에 관하여는 '선원을 위한 직업소개소 설치에 관한 협약'(9호, Placing of Seamen Convention)을 개정한 것으로서 1996년에 채택된 '선원채용 및 직업소개에 관한 협약'(179호, 2000. 4. 22. 효력 발생, Recruitment and Placement of Seafarers Convention)이 있는데, 위 협약은 선원의 직업소개에 관하여 유료직업소개업체 폐지주의에서 규제주의로 전환하였다.[5]

---

3) 노동법은 노동시장에 관한 법, 개별적 근로관계법, 집단적 노사관계법이라는 3대 영역으로 나눌 수 있다. 김유성 · 이흥재, 노동법 I, 한국방송통신대학교(1993), 22-23면.

4) 小嶋典明, "労働市場をめぐる法政策の現状と課題", 日本労働法學會誌 87호, 總合労働研究所(1996), 27-28면.

5) International Labour Office, Revision of the Placing of Seamen Convention, 1920 (No.9), International Labour Conference 84th (Maritime) Session Report III, 1996, 1-5면.

2. 국가의 책무

우리나라 헌법질서에서 국가는 국민의 근로권 보장[6]을 위하여 사회적 · 경제적 방법으로 근로자의 고용의 증진에 노력할 의무가 있으므로(헌법 32조 1항), 국가는 근로자의 고용을 증진할 입법은 물론 고용확대 · 실업대책 등에 관한 정책을 수립하고 추진하여야 하며,[7] 이러한 방법을 통하여 일반근로자가 사기업이나 공공기업에 취업하여 완전고용상태가 실현되도록 노력해야 할 의무가 부과되어 있다. 헌법 15조의 직업의 자유 또는 헌법 32조의 근로의 권리, 사회국가원리 등에 근거하여 실업방지 및 부당한 해고로부터 근로자를 보호하여야 할 국가의 의무를 도출할 수 있으나, 국가에 대한 직접적인 직장존속보장청구권을 근로자에게 인정할 헌법상 근거는 없다.[8]

고용정책기본법 6조 1항 1호에서는 "국민 각자의 능력과 적성에 맞는 직업의 선택과 인력수급의 불일치 해소를 위한 고용 · 직업 및 노동시장 정보의 수집 · 제공에 관한 사항과 인력수급 동향 · 전망에 관한 조사 · 공표에 관한 사항"에 관하여 필요한 시책을 수립 · 시행할 의무를 국가에게 부과하고 있고, 이를 위하여 직안법, 선원법 등을 제정하여 직업소개 등에 관하여 규율하고 있다. 현행법상 근로자 · 선원의 직업안정사업 내용과 규제방식을 요약하면 [표 6-1]과 같다.

---

6) 근로권은 고용서비스계약에 대한 행위규범으로서 (i) 직업소개업자는 원칙적으로 구인 · 구직 신청을 수리하여야 한다는 원칙, (ii) 구직자에 대해서는 그 능력에 적합한 직업을, 구인자에 대해서는 그 구인조건에 적합한 구직자를 소개하도록 노력해야 하는 원칙 등을 생기게 한다. 菅野和夫, "勞働市場の契約ルール", 勞働市場の機構とルール(講座 21世紀の勞働法 第2卷), 日本勞働法學會 編, 有斐閣(2000), 37면.

7) 사회적 방법이란 사회정책에 의한 고용의 증진을 말하고, 경제적 방법이란 경제정책에 의한 고용기회의 확대를 의미한다. 김유성 Ⅰ, 17면.

8) 헌재 2002. 11. 28. 선고 2001헌바50 결정.

표 6-1 직업안정사업의 내용과 규제방식

<table>
<tr><th>구직자</th><th>적용법률</th><th>직업안정
업무주체</th><th>종류</th><th>유료
무료</th><th>취업
장소</th><th>규제방식</th><th>법조문</th></tr>
<tr><td rowspan="12">근
로
자</td><td rowspan="11">직안법</td><td rowspan="3">직업안정
기관의 장</td><td>직업소개</td><td></td><td rowspan="2"></td><td rowspan="2"></td><td>2장 2절</td></tr>
<tr><td>직업지도</td><td></td><td>2장 3절</td></tr>
<tr><td colspan="2">고용정보의 제공</td><td></td><td></td><td>2장 4절</td></tr>
<tr><td rowspan="9">직업안정
기관의 장
이외의 자</td><td rowspan="4">직업소개
사업</td><td rowspan="2">무료</td><td>국내</td><td>자치단체장에 신고</td><td rowspan="2">18조</td></tr>
<tr><td>국외</td><td>고용노동부장관에 신고</td></tr>
<tr><td rowspan="2">유료</td><td>국내</td><td>자치단체장에 등록</td><td rowspan="2">19조</td></tr>
<tr><td>국외</td><td>고용노동부장관에 등록</td></tr>
<tr><td>정보제공사업</td><td colspan="2"></td><td>고용노동부장관에 신고</td><td>23조</td></tr>
<tr><td rowspan="2">모집</td><td rowspan="2"></td><td>국내</td><td>자유</td><td>28조</td></tr>
<tr><td>국외</td><td>고용노동부장관에 신고</td><td>30조</td></tr>
<tr><td>공급사업</td><td colspan="2"></td><td>고용노동부장관의 허가</td><td>33조</td></tr>
<tr><td>파견근로자
보호 등에
관한법률</td><td>파견사업</td><td colspan="2"></td><td>고용노동부장관의 허가</td><td>7조</td></tr>
<tr><td rowspan="5">선원</td><td rowspan="5">선원법</td><td>해양수산부
장관</td><td colspan="4">취업알선・모집・선원등록・적성검사</td><td>108조</td></tr>
<tr><td>한국선원복
지고용센터</td><td colspan="4">구인・구직등록, 위탁받은 직업안정업무</td><td>143조</td></tr>
<tr><td>구직・구인
등록기관</td><td colspan="3">직업소개사업</td><td>해양수산부장관의
지정</td><td>109조</td></tr>
<tr><td>구직자</td><td colspan="3"></td><td>구직등록</td><td>109조 ①</td></tr>
<tr><td>구인자</td><td colspan="3"></td><td>구인등록</td><td>109조 ②</td></tr>
</table>

3. 직업안정법과 선원법의 관계

직안법은 원칙적으로 선원에게도 적용되나, 선원법 제11장에 선원의 직업소개 등에 관한 규정이 별도로 존재하므로 선원법에 규정에 있는 선원의 직업소개 등에 관하여는 선원법이 우선 적용된다. 그러므로 직안법과 선원법과의 관계는 일반법과 특별법의 관계에 있으며, '특별법 우선의 원칙'에 따라 선원의 직업소개에 관

하여 선원법이 우선 적용되고, 선원법이 규정하지 아니한 사항인 공급사업 등에는 직안법이 적용된다.[9)]

4. 기본원칙

직업안정업무에 관한 기본원칙은 다음과 같다.

가. 직업선택의 자유

직업소개 등 서비스는 구직자의 직업선택의 자유를 존중해서 행해져야 한다(헌법 15조).

나. 균등처우의 원칙

직업안정서비스는 근로자의 생활기반인 직업선택에 관한 것으로, 서비스의 수급자에 대한 불공정한 차별적 취급을 억제하는 것은 기본적인 사회적 요청이다. 누구든지 성별, 연령, 종교, 신체적 조건, 사회적 신분 또는 혼인 여부 등을 이유로 직업소개 또는 직업지도를 받거나 고용관계를 결정할 때 차별대우를 받지 아니한다(직안법 2조).

다. 근로조건의 명시

노동시장의 노동력수급조정기능이 적절히 기능하고 근로자가 자기의 희망과 적성에 맞는 직업을 선택할 수 있게 하기 위해서는 구인 등에 관한 정보가 적정하게 공개될 필요가 있다. 구인자가 직업안정기관의 장에게 구인신청을 할 때에는 구직자가 취업할 업무의 내용과 근로조건을 구체적으로 밝혀야 하며, 직업안정기관의 장은 이를 구직자에게 알려 주어야 한다(직안법 10조). 구인자가 구인조건의 명시를 거부하는 경우에는 직업안정기관의 장은 구인신청의 수리를 거부할 수 있다(8조 3호).

라. 근로권보장의 원칙

직업안정기관의 장은 구인신청의 수리를 거부하여서는 아니 되고(직안법 8조

---

9) 서울지법 2003. 2. 11. 선고 2002노11520 판결.

본문), 구직신청의 수리를 거부하여서는 아니 되며(9조 1항 본문), 구직자에 대하여서는 그 능력에 적합한 직업을 소개하고, 구인자에 대하여서는 구인조건에 적합한 구직자를 소개하도록 노력하여야 한다(11조 1항).

마. 비밀보장의무의 원칙

직업소개사업, 직업정보제공사업, 근로자 모집 또는 근로자공급사업에 관여하였거나 관여하고 있는 자는 업무상 알게 된 근로자 또는 사용자에 관한 비밀을 누설하여서는 아니 된다(직안법 42조).[10)]

Ⅱ. 선원의 인력확보 및 직업안정업무

해양수산부장관은 필요한 선원인력을 확보하고 선원의 직업안정을 도모하기 위하여 (i) 선원의 효과적인 취업 알선·모집 및 지원에 관한 업무, (ii) 선원인력 수요·공급의 실태 파악을 위한 선원의 등록과 실업 대책에 관한 업무, (ii-2) 소득 증대 등 선원의 처우 개선에 관한 업무, (iii) 112조에 따른 선원관리사업에 대한 지도·감독에 관한 업무, (iv) 선원의 적성검사에 관한 업무를 수행한다(법 108조 1항).

또한 해양수산부장관은 ILO 등 관련 국제기구·단체 및 그 회원국과의 협력과 관련된 업무로서, (i) 선원인력의 수요 및 공급에 관한 정보의 교환, (ii) 선원노동 관계법령에 관한 정보의 교환, (iii) 선원직업소개사업에 관한 교류 및 협력, (iv) 선원관리사업에 관한 교류 및 협력 업무를 수행한다(법 108조 2항, 시행규칙 56조의3).

해양수산부장관은 (i) 선원의 효과적인 취업 알선·모집 및 지원에 관한 업무, (ii) 선원인력 수요·공급의 실태 파악을 위한 선원의 등록과 실업 대책에 관한 업무, (iii) 선원의 적성검사에 관한 업무를 한국선원복지고용센터에 위탁하고(법 158조 1항, 시행령 52조 3항), 필요하다고 인정하는 경우 업무를 위탁받은 자에 대

10) ILO 181호 협약 6조는 근로자 개인정보의 보호에 대해 규정하고 있는데, 민간직업소개업체에 의한 근로자 개인정보의 처리는 (i) 회원국가 국내법 및 국내관행에 따라 근로자의 개인정보를 보호하고 근로자 privacy의 존중을 확보하는 방법으로 처리할 것, (ii) 관계된 근로자의 자격 및 직업경험에 관련 있는 사항 및 다른 직접적 관련정보에 한하여 처리할 것을 정하고 있다.

하여 그 추진사항을 보고하게 하거나, 업무의 개선을 요구하는 등 필요한 감독을 할 수 있다(시행령 52조 4항).

Ⅲ. 구인 · 구직 등록

1. 구직 등록

선박에 승무하려는 사람은 해양수산부장관이 정하는 바에 따라 한국선원복지고용센터 또는 구직 · 구인등록기관인 지방해양수산관청에 구직등록을 하여야 한다(법 109조 1항, 시행령 37조).[11] 이를 위반한 자는 200만 원 이하의 과태료를 부과한다(법 179조 1항 2호).

2. 구인 등록

선원을 고용하려는 자는 구직 · 구인등록기관에 해양수산부장관이 정하는 바에 따라 구인등록을 하여야 한다(법 109조 2항). 이를 위반한 자는 200만 원 이하의 과태료를 부과한다(법 179조 1항 2호).

3. 협조 요청 등

구직 · 구인등록기관은 선원의 직업소개사업을 할 때에는 선박소유자 단체나 112조에 따른 선원관리사업을 운영하는 자의 단체에 협조를 요청할 수 있다(법 109조 3항). 또한 구직 · 구인등록기관, 한국선원복지고용센터는 선원의 구직등록 및 선원을 고용하려는 자의 구인등록에 관한 사무를 수행하기 위하여 불가피한 경우 '개인정보 보호법 시행령' 19조 1호에 따른 주민등록번호가 포함된 자료를 처리할 수 있다(시행령 55조 3항).

11) 2014년도 선원복지사업 추진실적(한국선원복지고용센터), 해양수산부 해운물류국 선원정책과(2015. 1), 2면.

선원직업안정사업	계	해기사	부원
구직등록	8,397명	6,530명	1,867명
취 업 자	6,925명	5,541명	1,384명
취 업 률	82.4%	84.8%	74.1%

Ⅳ. 선원공급사업의 금지

1. 직업소개사업

가. 취 지

구직 · 구인등록기관, 선원법 112조 3항에 따른 선원관리사업자, 수산업협동조합중앙회, 한국해운조합, 선원의 직업소개에 관련된 기관 또는 단체로서 정책자문위원회의 자문을 거쳐 해양수산부장관이 지정하는 단체 또는 기관 외에는 선원의 직업소개사업을 할 수 없다(법 110조, 시행규칙 56조의5). 법문의 표제는 '선원공급사업의 금지'로 되어 있으나, 법문의 내용은 예외적으로 직업소개사업을 할 수 있는 경우만 규정하고 있으므로, 선원의 직업안정사업에 관하여는 110조가 규정하는 선원직업소개사업만이 가능하고, 선원공급사업이나 선원파견사업은 허용되지 아니한다(법 110조 표제, 파견법 5조 3항 3호 및 동조 5항).

나. 직업소개의 개념

직업소개라 함은 구인 또는 구직의 신청을 받아 구인자 또는 구인자를 탐색하거나 구직자를 모집하여 구인자와 구직자 간에 고용계약이 성립되도록 알선하는 것을 말한다(직안법 2조의2 2호). 이때 알선의 개념에는 다른 유사개념과 구별되는 엄밀한 의미의 알선뿐만 아니라, 구인자와 구직자 간의 고용계약이 성립할 수 있도록 실질적으로 돕는 것이면 모두 해당한다. 그리하여 구인자 · 구직자에 관한 정보의 제공을 통한 소개,[12] 고용계약의 중개, 구인자 또는 구직자 일방을 대리한 계약의 체결, 이를 위한 계약조건의 협의 등 행위의 태양을 가리지 않고 일반적으로 적용된다.[13] 인력공급업체가 직업안정법상 유료직업소개사업으로서 근로자를

12) 직업정보제공사업자의 준수사항을 정한 직업안정법 25조와 그 위임에 따른 직업안정법 시행령 28조의 입법 목적, 관련 규정들의 내용과 체계 등을 종합하면, 시행령 28조 1호에서 금지하고 있는 '구인자의 업체명(또는 성명)이 표시되어 있지 아니하여 구인자의 신원이 확실하지 아니한 구인광고를 게재한 행위'에는 구인자의 업체명(또는 성명)을 구체적으로 표시하지 않은 경우뿐만 아니라 구인자의 업체명(또는 성명)을 허위로 표시한 경우도 포함되며, 따라서 직업정보제공사업자가 직업정보제공매체에 구인자의 업체명(또는 성명)이 객관적으로 허위인 구인광고를 게재한 경우에는 시행령 28조 1호에서 정한 직업정보제공사업자의 준수사항 위반에 해당하여 직업안정법 36조 1항 3호에 따른 사업정지 등의 제재처분을 할 수 있다. 대법원 2021. 2. 25. 선고 2020두51587 판결.

13) 근로기준법 주해 Ⅰ(제2판), 810면.

공급받는 업체와 해당 근로자 사이에 고용계약이 성립되도록 알선하는 형태로 인력공급을 한 것이라면, 특별한 사정이 없는 한 해당 근로자의 사용자는 인력을 공급받는 업체로 봄이 타당하다.[14)]

다. 직업소개사업의 개념

직업소개사업이란 계속적 의사를 가지고 반복하여 직업소개를 행하는 것으로, 현실적으로 여러 차례 반복해서 행하는 것을 요하지는 않고 1회적인 행위라도 반복 · 계속하여 행할 의도 하에서 행해진 것이라면 거기에 해당한다.[15)]

라. 직업정보제공사업의 포함 여부

직업소개사업은 특정의 구인자와 구직자를 직접 연결하여 고용계약의 성립을 알선하는 것인 반면, 직업정보제공사업은 불특정다수의 잠재적 구인자와 구직자에게 직업정보를 제공하여 구인 · 구직자가 스스로 구인 또는 구직하도록 하는 것을 말한다(고용노동부 예규 142호 '직업정보제공사업 신고업무 처리 규정' 3조 1항). 직안법 23조 1항은 신고 또는 등록한 직업소개사업자는 별도로 신고하지 않고서도 직업정보제공사업을 할 수 있도록 허용하고 있다. 따라서 비록 선원법에는 직업정보제공사업에 관한 명문의 규정은 존재하지 않지만, 직업정보제공은 직업소개를 위한 필수적인 사전 단계인 점, 직안법의 규정 등을 참조하면, 선원직업소개사업의 범위에는 선원직업정보제공사업도 포함된다고 해석하는 것이 타당하다.

마. 형사책임

(1) 선원법 171조

선원법 110조를 위반하여 선원의 직업소개를 한 자는 2년 이하의 징역 또는 2

---

14) 일용직 인력공급의 경우 그 특성상 외형상으로는 인력공급업체가 임금을 지급하거나 해당 근로자들을 지휘 · 감독한 것으로 보이는 사정이 있다고 하더라도 이는 실질적으로 업무의 편의 등을 위해 인력공급업체와 인력을 공급받는 업체 사이의 명시적 · 묵시적 동의하에 구상을 전제로 한 임금의 대위 지급이거나, 임금 지급과 관련한 근거 자료 확보 등을 위해 근로자들의 현장 근로상황을 파악하는 모습에 불과할 수 있으므로, 이를 근거로 선불리 근로자들의 사용자를 인력공급업체라고 단정하여서는 안 된다. 대법원 2021. 11. 11. 선고 2021다255051 판결.

15) 대법원 2001. 12. 14. 선고 2001도5025 판결; 무허가유료직업소개 행위는 범죄구성요건의 성질상 동종행위의 반복이 예상되는데, 반복된 수개의 행위 상호간에 일시 · 장소의 근접, 방법의 유사성, 기회의 동일, 범의의 계속 등 밀접한 관계가 있어 전체를 1개의 행위로 평가함이 상당한 경우에는 포괄적으로 한 개의 범죄를 구성한다(대법원 1993. 3. 26. 선고 92도3405 판결).

천만 원 이하의 벌금에 처한다(법 171조). 그러나 이는 등록을 하지 아니하고 유료직업소개사업을 한 자를 5년 이하의 징역 또는 5천만 원 이하의 벌금에 처하는 직안법 47조 1호에 비하여 지나치게 가벼운 법정형이므로,[16] 이를 상향하는 개정이 필요하다.

피고인이 제출한 '허가소개 가능 직종 범위표'(노동부에서 제작·배포한 것)에 선박 조종사 및 기술공, 어업근로자, 선박 갑판 승무원 및 관련 근로자, 어업 관련 단순노무자 등이 기재되어 있으나, 피고인은 선원들의 취업을 소개·알선하여 오면서 전에 동종 행위에 대하여 선원법위반죄로 약식명령이 발령된 사실에 비추어 볼 때, 위 표에 소개가 가능한 직종으로 선원이 포함되어 있다는 사정만으로 피고인의 행위가 법령에 저촉되지 않는 것으로 오인할 때 정당한 이유가 있는 경우에 해당한다고 볼 수는 없다.[17]

(2) 직업안정법위반죄와의 관계

(i) 직안법과 선원법과의 관계는 일반법과 특별법의 관계에 있으며, 선원법 제11장에 선원의 직업소개 등에 관한 규정이 별도로 존재하므로 선원법에 규정에 있는 선원의 직업소개에 관하여는 선원법이 우선 적용되는 점, (ii) 직안법 38조 4호는 직업소개사업 등의 결격사유로 "직업소개사업과 관련된 행위로 선원법을 위반한 자"를 규정하고 있는 점 등을 고려하면, 선원직업소개에 관하여는 법조경합에 의하여 특별법인 선원법위반죄만이 성립한다.[18] 따라서 피고인이 당국에 유료직업소개사업 등록을 하지 아니한 채 선주들에게 소개비를 받고 선원들을 소개한 사실에 대하여 직안법 위반의 점을 유죄로 판단한 원심의 결론을 유지한 대법원 판례[19]는 타당하다고 보기 어렵다.

---

16) 이와 달리 신고하지 아니하고 무료직업소개사업을 한 자는 1년 이하의 징역 또는 1천만 원 이하의 벌금에 처한다(직안법 48조 1호).

17) 대법원 2003. 7. 11. 선고 2003도1295 판결(船).

18) 창원지법 2014. 9. 3. 선고 2014노1302 판결.

19) 대법원 2011. 4. 14. 선고 2011도862 판결.

2. 선원공급사업

가. 근로자공급사업

근로자공급사업은 공급계약에 따라 근로자를 타인에게 사용하게 하는 것을 말한다(직안법 2조의2 7호 본문). 이러한 근로자공급사업에 해당하기 위해서는 근로자공급사업자와 근로자 간에 고용 기타 유사한 계약에 의하거나 사실상 근로자를 지배하는 관계에 있어야 하고, 근로자공급사업자와 공급을 받는 자 간에는 제3자의 노무제공을 내용으로 하는 공급계약이 있어야 하며, 근로자와 공급을 받는 자 간에는 사실상 사용관계에 있어야 한다.[20)]

근로자공급사업은 성질상 사인이 영리를 목적으로 운영할 경우 근로자의 안전 및 보건상의 위험, 근로조건의 저하, 공중도덕상 유해한 직종에의 유입, 미성년자에 대한 착취, 근로자에 대한 중간착취, 강제근로, 인권침해, 약취 · 유인, 인신매매 등의 부작용이 초래될 가능성이 매우 크므로, 고용노동부장관의 허가를 받은 자만이 근로자공급사업을 할 수 있도록 제한하는 것은 그 목적의 정당성, 방법의 적절성, 피해의 최소성, 법익의 균형성 등에 비추어 볼 때 합리적인 제한이고, 과잉금지의 원칙에 위배되어 직업선택의 본질적인 내용을 침해하는 것으로 볼 수는 없다.[21)]

그림 6-1 근로자공급사업

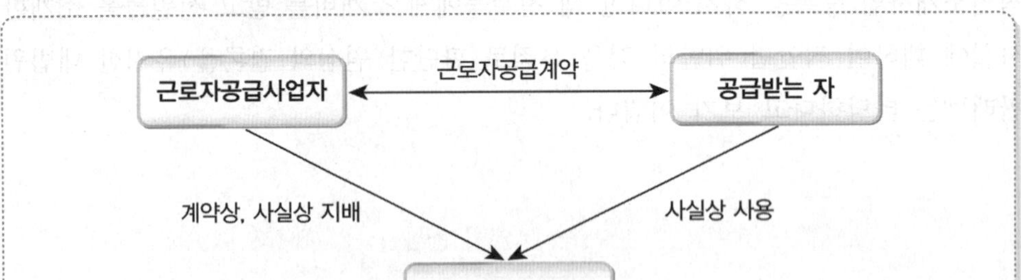

20) 대법원 1985. 6. 11. 선고 84도2858 판결; 대법원 1999. 11. 12. 선고 99도3157 판결.
21) 헌재 1998. 11. 26. 선고 97헌바31 결정.

나. 선원공급계약의 효력

선원공급사업은 금지되어 있으므로(법 110조 표제), 선원공급사업에 의하여 선원공급계약을 체결한 경우 그 효력은 무효이다. 판례[22]는 무허가 근로자공급계약의 효력에 관하여, "직안법 33조 1항에서 원칙적으로 근로자공급사업을 금지하면서 고용노동부장관의 허가를 얻은 자에 대하여만 이를 인정하고 있는 것은 타인의 취업에 개입하여 영리를 취하거나 임금 기타 근로자의 이익을 중간에서 착취하는 종래의 폐단을 방지하고 근로자의 자유의사와 이익을 존중하여 직업의 안정을 도모하고 국민경제의 발전에 기여하자는 데 그 근본 목적이 있는바, 고용노동부장관의 허가를 받지 않은 근로자공급사업자가 공급을 받는 자와 체결한 공급계약을 유효로 본다면, 근기법 9조에서 금지하고 있는 법률에 의하지 아니하고 영리로 타인의 취업에 개입하여 이득을 취득하는 것을 허용하는 결과가 될 뿐만 아니라, 위와 같은 직안법의 취지에도 명백히 반하는 결과에 이르게 되므로 직안법에 위반된 무허가 근로자공급사업자와 공급을 받는 자 사이에 체결한 근로자공급계약은 효력이 없다."고 하여 무효설의 입장을 분명히 하였다. 이와 관련하여, 선원공급계약이 무효라는 사정만으로 당연히 해당 선원과 이를 공급받은 선박소유자 사이에 선원근로관계가 성립한다고 볼 수는 없고, 다만 선원자공급사업자의 실체가 없어 근로제공의 상대방과 선원 사이에 묵시적 선원근로관계가 성립하였다고 볼 수 있는 경우에만 직접 선원근로관계가 인정된다.[23]

다. 형사책임

선원공급사업을 한 자는 5년 이하의 징역 또는 5천만 원 이하의 벌금에 처한다(직안법 47조 1호).

3. 선원파견사업

가. 개 념

'근로자파견'이라 함은 파견사업주가 근로자를 고용한 후 그 고용관계를 유지

---

22) 대법원 2004. 6. 25. 선고 2002다56130 판결.
23) 대법원 2004. 6. 25. 선고 2002다56130 판결.

하면서 근로자파견계약의 내용에 따라 사용사업주의 지휘 · 명령을 받아 사용사업주를 위한 근로에 종사하게 하는 것을 말한다[파견근로자보호 등에 관한 법률(이하 '파견법') 2조 1호]. 이와 같이 노무제공이 계약 목적이고 사용사업주가 파견근로자에 대한 구체적인 업무상 지휘 · 명령권을 행사할 수 있다는 점에서, 일의 완성이 계약의 목적이고 도급인에게 지휘 · 감독권이 없는 민법상 '도급'과 구별된다. 근로자를 고용하여 타인을 위한 근로에 종사하게 하는 경우 그 법률관계가 파견법이 적용되는 근로자파견에 해당하는지 여부는 당사자들이 붙인 계약의 명칭이나 형식에 구애받을 것이 아니라, 제3자가 해당 근로자에 대하여 직간접적으로 업무수행 자체에 관한 구속력 있는 지시를 하는 등 상당한 지휘 · 명령을 하는지, 해당 근로자가 제3자 소속 근로자와 하나의 작업집단으로 구성되어 직접 공동 작업을 하는 등 제3자의 사업에 실질적으로 편입되었다고 볼 수 있는지, 원고용주가 작업에 투입될 근로자의 선발이나 근로자의 수, 교육 및 훈련, 작업 · 휴게시간, 휴가, 근무태도 점검 등에 관한 결정 권한을 독자적으로 행사하는지, 계약의 목적이 구체적으로 범위가 한정된 업무의 이행으로 확정되고 해당 근로자가 맡은 업무가 제3자 소속 근로자의 업무와 구별되며 그러한 업무에 전문성 · 기술성이 있는지, 원고용주가 계약의 목적을 달성하기 위하여 필요한 독립적 기업조직이나 설비를 갖추고 있는지 등의 요소를 바탕으로 근로관계의 실질에 따라 판단하여야 한다.[24)]

선원법 2조 1호에 따른 선원의 업무에 대하여는 근로자파견사업을 행하여서는 아니 된다(파견법 5조 3항 3호). 누구든지 위 규정을 위반하여 선원파견사업을 행하거나 그 선원파견사업을 행하는 자로부터 선원파견의 역무를 제공받아서는 아니 된다(5조 5항).

나. 위법한 선원파견의 법률관계

(1) 직접고용의무

파견금지업무에 근로자를 파견한 경우에는 사용사업주로 하여금 파견근로자를 직접 고용하여야 하고(파견법 6조의2 1항 1호) 이에 위반할 경우 3천만 원 이하의 과태료를 부과할 수 있다(46조 2항).

---

24) 대법원 2020. 5. 14. 선고 2016다239024 판결.

(2) 고용의무의 사법상 효력

사용선박소유자는 파견선원에 대하여 고용의무를 부담하고, 파견선원은 이를 사법상 권리로서 행사할 수 있다.[25] 파견법 6조의2가 파견선원에게 선박소유자의 고용의무에 대응하는 사법상 권리를 부여한 것으로 해석할 경우, 그 권리행사의 구체적 방법에 관하여는, (i) 선박소유자의 고용의무가 법정된 이상 이에 대응하는 선원의 고용계약 체결 승낙의 의사표시만으로 선원근로관계가 성립하고, 선박소유자가 다투는 경우에는 선원지위의 확인소송이나 선박소유자의 선원지위 부인을 해고의 의사표시로 보아 해고무효소송으로 쟁송이 가능하다는 견해(형성권설), (ii) 파견선원은 의무의 내용인 고용의 의사표시[26]를 구하는 이행의 소를 제기할 수 있고, 고용의 의사표시를 구하는 이행소송이 확정된 때[27]에 비로소 선원근로관계가 성립한다는 견해(청구권설) 등이 있다.[28]

그림 6-2 선원파견사업

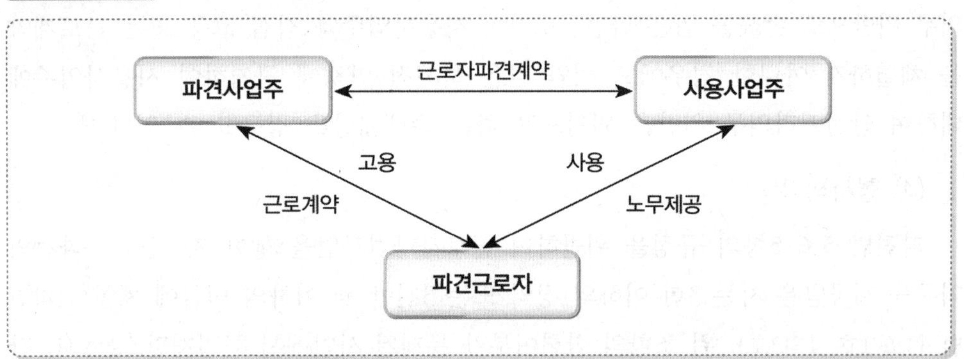

사용선박소유자가 파견선원을 직접 고용하는 경우 파견선원의 근로조건은 (i) 사용사업주의 근로자 중 당해 파견근로자와 동종 또는 유사업무를 수행하는 근로자가 있는 경우에는 그 근로자에게 적용되는 취업규칙 등에서 정하는 근로조건에

25) 근로기준법 주해 I (제2판), 847-849면.
26) '취업청구권'을 인정하는 견해에서는 고용의 의사표시뿐만 아니라 이에 따른 '사용'까지 이행을 구하게 된다.
27) 민사집행법 263조 1항.
28) 대법원 2015. 11. 26. 선고 2013다14965 판결; 근로기준법 주해 I (제2판), 848면.

의할 것, (ii) 사용사업주의 근로자 중 당해 파견근로자와 동종 또는 유사업무를 수행하는 근로자가 없는 경우에는 당해 파견근로자의 기존의 근로조건의 수준보다 저하되어서는 아니 될 것 등의 요건을 갖추어야 한다(파견법 6조2 3항).

(3) 안전배려의무

근로자파견에서 근로 및 지휘 · 명령 관계의 성격과 내용 등을 종합하면, 파견사업주가 고용한 근로자를 자신의 작업장에 파견받아 지휘 · 명령하며 자신을 위한 계속적 근로에 종사하게 하는 사용사업주는 파견근로와 관련하여 그 자신도 직접 파견근로자를 위한 안전배려의무를 부담함을 용인하고, 파견사업주는 이를 전제로 사용사업주와 근로자파견계약을 체결하며, 파견근로자 역시 사용사업주가 위와 같은 안전배려의무를 부담함을 전제로 사용사업주에게 근로를 제공한다. 그러므로 근로자파견관계에서 사용사업주와 파견근로자 사이에는 특별한 사정이 없는 한 파견근로와 관련하여 사용사업주가 파견근로자에 대한 안전배려의무를 부담한다는 점에 관한 묵시적인 의사의 합치가 있고, 따라서 사용사업주의 안전배려의무 위반으로 손해를 입은 파견근로자는 사용사업주와 직접 고용 또는 근로계약을 체결하지 아니한 경우에도 위와 같은 묵시적 약정에 근거하여 사용사업주에 대하여 안전배려의무 위반을 원인으로 하는 손해배상을 청구할 수 있다.[29)]

(4) 형사책임

파견법 5조 5항의 규정을 위반하여 근로자파견사업을 행한 자, 근로자파견의 역무를 제공받은 자는 3년 이하의 징역 또는 3천만 원 이하의 벌금에 처한다(파견법 43조 1호, 1의2호). 위 조항의 합헌여부가 문제된 사안에서 헌법재판소는, (i) 간접고용의 특성상 파견근로자는 직접고용의 경우에 비하여 신분 · 임금에서 열악한 지위에 놓일 가능성이 있는바, 위 조항들은 근로자파견사업의 허용대상 범위를 제한함으로써 근로자파견사업의 적정한 운영을 기하여 근로자의 직접고용을 증진하고 적정임금을 보장하기 위한 것으로 그 입법목적이 정당한 점, (ii) 이를 위하여 근로자파견이 허용되는 업무를 정하고 이를 위반하는 사업주에게 형벌을 부과하는 것은 일응 적절한 수단이라 할 수 있는 점, (iii) 선원업무는 유해하거나 위험한 성격의 업무로서 개별 사업장에서 파견근로자가 사용사업주의 지휘 · 명령에 따라

---

29) 대법원 2013. 11. 28. 선고 2011다60247 판결.

야 하는 근로자파견의 특성상 파견업무로 부적절하므로 이들 업무를 근로자파견 허용대상에서 제외할 필요성은 충분히 인정되는 점 등을 이유로, 위 조항들은 근로자파견을 행하려는 자들의 직업의 자유를 침해하지 아니하므로 합헌이라고 결정하였다.[30)]

V. 금품 등의 수령 금지

1. 의 의

선원을 고용하려는 자, 선원의 직업소개·모집·채용·관리에 종사하는 자 또는 그 밖에 선원의 노무·인사 관리업무에 종사하는 자는 어떠한 명목으로든 선원 또는 선원이 되려는 사람으로부터 그 직업소개·모집·채용 등과 관련하여 금품이나 그 밖의 이익을 받아서는 아니 된다(법 111조).

선원의 열등한 사회·경제적 지위나 고용시장의 불완전성을 이용하여 그 취업에 개입함으로써 이득을 취하는 형태는 오래된 봉건적 악습이다. 이는 낮은 임금으로 노무를 제공할 수밖에 없는 선원들에게는 생존에 위협이 될 뿐만 아니라, 이를 매개로 한 여러 형태의 구속은 인신의 자유를 박탈하는 결과에 이르기 때문에 선원 보호를 위해서 금품 등의 수령을 금지하는 것이다.

2. 수범자

선원을 고용하려는 자, 선원의 직업소개·모집·채용·관리에 종사하는 자 또는 그 밖에 선원의 노무·인사 관리업무에 종사하는 자이다. 자연인이든 법인이든, 사인(私人)이든 공무원이든 관계없다.

3. 선원 또는 선원이 되려는 사람

선원은 선원법이 적용되는 선박에서 근로를 제공하기 위하여 고용된 사람을 말한다(법 2조 1호). 선원은 선주와 고용계약을 체결하기만 하면 그 지위를 획득할 수 있고 선원이 되는 데에 특별한 자격이 요구되지 않는 이상, 이미 고용계약을

30) 헌재 2013. 7. 25. 선고 2011헌바395 결정.

체결하여 선원의 지위에 있는 사람도 그 고용계약의 기간이 만료됨에 따라 새로운 고용계약을 체결하고자 한다면 새로운 고용계약과 관련하여서는 '선원이 되고자 하는 자'에 해당한다.31)

4. 금품이나 그 밖의 이익의 수령 금지

금품은 금전이나 상품권 등의 물품을 의미한다. 수수료 · 보상금 · 소개료 · 중개료 그 밖에 어떠한 명목이든 이를 따지지 않는다. 그 밖의 이익은 재산적 이익뿐만 아니라 사람의 수요 · 욕망을 충족시키기에 족한 일체의 유형 · 무형의 이익을 포함하고, 이에는 성적 욕구의 충족,32) 투기적 사업에 참여할 기회를 얻는 것도 이에 해당한다.33)

수산업협동조합중앙회의 어선외국인 선원운용요령, 선박소유자와 중앙회 사이의 외국인 선원 관리 기본계약서에 의하면 관리비는 외국인 선원 송출회사 또는 고용주로부터 받도록 규정되어 있고, 외국인 선원들의 체류연장에 따라 추가로 발생하는 관리비의 정산문제는 중앙회나 외국인 선원 송출업체 등과 별도로 약정을 체결하는 등의 방법으로 해결하여야 할 성질의 것으로, 외국인 선원의 계약 연장 시점에서 선원들로부터 관리비의 명목으로 금원을 징수하는 것은 선원법 111조의 입법취지에 반하는 것이므로, 피고인이 외국인 선원들로부터 계약 연장의 대가로 수수한 금품은 '선원 또는 선원이 되고자 하는 자로부터 그 모집 · 채용에 관하여 받은 금품'에 해당한다.34)

5. 형사책임

선박소유자 또는 그 외의 자가 선원법 111조를 위반하여 선원 또는 선원이 되려는 사람으로부터 직업소개 · 모집 · 채용과 관련하여 금품이나 그 밖의 이익을 받았을 때에는 3년 이하의 징역 또는 3천만 원 이하의 벌금에 처한다(법 168조 1항 5호). 위 죄는 피해자가 명시한 의사에 반하여 공소를 제기할 수 없다(법 168조 2항).

---

31) 광주지법 목포지원 2013. 12. 9. 선고 2013고정359 판결.
32) 대법원 2014. 1. 29. 선고 2013도13937 판결(뇌물에 관한 판결임).
33) 대법원 2012. 8. 23. 선고 2010도6504 판결(뇌물에 관한 판결임).
34) 의정부지법 2015. 5. 12. 선고 2014노2786 판결.

Ⅵ. 선원관리사업

1. 의 의

선원법 112조는 선원의 인력관리업무를 수탁(受託)하여 대행하는 사업(선원관리사업)에 관하여 규정하고 있는데, 해운법 33조에 따라 선박관리업을 등록한 자가 아니면 선원의 인력관리업무를 수탁하여 대행하는 사업(선원관리사업)을 하지 못한다(법 112조 2항)고 규정하여 등록주의를 채택하고 있다. 해양수산부장관은 선원관리사업제도를 수립 또는 변경하려면 관련 선박소유자 단체 및 선원 단체와 협의하여야 한다(법 112조 1항).

산재법의 적용제외사업으로서 위 법 시행령 2조 1항 2호에 규정된 '선원법에 따라 재해보상이 되는 사업'이라 함은 선원법이 정한 일정한 규모 이상의 선박을 소유하는 자 등이 선박에 승선하여 근로를 제공할 선원을 고용하여 위 선원을 그 선박에 승무시켜 행하는 사업을 뜻하고, 선원관리사업은 비록 그 업무에 관한 사항이 선원법에 의하여 규율된다고 하더라도, 선원법의 적용 범위와 그 업무의 내용에 비추어 볼 때 선원법에 의하여 재해보상이 행하여지는 사업이라고 할 수 없다.[35]

2. 선원관리사업자의 법적 지위

가. 선박소유자의 수임인

(1) 성실수행의무

선원관리사업을 운영하는 자(선원관리사업자)는 선박소유자로부터 인력관리업무를 수탁받은 수임인의 지위에 있다. 따라서 선원관리사업자는 수탁받은 업무를 성실하게 수행하여야 한다(법 112조 3항 전단).

(2) 신고의무

선원관리사업자는 선원관리업무를 위탁받거나 그 내용에 변경이 있을 때에는 해양수산관청에 신고하여야 한다(법 112조 4항). 이를 위반하면 200만 원 이하의

35) 대법원 1999. 4. 27. 선고 99두1694 판결(船).

과태료를 부과한다(법 179조 3항 13호). 해양항만관청은 4항에 따른 신고를 받은 경우 그 내용을 검토하여 이 법에 적합하면 신고를 수리하여야 한다(법 112조 5항).

(3) 필수 업무

선박소유자(외국인 포함)로부터 선원의 인력관리업무를 수탁한 경우에는 (i) 근로조건에 관한 사항, (ii) 재해보상에 관한 사항을 그 업무에 포함시켜야 한다(법 112조 7항). 해양수산부장관은 위 규정에 따라 선원관리사업자가 선박소유자(외국인 포함)로부터 선원의 인력관리업무를 위탁받는 경우에 포함시켜야 되는 사항에 대한 세부기준을 따로 정할 수 있고(시행령 38조 2항), 위 사항을 선원관리사업자가 성실하게 수행하도록 지도 · 감독하여야 한다(시행령 38조 3항).

선원법이 적용되지 아니하는 외국인 선박소유자와 선원근로계약을 체결하는 경우에는 선원의 근로조건이나 재해보상이 선원법 소정의 기준에 미달할 우려가 있고, 노동력이 착취될 가능성이 있으므로, 이를 방지하기 위하여 해양수산부장관에게 세부기준의 설정과 지도 · 감독 권한을 부여하여, 해외취업선원을 보호하기 위한 것이다. 해양수산부장관이 제정한 세부기준에서 '해외취업선원 재해보상에 관한 규정'이 가장 중요하다.

(4) 선원에 대한 고지의무

선원관리사업자는 수탁한 업무의 내용을 선원근로계약을 체결하기 전에 승무하려는 선원에게 알려주어야 한다(법 112조 6항).

(5) 해외취업 신고의무

법 3조에도 불구하고 대한민국 국민으로서 외국 국적 선박소유자와 선원근로계약을 체결한 선원은 해양수산부령으로 정하는 바에 따라 해양수산부장관에게 해외취업을 신고하여야 한다. 다만, 112조 3항에 따른 선원관리사업자를 통해 외국 국적 선박에 취업하는 경우에는 선원관리사업자가 해당 선원의 해외취업을 신고하여야 한다(법 44조의2).

나. 선박소유자로 간주되는 경우

선원관리사업자는 수탁한 업무 중 (i) 선원근로계약서의 작성 및 신고, (ii) 선원명부의 작성·비치 및 공인신청, (iii) 승선·하선 공인의 신청, (iv) 승무경력증명서의 발급, (v) 임금대장의 비치와 임금 계산의 기초가 되는 사항의 기재, (vi) 건강진단에 관한 사항, (vii) 구인등록, (viii) 교육훈련에 필요한 경비의 부담, (ix) 수수료의 납부, (x) 선원급여명세서의 제공 등 업무에 관하여는 선원법을 적용할 때 선박소유자로 본다(법 112조 3항 후단, 시행령 38조 1항). 또한 국민건강보험법, 국민연금법, 고용보험법에 따른 보험료 또는 부담금의 의무에 관하여는 선원관리사업자를 사용자로 본다(법 112조 8항).

다. 선박소유자 여부

선원관리사업자가 선박소유자의 위탁을 받아 선원에 대한 인사관리업무를 수탁받아 이를 대행하는 업무만을 영업으로 하는 경우, 선원관리사업자는 선박소유자의 대리인 또는 이행보조자의 지위에 있을 뿐 선박소유자라고 할 수는 없다.

그러나 선원관리사업자에게 선원의 근로조건이나 재해보상 등 선원법 112조 3, 7, 8항에 규정된 사항 이외의 사항에 관하여 선박소유자의 규정을 적용하기 위해서는 선원을 고용하고 임금을 지급하여야 한다는 실질적 요건을 충족하여야 한다. 이 경우 선원관리사업자가 선원을 고용하여 외국 선박에 선원으로 근무하게 하는 것은 선원공급·선원파견에 해당하는바, 선원의 업무에 관하여는 근로자공급·근로자파견이 금지되므로, 결국 위법근로자공급·위법근로자파견시 법률관계에 관한 문제로 귀결된다. 위법한 근로자공급·근로자파견에서 사용사업자의 사용자성 여부를 불문하고 공급사업자·파견사업자의 사용자성은 긍정된다는 것이 다수설이다.[36)]

36) 박수근, "근로자파견의 기간제한과 직접 고용의 문제", 노동법학 11호(2000. 12), 251-274면; 조경배, "위법한 근로자공급사업에서의 사용사업주와 공급근로자간의 근로계약 성립여부", 노동법의 쟁점과 과제(김유성 교수 화갑기념논문집), 법문사(2000), 69-87면; 강성태, "위법한 근로자파견의 법적 효과", 노동법률 132호(2002. 5), 38-42면.

라. 선원관리업자의 준수의무

선원관리사업자는 선원의 권익보호를 위하여 선원관리사업을 수행할 때 (i) 선원 인력관리 수탁 계약서에 따라 선주로부터 선원관리사업자가 지급받아 선원에게 지급하기로 한 임금, 퇴직금, 유급휴가급 및 재해보상비 등의 지급 시기 및 금액, (ii) 16세 미만인 사람을 계약상대자가 고용할 선원으로 알선하는 행위의 금지 사항을 준수하여야 한다(법 112조 9항). 해양수산부장관은 선원관리사업자가 9항 각 호의 사항을 준수하였는지 여부를 점검하기 위하여 선원관리사업자, 그 밖의 관계인에 대하여 출석, 서류의 제출을 요구할 수 있으며 소속 공무원으로 하여금 사업장에 출입하여 실태를 조사하게 할 수 있다(10항). 해양수산부장관은 10항에 따른 점검 결과 선원관리사업자가 9항 1호의 사항을 위반한 때에는 시정명령을 할 수 있다(11항).

Ⅶ. 국제협약의 준수 등

1. 직업안정업무 종사자의 준수의무

구직 · 구인등록기관, 선원관리사업자 또는 해양수산부장관의 허가를 받아 공적 업무를 수행하는 해양수산 관련 단체나 기관은 선원의 노동권을 보호하고 증진하는 방식으로 선원의 직업소개사업을 운영하여야 하고, 선원의 직업소개와 관련하여 선원법, 해운법 및 해사노동협약으로 정하는 사항을 준수하여야 한다(법 113조 1항).

2. 선박소유자의 준수의무

선박소유자는 해사노동협약이 적용되지 아니하는 국가의 선원직업소개소를 통하여 선원을 고용하려는 경우에는 해양수산부령으로 정하는 바에 따라 해사노동협약의 기준을 충족하는지를 확인한 후 해사노동협약의 기준을 충족하는 선원직업소개소로부터 소개받은 선원을 고용하여야 한다(법 113조 2항).

Ⅷ. 불만 제기와 조사

해양수산부장관은 구직·구인등록기관, 선원관리사업자, 해양수산부령으로 정하는 해양수산 관련 단체 또는 기관의 직업소개 활동과 관련하여 선원으로부터 불만이 제기되면 이를 즉시 조사하여야 하고 필요한 경우에는 해당 선박소유자와 선원대표를 조사에 참여시킬 수 있다(법 114조). 선원의 고충처리에 관하여 감독관청인 해양수산부장관에게 조사권한을 부여하고 있다. 해양수산부장관은 조사결과 위법사항이 발견되면, 시정을 명하거나 등록취소 등 행정처분, 형사고발 등의 조치를 취할 수 있다.

제3절 교육훈련

Ⅰ. 선원 등의 교육훈련

1. 의 의

교육훈련이란 선원이 되려는 사람의 취업 또는 선원의 직무수행에 필요한 지식·기술 및 태도를 습득·향상시키기 위하여 실시하는 직업교육 및 직업훈련을 말한다. 현대의 선박은 고도의 기술이 집약된 설비이고, 이를 조종·관리·통제하기 위해서는 전문적인 지식·기술의 습득·향상이 필수적이며, 분업체제로 이루어진 선박공동체에서 선원으로서 맡은 바 직무를 적절하게 수행하기 위해서는 적절한 교육훈련이 필수적이다.

선원과 선원이 되려는 사람은 대통령령으로 정하는 바에 따라 해양수산부장관이 시행하는 교육훈련을 받아야 하고(법 116조 1항), 해양수산부장관은 1항에 따른 교육훈련을 이수하지 아니한 선원에 대하여는 특별한 사유가 없으면 승무를 제한하여야 한다(법 116조 2항).

선원, 선원이 되려는 사람, 선박소유자 및 선원관리사업자의 사업장에서 선원과 관련된 노무 · 인사 업무를 담당하는 자는 선원의 노동권 및 인권 보호에 관한 교육을 받아야 한다(법 116조 3항). 3항에 따른 교육의 내용, 시기 및 절차 등 그 밖에 필요한 사항은 해양수산부령으로 정한다(법 116조 4항).

2. 내 용

선원의 교육훈련은 기초안전교육 · 상급안전교육 · 여객선교육 · 당직부원교육 · 유능부원교육 · 전자기관부원교육 · 탱커기초교육 · 탱커보수교육 · 가스연료추진선박교육 · 의료관리자교육 · 고속선교육 · 선박조리사교육 · 선박보안교육으로 구분한다(시행령 43조 1항).

교육과정별 교육대상자 · 교육내용 및 교육기간은 시행규칙 [별표 2]와 같고, 해양수산부장관 또는 해양수산부장관이 지정한 교육기관의 장이 선원교육을 실시한 경우에는 교육을 받은 사람에게 시행규칙 [별지 25호 서식]의 교육이수증을 발급하거나 선원수첩에 그 사실을 기재하여 주어야 한다(시행령 43조 2항, 시행규칙 57조). 선원(외국인 선원 포함)이 STCW에서 정하는 교육훈련을 받은 경우 그 교육과정이 위 2항의 규정에 의한 교육과정과 동등 이상의 수준이라고 해양수산부장관이 인정하는 경우에는 1항의 규정에 의한 교육 · 훈련을 이수한 것으로 본다(시행령 43조 4항).

3. 교육훈련과 근로시간과의 관계

가. 판 례[37)]

근로자가 직무와 관련된 법령 또는 단체협약 · 취업규칙 등의 규정이나 사용자의 지시에 따라 소정근로시간 외에 교육을 받는 경우, 그러한 교육시간이 근로시간에 해당하는지는 관련 법령 또는 단체협약 · 취업규칙 등의 내용과 취지, 해당 교육의 목적 및 근로 제공과의 관련성, 교육의 주체가 누구인지, 사용자에게 이를 용인하여야 할 법령상 의무가 있는지, 근로자의 귀책사유로 말미암아 교육을 하게 되었는지, 근로자가 교육을 이수하지 않을 때에 받을 불이익의 존부와 그 정도 등 여러 사정을 종합적으로 고려하여 판단하여야 한다.

---

37) 대법원 2022. 5. 12. 선고 2022다203798 판결.

여객자동차 운수사업법(이하 '여객자동차법') 25조 1항 및 같은 법 시행규칙 58조 1항 2호에 따라 운수종사자는 운전업무를 시작하기 전에 '보수교육'을 받아야 하고, 운송사업자도 운수종사자가 위와 같은 보수교육을 받는 데 필요한 조치를 하여야 함은 물론 보수교육을 받지 아니한 운수종사자를 운전업무에 종사하게 하여서는 아니 된다. 이처럼 '보수교육'은 근로자인 운전종사자와 사용자인 운송사업자 모두에게 부과된 법령상 의무로서, 운전종사자의 적법한 근로 제공 및 운송사업자의 운전업무에 종사할 근로자 채용·결정에 관한 필수적인 전제조건이기도 하여 근로 제공과의 밀접한 관련성이 인정되는 점, 운송사업자가 운수종사자의 교육에 필요한 조치를 하지 아니한 경우에는 면허·허가·인가·등록의 취소 또는 6개월 이내의 기간을 정하여 사업의 전부 또는 일부에 대한 정지·노선폐지·감차 등의 사업계획 변경명령 등을 받게 되는 상당한 정도의 불이익이 규정되어 있는 점(여객자동차법 85조 1항 23호) 등을 종합하면, 비록 교육의 주체가 사용자가 아닐지라도 여객자동차법 25조 1항에 근거를 둔 운수종사자에 대한 보수교육시간은 근로시간에 포함된다고 봄이 타당하다.

나. 검 토

위와 같은 판례에 의하면, 선박소유자와 선원근로계약을 체결한 선원이 관계 법령에 따라 교육훈련을 받는 경우에는 교육시간은 근로시간에 포함되지만, 선원이 되려는 사람이 교육훈련을 받는 경우에는 선원근로관계에 있는 선박소유자가 존재하지 아니하므로 근로시간으로 인정되기 어렵다고 보아야 한다.

Ⅱ. 교육훈련의 위탁

해양수산부장관은 대통령령으로 정하는 바에 따라 116조에 따른 교육훈련 업무를 한국해양수산연수원이나 선박직원법 시행령 2조 7호에 따른 지정교육기관에 위탁할 수 있다(법 117조 1항, 시행규칙 59조의2).

해양수산부장관은 선원의 교육훈련 업무를 위탁하는 경우에는 (i) 위탁업무의 내용 및 범위, (ii) 위탁업무의 기간 및 연장에 관한 사항, (iii) 위탁업무의 보고에 관한 사항, (iv) 협약의 변경 및 해지에 관한 사항, (v) 그 밖에 위탁업무의 효율적 수행을 위하여 해양수산부장관이 정하는 사항이 포함된 협약을 체결하여야 하고(시행령 44조 1항), 1항에 따라 협약을 체결하는 경우에는 그 체결사실을 관보에 고시하여야 한다(2항). 1항에 따라 해양수산부장관으로부터 교육훈련 업무를 위탁받은 자의 감독에 필요한 사항은 대통령령으로 정한다(법 117조 3항).

해양수산부장관은 법 117조 1항에 따라 선원 교육훈련 업무를 위탁받은 기관에 대하여 자료요청이나 방문 등을 통하여 위탁받은 업무 수행을 점검할 수 있다(시행령 44조의2 1항). 해양수산부장관은 1항에 따른 확인 · 점검 결과 개선이 필요한 사항이 있다고 인정되면 그 시정을 명할 수 있다(2항).

Ⅲ. 교육훈련경비

1. 경비부담자

피교육자가 선박소유자에게 고용되어 있는 경우에는 선박소유자가 교육훈련에 필요한 경비를 부담하고, 피교육자가 선박소유자에게 고용되어 있지 아니한 경우에는 피교육자가 교육훈련에 필요한 경비를 부담한다(법 117조 2항, 시행령 45조).

2. 교육비 등의 감면

선박 승선을 위한 안전교육 등 해양수산부령으로 정하는 교육(시행규칙 [별표 2]에 따른 기초안전교육과 상급안전교육)에 관하여는 그 경비의 일부를 감면받을 수 있다(법 117조 2항, 시행규칙 57조의2).

3. 정부의 보조

해양수산부장관은 선원법 117조 1항 및 158조 1항에 따라 업무를 위탁받은 한국해양수산연수원 및 한국선원복지고용센터에 예산의 범위 안에서 필요한 경비를 보조하거나 국유재산 또는 항만시설을 무상으로 대부할 수 있고(법 118조 1항, 시행령 47조), 선원의 복지 증진과 기술 향상을 위하여 필요하다고 인정하면 해당 사업을 수행하는 자에게 그 사업비를 보조하거나 국유재산 또는 항만시설을 무상으로 대부할 수 있다(법 118조 2항).

Ⅳ. 선박직원법과 외국의 지정교육기관

선박직원법 시행령 16조 1항 1호는 '지정교육기관 중 대학 · 전문대학 또는 고등학교의 지정 받은 학과'를 2년 이상 이수한 자에게 해기사 면허 취득을 위한 승무경력에 2년을 산입해준다고 규정하면서, 괄호 안에서 'STCW 협약을 비준한 외국의 지정교육기관의 해당학과'가 포함된다고 규정하고 있다. 같은 항 2호에서는 '지정교육기관 외의 대학 · 전문대학 또는 고등학교'를 졸업한 자가 해양수산부장관이 인정하는 추가적인 해기사 양성교육과정을 이수하였다면 마찬가지로 2년의 승무경력을 산입해준다고 규정하면서, 괄호 안에서 '해양수산부장관이 인정하는 외국의 대학 · 전문대학 또는 고등학교'가 포함된다고 규정하고 있다.

Y는 선박직원법 5조 1항이 규정한 면허의 요건 중 3급 기관사의 승무경력은 위 법 5조 1항 2호, 시행령 5조의2 별표 1의3에 따라 하위 자격이 없는 경우 5년이지만, Y의 경우 미국의 매사추세츠 해양대학[38]을 졸업한 사람으로서 시행령 16조 3항(이 사건 조항)의 특례가 적용되어 승무경력이 있는 것으로 볼 수 있다고 주장하면서, 2018. 10. 5. 인천지방해양수산청장(피고)에게 해기사(3급 기관사)면허증의 발급신청을 하였다. 피고는 2018. 10. 8. Y에 대하여 위 대학은 해양수산부장관이 지정한 교육기관이 아니어서 위 조항의 특례가 적용되지 않는다는 이유로, 위 신청을 거부하였다.

법원은, 이 사건 조항의 '지정교육기관'은 구 선박직원법 시행령(2020. 8. 11. 대통령령 30933호로 개정되기 전의 것) 2조 7호에서 정의한 '해양수산부령으로 정하는 바에 따라 해양수산부장관의 지정을 받아 선원이 되고자 하는 자 또는 선원에게 교육을 실시하는 대학 · 전문대학 또는 고등학교' 등에 한정된다는 이유로 Y의 청구를 기각하였다.[39]

---

38) 미국은 '선원의 훈련, 자격증명 및 당직근무의 기준에 관한 국제협약'(International Convention on Standards of Training, Certification and Watchkeeping for Seafarers)을 비준하였고, 미국은 이 사건 협약에 따라 위 대학을 지정교육기관으로 지정하였다.

39) 인천지법 2019. 8. 23. 선고 2018구합55672 판결(제1심, 원고 청구기각); 서울고법 2020. 10. 21. 선고 2019누56472 판결(항소심, 항소기각); 대법원 2020. 12. 22.자 2020두52924 판결(상고이유서 부제출 기각).

제4절 한국선원복지고용센터

Ⅰ. 설 립

해양수산부장관은 선원의 복지 증진과 고용 촉진 및 직업안정을 위하여 한국선원복지고용센터(이하 '센터')를 설립한다(법 142조 1항). 센터는 법인으로 하되(법 142조 2항), 센터에 관하여 선원법에서 규정한 사항을 제외하고는 민법 중 재단법인에 관한 규정을 준용한다(법 149조). 센터는 그 주된 사무소의 소재지에서 설립등기를 함으로써 성립하고(법 142조 3항), 정관을 변경하려면 해양수산부장관의 인가를 받아야 한다(법 142조 4항).

Ⅱ. 구 성

1. 임직원

가. 임원의 구성

센터에는 임원으로 이사장 1명을 포함한 13명 이내의 이사와 1명의 감사를 둔다(법 144조 1항). 이사장을 제외한 이사와 감사는 비상임으로 한다(법 144조 2항). 이사장과 감사는 정관으로 정하는 바에 따라 이사회에서 선임하되, 해양수산부장관의 승인을 받아야 한다(법 144조 3항). 임원의 자격, 선임, 임기, 직무 및 그 밖에 필요한 사항은 정관으로 정한다(법 144조 4항).

나. 임직원의 형사법상 지위

센터의 임직원은 형법 129조부터 132조까지의 규정을 적용할 때에는 공무원으로 본다(법 150조).

다. 이사의 추천에 관한 재판례

(1) 사실관계

전국원양산업노동조합(원고)는, 전국해상산업노동조합연맹(피고)이 센터 정관 17조 2항 2호에 따라 외항·내항·원양·연근해의 업종을 대표하는 선원노동조합 위원장을 이사로 추천하여야 할 때도 위 4개 업종을 대표하는 선원노동조합 위원장이 아닌 사람을 이사로 추천하였는바, 위 추천은 센터 정관에 위반되고 추천 관행·센터의 창립이념 등에 배치되어 실체적으로 위법하고, 의결기관의 심의 등 정당한 절차를 거치지 않고 추천한 것으로 절차적으로도 위법하여 무효라고 주장하면서, 위 추천의 무효 및 원고가 위 정관이 규정하는 원양어선 업종을 대표하는 선원노동조합으로서 그 위원장이 위 규정에 따라 센터 이사로 추천되어야 할 지위에 있음의 확인을 구하는 소를 2011. 8. 3. 부산지방법원에 제기하였다.

(2) 법원의 판단

법원은, (i) 이사의 선임은 센터 이사회의 심의·의결을 통하여 최종적으로 결정되고, 위 이사회가 피고의 추천내용에 반드시 구속되는 것이 아니어서 피고의 이사 추천은 이사 선임에 있어 중간 절차에 불과하므로, 원고가 이사 선임과 관련하여 센터 이사회 결의에 대하여 무효확인 등을 구하는 것이 아니라 이 사건 추천의 무효확인을 구하는 것은 이사 선임과 관련된 분쟁을 근본적으로 해결하는 유효·적절한 수단이라고 할 수 없는 점, (ii) 피고가 원고의 업종대표성을 다투지 아니하는 이상 이에 관하여는 원고의 법률상 지위에 어떠한 불안·위험이 존재한다고 볼 수 없으므로 원고의 업종대표 지위 확인 부분도 확인의 이익이 없다는 점을 이유로, 원고의 소를 모두 각하하였다.[40)]

2. 이사회

센터의 업무에 관한 중요한 사항을 심의·의결하기 위하여 센터에 이사회를 둔다(법 145조 1항). 이사회에 관하여 필요한 사항은 정관으로 정한다(법 145조 2항).

---

40) 부산지법 2012. 4. 25. 선고 2011가합15769 판결. 위 판결은 항소심(부산고법 2012. 12. 20. 선고 2012나3821 판결), 상고심(대법원 2013. 4. 25. 선고 2013다6339 판결)을 거쳐 확정되었다.

Ⅲ. 사 업

1. 사업의 내용

센터는 (i) 선원복지시설의 설치 · 운영, (ii) 국내외 선원의 취업 동향과 고용정보의 수집 · 분석 및 제공, (iii) 선원의 구직 및 구인 등록, (iv) 국가로부터 위탁받은 선원의 직업안정업무, (v) 국가, 지방자치단체, 그 밖의 공공단체 또는 민간단체로부터 위탁받은 선원 관련 사업, (vi) (i)~(v)까지의 규정에 따른 사업의 부대사업을 한다(법 143조 1항). 센터는 해양수산부장관의 승인을 받아 1항에 따른 사업과 관련된 사업으로서 그 목적을 달성하기 위하여 필요한 수익사업을 할 수 있다(법 143조 2항).[41]

2. 국유재산의 대부 등

국가는 센터의 사업을 효율적으로 수행하기 위하여 필요하다고 인정하면 국유재산법에도 불구하고 센터에 국유재산을 무상으로 대부하거나 사용 · 수익하게 할 수 있다(법 146조 1항). 무상 대부 · 사용 · 수익은 센터와 해당 국유재산 관리청과의 계약에 따르고, 국유재산의 관리청은 센터가 국유재산을 목적 외의 용도로 사용하는 경우에는 그 계약을 해지할 수 있다(법 146조 2항, 시행령 50조의5).

41) 2014년도 선원복지사업 추진실적, 해운물류국 선원정책과(2015. 1), 2면.

선원복지사업	인원 (명)	비 고
선원교통편의시설운영	52,941	
선원휴양시설운영	1,827	
선원(자녀)장학사업	242	대학생, 고등학생
선원법률구조사업	260	
순직선원장제비 지원 및 장해선원 지원	27	
저소득선원(자녀)결혼지원사업	504	
장기운항선박선원격려사업	1,568	233척
원양어선원가족현지방문사업	74	
저소득선원맞춤형복지사업	1,200	
바다의 날 기념행사	60,000	

3. 사업계획의 승인 등

센터의 사업연도는 정부의 회계연도에 따른다(법 147조 1항). 센터는 매 회계연도의 사업계획서 및 예산서를 당해연도 개시 30일전까지 해양수산부장관에게 제출하고 그 승인을 얻어야 하고(법 147조 2항, 시행령 50조의6 1항), 승인을 얻은 사업계획서 또는 예산서를 변경하고자 하는 경우에는 그 변경할 내용 및 사유를 기재한 사업계획서 또는 예산서를 해양수산부장관에게 미리 제출하여 승인을 얻어야 하며(시행령 50조의6 2항), 사업계획서에는 사업목표, 시행방침 및 사업별 소요예산을 구분하여 기재하여야 한다(시행령 50조의6 3항). 센터는 회계연도마다 사업실적과 공인회계사 또는 회계법인의 감사를 받은 결산서를 다음 연도 2월 말까지 해양수산부장관에게 제출하여야 한다(법 147조 3항).

4. 지도 · 감독

해양수산부장관은 필요하다고 인정하는 경우에는 센터의 업무 · 회계 및 재산에 관한 사항을 보고하게 하거나 소속 공무원으로 하여금 센터의 장부, 서류, 시설 및 그 밖의 물건을 검사하게 할 수 있다(법 148조 1항). 해양수산부장관은 1항에 따른 보고 또는 검사의 결과 (i) 승인을 받은 사업계획과 다르게 예산을 집행한 경우, (ii) 회계 관계 법령을 위반하여 예산을 집행한 경우, (iii) 143조 2항을 위반하여 승인을 받지 아니하고 수익사업을 한 경우에는 센터에 대하여 그 시정을 요구하거나 그 밖에 필요한 조치를 명할 수 있다(법 148조 2항).

제 7 장
실효성 확보

제1절 감 독

제2절 항만국통제

제3절 해사노동적합 증서와 선언서

제4절 보 칙

제5절 벌 칙

제1절 감 독

Ⅰ. 검사와 행정처분

1. 선원의 근로기준 등에 대한 검사

해양수산부장관은 선원의 근로기준 및 생활기준[1]이 선원법이나 관계 법령에서 정하는 기준에 맞는지를 확인하기 위하여 3년마다 선박과 그 밖의 사업장에 대하여 검사를 하여야 한다. 다만 해양수산부장관은 136조 1항에 따라 해사노동적합증서 등을 선내에 갖추어 둔 선박에 대하여는 검사를 면제할 수 있다(법 123조 1항). 어선법에 따른 어선에 대하여는 대통령령으로 정하는 바에 따라 1항에 따른 검사주기를 늘릴 수 있다(법 123조 2항). 실제 검사는 선원근로감독관이 수행하는 것이 일반적이다(법 125조 1항).

2. 행정처분

가. 권한의 위임

해양수산부장관은 (i) 선원법 124조 1항에 따른 시정명령에 관한 사항, (ii) 선원법 124조 2항, 3항에 따른 선박의 항해정지 명령, 항해정지 조치, 항구의 지정 및 그 취소에 관한 사항의 권한을 지방해양수산청장에게 위임한다(법 158조 1항, 시행령 52조). 1항에 따라 업무를 위탁받은 법인은 시행규칙 59조로 정하는 바에 따라 위탁받은 업무와 관련된 수수료를 징수할 수 있다(법 158조 2항).

---

1) "선원법령의 내용을 종합적으로 고려해서 해석하면, 선원법은 선원의 안전보건감독을 선원근로감독관의 직무 중 하나로서 의도하고 있다고 볼 수 없고, 오히려 이 분야는 직무 범위에서 제외되어 있기에 선내안전보건에 대한 특별사법경찰권의 권한도 인정되지 않는다"고 해석하는 것이 타당하다고 주장하면서, "선박소유자와 선원의 이행을 증진하고 정부의 감독권을 강화하기 위해서 법 123조 1항 본문의 '선원의 근로기준 및 생활기준'을 '선원의 근로기준, 생활기준 및 안전보건기준'으로 개정하여 선원근로감독관의 안전보건감독의 근거를 명확하게 규정해야 한다"는 견해로는 두현욱, "선원근로감독관 제도의 세문세 및 개선 방안 연구", 해사법연구 35권 2호(2023. 7), 47–48면.

나. 시정조치명령

(1) 의 의

지방해양수산청장은 선박소유자나 선원이 선원법, 근기법(5조 1항에 따라 선원의 근로관계에 관하여 적용하는 부분만 해당), 선원법에 따른 명령을 위반하였을 때에는 그 선박소유자나 선원에 대하여 시정에 필요한 조치를 명할 수 있다(법 124조 1항).

(2) 행정처분의 대상 선원

행정목적의 달성을 위한 행정처분의 대상 선원은 (i) 선원법 124조에 해당되는 사람(선원법 21조와 시행규칙 15조의 규정을 위반한 사람을 포함한다), (ii) 선박직원법 9조의 규정에 해당되는 사람, (iii) 선원법령 및 선박직원법령 외의 다른 법령이 정한 규정을 위반한 선원으로서 그 법령에 선원에 대한 행정처분요구 규정이 있고, 그 법령의 절차에 따라 관계기관으로부터 행정처분이 요구된 사람의 어느 하나와 같다(선원업무 처리지침 26조).

(3) 행정처분의 종류

선원행정처분은 취업정지 또는 견책으로 하고(선원업무 처리지침 27조 1항), 취업정지의 행정처분은 그 정상을 참작하여 1년 이내의 기간을 정하여 결정한다(2항).

(4) 절 차

지방해양항만관청은 선원이 처리지침 26조 각 호의 어느 하나의 규정에 해당되는 경우에는 선원행정처분심의회(이하 '심의회')의 심의를 거쳐 행정처분을 하여야 한다. 다만, 수산업법을 위반하여 관계기관으로부터 통보가 있는 사람에 대하여는 그러하지 아니하다(선원업무 처리지침 28조 1항). 지방해양항만관청이 행정처분을 한 경우 확정·미확정 시는 [별지 7호 서식]에, 변경·취소 시는 [별지 8호 서식]에 따라 작성하고 전산입력하여 관리하여야 한다(2항). 지방해양항만관청은 취업정지 행정처분을 하고 회수한 선원수첩 및 선원신분증명서를 정지처분 기간 중에 보관하며, 정지기간 만료 후 본인의 요구가 있을 때에는 이를 반환하여야 한다. 다만, 정지기간 만료 전이라도 외항선 승선금지처분을 받은 선원이 외국영토에 기항하지 아니하는 선박에 승선하고자 선원수첩의 반환을 요구한 때에는 동 행정처분사항을 선원수첩에 기록한 후 이를 반환할 수 있다(3항).

(5) 심의기준

심의회가 심의사항을 결정함에 있어서는 선원법의 규정을 위반한 선원에 대한 행정처분은 [별표 4]의 심의기준을 적용하고, 선박직원법 규정을 위반한 선원에 대하여는 선박직원법 시행규칙 [별표 2]의 심의기준을 적용한다. 다만, 위반내용이 [별표 4]의 심의기준을 적용하기가 곤란한 경우에는 동 심의기준에 의하지 아니한 별도의 처분을 할 수 있다(선원업무 처리지침 29조).

(6) 다른 법률 위반자 처분

선원법령 및 선박직원법령외의 다른 법령이 정한 규정을 위반한 선원으로서 그 법령에 선원에 대한 행정처분요구 규정이 있고, 그 법령의 절차에 따라 관계기관으로부터 행정처분이 요구된 사람에 대한 행정처분은 처분요구 기관에서 (i) 해기사면허증 원본(단, 면허증을 회수한 경우로 한정하며, 회수일을 기재), (ii) 청문한 사항을 기록한 문서사본(처분요구기관에서 처분한 동일한 법을 위반하여 사업자 또는 그 대리인에게 시행한 것 포함. 다만, 당사자 또는 그 대리인이 정당한 사유가 없이 청문에 응하지 아니한 경우에는 이를 기록한 문서의 사본)을 첨부하여 요구하는 경우에 한하여 요구내용(인적사항 · 위반사유 및 처분범위가 명시되어야 한다)에 따라 시행한다(선원업무 처리지침 30조 1항). 지방해양항만관청은 1항 2호의 서류를 첨부하지 아니한 처분요구기관에 대하여 상당한 기일을 정하여 보완을 요청할 수 있다(2항). 지방해양항만관청은 행정처분결과를 관할 해양경찰관서의 장에게 통보하여야 한다(3항).

(7) 행정처분의 기산일

행정처분의 기산일은 행정처분을 결정한 날로 한다. 이 경우 행정처분을 받은 사람이 사실상 동 처분을 받은 것과 동일한 효력이 명백히 있는 경우에는 그 날로 소급하여 적용한다. 다만, 취업정지의 행정제재를 하고 선원수첩을 제출받지 아니한 경우에는 선원수첩을 제출받은 날부터 기산하고 해기사의 업무정지기간은 해기사면허증을 회수하고 하선한 날로부터 기산한다(선원업무 처리지침 32조).

다. 항해정지 명령과 처분

지방해양수산청장은 선박소유자나 선원이 시정조치명령에 따르지 아니하여 항해를 계속하는 것이 해당 선박과 승선자에게 현저한 위험을 불러일으킬 우려가 있는 경우 그 선박의 항해정지를 명하거나 항해를 정지시킬 수 있다. 이 경우 선박이 항해 중일 때에는 지방해양수산청장은 그 선박이 입항하여야 할 항구를 지정하여야 한다(법 124조 2항). 선박의 항해정지를 명하거나 또는 항해를 정지시키고자 할 때에는 선박소유자 및 이해관계인에게 그 원인이 되는 사실을 통지하여 의견을 제출받아 처분하여야 한다. 다만, 통지서를 송부한 날부터 15일 이내에 의견제출이 없거나, 공공의 안전 또는 복리를 위하여 긴급을 요하는 경우 및 의견청취가 불필요하거나 현저히 곤란한 경우에는 그러하지 아니하다(선원업무 처리지침 33조).

항해정지명령은 행정처분이고(강학상 하명에 해당한다), 항해정지처분은 대물강제에 해당한다. 지방해양수산청장은 2항에 따라 처분을 한 선박에 대하여 그 처분을 계속할 필요가 없다고 인정하면 지체 없이 그 처분을 취소하여야 한다(법 124조 3항). 항해정지명령을 따르지 아니한 자는 1년 이하의 징역 또는 1천만 원이 이하의 벌금에 처한다(법 174조 5호).

라. 불복절차

시정조치명령과 항해정지명령은 행정청인 지방해양수산청장이 행하는 구체적 사실에 관한 법집행으로서의 공권력의 행사 또는 그 거부와 그 밖에 이에 준하는 행정작용이므로, 선박소유자와 선원은 지방해양수산청장의 처분에 대하여 행정소송법상 항고소송의 일종인 취소소송에 의하여 불복할 수 있다(행정소송법 3조 1호, 4조 1호). 이 경우 행정심판전치주의는 적용되지 않는다(행정소송법 18조 1항 단서). 한편 항고소송은 오랜 기간이 소요되므로, 선박소유자나 선원은 취소소송이 제기된 경우에 처분 등이나 그 집행 또는 절차의 속행으로 인하여 생길 회복하기 어려운 손해를 예방하기 위하여 긴급한 필요가 있다고 생각하면 본안이 계속되고 있는 법원에 처분 등의 효력이나 그 집행 또는 절차의 속행의 전부 또는 일부의 정지를 신청할 수 있다(행정소송법 23조 2항). 행정처분의 집행정지는 이에 대한 본

안소송이 법원에 제기되어 계속 중임을 요건으로 한다.[2)]

3. 선원행정처분심의회

가. 의 의

선원행정처분에 관한 지방해양항만관청의 자문에 응하기 위하여 각 지방해양수산청에 설치한 심의회를 말한다(선원업무 처리지침 34조).

나. 심의회 구성

심의회는 위원장 1명과 위원 4명으로 구성한다(지침 35조 1항). 위원장은 선원업무담당과장으로 하며, 위원은 지방해양수산청장이 임명하는 4인의 위원으로 구성한다(2항). 위원장은 심의회를 대표하고, 위원장이 부득이한 사유로 직무를 수행할 수 없을 경우에는 지방해양수산청장이 지정하는 사람이 그 직무를 대행한다(3항). 심의회에 간사 1명을 두며, 간사는 심의회 운영을 위한 서무 등의 업무를 수행한다(4항). 부산지방해양수산청 제주해양수산관리단은 별도로 자체 선원행정처분심의회를 둘 수 있으며, 심의회의 구성 및 운영 등은 처리지침 제7장을 준용하여 처리하여야 한다(43조의2).

다. 심의의 관할

행정처분 심의회의 관할권은 행정처분사유 발생지를 관할하는 지방해양항만관청에 속한다(지침 36조 1항). 행정처분사유 발생지가 분명하지 아니한 경우 심의회 관할권은 행정처분사유가 발생한 선박의 선적지를 관할하는 지방해양항만관청에 속한다(2항). 1항과 2항의 규정에 의하여도 관할이 분명하지 아니할 경우 심의회 관할권은 행정처분사유가 발생하였을 때 해당 선박에 승무 중이었던 선장의 해기사면허를 발급한 지방해양항만관청에 속한다(3항). 동일한 행정처분사유가 2 이상의 지방해양항만관청에 계속될 때 심의회 관할권은 최초의 심의를 한 지방해양항만관청에 속한다(4항). 동일한 선원에 관한 2건 이상의 행정처분은 이를 병합하여 심의한다(5항). 해양수산부장관은 필요하다고 인정할 때에는 관할 지방해양항만관

2) 대법원 2013. 3. 28.자 2012아43 결정.

청을 따로 지정할 수 있다(6항).

라. 심의회 운영 등

(1) 지방해양항만관청은 26조에 따른 행정처분 사유가 발생한 때에는 지체 없이 심의회를 열어 이를 심의하여야 한다(지침 37조 1항). 심의회는 위원장을 포함한 위원 3분의 2 이상의 출석과 출석위원 과반수의 찬성으로 의결한다. 이 경우 표결결과가 가부 동수인 경우에는 부결된 것으로 본다(2항). 심의회의 의결은 별지 10호 서식에 의하며, 그 '이유'란에는 심의의 원인이 된 사실 및 증거의 판단과 관계 법령을 명시하여야 한다(3항).

(2) 행정처분의 심의대상이 된 사람(이하 '심의대상자')는 출석 또는 서면에 의하여 자기에게 유리한 진술을 하거나 증거를 제출할 수 있다(38조 1항). 심의회는 출석한 심의대상자에게 심의내용에 관한 질문을 할 수 있으며, 필요하다고 인정하는 때에는 관계인의 출석을 요구하여 질문할 수 있다(2항). 심의대상자는 증인소환 및 신문을 신청할 수 있으며, 이 경우 심의회는 그 채택 여부를 결정하여야 한다(3항).

(3) 심의회가 심의대상자의 출석을 요구하고자 하는 때에는 심의회 개최 15일 전까지 [별지 9호 서식]에 의한 출석요구서를 심의대상자 또는 그 대리인에게 송부하여야 한다(39조 1항). 심의대상자가 1항의 규정에 의한 출석요구일에 출석하지 아니하거나, 서면에 의한 의견 제출이 없는 경우에는 진술할 의사가 없는 것으로 보고 출석 없이 심의할 수 있다(2항). 심의회의 회의는 공개하지 아니한다(42조). 심의회의 회의에 참석한 자는 심의과정에서 알게 된 비밀을 준수하여야 한다(43조).

(4) 지방해양항만관청은 심의회에서 결정한 사항을 [별지 11호 서식]에 의하여 지체 없이 심의대상자에게 송부 또는 교부하여야 한다(40조). 행정처분이 결정된 자의 주소가 불명하여 행정처분결과통보서의 송부가 불가능한 때에는 의결사항을 관보에 고시하여야 한다(41조 1항). 1항의 규정에 의하여 관보에 고시한 때에는 고시한 날로부터 14일이 경과한 날에 행정처분결과통보서가 도달된 것으로 본다(41조 2항).

Ⅱ. 선원근로감독관

1. 의 의

선원의 근로기준 및 생활기준이 선원법이나 관계 법령에서 정하는 기준에 맞는지를 확인하기 위한 검사와 선원의 근로감독을 위하여 해양수산부에 선원근로감독관을 두고(법 125조 1항), 선원근로감독관의 자격·임면 및 직무 등에 필요한 사항은 대통령령으로 정한다(법 125조 2항).

선원법이 규율하는 부분은 선원의 생계·생명·건강 이외에도 항해의 안전 등 공공의 이익과도 직결되는데, 선원법 위반에 대한 사후적 형사처벌이나 민사적 구제만으로는 실효를 거두기 어려울 때가 많다. 그러므로 선원법의 준수 여부를 사전에 점검하고 신속한 조치를 취할 수 있는 행정감독 제도가 필요하다.[3] 이에 따라 선원법은 전문적인 행정기관에 의한 효율적인 행정감독을 위하여 해양수산부에 선원근로감독관을 두고 선박이나 사업장에 출입하여 검사하거나 장부나 서류 제출 명령 등 선원근로감독에 필요한 여러 행정적 권한을 부여하였으며, 형사절차와 관련하여서도 선원법 관련 법령 위반 범죄에 대한 수사를 일반 경찰 조직이 아닌 선원근로감독관이 맡도록 하였다.

2. 선원근로감독관의 자격과 관할

가. 선원근로감독관의 자격

선원근로감독관은 (i) 5급 이상의 공무원 또는 고위공무원단에 속하는 일반직 공무원으로 6개월 이상 해양수산부와 그 소속기관에서 근무한 사람, (ii) 행정직 또는 해양수산직의 6급 또는 7급 공무원으로 2년 이상 해양수산관서(해양수산부·지방해양수산청 및 해양수산사무소를 말한다)에서 근무한 사람, (iii) 행정직 또는 해양수산직의 6급 또는 7급 공무원으로 1년 이상 해양수산관서에서 선원에 관한 업무를 담당한 경력이 있는 사람, (iv) 해양수산관서에서 선원에 관한 업무를 2년 이상 담당한 경력이 있는 행정직 또는 해양수산직의 6급 또는 7급 공무원, (v) 해

---

3) 근로기준법 주해 Ⅲ(제2판), 934면.

양수산관서에서 5년 이상 근무한 행정직 또는 해양수산직의 6급 또는 7급 공무원 중에서 임명한다(선원근로감독관 규정 2조).

나. 선원근로감독관의 관할

해양수산부에 배치된 감독관(본부감독관)은 전국의 선박소유자 및 선원에 대하여 직무를 행한다(선원근로감독관 직무규칙 3조 1항). 지방해양수산청에 배치된 감독관(지방청감독관)은 당해 지방해양수산청의 관할구역 내에 주된 사무소를 둔 선박소유자 및 그 선원에 대하여 직무를 행한다. 다만 해양수산부장관은 선박소유자 및 선원에 대한 감독관의 효율적인 직무집행을 위하여 필요하다고 인정할 때에는 그 관할을 변경할 수 있다(직무규칙 3조 2항). 2항 단서의 규정에 의하여 해양수산부장관이 감독관의 관할을 변경한 때에는 이를 관계 지방해양수산청장에게 통보하여야 한다(직무규칙 3조 3항).

3. 선원근로감독관의 권한

가. 출석 요구, 제출 명령, 출입·검사·질문 등

선원근로감독관은 선원법에 따른 선원근로감독을 위하여 선박소유자, 선원 또는 그 밖의 관계인에게 출석을 요구하거나 장부나 서류의 제출을 명할 수 있으며, 선박이나 그 밖의 사업장을 출입하여 검사하거나 질문할 수 있다(법 126조 1항). 선원법이 선박소유자에게 작성·보관을 의무화하고 있는 장부나 서류로는 선원명부, 임금대장, 단체협약, 취업규칙, 선원근로계약서 사본, 재해보상 등에 관한 서류, 선박국적증서, 항해일지, 화물에 관한 서류, 송환 관련 서류 등이 있는데, 선원근로감독관이 제출을 요구할 수 있는 장부·서류는 여기에 한정되지 않고, 그 밖에 선원근로감독관이 조사 목적을 이루는 데 필요한 장부나 서류의 제출을 요구할 수 있다.[4)]

선원근로감독관은 선박이나 사업장에 출입·검사할 때에는 선박소유자 또는 선원의 정상적인 업무 수행에 방해가 되지 아니하도록 하여야 한다(선원근로감독관 직무규칙 5조 3항). 선원근로감독관은 확인·조사 또는 출입·검사 결과 선박소

4) 근로기준법 주해 Ⅲ(제2판), 939면.

유자나 선원이 선원법 또는 선원법에 의한 명령에 위반한 사실을 발견한 때에는 그에 관한 서류를 작성하여 당해 선박소유자 또는 선원으로부터 그 위반사실에 대한 확인을 받아야 한다. 다만 그 선박소유자 또는 선원이 확인을 거부할 때에는 감독관은 당해서류에 확인거부 사실을 기재하여야 한다(직무규칙 5조 4항).

선원법 126조 1항에 따른 출석요구에 따르지 아니하거나 선박 또는 사업장 출입을 거부·기피·방해한 사람, 장부나 서류의 제출명령을 따르지 아니하거나 거짓 장부 또는 서류를 제출한 사람 또는 거짓 진술을 한 사람에게는 200만 원 이하의 과태료를 부과한다(법 179조 2항 15호). 위와 같은 위반 행위로 과태료 부과를 할 수 있는 경우는 선원근로감독관 등의 출석요구나 제출명령 등이 행정작용의 성격을 가질 때에 한한다.

만일 아래에서 보는 사법작용(사법경찰관의 직무 수행)의 성격을 가지는 수사작용으로 질문·검사(검증·감정) 등을 선원근로감독관 등이 행할 때, 이에 대해 조사에 불응하거나 진술 거부, 거짓 진술, 거짓 장부·서류 제출 등을 하는 것은 자신에 불리한 진술을 강요당하지 않는다는 헌법상 원리(헌법 12조 2항)에 따라 아무런 죄가 되지 않고, 과태료 부과 대상도 되지 않는다.[5]

나. 검사계획 통지

1항에 따라 출입·검사를 하는 경우에는 검사 개시 7일 전까지 검사 일시, 검사 이유 및 검사 내용 등에 대한 검사계획을 조사대상자에게 알려야 한다. 다만 긴급히 검사하여야 하거나 사전에 통지하면 증거인멸 등으로 검사 목적을 달성할 수 없다고 인정하는 경우에는 그러하지 아니할 수 있다(법 126조 2항).

다. 증표의 소지와 제시 등

1항에 따라 출입·검사를 하는 선원근로감독관은 그 권한을 표시하는 증표를 지니고 이를 관계인에게 보여주어야 하며, 출입 시 성명·출입 시간·출입 목적 등이 표시된 문서를 관계인에게 내주어야 한다(법 126조 3항).

---

5) 근로기준법 주해 III(제2판), 940면.

라. 진찰 위촉

선원근로감독관은 승무를 금지하여야 할 질병에 걸렸다고 인정하는 선원의 진찰을 의사에게 위촉할 수 있다(법 126조 4항). 4항에 따라 위촉받은 의사는 해양수산부장관의 진찰명령서를 선원에게 보여주어야 한다(법 126조 5항).

마. 수명 지도

선원근로감독관은 해양수산부장관 또는 지방해양수산청장의 명에 의하여 선원의 근로조건개선과 노무관리에 관한 지도를 행한다(직무규칙 2조 1항).

바. 사법경찰권

선원근로감독관은 '사법경찰관리의 직무를 수행할 자와 그 직무범위에 관한 법률'에서 정하는 바에 따라 사법경찰관의 직무를 수행한다(법 127조 1항). 선원법·근기법 및 그 밖의 선원근로관계 법령에 따른 서류의 제출, 심문이나 신문(訊問) 등 수사는 오로지 검사(檢事)와 선원근로감독관이 수행한다(법 127조 2항 본문). 여기서 말하는 서류의 제출·심문·신문은 압수·수색·신문 등 형사소송법에 따른 수사방법을 의미하는 것으로서 선원법 126조 1항에 규정된 행정작용으로서 서류 제출, 출입·검사, 질문과는 구별된다.

선원법 127조 2항의 서류의 제출·심문·신문은 형사소송법이 정하고 있는 요건과 절차가 준수되어야 하므로 강제수사의 방법으로 이를 할 경우에는 원칙적으로 판사가 발부한 영장이 있어야 한다. 또한 위 조문은 선원근로감독관에게 전속되는 수사방법으로 서류의 제출·심문·신문만을 한정적으로 열거한 것이 아니라 대표적인 수사방법을 예시한 것이다.[6]

다만 선원근로감독관의 직무에 관한 범죄의 수사에 대하여는 그러하지 아니하다(법 127조 2항). 선원근로감독관의 직무유기, 직권남용, 수뢰 등 형법상 범죄에 대한 수사권은 원래 일반 사법경찰관이 가지고 있으므로, 이 조항에서 말하는 '선원근로감독관의 직무에 관한 범죄'는 노동관계법령 위반 범죄 중 선원근로감독관이 직무에 관하여 저지른 것만을 의미한다.[7]

6) 근로기준법 주해 III(제2판), 946면.
7) 근로기준법 주해 III(제2판), 946면.

4. 선원근로감독관의 의무

가. 비밀유지의무

(1) 취 지

선원근로감독관이거나 선원근로감독관이었던 사람은 직무상 알게 된 비밀을 누설하여서는 아니 된다(법 128조 1항). 선원근로감독관은 선원법에 따라 선박 또는 사업장을 출입·검사하고 근로자나 선박소유자의 기밀에 속하는 사항에 대해서도 심문할 수 있기 때문에 선박소유자의 경영상·영업상 비밀,[8] 선원의 질병·신상에 관한 사항 등 타인이나 상대방에게 알려지는 것이 바람직하지 않은 사항들까지 알게 되는 경우가 적지 않다. 선원법은 선원근로감독관으로 하여금 그와 같이 직무상 알게 된 비밀을 공개하지 못하도록 하여 선원과 선박소유자를 보호하고 있다.

(2) 직무상 알게 된 비밀

선원법 128조 1항의 '직무상 알게 된 비밀'이 무엇인가에 관하여, 형법 127조에 규정된 공무상 비밀누설죄의 구성요건인 '법령에 의한 직무상 비밀'과 같은 의미라고 보는 견해도 있다.[9] 그러나 (i) 전자는 입법취지상 선박소유자나 선원의 입장에서 보호되어야 할 비밀인 것을 의미하고, 후자는 국가의 입장에서 보호되어야 할 비밀인 것을 의미하므로 비밀의 보유자가 다르며, (ii) 전자가 1천만 원 이하의 벌금을 규정하고 있는 데 비하여, 후자는 벌금형 없이 징역·금고형과 자격정지형을 규정하고 있는 등 처벌 수위 또한 확연하게 차이가 나는 점을 고려하면, 선원법상 '직무상 알게 된 비밀'은 공무상 비밀누설죄의 '직무상 비밀'과는 개념이 다르다고 보아야 한다.[10] 따라서 여기서 말하는 '직무상 알게 된 비밀'은, 국가의 입장에서 비밀로 해야 할 사항이 아니라, 직무상 알게 된 비밀의 원래 보유자(주로 선박소유자와 선원)의 입장에서 비밀로 해야 할 사항이라고 보아야 한다.

---

8) ILO 81호 공업 및 상업부문에서 근로감독에 관한 협약(1947년) 15조는 근로감독관은 업무처리 중 알게 된 제조상·상업상 비밀 또는 작업공정을 누설해서는 안 된다고 규정하고 있다.

9) 심태식, 축조 근로기준법 해설(2전정판), 법문사(1977), 366면.

10) 근로기준법 주해 Ⅲ(제2판), 943면.

(3) 형사책임

선원근로감독관이거나 선원근로감독관이었던 사람이 128조 1항을 위반하였을 때에는 1천만 원 이하의 벌금에 처한다(법 176조).

나. 공정의무 등

선원근로감독관은 직무를 공정하고 독립적으로 수행하여야 하고(법 128조 2항), 선원근로감독과 관련하여 직접적 또는 간접적인 이해관계가 있는 업무를 수행하여서는 아니 된다(3항).

Ⅲ. 감독기관 등에 대한 신고

1. 선원의 신고

선원은 선박소유자나 선장이 선원법, 근기법 또는 선원법에 따른 명령을 위반한 사실이 있다고 판단하는 경우에는 선박소유자나 선장에게 그 불만을 제기하거나, 대통령령으로 정하는 바에 따라 해양수산관청, 선원근로감독관 또는 선원노동위원회에 그 사실을 신고할 수 있다(법 129조 1항). 이 경우 선원은 선박소유자 또는 선장의 위반사실을 증명하는 서류나 기타 자료를 제출하여야 한다(시행령 49조). 선원법 위반사실을 선원근로감독관의 적발에만 맡겨 두어서는 감독의 실효성을 거두기 어렵기 때문에, 신고자를 보호함으로써 선원근로감독관이 법 위반사실을 용이하게 파악하도록 한 것이다.[11] 129조 1항에 따른 신고를 거짓으로 한 선원에게는 500만 원 이하의 과태료를 부과한다(법 179조 2항 6호).

2. 선박소유자의 의무

가. 불리한 처우 금지

선박소유자는 선원이 1항에 따라 불만을 제기하거나 신고한 것을 이유로 그 선원과의 선원근로계약을 해지하거나 불리한 처우를 하여서는 아니 된다(법 129조 2항). 불리한 처우는 감독기관에 대한 신고를 이유로 한 것이어야 한다. 불리한 처

11) 근로기준법 주해 Ⅲ(제2판), 944면.

우를 하게 된 이유가 감독기관에 신고한 것도 있지만 그 외에 낮은 인사고과 등 다른 사유도 있다면, 이들 중 어느 것이 불리한 처우를 하게 된 결정적인 사유였는지에 따라 불리한 처우를 하였는지 여부를 판단하면 된다.[12] 선박소유자가 129조 2항을 위반하여 선원근로계약을 해지하거나 불리한 처우를 하였을 때에는 2년 이하의 징역 또는 2천만 원 이하의 벌금에 처한다(법 170조 17호).

나. 선내 불만 처리 절차의 개시

선박소유자는 1항에 따라 제기되는 선원의 불만사항을 처리하기 위하여 (i) 선원의 선내 불만 제기 방법, (ii) 선내 불만 처리절차도, (iii) 선원의 선내 불만 처리를 담당하는 선내고충처리 담당자, (iv) 3호에 따른 선내고충처리 담당자의 임무와 권한에 관한 사항, (v) 해양항만관청, 선원노동위원회 등 선원의 근로·인권 관련 기관의 담당자 연락처 등을 포함한 선내 불만 처리절차를 마련하여 선박 내의 보기 쉬운 곳에 게시하여야 한다(법 129조 4항).

외국인 선원이 승선하는 선박의 선박소유자는 4항에 따른 선내 불만 처리절차를 승선하는 모든 외국인 선원의 국적국 언어 또는 영어로 작성하여 함께 게시하여야 한다(법 129조 5항).

3. 처리 절차

1항에 따라 선원이 해양수산관청, 선원근로감독관 또는 선원노동위원회에 신고된 사항에 대한 처리 절차는 시행규칙 [별표 5의4]에 따른다(법 129조 3항, 시행규칙 57조의4). 선원근로감독관은 1항에 따라 선원으로부터 선박소유자의 위반사실을 신고받은 때에는 지체 없이 그 사실을 확인·조사하여야 한다(직무규칙 5조 1항). 선원근로감독관이 1항의 규정에 의하여 확인·조사를 행할 때에는 그 신고받은 내용에 관하여 선박소유자 및 선원의 진술을 들어야 한다. 이 경우 선박소유자는 그가 지정하는 자로 하여금 진술하게 할 수 있다(직무규칙 5조 2항). 선원근로감독관은 확인·조사 결과 선박소유자의 위반사실을 발견한 때에는 그에 관한 서류를 작성하여 당해 선박소유자 또는 선원으로부터 그 위반사실에 대한 확인을 받아야 한다. 다만 그 선박소유자 또는 선원이 확인을 거부할 때에는 감독관은 당

12) 대법원 1994. 12. 23. 선고 94누3001 판결.

해서류에 확인거부 사실을 기재하여야 한다(직무규칙 5조 4항).

Ⅳ. 해양수산관청의 주선

해양수산관청은 선박소유자와 선원 간에 생긴 근로관계에 관한 분쟁(노조법 2조 5호에 따른 노동쟁의는 제외)의 해결을 주선할 수 있다(법 130조). 주선 결과 당사자 사이에 합의가 성립하면, 민사상 화해계약과 같은 효력이 발생한다. 그러나 집행력은 없으므로, 합의 성립 이후에 선박소유자가 합의 내용을 불이행하면 민사상 소를 제기하는 등 사법청구권에 의하여 권리를 구제받을 수밖에 없다.

Ⅴ. 외국에서의 행정관청의 업무

1. 대한민국 영사의 수행

선원법에 따라 해양수산관청이 수행할 사무는 외국에서는 대통령령으로 정하는 바에 따라 대한민국 영사가 수행한다(법 131조). 영사가 외국에서 수행하는 해양수산관청의 사무는 (i) 선원법 21조에 따른 선장의 선박운항에 관한 보고 접수, (ii) 선원법 44조 3항에 따른 선원의 선원명부에 대한 공인, (iii) 선원법 82조 4항에 따른 선박소유자의 보고 접수, (iv) 선원법 129조 1항에 따른 선원의 불만신고 접수 등이다(시행령 49조의3 1항).

2. 영사의 의무

영사는 시행령 49조의3 1항에 따른 사무를 수행하는 경우 관계 행정기관의 장에게, (i) 영사가 수행한 사무와 관련한 보고자·신고자 또는 그 밖의 관련자의 인적사항, (ii) 영사가 수행한 사무의 대상이 되는 선박의 국적·선박명(국제해사기구번호 포함), 선박소유자 및 선장의 인적사항, (iii) 영사가 수행한 사무의 내용(해양사고가 발생한 경우 사고 일시·장소·발생경위 등 포함), (iv) 관계 행정기관의 조치가 필요한 사항, (v) 그 밖에 영사가 수행한 사무와 관련한 자료 및 서류 등 그 사무 수행사실을 통보하여야 한다(시행령 49조의3 2항, 시행규칙 57조의5 1항). 영사는 필요하다고 인정하면 관계 행정기관의 장이 통보한 사항을 관계 선원, 선박의 선장이나 해당 외국의 관계 기관에 알릴 수 있다(시행령 49조의3 4항).

3. 관계 행정기관의 장의 권한과 의무

시행령 49조의3 2항에 따른 통보를 받은 관계 행정기관의 장은 필요한 조치를 할 수 있다. 이 경우 관계 행정기관의 장은 필요한 조치를 하고 그 결과와 (i) 시행령 49조의3 2항에 따른 영사의 통보 사항 개요, (ii) 관계 행정기관의 조치 결과 또는 향후 조치 계획, (iii) 관계 행정기관이 한 조치와 관련한 다른 기관, (iv) 그 밖에 관련 자료 및 서류를 영사에게 통보하여야 한다(시행령 49조의3 3항, 시행규칙 57조의5 2항).

4. 선원의 영사보호제도

가. 국제협약

(1) 1963년 비엔나영사관계에 관한 협약(Vienna Convention on Consular Relations) 36조는 접수국(Receiving State)이 파견국(Sending State)의 국적인을 체포・억류하였을 경우, 파견국의 영사와 접촉・통신할 수 있는 권리를 국적인에게 고지하고, 외국인이 요구할 경우에는 영사와의 면담 및 접촉을 허용하도록 규정하고 있다.[13] 위 조항은 연안국 또는 항만국에 의해서 체포・억류된 선원에게도 적용된다.[14]

(2) 유엔해양법협약(United Nations Convention on the Law of the Sea) 292조는, 위 협약의 위반으로 억류된 외국 선박과 외국인 선원에게 적정한 보석금이나 그 밖의 금융보증을 예치했음에도 불구하고 유엔해양법협약에 따라 선박과 선원을 석방하지 않을 경우, 분쟁해결절차에 따라 신속하게 석방하도록 규정하고 있다.[15] 분쟁해결을 위한 재판 청구는 기국 또는 기국을 대리한 자만을 통해서 이루어질 수 있다.[16]

---

13) 두현욱, "선원의 영사보호제도에 대한 한계 및 개선 방안 연구", 해사법연구 35권 3호(2023. 11), 176-178면.
14) 두현욱, 178면.
15) 두현욱, 180-181면.
16) 두현욱, 181면.

(3) 2006 MLC Code B4.4.6에 의하면, 당사국은 선원의 보호를 위해서 선원의 국적국 또는 영주국의 영사와의 접촉 및 영사와 지역 또는 정부 간의 효과적인 협력을 위한 조치를 해야 한다(1항). 외국에서 억류된 선원이 공정한 법절차에 따라 적절한 영사보호가 제공되는 상태에서 처리되어야 한다(2항).[17] 당사국은 어떠한 이유로든 외국인 선원이 억류되었을 경우, 선원에게 승선한 선박의 기국과 선원의 국적국에게 해당 사실을 통보할 수 있는 권리를 고지하고, 선원이 요청할 때는 즉시, 기국과 선원의 국적국에게 해당 사실을 통보하도록 규정하고 있다. 선원의 국적국은 추가적으로 억류 사실을 선원의 친척에게 통보해야 하며 접수국(억류국)은 기국의 영사와 선원의 국적국 영사의 방문 및 접촉을 허용하도록 규정하고 있다(3항).

나. 재외국민 보호를 위한 영사조력법

재외국민의 생명과 권리를 보호하기 위한 목적으로 2019. 1. 15. 재외 국민보호를 위한 영사조력법(이하 '영사조력법')이 공포되어 2021. 1. 16.부터 시행되고 있다. 영사조력법 2조 1호는 재외국민을 외국에 거주, 체류 또는 방문하는 대한민국 국민으로 정의하고 있다. 따라서 국적선 또는 외국 선박에 승무하는 대한민국 국적의 선원이 외국에 있는 경우에도 적용된다.[18]

다. 실효적인 영사조력을 위한 제언[19]

국가기관의 영사고지가 이루어지지 않아 발생한 개인의 권리침해는 억류국의 국내법을 통해서 구제받는 데 한계가 있다. 따라서 대한민국 선원이 해외에서 체포·억류되었을 경우, 영사조력법에 따른 영사보호권(개인의 권리)을 신속하게 요구할 수 있도록 선행적으로 개인의 권리를 인식시키는 교육이 이루어져야 한다. 또한 대한민국 국적선에 승무하는 외국인 선원에 대한 영사보호조치가 적절하게 이루어질 수 있도록 선박소유자의 역할 강화를 위한 교육도 병행되어야 한다. 우리나라는 선원법에 따라 선원인권교육이 시행되고 있으므로 영사보호권과 신속한 영사 통보를 교육 내용에 추가함으로써 선원과 선박소유자의 인식 제고를 기대할 수 있다.

---

17) 두현욱, 183－184면.
18) 두현욱, 189면.
19) 두현욱, 196면에서 인용함.

제2절 항만국통제

Ⅰ. 서 론

1. 항만국통제의 의의

국제통상의 증대로 인하여 국경을 초월한 해상운송이 점차 증가하고 있고, 해양탐사·자원개발 등의 이유로 외국 선박이 우리나라에 기항하는 경우가 자주 있게 된다. 전통적으로 선박의 안전성 확보는 선적항을 관할하는 기국(Flag State)에 의하여 이루어져 왔으나, 안전하지 못한 선박의 운항으로 인하여 해양안전과 해양환경의 보호가 위험에 처하는 경우가 자주 발생하자, 기국에 의한 통제 이외에도 기준미달선에 대하여 항만국(Port State)에서 통제를 행하는 경우가 증가하고 있다.

기준미달선(Sub-standard Vessel)은 항해를 수행하기에 부적절하게 건조되었거나 선원배승·의장 등이 제대로 갖추어지지 아니한 선박, 즉 국제적 또는 국내적 기준에 미치지 못하는 선박을 말한다. 이와 구별할 개념으로 편의치적선이 있는데, 편의치적(Flags of Convenience)은 내국인이 외국에서 선박을 매수하고도 우리나라에 등록하지 않고 등록절차, 조세, 금융면에서 유리하고 선원 임금이 저렴한 제3의 국가에 서류상 회사(Paper Company)를 만들어 그 회사 소유의 선박으로 등록하는 것을 말한다.[20]

편의치적이 정치적·경제적·군사적 목적에서 정부간섭으로부터 자유, 높은 조세의 회피, 제3국 승무원의 승선으로 인한 운영비의 절감, 선박안전상 규제의 회피 등 주로 경제적인 이점을 내세워 전 세계적으로 확산되었다.[21] 그러나 편의치적국의 감독 소홀로 편의치적선에 적용되는 선원의 열악한 노동조건과 선박안전성의 결여로 인하여 해양사고가 빈번하게 발생하였다.

유엔무역개발회의(Conference on Trade and Development: UNCTAD)는 편의치

---

20) 헌재 1998. 2. 5. 선고 96헌바96 결정; William Tetley, "The Law of the Flag, 'Flag Shopping', and Choice of Law", Tulane Maritime Law Journal Vol.17(1993), 173면.

21) 윤윤수, "편의치적선", 재판자료 73집(1996), 510면.

적선을 배제하려고 하였으나, 선진국의 반대로 결국 1986년 유엔선박등록조건협약(The United Nations Convention on Conditions for Registration of Ships)은 편의치적을 인정하게 되었다. 한편 UN 산하 전문기구인 정부간 해사기구(Inter-Governmental Maritime Organization: IMO)는 국제협약을 통하여 해양안전과 해양오염방지를 위한 여러 가지 규제조치를 강구하였다. ILO는 1976년 제9회 해사총회에서 기본적 고용관계에 관하여 상선의 기준을 정한 1976년 상선(최저기준)협약 [Merchant Shipping (A minimum standards) Convention, 1975(No. 147)]을 채택하여 1981년 국제협약으로 발효시켰고, 파리 양해각서(Paris Understanding Memorandum)로 그 규제방법이 구체적으로 실현되어 항만국통제라는 새로운 국제적 협력 체계를 이룩하게 되었다.[22] 이와 같이 국제협약으로 편의치적선을 인정하되 기준미달선에 대한 제재를 강화하는 방향으로 정리되었다.

표 7-1 대형 해양사고와 이에 대한 국제적 대응사례[23]

연도	해양사고	입법적 대처	규제의 변화
1912	Titanic호 침몰	1914년 SOLAS협약채택	기국주의 강화 해양안전기준 정비
1967	Torrey Canyon호 좌초	1969년 공해개입협약 채택 1969년 유류오염손해에 대한 민사책임에 관한 국제협약 채택	연안국주의 대두 해양오염법제의 정비 IMO의 MEPC 설치
1976	Argo Merchant호 좌초	1978년 미국의 항만과 탱커안전법 제정	항만국주의 대두 IMO의 강력한 입법적 대응
1978	Amoco Cadiz호 좌초	1978년 MARPOL협약의정서 채택 1978년 SOLAS협약의정서 채택 1978년 STCW협약 채택	
1987	Herold of Enterprise호 전복	74/78년 SOLAS협약 개정 – ISM Code 채택	항만국주의 강화 인적 안전 검사 강화

22) 김진권, "해사국제사법상 편의치적에 관한 고찰", 한국해법학회지 25권 1호(2003. 4), 161면.

23) 강동수, 항만국통제론, 효성출판사(1998), 18면; 이윤철, "항만국통제의 법적 근거와 국내시행상의 문제", 국제법학회논총 50권 1호(2005. 6), 107면. 위 표에서 사용하는 약어례는 다음과 같다.
- MEPC: Marine Environment Protection Committee (해양환경보호위원회)
- MARPOL: International Convention for the Prevention of Pollution From Ships (선박에 의한 해양오염방지를 위한 국제협약)
- ISM Code: International Safety Management Code (국제안전관리규약)
- FSI: Sub-committee of Flag State Implementation (기국협약준수소위원회)
- MSC: Maritime Safety Committee (해사안전위원회).

1990	Scandinavian Star호 화재	73/78년 MARPOL협약부속서 개정 1978년 STCW협약 개정	IMO의 MSC와 MEPC 내 FSI 설치

항만국통제(Port State Control: PSC)[24)]란 항만국이 자국의 관할 해역에서 해양안전을 도모하고 해양환경을 보존하기 위하여 자국의 항구에 기항하는 외국 선박을 대상으로 선박안전기준, 선원의 자격·근로조건·운항능력 등이 국제기준에 적합한 지 여부를 점검하여 이에 부적합하다는 기준미달로 판명된 경우나 오염물질의 배출규정을 위반하였을 때 입출항을 규제하고 국제기구에 선박의 결함정보를 보고하는 등 불이익한 처분을 행사하는 제반 행위를 말한다.[25)]

항만국통제는 기국으로서는 책임(responsibility)의 문제이고, 항만국으로서는 권한(right)이라고 할 수 있는데, 이는 기준미달선을 제거함으로써 해양안전과 해양오염방지를 보장하려는 기국과 항만국의 협력체제라고 할 수 있다.[26)]

2. 항만국 통제제도의 기원과 발전

호주는 1972년부터 자국항에 입항한 외국 선박에 대하여 엄격한 화물창검사 및 위생검사를 실시하여 항만국통제를 시행하였고, 미국은 1978년 항만·탱커 안전법(Port & Tanker Safety Act)에 의하여 항만국통제를 시행하였다. 우리나라는 1986. 9. 1. 부산항과 인천항에서 최초로 항만국통제를 시행한 이래 1988. 9. 1.부터 전체 무역항에서 이를 시행하였다.[27)] EU는 기준미달선 운항을 규제하기 위하여 '항만국통제의 공동시행을 위한 파리양해각서'(Paris Memorandum of Understanding on Port State Control)를 채택하여 1982. 7. 1.부터 시행함으로써 기준미달선에 대한 운항통제를 공동으로 시행하였다.

IMO에서는 이와 같은 공동시행이 기준미달선의 퇴치에 큰 성과를 거두고 있다고 평가하고 지역별 항만국통제협력체 구축을 적극적으로 권장하였다. 이에 따

24) '외국 선박에 대한 점검'(선원법 132조), '외국 선박의 감독'(선박직원법 17조)이라는 용어를 사용하는 예도 있고, 일본에서는 '寄港國檢査'라는 용어를 사용하고 있다. 이 글에서는 선박안전법 68조, 해양환경관리법 59조, '국제항해선박 및 항만시설의 보안에 관한 법률' 19조, 통설, 관행에 따라 '항만국통제'라는 용어를 사용한다.

25) 강동수, 9면.

26) 강동수, 11면; 이윤철, 107면.

27) 해양수산부, 항만국통제(PSC) 20년사(2007), 1-4면; 이윤철, 108면.

라 1993. 12. 1. 아시아 · 태평양 지역 19개국[28]이 도쿄양해각서(Memorandum of Understanding on Port State Control in the Asia-Pacific Region; Tokyo MOU)를 채택하여 이를 수락함으로써 1994. 4. 1. 위 양해각서가 발효되어, 그동안 개별국가에 의해 시행되던 항만국통제가 통제절차의 조화, 각종 통계의 처리의 통합 및 항만국통제관의 교육 등 아시아 · 태평양 지역에서 협력체계를 갖추게 되었다.[29] 항만국통제에 관한 정보는 모스크바에 설치된 Asia-Pacific Computerized Information System(APCIS)에 입력되고 관리된다.[30]

2023년도에 우리나라에서 이루어진 항만국통제는 점검선박 2,511척, 결함지적 1,995척(결함률 79.5%), 출항정지 63척(출항정지율 2.5%) 등에 이른다.[31] 이와 같이 많은 통제처분이 이루어짐에도 그 분쟁이 법원까지 이른 경우는 찾아 볼 수 없다. 이는 선박소유자가 항만국의 구제제도가 어떻게 운영되는지 잘 알기 어려운 점, 항만국과 쟁송을 벌일 경우 다시 그 항만국에 출입할 때 부담감을 느끼는 점 때문이다. 그 결과 세계적으로 수천 여 건의 출항정지가 이루어져도 선박소유자가 이의를 제기한 사례는 극히 드문 것으로 알려졌다.[32]

3. 항만국통제에 관한 법규

가. 국내법

국내법에서 항만국통제에 관하여 규정하고 있는 법률은 아래와 같다. 항만국통제의 관할부서는 해양수산부이지만, 법률에서 규정하고 있는 통제사항은 모두 다르다.

(1) 선원법

해양수산부장관은 소속 공무원에게 국내 항(정박지 포함)에 있는 외국 선박에 대하여, (i) 기국에서 발급한 승무정원증명서와 그 증명서에 따른 선원의 승선 여부, (ii) STCW의 항해당직 기준에 따른 항해당직의 시행 여부, (iii) STCW에 따른

---

28) 호주, 캐나다, 칠레, 중국, 피지, 홍콩, 인도네시아, 일본, 대한민국, 밀레이시아, 뉴질랜드, 파푸아 뉴기니, 필리핀, 러시아, 싱가포르, 솔로몬제도, 태국, 바누아투, 베트남이다.
29) Annual Report on Port State Control in the Asia-Pacific Region 2013, 1면.
30) Annual Report on Port State Control in the Asia-Pacific Region 2013, 7면.
31) 2024 해양수산 통계연보, 534면.
32) 박영선, "항만국통제의 구제제도에 관한 연구", 한국해양대 법학박사학위논문(2007), 2-3면.

유효한 선원자격증명서나 그 면제증명서의 소지 여부, (iv) 해사노동협약에 따른 해사노동적합증서 및 해사노동적합선언서의 소지 여부, (v) 해사노동협약에 따른 선원의 근로기준 및 생활기준의 준수 여부의 사항을 점검하게 할 수 있다(법 132조 1항).

(2) 선박안전법

해양수산부장관은 외국 선박의 구조 · 시설 및 선원의 선박운항지식 등이 대통령령이 정하는 선박안전에 관한 국제협약에 적합한지 여부를 확인하고 그에 필요한 조치를 할 수 있다(선박안전법 68조 1항).

(3) 선박직원법

해양수산부장관은 소속 공무원으로 하여금 대한민국 영해 안에 있는 외국 선박에 승무하는 선박직원에 대하여 (i) STCW 또는 '어선 선원의 훈련 · 자격증명 및 당직근무의 기준에 관한 국제협약'에 적합한 면허증 또는 증서를 가지고 있는지 여부, (ii) STCW 또는 '어선 선원의 훈련 · 자격증명 및 당직근무의 기준에 관한 국제협약'에서 정한 수준의 지식과 능력을 갖추고 있는지 여부의 사항을 검사하거나 심사하게 할 수 있다(선박직원법 17조 1항 1, 2호).

(4) 해양환경관리법

해양수산부장관은 우리나라의 항만 · 항구 · 연안에 있는 외국 선박에 설치된 해양오염방지설비등, 방오시스템 및 선박에너지효율이 해양오염방지에 관한 국제협약에 따른 기술상 기준에 적합하지 아니하다고 인정되는 경우에는 그 선박의 선장에 대하여 해양오염방지설비등, 방오시스템 및 선박에너지효율 관련 설비 등의 교체 · 개조 · 변경 · 수리 · 개선이나 그 밖에 필요한 조치를 명령할 수 있다(해양환경관리법 59조 1항).

(5) 국제항해선박 및 항만시설의 보안에 관한 법률

해양수산부장관은 대한민국의 항만 안에 있거나 대한민국의 항만에 입항하려는 외국 국적의 국제항해선박의 보안관리체제가 협약 등에서 정하는 기준에 적합한지 여부를 확인 · 점검하고 그에 필요한 조치를 할 수 있다('국제항해선박 및 항만시설의 보안에 관한 법률' 19조 1항).

나. 국제협약

(1) UN 해양법협약

UN 해양법협약(United Nations Convention on the Law of the Sea, UNCLOS)이 1994. 11. 16. 발효됨에 따라 세계 각국은 해양의 이용과 보전에서 새로운 국면을 맞게 되었는데, 종래 해양환경보호를 위해 국가가 해양오염규제를 할 수 있는 권한의 의미에서 적극적으로 오염방지를 해야 하는 의무로 바뀌었다.[33] 즉 국가는 해양환경보호를 위해 국내입법의무 · 원조의무 · 협력의무 · 통고의무 · 환경영향평가의무 등을 부담하고, 선박에 의한 오염 규제의 시행권한을 기국 이외에도 항만국과 연안국(Coastal State)으로 분배하였다. 218조(항만국에 의한 집행), 219조(오염방지를 위한 선박감항성에 관한 조치) 규정은 항만국통제에 관한 최상위 국제규범으로 인정된다.[34] 우리나라는 1996. 1. 29. 위 협약에 가입하였다.

(가) 기국의 집행권

217조는 기국의 집행에 관하여 다음과 같이 규정하고 있는데, 기국에 의한 선박의 통제는 전통적으로 국가의 주권에서 유래한다.

① 각국은 자국기를 게양하고 있거나 자국에 등록된 선박이 선박으로부터 해양환경오염을 방지 · 경감 및 통제하기 위하여 권한 있는 국제기구나 일반외교회의를 통하여 수립된 적용 가능한 국제규칙 · 기준 및 이 협약에 따라 제정된 자국의 법령을 준수하도록 보장하고, 그 시행에 필요한 법령을 제정하며 그 밖의 조치를 취한다. 기국은 위반행위의 발생장소에 관계없이 이러한 규칙 · 기준 및 법령을 실효적으로 집행한다.

② 각국은 특히 자국기를 게양하고 있거나 자국에 등록된 선박이 설계 · 구조 · 장비 · 인원배치에 관한 요건을 비롯하여 1항에 규정된 국제규칙 · 기준의 요건을 준수하며 항행할 수 있을 때까지 그 항행이 금지되도록 보장하기 위하여 적절한 조치를 취한다.

③ 각국은 자국기를 게양하고 있거나 자국에 등록된 선박이 1항에 언급된 국

---

33) 이윤철, "동북아 해역 환경보호를 위한 국제법적 대응방안", 경북대 박사학위논문(1997), 76-91면.

34) 김주형, "항만국통제 이의신청 제도의 개선방안에 관한 고찰", 법과 정책 20집 1호, 청주대학교 법과정책연구소(2014. 3), 161면.

제규칙과 기준에 따라 요구되며 이에 따라 발급된 증명서를 선상에 비치하도록 한다. 각국은 이러한 증명서가 선박의 실제 상태와 부합하는지 여부를 확인하기 위하여 자국기를 게양한 선박이 정기적으로 검사되도록 보장한다. 다른 국가는 선박의 상태가 증명서의 기재사항과 실질적으로 부합되지 아니한다고 믿을 만한 명백한 근거가 있지 아니하는 한, 이러한 증명서를 선박의 상태에 관한 증거로 인정하고 그 증명서가 자국이 발급한 증명서와 동일한 효력을 갖는 것으로 본다.

④ 선박이 권한있는 국제기구나 일반외교회의를 통하여 수립된 규칙과 기준을 위반한 경우, 218조, 220조, 228조의 적용을 침해함이 없이 기국은 위반 발생장소나 이러한 위반으로 인한 오염이 발생하거나 발견된 장소에 관계없이 주장된 위반에 관하여 신속히 조사하고 적절한 경우 소를 제기한다.

⑤ 위반을 조사하는 기국은 사건의 상황을 명백히 밝히기 위하여 다른 국가와의 협력이 유용한 경우에는 어떠한 국가에도 조력을 요청할 수 있다. 각국은 기국의 적절한 요청에 응하도록 노력한다.

⑥ 각국은 다른 국가의 서면요청이 있을 경우, 자국기를 게양한 선박이 범하였다고 주장되는 위반을 조사한다. 기국은 위반주장에 대하여 소가 제기될 수 있는 충분한 증거가 있다고 판단되는 경우 지체없이 자국의 법률에 따라 이러한 소송절차를 개시한다.

⑦ 기국은 취하여진 조치와 그 결과를 요청한 국가 및 권한있는 국제기구에 신속히 통보한다. 이러한 정보는 모든 국가가 이용할 수 있도록 한다.

⑧ 자국기를 게양한 선박에 대하여 각국이 법령으로 규정한 형벌은 위반이 발생한 장소에 관계없이 그 위반을 억제하기에 충분할 만큼 엄격하여야 한다.

(나) 항만국 집행제도

UNCLOS 218조는 아래와 같이 항만국집행제도에 관하여 규정하고 있다.

① 선박이 어느 국가의 항구나 연안정박시설에 자발적으로 들어온 경우 그 국가는 권한있는 국제기구나 일반외교회의를 통하여 수립된 적용 가능한 국제규칙과 기준에 위반하여 자국의 내수 · 영해 · EEZ 밖에서 행하여진 그 선박으로부터의 배출에 관하여 조사를 행하고 증거가 허용하는 경우에는 소를 제기할 수 있다.

② 1항에 따른 소송은, 자국의 내수 · 영해 · EEZ에서 배출 위반이 발생한 국

가나 기국 또는 배출 위반으로 인하여 피해를 입었거나 위협을 받는 국가에 의하여 요청되거나 또는 위반이 소를 제기하는 국가의 내수 · 영해 · EEZ에서 오염을 초래하거나 오염을 초래할 위험이 있는 경우를 제외하고는, 다른 국가의 내수 · 영해 · EEZ에서의 배출 위반에 관하여 제기될 수 없다.

③ 선박이 어느 국가의 항구나 연안정박시설에 자발적으로 들어온 경우 그 국가는 어떤 국가가 자국의 내수 · 영해 · EEZ에서 발생하였거나 이들 수역에 대하여 피해를 입히거나 피해의 위협을 주었다고 판단되는 1항에 언급된 배출 위반에 관한 조사요청을 할 경우, 실행 가능한 한 이에 응한다. 그 국가는 위반이 발생한 장소에 관계없이 기국이 배출 위반에 관한 조사요청을 하는 경우에도 마찬가지로 실행 가능한 한 응한다.

④ 이 조에 따라 기항국이 수행한 조사기록은 기국이나 연안국이 있으면 기국이나 연안국에 전달된다. 위반이 연안국의 내수 · 영해 · EEZ에서 발생한 경우 이러한 조사를 기초로 하여 기항국이 제기한 소송은 제7절에 따를 것을 조건으로, 연안국의 요청에 따라 중단될 수 있다. 이러한 경우 사건의 증거와 기록은 기항국의 당국에 제공된 보석금이나 그 밖의 재정적 담보와 함께 연안국에 이송된다. 이러한 이송이 행하여지는 경우 기항국에서의 소송은 계속되지 아니한다.

그런데 이러한 소를 제기하기 위해서는 선박이 항만국의 항구나 연안정박시설에 자발적으로 입항하여야 한다. 결국 이 제도는 (i) 항만국과 영토적 연계가 없는 해양에서 발생한 사고에만 적용되고, (ii) 위반선박이 항만국에 자발적으로 입항한 경우에만 적용되며, (iii) 항만국의 항구 또는 연안정박시설에서만 행사할 수 있다는 제약을 가지고 있지만, 항만국은 자국에 대한 피해나 관할적 연계가 없음에도 불구하고 오염행위를 규제할 수 있다는 점에서 보편적인 집행관할권을 향유한다는데 그 의미가 있다.[35)]

(다) 항만국 통제제도

UNCLOS 219조(오염방지를 위한 선박감항성 관련 조치)는 "제7절에 따를 것을 조건으로, 각국은 요청에 의하거나 자발적으로 자국 항구나 연안정박시설에 있는 어떠한 선박이 선박의 감항성에 관하여 적용되는 국제규칙과 기준을 위반함으로

35) 이윤철, 111면.

써 해양환경에 대해 피해를 입힐 위험이 있다고 확인한 경우, 실행 가능한 그 선박의 항행을 금지시키기 위한 행정조치를 취한다. 각국은 그 선박이 가장 가까이 있는 적절한 수리장소까지만 운항하도록 허가할 수 있고, 위반원인이 제거되는 즉시 항행을 계속하도록 허가한다."고 규정하고 있다.

219조에 규정된 항만국통제제도는 선박의 물적 결함과 선원의 인적 결함 등 선박의 감항성에 관한 사전통제제도이다. 항만국통제제도는 기준미달선을 항만국이 억제함으로써 해양안전과 해양환경보호에 이바지하는 제도로서 국제법상 확립된 연안국의 권리에 기초한다. 특히 기국이 기준미달선에 대한 검사를 제대로 시행하지 못하여 해양사고가 발생함으로써 피해를 입을 수 있는 항만국이 자국연안을 보호하기 위하여 필요한 조치를 취한다는 점에서 정당성이 인정된다.36)

(라) 연안국의 개입권

연안국은 내수(internal waters)로 향하는 선박이 자국의 입항조건을 위반하지 않도록 하기 위해서 필요한 조치를 취할 수 있기 때문에, 선박이 해양오염의 방지·경감·규제를 위한 요건에 따르지 않을 경우 입항을 거부할 수 있다(UNCLOS 25조). 또한 주권이 미치는 영해에서의 위반행위에 대하여 연안국의 개입권은 보장된다(UNCLOS 220조). 그러나 연안국은 영해에서 무해통항권을 향유하는 외국선박에 무차별적으로 개입하여서는 안 되고, 오염물질의 배출 등 연안국의 법규를 위반한 명백한 근거가 있어야 선박을 임검(physical inspection of the vessel)할 수 있는데 구체적으로 220조는 아래와 같이 규정하고 있다.

① 선박이 어느 국가의 항구나 연안정박시설에 자발적으로 들어온 경우, 그 국가는 위반이 자국의 영해나 EEZ에서 발생한 때에는 선박으로부터 오염을 방지·경감·통제하기 위하여 이 협약이나 적용가능한 국제규칙 또는 기준에 따라 제정된 자국 법령위반에 관하여 제7절에 따를 것을 조건으로 소를 제기할 수 있다.

② 어느 국가의 영해를 항행하는 선박이 운항 중에 선박으로부터 오염을 방지·경감·통제하기 위하여 이 협약 또는 적용 가능한 국제규칙과 기준에 따라 제정된 국내법령을 위반하였다고 믿을만한 명백한 근거가 있는 경우, 그 국가는 제2부 제3절의 관련 규정의 적용을 침해함이 없이 위반 관련 선박에 대하여 물리

36) 이윤철, 112면.

적 조사를 행할 수 있고, 증거가 허락하는 경우 제7절에 따를 것을 조건으로 자국 법률에 따라 선박의 억류를 포함한 소를 제기할 수 있다.

③ 어느 국가의 EEZ이나 영해를 항행 중인 선박이 EEZ에서 선박으로부터의 오염의 방지 · 경감 · 통제를 위하여 적용 가능한 국제규칙과 기준 또는 이에 합치하고 또한 이를 시행하기 위한 그 국가의 법령을 위반하였다고 믿을 만한 명백한 증거가 있는 경우, 그 국가는 그 선박에 대하여 선박식별, 등록항, 직전 및 다음 기항지에 관한 정보와 위반발생 여부를 확인하는 데 필요한 그 밖의 관련 정보를 요구할 수 있다.

④ 각국은 자국기를 게양한 선박이 3항에 따른 정보제공 요구에 따르도록 법령을 제정하고 그 밖의 조치를 취한다.

⑤ 어느 국가의 EEZ이나 영해를 항행 중인 선박이 그 국가의 EEZ에서 3항에 언급된 위반을 하여 해양환경의 중대한 오염을 야기하거나 야기할 위험이 있는 실질적인 배출이 발생하였다고 믿을 만한 명백한 근거가 있는 경우, 그 국가는 그 선박이 정보제공을 거부하거나 또는 제공한 정보가 명백히 실제상황과 어긋나는 경우 및 사건의 상황이 이러한 조사를 정당화하는 경우에는 그 선박에 대한 물리적 조사를 행할 수 있다.

⑥ 어느 국가의 EEZ이나 영해를 항행하는 선박이 그 국가의 EEZ에서 3항에 언급된 위반을 하여 연안국의 해안이나 관련 이익, 또는 영해나 EEZ의 자원에 중대한 피해를 야기하거나 야기할 위험이 있는 배출을 행하였다는 명백하고 객관적인 증거가 있는 경우, 그 국가는 제7절에 따를 것을 조건으로 증거가 허락하는 경우, 자국 법률에 따라 선박의 억류를 포함한 소를 제기할 수 있다.

⑦ 6항에도 불구하고 권한 있는 국제기구를 통하여 또는 달리 합의된 바에 따라 보석금이나 그 밖의 적절한 금융담보요건을 충족할 수 있는 적절한 절차가 수립되고, 연안국은 이러한 절차의 적용을 받는 경우, 연안국은 그 선박의 출항을 허용한다.

⑧ 3~7항은 211조 6항에 따라 제정된 국내 법령에도 적용된다.

(2) 선박안전법 시행령 16조 1항의 국제협약

선박안전법 시행령 16조 1항은 항만국통제의 근거가 되는 '대통령령이 정하는 선박안전에 관한 국제협약'으로, (i) 해상에서 인명안전을 위한 국제협약(International Convention for the Safety of Life at Sea),[37] (ii) 만재흘수선에 관한 국제협약(International Convention on Load Lines),[38] (iii) 국제 해상충돌 예방규칙 협약(Convention on the International Regulation for Preventing Collisions at Sea),[39] (iv) 선박톤수 측정에 관한 국제협약(International Convention on Tonnage Measurement of Ships),[40] (v) 상선의 최저기준에 관한 국제협약, (vi) 선박으로부터 오염방지를 위한 국제협약(International Convention for the Protection of Pollution from Ship),[41] (vii) STCW[42] 등을 규정하고 있다.

(3) 아시아 · 태평양지역 항만국통제 양해각서

아시아 · 태평양지역 항만국통제 양해각서(Tokyo MOU)는 우리나라를 포함한 일본, 호주, 캐나다 등 아시아 · 태평양지역 19개 국가가 국제안전기준미달선박의 효과적인 운항통제를 위한 협력강화를 목적으로 1993. 12. 1. 체결하여 1994. 4. 1.부터 발효되었으며,[43] 항만국통제의 통일적 시행을 위한 지역협력사항과 항만국통제의 절차 등에 관하여 규정하고 있다.

다. 국내법과 국제협약의 관계

(1) 국제협약 우선의 원칙

선박안전법 5조는 '국제협약과의 관계'라는 표제 아래 "국제항해에 취항하는 선박의 감항성 및 인명의 안전과 관련하여 국제적으로 발효된 국제협약의 안전기준과 이 법의 규정내용이 다른 때에는 해당 국제협약의 효력을 우선한다. 다만 이 법의 규정내용이 국제협약의 안전기준보다 강화된 기준을 포함하는 때에는 그러하지 아니하다."고 규정하고 있고, 해양환경관리법 4조도 "해양환경 및 해양오염

37) SOLAS 1974는 1981. 3. 31. 국내 발효, SOLAS PROT 1978은 1983. 3. 2. 국내 발효.
38) 1969. 10. 10. 국내 발효.
39) 1977. 7. 29. 국내 발효.
40) 1982. 7. 18. 국내 발효.
41) MARPOL PROT 1978은 1984. 10. 23. 국내 발효, MARPOL 73/78, Annex III, V는 1996. 5. 28. 국내 발효, Annex IV of MARPOL 73/78은 2004. 2. 28. 발효, [1978년 의정서에 의하여 개정된 선박으로부터의 오염방지를 위한 1973년 국제협약]을 개정하는 1997년 의정서는 2005. 5. 19. 국내 발효.
42) 1985. 7. 4. 국내 발효.
43) http://www.tokyo-mou.org/organization/.

과 관련하여 국제적으로 발효된 국제협약에서 정하는 기준과 이 법에서 규정하는 내용이 다른 때에는 국제협약의 효력을 우선한다. 다만 이 법의 규정내용이 국제협약의 기준보다 강화된 기준을 포함하는 때에는 그러하지 아니하다."고 규정하여 국제협약우선의 원칙을 명문으로 선언하고 있다.

이와 달리 선원법, 선박직원법 등에는 국제협약과의 관계에 관한 규정은 없으나, 항만국통제처분의 기준을 대통령령 등으로 정한 국제협약으로 규정하고 있기 때문에, 국내법이 아닌 국제협약을 적용하여야 한다.

(2) 국내법을 적용하는 경우

국제협약과 국내법의 내용이 서로 일치하는 않은 경우가 있을 수 있는데, 대부분의 국제협약은 협약의 내용을 최저기준으로 인정하여 국내법에 국제협약보다 엄격한 규정을 둘 수 있도록 허용하고 있는 점, 선박안전법 5조, 해양환경관리법 4조의 입법취지 등을 고려하면, 국내법이 국제협약보다 엄격한 규정인 경우에는 국내법을 적용하여야 한다.[44]

(3) 비준하지 아니한 국제협약

우리나라가 비준하지 않은 국제협약을 항만국통제처분의 기준으로 규정하고 있는 경우 그 타당성이 문제될 수 있다. 즉 선박안전법 시행령 16조 1항 5호는 상선의 최저기준에 관한 국제협약(ILO 147호 협약)을 항만국통제의 근거가 되는 국제협약의 하나로 규정하고 있으나, 우리나라는 위 협약을 비준한 바 없다. 위 협약은 10개의 부속협약을 포함하고 있고, 우리나라는 ILO 87호 협약(결사의 자유 및 단결권보호협약), ILO 98호 협약(단결권 및 단체교섭권 협약)을 비준하여 2022. 4. 20.부터 발효되고, 이와 달리 147호 협약을 비준하지는 못하고 있지만, 나머지 부속협약에 규정된 사항을 개별 법률에서 수용하고 있는 점[45] 등에 비추어 보면, 위 협약을 통제처분의 근거로 삼는 것에 별다른 문제는 없다.[46] 다만 국내에서 발효되지 아니한 국제협약을 국내에서 통제처분의 직접적인 기준으로 삼는 것은 법체계상 문제가 있으므로, 147호 협약을 비준하는 것이 바람직하다.

---

44) 강동수, 207면.
45) 이윤철 · 김진권 · 전해동, "우리나라 항만국통제제도에 대한 개선방안 연구", 해사법연구 18권 1호 (2006. 3), 116면.
46) 강동수, 209면.

Ⅱ. 항만국통제처분

1. 처분청

선박안전법 등 국내 법률은 항만국통제의 주체를 해양수산부장관으로 규정하고 있으나, 선원법 158조 1항, 시행령 52조 1항 3·4·5호,[47] 선박안전법 81조, 선박안전법 시행령 21조 1항 9호, 는 항만국통제에 관한 권한을 지방해양수산청장에게 위임하도록 규정하고 있다. 이에 따라 선박안전법[48]에 따른 '항만국통제 및 기국통제 실시요령'(해양수산부훈령 2013-33호, 2013. 5. 9. 시행, 이하 '실시요령') 3조 1항은 지방해양수산청장이 해당 선박의 기국이 그 국제협약의 체약국인지 여부를 불문하고 항만국통제를 시행한다고 규정하고 있다. 권한의 위임이나 위탁이 있으면, 위임청은 위임사항 처리에 관한 권한을 잃고 그 사항은 수임청의 권한이 되고, 행정소송의 경우에도 수임 행정청이 위임받은 권한에 기하여 수임 행정청 명의로 한 처분에 대하여는 당연히 수임 행정청이 정당한 피고가 된다. 따라서 항만국통제처분청은 해양수산부장관이 아니라 지방해양수산청장이 된다. 실제 항만국통제는 항만국통제 지침에 따라 항만국통제검사관(PSC Officer)이 시행하는데 (실시요령 6조 1항), 실시요령은 검사관의 교육 및 기준(4조), 검사관의 임명 등(5조)에 관하여 규정하고 있다.

2. 절 차

가. 의 의

IMO 결의 A.1052(27)에서 항만국통제의 절차를 상세하게 규정하고 있는데, 위 결의서는 도쿄MOU의 항만국통제 매뉴얼에 수록되어 있다. 선박검사업무는 검사관의 현장검사 및 이를 수행하기 위한 검사대상선박의 선정, 선박의 검사이력 확인, 적용규정 및 체크항목 확인, 검사준비 등 일련의 업무를 말하고, 현장검사는

47) 법 132조 1항 및 2항에 따른 외국 선박의 점검 및 확인에 관한 사항(3호), 법 133조 3항부터 6항까지의 규정에 따른 조치, 출항정지 명령, 출항정지 조치 및 이의신청에 관한 사항(4호), 법 134조에 따른 신고수리 및 조치에 관한 사항(5호).

48) 선원법 132조 3항, 선박직원법, 해양환경관리법은 통제처분절차나 통제처분에 대한 이의절차는 선박안전법의 규정을 준용한다고 규정하고 있다.

초기검사(법 133조 1항 1호의 기본항목 점검)와 상세검사(법 133조 1항 2호의 상세점검)로 나누어지며, 검사관은 Check List에 의하여 업무를 수행한다.[49] 검사관은 검사 후 보고서 작성, 증서발행, 검사보고 등의 업무를 수행한다.

나. 통제대상선박의 선정

항만국통제 대상선박의 선정은 초기 6개월 주기로 점검하도록 하였다가 안전관리지수(Target Factor)에 근거하여 대상선박을 선정하였으며, 2014. 1. 1.부터는 신규점검제도(New Inspection Regime)에 따라 객관적 자료에 근거한 선박의 위험도 수준(Ship Risk Profile)을 평가하여 대상선박을 선정하고 있다.[50] 이에 따라 고위험선(High Risk Ship)은 2～4개월, 표준위험선(Stansdard Risk Ship)은 5～8개월, 저위험선(Low Risk Ship)은 9～18개월 등 주기별로 검점이 실시될 예정이다.[51]

다. 현장검사

해양수산부장관은 항만국통제를 하는 경우 소속 공무원으로 하여금 대한민국의 항만에 입항하거나 입항예정인 외국 선박에 직접 승선하여 행하게 할 수 있다. 이 경우 당해 선박의 항해가 부당하게 지체되지 아니하도록 하여야 한다(선박안전법 68조 2항). 항만국통제검사관이 항만국통제를 실시하기 위하여 선박에 승선하는 경우에는 선장 등 관계인에게 신분증을 제시하고 그 취지를 알려야 한다(실시요령 6조 3항). 해양수산부장관은 점검을 할 경우 소속 공무원으로 하여금 그 선박에 출입하여 장부 · 서류 및 그 밖의 물건을 점검하고, 해당 선원에게 질문하거나 선원의 근로기준 및 생활기준 등에 대하여 직접 확인하게 할 수 있다(법 132조 2항).

라. 선원법상 점검항목

(1) 선원법 132조 1항

해양수산부장관은 소속 공무원에게 국내 항(정박지 포함)에 있는 외국 선박에

49) 이윤철 · 김진권 · 전해동, 102면.
50) 김주형, 162-163면.
51) 유럽지역 NIR 도입 전후의 점검 현황을 비교하면, 2010년 24,058척을 점검하고 3.28%에 해당하는 790척의 출항정지가 이뤄졌던 반면, NIR이 도입된 2011년에는 19,058척을 점검하고 3.61%에 해당하는 688척이 출항정지된 것으로 나타났다. 즉 점검척수는 5,000척이 감소했으나, 출항정지율은 0.33% 증가한 것으로 분석됐다. 해양한국 480호(2013. 9), 80-81면.

대하여, (i) 기국에서 발급한 승무정원증명서와 그 증명서에 따른 선원의 승선 여부, (ii) STCW의 항해당직 기준에 따른 항해당직의 시행 여부, (iii) STCW에 따른 유효한 선원자격증명서나 그 면제증명서의 소지 여부, (iv) 해사노동협약에 따른 해사노동적합증서 및 해사노동적합선언서의 소지 여부, (v) 해사노동협약에 따른 선원의 근로기준 및 생활기준의 준수 여부를 점검하게 할 수 있다(법 132조 1항).

(2) 기본항목의 점검

해사노동협약에 따른 해사노동적합 증서 · 선언서의 소지 여부(법 132조 1항 4호), 선원의 근로기준 및 생활기준의 준수 여부(5호)를 점검하는 절차에서는 먼저 기본항목을 점검한다. 기본항목의 점검 대상은 (i) 해사노동협약에 따른 해사노동적합증서와 해사노동적합선언서의 적절성과 유효성 확인, (ii) 선원의 근로기준 및 생활기준이 해사노동협약의 기준에 맞는지 여부, (iii) 선박이 해사노동협약의 준수를 회피할 목적으로 국적을 변경하였는지 여부, (iv) 선원의 불만 신고가 있었는지 여부 등이다(법 133조 1항 1호).

(3) 상세점검

기본항목의 점검 결과 (i) 선원의 안전 · 건강이나 보안에 명백히 위해를 끼칠 수 있는 사실이 발견된 경우, (ii) 점검결과 해사노동협약의 기준을 현저하게 위반하였다고 믿을만한 근거가 있는 경우에는 상세점검을 시행하고, 이 경우 담당 공무원은 선장에게 상세점검을 한다는 사실을 알려야 한다(법 133조 1항 2호).

상세점검 범위는 선원법 136조 2항에 따른 해사노동적합선언서의 내용으로 한다(법 133조 2항 본문, 시행령 49조의4). 다만 선원의 불만사항이 신고되었을 때의 점검범위는 해당 신고사항으로 한정한다(법 133조 2항 단서).

(4) 상세점검에 따른 조치

해양수산부장관은 상세점검 결과 선원의 근로기준 및 생활기준이 해사노동협약의 기준에 맞지 아니한 것으로 밝혀진 경우에는 (i) 상세점검 결과, 상세점검 결과 선원의 근로기준 및 생활기준과 관련하여 시정이 필요한 사항 및 시정조치를 하여야 하는 기한을 선장에게 문서로 통보, (ii) 상세점검 결과, 선원법 133조 1항 1호 ㈑목에 따른 선원의 불만 신고 사항을 대한민국 국민인 선원 및 선박소유자

단체에 문서로 통보, (iii) 해당 외국 선박의 기국(旗國) 정부 또는 대한민국 주재 기국 영사, 해당 외국 선박의 다음 기항지 국가의 정부에 해당 외국 선박의 '2006 해사노동협약' 위반사실 등을 통보(해양수산부장관이 필요하다고 판단하는 경우에 한정함) 등의 조치를 하여야 한다(법 133조 3항, 시행령 49조의5 1항).

해양수산부장관은 외국 선박에 대한 상세점검 결과를 기록한 상세점검보고서를 작성·관리하여야 하고, 필요한 경우 상세점검보고서의 사본에 해당 외국 선박의 기국 정부가 보낸 모든 문서를 첨부하여 ILO 사무총장에게 통보할 수 있다(시행령 49조의5 2항).

마. 다른 법령상 점검항목

선원법 외 다른 법령상 점검항목은 선박의 구조·시설 및 선원의 선박운항지식(선박안전법 68조 1항), 선박직원이 국제협약에 적합한 면허증 또는 증서를 가지고 있는지 여부 및 국제협약에서 정한 수준의 지식과 능력을 갖추고 있는지 여부(선박직원법 17조 1항), 해양오염방지설비등, 방오시스템 및 선박에너지효율이 해양오염방지에 관한 국제협약에 따른 기술상 기준에 적합한지 여부(해양환경관리법 59조 1항), 보안관리체제가 협약 등에서 정하는 기준에 적합한지 여부(유효한 국제선박보안증서등의 비치 여부, '국제항해선박 및 항만시설의 보안에 관한 법률' 19조 1항, 2항) 등이다.

바. 정보시스템에 입력

지방해양수산청장은 항만국통제를 실시한 경우에는 항만국통제정보시스템(항만국통제에 관한 정보관리시스템을 말한다)에 그 결과를 지체 없이 입력하여야 한다(실시요령 6조 4항).

3. 처분의 내용

가. 종 류

통제처분에는 시정조치명령(선박안전법 68조 3항), 출항정지명령과 조치(선원법 133조 4항, 선박안전법 68조 4항), 항행정지명령(선박직원법 17조 3항), 기국에의 통보(선원법 133조 3항), 국제협약에서 정한 수준의 지식과 능력을 갖춘 선박직원 승무명령(선박직원법 17조 2항), 설비 등의 교체 · 개조 · 변경 · 수리 · 개선이나 그 밖에 필요한 조치명령(해양환경관리법 59조 1항), 출항정지 · 이동제한 · 시정요구 · 추방 · 선박점검 또는 입항거부명령(국제항해선박 및 항만시설의 보안에 관한 법률 19조 3항, 6항) 등이 있다.

나. 선원법상 출항정지

(1) 출항정지 요건

상세점검 결과 그 선박이 (i) 선원의 안전 · 건강 및 보안에 명백히 위해가 되는 경우, (ii) 해사노동협약의 기준을 현저하게 위반하거나 반복적으로 위반하는 경우에는 그 선박의 출항정지를 명하거나 출항을 정지시킬 수 있다(법 133조 4항).

(2) 해양수산부장관의 통보의무

해양수산부장관은 4항에 따른 처분을 한 경우에는 출항정지 명령 또는 출항정지 조치를 한 사실을 해당 외국 선박의 기국 정부 또는 대한민국 주재 기국 영사에게 통보하여야 한다(법 133조 5항, 시행령 49조의5 4항). 해양수산부장관은 통보조치를 한 경우 해당 기국 정부 대표의 출석을 요구하거나 기한을 정하여 해당 기국 정부의 회신을 요청할 수 있다(시행령 49조의5 5항).

(3) 불복절차

출항정지명령과 처분에 불복하는 자의 이의신청과 그 처리 절차에 관하여는 선박안전법 68조 5항부터 7항까지의 규정을 준용한다(법 133조 5항).

(4) 원인 사항이 시정 또는 신속하게 시정될 것으로 인정되는 경우

해양수산부장관은 출항정지 명령 또는 출항정지 조치의 원인이 된 사항이 시정되었거나 신속하게 시정될 것으로 인정되는 경우 지체 없이 해당 외국 선박의 출항정지 명령 또는 출항정지 조치의 해제 여부를 결정하여야 한다(시행령 49조의5 3항).

다. 출항정지처분의 함의

출항정지명령은 항만국이 외국 선박에 대하여 행사하는 통제처분 중 가장 강력한 처분이다. 선박이 항구에 억류되면 일반적으로 결함에 대한 시정이 완료되는 시점까지 운항손실이 발생하므로, 선박소유자・용선자・화주 등 선박운항 이해관계자들에게 막대한 경제적 손실이 발생한다. 또한 선박소유자는 기국의 행정청으로부터 행정적 불이익을 받을 수 있고, 당해 선박이 속한 기국의 출항정지율이 상승하게 되어 다른 기국선박에도 부정적인 영향을 미치게 된다.[52]

아울러 최근 도입된 NIR 방식은 회사의 안전관리수준도 평가항목으로 편입하였기 때문에 당해 선박이 소속된 회사의 다른 선박에도 악영향을 미칠 수 있고, 선박의 국적・선박소유자 등을 변경하는 경우에도 폐선될 때까지 당해 선박의 항만국통제이력이 보존되기 때문에 선박매매시에도 선가 등에 부정적인 영향을 미칠 수 있다.[53]

4. 처분의 형식

행정청은 처분을 할 때에는 당사자에게 그 근거와 이유를 제시하여야 하고(행정절차법 23조 1항), 행정청이 처분을 할 때에는 다른 법령 등에 특별한 규정이 있는 경우를 제외하고는 문서로 하여야 하며(24조 1항), 처분을 하는 문서에는 그 처분 행정청과 담당자의 소속・성명 및 연락처(전화번호, 팩스번호, 전자우편주소 등을 말한다)를 적어야 하고(24조 2항), 행정청이 처분을 할 때에는 당사자에게 그 처분에 관하여 행정심판 및 행정소송을 제기할 수 있는지 여부, 그 밖에 불복을 할 수 있는지 여부, 청구절차 및 청구기간, 그 밖에 필요한 사항을 알려야 한다(26조).

지방해양수산청장은 통제처분을 하려는 경우 해당 선박의 선장에게 해양수산부령으로 정하는 항만국통제점검보고서를 발급하여야 하고, 이 경우 해당 서류에는 이의신청에 대한 안내문이 포함되어야 한다(선박안전법 시행령 17조 1항). 항만국통제점검보고서는 선박안전법 시행규칙 [별지 79호 서식]과 같은데, 여기에는 처분 행정청과 담당자의 소속・성명 및 연락처 등이 기재되어 있고, 결함의 종류번호를 기재하고 있으므로, 행정절차법의 요건을 모두 충족한다고 평가할 수 있다.

52) 김주형, 165면.
53) 김주형, 165면.

Ⅲ. 항만국통제처분에 대한 불복

1. 의 의

항만국통제에 관한 분쟁을 사법적으로 해결하는 방법 외에도 정치적으로 해결하는 방법이 있는데, 이에는 (i) 항만국과 기국 사이의 외교교섭을 통하여 해결하는 방법이나 항만국과 선박소유자 사이의 타협을 통한 해결이 있고, (ii) IMO, 지역간 항만국통제협력체제인 MOU, 제3국의 검사관, 자국의 선급을 제외한 선급검사단체 등 적정하다고 간주되는 자의 자문을 구하는 방법이 있다.[54)]

법치주의의 완성은 국가작용의 적법성이 독립된 기관에 의해 심사·통제되어야 한다는데 있다. 즉 잘못된 법적용으로 인한 권리침해를 구제함과 아울러 국가작용의 적법성이 확보될 때 비로소 법치주의는 실현될 수 있기 때문이다.[55)] 행정구제는 법치국가원리를 실질적으로 구현하는 동시에 그 필수적인 구성요소이고, 현행 행정구제법상 대표적인 방법으로는 행정상 손해전보제도와 행정쟁송제도를 들 수 있다.[56)] 외국 선박소유자가 통제처분에 대하여 불복하는 전형적인 방법은 행정쟁송제도를 이용하는 것이므로, 행정쟁송제도 중 선박안전법 등이 규정하고 있는 이의절차 등 행정쟁송제도와 도쿄MOU에서 정한 재심제도에 관하여 살펴보기로 한다.

2. 통제처분에 대한 이의

가. 이의신청

외국 선박의 소유자는 통제처분에 불복하는 경우에는 해당 처분을 받은 날부터 90일 이내에 그 불복사유를 기재하여 해양수산부장관에게 이의신청을 할 수 있다(선박안전법 68조 5항, 국제항해선박 및 항만시설의 보안에 관한 법률 19조 9항). 이의신청은 처분청인 지방해양수산청장의 통제처분에 대하여 상급 행정기관인 해양수산부장관에게 적법·타당성 유무를 심사하여 달라는 것이므로, 그 성질상 행

54) 이윤철, 130-131면.
55) 박정훈, “공정거래법의 공적 집행”, 공정거래와 법치, 법문사(2004), 1003면.
56) 홍준형, 행정구제법(4판), 도서출판 한울(2001), 51-53면.

정심판에 속한다.

행정심판의 존재이유는 (i) 자율적 행정통제, 즉 행정의 자기통제 및 행정감독을 가능케 하고, (ii) 행정의 전문·기술성이 날로 증대됨에 따라 법원의 판단능력의 불충분성이 의문시되는 문제영역에서 행정의 전문지식을 활용할 수 있도록 함으로써 사법기능을 보완할 수 있으며, (iii) 분쟁을 행정심판단계에서 해결할 수 있다면 이를 통하여 법원부담의 경감, 행정능률의 고려, 시간과 비용의 절감을 기할 수 있다는 것 등에 있다.

행정심판청구는 원칙적으로 처분이 있음을 안 날로부터 90일 이내, 처분이 있은 날로부터 180일 이내에 제기하여야 하지만(행정심판법 27조 1항, 3항), 선박안전법, '국제항해선박 및 항만시설의 보안에 관한 법률'은 통제처분에 관한 분쟁을 조기에 해결하기 위하여 특칙으로 위와 같이 짧은 신청기간을 부여하고 있다.

이의신청을 하려는 자는 그 사유 및 이를 증명하는 서류를 갖추어 해양수산부장관에게 제출하여야 한다(선박안전법 시행령 17조 3항). 처분의 상대방은 선박소유자 또는 선장이지만(국제항해선박 및 항만시설의 보안에 관한 법률 19조 7항), 항만국에서 실제로 통제처분을 수령하는 자는 선장이 대부분이므로, 선장은 선박소유자의 대리인으로 또는 통제처분의 수범자로서 이의를 신청할 수 있다(국제항해선박 및 항만시설의 보안에 관한 법률 19조 9항).

나. 집행부정지의 원칙

이의신청은 통제처분의 효력이나 그 집행 또는 절차의 속행에 영향을 주지 아니한다(행정심판법 30조 1항). 그러나 해양수산부장관은 행정심판법 30조 2항의 규정에 의하여, 통제처분으로 인하여 선박소유자에게 중대한 손해가 생기는 것을 예방하기 위하여 긴급하다고 인정할 때에는 통제처분의 효력, 처분의 집행 또는 절차의 속행의 전부 또는 일부의 정지를 결정할 수 있다.

다. 재 결

이의신청을 받은 해양수산부장관은 소속 공무원으로 하여금 당해 시정조치명령 또는 출항정지명령의 위법·부당 여부를 직접 조사하게 하고 그 결과를 신청인에게 60일 이내에 통보하여야 한다. 다만 부득이한 사정이 있는 때에는 30일 이내의 범위에서 통보시한을 연장할 수 있다(선박안전법 68조 6항). 해양수산부장관은 이의신청을 받은 경우 해당 선박의 선장・선박소유자・선급법인 또는 선박이 등록된 국가 등에 필요한 자료를 요청하거나 관계 전문가의 의견을 들을 수 있다(선박안전법 시행령 17조 4항). 해양수산부장관은 이의신청이 타당하다고 인정되는 경우 지체 없이 해당 통제처분을 철회하여야 한다(선박안전법 시행령 17조 5항).

3. 통제처분취소소송

가. 이의전치주의

현행 행정소송법 18조 1항은 "취소소송은 법령의 규정에 의하여 당해 처분에 대한 행정심판을 제기할 수 있는 경우에도 이를 거치지 아니하고 제기할 수 있다. 다만 다른 법령에 당해 처분에 대한 행정심판의 재결을 거치지 아니하면 취소소송을 제기할 수 없다는 규정이 있는 때에는 그러하지 아니하다."고 규정하여, 1998. 3. 1.부터 행정심판전치주의를 폐지하고 행정심판절차를 임의화하고 있다.

그러나 통제처분에 관한 법률은 "통제처분에 불복이 있는 자는 이의신청의 절차를 거치지 아니하고는 행정소송을 제기할 수 없다. 다만 행정소송법 18조 2항 및 3항의 규정에 해당되는 경우에는 그러하지 아니하다."고 규정하여(선박안전법 68조 7항, 국제항해선박 및 항만시설의 보안에 관한 법률 19조 11항), 이의전치주의를 선언하고 있다.

나. 관할법원

통제처분취소의 소는 피고의 소재지를 관할하는 행정법원에 재판관할이 있다(행정소송법 9조 1항 본문). 현재까지 서울특별시를 관할하는 서울행정법원만이 설치되어 있고, 나머지 지역에서는 지방법원 본원 또는 춘천지방법원 강릉지원에서 행정재판을 관할한다.

다. 당사자적격

(1) 원고적격

원고적격은 통제처분을 받은 해당 선박의 선박소유자 또는 선장이 된다. 만일 A라는 선사가 여신업체에서 리스자금을 지원받아 선박을 매입하여 운항하는 경우에는 선박국적증서 상의 소유자는 여신업체로 기재되어 있는바,[57] 통제처분으로 인하여 불이익을 받는 자는 운항자인 A가 되므로, 선원법상 선박소유자인 A가 원고적격을 가진다.

(2) 피고적격

취소소송은 다른 법률에 특별한 규정이 없는 한 처분을 행한 행정청이 피고가 되므로(행소법 13조 1항), 지방해양수산청장이 피고적격을 가진다.

(3) 소송참가

소송의 결과에 따라 권리 또는 이익을 침해받을 제3자가 있는 경우 그 제3자가 소송에 참가하여 변론하고 자료를 제출하는 제도가 소송참가인데, 통제처분취소소송에서 용선자·화주 등은 소송의 결과에 따라 권리 또는 이익을 침해받는 자라고 볼 수 있으므로, 소송참가를 할 수 있다.

라. 제소기간

취소소송은 재결서의 정본을 송달받은 날부터 90일 이내에 제기하여야 한다(행소법 20조 1항 단서). 취소소송은 재결이 있은 날부터 1년을 경과하면 제기하지 못한다(행소법 20조 2항 본문).

마. 집행정지

판결절차는 일반적으로 많은 시간이 걸리기 때문에 본안판결을 받기 전에 권리이익의 보호를 위하여 임시구제제도가 요청된다. 행정소송법은 23조 1항에서 남소를 예방하고 행정목적의 원활한 실현을 도모하려는 정책적 배려에서 집행부정지의 원칙을 채택하고 있다. 그러나 집행부정지 원칙으로 인하여 취소소송 등이 제기되어도 처분의 효력 등이 정지되지 않는다면 회복할 수 없는 손해가 발생하여 권리구제를 받을 수 없는 경우가 있게 된다. 이를 방지하기 위하여 행정소송법 23조 2항, 3항에서 잠정적 구제제도로서 집행정지를 예외적으로 인정하고 있다.[58]

---

57) 김주형, 172-173면.

58) 민사집행법상 보전처분은 민사판결절차에 의하여 보호받을 수 있는 권리에 관한 것이므로, 행정소송법이 정한 소송 중 행정처분의 취소 또는 변경을 구하는 항고소송에서는 행정소송법 8조의 규정에 불구하고 민사집행법상 가처분에 관한 규정은 준용되지 않는다. 대법원 2005. 4. 22.자 2005무13 결정.

원고는 통제처분 자체의 집행을 정지하거나 통제처분의 효력 또는 절차의 속행을 정지하여 그 목적하는 바를 잠정적으로 달성할 수 있다. 집행정지를 하기 위해서는 민사소송의 가처분과는 달리 본안소송이 계속 중임을 요한다(행소법 23조 2항). 행정소송법 23조 2항에서 행정청의 처분에 대한 집행정지의 요건으로 들고 있는 '회복하기 어려운 손해'라고 하는 것은 원상회복 또는 금전배상이 불가능한 손해는 물론 종국적으로 금전배상이 가능하다고 하더라도 그 손해의 성질이나 태양 등에 비추어 사회통념상 그러한 금전배상만으로는 전보되지 아니할 것으로 인정되는 현저한 손해를 가리키는 것으로서, 이러한 집행정지의 적극적 요건에 관한 주장·소명책임은 원칙적으로 신청인 측에 있다.[59]

바. 소송물

통제처분취소소송의 소송물은 통제처분의 위법성 일반이다. 이 경우는 통제처분이 심판대상이므로 원처분주의라고 표현할 수 있다. 해양수산부장관이 선박소유자나 선장의 이의신청을 일부 인용하여 지방해양수산청장이 발령한 통제처분을 변경한 경우에는 일부 취소 후 남은 부분(선박소유자나 선장의 신청을 기각한 부분)에 대한 판정이 심판대상이 된다.

사. 재 판

(1) 위법 여부 판단의 기준시점

일반적으로 행정처분의 위법 여부는 처분 당시를 기준으로 판단하여야 한다.[60] 그러나 기준미달을 이유로 한 제재적 행정처분을 하는 경우에는 소급입법에 의한 재산권제한금지, 소급처벌금지 원칙에 의하여 제재 여부 및 그 기준은 원칙적으로 행위시의 법령에 의하여야 하고, 행위 후 개정된 법령에 의할 수는 없다. 따라서 위법행위를 이유로 한 제재적 처분에 대하여는 원칙적으로 처분시가 아닌 그 위법행위시 법령에 의하여 처분의 위법 여부를 판단하여야 한다.[61] 이와 같은

59) 대법원 1999. 12. 20.자 99무42 결정.

60) 행정처분의 적법 여부는 특별한 사정이 없는 한 그 처분이 있을 때의 법령과 사실상태를 기준으로 하여 판단하여야 한다. 대법원 2002. 10. 25. 선고 2002두4464 판결.

61) 정당한 절차에 의하지 않고 구두에 의한 하도급계약을 체결하여 공사를 시작한 때에 건설업법 34조 3항의 위반행위를 범한 것이 되니, 그 위반행위를 이유로 한 행정상 제재처분(행위당시에는 필요적 취소사유)을 하려면 그 위반행위 이후 법령의 변경에 의하여 처분의 종류를 달리(영업정지 사유로)

논의에 따르면, 기준미달이라는 점을 이유로 한 통제처분은 제재적 처분이므로, 통제처분 당시의 국제협약 등을 기준으로 위법여부를 판단하여야 하고, 그 후 국제협약이나 국내법률 등에서 기준을 강화하는 등 선박소유자 등에게 불리하게 법령이 개정되더라도 행위시의 규정에 의하여야 한다.[62)]

(2) 선결문제

출항정지명령취소소송에서 원고는 선행된 시정명령의 위법사유를 가지고 다툴 수 있는가? 이는 행정법에서 위법성 승계의 문제로 다루어지는 것인바, 판례[63)]의 입장에 따르면, 시정명령이 무효가 아닌 한 원고는 원칙적으로 시정명령의 위법사유를 가지고 출항정지명령의 당부에 대하여 다툴 수 없고, 예외적으로 시정명령의 불가쟁력이나 구속력이 그로 인하여 불이익을 입게 되는 원고에게 수인한도를 넘는 가혹함을 가져오며 그 결과가 당사자에게 예측가능한 것이 아닌 경우에 한하여 구속력을 인정할 수 없게 된다.[64)]

그러나 하명처분의 위법성을 이유로 바로 제재처분의 위법성을 인정하는 식으로 하자의 승계를 정면으로 인정할 수 없더라도, 하명처분의 위법성이 제재처분의 재량하자를 구성한다는 점은 충분히 인정할 수 있으므로,[65)] 시정명령의 위법사유

규정하였다 하더라도 그 법률적용에 관한 특별한 규정이 없다면 위반행위 당시에 시행되던 법령을 근거로 처분을 하여야 마땅하다. 대법원 1983. 12. 13. 선고 83누383 판결.

62) 법령이 개정된다고 하더라도 법 적용의 혼란은 없다고 보여지나, 입법실무에서는 법령의 개정취지를 명확하게 할 필요가 있으므로 필요한 경우에는 경과조치에 관한 규정을 두는 것이 바람직하다는 견해로는 백문흠, "경과조치에 관한 입법례 연구", 법제 521호, 법제처(2001. 5), 35면.

63) 두 개 이상의 행정처분이 연속적으로 행하여지는 경우 선행처분과 후행처분이 서로 결합하여 1개의 법률효과를 완성하는 때에는 선행처분에 하자가 있으면 그 하자는 후행처분에 승계되므로 선행처분에 불가쟁력이 생겨 그 효력을 다툴 수 없게 된 경우에도 선행처분의 하자를 이유로 후행처분의 효력을 다툴 수 있는 반면, 선행처분과 후행처분이 서로 독립하여 별개의 법률효과를 목적으로 하는 때에는 선행처분에 불가쟁력이 생겨 그 효력을 다툴 수 없게 된 경우에는 선행처분의 하자가 중대하고 명백하여 당연무효인 경우를 제외하고는 선행처분의 하자를 이유로 후행처분의 효력을 다툴 수 없는 것이 원칙이다. 그러나 선행처분과 후행처분이 서로 독립하여 별개의 효과를 목적으로 하는 경우에도 선행처분의 불가쟁력이나 구속력이 그로 인하여 불이익을 입게 되는 자에게 수인한도를 넘는 가혹함을 가져오며, 그 결과가 당사자에게 예측가능한 것이 아닌 경우에는 국민의 재판받을 권리를 보장하고 있는 헌법의 이념에 비추어 선행처분의 후행처분에 대한 구속력은 인정될 수 없다. 대법원 1994. 1. 25. 선고 93누8542 판결.

64) 독일에서는 다단계 행정절차(gestuftes Verwaltungsverfahren)에서 선행행위의 구속력 이론에 의거하여 하자승계를 원칙적으로 인정하지 않는다. 프랑스에서는 다단계 행정과정(operation complexe)에서 하자의 승계를 원칙적 인정하고 있는데, 이는 바로 프랑스 월권소송의 대상이 현저히 넓기 때문이다. 행정소송의 대상을 최대한 확대하고 있는 영국에서도 그 대상을 불문하고 제소기간(3월)을 제한하면서, 그로 인한 부작용은 부수적 탄핵(collateral attack) 또는 정당한 사유에 의거한 제소기간의 완화 등을 통해 해결하고 있다. 박정훈a, "행정소송법 개정의 주요쟁점", 공법연구 31집 3호, 한국공법학회(2003. 3), 70-71면.

를 가지고 출항정지명령취소소송에서 다툴 수 있다고 보아야 한다.

(3) 통제처분 변경의 허용 여부

법원은 지방해양수산청장이 부과한 통제처분이 과도하다고 하여 이를 완화시키거나, 과소하다고 하여 이를 강화하는 판결을 선고할 수 있는가?

판례는 "영업정지처분이 재량권남용에 해당한다고 판단될 때에는 위법한 처분으로서 그 처분의 취소를 명할 수 있을 따름이고, 재량권의 범위 내에서 어느 정도가 적정한 영업정지기간인가를 가리는 일은 사법심사의 범위를 벗어난다."고 하면서,[66] "자동차운수사업면허조건 등을 위반한 사업자에 대하여 행정청이 행정제재수단으로 사업정지를 명할 것인지, 과징금을 부과할 것인지, 과징금을 부과키로 한다면 그 금액은 얼마로 할 것인지에 관하여 재량권이 부여되었으므로, 과징금부과처분이 법이 정한 한도액을 초과하여 위법할 경우 법원으로서는 그 전부를 취소할 수밖에 없고, 그 한도액을 초과한 부분이나 법원이 적정하다고 인정되는 부분을 초과한 부분만을 취소할 수 없다."는 이유로, 100만 원을 부과한 당해 처분 중 10만 원을 초과하는 부분은 재량권 일탈 · 남용으로 위법하다며 그 일부분만을 취소한 원심판결을 파기하였다.[67] 결국 판례의 확립된 견해는 조세부과처분과 달리 일반 행정처분에 대하여는 행정청에 처분의 유무나 처분의 정도에 대한 재량이 인정되고 있기 때문에, 법원으로서는 행정청의 처분이 재량의 범위를 일탈했는지의 여부만을 판단할 수 있을 뿐이고 재량권의 범위 내에서 어느 정도가 적정한 처분인지에 관하여 판단할 수 없다는 것이다.[68]

위와 같은 판례에 따르면, 통제처분이 효력이 없거나 지방해양수산청장이 재량권을 일탈 · 남용하여 위법한 경우 통제처분을 전부 취소하지 않는 한, 법원으로서는 그보다 완화되거나 강화된 내용의 통제처분을 인정할 수 없다.[69]

법원이 재량권의 일탈 · 남용을 이유로 통제처분을 취소하였고, 이에 따라 지방해양수산청장이 원처분보다 완화된 내용으로 통제처분을 다시 하였으나 위와

65) 박정훈, 행정법의 체계와 방법론[행정법연구 Ⅰ], 박영사(2005), 368면.
66) 대법원 1982. 9. 28. 선고 82누2 판결.
67) 대법원 1998. 4. 10. 선고 98두2270 판결.
68) 박해식, "일부취소와 재량권의 일탈 또는 남용", 행정재판실무편람 – 자료집 –, 서울행정법원(2001), 80면.
69) 대법원 2005. 11. 30.자 2005마1031 결정.

같은 재처분도 재량권의 일탈·남용을 이유로 취소된 경우, 지방해양수산청장은 다시 위와 같은 판단에 따라 다시 완화된 내용으로 처분을 하여야 한다.

(4) 제도적 개선방안

행정법학계에서는 독일·프랑스의 입법례를 참고하여 법원이 판결로써 제재의 종류와 정도를 결정하는 변경판결제도를 도입하자는 논의가 제기되고 있다.[70] 이에 의하면, 재량처분도 재량권 일탈·남용을 이유로 취소할 수 있음을 규정하고, 현행 행정소송법에 27조 2항을 추가하여 "1항의 규정에 의하여 취소되는 처분이 허가의 취소·정지, 과징금 등 법률위반에 대한 제재인 경우에 처분의 성질과 사안의 구체적 사정에 비추어 다시 행정절차를 거치게 할 필요가 없다고 인정할 때에는 법원은 그 처분에 갈음하여 법률의 범위 내에서 적정한 제재의 종류와 정도를 선고할 수 있다."고 규정한다. 이 경우 행정청으로서는 일단 허가취소·정지, 과징금 등 제재처분을 내렸고 법원이 이것이 과도한 제재로서 재량권남용을 이유로 취소하는 것이므로, 법원이 행정청에 갈음하여 제재의 종류와 정도를 결정하더라도 행정청의 일차적 결정권이 본질적으로 침해되는 것이 아니다. 따라서 위와 같은 제도를 도입하는 것이 분쟁의 1회적 해결과 국민의 권리구제를 위하여 바람직하다고 생각한다.

아. 외국의 판례

세계적으로 출항정지명령은 연간 3,000여건에 이르지만, 2007. 3.까지 출항정지처분취소소송에서 원고가 승소한 사례는 찾기 어렵다고 한다.[71] 아래에서는 호주와 캐나다의 관련 판례를 간략하게 살펴보기로 한다.

(1) 호주의 판례[72]

홍콩에 본사를 둔 Fleet Management Ltd 소속의 Noble Drago호와 Afric Starg호는 2005. 8.경 호주 해사안전청의 항만국통제에 의하여 출항정지되었고, 이에 회사는 출항정지처분의 취소를 구하는 소를 제기하였다.

70) 박정훈a, 100-102면.
71) 박영선, 84면.
72) Fleet Management Ltd v. Australian Maritime Safety Authority, 2007 WL 499886(AATA), [2007] AATA 56 (박영선, 92-99면).

Noble Drago호는 홍콩에 등록된 선박으로 2005. 8. 18. 호주 Dampire항에 입항하였는데, 검사관은 무선통신기가 제대로 작동하지 않았으므로 선장에게 출항 전 결함을 시정하라는 명령서를 교부하였다. 수리업자가 수리가 불가능하다고 연락하자 검사관은 다시 선박에 승선하여 출항정지명령서를 선장에게 교부하였다. 그런데 위 선박은 출항정지명령을 받기 수 분 전에 홍콩 해사당국으로부터 모사전송기로 무선통신기 면제증서를 받았다. 선장은 검사관에게 면제증서사본을 제출하였고, 검사관은 출항정지를 해제하는 명령서를 교부하였다. 그러나 회사는 위 선박에 대한 출항정지명령 기록이 남기 때문에 위 명령의 취소를 구하는 소를 제기하였다.

Afric Starg호는 Bahamas에 등록된 선박으로 2005. 8. 12. Port Adelaide에 입항하여 항만국통제를 받았는데, 검사관은 선박의 난간, 쓰레기 배출구, 안전관리체계 등 많은 결함을 발견하고서, 위와 같은 결함들은 선박의 감항능력을 보장할 수 없다고 보아 출항정지명령을 발령하였다. 이에 회사는 출항정지명령이 부당하다고 주장하면서 그 취소를 구하는 소를 제기하였다.

Noble Drago호의 경우, IMO결의서 A.787(19)호 부속서 1에서는 선박이 다음의 항해기간 중 위급한 경우 통신을 할 수 있어야 하며, 만약 이에 대한 부정적인 평가가 내려지면 검사관은 출항정지를 하도록 규정하고 있는데, 법원은 검사관에 의한 출항정지명령은 정당한 재량권의 행사에 의한 적절한 결정으로 판단하였다.

Afric Starg호의 경우 법원은, 난간과 쓰레기 배출구가 검사 당시 심하게 부식되어 있었고, 이러한 경우 선원의 안전을 확보할 수 없으며, 위와 같은 결함은 국제만재흘수선협약, SOLAS 제11장, 호주해사명령 제58부에 근거를 둔 국제안전관리규약(ISM Code)에 위반되는 점, 갑판 위로 올라온 해수가 부식된 쓰레기 배출구를 통하여 선체에 유입되는 것을 방지하지 못하는 등 수밀견고성을 유지하지 못하고 있는 점, 이와 같은 결함과 관련하여 위 선박의 안전관리체제가 제대로 작동하지 않고 있는 이상, 검사관에 의한 출항정지명령은 정당한 재량권의 행사에 의한 적절한 결정으로 판단하였다.

(2) 캐나다의 판례[73)]

Lantau Peak호는 말레이시아의 Budisukma Puncka Sendirian Berhad(BPSB)의 소유 선박으로 1997. 3. 일본 가와사키항을 출항하여 캐나다 밴쿠버항으로 항해하던 중 화물창의 외판 프레임(hull frame) 8개가 이탈되었고, 1997. 4. 5. 밴쿠버항에 입항할 때까지 5개의 프레임이 추가로 이탈되었다. 검사관은 부식에 의한 선체의 구조적 결함을 이유로 위 선박에 대하여 출항정지명령을 발령하였다. 선박소유자는 수리비가 많이 들기 때문에 캐나다에서의 수리는 최소화하고 중국에서 수리하겠다고 주장하면서 선박의 조속한 출항허가를 요청하였다. 그러나 위 선박의 상태에 관한 항만국과 기국의 이견으로 위 선박은 1997. 8. 12.에 비로소 출항이 허용되었다. 선박소유자는 캐나다 해양안전국장에게 출항정지명령에 관하여 이의를 신청하였으나, 해양안전국장은 이의신청을 기각하였다. 이에 선박소유자는 캐나다 연방법원에 불법행위를 이유로 손해배상을 구하는 소를 제기하였다.

제1심법원은 1997. 4. 21.까지의 출항정지명령은 안전확보를 이유로 한 것이므로 정당하지만, 그 이후의 명령은 NK선급에서 수리를 위하여 상하이로 출항할 수 있다는 의견을 제시하였으므로 부당하다고 판단하였다. 그러나 항소심법원은 검사관은 캐나다 해운법에 의하여 외국 선박에게 출항정지명령을 발령할 수 있는데, 1997. 4. 21. 이후에도 선박의 안정성이 부족하였으므로 검사관의 출항정지명령은 적절하다고 판단하였다.

4. 출항정지 재심위원회에 의한 재심제도

가. 의 의

출항정지 재심위원회(Detention Review Panel) 제도는 항만국이 해당 선박에 관하여 통제처분을 받은 자의 이의신청을 받아들이지 아니할 경우, 도쿄MOU 사무국을 경유하여 당사자 소속 회원국을 제외한 나머지 회원국의 전문가로 구성된 위원회에 재심사를 요청하는 것이다. 즉 항만국과 선박관련자라는 분쟁당사자 사이의 법정지국의 분쟁에서 벗어나 있는, 공정한 제3자에게 다시 한 번 심사를 요

73) Her Majesty the Queen in Right of Canada v. Budisukma Puncka Sendirian Berhad, 2005 FCA 267 (박영선, 85-89면).

청하는 제도이다.

도쿄MOU Section 3.15.에서는 "회사 또는 회사의 대리인은 항만국의 출항정지에 대하여 이의를 신청할 수 있는 권리가 있다."고 규정하고 있고, 항만국통제 매뉴얼 Section 6-12에서는 출항정지 재심위원회 지침(Guidelines for Detention Review Panel)을 별도로 규정하고 있다.

나. 재심절차

출항정지명령에 대하여 이의를 신청하고자 하는 자는 먼저 항만국에서 이의절차를 거쳐야 한다. 항만국이 이의를 받아들이지 아니한 경우에는 출항정지명령에 불복하는 선박의 회사, 소유자, 기국 등은 출항정지명령을 받은 날로부터 90일 이내에 도쿄MOU 사무국에 전자메일에 의해 영문으로 작성된 재심신청서를 제출하여야 한다.

사무국에서는 알파벳순서에 따라 마련된 회원국명부상 순번에 따라 항만국과 기국을 제외한 3개 회원국의 전문가들로 위원회를 구성한다. 사무국에서는 항만국에 관련자료의 제출을 요구하고, 위원회에서는 10일 이내에 절차적 · 기술적 측면에서 출항정지명령의 적정성을 검토하여 30일 이내에 최종요약보고서를 작성하여 당사자국에 통보한다. 만약 위원회에서 신청인의 신청을 받아들이면, 출항정지명령을 한 항만국에 출항정지명령의 재고를 요청한다.

다. 위원회 권고의 효과

재심위원회의 의견은 위원 모두의 만장일치에 의하는 것을 원칙으로 하되, 의견이 불일치하는 경우에는 회의를 소집하여 결론을 내린다. 그러나 위원회의 결론은 법적 구속력이 없고, 민사소송에서도 금전배상청구의 근거로도 사용할 수 없으며, 다만 항만국에서 실시한 점검자료를 수정하는 근거로 사용될 뿐이다. 이는 도쿄MOU는 법적 기속력이 없는, 일종의 신사협정 정도로 간주되기 때문인데,[74] 각 회원국이 위원회의 결정에 따르도록 제도를 보완하여야 한다는 견해가 제기되고 있다.[75]

---

74) 이상일 · 이윤철, "항만국통제제도의 지역적 조약화 방안연구", 해사법연구 23권 3호(2011. 11), 162면.
75) 김주형, 174면.

Ⅳ. 외국 선박의 선원 불만 처리절차

해양수산부장관은 국내 항에 정박 중이거나 계류 중인 외국 선박이 해사노동협약의 기준을 위반하였다는 신고를 선원 등으로부터 받은 경우 (i) 선원법 129조 3항에 따른 선내 불만 처리절차의 이행 지시, (ii) 선원법 132조 및 133조에 따른 점검의 실시 및 점검 결과에 따른 시정조치의 이행 등 조치를 하여야 한다(법 134조, 시행령 49조의6 1항). 해양수산부장관은 선원법 134조에 따른 신고를 한 선원 등의 신원이 알려지지 아니하도록 필요한 조치를 하여야 한다(시행령 49조의6 2항).

Ⅴ. 외국정부에 대한 협조

해양수산부장관은 외국정부가 (i) 선박소유자나 선장이 STCW에서 요구하는 자격증명서를 지니지 아니한 선원을 승무시킨 경우, (ii) STCW에 따라 적합한 선원자격증명서를 지닌 사람이 수행하여야 할 임무를 선원자격증명서를 지니지 아니한 사람이 수행하도록 해당 선장이 허용한 경우, (iii) STCW에 따른 적합한 선원자격증명서를 지니지 아니한 사람이 그 선원자격증명서를 지닌 사람이 수행하여야 할 임무를 수행하기 위하여 거짓이나 부정한 방법으로 승무한 경우의 어느 하나에 해당하는 사유로 대한민국의 선박소유자나 선원과 소송절차를 진행하는 경우에는 STCW에서 정하는 바에 따라 협조하여야 한다(법 154조).

제3절 해사노동적합 증서와 선언서

Ⅰ. 의 의

2006년 해사노동협약(Maritime Labour Convention 2006)[76]은 각 회원국이 자

---

76) 2013. 12. 19. 국회의 비준동의를 거쳐, 2015. 1. 9. 조약 2218호로 발효되었다.

국 선박의 선원을 위한 작업 및 거주 조건이 위 협약의 기준에 만족하고, 지속적으로 만족하고 있음을 보장하기 위하여 해사노동조건에 대한 검사 및 증서발급을 위한 효과적인 제도로 해사노동적합증서(maritime labour certificate)와 해사노동적합선언서(declaration of maritime labour compliance) 제도를 채택하였다.

(i) 해사노동적합증서란 선원법 및 해사노동협약 부록 A5.1에서 규정된 선원의 근로 및 생활기준에 대한 검사 결과 적합함을 증명하는 문서이고, (ii) 해사노동적합선언서(제1부)는 국적선박에 대하여 협약에서 정한 규정에 적합함을 국가가 선언하는 문서이며, (iii) 해사노동적합선언서(제2부)는 선박소유자가 자신의 보유하고 있는 선박에 대하여 지속적으로 협약에서 정한 규정을 준수하기 위한 이행문서로서 선박소유자의 이행사항에 대한 인증검사 후 국가가 협약에 충족함을 확인하고 날인한 것을 말한다.

Ⅱ. 적용범위

(i) 총톤수 500t 이상의 국제항해에 종사하는 항해선, (ii) 총톤수 500t 이상의 항해선으로서 다른 나라 안의 항 사이를 항해하는 선박, (iii) 1호 및 2호에 해당하는 선박 외의 선박소유자가 요청하는 선박에 대하여 선원법 제14장의 규정을 적용한다. 그러나 어선은 제외한다(법 135조).

Ⅲ. 해사노동적합선언서

1. 승인절차

해사노동적합선언서의 승인을 받으려는 선박소유자는 시행규칙 [별지 26호 서식]의 해사노동적합선언서 제1부 및 [별지 27호 서식]의 해사노동적합선언서 제2부를 지방해양수산청장에게 제출하여야 한다(시행규칙 58조 1항). 지방해양수산청장은 1항에 따라 해사노동적합선언서의 승인신청을 받은 경우에는 시행규칙 58조의3에 따른 최초인증검사의 합격여부를 확인한 후 그 승인여부를 결정하여야 한다(시행규칙 58조 2항). 지방해양수산청장은 2항에 따라 해사노동적합선언서의 승인을 하는 경우에는 [별지 26호 서식] 및 [별지 27호 서식]에 따른 해사노동적합선언서와 [별지 28호 서식]에 따른 해사노동적합증서를 발급하여야 한다(시행규칙 58조 3항).

2. 내 용

해사노동적합선언서의 내용에 포함되어야 할 사항은 (i) 선원의 최소연령, (ii) 건강진단서, (iii) 선원의 자격, (iv) 선원근로계약, (v) 인증받은 선원직업소개소의 이용, (vi) 근로 또는 휴식 시간, (vii) 선박에 대한 승무기준, (viii) 거주설비, (ix) 선내 오락시설, (x) 식량 및 조달, (xi) 건강·안전 및 사고방지, (xii) 선내 의료관리, (xiii) 선내불만처리절차, (xiv) 임금의 지급, (xv) 송환 및 유기구제에 대한 재정보증, (xvi) 선박소유자의 책임에 대한 재정보증 등이다(시행규칙 58조의2 1항).

3. 해사노동적합증서 등의 선내 비치 등

선박소유자는 발급받은 해사노동적합증서 및 해양수산부령으로 정하는 절차에 따라 승인받은 해사노동적합선언서를 선내에 갖추어 두어야 하며, 그 사본 각 1부를 선내의 잘 보이는 곳에 게시하여야 한다(법 136조 1항). 여객선과 산적운반선(散積運搬船)의 경우에는 2015. 1. 9.부터 시행되었고, 나머지 선박에 대하여는 2016. 1. 10.부터 시행되었다.

Ⅳ. 인증검사

1. 인증검사의 종류

가. 최초·갱신·중간 인증검사

선박소유자는 해사노동적합증서를 발급받으려는 경우에는 (i) 선원법과 해사노동협약의 기준을 충족하는지 확인하기 위한 최초 검사인 '최초인증검사', (ii) 해사노동적합증서의 유효기간이 끝났을 때에 하는 검사인 '갱신인증검사', (iii) 최초인증검사와 갱신인증검사 사이 또는 갱신인증검사와 갱신인증검사 사이에 해사노동적합증서의 유효기간 기산일부터 2년 6개월이 되는 날의 전후 6개월 이내에 하는 검사인 '중간인증검사'를 받아야 한다(법 137조 1항, 시행규칙 58조의4 1항). 인증검사에 관한 수수료는 시행규칙 [별표 6]과 같다(시행규칙 58조의10). 선박소유자가 중간인증검사에 합격하지 못한 경우에는 합격할 때까지 해사노동적합증서의 효력은 정지된다(법 138조 7항).

나. 임시인증검사

선박소유자는 최초인증검사를 받기 전에 (i) 신조선(新造船)의 인도, (ii) 선박의 국적 변경, (iii) 선박소유자의 변경 등 사유로 선박을 항해에 사용하려는 경우에는 임시인증검사를 받아야 한다(법 137조 3항, 시행규칙 58조의4 2항).

다. 특별인증검사

해양수산부장관은 (i) 선박 거주설비의 주요 개조, (ii) 선원의 근로조건 및 생활조건 등과 관련된 선박에서의 노동분쟁의 발생, (iii) 선원의 근로기준 및 생활기준에 관한 위반행위에 따라 선원의 사망 또는 중대한 사고가 있는 경우 등의 사유가 있을 경우에는 특별인증검사를 시행할 수 있다(법 137조 4항, 시행규칙 58조의4 3항). 해양수산부장관은 해사노동적합증서를 발급받은 선박이 특별인증검사를 통하여 선원법 137조 2항의 기준을 충족하지 못한 사실이 발견된 경우에는 선박소유자에게 기간을 정하여 필요한 시정조치를 명할 수 있으며, 이에 따르지 아니한 경우에는 해사노동적합증서를 되돌려 주도록 명할 수 있다(법 138조 8항).

2. 인증검사 기준

인증검사의 기준은 (i) 선원의 근로기준에 관한 기준, (ii) 선원의 거주설비에 관한 기준, (iii) 선원의 복지후생에 관한 기준, (iv) 선원의 선내안전에 관한 기준, (v) 선원의 건강 및 급식에 관한 기준, (vi) 그 밖에 선원의 노동과 관련되는 관계법령 및 국제협약에 비추어 해양수산부장관이 필요하다고 인정하는 기준 등이다(법 137조 2항, 시행령 50조의2 1항). 인증검사 기준의 세부적 내용 등에 관하여 필요한 사항은 해양수산부장관이 정하여 고시한다(시행령 50조의2 2항).

3. 인증검사 절차

가. 신 청

인증검사를 받으려는 선박소유자는 [별지 30호 서식]의 인증검사 신청서를 지방해양수산청장에게 제출하여야 한다(시행규칙 58조의3 1항).

나. 검사의 실시

지방해양수산청장은 인증검사의 신청을 받은 경우 해사노동인증검사관 또는 인증검사 대행기관으로 하여금 시행규칙 58조의2 1항 각 호 및 (i) 선원의 휴가에 관한 권리, (ii) 선원의 송환 권리, (iii) '2006 해사노동협약' 사본 비치, (iv) 선박소유자의 선원에 대한 재해보상 책임 의무, (v) 선원에 대한 사회보장제도의 제공 등의 내용이 선원관계 법령 및 '2006 해사노동협약'에 적합한지 여부를 검사하게 하여야 한다(시행규칙 58조의3 2항 본문). 다만 임시인증검사 및 특별인증검사의 경우에는 해당 검사에 따른 사유와 관련 있는 내용만 해당한다(시행규칙 58조의3 2항 단서).

다. 협력 요청 등

지방해양수산청장 또는 인증검사 대행기관은 인증검사를 위하여 필요하다고 인정하는 경우에는 관계 행정기관, 공공기관 또는 법인 · 단체 등에 대하여 관련 서류 및 의견의 제출이나 그 밖의 필요한 협력을 요청할 수 있다(시행규칙 58조의3 3항).

라. 보 고

인증검사 대행기관이 인증검사를 실시한 경우에는 인증검사 종료 후 지체 없이 그 결과를 지방해양수산청장에게 보고하여야 한다(시행규칙 58조의3 4항).

4. 해사노동적합증서의 발급 등

가. 해양수산부장관의 발급

해양수산부장관은 최초인증검사나 갱신인증검사에 합격한 선박에 대하여 시행규칙 [별지 28호 서식]의 해사노동적합증서를 발급하고, 그 발급사실을 발급대장에 기재하며 이를 공개하여야 한다(법 138조 1항, 시행규칙 58조의5 1항).

나. 외국 선박의 경우

외국 선박의 경우에는 기국 정부나 그 정부가 지정한 대행기관에서 선원법의 기준과 같거나 그 이상의 기준에 따라 최초인증검사나 갱신인증검사를 받고 해사노동적합증서를 발급받아 유효한 증서를 선내에 갖추어 둔 경우 그 해사노동적합증서는 선원법에 따라 발급한 증서로 본다(법 138조 2항).

다. 중간인증검사와 특별인증검사의 표시

해양수산부장관은 중간인증검사나 특별인증검사에 합격한 선박에 대하여 해사노동적합증서에 (i) 검사의 종류, (ii) 검사일시, (iii) 검사항목, (iv) 검사담당기관, (v) 검사담당자의 성명 및 직위를 표시하여야 한다(법 138조 3항, 시행규칙 58조의5 2항).

라. 임시해사노동적합증서의 발급

해양수산부장관은 임시인증검사에 합격한 선박에 대하여 시행규칙 [별지 29호 서식]에 따라 임시해사노동적합증서를 발급하여야 한다(법 138조 4항, 시행규칙 58조의5 3항).

마. 재발급

선박소유자는 해사노동적합증서(임시해사노동적합증서 포함) 또는 해사노동적합선언서를 분실하였거나 헐어 사용하지 못하게 된 경우에는 시행규칙 [별지 31호 서식]의 해사노동적합증서(해사노동적합선언서) 재발급 신청서에 (i) 재발급에 관한 사유서, (ii) 해사노동적합증서 또는 해사노동적합선언서의 원본(헐어 사용하지 못하게 된 경우만 해당)을 첨부하여 지방해양수산청장이나 인증검사 대행기관의 장에게 재발급을 신청하여야 한다(시행규칙 58조의5 5항).

5. 해사노동적합증서 등의 유효기간

해사노동적합증서의 유효기간은 5년으로 하고, 임시해사노동적합증서의 유효기간은 6개월로 한다(법 138조 5항, 시행령 50조의3 1항). 유효기간은 (i) 최초인증검사를 받은 경우에는 해사노동적합증서를 발급한 날부터 기산하고, (ii) 갱신인증검사를 받은 경우에는 해사노동적합증서 유효기간의 만료일의 다음 날부터 기산하되, 다만 갱신인증검사 기간 이전에 받은 경우에는 해당 인증검사를 받은 날부터 기산하며, (iii) 임시해사노동적합증서는 임시해사노동적합증서를 발급한 날부터 기산한다(법 138조 6항, 시행령 50조의3 2항).

6. 불합격 선박의 항해 금지

선원법 135조에 해당하는 선박의 선박소유자는 해당 인증검사에 합격하지 아니한 선박을 항해에 사용하여서는 아니 된다(법 137조 6항 본문). 다만 (i) 선박안전법 8조부터 12조까지의 규정에 따라 선박의 검사를 받거나, 같은 법 18조 1항에 따른 선박의 형식승인을 받기 위하여 시운전(試運轉)을 하는 경우, (ii) 천재지변 등으로 인하여 인증검사를 받을 수 없다고 인정되는 경우에는 그러하지 아니하다(법 137조 6항 단서, 시행규칙 58조의4 4항). 위 규정은 2016. 1. 10.부터 시행되었다.

Ⅴ. 해사노동인증검사관

1. 의 의

가. 해사노동인증검사관의 임명

해양수산부장관은 해양수산부령으로 정하는 자격을 갖춘 소속 공무원 중에서 (i) 132조부터 134조까지의 규정에 따른 외국 선박에 대한 점검 등의 업무, (ii) 136조 1항에 따른 해사노동적합선언서의 승인에 관한 업무, (iii) 137조 1항, 3항 및 4항에 따른 인증검사, 임시인증검사 및 특별인증검사에 관한 업무, (iv) 138조에 따른 해사노동적합증서의 발급 등에 관한 업무를 수행할 해사노동인증검사관(인증검사관)을 임명할 수 있다(법 139조).

'해양수산부령으로 정하는 자격'이란 (i) 대학 또는 해양수산계 전문대학(고등교육법 2조 1호 및 4호에 따른 대학 또는 전문대학을 말한다)에서 항해 또는 기관 관련 학과를 졸업하고 국제항해 선박에 2년 이상 승무한 경력이 있는 경우, (ii) 선원법 125조에 따른 선원근로감독관으로 근무한 경력 또는 해운 · 선박안전 관련 분야에서 3년 이상 공무원으로 근무한 경력이 있는 경우, (iii) 고등교육법 2조에 따른 학교의 전임강사 이상의 직위에서 3년 이상 근무한 경력(선원관리 · 선원근로 또는 선박안전 분야만 해당)이 있는 경우, (iv) 선박안전법 76조 및 77조에 따른 선박검사관 또는 선박검사원으로서 같은 법 45조 및 60조 2항에 따른 한국해양교통안전공단 또는 선급법인에서 5년 이상 근무한 경력이 있는 경우, (v) 해운법 2조 1호에 따른 해운업 관련 사업장에서 선원관리 · 선원근로 또는 선박안전 관련 업무에 10년 이상 종사한 경력이 있는 경우 어느 하나에 해당하는 자격을 말한다(시행규칙 58조의6 1항).

나. 교육의 실시 등

해양수산부장관은 해사노동인증검사관에 대하여 연 1회 이상 '2006 해사노동협약' 관련 교육을 실시하여야 한다(시행규칙 58조의6 2항). 해사노동인증검사관의 신분증은 시행규칙 [별지 31호의2 서식]과 같고(3항), 해양수산부장관은 해사노동인증검사관의 신분증을 발급하면 그 발급 내역을 기록 · 관리하여야 하며(4항), 해사노동인증검사관이 업무를 수행하기 위하여 선박에 승선하는 경우에는 선장 등 관계인에게 신분증을 제시하고 그 뜻을 알려야 한다(5항).

2. 인증검사업무 등의 대행

가. 인증검사 대행기관의 지정

해양수산부장관은 필요하다고 인정하는 경우에는 (i) 해사노동적합선언서의 승인에 관한 업무, (ii) 인증검사 · 임시인증검사 및 특별인증검사에 관한 업무, (iii) 해사노동적합증서의 발급 등에 관한 업무를 해양수산부장관이 지정하는 기관에서 대행하게 할 수 있다(법 140조 1항 1문).

나. 신청절차

인증검사 대행기관으로 지정받으려는 자는 시행규칙 [별지 32호 서식]의 인증검사 대행기관 지정신청서에 (i) 58조의8 1항에 따른 지정기준에 적합함을 증명하는 서류, (ii) 인증검사업무의 운영계획에 관한 서류, (iii) 인증검사업무의 기준 및 절차에 관한 내부규정, (iv) 정관(법인의 경우만 해당)을 첨부하여 해양수산부장관에게 신청하여야 한다. 이 경우 해양수산부장관은 전자정부법 36조 1항에 따른 행정정보의 공동이용을 통하여 법인 등기사항증명서(법인의 경우만 해당)를 확인하여야 한다(시행규칙 58조의7 1항).

다. 지정기준

인증검사 대행기관의 지정기준은 (i) 인증검사업무를 전문적으로 수행하는 전담조직을 갖출 것, (ii) 인증검사업무에 종사할 수 있는 자격이 있는 인력을 7명 이상 확보할 것, (iii) 11개 이상의 지방사무소를 확보할 것(이 경우 7개 이상의 광역시 · 도 또는 특별자치도에 각각 1개 이상의 지방사무소를 확보하여야 한다) 등이다(시행규칙 58조의8 1항). 선원법 140조 2항에 따른 인증검사업무에 종사할 수 있는 사람의 자격요건에 관하여는 시행규칙 58조의6을 준용한다(시행규칙 58조의8 2항).

라. 지정서 발급과 보고의무

해양수산부장관은 지정신청이 적합하다고 인정하는 경우에는 인증검사 대행기관으로 지정한 후 [별지 33호 서식]에 따른 인증검사 대행기관 지정서를 발급하여야 한다(시행규칙 58조의7 2항). 인증검사 대행기관은 매 반기 종료일부터 10일 이내에 인증검사업무의 운영실적을 해양수산부장관에게 보고하여야 한다(법 140조 5항, 시행규칙 58조의7 3항).

마. 협정의 체결

해양수산부장관은 지정된 대행기관(인증검사 대행기관)과 대통령령으로 정하는 바에 따라 협정을 체결하여야 한다(법 140조 1항 2문). 해양수산부장관은 인증심사 대행기관과 협정을 체결하는 경우에는 (i) 대행업무의 범위에 관한 사항, (ii) 대행기간 및 그 연장에 관한 사항, (iii) 협정의 변경 및 해지에 관한 사항, (iv) 국제해사기구에서 지정하는 사항, (v) 그 밖에 대행업무의 효율적 수행을 위하여 해양수산부장관이 필요하다고 인정하는 사항을 포함시켜야 한다(시행령 50조의4).

바. 수수료

인증검사 대행기관에서 인증검사 등을 받으려는 자는 해당 인증검사 대행기관이 정하는 수수료를 내야 한다(법 140조 3항). 인증검사 대행기관은 수수료를 정하거나 승인받은 수수료를 변경할 때에는 해양수산부장관의 승인을 받아야 한다(법 140조 4항).

사. 취소와 정지

(1) 취소 및 정지 사유

해양수산부장관은 인증검사 대행기관이 (i) 거짓이나 그 밖의 부정한 방법으로 지정을 받은 경우, (ii) 인증검사 대행기관의 지정기준을 충족하지 못하게 된 경우, (iii) 인증검사에 관한 업무를 수행할 능력이 없다고 인정된 경우, (iv) 4항을 위반하여 수수료의 승인 또는 변경승인을 받지 아니하고 수수료를 징수한 경우, (v) 5항을 위반하여 인증검사 대행업무에 관한 보고를 하지 아니한 경우, (vi) 업무정지처분을 받고 업무정지처분 기간 중에 인증검사 대행업무를 계속한 경우 등에는 그 지정을 취소하거나 6개월 이내의 기간을 정하여 그 업무를 정지할 수 있다. 다만 (i) 및 (vi)에 해당하는 경우에는 그 지정을 취소하여야 한다(법 140조 6항).

(2) 처분절차

업무정지 등 처분절차 등에 관하여는 해양수산부령으로 정하고(법 140조 7항), 해양수산부장관은 6항에 따라 인증검사 대행기관의 지정을 취소하려는 경우에는 청문을 실시하여야 한다(법 140조 8항).

Ⅵ. 인증검사 결과 통지에 대한 이의신청 특례

인증검사에 불복하는 자는 검사결과를 통지받은 날부터 30일 이내에 그 사유를 적어 해양수산부장관에게 이의신청을 할 수 있다(법 141조 1항). 해양수산부장관은 이의신청이 있을 때 해양수산부령으로 정하는 바에 따라 필요한 조치를 하여야 하고(법 141조 2항), 1항 및 2항에서 규정한 사항 외에 이의신청에 관한 사항은 행정기본법 36조에 따른다(법 141조 3항). 이의신청을 하려는 자는 시행규칙 [별지 34호 서식]의 이의신청서에 그 사유서를 첨부하여 해양수산부장관에게 제출하여야 한다(시행규칙 58조의9 1항). 해양수산부장관은 이의신청이 이유있다고 인정하는 경우에는 지방해양수산청장 또는 인증검사 대행기관으로 하여금 2주 이내에 재검사를 하게 하여야 한다(시행규칙 58조의9 1항).

행정소송을 제기하는 경우에는 필수적 전치주의에 관한 규정이 없으므로, 인증검사에 불복하는 자는 행정소송법에 따라 처분청인 지방해양수산청장을 피고로 관할법원에 불합격처분취소소송 등 항고소송을 제기할 수 있다.

제4절 보 칙

I. 수수료

1. 수수료 납부 의무

선원법에 따른 증서의 발급 · 공인 · 인증검사 등을 신청하거나, 76조 2항 · 85조 3항에 따른 선박조리사 및 의료관리자 시험에 응시하려는 자는 해양수산부령으로 정하는 수수료[77]를 내야 한다(법 155조 1항). 1항에도 불구하고 44조에 따라 선박소유자가 인터넷으로 승선 · 하선 공인을 받은 경우에는 수수료를 면제할 수 있다(법 155조 2항).

2. 납부방법

수수료는 항만법에 의한 항만운영 전산망을 이용하는 경우를 제외하고는 수입인지로 납부하여야 한다. 다만 1항의 업무 중 한국선원복지고용센터가 행하는 업무와 한국해양수산연수원장이 행하는 업무의 경우에는 그 수수료를 현금으로 납

77) 시행규칙 59조 1항에서 수수료의 액수를 규정하고 있다.

부하여야 하며, 이는 한국선원복지고용센터 또는 한국해양수산연수원의 수입으로 한다(시행규칙 59조 2항). 대한민국의 영사가 선원에 대한 지방해양수산관청의 사무를 행하는 경우의 수수료는 1항의 규정에 의한 수수료액을 납부 당시의 외국환매매율로 환산하여 주재국 화폐로 납부할 수 있다(시행규칙 59조 3항). 지방해양수산청장 · 한국선원복지고용센터 · 한국해양수산연수원장 · 대한민국 영사는 2항 및 3항의 규정에 의한 방법 외에 정보통신망을 이용한 전자화폐 · 전자결제 등의 방법으로 수수료를 납부하게 할 수 있다(시행규칙 59조 4항).[78]

Ⅱ. 민원사무의 전산처리 등

선원법에 따른 민원사무의 전산처리 등에 관하여는 항만법 26조를 준용한다(법 159조). 해양수산부장관은 항만이용 및 항만물류와 관련된 정보관리와 민원사무 처리 등을 위하여 필요하면 항만물류통합정보체계를 구축 · 운영할 수 있고(항만법 89조 1항), 항만물류통합정보체계의 구축 · 운영 및 이용 등에 필요한 사항은 대통령령으로 정한다(항만법 89조 2항).

항만물류통합정보체계는 항만별로 구축한다(항만법 시행령 88조 1항). 해양수산부장관 또는 항만물류통합정보체계의 이용자가 항만물류통합정보체계에서 정하는 표준화된 서식이나 표준전자문서를 이용하여 항만법에 따른 민원사무와 항만물류 관련 업무를 처리한 경우에는 항만법의 해당 규정에 따라 처리한 것으로 본다(2항). 해양수산부장관은 항만물류통합정보체계를 통한 민원사무 및 항만물류 관련 업무의 처리를 위하여 필요한 표준서식과 표준전자문서를 개발하여야 한다(3항). 항만물류통합정보체계를 이용하여 계속적으로 민원사무를 처리하려는 자는 해양수산부장관에게 신청하여 등록번호를 부여받아야 한다(4항). 해양수산부장관은 항만물류통합정보체계의 장애 등으로 항만물류통합정보체계를 통한 민원사무의 처리가 불가능한 경우에는 이용자에게 민원서류를 직접 제출하게 할 수 있다(5항). 1항부터 5항까지에서 규정한 사항 외에 항만물류통합정보체계의 구축 · 운영 및 이용에 필요한 사항은 해양수산부장관이 정한다(6항).

---

78) 시행규칙 59조 5항에서는 한국해양수산연수원장의 의료관리자자격시험 응시수수료 반환의무에 관하여 규정하고 있다.

제5절 벌 칙

Ⅰ. 형 벌

1. 의 의

선원법 제17장에서는 선원법의 실효성을 확보하기 위하여 형벌과 과태료에 관하여 규정하고 있다. 형벌법규의 수범자는 선박소유자,[79] 선장,[80] 선원,[81] 해원,[82] 그 밖의 사람[83] 등으로 나눌 수 있는데, 제2장부터 제16장까지의 구성요건에 관한 형벌조항은 해당 조문의 해설에서 설명하였으므로, 여기서는 위에서 다루지 않은 부분만 설명하기로 한다. 형벌과 과태료 부과시 선장에게 적용할 규정은 선장의 직무대행자에게도 적용한다(법 180조).

2. 선장의 권한남용죄

가. 의 의

(1) 선원법 160조

선장이 그 권한을 남용하여 해원이나 선박 내에 있는 사람에게 의무 없는 일을 시키거나 그 권리의 행사를 방해하였을 때에는 1년 이상 5년 이하의 징역 또는 1천만 원 이상 5천만 원 이하의 벌금에 처한다(법 160조). 이는 형법 123조에 규정된 공무원의 직권남용죄와 구성요건은 유사하지만 법정형은 더욱 무겁게 규정하고 있다.

79) 선박소유자를 범행의 주체로 규정한 조항은 법 167조, 168조, 169조, 170조, 172조, 173조, 175조, 177조 등이다.
80) 선장을 범행의 주체로 규정한 조항은 법 160-164조이다.
81) 선원을 범행의 주체로 규정한 조항은 법 161조 3, 4, 5호, 167조 등이고, 해석상 선원을 전제로 한 것은 165조 2항이다.
82) 해원을 범행의 주체로 규정한 조항은 법 161조 2호, 165조 1항, 166조 등이다.
83) 선원근로감독관이나 감독관이었던 사람을 범행의 주체로 규정한 조항은 법 176조이고, 선원직업소개와 관련된 사람을 범행의 주체로 규정한 조항은 법 168조 1항 5호, 171조이며, 누구든지 범행의 주체가 될 수 있는 조항은 174조, 177조 등이다.

(2) 일반권리행사방해죄와의 관계[84)]

일반권리행사방해죄(형법 324조)의 가중적 구성요건으로 보는 견해는, 선장이라는 신분으로 인하여 일반인에 의하여 행하여지는 형법 324조보다 그 책임이 가중되는 가중적 구성요건으로 보고 있다. 일반권리행사방해죄와 독립된 별개의 구성요건으로 보는 견해는, 본죄는 행위수단에서 반드시 폭행 또는 협박에 의할 것을 요하지 않는다는 점에 차이가 있고, 324조는 의사의 자유를 침해하는 인격적 법익에 대한 죄임에 반하여 본죄의 보호법익은 선장 기능의 공정한 행사를 보호할 때 있으므로 324조와는 본질을 달리한다고 본다.

논리상 본죄를 전자의 견해처럼 이해하면 부진정신분범, 후자의 견해에 따르면 진정신분범이 된다. 폭행·협박의 방법을 이용하여 타인의 권리행사를 방해한 경우에도 전자의 입장에 서면 법조경합이 되어 본죄만이 성립된다고 보지만, 후자에 의하면 본죄와 324조의 상상적 경합이 된다.

(3) 보호법익[85)]

본죄의 보호법익을 선장 기능의 공정한 행사라고 보는 견해가 다수설이지만, 본죄의 보호법익을 선장 기능의 공정성과 적법성을 구체적 보호법익으로 삼는 동시에 피해자 개인의 의사결정 및 의사활동의 자유도 보호법익이 된다는 견해도 있다. 보호의 정도는 선장 기능과 관련해서는 추상적 위험범이라고 보는데 이견이 없지만, 행위객체가 사람이고 피해자의 의사결정 및 의사활동의 자유에 대한 침해와 관련해서 침해범으로 보는 견해도 있다.

나. 구성요건

(1) 주 체

본죄의 주체는 선장이다. 선장의 직무대행자도 본죄의 주체가 될 수 있다(법 180조).

(2) 객 체

해원이나 선박 내에 있는 사람(재선자)이다. 선박소유자나 해사노동인증검사관

84) 주석 형법 각칙 (1)(4판), 한국사법행정학회(2006), 274면.
85) 주석 형법 각칙 (1)(4판), 275면.

등 선장 이외의 모든 재선자가 객체가 될 수 있다.

(3) 행 위

권한을 남용하여 사람으로 하여금 의무 없는 일을 시키거나 그 권리행사를 방해하는 것이다.

(가) 직권남용

권한남용이란 선장이 그의 일반적 권한에 속하는 사항에 관하여 그것을 위법·부당하게 행사하는 것으로, 형식적·외형적으로는 직무집행으로 보이나 그 실질은 정당한 권한 이외의 행위를 하는 경우를 의미한다. 즉 선장이 일반적 직무권한에 속하는 사항에 관하여 권한 행사에 가탁하여 실질적 구체적으로 위법·부당한 행위를 하는 경우를 말한다.[86] 따라서 직권남용은 선장이 그의 일반적 권한에 속하지 않는 행위를 하는 경우인, 지위를 이용한 불법행위와는 구별된다.[87]

(나) 의무 없는 일

의무 없는 일을 시키는 경우란 법령상 전혀 의무가 없는 경우뿐만 아니라 의무의 태양을 변경하여 행하게 하는 경우도 포함한다. 예를 들면, 의무이행시기를 앞당기게 한다든지 또는 이에 각종의 조건을 부가하는 경우이다. 의무는 법률상 의무이므로 단순한 심리적·도덕적인 의무를 포함하지 않는다.[88] 법률상 의무이면 그 기초가 공법에 있건 사법에 있건 문제될 것이 없다.

(다) 권리행사 방해

권리행사를 방해한다 함은 법령상 행사할 수 있는 권리의 정당한 행사를 방해하는 것을 말하므로, 이에 해당하려면 구체화된 권리의 현실적인 행사가 방해된 경우라야 한다.[89]

(4) 주관적 구성요건

구성요건 고의는 행위자가 자신이 선장이라는 점과 권한을 남용한다는 점, 다른 사람으로 하여금 의무 없는 일을 하게 하거나 권리행사를 방해한다는 점 및 그

86) 대법원 2004. 10. 15. 선고 2004도2899 판결.
87) 대법원 1991. 12. 27. 선고 90도2800 판결.
88) 대법원 1991. 12. 27. 선고 90도2800 판결.
89) 대법원 2005. 2. 1.자 2004모542 결정.

로 인해 현실적인 권리행사방해의 결과가 발생할 수 있으리라는 점에 대한 인식과 의사이다. 미필적 고의로도 충분하다.

(5) 기수시기

선장의 권한남용행위가 있더라도 현실적으로 권리행사의 방해라는 결과가 발생하지 아니하였다면 본죄의 기수를 인정할 수 없다.[90] 미수범처벌규정이 없으므로 권리방해의 결과가 발생하지 않은 경우에는 본죄로 처벌할 수는 없다. 폭행·협박을 수단으로 한 경우에는 강요죄의 미수범으로 처벌될 수 있다.[91]

3. 해원의 상사 폭행·협박죄

가. 의 의

해원이 직무수행 중 상사에게 폭행이나 협박을 하였을 때에는 3년 이하의 징역 또는 3천만 원 이하의 벌금에 처한다(법 165조 1항). 선박공동체의 유지기관으로서 해원은 상사의 지시에 복종하여야만 재선자의 안전 및 항해의 안전을 확보할 수 있다. 선원법 22조 1항 1호의 징계 외에 해원의 상사 지시에 대한 복종의무를 형벌로써 강제함으로써, 선내 질서 유지의 실효성을 확보하기 위한 것이다. 본죄의 보호법익은 상사의 직무이다.

나. 구성요건

(1) 주 체

본죄의 주체는 해원이다. 해원은 선박에서 근무하는 선장이 아닌 선원을 의미한다(법 2조 4호).

(2) 객 체

본죄의 객체는 해원의 상사이다. 갑판부·기관부 등의 선내조직상 직무지시를 할 수 있는 상사를 의미하는 것이 일반적이지만, 비상상황의 경우에는 동일한 부서에 속하지 않는 선원이더라도 구체적으로 해원에게 직무를 지시하는 경우라면 그 지시가 위법함이 명백하지 않는 한 해원의 상사에 해당한다.

90) 대법원 2006. 2. 9. 선고 2003도4599 판결.
91) 주석 형법 각칙 (1)(4판), 282면.

(3) 폭 행

본죄의 폭행은 사람의 신체에 대한 유형력의 행사를 가리키며, 그 유형력의 행사는 신체적 고통을 주는 물리력의 작용을 의미한다.[92] 단순히 인간의 신체에 향하여진 유형력의 행사이기만 하면 모두 폭행으로 되는 것은 아니고, 상해 결과가 생길 위험성을 가진다든가 또는 적어도 신체적 생리적 고통이나 불쾌감을 야기할 만한 성질의 것이어야 한다든가 하는 제한을 요한다.[93] 판례[94]는 폭행의 개념을 '사람의 신체에 대한 불법한 공격', 또는 '피해자에 대한 불법한 유형력의 행사'라는 표현을 사용하고 있다. 그러한 불법성은 행위의 목적과 의도, 행위 당시의 정황, 행위의 태양과 종류, 피해자에게 주는 고통의 유무·정도 등을 종합하여 판단하여야 한다.

폭행의 대상은 사람의 신체이다. 단순히 물건에 대한 유형력의 행사는 폭행이라고 할 수 없다. 그러나 사람의 신체를 향하여 행하여진 유형력의 행사라면 반드시 신체에 닿거나 접촉할 필요가 없으므로, 피해자에게 물건을 던지거나 돌이 명중하지 않고 빗나간 경우, 피해자가 있는 좁은 선실에서 칼을 휘두른 경우도 폭행에 해당한다. 이때에도 객관적으로 보아 상대방의 신체에 작용할 위험성이 커서 상대방이 이로 인하여 상당한 공포감을 느낄 정도의 물리력의 행사라야 하지, 예를 들면, 신변을 향하여 투석하였으나 훨씬 못 미쳐 떨어진 경우와 같이 그 정도에 이르지 못한다면 폭행이 아니다. 다만 사람의 신체에 대한 유형력의 행사가 생리적 기능을 훼손하거나 건강을 해할 정도에 이를 것을 요하지 아니하며, 그 정도에 이른 경우에는 폭행의 범위를 떠나 상해에 해당된다.

폭행은 유형력의 불법 행사이므로 무형적 방법에 의한 신체에의 공격은 폭행은 아니다. 역학적·물리적 작용에 의한 유형력의 행사뿐만 아니라, 병원균·독극물·부패물·마취약 등에 의한 화학적·생리적 작용도 유형력의 행사의 개념에 포함된다.[95]

92) 대법원 2003. 1. 10. 선고 2000도5716 판결.
93) 주석 형법 각칙 (3)(4판), 268면.
94) 대법원 2003. 1. 10. 선고 2000도5716 판결.
95) 주석 형법 각칙 (3)(4판), 269-270면.

(4) 협 박

협박이란 공포심을 일으킬 목적으로 해악을 통지하는 것이다. 형법은 폭행과 함께 협박이라고 하는 용어를 다의적으로 사용하고 있지만, 그 의미는 폭행과 마찬가지로 각 범죄의 성격의 차이에 근거한 상대적인 개념으로서, 통상 다음 3종류로 나누어 볼 수 있다.

첫째, 광의(廣義)의 협박이다. 공포심을 일으킬 목적으로 사람에게 해악을 통지하는 행위 일체를 의미하고, 그 해악의 내용·성질·고지의 방법 여하를 불문하며, 또한 그로 인하여 상대방이 공포심을 일으켰는지도 관계없다.

둘째, 협의(狹義)의 협박이다. 경우에 따라 통지되는 해악의 종류가 특정되거나 공포심을 일으킨 상대방이 일정한 작위·부작위를 강제당하는 것 등이 요건으로 된다.

셋째, 최협의(最狹義)의 협박이다. 사회통념상 객관적으로 상대방의 반항을 억압하거나 항거 불능케 할 정도의 공포심을 야기하는 것을 요한다.

본죄에서 말하는 협박은 공무집행방해죄에서 말하는 협박과 동일한 것으로, 광의의 협박에 해당한다. 따라서 본죄에서 협박이라 함은 상대방에게 공포심을 일으킬 목적으로 해악을 고지하는 행위를 의미하는 것으로, 고지하는 해악의 내용이 그 경위, 행위 당시의 주위상황, 행위자의 성향, 행위자와 상대방과의 친숙의 정도, 지위 등의 상호관계 등 행위 당시의 여러 사정을 종합하여 객관적으로 상대방으로 하여금 공포심을 느끼게 하기에 족하면 되고, 상대방이 현실로 공포심을 품게 될 것까지 요구되는 것은 아니며, 다만 그 협박이 경미하여 상대방이 전혀 개의치 않을 정도인 경우에는 협박에 해당하지 않는다.[96)]

(5) 기수시기

본죄의 실행의 착수시기는 행위자가 폭행 또는 협박의 의사를 가지고 상사의 신체의 건재성을 해하는 유형력의 행사를 직접 개시하거나 해악을 고지하였을 때가 된다. 또한 본죄는 형식범이므로 유형력의 행사 또는 해악의 고지만 있으면 곧바로 구성요건이 충족되어 기수에 이른다.

---

96) 대법원 1989. 12. 26. 선고 89도1204 판결.

(6) 고 의

본죄가 성립하기 위하여서는 폭행 또는 협박의 고의가 있어야 한다. 폭행의 의사로 상해의 결과가 발생한 때에는 폭행치상죄가 성립한다.

4. 양벌규정

법인의 대표자나 법인 또는 개인의 대리인, 사용인, 그 밖의 종업원이 그 법인 또는 개인의 업무에 관하여 167조부터 170조까지, 172조, 173조, 174조 1호 · 2호, 175조 또는 177조의 어느 하나에 해당하는 위반행위를 하면 그 행위자를 벌하는 외에 그 법인 또는 개인에게도 해당 조문의 벌금형을 과(科)한다. 다만, 법인 또는 개인이 그 위반행위를 방지하기 위하여 해당 업무에 관하여 상당한 주의와 감독을 게을리하지 아니한 경우에는 그러하지 아니하다(법 178조 본문).

형벌은 범죄에 대한 제재로서 그 본질은 법질서에 의해 부정적으로 평가된 행위에 대한 비난이다. 만약 법질서가 부정적으로 평가한 결과가 발생하였다고 하더라도 그러한 결과의 발생이 어느 누구의 잘못에 의한 것도 아니라면, 부정적인 결과가 발생하였다는 이유만으로 누군가에게 형벌을 가할 수 없다. 이와 같이 '책임 없는 자에게 형벌을 부과할 수 없다'는 형벌에 관한 책임주의는 형사법의 기본원리로서, 헌법상 법치국가의 원리에 내재하는 원리인 동시에 헌법 10조의 취지로부터 도출되는 원리이고, 법인의 경우도 자연인과 마찬가지로 책임주의원칙이 적용된다.[97]

종전의 양벌규정은 종업원 등의 범죄행위에 관하여 비난할 근거가 되는 법인의 의사결정 및 행위구조, 즉 종업원 등이 저지른 행위의 결과에 대한 법인의 독자적인 책임에 관하여 전혀 규정하지 않은 채, 단순히 법인이 고용한 종업원 등이 업무에 관하여 범죄행위를 하였다는 이유만으로 법인에 대하여 형사처벌을 과하고 있었다. 이는 다른 사람의 범죄에 대하여 그 책임 유무를 묻지 않고 형벌을 부과함으로써 법치국가의 원리 및 죄형법정주의로부터 도출되는 책임주의원칙에 반한다는 헌법재판소의 결정이 다수 있었고, 이에 따라 종전 선원법상 양벌규정의 단서에서는 "선박소유자가 위반의 방지에 필요한 조치를 하였을 때에는 예외로

97) 헌재 2012. 7. 26. 선고 2012헌가11 결정.

한다."고 규정하였으나, 현행법은 위와 같이 단서를 변경하여 규정하고 있다.

위와 같은 양벌규정의 취지는 법인 등 업무주의 처벌을 통하여 벌칙조항의 실효성을 확보하는 데 있는 것이므로, 여기에서 말하는 법인의 사용인에는 법인과 정식 고용계약이 체결되어 근무하는 자뿐만 아니라 그 법인의 업무를 직접 또는 간접으로 수행하면서 법인의 통제 · 감독 하에 있는 자도 포함되고,[98] 이 경우 법인은 위반행위가 발생한 그 업무와 관련하여 법인이 상당한 주의 또는 관리 · 감독 의무를 게을리한 과실로 인하여 처벌되는 것이라 할 것인데, 구체적인 사안에서 법인이 상당한 주의 또는 감독을 게을리하였는지 여부는 당해 위반행위와 관련된 모든 사정 즉, 당해 법률의 입법 취지, 처벌조항 위반으로 예상되는 법익 침해의 정도, 위반행위에 관하여 양벌규정을 마련한 취지 등은 물론 위반행위의 구체적인 모습과 그로 인하여 실제 야기된 피해 또는 결과의 정도, 법인의 영업 규모 및 행위자에 대한 감독가능성이나 구체적인 지휘 · 감독 관계, 법인이 위반행위 방지를 위하여 실제 행한 조치 등을 전체적으로 종합하여 판단하여야 한다.[99]

Ⅱ. 과태료

1. 의 의

가. 개 념

과태료란 국가 또는 지방자치단체의 기관, 그 밖의 법령 또는 자치법규에 따라 행정권한을 가지고 있거나 위임 또는 위탁받은 공공단체나 그 기관 또는 사인(私人)이 법령을 위반한 국민 또는 수범자에게 과태료라는 이름으로 부과하는 모든 것을 말한다.[100]

선원법 179조에서는 과태료에 관하여 규정하고 있다. 과태료는 시행령 53조에서 정한 부과기준 [별표 2]에 따라 해양수산관청이 부과 · 징수한다(법 179조 5항, 시행령 53조).

98) 대법원 2006. 2. 24. 선고 2003도4966 판결; 대법원 2009. 4. 23. 선고 2008도11921 판결.
99) 대법원 2010. 4. 15. 선고 2009도9624 판결; 대법원 2010. 12. 9. 선고 2010도12069 판결; 대법원 2012. 5. 9. 선고 2011도11264 판결.
100) 법원실무제요 비송, 법원행정처(2014), 247면.

과태료의 부과·징수 절차를 일원화하고, 과태료 재판과 집행 절차를 개선하는 등 과태료제도의 시행과정에서 드러난 미비점을 개선·보완함으로써 과태료가 의무이행 확보 수단으로서 기능을 효과적으로 수행할 수 있도록 하고자, 2007. 12. 21. 법률 8725호로 과태료제도에 관한 단일법인 질서위반행위규제법(이하 '규제법')이 제정되어 2008. 6. 22.부터 시행되고 있다.

나. 법적 성질

과태료는 법률상 질서유지를 위한 질서벌로서 범죄에 대한 제재인 형벌과는 그 성질이나 목적을 달리한다. 따라서 형법총칙이 적용되지 아니하고, 그 과벌 절차도 형사소송법이 아닌 비송사건절차법(이하 '비송')이나 규제법에 의하며, 죄형법정주의의 규율대상에 해당하지 아니하고,[101] 과태료 부과 근거 법령에 대하여 형벌법규와 같은 정도의 엄격한 명확성이 요구되지는 아니한다. 다만 과태료 부과처분도 위반자에 대하여 처벌 또는 제재를 가하는 것이므로, 처분대상인 위반행위를 함부로 유추해석하거나 확대해석하여서는 아니 된다.[102]

2. 과태료사건의 토지관할

가. 규제법상 토지관할

과태료사건의 관할법원은 (i) 다른 법령에 특별한 규정이 있는 경우를 제외하고는 과태료를 부과받을 자의 주소지의 지방법원(또는 지원)이고(비송 247조, 규제법 25조), (ii) 대한민국에 주소가 없을 때 또는 대한민국 내의 주소를 알지 못할 때에는 거소지의 지방법원이며(비송 2조 1항), (iii) 거소가 없을 때 또는 거소를 알지 못할 때에는 마지막 주소지의 지방법원이고(비송 2조 2항), (iv) 외국인과 같이 대한민국 내에 마지막 주소가 없을 때 또는 그 주소를 알지 못할 때에는 재산이 있는 곳 또는 대법원이 있는 곳을 관할하는 지방법원(서울중앙지방법원)이다(비송 2조 3항, 규제법 28조). 규제법이 적용되는 경우 관할법원은 행정청이 이의제기 사실을 법원에 통보한 때를 표준으로 정한다(규제법 26조).[103]

---

101) 헌재 1998. 5. 28. 선고 96헌바83 결정.

102) 대법원 2007. 3. 30. 선고 2004두7665 판결.

103) 노동조합 및 노동관계조정법(이하 '노동조합법') 29조의4, 85조는 사용자 또는 교섭대표노동조합의

나. 선원업무 처리지침상 토지관할

과태료처분의 관할은 해당 선박에 과태료 부과사유가 발생한 시점에 선박이 정박 중인 항만을 관할하는 지방해양항만관청에서 조치함을 원칙으로 한다. 다만, 과태료 부과사유 발생시기를 특정할 수 없거나, 공해 및 해외항만에서 부과사유가 발생하는 등 관할 지방해양항만관청을 특정하기 어려운 경우에는 해당 선박의 선적항을 관할하는 지방해양수산청에 속한다(선원업무 처리지침 33조의2). 처리지침이 특별법이므로, 선원법상 과태료 사건은 규제법이 아니라 처리지침에 규정된 관할권이 우선 적용된다.

다. 이 송

규제법 27조는 법원이 과태료사건의 전부 또는 일부에 대하여 관할권이 없다고 인정하는 경우에는 결정으로 이를 관할법원으로 이송하고, 당사자 또는 검사는 이송결정에 대하여 즉시항고를 할 수 있다고 규정하고 있다.

규제법 21조 2항은 행정청은 사실상 또는 법률상 같은 원인으로 말미암아 다수인에게 과태료를 부과할 필요가 있는 경우에는 다수인 가운데 1인에 대한 관할권이 있는 법원에 이의제기 사실을 통보할 수 있다고 규정하고 있는데, 위 규정에 따라 행정청이 다수인 가운데 1인에 대한 관할권이 있는 법원에 다수인 전원의 이의제기 사실을 통보한 경우에 법원은 다수인에 대한 관할을 개별적으로 검토하여 관할권이 없는 위반자에 대한 사건은 관할법원으로 이송하여야 한다.[104)]

공정대표의무 위반 행위의 시정을 명하는 중앙노동위원회 재심판정에 대하여 사용자 등이 행정소송을 제기한 경우 관할법원은 중앙노동위원회의 신청에 의하여 결정으로써 판결이 확정될 때까지 중앙노동위원회의 시정명령의 전부 또는 일부의 이행을 명할 수 있도록 규정하고 있고(이하 '긴급이행명령'), 같은 법 95조는 법원의 긴급이행명령에 위반한 자는 500만 원 이하의 금액(당해 명령이 작위를 명하는 것일 때에는 그 명령의 불이행 일수 1일에 50만 원 이하의 비율로 산정한 금액)의 과태료에 처하도록 규정하고 있다. 긴급이행명령 제도에 관한 위와 같은 규정 내용, 체계 및 그 취지에 더하여 긴급이행명령 위반에 대한 과태료 부과는 노동조합법상 공정대표의무 위반 사건의 분쟁 해결 절차에 관한 행정소송을 담당하는 수소법원의 명령 위반에 대한 제재적 성격도 가진다는 점을 함께 고려하여 보면, 긴급이행명령 위반에 대한 과태료 재판은 수소법원의 관할에 속한다고 보아야 하고, 이는 성질상 직분관할로서 전속관할에 속한다. 대법원 2021. 1. 14.자 2017마5737 결정.

104) 법원실무제요 비송, 법원행정처(2014), 256-257면.

3. 당사자

가. 호 칭

규제법은 '당사자'(규제법 2조 3호) 또는 '질서위반행위자'(규제법 14조)라는 용어를 사용하고 있지만, 실무상으로는 '위반자'라는 용어를 사용하고 있다.[105]

나. 여러 당사자가 있는 경우

(1) 과태료처분 대상자

2인 이상이 과태료 부과의 대상이 되는 법령위반행위에 가담한 때에는 각자가 법령위반행위를 한 것으로 보고 전원에 대하여 과태료를 부과한다(규제법 12조 1항 참조). 형법상 공동정범과는 달리 질서위반행위의 가담형태에 관계없이 질서위반행위의 실현에 기여한 가담자를 모두 정범으로 보는 것이다. 법률적용을 쉽고 간단하게 하는 데 목적이 있으나, 실제 사건처리에서는 가담자들의 가담 형태 및 위반의 기여도 등을 감안하여 과태료 액수 등에 차등을 둘 수 있다.[106] 신분에 의하여 성립하는 질서위반행위에 신분이 없는 자가 가담한 때에는 신분이 없는 자에 대하여도 과태료를 부과한다(규제법 12조 2항). 그러나 신분에 의하여 과태료를 감경 또는 가중하거나 과태료를 부과하지 아니하는 때에는 그 신분의 효과는 신분이 없는 자에게는 미치지 아니 한다(규제법 12조 3항).

(2) 부과 액수

여러 사람이 질서위반행위에 가담한 경우 과태료 부과 액수가 문제되는데, 행정청에서는 각자가 부담할 과태료를 따로 산정하여 부과하지 않고 전원이 부담할 총액을 산정한 다음, 그 금액이 전원이 연대하여 부담할 금액임을 전제로 가담자 전원에게 그 산정 금액을 그대로 부과·통지하는 경우가 많다.

행정청의 의사가 연대 부과하고자 하는 것임이 명백하다면 이의제기 없이 과태료가 확정된 위반자들 상호 간에는 전액을 연대하여 부담한다고 보아도 좋다. 여러 위반자들에게 연대(또는 공동)부과한 경우에는 그 중 한 사람이 과태료를 납

105) 법원실무제요 비송, 법원행정처(2014), 257면.
106) 법원실무제요 비송, 법원행정처(2014), 258면.

부하면 나머지 위반자의 과태료 납부 의무는 소멸한다.[107] 그러나 위와 같이 행정청이 과태료를 연대하여 또는 공동으로 부과한 경우에도 이의제기를 한 위반자에게 총액의 과태료를 그대로 연대부과할지 분할하여 부과할지는 법원의 재량에 맡겨져 있다. 따라서 법원은 구상의 용이성 등 제반사정을 참작하여 재량에 따라 연대 부과나 분할 부과 중 하나를 선택할 수 있다.

4. 절차의 개시

가. 재판절차의 개시

규제법 2조 1호에 정한 '질서위반행위'에 대하여는 행정청에게 과태료의 일차적인 부과처분권이 부여되어 있고, 그 과태료 부과처분에 대하여 당사자의 이의제기가 있으면 행정청은 이러한 사실을 관할법원에 통보하여야 하고 이로써 과태료 재판절차가 개시된다. 법원은 행정청으로부터 이의제기 통보서가 접수되면 사건번호를 부여하고 재판 절차를 진행한다.

나. 이의제기

(1) 근거 규정

행정청의 과태료 부과에 불복하는 당사자는 과태료 부과 통지를 받은 날부터 60일 이내에 해당 행정청에 서면으로 이의제기를 할 수 있다(규제법 20조 1항).

(2) 이의제기의 효력

행정청의 과태료 부과처분에 대하여 적법한 이의제기가 있는 경우에는 과태료 부과처분은 그 효력을 상실한다(규제법 20조 2항). 따라서 이의제기로 이미 효력을 상실한 과태료 부과처분에 대하여 그 취소를 구하는 헌법소원은 권리보호의 이익이 없어 부적법하다.[108]

(3) 부적법한 이의제기

부적법한 이의제기라 함은 (i) 이의제기권자가 아닌 자에 의한 이의제기, (ii) 이의제기기간 경과 후 이의제기, (iii) 이의제기 방식에 문제가 있는 이의제기를

107) 대법원 1986. 12. 10.자 86마1009 결정.
108) 헌재 1998. 9. 30. 선고 98헌나18 결정.

말한다. 당사자가 의견 제출 기한 이내에 자진납부자에 대한 감경을 받아 감경된 과태료를 납부한 경우에는 해당 질서위반행위에 대한 과태료 부과 및 징수절차는 종료하므로(규제법 18조), 과태료 완납 후에 다시 이의제기를 하였다면 부적법한 이의제기라고 할 수 있다.

적법한 이의제기권자가 이의제기기간 내에 이의제기를 하는 것은 행정청의 법원에 대한 통보 및 법원의 과태료 재판절차 개시의 요건이다. 따라서 행정청은 부적법한 이의제기에 대해 각하처분을 하거나 법원에 통보하지 아니할 수 있다. 그러나 행정청은 규제법이 이의제기에 대한 각하제도를 도입하지 아니하였다는 이유로 이의제기의 적법 여부를 따지지 않고 법원에 통보하고 있다. 부적법한 이의제기에 대하여 행정청이 법원에 통보해 온 경우 법원은 이의제기를 각하하는 결정을 하여야 한다.[109)]

(4) 절차 개시 후 이의제기 취하의 효력

당사자는 행정청으로부터 관할법원에 과태료 통보를 하였다는 통지를 받기 전까지는 행정청에 대하여 서면으로 이의제기를 철회할 수 있다(규제법 20조 3항). 행정청이 법원에 통보하기 전에 이의제기를 취하한 경우는 행정청이 부과한 과태료 부과처분이 확정되고, 행정청은 법원에 별도의 통보를 할 의무가 없다. 행정청이 법원에 통보한 후 법원이 과태료 재판을 하기 이전(즉 결정을 하기 전)에 이의제기를 취하한 경우에도 그 이의제기 취하를 인정하여 과태료사건을 종결한다. 이 경우 법원은 이의제기취하서 부본을 검사에게 송부하여 원래의 부과처분에 따른 과태료를 징수하도록 하여야 한다. 그러나 법원이 약식재판이든 정식재판이든 과태료 재판을 한 다음에는 이의제기를 취하할 수 없다.[110)]

다. 행정청의 이의제기 통보

(1) 행정청의 이의제기 통보 의무

규제법 21조에 의하면, 적법한 이의제기를 받은 행정청은 당사자가 이의제기를 철회하거나 당사자의 이의제기에 이유가 있어 과태료를 부과할 필요가 없는

---

109) 법원실무제요 비송, 법원행정처(2014), 271-272면.
110) 법원실무제요 비송, 법원행정처(2014), 273면.

것으로 인정되는 경우가 아닌 한, 이의제기를 받은 날부터 14일 이내에 이에 대한 의견 및 증빙서류를 첨부하여 관할법원에 통보하여야 한다. 사실상 또는 법률상 같은 원인으로 말미암아 다수인에게 과태료를 부과할 필요가 있는 경우에는 다수인 가운데 1인에 대한 관할권이 있는 법원에 이의제기 사실을 통보할 수 있으며, 위와 같이 관할법원에 통보를 하거나 통보하지 아니하는 경우에는 그 사실을 즉시 당사자에게 통지하여야 한다.

(2) 행정청이 법원에 통보를 하지 않는 경우

행정청의 1차 부과처분이 있고 과태료 부과처분 대상자의 적법한 이의제기가 있었음에도 행정청이 통보를 하지 않는 경우, 즉 적법한 이의제기가 있었음에도 불구하고 행정청이 부적법하다고 판단하여 통보하지 않는 경우에 법원이 직권으로(이의제기자의 법원에 대한 과태료 재판절차 개시신청 등에 기하여) 과태료 재판절차를 개시할 수 있는지 여부가 문제된다.

기본적으로 과태료 재판절차는 법원의 직권으로 개시되는 것이므로 과태료 부과 대상자가 적법한 이의제기가 있었음을 소명하여 법원에 직접 과태료 재판절차의 개시를 신청하면 법원이 직권으로 과태료 재판절차를 개시할 수 있다. 이 경우에도 심문절차를 거치거나 행정청으로부터 자료를 송부받아 적법한 이의제기가 있었는지 여부를 먼저 조사하여야 한다.[111] 이의제기 후 행정청이 통보하지 않는다고 하여 행정소송으로 과태료부과처분 자체의 취소를 구할 수는 없다.[112]

다만 적법한 이의제기가 있는 경우에는 행정청의 과태료 부과처분은 그 효력을 상실하므로 과태료 부과처분 자체가 없는 것이 되고, 따라서 행정청이 국세 또는 지방세 체납처분의 예에 따라 과태료를 징수하는 단계에서 과태료 부과처분의 무효 또는 부존재를 주장할 수 있다는 견해가 있다.[113]

라. 검사에 대한 이의제기의 통지

법원은 행정청으로부터 이의제기 통보가 있는 경우 이를 즉시 검사에게 통지하여야 한다(규제법 30조).

---

111) 법원실무제요 비송, 법원행정처(2014), 274면.
112) 대법원 2000. 9. 22. 선고 2000두5722 판결.
113) 법원실무제요 비송, 법원행정처(2014), 274면.

5. 심 리

가. 약식절차

(1) 약식절차 회부 기준

법원이 상당하다고 인정할 때에 당사자의 진술을 듣지 아니하고 과태료 재판을 하는 것을 약식재판이라고 한다(규제법 44조). 일반적으로는 위반사실이 객관적으로 명백하여 당사자의 반증의 여지가 없는 때 또는 객관적으로 위반사실이 증명되고 정당한 사유의 부존재가 강하게 추정되는 때 등이 '상당하다고 인정할 때'의 대표적인 예라 할 수 있지만, 실무상으로는 절차의 효율성·신속성 등을 고려하여 먼저 모든 과태료사건을 약식절차에 의한 뒤, 이의신청이 있는 사건만을 정식절차를 거쳐 재판하고 있다. 약식절차에 의하는 경우 따로 약식재판 회부 결정을 할 필요는 없다.[114]

(2) 심리 방식

(가) 서면심리

약식절차에 의하는 경우 서면심리에 의한다. 당사자의 진술을 듣지 않는 것은 법문상 명백하다. 검사의 의견을 구함이 없이 재판하더라도 그 재판이 위법한 것은 아니다. 실무상 약식절차에서는 검사의 의견을 구하지 않고 정식절차에서만 검사의 의견을 구하고 있다.

(나) 불이익변경금지 원칙의 적용 여부

법원이 행정청의 과태료처분에 대한 이의제기에 의하여 하는 과태료의 재판은 행정청이 부과한 과태료처분의 당부를 심판하는 행정소송절차가 아니므로, 불이익변경금지의 원칙이 적용되지 않는다.[115]

(다) 행정청이 위반행위 근거 법령을 잘못 적시한 경우

법원이 과태료 재판을 하는 절차는 부과권자인 행정청의 과태료 부과처분에 대한 당부를 심판하는 행정소송절차가 아니므로 행정청이 그 위반행위에 대한 근거법령을 잘못 적시하였더라도, 법원은 직권에 의한 사실탐지와 증거조사를 통하

114) 법원실무제요 비송, 법원행정처(2014), 275면.
115) 대법원 1986. 12. 10.자 86마1009 결정.

여 제대로 된 근거법령을 적용하여 특별한 보정명령 없이 약식절차에서 바로 과태료를 부과할 수 있다.[116)]

(3) 불복절차

(가) 이의신청의 방식

약식절차에 의한 과태료 재판에 대하여 당사자와 검사는 재판의 고지를 받은 날부터 7일 이내에 이의신청을 할 수 있다(규제법 45조 1항). 이 경우 약식절차에 의한 과태료 재판은 이의신청에 의하여 그 효력을 잃고(규제법 50조 1항), 법원은 심문을 거쳐 다시 재판하여야 한다(규제법 50조 2항).

이의신청의 방식에 대하여 특별한 규정은 없으나 서면에 의하여야 하고, 이의신청서에 인지를 붙일 필요는 없다(민사소송 등 인지법 10조 단서, 민사소송 등 인지규칙 2조의2). 이의신청은 대통령령으로 정하는 이의신청서를 약식재판을 한 법원에 제출함으로써 하고(규제법 46조 1항), 법원은 이의신청이 있은 때에는 이의신청의 상대방에게 이의신청서 부본을 송달하여야 한다(2항).

약식절차에 의한 과태료의 재판에는 이의신청을 할 수 있을 뿐 즉시항고는 허용되지 않으므로, 비록 위반자가 즉시항고장을 제출하는 방법으로 불복하였더라도 그 제목에 관계없이 약식재판에 대한 이의신청으로 취급하여 정식절차에 따라 당사자의 진술을 듣고 다시 재판하여야 하며, 그 제목에 따라 즉시항고로 보아 항고심으로 기록을 송부하면 아니 된다.[117)]

(나) 이의신청기간

이의신청기간은 재판의 고지를 받은 날로부터 7일이고, 위 기간이 도과하면 그 재판은 확정되어 더 이상 다툴 수 없게 된다. 따라서 이의신청기간이 도과된 후에 제기된 이의신청은 부적법하고, 그러한 이의신청은 결정으로 각하한다.[118)]

규제법 45조 4항은 당사자와 검사가 책임질 수 없는 사유로 이의신청기간을 지킬 수 없었던 경우에는 그 사유가 없어진 날부터 14일 이내에 이의신청을 할 수 있고, 그 사유가 없어질 당시 외국에 있던 당사자에 대하여는 그 기간을 30일로 하는 명문의 규정을 두고 있다. 이의신청 각하결정에 대하여 당사자는 비송사

116) 법원실무제요 비송, 법원행정처(2014), 277면.
117) 대법원 2001. 5. 2.자 2001마1733 결정.
118) 대법원 1982. 7. 22.자 82마337 결정.

건절차법 248조나 규제법 38조에 의한 즉시항고로 불복할 수 있다.

(다) 상대방에 대한 통지

약식결정에 대하여 위반자 또는 검사가 이의신청을 제기한 경우 법원사무관등은 지체 없이 이의신청서 부본을 상대방 당사자에게 송달하여야 한다(규제법 46조 2항).

(라) 이의신청의 취하

이의신청을 한 당사자 또는 검사는 정식재판 절차에 따른 결정을 고지받기 전까지 대통령령으로 정하는 이의신청 취하서를 이의신청을 한 법원에 제출함으로써 이의신청을 취하할 수 있으며, 심문기일에는 말로 이의신청을 취하할 수 있다(규제법 47조).

나. 정식절차

(1) 개 념

법원이 과태료 재판을 하기 전에 심문기일을 열어 당사자의 진술을 듣고 검사의 의견을 구하는 절차를 거치는 것을 말한다(규제법 31조). 실무상 처음부터 정식절차에 의하는 경우는 별로 없고, 약식절차에 의한 재판에 대하여 이의신청이 있을 때 비로소 정식절차에 의하여 재판하는 것이 일반적이다.[119]

당사자의 이의신청이 있는 경우 규제법 50조 2항, 31조 1항은 심문기일을 열어 당사자의 진술을 듣고 다시 재판하여야 한다고 규정하고 있으므로, 비송사건절차법 250조 1항에 따라 약식의 과태료 재판을 하였는데 위반자가 이의신청을 하였다면 그에게 과태료 재판에 관한 진술의 기회를 부여한 후에 다시 과태료 재판을 하여야 하고, 심문기일을 열거나 의견 제출을 요구하는 등의 방법으로 과태료 재판에 대한 별도의 진술기회를 주지 않은 채 그대로 정식결정을 하는 것은 위법하다.[120]

(2) 관 할

약식절차에 따라서 과태료를 부과한 법원이 관할법원이다.[121] 규제법 26조는

119) 법원실무제요 비송, 법원행정처(2014), 280면.
120) 대법원 2008. 3. 24.자 2007마1492 결정.
121) 대법원 2001. 5. 2.자 2001마1733 결정.

법원의 관할은 행정청이 이의제기 사실을 통보한 때를 표준으로 정한다고 규정하고 있으므로 약식재판 이후에 당사자의 주소지가 변경되었다고 하더라도 관할법원에는 변동이 없다.

(3) 당사자의 진술 청취

당사자의 진술은 서면 또는 말로 한다(민소법 161조). 법원은 당사자의 진술을 청취하기 위한 심문기일을 정하고 당사자에게 그 기일을 통지하는 것이 보통이다. 그러나 당사자에게 진술의 기회를 주는 것으로 족하기 때문에 일단 기일을 정하여 통지한 이상 당사자가 출석하지 않거나 서면만을 제출한 경우에는 그대로 재판하여도 무방하다. 당사자는 대리인에 의하여 진술할 수도 있다.

(4) 심문기일의 지정

기일의 지정과 통지에 관하여는 규제법 28조가 비송사건절차법 10조의 규정을 준용하도록 하였고, 비송사건절차법 10조는 민사소송법의 규정을 준용하도록 하고 있어, 기일의 지정·통지·시작에 관한 민사소송법의 규정은 과태료사건의 기일에도 그대로 적용된다.

(5) 검사의 의견 청취 등

법원은 검사의 의견을 구하여야 하고, 검사는 심문에 참여하여 의견을 진술하거나 서면으로 의견을 제출하여야 한다(규제법 31조 2항).

(6) 심문기일의 운영

(가) 심문의 공개 여부

비송사건절차법에 의한 과태료 재판의 심문은 공개하지 아니하고, 법원은 상당하다고 인정하는 자에게 방청을 허가할 수 있을 뿐이다(비송 13조). 규제법이 심문의 공개 원칙을 명시적으로 채택하고 있지 않은 이상 비송사건절차법에 따른 심문의 비공개 원칙이 규제법에 따른 과태료 심문절차에도 당연히 적용된다는 견해가 있으나, 실무상으로는 이해관계인이나 제3자의 방청을 특별히 제한하고 있지는 않다.[122)]

122) 법원실무제요 비송, 법원행정처(2014), 283면.

(나) 위반자의 불출석

규제법이 당사자(위반자)의 진술을 듣도록 하는 것은 당사자에게 진술의 기회를 주어야 한다는 것이므로, 일단 심문기일을 정하여 적법하게 통지한 이상 위반자가 출석하지 않거나 서면만을 제출한 경우에는 그대로 심문을 종결하고 결정한다.

(다) 행정청의 출석

규제법상 법원은 행정청의 참여가 필요하다고 인정하는 때에는 행정청으로 하여금 심문기일에 출석하여 의견을 진술하게 할 수 있고, 행정청 또한 법원의 허가를 받아 소속 공무원으로 하여금 심문기일에 출석하여 의견을 진술하게 할 수 있다(규제법 32조).

(라) 심문의 방식

사건번호, 사건명 및 위반자를 부른 후 출석한 당사자에게 위반사실의 인정 여부와 이의신청을 한 이유를 간단히 묻는다. 과태료 재판에서는 절대적 진실발견주의가 적용되므로, 위반자가 이의신청서에 기재된 내용과 다른 주장을 하는 경우에도 그 내용을 조서에 적고 그 주장을 뒷받침할 자료가 있는지 확인하여야 한다.

(마) 조서의 작성

과태료 재판을 하는 경우에 법원사무관등은 증인 또는 감정인의 심문에 관하여는 조서를 작성하고, 그 밖의 심문에 관하여는 필요하다고 인정하는 경우에 한하여 조서를 작성한다(규제법 35조).

(7) 사실인정

(가) 직권탐지주의

과태료 재판에서는 비송사건절차의 일반 원칙인 절대적 진실발견주의 · 직권탐지주의가 적용되고, 증명책임은 인정되지 않는다. 따라서 자백 · 자백간주 등은 인정되지 아니하고, 당사자가 신청한 유일한 증거라도 배척할 수 있다. 과태료 재판에서 부과처분의 대상자가 위반사실을 다투는 경우에 법원은 사실관계를 종합적으로 심리하여 위반 여부를 직권으로 탐지하여야 하고, 다투는 자에게 그 주장사실에 대한 증명책임을 부담시킬 수 없으므로, 위반자의 위반행위 부인에 대하여 그 주장사실의 증명이 부족하다는 이유로 배척하는 것은 직권탐지주의에 반하여 위법하다.[123]

(나) 사실인정 방법

규제법 33조 2항은 "증거조사에 관하여는 민사소송법에 따른다."고 규정하고 있다. 사실탐지의 방법으로는 통상 개인 · 회사 · 공사(公私)단체 등에 대한 서면 또는 전화에 의한 조회, 출석한 관계자 등에 대한 질문, 관계서류의 조사 등이 많이 이용된다. 그러나 서면으로 조회해도 회답이 없거나 임의출석을 요구해도 응하지 않는 경우에는 이를 강제할 수 없으며, 그러한 경우에는 다음의 증거조사에 의할 수밖에 없다. 사실탐지에 관한 행위도 촉탁할 수 있다(규제법 34조).

(8) 약식결정과 정식결정 사이의 불이익변경금지의 원칙

당사자 또는 검사의 이의신청에 의하여 약식재판은 그 효력을 잃으므로(규제법 50조 1항), 정식절차에서는 약식재판의 내용에 기속되지 아니한다.

다. 과태료재판의 심판범위

과태료재판의 경우, 법원으로서는 기록상 현출되어 있는 사항에 관하여 직권으로 증거조사를 하고 이를 기초로 하여 판단할 수 있는 것이나, 그 경우 행정청의 과태료부과처분사유와 기본적 사실관계에서 동일성이 인정되는 한도 내에서만 과태료를 부과할 수 있다.[124)]

6. 과태료사건의 종결

가. 처벌결정

위반사실이 증명되면(질서위반행위에 대하여는 위반자의 고의 · 과실 및 책임도 인정되면) 위반자를 처벌한다.

(1) 과태료 액수의 산정

과태료의 처벌 기준이 법률 자체에 정해져 있는 경우 그 과태료 처벌 기준은 법원의 과태료 재판에도 구속력이 있다. 이 경우 위반사실이 인정되지 아니하거나 위반에 정당한 사유가 있어 불처벌 결정을 하지 않는 한 법률이 정하는 액수를 과태료 금액으로 정하여야 한다.[125)] 그러나 법원의 과태료 재판은 관할 관청이 부과

---

123) 대법원 2009. 9. 28.자 2009마817 결정.
124) 대법원 2012. 10. 19.자 2012마1163 결정.

한 과태료처분에 대한 당부를 심판하는 행정소송절차가 아니므로, 위와 같이 법률에 처벌 기준이 정해져 있는 경우가 아니라면 법원은 행정청 내부의 부과 기준에 기속됨이 없이 관계 법령에서 규정하는 과태료 상한의 범위 내에서 그 동기, 위반의 정도, 결과 등 여러 인자를 고려하여 재량으로 그 액수를 정할 수 있다.[126] 행정청 및 법원은 과태료를 정할 때 질서위반행위의 동기·목적·방법·결과, 질서위반행위 이후의 당사자의 태도와 정황, 질서위반행위자의 연령·재산상태·환경, 그 밖에 과태료의 산정에 필요하다고 인정되는 사유를 고려하여야 한다(규제법 14조).

시행령 53조, [별표 2]에서는 과태료의 부과기준에 관하여 자세히 규정하고 있다. '일반기준'에서는 위반행위의 횟수에 따른 가중된 부과기준, 감경사유, 가중사유에 관하여 규정하고 있고, '개별기준'에서는 위반행위 별로 1차 위반, 2차 위반, 3차 이상 위반의 경우 과태료 액수에 관하여 규정하고 있다.

(2) 수개의 위반행위가 있는 경우의 처리

규제법 13조 2항은 2 이상의 질서위반행위가 경합하는 경우에는 각 질서위반행위에 대하여 정한 과태료를 각각 부과하고 다른 법령에 특별한 규정이 있는 경우에만 그 규정에 따르도록 하였다. 한편 규제법은 13조 1항에서 하나의 행위가 2 이상의 질서위반행위에 해당하는 경우에는 각 질서위반행위에 대하여 정한 과태료 중 가장 중한 과태료를 부과하도록 하여 상상적 경합의 개념을 도입하였다.

나. 불처벌 결정

다음과 같은 경우에는 불처벌 결정을 한다.

(1) 실체적 재판을 할 수 없는 경우

위반자가 사망한 경우 등 당사자능력이 없는 경우(그러나 법인이 해산하더라도 청산절차가 종결되기 전까지는 당사자능력이 있고, 과태료사건이 계속 중이라면 청산절차가 종결되었다고 할 수 없다), 하나의 위반행위에 대하여 행정청이 이중으로 과태료 부과처분을 한 경우, 처벌결정 또는 불처벌 결정이 확정된 뒤에 행정청이 다시

125) 법원실무제요 비송, 법원행정처(2014), 287면.
126) 대법원 2008. 2. 29.자 2005마94 결정.

부과처분을 한 경우 등이 이에 해당한다.[127)]

(2) 위반사실이 인정되지 아니하는 경우

위반사실에 대한 증빙자료가 없어 행정청에 증빙자료의 제출을 요구하였으나 정해진 기간 내에 제출하지 않는 경우도 위반사실이 인정되지 않는 경우에 포함된다.[128)]

(3) 고의 또는 과실이 인정되지 아니하는 경우

규제법은 과태료의 부과 대상인 질서위반행위에 대하여도 책임주의 원칙을 채택하여 7조에서 "고의 또는 과실이 없는 질서위반행위는 과태료를 부과하지 아니한다."라고 규정하고 있으므로 규제법이 적용되는 사건의 경우에는 고의 또는 과실이 인정되는 경우에만 처벌결정을 하여야 하고, 그 존재가 의심스러울 경우에는 고의 또는 과실이 인정되지 않는다는 이유로 불처벌 결정을 하여야 한다. 따라서 질서위반행위를 한 자가 위반행위인지 몰랐다거나 자신의 책임 없는 사유로 위반행위에 이르렀다고 주장하는 경우 법원으로서는 그 내용을 살펴 행위자에게 고의나 과실이 있는지를 따져보아야 한다.[129)]

과태료 재판에도 비송사건절차의 일반 원칙에 따른 절대적 진실발견주의, 직권탐지주의가 적용되나, 그렇다고 하더라도 법원의 증거수집에는 한계가 있을 수밖에 없으므로 탐지한 자료의 범위 내에서 고의 또는 과실이 증명되었다고 판단되지 않는 경우에는 불처벌 결정이 불가피하고 이는 규제법이 책임주의를 도입한 데 따른 국민의 권익 보호 취지에도 부합한다.[130)]

(4) 위반행위에 정당한 사유가 있는 경우

과태료 부과의 대상이 되는 위반행위에 대하여 정당한 사유가 있을 때에는 법률의 규정 형식에 관계없이 과태료를 부과할 수 없다. 구체적으로 어떠한 경우에 '정당한 사유'가 있다고 볼 것인가에 관하여, 각 사안마다 위반자가 그 의무를 알지 못하는 것이 무리가 아니었다고 할 수 있어 그것을 정당시할 수 있는 사정이

---

127) 법원실무제요 비송, 법원행정처(2014), 289-290면.
128) 법원실무제요 비송, 법원행정처(2014), 290면.
129) 대법원 2011. 7. 14.자 2011마364 결정; 대법원 2011. 7. 28.자 2011마792 결정.
130) 법원실무제요 비송, 법원행정처(2014), 290-291면.

있을 때 또는 그 의무의 이행을 당사자에게 기대하는 것이 무리라고 하는 사정이 있을 때 등 기대가능성이 없어 그 의무 해태를 탓할 수 없는 때[131]에 정당한 사유가 있는 것으로 판단하면 된다.[132] 규제법 8조는 자신의 행위가 위법하지 아니한 것으로 오인하고 행한 질서위반행위는 그 오인에 정당한 이유가 있는 때에 한하여 과태료를 부과하지 아니한다고 규정하고 있다.

(5) 위반자의 책임이 인정되지 않는 경우

14세가 되지 아니한 자의 질서위반행위는 다른 법률에 특별한 규정이 있는 경우 외에는 과태료를 부과하지 아니하고(규제법 9조), 스스로 심신장애 상태를 일으켜 질서위반행위를 한 경우가 아닌 한 심신장애로 인하여 행위의 옳고 그름을 판단할 능력이 없거나 그 판단에 따른 행위를 할 능력이 없는 자의 질서위반행위에 대해서는 과태료를 부과하지 아니하므로(규제법 10조), 질서위반행위에서는 위와 같은 이유로 위반자의 책임이 인정되지 않는 경우에 불처벌 결정을 하여야 한다.[133]

(6) 처벌의 필요가 없는 경우

위반사실이 인정되더라도 사안이 극히 경미하여 처벌의 필요가 없다고 인정되는 경우에는 불처벌 결정을 할 수 있다.[134]

(7) 법률의 변경

질서위반행위에 대하여 과태료 부과의 근거 법률이 개정되어 행위 시의 법률에 의하면 과태료 부과대상이었지만 재판 시의 법률에 의하면 과태료 부과대상이 아니게 된 때에는, 개정 법률의 부칙에서 종전 법률시행 당시에 행해진 질서위반행위에 대해서는 행위 시의 법률을 적용하도록 특별한 규정을 두지 않은 이상 재판 시의 법률을 적용하여야 하므로 과태료를 부과할 수 없다.[135]

---

131) 대법원 2002. 5. 24. 선고 2001두3952 판결.

132) 법원실무제요 비송, 법원행정처(2014), 291면.

133) 법원실무제요 비송, 법원행정처(2014), 292면.

134) 법원실무제요 비송, 법원행정처(2014), 292면. "법은 사소한 일에 관여하지 않는다(*de minimis non curat lex*)" 또는 "독수리는 파리를 잡지 않는다(*aquila non capit muscas*)"라는 법언의 취지와 일맥상통한다.

135) 대법원 2020. 12. 18.자 2020마6912 결정.

다. 비용의 부담

과태료 재판절차의 비용은 과태료를 부과하는 선고가 있는 경우에는 그 선고를 받은 자가 부담하고, 그 밖의 경우에는 국고에서 부담한다(규제법 41조 1항). 항고법원이 당사자의 신청을 인정하는 재판을 한 경우에는 항고절차의 비용 및 전심에서 당사자가 부담하게 된 비용은 국고에서 부담한다(규제법 41조 2항).

라. 재판서의 작성

과태료 재판은 이유를 붙인 결정으로써 하여야 한다(규제법 36조 1항). 일반적으로 비송사건에서 결정에 반드시 이유를 기재할 것을 요하는 것은 아니지만, 과태료사건은 수범자에게 제재를 가하는 것이므로 이유를 기재하도록 한 것이다.[136)]

마. 과태료 재판의 고지

(1) 고지대상자

처벌결정과 불처벌 결정은 당사자와 검사 모두에게 고지한다. 과태료사건 통보를 한 행정청에는 결정을 고지할 법적 근거가 없으므로, 결정을 송달할 수 없음은 물론 따로 통보하여 주지 않는다.

(2) 고지방법

과태료 재판의 고지는 법원이 적당하다고 인정하는 방법으로 하면 되므로(규제법 37조 2항 본문), 고지의 방법은 자유롭게 할 수 있으나, 실무상으로는 예외 없이 송달에 의하고 있다. 공시송달을 하는 경우에는 민사소송법의 규정에 따라야 한다. 고지를 받아야 할 자에게 소재불명 등의 사유가 있어 결정서가 송달불능된 경우에는 공시송달의 방법에 의할 수 있는데, 공시송달을 하는 경우에는 민사소송법의 규정에 의하여야 한다(규제법 37조 2항 단서). 법원사무관등은 고지의 방법·장소와 연월일을 결정서의 원본에 부기하고 이에 날인하여야 한다(규제법 37조 3항).

136) 법원실무제요 비송, 법원행정처(2014), 293면.

바. 재판의 효력

(1) 효력발생시기

과태료 재판은 당사자와 검사에게 고지함으로써 효력이 생긴다(규제법 37조 1항). 즉시항고가 허용되는 재판이라도 확정을 기다릴 필요 없이 고지와 동시에 효력이 발생한다.

(2) 재판의 취소 · 변경

즉시항고로써 불복할 수 있는 재판은 취소하거나 변경할 수 없으므로(비송 19조 3항) 즉시항고로 불복할 수 있는 과태료 재판의 경우에는 일단 재판을 한 후에 취소 또는 변경할 수 없다. 규제법 40조가 특별한 규정이 있는 경우를 제외하고는 항고에 관한 민사소송법의 규정을 비송사건절차법에 따른 항고에 준용하고 있으므로 재도의 고안을 긍정하는 견해가 일반적이다.[137)]

7. 정식재판에 대한 불복절차

가. 즉시항고

(1) 즉시항고의 제기

당사자와 검사는 정식절차에 의한 과태료 재판에 대하여 즉시항고 할 수 있고, 즉시항고에는 집행정지의 효력이 있다(규제법 38조 1항). 그러나 검사가 아닌 1차 부과처분을 한 행정청은 즉시항고 할 수 없다. 규제법 40조가 준용하고 있는 민사소송법 444조 1항에 따라 과태료 재판에 대한 즉시항고기간은 1주일로 보아야 한다.[138)] 당사자가 책임질 수 없는 사유로 말미암아 즉시항고기간을 지킬 수 없었던 경우에는 민사소송법 173조를 준용하여 그 사유가 없어진 날부터 2주 이내에 게을리 한 즉시항고를 보완할 수 있고(비송 10조), 이 경우에 법원은 민사소송법 500조를 준용하여 강제집행의 일시정지 등을 명할 수 있다.[139)]

137) 법원실무제요 비송, 법원행정처(2014), 298면.
138) 법원실무제요 비송, 법원행정처(2014), 299면.
139) 법원실무제요 비송, 법원행정처(2014), 300면.

(2) 재판의 고지 전 항고

과태료 심문기일이 지난 후 결정이 고지되기도 전에 항고를 하는 경우가 있다. 결정·명령의 원본이 법원사무관등에게 교부되어 성립한 경우, 결정·명령이 당사자에게 고지되어 효력이 발생하기 전에 결정·명령에 불복하여 항고할 수 있다.[140)]

(3) 항고법원의 심리방식과 범위

항고법원이 항고사건을 심리할 때 변론을 열거나 이해관계인을 심문할 것인지 여부를 결정하는 것은 항고법원의 자유재량에 속하므로, 특별한 사정이 없는 한 항고법원이 변론을 열거나 이해관계인을 심문하지 않은 채 서면심리만으로 결정을 한 경우에도 이를 위법하다고 할 수 없다.[141)] 항고법원의 심리 범위는 항고이유에 의하여 제한되는 것이 아니므로 항고법원은 불복의 대상이 된 1심 결정의 당부를 가리기 위하여 항고이유의 주장 유무에 관계없이 기록에 나타난 자료의 진실 여부를 직권으로 조사하여 심리·판단하여야 한다.[142)] 과태료 부과 결정이 적법한지 여부는 과태료 부과 당시를 기준으로 판단하는 것이 원칙이나, 과태료 부과 결정에 대하여 즉시항고가 제기된 경우에는 항고심의 속심적 성격에 비추어 제1심 결정 이후 발생한 사정까지 고려하여 항고심 결정 시를 기준으로 판단하여야 하고, 항고심에서의 새로운 사실과 증거의 제출은 항고심에서 심문을 연 때에는 그 심문종결 시까지, 심문을 열지 아니한 때에는 결정의 고지 시까지 가능하므로, 항고심법원은 그때까지 제출한 자료를 토대로 제1심결정 혹은 항고이유의 당부를 판단하여야 한다.[143)]

(4) 불이익변경금지 원칙의 적용

즉시항고에는 민사소송법 415조 본문이 준용되므로(규제법 40조), 불이익변경금지의 원칙이 적용된다.

---

140) 대법원 2014. 10. 8.자 2014마667 전원합의체 결정.
141) 대법원 2022. 4. 5. 선고 2020마6356 판결.
142) 대법원 1982. 10. 12.자 82마523 결정.
143) 대법원 2022. 4. 5. 선고 2020마6356 판결.

나. 재항고

항고법원의 결정에 대하여는 재판에 영향을 미친 헌법 · 법률 · 명령 또는 규칙의 위반을 이유로 드는 때에만 재항고할 수 있다(규제법 40조). 따라서 항고법원이 정한 과태료 액수가 법이 정한 범위 내에서 이루어진 이상 그것이 현저히 부당하여 재량권 남용에 해당하지 않는 한 그 액수가 많다고 다투는 것은 적법한 재항고 이유가 될 수 없다.[144] 정식재판에 기한 과태료결정에 대한 즉시항고가 있고, 그 즉시항고에 대한 항고심 결정에 대하여 재항고가 있는 경우, 이러한 재항고 역시 즉시항고에 해당하므로 재항고는 항고심의 재판 고지가 있은 날로부터 1주일 내에 제기하여야 하고 그 기간은 불변기간이다.[145]

8. 과태료 재판의 집행

가. 검사에 대한 확정통보

과태료 재판이 확정된 경우 법원사무관등(항고심에서 확정된 경우에는 항고법원의 법원사무관등)은 대응 검찰청 검사에게 확정통보를 하여야 한다.

나. 검사의 집행명령

과태료 재판은 검사의 명령으로써 집행한다(규제법 42조 1항 전문). 이를 집행명령이라 하는데 검사의 집행명령은 집행력 있는 집행권원과 같은 효력이 있다(규제법 42조 1항 후문). 집행절차는 민사집행법의 규정에 따르나, 집행을 하기 전에 재판의 송달은 하지 아니한다(규제법 42조 2항).

규제법 42조 2항, 3항에 따른 과태료 재판의 집행절차는 종래와 같이 민사집행법의 규정에 따라도 되고(집행 전 재판 송달 불요), 국세 또는 지방세 체납처분의 예에 따라도 된다. 납부기한까지 과태료를 납부하지 아니한 때에는 납부기한을 경과한 날부터 체납된 과태료에 대하여 100분의 5에 상당하는 가산금을 징수하고, 체납된 과태료를 납부하지 아니한 때에는 납부기한이 경과한 날부터 매 1개월이 경과할 때마다 체납된 과태료의 1천분의 12에 상당하는 중가산금을 위 가산금에

---

144) 대법원 2008. 2. 29.자 2005마94 결정.
145) 대법원 2002. 8. 16.자 2002마362 결정.

가산하여 징수한다. 가산금을 납부하지 아니한 때에는 국세 또는 지방세 체납처분의 예에 따라 징수하고, 과태료 재판이 확정된 후 당사자가 사망한 경우에는 상속재산에 대하여, 법인이 합병에 의하여 소멸한 경우에는 합병 후 존속한 법인 또는 합병에 의하여 설립된 법인에 대하여도 집행할 수 있다(규제법 42조 3항).

다. 과태료 부과의 제척기간, 과태료의 시효

과태료는 행정청의 과태료 부과처분이나 법원의 과태료 재판이 확정된 후 5년간 징수하지 아니하거나 집행하지 아니하면 시효로 인하여 소멸한다(규제법 15조 1항). 소멸시효의 중단·정지 등에 관하여 국가재정법 96조 3항은 민법의 규정을, 규제법 15조 2항은 국세기본법 28조를 준용한다고 규정하고 있다.

라. 집행의 위탁

규제법 43조 1항은 검사는 과태료를 최초 부과한 행정청에 대하여 과태료 재판의 집행을 위탁할 수 있고, 위탁을 받은 행정청은 국세 또는 지방세 체납처분의 예에 따라 집행하도록 하는 규정을 두고 있다.

마. 신용정보의 제공

행정청은 과태료 징수 또는 공익목적을 위하여 필요한 경우 국세징수법 7조의2를 준용하여 '신용정보의 이용 및 보호에 관한 법률' 2조에 따른 신용정보회사 또는 같은 법 25조에 따른 신용정보집중기관의 요청에 따라 체납 또는 결손처분자료를 제공할 수 있다. 행정청은 당사자에게 과태료를 납부하지 아니할 경우에는 체납 또는 결손처분자료를 신용정보회사 또는 신용정보집중기관에게 제공할 수 있음을 미리 알려야 하며, 체납 또는 결손처분자료를 제공한 경우에는 대통령령으로 정하는 바에 따라 해당 체납자에게 그 제공사실을 통보하여야 한다(규제법 53조).

바. 감 치

법원은 과태료 납부능력이 있음에도 불구하고 정당한 사유 없이 과태료를 3회 이상 체납하고 있고, 체납발생일부터 각 1년이 경과하였으며, 체납금액의 합계가 1,000만 원 이상으로서 대통령령으로 정하는 횟수와 금액 이상을 체납한 경우에는 검사의 청구에 따라 결정으로 30일의 범위 이내에서 과태료의 납부가 있을 때까지 체납자(감치는 성격상 법인에 대하여는 부과할 수 없기 때문에 법인의 경우에는 그 대표자를 감치한다)를 감치에 처할 수 있으며, 행정청은 과태료 체납자가 위의 사유에 해당하는 경우에는 관할 지방검찰청 또는 지청의 검사에게 체납자의 감치를 신청할 수 있다(규제법 54조). 과태료 체납자를 감치에 처하는 재판 절차 및 그 집행, 그 밖에 필요한 사항은 '과태료 체납자에 대한 감치의 재판에 관한 규칙'에 정해져 있다. 감치에 처하는 재판의 집행절차에 관하여는 규제법 및 위 규칙에 특별한 규정이 있는 경우를 제외하고는 성질에 반하지 아니하는 한 형사소송법과 형사소송규칙 중 형의 집행에 관한 규정을 준용한다('과태료 체납자에 대한 감치의 재판에 관한 규칙' 13조 4항).

판 례 색 인

대법원 1955. 4. 22. 선고 55도46 판결 ··· 201
대법원 1956. 12. 21. 선고 56도276 판결 ··· 196
대법원 1960. 2. 29. 선고 59도894 판결 ··· 236
대법원 1960. 11. 17. 선고 4293민상326 판결 ··· 546
대법원 1965. 7. 6. 선고 65다877 판결 ··· 427
대법원 1966. 6. 21. 선고 66누52 판결 ··· 864
대법원 1966. 10. 18. 선고 66다1727 판결 ··· 915
대법원 1969. 7. 22. 선고 69다684 판결 ··· 959
대법원 1969. 8. 26. 선고 69다732 판결(船) ··· 816
대법원 1970. 8. 18. 선고 70다999 판결 ··· 953
대법원 1971. 3. 30. 선고 70다2294 판결(船) ··· 584, 871, 921
대법원 1971. 8. 31. 선고 71다1400 판결 ··· 426
대법원 1971. 10. 22. 선고 71다1982 판결 ··· 518
대법원 1971. 12. 28. 선고 71다2154 판결(船) ··· 346
대법원 1972. 11. 28. 선고 72다1758 판결 ··· 672
대법원 1973. 9. 29. 선고 73도2037 판결 ··· 236
대법원 1974. 1. 29. 선고 72다2565 판결 ··· 357
대법원 1974. 2. 26. 선고 73다76 판결 ··· 962
대법원 1974. 11. 12. 선고 74다483 판결 ··· 959
대법원 1975. 3. 31. 선고 74다847 판결 ··· 104
대법원 1975. 7. 22. 선고 74다1840 판결 ··· 573
대법원 1975. 11. 25. 선고 74다1105 판결(船) ··· 335, 571
대법원 1976. 4. 27. 선고 76도146 판결(船) ··· 374
대법원 1976. 9. 28. 선고 75다1768 판결 ··· 547, 573
대법원 1976. 10. 29. 선고 76다1237 판결 ··· 221
대법원 1977. 6. 7. 선고 76다1869 판결 ··· 543
대법원 1977. 7. 26. 선고 77다355 판결 ··· 378
대법원 1977. 9. 13. 선고 77도951 판결 ··· 237

대법원 1978. 2. 14. 선고 76다2119 전원합의체 판결 ··· 925
대법원 1978. 2. 14. 선고 77다1648 판결 ··· 459, 460
대법원 1978. 3. 28. 선고 77도2269 판결 ··· 199
대법원 1978. 5. 23. 선고 77다1679 판결 ··· 625
대법원 1979. 1. 30. 선고 78다304 판결 ··· 419
대법원 1979. 2. 13. 선고 78다1491 전원합의체 판결 ··· 950
대법원 1979. 8. 14. 선고 79누148 판결 ··· 769
대법원 1980. 1. 15. 선고 79다1883 판결 ··· 462
대법원 1980. 5. 13. 선고 79다2332 판결 ··· 582
대법원 1980. 5. 20. 선고 80도306 전원합의체 판결 ··· 208, 209
대법원 1980. 9. 24. 선고 80다1040 판결 ··· 358
대법원 1980. 10. 14. 선고 79다2260 판결 ··· 862, 921
대법원 1981. 6. 9. 선고 80다1769 판결 ··· 418
대법원 1981. 7. 7. 선고 80도1581 판결(船) ··· 307, 519
대법원 1981. 8. 25. 선고 80다3149 판결 ··· 730
대법원 1981. 10. 13. 선고 80다2928 판결 ··· 861, 921
대법원 1981. 10. 13. 선고 81다카351 전원합의체 판결 ··· 762, 825, 847, 922
대법원 1981. 12. 22. 선고 81다331 판결 ··· 962
대법원 1981. 12. 22. 선고 81다626 판결 ··· 457
대법원 1982. 7. 13. 선고 80다2318 판결 ··· 619
대법원 1982. 7. 13. 선고 81다카1120 판결 ··· 837
대법원 1982. 7. 22.자 82마337 결정 ··· 1115
대법원 1982. 9. 28. 선고 82누2 판결 ··· 1083
대법원 1982. 10. 12. 선고 82추1 판결 ··· 210
대법원 1982. 10. 12.자 82마523 결정 ··· 1125
대법원 1982. 12. 14. 선고 82누448 판결 ··· 183, 864, 865, 866
대법원 1982. 12. 28. 선고 82다카563 판결 ··· 801, 802
대법원 1983. 3. 22. 선고 82다카1533 전원합의체 판결 ··· 203
대법원 1983. 4. 12. 선고 82누507 판결 ··· 355
대법원 1983. 4. 12. 선고 82다카1702 판결 ··· 769, 825, 847
대법원 1983. 4. 26. 선고 82추2 판결 ··· 211
대법원 1983. 6. 28. 선고 83다191 판결 ··· 955
대법원 1983. 7. 26. 선고 81추3 판결 ··· 211
대법원 1983. 11. 22. 선고 83다카991 판결 ··· 909
대법원 1983. 12. 13. 선고 83누383 판결 ··· 1082

대법원 1984. 2. 14. 선고 83도3016 판결 ········· 779
대법원 1984. 3. 27. 선고 83다카853 판결 ········· 951
대법원 1984. 4. 10. 선고 84도367 판결 ········· 423
대법원 1984. 5. 29. 선고 84추1 판결 ········· 233
대법원 1984. 6. 12. 선고 82다카139 판결 ········· 455
대법원 1984. 7. 10. 선고 84다카365 판결 ········· 964
대법원 1984. 11. 27. 선고 84다카1349 판결 ········· 953
대법원 1985. 5. 28. 선고 84다카966 판결 ········· 221
대법원 1985. 6. 11. 선고 84도2858 판결 ········· 1021
대법원 1985. 9. 24. 선고 82다카312 판결 ········· 439
대법원 1985. 10. 8. 선고 85도1262 판결 ········· 563
대법원 1985. 10. 8. 선고 85도1566 판결 ········· 563, 568
대법원 1986. 12. 10.자 86마1009 결정 ········· 1111, 1114
대법원 1987. 1. 20. 선고 85도221 판결 ········· 212
대법원 1987. 2. 24. 선고 84다카1409 판결 ········· 575
대법원 1987. 3. 24. 선고 86다카1588 판결 ········· 587
대법원 1987. 5. 26. 선고 87도604 판결 ········· 560, 562
대법원 1987. 6. 9. 선고 86다카2581 판결 ········· 923
대법원 1987. 6. 9. 선고 86다카2920 판결 ········· 79
대법원 1987. 6. 23. 선고 86다카2228 판결(船) ········· 78, 543, 584, 871, 921
대법원 1987. 7. 21. 선고 86다카2948 판결 ········· 912
대법원 1987. 11. 24. 선고 87다카1013 판결 ········· 912
대법원 1987. 12. 22. 선고 87다카2169 판결 ········· 946
대법원 1988. 2. 9. 선고 87도2509 판결 ········· 563
대법원 1988. 2. 23. 선고 87도2358 판결 ········· 209
대법원 1988. 4. 25. 선고 86다카1124 판결 ········· 404
대법원 1988. 4. 27. 선고 87다카74 판결 ········· 957
대법원 1988. 11. 22. 선고 87다카1671 판결 ········· 101, 619
대법원 1988. 11. 22. 선고 88도1162 판결 ········· 97
대법원 1988. 12. 13. 선고 87다카2803 전원합의체 판결 ········· 546
대법원 1988. 12. 27. 선고 85다카657 판결 ········· 145, 153, 242, 256, 257
대법원 1989. 1. 17. 선고 88다카122 판결 ········· 950
대법원 1989. 2. 28. 선고 86다카2567 판결 ········· 364
대법원 1989. 2. 28. 선고 87누496 판결 ········· 355
대법원 1989. 2. 28. 선고 88다카8683 판결 ········· 164

대법원 1989. 4. 11. 선고 87다카2901 판결 ········· 950
대법원 1989. 4. 25. 선고 88다카5041 판결 ········· 926
대법원 1989. 5. 9. 선고 87도1801 판결 ········· 172
대법원 1989. 8. 8. 선고 88다카33190 판결 ········· 802
대법원 1989. 11. 14. 선고 88누6924 판결 ········· 97
대법원 1989. 11. 14. 선고 88다카28204 판결 ········· 919
대법원 1989. 11. 14. 선고 89누2318 판결 ········· 872, 928
대법원 1989. 11. 24. 선고 88다카16294 판결 ········· 218, 219
대법원 1989. 11. 28. 선고 89다카1145 판결 ········· 671
대법원 1989. 12. 26. 선고 88다카6761 전원합의체 판결 ········· 946
대법원 1989. 12. 26. 선고 89도1204 판결 ········· 1105
대법원 1990. 2. 23. 선고 89다카22487 판결 ········· 911, 924
대법원 1990. 2. 27. 선고 89누7337 판결 ········· 434
대법원 1990. 4. 24. 선고 86다카2778 판결 ········· 83
대법원 1990. 4. 27. 선고 89다카5451 판결 ········· 399
대법원 1990. 4. 27. 선고 89다카7754 판결 ········· 381
대법원 1990. 5. 8. 선고 88다카26413 판결 ········· 573
대법원 1990. 5. 15. 선고 90도357 판결 ········· 299, 302
대법원 1990. 7. 10. 선고 89다카13155 판결 ········· 599, 600
대법원 1990. 9. 28. 선고 90도602 판결 ········· 299
대법원 1990. 10. 23. 선고 90다카15171 판결 ········· 958
대법원 1990. 11. 27. 선고 89다카15939 판결 ········· 554
대법원 1990. 12. 11. 선고 89도55 판결(船) ········· 546
대법원 1990. 12. 11. 선고 90다5634 판결 ········· 916
대법원 1990. 12. 26. 선고 90다카12493 판결 ········· 643, 674
대법원 1990. 12. 26. 선고 90다카24816 판결 ········· 930
대법원 1991. 1. 15. 선고 90다5641 판결 ········· 51
대법원 1991. 1. 29. 선고 90도2852 판결 ········· 300
대법원 1991. 2. 12. 선고 90다15952 판결 ········· 388
대법원 1991. 2. 22. 선고 90다카27389 판결 ········· 455
대법원 1991. 3. 27. 선고 90도2528 판결 ········· 299
대법원 1991. 5. 28. 선고 90누1120 판결 ········· 838
대법원 1991. 5. 28. 선고 90누5313 판결 ········· 434
대법원 1991. 6. 25. 선고 91다1134 판결 ········· 455
대법원 1991. 6. 28. 선고 90누9346 판결 ········· 455

대법원 1991. 6. 28. 선고 90다14560 판결 ··· 573
대법원 1991. 6. 28. 선고 90다카14758 판결 ··· 644, 670
대법원 1991. 6. 28. 선고 90다카25277 판결 ··· 457
대법원 1991. 7. 2. 선고 90다11554 판결 ··· 402
대법원 1991. 7. 9. 선고 90다8077 판결 ··· 416
대법원 1991. 7. 12. 선고 90다9353 판결 ··· 364, 399, 416
대법원 1991. 7. 12. 선고 91다6351 판결(船) ··· 835
대법원 1991. 7. 23. 선고 89다카1275 판결 ··· 962
대법원 1991. 7. 23. 선고 90다11776 판결 ··· 861, 921
대법원 1991. 8. 27. 선고 91누3321 판결 ··· 420, 421
대법원 1991. 8. 27. 선고 91다19081 판결 ··· 911
대법원 1991. 9. 24. 선고 90다18463 판결 ··· 417
대법원 1991. 11. 26. 선고 91누4171 판결 ··· 437
대법원 1991. 11. 26. 선고 91다22070 판결 ··· 417
대법원 1991. 12. 10. 선고 91다14420 판결 ··· 454
대법원 1991. 12. 10. 선고 91다17573 판결 ··· 486
대법원 1991. 12. 10. 선고 91추10 판결 ··· 212
대법원 1991. 12. 13. 선고 90다18999 판결 ··· 457
대법원 1991. 12. 27. 선고 90도2800 판결 ··· 1102
대법원 1992. 1. 21. 선고 91다30118 판결 ··· 456
대법원 1992. 2. 11. 선고 91도2913 판결 ··· 846
대법원 1992. 2. 14. 선고 91누3529 판결 ··· 880
대법원 1992. 2. 25. 선고 90누9049 판결 ··· 298
대법원 1992. 2. 25. 선고 91다25055 판결 ··· 382, 383
대법원 1992. 2. 25. 선고 91다28726 판결 ··· 914
대법원 1992. 2. 28. 선고 91다30828 판결 ··· 366, 367, 368, 388
대법원 1992. 3. 13. 선고 91누10046 판결 ··· 402
대법원 1992. 3. 27. 선고 91다36307 판결 ··· 517
대법원 1992. 3. 31. 선고 90다8763 판결 ··· 456
대법원 1992. 3. 31. 선고 91누6184 판결 ··· 426
대법원 1992. 3. 31. 선고 91다37263 판결 ··· 963
대법원 1992. 4. 10. 선고 91다43138 판결 ··· 402
대법원 1992. 4. 14. 선고 91다20548 판결 ··· 637
대법원 1992. 5. 12. 선고 91다27518 판결 ··· 399
대법원 1992. 5. 12. 선고 92누923 판결 ··· 839, 840

대법원 1992. 5. 22. 선고 91누5884 판결 ······ 412
대법원 1992. 6. 9. 선고 91다41477 판결 ······ 419
대법원 1992. 6. 23. 선고 91다19210 판결 ······ 366
대법원 1992. 7. 24. 선고 91다34073 판결 ······ 145, 384
대법원 1992. 7. 28. 선고 92누6099 판결 ······ 436
대법원 1992. 7. 28. 선고 92다14007 판결 ······ 634
대법원 1992. 8. 14. 선고 91다29811 판결 ······ 399
대법원 1992. 9. 1. 선고 92누7733 판결 ······ 301
대법원 1992. 9. 1. 선고 92다26260 판결 ······ 402, 424, 577
대법원 1992. 9. 8. 선고 92다23292 판결(船) ······ 197
대법원 1992. 9. 22. 선고 91다36123 판결 ······ 417
대법원 1992. 10. 9. 선고 91다14406 판결 ······ 632
대법원 1992. 10. 27. 선고 91다37140 판결 ······ 83, 234
대법원 1992. 10. 27. 선고 91다39368 판결 ······ 955
대법원 1992. 11. 13. 선고 92누11114 판결 ······ 430, 437
대법원 1992. 11. 13. 선고 92누6082 판결 ······ 406
대법원 1992. 11. 13. 선고 92누9425 판결 ······ 364
대법원 1992. 11. 13. 선고 92다16690 판결 ······ 405
대법원 1992. 11. 24. 선고 91다31753 판결 ······ 381, 384
대법원 1992. 11. 24. 선고 92누9766 판결 ······ 632
대법원 1992. 11. 27. 선고 92누4444 판결 ······ 781
대법원 1992. 12. 8. 선고 92다32074 판결 ······ 419
대법원 1992. 12. 22. 선고 91누6726 판결 ······ 288, 289, 304
대법원 1992. 12. 22. 선고 92누13189 판결 ······ 389
대법원 1993. 1. 15. 선고 91누5747 판결 ······ 455
대법원 1993. 1. 15. 선고 92다39778 판결 ······ 382, 385
대법원 1993. 1. 26. 선고 92누8200 판결 ······ 365
대법원 1993. 1. 26. 선고 92다11695 판결 ······ 365
대법원 1993. 1. 26. 선고 92다49324 판결 ······ 375
대법원 1993. 2. 12. 선고 91누12028 판결 ······ 289
대법원 1993. 2. 12. 선고 91다43466 판결 ······ 223
대법원 1993. 2. 23. 선고 92다52122 판결 ······ 962
대법원 1993. 3. 23. 선고 92다52115 판결 ······ 384
대법원 1993. 3. 26. 선고 92도3405 판결 ······ 1019
대법원 1993. 4. 9. 선고 92누15765 판결 ······ 144, 387

대법원 1993. 4. 13. 선고 92누17181 판결 ······ 908
대법원 1993. 4. 27. 선고 92다37161 판결 ······ 574
대법원 1993. 4. 27. 선고 92다48697 판결 ······ 389
대법원 1993. 4. 27. 선고 92도3229 판결 ······ 727
대법원 1993. 5. 14. 선고 93다1893 판결 ······ 378
대법원 1993. 5. 25. 선고 92누12452 판결 ······ 406, 437
대법원 1993. 5. 27. 선고 92다20316 판결 ······ 137
대법원 1993. 5. 27. 선고 92다24509 판결 ······ 137, 387
대법원 1993. 6. 11. 선고 92추55 판결 ······ 212
대법원 1993. 6. 22. 선고 92누16102 판결 ······ 925
대법원 1993. 7. 13. 선고 92다42774 판결 ······ 419
대법원 1993. 7. 13. 선고 92도2089 판결 ······ 558, 560
대법원 1993. 9. 28. 선고 91다30620 판결 ······ 410, 417
대법원 1993. 9. 28. 선고 93다3363 판결 ······ 632
대법원 1993. 10. 12. 선고 92다43586 판결 ······ 457, 458
대법원 1993. 10. 12. 선고 93다18914 판결 ······ 60
대법원 1993. 10. 26. 선고 92다54210 판결 ······ 396, 397
대법원 1993. 11. 9. 선고 93다35384 판결 ······ 418
대법원 1993. 11. 9. 선고 93다37915 판결 ······ 457
대법원 1993. 11. 9. 선고 93다7464 판결 ······ 429
대법원 1993. 12. 21. 선고 93누5796 판결 ······ 635
대법원 1993. 12. 21. 선고 93다11463 판결 ······ 431, 457
대법원 1993. 12. 21. 선고 93다34091 판결 ······ 922
대법원 1993. 12. 24. 선고 91다36192 판결 ······ 458
대법원 1993. 12. 28. 선고 93다38529 판결 ······ 551
대법원 1994. 1. 11. 선고 93다17843 판결 ······ 398
대법원 1994. 1. 11. 선고 93다30938 판결 ······ 602, 609
대법원 1994. 1. 25. 선고 92다23834 판결 ······ 575
대법원 1994. 1. 25. 선고 93누18655 판결 ······ 907
대법원 1994. 1. 25. 선고 93누8542 판결 ······ 1082
대법원 1994. 2. 22. 선고 92누14502 판결 ······ 813
대법원 1994. 3. 16.자 93마1822 결정 ······ 548
대법원 1994. 4. 12. 선고 93다30648 판결 ······ 951
대법원 1994. 4. 12. 선고 93다52372 판결 ······ 945
대법원 1994. 4. 12. 선고 94다3612 판결 ······ 418

대법원 1994. 4. 29. 선고 93누16185 판결 ························· 402
대법원 1994. 5. 24. 선고 93다14493 판결 ························· 384
대법원 1994. 5. 24. 선고 93다38826 판결 ························· 762, 916
대법원 1994. 5. 24. 선고 93다46841 판결 ························· 137, 381, 384
대법원 1994. 6. 14. 선고 93누20115 판결 ························· 389, 429
대법원 1994. 6. 14. 선고 93다26151 판결 ························· 410
대법원 1994. 6. 14. 선고 93다62126 판결 ························· 367
대법원 1994. 8. 23. 선고 94다7553 판결 ························· 418
대법원 1994. 9. 13. 선고 93다50017 판결 ························· 419
대법원 1994. 9. 30. 선고 94다21337 판결 ························· 410
대법원 1994. 10. 25. 선고 93누21231 판결 ························· 493
대법원 1994. 10. 25. 선고 94다25889 판결 ························· 416
대법원 1994. 11. 11. 선고 94다22446 판결 ························· 944
대법원 1994. 11. 25. 선고 94다30065 판결 ························· 955, 956
대법원 1994. 12. 9. 선고 93다61611 판결 ························· 613
대법원 1994. 12. 23. 선고 94누3001 판결 ························· 388, 1055
대법원 1994. 12. 27. 선고 94누11132 판결 ························· 417
대법원 1994. 12. 27. 선고 94다19242 판결 ························· 602
대법원 1994. 12. 27. 선고 94다40543 판결 ························· 922
대법원 1995. 1. 20. 선고 94다38731 판결 ························· 952
대법원 1995. 1. 24. 선고 94누8587 판결 ························· 804
대법원 1995. 2. 10. 선고 94다19228 판결 ························· 635
대법원 1995. 2. 14. 선고 94누5069 판결 ························· 399
대법원 1995. 2. 28. 선고 94다15363 판결 ························· 455
대법원 1995. 2. 28. 선고 94다31334 판결 ························· 963
대법원 1995. 3. 10. 선고 94다18072 판결 ························· 377
대법원 1995. 3. 10. 선고 94다33552 판결 ························· 388, 437
대법원 1995. 3. 14. 선고 94누15523 판결 ························· 770
대법원 1995. 3. 14. 선고 94누7935 판결 ························· 784
대법원 1995. 3. 28. 선고 94누10443 판결(船) ························· 183, 865
대법원 1995. 4. 7. 선고 94누1579 판결 ························· 451
대법원 1995. 4. 11. 선고 94다4011 판결 ························· 406, 454
대법원 1995. 4. 11. 선고 94도3302 판결(船) ························· 82, 233
대법원 1995. 4. 14. 선고 94도1724 판결 ························· 561, 563
대법원 1995. 4. 25. 선고 93다61703 판결 ························· 946

대법원 1995. 6. 29. 선고 94다18553 판결 ······ 644, 670
대법원 1995. 7. 11. 선고 93다26168 판결 ······ 370
대법원 1995. 7. 14. 선고 94다54573 판결 ······ 387
대법원 1995. 7. 28. 선고 94다57718 판결 ······ 603
대법원 1995. 8. 22. 선고 94다61113 판결 ······ 220
대법원 1995. 9. 15. 선고 94누12067 판결 ······ 159
대법원 1995. 9. 29. 선고 93다53078 판결 ······ 218
대법원 1995. 9. 29. 선고 94다61946 판결 ······ 946, 947
대법원 1995. 11. 10. 선고 94도1477 판결 ······ 559, 561
대법원 1995. 11. 14. 선고 95누1422 판결 ······ 403
대법원 1995. 11. 21. 선고 94다45753 판결 ······ 456, 457
대법원 1995. 11. 24. 선고 94다23982 판결 ······ 296
대법원 1995. 12. 5. 선고 94다43351 판결 ······ 406
대법원 1995. 12. 5. 선고 95누12347 판결 ······ 434, 435
대법원 1995. 12. 21. 선고 94다26721 전원합의체 판결 ······ 517
대법원 1995. 12. 22. 선고 94다42129 판결 ······ 456
대법원 1995. 12. 22. 선고 95누2050 판결 ······ 115
대법원 1996. 2. 9. 선고 95다719 판결 ······ 612, 613
대법원 1996. 2. 23. 선고 94다21160 판결 ······ 607, 608, 624, 625
대법원 1996. 2. 23. 선고 95다48650 판결 ······ 611
대법원 1996. 4. 12. 선고 96누716 판결 ······ 835
대법원 1996. 4. 23. 선고 95다6823 판결 ······ 89, 462
대법원 1996. 4. 23. 선고 95다53102 판결 ······ 419, 451
대법원 1996. 5. 10. 선고 95다2227 판결 ······ 387
대법원 1996. 5. 10. 선고 95다42270 판결 ······ 365
대법원 1996. 6. 11. 선고 95누6649 판결 ······ 674
대법원 1996. 6. 28. 선고 96다12733 판결 ······ 813
대법원 1996. 8. 19. 선고 83다카1670 판결 ······ 918
대법원 1996. 8. 23. 선고 94누13589 판결 ······ 152
대법원 1996. 8. 23. 선고 95누11238 판결 ······ 184
대법원 1996. 8. 29. 선고 95다5783 전원합의체 판결 ······ 339, 469
대법원 1996. 9. 6. 선고 96누6103 판결 ······ 784
대법원 1996. 10. 11. 선고 94다60332 판결 ······ 219
대법원 1996. 10. 11. 선고 96다10027 판결 ······ 455
대법원 1996. 10. 25. 선고 96누2033 판결 ······ 928

대법원 1996. 10. 29. 선고 95누15926 판결 ………… 406
대법원 1996. 10. 29. 선고 96다21065 판결 ………… 406
대법원 1996. 11. 22. 선고 96도2049 판결 ………… 841
대법원 1996. 12. 6. 선고 95다24944 판결 ………… 357
대법원 1996. 12. 10. 선고 96다42024 판결 ………… 574
대법원 1996. 12. 20. 선고 95다28304 판결 ………… 603
대법원 1996. 12. 24.자 96마1302, 1303 결정 ………… 590
대법원 1997. 2. 14. 선고 96누5926 판결 ………… 184, 185, 433
대법원 1997. 2. 25. 선고 96다10263 판결 ………… 603
대법원 1997. 2. 28. 선고 96다54560 판결 ………… 962
대법원 1997. 3. 25. 선고 96다4930 판결 ………… 672
대법원 1997. 3. 28. 선고 96누4220 판결 ………… 672
대법원 1997. 4. 17. 선고 96도3376 전원합의체 판결 ………… 208
대법원 1997. 4. 22. 선고 97다3637 판결 ………… 954
대법원 1997. 4. 25. 선고 95다4056 판결 ………… 646
대법원 1997. 4. 25. 선고 96누5421 판결 ………… 368
대법원 1997. 4. 25. 선고 96다53086 판결 ………… 693, 694
대법원 1997. 5. 7. 선고 96누16056 판결 ………… 850, 928
대법원 1997. 5. 16. 선고 96다2507 판결 ………… 381
대법원 1997. 5. 16. 선고 96다47074 판결 ………… 418
대법원 1997. 5. 30. 선고 95다28960 판결 ………… 908
대법원 1997. 6. 10. 선고 95다34316 판결 ………… 383
대법원 1997. 6. 27. 선고 95누17380 판결 ………… 173, 865
대법원 1997. 6. 27. 선고 96다49674 판결 ………… 578
대법원 1997. 7. 11. 선고 96다45399 판결 ………… 137
대법원 1997. 7. 22. 선고 96다38995 판결 ………… 552
대법원 1997. 8. 22. 선고 96다6967 판결 ………… 383
대법원 1997. 8. 26. 선고 96다1726 판결 ………… 378, 385
대법원 1997. 8. 29. 선고 97도1091 판결 ………… 560, 569
대법원 1997. 9. 30. 선고 97도1490 판결 ………… 560, 563
대법원 1997. 10. 10. 선고 97누5732 판결 ………… 354, 355, 356
대법원 1997. 10. 10. 선고 97누10376 판결 ………… 770
대법원 1997. 10. 24. 선고 96다12276 판결 ………… 575, 578
대법원 1997. 10. 24. 선고 96다33037 판결 ………… 945
대법원 1997. 11. 11. 선고 97도813 판결 ………… 97, 562

대법원 1997. 11. 14. 선고 97다32178 판결 …… 611
대법원 1997. 12. 12. 선고 97다36316 판결 …… 364
대법원 1997. 12. 16. 선고 95다37421 전원합의체 판결 …… 914
대법원 1997. 12. 26. 선고 97다17575 판결 …… 575
대법원 1998. 2. 10. 선고 96다45054 판결(船) …… 221, 222, 229
대법원 1998. 3. 13. 선고 97다52622 판결(船) …… 756, 873
대법원 1998. 3. 27. 선고 97다49732 판결 …… 552, 561, 573, 581
대법원 1998. 4. 10. 선고 98두2270 판결 …… 1083
대법원 1998. 5. 8. 선고 97누7448 판결 …… 430, 431
대법원 1998. 5. 18.자 97마1788 결정 …… 45
대법원 1998. 5. 29. 선고 98두625 판결 …… 398
대법원 1998. 6. 26. 선고 98도1260 판결 …… 558, 560, 563
대법원 1998. 8. 21. 선고 97다13702 판결 …… 221
대법원 1998. 9. 8. 선고 98다19509 판결(船) …… 809, 839
대법원 1998. 9. 18. 선고 98다25825 판결 …… 948
대법원 1998. 10. 15. 선고 98도1759 전원합의체 판결 …… 560
대법원 1998. 11. 10. 선고 97누18189 판결 …… 399
대법원 1998. 11. 27. 선고 97누14132 판결 …… 366, 398
대법원 1998. 12. 8. 선고 98다31172 판결 …… 418
대법원 1998. 12. 23. 선고 97누18035 판결 …… 364
대법원 1998. 12. 23. 선고 98도3822 판결 …… 560
대법원 1999. 1. 26. 선고 98두10103 판결 …… 783, 785
대법원 1999. 2. 5. 선고 97다19090 판결 …… 103
대법원 1999. 2. 26. 선고 98다52469 판결 …… 961
대법원 1999. 3. 23. 선고 98도4020 판결 …… 504
대법원 1999. 3. 26. 선고 98두4672 판결 …… 367, 410, 418
대법원 1999. 4. 9. 선고 98다33659 판결 …… 389
대법원 1999. 4. 23. 선고 99도636 판결 …… 208
대법원 1999. 4. 27. 선고 99두202 판결 …… 399
대법원 1999. 4. 27. 선고 99두1694 판결(船) …… 40, 1027
대법원 1999. 5. 11. 선고 98두9233 판결 …… 432
대법원 1999. 5. 12. 선고 97다5015 전원합의체 판결 …… 371
대법원 1999. 6. 11. 선고 98다26385 판결 …… 646
대법원 1999. 6. 25. 선고 99다8377 판결 …… 302
대법원 1999. 7. 9. 선고 99다7473 판결 …… 846, 849, 854, 894

대법원 1999. 7. 13. 선고 99도2168 판결 ························ 361, 547
대법원 1999. 9. 17. 선고 99다24836 판결(船) ························ 763, 774, 806, 831
대법원 1999. 11. 12. 선고 99도3157 판결 ························ 1020
대법원 1999. 12. 20.자 99무42 결정 ························ 906, 1081
대법원 2000. 1. 28.자 99마5143 결정 ························ 610, 612
대법원 2000. 2. 25. 선고 97누13702 판결 ························ 850
대법원 2000. 3. 10. 선고 98다37491 판결 ························ 911
대법원 2000. 3. 10. 선고 99다60115 판결 ························ 694, 944
대법원 2000. 3. 10. 선고 99두11646 판결 ························ 847
대법원 2000. 4. 11. 선고 98다33161 판결 ························ 953
대법원 2000. 4. 11. 선고 99두2963 판결 ························ 364
대법원 2000. 4. 25. 선고 99다34475 판결 ························ 402
대법원 2000. 5. 12. 선고 99다68577 판결 ························ 959
대법원 2000. 5. 16. 선고 99다47129 판결 ························ 688, 692
대법원 2000. 5. 26. 선고 98다34331 판결 ························ 311, 313, 316
대법원 2000. 6. 9. 선고 98다13747 판결 ························ 146, 393
대법원 2000. 6. 9. 선고 99추16 판결 ························ 212
대법원 2000. 7. 6.자 2000마1029 결정(船) ························ 88, 290
대법원 2000. 7. 7. 선고 98다42172 판결 ························ 403, 559
대법원 2000. 7. 28. 선고 2000다11317 판결 ························ 955
대법원 2000. 8. 18. 선고 2000두918 판결 ························ 911
대법원 2000. 9. 5. 선고 99두8657 판결 ························ 402
대법원 2000. 9. 22. 선고 99다7367 판결 ························ 633
대법원 2000. 9. 22. 선고 2000두5722 판결 ························ 1113
대법원 2000. 9. 29. 선고 99다45376 판결 ························ 378, 381
대법원 2000. 9. 29. 선고 99다67536 판결 ························ 552, 553
대법원 2000. 9. 29. 선고 2000다28995 판결 ························ 692
대법원 2000. 9. 29. 선고 2000다32475 판결 ························ 608
대법원 2000. 12. 22. 선고 99다21806 판결 ························ 389
대법원 2001. 1. 19. 선고 2000다30516 판결 ························ 376, 391
대법원 2001. 2. 23. 선고 2001도204 판결 ························ 562, 563
대법원 2001. 3. 9. 선고 2000다59920 판결 ························ 954
대법원 2001. 3. 23. 선고 99다11526 판결 ························ 602
대법원 2001. 4. 10. 선고 98다13716 판결 ························ 146
대법원 2001. 4. 10. 선고 2000두10151 판결 ························ 350

대법원 2001. 4. 13. 선고 2000다52943 판결 ········ 841
대법원 2001. 4. 13. 선고 2000도4901 판결 ········ 167
대법원 2001. 4. 24. 선고 99다9370 판결 ········ 363, 466
대법원 2001. 4. 24. 선고 2000두7988 판결 ········ 435
대법원 2001. 5. 2.자 2001마1733 결정 ········ 1115, 1116
대법원 2001. 6. 12. 선고 2001다13044 판결(船) ········ 413, 420, 423, 476, 786
대법원 2001. 7. 10. 선고 99다58327 판결 ········ 216
대법원 2001. 7. 27. 선고 99다56734 판결 ········ 694, 695, 944
대법원 2001. 9. 18. 선고 2000다60630 판결 ········ 391
대법원 2001. 9. 18. 선고 2001다7834 판결 ········ 917, 919
대법원 2001. 10. 12. 선고 2001다13990 판결 ········ 389
대법원 2001. 10. 23. 선고 2001다25184 판결 ········ 361, 552
대법원 2001. 10. 26. 선고 2001도4557 판결 ········ 563
대법원 2001. 10. 30. 선고 2001다24051 판결 ········ 559, 582
대법원 2001. 12. 11. 선고 2000다15258 판결 ········ 949
대법원 2001. 12. 11. 선고 2000두7452 판결 ········ 853
대법원 2001. 12. 14. 선고 2001도5025 판결 ········ 168, 1018
대법원 2001. 12. 24. 선고 2000두598 판결 ········ 853
대법원 2002. 2. 8. 선고 2000두7186 판결 ········ 434
대법원 2002. 2. 26. 선고 2000다39063 판결 ········ 161
대법원 2002. 3. 21. 선고 2000다62322 전원합의체 판결 ········ 910, 914
대법원 2002. 3. 29. 선고 2001다49234 판결 ········ 834
대법원 2002. 3. 29. 선고 2001다83838 판결 ········ 611
대법원 2002. 4. 12. 선고 2000다45419 판결 ········ 912
대법원 2002. 4. 23. 선고 2000다50701 판결 ········ 144
대법원 2002. 5. 14. 선고 2002다4870 판결 ········ 603
대법원 2002. 5. 24. 선고 2001두3952 판결 ········ 1122
대법원 2002. 6. 14. 선고 2001다2112 판결(船) ········ 133, 137, 474, 791, 825, 827, 833, 834, 837, 870, 932, 933, 939
대법원 2002. 6. 14. 선고 2001두11076 판결 ········ 432, 437
대법원 2002. 6. 28. 선고 2001다47764 판결 ········ 378
대법원 2002. 6. 28. 선고 2001다77970 판결 ········ 146, 368
대법원 2002. 7. 12. 선고 2001다53264 판결 ········ 608, 625
대법원 2002. 7. 23. 선고 2002두1847 판결(船) ········ 766, 888
대법원 2002. 7. 26. 선고 2000다27671 판결 ········ 552, 561

대법원 2002. 8. 16.자 2002마362 결정 ············ 1126
대법원 2002. 8. 23. 선고 2000다60890 판결 ············ 403, 517
대법원 2002. 9. 4. 선고 2001다80778 판결 ············ 952
대법원 2002. 9. 4. 선고 2002다13324 판결 ············ 910
대법원 2002. 9. 10. 선고 2002다34581 판결 ············ 861, 921
대법원 2002. 9. 24. 선고 2002다30275 판결 ············ 950
대법원 2002. 9. 24. 선고 2002도3666 판결 ············ 562
대법원 2002. 10. 8. 선고 2001다31141 판결 ············ 599, 602, 609
대법원 2002. 10. 8. 선고 2002다34901 판결 ············ 608, 625
대법원 2002. 10. 11. 선고 2002다38064 판결 ············ 963, 964
대법원 2002. 10. 17. 선고 2002다8025 전원합의체 판결(船) ············ 23, 34
대법원 2002. 10. 25. 선고 2002다23598 판결 ············ 838
대법원 2002. 10. 25. 선고 2002두4464 판결 ············ 1081
대법원 2002. 11. 26. 선고 2001다72678 판결 ············ 953
대법원 2002. 11. 26. 선고 2002도649 판결 ············ 562
대법원 2002. 11. 26. 선고 2002두6811 판결 ············ 907
대법원 2002. 12. 10. 선고 2002다48399 판결 ············ 603, 607, 608, 609
대법원 2002. 12. 10. 선고 2002도3730 판결 ············ 562
대법원 2002. 12. 26. 선고 2002다50149 판결 ············ 926
대법원 2002. 12. 27. 선고 2002두906 판결 ············ 146
대법원 2003. 1. 10. 선고 2000다70064 판결 ············ 216
대법원 2003. 1. 10. 선고 2000도5716 판결 ············ 279, 283, 1104
대법원 2003. 2. 11. 선고 2000다66454 판결(船) ············ 74
대법원 2003. 2. 11. 선고 2002도5679 판결(船) ············ 562
대법원 2003. 3. 14. 선고 2002다69631 판결 ············ 371
대법원 2003. 3. 14. 선고 2002도3883 판결 ············ 155
대법원 2003. 4. 11. 선고 2002다71832 판결 ············ 382
대법원 2003. 4. 11. 선고 2002도4323 판결 ············ 563
대법원 2003. 4. 11. 선고 2003다5801, 5818 판결 ············ 792
대법원 2003. 4. 25. 선고 2002다11458 판결 ············ 403
대법원 2003. 4. 25. 선고 2003다7005 판결 ············ 405
대법원 2003. 5. 30. 선고 2002다23826 판결 ············ 364, 466
대법원 2003. 6. 10. 선고 2001두3136 판결 ············ 419
대법원 2003. 6. 13. 선고 2003두1097 판결 ············ 312, 313
대법원 2003. 6. 25.자 2003마28 결정 ············ 612, 613

대법원 2003. 6. 27. 선고 2001다734 판결 ········ 963
대법원 2003. 7. 8. 선고 2001두8018 판결 ········ 399
대법원 2003. 7. 11. 선고 99다24218 판결 ········ 959
대법원 2003. 7. 11. 선고 2003도1295 판결(船) ········ 40, 1019
대법원 2003. 7. 25. 선고 2003다23670 판결 ········ 957
대법원 2003. 10. 23. 선고 2003다7388 판결 ········ 357
대법원 2003. 11. 14. 선고 2003다34083 판결 ········ 389
대법원 2003. 11. 28. 선고 2003다15068 판결 ········ 389
대법원 2003. 12. 18. 선고 2002다2843 전원합의체 판결 ········ 385
대법원 2004. 1. 27. 선고 2001다42301 판결 ········ 377
대법원 2004. 1. 29. 선고 2003다52210 판결 ········ 587
대법원 2004. 2. 12. 선고 2001다63599 판결 ········ 350
대법원 2004. 2. 13. 선고 2003다60365 판결 ········ 949
대법원 2004. 2. 26. 선고 2003두13397 판결(船) ········ 65, 66
대법원 2004. 2. 27. 선고 2001다28596 판결 ········ 350, 351
대법원 2004. 3. 25. 선고 2001다53349 판결 ········ 134
대법원 2004. 3. 26. 선고 2003다13239 판결(船) ········ 910
대법원 2004. 4. 28. 선고 2001다36733 판결 ········ 947
대법원 2004. 4. 28. 선고 2001다53875 판결 ········ 356, 357
대법원 2004. 5. 14. 선고 2002다23185 판결 ········ 376
대법원 2004. 5. 27. 선고 2002다65905 판결 ········ 599, 609
대법원 2004. 6. 25. 선고 2002다56130 판결 ········ 1021
대법원 2004. 6. 25. 선고 2003두15317 판결 ········ 417
대법원 2004. 7. 22. 선고 2002다52312 판결 ········ 603, 604
대법원 2004. 7. 22. 선고 2002다57362 판결 ········ 375
대법원 2004. 7. 22. 선고 2002다59702 판결 ········ 376, 381, 383
대법원 2004. 7. 22. 선고 2003다20183 판결 ········ 944
대법원 2004. 10. 15. 선고 2003다39927 판결 ········ 949
대법원 2004. 10. 15. 선고 2004도2899 판결 ········ 1102
대법원 2004. 10. 27. 선고 2004다7040 판결(船) ········ 104
대법원 2004. 12. 24. 선고 2003다33691 판결 ········ 913
대법원 2004. 12. 24. 선고 2004다51696 판결(船) ········ 106, 843
대법원 2005. 2. 1.자 2004모542 결정 ········ 1102
대법원 2005. 3. 11. 선고 2003다44691 판결 ········ 383
대법원 2005. 3. 25. 선고 2005다4208 판결 ········ 950, 957

대법원 2005. 4. 22.자 2005무13 결정 ……… 1080
대법원 2005. 4. 28. 선고 2004다12660 판결 ……… 916
대법원 2005. 4. 29. 선고 2004두14090 판결 ……… 404
대법원 2005. 4. 29. 선고 2004두14977 판결 ……… 850
대법원 2005. 5. 26. 선고 2005두1152 판결 ……… 389
대법원 2005. 6. 9. 선고 2005도1089 판결 ……… 384
대법원 2005. 7. 28. 선고 2004두6532 판결 ……… 389
대법원 2005. 8. 25. 선고 2005다14595 판결 ……… 602
대법원 2005. 9. 9. 선고 2003두896 판결 ……… 137, 644
대법원 2005. 9. 9. 선고 2005다34407 판결 ……… 402
대법원 2005. 9. 29. 선고 2005다34391 판결 ……… 603, 607, 608
대법원 2005. 10. 7. 선고 2003두14994 판결 ……… 887
대법원 2005. 10. 13. 선고 2004다26799 판결 ……… 599, 613, 617, 620
대법원 2005. 10. 28. 선고 2003다69638 판결 ……… 969
대법원 2005. 11. 10. 선고 2005다21494 판결 ……… 381
대법원 2005. 11. 10. 선고 2005다50034 판결 ……… 115
대법원 2005. 11. 25. 선고 2003두8210 판결 ……… 406
대법원 2005. 11. 30.자 2005마1031 결정 ……… 1083
대법원 2006. 2. 9. 선고 2003도4599 판결 ……… 1103
대법원 2006. 2. 24. 선고 2003도4966 판결 ……… 1107
대법원 2006. 2. 24. 선고 2005두5673 판결 ……… 437
대법원 2006. 3. 9. 선고 2005다16904 판결 ……… 949
대법원 2006. 4. 27. 선고 2004다4683 판결 ……… 391
대법원 2006. 4. 28. 선고 2005다63504 판결 ……… 694
대법원 2006. 5. 11. 선고 2003다8503 판결 ……… 957, 959
대법원 2006. 9. 28. 선고 2004다44506 판결 ……… 693, 945
대법원 2006. 9. 28. 선고 2004다48768 판결 ……… 912
대법원 2006. 11. 23. 선고 2006다41990 판결 ……… 637
대법원 2006. 11. 23. 선고 2006다49901 판결 ……… 418, 419
대법원 2006. 11. 23. 선고 2006두11644 판결 ……… 389
대법원 2006. 12. 7. 선고 2004다29736 판결 ……… 77, 338, 575
대법원 2006. 12. 7. 선고 2006다53627 판결 ……… 129, 134, 159, 566
대법원 2006. 12. 7. 선고 2006도300 판결 ……… 96
대법원 2006. 12. 22. 선고 2004두12902 판결 ……… 417
대법원 2007. 2. 8. 선고 2004다48829 판결(船) ……… 861, 921, 946, 947, 948, 949, 964, 969

대법원 2007. 3. 29. 선고 2006도9307 판결 ··· 313
대법원 2007. 3. 30. 선고 2004두7665 판결 ··· 1108, 1109
대법원 2007. 3. 30. 선고 2006도6479 판결 ··· 343
대법원 2007. 4. 13. 선고 2006다78640 판결 ··· 957, 958
대법원 2007. 4. 26. 선고 2005두2810 판결 ··· 851, 852
대법원 2007. 7. 12. 선고 2005다39617 판결(船) ··· 118, 132, 618
대법원 2007. 7. 12. 선고 2005다47939 판결(船) ··· 112, 118, 132, 618
대법원 2007. 7. 26. 선고 2005다67698 판결 ··· 297
대법원 2007. 9. 6. 선고 2006다83246 판결 ··· 367
대법원 2007. 9. 6. 선고 2007다42600 판결 ··· 383, 393
대법원 2007. 9. 21. 선고 2006도6949 판결 ··· 233
대법원 2007. 10. 11. 선고 2007다37790 판결 ··· 838
대법원 2007. 10. 11. 선고 2007두11566 판결 ··· 370, 392
대법원 2007. 10. 12. 선고 2006다59748 판결 ··· 417
대법원 2007. 11. 15. 선고 2006다72567 판결 ··· 134
대법원 2007. 12. 13. 선고 2006다34268 판결 ··· 297
대법원 2007. 12. 27. 선고 2007다51758 판결 ··· 417
대법원 2007. 12. 28. 선고 2006다33999 판결 ··· 458
대법원 2007. 12. 28. 선고 2007도5204 판결 ··· 314
대법원 2008. 1. 24. 선고 2006다21330 판결 ··· 469
대법원 2008. 1. 31. 선고 2006두8204 판결 ··· 784
대법원 2008. 2. 1. 선고 2006다20542 판결 ··· 578
대법원 2008. 2. 1. 선고 2006다63990 판결(船) ··· 133, 806, 807, 842, 939
대법원 2008. 2. 28. 선고 2007두22801 판결(船) ··· 35, 63, 64, 65
대법원 2008. 2. 29. 선고 2007다85997 판결 ··· 384
대법원 2008. 2. 29.자 2005마94 결정 ··· 1120, 1126
대법원 2008. 3. 24.자 2007마1492 결정 ··· 1116
대법원 2008. 3. 27. 선고 2007다84420 판결(船) ··· 763, 783, 784, 814, 816, 825, 847
대법원 2008. 4. 10. 선고 2005다48994 판결 ··· 728
대법원 2008. 4. 24. 선고 2008다10006 판결(船) ··· 623
대법원 2008. 4. 24. 선고 2008도618 판결(船) ··· 468
대법원 2008. 5. 29. 선고 2006다71908 판결 ··· 129
대법원 2008. 6. 12. 선고 2008다11702 판결 ··· 587
대법원 2008. 6. 26. 선고 2006다1930 판결 ··· 611
대법원 2008. 6. 26. 선고 2006다30730 판결 ··· 462

대법원 2008. 6. 26. 선고 2008두6271 판결 185
대법원 2008. 6. 27.자 2006마260 결정 592
대법원 2008. 10. 9. 선고 2008다41666 판결 666
대법원 2008. 11. 13. 선고 2007다590 판결 652
대법원 2008. 11. 13. 선고 2008다60933 판결 923
대법원 2008. 11. 27. 선고 2008다40847 판결 825
대법원 2008. 12. 11. 선고 2006다82793 판결 911
대법원 2008. 12. 12.자 2008마1774 결정 590
대법원 2008. 12. 24. 선고 2008다65242 판결 602, 603
대법원 2009. 1. 30. 선고 2008다73311 판결(船) 930
대법원 2009. 2. 12. 선고 2008다70336 판결 393
대법원 2009. 2. 12. 선고 2008다73830 판결 952
대법원 2009. 2. 26. 선고 2008도10851 판결 262, 265
대법원 2009. 2. 26. 선고 2009두133 판결(船) 415
대법원 2009. 3. 12. 선고 2008두19147 판결 798
대법원 2009. 4. 9. 선고 2008두16070 판결 157
대법원 2009. 4. 23. 선고 2007두20157 판결 364
대법원 2009. 4. 23. 선고 2008도11921 판결 1107
대법원 2009. 5. 14. 선고 2009두157 판결 805
대법원 2009. 5. 21. 선고 2008다13104 전원합의체 판결 862, 920, 921, 923, 924
대법원 2009. 5. 28. 선고 2008도7030 판결 702
대법원 2009. 5. 28. 선고 2009두2238 판결 381
대법원 2009. 6. 11. 선고 2008도11784 판결 214
대법원 2009. 7. 9. 선고 2007추66 판결 199
대법원 2009. 8. 20. 선고 2009두6919 판결 845
대법원 2009. 9. 28.자 2009마817 결정 1119
대법원 2009. 11. 12. 선고 2009다49377 판결 380, 381
대법원 2009. 11. 12. 선고 2009다53017 판결 599
대법원 2009. 11. 12. 선고 2009다56665 판결 956
대법원 2009. 12. 10. 선고 2008다57852 판결 354
대법원 2010. 1. 28. 선고 2008다65686 판결(船) 914
대법원 2010. 2. 25. 선고 2009다97314 판결 847
대법원 2010. 3. 10.자 2009마1942 결정 623
대법원 2010. 4. 15. 선고 2009다99396 판결 115
대법원 2010. 4. 15. 선고 2009도9624 판결 1107

대법원 2010. 4. 15. 선고 2009도13833 판결 ········· 425, 426
대법원 2010. 4. 29. 선고 2007두11542 판결 ········· 297
대법원 2010. 4. 29. 선고 2009다98928 판결 ········· 912
대법원 2010. 4. 29. 선고 2009다99754 판결 ········· 103
대법원 2010. 5. 20. 선고 2007다90760 전원합의체 판결 ········· 362, 551, 579
대법원 2010. 5. 27. 선고 2008다9150 판결 ········· 580
대법원 2010. 6. 10. 선고 2010도1777 판결 ········· 833
대법원 2010. 7. 15. 선고 2010다18355 판결 ········· 129
대법원 2010. 8. 19. 선고 2010두5141 판결 ········· 825, 847, 926
대법원 2010. 9. 30. 선고 2010다41089 판결 ········· 364, 466
대법원 2010. 12. 9. 선고 2010도12069 판결 ········· 1107
대법원 2010. 12. 9. 선고 2010두15803 판결 ········· 784
대법원 2011. 1. 27. 선고 2008다13623 판결 ········· 597
대법원 2011. 2. 24. 선고 2009다47937 판결 ········· 597
대법원 2011. 4. 14. 선고 2007두1729 판결 ········· 337
대법원 2011. 4. 14. 선고 2011도862 판결 ········· 1019
대법원 2011. 4. 15.자 2010마1447 결정(船) ········· 607
대법원 2011. 5. 6.자 2010마1193 결정 ········· 297
대법원 2011. 5. 26. 선고 2009추145 판결 ········· 214
대법원 2011. 5. 26. 선고 2011다14282 판결(船) ········· 774, 776, 806
대법원 2011. 6. 10. 선고 2010두19461 판결 ········· 533
대법원 2011. 7. 14. 선고 2009도5516 판결 ········· 728
대법원 2011. 7. 14.자 2011마364 결정 ········· 1121
대법원 2011. 7. 28. 선고 2008다12408 판결 ········· 914
대법원 2011. 7. 28.자 2011마792 결정 ········· 1121
대법원 2011. 9. 8. 선고 2011다22061 판결 ········· 361
대법원 2011. 10. 13. 선고 2009다96625 판결 ········· 618, 626
대법원 2011. 10. 27. 선고 2011두15640 판결 ········· 824, 851
대법원 2011. 11. 10. 선고 2009다63205 판결 ········· 421
대법원 2011. 12. 8. 선고 2010두10655 판결 ········· 849
대법원 2011. 12. 8. 선고 2011다68777 판결 ········· 609
대법원 2011. 12. 22. 선고 2011도12927 판결 ········· 273
대법원 2012. 1. 12. 선고 2009다8581 판결 ········· 872
대법원 2012. 2. 9. 선고 2010도14254 판결 ········· 215
대법원 2012. 4. 13. 선고 2011다42188 판결(船) ········· 602, 622

대법원 2012. 5. 9. 선고 2011도11264 판결 ······ 1107
대법원 2012. 5. 24. 선고 2010두18505 판결 ······ 861
대법원 2012. 6. 14. 선고 2010다77293 판결 ······ 922, 947
대법원 2012. 7. 16.자 2009마461 결정 ······ 119
대법원 2012. 8. 23. 선고 2010도6504 판결 ······ 1026
대법원 2012. 8. 23. 선고 2012다9041 판결 ······ 961
대법원 2012. 10. 11. 선고 2010두18215 판결 ······ 65, 181, 182
대법원 2012. 10. 19.자 2012마1163 결정 ······ 1119
대법원 2012. 10. 25. 선고 2009다77754 판결 ······ 113
대법원 2012. 12. 13. 선고 2010도9422 판결 ······ 85
대법원 2013. 1. 24. 선고 2012도12051 판결 ······ 215
대법원 2013. 3. 28.자 2012아43 결정 ······ 1047
대법원 2013. 4. 11. 선고 2012다48077 판결 ······ 536
대법원 2013. 4. 25. 선고 2013다6339 판결 ······ 1037
대법원 2013. 6. 13. 선고 2013두3894 판결 ······ 104
대법원 2013. 8. 22. 선고 2013다25118 판결 ······ 919
대법원 2013. 9. 13. 선고 2013다37722 판결 ······ 951
대법원 2013. 11. 28. 선고 2011다39946 판결 ······ 317
대법원 2013. 11. 28. 선고 2011다60247 판결 ······ 1024
대법원 2013. 12. 12. 선고 2011두4282 판결 ······ 363
대법원 2013. 12. 12. 선고 2013다210299 판결 ······ 845
대법원 2013. 12. 18. 선고 2012다89399 전원합의체 판결 ······ 354, 521, 524, 554
대법원 2013. 12. 26. 선고 2011추100 판결 ······ 55
대법원 2013. 12. 26. 선고 2012다41892 판결 ······ 922
대법원 2014. 1. 29. 선고 2013도13937 판결 ······ 1026
대법원 2014. 2. 13. 선고 2012추107 판결 ······ 55
대법원 2014. 2. 27. 선고 2013두17817 판결 ······ 782
대법원 2014. 4. 10. 선고 2011다23422 판결(船) ······ 786
대법원 2014. 5. 29. 선고 2012다115786 판결 ······ 524
대법원 2014. 5. 29. 선고 2013다1754 판결 ······ 217, 218, 219, 220, 221
대법원 2014. 6. 12. 선고 2012두24214 판결 ······ 814
대법원 2014. 7. 10. 선고 2012두20991 판결 ······ 845, 846
대법원 2014. 7. 10. 선고 2013두8332 판결 ······ 873
대법원 2014. 7. 24. 선고 2013다34839 판결(船) ······ 119, 619
대법원 2014. 8. 28. 선고 2013다74363 판결 ······ 526

대법원 2014. 10. 8.자 2014마667 전원합의체 결정 ··· 1125
대법원 2014. 11. 13. 선고 2014다219415 판결 ··· 954
대법원 2014. 11. 20. 선고 2013다64908 전원합의체 판결 ··· 592
대법원 2014. 11. 27. 선고 2011다41420 판결 ··· 413
대법원 2014. 11. 27.자 2014마1099 결정 ··· 618
대법원 2014. 12. 11. 선고 2011다77290 판결 ··· 579
대법원 2015. 1. 15. 선고 2014두724 판결 ··· 861, 918
대법원 2015. 1. 15. 선고 2014두11571 판결 ··· 920
대법원 2015. 3. 12. 선고 2014다21410 판결 ··· 49, 100
대법원 2015. 4. 16. 선고 2012두26142 전원합의체 판결 ··· 854
대법원 2015. 4. 23. 선고 2014다71507 판결 ··· 618
대법원 2015. 6. 25. 선고 2007두4995 전원합의체 판결 ··· 159, 160
대법원 2015. 8. 19. 선고 2012다119351 판결 ··· 527
대법원 2015. 8. 19. 선고 2015다204762 판결 ··· 611
대법원 2015. 9. 15. 선고 2015다204878 판결 ··· 56
대법원 2015. 10. 29. 선고 2013두21618 판결 ··· 94
대법원 2015. 11. 12. 선고 2015도6809 전원합의체 판결 ··· 189, 240, 242, 246
대법원 2015. 11. 26. 선고 2013다14965 판결 ··· 42, 53, 78, 1023
대법원 2016. 1. 28. 선고 2015도11659 판결 ··· 342
대법원 2016. 5. 24. 선고 2012다85335 판결 ··· 312
대법원 2016. 6. 28. 선고 2015다23024 판결 ··· 949
대법원 2016. 12. 29. 선고 2013두5821 판결(船) ··· 158, 567, 885
대법원 2017. 2. 3. 선고 2016두50563 판결 ··· 337
대법원 2017. 2. 21. 선고 2016다225353 판결 ··· 838
대법원 2017. 4. 7. 선고 2013다101425 판결 ··· 312
대법원 2017. 4. 27. 선고 2016두55919 판결 ··· 804
대법원 2017. 4. 28. 선고 2016두56134 판결 ··· 784
대법원 2017. 5. 17. 선고 2014다232296, 232302 판결 ··· 673, 674, 675
대법원 2017. 5. 31. 선고 2016두58840 판결 ··· 785
대법원 2017. 7. 11. 선고 2013도7896 판결 ··· 312
대법원 2017. 9. 7. 선고 2017두46899 판결 ··· 77
대법원 2017. 10. 12. 선고 2015두44493 판결 ··· 338
대법원 2018. 5. 15. 선고 2018두32125 판결 ··· 784
대법원 2018. 5. 30. 선고 2015다51968 판결 ··· 585
대법원 2018. 6. 28. 선고 2017다269374 판결 ··· 921

대법원 2018. 6. 28. 선고 2017도13426 판결 ······ 41, 63
대법원 2018. 8. 30. 선고 2018두43774 판결(船) ······ 819, 820, 822
대법원 2018. 8. 30. 선고 2015도3692 판결 ······ 49
대법원 2018. 9. 13. 선고 2017다16778 판결 ······ 425, 426
대법원 2019. 2. 21. 선고 2018다248909 전원합의체 판결 ······ 954
대법원 2019. 3. 14. 선고 2015두46321 판결 ······ 147, 149, 155, 156
대법원 2019. 4. 3. 선고 2018다286550 판결 ······ 482
대법원 2019. 7. 24.자 2017마1442 결정 ······ 103, 615
대법원 2019. 10. 17. 선고 2015다213568 판결 ······ 637
대법원 2019. 10. 17. 선고 2016두63705 판결 ······ 336, 340
대법원 2019. 10. 31. 선고 2019두45647 판결(船) ······ 338
대법원 2019. 11. 14. 선고 2018다200709 판결 ······ 147, 394
대법원 2019. 12. 27. 선고 2019다218462 판결 ······ 103
대법원 2020. 1. 22. 선고 2015다73067 전원합의체 판결 ······ 530
대법원 2020. 1. 30. 선고 2016다236407 판결 ······ 650, 651
대법원 2020. 2. 6. 선고 2015다233579 판결 ······ 646
대법원 2020. 2. 6. 선고 2018다241083 판결 ······ 36
대법원 2020. 2. 20. 선고 2019두52386 전원합의체 판결 ······ 435
대법원 2020. 3. 26. 선고 2015다73050 판결 ······ 529, 530
대법원 2020. 3. 26. 선고 2018두35391 판결 ······ 808
대법원 2020. 4. 9. 선고 2015다20780 판결 ······ 524
대법원 2020. 4. 9. 선고 2016도14559 판결 ······ 727
대법원 2020. 4. 29. 선고 2016두41071 판결 ······ 735
대법원 2020. 4. 29. 선고 2018다263519 판결 ······ 720, 725, 726
대법원 2020. 5. 14. 선고 2016다239024 판결 ······ 1023
대법원 2020. 5. 28. 선고 2019두62604 판결 ······ 784
대법원 2020. 6. 4. 선고 2020두31774 판결 ······ 854
대법원 2020. 7. 23. 선고 2016다271455 판결 ······ 767
대법원 2020. 7. 29. 선고 2018다268811 판결(船) ······ 538, 539, 852, 854, 855
대법원 2020. 8. 20. 선고 2019다14110 판결 ······ 632, 638, 639
대법원 2020. 9. 3. 선고 2018다273608 판결 ······ 50
대법원 2020. 10. 29. 선고 2017다263192 판결 ······ 297, 298
대법원 2020. 11. 5. 선고 2018두54705 판결 ······ 466
대법원 2020. 11. 26. 선고 2017다239984 판결 ······ 645
대법원 2020. 12. 22.자 2020두52924 판결 ······ 1035

대법원 2020. 12. 24. 선고 2019다293098 판결 ········· 553
대법원 2021. 2. 25. 선고 2020두51587 판결 ········· 1017
대법원 2021. 3. 18. 선고 2018다287935 전원합의체 판결 ········· 926
대법원 2021. 3. 18. 선고 2018두47264 전원합의체 판결 ········· 909
대법원 2021. 4. 8. 선고 2021도1500 판결 ········· 736
대법원 2021. 4. 29. 선고 2018두43958 판결 ········· 421
대법원 2021. 4. 29. 선고 2020두48512 판결(船) ········· 900, 909
대법원 2021. 4. 29.자 2021다203678 판결 ········· 529, 650
대법원 2021. 6. 10. 선고 2017다52712 판결 ········· 545, 546
대법원 2021. 7. 29. 선고 2016두64876 판결 ········· 465
대법원 2021. 8. 19. 선고 2017다56226 판결 ········· 533
대법원 2021. 8. 19. 선고 2018다270876 판결 ········· 695
대법원 2021. 9. 9. 선고 2017두45933 전원합의체 판결 ········· 769
대법원 2021. 10. 14. 선고 2021두34275 판결 ········· 785
대법원 2022. 5. 12. 선고 2022다203798 판결 ········· 1032
대법원 2024. 12. 19. 선고 2020다247190 전원합의체 판결 ········· 524
대법원 2025. 6. 12. 선고 2025다209645 판결 ········· 546

서울고법 1982. 3. 10. 선고 81나3497 판결 ········· 872
서울고법 1985. 7. 18. 선고 85나861 판결 ········· 920
서울고법 1991. 1. 17. 선고 89구10885 판결 ········· 837
서울고법 1995. 10. 12. 선고 95구12714 판결 ········· 183, 790, 865
서울고법 1995. 11. 28. 선고 94구35291 판결 ········· 798
서울고법 1996. 6. 14. 선고 95구26461 판결 ········· 835
서울고법 1996. 6. 20. 선고 95나49082 판결 ········· 799
서울고법 1997. 4. 8. 선고 96나27737 판결 ········· 788, 900
서울고법 1998. 2. 19. 선고 97구21910 판결 ········· 391
서울고법 1998. 4. 9. 선고 97구31504 판결 ········· 78
서울고법 1998. 5. 1. 선고 97구41945 판결 ········· 431
서울고법 1998. 10. 23. 선고 98나23944 판결 ········· 550
서울고법 1999. 11. 30. 선고 99나8195 판결 ········· 106, 815, 844
서울고법 2000. 4. 27. 선고 94나38290 판결 ········· 554
서울고법 2000. 4. 27. 선고 99누11259 판결 ········· 767
서울고법 2000. 10. 6. 선고 2000나203 판결 ········· 314
서울고법 2000. 11. 24. 선고 2000나28645 판결 ········· 101, 106, 843, 860, 932

서울고법 2001. 1. 12. 선고 2000나35032 판결 ········· 413
서울고법 2002. 4. 19.자 2002라163 결정 ········· 549
서울고법 2003. 10. 9. 선고 2002누16254 판결 ········· 64, 65
서울고법 2005. 1. 18. 선고 2004나54789 판결 ········· 617
서울고법 2007. 6. 22. 선고 2006누31763 판결 ········· 436
서울고법 2008. 4. 3. 선고 2007누18811 판결 ········· 185
서울고법 2008. 12. 3. 선고 2008누10500 판결 ········· 415, 477
서울고법 2009. 8. 20. 선고 2007나27566 판결 ········· 229
서울고법 2010. 6. 18. 선고 2009나103464 판결 ········· 667, 668, 671
서울고법 2010. 7. 22. 선고 2009누31832 판결 ········· 31, 65, 66, 181
서울고법 2011. 1. 28. 선고 2010나31411 판결 ········· 293, 300, 532, 648, 682
서울고법 2011. 2. 25. 선고 2010나92072 판결 ········· 78
서울고법 2011. 5. 4. 선고 2010나86503 판결 ········· 604, 606
서울고법 2013. 2. 21. 선고 2012나34681 판결 ········· 615, 917
서울고법 2015. 2. 13. 선고 2013나2025567 판결 ········· 66, 579, 580, 583, 633
서울고법 2016. 3. 25. 선고 2015나2047004 판결 ········· 269
서울고법 2016. 6. 21. 선고 2015나2062119 판결 ········· 819, 856, 858, 1047, 1049
서울고법 2020. 10. 21. 선고 2019누56472 판결 ········· 1035
서울고법 2020. 12. 3. 선고 (인천)2020나10877 판결 ········· 527, 528, 529, 532, 650
서울고법 2021. 2. 5. 선고 2017나2072165 판결 ········· 639
서울고법 2021. 5. 14. 선고 2020나2001910 판결 ········· 854
대구고법 1971. 10. 15. 선고 71노654 판결 ········· 198
대구고법 1986. 10. 31. 선고 84나1348 판결 ········· 82, 83
대구고법 2002. 3. 7. 선고 2001나2250 판결 ········· 790
대구고법 2002. 4. 19. 선고 2001나5099 판결 ········· 550
대구고법 2011. 10. 19. 선고 2010나5794 판결 ········· 478
대구고법 2021. 8. 19. 선고 2020나24428 판결 ········· 862, 923
부산고법 1996. 5. 16. 선고 95나8676 판결 ········· 61, 104, 787, 933
부산고법 1997. 4. 4. 선고 96나9362 판결 ········· 504
부산고법 1997. 4. 25. 선고 96나10720 판결 ········· 800
부산고법 1997. 9. 11. 선고 96나12856 판결 ········· 104
부산고법 1998. 2. 13. 선고 97나1372 판결 ········· 414, 476, 782
부산고법 1999. 1. 8. 선고 97나10956 판결 ········· 33, 610, 869
부산고법 1999. 4. 14. 선고 98나12195 판결 ········· 857, 897
부산고법 1999. 12. 29. 선고 98나7803 판결 ········· 575

부산고법 2000. 2. 18. 선고 99누2468 판결 ………… 809, 811
부산고법 2000. 4. 12. 선고 99나10530 판결 ………… 857, 885, 897
부산고법 2000. 7. 26. 선고 2000나34 판결 ………… 817
부산고법 2002. 12. 13. 선고 2002나1796, 1802 판결 ………… 792, 834
부산고법 2004. 11. 12. 선고 2004나12158 판결 ………… 623, 870
부산고법 2004. 11. 25. 선고 2004나6276 판결 ………… 915, 921
부산고법 2007. 10. 23. 선고 2007나4516 판결 ………… 907
부산고법 2008. 1. 9. 선고 2007나8570 판결 ………… 856
부산고법 2008. 8. 13. 선고 2008나6373 판결 ………… 861, 898, 921
부산고법 2008. 11. 19. 선고 2008나8379 판결 ………… 475
부산고법 2009. 9. 25. 선고 2008나15322 판결 ………… 874
부산고법 2011. 9. 28. 선고 2011나1163 판결 ………… 267, 268, 269, 270
부산고법 2012. 12. 20. 선고 2012나3821 판결 ………… 1037
부산고법 2013. 4. 17. 선고 2012나1634 판결 ………… 98, 101
부산고법 2014. 7. 10. 선고 2013나2498 판결 ………… 34, 541, 583, 669
부산고법 2015. 5. 14. 선고 2013나52318 판결 ………… 295
부산고법 2017. 9. 13. 선고 2017누21357 판결 ………… 472
부산고법 2017. 11. 9. 선고 2017나51825 판결 ………… 243
부산고법 2021. 5. 26. 선고 2020노151 판결 ………… 218
부산고법 2021. 11. 18. 선고 2020나56301 판결 ………… 106, 542, 946, 950
부산고법 2021. 12. 22. 선고 2021나54289 판결 ………… 190, 267, 269, 270, 415, 417
광주고법 2000. 12. 1. 선고 2000나1739 판결 ………… 98, 99, 842
광주고법 2003. 7. 16. 선고 2002나10553 판결 ………… 552
광주고법 2008. 12. 18. 선고 2008누1626 판결 ………… 896
광주고법 2011. 1. 19. 선고 2010나5297 판결 ………… 776
광주고법 2012. 6. 15. 선고 2011나6242 판결 ………… 625
광주고법 2015. 1. 29. 선고 2014누6318 판결 ………… 95
광주고법 2015. 7. 16. 선고 2014누6097 판결 ………… 901, 908
광주고법 2020. 8. 21. 선고 2018누4907 판결 ………… 362, 478
광주고법 2021. 8. 25. 선고 (제주)2021나10106 판결 ………… 598
광주고법(전주부) 2007. 7. 27. 선고 2007누417 판결 ………… 907
광주고법(전주부) 2015. 1. 8. 선고 2014나1671 판결 ………… 56
광주고법(제주부) 1997. 6. 13. 선고 96나398 판결 ………… 808, 819, 831
광주고법(제주부) 2014. 9. 17. 선고 2014나64 판결 ………… 965
대전고법 2019. 9. 18. 선고 2019누10342 판결 ………… 215, 235

대전고법 2020. 9. 18. 선고 2019누12058 판결 ······ 223
서울남부지법 2009. 6. 5. 선고 2008가합13716 판결 ······ 116
서울남부지법 2013. 7. 4. 선고 2013나503 판결 ······ 98
서울동부지법 2014. 4. 29.자 2014카합182 결정 ······ 461
서울동부지법 2014. 10. 10. 선고 2013가합17481 판결 ······ 950
서울서부지법 2006. 8. 24. 선고 2005나4141 판결 ······ 116
서울서부지법 2012. 11. 13. 선고 2012가단30024 판결 ······ 548, 549, 550
서울서부지법 2018. 11. 9. 선고 2018고단2594 판결 ······ 165
서울서부지법 2019. 1. 24. 선고 2017가합40092 판결 ······ 960
서울중앙지법 2003. 7. 18. 선고 2001가합76156 판결 ······ 228
서울중앙지법 2004. 6. 2. 선고 2003고정1517 판결 ······ 427
서울중앙지법 2009. 11. 26. 선고 2009가합43671 판결 ······ 229
서울중앙지법 2010. 8. 17.자 2010카합2335 결정 ······ 90, 462
서울중앙지법 2010. 10. 5. 선고 2009가합89257 판결 ······ 116
서울중앙지법 2013. 7. 8.자 2013카합1320 결정 ······ 90, 462
서울중앙지법 2013. 9. 12. 선고 2011가합54650 판결 ······ 554
서울중앙지법 2014. 1. 7. 선고 2013가소632785 판결 ······ 331, 333, 517, 596
서울중앙지법 2015. 3. 31. 선고 2014가단51082 판결 ······ 417
서울중앙지법 2019. 1. 25. 선고 2017가합581284 판결 ······ 223
서울중앙지법 2019. 12. 11. 선고 2017가합501813 판결 ······ 790, 954, 968, 970
서울중앙지법 2021. 9. 2. 선고 2020가합506115 판결 ······ 533
서울지법 1996. 8. 30. 선고 95나27706 판결 ······ 222
서울지법 1997. 4. 4. 선고 96나55661 판결 ······ 159
서울지법 2000. 12. 29. 선고 2000가합18566 판결 ······ 806, 825
서울지법 2001. 6. 1. 선고 2000가합7061 판결 ······ 818
서울지법 2002. 9. 5. 선고 2001가합61161 판결 ······ 819, 820, 843, 856
서울지법 2003. 2. 11. 선고 2002노11520 판결 ······ 40, 1014
서울지법 남부지원 1997. 5. 23. 선고 96가합5217 판결 ······ 81
서울지법 동부지원 2000. 6. 29. 선고 99가단59840 판결 ······ 842
서울지법 동부지원 2001. 3. 23. 선고 99가단48093 판결 ······ 340, 789
서울지법 동부지원 2002. 9. 5. 선고 2002가단21234 판결 ······ 796
서울지법 의정부지원 2002. 5. 8. 선고 2002가소1707 판결 ······ 579
서울행법 1999. 8. 10. 선고 98구21836 판결 ······ 35, 788
서울행법 2007. 10. 2. 선고 2007구합9457 판결 ······ 413, 477
서울행법 2007. 12. 13. 선고 2007구합22733 판결 ······ 464, 467

서울행법 2008. 9. 11. 선고 2007구합45583 판결 ······ 363
서울행법 2009. 9. 17. 선고 2009구합14491 판결 ······ 65, 66
서울행법 2011. 2. 11. 선고 2010구합17793 판결 ······ 829
서울행법 2013. 12. 24. 선고 2013구합16968 판결 ······ 67
서울행법 2015. 1. 13. 선고 2014구합60252 판결 ······ 895, 901
서울행법 2016. 11. 18. 선고 2016구합2946 판결 ······ 54
서울행법 2020. 11. 13. 선고 2017구합83423 판결 ······ 531
서울행법 2021. 8. 20. 선고 2021구단55022 판결 ······ 159
대구지법 2005. 4. 20. 선고 2004가소680354 판결 ······ 501
대구지법 2010. 6. 17. 선고 2010나1812 판결 ······ 477
대구지법 2020. 7. 9. 선고 2017가단28730 판결 ······ 537, 681
대구지법 안동지원 2014. 11. 6. 선고 2013가합376 판결 ······ 949
대구지법 포항지원 2012. 6. 13. 선고 2012고정202 판결 ······ 239
대구지법 포항지원 2012. 7. 24. 선고 2011가단9141 판결 ······ 499
부산지법 1990. 12. 5. 선고 89가합27082 판결 ······ 478
부산지법 1995. 4. 25. 선고 94가합14189 판결 ······ 201, 415, 476
부산지법 1995. 10. 25. 선고 95가단8511 판결 ······ 106
부산지법 1995. 12. 15. 선고 94가합4830 판결 ······ 790, 820, 826, 857, 897
부산지법 1995. 12. 21. 선고 95가단25875 판결 ······ 475
부산지법 1995. 12. 22. 선고 94가단36236 판결 ······ 106
부산지법 1995. 12. 22. 선고 94가합22791 판결 ······ 413
부산지법 1995. 12. 28. 선고 95가합8709 판결 ······ 81, 503
부산지법 1996. 2. 16. 선고 95가합40 판결 ······ 33, 36, 630
부산지법 1996. 5. 14. 선고 95가합13848 판결 ······ 818
부산지법 1996. 5. 17. 선고 95카합5208 판결 ······ 81
부산지법 1996. 9. 11. 선고 96가합78, 9075 판결 ······ 803
부산지법 1996. 11. 5. 선고 96가합4285 판결 ······ 788, 842
부산지법 1997. 7. 29. 선고 96가합23699 판결 ······ 804
부산지법 1997. 8. 5. 선고 96가합8577 판결 ······ 213, 301, 303, 304
부산지법 1997. 9. 10. 선고 95가합10443 판결 ······ 33, 36, 630
부산지법 1997. 10. 1. 선고 96가단80039 판결 ······ 475, 476, 478
부산지법 1997. 10. 8. 선고 97가합15015 판결 ······ 800, 859
부산지법 1997. 11. 13. 선고 96가합16271 판결 ······ 35, 788, 870
부산지법 1998. 2. 25. 선고 97가합14319 판결 ······ 478, 623
부산지법 1998. 10. 1. 선고 97가합10287 판결 ······ 837, 857

부산지법 1999. 6. 22. 선고 99가합253 판결 ······ 475, 621
부산지법 1999. 7. 20. 선고 99가합2464 판결 ······ 26, 210, 783, 797, 803
부산지법 1999. 9. 17. 선고 98가단52151 판결 ······ 621
부산지법 2000. 1. 28. 선고 99가단44164 판결 ······ 626
부산지법 2000. 4. 20. 선고 99가단9215 판결 ······ 100
부산지법 2000. 9. 20. 선고 99가합22673 판결 ······ 859
부산지법 2000. 12. 27. 선고 2000가합3975 판결 ······ 815
부산지법 2000. 12. 27. 선고 2000고단4945 판결 ······ 859
부산지법 2001. 7. 6. 선고 2000가단64874 판결 ······ 789
부산지법 2001. 7. 24. 선고 2001가합5534 판결 ······ 819, 820, 826, 856, 858
부산지법 2001. 11. 21. 선고 2000가단68029 판결 ······ 793, 836
부산지법 2001. 12. 12. 선고 2001가합171, 8090 판결 ······ 793
부산지법 2002. 1. 15. 선고 2000가단94745 판결 ······ 801
부산지법 2002. 1. 16. 선고 2001가합11539 판결 ······ 789, 827, 850
부산지법 2002. 1. 30. 선고 2001가단31437 판결 ······ 789, 801
부산지법 2003. 11. 19. 선고 2003가합18107 판결 ······ 896, 897
부산지법 2004. 1. 9. 선고 2003가단38470 판결 ······ 843
부산지법 2005. 2. 18. 선고 2004가단51166 판결 ······ 843
부산지법 2006. 5. 12. 선고 2005나7747 판결 ······ 116
부산지법 2006. 9. 14. 선고 2006나880 판결 ······ 518, 519, 678, 776, 781
부산지법 2008. 8. 27. 선고 2007가소613552 판결 ······ 476
부산지법 2008. 9. 26. 선고 2008가단71687 판결 ······ 475, 528, 529, 650, 669
부산지법 2009. 1. 14. 선고 2008나10911 판결 ······ 621
부산지법 2009. 10. 16.자 2009카합1834 결정 ······ 293
부산지법 2010. 3. 19. 선고 2009나16329 판결 ······ 790
부산지법 2011. 8. 24. 선고 2010가합14066 판결 ······ 783, 934
부산지법 2011. 9. 28. 선고 2010가합9767 판결 ······ 116, 475, 564
부산지법 2012. 1. 12. 선고 2011가단19030 판결 ······ 611
부산지법 2012. 4. 20. 선고 2011나20567 판결 ······ 504
부산지법 2012. 4. 25. 선고 2011가합15769 판결 ······ 1037
부산지법 2012. 6. 22. 선고 2012나4722 판결 ······ 669
부산지법 2012. 7. 27. 선고 2012나2498 판결 ······ 478
부산지법 2012. 10. 24. 선고 2012가합3169 판결 ······ 475
부산지법 2012. 12. 7. 선고 2012가소121842 판결 ······ 336, 347, 463
부산지법 2012. 12. 26. 선고 2012가합7857 판결 ······ 355, 477

부산지법 2013. 4. 18. 선고 2012가단75105 판결 ········ 72, 476
부산지법 2013. 5. 15. 선고 2011가단88166 판결 ········ 477, 623
부산지법 2013. 7. 25. 선고 2013가단6199 판결 ········ 476
부산지법 2013. 8. 29. 선고 2012가합17465 판결 ········ 858
부산지법 2014. 2. 13. 선고 2012가합45095 판결 ········ 137, 474, 599, 600, 611, 626
부산지법 2014. 3. 21. 선고 2013가합8574 판결 ········ 856, 858
부산지법 2014. 4. 18. 선고 2013나13167 판결 ········ 427, 504
부산지법 2014. 5. 16. 선고 2012가합17069 판결 ········ 544
부산지법 2014. 5. 21. 선고 2013가합14739 판결 ········ 820, 858
부산지법 2014. 6. 12. 선고 2012가합21822 판결 ········ 60, 98, 101, 116, 118, 120, 869
부산지법 2014. 7. 4. 선고 2014가합751 판결 ········ 794, 795
부산지법 2014. 8. 22. 선고 2013가단49318 판결 ········ 769
부산지법 2014. 10. 10. 선고 2011가합22538 판결 ········ 554
부산지법 2015. 1. 14. 선고 2012가합20164 판결 ········ 921
부산지법 2015. 6. 25. 선고 2013가단45064 판결 ········ 424
부산지법 2016. 6. 24. 선고 2015가단56839 판결 ········ 483, 832
부산지법 2016. 6. 24. 선고 2015나14898 판결 ········ 476
부산지법 2016. 7. 1. 선고 2015가단82609 판결 ········ 597
부산지법 2016. 8. 9. 선고 2015가단229231 판결 ········ 353, 467
부산지법 2017. 9. 8. 선고 2016나10947 판결 ········ 707, 712, 717
부산지법 2018. 12. 5. 선고 2017가합50177 판결 ········ 682, 790, 840
부산지법 2019. 9. 4. 선고 2018나6430 판결 ········ 100, 476, 630
부산지법 2019. 9. 18. 선고 2018가단310909 판결 ········ 339, 567, 575, 576, 577, 581, 593, 606, 621, 623
부산지법 2019. 12. 18. 선고 2019가소568945 판결 ········ 361
부산지법 2020. 1. 9. 선고 2017가단317095 판결 ········ 944
부산지법 2020. 1. 9. 선고 2019가단319729 판결 ········ 467, 478
부산지법 2020. 1. 14. 선고 2017가단302482 판결 ········ 639
부산지법 2020. 6. 25. 선고 2019가단301063 판결 ········ 694
부산지법 2020. 9. 10. 선고 2018가합46854 판결 ········ 113, 116, 133
부산지법 2020. 11. 12. 선고 2019가합51839 판결 ········ 855
부산지법 2020. 12. 10. 선고 2019가합51150 판결 ········ 783
부산지법 2020. 12. 18. 선고 2020노609 판결 ········ 33, 846
부산지법 2020. 12. 23. 선고 2018가합46137 판결 ········ 574
부산지법 2021. 1. 29. 선고 2019나52232 판결 ········ 224, 862

부산지법 2021. 8. 11. 선고 2019가합52146 판결 ········· 844
부산지법 2021. 9. 16. 선고 2020가단351651 판결 ········· 119
부산지법 2021. 11. 23. 선고 2020가단350290 판결 ········· 101, 104, 106
부산지법 2021. 12. 15. 선고 2020가합45168 판결 ········· 667, 780, 796, 808, 810, 946
부산지법 동부지원 2007. 9. 5. 선고 2006가단21905 판결 ········· 638
부산지법 동부지원 2020. 11. 10. 선고 2019가단213469 판결 ········· 98, 99, 469
부산지법 서부지원 2020. 9. 3. 선고 2019가단113541 판결 ········· 694, 921, 961
부산지법 서부지원 2021. 11. 10. 선고 2020가단110470 판결 ········· 833
광주지법 1988. 6. 30. 선고 88가합280 판결 ········· 792
광주지법 2008. 8. 14. 선고 2007구합4247 판결 ········· 900, 908
광주지법 2014. 5. 14.자 2014카합169 결정 ········· 462
광주지법 2014. 6. 25. 선고 2014나1870 판결 ········· 917
광주지법 2019. 10. 30. 선고 2019나55261 판결 ········· 528, 668, 671, 674
광주지법 2021. 8. 26. 선고 2020나59740 판결 ········· 782, 858
광주지법 목포지원 2008. 8. 20. 선고 2007가단1232 판결 ········· 666, 668, 673
광주지법 목포지원 2013. 12. 9. 선고 2013고정359 판결 ········· 1026
광주지법 목포지원 2014. 9. 17. 선고 2013가단15478 판결 ········· 845, 847
광주지법 목포지원 2019. 8. 21. 선고 2018가단56047 판결 ········· 782
광주지법 목포지원 영암군법원 2021. 6. 3. 선고 2021가소5213 판결 ········· 583, 667, 668
광주지법 순천지원 2008. 2. 14. 선고 2008고합2 판결 ········· 307
광주지법 순천지원 2012. 10. 25. 선고 2012가합1369 판결 ········· 482
광주지법 순천지원 2014. 11. 12. 선고 2013가합3959 판결 ········· 884
광주지법 순천지원 2020. 5. 26. 선고 2018가단73413 판결 ········· 811, 858
대전지법 2012. 8. 22. 선고 2012나4372 판결 ········· 554
대전지법 2013. 6. 12. 선고 2012가합5555 판결 ········· 33, 34, 424, 429
대전지법 천안지원 2014. 3. 20.자 2013카합148 결정 ········· 460, 461
대전지법 천안지원 2021. 2. 4. 선고 2020가단103739 판결 ········· 944
수원지법 1999. 5. 20.자 98카합40 결정 ········· 462
수원지법 2003. 9. 24. 선고 2002나18463 판결 ········· 550
수원지법 안산지원 2021. 10. 15. 선고 2020가단98961 판결 ········· 580
수원지법 평택지원 2014. 4. 7.자 2014카합10002 결정 ········· 460
울산지법 1999. 6. 3. 선고 98가합6899 판결 ········· 816
울산지법 1999. 12. 8. 선고 99가단7410 판결 ········· 335, 817
울산지법 2000. 11. 29. 선고 98가합8512 판결 ········· 99, 476, 478
울산지법 2009. 12. 4.자 2009카합899 결정 ········· 293

울산지법 2012. 11. 9. 선고 2012나1535 판결 ································ 269, 270, 271, 471, 479
울산지법 2013. 11. 8. 선고 2013고정470 판결 ································ 239
울산지법 2015. 1. 15. 선고 2013가합5806 판결 ································ 966
의정부지법 2015. 5. 12. 선고 2014노2786 판결 ································ 1026
의정부지법 2021. 7. 15. 선고 2021가소300320 판결 ································ 596
인천지법 2001. 6. 27. 선고 2000가합15780 판결 ································ 98, 800
인천지법 2001. 7. 10. 선고 2000가합139 판결 ································ 828, 836
인천지법 2002. 2. 14. 선고 2000가합2470 판결 ································ 801, 840, 841
인천지법 2009. 2. 10. 선고 2008나11368 판결 ································ 667, 668
인천지법 2009. 7. 8. 선고 2008나19492 판결 ································ 519, 537, 675
인천지법 2010. 8. 27. 선고 2009가합13053 판결 ································ 51, 474, 475, 614
인천지법 2010. 12. 30. 선고 2010나613 판결 ································ 66, 631, 634, 648
인천지법 2011. 4. 13. 선고 2009가합22910 판결 ································ 777
인천지법 2011. 8. 18. 선고 2009가합23289 판결 ································ 66
인천지법 2011. 11. 17. 선고 2009가합23036 판결 ································ 354, 519, 523, 531, 532, 668
인천지법 2012. 8. 8. 선고 2011가합19740 판결 ································ 216
인천지법 2014. 5. 30. 선고 2013나13801 판결 ································ 85
인천지법 2014. 11. 12. 선고 2014가합50797 판결 ································ 949, 966
인천지법 2019. 1. 16. 선고 2018고단6556 판결 ································ 216
인천지법 2019. 8. 23. 선고 2018구합55672 판결 ································ 1036
인천지법 2021. 9. 15. 선고 2019가단16023 판결 ································ 420
인천지법 부천지원 2020. 1. 31. 선고 2018가합103302 판결 ································ 529, 532, 650
제주지법 1996. 6. 20. 선고 95가합3981 판결 ································ 832
제주지법 1997. 1. 16. 선고 96가합3278 판결 ································ 809, 869
제주지법 2007. 8. 8. 선고 2007나798 판결 ································ 312
제주지법 2014. 10. 24. 선고 2013가단18713 판결 ································ 429, 474, 475
제주지법 2021. 5. 13. 선고 2019가합14789 판결 ································ 60
창원지법 2001. 6. 14. 선고 99가합6241 판결 ································ 800
창원지법 2010. 11. 30. 선고 2010구단1171 판결 ································ 901
창원지법 2011. 5. 4. 선고 2010나3265 판결 ································ 494, 499
창원지법 2014. 8. 27. 선고 2013나9738 판결 ································ 269
창원지법 2014. 9. 3. 선고 2014노1302 판결 ································ 40, 1020
창원지법 2015. 2. 11. 선고 2013노2387 판결 ································ 49
창원지법 2015. 5. 13. 선고 2015노236 판결 ································ 701, 702
창원지법 2015. 7. 22. 선고 2015노168 판결 ································ 46, 47

창원지법 2016. 2. 16. 선고 2015나31876 판결 ·········· 667, 668, 674
창원지법 2021. 5. 14. 선고 2020나58240 판결 ·········· 457, 532
창원지법 2021. 6. 3. 선고 2019나658 판결 ·········· 544
창원지법 2021. 10. 6. 선고 2020구단11375 판결 ·········· 828
창원지법 김해시법원 2010. 2. 4. 선고 2009가소25341 판결 ·········· 499
창원지법 진주지원 2015. 6. 17. 선고 2014가합11188 판결 ·········· 950, 967
창원지법 진주지원 2020. 1. 15. 선고 2018가합11797 판결 ·········· 620
창원지법 진주지원 2021. 4. 2. 선고 2020가단40265 판결 ·········· 577
창원지법 통영지원 2003. 9. 8. 선고 2003고단586 판결 ·········· 238
창원지법 통영지원 2014. 10. 2. 선고 2013가합2982 판결 ·········· 948
창원지법 통영지원 2020. 9. 15. 선고 2019가단134 판결 ·········· 468
창원지법 통영지원 2020. 12. 9. 선고 2020가소1472 판결 ·········· 646
창원지법 통영지원 거제시법원 2015. 12. 10. 선고 2015가소5574 판결 ·········· 35
춘천지법 1999. 10. 7. 선고 98노1147 판결 ·········· 325

헌재 1989. 1. 25. 선고 88헌가7 결정 ·········· 148
헌재 1989. 5. 24. 선고 88헌가37 결정 ·········· 148
헌재 1994. 2. 24. 선고 92헌바43 결정 ·········· 148
헌재 1995. 2. 23. 선고 93헌바43 결정 ·········· 148, 161
헌재 1996. 8. 29. 선고 93헌바57 결정 ·········· 148
헌재 1996. 8. 29. 선고 95헌바36 결정 ·········· 135
헌재 1997. 8. 21. 선고 94헌바19 등 결정 ·········· 622
헌재 1998. 2. 5. 선고 96헌바96 결정 ·········· 1059
헌재 1998. 5. 28. 선고 96헌바83 결정 ·········· 1108
헌재 1998. 6. 25. 선고 96헌바27 결정 ·········· 582
헌재 1998. 7. 16. 선고 97헌바23 결정 ·········· 300, 327
헌재 1998. 9. 30. 선고 98헌가7, 96헌바93 결정 ·········· 148
헌재 1998. 9. 30. 선고 98헌마18 결정 ·········· 1111
헌재 1998. 11. 26. 선고 97헌바31 결정 ·········· 1020
헌재 1999. 5. 27. 선고 98헌바26 결정 ·········· 148
헌재 2001. 7. 19. 선고 99헌마663 결정 ·········· 425, 427
헌재 2002. 11. 28. 선고 2001헌바50 결정 ·········· 7, 1012
헌재 2002. 12. 18. 선고 2002헌바12 결정 ·········· 296
헌재 2003. 7. 24. 선고 2002헌바51 결정 ·········· 876
헌재 2004. 8. 26. 선고 2003헌마58 결정 ·········· 296

헌재 2005. 3. 31. 선고 2003헌바12 결정 ················· 412, 423
헌재 2005. 7. 21. 선고 2004헌바2 결정 ················· 887
헌재 2007. 8. 30. 선고 2004헌마670 결정 ················· 147, 684
헌재 2009. 12. 29. 선고 2008헌바48 결정 ················· 766, 896
헌재 2012. 7. 26. 선고 2012헌가11 결정 ················· 1106
헌재 2013. 7. 25. 선고 2011헌바395 결정 ················· 1025
헌재 2016. 9. 29. 선고 2014헌바254 결정 ················· 770
헌재 2018. 2. 22. 선고 2017헌가29 결정 ················· 95
조세심판원 2015. 12. 24.자 2015자873 결정 ················· 49
중노위 2000. 2. 1.자 2000재해1 결정 ················· 183
중노위 2000. 3. 20.자 2000재해3 결정 ················· 183

사 항 색 인

ㄱ

가동기간 953
간접차별 150
감속항행 307
감항능력주의의무 217
갑질 284
강제권 271
강제 근로의 금지 277, 283
강제저축 등의 금지 359
객관적 준거법 116
건강진단서 695
검사 1043
게시의무 348
결과제한설 819
경합조정주의 860
계속근로기간 574
고립성 26
고의 833
공로보상설 572
공민권 행사의 보장 168
공인 492
공인면제 499
과로사 785
과실상계 961
과태료 1107
과태료사건의 종결 1119
관계의 우위 285
광의의 승무 72
교육훈련 1031
구명정 조종사 657
구상관계 909
구인 등록 1016
구제명령 450
구제이익 433
구조의무 247
구직 등록 1016
국가필수국제선박 94
국공유선박 68
국민연금과 보험급여의 조정 919
국민연금과 재해보상의 조정 862
국적선 59
국적에 의한 차별 158
국제사법 107
국제선박등록법 58
국제재판관할 122
국제재판관할의 경합 939
국제재판관할의 합의 134
국제조약 8
권한남용죄 209, 1100
균등한 처우 147
근로기준법 32
근로방해금지가처분 461
근로시간 629
근로장소의 변경 364
근로제공거부권 703
근로조건 대등결정의 원칙 140
근로조건 자기결정의 원칙 139
근로조건의 결정 139

근로조건의 명시 342
근로조건의 위반 354
근로조건의 준수 142
금품 등의 수령 금지 1025
금품 청산 의무 558
급여명세서 554
기국 통제 225
기상 이상 등의 통보 253
기왕증 816
기일 전 지급 555
기준근로시간 631, 634
기항지 782

ㄴ

난민 250
노동3권 288
노동능력상실 951
노동대가설 516
노동력대가설 516
노동조합 및 노동관계조정법 36

ㄷ

단결권 288
단체교섭권 296
단체행동권 299
당연가입 886
당연적용어선 878
대물강제권 274
대선실강제권 275
대인강제권 271
대체휴일 651
도산등사실인정 594
도선사 82
동일가치노동·동일임금 원칙 154
동정파업 307
등기·등록할 수 있는 선박 98

ㅁ

면책적 쟁의행위 325
명령권 201
모험대차금 625
무임 화물 반입권 520
물상대위권 926, 930
미국의 선원재해구제제도 970
미성년자 730
민원사무의 전산처리 1099

ㅂ

반복갱신된 선원근로계약 337
법내 초과근로 644
법률관계의 성질결정 113
법률상 당연과실 988
변경명령권 391
보상휴식 643
보통해지 400
보험급여와 손해배상의 조정 920
보험급여청구권과 재해보상청구권의 경합 916
복수공인 498
복종의무 208
부당해지 등의 구제 429
부선 51
부원 86
북한의 선원법 10
불감항성으로 인한 손해배상 991
불만 제기 1031
불법체류 외국인 근로자 159
불연속성 27

비밀유지의무 1053
비상배치표 254
비상시에 대비한 훈련 254
비율급 543, 544
비특이성 질환 786

ㅅ

사법경찰권 1052
사법적 구제 454
사실적 근로관계 130
사업 경영 담당자 97
사업주 96
사용자 96
사직 401
사후존속소권 972
상계계약 552
상계의 제한 360
상당인과관계 784
상병급여 892
상병보상 848
상병요양보상 995
상사 폭행 · 협박죄 1103
상호보완 861
생계비 951
생리휴식 735
생산수당 542
생활보장설 573, 765
서류 보존의무 351
서류비치 261
선거장 82
선내 급식 678
선내 급식비 681
선내 재해 787
선내 질서 유지 267
선내순시 224
선내안전보건기준 685
선내항행조직 73
선단장 80
선박 운항에 관한 보고 265
선박공동체 24
선박공유 100
선박관리업자 105
선박관리인 102
선박국적증서 261
선박권력 189
선박법상 선박 45
선박소유자 96
선박소유자의 변경 363
선박소유자의 책임제한 배제 584, 626, 628
선박소유자의 항변사유 833
선박우선특권 613
선박위험시 구조 조치의무 239
선박의 국적 56
선박의 충돌 246
선박의장자 98
선박조리사 680
선박폐쇄 308
선외 재해 805
선원 76
선원공급사업 1020
선원공급사업의 금지 1017
선원관리사업 1027
선원관리사업자 105
선원근로감독관 1049
선원근로계약 331
선원근로계약 존속의 의제 463
선원근로계약 종료의 특례 464

선원근로계약서 341
선원근로계약의 기간 335
선원근로계약의 신고 344
선원근로계약의 해지 396
선원근로관계 331
선원노동위원회 173
선원노동위원회의 인정 836
선원명부 491
선원법상 선박소유자 98
선원법의 개념 6
선원법의 기본원리 135
선원법의 성격 28, 29
선원법의 연원 7
선원법의 적용범위 43
선원법의 적용이 배제되는 선박 63
선원법의 지위 32
선원법이 적용되는 선박 45
선원보험법 761
선원부임대차 104
선원수첩 504
선원신분증명서 510
선원의 지배영역 806
선원인력수급관리 1011
선원정책 1007
선원정책기본계획 1007
선원정책위원회 1009
선원지위보전가처분 460
선원파견사업 1021
선장 79
선장의 단결권 290
선장직무대행자 83
선체용선자 103
성차별 153
성희롱 157
소극적 손해 945
소급임금 456
소득액 946
소멸시효 928
소송중지명령 940
소의 이익 454
소지품 유실보상 859
소형선박 99
손익상계 969
손해배상 943
송환 480
송환수당 483
수권설 369
수산업협동조합중앙회 885
수수료 1098
수장 257
승무 68
승무 중 830
승무경력증명서 351
승무의 개념 71
승무정원 654
승무정원증서 663
승선공인 495
승선청구권 89
승선평균임금 535
시간급통상임금 525
시간외근로수당 643
시기변경권 673
시기지정권 672
시정조치명령 1044
시효의 특례 582
신원보증서 510
실근로시간 632
실업수당 471

실질심사 496
심사청구전치주의 901

ㅇ

안전·보건 683
안전배려의무 692
안전보건조치 청구권 704
압류의 제한 584
야간근로수당 647
약식절차 1114
양벌규정 1106
어로장 81
어선감척 472
어선원보험 전용계좌 590, 929
어업재해보상보험 심사위원회 903
어재법 873
여객선선장 659
여성선원 733
연봉제 579
연소선원 729
연안국의 개입권 1067
예비공인 500
예비원 87, 664
예선 66
외국의 항 323
외국인 선원 90
요양급여 889
요양보상 844
우선변제권 598
원인·결과 공동제한설 820
원인·결과 선택적 제한설 822
원인제한설 819
원조 요청 276
월 고정급 540
월차유급휴가 675
위법한 선원파견 1022
위약금 등의 예정 금지 356
위자료 959
위험성 26, 27
위험화물적재선박 승무원 656
유급휴가 666
유급휴가 근로수당 674
유급휴가 수당 673
유기구제보험 484
유능부원 86
유류품 259
유족급여 895
유족보상 856
응급처치 담당자 710, 711
의료관리자 708
의료조언 686
의사 707, 714, 715, 716, 718, 719, 722
의원면직 401
의장원 88
의제가입 888
이원설 763
이중배상원칙 979
인증검사 1090
일괄공인 500
일괄신고 346
일시보상 854
일시보상급여 894
일신상 사유 413
일원설 762
일정기일 지급 553
일할계산 554
임금 515
임금대장 558

임금이분설 516
임금지급가처분 458
임금채권의 보장 591
임금채권의 보호 581
임금후불설 572
임의가입 887
임의적용어선 880

ㅈ

자력구제 701
작업 중 재해 787
작업거부권 696
작업중지권 696
장례비 897
장제비 857
장해급여 893
장해보상 850
재선의무 237
재심사청구 903
재외국민의 송환 259
재항고 1126
재해보상 의무자 842
재해보상 청구권자 838
쟁의행위 299
쟁의행위의 제한 317
저축규정 109
적극적 손해 957
전선명령 365
전액 지급 547
정식재판에 대한 불복절차 1124
정식절차 1116
제1차 의무의 원칙 828
제3자의 행위 803
제복 착용 의무 707
제척기간 626
조난선박 등의 구조 248
조세심판원 49
조정적 상계 551
조합비 공제 548
Jones법 981
좁은 수로 234
주관적 준거법 116
주의의무 210
준거법 107
준국적선 61
준설선 54
준이로 229
중간정산제도 577
중간착취의 배제 166
중대한 과실 834
즉시항고 1124
즉시해지 400
지연이율 582
지위의 우위 285
지휘 · 감독권 197
직무기인성 783
직무상 재해 768
직무상 질병 813
직무수행성 781
직무에서 적극적으로 이탈한 상태 797
직무외 재해 818
직업소개사업 1017
직업안정 1011
직원 85
직장 내 괴롭힘 284
직장폐쇄 308
직접 지급 546
직접지휘의무 231

직접차별 150
진찰 위촉 1052
집단적 동의 378
징계위원회 269
징벌 407

ㅊ

차별의 개념 148
처분청 900
청구권경합설 944
총톤수 62
최우선변제권 610
최저기준 135
최저임금 564
최후 퇴선 의무 243
추급효 620
출산전후휴가 737
출항 전 검사의무 222
출항 전 보고의무 224
출항의무 226
출항정지 1075
출항정지 재심위원회 1086
취업 방해의 금지의무 352
취업규칙 366
취업규칙의 불이익변경 375

ㅌ

통보의무 247
통상임금 521
통화 지급 545
퇴직 401
퇴직금제도 568
특별법 우선의 원칙 33
특별위로금 937

ㅍ

파산 절차 592
파산선고 594
파업과 선내 급식 의무 679
판정 449
포괄임금제 645
포트캡틴 83
폭행의 금지 164

ㅎ

하선 268
하선공인 499
하선파업 304
하역근로자 76
한국선원복지고용센터 1036
합의해지 401
항고소송 906
항로불변경의무 227
항로이탈 227
항만국통제 1059
항해당직 부원 655
항해의 성취의무 226
항해의 안전확보 256
항해일지 264
항해정지명령 1046
해사노동인증검사관 1094
해사노동적합선언서 1089
해사노동적합증서 1089
해상법상 선박 51
해상법상 선박소유자 97
해양 3
해양교통안전법설 29
해양노동보호법설 30
해양노동의 역사 4

해양노동의 특수성 22, 778
해양력 3
해양상 파업 306
해양항만관청 265
해외취업선원 117
해외취업선원 재해보상에 관한 규정 931, 933
해외취업선원의 재해보상 930
해원 85
해원의 징계 267
해지기간의 제한 420
해지사유의 제한 411
해지예고 425
해지예고수당 427
행방불명급여 898
행방불명보상 858
행정적 구제 429
회생 절차 592
회원조합 886
휴무 중 재해 791
휴식시간 637
휴식시간의 완화 640
휴일 649
휴일근로수당 651

저자약력

■ **권창영 權昌榮 (松齋)**

››› 학력

서울대 물리학과 졸업(1992), 서울대 법학박사(2008), The University of Texas at Austin, School of Law Visiting Researcher(2006-2007)

››› 경력

[前] 제38회 사법시험 합격(1996), 사법연수원 수료(제28기, 1999), 춘천지법 판사(1999-2002), 의정부지법 판사(2002-05), 서울서부지법 판사(2005-07, 2012-14), 서울행정법원 판사(2007-09), 서울남부지법 판사(2009-10), 서울고등법원 판사(2010-12), 창원지법 부장판사(2014-16), 의정부지법 부장판사(2016-17)

[現] 법무법인(유한) 지평 변호사, 서울대 법학전문대학원 겸임교수, 대한상사중재원 중재인, 고용노동부 자문변호사, 해양수산부 중대재해자문위원장

››› 저서

노동재판실무편람(共著, 2005), 민사보전법(2010, 2012), 근로기준법 주해(共著, 2010, 2020, 2025), 주석 민사집행법 Ⅶ (제3판, 2012), 법원실무제요 민사집행 Ⅳ -보전처분-(共著, 2014), 노동조합 및 노동관계조정법 주해(共著, 2015, 2023), 온주 산업재해보상보험법(共著, 2017), 민사보전(2018, 共著 2023), 온주 산업안전보건법(共著, 2019), 항공법판례해설 Ⅰ~Ⅳ(2019~2020), 중대재해처벌법연구 Ⅰ(집필대표, 2022)

››› 논문

"선원의 근로관계" 등 130여 편

선원법 해설 [제4판]

2016년 1월 15일 초 판 발행
2018년 1월 15일 제2판 발행
2022년 3월 15일 제3판 발행
2026년 1월 15일 제4판 1쇄 발행

저 자 권 창 영
발행인 배 효 선
발행처 도서출판 法 文 社
주 소 10881 경기도 파주시 회동길 37-29
등 록 1957년 12월 12일/제2-76호(윤)
전 화 (031)955-6500~6 FAX (031)955-6525
E-mail (영업) bms@bobmunsa.co.kr
(편집) edit66@bobmunsa.co.kr
홈페이지 http://www.bobmunsa.co.kr
조 판 법 문 사 전 산 실

정가 65,000원 ISBN 978-89-18-91649-1